Daumier

1808-1879

Daumier
1808-1879

Musée des Beaux-Arts
du Canada, Ottawa

11 juin-6 septembre 1999

Galeries nationales
du Grand Palais, Paris

5 octobre 1999-3 janvier 2000

The Phillips Collection,
Washington

19 février-14 mai 2000

 Réunion
des Musées
Nationaux

Cette exposition a été organisée par la Réunion des musées nationaux/
musée d'Orsay, à Paris, le musée des Beaux-Arts du Canada, à Ottawa,
et la Phillips Collection, à Washington.

OTTAWA

Le projet a été coordonné au département des expositions
par Catherine Jensen et Karen Colby-Stothart,
et, pour le mouvement des œuvres, par Kate Laing.

La présentation de l'exposition a été conçue et réalisée par Mark Blichert,
designer, avec le concours des équipes des Services techniques du musée
des Beaux-Arts du Canada sous la direction de Jacques Naud.

PARIS

Le projet a été coordonné au département des expositions
par Catherine Chagneau et Sophie Pagès-Bordes,
et, pour le mouvement des œuvres, par Carole Surantyn.

La présentation de l'exposition a été conçue et réalisée
par Didier Blin, architecte, avec le concours des équipes
des Galeries nationales du Grand Palais et du musée d'Orsay.

WASHINGTON

Le projet a été coordonné au département des expositions
par Eliza Rathbone et Lisa Portnoy Stein,
et, pour le mouvement des œuvres, par Joseph Holbach.

La présentation de l'exposition a été conçue et réalisée
par William Koberg et Elizabeth Steele, avec le concours
de Shelly Wischhusen et Alec MacKaye.

Que toutes les institutions et les personnes qui ont permis
par leur généreux concours la réalisation de cette exposition trouvent ici
l'expression de notre gratitude, et tout particulièrement

Collection André Bromberg
Collection E.W.K., Berne
R.M. Light & Co, Santa Barbara
Collection Nathan, Zurich
Collection Roger Passeron
Collection Prat, Paris
Paul Prouté S.A., Paris
Collection J.- C. Romand, Paris
Collection Judy et Michaël Steinhardt, New York

ainsi que toutes celles qui ont préféré garder l'anonymat.

Nos remerciements s'adressent également aux responsables
des collections suivantes :

ALLEMAGNE

Essen, Museum Folkwang
Hambourg, Hamburger Kunsthalle
Munich, Bayerische Staatsgemäldesammlungen, Neue Pinakothek
Stuttgart, Graphische Sammlung der Staatsgalerie

AUSTRALIE

Canberra, National Gallery of Australia
Melbourne, National Gallery of Victoria

AUTRICHE

Vienne, Graphische Sammlung Albertina

BELGIQUE

Gand, Museum voor Schone Kunsten

CANADA

Montréal, musée des Beaux-Arts de Montréal
Ottawa, musée des Beaux-Arts du Canada
Toronto, musée des Beaux-Arts de l'Ontario

DANEMARK

Copenhague, Ny Carlsberg Glyptotek
            Ordrupgaardsammlingen

ÉTATS-UNIS

Baltimore, The Baltimore Museum of Art
            The Walters Art Gallery
Boston, Museum of Fine Arts Boston
Buffalo, Albright-Knox Art Gallery
Chapel Hill, The Ackland Art Museum
Chicago, The Art Institute of Chicago
Cincinnati, Cincinnati Art Museum
Cleveland, The Cleveland Museum of Art
Dallas, Dallas Museum of Art
Des Moines, Des Moines Art Center
Detroit, The Detroit Institute of Arts
Hartford, Wadsworth Atheneum
Los Angeles, UCLA at the Armand Hammer Museum
            of Art and Cultural Center
            The J. Paul Getty Museum
Minneapolis, The Minneapolis Institute of Arts
New Haven, Yale University Art Gallery
New York, The Metropolitan Museum of Art
            The Pierpont Morgan Library
Philadelphie, Philadelphia Museum of Art
San Diego, San Diego Museum of Art
San Francisco, The Fine Arts Museum
Waltham, The Benjamin A. and Julia M. Trustman Collection,
            Brandeis University Libraries
Washington, The Corcoran Gallery of Art
            Dumbarton Oaks, House Collection
            The National Gallery of Art
            The Phillips Collection
Williamstown, Sterling and Francine Clark Art Institute

FRANCE

Aix-en-Provence, Atelier Cézanne
Avignon, fondation Angladon-Dubrujeaud
Calais, musée des Beaux-Arts et de la Dentelle
Cergy-Pontoise, Conseil général du Val-d'Oise, Service départemental
    de l'Inventaire et Conservation des Antiquités et Objets d'art
Lesges, municipalité
Lyon, musée des Beaux-Arts
Marseille, musée des Beaux-Arts
Paris, Association des Amis d'Honoré Daumier
   Bibliothèque historique de la Ville de Paris
   Bibliothèque nationale de France, département des Estampes
   et de la Photographie, département des Imprimés
   École nationale supérieure des beaux-arts
   Maison de Balzac
   musée Carnavalet
   musée du Louvre, département des Arts graphiques
   musée d'Orsay
   musée du Petit Palais
   musée de la Publicité
Reims, musée des Beaux-Arts
Saint-Denis, musée d'Art et d'Histoire
Soissons, musée municipal
Troyes, musée d'Art moderne

GRANDE-BRETAGNE

Cardiff, National Museum of Wales
Édimbourg, National Gallery of Scotland
Glasgow, Art Gallery and Museum, Kelvingrove
Londres, The British Museum
   Courtauld Gallery
   The National Gallery
   The Victoria and Albert Museum
Manchester, Manchester City Art Galleries
Oxford, Ashmolean Museum

JAPON

Tokyo, Bridgestone Museum of Art, Ishibashi Foundation
   The National Museum of Western Art

PAYS-BAS

Amsterdam, Rijksmuseum
Otterlo, Kröller-Müller Museum
Rotterdam, Museum Boijmans Van Beuningen

RÉPUBLIQUE TCHÈQUE

Prague, Narodni Galerie v Praze

RUSSIE

Moscou, musée d'État des Beaux-Arts Pouchkine

SUÈDE

Stockholm, Nationalmuseum

SUISSE

Bâle, Kunstmuseum
Zurich, Fondation Collection E.G. Bührle

L'exposition n'aurait pu être réalisée sans la très grande compréhension des personnalités, directeurs d'institutions, conservateurs des collections publiques et collectionneurs privés, ainsi que tous ceux qui ont apporté leurs concours scientifique ou technique. Mention particulière doit être faite de Roger Passeron, grand connaisseur de l'œuvre de Daumier, qui a ouvert ses archives et ses cartons, prêté ses œuvres, avec une très grande générosité.

Les commissaires et organisateurs tiennent à remercier Mme Shirley L. Thomson, ancienne directrice du musée des Beaux-Arts du Canada, et M. Charles S. Moffet, ancien directeur de la Phillips Collection, qui ont favorisé et soutenu la réalisation de cette rétrospective dès ses débuts. Toute leur reconnaissance s'adresse également à Catherine Chagneau et Sophie Pagès-Bordes, de la Réunion des musées nationaux, et à Catherine Jensen et son successeur, Karen Colby-Stothart, au musée des Beaux-Arts du Canada, qui ont supervisé l'organisation de l'exposition.

Nous voudrions tout particulièrement remercier Chloé Demey, Céline Julhiet-Charvet, Françoise Dios, Frédéric Célestin, Annie Desvachez et Karine Barou à Paris, ainsi que Serge Thériault, Myriam Afriat, Douglas Campbell, Usher Caplan, John Flood et Judith Terry à Ottawa, pour leur précieux concours et leur merveilleuse efficacité dans la réalisation du catalogue.

Enfin, nous souhaitons exprimer notre reconnaissance à tous ceux qui, à titre divers, ont permis la réalisation de ce projet :
Clifford S. Ackley, Daniel Amadei, Diane Amiel, Hortense Anda-Bührle, Dr. Maxwell L. Anderson, Robert G.W. Anderson, Jean-Pierre Angrémy de l'Académie française, Irina Antonova, Élise Archambault, Mathilde Arnoux, Martha Asher, Kirsten Auerbach, Françoise Aujogue, Roseline Bacou, Quentin Bajac, Georges Barbier-Ludwig, Marion Barclay, Réjanne Bargiel, Frédérique Barret, Georges Barthe, Colin Bailey, Bonnie Bates, Claire Baubault, Arthur Beale, comte David de Beaufort, Laure Beaumont-Maillet, Véronique Beauregard, Robert Bergman, Christine Besson, Corinne Biette, Delphine Bishop, Mark Blickert, Didier Blin, Gerald D. Bolas, Doreen Bolger, Alan Borg, Dominique Boudou, François Boulze, Jocelyn Bouquillart, Claude Bouret, Helen Braham, Terrence Brennan, Sonia Brenner, Steven L. Brezzo, Christian Briend, Anne Brunning, Bernadette Buiret, Cynthia Burlingham, Hervé Cabezas, M. Cahen, Isabelle Cahn, Michel Caille, Luisa Capodieci, James Carder, Palmiro Carta, Jacques de Caso, Sandrine Cazalis, Jean Cesvet, Philippe Chabert, Frédéric Chappey, Christiane Charlot, Gilles Chazal, Allison Cherniuk, M. et Mme Jacques Cherpin, Catherine Chevrier-Rosenzweig, Laurence Chicoineau, Michael Clarke, Timothy Clifford, Cristina Claus, Jean-Pierre Coddacioni, Michael Conforti, James B. Cuno, Marie Currie, I. Michael Danoff, Hélène David-Weill, Diane De Grazia, Madame Delafond, Catherine Delot, Josée Delsaut, James T. Demetrion, Alain Deplagne, Chris Dercon, Jean Derens, Michael Desmond, Anne Distel, Benjamin F. Doller, Anne Fuhrman Dougals, James Draper, Douglas Druick, Jeff Dunn, M. et Mme Dupont, Philippe Durrey, Colleen Evans, Mark L. Evans, Denise Faïfe, Martine Ferretti, Marianna Feilchenfeldt, Walter Feilchenfeldt, Ruth Fine, Ursula et Seymour Finkelstein, Jay M. Fisher, Sabina Fogle, Claire Folscheid, Anne-Birgitte Fonsmark, Dominique de Font-Réaulx, Colin Ford, M. Frappey, M. Freffey, Sylvie Fresnaut, Flemming Friborg, Françoise Fur, Jean-René Gaborit, Yves Gagneux, Cheryl Gagnon, Éliane Gans, James Ganz, Anne-Marie Garcia, Jean Gauthier, Denis Geoffroy-Dechaume, Chantal Georgel, Luc Georget, Barbara K. Gibbs, George Golding, Barbara C. Goldstein, Sylvie

Gonzalez, Antony V. Griffiths, Sabine Grossi, M. et Mme Guézille, Martine Guichard, Joanna Hagege, Anne d'Harnoncourt, Colin Harrison, Annette Haudiquet, Ulrike Haußen, J.F. Heijbroek, Lee Hendrix, Emmanuelle Heran, John Herring, Paul Herring, Katherine Heumos, Isabelle et James Hewson-Mangeot, Joseph Holbach, Robert Hoozee, Dr. Jenns Howoldt, Alessandra Impallomeni, Colta Ives, Anne-Marie Jaccard, Mme Dominique Jacobi, Annie Jacques, David Jaffé, Flemming Johansen, Catherine Johnston, Sona Jonhston, William R. Johnston, Kimberly A. Jones, Yasuo Kamon, Dr. Brian Kennedy, Steven Kern, Joseph D. Keterer, Dr. J.P. Filedt Kok, Dr. Georg W. Költzsch, Eberhard W. Kornfeld, Dr. Dorothy Kosinski, Diana L. Kunkel, Felicitas Kunth, Geneviève Lacambre, Kate Laing, Angeliki E. Laiou, Gisèle Lambert, Susan Lambert, Bruce Laughton, Jacques Laurent, Thomas Lederballe, Thomas le Claire, Bernard Lecomte, Antoinette Le Normand-Romain, Noëlle Lenoir, Dr. Helmut R. Leppien, Jean-Marc Léri, Isabelle Leroy Jay-Lemaistre, David C. Levy, Douglas Lewis, Robert M. Light, Erika Lindt, Katharine A. Lochnan, Valérie Louison, Mary Ralph Lowe, Nieves Lozano Chavarria, Alison Luchs, Anne Maheux, Christine Mani, Laure de Margerie, Anne-Louise Marquis, Caroline Mathieu, Colette di Mattéo, Dr. Evan M. Maurer, Ceridwen Maycock, Marc Mayer, Karen Mayers, Neil McGregor, Suzanne Folds McCullagh, Nathalie Mengelle, Michel Melot, Olivier Meslay, Christian Michel, Brigitte de Montclos, Philippe de Montebello, Marie-Hélène Montout-Richard, Marc-Antoine Morel, Serge Morosov, John Murdoch, Moniek Nagels, Akihiro Nanjo, Steven A. Nash, Dr. Peter Nathan, Jacques Naud, Monique Nonne, Prof. Dr. Konrad Oberhuber, Kikuo Ohkouchi, Christian Olivereau, Lynn Federle Orr, M. Pacquement, Mark Paradis, JoAnne Paradise, Harry Parker, Maurice D. Parrish, Judith Petit, Anne-Marie Peylhard, Anne Philbin, Charles E. Pierce Jr., Anne Pingeot, Jean-Paul Pinon, Marie-Ange Potier, Dr. Timothy Potts, Anne Pougetoux, Earl E. Powell III, Shirley Proulx, M. et Mme Hubert Prouté, Richard Rand, Janice Reading, Sue Welsh Reed, Thierry Renard, Christopher Riopelle, Joseph J. Rishel, Émilie Roche, Malcolm Rogers, Mireille Roman, Phyllis Rosenzweig, Chantal Rouquet, Dominique Roussel, Marie-Pierre Salé, Élisabeth Salvan, Peter Schatborn, Gudrun Schmidt, Dr. Katharina Schmidt, Patrice Schmidt, Douglas G. Schultz, Dr. Peter Klaus Schuster, George T.M. Shackelford, Philippe Sorel, Julian Spalding, Karen Spierkel, Emmanuel Starcky, Laure Starcky, Laure Stasi, Élizabeth Steele, Lisa Portnoy Stein, Una Stettin, Dr. Susan Stoops, Dr. E.J. van Straaten, Peter C. Sutton, Anna Tahinci, Akiya Takahashi, Shuji Takashina, Virginia Tandy, Alain Tarika, Michelle Théry, Ursula Thiboutot, Gary Tinterow, Robert Tranchida, Peter Trepanier, Nicholas Turner, Catherine Verleysen, Marie-Claude Vial, Françoise Viatte, Gary Vikan, Maija Vilcins, Lise Villeneuve, Susan Walker, John Walsh, Jeanne Wasserman, Rosemarie M. Weber, Judith Wechsler, Layna White, Jon Whiteley, Linda Whiteley, MaryAnn Wilkinson, Alan Wintermute, James N. Wood, Nancy H. Yeide, Jean-Claude Yon, Marie Zahradkova, Martin Zlatohlavek.

Depuis la rétrospective de l'œuvre de Daumier organisée à la galerie Durand-Ruel par ses amis républicains en 1878, un an avant sa mort, aucune grande exposition réunissant peintures, sculptures, lithographies et dessins n'a été consacrée à ce maître. L'exposition parisienne de 1934 excluait la sculpture et était partagée entre le musée de l'Orangerie et la Bibliothèque nationale. D'autres expositions n'ont montré que tel ou tel aspect de l'œuvre de Daumier : peintures et dessins à Londres en 1961, sculptures à Cambridge (Mass.) en 1969, caricatures à Brême en 1969, dessins à Francfort et New York en 1992-1993…

Cette rétrospective se propose de faire découvrir le génie créateur de Daumier dans toute son étendue.

L'exceptionnelle générosité d'un grand nombre de responsables de collections publiques et privées, et de prêteurs particuliers – que nous tenons à remercier très chaleureusement ici – a permis de le faire, sans trop souffrir de l'absence de quelques œuvres importantes, une absence motivée par leur trop grande fragilité (c'est le cas de plusieurs peintures sur panneau et de terres crues) ou par le règlement de certains musées interdisant les prêts.

Retracer la vie et la carrière de Daumier, dont bien des aspects restent mal connus, présente de nombreuses difficultés. D'abord, un manque de documents, ce qui est singulier pour un artiste de premier plan du XIXe siècle : on ne dispose en effet que de quelques pièces d'archives, de quelques lettres, souvent fort laconiques, de six carnets – l'exposition montre l'un d'eux pour la première fois – et de rares témoignages d'amis et admirateurs de l'artiste. L'absence bien plus grave d'un inventaire après décès rend quasiment impossible la reconstitution du fonds d'atelier de Valmondois, où se trouvait la grande majorité des peintures, dessins et sculptures de Daumier à sa mort (à l'exception toutefois des bustes des *Célébrités du juste milieu*). Ces difficultés s'aggravent avec le problème des multiples faux, qui existaient déjà du vivant de l'artiste et dont la production s'est accélérée après 1900. Enfin, l'établissement d'une chronologie précise est, pour ses peintures et ses dessins, extrêmement hasardeux. Daumier ne les datait presque jamais : quelques tableaux exposés entre 1848 et 1861 et un tableau portant une date dont la lecture est incertaine constituent les maigres jalons d'une évolution qui a passionné autant Jean Adhémar que Karl Maison. Et c'est à eux deux, à leurs longues recherches et à leurs remarquables travaux que cette exposition rend aussi hommage.

Françoise Cachin
Directeur des musées de France
Président de la Réunion des musées nationaux

Jay Gates
Directeur de la Phillips Collection

Pierre Théberge
Directeur du musée des Beaux-Arts du Canada

Henri Loyrette
Directeur du musée d'Orsay
Commissaire général

Michael Pantazzi
Conservateur, musée des Beaux-Arts du Canada
Commissaire général

SOMMAIRE

ESSAIS   Situation de Daumier   12
par Henri Loyrette

« Son rêve, en effet, a été la peinture »   22
par Michael Pantazzi

Daumier et l'estampe   32
par Ségolène Le Men

« Il fait aussi de la sculpture... »   46
par Édouard Papet

Daumier, l'art et la politique   60
par Michel Melot

CATALOGUE   Débuts de Daumier   72
Caricature politique (1830-1835)   76
Portraits-charges   84
Physionomie populaire   168
Philipon contre Philippe   170
Illustration, caricature de mœurs et parodies (1835-1848)   182
La physiologie du bourgeois dans les séries du *Charivari*   202
Peintures, années 1840   228
1848 et la deuxième République   236
Les grands projets, le Salon (1848-1852)   244
Ratapoil   276
Fugitifs   288
Quai d'Anjou   302
Les croquis d'artiste, années 1850   320
Peintures, années 1850   330
Théâtre, Molière   352
Avocats, années 1861-1862   362
Les planches du *Boulevard* et *Souvenirs d'artistes*   376
Les lithographies publiées sous l'Empire autoritaire   386
Amateurs, années 1860   394
Le théâtre, années 1860   412
Les transports en commun   422
Avocats, années 1865-1868   436
Chanteurs, joueurs et buveurs...   456
Saltimbanques   474
Dernières planches politiques et allégories (1869-1871)   494
Œuvres tardives   504
Don Quichotte   516

ANNEXES   Chronologie   542
par Dominique Lobstein

Quelques amateurs, collectionneurs et marchands
d'Honoré Daumier   564
par Dominique Lobstein,
avec la collaboration de Catherine L. Blais

Bibliographie sélective   570
Expositions   588
Index   594

Les notices ont été rédigées par :

S.L.M. : Ségolène Le Men
H.L. : Henri Loyrette
M.P. : Michael Pantazzi
E.P. : Édouard Papet

Les renvois aux catalogues concernant Daumier
sont notés sous forme abrégée :

MI-, MII-, et MD. : Maison, 1968
LD. : Delteil, 1925-1930
B. : Bouvy, 1932
G : Gobin, 1952
W. : Wasserman, 1969

Les références abrégées des titres d'ouvrages,
d'articles, ou d'expositions cités en note renvoient
à la bibliographie et à la liste des expositions à la
fin de cet ouvrage.

Honoré Daumier sur le toit de son atelier à Paris, 9, quai d'Anjou, vers 1860-1865, photographie, coll. part.

Situation de Daumier

Henri LOYRETTE

Daumier fut « inventé » en 1878, quelques mois avant sa mort. Je veux dire Daumier artiste. Auparavant n'existait qu'un caricaturiste, qui avait connu son heure de gloire sous la monarchie de Juillet et dont les plus avertis savaient qu'en des temps anciens il avait aussi pratiqué la peinture. Le 27 janvier 1878, quelques amis de l'artiste, touchés de la détresse de Daumier qui s'était retiré, pauvre et presque aveugle, à Valmondois, décidèrent d'organiser une exposition de ses œuvres et louèrent des salles chez Durand-Ruel pour deux mois, du 15 avril au 15 juin. Le comité d'organisation, qui avait pour président d'honneur Victor Hugo, mêlait, outre le très proche Geoffroy-Dechaume, peintres – Bonvin, Boulard, les Daubigny, Dupré –, critiques et écrivains, de Champfleury, champion du réalisme, à Castagnary, qui, deux ans plus tôt, avait de nouveau vivement défendu les impressionnistes quand ils présentaient leur deuxième exposition de groupe chez Durand-Ruel. Furent donc montrés 94 peintures, toutes inédites – à l'exception de l'*Esquisse de la République* (cat. 120) qui avait fait une fugace apparition lors du concours de 1848 –, 138 dessins, deux « esquisses en plâtre » des *Fugitifs* (cat. 146 et 148), les « Têtes en terre crue coloriée » (cat. 10 à 45) et *Ratapoil*[1] (cat. 143). L'œuvre gravé – quatre des lithographies qui avaient assuré la gloire de Daumier sous Louis-Philippe : *Rue Transnonain* (cat. 57), *Enfoncé La Fayette* (LD 134), *Ne vous y frottez pas* (cat. 56), *Le Ventre législatif* (cat. 55), et vingt-cinq passe-partout[2] –, était rejeté en fin de catalogue et partageait, avec les sculptures, la rubrique « Divers ».

Bref c'était une grande rétrospective, inégalement balancée entre les diverses techniques utilisées par Daumier, avec la volonté manifeste de marginaliser le caricaturiste et de révéler un artiste complet, d'abord peintre et dessinateur. Michel Melot, qui a suivi pas à pas l'établissement du mythe Daumier, a justement souligné que l'exposition de 1878 « fut comme la première pierre d'un monument votif qu'on n'a pas fini de dresser[3] ». La République nouvelle glorifiait un combattant de la première heure – personne ne l'avait oublié – et magnifiait celui que l'on avait cru voué aux charges parues dans la presse, certes amusantes, efficaces, nocives mais accessoires et passagères. À vrai dire, cette reconnaissance du peintre Daumier, saluée par un petit groupe d'enthousiastes (Paul Foucher, Paul Lefort, Camille Pelletan), ne se fit pas du jour au lendemain. D'une part parce que la presse fut parcimonieuse, exclusivement comprise dans les milieux républicains, d'autre part parce que se manifestèrent de nouveau les réticences exprimées au Salon et qui seront amplifiées dans les articles saluant, quelques mois plus tard, la mort de Daumier, « faire un peu pénible[4] », carences techniques, difficultés à achever, même si on célébrait largement la puissance et l'originalité de ces toiles ou panneaux. C'est ce qu'avait noté naguère Champfleury – « Daumier eût dû peindre ses tableaux du premier coup, en un jour, s'imposer de ne pas les revoir et transporter sur la toile sa prestesse au crayon[5] » –, c'est ce que redit Duranty, défenseur de la Nouvelle Peinture : « La conclusion sera formelle », écrivait-il après avoir avoué qu'il y avait dans les « esquisses » du peintre « une énergie, une certitude de gamme, une intensité de tonalité remarquables » : « quelque intéressante que puisse être la peinture de Daumier, il n'y est point créateur[6] ». Si on reconnaît désormais le talent multiple de Daumier, peinture et sculpture apparaissent souvent comme des curiosités, l'étrange production d'un artiste insatisfait de sa condition de caricaturiste et qui aspirait au grand art sans en avoir exactement les moyens.

Largement fabriquée par la presse républicaine – ce qui conduisit longtemps à des lectures partisanes de son œuvre –, cette « invention » de Daumier, artiste de la génération qui perça en 1830, se faisait tardivement, après les succès du réalisme et le scandale impressionniste, quand avaient déjà disparu ceux qu'il vénérait le plus, Decamps, Delacroix, Corot, Courbet, Daubigny, quand, depuis quinze ans, Manet, son cadet d'un quart de siècle, avait acquis une célébrité de chef d'école, quand s'établissaient péniblement Degas, Monet, Renoir, Pissarro… Aussi la réception de l'œuvre de Daumier se fit-elle – et le cas est unique au XIXe siècle – à la lumière des succès anciens de Courbet et du réalisme, des acquis de la Nouvelle Peinture, de ceux auxquels il avait tracé la voie. Lors de la rétrospective de 1878, si Daumier était enfin révélé, il apparaissait aussi déjà daté, l'homme de Louis-Philippe, toute une époque. « Notre génération, n'a pas connu Daumier », écrivit un peu plus tard Charles Laurent[7]. C'est ce décalage entre le moment où furent créées ses œuvres et leur apparition soudaine et globale qui explique pour une bonne part l'étrange position de Daumier, la difficulté qu'ont eue critiques et historiens à le situer et, aujourd'hui encore – l'organisation si tardive de cette rétrospective, alors que tant de fois la plupart de ses contemporains ont été célébrés –, sa place incertaine et marginale dans l'histoire de l'art français.

Au milieu des années 1880, le jeune Frantz Jourdain, encore « fort affaibli par l'éducation dont [il avait] été empoisonné à l'École des Beaux-Arts », se rendit dans une vieille maison de la rue de Turenne « d'aspect bourgeois et un tantinet commercial ». Venant voir Mme Bureau, « veuve d'un peintre de talent qui avait été l'intime de Daumier », il lui fit aimablement la conversation mais bien vite ses yeux « dévalisèrent les murs de son appartement, tapissés de merveilles » inconnues du jeune architecte. La vieille dame eut la bonté de mettre rapidement fin à son supplice et lui « montra en détail les croquis, les dessins, les aquarelles, les tableaux de Daumier collectionnés avec autant de respect que de goût par son mari. Généreusement, poursuit Frantz Jourdain, elle ne plaisanta pas un étonnement pourtant ridicule, étonnement auquel elle était d'ailleurs habituée, et, sans pédantisme, elle voulut bien m'apprendre à connaître le génie de l'homme qui, à lui seul, contribua à la gloire de l'art français plus qu'une voiturée de peintres chargés d'honneur, tels que M. Gérôme et M. Bonnat, pour ne citer que

---

1. *Ratapoil* ne fut présenté que quelques semaines après l'ouverture ; *cf.* Pelletan, 31 mai 1878, p. 2.

2. Cette présentation de l'œuvre gravé devait initialement être renouvelée chaque semaine (Castagnary, 1878, p. 3) ; il semble que le rythme ait été beaucoup plus discontinu, *cf.* Camille Pelletan, *op. cit.* note 1 : « L'exposition Daumier, qui ne durera plus qu'une quinzaine de jours, vient d'être complétée : les lithographies exposées ont été renouvelées. »

3. Melot, 1er-2e trimestres 1980, p. 160.

4. N.C., 1878, p. 2.

5. Champfleury, 1865, p. 167.

6. Duranty, juin 1878, p. 539.

7. Laurent, 1879, p. 2.

ces chefs de colonne[8] ». Jourdain sortit de chez Mme Bureau « révolutionné » et s'employa dès lors à promouvoir l'œuvre de Daumier. Mais ce passage est surtout révélateur de la triste situation de l'artiste à la fin du siècle dernier, encore largement inconnu malgré l'ouvrage pionnier d'Arsène Alexandre, publié en 1888, et la dévotion de quelques collectionneurs au premier rang desquels il faut citer Auguste Boulard, Pierre-Isidore Bureau et Henri Rouart. En dehors des lithographies qui circulaient et étaient souvent reproduites, peintures, dessins et sculptures restaient enfouis. Ce n'est qu'en 1893, grâce à l'obstination d'Henri Roujon, qu'une toile de Daumier (*Les Voleurs et l'Âne*, cat. 187) fut acquise par le musée du Luxembourg ; et en 1905, constatant la quasi-inexistence de Daumier dans les collections nationales en même temps que la place centrale qu'il occupe dans l'art français du XIXe siècle, Étienne Moreau-Nélaton acheta l'*Esquisse pour la République*, donnée dès l'année suivante, avec le reste de sa collection, à l'État. Ce retard des musées de France ne fut du reste jamais comblé et si le musée d'Orsay peut se vanter d'avoir en quelques années réussi à regrouper la quasi-totalité de l'œuvre sculpté, il ne réunit, sans espoir de l'accroître sensiblement, qu'un petit nombre de peintures, il est vrai toutes remarquables. Ignorance de Daumier donc et ignorance prolongée comme si, dans les musées ou les histoires de l'art, il n'avait pas encore trouvé sa juste place. Il est pourtant célèbre et recherché, l'homme des avocats et des médecins qui, nonobstant la cruauté de l'artiste envers leurs prédécesseurs, tapissent leurs salles d'attente de gravures épinglant la fatuité et la corruption des « gens de justice », la bêtise et le pédantisme des « gens de médecine ». Et les 4 000 planches de l'œuvre gravé sont devenues un incomparable réservoir d'images pour illustrer des ouvrages touchant aux sujets les plus divers. Daumier divulgué, Daumier répandu : « c'est un Daumier », dit-on de quelqu'un qui a une trogne impayable ; « c'est du Daumier » pour une scène ou comique ou pénible qui révèle les bassesses ordinaires. Il éclipse tous les caricaturistes de son siècle et on lui prête des traits et des légendes qui défigurent son œuvre comme on attribue généreusement tout castel néo-gothique à Viollet-le-Duc, n'importe quel ouvrage métallique à Gustave Eiffel.

Cette ignorance de Daumier est largement due aux difficultés qu'il y a à travailler sur lui. Le « bonhomme Daumier » n'écrivait pas et causait peu. Si, grâce à leur publication dans les journaux, la chronologie des lithographies est bien établie, si l'on date avec une certaine précision les bustes des parlementaires, il n'en est pas de même pour l'œuvre peint et dessiné. Sur un petit quart de siècle, de la fin des années 1840 jusqu'au tout début des années 1870, 231 peintures et 826 dessins ont été exécutés, selon Maison. Si l'on peut discerner les grandes lignes d'une évolution stylistique, les points d'ancrage dans le temps sont extrêmement rares. Certes l'*Esquisse pour la République* peut être sûrement placée au printemps 1848 mais on s'interroge toujours sur les peintures qui la précédèrent. *Femmes poursuivies par des satyres* (cat. 126) fut exposé au Salon de 1850-1851 mais quand la toile fut-elle reprise ? Et on pourrait multiplier les exemples qui toujours engagent à la prudence et poussent à proposer, pour la plupart des œuvres, des fourchettes larges et indécises. Les témoignages des contemporains sont presque inexistants et n'apportent que de maigres renseignements. La fameuse visite de Poulet-Malassis et Baudelaire dans l'atelier de Daumier, le 19 juin 1852[9], donne une description très vague des œuvres entrevues ; quelques années plus tard, le 11 mars 1860, nous apprenons, grâce à Baudelaire, que Daumier, « foutu à la porte du *Charivari* », est désormais « libre et sans autre occupation que la peinture[10] » mais pas un contemporain ne développa cette information laconique. De son vivant, l'artiste n'a que très peu exposé, suscitant de rares critiques ; et le catalogue de la grande rétrospective chez Durand-Ruel en 1878 – s'il est un document fondamental pour l'authentification et l'historique de ses œuvres – n'offre aucune précision chronologique. Il est tentant alors de raccrocher les peintures aux lithographies et de leur assigner des dates voisines. Mais, outre qu'il y a peu de correspondance thématique entre l'œuvre peint et gravé – le cycle des *Fugitifs* comme celui de *Don Quichotte* n'a pas d'équivalent lithographié –, rien n'indique, dans les quelques cas où un tableau se rapproche d'une gravure, qu'ils ont été exécutés au même moment. Et c'est dans le doute et par simple commodité que l'on situe en général un des chefs-d'œuvre de Daumier, *Au théâtre* (cat. 260), dans les environs d'une lithographie publiée en avril 1864 dans *Le Charivari* (cat 239).

Cette ignorance de Daumier, la révélation tardive de son œuvre et la surprise de voir un caricaturiste « se hisser au grand art », la difficulté qu'il y a à produire pour lui l'appareil usuel qui entoure la biographie et le catalogue de tout artiste, ce décalage et l'incertitude de sa position ont fait que, plus que pour aucun autre, ses exégètes ont tenté de le caser à tout prix quelque part, de lui fabriquer une généalogie, d'établir des parentés, de le situer coûte que coûte dans ce grand mouvement de la modernité qui passe du romantisme au réalisme et à la Nouvelle Peinture. Henri Beraldi a plaisamment recensé tous ceux auxquels on rattache Daumier : « À Jordaens, Puget, au Parrocel, Granet, aux Hollandais, aux Florentins, Charlet, Rubens, Rowlandson, Rembrandt, David, Michel-Ange, Henri Monnier, Corot, Gainsborough, La Tour, Barye, Tassaert, Constable, Ribot, Decamps, Hogarth, Diaz, Goya, Salvator, au Tintoret, Millet[11]. » Ce louable exercice visait à exalter l'artiste et à l'égaler aux plus grands mais l'enfermait aussi dans un réseau si serré de références qu'elles donnent le tournis, s'anéantissent mutuellement et perdent toute signification. Le peu que l'on sait de Daumier, la leçon de ses œuvres montrent cependant qu'il avait une grande culture artistique même s'il ne voyagea jamais hors de France, fréquentait le Louvre, les Salons et vécut toute sa vie au contact de peintres (Corot, Delacroix, Decamps, Jeanron, Daubigny, Meissonier, Ziem, Millet, Diaz, Théodore Rousseau…), sculpteurs (Préault, Barye, Michel-Pascal, Geoffroy-Dechaume…) et écrivains (Balzac, Baudelaire, Gautier, Banville, Roger de Beauvoir, Michelet, Champfleury…).

Certes peu causant, le « bonhomme Daumier » n'était pas la brute épaisse mais miraculeusement douée qu'on en a fait par la suite. Son admiration pour Rubens qu'il copia au Louvre, proclamée dans *Femmes poursuivies par des satyres* ou *Silène* (cat. 129), fut reconnue d'emblée ; régulièrement, il puisait des citations dans le cycle de Marie de Médicis dont il s'inspira pour sa figure de *La République* (cat. 120) ; et c'est Rubens et Jordaens qu'évoquèrent les Goncourt, dès 1860, légendant un bois gravé du *Silène*, surpris de ce qu'un « dessinateur charivarique » se situât avec autant d'évidence dans la filiation flamande. On pourrait multiplier les exemples, montrant un Daumier également attentif aux Vénitiens ou à Rembrandt, non seulement dans ses estampes mais dans de très nombreuses peintures, amateur feuilletant des gravures dans la pénombre d'une boutique, avocats en blanc et noir tenant conciliabule, Don Quichotte rêvassant sur un livre (cat. 368 et 369) tel un philosophe du Hollandais, toujours le même silence, le même ténébrisme, la même matière épaisse et frémissante et, sur un fond sombre, l'éclat d'une feuille blanche ou de l'or d'un cadre.

---

8. Jourdain, 1902, p. 116-117.
9. Adhémar, 1954a, p. 44-45.

10. Charles Baudelaire, *Correspondance*, t. II, Paris, Gallimard, La Pléiade, 1973, p. 9.
11. Beraldi, 1886, cité par Escholier, 1930, p. 129.

Mais, outre Rubens, la référence la plus manifeste est celle au XVIIIᵉ siècle français. Daumier peintre travaille sous le second Empire lorsque sont réhabilités, et dans tous les domaines, les arts du siècle précédent. Dans ses *Idylles parlementaires* (cat. 117), il pastiche, cadre chantourné, nature édénique, références mythologiques, les « fantaisies pastorales » de l'époque rocaille. Il travestit en nymphes et satyres, en faunes et amours, le personnel politique de la seconde République. *La Soupe* (cat. 166), par sa technique même – l'encre, le lavis, les rehauts d'aquarelle – et son sujet – la puissante figure de cette mère qui donne le sein –, pourrait être un dessin de Greuze comme ces variations intimistes sur le thème de la jeune mère. Dans les parades de saltimbanques, les Arlequins et Colombines, les scènes de comédie persistent, atténués et sur le mode mineur, des échos des fêtes galantes. Mais c'est vers Fragonard que, tardivement, Daumier s'est tourné ; ses peintures de la fin des années 1860 et du début des années 1870, avec leurs couleurs vives, la manière plus libre qui abandonne la compacité et les tons volontiers sourds de naguère, proclament leur admiration pour le peintre du

Fig. 1
Honoré Daumier,
Pierrot jouant de la mandoline,
vers 1870-1873,
huile sur toile, Winterthur,
Museum Oskar Reinhart.

XVIIIᵉ siècle. Si *L'Atelier* (cat. 346) louche vers lui de manière assez peu convaincante à l'image de ces produits de petits maîtres tels Tassaert ou Diaz, *Pierrot jouant de la mandoline* (fig. 1) est une admirable « figure de fantaisie ». Et dans *Don Quichotte sur un cheval blanc* (cat. 357), Daumier, reprenant, encore une fois, un thème qui fut cher à tout le XVIIIᵉ siècle, enlève au ciel Don Quichotte et Sancho dans une frénésie à la Fragonard des traits de pinceau qui s'enchevêtrent.

Le rapport de Daumier aux maîtres anciens – qu'a-t-il pu voir ? quelles citations faisait-il ? qu'a-t-il lu ? – demanderait une étude plus attentive, tout comme celui de l'artiste à ses contemporains. Mais là encore, les recherches sont balbutiantes. Dès son enfance, on l'a dit, Daumier a vécu dans un milieu artiste, même si la culture paternelle était d'abord littéraire et théâtrale. Toute sa vie il fut spectateur – celui qui regarde est, comme chez Degas, un thème essentiel de son œuvre –, assidu au théâtre de boulevard, au théâtre de rue, assidu au Salon et aux expositions artistiques. Sa culture visuelle est considérable qui lui permet de citer les anciens comme les contemporains pour leur rendre hommage – *Le passé, le présent, l'Avenir* (cat. 9) est un magnifique exemple de cette science de Daumier – mais souvent aussi pour les parodier. Car, indubitablement, une des raisons du succès de ses lithographies est qu'elles font régulièrement référence à la peinture du temps, référence parfois difficilement perceptible aujourd'hui mais qui devait amuser (ou agacer) un lecteur d'alors comme les pastiches du grand opéra chez Offenbach. Et cette irrévérence subtile contribuait à l'efficacité de ses charges tout autant que la cruauté du trait ou le comique des légendes. Le « blasphème amusant et utile » qu'il profère dans son *Histoire ancienne* (cat. 73 à 76) à l'égard des divinités et des héros antiques tient certes à ce qu'il « crache » sur la mythologie et ridiculise, comme le note Baudelaire, le « bouillant Achille », « Télémaque, ce grand dadais » ou « la brûlante Sapho, cette patronne des hystériques », mais d'abord à cette impitoyable critique d'une peinture académique, aride, mécanique, exténuée qui, dans ses traductions de l'Antiquité, n'évite jamais la sécheresse du mot à mot. Ainsi, Daumier a très tôt joué un rôle essentiel dans cette dénonciation des stéréotypes et a contribué, plus qu'aucun autre, à nous « délivrer des Grecs et des Romains¹² ». Le combat fut long et rude car on avait affaire à forte partie, et Daumier, contrairement à Millet, contrairement à Courbet et Manet, ne perçut jamais ce qui lui revenait. On l'oublia malgré l'admirable panégyrique de Baudelaire qui, dès 1857, s'attachant à « Quelques caricaturistes français » – et sans mentionner ses peintures et sculptures –, l'avait d'emblée considéré comme « l'un des hommes les plus importants […] de l'art moderne[13] ».

Champfleury, soulignant la ferveur quasi religieuse qui animait ces premiers combattants, a confiné Daumier parmi « tout un cénacle de croyants[14] », cénacle où figurèrent des artistes d'inégale valeur et auxquels il est hasardeux d'assigner des visées communes. Un milieu certes amical et qui le prouvera en soutenant activement Daumier dans ses passes difficiles mais ni un mouvement ni une école. Rien de semblable à ce qui, dans les années 1860, commença à unir ceux qui voulaient secouer la pesante tutelle académique et qui deviendront les phalanges impressionnistes. Daumier eut de l'amitié pour Jeanron, Louis Lecoq, Paul Huet, Cabat, Diaz, Boissard de Boisdenier, Auguste Boulard, Michel-Pascal, Antonin Moine, Charles-François Daubigny, Théodore Rousseau, Corot, une amitié payée de retour ; mais outre que ces peintres et sculpteurs ont souvent peu de points communs entre eux, leurs œuvres ne semblent pas avoir de répercussion dans celles de Daumier. Il décora la maison de Daubigny (cat. 360), qui lui-même acquit plusieurs de ses peintures, mais l'un et l'autre suivaient des voies entièrement différentes tout comme Corot, qui fut à son égard si bon et généreux. En revanche Decamps, Millet et Delacroix jouèrent un rôle fondamental dans son évolution de peintre et de dessinateur ; les deux premiers furent des intimes et Delacroix, qui l'admirait, une relation plus qu'un ami. Mais c'est à lui, à son œuvre religieux, aux fresques du palais Bourbon que l'on pense devant *La Madeleine au désert* (cat. 132) ou *Les Fugitifs* (cat. 150 à 152) – vivacité des coloris qui tranche sur les tonalités souvent sourdes adoptées par Daumier, emportement frénétique des personnages contrastant avec leur statisme habituel. Cela est particulièrement vrai de la version de Minneapolis des *Fugitifs* (cat. 152), très directement inspirée de l'*Attila* du palais Bourbon ; mais les tons terreux des versions précédentes, la morphologie des paysages, larges, abrupts et arides nous renvoient à Decamps comme maintes scènes du *Don Quichotte* (un ouvrage qui fascina également Decamps) et jusqu'aux effets de composition ou de mise en scène. C'est cependant de Millet qu'on a le plus souvent rapproché Daumier et Bruce Laughton a consacré un ouvrage entier à comparer leur œuvre graphique[15]. L'exercice est ancien, appuyé sur leur intimité – en 1856, Mme Daumier est marraine d'un fils de Millet, François, dont Théodore Rousseau est le parrain – et, avant tout, sur une semblable compassion, une identique « émotion devant l'existence » selon la formule de Focillon : « Tous deux, poursuit-il, avaient le même sentiment de la grandeur des êtres, du poids de l'homme sur la terre, de la beauté des formes solides, départagées par une lumière et par une ombre de statuaire[16]. » Deux mondes certes, l'un rural, l'autre essentiellement urbain, mais les blanchisseuses harassées de Daumier, figures anonymes de la misère, ont les mêmes gestes lents, la même inclinaison vers le sol, la même pesanteur, la même compacité que les glaneuses de Millet. L'un et l'autre, s'attachant au quotidien, et au plus infime du quotidien, lui donnent une dimension universelle, élèvent ce qui pourrait être peinture de genre, pittoresque et sentimentale, au rang de la peinture d'histoire.

---

12. Charles Baudelaire, « L'École païenne », article publié dans la *Semaine théâtrale* du 22 janvier 1852, repris dans Baudelaire, t. II, 1975-1976, p. 46.

13. Baudelaire, *op. cit.* note 12, p. 549.

14. Champfleury, *op. cit.* note 5, p. 102.

15. Laughton, 1991.

16. Focillon, 1929, p. 102.

Fig. 2
Edgar Degas,
Portrait de famille, dit aussi
La Famille Bellelli,
1858-1867, huile sur toile,
Paris, musée d'Orsay.

Cette universalité de Daumier, Baudelaire, le premier, l'a soulignée, montrant que le peintre de mœurs, le peintre de la vie moderne est « le peintre de la circonstance et de tout ce qu'elle suggère d'éternel[17] ». Plus haut, il a fait un rapprochement avec l'œuvre de Balzac – « On a justement appelé les œuvres de Gavarni et de Daumier des compléments de *La Comédie humaine*[18] » –, introduisant un parallèle qui aura une fortune considérable – « il a construit une comédie humaine, une histoire morale du XIXe siècle, égale aux plus durables monuments de notre génie », a écrit par exemple Focillon en 1929[19]. Ce parallèle a sa part de vérité mais il a aussi considérablement desservi l'œuvre de Daumier, la débitant en catégories faciles, opérant des regroupements impropres, et laissant de côté ce qui n'intégrait pas ce classement. Aux « Scènes de la vie privée », de la « vie de province » ou de la « vie parisienne », de la « vie militaire », correspondent les séries sur les « Mœurs politiques », « La chasse et la pêche », « Les gens de justice », « Commerces et commerçants »[20]. Or l'œuvre de Daumier supporte mal ces classifications qui négligent la chronologie et l'évolution stylistique, ne s'intéressent qu'au sujet et abandonnent, pour l'essentiel, l'œuvre peint et dessiné. Certes Daumier a archivé son temps, en a dressé, comme le note Geffroy « les procès-verbaux » ; mais c'est aussi « un historien qui dédaigne le détail et qui constate les passions de tous les temps et les états d'humanité immuables[21] ». Balzac lui-même l'avait compris qui ne considérait pas Daumier comme un pourvoyeur d'anecdotes, le chroniqueur satirique des petits faits du jour mais un grand artiste : « ce gaillard-là a du Michel-Ange sous la peau », avait-il déclaré, dès le début des années 1840, quand Philipon les avait rapprochés à *La Caricature*. Et Daumier ne lui est-il pas comparable quand Balzac charge les principales physionomies de la division La Billardière (*Les Employés*) ; n'est-il pas celui qu'il appelle de ses vœux et dont il ignorera l'accomplissement quand, dans *Ferragus*, il s'étonne de ce qu'aucun peintre n'ait « encore essayé de reproduire la physionomie d'un essaim de Parisiens groupés, par un temps d'orage, sous le porche humide d'une maison ». Et tout le passage qui suit a son équivalent dans l'œuvre de Daumier : « Où rencontrer un plus riche tableau ? […] Il y a le piéton causeur qui se plaint et converse avec la portière, quand elle se pose sur son balai comme un grenadier sur son fusil […] ; le piéton savant, qui étudie, épelle ou lit les affiches sans les achever, le piéton rieur qui se moque des gens auxquels il arrive malheur dans la rue, qui rit des femmes crottées et fait

Fig. 3
Honoré Daumier,
Un propriétaire,
26 mai 1837,
lithographie parue
dans *Le Charivari.*

des mines à ceux ou celles qui sont aux fenêtres ; le piéton silencieux qui regarde à toutes les croisées, à tous les étages ; le piéton industriel, armé d'une sacoche ou muni d'un paquet, traduisant la pluie par profits et pertes ; le piéton aimable, qui arrive comme un obus, en disant : Ah ! quel temps, messieurs ! et qui salue tout le monde ; enfin, le vrai bourgeois de Paris, homme à parapluie, expert en averse, qui l'a prévue, sorti malgré l'avis de sa femme, et qui s'est assis sur la chaise du portier[22]. »

Mais le rapprochement s'arrête là ; et Daumier, contrairement à Gavarni, n'est pas un illustrateur. Il serait intéressant, de ce point de vue, de comparer les deux artistes et leurs champions, Baudelaire pour Daumier, les Goncourt pour Gavarni, de montrer pourquoi le poète a élu l'auteur du *Ventre législatif* quand les deux frères l'ont négligé et n'ont eu d'yeux que pour le créateur des *Lorettes.* C'est que Gavarni appelle la légende quand Daumier s'en passe facilement ; il permet au littérateur une prise que le génie de Daumier, « simplificateur », « abréviatif », doué, selon Baudelaire, « d'une mémoire profonde des caractères et des formes[23] », n'offre pas ; il provoque d'infinies didascalies dont l'ouvrage charmant et bavard des Goncourt (*Gavarni. L'homme et l'œuvre*, publié en 1872-1873) est un merveilleux exemple. Gavarni fait corps avec le texte qu'il commente ou suscite ; il est un virtuose de la vignette, du cul-de-lampe qu'il inscrit avec maîtrise dans la page imprimée, ce que Daumier ne sait pas faire ou récuse, lui qui toujours ordonne un tableau, splendidement isolé.

Quand un Henri Monnier, par exemple, ne s'essaye qu'à rabouter des détails parmi lesquels il s'égare[24], Daumier à chaque fois compose et va droit à l'essentiel ; c'est ce que Baudelaire appelle la « certitude » de Daumier et qui le distingue des caricaturistes de son temps, « servie par un dessin abondant, facile » et qui fait que tout va d'aplomb, que le mouvement

17. Baudelaire, *op. cit.* note 12, p. 687.

18. *Ibid.*

19. Focillon, *op. cit.* note 16, p. 80.

20. C'est le découpage adopté par les éditions Vilo pour leur publication, dans les années 1970 et 1980, des estampes de Daumier.

21. Geffroy, 1901, p. 242.

22. Balzac, *Ferragus*, dans *La Comédie humaine*, t. V, Paris, Gallimard, La Pléiade, 1977, p. 814-815.

23. Baudelaire, *op. cit.* note 12, p. 468.

24. Voir le jugement de Baudelaire sur Monnier dans Baudelaire, *op. cit.* note 12, p. 557.

Fig. 4
Honoré Daumier,
L'orchestre pendant qu'on joue une tragédie,
5 avril 1852, lithographie parue dans *Le Charivari*.

Fig. 5
Paul Cézanne, *Portrait de Vallier*,
vers 1906, mine de plomb et aquarelle,
coll. part.

est vrai, que rien ne jure ou ne semble désaccordé[25]. Quand ses confrères n'aspirent qu'à l'effet, au mot percutant, ne font que de « chic », Daumier toujours utilise d'autres moyens. C'est ce qui permit au génie de Baudelaire de déceler, dans le caricaturiste, le grand artiste, de souligner les forces inusuelles qu'il déployait dans la charge quotidienne et qui s'appellent vigueur et pertinence du trait, science de la composition et du coloris. Car usant des seuls noir et blanc, chaque estampe est pourtant coloriée : « son crayon, a écrit Baudelaire, contient autre chose que du noir bon à délimiter les contours. Il fait deviner la couleur comme la pensée[26]. »

Il ne faut donc pas séparer, comme on l'a trop souvent fait, l'œuvre gravé de l'œuvre peint ou dessiné ; certes Daumier ne passe pas indifféremment d'un médium à l'autre, sait, comme l'a montré encore récemment Jacques Dewitte[27], user de la pluralité de ses moyens d'expression, délimitant ce qui revient à la caricature – la dérision, le rire sadique et « tortionnaire » pour relever un mot de Focillon, « le rapport cruel, agressif et extérieur à des figures risibles[28] », – et ce qui revient à la peinture – la compassion, l'identification du peintre « à ces êtres dérisoires qui sont l'objet du rire[29] ». Et quand il traite un même sujet dans une composition identique par l'estampe et par la peinture – ainsi *Au théâtre* (cat. 260) – apparaissent nettement les différences d'intention. Mais cela ne suffit pas pour dire qu'il y a là « deux mondes bien distincts », et que Daumier a mené « une sorte de double vie[30] » ; l'œuvre est bien unique, global, mû par les mêmes ambitions, laissant percevoir, sur l'ensemble de la carrière et dans toutes les techniques utilisées, une semblable évolution formelle. Sculpture et caricature s'épaulent et se répondent comme le montre la série des *Célébrités* (cat. 10 à 51) ; et *Les Fugitifs* (cat. 144 à 152) prouvent l'interaction profonde entre la peinture et la sculpture. « La peinture est ici force constructive, écrira Focillon, et non agrément de surface. La valeur, la forme, le ton naissant d'une même volonté et sous la même touche du pinceau, comme sous les doigts du sculpteur[31]. »

Daumier, si l'on considère sa fortune artistique, fut le peintre de quelques-uns. Il n'a pas joui de cette dévotion attentive ou de cette révérence respectueuse dont furent très vite

Fig. 6
Georges Rouault, *Trois juges*, 1913,
gouache et huile sur carton,
New York, The Museum of Modern Art.

Fig. 7
Pablo Picasso, *La Famille de saltimbanques*,
1905, huile sur toile, Washington (DC),
The National Gallery of Art, Chester Dale Collection.

entourés Ingres, Delacroix ou Corot. Mais malgré cette position marginale et son statut de « curiosité », il a suscité une postérité unissant aussi efficacement certains artistes entre eux que la filiation ingresque. Manet, Degas, Lautrec, Cézanne, Rouault, Picasso lui sont redevables, comme nous le verrons souvent dans ces pages : Degas – qui, dans sa collection, aura *Don Quichotte lisant* (cat. 369) et *La Déposition de mineure* (cat. 288) ainsi qu'une très belle réunion d'estampes – quand il peint son *Portrait de famille* (fig. 2 et 3) ou *L'Orchestre de l'Opéra* (fig. 4 et fig. 2 p. 418) et quand, à l'instar de Daumier, il puise dans l'inépuisable répertoire des sujets contemporains et hisse le quotidien, le banal au niveau de la peinture d'histoire. Cézanne quand il utilise l'aquarelle et se souvient des magnifiques variations sur *Le Liseur* (cat. 310 et 311) (fig. 5). Rouault quand il aligne ses juges implacables et sarcastiques (fig. 6). Picasso dont les saltimbanques harassés des années 1900 descendent si manifestement de ceux de Daumier (fig. 7).

Car Daumier est toujours actuel, lui qui fait trembler les royautés, abaisse les puissants, console les humiliés ; actuel lorsqu'il déploie le sinistre cortège des *Fugitifs*, actuel lorsqu'il stigmatise la répression policière, la censure, l'abus de pouvoir comme la bêtise ordinaire, les lâchetés de tous les jours ; actuel aussi quand il hésite sur la toile, n'achève pas, du moins selon les canons académiques, craignant toujours de sacrifier l'essentiel à l'accessoire, de diminuer la force expressive de l'esquisse en s'enlisant dans l'anecdote ; actuel parce qu'il fut de son temps, « moderne » selon Baudelaire, « à l'aise dans son époque » mais aussi en décalage avec elle, largement incompris, un artiste pour notre siècle.

---

25. *Ibid.*, p. 556.

26. *Ibid.*, p. 1006.

27. Dewitte, 1997, p. 689-699.

28. *Ibid.*, p. 694.

29. *Ibid.*

30. *Ibid.*, p. 689-690.

31. Focillon, *op. cit.* note 16, p. 102.

« Son rêve, en effet, a été la peinture »

Michael PANTAZZI

Dans le concert d'éloges qui salua en 1878 la découverte de Daumier peintre, nul commentaire n'était plus flatteur que celui de Camille Pelletan, pour qui c'était avant tout parmi les toiles de l'artiste « qu'on pourra apprécier, soit dans ses admirables scènes de la vie moderne, soit dans sa belle série des Don Quichotte, ce talent si fort, si original, si moderne, resté presque inconnu à la génération actuelle[1] ». Quelques voix se firent néanmoins plus critiques. Ainsi, Émile Bergerat débusquait la lithographie sous la couche picturale : « Toutefois la qualité de la peinture est inégale et hésitante : les effets qu'il obtient de la combinaison des tons appartiennent presque tous au procédé des contrastes, ressource suprême des arts du noir et blanc. Ici la palette est vaillante, et là le pinceau tâtonne encore. Daumier peintre manque de cette tranquillité que donne seule l'habitude[2]. » Edmond Duranty, tout en notant que « son rêve, en effet, a été la peinture » soulignait que lithographies, dessins et tableaux formaient un tout indissociable dans l'œuvre de Daumier, et que « à l'exception de quelques toiles, on peut dire que toute cette œuvre est, par essence, du dessin peint ou colorié[3] ». Duranty qui, à l'époque, a déjà élaboré le vocabulaire de la Nouvelle Peinture, était en fait plus sévère que Bergerat : « En peinture il a beaucoup cherché et un peu tâtonné ! Seulement ce sont des esquisses, plus que des œuvres achevées, qui sortent de son pinceau[4]. »

De la formation artistique de Daumier, on ne sait pratiquement rien, si ce n'est les références souvent répétées aux leçons dispensées par le grand Alexandre Lenoir – surtout connu comme muséologue – et son passage, bref peut-être, à l'académie Suisse. Son initiation, comme celle de son contemporain Corot, semble avoir été sommaire, avec tout ce que cela peut comporter de liberté par rapport aux conventions scolaires, mais aussi d'absence de structure pour canaliser cette liberté. Pourtant, son habitude de toujours commencer par le nu et sa connaissance consommée de l'anatomie dénotent chez lui une parfaite assimilation des principes classiques ainsi qu'un sens de l'observation hors du commun. La question de savoir si Daumier était, comme le pense Jean Adhémar, « actif en peinture dès 1832 » (date à laquelle il figurait en tant qu'« artiste-peintre » à l'*Acte de remise des détenus* à Sainte-Pélagie) ou dans les années 1840 seulement n'est toujours pas tranchée, et la datation de ses œuvres demeure l'un des aspects les plus controversés des études à son sujet. Quelques commandes attestées, le peu de toiles exposées au Salon, un unique tableau à la date à moitié lisible et un dessin portant une inscription constituent de bien pauvres pistes et donnent la pleine mesure du courage qui animait Adhémar et Maison pour reconstituer son évolution.

Si Daumier dessinateur a capté davantage l'attention des historiens d'art, sa méthode de peinture, souvent complexe, n'a reçu l'attention qu'elle mérite que depuis peu, dans des monographies comme celle de Bruce Laughton, et ce n'est que dernièrement qu'Aviva Burnstock et William Bradford ont entrepris l'examen de ses supports et matériaux[5]. L'accumulation des preuves, si incomplète soit-elle, nous éclaire sur ses habitudes. Nous savons qu'il employait du papier de bonne qualité, dont le fabricant nous est parfois connu, mais aussi qu'il lui arrivait d'utiliser ce qu'il avait sous la main. Faut-il le rappeler, un des *Wagon de troisième classe* est dessiné au verso d'un dossier de rebut de couleur bleue ; un autre de ses dessins (Washington, The National Gallery of Art) occupe le verso d'un fragment d'aquarelle d'un autre artiste[6]. Heureusement pour la postérité, l'utilisation fréquente des deux faces d'une même feuille, sans doute motivée par une certaine pauvreté, nous en apprend énormément sur ses mécanismes psychologiques. En peinture, ce souci d'économie le poussa à réutiliser ses propres panneaux et toiles ; le petit *Saint Sébastien* du musée d'Orsay (cat. 133) est peint sur un petit vantail prélevé sur un meuble[7].

Le plus ancien dessin de Daumier aujourd'hui datable avec précision est un inédit, non catalogué par Maison, une étude en sens inverse pour la planche *Le Napoléon de la paix*[8] (LD 240, *Le Charivari*, 3 mai 1835). Maison croyait que Daumier avait exécuté peu d'études préparatoires à des lithographies, et conseillait, à juste titre, de traiter avec prudence toute composition dessinée ayant quelque air de parenté, mais poussée à un état de relatif achèvement, car pareille pièce relève plus souvent qu'à son tour de l'art du faussaire. Un nombre croissant, bien qu'encore modeste, d'études pour des lithographies font surface actuellement ; sur ces morceaux qui se résument souvent à de simples griffonnages, la composition est invariablement inversée. Ainsi, Laughton a démontré que le verso jusqu'alors non répertorié d'un dessin bien connu de l'Albertina de Vienne (MD. 209) porte des croquis préparatoires à des planches publiées dans *Le Charivari* de juillet et d'août 1852[9]. Il a démontré aussi que le verso d'une autre feuille (Cleveland, Cleveland Museum of Art) comporte une étude inconnue pour *L'Enterrement de Girardin*[10] (*Le Charivari*, 20 février 1866, LD 3486). Les études au recto de cette feuille – qu'on prenait auparavant pour des croquis d'avocats – sont en fait des esquisses pour *Décidément je lui ressemble !* (LD 3842) du 29 janvier 1866. L'intérêt de ces œuvres est qu'elles éclairent le processus créateur de l'artiste et semblent contredire l'idée selon laquelle Daumier était un dessinateur spontané.

1. Pelletan, 19 avril 1878, p. 2.
2. Bergerat, 1878, p. 4154.
3. Duranty, 1878, p. 536.
4. *Ibid.*, p. 538.
5. Voir Laughton, 1996 ; Aviva Burnstock et William Bradford, « An Examination of the Relationship Between the Materials and Techniques Used for Works on Paper, Canvas and Panel by Honoré Daumier », Roy Ashok et Penny Smith (éds.), *Painting Techniques, History, Materials and Studio Practice,* contributions au Congrès de Dublin, 7-11 septembre 1998, Londres, International Institute for Conservation of Historical Artistic Works, 1998.
6. Voir *Deux Hommes* (MD. 141).
7. Par exemple, voir cat. 108, 197, 200 et 266.
8. Autrefois dans la collection Claude Roger-Marx (localisation inconnue). Une photographie de 1927 est conservée à la Witt Library de Londres.
9. Laughton, 1984, p. 58-59, pl. 42.
10. *Ibid.*, p. 59, pl. 43b.

Coïncidence, il subsiste d'autres études du même mois sur une feuille autrefois dans la collection Claude Roger-Marx[11]. Il s'agit de deux dessins pour *Prenant le titre des articles de Mr de Girardin*, publiée le 23 janvier 1866 (LD 3480), de griffonnages liés à *Mais, mon ami, tu t'es trompé d'omnibus*, paru le 12 février 1866 (LD 3473), et d'une composition générale à peu près achevée pour *À propos des nouvelles caves de la Banque de France* du 16 février 1866 (LD 3485) – tous en « contrepartie », c'est-à-dire en sens inverse. Comme l'a supposé Laughton, la théorie des probabilités plaide en faveur d'un plus grand nombre d'études et du fait que l'on doive les quelques pièces subsistantes à l'intérêt porté à ce genre d'œuvres par Roger Marx et son fils[12].

L'inversion du sens des dessins d'exécution soulève une question intéressant spécifiquement Daumier, chez qui le procédé est plus fréquent qu'on ne l'a observé et pas forcément dans ses seuls dessins. Le témoignage le plus extraordinaire qui nous soit parvenu de ce *modus operandi* des plus inusités est une toile inachevée, *Les Ivrognes* (MI-5). Daumier a commencé par y croquer la composition dont il a ensuite pris un calque avant d'apprêter la surface et d'ébaucher pour de bon son sujet en sens inversé et tête-bêche (fig. 1). Pour qui connaît la séquence des opérations, les deux compositions superposées sont parfaitement lisibles (voir croquis), même sur une image photographique, et témoignent d'une habitude invétérée issue de la pratique de la lithographie, et que l'artiste conservera jusqu'à la fin[13].

Pour se faire une idée claire de l'image définitive, Daumier préparait souvent ses aquarelles par des études inversées de figures ou de l'ensemble de la composition. Si les témoignages à ce sujet abondent, sa façon de s'y prendre est beaucoup moins étayée par des documents. *La Plaidoirie* (MD. 655, aujourd'hui à Saint-Péterbourg, Ermitage) est un exemple de ce procédé. Mécontent du placement de la tête de l'avocat, primitivement de profil, Daumier l'a délavée, puis a dessiné au verso une nouvelle tête en contrepartie, qu'il a ensuite reportée au recto. Pour ce faire, il a dû appliquer l'aquarelle sur une surface éclairée par-derrière à deux reprises : d'abord à l'envers pour repérer au verso la position adéquate de la tête et s'assurer de l'effet, puis à l'endroit pour copier le contour au recto. En ce qui concerne les tableaux, les inconvénients de la méthode sautent aux yeux. Une feuille de Los Angeles (fig. 2 et 3) nous apprend malgré tout que Daumier a entamé les deux versions peintes de *Don Quichotte, Sancho Pança et la mule morte* (cat. 358 et 359) par un dessin de la même dimension dont il a fait un calque mis au carreau sur le verso en guise de modèle des tableaux. Il subsiste par bonheur une plaque de verre portant un calque (fig. 2, p. 427) du *Wagon de troisième classe* d'Ottawa (cat. 270) qui révèle comment l'artiste s'y est pris pour obtenir un dessin inversible se prêtant à la prise d'un calque[14]. Le verre étant lavable et réutilisable, on peut se demander s'il s'agissait chez l'artiste d'un truc de métier habituel.

La fréquence avec laquelle Daumier recourait à une deuxième, voire une troisième version, d'une composition témoigne d'une quête de l'effet désiré, souvent obtenu à coups d'efforts redoublés. Les reprises peintes étaient rarement des copies et pas davantage des répliques, mais au contraire des états de raffinement sur une idée différant presque toujours entre eux

---

11. La localisation actuelle est inconnue. Une photographie de 1927 est conservée à la Witt Library de Londres.

12. Laughton (*op. cit.* note 9, p. 59) a observé qu'il subsistait probablement « une fraction seulement du nombre effectivement exécuté ».

13. Le fait que Daumier omettait fréquemment d'inverser la lettre « N » sur ses pierres lithographiques, ce qui donne « И », prouve que sa méthode de travail fondée sur des images en contrepartie ne venait pas d'une dyslexie.

14. Voir cat. 271 et 272.

Fig. 1
Honoré Daumier, *Les Ivrognes*, vers 1845 ?,
huile sur papier marouflée sur carton, localisation actuelle inconnue.

Fig. 2
Honoré Daumier, *Don Quichotte dans les montagnes*, recto,
vers 1866, fusain et gouache blanche,
Los Angeles, UCLA at The Armand Hammer Museum of Art and Cultural Center,
The Armand Hammer Daumier and Contemporaries Collection.

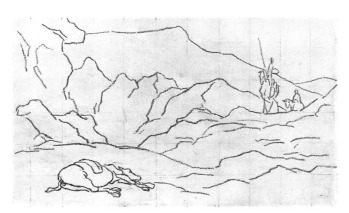

Fig. 3
Honoré Daumier, *Don Quichotte dans les montagnes*, verso,
vers 1866, fusain et gouache blanche,
Los Angeles, UCLA at The Armand Hammer Museum of Art and Cultural Center,
The Armand Hammer Daumier and Contemporaries Collection.

par le détail et l'accent. Il est de plus évident que Daumier éprouvait devant des compositions particulièrement complexes un besoin quasi maladif de travailler le même sujet sur deux toiles ou feuilles en même temps, passant de l'une à l'autre et allant même jusqu'à abandonner l'une d'elles, sinon les deux, en cours de route. C'est le cas de *L'Homme à la corde* (cat. 199 et 200), du *Wagon de troisième classe* (cat. 271 et 272), de *Don Quichotte et Sancho Pança* (cat. 365) et d'une réplique incomplète de ce panneau, qui a finalement servi pour le *Un wagon de troisième classe* (MI-179) de Cardiff, du *Déplacement des saltimbanques* (cat. 329 et MD. 548) et plusieurs autres.

À en juger par les témoignages dont nous disposons, cette manière d'élaborer ces séries avait dans l'œuvre de Daumier – ses aquarelles surtout – quelque chose de délibérément proche du scénario-maquette. Les images à première vue répétitives – ainsi qu'on le lui reprochera de son vivant – sont en fait des variations voulues sur un thème. Cela est particulièrement évident dans son œuvre lithographié publié, sphère d'activité la plus périlleuse, où il pratiquait fort régulièrement des changements de conception, au risque de perdre son public[15]. Faute d'une chronologie digne de foi, toute hypothèse sur l'évolution de ses idées ne peut qu'être hasardeuse, mais il arrive qu'une lithographie datée permette de remarquer une progression évoluant dans une direction précise. Une figure de la Charité au mur de la chambre représentée dans *Les Philanthropes du jour* (LD 1302, *Le Charivari*, 15 octobre 1844) contient déjà en germe *La République* (cat. 120) exécutée quatre années plus tard, tandis qu'une préfiguration de *Ratapoil* (cat. 143) se profile déjà dans une estampe ornant un mur de *C'est fichu ! on sait se cravater* (LD 739, *Le Charivari*, 27 décembre 1839).

Si l'on excepte les quelques commandes de lithographies dans sa jeunesse, Daumier semble avoir très peu copié, mais sa mémoire prodigieuse conservait le souvenir de ce qu'il avait vu et aimé. Duranty s'est livré en 1878 à une analyse intéressante de ce qu'il croyait être l'initiation aux beaux-arts de Daumier : une sorte de courbe s'amorce avec Rubens, puis s'oriente vers Millet, en passant par les influences intermittentes de ses contemporains, Monnier, Gavarni, Barye et de certains Anglais, tels Hogarth et Rowlandson[16]. Rubens occupe manifestement une place de choix, qui est surtout évidente dans les grandes compositions des années 1840 et qui saute presque inévitablement aux yeux dans *Silène* (cat. 129), pris généralement pour une copie par les critiques de l'exposition de 1878, Duranty compris. Il est intéressant par ailleurs de constater la dévotion particulière que Daumier a vouée tout au long de sa vie à Prud'hon, dont *La Justice et la Vengeance divine poursuivant le Crime* pourrait bien être l'image la plus prégnante qu'il ait eue en tête. C'est à Prud'hon qu'on peut rattacher les mornes clairs de lune de ses premiers tableaux, son intérêt obsessionnel pour les figures courant, les extravagants mouvements des bras, et peut-être même ses curieux paysages arides.

Les observations de Duranty touchant l'intérêt que Daumier portait à ses prédécesseurs britanniques soulève la question de la connaissance qu'il avait de ses contemporains. C'est à se demander par exemple s'il connaissait *Première classe – La rencontre* et *Deuxième classe – Le départ* (fig. 6) d'Abraham Solomon, exposés à la Royal Academy en 1854 et souvent reproduits par la suite, qui pourraient lui avoir donné l'idée de traiter le sujet en peinture, tout comme *Critiques d'art en Bretagne* et *Le Malade imaginaire*, exposés en 1861 et également gravés, se présentent clairement comme les sources possibles, lointaines ou immédiates, de certaines aquarelles[17]. En outre, on peut difficilement exclure qu'il ait fréquenté l'œuvre de George Cruikshank, connue d'Henri Monnier. L'inverse est vrai de Cruikshank, manifestement connaisseur et utilisateur de celle de Daumier[18].

Fig. 6
Abraham Solomon,
Deuxième classe – Le départ,
1854, huile sur toile,
Canberra, National Gallery
of Australia.

Malgré quelques ajouts aux connaissances sur l'œuvre peint et dessiné de Daumier, l'absence d'un inventaire après décès fait que la documentation se résume essentiellement aux trois premières grandes sources : les carnets de comptes sommaires et incomplets de Daumier, publiés par Jean Cherpin et Bruce Laughton ; le catalogue de l'exposition de 1878 qui recense environ le quart des tableaux répertoriés par Maison ; et l'inventaire provisoire d'Arsène Alexandre (1888). Cet inventaire fondé en partie sur le catalogue de 1878 recense en plus les œuvres demeurées en la possession de Mme Daumier, dont les envois de l'artiste au Salon et quelques morceaux inachevés tels *Le Bon Samaritain* (MII-1) et *Ecce Homo* (cat. 135). On sait par une lettre de Mme Daumier qu'Alexandre projetait un catalogue de l'œuvre peint de Daumier, mais la dispersion de l'atelier de l'artiste l'a privé de la possibilité d'en expertiser correctement le contenu.

Le sort de l'atelier de Daumier après sa mort demeure une question controversée dont on connaît peu de choses. Au verso d'un tableau faisant partie de la vente Doria de 1899 – les *Forgerons* acceptés par Klossovski mais rejetés par Fuchs et Maison –, le comte Doria a écrit : « Peint par H. Daumier. Un commencement de tableau. Cette belle esquisse était recouverte par de la couleur, pour recevoir une autre peinture. Après l'enlèvement de cette couleur, elle est apparue dans son état actuel. Vendue par M. Diot, avril 1882[19]. » Doria faisait partie de la poignée d'enthousiastes qui possédaient des toiles inachevées de Daumier et Diot, marchand réputé, a prêté des œuvres à l'exposition de 1878. Si la peinture provient bien, comme on le pense, de l'atelier de Daumier, il s'ensuit que les œuvres en ont été retirées relativement peu après son décès, quoiqu'on puisse se demander pourquoi un amateur a préféré à de grands tableaux une toile portant une deuxième couche d'apprêt. Quoi qu'il en soit de la toile nettoyée par Diot, on peut inférer de la monographie d'Alexandre qu'un bon nombre d'œuvres

15. Par exemple, voir cat. 173 et 174.

16. Duranty, *op. cit.* note 3, *passim*.

17. Voir cat. 255 et 256 et *Le Malade imaginaire* (MD. 476).

18. Voir, par exemple, Cruikshank, « My Wife is a Woman of the Mind », *The Comic Almanack for 1847*, d'après deux planches de la série des *Bas-bleus* de Daumier.

19. Vente Doria, Paris, galerie Georges Petit, 4-5 mai 1899, lot 136, et Klossowski 1923, n° 233. L'œuvre a été montrée dernièrement ; voir Itami, Yamanaschi et Ehime (Japon), 1997, n° 6, repr. coul. avec les dimensions suivantes : 48 × 60 cm.

20. Voir la lettre d'Arsène Alexandre à Mme Daumier du 31 décembre 1887 où il lui fait part de l'achèvement de sa monographie et lui annonce sa visite (Cherpin, 1948, p. 81).

demeurées en la possession de Mme Daumier se trouvaient toujours dans l'atelier de Valmondois vers 1888[20]. Si l'inscription de *L'Émeute* d'Oxford (cat. 122) est exacte, Alexandre a certainement vu Mme Daumier en février 1891 et aurait alors obtenu le dessin ; c'est probablement à l'occasion d'une ou plusieurs de ces visites qu'il a acquis un certain nombre d'autres dessins et *Le Fardeau* de grandes dimensions (MI-42), aujourd'hui à Saint-Pétersbourg (Ermitage), du reste absent de son inventaire des œuvres appartenant à Mme Daumier[21].

Paul Durand-Ruel, qui a exposé trois Daumier à Londres en 1872 et accueilli sa rétrospective de 1878, a écrit dans ses mémoires que l'artiste est décédé « laissant des tableaux en cours d'exécution et beaucoup d'esquisses que de misérables spéculateurs enlevèrent un jour à sa veuve pour une somme dérisoire. La plupart de ces œuvres, plus ou moins retouchées par eux, se sont revendues plus tard fort cher et quelques-unes ont figuré dans les expositions organisées après la mort de l'artiste[22] ». Les événements auxquels il faisait allusion sont survenus après la publication de la monographie d'Alexandre (1888). Mme Daumier a décrit elle-même l'incident dans une lettre inédite à Alexandre dictée le 19 décembre 1891 à son médecin qui y a ajouté un *post-scriptum* :

« Cher Monsieur Arsène Alexandre

« Il est exact que dans le courant de l'année 1889, un monsieur dont j'ignore le nom, est venu me voir à Valmondois, pour me proposer d'emmener les toiles et esquisses de mon mari qui se trouvaient dans son atelier et dans la maison.

« Il est exact aussi que profitant de ma surprise, on a enlevé un jour tout ce qui restait en ma possession et que l'on m'a laissé quatorze cents francs, sans me faire savoir le nom de l'acquéreur.

« Parmi les œuvres ainsi enlevées se trouvaient : les *Bacchantes*, le *Meunier, son fils et l'âne*, le *Bon Samaritain*, les *Cheveaux* [*sic*] *à l'abreuvoir*, les scènes de *Don Quichotte*, les *Femmes regardant un étalage* et encore une cinquantaine d'autres peintures ou études que vous deviez un jour cataloguer.

« Je vous autorise absolument à faire usage de ce renseignement et je vous envoie mes salutations.

« Ve Daumier

« Valmondois ce 19 X[bre] 1891 »

« Monsieur,

« Madame Daumier ne pouvant plus écrire, c'est son docteur qui s'est chargé de transcrire votre lettre. Elle a signé tant bien que mal ! La mémoire de Mme Daumier s'en va absolument, ainsi la date de 1889 indiquée me paraît douteuse.

« Recevez, Monsieur, mes salutations distinguées.

Dr Février [23]. »

Fait intéressant, cette lettre est en forme de déclaration ; de plus, l'autorisation d'en faire usage suggère que Mme Daumier s'attend à ce qu'il en soit ainsi. Si Alexandre a bien vu Mme Daumier en février 1891, il était sûrement au courant de la vente, et n'avait donc nul besoin d'en être informé. Force est donc de conclure que Mme Daumier regrettait son consentement précipité et a signé la déclaration dans l'espoir d'une intervention quelconque. Le docteur Février, qui n'avait manifestement pas assisté aux événements, pourrait bien avoir eu ses raisons de douter de la mémoire de Mme Daumier, mais la vente a forcément eu lieu au cours de la période 1888-1890. La veuve de l'artiste disait ignorer le nom de l'acheteur des tableaux, mais Alexandre le connaissait probablement, car il a noté en marge du courrier : « marchands de tableaux connus ».

Dans ses mémoires, Ambroise Vollard, qui connaissait sans doute également l'acquéreur, a fait une allusion, brève mais inexacte, à l'affaire ; de cette vente, il a écrit : « un important lot d'études de son mari, une pleine voiture de déménagement pour quinze cents francs. Je me rappelle qu'à cette époque un journal protesta contre ce scandale d'une veuve d'artiste dépouillée si odieusement. Or, après avoir promené son "butin" un peu partout, l'acheteur avait été très heureux de le liquider en rentrant simplement dans ses quinze cents francs[24]. » En fait, le tollé ne s'élèvera dans les journaux qu'en 1901, après le décès de Mme Daumier, à l'occasion de l'exposition organisée par Frantz Jourdain à l'École des beaux-arts, Alexandre s'étant enfin décidé à dévoiler ce qu'il savait. Son article s'achevait sur ces mots : « Pour ces quatorze cents francs, ils emportèrent ce qui en valait alors cent mille. Ils poussèrent la délicatesse jusqu'à débarrasser Mme Daumier de vieux chevalets et de vieux moulages de la colonne Trajane.

« Ce conte de voleurs n'a plus de sanctions. L'œuvre de Daumier volée à sa veuve appartient aujourd'hui au public tout entier[25]. » On ne peut que s'interroger sur les motifs du long mutisme d'Alexandre, mais il semble que la vente à laquelle il faisait allusion ne soit que la plus importante. Ainsi Vollard a raconté dans quelle circonstance le docteur Gachet lui avait signalé « toute une collection de Daumier chez un petit menuisier de Pontoise ; ce brave homme, en paiement d'un travail, avait accepté de Mme Daumier quelques études auxquelles la veuve de l'artiste n'avait attaché aucune valeur. Il y avait là, entre autres, si j'ai bonne mémoire, la *Salle d'attente* [en fait, *Passants*, cat. 197]. Le possesseur de ces chefs-d'œuvre les laissait sous une commode.

"Vous comprenez, ça prend de la place chez moi." […]. Enfin, même si j'avais de la place, je ne mettrais aux murs que des choses qui font plaisir à regarder[26]. » Vollard avait l'intention de les lui acheter, mais il se fit damer le pion par un confrère[27].

Vollard a évoqué également la galerie Diot, rue Laffitte, où se trouvaient apparemment d'autres « vestiges » de l'atelier de Daumier : « Du magasin de Diot, les tableaux débordaient jusque dans une cour où, sous une espèce de hangar, on pouvait voir des esquisses de Daumier,

21. Parmi ces œuvres figurent la feuille portant une inscription avec deux scènes de Molière ultérieurement coupée en deux (MD. 483 et D. 484, cat. 209) et *Avocat plaidant* (MD. 648), portant cette inscription : « De madame Veuve Daumier à Arsène Alexandre, et d'Arsène Alexandre à son cher ami Georges Montorgueil, souvenir de cœur. »

22. Lionello Venturi, *Les Archives de l'impressionnisme : lettres de Renoir, Monet, Pissarro, Sisley et autres ; mémoires de Paul Durand-Ruel ; documents,* New York, B. Franklin, vol. II, 1968, p. 208. À propos de la vente de Londres, voir *Third Exhibition of the Society of French Artists […] at 168, New Bond Street, W.,* Londres, 1872, nº 118, *At the Theatre,* 35 gs ; nº 119, *The Mountebanks,* 40 gs ; et nº 120, *The Print Collector,* 35 gs ; Constantin Ionidès a acquis les deux dernières œuvres, qui figurent dans la présente exposition (cat. 254 et 330).

23. La lettre est conservée à Los Angeles, Getty Center for the History of Art and the Humanities.

24. Ambroise Vollard, *Souvenirs d'un marchand de tableaux,* édition revue et augmentée, Paris, Albin Michel, 1989, p. 89 ; trad. anglaise, *Recollections of a Picture Dealer,* Londres, Constable, 1936.

25. Dans un article intitulé « Une histoire de brigands », Alexandre a écrit également : « Personne ne voulait encore de cela il y a 14 ans… Des marchands n'eurent pas ces scrupules ; ils vinrent avec une voiture de déménagement, étourdirent de leur bagout, au besoin terrorisèrent un peu la bonne vieille dame, puis l'éblouirent par l'offre de quatorze cents francs qu'il lui fallait pour refaire son poulailler et tapisser de papier neuf la petite maison léguée par Corot. » Voir Cherpin, 1979, p. 103.

26. Vollard, *op. cit.* note 24, p. 88-89.

27. *Ibid.,* p. 78.

dédaignées à une époque où l'on s'attachait surtout au "fini". Or, on sait quelle valeur marchande et quelle importance artistique a prise aujourd'hui la moindre de ses ébauches. J'ai vu là des études pour *Don Quichotte*, celle-ci surtout, qui enchantait Renoir : un simple frottis de terre d'ombre, et aussi cette extraordinaire étude de *Jésus et Barabbas* [cat. 135] que j'avais eu un jour l'occasion d'acquérir. J'avais parlé de ce projet à un peintre de mes amis :
– Voyons Vollard… si Daumier vivait, il jetterait au feu cette étude ratée.
Et je fus assez naïf pour l'écouter[28]. »

Maison a établi également ce que le marchand Tempelaere avait acquis en 1895 d'un marchand-amateur de Versailles nommé Leroy : une douzaine d'esquisses peintes provenant manifestement de l'atelier[29].

À cause du début fortement lacunaire de l'historique de la plupart des œuvres de Daumier dont on sait qu'elles se trouvaient à Valmondois, il est extrêmement compliqué de les localiser pendant une décennie, sinon davantage après 1888. Le premier des tableaux mentionnés par Mme Daumier à refaire surface a été *Un étalage* (MI-106), intitulé par elle *Femmes regardant un étalage* ; en 1892, il appartenait à Durand-Ruel qui le revendit la même année 5 000 francs au collectionneur montréalais sir William van Horne. D'autres, tels *Le Meunier, son fils et l'âne* (MI-24) et *Femmes poursuivies par des satyres* (cat. 126), que Mme Daumier intitulait *Bacchantes*, ont fini par passer des mains d'un dénommé Rivaud à celles de Brame et Tempelaere qui, en juin 1909, les revendirent 17 500 francs à Van Wisselingh, lequel les plaça à son tour au Canada en 1911[30]. Et c'est sans doute de l'une de ces ventes de l'atelier de Daumier que provient l'imposant ensemble d'études acquis par Roger Marx.

Il est une question plus importante encore : la retouche des œuvres inachevées qu'a évoquée Durand-Ruel dans ses mémoires et que Maison a analysée en détail dans son catalogue. C'est également au cours de cette période, à la fin du siècle, qu'ont commencé à proliférer les tableaux apocryphes. Si la valeur d'un artiste se mesure au nombre de faux et d'attributions qu'il inspire, Daumier apparaît sans conteste comme un artiste de première importance, ne le cédant peut-être qu'à Corot, au XIXe siècle. La concordance qu'a établie Maison entre le catalogue de Fuchs (1930) et son propre catalogue (1968) nous éclaire sur l'élimination d'œuvres considérées comme autographes, mais ne tient pas compte des nombreux faux apparus après 1900, et auxquels Maison a consacré des notices dans son catalogue. L'affirmation de Grehan dans son étude publiée à compte d'auteur, selon laquelle, parmi les tableaux et les dessins catalogués par Maison lui-même, se trouveraient des erreurs d'attribution, nous renseigne un peu sur le climat dans lequel se sont déroulées les études sur Daumier et les risques inhérents à celles reposant uniquement sur des photographies[31].

Des faux existaient du vivant de l'artiste mais, à en juger par les témoignages disponibles, il s'agissait exclusivement de dessins et de tableaux d'après ses lithographies. Ce fait est important, car il attire l'attention sur la production pour laquelle Daumier était le plus admiré. Dans une déclaration datée du 19 avril 1877 et publiée par Cherpin, Daumier autorisait son ami Geoffroy-Dechaume « à prendre telle mesure qui sera nécessaire relativement à un tableau exposé chez M. Dangleterre et mis en vente par lui comme étant de moi, ce qui est faux aussi bien que la signature ; c'est une copie d'une de mes lithographies[32] ». Alors que l'exposition Daumier était en cours, en 1878, Bertall signalait dans son compte rendu une œuvre de l'artiste qu'il avait vue chez un marchand, et dont il ignorait qu'il s'agissait d'un faux[33]. Quatre années auparavant, Maurice Bonvoisin, qui publiait des dessins dans *Le Charivari* et *Le Journal amusant* sous le pseudonyme de Mars, écrivait à Daumier : « Je possède un dessin au crayon noir (sur papier rouge brique) dont la légende, publiée lithographiquement, est restée dans l'esprit de tous : *Arrête, malheureux ! tu vas tuer le père de ton enfant.* – J'espère que ces lignes vous rejoindront sans encombre et je vous prierais de me tracer *de votre main* la légende ci-dessus, qui viendra doubler à mes yeux, le prix de votre charmant dessin[34]. » Nul ne connaît la réponse de Daumier, mais le dessin en question était sûrement la copie d'une lithographie bien connue (LD 654) parue dans *La Caricature* du 21 février 1841. Même la collection d'Armand Doria, de fort bon aloi, a été touchée : la vente de 1899 comprend plusieurs faux – les lots 375, 380, 381, 382 notamment sont tous d'après des lithographies du *Charivari* ou du *Journal amusant*[35].

Le plus intéressant reste toutefois l'écart entre la manière dont Daumier peintre est perçu actuellement par le public – pour qui le lithographe a soit tiré son œuvre publié de dessins ou de peintures, soit traduit ses planches en tableaux, dessins ou aquarelles – et la distinction que Daumier lui-même établissait entre sa gravure et sa peinture. Il va sans dire que la frontière entre les genres est devenue floue quand, au début des années 1860, il s'est mis à l'aquarelle dans un but commercial, en exploitant les sujets qui avaient fait le succès de ses lithographies et de ses bois, notamment la série des gens de justice et les scènes ferroviaires[36]. À l'inverse, la difficulté que Daumier a éprouvée à s'affirmer comme peintre à ses débuts s'explique essentiellement par la grande disparité entre sa peinture et son œuvre lithographique.

28. *Ibid.*, p. 67 ; le tableau qu'admire Renoir porte probablement le n° 356 au catalogue. Vollard envoya pas moins de quinze tableaux et douze dessins à l'exposition Daumier de 1901.

29. Voir Maison, vol. I, 1968, p. 33. Maison n'a répertorié qu'un seul tableau (MI-218) de l'ensemble.

30. Voir cat. 121 et 125.

31. Grehan, 1975, p. 5.

32. Cherpin, 1973, p. 196.

33. « Nous venons de voir un de ses dessins exposé dans les vitrines, dans lequel il nous montre un charcutier, disant d'un air navré en regardant son fils en bourrelet, qui vient sans doute de commettre quelque crime de lèse-charcuterie : « Dire que je voulais en faire un charcutier ! et que je serai obligé peut-être d'en faire un

avocat ! » (Bertall, avril 1878, p. 2). Il s'agit probablement d'une copie de *J'en aurais fait un boucher me voilà réduit à en faire peut-être un avocat !* (LD 3016).

34. Lettre inédite de Bonvoisin, de Paris, à Daumier, 6 janvier 1874, Los Angeles, Getty Center for the History of Art and the Humanities.

35. Voir vente Doria, Paris, galerie Georges Petit, 4-5 mai 1899, lot 375, *Ah ! la campagne*, d'après LD 3358 (1862) ; lot 380, *L'ami d'un grand homme*, d'après LD 847 (1842) ; lot 381, *Eh ! bien, mon cher directeur*, d'après LD 871 (1841) ; et lot 382, *Ça ! un appartement de huit cents francs !*, d'après LD 2571 (1854).

36. Daumier s'est parfois copié lui-même pour satisfaire des commandes comme celles de Walters ; voir cat. 230, 268 et 269.

Daumier et l'estampe

Ségolène LE MEN

> *On a tout dit sur Daumier – tout ce qui peut se dire…*
> *Après quoi doit venir la sensation que rien n'a été dit, et qu'il n'y avait rien à dire.*
> *Une œuvre d'art qui ne nous rend pas muets est de peu de valeur :*
> *elle est commensurable en paroles. Il en résulte que celui qui écrit*
> *sur les arts ne peut se flatter que de restituer ou de préparer ce silence*
> *de stupeur charmée – l'amour sans phrases…*
>
> Paul Valéry[1]

Enfoui sous une masse considérable de textes, d'expositions, de reproductions, tel apparaît l'œuvre gravé de Daumier, pour peu que l'on s'aventure à parcourir le recueil de Courthion[2] ou à consulter la volumineuse bibliographie rassemblée par Provost[3]. Geffroy, en 1901, en faisait déjà le constat, rappelant combien de grands écrivains et critiques avaient parlé de lui[4]. Aujourd'hui, les lithographies de Daumier[5] sont devenues si familières qu'en fin de compte le regard les traverse. Pourtant, ces planches au style reconnaissable, sur lesquelles s'est fondée sa réputation, suscitent trop rarement le « silence de stupeur charmée » que l'artiste a prêté lui-même, dans ses peintures et aquarelles, aux amateurs d'estampes (cat. 244 à 254) et, par exemple, aux admirateurs de Raffet[6], l'un des premiers maîtres de la lithographie[7] (cat. 253). Quelques collectionneurs et amateurs, auxquels cette exposition doit beaucoup, sont restés à l'affût, il est vrai, des beaux exemplaires[8]. De plus, les études récentes ont maintenu les caricatures de Daumier à leur place, la première, dans l'histoire du dessin de presse et des représentations sociales et politiques[9]. Bien qu'essentiel, ce point de vue n'est pas le seul dans la présente rétrospective : l'estampe est un art majeur pour Daumier qui fut également dessinateur, peintre et sculpteur, et se relie aux autres formes d'expression qu'il a pratiquées. Le propos est de redécouvrir, dans cet ensemble graphique, un Daumier divers et moderne qu'ont admiré non seulement les écrivains et critiques d'art, de Baudelaire à Valéry[10], mais aussi les peintres, depuis Delacroix et Gigoux jusqu'à Degas, Cézanne, Picasso et Rouault, pour ses compositions surprenantes, ses cadrages inattendus, ses effets de lumière, son trait de crayon, son sens du geste et de la physionomie, son maniement sans égal de la lithographie[11], et enfin son humour. À cette fin, une sélection de belles épreuves s'imposait ; la première difficulté consistait à extraire une centaine de pièces des près de quatre mille lithographies répertoriées par Delteil[12], et près de mille bois recensés par Bouvy[13], – à peine cinq pour cent de l'œuvre gravé – pour néanmoins donner une vue d'ensemble sur ce domaine d'activité qui constitue l'armature de l'œuvre de Daumier et qui reste de façon ininterrompue son vrai métier, celui de caricaturiste dessinateur de presse, impliqué dans l'atelier collectif des journaux illustrés[14]. La lithographie apparaît comme le fil d'Ariane de son activité multiforme et prolongée, c'est elle qui en scande le déroulement, en définit la chronologie, lui donne sa continuité, alors que les autres domaines d'expression s'exercent, par cycles, à des périodes déterminées ; mais en retour, c'est un fil de trame dont la progression est fondée sur l'entrelacement des thèmes et l'interférence avec les différents arts que Daumier pratiquait lui-même, ou qu'il observait autour de lui, comme la photographie.

L'œuvre gravé de Daumier : techniques et publication

Lorsque Daumier signa son esquisse peinte de *La République* (cat. 120), pour le Concours de 1848, il choisit la marque des compagnons tailleurs de pierre[15], en une discrète allusion à son identité de lithographe. Sa longue carrière coïncide, de fait, avec l'âge d'or de la lithographie en noir et blanc et du bois d'illustration, les deux techniques de son œuvre gravé, où ne figure, comme une ultime tentative, qu'une seule eau-forte[16], ainsi qu'avec l'essor du livre illustré romantique et de la presse, « quatrième pouvoir », selon le mot de Balzac, des sociétés démocratiques.

Inventée en Bavière en 1796, introduite au tournant du siècle en Alsace puis à Paris, la lithographie s'imposa au cours des années 1820[17] – les années de formation de Daumier ; elle connut sous la monarchie de Juillet un succès qui se maintint sous le second Empire, malgré

1. Valéry, 1938 (réimp. 1943 et Paris, 1949).
2. Courthion et Cailler (éds.), 1945.
3. Provost et Childs, 1989.
4. Geffroy, préface au cat. exp. Paris, 1901.
5. Connues par des recueils ou par des illustrations de manuels : *Le Gamin de Paris aux Tuileries* (cat. 114) apparaît, par exemple, dans le chapitre sur la Révolution de 1848 des manuels d'histoire, et dans le chapitre sur Flaubert et *L'Éducation sentimentale* (1869) des manuels de littérature française. Les œuvres d'Armand Dayot ont favorisé cette interprétation de Daumier dans un projet, selon ses propres termes, d'*histoire par l'image*, dont le meilleur exemple reste Dayot, s.d. [1897].
6. L'aquarelle (cat. 253) a appartenu à Giacomelli, illustrateur, collectionneur et amateur qui fut l'auteur du catalogue raisonné de l'œuvre de Raffet (1863) : selon Adhémar (1954b, note pl. 136), il pourrait lui avoir commandé cette œuvre.
7. Inversement, dans ses lithographies, l'artiste et l'amateur, bouche bée face au tableau, ne s'expriment que par interjections, onomatopées ou exclamations (cat. 231).
8. Dans cette rétrospective figurent notamment des planches ayant appartenu à John Lessing Rosenwald, dont la collection se trouve à la National Gallery of Art de Washington (Washington, 1979), et à Louis Provost, dont le fonds, conservé au musée d'Art et d'Histoire de Saint-Denis, a fait l'objet d'expositions thématiques sur la vie conjugale (Saint-Denis, 1988-1989), sur les parlementaires (Paris, Versailles, Bruxelles et Saint-Denis,

1996-1997), et sur le théâtre (Spolète, 1998) ; tous mes remerciements s'adressent à ceux que j'ai pu rencontrer, et notamment à M. Lecomte, M. Passeron et M. Prouté. Un numéro spécial des *Nouvelles de l'estampe* (n°⁵ 46-47, juillet-octobre 1979), dirigé par Jean Adhémar, avait passé en revue les principales collections d'estampes de Daumier.
9. Sur ce point de vue, encouragé d'emblée par Champfleury et Grand-Carteret, voir par exemple cat. exp. Berlin, 1974 ; les actes du colloque *Daumier et les débuts du dessin de presse*, Grenoble, 1979 ; le recueil collectif Régnier (dir.), 1997.
10. Et Balzac, Michelet, Champfleury, Banville… Voir Melot, 1988, p. 3 à 24.
11. De façon singulière, les textes critiques parlent de « dessins », voire de « peintures » à propos des lithographies.
12. Delteil, vol. XX-XXIX, 1925-1926 (réimpr. 1969).
13. Bouvy, 1933, qui donne une liste de 81 gravures d'après Daumier. L'un et l'autre ont été précédés par Rümann, 1914 et Fuchs, 1917.
14. James, 1954 (réimpr. d'un article de *Century Magazine*, 1890).
15. Chaudonneret, 1987.
16. LD 3955, *Essai d'eau-forte* (29 mai 1872). Sur la même planche, des croquis de Rops, Harpignies et Taiée, reproduit en hors-texte dans cat. exp. Paris, 1878.
17. Cat. exp. Paris et Munich, 1988.

l'apparition de la lithographie en couleurs et du « procédé » de reproduction photomécanique qui en amorça l'irréversible déclin, au moment même où Daumier quittait la scène artistique. La lithographie repose sur le principe chimique de la répulsion de l'eau, qui humecte une pierre calcaire, et de l'encre grasse ; elle permet au dessinateur de composer son œuvre directement sur la pierre et, hormis de petits croquetons, sans dessin préparatoire (à de rares exceptions près, comme les aquarelles pour *La Revue des peintres*) : les lithographies de Daumier sont des gravures originales[18]. L'usage est de distinguer les épreuves « sur blanc », celles du journal *La Caricature* (1830-1835) et des albums lithographiques, des épreuves « en *Charivari* », dont le verso porte le texte du journal qui transparaît parfois sur l'image. Les premières épreuves avant la lettre (cat. 90, 95, 99 et 105) dont la feuille peut avoir été pliée en quatre pour être envoyée aux rédacteurs de légendes sont d'une grande fraîcheur : tel est le cas des exemplaires de déclaration d'imprimeur[19], ou d'un magnifique ensemble, avec légendes autographes, de l'École nationale supérieure des beaux-arts, dont les nuances et les effets de transparence sont proches de dessins rehaussés au lavis (cat. 106, 107, 241 à 243) ; les exemplaires du dépôt légal qui appartiennent au département des Estampes et de la Photographie de la Bibliothèque nationale de France[20] sont souvent de belle qualité[21]. À partir de 1870, le « gillotage » devint de mise au *Charivari*, tandis que le papier-report était employé quelques années plus tôt dans les autres journaux[22] : « Pour économiser le va-et-vient des pierres encombrantes, il semble bien qu'on impose à l'artiste le dessin sur papier à reporter, matière molle et indifférente. Toutes les finesses s'effacent. Il ne reste plus à l'impression que des gris lépreux et des noirs de suie. Enfin le report sur pierre disparaît à son tour et le dessin, transporté sur zinc, est gravé par les procédés encore imparfaits de Gillot[23] ». Rarissimes sont alors les épreuves sur papier mince (cat. 92 et 238), tirées sur la pierre-mère et réservées à l'imprimeur, qui constituent, pour ainsi dire, le tirage de tête de ces planches, alors que la médiocre qualité du tirage ordinaire dans le journal fait parfois oublier la beauté du dessin.

La gravure sur bois de bout est un procédé en relief, qui offre l'avantage de pouvoir s'intégrer à la justification typographique. Expérimenté en Angleterre dans le dernier quart du XVIIIᵉ siècle, adopté en France sous la Restauration par des graveurs anglais ou provinciaux, le bois de bout (qui s'oppose au bois de fil et dans lequel la plaque, découpée perpendiculairement au sens des fibres du bois, est travaillée au burin) fut utilisé au début des années 1830 par la librairie romantique et parsema de ses nombreuses vignettes, entre 1835 et 1850 environ, magazines, journaux et livres illustrés vendus par livraisons : ainsi abondaient bandeaux ou têtes de pages (compositions liminaires, en tête d'un chapitre ou d'un journal), vignettes proprement dites, placées dans le texte, et planches hors-texte, ou culs-de-lampe terminatifs… Dans ces « musées d'images » dont la mode a culminé autour de 1840[24] (cat. 62 à 67) s'est concentré l'essentiel de la production de Daumier, en une technique où la virtuosité des graveurs – Birouste notamment – rendait justice au croquis esquissé sur le bois et gravé en fac-similé[25]. Poursuivant la voie ouverte par les dessinateurs-illustrateurs de livres tels que *Les Français peints par eux-mêmes*, dont Daumier faisait partie, puis défendue par Gustave Doré au début des années 1860, une nouvelle génération de graveurs d'interprétation, regroupés au *Monde illustré*, s'efforçait de traduire lavis et aquarelles par le bois « de teinte », qui exprime non seulement le trait mais également la tonalité des gris[26]. Le bois devint désormais pour Daumier un mode de reproduction artistique de son œuvre dessiné, qui assure une plus large diffusion aux aquarelles collectionnées par les amateurs[27].

La carrière et l'évolution stylistique

Dès 1834, Philipon en fit le constat, repris par Baudelaire, Daumier lithographe avait l'envergure d'un peintre d'histoire (cat. 57) ; et pourtant, jusqu'aux dernières allégories pathétiques montrant la France après Sedan, il fut principalement considéré, tout au long de son existence, comme un dessinateur de presse et un illustrateur[28], auquel son métier imposait des contraintes qui entravaient sa liberté d'artiste, et le transformaient en un salarié travaillant à la tâche[29]. Il composait dans l'urgence ses dessins, et livrait ses pierres chaque semaine pour nourrir « l'ogre », le public[30]. Cette « charrette[31] » intervient métaphoriquement dans ses lithographies et dans des toiles et dessins (cat. 160 à 164) où elle est transposée en un « fardeau » qui l'entraîne, « comme Sisyphe », à rouler sa lourde pierre jour après jour (fig. 1), ou comme Pénélope à tisser indéfiniment une toile toujours recommencée (cat. 74) ; ayant acquis par cet exercice une grande virtuosité, Daumier reformulait dans son atelier les « choses vues », enregistrées dans sa mémoire, en croquis qu'il semblait avoir improvisés sur le vif. En outre, l'univers de la presse et des « musées d'images » collectifs intégrait l'artiste à une équipe : Daumier, qui n'a cessé de se situer face à ses collègues, de définir sa propre veine en relation avec celle d'autres dessinateurs et d'accentuer par là même ses particularités d'« écriture », a côtoyé plusieurs générations de caricaturistes[32] : jeune coéquipier de Grandville et de Traviès, il a eu par la suite pour confrères Benjamin Roubaud, l'inventeur des « grosses têtes », Gavarni, le dessinateur des « lorettes », puis l'illustrateur Bertall, apprécié de Balzac et Meissonier jeune peintre-illustrateur, les caricaturistes Cham et Édouard de Beaumont, nettement plus conservateurs que lui, qui était républicain ; sous le second Empire, Daumier se rapprocha de Carjat et de Nadar, caricaturistes-photographes, il s'inspira également de Doré, dernière recrue de

18. Mise à part la série de 1832 créée en prison : « Daumier peignit à l'aquarelle des compositions sous le titre *l'Imagination*, qu'un ami, M. Charles Ramelet, lithographiait sans rendre l'accablante personnalité du maître » ; Champfleury, 1865 ; sur le dessin préparatoire à la lithographie, voir Laughton, 1984.

19. Conservées notamment au musée Carnavalet.

20. Sur l'ensemble du fonds (pas uniquement les épreuves de dépôt légal), voir Adhémar, vol. V, 1948 ; pour la collection de Vinck de la Bibliothèque nationale de France, voir Villa, 1979.

21. Lecomte, 1959, p. 15-19 ; Paul Prouté, « Le procédé Gillot », *Arts et Livres de Provence*, n⁰ 8, 1948, p. 113 ; Lachenal, dans cat. exp. Ingelheim am Rhein, 1971.

22. Certains reports lithographiques, permettant de décalquer d'une pierre à une ou plusieurs autres le dessin original de Daumier, sont apparus auparavant pour accélérer la cadence du tirage en utilisant simultanément plusieurs pierres issues de la pierre-mère et plusieurs presses lithographique : dès 1848 se trouve la mention : « faites huit reports, et tirez de suite », sur un exemplaire (cat. exp. Ingelheim-am-Rhein, 1971).

23. Jean Laran, dans Delteil, *op. cit.* note 12, vol. XX. Les planches LD 3315 à 3413 au *Journal amusant* et LD 3795 à 3870 au *Charivari* sont reproduites par gillotage. Lachenal (*op. cit.* note 21) a relevé ainsi les planches LD 3303 (en 1864) et 3268 (en 1865), gillotées avant 1870 au *Charivari*.

24. Jean Adhémar et Jean-Pierre Seguin, *Le Livre roman-tique*, Paris, éditions du Chêne, 1968 ; Ségolène Le Men, « La Vignette et la Lettre », *Histoire de l'édition française*, t. III, Roger Chartier et Henri-Jean Martin (dirs.), Paris, Promodis, 1985, p. 312-327 ; Brivois, 1883 ; Carteret, t. III, 1976 ; Vicaire, 1974 ; Ray, 1982.

25. Rümann, 1919.

26. Pierre Gusman, *La Gravure sur bois en France au XIXᵉ siècle*, Paris, éditions Albert Morancé, 1929.

27. Voir Laugthon, 1996, notamment p. 109-110 sur les commandes de George Lucas.

28. Même s'il a composé à la fin de sa vie l'affiche publicitaire *Entrepôt d'Ivry* (cat. 341).

29. Les carnets de comptes de Daumier indiquent son tarif ; Cherpin, décembre 1960, p. 353-362 ; Laughton, *op. cit.* note 27. D'une façon plus générale, voir Philippe Kaenel, *Le Métier d'illustrateur 1830-1880, Rodolphe Töpffer, J.-J. Grandville, Gustave Doré*, Paris, éditions Messène, 1996.

30. Métaphore visuelle introduite par Grandville dans l'une de ses vignettes pour la *Monographie de la presse parisienne* de Balzac, qu'il illustra en 1842.

31. Tel est le mot utilisé par Daumier.

32. Pour un panorama d'ensemble, voir cat. exp. *The Cult of Images : Baudelaire and the 19th Century Media Explosion*, Santa Barbara, University of California Art Museum, 1977 et cat. exp. *The Charged Image, French Lithographic Caricature 1816-1948*, Santa Barbara, Museum of Art, 1989 (cat. par Beatrice Farwell).

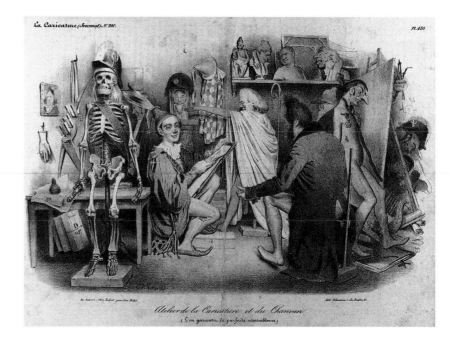

Fig. 1
Honoré Daumier, *Comme Sisyphe*,
25 février 1869, lithographie
parue dans *Le Charivari*.

Fig. 2
Claude Joseph Traviès,
Atelier de La Caricature et du Charivari,
13 octobre 1832, lithographie parue
dans *La Caricature*, n° 210, coll. part.

Philipon, et de Rops, jeune artiste belge qui débute à l'*Uylenspiegel* tandis qu'il semblait redé-couvrir l'œuvre de Grandville, le concurrent de ses jeunes années. Enfin, dans sa dernière période, Daumier devint pour Pilotell et Gill, ses cadets, un maître admiré, rôle qu'il a toujours détenu auprès de Forain, Willette et Steinlen : Gill a dédié « à [son] maître Daumier » une planche inspirée par la *Rue Transnonain* (fig. 3, p. 178).

Cette longue carrière a été rythmée par l'alternance entre les périodes de liberté de la presse (plus ou moins relative) et celles de la censure[33] : ainsi progressa le style et se transformèrent les thèmes de Daumier. Après quelques essais de jeunesse chez le peintre-lithographe portraitiste Belliard vers 1825, il entra à *La Silhouette*, où parurent ses premières caricatures politiques en 1829 ; puis, de 1830 à 1835, il fit partie de « l'atelier de la caricature et du charivari » que conduisait, dans une guerre acharnée contre Louis-Philippe, Philipon, le responsable des grandes entreprises de presse satirique financées par son beau-frère Aubert[34] (fig. 2), l'hebdomadaire *La Caricature*[35] (1830-1835), le quotidien *Le Charivari* à partir de 1832[36], et enfin la collection de *L'Association mensuelle*[37] (1832-1834). Par son utilisation sculpturale du portrait-charge (cat. 46 à 51), présenté « en tête » ou en pied, il éclipsait Grandville, aux compositions plus complexes, et souvent animalisées.

Les lois de septembre 1835 l'amenèrent, comme les autres, à se reconvertir vers la scène de mœurs et l'illustration. Après une incursion dans le livre pour enfants (cat. 61), Daumier se fit connaître par ses Robert Macaire (cat. 70 à 72, série *Caricaturana* du *Charivari*, reprise en album), et composa de grandes séries sociologiques introduites par *Types parisiens*, tandis qu'il illustrait *Les Français peints par eux-mêmes* (cat. 63), différentes « physiologies » (cat. 64) et, en partie, le tome IX de *La Comédie humaine* de Balzac (cat. 67). Les années 1840 permirent à Daumier, observateur balzacien et flâneur baudelairien, d'explorer l'univers multisensoriel de la bourgeoisie, selon un projet dont la courte série *Les Cinq Sens* (cat. 79 à 83) résume l'enjeu : contempler, d'un regard pénétrant, les allures, les gestes et les physionomies des passants et des types contemporains[38], évoquer, en une suite de tableaux parisiens, parfois nocturnes, la poésie des paysages urbains et des quais de la Seine. Coins de rue soumis aux intempéries, escaliers et paliers des immeubles parisiens (fig. 3), chambre conjugale éclairée

Fig. 3
Honoré Daumier,
*Un Locataire qui
a eu un oubli le 1er janvier,
Eh ! j'peux p'têtre pas
balleyer mes excalliers !......*
planche 28 de la série
Locataires et propriétaires,
20 décembre 1847,
lithographie parue
dans *Le Charivari*,
coll. Roger Passeron.

par la flamme vacillante d'une chandelle, salle de tribunal à la lumière crue et contrastée, toutes sortes de lieux servent de théâtre à ces planches comiques ou sarcastiques, caustiques ou pathétiques, où Daumier s'arrêtait sur des instants inattendus, sur des petits riens significatifs, tels que les a décrits Balzac au début de *Ferragus* : « Ces observations, incompréhensibles, au-delà de Paris, seront sans doute saisies par ces hommes d'étude et de pensée, de poésie et de plaisir qui savent récolter, en flânant dans Paris, la masse de jouissances flottantes, à toute heure, entre ses murailles. » Le peintre souhaité par l'écrivain, au détour d'un croquis à la plume évocateur de ceux qu'a dessinés Daumier pour *La Grande Ville* (cat. 65), n'est-ce pas lui ? Et n'est-ce pas toujours lui le « piéton rêveur ou philosophe » à la sensibilité impressionniste que décrit le passage suivant : « Comment aucun de nos peintres n'a-t-il pas encore essayé de reproduire la physionomie d'un essaim de Parisiens groupés, par un temps d'orage, sous le porche humide d'une maison ? Où rencontrer un plus riche tableau ? N'y a-t-il pas d'abord le piéton rêveur ou philosophe qui observe avec plaisir, soit les raies faites par la pluie sur le fond grisâtre de l'atmosphère, espèces de ciselures semblables aux jets capricieux de filets de verre ; soit les tourbillons d'eau blanche que le vent roule en poussière lumineuse sur les toits ; soit les capricieux dégorgements des tuyaux pétillants, écumeux ; enfin mille autres riens admirables, étudiés avec délices par les flâneurs, malgré les coups de balai dont les régale le maître de la loge ? »

La publication de la série véhémente et dynamique des *Gens de justice*, qu'animent les grandes envolées de bras des plaideurs, était en cours lorsque fut proclamée la deuxième République, occasion d'un retour à la satire politique et au portrait-charge (1848-1851), tout en

33. Goldstein, 1989a.

34. Huon, n° 17, 1957, p. 67-76 ; Cuno, hiver 1983, p. 347-354 ; Charles Ledré, *La Presse à l'assaut de la monarchie, 1815-1848*, Paris, A. Colin, 1960 ; Chollet, 1983.

35. Daumier a composé une centaine de planches sur les 524 publiées en cinq ans. Munster, Göttingen et Mayence, 1980-1981.

36. Koch et Sagave, 1984.

37. Daumier a donné alors cinq planches sur les vingt-quatre d'une série qui fut d'emblée recherchée par les collectionneurs. Voir leur reproduction, avec l'« explication » de Philipon, dans Le Men, 1983, n° 6 ; voir aussi Bechtel, 1952.

38. Wechsler, 1982.

offrant l'occasion publique de l'entrée en peinture de Daumier. En février 1848, Daumier exprima ses sentiments républicains avec une flamme enthousiaste qui lui fit trouver, comme l'écrivait Michelet, « la juste formule » dans le *Dernier Conseil des ex-ministres*[39] (cat. 115) : la caricature est alors « le cri des citoyens[40] ». De cette période où, dans l'île Saint-Louis, Daumier continuait de côtoyer un cercle intime d'écrivains et de peintres, sculpteurs et photographes, date un nouvel intérêt pour la grande peinture, qu'il a parodiée, et pour les effets du médium photographique que transposèrent portraits-charges[41] et scènes satiriques[42]. Puis il combattit, crayon en main, la propagande menée par le prince-président, en créant, en parallèle avec une statuette qu'il a regardée sous tous les angles, un nouveau personnage, Ratapoil, qui devint l'antihéros d'un cycle auquel mit brutalement fin le coup d'État.

Sous le second Empire, Daumier revint à la scène de mœurs, et développa désormais, par séries de « croquis », le thème des expositions ou du Salon envahi par une cohue de visiteurs (fig. 4), celui des théâtres et du « rideau de visages » des spectateurs, ou des orphéonistes chantant à gorge déployée (fig. 5) ; évoquant les transports en commun, Daumier étudia les visages de la foule et des « misérables », et conçut des compositions fragmentées, interprétées d'un trait de crayon dynamique, où contrastent fortement les plans lumineux et les zones d'ombre. Renvoyé du *Charivari* par Philipon de mars 1860 à 1863, il fut recruté par Carjat en 1862 au *Boulevard*[43] pour lequel il a tracé onze planches magnifiques, d'emblée recherchées comme un ensemble à part, qu'ont admirées des peintres aussi divers que Courbet (cat. 233), Degas, Cézanne et Picasso (cat. 226 et 231) ; après son retour au *Charivari*, il a gardé la liberté de crayon qu'il avait acquise, maniant, à travers de nouveaux « croquis d'artiste », la lithographie dans un style fluide voisin de celui des aquarelles où l'on sent naître l'impressionnisme[44] ; il a participé à d'autres journaux illustrés comme *Le Journal amusant* ; tandis qu'il évoquait dans *Actualités* la question de l'Europe et les relations internationales[45], il s'est attaché toujours aux éphémérides de la vie de Paris, tout en accordant, en contemporain de l'école de Barbizon, une place croissante à la vie de campagne et au paysage.

Une dernière période de liberté politique s'amorça avec le tournant de l'Empire libéral. Pendant l'Année terrible, Daumier, qui n'ignorait pas plus *Les Tragiques* de d'Aubigné que *Les Désastres de la guerre* de Callot, imagina de grandes allégories visionnaires et macabres où la France endeuillée contemplait son sol jonché de cadavres, avec une ampleur sobre et pathétique, aux accents goyesques et hugoliens. Symboliquement, les dernières lithographies de Daumier ont été publiées au moment où les lois constitutionnelles de 1875 avaient définitivement établi la République en France[46].

Le sentiment de la mort, apparu avec la *Rue Transnonain*, et récurrent ensuite, imprègne ces œuvres tragiques, dont l'inspiration n'a rien à voir avec la verve juvénile et la vitalité joviale des œuvres politiques de l'époque de *Gargantua*, ni avec le réquisitoire caustique porté contre les gens de justice ou la sérénité débonnaire des caricatures de la vie familiale et paternelle dans les scènes de mœurs de la maturité : au gros rire rabelaisien des débuts ont succédé le sourire et le rire à gorge déployée, et finalement un rictus sardonique ou macabre… Les étapes et les ruptures imposées par la vie politique et la censure, en 1835, en 1848 et pendant l'Année terrible, semblent correspondre à une évolution rythmée par les âges de la vie ; également stylistique, cette périodisation intégra Daumier à trois générations artistiques, celles du romantisme, du réalisme et de l'impressionnisme[47] : tout se passe comme si l'œuvre lithographique tenait en définitive lieu d'une autobiographie artistique et personnelle, qui, pour Daumier, fait défaut. Cet infléchissement général se signale aussi par la pratique de genres différents, tandis

que les intérêts de Daumier pour d'autres expressions artistiques se diversifiaient selon les cercles d'amis, écrivains ou artistes qu'il fréquentait. Plutôt portraitiste à ses débuts, Daumier s'intéressa de plus en plus à la scène de mœurs, avant de prendre goût au paysage et de redécouvrir le grand genre de l'allégorie politique. Si la sculpture reste une référence constante de sa création lithographique, tel fut le cas aussi, dès la fin des années 1840, de la photographie, et, à partir de 1848, du dessin et de la peinture[48].

Estampe et caricature

Dans une planche d'*Histoire ancienne*, Narcisse contemple son image dans le miroir troublé des ondes (cat. 75) : Daumier proposait un autoportrait métaphorique du caricaturiste, susceptible d'être rapproché de la planche *Un Français peint par lui-même*, autre allusion à l'art de la caricature comparée à la peinture de portraits (fig. 6). Comme chez Bruegel, Hogarth et Goya, que citait un article de Baudelaire en 1857[49], la pratique de la gravure chez Daumier était étroitement liée à l'expression caricaturale, qui se définit tantôt, selon l'étymologie et l'origine du genre, par le portrait-charge, tantôt par la scène de mœurs ou le croquis politique[50] : le premier mode apparut, en lithographie, bois et sculpture, dans la « galerie des célébrités du juste milieu » (cat. 10 à 51), resurgit sous la deuxième République avec les *Représentants représentés* « à grosses têtes[51] » (cat. 118). Thiers, marseillais comme Daumier dont il partagea la longue

Fig. 4
Honoré Daumier, *Ma femme, comme nous n'aurions pas le temps de tout voir en un jour, regarde les tableaux qui sont du côté droit..., moi, je regarderai ceux qui sont du côté gauche, et quand nous serons de retour à la maison, nous nous raconterons ce que nous aurons vu chacun de notre côté......*, planche 3 de la série *Exposition de 1859*, 18 avril 1859, lithographie parue dans *Le Charivari*, coll. Roger Passeron.

Fig. 5
Honoré Daumier, *Souvenir du grand festival des orphéonistes*, 28 mars 1859, lithographie parue dans *Le Charivari*.

39. Lettre à Honoré Daumier du 30 mars 1851, publiée dans Alexandre, 1888.
40. Champfleury, *op. cit.* note 18, préface.
41. Voir Le Men, dans cat. exp. Paris, Versailles, Bruxelles et Saint-Denis, 1996.
42. Les relations entre Daumier et Charles Nègre restent à étudier sous cet angle.
43. Fallaize, 1987.
44. Isaacson, 1982.
45. Absent de cette rétrospective, ce thème a fait l'objet de l'exp. Naples, 1987-1988 (cat. exp. André Stoll [dir.], Venise, Mazzotta, 1988).
46. Cette dernière planche politique est *Les Pères conscrits*

(LD 3946), 18 décembre 1875.
47. Sans parler de l'expressionnisme sur lequel débouche l'œuvre de Daumier.
48. Comme le montrent les autres essais de ce catalogue.
49. Charles Baudelaire, *Quelques caricaturistes étrangers*, *Le Présent*, 15 octobre 1857, article reproduit dans *L'Artiste* le 31 octobre 1858 et repris par Asselineau dans le volume *Curiosités esthétiques* des œuvres complètes chez Lévy publiées un an après sa mort en 1868 (Baudelaire, t. II, 1975-1976, p. 567-570).
50. Melot, 1975 ; Bornemann, Searle et Roy, 1974.
51. Les portraits-charges se retrouvent, en combinaison, dans les scènes satiriques politiques.

Fig. 6
Honoré Daumier,
Un Français peint par lui-même,
planche 2 de la série *Scènes d'atelier*,
1849, lithographie parue dans
Le Charivari.

Fig. 7
Auguste Bouquet,
À quelle sauce la voulez-vous ?,
13 décembre 1833, pl. 339,
lithographie parue dans
La Caricature, n°162, coll. part.

carrière, fut tout au long la cible d'innombrables caricatures[52] (cat. 142). Le second procédé caricatural était celui des « signes abréviatifs », selon la formule de Balzac[53], qui condensaient et résumaient avec esprit, dans une métaphore visuelle, une idée ou un personnage : la « poire », inventée par Philipon, métamorphosa Louis-Philippe et le « réifia » en « monsieur Chose » : Daumier la mit « à toutes les sauces » jusqu'aux lois de septembre 1835[54] (fig. 7) ; d'autres motifs symboliques procèdent du même travail de condensation et de déplacement, comparable à celui du rêve[55] : la lanterne et l'éteignoir sous la deuxième République, le casque à pointe pendant l'Année terrible. Enfin, à l'instar de Traviès pour Mayeux et de Monnier pour Joseph Prudhommme, Daumier sut mettre en circulation des héros imaginaires, non sans rapport avec la formule du « type » alors commune au théâtre et au roman, à la caricature et à l'illustration : Robert Macaire, que Daumier emprunta au personnage créé par un acteur célèbre, Frédérick Lemaître, personnifiait, par ses métamorphoses, la « quintessence » d'une époque d'affairistes et d'actionnaires[56] (cat. 70 à 72). Quant à Ratapoil, figure trouble d'agent électoral que Daumier, inspiré par les journalistes du *Charivari*, sculpta et lithographia, il en vint à résumer à lui seul la menace bonapartiste, au point de « piloriser l'ennemi » (cat. 136 à 143), comme l'a écrit Michelet[57]. À la manière d'un scénographe et d'un romancier qui crée des personnages dotés d'une vie autonome, Daumier possédait la capacité démiurgique de faire croire à ses héros, et d'attribuer une personnalité distincte à chacun des passants croisés dans la rue, aux voyageurs de l'omnibus et des chemins de fer (cat. 175, 237 et 238), aux spectateurs du théâtre[58] (cat. 239) ; cette aptitude le rapproche de Balzac dont il reste, en peu d'images, le meilleur illustrateur ; avec une vive pénétration littéraire, il a tracé les effigies de Vautrin, la face dans la pénombre et l'œil rivé sur le spectateur (fig. 8), de Ferragus, annihilé par la perte de sa fille, ou du père Goriot (cat. 67), à l'allure voûtée[59]. Pour chacun d'eux, il a rendu perceptible l'usure de l'énergie vitale que Balzac, dès *La Peau de chagrin* de 1831, a cherché à mettre en évidence dans ses héros, à travers l'ensemble de *La Comédie humaine*[60].

Art de déformation et de « seconde main[61] », la caricature, dans les scènes comiques, glissait fréquemment vers la parodie des œuvres d'art, nous renseignant ainsi sur la culture visuelle de Daumier : formé par Alexandre Lenoir qui l'a initié aux arts de la Renaissance,

Fig. 8
Honoré Daumier,
Vautrin, hors-texte pour
Le Père Goriot,
La Comédie humaine, t. IX,
Paris, Furne, 1846,
gravure sur bois, coll. part.

il s'est engagé dans le camp romantique et a découvert la satire graphique auprès de Philipon et de son équipe, prenant connaissance des caricatures révolutionnaires et de celles qu'importait d'Angleterre l'éditeur Aubert[62], comme des grimaces de Rembrandt et de Boilly ; dans les années 1840, il a dévoilé sa familiarité croissante avec les œuvres exposées au Louvre[63] ou au Luxembourg, sans parler de celles de ses amis artistes. Daumier faisait ainsi partager à ses lecteurs son propre « musée imaginaire » dont il se moquait, depuis la *Clytemnestre* de Guérin jusqu'au *Silence* de Préault, de l'*Allégorie de la Prudence* de Titien (cat. 9) à l'*Amour en plâtre* de Puget[64] (cat. 117) : ayant à sa manière accommodé la « grande peinture » d'histoire et les sujets grecs dans *Histoire ancienne*, qui tourne en dérision une culture classique bel et bien présente dans son œuvre (cat. 73 à 76), il inventa les Salons caricaturaux dès 1840[65] (*Salon de 1840*, cat. 77), avant de parodier l'art rococo, qu'affectionnaient comme lui les collectionneurs de la deuxième République (*Idylles parlementaires*, cat. 117). En outre, d'emblée, Daumier s'est exercé à la citation graphique qui trahit ses sources d'inspiration : parti de Cornelius (cat. 3), puis influencé par Monnier, Charlet, Raffet (cat. 107) et par les dessinateurs qu'il

52. Germaine Cherpin, 1948, p. 35-41.

53. « Des caricatures », article signé Alfred Coudreux, *La Caricature*, 2 décembre 1830 (attribution à Balzac jugée incertaine par Chollet, *op. cit.* note 34, p. 456).

54. Le jeu de mots se trouve chez Baudelaire, qui l'emprunte à une légende de caricature probablement composée par Philipon. Sur la poire, voir Döhmer, juillet-septembre 1980, p.248-254 ; Gombrich, 1960, chap. X.

55. Kris et Gombrich, 1978, troisième partie sur la caricature et le comique.

56. Cette notion articule l'interprétation de Champfleury, *op. cit.* note 18. Voir cat. exp. *Champfleury. L'art pour le peuple*, Paris, musée d'Orsay, RMN, 1990 et Paris, 1993a.

57. Propos rapporté dans Alexandre, *op. cit.* note 39, p. 295.

58. Sauf lorsqu'il se moque de l'expression uniforme du rideau de visages que représente la salle pour l'acteur.

59. Cité aussi bien dans Bertall (dans le frontispice et l'affiche de *La Comédie humaine*) que dans Nanteuil (dans le bandeau liminaire des *Œuvres illustrées de Balzac*).

60. Albert Béguin, postface à l'édition en fac-similé de l'édition de 1838 de *La Peau de chagrin*, Paris, Club des Libraires de France, 1956 ; Tours, 1999a et 1999b.

61. Antoine Compagnon, *La Seconde Main ou le travail de la citation*, Paris, Seuil, 1979.

62. Daumier se réfère à Hogarth (cat. 90) et s'inspire de Seymour (cat. 115 et LD 302-317).

63. Du *Serment des Horace* aux scènes de genre hollandaises.

64. Que Cézanne a introduit dans la *Nature morte avec l'Amour en plâtre*, vers 1895, huile sur toile, Londres, Courtauld Institute Galleries.

65. *Les Salons caricaturaux*, Paris, musée d'Orsay, RMN, 1990 (cat. par Thierry Chabanne).

rencontrait au *Charivari*, il tint de Géricault le goût des compositions fragmentées (cat. 2), emprunta à Delacroix un dessin lithographique « coloré » et pictural (cat. 53, 91 et 232), se rapprocha d'Ingres portraitiste par le sentiment exacerbé de l'individu[66] (cat. 47), admira les *Caprices* (cat. 83) puis les *Disparates* (publiés en 1863) de Goya (cat. 334), imita les compositions de Rethel (fig. 2, p. 284), Doré (cat. 336) et Rops (cat. 339), redécouvrit tardivement le Grandville d'*Un autre monde* (1844 ; cat. 178)...

Propre à la caricature de presse est l'art de la légende : alors que celles de Raffet ou de Gavarni, tant admirées par les Goncourt, étaient autographes, Daumier en a composé peu, mais probablement un plus grand nombre qu'il n'y paraît, telle la légende *Vous avez perdu votre procès c'est vrai... mais vous avez dû éprouver bien du plaisir à m'entendre plaider* (cat. 99) ou celle qu'il a tracée sur la pierre dans la lithographie de la collection Roger Passeron, inédite à cause du coup d'État du 2 décembre 1851 (cat. 142). « Ces légendes faciles, qui ont plus fait pour lui que son art, qui était considérable, ces légendes n'étaient pas de lui. Daumier jetait sur la pierre les hommes et les choses de son temps sans autre préoccupation que celle de l'artiste. Mais un esprit ingénieux s'attablait devant la page et lui trouvait une légende. Souvent, cet homme d'esprit dont le rôle modeste se bornait à dire au public : "vous allez voir ce que vous allez voir" jugeait que pour si peu l'œuvre de Daumier lui appartenait. Tel Philipon, le créateur de *La Caricature*[67]. Mais au même titre tous ceux qui avaient passé par *Le Charivari* pourraient se prétendre les auteurs de l'œuvre de Daumier. Moi-même, dans mon jeune temps, j'ai été condamné par Louis Huart à m'attabler devant les lithographies de Daumier et à leur trouver des légendes à cent sous pièce : c'était le prix[68]. » Pièce rapportée comme en témoigne le recueil Laran[69] (cat. 95), la légende lithographiée, dont les précieux exemplaires sur « papier mince » (cat. 92 et 241) et les épreuves avant la lettre sont exempts (cat. 86 et 90), n'en faisait pas moins partie de la page, telle qu'elle paraissait dans le journal, en album ou même en planche séparée : son rôle au bas des planches était de faire bruire le caquet des trois commères (cat. 171), d'évoquer les toussotements et les raclements de gorge des musiciens, et de contribuer ainsi à l'évocation multisensorielle de la physiologie du « bourgeois absolu » que dépeint Daumier selon Henry James[70]. Elle aidait Daumier à faire parler et dialoguer ses personnages, à les animer comme un moderne Pygmalion[71]. Par ses effets expressifs mis en évidence par la ponctuation[72], par sa tournure orale et souvent familière (fig. 4), enfin par son rythme dialogué, la légende s'harmonisait au projet artistique de Daumier, peintre du quotidien. Enfin, c'était bien souvent la légende qui déclenchait le rire et maintenait le croquis dans la sphère comique de la caricature.

Le catalogue et la structure de l'œuvre gravé

L'une des principales difficultés à cataloguer l'œuvre gravé de Daumier tient à son abondance. C'est bien après Raffet (catalogué par Giacomelli en 1863) et Gavarni (par Armelhaut et Bocher en 1873) qu'est venu le tour de Daumier. Baudelaire, pourtant assisté par l'artiste lui-même, avait renoncé[73], comme Champfleury, aidé par Feuchère, tout au moins dans l'*Histoire de la caricature moderne* de 1865 ; pour l'exposition de la galerie Durand-Ruel en 1878, il a esquissé un catalogue[74], tenu pour une gageure, dont Alexandre[75], en 1888, devait proposer un ordre de classement. Dans le cas de Daumier, ce travailleur dont l'œuvre et la vie se confondent[76], il importait tout particulièrement de parvenir à une vision d'ensemble : cette entreprise fut en définitive menée à terme par Loys Delteil dans *Le Peintre-graveur illustré*, dont les volumes sur Daumier constituent tout à la fois la conclusion et le point d'orgue[77] ; malgré quelques lacunes, ce recueil intégralement illustré[78] reste l'instrument de référence sur Daumier lithographe, au même titre que le livre de Bouvy pour les bois, qui s'y trouvent reproduits tandis que les notices précisent tirages et réemplois.

Qu'ils aient abouti ou non, ces différents projets oscillent entre deux formules : celle d'un catalogue thématique et structuré qui prévaut au XIXe siècle, et celle, finalement adoptée, d'un catalogue semi chronologique, classé par journaux illustrés selon l'ordre des séries. Dans le premier cas, « le monde de Daumier[79] » est appréhendé comme un panorama social, à la manière de *La Comédie humaine* (Furne, 1842-1848), ou des *Français peints par eux-mêmes. Encyclopédie morale du dix-neuvième siècle* (Curmer, 1840-1842) : l'*Histoire de la caricature moderne* de Champfleury a organisé l'œuvre de Daumier de 1833 à 1860 autour de quelques intitulés, *Politique, Magistrature, Bourgeois, Faiseurs d'affaires, Femmes, Enfants, Artistes, Paris, Inventions, Villégiature, Théâtre, Province*, avant de conclure que « Daumier fut le peintre satirique ordinaire du gouvernement constitutionnel, et par là fut condamné à ne peindre que des bourgeois ». Amorçant un catalogue des séries lithographiques, puis des dessins et peintures en 1888, Alexandre structura à son tour l'œuvre de Daumier comme une immense fresque montrant d'après nature la société vue par un « témoin de son temps[80] ».

Dans le second cas, avec Delteil et Bouvy, la métaphore de la « comédie humaine » est remplacée par le catalogue raisonné propre aux historiens de la gravure et de l'art ; l'œuvre gravé n'en apparaît pas moins comme un tout achevé dans lequel les séries s'emboîtent et les éditions illustrées se succèdent chronologiquement. Comme pour pallier la dispersion des gravures, le catalogue reconstruit l'unité de la création d'un artiste qui a, écrivait Baudelaire, « éparpillé son talent en mille endroits différents[81] ». Le principe de classement retenu est suggéré par la lettre des planches, que surmontent un titre de série, et souvent un numéro d'ordre, et par leur fréquente publication en albums : aux dépens de l'approche esthétique et de l'analyse stylistique, l'interprétation thématique, tantôt sociale, tantôt politique, se trouve favorisée par les « séries » qui, depuis *Les Bons Bourgeois* jusqu'aux *Bas-bleus*, ordonnent le catalogue comme une encyclopédie des représentations du XIXe siècle.

66. Malraux, dans *Le Musée imaginaire* (*Les Voix du silence*, 1re partie, Paris, Gallimard, 1951, p. 483-484) rapproche le *portrait de M. Bertin* d'Ingres, de *Charles de Lameth* de Daumier (cat. 29).

67. Voir la notice sur les Robert Macaire (cat. 70 à 72).

68. Wolff, 13 février 1879, cité dans Courthion et Cailler (éds.), *op. cit.* note 2, p. 49.

69. Entièrement composé de planches avec légendes manuscrites, ce recueil comporte notamment en premier état toute la série *Les Bas-bleus*. Les légendes sont inscrites sur de petites bandes de papier collées avec de la cire à cacheter sur les épreuves ; au dos des planches, dont la pliure en quatre reste visible, apparaissent souvent le nom et l'adresse du rédacteur de la légende.

70. James (*op. cit.,* note 14) introduit cette formule reprise par le titre de Clark, 1973a.

71. Dans la série *Histoire ancienne* (cat. 73 à 76), Daumier se moque du mythe de Pygmalion traditionnellement représenté par la peinture d'histoire et la sculpture, et bientôt repris par Gérôme.

72. Où abondent points de suspension, d'exclamation, d'interrogation, ainsi que les tirets, une invention

typographique du romantisme dont Edgar Poe a souligné la portée littéraire.

73. Baudelaire, *op. cit.* note 49.

74. *Catalogue de l'œuvre gravé et lithographié de Daumier*, précédé d'une notice biographique, Paris, 1878.

75. Alexandre, *op. cit.* note 39.

76. James, *op. cit.* note 14.

77. Le dernier tome (*cf.* note 12) fut publié à titre posthume, avec un texte d'introduction et épilogue par Jean Laran qui montre combien le catalogue de Daumier importait à Delteil, ce que fait apparaître aussi la notice nécrologique de Charles Saunier.

78. Qui précise les différents états (différenciés par la lettre, mais non, sauf exception [cat. 71], par le dessin), et cite les grandes ventes et collections.

79. Tel est le titre d'origine de la thèse de Provost (Provost et Childs, *op. cit.* note 3) ; le sous-titre du cat. exp. de Spolète en 1998, *Scènes de vie, vies de scène*, souligne le rapprochement entre Daumier et le Balzac des *Scènes de la vie parisienne*.

80. Selon la formule employée dans Roger Passeron, 1979.

81. Baudelaire, *op. cit.* note 49, p. 554 ; voir Hannoosh, 1992.

Récemment, et de façon modeste puisque son travail a paru sous forme de tableaux synoptiques et d'annotations à celui de Delteil en annexe d'une bibliographie dénuée d'illustrations, Provost[82] a proposé une autre façon d'appréhender l'œuvre de Daumier, selon la chronologie offerte par la numérotation des planches, non sans rapport avec celle dont Stéphane Vachon a dévoilé le Balzac des « travaux et des jours[83] », à partir d'un agenda minutieusement reconstitué. La rotation simultanée de différentes séries, dans l'atelier de Daumier, comme dans les journaux illustrés, où l'éditeur, parfois, retardait la parution en feuilleton d'une planche, voire l'éliminait de son propre chef, est mise en évidence. Commencée en 1846, l'importante série *Les Bons Bourgeois*[84], par exemple, se poursuivit en même temps que *Locataires et propriétaires*[85], *Tout ce qu'on voudra*[86], *Les Papas*[87], *Profils contemporains*[88]… Une telle variété de

thèmes répondait au projet de cette « revue morale, judiciaire, littéraire, artistique, fashionable et scénique[89] » où avait démarré *Actualités*[90] – série appelée à devenir prédominante sous le second Empire. Surtout elle suggère une polyphonie inhérente à l'œuvre gravé de Daumier, qui brodait, de mémoire, des variations continuelles autour d'une sorte de dictionnaire de gestes, de physionomies et d'images, où les arts et les œuvres se répondaient et se faisaient continuellement écho. Ainsi certains leitmotive, d'un bout à l'autre de sa carrière, traversent-ils les expressions artistiques qu'il a pratiquées : à travers de telles œuvres, il se livre lui-même comme dans la figure du saltimbanque, liminaire à son œuvre lithographique (cat. 3) et propre à l'artiste caricaturiste, qu'a reprise la lignée des artistes qui l'ont admiré, de Picasso à Rouault[91].

L'œuvre de Daumier, approchée sous n'importe quel angle, se prête, par son abondance même, à d'innombrables combinaisons et classements. À feuilleter Delteil et Bouvy, chacun est rapidement tenté d'effectuer ses choix, et d'imaginer une exposition nouvelle. Henry James, à partir d'une brassée de feuilles glanée chez un bouquiniste des quais de la Seine, a relaté l'expérience de son immersion dans ce vaste ensemble et sa difficulté à en extraire quelques échantillons pour les commenter à ses lecteurs[92]. Le jeu est sans fin, et la sélection retenue pour cette rétrospective sera inévitablement discutée, par-delà les incontournables jalons qui s'imposent, depuis *Le Ventre législatif* (cat. 55) « ce chef-d'œuvre, qui devrait être accroché dans toutes les classes de dessin », selon Duranty[93], et que Champfleury a comparé à une « assemblée daguerréotypée[94] », et *Rue Transnonain,* « tableau d'histoire » unanimement vénéré depuis Philipon, Baudelaire et Champfleury, dont les épreuves sur Chine exposées proviennent de la collection de Degas (cat. 57), jusqu'à la *Recherche infructueuse de la planète Leverrier* (cat. 103) et *Page d'histoire* (cat. 337). D'estampe en estampe, Daumier dont la mémoire visuelle trahit d'innombrables réminiscences a déployé la vaste culture artistique des grands autodidactes qui fut particulièrement développée dans le siècle de l'historicisme[95]. En retour, ses planches ont inspiré des dessinateurs comme Gill, Caran d'Ache, Steinlen et Forain, des peintres comme Courbet, Manet, Degas[96] et Toulouse-Lautrec (dont l'affiche de *La Goulue* se souvient de Ratapoil dans la silhouette en ombre chinoise de Valentin le Désossé [fig. 9]), puis Cézanne, Rouault, Picasso, qui découvrit précocement Daumier en 1901 grâce à Max Jacob[97], mais aussi, hors de France, Ensor, Nolde et enfin Bacon. Par ce « musée imaginaire[98] » transmis d'artiste en artiste et propre à « l'âge de la reproductibilité technique[99] », l'estampe redevient, chez Daumier, ce qu'elle est par essence depuis toujours parmi les arts du dessin : au sens plein, un médium. Dans son œuvre s'exerce une forme renouvelée d'art de la mémoire, une « mnémotechnie pittoresque [100] » qui lui permet, avec une subtilité sans pareille, de noter les expressions les plus fugitives, les gestes les plus éphémères et toutes les flétrissures de la chair, aussi bien que les tics et les postures qui trahissent l'intimité d'un être, tout en restant dans le registre de la caricature. Mise en œuvre pour rendre la vie triviale de ses contemporains, tels qu'au jour le jour Daumier les observait puis les dessinait, elle restitue « l'héroïsme de la vie moderne » ressenti par Baudelaire [101] et commenté par le romancier réaliste Duranty, critique d'art proche de Degas qui, dans *La Nouvelle Peinture*, prit la défense de Manet et des impressionnistes, le « groupe d'artistes qui expose dans la galerie Durand-Ruel » : Duranty admirait chez Daumier l'art de la figure humaine et sa façon d'incorporer les personnages en habit noir, costume moderne froissé à force d'avoir été porté, et personnalisé par les plis du vêtement qui soulignent la dynamique corporelle [102]. À grandes étapes dont les tournants eurent lieu en 1830, 1835, 1848, 1851, 1868 et 1870-1871, le style de Daumier progressa dans l'alternance entre caricature politique et scènes de mœurs : les œuvres adoptent des cadrages originaux, font contraster les plans plaqués les uns sur les autres, en compositions complexes, puis de plus en plus épurées. Enfin, sa vision de graveur, servie par un trait de crayon qui ne ressemble à aucun autre, malgré l'ampleur des sources d'inspiration, correspond à celle des grands écrivains du XIXe siècle français, Balzac, Baudelaire, Flaubert, Hugo, de sorte que le « Michel-Ange de la caricature » semble avoir fait sien le projet de la revue *L'Artiste* préconisant en 1831 la fraternité des arts et la fusion des expressions ; technique autographique, la lithographie, tel un récit de vie où se glissent toutes sortes de figures et de métaphores de l'artiste caricaturiste, porte l'empreinte du style personnel de Daumier.

82. Thèse éditée par Childs, à titre posthume.

83. Stéphane Vachon, *Les Travaux et les Jours d'Honoré de Balzac*, Paris et Montréal, Presses universitaires de Vincennes, Presses du CNRS et Presses de l'Université de Montréal, 1992.

84. 1re planche le 1er mai 1846, pierre numérotée 893 (LD 1477).

85. 1re planche le 6 janvier 1847, pierre numérotée 951 (LD 1574).

86. 1re planche le 28 mars 1847, pierre numérotée 1043 (LD 1647).

87. 1re planche le 10 décembre 1846, pierre numérotée 959 (LD 1757).

88. 1re planche le 30 mars 1848, pierre numérotée 975 (LD 1568).

89. Pour reprendre le titre complet de la deuxième série de *La Caricature* (1839-1841).

90. Par exemple le 9 décembre 1845, pierre numérotée 847 (LD 1336).

91. Jean Starobinski, *Portrait de l'artiste en saltimbanque*, Genève, Albert Skira, coll. Les Sentiers de la création, 1970.

92. James, *op. cit.* note 14.

93. Duranty, mai 1878, p. 436.

94. Champfleury, *op. cit.* note 18 : peut-être sans le vouloir, Champfleury souligne la vision « pré-photographique » de Daumier dès 1834.

95. Le cas de Gustave Doré est similaire.

96. Sur les rapports entre Daumier et Degas, voir Reff, 1976 (rééd. in *The Private Collection of Edgar Degas*, Ann Dumas et *al.*), New York, The Metropolitan Museum of Art, 1997, p. 137-176. La collection de lithographies de Daumier possédée par Degas est reproduite dans le second volume de cet ouvrage, *A Summary Catalogue*, p. 19-26, n°s 134-184.

97. *Max Jacob et Picasso*, Quimper, musée des Beaux-Arts et Paris, musée Picasso, 1994, p. 1-4.

98. Voir note 66 ; l'intérêt exprimé dans *Le Musée imaginaire* par Malraux pour Daumier, non seulement lithographe mais surtout aquarelliste et peintre, mériterait une étude.

99. Walter Benjamin, « L'œuvre d'art à l'ère de sa reproductibilité technique » [1935-1939], *Œuvres II, Poésie et Révolution*, trad. Maurice de Gandillac, Paris, Denoël, 1971.

100. Qu'ont défendue aussi bien Delacroix que Baudelaire, et qui devint dans la « petite école » de Lecoq de Boisbaudran un principe d'enseignement du dessin.

101. Sur ce thème, voir Walter Benjamin, *Charles Baudelaire. Un poète lyrique à l'orée du capitalisme*, Paris, Payot, 1982 (éd. or., Francfort-sur-le-Main, Suhrkamp, 1955).

102. Duranty, mai et juin 1878.

« Il fait aussi de la sculpture[1] »

Édouard PAPET

« L'exposition Daumier, qui ne durera plus qu'une quinzaine de jours, vient d'être complétée : les lithographies exposées ont été renouvelées, et une très remarquable statuette de "Ratapoil" s'est ajoutée aux curieux spécimens de sculpture qui figuraient déjà chez Durand-Ruel[2] », avertissait Camille Pelletan le 31 mai 1878. Les sculptures, ces « curiosités », ne furent pas la moindre révélation pour ceux qui s'étaient déplacés jusqu'à la rue Le Peletier pour visiter la première et dernière rétrospective organisée du vivant de Daumier, mais elles n'eurent pas l'honneur de figurer au titre du catalogue préfacé par Champfleury. L'abondance de l'œuvre peint, dessiné et lithographié contraste avec le nombre restreint des sculptures de Daumier, et si, très tôt, le caractère indéniablement sculptural du style de l'artiste avait été souligné, les témoignages contemporains sur son activité de modeleur étaient à l'image de l'individu : rares et discrets. Les bustes exposés dans des vitrines chez Philipon, *Ratapoil* dissimulé dans un paillon de bouteille, aux toilettes, les reliefs accrochés, avec les peintures, quai d'Anjou, puis transmis à Geoffroy-Dechaume : Daumier semble avoir traité sa sculpture avec une certaine insouciance et n'en a jamais parlé. Demeurent les quelques mentions, toujours précieuses, de Doré, des Goncourt, de Burty, souvent rapides ou allusives, comme l'observation, lapidaire, maintes fois citée, de Poulet-Malassis, qui s'était rendu en 1852, à l'invitation de Baudelaire, dans l'atelier de Daumier, quai d'Anjou : « Il fait aussi de la sculpture. Je vois comme une grande bacchanale de cire aux murs de l'atelier[3]. » Moins connu et particulièrement désobligeant, un autre témoignage est rapporté par le peintre Jules Laurens : « Qui l'eût cru, [...] cette singulière anomalie, d'ambitionner ainsi la sculpture, chez un artiste dont le style n'a jamais produit, il faut le dire, ni corps ni têtes constituées[4] »... Ce manque d'informations semble traduire la spécificité de la sculpture de Daumier : il s'agit d'un œuvre intime et singulier, d'un champ d'expériences plastiques intermittentes qui s'est imposé très tôt à l'artiste, loin de « l'ogre » du public.

En témoignent les seules sculptures que l'on puisse à ce jour lui attribuer avec certitude : les bustes en terre crue des *Célébrités du juste milieu* (cat. 10 à 45), le plâtre original du *Ratapoil*, dont le prêt n'a malheureusement pas pu être obtenu (fig. 3, p. 286), les deux plâtres originaux des *Fugitifs* réunis pour la première fois depuis 1958 (cat. 146, 148), auxquels il faut ajouter un fragment de la partie gauche des reliefs, plâtre que nous avons découvert et acquis en 1998 dans la descendance du sculpteur Geoffroy-Dechaume à l'occasion de la préparation de la présente rétrospective (cat. 145). Ces sculptures, à l'exception du fragment, avaient été exposées chez le marchand Paul Durand-Ruel, à l'instigation de Geoffroy-Dechaume, ami dévoué de Daumier. Si cette sélection n'exclut évidemment pas que Daumier ait pu modeler d'autres œuvres, elle n'en corrobore pas moins la rareté des témoignages écrits concernant sa sculpture. On peut supposer que, si les membres du comité d'organisation, intimes de Daumier, artistes et amateurs d'art, avaient eu connaissance d'autres sculptures, ils n'auraient pas manqué de les rassembler, puisque leur but était de « montrer l'artiste avec ses multiples aspirations de satirique, de peintre, de sculpteur[5] » : ils le firent, d'ailleurs, en prenant la peine de rechercher, et d'exposer un mois après l'ouverture de l'exposition, le plâtre du *Ratapoil* soigneusement dissimulé après le coup d'État du 2 décembre 1851. La redécouverte de la sculpture de Daumier comme sujet à part entière doit attendre l'article de Gustave Geffroy en 1905. L'intérêt grandissant pendant l'entre-deux guerres pour un aspect alors moins connu de l'œuvre culmine avec la première tentative de catalogue raisonné des sculptures, proposé par Maurice Gobin en 1952. Le travail exemplaire mené en 1969 par Jeanne Wasserman, Joan Lukash et Arthur Beale dans le catalogue de l'exposition *Daumier Sculpture* au Fogg Art Museum a remis en question, à partir de comparaisons stylistiques et techniques rigoureuses, l'attribution de toutes les autres sculptures données, de façon bien peu crédible, à Daumier, particulièrement les statuettes connues sous le nom de « figurines » : nous souscrivons pleinement à ces conclusions pertinentes, réaffirmées dans la *Gazette des Beaux-Arts* en 1983. À propos des « figurines » (fig. 1), Jacques de Caso remarquait déjà que le succès de la petite sculpture à bon marché vendue par colportage perdura jusqu'au début du XXe siècle[6]. Il ne faudrait pas non plus négliger le goût pour la statuette « sociale », fort prisée à cette période. Cet engouement n'est vraisemblablement pas étranger à un hommage tardif, parallèle au succès posthume grandissant de Daumier, ainsi qu'aux premiers écrits de Geffroy consacrés exclusivement à sa sculpture. Le sculpteur allemand Bernhardt Hœtger (1879-1949) (fig. 2) ou le Suédois Carl Milles (1875-1955), installés à Paris, modelèrent avec sensibilité des *types* parisiens diffusés par l'édition en grès ou en bronze.

Amitiés : « Il faut de la vertu en France pour devenir statuaire[7]. »

Ce commentaire de Lenormant à propos du Salon de 1831 témoigne des difficultés rencontrées par les sculpteurs de la génération romantique, « l'école nouvelle » comme on l'appelait alors, pour vivre de leur art. Si certains, comme Barye ou Moine, obtinrent des médailles cette année-là, l'ostracisme acharné du jury devint effectif après le Salon de 1833 et ne prit fin qu'avec le Salon libre de 1848[8]. Les exclusions compromettaient tout espoir de toucher un commanditaire, État ou mécène, susceptible de permettre la transcription en bronze ou en marbre de l'œuvre de l'artiste[9]. Daumier connaissait cette situation[10], car très tôt, et jusqu'aux

1. Poulet-Malassis, cité dans Adhémar, 1954a, p. 44.
2. Pelletan, 31 mai 1878.
3. Adhémar, *op. cit.* note 1, p. 44.
4. Laurens, 1901, p. 334.
5. Champfleury, cat. exp. 1878, p. 50.
6. À propos des « figurines », voir Wasserman, 1969, p. 205 à 247 ; Wasserman, Caso et Adhémar, 1983, p. 77-80. Que Jeanne Wasserman et Arthur Beale soient ici vraiment remerciés.
7. Lenormant, *Salon de 1831*, Paris, 1831, p. 31.
8. Leroy-Jay Lemaistre, dans cat. exp. Paris, 1986, p. 311-312.
9. Grâce aux techniques de l'édition, la sculpture se

diffusait auprès d'un public plus large : la reproduction en série se développait grâce à la fonte au sable et à la réduction mécanique dont les principes étaient brevetés par Sauvage et Collas. Au-delà de la notoriété, l'édition de réductions apportait ainsi un revenu à l'artiste.
10. Millard, dans cat. exp. Paris, 1997, p. 30. En 1840, lorsque, dans la mouvance de Jeanron et Huet, plus de cent trente artistes et critiques d'art signèrent une pétition adressée à la Chambre des pairs afin de pouvoir organiser une exposition indépendante, les noms de Daumier et Préault figurèrent parmi les signatures.

Fig. 3
Honoré Daumier,
Carrier-Belleuse,
24 mai 1863, lithographie
parue dans *Le Boulevard*.

dernières années, ses proches ou ses amis furent souvent des sculpteurs, dont les noms esquis-
sent un cénacle hétéroclite[11] : Barye (1795-1875), Chenillion (1810-1875), Corbon (1808-1891), Étex
(1808-1888), Feuchère (1807-1852), Geoffroy-Dechaume (1816-1892), Michel-Pascal (1810-1882),
Moine (1796-1849) Préault (1809-1879), et plus tard Clésinger[12] (1814-1883) et Carrier-Belleuse
(1824-1887) (cat. 234 et 235). Plâtres d'atelier, groupes, médaillons : la sculpture, parfois le sculpteur, figurent avec obstination dans les lithographies (fig. 3), les peintures d'intérieurs d'artistes
ou d'amateurs de Daumier, pour devenir le sujet de *L'Atelier du sculpteur* (cat. 348). Commentateur narquois du Salon, le caricaturiste n'a pas épargné la statuaire officielle, peuple de
plâtres ou de marbres juxtaposés, parfois cantonnés au sous-sol ou près de la buvette (cat. 241).

Cette affinité, comme naturelle, avec les milieux de la sculpture, n'en rend pas moins
périlleux les rapprochements : il faut sans doute aller aux marges de l'œuvre de Daumier afin
de cerner la singularité de sa sculpture[13]. « On ne discute qu'avec des gens de son avis, et seulement sur des nuances[14] » : cet aphorisme de Préault, romantique bouillonnant, pourrait définir les liens tissés entre l'œuvre des deux artistes. Le lieu et la date de la rencontre de ces
réfractaires[15] ne sont pas certains : vers 1824, à l'académie Boudin ou au Bureau des nourrices
selon Cherpin[16], ou bien vers 1828 à l'académie Suisse[17]. On ne sait si Préault, élève de David
d'Angers, initia Daumier au modelage. En 1833, année où ce dernier réalisa une partie des
Bustes des Célébrités, Théophile Gautier remarquait que certains médaillons de Préault
n'étaient « guère plus que de légers croquis plus près de la caricature que de la vérité[18] ». Daumier et Préault étaient alors âgés de vingt-quatre et vingt-cinq ans, lequel influença l'autre ?
Daumier aurait possédé un relief précoce de Préault, *Jeune Comédien romain égorgé par deux
esclaves*, œuvre aujourd'hui disparue[19], qui pourrait avoir inspiré le bois gravé *Néron assassi-
nant sa mère* paru en 1834 dans *Le Charivari*. Déterminante, comme en filigrane, « l'expression […] poussée à ses limites extrêmes[20] » de la sculpture de l'ami Préault hante l'œuvre de
Daumier. Les réminiscences abondent dans les lithographies : *Projet d'une médaille…*, où les
traits bouffis de Louis-Philippe ne peuvent se comprendre, comme l'ont justement noté

Fig. 4
Charles Nègre, d'après Auguste Préault, *Désespoir*, dit aussi *Hécube*
(1835), vers 1858-1859, photographie, Paris, coll. part.

Fig. 5
Honoré Daumier,
*Liliputiens essayant de profiter
du sommeil d'un nouveau Gulliver,*
20 mai 1850, lithographie parue
dans *Le Charivari.*

11. Dans le monde du théâtre qu'il fréquentait assidûment, Daumier a pu également côtoyer des acteurs pratiquant la sculpture. Les dessins représentant des projet de costumes pour la féerie *Les Sept Merveilles du monde,* jouée au théâtre de la Porte-Saint-Martin en 1853, auraient appartenu à une actrice, Delphine Baron (voir Lobstein, *48/14,* n° 8, printemps 1999, p. 52-57). Son frère l'acteur, Vincent-Alfred Baron (1820-1892), élève du sculpteur Georges Jacquot (1794-1874), exposa à plusieurs reprises au Salon. Il faudrait également mentionner l'acteur et sculpteur Étienne Mélingue (1808-1875), habitué de la Porte-Saint-Martin, qui mode-lait une statuette en terre glaise sur scène pendant qu'il interprétait le rôle-titre de *Benvenuto Cellini.*

12. À l'hôtel Pimodan, Daumier croisa Clésinger, qu'il aurait, dit-on, représenté dans *L'Atelier d'un sculpteur* (cat. 348). Mais l'un des personnages à la barbe imposante ne serait-il pas Geoffroy-Dechaume ?

13. Ponctuellement, les correspondances s'enchevêtrent, comme le relief de Moine, *Chute d'un cavalier antique,* présenté au Salon de 1831, qui évoque, autant que la peinture de Géricault, certaines scènes équestres

peintes par Daumier (cat. 156 et 157). Sonnabend a récemment souligné avec ingéniosité l'attention portée par Daumier à la sculpture animalière de Barye, dont le *Jaguar dévorant un lièvre,* exposé au Salon de 1850-1851, aurait pu constituer une leçon de structuration des volumes pour *Les Voleurs et l'Âne* (cat. 186 et 187).

14. Aphorisme de Préault, cité par Théodore Silvestre dans *Les Artistes français,* vol. I, « Romantiques », Paris, Grès, 1926, p. 158.

15. Titre de l'ouvrage de Jules Vallès, paru en 1866.

16. Cherpin, 1979, p. 60-61 ; Millard, *op. cit.* note 10, p. 13.

17. Millard, *op. cit.* note 10, p. 13. Située quai des Orfèvres, l'académie Suisse fut fondée sous la Restauration par un ancien modèle du peintre David.

18. Gautier, 1833, p. 147. Un dessin de Daumier représentant son ami Trimolet pourrait évoquer sur un mode burlesque les médaillons de Préault ou ceux de David d'Angers.

19. Millard et Leroy-Jay Lemaistre, dans cat. exp. Paris, 1997, p. 16, 123.

20. Mantz, 1853, p. 447.

Ch. Millard et I. Lemaistre, sans le colossal médaillon de *Vitellius* exposé par Préault au Salon de 1834[21], Thiers en *Nymphe Égérie* reprenant le geste du célèbre *Silence*, *Hécube*, œuvre aujourd'hui disparue, refusée au Salon de 1835, baptisée par ses détracteurs « Femme tombée sur l'asphalte[22] » (fig. 4), reprise par le caricaturiste en « Suffrage universel » (fig. 5)… Les affinités de Daumier et Préault semblent exister jusque dans le dépouillement de leurs ateliers respectifs. Celui que louait le premier dans l'île Saint-Louis, selon Poulet-Malassis, était « un simple atelier d'artiste. On n'y voit que des choses d'utilité ou d'affection. Deux lithographies d'après Delacroix, deux d'après Préault, quelques médaillons de David[23] ». Austérité confirmée par Banville : « Sur les murs peints à l'huile en gris clair, d'un ton très doux, il n'y avait absolument rien d'accroché, si ce n'est une lithographie non encadrée, représentant les *Parias* de Préault[24] » (fig. 6). On ne peut s'empêcher d'évoquer l'atelier de ce dernier, tel que le décrivit De Lora en 1874, « d'une simplicité sévère. De grosses poutres noircies soutiennent le plafond ; des dessins, des gravures, des médailles antiques, quelques masques ornent les parois[25] ». Leur jubilation éprouvée devant les « Goltzius les plus musclés, les Rubens les plus apoplectiques, les Albert Dürer les plus pensifs[26] » réunissait les deux artistes. Mais peut-être, avant tout, se retrouvaient-ils dans la nécessité de l'inachèvement de certaines formes : profession de foi pour Préault, « je ne suis pas pour le fini, je suis pour l'infini », procrastination douloureuse mais déterminée pour Daumier, qui, avec « ses difficultés à finir », peignait sans cesse l'artiste devant son œuvre en devenir. Comment, alors, faire admettre, comment présenter une œuvre qui sera lue comme une ébauche, quand la reconnaissance est, à l'époque, pieds et poings liée à la notion d'achèvement ? Les bustes, quand bien même « finis » par la polychromie, *Ratapoil* et les *Fugitifs* offrent l'aspect d'esquisses, au plus près de la main du sculpteur : mais pour Daumier, vraisemblablement, ces sculptures étaient abouties, comme le suggère le troisième état des *Fugitifs* (cat. 148), qui préfigure les surfaces vibrantes et audacieuses d'un Degas ou d'un Rosso.

À côté de Préault, d'autres noms et d'autres œuvres surgissent, comme des profils perdus : Michel-Pascal, surnommé « l'homme du XIIe siècle[27] », dont un portrait de Daumier en médaillon inspira en 1865 un poème à Baudelaire[28], Étex, fervent républicain, que Daumier voyait encore sous le second Empire[29]. *Caïn et ses enfants maudits par Dieu* avait valu à Étex un succès considérable au Salon de 1833 : on reconnut en lui l'espoir d'un renouveau de la sculpture (fig. 7). Ingres se serait exclamé devant le groupe « c'est très beau [...] c'est de la sculpture d'expression, brisez cela, je vous le répète[30]... » Étex, dont l'art s'affadit considérablement par la suite, avait d'ailleurs utilisé cette œuvre comme argument électoral en 1848 : « Je suis l'auteur de *Caïn*, ce premier prolétaire opprimé par l'aristocratie naissante[31]. » Ne pourrait-on pressentir dans *Caïn*, très célèbre au sein de la génération de Daumier, une des lointaines sources de *La République* (cat. 120) ? Dans l'autre sens, des interférences s'entrelacent entre les deux œuvres, comme la célèbre lithographie *Le Fantôme* (cat. 6), probablement à l'origine de la saisissante figure sculptée par Étex pour le tombeau de Raspail au cimetière du Père-Lachaise[32]. Mais, curieusement, un néo-gothique fut au cœur de l'invention créatrice de Daumier[33] : Geoffroy-Dechaume, initiateur du « style XIIIe siècle[34] », savant et léger, aux antipodes de la sculpture de Daumier, restaurateur des sculptures de Notre-Dame et de la Sainte-Chapelle, futur créateur du musée de Sculpture comparée du Trocadéro, a moulé *Fugitifs* et *Ratapoil*. L'amitié qui lia les deux artistes fut profonde et sincère : voisins d'atelier quai d'Anjou à Paris, voisins de campagne et intimes à Valmondois, les deux hommes furent très proches jusqu'à la mort de Daumier, comme le montre le soutien sans faille apporté par Geoffroy-Dechaume aussi bien pour l'organisation de l'exposition rétrospective de 1878 que pour assister la veuve de son ami. Toutes proportions gardées, ce lien n'est pas sans évoquer celui qui, plus tard, rapprocha Degas et Bartholomé. Geoffroy-Dechaume fut un mouleur émérite : en témoignent les admirables moulages sur nature conservés par la descendance de l'artiste, végétaux, fragments de corps, parmi lesquels il faudrait étudier celui, plus modeste, des jambes d'un jeune enfant sur la tranche duquel est gravé le nom de Daumier[35]. Si la mémoire

21. Leroy-Jay Lemaistre, dans cat. exp., Paris, 1997, p. 133-134, n° 32. Ultime dérision vengeresse de l'emprisonné de Sainte-Pélagie envers la *poire* ou prémonition hypertrophiée de Louis-Napoléon Bonaparte, dont Hugo disait qu'il était « un Vitellius maigre » (Hugo [1870], 1972, p. 535) ?

22. Leroy-Jay Lemaistre, *op. cit.* note 21, p. 135, n° 35

23. Adhémar, *op. cit.* note 1, p. 44.

24. Banville, 1883, p. 174.

25. De Lora, *Le Gaulois*, cité par Millard, *op. cit.* note 10, p. 66-67. Il faut noter qu'un grand nombre d'œuvres de Préault furent détruites lors du bombardement de l'atelier du sculpteur pendant la Commune.

26. Silvestre, *op. cit.* note 14, p. 160.

27. Lorsqu'il travaillait à la restauration des sculptures de Notre-Dame-de-Paris sous la direction de Viollet-le-Duc et de Geoffroy-Dechaume.

28. Champfleury le cite, illustré d'une gravure de Kreutzberger d'après le médaillon de Michel-Pascal ; voir Champfleury, 1865, p. 61-62.

29. L'adresse d'Étex figure sur un carnet de comptes de Daumier conservé à la Bibliothèque municipale de Marseille ; voir Laughton, 1996, p. 164.

30. Antoine Étex, *Souvenirs d'un artiste*, Paris, 1878, p. 1373.

31. Bertall, Charles-Albert d'Arnaux, dit, *Voyage d'un artiste parisien dans les vignobles de Jarnac et de Cognac en 1877*, Paris, B. Sepulchre [s.d.], rééd. 1980.

32. Exécuté en 1854, Paris, cimetière du Père-Lachaise. Voir Antoinette Le Normand-Romain, *Mémoire de marbre. La Sculpture funéraire en France 1804-1914*, Paris, Bibliothèque historique de la Ville de Paris, 1995, p. 162-163.

33. Adhémar proposait même de voir dans Daumier l'auteur de certaines gargouilles, dont le célèbre *Stryge* ; voir Wasserman, Caso et Adhémar, *op. cit.* note 6.

34. Leroy-Jay Lemaistre, cat. exp. L'Isle-Adam, 1998, p. 96.

35. Il est difficile de connaître l'origine de ce moulage conservé dans une collection particulière. L'écriture ressemble fort à celle de Geoffroy-Dechaume. Le plâtre appartenait-il à Daumier qui s'en servait comme modèle ? Geoffroy-Dechaume le récupéra-t-il dans l'atelier de Daumier en 1879, ou, comme nous serions porté à le croire, au moment du déménagement de l'île Saint-Louis, ce qui pourrait expliquer l'inscription différenciatrice ?

« quasi divine » qui lui tenait lieu de modèle pouvait se dispenser de ces daguerréotypes de la réalité, la prise d'empreintes sur le vif était au centre des préoccupations du cercle fréquenté par Daumier au cours des années décisives de l'île Saint-Louis : en 1847, Clésinger avait moulé le corps de la belle madame Sabatier, matrice de la sulfureuse *Femme piquée par un serpent*[36], et Barye, au Muséum, s'essayait aux têtes ou aux mufles sur des cadavres de grands fauves[37]. Peut-être fut-il dévolu à Geoffroy-Dechaume, paradoxe non sans perversité, d'être le praticien privilégié du travail de Daumier qui, comme Paul Mantz le disait au sujet de Préault, eut « l'immense honneur d'avoir senti que les inquiétudes modernes ne peuvent tenir dans les anciens moules[38] ».

Une sculpture de peintre ?

Daumier fait partie de la génération de 1830, qui s'était « formée, pour ainsi dire, elle-même[39] », dont l'activité protéiforme transgressa de manière décisive les frontières traditionnelles entre les arts et les catégories codifiées par l'enseignement académique. Peut-on considérer les modelages de Daumier comme de la « sculpture de peintre » ? Si cette catégorie a fait récemment l'objet de nombreuses études, le cas de Daumier demeure atypique. Des peintres s'essayant à la sculpture, la génération précédente en avait fourni, comme Delaroche mais surtout Géricault[40], dont la dizaine d'œuvres bouleversèrent, par leur liberté et leur violence, les conceptions de la sculpture des deux premières décennies du XIXᵉ siècle. La génération suivante poursuivit dans cette voie, avec des artistes aussi différents que Courbet ou Meissonier, beau-frère de Geoffroy-Dechaume. Mais l'expérimentation inverse n'en était pas moins tout aussi courante dans l'entourage de Daumier, préfigurant l'itinéraire d'un Carpeaux[41], d'un Falguière, d'un Paul Dubois, d'un Mercié ou, plus tard, d'un Constantin Meunier. Barye présenta des aquarelles animalières au Salon de 1833[42], Michel-Pascal commit des paysages, Moine avait d'abord pratiqué la peinture[43], enfin Étex peignit en 1845 une *Mort d'un prolétaire* (musée de Rouen) qui lui valut cette apostrophe de Baudelaire : « Ô sculpteur, qui fîtes quelquefois de bonnes statues, vous ignorez donc qu'il y a une grande différence entre dessiner sur une toile et modeler avec de la terre, – et que la couleur est une science mélodieuse dont la triture du marbre n'enseigne pas les secrets[44] ? » La texture vibrante de la surface du troisième état des *Fugitifs* (cat. 148) évoque un traitement presque pictural de la matière. Mais en élaborant son répertoire affectif et formel, Daumier établit ses propres règles artistiques, et si les reliefs des *Fugitifs* sont clairement rattachés au sujet des tableaux homonymes (cat. 150 à 152), nous pensons cependant qu'ils ont été conçus de façon autonome, et non avec un dessein pictural[45]. Daumier, sculpteur silencieux, ne s'attaqua pas au marbre, son œuvre ne fut pas appelée à devenir « table, dieu ou cuvette » : il fut un remarquable modeleur, anticipant l'itinéraire d'un Degas, d'un Matisse ou d'un Picasso. Seuls le volume et la synthèse du mouvement semblent conduire cette démarche qui préfigure la notion de *work in progress*. L'autonomie de la sculpture de Daumier, dégagée de toute formation classique, ne doit pas surprendre : ce manque est immédiatement comblé par l'instinct. Il est alors difficile de situer cet œuvre intime et confidentiel au sein des mouvements de la sculpture française de la première moitié du XIXᵉ siècle. Romantique par sa révolte généreuse et expressive, proto-réaliste par sa vision prémonitoire de l'héroïsation des humbles, et cependant déjà expressionniste dans sa charge émotive, la sculpture de Daumier laisse le champ libre à la puissance de l'imagination.

Technique : « Finir demande un cœur d'acier[46]. »

Le modelage n'a pas d'autre intermédiaire que la main entre l'invention de l'artiste et son œuvre. La sculpture de Daumier est liberté, comme en témoignent les terres crues du musée d'Orsay. Le plâtre, lui, retranscrit fidèlement, grâce au moulage, les volumes, les reliefs des modelages disparus. Sculpteur autodidacte, Daumier se cantonna, comme avant lui Géricault, à une échelle réduite. Si la polychromie des bustes modelés sans armature fut une véritable innovation, les œuvres n'ont pas moins été réalisées avec une argile grise homogène, de bonne qualité, dépourvue d'impuretés calcaires et contenant parfois quelques petits grains de quartz[47]. Mais les couleurs à l'huile ont été appliquées sans enduit de préparation : la dessiccation a compromis la pérennité des terres, largement dégradées au siècle dernier. L'assurance venant, les dimensions augmentèrent et Daumier eut recours aux techniques habituelles des sculpteurs du XIXe siècle : à partir d'une esquisse modelée en terre – ou en cire – articulée sur une armature métallique dans le cas d'une ronde-bosse, ou sur une planche de bois pour un relief, l'artiste réalisait un modèle, qui, coulé en plâtre, pouvait être à son tour retravaillé à la terre ou à la cire. Les reliefs des *Fugitifs*, et particulièrement le fragment de la partie gauche (cat. 145) témoignent de ce processus. Daumier retouchait plusieurs fois sa première idée, par ajouts successifs de petits colombins de terre crue sur des épreuves en plâtre moulées par Geoffroy-Dechaume. De par son entourage, Daumier connaissait les habituels procédés d'atelier. La confrontation à Paris des différents états des *Fugitifs* permettra peut-être d'apporter une réponse à un problème soulevé par ces reliefs : une cire, mentionnée par Burty et Poulet-Malassis, a-t-elle existé ? Les traces d'outils visibles sur les sculptures (fig. 8) sont celles laissées par les instruments communs et à bon marché du sculpteur à cette époque : ébauchoir, mirette gradinée ou spatule dentée. Le plâtre original de *Ratapoil* garde même l'empreinte d'un textile, vraisemblablement un linge humide appliqué afin d'empêcher le séchage trop rapide de la matière au cours du travail. La disparition de la terre crue lors du moulage nous prive d'informations précises sur le type d'armature utilisée par Daumier pour construire la figure élongée et complexe de *Ratapoil*. Daumier a-t-il employé et modifié à sa façon une armature métallique que l'on pouvait déjà trouver dans les catalogues de fournitures pour artistes[48] ? Il serait tentant d'imaginer que

Fig. 8
Honoré Daumier,
Dupin (cat. 18), 1832,
terre crue, détail,
Paris, musée d'Orsay.

36. Apollonie Sabatier, dite « La Présidente », demi-mondaine et femme d'esprit (1822-1880). Le marbre sculpté par Clésinger est aujourd'hui exposé au musée d'Orsay.

37. Comme les exemplaires conservés au département de Morphologie de l'École nationale supérieure des beaux-arts de Paris. Voir Leroy-Jay Lemaistre, cat. exp. Paris, 1996-1997, p. 67, iii.

38. Mantz, *op. cit.* note 20, p. 447.

39. Bertier de Sauvigny, *La Restauration*, Paris, 1955, p. 481.

40. En 1847, le cours de Michelet en Sorbonne avait de nouveau attiré l'attention sur l'artiste.

41. Voir l'article de Laure de Margerie, dans cat. exp. *Carpeaux peintre*, Valenciennes, Paris et Amsterdam, RMN, 1999-2000.

42. Tupinier, dans cat. exp. Paris, 1996-1997, p. 75.

43. Millard, *op. cit.* note 10, p. 15.

44. Baudelaire, t. II, 1975-1976, p. 376.

45. Sonnabend, dans cat. exp. Francfort et New York, 1992-1993, p. 33-34.

46. Delacroix, [1857] 1996, p. 91.

47. Analyses effectuées par le Laboratoire de recherche des musées de France en 1980, étude radiographique des 36 bustes des *Célébrités* du juste milieu effectuée en 1993 par T. Borel.

48. *Sculptures en cire de l'ancienne Égypte à l'art abstrait*, Paris, RMN, 1987, p. 344. L'armature de l'esquisse en cire du *Mercure* de Rude (1828) est vraisemblablement manufacturée.

Daumier a plutôt fabriqué lui-même la structure adéquate, comme le fit ultérieurement Degas. Le bricolage des armatures était de toute façon une pratique courante, presque naturelle ; un Fremiet ou un Meissonier ne procédaient pas autrement pour leurs esquisses en cire[49]. Sur le plâtre original du *Ratapoil* alternent des traces de dents fines et larges qui animent la surface de l'œuvre ; les boutons de la redingote sont constitués de petites boulettes de terre écrasées sans hésitation sur la ronde-bosse. Baudelaire remarquait déjà à propos des dessins : « comme artiste, ce qui distingue Daumier, c'est sa certitude[50] », et rarement sculpteur autodidacte aura montré un tel instinct pour la justesse du geste : une sensibilité aiguë pour les textures dialoguant avec la lumière, une solide assurance pour « monter » les volumes, constituent la trame des sculptures de Daumier. Il recommençait « tout vingt-cinq fois[51] » : ces commentaires sur sa peinture pourraient aussi bien s'appliquer aux multiples étapes des reliefs. Daumier serait-il arrivé précocement à l'idée de série – on n'ose écrire marcottage – dont Rodin fut le maître déconcertant quarante ans plus tard ?

Le sculpteur de la vie moderne : bustes, ronde-bosse et caricature

« Souple comme un artiste et exact comme Lavater[52] », le jeune Daumier débuta en sculpture, « langue divine pour honorer les grands hommes[53] » comme l'aurait un jour asséné David d'Angers à son turbulent élève Préault, par ce qui exprimait le mieux son champ d'activité et les vogues du temps : la charge sculptée au miroir de la phrénologie. La traduction en 1820 d'un des ouvrages de Johann-Caspar Lavater (1741-1801), *L'Art de reconnaître les hommes par la physionomie* et les théories de Gall (1758-1828), qui prétendait lui aussi connaître par la *cranioscopie* « l'intérieur par l'extérieur, l'homme moral par l'homme physique[54] », aboutirent à la fondation de la Société phrénologique de Paris en avril 1831. Les applications de cette « science » aux créations artistiques étaient une des préoccupations de la Société[55], et passionna des sculpteurs comme Dantan, et surtout David d'Angers, dont les écrits accordaient une place importante à la phrénologie. L'ensemble des terres de Daumier, monumental « trombinoscope » avant l'heure élaboré par *La Caricature*, semble refléter, en creux, la galerie de contemporains célèbres modelés en bustes ou en médaillons par David d'Angers, « fanatique de la ride, du poil et de la verrue[56] » selon Baudelaire. Le sculpteur du fronton du Panthéon voulait accentuer « fortement les formes qui donnent un caractère d'apothéose[57] » aux traits du modèle : Daumier, plus subversif et meilleur psychologue que d'autres caricaturistes, a soumis ses contemporains à une terrible apothéose. Les éléments physiques, chevelure, nez, pommettes, développement de la boîte crânienne, deviennent signifiants, comme dans le buste de Gallois (cat. 24), dont le front démesuré semble l'écho burlesque du *Paganini* de David d'Angers (cat. 24, fig. 1). En revanche, d'autres, comme Podenas ou Fruchard, interprètent la physiognomonie de façon très personnelle, quasiment scatologique,et Durbé remarquait « qu'ils n'était plus des êtres humains ni même des organismes, mais quasiment des excréments informes[58] ».

Mais si l'autodidacte a choisi, et on ne s'en étonnera pas, un genre quelque peu marginal, celui-ci n'en était pas moins déjà bien établi : les plâtres du prolixe Dantan, variations de la statuette de genre, étaient célèbres[59]. Les bustes de Daumier, caricatures saisissantes – Baudelaire admirait dans les lithographies qui en sont inspirées une « intelligence merveilleuse du portrait[60] » –, n'en sont pas moins des sculptures à part entière, qui ont opéré une rupture avec les postulats esthétiques et plastiques du néo-classicisme : les surfaces vigoureuses et la polychromie étaient l'exact contrepoint du lisse immaculé pratiqué par la sculpture officielle mais aussi par Dantan. Par volonté d'être un « statuaire », ce dernier avait évacué de ses charges la polychromie aux connotations trop populaires, vomie par David d'Angers : « L'aspect est atroce. Ce n'est pas le but de la sculpture[61]. » Daumier, en plus d'une culture classique reçue d'Alexandre Lenoir, fut avant tout un artiste perméable à un contexte social et urbain. Artifices du théâtre, costumes bariolés des paillasses, estampes populaires rehaussées de quelques coups de pinceau rapides, cabinets ambulants de figures de cire ne lui étaient pas inconnus. Sans compter l'influence de la pantomime, des bouffons physiomanes dans l'imaginaire populaire – et savant – des premières décennies du XIXe siècle[62]. Bien après la création des bustes, en 1861, Duranty, qui désirait créer un théâtre de marionnettes au jardin des Tuileries, demanda sans succès à Daumier de lui modeler des têtes pour un spectacle[63]. L'aspect sculptural des *Masques de 1831* (cat. 7) préfigure clairement les bustes[64] et Alexandre soulignait que les premiers constituaient « en quelque sorte des figures dégrossies déjà par le praticien sur les indications d'un sculpteur[65] ». Au-delà des traditions carnavalesques et funéraires, le masque renvoyait également à une activité traditionnelle et expérimentale couramment pratiquée dans les ateliers. Si Dantan réalisa aussi des masques, il faut évoquer ceux moulés sur nature vers 1834[66] par Geoffroy-Dechaume et son beau-frère Steinheil et, par la suite, Daumier caricatura à plusieurs reprises la prise du masque sur le vif (fig. 9). Du masque au buste, il n'y avait qu'un pas à franchir. Si le buste constitue l'emblème du portrait monarchique et bourgeois, la typologie même des « cadrages », écho satirique de la Renaissance florentine (Lameth, cat. 29) ou de l'hermès néoclassique (Pataille, cat. 34), correspond avant tout à la réalité de l'hémicycle parlementaire, où le buste émerge seul des gradins. Ce premier essai du sculpteur fut un coup de maître, mais il ne fut connu que de quelques *happy few* et la reconnaissance de l'aspect novateur des bustes-charges était loin d'être acquise au cours des premières décennies du XXe siècle : lorsque l'ensemble des bustes fut proposé au musée du Louvre, les conservateurs opposèrent un refus : « Le Louvre n'achète pas de caricatures[67]. »

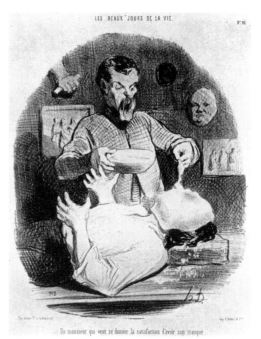

Fig. 9
Honoré Daumier,
*Un monsieur qui veut se donner
la satisfaction d'avoir son masque*,
1846, lithographie de la série
Les Beaux Jours de la vie,
parue dans *Le Charivari*.

49. Voir les radiographies d'autres œuvres étudiées dans *Sculptures en cire..., ibid.*
50. Baudelaire, *op. cit.* note 44, p. 556.
51. Cité dans Adhémar, *op. cit.* note 1, p. 44-45.
52. Baudelaire, *op. cit.,* note 44, p. 552.
53. Claretie, 1882, p. 290.
54. Le Normand-Romain, 1993, p. 15.
55. Sorel, dans cat. exp. Paris, 1993-1994, p. 266.
56. Baudelaire, *op. cit.* note 44, p. 178.
57. David d'Angers, *Carnets*, II, Paris, 1956, p. 30.
58. Durbé, 1961, p. 17. Si Philipon promettait à ses abonnés « la clôture de cette espèce de ménagerie humaine », Daumier ne s'engouffra pas dans le champ rebattu depuis le XVIIe siècle de la physiognomonie animale.
59. Gaborit, 1981, p. 37.
60. Baudelaire, *op. cit.* note 52.
61. David d'Angers, *op. cit.* note 57, p. 53.
62. Duranty, Nodier, Gautier, Nerval, Maurice Sand, considéraient que le théâtre de marionnettes pouvait être le véhicule d'un « commentaire contemporain » ; voir Wechsler, 1982, p. 56.

63. Daumier déclina l'offre, probablement trop préoccupé par la gestion de ses maigres revenus après son renvoi du *Charivari*. Le sculpteur Louis-Joseph Lebœuf (1823-1871), dont le *Spartacus noir* avait été remarqué au Salon de 1861, fut finalement sollicité. Duranty avait également demandé à Courbet de peindre les décors et à Champfleury d'écrire les scénarios. Ce dernier, surnommé, le « Corneille de la pantomime », avait pris la direction du théâtre des Funambules en 1860 ; voir Wechsler *op. cit.* note 62, p. 63.
64. Dès 1878, Champfleury remarquait que Daumier « débuta par ces essais de portraits comme un enfant dessine d'après des plâtres antiques » ; Champfleury, *op. cit.* note 5, p. 9-10.
65. Alexandre, 1888, p. 60.
66. Date qui figure au revers d'un masque de Meissonier, beau-frère de Steinheil, qui appartient manifestement à la même série (coll. part.).
67. Leroy-Jay Lemaistre, dans Benoist, [1928] 1994, p. 8.

La Révolution de février 1848 et la proclamation de la deuxième République comblent les espoirs politiques de Daumier et de ses amis républicains. Ces brèves années seront fécondes : Daumier peint, beaucoup, et modèle de nouveau, sans logique apparente. *Ratapoil* (cat. 143), ronde-bosse autonome, allie avec une redoutable efficacité l'échelle réduite et la monumentalité. Cette sculpture ne saurait se comprendre sans le développement de la statuette d'édition qui fleurit après le Salon de 1831, générée par l'émergence d'une clientèle bourgeoise désireuse de posséder en trois dimensions la concrétisation – ou la dérision – de ses goûts[68]. Mais avec *Ratapoil*, Daumier synthétise et subvertit les modes dominants de la sculpture à la fin de la monarchie de Juillet : la charge, la statuette bourgeoise et le monument public commémoratif. La distance produite par la caricature généra de nouveau une rupture décisive, que seul Daumier semblait en mesure d'opérer aussi librement. *Ratapoil* s'inscrit dans un des grands débats de la sculpture au début du XXᵉ siècle, d'où naîtra le réalisme : le traitement du vêtement moderne, abordé en 1839 par David d'Angers pour le tombeau d'Armand Carrel. La redingote et le haut-de-forme de *Ratapoil* sont défraîchis : sculpteur de la vie moderne, Daumier poussa la vérité de la représentation réaliste jusqu'au bout de ce raisonnement plastique, non sans friser un certain maniérisme formel. Mais l'instinct de la forme l'emporte : l'osmose entre l'individu et sa vêture s'affirme avec une audace virtuose : où finit la peau décharnée, où commence le vêtement ? Aux antipodes du « romantisme de pendule » qui agaçait Banville[69], *Ratapoil*, arabesque déchiquetée, amalgame « le rire et l'épouvante, la négation et l'enthousiasme[70] », pour reprendre le mot de Banville à propos de l'acteur Frédérick Lemaître interprétant l'ancêtre direct de la statuette, Robert Macaire, dont Baudelaire admirait le jeu « synthétique et sculptural[71] » et à propos duquel Gautier avait noté que « tout ce qui tient une plume, une brosse ou un ciseau lui a battu des mains avec frénésie [...] il a une suite de poses si belles, si nobles, [...] que chaque attitude devrait être éternisée par une statue[72] ». Avant sa naissance annoncée, le second Empire avait généré son propre monument funéraire portatif : *Ratapoil*, que Caraguel, collaborateur de Daumier au *Charivari*, avait même imaginé en monument équestre[73], était bien une sculpture « de son temps ».

L'ambition de la sculpture d'histoire

Le format en frise, le nombre de personnages mis en scène, leur nudité « héroïque » et la grandeur exprimée malgré la taille modeste des reliefs des *Fugitifs* (cat. 145 à 148) plaident en ce sens. Durant les fécondes années de la deuxième République, Daumier, alors dans sa maturité, s'investit dans une recherche où les sujets à caractère historique occupaient une place prépondérante. Et pour s'émanciper de la caricature, Daumier a modelé paradoxalement une œuvre *sans* référent narratif explicite, où le sujet est devenu secondaire : la sincérité et l'humanité l'emportent, dans une vision personnelle et tragique de l'errance universelle, qui semble traduire une esthétique de la perte : perte de l'idéal, de la République, de l'innocence des populations déplacées par l'appât du gain ou broyées par l'histoire, comme les républicains « transportés » après juin 1848, dont les cortèges sordides avaient tant marqué le jeune Vallès[74], ou pourquoi pas, les Hébreux de l'Ancien Testament. Et pour traduire cette héroïsation des humbles qui anticipe le réalisme des années 1880, Daumier a recouru, comme dans certains dessins, à « cette chose si chère aux artistes, cet élément nécessaire de succès[75] » : le nu. Étrange écho à la résignation formulée en 1828 par Stendhal : « La sculpture ne peut rien sans ce nu que nous n'aimons pas[76] » ? Le chignon à la Préault qui coiffait la figure centrale sur le premier état[77] disparaît ultérieurement, accentuant l'intemporalité de ce cortège de corps puissants et tragiques, si justement qualifié de « panathénées de la Misère[78] » par Benoist. Les reliefs témoignent certainement d'une connaissance intime de l'inévitable sculpture antique, comme une réponse à Delacroix : « Chez les modernes, il y en a toujours trop ; chez l'antique, toujours même sobriété et même force contenue[79]. » Alexandre a souligné que Daumier « avait disposé quelques moulages des monuments antiques qui excitaient chez lui une sincère admiration : fragments de la colonne Trajane, têtes de guerriers [...] de Barbares, si vigoureusement accusées et empreintes d'un souffle de vie si entraînant[80] ». Le graveur Félix Bracquemond se souvenait de dîners quai d'Anjou, chez Daubigny, avec Daumier, où la conversation « sautait brusquement du torse antique aux bateaux de pommes amarrés devant la maison[81] ». Mais l'antique était assimilé avec maturité : Daumier avait « craché dessus[82] » et y a puisé parfois son inspiration, passant cet héritage encombrant et trafiqué au laminoir de sa vision corrosive dans de nombreuses lithographies, véritable déboulonnage des archétypes néo-classiques, comme ces faux fragments archéologiques subvertis par l'anachronisme[83]. Baudelaire remarquait que « nul ne sent[ait] mieux que [Daumier] les grandeurs anciennes[84] ». Et, malgré la dette envers les Flamands du XVIIe siècle, les reliefs évoquent, aussi bien par leur puissance que par leur inachèvement, la sculpture de Michel-Ange. L'ombre de ce dernier revient sans cesse à propos de toutes les techniques utilisées par Daumier, comme un « consentement presque universel, avec la force d'une vérité presque inévitable[85] » selon Valéry. À la limite du poncif : pour Balzac, Daumier a « du Michel-Ange sous la peau », pour Duranty, il est le « Michel-Ange du peuple », Michelet lui écrit qu'il est le « Michel-Ange de la caricature » et Daumier lui-même surnomma un jour Préault « le Michel-Ange du crayon[86] »...

Pradier avait sournoisement observé à propos du *Départ des Volontaires de 1792* de Rude que l'on ne devait pas « représenter une femme les jambes écartées[87] ». C'est pourtant dans cette attitude que Daumier modela la figure centrale qui articule puissamment *Fugitifs*. Il est pourtant difficile de comparer cette composition à des reliefs contemporains de leur création.

68. Voir Leroy-Jay Lemaistre, *op. cit.* note 8, p. 254 à 261.

69. Banville, *op. cit.* note 24, p. 210.

70. *Ibid.*

71. Baudelaire, *op. cit.* note 44, p. 687.

72. Théophile Gautier, compte rendu du *Vieux Caporal*, paru dans *La Presse* le 17 mai 1853, cité par Delacroix dans son Agenda 53, voir Delacroix, *op. cit.* note 46, p. 173.

73. Le journaliste proposait « d'élever un monument expiatoire » après que des passants eurent été rossés à coups de gourdins par des *badinguettistes* zélés. Ce monument « serait surmonté d'une statue équestre de Ratapoil », comme une étrange préfiguration de certains *Don Quichotte*. Clément Caraguel, « Un monument expiatoire à Ratapoil », *Le Charivari*, 19e année, n° 364, 30 décembre 1850, p. 1-2.

74. Marie-Claire Bancquart, préface à *L'Insurgé* de Jules Vallès, Paris, Gallimard, 1975, p. 10.

75. Baudelaire, *op. cit.* note 44, p. 496.

76. Stendhal, cité par Leroy-Jay Lemaistre, *op. cit.* note 8, p. 313 et 418.

77. Voir cat. 144 à 148, fig. 2a et b, p. 293.

78. Benoist, [1928] 1994, p. 206.

79. Delacroix, *op. cit.* note 46, p. 11.

80. Cité dans Cherpin, *op. cit.* note 16, p. 103.

81. Félix Bracquemond, *Étude sur la gravure sur bois et la lithographie*, Paris, 1897, p. 19-23.

82. Baudelaire, *op. cit.* note 44, p. 556.

83. *Le Charivari* affirmait avec malice que Daumier avait accompli une véritable « restauration de l'art grec », digne d'avoir été « retrouvé[e] dans les fouilles d'Égine » (*Le Charivari*, 1843, cité dans Delteil). Les frontons du temple d'Athéna Aphaïa dans l'île d'Égine avaient été transportés en 1816 à Munich, restaurés par Thorvaldsen, mais accompagnés d'un des premiers exemples muséographiques de reconstitution polychrome, totalement révolutionnaire, de la sculpture grecque antique. Le débat sur la polychromie de l'architecture et de la sculpture grecques fut particulièrement vif après 1830. L'Académie, par les voix de Quatremère de Quincy et de Raoul-Rochette, s'était par ailleurs violemment opposée à l'idée de la polychromie de l'architecture et de la sculpture grecques, accusant les défenseurs de ce « bariolage » de céder à... l'esprit romantique.

84. Baudelaire, *op. cit.* note 82.

85. Valéry, *Œuvres*, t. II, Paris, Gallimard, La Pléiade, 1960, p. 1590.

86. Millard, *op. cit.* note 10, p. 13.

87. Cité par Benoist, *op. cit.* note 78, p. 172.

La monarchie de Juillet fut grande pourvoyeuse de reliefs narratifs, dont l'apogée fut sans doute le programme monumental de l'arc de Triomphe de l'Étoile à Paris, achevé en 1836. La célébrité du chef-d'œuvre de Rude a relégué au second plan d'autres ouvrages conçus pour l'édifice, exécutés par des amis de Daumier : les deux grands groupes d'Étex, *La Résistance* et *La Paix*, mais aussi celui de Feuchère, *Le Passage du pont d'Arcole*. Si, dans l'état actuel de la recherche, il est difficile de retracer la genèse exacte des *Fugitifs*, il n'en demeure pas moins que le relief d'histoire était au cœur des préoccupations du cercle politique, artistique et amical dans lequel évolua Daumier durant la deuxième République. L'émulation confraternelle a certainement eu un rôle à jouer. Dès le printemps 1848, Étex fut chargé de « donner l'idée d'un monument de la révolution de 1848[88] ». Ce projet aurait englobé la colline de Chaillot, ornée de reliefs évoquant l'histoire de la Révolution, afin de symboliser la Liberté ; le Champ-de-Mars, transformé en amphithéâtre, aurait été décoré de groupes célébrant l'Égalité ; enfin la Fraternité devait être représentée par quatre statues sur les piles du pont d'Iéna, avec, en son milieu, un bas-relief[89]. De cet ambitieux programme ne furent réalisés que les groupes du pont. Deux furent exécutés par des amis très proches de Daumier : le *Guerrier arabe* par Feuchère et le célèbre *Cavalier gaulois*, par Préault, œuvre violemment critiquée, mais admirée de Michelet. Le projet d'Étex fut présenté en mai 1848, et le mois suivant, Cavaignac réprimait dans le sang les insurrections de juin. En 1850, David d'Angers songeait à « faire une médaille dramatique » en mémoire de ses « pauvres amis les transportés[90] ». Enfin, vers 1853, Préault modela son relief *Dante et Virgile*, au grouillement duquel semble s'opposer le cortège anonyme et accablé de Daumier. Celui-ci fut-il tenté par l'expérience périlleuse suggérée malicieusement par Marochetti : « Il faudrait faire de la sculpture moderne qui fut antique[91] » ? Loin de ces pirouettes, l'économie de moyens mise en œuvre par Daumier aboutit à une intense expressivité de l'émotion, soulignée par l'esquisse, où l'inachevé participe du tragique dépouillement de la scène, où « les muscles sont parfois chez lui des haillons qui vêtent le système des os[92] ».

Au même moment, les bas-reliefs de David d'Angers multipliaient les raccourcis et les enchevêtrements audacieux, construits en plans successifs et synthétiques, choix esthétique souvent mal compris des contemporains du sculpteur. Si les théories phrénologiques interprétées par David d'Angers ont pu influencer les premières sculptures de Daumier, l'instinct de l'autodidacte s'engagea, avec la maturité, dans un champ totalement différent. Jacques de Caso a bien souligné que, dans les reliefs des années 1840, David d'Angers, dans son effort d'« amener l'expression à ses limites extrêmes » à des fins didactiques, développa un style dépouillé qui frisait la caricature au sens où celle-ci est considérée comme « une observation aiguë de l'essentiel[93] ». À rebours, dans la lignée d'un Préault, Daumier « sort » les volumes et atteint avec *Fugitifs* à une égale immédiateté de l'expérience visuelle, par élimination de la systématisation au bénéfice de la liberté du geste.

Postérités

Champfleury avait prédit au caricaturiste « une réputation du même ordre que celle du Puget[94] » et Paul Vitry a souligné que la sculpture de Daumier constituait un « chaînon singulier entre l'ébauche géniale de Géricault [*Satyre et Bacchante*[95]] et la sculpture expressive et forcenée de Rodin[96] ». Quelle postérité a pu réellement connaître cet œuvre, jamais exposé au Salon, connu de quelques-uns et diffusé en partie par l'édition en bronze et la photographie à partir des dernières années du XIXe siècle ? La charge sculptée s'épuise lentement après le second Empire, malgré quelques statuettes isolées de Carrier-Belleuse, de Masson (1817-1881) ou de Decan (1829-1894). Camille Sainte-Croix affirmait que Rosso ignorait l'existence de Daumier[97]. La sculpture de Daumier, avec quelques longueurs d'avances, a ouvert la voie, d'une certaine manière, on l'a vu, au réalisme, mais surtout à l'expressionnisme. Mais les affinités avec la sculpture d'un Degas, qui lui aussi, « n'en finissait pas avec [sa] sacrée sculpture[98] », sont sans doute les plus convaincantes. Degas vit-il celles de Daumier chez Paul Durand-Ruel en 1878 ? L'attitude de la *Petite Danseuse de quatorze ans* (1881), le déhanchement de Mary Cassatt appuyée sur son parapluie, dans *Au Louvre, la peinture, Mary Cassatt* ont été souvent comparés, à juste titre, à la silhouette campée de *Ratapoil*[99]. Peut-on aller jusqu'à retrouver dans la texture vibrante du seul relief connu de Degas, *La Cueillette des pommes* (1882), un souvenir des effets picturaux du troisième état des *Fugitifs* ? Manipulant un bronze de *Ratapoil*, Rodin se serait exclamé : « ce Daumier, quel sculpteur ![100] ». Le rencontra-t-il lorsqu'il était l'assistant de Carrier-Belleuse ? Rodin a très bien pu visiter l'exposition chez Durand-Ruel, après son retour de Bruxelles en décembre 1877. La frise mouvementée du tympan de la *Porte de l'Enfer* évoque peut-être l'isocéphalie tumultueuse des *Fugitifs* et Thiébaut-Sisson voyait dans la tête du *Balzac* de Rodin le souvenir de Daumier[101]. C'est plus tard, au début du XXe siècle, que se ressent véritablement l'influence des sculptures de ce dernier. Un sculpteur comme Hœtger fit feu de tout bois : son *Jeune Garçon au bâton* (vers 1902) procède directement de *Ratapoil*, gourdin compris, et son puissant relief *La Machine humaine* (1902) est une citation littérale d'une peinture, *Le Haleur* (cat. 153). Mais c'est plutôt dans les esquisses vigoureuses de Dalou, comme celles modelées en vue du *Monument au travail*, dignes des *Fugitifs*, ou encore dans les volumes et les surfaces exagérément déformés de Giacometti ou de la *Tête de Jeannette* de Matisse, violent écho de l'« argot plastique » des bustes, qu'il faut chercher la descendance, souvent du côté des novateurs, du travail solitaire de Daumier. Il bouleversa discrètement la sculpture du XIXe siècle, entre deux pierres lithographiques à rendre pour la veille, parmi des toiles sans cesse recommencées, dans l'intimité de son atelier de l'île Saint-Louis, où, comme un rapin, il avait accroché quelques moulages. Il s'en moquait, peut-être. Daumier était un homme libre : dans une lithographie d'octobre 1867, il a dessiné le bouffon du *Charivari* – serait-ce un autoportrait ? – qui observe, goguenard et un peu désabusé, des socles vides, autant de sculptures jamais modelées, dédiées à « Tartempion », « Balochard » ou « Rigolo » (fig. 10).

Fig. 10
Honoré Daumier,
Dire qu'avec la pierre pour tous ces socles on pourrait construire une bonne douzaine d'écoles primaires...,
23 octobre 1867, lithographie parue dans *Le Charivari*.

88. Article anonyme publié dans *L'Artiste*, 5e série, t. 1, mai 1848, p. 131.
89. *Ibid.*
90. David d'Angers, *op. cit.* note 57, p. 329-330.
91. Cité par Benoist, *op. cit.* note 78, p. 172.
92. Valéry, *op. cit.* note 85, p. 1592.
93. Caso, 1992, p. 142.
94. Champfleury, *op. cit.* note 5, 1878, p. 46.
95. Rouen, musée des Beaux-Arts.
96. Cité par Adhémar, *op. cit.* note 1, p. 39.
97. Camille Sainte-Croix, « Medardo Rosso », *Mercure de France*, mars 1896, p. 380-381.

98. Cité dans Anne Pingeot, *Degas sculptures*, Paris, Imprimerie nationale - RMN, 1991, p. 8.
99. Voir Charles W. Millard, *The Sculpture of Edgar Degas*, Princeton, Princeton University Press, 1979, p. 76 ; Pingeot, *op. cit.* note 98, June Hargrove, « Degas' "Little dancer" in the world of pantomine », *Apollo*, février 1998, p. 15-21.
100. Cité par Wasserman, *op. cit.* note 6, p. 5.
101. « C'est [le souvenir] de Daumier qu'elle évoque », Thiébaut-Sisson, cité dans *La Revue illustrée*, 15 mai 1898.

Daumier, l'art et la politique

Michel MELOT

Comme d'autres deviennent célèbres, Daumier (fig. 1), en 1878, un an avant sa mort, était devenu presque un inconnu. Un an plus tard, il était remis à l'honneur ; dix ans plus tard, en 1889, il était reconnu. Cent ans après sa mort, il n'obtenait pas à Paris sa rétrospective ; aujourd'hui, vingt ans après ce centenaire, une exposition internationale lui est consacrée. Jamais œuvre d'artiste ne fut plus bousculé.

En 1878, lors de sa première exposition, un journaliste écrivait : « Daumier... est presque inconnu de la génération actuelle[1] », un autre, dans sa nécrologie : « Notre génération, n'a pas connu Daumier[2]. » L'indifférence dans laquelle gisait son œuvre à l'heure de son achèvement nous est prouvée par l'insuccès total de cette première exposition, organisée chez Durand-Ruel par un groupe d'amis qui voulaient lui venir en aide[3]. Déjà, en 1874, le docteur Gachet s'était ému auprès de Pissarro : « Un homme de génie, un honnête homme, un talent hors ligne, Daumier est aveugle ou à peu près. Sans la générosité de Corot qui vient d'acheter sa maison... il serait sur le pavé... il faut empêcher que cet honnête homme, privé de la rue, c'est-à-dire du pain quotidien, *meure de faim...* Vous qui êtes un organisateur agissez... organisez vivement une vente dans laquelle il y aura des tableaux de vous de Manet et de Monnet [*sic*] de Sisley Piette Gautier Degas Guillaumin Cézanne et toute la coopérative. Voilà s'il en fut jamais une belle occasion de se montrer et d'affirmer le grand principe humain, la *solidarité intellectuelle[4]*. »

Le génie de Daumier n'est rien moins qu'une évidence. Laborieusement construite, toujours et violemment contestée, sa gloire d'aujourd'hui est le fruit, encore incertain et peut-être provisoire, d'une longue et lourde histoire. On pourrait certes en dire autant de tous les artistes, dont le talent n'est jamais définitif ni unanime. Mais rares sont ceux, comme Daumier, dont le style soit si explicitement lié aux sensibilités politiques et dont l'esthétique nous rappelle que l'histoire de l'art fait intégralement partie de notre histoire.

La mort de Daumier

L'exposition du 15 avril au 15 juin 1878, un peu moins d'un an avant sa mort, la première et la dernière de son vivant – mais aussi une des premières expositions consacrées par une galerie d'art à un seul artiste – ne fut pas seulement une œuvre de bienfaisance. Ce fut une manifestation ouvertement républicaine. Les amis qui en prirent l'initiative, d'abord Karl Daubigny (le fils du peintre Charles-François Daubigny) et le sculpteur Geoffroy-Dechaume, étaient tous politiquement engagés à gauche. Le 23 janvier, *Le Rappel* publia la liste des membres du comité d'organisation : Victor Hugo, grande figure emblématique de l'opposition, en avait accepté la présidence ; il était assisté de trois vice-présidents, les sénateurs Corbon, Henri Martin et Peyrat. Son porte-parole était Camille Pelletan, un radical, futur ministre de Gambetta. La presse de gauche uniquement annonça l'événement et en rendit compte, assez largement. Le seul visiteur de marque fut Gambetta. L'exposition fut un échec ; le public ne vint pas : « Devant ces écrasantes conceptions, erraient trente spectateurs démoralisés et attristés », lit-on dans *La Lanterne*[5]. Les recettes s'élevèrent à 3 190 F, les dépenses à 12 700 F, le déficit à 9 510 F.

La première annonce du projet d'exposition parut dans *Le Petit Journal* du 12 janvier. Le 6 janvier, les élections municipales avaient confirmé la victoire républicaine des législatives du 12 octobre 1877. Jusqu'alors la droite, à égalité de force avec la gauche, pouvait encore espérer une Restauration. Les années 1877 et 1878 furent entièrement occupées par la résistance des conservateurs, sous la conduite du maréchal Mac-Mahon, paradoxal président de la République. La lutte sans merci que se livraient républicains et tenants de l'Ancien Régime se caractérisait par le fait qu'aucun des deux partis n'était en mesure de recourir à la force. L'abondance des discours, la violence des déclarations et des débats parlementaires le montrent : la dernière de nos révolutions fut menée entièrement par le verbe, mais un peu aussi par l'art et notamment par la caricature. Dans ces circonstances, au plus fort de la crise, la mort du vieux Daumier, l'aveugle de Valmondois, dont plus personne ne se souciait hormis quelques fidèles, ne pouvait, si l'on peut dire, mieux servir la cause républicaine. On comprend que, plus tard, Edmond de Goncourt, grand amateur de Gavarni, ait pu dire avec son aigreur habituelle : « Ce sont les Républicains qui ont fait Daumier, et qui l'ont surfait[6]. »

Le 5 janvier 1879, l'élection sénatoriale confirmait, dans le bastion le plus solide des conservateurs, la victoire désormais certaine des républicains. Mac-Mahon démissionna le 30 janvier. Daumier mourut le 10 février. Il n'avait rien publié depuis 1872. Sa mort passa presque inaperçue. Pierre Véron rappelait le 22 février dans *Le Journal amusant* : « On se souvient qu'une exposition générale de ses œuvres avait été ouverte rue Le Peletier. L'indifférence du public fit échouer l'entreprise. » Les obsèques, en revanche, furent l'occasion d'une cérémonie que ses amis républicains ne manquèrent pas d'orchestrer – on dirait de nos jours, de « médiatiser ». Une centaine de personnes prirent le train de Paris pour Valmondois, dans le froid d'un

1. Vachon, 25 avril 1878.

2. Laurent, 12 février 1879.

3. J'ai donné plus en détail l'histoire de cette exposition ainsi qu'un développement plus complet de la fortune critique de Daumier dans Melot, 1er et 2e trimestres 1980, p. 159-195. Cet article a été complété et publié en anglais : Melot, 1988, p. 3-24.

4. Lettre de Paul Gachet à Camille Pissarro, Auvers-sur-Oise, 5 mars 1874, citée dans le catalogue de vente des lettres à Camille Pissarro, Paris, hôtel Drouot, 20 novembre 1975.

5. Puissant, 20 avril 1878. Un certain nombre de documents concernant cette exposition ont été réunis par Ernest Maindron dans un album conservé à la Bibliothèque nationale de France, département des Estampes et de la Photographie, sous la cote Yb3 1525 pet.-fol.

6. Propos d'Arsène Alexandre rapporté par Gaston Leroux, archives Maindron, *op. cit.* note 5, p. 38.

14 février, pour assister aux funérailles civiles. On entendit trois discours, de Champfleury, de Carjat et du maire républicain de Valmondois, M. Bernay, qui manifesta hautement, dit un journaliste, « son admiration et son estime publique pour le républicain, pour le libre-penseur[7] ».

La presse de droite réagit alors. « C'est là croyons-nous, un scandale sans précédent », lit-on dans *Le Français* au lendemain des funérailles. Dans ce contexte où la question cléricale était explosive et le principal cheval de bataille de la gauche, un enterrement civil était une provocation, d'autant que M. Turquet, sous-secrétaire d'État aux Beaux-Arts, avait fait prendre en charge par l'État, les frais, soit 12 F, « que Mme Veuve Daumier aurait du mal à assumer ». Il n'était pas si loin le temps de l'ordre moral où certains préfets interdisaient les enterrements civils après sept heures du matin. Deux ans auparavant, le ministre de la Guerre avait refusé les honneurs militaires qu'il devait à un membre de la Légion d'honneur enterré civilement, ce qui avait donné lieu à une furieuse passe d'armes à la Chambre des députés. Le scandale rebondit quelques jours après, le 27 février, lorsque la Ville de Paris proposa d'accorder à la dépouille de Daumier une concession gratuite au Père-Lachaise où elle serait solennellement transportée. Un nouveau comité – composé de la même vieille garde d'amis – fut constitué pour y dresser un monument[8]. On recueillit 1 382,90 F. Après avoir payé 700 F pour l'exhumation et le transport du corps, on constata que les 600 F qui restaient étaient bien insuffisants pour entreprendre « ce qu'on appelle un monument ». Le 16 avril 1880 eut lieu cependant une nouvelle inhumation, au Père-Lachaise, avec nouveaux discours enflammés et nouveaux articles dans la presse républicaine. Daumier, dont la tombe reste sans ornement, fut donc enterré deux fois, comme s'il avait fallu compenser ses funérailles civiles par une double cérémonie.

Dix ans plus tard, en 1888, comme si le renversement du rapport de force politique avait soudain déssillé les yeux, la situation s'était retournée en faveur de Daumier. Cette année-là parut la première monographie à sa gloire, par Arsène Alexandre, directeur du *Rire*, critique aimable et modéré pour qui le génie impressionniste s'incarnait en Jean-François Raffaëlli[9]. La même année, Armand Dayot, inspecteur des Beaux-Arts, organisa, à l'École des beaux-arts, quai Malaquais, une grande *Exposition de peintures, aquarelles, dessins et lithographies des maîtres français de la caricature et de la peinture de mœurs, au XIXe siècle*, dont Daumier était l'une des vedettes. La vogue de la caricature était reconnue sur les lieux même de l'académisme, par les plus hautes autorités du monde officiel de l'art. La loi de 1881 avait libéré la presse et provoqué le succès de nombreux journaux satiriques illustrés, selon, écrit l'historien Charles Seignobos, « une tradition créée par Daumier[10] ».

Comment, en si peu de temps, les tendances esthétiques avaient-elles pu s'inverser ? L'exposition de 1878 s'était tenue dans des conditions défavorables : non seulement au plus fort de la crise politique qui suivit les élections municipales de janvier, mais au premier grand creux de la crise économique qui déprima le fragile marché de l'art et dont les impressionnistes firent, les premiers, les frais. Après 1878, la situation commença de se redresser sous l'effet du plan Freycinet, ministre républicain des Finances. À cette date, Durand-Ruel avait trouvé du crédit auprès de la nouvelle banque catholique de l'Union générale, créée pour concurrencer les banques juives et protestantes. En 1882, l'économie subit une rechute. La banqueroute de l'Union générale, le 19 janvier, entraîna la faillite de Durand-Ruel et ruina les peintres les plus modernes. La situation se rétablit après 1885 lorsque les marchés étrangers, notamment les États-Unis qui avaient salué l'avènement des républicains et la restauration des libertés en

France, s'ouvrirent au commerce et aux artistes français. Jusqu'en 1883, les États-Unis, en pleine expansion, étaient demeurés hostiles à la France depuis la désastreuse guerre du Mexique menée par Napoléon III. Les tentatives pour y exporter les artistes français s'étaient soldées par des échecs, sauf exception, comme celle de Manet triomphant avec sa monumentale *Exécution de Maximilien* – qui avait fait scandale en France en 1867 – contre l'aventure mexicaine. Après 1885, les artistes français furent mieux accueillis. Millet, Daumier, Hugo, les réprouvés du régime impérial devinrent les gloires dont s'honorait la République, les symboles dont elle avait d'autant plus besoin qu'elle s'était établie dans une France toujours profondément divisée, non par un acte incontestable, mais à travers une longue série de mesures et d'épreuves dont aucune ne semblait décisive.

L'art de Daumier

L'art joua un rôle dans ce combat et le style de Daumier servit d'argument. La reconnaissance de Daumier comme artiste devait surmonter plusieurs obstacles : il avait été un caricaturiste, un journaliste, un lithographe. À ce titre il était triplement suspect, pour certains exclu du monde artistique. L'abondante littérature qui, surtout après sa mort, visait à le faire admettre au panthéon de l'art, n'eut d'autre préoccupation que de mettre en valeur le classicisme de son style et son œuvre de peintre.

Beaucoup moins que d'autres caricaturistes, Daumier ne contrevient aux règles du dessin académique. Son respect de l'anatomie, réel ou supposé, fait l'admiration de ses défenseurs. L'équilibre qu'il installe dans ses compositions, le modelé auquel il oblige son crayon lithographique, la véracité de ses expressions, le rendu du geste saisi sur le vif, le mouvement qui agite sa ligne, tout en lui désigne l'élève inavoué des Beaux-Arts. Les critiques s'autorisent alors, pour tester, convaincre ou intimider leur lecteur incrédule, à juxtaposer le nom de Daumier à celui des plus grands peintres de l'histoire canonique. Beraldi en a dressé ironiquement la liste[11] : Goya bien sûr et tous les Espagnols, les Anglais, indifféremment de Gainsborough à Turner, mais aussi les peintres du mouvement, de Michel-Ange à Delacroix, les réalistes, de Rembrandt à Decamps, et, de façon plus inattendue, Holbein et Quentin de La Tour, pour le portrait, Tintoret et même David.

L'orthodoxie esthétique de Daumier avait plusieurs avantages. Elle ouvrait le domaine de l'art à l'imagerie populaire, comme le demandaient les modernes, tout en demeurant respectueuse des normes académiques, comme l'exigeaient les conservateurs. Au moment où la République cherchait à s'acheter une sagesse sans compromettre ses libertés, Daumier était un bon candidat à la postérité. Le style de Daumier associe la « puissance » populaire à la « correction » traditionnelle. Albert Wolff comparait la « force » du dessinateur à l'« énergie » du peintre[12]. Pelletan caractérisa son style par une « puissante sincérité[13] ». Certains insistaient sur sa maîtrise : « Dessinateur ! dessinateur hors ligne. C'est là en effet la qualité maîtresse du talent de Daumier[14] » ; d'autres sur sa vigueur : « Il a tout : la largeur de touche, le dessin, la couleur, la

7. Bazire, 15 février 1879.
8. Anonyme, 17 avril 1880.
9. Alexandre, 1888, p. 384.
10. Charles Seignobos, « L'Évolution de la 3ᵉ République », dans Ernest Lavisse, *Histoire de France contemporaine*, Paris, Hachette, t. 8, 1921, p. 488.

11. Beraldi, 1886, article Daumier.
12. Wolff, 13 février 1879.
13. Pelletan, 23 avril 1878.
14. Anonyme, *Le Siècle*, 25 avril 1878.

pensée. Telle toile semble dessinée par Michel-Ange et peinte par Delacroix[15]. » Philippe Burty pouvait conclure : « M. Daumier est, dans la haute acception du terme, un classique[16]. »

Peintre, Daumier le fut du moins dans la seconde partie de sa carrière et ce fait plaida de manière décisive pour sa reconnaissance. Ce qui frappe dans les critiques des républicains modérés d'après 1880 n'est pas tant l'importance accordée aux peintures de Daumier – après tout historiquement fondée – que les excès auxquels l'affirmation de cette priorité les conduit : il s'agissait moins de louer le peintre que d'excuser le lithographe, voire de le faire oublier : « On déplore que pour gagner sa vie il n'ait pas fait la moitié moins de lithographies et beaucoup plus de peintures et de sculpture... », écrivit plus tard Georges Rouault[17]. L'exposition de 1878 était très explicite d'un tel projet. Que voyait-on dans cette exposition ? D'abord des peintures, puis des dessins et enfin, dans la rubrique « Divers » et sous le nᵒ 244 et dernier du catalogue « vingt-cinq passe-partout renfermant les œuvres lithographiées de H. Daumier[18] ». Dès cette exposition, Émile Bergerat déclarait : « Oui, certes Honoré Daumier restera comme l'une des figures artistiques les plus saillantes de ce temps, mais il n'en devra rien à la caricature, genre bâtard et conventionnel... S'il est grand, c'est pour la qualité extrinsèque de son dessin, par son don de coloriste, par sa force d'observation, par tout ce qui fait qu'un peintre est grand[19] », jugement que Louis Vauxcelles confirmait en 1919 : « Peintre d'abord. Tout le monde le sait aujourd'hui... Cinquante années durant Daumier fut tenu pour un caricaturiste de petit journal ; il l'était d'ailleurs à un prodigieux degré, mais peintre d'abord, et surtout, et toujours[20]. »

Effacée la polémique entre républicains et conservateurs sur le statut d'artiste qu'on devait accorder à Daumier, la divergence subsistait sur ce point entre les différents courants républicains. En 1888, le livre d'Arsène Alexandre qui regrettait à son tour que Daumier n'ait pas eu le loisir de parfaire ses tableaux plutôt que de produire ses lithographies, suscite cette réaction de John Grand-Carteret : « Ce qui me surprend en ce volume, c'est l'insistance avec laquelle M. Alexandre cherche à excuser, à atténuer la caricature... M. Alexandre semble regretter que Daumier ait dû éparpiller quotidiennement aux quatre coins du "Charivari" son solide et vaste génie[21]. » Plus tard encore, en 1929, alors qu'une critique de gauche s'est développée en réaction contre ce qu'elle jugeait être les dérives conservatrices des républicains, Carlo Rim s'indigna que l'on considère d'abord Daumier comme un peintre : « À ce compte-là, écrivait-il, Ingres devrait être considéré comme un violoniste[22] ! »

La carrière de Daumier

Une autre série d'arguments destinés à rassurer les timides parcourt abondamment la littérature consacrée à Daumier : le portrait de l'homme tel que la carence d'archives – Daumier n'a guère écrit – et la discrétion de sa vie privée permettent de l'imaginer. L'argument se résume dans une phrase d'Albert Wolff : « Daumier *en dehors de son art*, [c'est moi qui souligne] avait un idéal. Il était républicain de la première heure[23]. » D'article en article, on s'est appliqué à montrer un Daumier bonhomme, patelin, bon camarade et bon époux, modeste dans ses ambitions, traditionnel dans ses goûts, bref, un travailleur tranquille. Quant à ses opinions politiques, elles furent souvent considérées comme celles d'un « idéaliste ». Une autre qualité avantageait Daumier au moment de la lutte républicaine : il était l'homme de 1830, beaucoup plus que celui de 1848 et de la Commune, dont pourtant il n'avait pas été absent. C'est de 1830 que se réclamaient les républicains modérés de 1880, pour plusieurs raisons. Ils étaient anticommunards et ne voulaient en aucun cas réveiller les souvenirs brûlants de 1871 qui servaient d'épouvantail à leurs adversaires. Le manifeste républicain du 11 octobre 1877 déclarait : « La cause que vous avez à défendre est celle que nos pères défendirent victorieusement en 1830. » Aussi la critique insistait-elle sur la première célébrité de Daumier, rappelant même que, sur le tard, il aurait serré la main de Thiers, dont il avait été le pourfendeur inlassable.

Daumier eut vingt ans en 1830. Sa longue carrière, sa tardive reconnaissance dans le sillage du réalisme ne doivent pas nous le faire oublier : Daumier est un romantique. Sa plus grande popularité date de 1832 à 1835, même si son patron Philipon s'en arrogea la meilleure part. Les qualités qui lui valurent sa gloire posthume ne sont pas passées inaperçues de certains de ses contemporains qui avaient déjà engagé le combat pour une esthétique nouvelle. L'œuvre de Daumier fut un levier pour ouvrir la notion d'objet d'art à des genres vulgaires, tels que la caricature, de même que les feuilletonistes des journaux étendaient alors le registre de la littérature[24]. Son esthétique répondait à l'appel pour des formes violentes et contrastées que préconisaient, avec la couleur locale et le mélange des genres, dès 1827, Victor Hugo et Stendhal. C'est dans cette mouvance que l'on trouve les premiers éloges de Daumier de son vivant. Deux observations néanmoins s'imposent : d'une part, les premiers témoignages sur son art ne sont pas antérieurs aux années 1840 et précèdent de peu les débuts de sa carrière de peintre en 1848 ; d'autre part, les plaidoyers les plus ardents sont le fait d'écrivains, poètes, historiens ou philosophes plutôt que de critiques d'art à proprement parler, même s'il était difficile à l'époque de séparer les uns des autres, comme si, seuls, ils avaient le pouvoir de consacrer un autre artiste, et que leur autorité de penseurs avait été indispensable pour opérer cette métamorphose.

L'œuvre de Daumier n'entretint pas avant 1882 des rapports réguliers avec « le monde de l'art » dans ce qu'il a d'incontesté. Il y parvint par la caricature que la génération romantique avait mise à la mode. Victor Hugo[25] et Delacroix[26] la louaient et la pratiquaient. Avant les années 1840, Sainte-Beuve, après Xavier de Maistre, découvrit l'œuvre de Töpffer[27], que Victor Hugo connut aussi sans doute très tôt. Il faut certainement attribuer à ce phénomène la commande faite à Baudelaire d'un ouvrage sur la caricature, antérieur à 1845, dont le projet n'aboutit pas, mais qui explique que le poète, le premier, dans son « Salon de 1845 », ait parlé de Daumier comme d'un artiste[28]. Dans les revues *Le Corsaire* ou *Le Tintamarre*, Baudelaire

15. Foucher, 19 avril 1878.

16. Burty, 1er mai 1878.

17. Rouault, mars-avril 1929.

18. Paris, 1878, avec une notice biographique par Champfleury.

19. Bergerat, 26 avril 1878.

20. Vauxcelles, 12 janvier 1919 (article publié à l'occasion de la vente Bureau).

21. Grand-Carteret, 8 mai 1888.

22. Rim, 15 février 1929.

23. Wolff, *op. cit.* note 12.

24. Les deux histoires peuvent être mises en parallèles : Daumier a fait ses débuts en octobre 1830 à *La Silhouette* de Philipon dont Balzac est alors le « maître Jacques ». *Cf.* Roland Chollet, *Balzac journaliste*, Paris, Klincksieck, 1983.

25. Michel Melot, « Ceci ne sera jamais la tête de Jésus- Christ. Victor Hugo caricaturiste », *Soleil d'encre, manuscrits et dessins de Victor Hugo*, cat. exp., Paris, Bibliothèque nationale de France,

musée du Petit Palais, 1985, p. 23-26.

26. Nina Maria Athanassoglou-Kallmyer, *Eugène Delacroix, Prints, Politics and Satire, 1814-1822*, New Haven et Londres, Yale University Press, 1991.

27. Sainte-Beuve, *Correspondance générale...*, Paris, Stock, 1938, lettre à Töpffer du 21 décembre 1840.

28. André Ferran, *Le Salon de 1845 de Charles Baudelaire*, édition critique, Toulouse, 1933 ; voir aussi du même auteur : *L'Esthétique de Baudelaire*, Paris, Nizet, 1968. L'ouvrage *De la caricature* est annoncé sur le second plat de couverture du compte-rendu du Salon de 1845. Il ne fut publié que dix ans plus tard, sous une forme actualisée. Une première version en a été retrouvée par Jacques Crépet dans *Le Portefeuille* du 8 juillet 1855. *Cf.* Claude Pichois, « La date de l'essai de Baudelaire sur le rire et les caricaturistes », *Lettres romanes*, t. XIX, août 1965, p. 203-216, et Malcolm McIntosh, « Baudelaire's Caricature Essays », *Modern Language Notes*, vol. LXXI, novembre 1956, p. 503-507.

collaborait avec un autre poète, Théodore de Banville, à qui l'on doit la seconde allusion littéraire à Daumier, cité en 1845 dans un poème publié plus tard dans ses *Odes funambulesques*[29].

La Révolution de 1848 précipita les choses. Brusquement, Daumier pouvait accéder au statut d'artiste et entrer par la grande porte au Salon, largement ouverte. Lui-même avait toujours eu l'ambition d'être peintre, comme le prouve son enregistrement à la prison de Sainte-Pélagie en 1832. Comme beaucoup de poètes devenus journalistes, ou de peintres devenus illustrateurs ou décorateurs, il fut emporté par le mouvement industriel et trouva sa voie dans le dessin de presse. Grâce à l'avènement de la deuxième République, une première chance lui était donnée. Daumier « salua l'an premier de l'ère nouvelle par une peinture », comme l'écrivit Champfleury qui put alors s'écrier, sans réserve : « Vive la République, car la République avait fait un grand peintre. Ce peintre, c'est Daumier[30]. »

Le premier stade de la métamorphose de Daumier en artiste s'opéra à partir de 1845 sous la plume de deux poètes. Le second eut lieu en 1851 grâce à un historien, Jules Michelet[31]. La suppression du cours de Michelet au Collège de France avait suscité quelques fortes caricatures de Daumier contre le frère Gorenflot qui le remplaçait. Michelet lui adressa ses remerciements et son admiration. Il devint dès lors un de ses plus fervents avocats. La correspondance entre les deux hommes montre une réciproque et subtile affinité : le goût de Michelet pour « le peuple » rencontrait celui de Daumier pour la culture humaniste. Ce croisement explique les raisons pour lesquelles Daumier allait devenir un caricaturiste « acceptable » pour les classiques. Dans un ouvrage tardif, *Nos fils*, publié en 1868, Michelet rendit hommage à « celui qui sera appelé un jour le Michel-Ange de la caricature ».

Les premières mesures répressives excitèrent plus qu'elles ne contrarièrent les ambitions artistiques de Daumier. En 1860, il fut « foutu à la porte », comme l'écrivit Baudelaire, du *Charivari*. Sans doute y avait-il perdu l'un de ses protecteurs, le Marseillais Taxile Delord, qui en fut rédacteur en chef. On l'accusait de provoquer les désabonnements. Plus encore que le tarissement de l'imagination de Daumier, invoqué par Philipon, il faut y voir la crainte des abonnés, bien connus de la police, de poursuivre la lecture d'un journal qui publie un dessinateur au passé aussi trouble, dans la période autoritaire de l'Empire et la peur des propriétaires du journal dans la vague de censure qui croît après l'attentat d'Orsini (1858). Philipon avait, dans un article de 1861 intitulé « Abdication de Daumier I[er 32] », invité l'artiste à assister « comme Charles Quint » à « ses propres funérailles ». Outre que cette cynique invitation impliquait une reconnaissance « par la négative », Daumier, sans commande, se trouva *ipso facto* transformé en artiste « libre », contraint de vivre de ses aquarelles et de quelques peintures.

Gavarni lui commanda, pour le journal qu'il dirigeait, une illustration qui fut commentée par les Goncourt comme une œuvre d'art. Lorsque l'orage fut passé, il fut réembauché, en 1863, par le même *Charivari* qui annonça triomphalement le retour de « ce dessinateur, qui a le rare talent de faire, même de ses caricatures, de véritables œuvres d'art ». Entre temps, Napoléon III avait dû assouplir sa politique vers ce qu'on appelle « l'Empire libéral » dont le salon des Refusés avait été, cette même année, le gage artistique. Pendant cette période, Daumier trouva un refuge temporaire dans *Le Boulevard*, hebdomadaire lancé en 1862 par son collègue Carjat. *Le Boulevard* tentait, sans doute prématurément et de façon timide, une sortie de l'opposition dans la « presse d'idées ». Sans aborder aucun sujet ouvertement politique, la revue était clairement républicaine : on ne trouvait dans son équipe que des opposants déclarés au régime, on y faisait l'éloge vibrant du grand exilé, Victor Hugo, qui y publia les premiers extraits des *Misérables*. La chronique artistique y était tenue par Baudelaire, Théodore de Banville et Champfleury.

Le Boulevard ne survécut pas aux tracasseries policières, mais Daumier sortit grandi de cette épreuve, notamment pour les collectionneurs qui voyaient ses œuvres raréfiées à cause de la censure. Déjà en 1861, Philipon n'hésite pas à s'en féliciter : « Daumier cessant de faire des lithographies, écrivait-il dans *Le Journal amusant*, celles qu'il a exécutées ne tarderont pas à disparaître du commerce et à se retirer dans le monde des collectionneurs. On les a dédaignées quand l'auteur les prodiguait ; aujourd'hui qu'il dédaigne d'en faire, on va les rechercher et les payer cher[33]. » Il semble que les amateurs d'art n'aient pas été subitement convaincus de cette aubaine. Longtemps encore, jusqu'à sa mort, ses acheteurs furent réduits à un cercle d'amis et ses défenseurs à une poignée d'intellectuels. Parmi eux, le révolté Jules Vallès, qui fit ses débuts de poète dans *Le Boulevard*. Parmi eux aussi, Hippolyte Taine, collaborateur masqué, sous le pseudonyme de Thomas Graindorge, de *La Vie parisienne*, autre journal précurseur, en 1863, des libertés attendues, et dont l'esthétique était conforme en beaucoup de points à celle pratiquée par Daumier. Il peut en apparaître, bien qu'indirectement, comme le premier théoricien. Relisons sa définition de l'œuvre d'art : « L'œuvre d'art a pour but de manifester quelque caractère essentiel ou saillant, partant quelque idée importante, plus clairement et plus complètement que ne le font les objets réels. Elle y arrive en employant un ensemble de parties liées dont elle modifie systématiquement les rapports[34]. »

Daumier se mit vraiment à la peinture et surtout à l'aquarelle vers cette époque. Selon Bruce Laughton, aucune aquarelle ne peut être datée avec certitude avant 1860. Durand-Ruel prétend avoir eu affaire aux aquarelles de Daumier après 1865. Les carnets de comptes de Daumier, conservés pour 1864 et 1865, laissent apparaître cette reconversion : ses revenus annuels sont d'environ 6 000 F dont, en 1864, 4 560 F pour les lithographies et 1 530 F pour les dessins et peintures, et, en 1865, 3 560 F pour les lithographies et 2 425 F pour les peintures. Le témoignage de Burty sur des dessins de Daumier vendus par Geoffroy-Dechaume en 1862 et l'acquisition de trois aquarelles par l'Américain Lucas en 1864 confirment cette chronologie[35]. L'interruption du *Charivari* pendant la Commune prélude à l'arrêt définitif de sa production de lithographe en 1872. Sa retraite de caricaturiste coïncide avec l'oubli dans lequel il tomba.

29. Théodore de Banville, « Evohé, némésis littéraire », daté de novembre 1845, publié dans *Odes funambulesques*, 1859. Autre citation dans *Occidentales*.

30. Bixiou [pseudonyme de Champfleury], 3-6 septembre 1848. Voir les autres citations dans *Champfleury. Le Réalisme*, textes choisis et présentés par G. et J. Lacambre, Paris, Hermann, 1973, p. 205-212. Le premier article important sur Daumier par Champfleury fut d'abord publié dans *Le Boulevard* le 22 février 1862 avant de paraître dans *La Nouvelle Revue de Paris* le 15 juillet 1864.

31. Bertrand, 1977, p. 30-39. La correspondance entre Michelet et Daumier est partiellement publiée dans Escholier, 1923, et dans Courthion et Cailler (éds.), 1945. On trouvera de nombreuses références à Daumier dans Michelet, *Journal*, 4 vol., Paris, Gallimard, 1976.

32. Philipon, 21 septembre 1861.

33. *Ibid.*

34. H. Taine, *Philosophie de l'art*, t. 1, p. 41-42. Daumier est cité à deux reprises dans *Vie et opinions de Thomas Graindorge*, publié en volume en 1867, rééd, Paris, *Les Introuvables*, p. 147 et 240.

35. Laughton, 1996 ; trad. fr., 1997.

La gloire de Daumier

L'appréciation esthétique de Daumier n'a cessé de suivre, en France plus clairement qu'à l'étranger, les clivages politiques. « L'heure réparatrice vient de sonner, éclatante », avait écrit un journaliste en 1888 après l'exposition de l'École des beaux-arts et la publication de la monographie d'Arsène Alexandre. En 1900, Armand Dayot inaugura le buste de Daumier par Geoffroy-Dechaume à Valmondois. Henri Bouchot, conservateur du cabinet des Estampes, sur l'estrade, félicita chaleureusement Carjat qui avait lu des vers. La manifestation, présidée par M. Cornudet, député de Seine-et-Oise, se termina par un bal champêtre. Un journaliste parla du « buste d'Henri Daumier par MM. Geoffroy et Dechaume, statuaires[36] ». La fondation de la République radicale fut ainsi ponctuée d'hommages officiels à Daumier. En 1908, Dujardin-Baumetz, sous-secrétaire d'État aux Beaux-Arts, posa une plaque sur la maison de Daumier à Valmondois et prononça un discours où il était question du rôle social de l'art. Lui succéda la musique du 120e régiment d'infanterie.

La montée de la gauche après la crise de 1929 raviva la querelle sur Daumier. Son cinquantenaire fut largement salué par la presse. Une plaque fut apposée au 9, quai d'Anjou, où il avait vécu. Mais il existait alors une opposition de gauche qui trouvait à ces hommages un goût de trahison. *L'Humanité* du 15 février commentait ainsi l'événement : « Une demi-douzaine de pontifes et de pompiers sont allés 9, quai d'Anjou apposer "officiellement" une plaque sur la façade de l'immeuble où vécut le grand caricaturiste… Puis les mêmes redingotes protocolaires s'en furent s'abriter du froid à l'hôtel de Lauzun tout proche… Sous les bourrasques salubres de cet idéalisme cinglant, les salopards et les timorés de la IIIe République d'Union nationale n'ont qu'à fuir le dos rond et à rentrer sous terre[37]. » Daumier apparaîtra désormais comme la caution esthétique de n'importe quelle république. La même année, Édouard Herriot s'écriait : « Daumier est des nôtres, montons la garde autour de sa mémoire[38]. »

Fig. 2
Cérémonies du centenaire de Daumier,
le 9 août 1908, à Valmondois :
scène d'une pantomime
de Émile Henriot sur le sujet
de Robert Macaire et Bertrand.

En 1979, c'est Gaston Defferre qui, à Marseille, célébra le premier centenaire de Daumier, négligé à Paris, en pleine montée du « programme commun » de la gauche. Dans la préface du catalogue intitulé *Daumier et ses amis républicains*[39], celui qui n'était encore que le second personnage du parti socialiste citait opportunément Henri Focillon : « Plus haute, plus retentissante que toutes les autres, il est la grande voix de l'opposition irréductible, éternelle, qui se reforme au lendemain de chaque secousse et qui est un des traits de la vitalité d'un grand pays. » Pourtant, de nos jours, comme le notait déjà un journaliste du *Figaro* en 1911 : « Il est évident qu'on ne risque plus rien à célébrer la gloire de Daumier. On n'a point la crainte de déplaire à des gens au pouvoir[40]. » En 1996, Daumier fit son entrée à l'Assemblée nationale[41], sous l'autorité de son président Philippe Séguin, maire d'Épinal – où est organisé chaque année un festival de la caricature politique – et, par ailleurs, historien de Napoléon III. On raconte que certains conseillers s'en inquiétèrent mais que le président « s'est marré[42] ». En 1997, Daumier fut exposé à la Cour de cassation[43], où certains avocats, dit-on, s'émurent.

Il faudrait maintenant analyser la remarquable fortune de Daumier en Allemagne[44]. Son style y préfigura peut-être un expressionnisme qui n'a jamais trouvé en France ses développements, sauf dans l'œuvre de certains peintres comme Rouault, le plus fervent des admirateurs

VALMONDOIS - LE CENTENAIRE DE DAUMIER, 9 Aout 1908
2. A la maison où est mort Daumier, Gustave Hubbard récite des vers

Fig. 3
Cérémonies du centenaire de Daumier,
le 9 août 1908, à Valmondois :
Gustave Hubbard récite des vers
devant la maison où est mort Daumier.

de Daumier. À l'étranger, l'œuvre de Daumier symbolise sans doute les vertus qui ont porté l'idée républicaine pendant tout le XIXe siècle hors de nos frontières. Il faut constater que beaucoup de grandes collections, expositions et publications sur Daumier ont été conçues en Allemagne[45], où existe d'ailleurs une vigoureuse Association des amis de Daumier[46]. Aux États-Unis, le succès de Daumier a été lancé principalement par des conservateurs et des collectionneurs d'origine germanique. L'exégèse de Daumier a trouvé, pendant notre siècle, deux terrains de prédilection : les États-Unis et l'URSS. Dans l'un et l'autre cas, l'extension du registre du grand art à des œuvres réputées populaires, à la fois classiques et vigoureuses, fut en quelque sorte une cause esthétique nationale. Tel n'a pas été, à ce point, le cas en France où le champ de l'art est demeuré, souvent, un terrain d'affrontement. Le jugement esthétique y marque, et y masque à la fois, des clivages politiques et sociaux, certains évidents, d'autres plus subtils, mais toujours ancrés dans notre histoire. Comment pourrait-on, autrement, expliquer que Daumier y ait acquis tant de talent, depuis sa mort ?

36. Anonyme, *Le Magasin pittoresque*, 1er septembre 1900.
37. Marcel Say, *L'Humanité*, 15 février 1929.
38. Henriot, 2 mars 1929. Cet article avait d'abord paru dans *Le Petit Provençal* et fut repris dans *L'Ère nouvelle*.
39. Marseille, 1er juin-31 août 1979.
40. Anonyme, *Le Figaro*, 2 novembre 1911.
41. Paris, Versailles, Bruxelles et Saint-Denis, 1996-1997.
42. Anonyme, « Plus séguiniste que Séguin », *Le Canard enchaîné*, 23 octobre 1996, p. 2. Voir aussi Henri Paillard, « Daumier, l'art de l'irrespect », *Le Figaro*, 22 octobre 1996.
43. Paris et Bruxelles, 1996-1997.
44. Michel Melot, « Entwicklungslinien in der neueren Daumier-Forschung », *Die Rückkehr der Barbaren. Europäer und « Wilde » in der Karikatur Honoré Daumiers*, Herausg von André Stoll, Hamburg, Hans Christians Verlag, 1985, p. 21-25.
45. On trouvera les témoignages précis dans le numéro spécial consacré à Daumier par les *Nouvelles de l'estampe*, n°46-47, juillet-octobre 1979 à l'occasion de son centenaire, notamment dans « Marcel Lecomte nous parle de Daumier et de ses amateurs », p. 11-13, « La collection Hammer au Los Angeles County Museum », p. 17 et « La collection et l'exposition itinérante de Werner Horn », p. 19.
46. Honoré Daumier-Gesellschaft a été fondée à Dessau le 2 mars 1996.

Étienne Carjat, *Daumier* (détail),
épreuve à la gélatine argentique
sur papier, vers 1861-1865,
Ottawa, musée des Beaux-Arts du Canada.

Catalogue

Débuts de Daumier

1

Portrait d'une jeune fille

Vers 1830
Pierre noire, estompe et crayon Conté sur papier
28,6 × 22 cm
Signature et inscription au crayon Conté, en bas à droite :
A Jeannette [souligné] / *h. Daumier*

Vienne, Graphische Sammlung Albertina (24.125)
~~Maison D-193~~

Exposé à Paris seulement

Historique
    Galerie C. G. Bœrner, Leipzig ; acquis par le musée en 1924.

Exposition
    Francfort et New York, 1992-1993, nº 1, repr.

2

Étude de tête de femme

Vers 1830
Crayon sur papier calque
21 × 17 cm
Signé au centre à droite : *h.D.*

Paris, musée du Louvre, département des Arts graphiques,
fonds du musée d'Orsay
~~Maison D-185~~

Exposé à Ottawa et à Washington seulement

Historique
    Coll. Raymond Kœchlin, Paris ; légué par M. et Mme. Raymond
    Kœchlin au musée en 1931.

De la prison Sainte-Pélagie, Daumier écrivait à son ami Jeanron le 8 octobre 1832 : « Je travaille quatre fois plus en pension que je ne fesais [*sic*] lorsque j'étais chez mon papa. Je suis accablé et tyrannisé par une foule de citoyens qui me font faire leur portrait[1]. » Bien qu'il n'existe aucun portrait formellement identifié de la période d'incarcération, la ravissante tête de jeune fille conservée

à Vienne y est parfois associée[2]. Ce dessin, qui semble remonter aux environs de 1830 ou peut-être avant (selon Maison), illustre, de manière nette et pour la première fois, ce don qu'avait Daumier de capter l'essence de son modèle[3]. La jeune personne – sans doute la Jeannette de la dédicace mais dont l'identification reste problématique – montre, par son calme et par son regard soutenu, un aplomb au-delà de son âge. Le visage rond est modelé avec sensibilité, animé de zones claires et subtiles, mais la recherche de la précision révèle, sinon un manque d'expérience, tout au moins un manque d'audace. Le portrait beaucoup plus spontané de la jeune femme du Louvre, témoin rarissime des premières études de l'artiste, se situerait, selon Maison, vers 1830[4]. Des ombres constituées de hachures régulières assombrissent une grande partie du visage et seuls le front ainsi que la pointe du nez et celle de l'oreille sont cernés par la lumière, signalant déjà le traitement sculptural des volumes qui caractérisera le travail de Daumier. On ne peut que comparer ce dessin à l'esquisse postérieure et moins vigoureuse d'une jeune femme différente, mais à la pose analogue, que François Bonvin a exécutée plus tard sur une feuille dédicacée (MD. 714) portant une caricature de Daumier. **M.P.**

1. Alexandre, 1888, p. 54.
2. Colta Ives, dans cat. exp. Francfort et New York, 1992-1993, n° 1.
3. Maison, vol. II, 1968, n° 193. Laughton (1996, p. 6) a avancé le début des années 1830.
4. Maison, *op. cit.* note 3, n° 185.

3

Le Dimanche

1822
Lithographie ; deuxième état sur deux, avec la lettre
22,5 × 17,8 cm
Signé en bas à droite : *H.D.*

Paris, Bibliothèque nationale de France, département des Estampes et de la Photographie (Dc 180b rés. tome I)

Delteil A
Exposé à Paris seulement

Exposition
Paris, 1934b, n° 1.

Du Daumier avant Daumier. À l'arrière-plan de cette lithographie malhabile, un rideau de scène s'entrouvre : n'est-ce pas là, en quelque sorte, le frontispice de *La Comédie humaine* de Daumier ?

La planche a été déposée au ministère de l'Intérieur par l'imprimeur-éditeur Godefroy Engelmann (l'un des introducteurs de la lithographie en France, installé d'abord à Mulhouse, puis à Paris) le 16 août 1822. Elle fait partie d'un ensemble de trois pièces signées des initiales *H.D.* : les deux autres ont pour titre *J'suis d'garde à la merrie* (LD B, déclaration d'imprimeur du 11 septembre 1822 sur l'épreuve du musée Carnavalet et dépôt légal du 13 septembre 1822) et *La Promenade à Romainville*, planche du 24 décembre, repérée au musée Carnavalet, mais non cataloguée par Delteil[1].

Alléguant le jeune âge de Daumier – en 1822, il n'a que quatorze ans –, Delteil a douté de leur attribution à l'artiste, tout en en plaçant deux en tête de son catalogue raisonné, mais Adhémar les a admises. Daumier, qui ne maîtrisait pas encore l'art du crayon, tentait ses premiers essais en lithographie : dès les débuts de cet art, les « essais » constituaient un genre bien établi, institué par Senefelder, l'inventeur bavarois de cette technique, et repris par Engelmann ; le duc d'Orléans, fils aîné de Louis-Philippe, s'y était exercé dans un recueil de jeune homme. Dans l'œuvre de Daumier, ces premières tentatives ont un peu le statut des crayonnages d'écolier que les artistes romantiques ou leurs admirateurs ont recueillis en tant que symbole de leurs débuts et de leur vocation :

Le Dimanche.

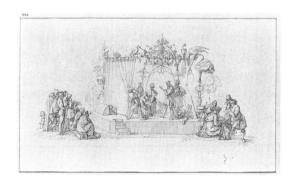

Fig. 1
Peter Cornelius, *Faust,*
Prologue au théâtre, première planche,
Francfort-sur-le-Main, Wenner, 1816,
gravure au burin, Francfort-sur-le-Main,
Städelsches Kunstinstitut.

ainsi, les cahiers d'écoliers de Gautier, de Gavarni, de Delacroix, ou encore ceux du jeune Gustave Doré, enfant prodige lié par contrat à l'éditeur Aubert dès l'âge de quinze ans, en 1848.

Malgré son indéniable défaut de technique, l'invention, proche des séries nancéennes du premier Grandville et plus encore de la première planche de la suite de Cornelius pour *Faust* (fig. 1), porte la marque de l'inspiration personnelle de Daumier et introduit un thème profond sur lequel il reviendra tout au long de sa carrière. Dans *Le Dimanche* s'amorce d'ores et déjà la thématique de la parade et du spectacle forain, que Daumier partageait avec bien d'autres caricaturistes et dessinateurs de presse romantiques

(Grandville et Bertall notamment) et qui inspirera en dernier lieu Seurat dans sa peinture *Parade de cirque* (New York, The Metropolitan Museum of Art). Chez Daumier, cette source d'inspiration – parade et saltimbanques –, liminaire à toute son œuvre, a connu des résurgences multiples, depuis les illustrations de *Jean-Paul Choppart*, petit livre pour enfants (cat. 61), jusqu'aux aquarelles plus tardives (cat. 317 à 320), qui constituent une magnifique série mélancolique consacrée au thème de l'artiste. **S.L.M.**

---

1. Adhémar voit dans ces trois œuvres « les premiers essais de l'artiste » (1934b, nᵒˢ 1, 2 et 3).

4

L'épicier qui n'était pas bête leur envoyait de la réglisse qui n'était pas sucrée du tout

1830
Lithographie ; deuxième état sur deux, avec la lettre
20,055 × 17,2 cm (dessin) ; 36,2 × 27,9 cm (feuille)
Signé en bas à gauche : *h. Daumier*

Collection Roger Passeron (ancienne
collection Charles Malherbe)

Delteil 7
Exposé à Paris seulement

Les journées de juillet 1830 ont été traitées par Daumier sous l'angle du combat de rues, opposant un ouvrier armé, au premier plan, à la troupe qui tiraille à l'arrière-plan. Le personnage principal est plaqué, en silhouette, devant le mur qui le dissimule aux yeux des gardes en train de tirer, mais son pied et l'extrémité de son fusil débordent de l'angle du mur, sur la partie droite, ce qui assure une certaine unité à cette composition fragmentée. Le décor urbain structure l'espace de lignes verticales et horizontales qui suggèrent l'élévation des immeubles ; l'arrière-plan, scindé en deux parties, selon une disposition que l'on retrouvera chez Manet, juxtapose, de façon contrastée, une partie gauche, proche du spectateur et parallèle au plan de l'image, à une partie droite, plus lointaine et insérée dans une perspective fuyante. La délimitation de la figure et des arêtes du mur de la maison d'angle n'est pas rendue par une ligne dessinée, mais par un contraste entre une zone d'ombre crayonnée et une zone de lumière qu'offre le blanc du papier traité en réserve : ce rendu original que Daumier devait à Géricault implique, dans son effet d'optique, la participation du spectateur qui doit imaginer une ligne non tracée et visible de façon discontinue ; il sera repris dans les dessins au crayon Conté de Seurat ou d'Angrand, puis par les symbolistes belges et par Magritte. Dans son traitement et dans sa composition, cette belle lithographie se rapproche des lithographies de Géricault publiées à Londres en 1821 dans l'album *Various Subjects Drawn from Life and on Stone*, et en particulier du célèbre *Pity the Sorrows of a Poor Old Man* (fig. 1).

Fig. 1
Théodore Géricault, *Pity the Sorrows of a Poor Old Man*, 1821, lithographie de l'album *Various Subjects Drawn from Life and on Stone*, Londres, Rouen, musée des Beaux-Arts.

Fig. 2
Honoré Daumier,
*Il a raison l'moutard
– eh oui c'est nous qu'à [sic]
fait la révolution et c'est eux
qui la mangent… (la galette)*,
lithographie déposée
le 4 septembre 1830,
coll. part.

La composition de Daumier est également influencée par Delacroix, lui-même inspiré par Goya, dans le coin de fenêtre grillagé de l'angle supérieur gauche selon une disposition proche de sa peinture *Le Tasse dans l'hôpital Saint-Anne à Ferrare*, exposée au Salon de 1824 ; le paysage urbain esquissé à l'arrière-plan à droite se révèle très proche de celui de *La Liberté guidant le peuple* exposée par Delacroix au Salon de 1831, mais peinte après les journées de juillet 1830, dont la lithographie de Daumier offre également une évocation. Enfin les impressionnantes jambes de l'insurgé mort, traitées par un blanc de réserve au coin de la borne et sur les pavés, peuvent être rapprochées de l'avant-bras surgissant d'un amas de pierres, qui produit le même effet de dramatisation pathétique, dans la partie inférieure de *La Grèce sur les ruines de*

Cat. 4

Missolonghi présentée par Delacroix à l'exposition pour la défense des Grecs en 1826.

En ce tournant de 1830 où l'art lithographique de Daumier était en pleine formation, cette œuvre atteste sa volonté de mettre au point une technique de peintre en lithographie, dans le sillage du réalisme romantique mis à l'épreuve par Géricault puis son disciple et ami Delacroix, alors que d'autres lithographies de Daumier à la même époque subissent davantage l'influence de lithographes professionnels (même s'ils pratiquent aussi la peinture) comme Raffet (LD 1), Henri Monnier (LD 6) et surtout Charlet (LD 1, 2 et 8), qu'admiraient également Géricault et Delacroix. L'influence de Charlet se sent tout particulièrement dans une planche qui peut être tenue pour le pendant de celle-ci : elle met en scène un héros populaire, qui, ayant déposé son fusil des barricades, est devenu, face à la vitrine d'un marchand de caricatures qui affiche une célèbre charge du même auteur, le spectateur de la guerre en images que menaient les caricaturistes, et Charlet en premier lieu, contre « ceux qui mangent la galette » : *Il a raison l'moutard [...] c'est eux qui la mangent...* (fig. 2). Ce diptyque, qui présente d'un côté l'insurrection politique et de l'autre l'entrée en scène des « classes laborieuses et classes dangereuses » et des conflits sociaux, correspond également, d'une certaine manière, aux deux aspects de la révolution esthétique menée par Daumier en 1830 : son engagement d'artiste dans la bataille romantique aux côtés de l'avant-garde et des peintres, et son entrée de dessinateur de presse dans le camp des caricaturistes républicains. **S.L.M.**

Caricature politique (1830-1835)

LES MÉTAMORPHOSES DE LOUIS-PHILIPPE

Gargantua.

5

Gargantua

1831
Lithographie ; deuxième état sur deux (les mots *la caricature,*
[journal] sont effacés)
21,4 × 30,5 cm
Signé en bas à gauche : *h. Daumier*

Paris, Bibliothèque nationale de France, réserve du département
des Estampes et de la Photographie (Dc 180b rés. Ft2, tome 1 [épreuve
du dépôt légal])
Exposé à Paris seulement (exemplaire reproduit)

Waltham, The Benjamin A. and Julia M. Trustman Collection,
Brandeis University Libraries, Waltham, Massachusetts
Exposé à Ottawa seulement

Delteil 34

Cette planche célèbre, déposée le 15 décembre 1831[1], marque l'un des affrontements les plus vifs de la « guerre de Philipon contre Philippe » : les co-équipiers de *La Caricature*, Daumier (le dessinateur), Philipon (le directeur) et Delaporte (l'imprimeur) se retrouvaient, en justice, face au procureur général, « M. Persil qui pense, du reste, que tout est bon à prendre [...] journaux patriotes, journaux carlistes, brochures, caricatures, portraits ». « Sa saisie termine dignement une semaine de la caricature. Ses éditeurs auront subi quatre poursuites en huit jours », écrivait Philipon dans le n° 61 (29 décembre 1831) de *La Caricature*, où il suppléait à l'absence de l'image par cette évocation : « Quant à *Gargantua*, notre expérience doit baisser pavillon devant le parquet le plus ingénieux, qui put jamais découvrir la culpabilité politique. Nous avons tourné et retourné *Gargantua* dans tous les sens, et nous sommes contraints à dire que, du juge qui a ordonné la saisie ou de nous qui n'en connaissons pas le motif, l'un des deux est un...[...]

« M. Gargantua est un énorme gaillard qui avale et digère fort bien un budget au naturel, et qui le rend immédiatement en sécrétions de fort bonne odeur à la cour en croix, rubans, brevets etc., etc. Le pouvoir que le dessinateur a voulu représenter n'a pas même cette ressemblance que, selon les Anglais, selon moi, ou selon le bon sens, nous avons le droit de prendre pour pareille personnification.

« J'avais donc raison de crier aux jurés : *Ils finiront par vous faire voir cette ressemblance là où elle ne sera pas !* Car Gargantua ne ressemble pas à Louis-Philippe : il a bien la tête étroite du haut et large du bas, il a bien le nez bourbonien, il a bien de gros favoris ; mais loin de présenter cet air de franchise, de libéralité et de noblesse qui distingue si éminemment Louis-Philippe de tous les autres rois vivants qui, entre nous, ne brillent pas par ces qualités là, M. Gargantua a une face repoussante et un air de voracité qui fait tressaillir les écus dans la poche. »

D'inspiration rabelaisienne, *Gargantua* est une caricature scatologique où apparaît déjà la tête « en poire » du monarque : Louis-Philippe est métamorphosé en un géant glouton, assis sur une chaise percée au milieu de la place de la Concorde, tandis que la façade du palais Bourbon, qui a pour pendant les tours de Notre-Dame au loin, est visible. Cette gauloiserie rabelaisienne marque un hommage indirect à l'auteur de *Notre-Dame de Paris*, qui, comme Sainte-Beuve, a contribué à la redécouverte de la littérature et de l'art du Moyen Âge et de la Renaissance. Quant au thème de la vendange et de la digestion du budget, il sera repris par Grandville, dans une planche de *L'Association mensuelle*, en 1832, et par Desperret, dans le *Tonneau des Danaïdes* (fig. 1), où le roi est transformé en un tonneau percé qui se laisse gaver de pièces grâce à un énorme entonnoir masquant son visage. Même si, depuis Bruegel, l'obésité, qui correspondait au péché capital de gourmandise, était la cible des caricatures (par exemple dans *Le Combat de mardi-gras contre carême*), de telles charges contre le corps du roi étaient des emprunts au langage graphique de la cari-

cature révolutionnaire (« Mirabeau-tonneau ») et à la virulence des caricatures anglaises de cette époque. L'obésité et la gloutonnerie stigmatisaient la bourgeoisie et tout le régime que personnifiait Louis-Philippe par sa corpulence[2].

Non publiée dans le journal *La Caricature*[3], cette lithographie fut brièvement exposée en vitrine, et fit sensation auprès des badauds attroupés, avant d'être saisie, en même temps que deux autres planches, *Ils ne font qu'un saut* et *L'Arc-en-ciel*. À cause de *Gargantua*, Daumier fut condamné à six mois de prison et à une amende de 500 F pour « excitation à la haine et au mépris du gouvernement du Roi ». Après une nouvelle impertinence et la saisie de deux autres planches, l'arrestation de Daumier, qui semblait différée, eut lieu et il dut purger sa peine. Un entrefilet paru dans *La Caricature* le 30 août 1832 relata aux lecteurs l'arrestation, « sous les yeux de son père et de sa mère, dont il était le seul soutien [*sic*], [de] M. Daumier, condamné à six mois de prison pour la caricature du *Gargantua* ». Dans le compte rendu de *La Gazette des tribunaux*[4] sur le procès apparaît une nouvelle description de la planche, ce qui assurait, comme l'avait déjà fait Philipon, une diffusion verbale à l'image interdite. **S.L.M.**

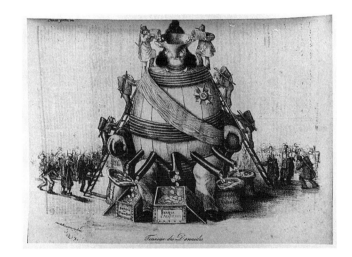

Fig. 1
Auguste Desperret, *Tonneau des Danaïdes*,
lithographie parue dans *Le Charivari*, 18 décembre 1833,
n° 322, coll. part.

1. Voir Childs, 1992.
2. Voir, par exemple, la série de lithographies d'Henry Monnier publiées chez Aubert, *La Luxure et la Gourmandise*, pl. 10 de la série *Péchés capitaux*, où la gourmandise est personnifiée par un gros homme à table, très proche du Gargantua de l'imagerie populaire de l'époque.
3. D'après Cuno (1983), le caractère extrêmement agressif de cette lithographie interdisait toute possibilité de publication, mais la planche avait été commandée à Daumier pour attirer les badauds. Le texte du journal qui en donna la description après la saisie ne se prononça pas à ce sujet.
4. N° 2037, 23 février 1832, cité par Delteil et Passeron.

6

Le Fantôme

1835
Planche 488, *La Caricature*, n° 233,
7 mai 1833
Lithographie sur blanc ;
premier état sur trois
27 × 22 cm

Saint-Denis, musée d'Art et d'Histoire
(ancienne collection Provost)

Delteil 115

Cette caricature commémore le vingtième anniversaire de l'exécution du maréchal Ney ; au procès des accusés d'avril, Lagrange fit allusion à la condamnation du maréchal Ney, « assassinat judiciaire » commis par les pairs en 1815. Louis-Philippe, accoutré en fantôme, est entièrement recouvert d'un drap blanc, tel un linceul, ce qui le fait ressembler vaguement à un pleurant de tombeau gothique. Daumier interprète sa lithographie dans un style de sculpteur[1] ; l'étoffe joue avec les formes rondes du corps du roi, à la façon d'un drapé à l'antique masquant la face du personnage (ce sera aussi le cas dans l'effigie funéraire de Préault, *Le Silence*, médaillon pour la tombe de Jacob Roblès exécuté en 1842, qui sera parodié à son tour dans une caricature de Daumier sur Thiers en 1870, LD 3767). La grande forme sans visage du « fantôme » de Louis-Philippe, surmonté d'étoiles qui lui confèrent une sorte de rayonnement fantasmagorique, accuse l'effet de silhouette, qui par la suite s'avèrera essentiel à la compréhension du *Ratapoil*.

La silhouette aveugle, corpulente et massive attribuée au monarque dans cette caricature de Daumier peut être aux sources de la représentation, dessinée et sculptée, du père Ubu par Jarry : en effet, l'écrivain, dans l'épigraphe de sa pièce de 1896, *Ubu roi*, évoquait l'univers de *La Caricature* et de la « poire » dans un jeu de mots ; il semble avoir été familier des lithographies de Daumier. Présentée dans cette exposition en premier état sur trois (état très rare et reproduit par Delteil, où les étoiles estampillées des lettres N, E, Y sont très apparentes), cette très belle épreuve sur blanc mérite d'être signalée pour la qualité de son tirage. **S.L.M.**

1. Antoinette Lenormand-Romain (*Mémoire de marbre. La sculpture funéraire en France 1804-1914*, Paris, Bibliothèque historique de la Ville de Paris, 1995, repr. p. 163) a suggéré un rapprochement convaincant entre cette lithographie de Daumier et la silhouette drapée de « Mme Raspail disant adieu à son mari » dans la chapelle Raspail d'Étex, au cimetière du Père-Lachaise (Paris).

LA « POIRE »

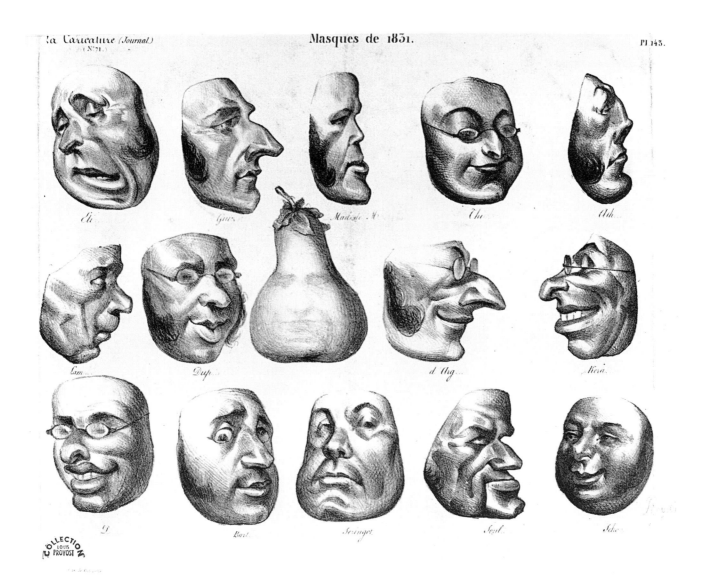

7

Masques de 1831

Planche 143, *La Caricature*, n° 71, 8 mars 1832
Lithographie
21,2 × 29 cm
Signé en bas à droite : *Rogelin*

Saint-Denis, musée d'Art et d'Histoire
(ancienne collection Provost)

Delteil 42

Dans cette lithographie, la poire apparaît au centre comme le symbole du roi, dont les traits physionomiques s'estompent au milieu du fruit mûr : autour d'elle s'alignent trois rangées de masques, qui font allusion à ceux en carton-pâte représentant les hommes politiques et vendus au moment du carnaval[1]. Visages grimaçants et déformés, ils se découpent nettement sur la page, légendés de noms propres tronqués mais facilement identifiables : de gauche à droite et de haut en bas, Étienne, Guizot, Madier de Montjau, Thiers sur la première rangée, puis Athalin, Lameth, « la poire », d'Argout, Kératry sur la seconde, enfin, « D...[2] », Barthe, Lobau, Soult et Schonen. Par son effet de « portrait de groupe », cette lithographie se rapproche du *Ventre législatif* de *L'Association mensuelle*, œuvre au demeurant d'une importance et d'une envergure bien plus grande (cat. 55).

La lithographie met en évidence les deux modes de la charge chez Daumier à cette époque : celui de la poire, qui était emblé-

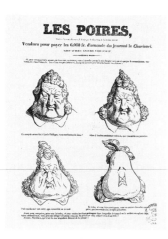

Fig. 1
Charles Philipon, *Les Poires faites à la cour d'assises*, *Le Charivari*, 17 janvier 1834, gravure sur bois, coll. part.

Fig. 3
Grandville, *Cabinet d'histoire naturelle*, lithographie coloriée parue dans *La Caricature*, n° 128, pl. 265-266, 18 avril 1833, coll. part.

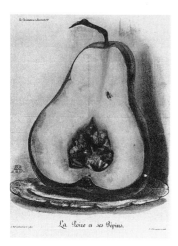

Fig. 2
Auguste Bouquet, *La Poire et ses pépins*, lithographie coloriée parue dans *La Caricature*, n° 139, pl. 289-290, 4 juillet 1833, coll. part.

Fig. 4
Grandville, *Exercices calligraphiques pour graver les traits de nos hommes d'État dans la mémoire de la jeunesse française*, lithographie à la plume parue dans *La Caricature*, n° 106, pl. 217-218, 15 novembre 1832, coll. part.

matique et schématique, et celui du portrait-charge, qui, en relation avec les bustes modelés à la demande de Philipon, était expressif et caricatural. Le risque du délit d'offense à la personne du roi interdisait en effet son portrait aux caricaturistes ; Philipon, en plein procès, a tracé les quatre « croquades en forme de poire » qui analysent, à travers la métamorphose du portrait du roi en « poire », le processus caricatural[3] (fig. 1). Désormais, le roi en poire, environné des « pépins de la poire » (selon le titre d'une caricature de Bouquet publiée le 4 juillet 1833 ; fig. 2), régna dans la caricature.

Dans *Masques de 1831*, l'atténuation des traits physionomiques du roi va de pair avec l'accentuation de ceux du personnel politique de la monarchie de Juillet, ce qui, d'une part, mettait en évidence le principe de la monarchie constitutionnelle et, d'autre part, portait atteinte au pouvoir exécutif en soulignant l'importance du pouvoir législatif. La mise en page adopte la disposition didactique d'une planche d'histoire naturelle où seraient exposés tous les spécimens du « museum » de la caricature (selon une analogie fondée sur l'animalisation qui était la spécialité de Grandville et qui s'exprimait par exemple dans le cycle du *Cabinet d'histoire*

naturelle – règne animal paru dans *La Caricature* du 18 avril [fig. 3] et du 23 mai 1833)[4].

Quelques mois plus tard, Grandville a réinterprété la caricature de Daumier – ce qui est une forme d'hommage à son cadet – dans une caricature du 15 novembre 1832, *Exercices calligraphiques* (fig. 4)[5]. **S.L.M.**

---

1. Provost et Childs, 1989, p. 122.

2. Peut-être Duvergier de Mauranne, d'après Dayot, s.d. [1890], p. 121.

3. Ces « croquades », dont le dessin original appartient au département des Estampes et de la Photographie de la Bibliothèque nationale de France, seront gravées sur bois et périodiquement rééditées par Philipon, notamment dans *Le Charivari* du 17 avril 1834 où elles furent « vendues pour payer les 6 000 F d'amende » du journal.

4. Œuvre dans laquelle Grandville a utilisé les bustes de Daumier pour composer les têtes de Chevandier de Valdrôme en pélican et de Ganneron en mouton ; voir cat. exp. South Hadley (Mass.), 1991, n° 62, p. 108.

5. Le Men, septembre 1984, p. 83-102. Sur l'iconographie de « la poire » dans la caricature politique des années 1830-1835, voir cat. exp. *The Pear*, *op. cit.* note 4.

8

[Ah ! His !...
Ah ! His ! Ah ! His !...]

Planche 179, *La Caricature* n° 89,
19 juillet 1832
Lithographie sur blanc ; état unique
26 × 16 cm
Signé en bas à gauche : *Honoré*

Saint-Denis, musée d'Art et d'Histoire

Delteil 47

La Caricature *(Journal)*
(N°89)

Pl.179.

L'onomatopée du titre n'apparaît pas en légende, mais figure dans l'explication du journal, d'où l'a tirée Delteil. Louis-Philippe, métamorphosé en poire, est comme pendu en effigie, dans cette charge d'une rare violence où il se trouve « exécuté » par les sonneurs du peuple qui le font carillonner telle une cloche colossale. Cette lithographie résume le dispositif caricatural, comme Kris et Gombrich l'ont analysé : une atteinte à la personne par le biais des images, qui exécute la cible en effigie[1]. L'œuvre peut être rapprochée d'une autre lithographie de Daumier qui réserve le même sort aux ministres et aux députés pendus devant la façade du palais Bourbon (fig. 1).

Fig. 1
Honoré Daumier,
Les Honneurs du Panthéon,
lithographie parue dans
La Caricature, n° 207, pl. 433,
23 octobre 1834, coll. part.
On reconnaît pendus de
gauche à droite d'Argout,
Persil, Soult, Thiers, Viennet.

Tout en annonçant le thème et le titre du *Charivari*, lancé par Philipon à la fin de l'année (tapage discordant obtenu en faisant résonner divers ustensiles pour se moquer d'un personnage ridicule), Daumier s'inspirait d'un sujet littéraire : il empruntait le thème du sonneur de Notre-Dame au roman de Victor Hugo, *Notre-Dame de Paris*, qui connaissait un second lancement en novembre 1832 (l'édition originale étant de mars et avril 1831). Decamps s'est à son tour inspiré de Daumier pour son petit tableau du Louvre, peint en 1841 et dépourvu de référence caricaturale, comme l'a remarqué Provost[2] (fig. 2).

Dans la mise en page de cette lithographie réduite à une vignette, on peut admirer la maîtrise du clair-obscur acquise par le crayon lithographique de Daumier, et la façon dont, sculpteur-lithographe, il rend, en utilisant le blanc de réserve de la feuille de papier, le volume de cette poire colossale à la surface lisse et luisante, toute en rondeurs, témoignant d'un sens de l'abstraction des formes qui apparaît déjà presque cézannien.   **S.L.M.**

Fig. 2
Alexandre Decamps,
Les Sonneurs, 1841,
huile sur toile,
Paris, musée du Louvre.

1. Kris, 1978 ; troisième partie sur la caricature et le comique, en collaboration avec Ernst Gombrich.
2. Provost et Childs, 1989, p. 122.

9

Le passé.- Le présent.- L'Avenir

Planche 349, *La Caricature*, nᵒ 166, 9 janvier 1834
Lithographie sur blanc ; premier état sur deux
21,4 × 19,6 cm
Signé en bas à gauche : *H. D.* (lettres à l'envers)

Saint-Denis, musée d'Art et d'Histoire

Delteil 76

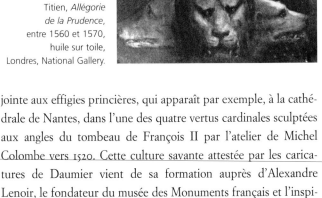

Fig. 1
Titien, *Allégorie de la Prudence*,
entre 1560 et 1570,
huile sur toile,
Londres, National Gallery.

Alors que la lithographie précédente montre une « poire » tout à fait stylisée, presque sans visage, celle-ci réintroduit le portrait-charge, non sans rapport avec le traitement de Daumier dans ses bustes sculptés en terre. L'artiste accorde leur pleine importance au jeu de la lumière et au modelé des ombres à travers les expressions physionomiques de la poire aux trois visages : un profil tourné vers la gauche souriant et béat, un visage de face à l'expression revêche au centre, et un profil renfrogné tourné vers la droite. Par la métamorphose progressive de la physionomie se manifeste l'évolution de l'humeur de Louis-Philippe depuis son arrivée au pouvoir, alors que le temps passe et que son règne connaît des difficultés et des conflits croissants[1]. Le thème iconographique de la tête à trois visages, associée à un vecteur temporel lisible de gauche à droite, est une parodie de l'*Allégorie de la Prudence* de Titien, œuvre testamentaire déchiffrée par Panofsky comme un triple « autoportrait » emblématique[2] (fig. 1) ; Daumier s'est inspiré, également, de l'iconologie de la Prudence souvent

jointe aux effigies princières, qui apparaît par exemple, à la cathédrale de Nantes, dans l'une des quatre vertus cardinales sculptées aux angles du tombeau de François II par l'atelier de Michel Colombe vers 1520. Cette culture savante attestée par les caricatures de Daumier vient de sa formation auprès d'Alexandre Lenoir, le fondateur du musée des Monuments français et l'inspirateur de Michelet qu'émouvaient, enfant, ses promenades parmi les tombeaux de l'ancienne France.

La légende de la caricature s'inspire de l'inscription qui figure au sommet du tableau de Titien, tandis que, sous les trois visages, sont représentées trois têtes d'animaux. Mais Daumier a éliminé toute référence à la physiognomonie animale, spécialité de Grandville qu'il tend à évacuer de sa propre inspiration, plus expressive et plus réaliste, au profit de l'observation du vrai, poussée jusqu'à la caricature (cette dernière, ainsi comprise, est, dans son excès par rapport à la norme stylistique à laquelle elle se réfère, une sorte de « maniérisme » du réalisme). Essentielle néanmoins à la

La Caricature (Journal) N°. 166.

Pl. 349.

H.D.

Le passé. Le présent. L'Avenir.

Chez Aubert, galerie vero dodat.

L. de Becquet, rue Furstemberg 6.

Cat. 9

définition esthétique de la caricature, la physiognomonie animale est elle-même une approche du portrait héritée de l'Antiquité, redécouverte à la Renaissance, par Della Porta et Vinci, puis utilisée et finalement codifiée par l'art académique, en particulier dans la conférence de Le Brun sur l'expression des passions[3], et cette tradition n'était pas inconnue de Daumier (voir notamment cat. 47).

S.L.M.

1. Ponctuée par les soulèvements des républicains et les révoltes des canuts de Lyon, une tension croissante opposait le roi aux caricaturistes et se traduisait par de nombreux procès.

2. Erwin Panofsky, *L'Œuvre d'art et ses significations*, Paris, Gallimard, 1969, p. 258-277 ; Daniel Arasse, « La signification figurative chez Titien ; remarques de théorie », *Tiziano e Venezia*, Vicenza, Neri Pazza, 1980, p. 148-160.

3. Jurgis Baltrusaitis, « Physiognomonies animales », *Aberrations*, Paris, Olivier Perrin, 1957, p. 7-46.

Portraits-charges

LES BUSTES-CHARGES
DES « CÉLÉBRITÉS DU JUSTE MILIEU »
(1832-1835)

« La Caricature avait dans le temps promis à ses abonnés une galerie de portraits des célébrités du juste milieu, dont les ressemblances, consciencieusement étudiées, devaient posséder, outre un caractère énergique, ce trait burlesque connu sous le nom de "charge". Habituée à porter dans ses publications toutes les conditions possibles du succès, La Caricature a différé quelque temps la réalisation de ce projet, parce qu'elle a fait modeler chaque personnage en maquette. C'est ensuite d'après ces moules [sic] de terre que les dessins ont été exécutés[1]. »

Ainsi Philipon (cat. 36) présentait-il en 1832 la genèse des bustes en terre crue modelés par Daumier. Cet article rédigé par le commanditaire et possesseur des Célébrités demeure le seul témoignage contemporain sur l'origine et la destination de ces œuvres. Lorsque, le 30 janvier 1831, Louis-Philippe fit savoir dans un discours qu'il cherchait à se « tenir dans un juste milieu également éloigné des excès du pouvoir populaire et des abus du pouvoir royal[2] », il offrit une formule prête à l'usage, que Philipon, journaliste d'opposition, fervent républicain, ne se priva pas d'exploiter. C'est dans ce contexte que Daumier modela la plus admirable série de caricatures sculptées du XIXe siècle. Ce dernier reconnaissait volontiers : « Si Philipon n'avait pas été derrière moi, je n'aurais jamais rien fait[3] », et Champfleury affirmait, quant à lui, que Daumier avait « besoin d'un esprit excitateur à ses côtés […] qui […] sans cesse lui dicte des sujets[4] ». Les bustes sont des œuvres de commande, mais il est certain qu'il faut « rendre à Daumier l'idée d'avoir préparé ses dessins par des maquettes sculptées[5] ». En 1853, les Goncourt relataient dans leur Journal une information précieuse sur la genèse des bustes : « Philipon, me dit Gavarni, a une collection très curieuse de maquettes en terre coloriée, qui servaient à Daumier de modèles pour toutes ses caricatures d'hommes politiques, maquettes exécutées avec un rare talent par Daumier, et vendues par lui à Philipon 15 francs pièce[6]. » L'ensemble de la série demeura la propriété de la famille Philipon jusqu'en 1927.

Les bustes posent un certain nombre de problèmes, qu'il convient d'examiner de nouveau. Tout d'abord, le titre exact de cet ensemble de terres crues, qui est parfois appelé un peu abusivement depuis une date récente « les Parlementaires », demande réflexion. En effet, sur les trente-six bustes, seules vingt-six « célébrités » ont exercé un mandat parlementaire (voir les notices des œuvres exposées), et vingt et une figurent sur la planche Le Ventre législatif, parue en janvier 1834 (cat. 55). Les autres bustes sont liés aux procès d'avril 1834, ou représentent des amis de Daumier, tel celui de Philipon (cat. 36), ou encore des sympathisants républicains, comme Gallois (cat. 24). Leur présence n'est pas étonnante : modeler la charge d'un ami était chose courante autour de 1830. Il semble donc plus exact de les appeler, à la suite de Philipon :

Remarque sur les bustes
L'extrême fragilité des terres crues conservées au musée d'Orsay excluait la possibilité d'une traversée de l'Atlantique. Afin de présenter la totalité des bustes des *Célébrités du juste milieu* au Canada et aux États-Unis, les séries des bronzes conservées à Washington, à la National Gallery of Art et au Hirshhorn Museum and Sculpture Garden, ont été choisies. En ce qui concerne les substantifs accolés aux bustes par Gobin de manière assez subjective et tenant lieu de titre, la plupart ne sont guère pertinents, comme l'ont déjà souligné Durbé et Wasserman. Ils ne sont donc repris qu'à titre indicatif dans ce catalogue. Les bustes mentionnés par Burty ont été considérés comme exposés chez Durand-Ruel en 1878. Dans l'incertitude de savoir quels autres bustes furent choisis par Mme Philipon, Steinheil et Geoffroy-Dechaume, il a semblé préférable de mentionner le reste des œuvres de manière interrogative. Les bustes sont classés par ordre alphabétique, selon le patronyme du personnage représenté.

« Les bustes-charges des *Célébrités du juste milieu* ». Quand cette série de terres crues fut-elle commencée ? La question est débattue depuis soixante ans, et les opinions divergent. Gobin a suggéré la date de 1830, sans réellement l'argumenter[7]. Mais le texte de *La Caricature* infirme une datation aussi précoce. Adhémar envisagea non sans raison que les premiers bustes aient pu être modelés entre janvier et avril 1832. En effet, les témoignages contemporains s'accordent sur un point : Daumier ne pouvait créer que dans l'urgence, et on peut supposer que ce trait de son caractère était déjà présent. Durbé, et plus tard Wasserman ont réparti les bustes en deux groupes principaux, dont le premier précéderait le texte d'avril 1832. Alexandre rappelait d'ailleurs que « ces [...] portraits en buste, avec les *Masques de 1831* [cat. 7], étaient les seuls que Daumier ait donné avant son arrestation, et malgré leur petit nombre, le succès avait été considérable[8] ». Daumier fut arrêté le 27 août 1832 et libéré le 27 janvier 1833[9]. Le second groupe s'échelonnerait alors entre la fin de l'incarcération de Daumier et août 1835, date de la disparition de *La Caricature*. Ces hypothèses sont les plus raisonnables, elles pourraient expliquer les disparités de modelage.

Dans quelles conditions Daumier créa-t-il ces « instantanés en terre glaise[10] » ? Selon Champfleury, « Daumier assistait aux séances de la Chambre des pairs, un morceau de glaise en main, modelant sur nature de petits bustes d'après lesquels il lithographiait ses planches[11] ». Il s'agit évidemment d'une affabulation, corrigée dès 1888 par Arsène Alexandre. On imagine mal en effet les huissiers laisser entrer le jeune Daumier avec de la terre glaise à la Chambre... Tous les témoignages du XIXe siècle corroborent l'exceptionnelle mémoire visuelle de Daumier. Baudelaire, Alexandre, Dayot et Geffroy ont aussi remarqué que « jamais Daumier ne dessina d'après nature[12] ». Enfin, il reste difficile de savoir si les bustes furent manifestement exposés dans les vitrines d'Aubert, passage Véro-Dodat[13]. Combien de bustes dénombrait-on à l'origine ? La comparaison avec les lithographies permet de penser qu'ils étaient plus nombreux, certains ont peut-être disparu précocement en raison de la fragilité du matériau. En effet, d'après les autres portraits-charges lithographiés à partir d'un buste en terre, il semble peu vraisemblable que Daumier ait fait une exception pour Bugeaud, Choiseul, Gazan, Jollivet, Lobau, Soult, Rigny, Rousseau, ou Plougoulm, bête noire du *Charivari*[14], et surtout Thiers, une de ses cibles favorites (cat. 45, fig. 1). À l'occasion de l'organisation de l'exposition chez Durand-Ruel, Geoffroy-Dechaume et Steinheil se rendirent chez la veuve de Philipon avec laquelle « il [fut] convenu que des 34 bustes [ils] en aur[aient] 10 pour l'exposition[15] ». Dans la lettre où il a décrit cette visite, Geoffroy-Dechaume a écrit *34*, et non *39* comme l'a lu à tort Cherpin[16]. Ce chiffre corrobore celui du « passe-partout contenant six

1. *La Caricature*, n° 78, 26 avril 1832, p. 2.
2. Francis Haskell, « L'Art et le langage politique », *Le Débat*, n° 44, mars-mai 1987, p. III.
3. Adhémar, 1954a, p. 82.
4. Champfleury, 1865, p. 82.
5. Le Normand-Romain, 1993, p. 14.
6. Edmond et Jules de Goncourt, *Journal, mémoire de la vie littéraire*, vol. 1, *1851-1863*, Paris, Fasquelle/Flammarion, 1956, p. 102.
7. Gobin, 1952, p. 11-12, 20-24.
8. Alexandre, 1888, p. 66.
9. Voir la chronologie.
10. Dayot, 1897, p. 41.
11. Champfleury, *op. cit.* note 4, p. 34.

12. Alexandre, *op. cit.* note 8, p. 64.
13. Wasserman, Caso et Adhémar, 1983, p. 59.
14. Pierre-Ambroise Plougoulm (Rouen, 1796 - ?), magistrat. En sa qualité d'avocat général, il fut amené à requérir souvent contre le journal de Philipon.
15. Lettre autographe signée et datée du 23 mars 1878 d'Adolphe-Victor Geoffroy-Dechaume à Ernest Maindron, secrétaire général du comité d'organisation de l'exposition, et neveu du statuaire Hippolyte Maindron (1801-1884). *Documents sur Daumier rassemblés par Maindron [exposition de 1878]*, Paris, Bibliothèque nationale de France, département des Estampes et de la Photographie.
16. Cherpin, 1979, p. 112-114.

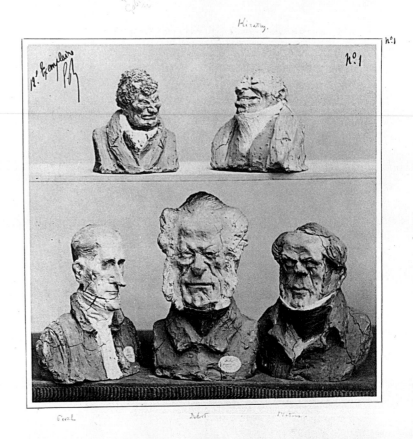

Fig. 1
Planche d'un album de
photographies des bustes
ayant appartenu à Champfleury,
avant 1861, coll. part.
De gauche à droite : Verhuel,
Kératry, Persil, Delort, Vatout.

feuilles photographiques de 34 terres coloriées » présenté à l'exposition[17]. En 1888, Alexandre dénombrait également « 34 bustes[18] ». Mais en 1905, Geffroy faisait état de « trente-six petits bustes de terre » et précisait : « Il y avait primitivement trente-huit petits bustes en terre. M. Philipon me dit que l'un fut donné à Champfleury et l'autre à Nadar[19]. » Wasserman avança l'hypothèse que les deux bustes fussent retournés chez les Philipon après la mort de Champfleury en 1889, et celle de Nadar en 1910[20]. Mais s'il y avait eu rétrocession, Geffroy, seize ans après la mort de Champfleury, en aurait alors vu trente-sept. Enfin, Gobin et Cherpin à sa suite mentionnent le témoignage oral d'un certain Delattre, selon lequel, lors de la vente Malherbe en 1912, « les statuettes en débris furent jetées à la poubelle[21] ». On peut raisonnablement supposer, comme Adhémar l'a déjà avancé, que Daumier a pu modeler une bonne quarantaine de bustes[22]. Trente-quatre des bustes aux mains de la famille Philipon furent photographiés dès 1861 et non 1865, comme il est affirmé habituellement, sous forme d'albums tirés à douze exemplaires[23]. En effet, l'un d'entre eux, ayant appartenu à Champfleury et aujourd'hui conservé dans une collection particulière, comporte une mention autographe sur le premier folio numéroté « n° 1 » : *12ᵉ exemplaire offert à M. Champfleury le 28 avril 1861, par Eugène Philipon.* Les bustes de Falloux (cat. 20) et, curieusement, de Philipon (cat. 36) ne figurent pas dans cette série de photographies (fig. 1). La première phrase du texte autographe de Champfleury relate que « la plupart de ces petits bustes furent modelés par Daumier à la Chambre des pairs, lors des grands procès politiques du commencement du règne de Louis-Philippe ». Il s'agissait de juger les participants aux émeutes d'avril 1834, générées par une loi contre le droit d'association, initiée par Thiers. Un bâtiment fut construit au Luxembourg pour que la Chambre des pairs siège en Haute Cour de justice[24]. Quand bien même Champfleury amalgamerait-il deux séquences temporelles, il semblerait que Daumier eût modelé plus de bustes d'hommes politiques impliqués dans ces procès[25]. On comprend mieux alors, s'il s'agit bien de ces personnages, que ces figures secondaires soient restés anonymes sur l'album et lors des études menées au début du XXᵉ siècle. Cependant, certains problèmes d'identification subsistent : le buste traditionnellement identifié comme Falloux (cat. 20) n'a pu être exécuté vers 1832, s'il s'agit bien du personnage, né en 1811, et quant à l'identité du buste considéré comme Verhuel (cat. 45), elle reste à élucider.

Enfin, quels furent les dix bustes exposés à la galerie Durand-Ruel en 1878 ? Un compte rendu de Philippe Burty apporte un élément de réponse : « C'est d'après ces terres cuites [*sic*] coloriées (dont quelques-unes ont été conservées et sont ici visibles dans une vitrine) qu'il introduisait ensuite dans ses compositions une cruelle ressemblance : Dupin, Guizot, […] Persil, Bugeod [*sic*], d'Argout, Barthe, Viennet, Etienne […] et bien d'autres[26]. » Faut-il voir dans cette énumération huit des dix bustes exposés ? On serait tenté de le croire, et la présence d'un *Bugeaud*, aujourd'hui disparu, serait plausible : la lithographie publiée en juillet 1833 dans *Le Charivari* pourrait en effet procéder d'une « maquette » sculptée. Tout au long du XIXᵉ siècle, l'état de conservation déplorable de la plupart des bustes fut à maintes reprises souligné. Alexandre s'en émut en 1888, constatant que la matière « se fendille et s'effrite » et conscient « d'une destruction inévitable[27] », il songea au moulage. En 1897, Dayot considérait qu'il n'était même plus possible de les mouler. En 1905, Geffroy insistait sur le délabrement des terres crues : « Il en est, d'ailleurs, qui sont dans un état lamentable, détruits en dedans, tombant en poussière[28]. » Ainsi, le buste de Persil, reproduit dans son article, présente

Fig. 2
Photographie du buste de Persil, parue dans l'article de Geffroy en 1905.

17. Paris, 1878, p. 85, n° 242.

18. Alexandre, *op. cit.* note 8, p. 336, 359, 379.

19. Geffroy, 1905, p. 102. Aucune trace du buste qui avait appartenu à Nadar ne semble subsister, et il ne figure pas sur des vues d'intérieur de « l'ermitage » de Nadar à Sénart prises au début du siècle. (Merci à Quentin Bajac, conservateur au musée d'Orsay, de son amicale collaboration.)

20. Wasserman, 1969, p. 33.

21. Gobin, 1952, p. 29.

22. Adhémar, *op. cit.* note 3, p. 34.

23. Les clichés ne sont pas sans rappeler le travail de Richebourg. (Merci à Dominique de Font-Réaulx, conservateur au musée national des Monuments français, et à Quentin Bajac, conservateur au musée d'Orsay, de leur amicale collaboration.)

24. Passeron, 1979, p. 110.

25. Les personnages représentés dans la série *Juges des accusés d'avril* publiée dans *La Caricature* du 28 mai au 27 août 1835 sont : Barbé-Marbois (LD 117), Choiseul (LD 120), Portalis, Bassano, Montlosier (LD 121) (cat. 32), Dumas (LD 122), Gazan (LD 123), Huguet de Sémonville (cat. 43), Thiers en Robert Macaire, Roederer (LD 124), Girod de l'Ain, Rousseau, Verhuel (LD 125), Lannes (LD 126), Siméon (LD 128), Lascours (LD 129).

26. Burty, 1ᵉʳ mai 1878, p. 3.

27. Alexandre, *op. cit.* note 8, p. 62.

28. Geffroy, *op. cit.* note 19, p. 104.

effectivement des lacunes si importantes (fig. 2), que l'une des questions majeures soulevées par ces sculptures réside dans l'importance des restaurations successives. Le très mauvais état des œuvres, constaté dès 1878, n'était guère surprenant : la terre non cuite est un matériau extrêmement fragile, et Daumier avait appliqué des couleurs à l'huile juste après le modelage. Dix bustes ont été restaurés en 1878, par Geoffroy-Dechaume et Steinheil, en vue de l'exposition à la galerie Durand-Ruel. Geoffroy indiquait en 1905 que « le propriétaire de cette précieuse collection a bien entrepris de les réparer, et il a réussi, en effet, à consolider quelques figures, mais là où manquent les morceaux, il est impuissant[29] ». Wasserman envisagea qu'un témoignage de cette restauration était peut-être visible sur une photographie ancienne du buste de Montlosier, publiée par Fuchs en 1927, parmi d'autres photographies reprises dans l'article de Geffroy. Mais comme la date de cette publication coïncide avec l'achat de l'ensemble par Maurice Le Garrec et la restauration effectuée par le sculpteur Fix-Masseau[30], il pourrait alors s'agir d'une trace de cette dernière opération, plutôt radicale en ce qui concerne la polychromie (cat. 32, fig. 3). Le restaurateur de 1927 n'eut pas les scrupules de Paul Philipon, et n'hésita pas à restituer les manques : les bronzes édités à partir de 1927 sont tous bien complets. Les photographies prises en 1969 pour l'exposition Cambridge attestent dans quel état précaire se trouvaient encore une fois certains bustes, comme celui de Ganneron (cat. 25) ou de Podenas (cat. 37). L'ensemble fut de nouveau restauré en 1979 par M. Petiot. Au bout de quatre restaurations successives, il faut admettre que l'apparence actuelle de certains bustes est assez éloignée de leur aspect d'origine.

Daumier avait réalisé la planche *Masques de 1831* (cat. 7) dans un contexte politique passionné : le ministère Périer avait engagé toute une série de procès contre la presse et des saisies de journaux, dont *La Caricature*, infatigable dénonciatrice du régime, fut une des principales victimes. Dans cette accumulation de masques visibles sur la lithographie, figurent déjà certains personnages modelés par la suite en buste, comme d'Argout, Barthe, Dupin, Étienne, Guizot, Kératry, et Lameth. Adhémar et Durbé ont souligné l'importance du succès des *Grimaces* de Louis Boilly, parues en 1823, dans l'origine des portraits-charges de Daumier[31]. L'idée du masque précède vraisemblablement celle des bustes caricaturaux. Philipon avait dessiné en 1829 un masque-charge de Charles X (fig. 3) qui annonce les caractéristiques de quelques bustes, tel celui de Kératry (cat. 28). Dantan avait exposé au Salon de 1831 des charges, « petits bustes de six pouces[32] » qui connurent un vif succès. Mais le passage de « maquettes » sculptées à la lithographie demeure une exception. La génération romantique ne voulait-elle pas abolir les frontières entre les techniques ? Alexandre remarquait à juste titre que chez Daumier « les deux œuvres n'étaient pas la copie l'une de l'autre, elles étaient en quelque sorte sœurs jumelles[33] ». Il est vraisemblable que Dantan et ses charges ont joué un rôle, même ténu, dans la genèse des bustes des *Célébrités du juste milieu*, et que des passerelles complexes s'établirent entre son œuvre et celle de Daumier[34]. On a souvent considéré comme une faiblesse de Dantan le recours au rébus, aux accessoires, alors que Daumier était « le seul caricaturiste qui n'ait pas besoin de mettre des légendes à ses dessins[35] ». Pourtant, les premières lithographies inspirées des terres crues, parues entre avril et août 1832, (Lameth [cat. 29, fig. 1] ; Dupin [cat. 18, fig. 2] ; Soult [cat. 43, fig. 1] ; d'Argout [cat. 10, fig. 2]), sont accompagnées d'armes parlantes (voir p. 163) imaginées par Philipon, qui ne différaient en rien de celles dont Dantan illustrait ses charges. Certains bustes de celui-ci, modelés en 1832, tissent des liens avec ceux de Daumier, sans jamais atteindre la redoutable pénétration psychologique

Fig. 3
Charles Philipon,
« *Ô, quel affreux masque* »,
masque-charge de Charles X.

des *Célébrités du juste milieu*. Un article anonyme paru dans *La Mode* demandait d'ailleurs à Dantan, en décembre 1832 : « Traduisez-nous en plâtre toutes les gloires du Juste-Milieu, Voyez quelle admirable collection de fronts étroits, de traits burlesques. [...] Le pouvoir met à votre disposition tous les genres de laideur [...] M. Barthe [...], M. Persil [...], M. Kératry[36]. »

Presque soixante ans plus tard, Alexandre considérait toujours, en reprenant d'ailleurs la légende d'une lithographie, qu'au bas des portraits de Daumier, il faudrait écrire : « ressemblance morale garantie[37] ». Il s'agit ici moins de déformations, d'exaspérations de traits prêtant au ridicule, que d'accentuations par la simplification, afin de façonner, déjà à mi-chemin entre réalisme et expressionnisme, des *types* qui transcendent le contexte historique de leur création. Cette tentation d'un type universel, qui s'inscrit dans les nombreuses *Physiologies* parues à l'époque, comme l'œuvre de Balzac, permet de comprendre pourquoi les bustes ne représentaient pas seulement certains dignitaires de la monarchie de Juillet, comme le ministre d'Argout, « charge » quasi obligée de l'époque (cat. 10). Daumier s'attaqua également à des personnages obscurs que l'actualité politique et son œil investigateur livraient à ses mains impitoyables, comme l'atteste le texte du *Charivari* qui accompagne la lithographie représentant Fruchard (cat. 21, fig. 1) : « Quelqu'un a-t-il entendu parler de M. Fruchard ? [...] Tout ce que nous savons, c'est qu'il est député, car Daumier nous affirme l'avoir découvert gisant sur un banc improstitué, [il] fut tellement frappé de ce *faciès* remarquable, qu'il crut devoir faire part à l'Europe de sa découverte[38]. » Daumier disait qu'il « fallait être de son temps », et ces bustes illustrent bien une attention aiguë à l'air du temps. Les mains de Daumier sont impitoyables, mais jamais perfides. Il pointe, sans tomber dans la bassesse, l'imbécillité, la fausseté de ces bourgeois dévorés par le pouvoir qui les faisait exister, ou bouffis de graisse et de suffisance : il est difficile d'oublier l'affreux sourire de Kératry (cat. 28) ou la trogne désopilante de Podenas (cat. 37). Mais l'humanité de Daumier transparaît sous la férocité du constat. La cruauté, on pourrait dire la crudité des travers humains démasqués, est désamorcée par la franchise du rire qu'elle génère. Daumier a peut-être eu très tôt l'intuition de transformer la caricature en « une sorte d'opération philosophique[39] ». Baudelaire, s'il n'a probablement pas vu les bustes, avait deviné que Daumier « dont l'art subtil entre tous / Nous enseigne à rire de nous » était « un sage[40] ».

E.P.

29. *Ibid.*, p. 104.
30. Pierre-Félix Masseau, dit Fix-Masseau (Lyon 1869 - Paris 1937), sculpteur et peintre français, dont *Le Secret* (1894), statuette en acajou et ivoire conservée au musée d'Orsay, constitue un jalon important du symbolisme en sculpture.
31. Adhémar, mai 1955, p. 18-20. Aubert, l'éditeur du *Charivari*, en fit même un nouveau tirage en 1837, sous le titre de *Groupes physionomiques curieux connus sous le nom de Grimaces par Boilly*, peut-être par un jeu croisé de renvoi d'influences avec les caricatures de Daumier.
32. Sorel, 1986, p. 31.
33. Alexandre, *op. cit.* note 8, p. 61.
34. De 1831 à 1833, Dantan est en contact avec Philipon et ses collaborateurs de *La Caricature* et du *Charivari*.

35. Poulet-Malassis à propos de Daumier en 1855, cité dans Pichois, Paris, 1996, p. 62.
36. Anonyme, *La Mode*, décembre 1832, p. 336.
37. Alexandre, *op. cit.* note 8, p. 62.
38. *Le Charivari*, n° 315, 12 octobre 1833.
39. Édouard Drumont, *Les Héros et les Pitres*, cité dans Walter Benjamin, *Paris, capitale du XIXᵉ siècle*, Paris, Cerf, 1989, p. 748.
40. Charles Baudelaire, *Vers pour le portrait de M. Honoré Daumier*, cité dans Champleury, 1865, p. 64.
41. Elle avait appartenu au comte Borletti di Arosio, qui possédait un plâtre du *Ratapoil* (cat. 143).

LES PORTRAITS-CHARGES
EN SCULPTURE

10

Comte Antoine-Maurice-Apollinaire d'Argout

(Vasselin [Isère], 1782 – Paris, 1858), ministre et pair de France

Terre crue coloriée

1832

H. 13,5 ; L. 16,5 ; P. 9 cm

Paris, musée d'Orsay (RF 3477)

Gobin 31, « le Spirituel et malin » ; Wasserman 1

Exposé à Paris seulement

Historique

Donné par Daumier à Philipon après 1833 ; conservé par la veuve de celui-ci à partir de 1862, puis par le fils adoptif de Philipon, Eugène, puis par Paul, son petit-fils ; acheté par Maurice Le Garrec à la famille Philipon en 1927 ; acquis de la famille Sagot-Le Garrec par les Musées nationaux, pour le musée d'Orsay, avec l'aide de la fondation Lutèce et de M. Michel David-Weill, en 1980.

Expositions

Paris, 1878, nº 242 ; Cambridge (Mass.), 1969, nº 1 ; Paris, 1979a, nº 31 ; Paris, 1980-1981, nº 345 (I) ; Paris, 1993, nº 19.

Œuvres en rapport

Édition Barbedienne, bronze, commencée en 1929, achevée en 1952, trente exemplaires numérotés 1 à 30/30, marqués *M.L.G.* Séries complètes : le nº 13 à Los Angeles, County Museum, The Armand Hammer Daumier Collection, le nº 16 à Lyon, musée des Beaux-Arts, le nº 20 à Marseille, musée des Beaux-Arts, le nº 23 à Washington, National Gallery of Art (cat. 10*ter*), le nº 22 à Berlin, Akademie der Künste.

Édition Valsuani, entre 1953 et 1965, trois séries marquées *L.G.*, *Mme H.*, et *C.*

Édition Sagot-Le Garrec, terre cuite polychrome, 1937, sept exemplaires prévus, un à Paris, musée Carnavalet.

Cat. 10*ter*

10*bis*

d'Argout

Bronze

H. 13 ; L. 16,2 ; P. 10,2 cm

À l'arrière, au centre : MLG (dans un carré) et « BRONZE » ;

à l'intérieur : 21/... [illisible] (dans un cercle)

Washington, Hirshhorn Museum and Sculpture Garden.

Don de Joseph H. Hirshhorn, 1966 (Inv : 66. 1060 ; S58.61 ; S405)

Exposé à Ottawa seulement

Historique

   Donné par Joseph H. Hirshhorn en 1966.

Expositions

   Paris, 1957, n° 31 ; Détroit et autres villes, 1959-1960, n° 12 ;
   New York, 1962-1963, n° 75 ; Washington, 1974-1975, n° 31.

10*ter*

d'Argout

Bronze

H. 12,8 ; L. 15,9 ; P. 10,2 cm

À l'arrière, à gauche : MLG (dans un carré) et « BRONZE » ;

à l'intérieur : 23/30 (dans un cercle)

Washington, The National Gallery of Art, Lessing J. Rosenwald

Collection (Inv. : 1951.17.4 [A-1602])

Exposé à Washington seulement

Historique

   Coll. Rosenwald ; donné au musée en 1951.

Expositions

   Boston, 1958, n° 10 (ill.) ; Washington, 1960, sans cat. ; Pottstown, 1964,
   (Penn.), sans numéro ; Cambridge (Mass.), 1969, n° 1, repr. ; Washington, 1979, n° 6, repr.

Fig. 1
Eugène Devéria, *D'Argout*, 1832,
dessin, étude pour le tableau
de Versailles, Paris, Bibliothèque
nationale de France, département
des Estampes et de la Photographie.

Fig. 2
D'Arg..., lithographie parue
dans *La Caricature* le 9 août 1832.

« Le nez du ministre d'Argout a été vu quittant son bureau une minute et quarante-trois secondes avant que le reste de sa personne n'apparaisse. » D'Argout (fig. 1) fut une aubaine pour les caricaturistes de la monarchie de Juillet. La charge « nasale » est une des constantes de l'histoire de la caricature, elle avait d'ailleurs un antécédent, le « nez de Bouginier », du nom d'un étudiant des Beaux-Arts que Dantan avait éreinté peu d'années auparavant[1]. Entré tôt dans l'administration, consciencieux, d'Argout fut pair de France en 1830 et plusieurs fois ministre : de la Marine cette même année, du Commerce et des Travaux publics en 1831, enfin des Beaux-Arts, où il se signala en demandant à Prosper Mérimée, son secrétaire, qui était ce Rembrandt dont on souhaitait acquérir une peinture[2]. Il figurait déjà sur la planche des *Masques de 1831* (cat. 7). Le buste en terre crue coloriée fut le troisième à être utilisé comme « maquette ». La lithographie « d'Arg… », paruе dans *La Caricature*, est très fidèle au modèle de la sculpture, malgré le détail réaliste des lunettes (fig. 2). Burty mentionna le buste dans son article sur l'exposition des œuvres de Daumier à la galerie Durand-Ruel en 1878[3]. L'œuvre fut citée par Claretie[4], puis illustrée par Dayot[5] et Geffroy[6]. La terre crue apparaît alors en bon état. Daumier a modelé le nez à part, et l'assemblage encore visible aujourd'hui renforce l'impression de « faux-nez ». L'examen radiographique a révélé au centre de l'épaule droite la présence inexpliquée d'une pointe métallique. Elle ne participe en effet d'aucune manière à la cohésion de la matière. Daumier a indiqué rapidement avec une gradine la che-velure du ministre. L'aspect de surface n'est pas le plus rugueux de la série, mais dénote une belle sûreté dans la construction des volumes : l'effet comique du visage aux pommettes marquées est renforcé par un « menton de Polichinelle[7] » dont la courbure répond à celle du nez. La polychromie n'a pas subi de repeints trop radicaux, et permet d'avoir une bonne idée des tons d'origine. Daumier n'a pas chargé férocement le ministre des Beaux-Arts, et ce buste au sourire sympathique apparaît comme un moment de calme, particulièrement réussi, au sein des multiples scies inspirées par « ce nez immense, bec de pélican sans lequel on ne se le figurait pas[8] » selon Alexandre. Lorsque d'Argout quitta le gouvernement en 1834 pour diriger la Banque de France, *Le Charivari* publia cette requête à Louis-Philippe : « Rendez-nous le nez d'Argout / Que Votre Majesté nous rende / Cet inestimable bijou / Le *Charivari* le demande / Comme un pauvre demande un sou[9]. »

D'Argout figure dans les lithographies suivantes : LD 48 (fig. 2), 49, 50, 62, 91, 92, 101, 179, 194, 210, 218.   **E.P.**

1. Sorel, 1986, p. 28.
2. Lettre de Mérimée à Stendhal citée dans Durbé, 1961, p. 9.
3. Burty, 1878.
4. Claretie, 1882, p. 322.
5. Dayot, 1897, p. 41.
6. Geffroy, 1905, p. 103.
7. Alexandre, 1888, p. 66.
8. *Ibid.*, p. 66.
9. Cité dans Cabanne, Gregori et Leduc, 1980, p. 81.

11

Claude Baillot
(Saint-Germain-en-Laye, 1771 - Paris, 1836),
député et pair de France

Terre crue coloriée
1832 ?
H. 18,2 ; L. 16,6 ; P. 14 cm
Paris, musée d'Orsay (RF 3478)

Gobin 22, « l'Infatué de soi » ; Wasserman 2

Exposé à Paris seulement

Historique
Voir cat. 10.

Expositions
Paris, 1878 [?] ; Paris, 1979a, n° 22 ; Paris, 1980-1981, n° 345 (II).

Œuvres en rapport
Édition Barbedienne, bronze, commencée en 1929, achevée en 1952, vingt-cinq exemplaires numérotés 1 à 25/25, marqués *M.L.G.* Séries complètes : le n° 13 à Los Angeles, County Museum, The Armand Hammer Daumier Collection, le n° 16 à Lyon, musée des Beaux-Arts, le n° 20 à Marseille, musée des Beaux-Arts, le n° 23 à Washington, National Gallery of Art, le n° 22 à Berlin, Akademie der Künste. Édition Valsuani, entre 1953 et 1965, trois séries marquées *L.G.*, *Mme H.*, et *C.*

11*bis*
Baillot

Bronze
H. 17,5 ; L. 16,2 ; P. 13,7 cm
À l'arrière, au centre : MLG (dans un carré) et « BRONZE » ;
à l'intérieur : 21/25 (dans un cercle)
Washington, Hirshhorn Museum and Sculpture Garden.
Don de Joseph H. Hirshhorn, 1966 (Inv : 66.1056 ; S58.57 ; S401)

Exposé à Ottawa seulement

Historique
   Voir cat. 10*bis*.

Expositions
   Paris, 1957, n° 22 ; Detroit et autres villes, 1959-1960, n° 8 ; New York,
   1962-1963, n° 71.

11*ter*
Baillot

Bronze
H. 17,5 ; L. 15,9 ; P. 13 cm
À l'arrière, à droite : MLG et 2200-1-
Washington, The National Gallery of Art, Lessing J. Rosenwald
Collection (Inv. : 1943.3.22 [A-1694])

Exposé à Washington seulement

Historique
   Coll. Rosenwald ; donné au musée en 1943.

Expositions
   Washington, 1960, sans cat. ; Cambridge (Mass.), 1969, n° 2, repr.

Cat. 11*ter*

Fig. 1
Mr. Baill..., lithographie
parue dans *La Caricature*,
12 septembre 1833.

Baillot participa activement à la chute de Charles X, et prononça le 3 juillet 1830 la déclaration de vacance du trône et la déchéance de la branche aînée des Bourbons. Son adhésion au gouvernement dès le 11 août lui valut d'être pair de France en 1834. Agent de change, il devint député libéral de Melun ; c'était aussi un brillant violoniste, dont le talent fut même admis par *Le Charivari* : « L'ignorance [des musiciens français] n'est plus aussi universelle. [...] Le concert de M. Fétis a dû satisfaire à la fois les artistes et les amateurs ; plusieurs morceaux ont été redemandés [...], et surtout la charmante *Romanesca* délicieusement exécutée par M. Baillot[1]. » Ces activités louables décidèrent du ton des textes consacrés au député-musicien : « Sa partie produit un merveilleux effet dans les *tutti* : « Aûx voâs ! aûx voâs ! aûx voâs ! » [...] il avait droit, au double titre du ramage et du plumage, de figurer dans la galerie de M. Daumier[2]. » L'expression de ce buste massif diffère légèrement de celle de la lithographie en pied publiée le 12 septembre 1833 par *La Caricature*, dans la série *La Chambre non prostituée* (LD 69, fig. 1). Le visage en terre crue est plus refermé sur lui-même, entre sommeil et concentration. Daumier a voulu marquer les pattes d'oie aux coins des yeux et souligner le nez inélégant d'un bon vivant. La cravate est indiquée non sans brio, comme dans la plupart des bustes, de quelques griffures d'outil.

E.P.

1. *Le Charivari*, n° 323, 19 décembre 1833, p. 3.
2. *La Caricature*, n° 149, 12 septembre 1833, p. 2.

12

Félix Barthe

(Narbonne, 1796 - Paris, 1863), député et garde des Sceaux

Terre crue coloriée
1833
H. 17,2 ; L. 15,3 ; P. 13,9 cm
Paris, musée d'Orsay (RF 3479)

Gobin 5, « l'Important personnage » ; Wasserman 3

Exposé à Paris seulement

Historique
 Voir cat. 10.

Expositions
 Paris, 1878 (?) ; Paris, 1979a, n° 5 ; Paris, 1980-1981, n° 345 (III).

Œuvres en rapport
 Voir cat. 11 et éditions Sagot-Le Garrec, terre cuite, 1937,
 sept exemplaires, un à Paris, musée Carnavalet.

12*bis*
Barthe

Bronze
H. 15,9 ; L. 14,3 ; P. 13 cm
À l'arrière, au centre : MLG (dans un carré) et « BRONZE » ;
à l'intérieur : 21/25 (dans un cercle)
Washington, Hirshhorn Museum and Sculpture Garden.
Don de Joseph H. Hirshhorn, 1966 (Inv. : 66 1053 ; S58.54 ; S398)

Exposé à Ottawa seulement

Historique
Voir cat. 10*bis*.

Expositions
Paris, 1957, nº 5 ; Detroit et autres villes, 1959-1960, nº 5 ; New York, 1962-1963, nº 68.

12*ter*
Barthe

Bronze
H. 16,20 ; L. 14,6 ; P. 13 cm
À l'arrière : MLG ; 3/25 ; à l'intérieur : 3/25
Washington, The National Gallery of Art, Lessing J. Rosenwald Collection (Inv. : 1943.3.5)

Exposé à Washington seulement

Historique
Voir cat. 11*ter*.

Expositions
Washington, 1960, sans cat. ; Cambridge (Mass.), 1969, nº 3, repr. ; Washington, 1979, nº 8, repr.

Cat. 12*ter*

Fig. 1
M. Barthe,
lithographie parue
dans *La Caricature*
le 18 juillet 1833.

« À ces yeux louches, à ce sourire faux, à cette tournure épaisse, à cette figure outrecuidante, vous devinez que ce ministre est Barthe […] vous auriez de la peine à reconnaître l'ex-carbonaro de la restauration ; mais que voulez-vous, c'est comme ça que la monarchie les aime…[1]. » Adversaire obstiné des Bourbons, Barthe s'était fait remarquer sous la Restauration en défendant Gravier et Bouton, accusés d'avoir tenté de provoquer une fausse couche à la duchesse de Berry en lançant des pétards, alors qu'elle était enceinte du duc de Bordeaux[2]. Membre de la société jacobine *Aide-toi, le ciel t'aidera*, il était proche des milieux carbonaristes, et participa activement à la chute de Charles X, en déclarant, avec les avocats libéraux réunis autour de Dupin (cat. 18), l'illégalité des ordonnances du 25 juillet 1830[3]. Ministre de l'Instruction publique en décembre 1830, puis de la Justice de décembre 1831 à avril 1834, il devint pair de France et premier président de la Cour des comptes en décembre 1834, puis garde des Sceaux de 1837 à 1839. Dans ce buste, Daumier met en exergue les disgrâces physiques de l'ambitieux méridional, qui lui avaient valu les moqueries du baron Delort (cat. 16). Durbé considérait que ce buste était l'un des premiers modelés par Daumier[4], mais Wasserman a proba-

blement raison de le rapprocher chronologiquement de ceux d'Étienne (cat. 19) et de Sébastiani (cat. 40). Le crâne dissymétrique, comme déformé par un forceps, le strabisme accentué par la différenciation du volume des yeux avaient déjà tenté Daumier dans les *Masques de 1831* (cat. 7), et sont indiqués plus fortement que sur la lithographie parue dans *La Caricature*, le 18 juillet 1833 (fig. 1). À ce propos, Alexandre remarquait qu'il fallait laisser « à un disciple de Lavater le soin d'apprécier cette remarque physiognomique [*sic*][5]. » Le visage a été extrêmement restauré, il est aujourd'hui difficile de se faire une idée de l'aspect de surface d'origine.

Barthe figure dans les lithographies suivantes : LD 44, 49 et 63 (fig. 1).   **E.P.**

1. *La Caricature*, nº 141, 18 juillet 1833, p. 2.
2. Le Normand-Romain, 1993, p. 24.
3. Ces ordonnances bafouaient la Charte de 1814 et furent la cause de la Révolution de juillet 1830. Elles suspendaient, entre autres, la liberté de la presse.
4. Durbé, 1961, p. 10.
5. Alexandre, 1888, p. 72.

13

Jean-Auguste Chevandier de Valdrome
(Lyon, 1781 - Château Sainte-Catherine [Meurthe], 1878),
député et pair de France

Terre crue coloriée
1833
H. 19 ; L. 14,9 ; P. 13 cm
Paris, musée d'Orsay (RF 3480)

Gobin 14, « le Stupide » ; Wasserman 4

Exposé à Paris seulement

Historique
Voir cat. 10.

Expositions
Paris, 1878 (?) ; Paris, 1979a, nº 14 ; Paris, 1980-1981, nº 345 (IV).

Œuvres en rapport
Voir cat. 12.

13*bis*
Chevandier de Valdrome

Bronze
H. 17,2 ; L. 14,6 ; P. 8,2 cm
À l'arrière, en bas, à droite : MLG (dans un carré) et « BRONZE » ;
à l'intérieur : 21/25 (dans un cercle)

Washington, Hirshhorn Museum and Sculpture Garden
Acquis avec des fonds donnés par la Armand Hammer
Foundation, 1980 (Inv. : 80.64)
Exposé à Ottawa seulement

Historique
> Acquisition avec des fonds donnés par la Armand Hammer Foundation,
> 1980.

Expositions
> Paris, 1957, n° 14 ; Oklahoma, 1983-1985, sans numéro.

13*ter*
Chevandier de Valdrome

Bronze
H. 18,3 ; L. 14,3 ; P. 12,1 cm
À l'arrière, à gauche : MLG et 2183 ; à l'intérieur : 3/25

Washington, The National Gallery of Art, Lessing J. Rosenwald
Collection (Inv. : 1943.3.14 [A-1686])
Exposé à Washington seulement

Historique
> Voir cat. 11*ter*.

Expositions
> Washington, 1960, sans cat. ; Cambridge (Mass.), 1969, n° 4.

Cat. 13*ter*

Fig. 1
Chevandi..., lithographie
parue dans *Le Charivari*
le 20 juin 1833.

« M. Chevandier […] est l'un des improstitués qui se sont faits [*sic*] remarquer par leur obscurité parlementaire. Son éloquence ne saurait être mise en doute ; car il n'a jamais ouvert la bouche à la Chambre, si ce n'est pour boire l'eau sucrée payée par le budget. […] M. Chevandier ne procède d'ordinaire que par le vote silencieux du croupion, et son croupion, dieu merci, est l'un des croupions les plus dévoués et des mieux pensans [*sic*] de la chambre basse[1]. » Maître-verrier à Saint-Quirin, dans la Moselle, fabricant de miroirs, Chevandier de Valdrome était député de Sarrebourg. Il revient à Geffroy d'avoir identifié en 1905 ce divertissant petit buste, à partir d'une étiquette rédigée par Champfleury[2]. Cette « obscurité parlementaire » du personnage confirme l'importance que Daumier accordait aux bizarreries physiques. Le buste a été modelé tout en protubérances burlesques : la masse de cheveux roulés sur le sommet du crâne, le nez volumineux, que

Geffroy assimilait à une trompe[3], le nœud affaissé de la cravate structurent l'effondrement du somnolent « marchand-miroitier[4] ». Le bord extérieur de l'épaule gauche semble déjà brisé et recollé sur les photos de l'article de Geffroy, et les lacunes ont dû être restitués par Fix-Masseau, comme l'atteste l'intégrité du bronze de l'édition Barbedienne (cat. 13*bis*). Le buste n'apparaît que sur une lithographie, datée du 20 juin 1833 (LD 153, fig. 1). Wasserman soulignait non sans raison que Daumier avait dû dessiner celle-ci directement d'après le buste, comme l'indique l'inversion du nœud de la cravate[5].

E.P.

---

1. *Le Charivari*, n° 202, 20 juin 1833, p. 3.
2. Geffroy, 1905, p. 105.
3. *Ibid.*
4. *Le Charivari*, *op. cit.* note 1.
5. Wasserman, 1969, p. 55.

14

Laurent Cunin, dit **_Cunin-Gridaine_**
(Sedan, 1778 - 1859), député et pair de France

Terre crue coloriée
1832 ?
H. 15,3 ; L. 13,8 ; P. 10,1 cm
Paris, musée d'Orsay (RF 3481)

Gobin 34, « le Mauvais » ; Wasserman 5

Exposé à Paris seulement

Historique
　Voir cat. 10.

Expositions
　Paris, 1878 (?) ; Paris, 1979a, n° 34 ; Paris, 1934, n° 393c ;
　Paris, 1980-1981, n° 345 (V).

Œuvres en rapport
　Voir cat. 12.

Cat. 14*ter*

Fig. 1
Mr Cunin Grid…,
lithographie parue dans
La Caricature le 18 juillet 1833.

14*bis*
Laurent Cunin, dit Cunin-Gridaine

Bronze
H. 14,4 ; L. 13,2 ; P. 9,6 cm
À l'arrière, en bas, à gauche : MLG (dans un carré)
et « BRONZE » ; à l'intérieur : 18/25
Washington, Hirshhorn Museum and Sculpture Garden
Don de Joseph H. Hirshhorn, 1966 (Inv. : 66.1079)

Exposé à Ottawa seulement

Historique
    Voir cat. 10*bis.*

Expositions
    New York, 1962-1963, nº 87.

Fig. 2
Pierre Dantan, dit Dantan jeune,
Cunin-Gridaine, 1840,
statuette en plâtre,
Paris, musée Carnavalet.

14*ter*
Laurent Cunin, dit Cunin-Gridaine

Bronze
H. 14,6 ; L. 13 ; P. 9,8 cm
À l'arrière, à gauche : MLG ; à l'intérieur : 23/25
Washington, The National Gallery of Art, Lessing J. Rosenwald
Collection (Inv. : 1951.17.7 [A-1604])

Exposé à Washington seulement

Historique
    Voir cat. 10*ter.*

Expositions
    Washington, 1960, sans cat. ; Cambridge (Mass.), 1969, nº 7.

« L'honorable député des Ardennes ne parle jamais et il a l'air de ne pas penser davantage. Dès lors, il ne faut pas s'étonner qu'il ait été à diverses reprises nommé secrétaire par la Chambre dont sa nullité le rend un de ses représentants les plus fidèles. [...] Il convoite, dit-on, la pairie ; on voit qu'il en est digne sous tous les rapports[1]. » Ouvrier dans une manufacture de textiles, Laurent Cunin épousa la fille de son employeur dont il accola le patronyme au sien. Ses origines modestes et ses idées libérales lui valurent, au bénéfice du doute, une opinion favorable dans la presse républicaine après 1830. Il fut cependant rapidement brocardé en raison de sa frilosité et fut délicatement appelé « cul-nain » par *Le Charivari*[2]. Ce buste est l'un des plus remarquables de la série : Daumier a modelé avec une grande attention la coiffure, les reliefs du visage et le vêtement de Cunin-Gridaine. La masse des cheveux et des favoris, construite avec ampleur et sûreté, rappelle la coiffure de Louis-Philippe. L'expression du visage, crispé de rides, dans une grimace entre colère et dédain, est particulièrement vivante. Daumier illustre avec ce buste son propre « traité d'expression des passions », dévoilant crûment le pair de France qui depuis longtemps a oublié ses origines, « le véritable type du bourgeois cossu de 1830, avec un beau toupet[3]. » La seule lithographie de Daumier représentant Cunin s'inspire très librement du buste (LD 64, fig. 1). On pourrait alors imaginer que celui-ci fut modelé dès 1832, et transcrit moins littéralement dans la planche publiée en juillet 1833, Daumier faisant appel à sa mémoire proverbiale. En 1840, Dantan chargea à son tour Cunin, mais sans atteindre l'intensité psychologique du petit buste de Daumier (fig. 2).   **E.P.**

1. *Le Charivari*, n° 145, 24 avril 1833, p. 4.
2. *Ibid.*
3. Alexandre, 1888, p. 72.

15

Benjamin Delessert (Lyon, 1773 - Paris, 1847), industriel et député.

Terre crue coloriée
1833
H. 18,7 ; L. 15 ; P. 10,8 cm
Paris, musée d'Orsay (RF 3482)

Gobin 2, « le Têtu borné » ; Wasserman 6

Exposé à Paris seulement

Historique
   Voir cat. 10.

Expositions
   Paris, 1878 (?), Paris, 1979, n° 2, Paris, 1980-1981, n° 345 (VI).

Œuvres en rapport
   Voir cat. 12.

Cat. 15*ter*

15*bis*
Delessert

Bronze

H. 17,1 ; L. 14,3 ; P. 9,8 cm

À l'arrière, en bas, à gauche : MLG (dans un carré)

et « BRONZE » ; à l'intérieur : 22/25

Washington, Hirshhorn Museum and Sculpture Garden

Don de Joseph H. Hirshhorn, 1966

(Inv : 66.1071 ; S59.101 ; S665)

Exposé à Ottawa seulement

Historique
    Voir cat. 10*bis.*

Exposition
    New York, 1962-1963, n° 78.

15*ter*
Delessert

Bronze

H. 17,5 ; L. 14,3 ; P. 10,2 cm

À l'arrière, en bas, à gauche : MLG et 3/25 A^2 ; à l'intérieur : 3/25

Washington, The National Gallery of Art, Lessing J. Rosenwald

Collection (Inv. : 1943.3.2 [A-1674])

Exposé à Washington seulement

Historique
    Voir cat. 10*ter.*

Expositions
    Washington, 1960, sans cat. ; Cambridge (Mass.), 1969, n° 6, repr.

Fig. 1
Benjamin Dudessert,
lithographie parue
dans *Le Charivari*
le 26 octobre 1833.

Fils d'un banquier lyonnais, Benjamin Delessert était un botaniste et un conchyologue passionné. Régent de la Banque de France en 1802, il devint baron de l'Empire dix ans plus tard. Curieux infatigable, féru de science, il avait fondé en 1801 à Passy une raffinerie de sucre de betterave, succédané du sucre de canne imposé par le blocus continental britannique. La corruption de son patronyme en « Dudessert », qui légende les lithographies le représentant, trouve là son origine. Il fut surtout un trésorier actif de la Société philantropique, participa à la fondation de la Caisse d'Épargne et organisa des « soupes économiques » pour les nécessiteux. Député de Paris en 1822, il siégeait sur les bancs de l'opposition libérale. Partisan de la monarchie de Juillet, il fut par la suite réélu député de Saumur de 1827 à 1842. Alexandre, à propos d'une des lithographies inspirées du buste, admirait « son soupçon de nez et sa bouche de babouin[1] » (LD 170, fig. 1). Dans ce buste, comme dans celui de Vatout (cat. 41), Daumier s'est montré particulièrement intéressé par le modelage de crânes aux formes irrégulières.

Delessert figure dans les lithographies suivantes : LD 69 et 170.

E.P.

---

1. Alexandre, 1888, p. 66.

16

Baron Jacques-Antoine-Adrien Delort

(Arbois [Jura], 1773 - 1846), général et député

Terre crue coloriée

1833

H. 23,4 ; L. 14,6 ; P. 10,4 cm

Paris, musée d'Orsay (RF 3483)

Gobin 29, « le Moqueur » ; Wasserman 7

Exposé à Paris seulement

Historique

   Voir cat. 10.

Expositions

   Paris, 1878, n° 5 ; Paris, 1979a, n° 29 ; Paris, 1980-1981, n° 345 (VII).

Œuvres en rapport

   Voir cat. 11.

Cat. 16*ter*

Fig. 1
De l'or, lithographie
parue dans *Le Charivari*
le 29 juin 1833.

16*bis*
Delort

Bronze
H. 22,9 ; L. 14,1 ; P. 10,5 cm
À l'arrière, en bas, à gauche : MLG (dans un carré) et
« BRONZE » ; à l'intérieur : 21/25 (dans un cercle)
Washington, Hirshhorn Museum and Sculpture Garden
Don de Joseph H. Hirshhorn, 1966 (Inv. : 66.1059)

Exposé à Ottawa seulement

Historique
Voir cat. 10*bis*.

Expositions
Paris, 1957, n° 29 ; Detroit et autres villes, 1959-1960, n° 11 ; New York, 1962-1963, n° 74.

16*ter*
Delort

Bronze
H. 22,9 ; L. 14,3 ; P. 10,2 cm
À l'arrière, à droite : MLG ; à l'intérieur : 23/25
Washington, The National Gallery of Art, Lessing J. Rosenwald
Collection (Inv. : 1951.17.8 [A-1605])

Exposé à Washington seulement

Historique
Voir cat. 10*ter*.

Expositions
Washington, 1960, sans cat. ; Cambridge (Mass.), 1969, n° 7.

« M. Delort s'est fait remarquer dans la session pécuniaire par une querelle extra-parlementaire avec M. Barthe [...] [il lui] a fait entendre [...] des paroles sévères, auxquelles sa grandeur n'a pas pris garde. Mais il s'est permis sur la figure et l'expression de physionomie du garde-des-sceaux [*sic*] des plaisanteries que M. Barthe a vues de mauvais œil[1]. » Baron de l'Empire en 1811 pour ses hauts faits guerriers (remarqué pendant la campagne d'Italie, puis blessé à Austerlitz, et plus tard à Waterloo), il fut mis à la retraite sous la Restauration. Mais loin de la médiocrité de certains demi-soldes qui devinrent les « Ratapoil » hantant le pavé de la deuxième République (cat. 143), Delort a été nommé aide de camp de Louis-Philippe en 1832, puis inspecteur général de l'École de Saint-Cyr en 1838 ; son nom fut gravé sur l'arc de Triomphe de l'Étoile... Dans ce buste, le plus important par sa taille des *Célébrités*, Daumier a été particulièrement intéressé par le développement de la boîte crânienne. En effet, de face, le visage imposant se présente comme un véritable portrait, mais latéralement, l'œuvre perd son volume, et le crâne aplati le transforme en masque de carnaval. Daumier a modelé les volumes du front de manière « phrénologique », en insistant sur les deux protubérances frontales particulièrement saillantes. La polychromie, aujourd'hui très restaurée, était manifestement plus soutenue pour les carnations (fig. 1, p. 86) et contrastait davantage avec l'auréole claire des favoris et de la chevelure. L'aspect simiesque de l'état d'origine, souligné par Wasserman[2], classe le buste de Delort parmi les plus physiognomoniques de la série. Mais la lithographie n'est pas une des plus redoutables de celles que publia *Le Charivari* (LD 154, fig. 1). La légende aux armes parlantes accompagnant la lithographie joue un peu lourdement sur le patronyme de l'aide de camp de Louis-Philippe, dont le plus grand plaisir, suivant le journal, était « d'avoir Delort sous la main[3] ». **E.P.**

1. *Le Charivari*, n° 211, 29 juin 1833, p. 3.
2. Wasserman, 1969, p. 63.
3. *Le Charivari*, *op. cit.* note 1.

Cat. 17*ter*

17

Hippolyte Abraham,* dit *Abraham-Dubois

(Avranches [Manche], 1794 - Paris, 1863), député et magistrat

Terre crue coloriée

1833

H. 20,2 ; L. 20,9 ; P. 14,8 cm

Paris, musée d'Orsay (RF 3484)

Gobin 27, « le Gros, gras… et satisfait » ; Wasserman 8

Exposé à Paris seulement

Historique
    Voir cat. 10.

Expositions
    Paris, 1878 (?) ; Paris, 1979a, n° 27 ; Paris, 1980-1981, n° 345 (VIII).

Œuvres en rapport
    Voir cat. 12.

17*bis*

***Hippolyte Abraham,*
dit *Abraham Dubois***

Bronze

H. 19,1 ; L. 19,5 ; P. 14,1 cm

À l'arrière, à droite : MLG (dans un carré) et « BRONZE » ;
à l'intérieur : 21/25 (dans un cercle)

Washington, Hirshhorn Museum and Sculpture Garden

Don de Joseph H. Hirshhorn, 1966 (Inv. : 66.1058 ; S58.59, S403)

Exposé à Ottawa seulement

Historique
    Voir cat. 10*bis*.

Expositions
    Paris, 1957, n° 27 ; Detroit et autres villes, 1959-1960, n° 10 ;
    New York, 1962-1963, n° 73.

17*ter*

Hippolyte Abraham,* dit *Abraham Dubois

Bronze

H. 19,2 ; L. 19,5 ; P. 14,3 cm

À l'arrière, à droite : MLG ; à l'intérieur : 23/25

Washington, The National Gallery of Art, Lessing J. Rosenwald
Collection (Inv. : 1951.17.4 [A-1601])

Exposé à Washington seulement

Historique
    Voir cat. 10*ter*.

Expositions
    Washington, 1960, sans cat. ; Cambridge (Mass.), 1969, n° 8, repr.

« Ce n'est plus ce béotisme bavard, criard, piaillard ; c'est l'outre-cuidance loquace et hannetonnière qui se jette étourdiment la tête contre toutes les bornes de la vérité et du bon sens ; là, à la chambre, c'est du béotisme taciturne et calme, du béotisme de crétin, de soliveau, d'autruche. En effet M. Dubois, si babillard ailleurs, ne dit rien là, et n'en pense pas davantage. Cela se conçoit, puisqu'en sa qualité de député-fonctionnaire, il appartient à cette race d'ilotes bicéphales, à qui, maintenant […], il est interdit […] d'avoir des pensées politiques autrement faites que celles de leur chef immédiat, lequel ne pense que d'après M. Barthe…[1]. » Inconnue de Dayot en 1897[2], l'identification de ce buste revient à Geffroy, qui le nomme cependant « Dubois d'Angers, député et président de la cour d'assises[3] ». Abraham-Dubois, après une modeste carrière dans les armée impériales, se retrouva demi-solde à la Restauration. Élu député d'Avranches en 1832, il s'attira les pochades du *Charivari* entre mars et avril 1833, en siégeant au procès des suspects d'un attentat perpétré contre Louis-Philippe[4]. Durbé fut le premier, par rapport à la date de la lithographie (LD 144, fig. 1), à envisager, à juste titre, que cette terre crue avait été modelée immédiatement après la libération de Daumier en janvier 1833[5]. Le buste de Dubois est en effet le premier à forcer le caractère ignoble du personnage, bouffi de graisse et hébété d'abrutissement. Les bustes de Podenas (cat. 37) et de Fruchard (cat. 21) participent de cette rhétorique hypertrophiant la monstruosité physique, et morale, des modèles. La crispation du visage n'est pas sans rappeler celle de Cunin-Gridaine (cat. 14), elle illustre férocement « cette myopie physique qui ne donne qu'une faible idée de la myopie intellectuelle de l'individu, à cet air épais participant à la fois du ventrigoulu et du béotien de magistrature[6] ». Wasserman remarquait que le traitement de la chevelure, visible sur des photographies anciennes, était particulièrement intéressant et rappelait celui de Roederer « Verhuel » (cat. 45). Daumier a probablement voulu représenter un postiche, car un texte du *Charivari*, concernant Thiers, mentionne « un cheveu de la perruque de M. Dubois (dont on fait les flûtes)[7] ». **E.P.**

Fig. 1
Mr. Tu-Bois,
lithographie parue
dans *Le Charivari*
le 25 mars 1833.

1. *Le Charivari*, nº 101, 11 mars 1833, p. 1-2.
2. Dayot, 1897, p. 3.
3. Geffroy, 1905, p. 105.
4. Le 19 novembre 1832, un inconnu tira un coup de pistolet contre Louis-Philippe, qui se rendait des Tuileries au palais Bourbon et le manqua. Un journaliste républicain, Bergeron, et son ami vétérinaire, Benoît, furent accusés. Dubois présida l'instruction.
5. Durbé, 1961, p. 16.
6. *Le Charivari*, nº 115, 25 mars 1833, p. 3.
7. *Le Charivari*, nº 184, 2 juin 1833, p. 2.

18

André-Marie-Jean-Jacques Dupin, dit ***Dupin aîné***
(Varzy [Nièvre], 1783 - Paris, 1865),
député, avocat et académicien

Terre crue coloriée
1832
H. 15,2 ; L. 15,2 ; P. 9,2 cm
Paris, musée d'Orsay (RF 3485)

Gobin 10, « l'Orateur » ; Wasserman 9

Exposé à Paris seulement

Historique
    Voir cat. 10.

Expositions
    Paris, 1878 (?) ; Cambridge (Mass.), 1969, n⁰ 9 ; Paris, 1979a, n⁰ 34 ;
    Paris, 1980-1981, n⁰ 345 (IX).

Œuvres en rapport
    Voir cat. 11.

Cat. 18*ter*

Fig. 1
Pierre-Jean David,
dit David d'Angers
André-Marie-Jean-Jacques Dupin avocat,
1828, médaillon en bronze,
Angers, galerie David d'Angers.

18*bis*

Dupin

Bronze

H. 14,3 ; L. 14,9 ; P. 9,2 cm

À l'arrière, en bas, à droite : MLG (dans un carré) et « BRONZE » ;
en bas à gauche : 11/25 ; à l'intérieur : 11/25 (dans un cercle)
Washington, Hirshhorn Museum and Sculpture Garden
Don de Joseph H. Hirshhorn, 1966 (Inv. : 66.1072)

Exposé à Ottawa seulement

Historique
    Voir cat. 10*bis*.

Expositions
    New York, 1962-1963, n° 79 ; Washington (D.C.), 1974-1975, n° 22.

18*ter*

Dupin

Bronze

H. 14,3 ; L. 14,9 ; P. 9,2 cm

À l'arrière, en bas, à gauche : MLG ; à l'intérieur : 3/25 (dans un cercle)
Washington, The National Gallery of Art, Lessing J. Rosenwald
Collection (Inv. : 1943.3.10 [A-1682])

Exposé à Washington seulement

Historique
    Voir cat. 11*ter*.

Expositions
    Washington, 1960, sans cat. ; Cambridge (Mass.), 1969, n° 9, repr. ;
    Washington, 1979, n° 2, repr.

Fig. 2
Dup…, lithographie parue
dans *La Caricature* le 14 juin 1832.

Personnalité déterminante dans l'avènement de la monarchie de Juillet, Dupin fut un avocat brillant ouvert aux idées libérales, il plaida la plupart des procès politiques importants sous la Restauration : Béranger, Ney, Brune, Caulaincourt… Il fut l'un des premiers à dénoncer les ordonnances de juillet, et rédigea l'adresse des 221 dénonçant la violation de la Charte de 1814. Sur ses conseils, le duc d'Orléans, auquel il proposa la lieutenance générale du royaume, abandonna le nom de Philippe VII pour celui de Louis-Philippe. Président de la Chambre des députés en 1832, Dupin est élu à l'Académie française la même année au fauteuil de Cuvier. Cette terre crue fut la deuxième à être utilisée comme « maquette » d'une lithographie. Mentionné par Burty dès 1878[1], le buste au « crâne fuyant et accidenté, bouche s'ouvrant en gueule de carpe[2] » selon Alexandre, est illustré par Dayot[3] et Geffroy[4]. Daumier a donné une vie extraordinaire à cette petite sculpture en exaspérant par la simplification l'expression du visage et en concentrant son attention sur la bouche lippue et les joues creusées. Mais il a détourné également les codes du portrait en buste : le visage simiesque de Dupin jaillit avec une componction violente et grotesque de ses épaules cadrées à la manière des sculptures de la Renaissance florentine. La puissance du modelé au pouce transparaît dans les volumes du nez, des pommettes et des oreilles. Malgré les restaurations de la polychromie qui empâtent les reliefs, on peut toujours admirer le traitement attentif du vêtement de l'avocat (fig. 8, p. 65). Daumier a utilisé un ébauchoir pour indiquer les plis profonds des manches et une ripe pour la texture du jabot. La comparaison avec le sage médaillon de David d'Angers représentant l'avocat (fig. 1), atteste que Daumier a su dresser un féroce portrait moral de celui qui aurait dit de Thiers et d'Argout (cat. 10) : « Si on les chasse par la porte, il rentreront par les égouts[5]. » Si Dupin ne figure pas dans *Le Ventre législatif* (cat. 55), il apparaît dans les lithographies suivantes : LD 9, 10, 11, 40, 42, 44, 45 (fig. 2), 49, 50, 98, 99, 101, 201, 217, 219, et 239. **E.P.**

1. Burty, 1878, p. 3.
2. Alexandre, 1888, p. 72.
3. Dayot, 1897, I, p. 2.
4. Geffroy, 1905, p. 105.
5. Cabanne, Gregoni et Leduc, 1980, p. 58.

19

Charles-Guillaume Étienne

(Chamoulley [Haute-Marne], 1778 - Paris, 1845),
député, pair de France, écrivain et directeur du *Constitutionnel*

Terre crue coloriée

1833

H. 15,2 ; L. 15,2 ; P. 9,2 cm

Paris, musée d'Orsay (RF 3486)

Gobin 26, « le Vaniteux » ; Wasserman 10

Exposé à Paris seulement

Historique
    Voir cat. 10.

Expositions
    Paris, 1878 (?) ; Paris, 1979a, n° 26 ; Paris, 1980-1981, n° 345 (X).

Œuvres en rapport
    Voir cat. 12.

Cat. 19*ter*

Fig. 1
Eugène Devéria, *Étienne*,
dessin, étude pour le tableau
de Versailles, 1832, Paris,
Bibliothèque nationale
de France, département des
Estampes et de la Photographie.

19*bis*
Étienne

Bronze
H. 16,2 ; L. 14,9 ; P. 13,3 cm
À l'arrière, en bas, à gauche : MLG (dans un carré)
et « BRONZE » ; à l'intérieur : 21/25 (dans un cercle)
Washington, Hirshhorn Museum and Sculpture Garden
Don de Joseph H. Hirshhorn, 1966 (Inv. : 66.1057, S58.58, S402)

Exposé à Ottawa seulement

Historique
Voir cat. 10*bis*.

Expositions
Paris, 1957, nº 26 ; Detroit et autres villes, 1959-1960, nº 9 ; New York, 1962-1963, nº 72 ; Oklahoma, 1983-1985, sans numéro.

Fig. 2
Etien..., lithographie
parue dans le *Charivari*
le 20 septembre 1833.

19*ter*
Étienne

Bronze
H. 16,2 ; L. 14,9 ; P. 13,7 cm
À l'arrière, en bas, au centre : MLG et « BRONZE » ;
à l'intérieur : 23/25
Washington, The National Gallery of Art, Lessing J. Rosenwald
Collection (Inv. : 1951.17.9 [A-1606])

Exposé à Washington seulement

Historique
Voir cat. 10*ter*.

Expositions
Washigton, 1960, sans cat. ; Cambridge (Mass.), 1969, nº 10, repr.

Élu à l'Académie française en 1811, Étienne (fig. 1) acquit ensuite une réelle notoriété comme journaliste en fondant pendant les Cent-Jours le journal *L'Indépendant* qui deviendra *Le Constitutionnel* à l'avènement de la monarchie de Juillet. Le journal était une des cibles permanentes du *Charivari*. Pour la lithographie, Daumier a suivi de près les volumes massifs du buste du journaliste (fig. 2). Le visage semble traduire assez exactement la scie habituellement employée par *Le Charivari* à l'encontre de la personnification du journal : « gros, gras... et constitutionnel ». Alexandre admirait particulièrement le buste, à travers la lithographie : « Une merveille, ce M. Étienne. Que d'observation Daumier a mise dans le rendu de ce profil tout en boule, joue replète, œil bouffi de graisse et clignotant d'amour-propre satisfait[1] ! » Malgré des restaurations importantes, le buste conserve quelques détails de modelage particulièrement vigoureux, telles les fentes des yeux mi-clos, griffées profondément dans la terre par l'ébauchoir.

Étienne figure dans les lithographies suivantes : LD 78, 79, 99, 102, 111, 164 (fig. 2), 169, 176, 177, 188, 202, 203, 258, 1267 et 1268. **E.P.**

---

1. Alexandre, 1888, p. 71.

Cat. 20ter

20

Comte Alfred-Pierre de Falloux ?

(Angers, 1811 - 1886), ministre

Terre crue coloriée
1833 ?
H. : 23,3 ; L. 14,7 ; P. 13,20cm
Paris, musée d'Orsay (RF 3487)

Gobin 23, « un Malin » ; Wasserman 11

Exposé à Paris seulement

Historique
    Voir cat. 10.

Expositions
    Paris, 1878 (?) ; Cambridge (Mass.), 1969a, n° 5 ; Paris, 1979a, n° 23 ;
    Paris, 1980-1981, n° 345 (XI).

Œuvres en rapport
    Voir cat. 11.

20bis

Falloux (?)

Bronze
H. 22,5 ; L. 14,6 ; P. 13,3 cm
À l'arrière, en bas, à droite : MLG (dans un carré) et « BRONZE » ;
à l'intérieur : 1/25 (dans un cercle)

Washington, Hirshhorn Museum and Sculpture Garden
Don de Joseph H. Hirshhorn, 1972 (Inv. : 72.81, S68.32)
Exposé à Ottawa seulement

Historique
    Donné par Joseph H. Hirshhorn en 1972.

Expositions
    Paris, 1957, n° 2 ; Washington, 1974-1975, n° 29.

20ter

Falloux (?)

Bronze
H. 22.7 ; L. 14,0 ; P. 13,7 cm
À l'arrière, en bas, à droite MLG (dans un carré) et 2202-2 ;
à l'intérieur : 3/25
Washington, The National Gallery of Art, Lessing J. Rosenwald
Collection (Inv. : 1943.2.23 [A-1695])

Exposé à Washington seulement

Historique
    Voir cat. 11ter.

Expositions
    Boston, 1958, n° 9 ; Washington, 1960, sans cat. ; Cambridge (Mass.),
    1969, n° 11, repr.

Fig. 1
E. Joulain, *Alfred de Falloux*,
médaillon en bronze,
Angers, musée des Beaux-Arts.

Fig. 2
*Falloux choisi sous la république pour
être ministre de l'instruction publique,
en sa qualité de frère ignorantin*,
lithographie parue dans *Le Charivari*
en 1849, appartenant à la série
des *Représentants représentés*.

Ce buste ne figure pas parmi la série de photographies offertes par Eugène Philipon à Champfleury en 1861. Ni Gobin ni Durbé n'ont accepté son identification à Falloux, avancée par Bouvy en 1932. Antoinette Le Normand-Romain souligne avec raison que « si l'identification est juste, il est difficilement admissible que le buste ait pu être exécuté vers 1832[1] ». En effet, Falloux avait à ce moment-là vingt-deux ans, et le traitement appuyé des rides par Daumier évoque un âge plus avancé. Dans ce cas s'agit-il d'Alfred-Frédéric, le père de Falloux, comme le suggérait Delteil[2], et à sa suite Wasserman[3] ? Mais s'il s'agit du fils, il faudrait reculer la date du modelage à 1848-1849. Daumier aurait-il voulu exécuter une nouvelle série d'hommes politiques, renouvelée de celle des années 1832-1835 ? Le nez de ce buste est rectiligne, alors que celui du personnage représenté sur la lithographie est busqué (fig. 2), comme le confirme un portrait contemporain de Falloux (fig. 1).

Enfin, la coiffure et la barbe diffèrent très sensiblement d'une œuvre à l'autre. Cette sculpture, particulièrement monumentale, est construite sur une élongation verticale du visage. Daumier semble avoir expérimenté une autre technique pour suggérer les rides sous les yeux, en imprimant profondément l'extrémité dentée de l'outil. La frontière entre caricature et portrait semble floue : les reliefs du visage sont accentués avec vigueur, ils creusent les joues et les ailes du nez de rides profondes. **E.P.**

1. *Catalogue sommaire illustré des sculptures du musée d'Orsay*, Paris, RMN, 1986, p. 120.
2. Delteil, 1925-1930, n° 1848.
3. Wasserman, 1969, p. 78.

21

Jean-Marie Fruchard
(Lorient, 1788 - 1872), député

Terre crue coloriée
1833
H. 13,2 ; L. 14,9 ; P. 12,8 cm
Paris, musée d'Orsay (RF 3488)

Gobin 11, « le Dégoût personnifié » ; Wasserman 12

Exposé à Paris seulement

Historique
Voir cat. 10.

Expositions
Paris, 1878 (?) ; Paris, 1979, nº 11 ;
Paris, 1980-1981, nº 345 (XII).

Œuvres en rapport
Voir cat. 11.

Cat. 21*ter*

21bis
Fruchard

Bronze
H. 12,4 ; L. 14,6 ; P. 11,4 cm
À l'arrière, en bas, à gauche : MLG (dans un carré) et
« BRONZE » ; à l'intérieur : 23/25 (dans un cercle)
Washington, Hirshhorn Museum and Sculpture Garden
(Inv. : 84.10)

Exposé à Ottawa seulement

Historique
  Acquis par le musée en 1984.

21ter
Fruchard

Bronze
H. 12,7 ; L. 14,5 ; P. 11,8 cm
À l'arrière, en bas, à gauche : MLG et 3/25 F[1] ; à l'intérieur : 3/25
Washington, The National Gallery of Art, Lessing J. Rosenwald
Collection (Inv. : 1943.3.11)

Exposé à Washington seulement

Historique
  Voir cat. 11*ter*.

Expositions
  Washington, 1960, sans cat. ; Cambridge (Mass.), 1969, n° 12, repr.

Fig. 1
Mr Fruch..., lithographie
parue dans *Le Charivari*
le 12 octobre 1833.

« Quelle est cette masse informe qui s'arrondit sur la page ci-contre ? Est-ce une outre ? Est-ce une vieille souche ? Est-ce un bloc ? Est-ce un potiron ? Vous ne devinez pas. Eh bien ! c'est votre représentant. Cet objet dont vous ignorez la nature, est votre député, chargé de gérer vos intérêts. Il a nom Fruchard[1]. » L'obscur Jean-Marie Fruchard, député du Morbihan en 1831, ne dut sa postérité qu'à l'œil implacable de Daumier. Le buste se rattache à un groupe particulièrement virulent comme ceux de Dubois (cat. 17) ou Podenas (cat. 37). Daumier a été peut-être un peu injuste envers Fruchard : membre d'une commission chargée de réviser le code pénal, il proposa le principe des circonstances atténuantes. Les restaurations ont considérablement uniformisé l'aspect de la surface du buste, mais la main de Daumier est encore bien visible dans le traitement des yeux et des sourcils. La base du buste est légèrement évidée à l'intérieur, seul cas de la série avec le buste de Kératry (cat. 28). La lithographie, parue dans *Le Charivari* le 12 octobre 1833, accentue encore la charge en faisant tomber le nez crochu de Fruchard devant ses lèvres (LD 168, fig. 1). **E.P.**

1. *Le Charivari*, n° 315, 12 octobre 1833, p. 2.

22

Jean-Claude Fulchiron

(Lyon, 1774 - Paris, 1859), député, pair de France et poète

Terre crue coloriée
1832 ?
H. 17,3 ; L. 12,9 ; P. 11,8 cm
Paris, musée d'Orsay (RF 3489)

Gobin 3, « le Tartufe » ; Wasserman 13

Exposé à Paris seulement

Historique
Voir cat. 10.

Expositions
Paris, 1878 (?) ; Paris, 1979a, n° 3 ;
Paris, 1980-1981, n° 345 (XIII).

Œuvres en rapport
Voir cat. 10.

Cat. 22*ter*

Fig. 1
Charles Textor, *J.C. de Fulchiron*,
1874, buste en marbre,
Lyon, musée des Beaux-Arts.

Fig. 2
Lithographie inédite, *Ganneron ?*,
d'après Delteil, 1925.

22*bis*
Fulchiron

Bronze
H. 16,5 ; L. 12,7 ; P. 10,5 cm
À l'arrière, au centre : MLG ; à droite : B[1] 1/30 ;
à l'intérieur : 1/30 (dans un cercle)

Washington, Hirshhorn Museum and Sculpture Garden
Don de Joseph H. Hirshhorn, 1972 (Inv. : 72.80, S68.24)
Exposé à Ottawa seulement

Historique
    Voir cat. 20*bis*.

Expositions
    Washington, 1974-1975, n° 34.

22*ter*
Fulchiron

Bronze
H. 16,2 ; L. 12,4 ; P. 11,1 cm
À l'arrière, à gauche : MLG et 3/30B[1] ; à l'intérieur : 3/30

Washington, The National Gallery of Art, Lessing J. Rosenwald
Collection (Inv. : 1943.3.3 [A-1675])
Exposé à Washington seulement

Historique
    Voir cat. 11*ter*.

Expositions
    Boston, 1958, n° 12, repr. ; Los Angeles, 1958, n° 224 ; Washington, 1960,
    sans cat. ; Pottstown (Penn.), 1964, sans numéro ; Cambridge (Mass.),
    1969, n° 13, repr.

« À ce front taillé horizontalement, à ces tempes comprimées, à ces lèvres niaisement ouvertes, à cette couche épaisse de béotisme qui l'enveloppe des pieds à la tête, on se doute bien que le personnage ci-contre est un de ces improstitués que les départements nous expédient [...]. Celui-ci a pour nom Fulchiron, sauf le respect que je vous dois[1]. » Polytechnicien, ami de Casimir Périer, Fulchiron commit quelques tragédies reçues mais non jouées, comme *Pizarre* en 1797 à la Comédie-Française, ou encore *Saül* à l'Odéon en 1822. Siégant à la Chambre des pairs en 1845, il n'en publia pas moins une quantité de *Voyages en Italie*, que sa retraite politique après 1848 lui permit de développer. Le buste, identifié par Escholier en 1930[2], est l'une des plus remarquables caricatures modelées par Daumier. Le visage décharné de Fulchiron est structuré en volumes aigus : les pommettes osseuses, les yeux mi-clos exorbités, le nez aux narines étroites stigmatisent la distinction affectée du poète (fig. 1). *La Caricature* soulignait avec délectation son origine lyonnaise, comme celle de son fondateur Philipon, qui semblait « lâché à la poursuite de l'autre[3] ». La lithographie de Fulchiron en buste ne fut pas publiée, elle fut bizarrement identifiée à Ganneron par Delteil (fig. 2). Cette planche suit de très près le buste, elle accuse les volumes contrastés du visage, jusqu'à reproduire le toupet de cheveux à l'arrière du crâne chauve du poète lyonnais, seul élément dynamique dans cette figure de mort-vivant. La lithographie en pied de 1833 prend cependant des libertés par rapport au buste ; on pourrait alors imaginer que celui-ci fut modelé dès l'été 1832.

Fulchiron figure dans les lithographies suivantes : LD 53, 183 (fig. 2) et 233.   **E.P.**

1. *La Caricature*, n° 132, 16 mai 1833, p. 2.
2. Escholier, 1930, pl. 100.
3. *La Caricature*, *op. cit.* note 1.

23

Auguste Gady (?, 1774 - Versailles ?, 1847 ?),
dit habituellement ***Joachim-Antoine-Joseph Gaudry***
(Sommevoire [Haute-Marne], 1790 - Paris, 1875), magistrat

Terre crue coloriée
1833
H. 17,1 ; L. 13,1 ; P. 11,8 cm
Paris, musée d'Orsay (RF 3492)

Gobin 35, « Triste jusqu'à la mort » ; Wasserman 14

Exposé à Paris seulement

Historique
 Voir cat. 10.

Expositions
 Paris, 1878 (?) ; Paris, 1979a, n° 16 ; Paris, 1980-1981, n° 345 (XVI).

Œuvres en rapport
 Voir cat. 11.

23*bis*
Gady

Bronze
H. 16,2 ; L. 13 ; P. 11,4 cm
À l'arrière, en bas, à droite : MLG (dans un carré) ; en bas,
à gauche : 14/25 ; à l'intérieur : 14/25 (dans un cercle)
Washington, Hirshhorn Museum and Sculpture Garden
Don de Joseph H. Hirshhorn, 1966 (Inv. : 66.1082 ; S61.191 ; S991)

Exposé à Ottawa seulement

Historique
 Voir cat. 10*bis*.

Expositions
 New York, 1962-1963, n° 99 ; Washington, 1974-1975, n° 27.

23*ter*
Gady

H. 16 ; L. 12,7 ; P. 11,4 cm
À l'arrière, en bas, à gauche : MLG et BR ; à l'intérieur : 23/25
Washington, The National Gallery of Art, Lessing J. Rosenwald
Collection (Inv. : 1951.17.10 [A-1607])

Exposé à Washington seulement

Historique
 Voir cat. 10*ter*.

Expositions
 Washington, 1960, sans cat. ; Cambridge (Mass.), 1969, n° 16, repr.

Fig. 1
Mr. Ga… Mr. Lecom…,
lithographie parue dans *Le Charivari*
le 29 août 1833.

« Nous avons promis à nos souscripteurs de leur donner les portraits de MM. Gâchis et Boncompte, juges reposant au tribunal civil de Versailles. M. Daumier a croqué ces magistrats irréprochables au moment où ils gisent dans l'affaire du *National*[1]. M. Gâchis, surtout, est soporifique de ressemblance[2]. » Identifié sous le nom de Gady, avec son collègue Lecomte (cat. 30), comme « juge à Versailles » dans l'album de bustes photographiés en 1861, cette caricature fut de nouveau identifiée à Gady par Geffroy qui se référait alors aux étiquettes rédigées par Champfleury[3]. Gobin avança, sans argumenter, le nom de « Gandry[4] », mais depuis 1932, à la suite de Bouvy, Gaudry fut généralement accepté[5]. Pourtant le texte du *Charivari* situe le contexte de la lithographie : le tribunal civil de Versailles. Et l'*Almanach royal* pour 1833 mentionne bien un Auguste Gady, juge à Versailles. La césure du patronyme inscrit en légende de la lithographie, « Mr. Ga… » (LD 160, fig. 1), paraît alors plus pertinente si l'on se réfère à d'autres noms bisyllabiques tronqués, comme « Mr. Thi… » (cat. 45, fig. 1). Auguste Gady demeure un personnage obscur, qui fut membre de l'Académie des sciences et des arts de l'Eure[6]. Gaudry ne figure pas dans *Le Ventre législatif* (cat. 55). Dans ce buste, Daumier s'est particulièrement intéressé à la structure du crâne, soulignée par les maigres chairs de la tête. Le modelé du col relevé inscrit le visage affaissé sur un buste en hermès : Daumier joue une fois de plus avec les codes du portrait sculpté. Durbé remarquait l'aspect de « masque tragique[7] » de ce visage peu amène, immergé dans un ennui profond, qui contraste fortement avec l'air bonasse de Lecomte sur la lithographie parue dans *Le Charivari*. **E.P.**

1. L'affaire du *National*, jugée à Versailles en 1833, concernait également *Le Charivari*, les deux journaux se trouvant alors en infraction au regard des lois sur la presse.
2. *Le Charivari*, n° 279, 29 août 1833, p. 2.
3. Geffroy, 1905, p. 106.
4. Gobin, 1952, p. 235.
5. Bouvy, décembre 1932, n° 35.
6. Cabanne, Gregori et Leduc, 1980, p. 37.
7. Durbé, 1961, p. 24.

24

Charles-Léonard Gallois
(Monaco, 1789 - Paris, 1851),
publiciste républicain et historien
ou son fils ***Léonard-Joseph-Urbain-Napoléon Gallois***
(Tarbes, 1814 - Paris 1874), journaliste

Terre crue coloriée
1833 ?
H. 21,6 ; L. 13,7 ; P. 11,4 cm
Paris, musée d'Orsay (RF 3490)

Gobin 21, « l'Ironiste » ; Wasserman 15

Exposé à Paris seulement

Historique
　Voir cat. 10.

Expositions
　Paris, 1878 (?) ; Paris, 1979a, nº 21 ;
　Paris, 1980-1981, nº 345 (XIV).

Œuvres en rapport
　Voir cat. 11.

Cat. 24*ter*

24*bis*
Gallois

Bronze

H. 21,3 ; L. 13,3 ; P. 11 cm

À l'arrière, en bas, à gauche : MLG (dans un carré) et
« BRONZE » ; à l'intérieur : 21/25 (dans un cercle)

Washington, Hirshhorn Museum and Sculpture Garden

Don de Joseph H. Hirshhorn, 1966 (Inv. : 66.1055 ; S5856, S400)

Exposé à Ottawa seulement

Historique
Voir cat. 10 *bis.*

Expositions :
Paris, 1957, n° 21 ; Detroit et autres villes, 1959-1960, n° 7 ; New York,
1962-1963, n° 70 ; Oklahoma, 1983-1985, sans numéro.

24*ter*
Gallois

Bronze

H. 21,4 ; L. 13,7 ; P. 10,8 cm

Côté droit, en bas : MLG et 2199-1 ; à l'intérieur : 3/25

Washington, The National Gallery of Art, Lessing J. Rosenwald
Collection (Inv. : 1943.3.21 [A-1693])

Exposé à Washington seulement

Historique
Voir cat. 11*ter.*

Expositions
Washington, 1960, sans cat. ; Cambridge (Mass.), 1969, n° 14, repr.

Fig. 1
Pierre-Jean David,
dit David d'Angers
Niccolo Paganini,
1832, buste en bronze,
Angers, galerie
David d'Angers.

L'identité de ce buste soulève toujours quelques questions. Si le
patronyme est certainement le bon, le doute subsiste entre le père
et le fils, qui portent de plus le même prénom, « Léonard ». L'étiquette rédigée par Champfleury, visible sur la photographie
publiée dans l'article de Geffroy, indiquait : « Gallois homme de
lettres et journaliste[1]. » S'il s'agit du fils, qui était un ami de Daumier, il aurait alors eu dix-huit ou dix-neuf ans, et le buste représente tout de même un homme plus âgé. Wasserman a imaginé
que Gallois fils connaissait peut-être Champfleury et aurait alors
identifié le buste de son père[2]. Les Gallois ont connu des péripé-
ties semblables dans leurs carrières de journalistes libéraux et
républicains : Gallois père fut emprisonné en 1822, après une
attaque caustique du premier ministre Villèle, et Gallois fils fut à
son tour incarcéré en 1835, parmi les suspects liés à l'attentat perpétré par Fieschi contre Louis-Philippe[3]. Ce buste, parmi les plus
grands en taille de la série, avec Delort (cat. 16) et Lefebvre
(cat. 31), est peut-être aussi le plus proche des recherches plastiques de David d'Angers. En effet, le visage au front démesurément étiré, auréolé d'une masse capillaire modelée avec feu, n'est
pas sans évoquer les bustes de Chateaubriand ou de Paganini
modelés par David d'Angers (fig. 1). Geffroy soulignait « l'hydro-
céphalie, l'extraordinaire contraste entre le petit menton et le
grand front[4]. » Daumier a utilisé une mirette gradinée dont les
marques parallèles accentuent l'irrégularité enlevée de la chevelure, emportée par le vent – ou les idées –, dont l'effet est particulièrement vivant et réussi.   **E.P**

1. Geffroy, 1905, p. 106.
2. Wasserman, 1969, p. 87.
3. L'attentat manqué contre le roi, organisé par Fieschi, un conspirateur corse
lié aux Murat, un des jours anniversaire de la Révolution de 1830, le
28 juillet 1835, fut à l'origine de lois répressives, dites de septembre. Celles-
ci noyautèrent encore plus la presse et limitèrent le droit d'association.
4. Geffroy, *op. cit.* note 1, p. 105.

Cat. 25ter

25

Auguste-Hippolyte Ganneron

(Paris, 1792 - 1847), industriel et député de 1830 à 1847

Terre crue coloriée

1833

H. 18,9 ; L. 13,9 ; P. 11,1cm

Paris, musée d'Orsay (RF 3491)

Gobin 7, « le Timide » ; Wasserman 16

Exposé à Paris seulement

Historique
    Voir cat. 10.

Expositions
    Paris, 1878 (?) ; Paris, 1979a, nº 7 ; Paris, 1980-1981, nº 345 (XV).

Œuvres en rapport
    Voir cat. 12.

25bis

Ganneron

Bronze

H. 18,5 ; L. 13,3 ; P. 10,4 cm

À l'arrière, en bas, à gauche : MLG (dans un carré) ; en bas, à droite : « CIRE PERDUE VALSUANI » ; en bas, au centre : « Mme H. »

Washington, Hirshhorn Museum and Sculpture Garden (Inv. : 74.227)

Exposé à Ottawa seulement

Historique
    Acquis par le musée en 1974.

Expositions
    Washington, 1975, sans numéro.

25ter

Ganneron

Bronze

H. 18,6 ; L. 13 ; P. 10,5 cm

Côté gauche, en bas : MLG et 3/25 D[1] ; à l'intérieur : 3/25

Washington, The National Gallery of Art, Lessing J. Rosenwald Collection (Inv. : 1943.3.7 [A-1679])

Exposé à Washington seulement

Historique
    Voir cat. 11ter.

Expositions
    Washington, 1960, sans cat. ; Pottstown (Penn.), 1964, sans numéro ; Cambridge (Mass.), 1969, nº 15, repr.

Fig. 1
Photographie du buste en
terre crue de Ganneron,
prise en 1969, Harvard
University, Cambridge
(Mass.), documentation
du Fogg Art Museum.

Fig.2
Gan…, lithographie
parue dans *Le Charivari*
le 6 septembre 1833.

« La chambre est-elle l'élite des hommes éclairés ? J'en doute fort,
bien qu'elle possède M. Ganneron, homme-quinquet, homme-
lampe, homme-suif, si avantageusement connu pour ses lumières
de toute nature[1]. » Après une brève carrière d'avocat à la fin de
l'Empire, Auguste-Hippolyte Ganneron reprit le commerce de
chandelles de son oncle, puis devint juge au Tribunal de commerce
de la Seine en 1829. Il joua un rôle actif au moment de la chute de
Charles X, et, malgré les ordonnances de juillet 1830, il encoura-
gera la fondation du *Courrier français*. Élu député de la Seine en
1830, il devint vice-président de l'Assemblée dix ans après. Protégé
par Louis-Philippe, il créa des comptoirs d'escompte, dont celui
de Paris qui fit faillite en 1848. Pratiquant un humour involontaire,
comme lors d'une harangue aux nouvelles recrues des sapeurs
parisiens, auxquels il souhaita que leur patriotisme « s'enflamme
facilement », Ganneron fit les délices du *Charivari*, qui rapportait
avec finesse que « les phrases de M. Ganneron ne coulent pas facilement. Ce n'est pas comme ses chandelles[2] ». De graves fissures
et d'importantes lacunes sont visibles sur les photographies de la
sculpture en 1969 (fig. 1). L'ampleur de la restauration du buste
avant son entrée au musée d'Orsay en brouille aujourd'hui la lisibilité. La lithographie parue dans *Le Charivari* le 6 septembre 1833
est fidèle aux volumes de la sculpture (LD 162, fig. 2), qui ont été
heureusement conservés par le bronze de l'édition Barbedienne
(cat. 25*bis* et 25*ter*).   **E.P.**

1. *Le Charivari*, n° 5, 5 décembre 1832, p. 4.
2. *Le Charivari*, n° 3, 3 décembre 1832, p. 4.

26

François-Pierre-Guillaume Guizot
(Nîmes, 1787 - Val Richter [Calvados], 1874),
député, ministre et historien

Terre crue coloriée
1833
H. 22,5 ; L. 17,5 ; P. 15,4 cm
Paris, musée d'Orsay (RF 3493)

Gobin 25, « l'Ennuyeux » ; Wasserman 17

Exposé à Paris seulement

Historique
   Voir cat. 10.

Expositions
   Paris, 1878 (?) ; Cambridge (Mass.),
   1969, n° 17 ; Paris, 1979a, n° 25 ;
   Paris, 1980-1981, n° 345 (XVII).

Cat. 26*ter*

26*ter*
Guizot

Bronze
H. 22,1 ; L. 17,2 ; P. 14,6 cm
À l'arrière, en bas, à gauche : MLG (dans un carré)
et « BRONZE » ; à l'intérieur : 23/30 (dans un cercle)
Washington, The National Gallery of Art, Lessing, J. Rosenwald
Collection (Inv. : 1951.17.11 [A-1608])

Exposé à Washington seulement

Historique
    Voir cat. 10*ter*.

Expositions
    Washington, 1960, sans cat. ; Cambridge (Mass.), 1969, n⁰ 17, repr.

Fig. 1
Guiz…, lithographie parue
dans *Le Charivari* le 31 mai 1833.

Fig. 2
Jehan-Georges Vibert, d'après Paul Delaroche,
François-Pierre Guizot, huile sur toile, 1878,
Versailles, musée national du château.

Fils d'un avocat girondin guillotiné en 1794, François Guizot craignit toute sa vie les révolutions. Protestant, il passa son enfance à Genève, et deviendra l'un des hommes politiques les plus influents de la monarchie de Juillet. Professeur d'histoire à la Sorbonne en 1812, il traduisit l'*Histoire de la décadence et de la chute de l'Empire romain* de Gibbon. Ouvertement libéral, ses nombreuses publications lui valurent d'être suspendu de son cours en 1828. Guizot fut, avec Royer-Collard (cat. 39), un des membres éminents du parti des doctrinaires[1]. Également lié à La Fayette, au duc de Broglie et à Sébastiani (cat. 40), il fut régulièrement élu député de Lisieux entre 1830 et 1848. Ministre de l'Intérieur en 1830, puis de l'Instruction publique entre 1832 et 1837, il fit adopter en 1833 la loi rendant obligatoire l'établissement d'écoles dans toutes les communes de France. Son impopularité fut à la mesure de sa carrière brillante. Réfugié en Grande-Bretagne en 1848, il revint un an plus tard et se consacra alors à une abondante activité d'historien. Bien que mentionnée en 1891[2] parmi les bustes figurant sur l'album de photographies, dans le catalogue de la vente Champfleury, la terre crue ne fut publiée pour la première fois qu'en 1932 par Bouvy[3]. Durbé soulignait avec raison que le buste de Guizot est « une œuvre-clef dans le développement artistique de Daumier[4] ». Selon Alexandre, qui analysait une des lithographies inspirées du buste (fig. 1), s'il « existe de beaux portraits d'hommes d'État, celui de Daumier [*sic*] les vaut tous[5] ». Sur le visage émacié du ministre,

plongé dans une profonde méditation intérieure, affleure un rictus d'ironie, suggéré par un sourcil relevé et un sourire à peine esquissé. Mais le tragique n'est pas loin : le sculpteur a modelé avec une remarquable économie de moyens un visage d'une grande intensité, aux pommettes proéminentes, loin du burlesque ou du ridicule de certains bustes. Daumier atteint avec cette œuvre un sommet d'adéquation entre l'éloquence distanciée de la caricature et la pénétration psychologique dans la représentation « morale » d'un homme politique influent. Guizot faisait à Victor Hugo « l'effet d'une femme honnête qui tiendrait un bordel[6] » (fig. 2).

Guizot figure également dans les lithographies suivantes : LD 74, 75, 95, 105, 133, 148, 200, 216, 218, 239, 2129.　**E.P.**

---

1. Nom donné à une famille politique qui s'était insurgée à partir de 1816 contre les ultra-royalistes, et pour qui la monarchie de Juillet, légalisée par la Charte révisée de 1830 et fondée sur le principe de la réconciliation nationale, était le régime idéal.

2. *Les Estampes de Champfleury*, Paris, Léon Sapin, libraire, 1891, n° 72, p. 16.

3. Bouvy, décembre 1932, n° 25.

4. Durbé, 1961, p. 21.

5. Alexandre, 1888, p. 74.

6. Hugo, *Choses vues, 1830-1848*, Hubert Juin (éd.), Paris, Gallimard, 1972, p. 454.

27

Jean-Marie Harlé, *dit* **Harlé père**
(Alembon [Pas-de-Calais], 1765 - Paris, 1838), député

Terre crue coloriée
1833
H. 12,5 ; L. 15,3 ; P. 11,1 cm
Paris, musée d'Orsay (RF 3494)

Gobin 32, « le Gâteux » ; Wasserman 18

Exposé à Paris seulement

Historique
　　Voir cat. 10.

Expositions
　　Paris, 1878 (?) ; Paris, 1934, n° 393d, Paris, 1979a, n° 32 ; Paris, 1980-1981, n° 345 (XVIII).

Œuvres en rapport
　　Voir cat. 10.

27bis
Harlé

Bronze
H. 12,1 ; L. 14,6 ; P. 11,1 cm
À l'arrière, en bas, à droite : MLG (dans un carré) et « BRONZE » ;
au centre : 12,30 ; à l'intérieur : 12/30 (dans un cercle)
Washington, Hirshhorn Museum and Sculpture Garden
Don de Joseph H. Hirshhorn, 1966 (Inv. : 66.1080 ; S61.135, S935)

Exposé à Ottawa seulement

Historique
   Voir cat. 10*bis.*

Expositions
   New York, 1962-1963, n° 88 ; Washington, 1974-1975, n° 32.

27ter
Harlé

H. 12,1 ; L. 14,6 ; P. 11,1 cm
À l'arrière, en bas, à droite : MLG (dans un carré) et « BRONZE » ;
à l'intérieur : 23/30
Washington, The National Gallery of Art, Lessing J. Rosenwald
Collection (Inv. : 1951.17.12 [A-1609])

Exposé à Washington seulement

Historique
   Voir cat. 10*ter.*

Expositions
   Washington, 1960, sans cat. ; Cambridge (Mass.), 1969, n° 18, repr. ;
   Washington, 1979, n° 12, repr.

Cat. 27*ter*

« C'est M. Arlépaire, législateur, goutteux, cacochyme, asthma-
tique, rhumatismal, magistrat, morveux, qui représente sa part de
la jeune France…[1]. » Fils de laboureur et parent de Lavoisier,
Jean-Marie Harlé fut d'abord notaire. Il fut élu député de Calais
sans interruption entre 1815 et 1837. Ce « remarquable fossile du
centre[2] » semble encore plus effondré dans la graisse et l'abrutissement que sur la divertissante lithographie dessinée par Daumier
pour *Le Charivari* du 5 novembre 1833 (LD 171, fig. 1). Daumier
avait réalisé une autre planche, où le député apparaît en buste,
chaussant des lunettes (LD 55). Si le buste est aujourd'hui très restauré, l'exemplaire en bronze de l'édition Barbedienne (cat. 27*bis*
et 27*ter*) a retenu la cruauté du modelage des bajoues et du nez du
vieil Harlé, qui, selon *Le Charivari*, interrompait les discussions à
la Chambre « en se mouchant avec un bruit semblable à celui d'un
exorde *ex-abrupto* de M. Persil. On dit même que c'est dans ce
seul but qu'il fait une énorme consommation de tabac, dont sa
protubérance nasale porte des marques sans cesse renaissantes[3] ».

E.P.

Fig. 1
Mr Arlépaire, lithographie
(deuxième état) parue dans
Le Charivari le 5 novembre 1833.

---

1. *La Caricature*, n° 135, 6 juin 1833, p. 2.
2. *Le Charivari*, n° 339, 5 novembre 1833, p. 2.
3. *Ibid.*

28

Comte Auguste-Hilarion de Kératry
(Rennes, 1769 - Port-Marly [Seine-et-Oise], 1859),
député et pair de France

Terre crue coloriée
1832 ?
H. 12,9 ; L. 12,9 ; P. 10,5 cm
Paris, musée d'Orsay (RF 3495)

Gobin 4, « l'Obséquieux » ; Wasserman 19

Exposé à Paris seulement

Historique
Voir cat. 10.

Expositions
Paris, 1878 (?) ; Paris, 1979a, n° 4 ; Paris, 1980-1981, n° 345 (XIX).

Œuvres en rapport
Voir cat. 11.

Cat. 28*ter*

Fig. 1
Pierre-Jean David,
dit David d'Angers
Auguste-Hilarion comte de Kératry,
1827, médaillon en bronze,
Angers, galerie David d'Angers.

28*bis*
Kératry

Bronze
H. 12,4 ; L. 13,3 ; P. 8,9 cm
À l'arrière, en bas, à gauche : MLG (dans un carré) ;
à droite : 4/25B^2 ; à l'intérieur : 4/25 (dans un cercle)
Washington, Hirshhorn Museum and Sculpture Garden
Don de Joseph H. Hirshhorn, 1966 (Inv. : 66.1088 ; S64.162 ; S1486)

Exposé à Ottawa seulement

Historique
    Voir cat. 10*bis*.

Expositions
    Washington, 1974-1975, nº 28.

Fig. 2
Mr. Keratr., lithographie
parue dans *La Caricature*
le 19 septembre 1833.

28*ter*
Kératry

Bronze
H. 12,2 ; L. 13,3 ; P. 9,2 cm
À l'arrière, en bas, à gauche : MLG ; à doite : 3/25B^2 ;
à l'intérieur : 3/25

Washington, The National Gallery of Art, Lessing J. Rosenwald
Collection (Inv. : 1943.3.4 [A-1676])
Exposé à Washington seulement

Historique
    Voir cat. 11*ter*.

Expositions
    Washington, 1960, sans cat. ; Cambridge (Mass.), 1969, nº 19, repr.

« C'était un devoir pour M. Daumier de faire figurer, dans sa belle galerie des improstitués, cette tête illustre d'où surgissent tant de plans élevés[1]. » Ami de Bernardin de Saint-Pierre, le sémillant comte de Kératry débuta une carrière littéraire en 1791 sous les délicats auspices de *Mon habit mordoré*. Publiant par la suite des sujets ambitieux, il commenta le Salon de 1819 et se dépassa en 1822 avec un essai philosophique : *Du beau dans les arts d'imitation*. Député du Finistère de 1818 à 1837, il s'opposa fermement aux ordonnances de juillet. Membre du conseil d'État, il a été également nommé président de la Commission de surveillance des théâtres royaux. La caricature de Kératry est l'une des plus impressionnantes de Daumier, qui avait déjà chargé le député sur la planche des *Masques de 1831* (cat. 7). Émergeant d'un buste en hermès, le visage fendu d'un affreux sourire révèle une inquiétante dentition. L'onctuosité hypocrite de l'expression, les yeux globuleux, mi-clos, en font un chef-d'œuvre de caractérisation psychologique. En 1827, David d'Angers avait été moins sévère dans son médaillon représentant Kératry (fig. 1) dont le petit air dandy fut souligné par Daumier dans la lithographie publiée dans *La Caricature* le 19 septembre 1833 (LD 70, fig. 2). Le buste en terre crue est l'un des plus phrénologiques de la série, comme le confirme le texte de *La Caricature* : « Voici l'une des plus fortes têtes de la Chambre. Gall eût trouvé sur son crâne la bosse du génie, la bosse de la peur et la bosse du monarchisme, sans compter les autres bosses[2]. » Le visage simiesque de Kératry est celui qui se rapproche le plus des figures des *Grimaces* de Boilly et pourrait faire partie des premières terres crues modelées par Daumier, avec d'Argout (cat. 10), Dupin (cat. 18), et Lameth (cat. 29). Le pair de France fut l'objet de nombreuses plaisanteries irrévérencieuses, et Victor Hugo rapporte qu'en 1847, Alexandre Dumas avait nommé un de ses trois singes *Kératry*[3]. Malgré des repeints, localisés principalement sur le col et la cravate, le buste présente de nombreuses traces de spatule crantée pour figurer l'étoffe du vêtement. Mais le traitement des dents offre l'un des aspects les plus impressionnants de cette caricature : elles se détachent, profondément délimitées, carrées et inquiétantes, du mince pli de la bouche du comte de Kératry.

E.P.

1. *La Caricature*, nᵒ 150, 19 septembre 1833, p. 2.
2. *Ibid.*
3. Hugo, *Choses vues, 1830-1848*, Hubert Juin (éd.), Paris, Gallimard, 1972, p. 448.

29

Comte Charles-François-Malo de Lameth

(Paris, 1752 - 1832), député

Terre crue coloriée

1832

H. 15,2 ; L. 14,5 ; P. 8,8 cm

Paris, musée d'Orsay (RF 3496)

Gobin 18, « l'Indécis » ; Wasserman 20

Exposé à Paris seulement

Historique
   Voir cat. 10.

Expositions
   Paris, 1878 (?) ; Paris, 1934a, nᵒ 393 ; Paris, 1979a, nᵒ 18 ; Paris, 1980-1981, nᵒ 345 (XX).

Œuvres en rapport
   Voir cat. 10.

29*bis*
Lameth

Bronze
H. 14,6 ; L. 14,3 ; P. 8,6 cm
À l'arrière, en bas, au centre : MLG (dans un carré) ;
à l'intérieur : 29/30
Washington, Hirshhorn Museum and Sculpture Garden
Don de Joseph H. Hirshhorn, 1966 (Inv. : 66.1072 ; S59.148 ; S710)

Exposé à Ottawa seulement

Historique
Voir cat. 10*bis*.

Exposition
New York, 1962-1963, n° 85.

Cat. 29*ter*

29*ter*
Lameth

Bronze
H. 14,6 ; L. 14,3 ; P. 8,3 cm
À l'arrière, en bas, à gauche : MLG et 2198-1 ; à l'intérieur : 3/30
Washington, The National Gallery of Art, Lessing J. Rosenwald
Collection

Exposé à Washington seulement

Historique
Voir cat. 11*ter*.

Expositions
Boston, 1958, n° 13, repr. ; Los Angeles, 1958, n° 230 ; Washington, 1960,
sans cat. ; Pottstow (Penn.), 1964, sans numéro ; Cambridge (Mass.),
1969, n° 20, repr.

Fig. 1
Ch. de Lam...,
lithographie parue dans
La Caricature
le 26 avril 1832.

La première lithographie réalisée par Daumier pour *La Caricature* d'après un buste fut celle de Lameth (LD 43, fig. 1), annoncée par un texte introductif de Philipon : « M. Charles Lam. ouvre la marche. Cet honneur appartient de droit à celui qui dit : "émigrer n'est pas déserter"[1]. » Le comte de Lameth eut à peine le temps de s'irriter (ou de se réjouir) de sa charge lithographique parue le 26 avril 1832 : il décéda le 28 décembre. Son parcours politique fut ambigu. Sous l'Ancien Régime, il s'était engagé pendant la guerre d'Indépendance américaine et fut blessé à deux reprises lors de la bataille de Yorktown. De retour en France, il avait obtenu la dignité de gentilhomme d'honneur du comte d'Artois. Lameth vota l'abolition des privilèges en 1789, et émigra en 1792 à Hambourg. Rallié à la Restauration, puis à la monarchie de Juillet, Lameth représentait, pour la jeune génération à laquelle appartenaient Philipon et Daumier, le symbole abhorré du compromis politique. Avec d'Argout (cat. 10), Dupin (cat. 18) et Soult, dont seule subsiste la lithographie (cat. 43, fig. 1), ce buste est l'un des premiers modelés par Daumier. Le visage du personnage, qui a subi des restaurations, offre des similitudes avec celui qui fut des-

siné pour les *Masques de 1831* (cat. 7) : les reliefs sont traités assez largement, construits en méplats jouant géométriquement avec la lumière. Le cadrage du buste parodie avec attention les modèles de la Renaissance, de la même manière que les charges de Dupin ou d'Argout, mais correspond également à l'effet visuel provoqué par les travées de l'hémicycle de la Chambre. Dans cette œuvre plutôt statique, la caricature se concentre sur un accessoire : une perruque, ou plutôt une « calotte noire de marguillier[2] » coiffant le crâne de Lameth, traitée, comme la texture du vêtement, à la spatule dentée en lignes sinueuses et parallèles. Philipon utilisa cette coiffure en guise de couronne des armes parlantes. Le relief et l'expression du buste sont encore loin des violences raffinées imaginées pour Cunin-Gridaine (cat. 14) ou Kératry (cat. 28), mais dans ce qui est probablement une de ses premières œuvres sculptées, Daumier montre déjà une remarquable maîtrise technique.

E.P.

1. *La Caricature*, n° 78, 26 avril 1832, p. 2.
2. Geffroy, 1905, p. 105.

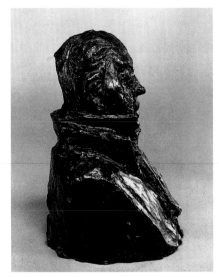

Cat. 30*ter*

30
Alexandre Lecomte (vers 1778 - ?), magistrat

Terre crue coloriée
1832 ?
H. 17,8 ; L. 12,9 ; P. 11,6 cm
Paris, musée d'Orsay (RF 3497)

Gobin 16, « le Subtil » ; Wasserman 21

Exposé à Paris seulement

Historique
Voir cat. 10.

Expositions
Paris, 1878 (?) ; Paris, 1979a, n° 16 ; Paris, 1980-1981, n° 345 (XXI).

Œuvres en rapport
Voir cat. 11.

Pendant de Gady (cat. 23), Alexandre Lecomte, juge à Versailles selon l'*Almanach royal* de 1833, demeure un personnage obscur. Il est identifié sous ce nom dans l'album de photographies prises en 1861 et mentionné comme tel par Geffroy[1]. Lecomte participa au procès intenté à Philipon (cat. 36), ce qui expliquerait sa présence parmi les bustes. Le buste de « M. Boncompte », pour reprendre la terminologie du *Charivari*[2], semble un parfait contrepoint à son collègue Gady. Également modelé en hermès, il contraste par l'air jovial et attentif de sa tête bien plantée sur les épaules avec l'effondrement morose de l'autre magistrat (cat. 23, fig. 1). Wasserman a souligné la subtilité du traitement de l'expression de ce buste[3], qui reste un des plus sages de la série. En effet, Daumier fut peut-être plus attiré par l'opposition des deux physionomies que par la seule figure, somme toute anodine, de Lecomte. **E.P.**

30*bis*
Lecomte

Bronze
H. 17,1 ; L. 12,7 ; P. 11,7 cm
À l'arrière, en bas, à gauche : MLG (dans un carré)
et « BRONZE » ; 12/25 ; à l'intérieur : 12/25 (dans un cercle)
Washington, Hirshhorn Museum and Sculpture Garden
Don de Joseph H. Hirshhorn, 1966 (Inv. : 66.1052 ; S58.29 ; S369)

Exposé à Ottawa seulement

Historique
Voir cat. 10*bis*.

Expositions
Detroit et autres villes, 1959-1960, n° 3 ; New York, 1962-1963, n° 67.

30*ter*
Lecomte

Bronze
H. 16,7 ; L. 12,7 ; P. 12,1 cm
Sur le côté gauche, en bas : MLG et 2195.1 ; à l'intérieur : 3/25
Washington, The National Gallery of Art, Lessing J. Rosenwald Collection (Inv. : 1943.3.16 [A-1688])

Exposé à Washington seulement

Historique
Voir cat. 11*ter*.

Expositions
Washington, 1960, sans cat. ; Cambridge (Mass.), 1969, n° 21, repr.

---

1. Geffroy, 1905, p. 106.
2. *Le Charivari*, n° 279, 29 août 1833, p. 2.
3. Wasserman, 1969, p. 109.

31

Jacques Lefèvre
(Riom, 1777 - Paris, 1856), banquier et député

Terre crue coloriée
1833
H. 20,1 ; L. 12,1 ; P. 14,5 cm
Paris, musée d'Orsay (RF 3498)

Gobin 28, « l'Esprit fin et tranchant » ; Wasserman 22

Exposé à Paris seulement

Historique
  Voir cat. 10.

Expositions
  Paris, 1878 (?) ; Paris, 1979a, n° 28 ;
  Paris, 1980-1981, n° 345 (XXII).

Œuvres en rapport
  Voir cat. 11.

31*bis*

Lefèvre

Bronze
H. 19,7 ; L. 11,7 ; P. 14 cm
À l'arrière, en bas, à droite vers le centre : MLG (dans un carré)
et « BRONZE » ; 1[trou]/25 ; à l'intérieur : 11/25 (dans un cercle)
Washington, Hirshhorn Museum and Sculpture Garden
Don de Joseph H. Hirshhorn, 1966 (Inv. : 66.1087 ; S63.82 ;
S 1270)

Exposé à Ottawa seulement

Historique
    Voir cat. 10*bis*.

Exposition
    Washington, 1974-1975, n° 25.

Cat. 31*ter*

31ter

Lefèvre

Bronze
H. 19,4 ; L. 11,8 ; P. 14 cm
À l'arrière, au centre : MLG (dans un carré) et « BRONZE » ;
à l'intérieur : 23/25
Washington, The National Gallery of Art, Lessing J. Rosenwald
Collection (Inv. : 1951.17.13 [A-1610])

Exposé à Washington seulement

Historique
    Voir cat. 10*ter*.

Expositions
    Boston, 1958, n° 7 ; Los Angeles, 1958, n° 236 ; Washington, 1960, sans
    cat. ; Pottstown (Penn.), 1964, sans numéro ; Cambridge (Mass.),
    1969, n° 22.

Député de la Seine en 1827, le banquier Lefèvre signa l'adresse des 221. Il fut régent de la Banque de France, membre du Conseil général de commerce et enfin rapporteur du budget des recettes et dépenses en 1834. Il avait la réputation d'être un des députés les plus conservateurs du règne de Louis-Philippe. Dayot publia une photographie de ce buste dès 1897[1], mais le confondit avec Persil (cat. 35), à cause du nez démesurément allongé qui caractérise les deux charges. Geffroy identifia correctement le buste en 1905 : « Lefèvre, le banquier, à la face affilée en lame de couteau[2]. » L'expression est particulièrement heureuse : la tête de Lefèvre s'étire en longueur, comme si le visage en terre crue incarnait en trois dimensions un reflet produit par un miroir déformant. Daumier a montré une habileté particulière à rendre les reliefs accusés de son visage émacié. Le front immense et dégarni, traité dans un esprit très physiognomonique, est comme enchâssé dans un écrin de cheveux turbulents, suggérés par des griffures enlevées. Le nez disproportionné donne à cette caricature une dynamique particulièrement impressionnante (LD 173, fig. 1).   **E.P.**

Fig. 1
Mr. Jacot-Lefaive,
lithographie parue dans
Le Charivari le 9 novembre 1833.

1. Dayot, vol. 2, 1897, p. 35.
2. Geffroy, 1905, p. 103.

Cat. 32*ter*

32

Comte François-Dominique Reynaud de Montlosier
(Clermont-Ferrand, 1755 - 1838), pair de France,
ou Comte Marthe-Camille Bachasson de Montalivet
(Valence, 1801 - Paris, 1865), pair de France, intendant
de la liste civile de Louis-Philippe

Terre crue coloriée
1835 ?
H. 19,5 ; L. 15,4 ; P. 16,2 cm
Paris, musée d'Orsay (RF 3499)

Gobin 36, « le Fourbe et le rusé » ; Wasserman 23

Exposé à Paris seulement

Historique
    Voir cat. 10.

Expositions
    Paris, 1878 (?) ; Paris, 1979a, n° 36 ; Paris, 1980-1981, n° 345 (XXIII).

Œuvres en rapport
    Voir cat. 11.

32*bis*
Montlosier

Bronze
H. 18,7 ; L. 14,6 ; P. 15,2 cm
À l'arrière, en bas vers la droite, au centre : « BRONZE » ;
à l'intérieur : 7/25 (dans un cercle)
Washington, Hirshhorn Museum and Sculpture Garden
Don de Joseph H. Hirshhorn, 1966 (Inv. : 66.1083 ; S61.192 ; S992)

Exposé à Ottawa seulement

Historique
    Voir cat. 10*bis*.

Expositions
    New York, 1962-1963, n° 100 ; Washington, 1974-1975, hors cat.

32*ter*
Montlosier

Bronze
H. 19 ; L. 14,3 ; P. 15,9 cm
À l'arrière, en bas, à droite : MLG (dans un carré) et « BRONZE » ;
à l'intérieur : 23/30
Washington, The National Gallery of Art, Lessing J. Rosenwald
Collection (Inv. : 1951.17.6 [A-1603])

Exposé à Washington seulement

Historique
    Voir cat. 10*ter*.

Expositions
    Washington, 1960, sans cat. ; Cambridge (Mass.), 1969, n° 23, repr.

Fig. 1
Mayer et Pierson,
Comte de Montalivet, vers 1857,
photographie, tirage sur papier albuminé,
fonds Disdéri, Paris, musée d'Orsay.

Fig. 3
Montlosier, 1927, photographie
tirée de l'ouvrage de Fuchs.

Fig. 2
Juges des accusés d'avril - Portalis - Bassano - Montlosier,
lithographie parue dans *La Caricature* le 3 juillet 1835,
coll. part.

Ce buste fut identifié comme Montlosier par Bouvy en décembre 1932, puis comme Montalivet par Wasserman, Caso et Adhémar en 1983. Montlosier, aristocrate remuant, affecté d'une grande versalité politique, passionné de volcanologie et ardent défenseur des privilèges, émigra à Coblence, puis fonda à Londres un journal de tendance modérée, *Le Courrier de Londres*, publié en français. Pair de France, mais violemment anticlérical, il fut également farouchement opposé à l'abolition de l'esclavage. Montalivet, pair de France en 1826, libéral doctrinaire, fut un des premiers à rallier la monarchie de Juillet. Il fut une première fois ministre de l'Intérieur en 1830, puis de nouveau de 1832 à 1840. Daumier l'avait déjà chargé en pâtissier (dans *La Caricature*) ainsi que dans *Le Charenton ministériel*. La comparaison avec une photographie du personnage vers 1857 offre également une certaine ressemblance (fig. 1). Montalivet siégea, comme Montlosier, au procès des accusés d'avril… Le buste n'est pas identifié sur l'album de photographies de 1861. Il appartient probablement au groupe de terres modelées en préparation des lithographies représentant les *Juges des accusés d'avril* ; on pourrait ainsi le dater de 1835. Bien que la ressemblance avec la lithographie représentant Montlosier, parue dans le 3 juillet 1835 dans *La Caricature*, soit frappante (LD 121, fig. 2), Daumier n'a cependant pas dessiné une citation littérale du buste en terre crue. Une photographie ancienne du buste présente une polychromie particulièrement vive qui témoigne d'une restauration radicale (fig. 3), aujourd'hui considérablement atténuée. Daumier a indiqué les yeux en traçant des entailles profondes à l'ébauchoir, conférant ainsi au buste un aspect de masque inquiétant, dominé par un appendice nasal impressionnant. **E.P.**

Cat. 33*ter*

33

Antoine Odier (Genève, 1766 - Paris, 1853),
banquier, député et pair de France

Terre crue coloriée
1833 ?
H. 15,1 ; L. 11,8 ; P. 10,7 cm
Paris, musée d'Orsay (RF 3500)

Gobin 17, « le Méprisant » ; Wasserman 24

Exposé à Paris seulement

Historique
    Voir cat. 10.

Expositions
    Paris, 1878 (?) ; Paris, 1979a, n° 17 ; Paris, 1980-1981, n° 345 (XXIV) ;
    Paris, 1993, n° 15.

Œuvres en rapport
    Voir cat. 10.

33*bis*
Odier

Bronze
H. 14 ; L. 11,4 ; P. 9,8 cm
À l'arrière, en bas, à gauche : MLG (dans un carré)
et « BRONZE » ; à l'intérieur : 21/30 (dans un cercle)
Washington, Hirshhorn Museum and Sculpture Garden
Don de Joseph H. Hirshhorn, 1966 (Inv. : 66.1054 ; S58.55 ; S399)

Exposé à Ottawa seulement

Historique
    Voir cat. 10*bis*.

Expositions
    Paris, 1957, n° 17 ; Detroit et autres villes, 1959-1960, n° 6 ; New York,
    1962-1963, n° 69.

33*ter*
Odier

Bronze
H. 14,3 ; L. 11,4 ; P. 9,8 cm
À l'arrière, en bas, à droite : MLG et 2197-1 ; à l'intérieur : 3/30
Washington, The National Gallery of Art, Lessing J. Rosenwald
Collection (Inv. : 1943.3.17 [A-1689])

Exposé à Washington seulement

Historique
    Voir cat. 11*ter*.

Expositions
    Washington, 1960, sans cat. ; Cambridge (Mass.), 1969, n° 24, repr. ;
    Washington, 1979, n° 4, repr.

Fig. 1
Eugène Devéria, *Antoine Odier*, 1831,
crayon sur papier, Paris, Bibliothèque
nationale de France, département
des Estampes et de la Photographie.

Fig. 2
Odi..., lithographie parue
dans *Le Charivari* le 22 mai 1833.

Fig. 1   Fig. 2

« Sa tête nous coûte moins cher que son croupion qui fait nos lois. Grâce à l'assis et levé, son croupion a frappé plus de millions déjà que le plus habile balancier de l'hôtel des monnaies n'a frappé de pièces de cent sous[1]. » Descendant de réfugiés protestants, Odier entra à la municipalité de Lorient à la Révolution. Girondin, il fut emprisonné en 1793. Il fonda par la suite une fabrique de toiles peintes dans le Haut-Rhin, puis une maison de banque à Paris. Président du Tribunal de commerce de Paris, député et conseiller général de la Seine en 1831, il vota l'adresse des 221. Parfait représentant, comme Cunin-Gridaine (cat. 14) ou Ganneron (cat. 25) de cette bourgeoisie industrielle dévouée à la monarchie de Juillet, Odier accéda à la pairie en 1837 et refusa d'adhérer, après le coup d'État du 2 décembre 1851, au gouvernement de Louis-Napoléon Bonaparte. *Le Charivari* affirmait que le député était « un de ces admirateurs passionnés, frénétiques, épileptiques, galvaniques […] des budgets à 1,400 millions[2] ». Le portrait d'Odier par Eugène Devéria présente un personnage bien austère (fig. 1), mais l'on peut admirer la mémoire exacte de Daumier dans le traitement parodique de la coiffure du buste. Daumier a modelé une charge particulièrement féroce de celui que *Le Charivari* appellait « M. Odieux[3] », par ailleurs la lithographie qui en procède ajoute, à la moue méprisante du personnage, le détail réaliste des lunettes (LD 147, fig. 2). La mimique crispée et arrogante d'Odier est soulignée par les rides profondes reliant les ailes du nez et la bouche. Malgré les repeints qui atténuent aujourd'hui les reliefs plus accusés sur le bronze (cat. 33*bis* et 33*ter*), l'expression dictatoriale du député fait de ce buste une des études physiognomoniques parmi les plus expressives de Daumier. **E.P.**

1. *Le Charivari*, n° 172, 22 mai 1833, p. 2.
2. *Ibid.*
3. Légende de la lithographie en pied d'Odier, parue dans *La Caricature*, n° 137, 20 juin 1833.

34
Alexandre-Simon Pataille
(Dijon, 1784 - Maxilly-sur-Seine [Côte-d'Or], 1857), magistrat et député

Terre crue coloriée
1832 ?
H. 16,7 ; L. 13,7 ; P. 11 cm
Paris, musée d'Orsay (RF 3501)

Gobin 33, « le Gourmet » ; Wasserman 25

Exposé à Paris seulement

Historique
  Voir cat. 10.

Expositions
  Paris, 1878 (?) ; Paris, 1979a, n° 33 ; Paris, 1980-1981, n° 345 (XXV).

Œuvres en rapport
  Voir cat. 10.

34*bis*
Pataille

Bronze
H. 16,5 ; L. 13 ; P. 10,8 cm
À l'arrière, en bas, à gauche : MLG (dans un carré) et
« BRONZE » ; à l'intérieur : 21/30
Washington, Hirshhorn Museum and Sculpture Garden
Don de Joseph H. Hirshhorn, 1966 (Inv. : 66.1061 ; S5862 ; S406)

Exposé à Ottawa seulement

Historique
Voir cat. 10*bis*.

Expositions
Paris, 1957, n° 33 ; Detroit et autres villes, 1959-1960, n° 13 ; New York, 1962-1963, n° 76 ; Oklahoma, 1983-1985, sans numéro.

Cat. 34*ter*

34*ter*
Pataille

Bronze
H. 16,7 ; L. 13,3 ; P. 10,8 cm
À l'arrière, en bas, à droite : MLG et « BRONZE » ; à l'intérieur : 23/30
Washington, The National Gallery of Art, Lessing J. Rosenwald Collection (Inv. : 1951.17.14 [A-1611])

Exposé à Washington seulement

Historique
Voir cat. 10*ter*.

Expositions
Washington, 1960, sans cat. ; Cambridge (Mass.), 1969, n° 25.

Magistrat sous le premier Empire, Pataille devint en 1811 avocat général de la cour de Gênes, alors en territoire français. Élu député de Montpellier de 1827 à 1837, il signa en indépendant l'adresse des 221. Procureur général à la cour d'Aix-en-Provence, il se montra hostile aux mesures libérales et vota les lois de septembre ; il se rapprocha ensuite de Guizot (cat. 26), ce qui lui attira l'hostilité des milieux libéraux. *Le Charivari* fut cinglant à son égard : « C'est une des erreurs du libéralisme de la Restauration. On peut même dire une des erreurs les plus grossières[1]. » Avec le buste de Delort (cat. 16), la charge de Pataille est celle qui présente le caractère le plus phrénologique : la bosse démesurément saillante et inesthétique qui surgit du front aplati du procureur de la cour d'Aix-en-Provence est d'un effet burlesque particulièrement réussi. Les phrénologues localisaient à cet emplacement la bosse de la *comparaison*, « faculté [qui] prête à l'esprit la grâce qui résulte des images et des rapprochements ingénieux[2] ». Daumier a accentué plus encore cette protubérance dans la lithographie parue dans *Le Charivari* le 11 juin 1833 (cat. 48). Les yeux plissés, la grimace suffisante et le nez de Pataille, qui n'est pas sans rappeler celui de Kératry (cat. 28), pourrait indiquer un modelage précoce, dès 1832, avant l'emprisonnement de Daumier[3].

E.P.

1. *Le Charivari*, n° 193, 11 juin 1833, p. 2.
2. Article « Phrénologie », *Grand Dictionnaire universel du XIXe siècle… par M. Larousse*, t. XII, Paris, Administration du Grand Dictionnaire universel, 1874, p. 398.
3. Berthe Le Garrec mentionnait dès 1948 l'existence d'une édition pirate en bronze de ce buste, apparue vers 1943, et provenant du surmoulage d'un bronze de l'édition Barbedienne ; ces bustes portent une marque « H.D. » ; voir Wasserman, 1969, p. 122-124.

Cat. 35*ter*

35

Jean-Charles Persil

(Condom [Gers], 1785 - Antony [Seine-et-Oise], 1879),
magistrat, député et pair de France

Terre crue coloriée
1833
H. 19,3 ; L. 17 ; P. 10,5 cm
Paris, musée d'Orsay (RF 3503)

Gobin 15, « le Scrupuleux » ; Wasserman 26

Exposé à Paris seulement

Historique
  Voir cat. 10.

Expositions
  Paris, 1878 (?), Paris, 1979a, n° 15, Paris, 1980-1981, n° 345 (XXVII).

Œuvres en rapport
Voir cat. 11.

35*bis*

Persil

Bronze
H. 18,9 ; L. 16,6 ; P. 9,6 cm
À l'arrière, au bas, à gauche : MLG (dans un carré) et
« BRONZE » ; 4/25 B³ ; à l'intérieur : 4/25 (dans un cercle)
Washington, Hirshhorn Museum et Sculpture Garden
Legs Joseph H. Hirshhorn, 1981 (Inv. : 86.1317 ; S453.75)

Exposé à Ottawa seulement

Historique
  Légué par Joseph H. Hirshhorn en 1981 ; donné au musée en 1986.

35*ter*

Persil

Bronze
H. 18,7 ; L. 16,8 ; P. 10,2 cm
À l'arrière, en bas, à gauche : MLG et 2194-1 ; à l'intérieur : 3/25
Washington, The National Gallery of Art, Lessing J. Rosenwald
Collection (Inv. : 1943.3.15 [A-1687])

Exposé à Washington seulement

Historique
  Voir cat. 11*ter*.

Expositions
  Washington, 1960, sans cat. ; Pottstown (Penn.), 1964, sans numéro ;
  Cambridge (Mass.), 1969, n° 26, repr.

Fig. 1
Père-Scie, lithographie parue dans
La Caricature le 11 avril 1833.

Fig. 2
Eugène Devéria, *Persil*, 1831,
crayon sur papier, Paris, Bibliothèque
nationale de France, département
des Estampes et de la Photographie.

L'équipe de *La Caricature* et du *Charivari* avait d'excellentes raisons de charger Persil, le « plus cruel ennemi de la Liberté, et surtout de la presse[1] ». Docteur en droit, libéral sous la Restauration, député de Codom de 1830 à 1839, ami de Dupin (cat. 18), Persil jouissait d'une excellente réputation de jurisconsulte. Ardent défenseur de la monarchie de Juillet, il en fut un des éléments les plus conservateurs. Il s'acharna contre les journaux, les clubs républicains et déclencha procès sur procès, faisant preuve d'une rigueur implacable, particulièrement à l'encontre des journaux de Philipon. Affublé d'un grand nez, comme d'Argout (cat. 10), Persil, que *La Caricature* suspectait de « descendre d'un anthropophage ramené par le capitaine Cook[2] », devint pair de France en 1839. Sans cesse assimilé à un maniaque de la guillotine, le « Père-Scie » fut l'un des hommes politiques les plus haïs de la monarchie de Juillet. Daumier modela de cet ennemi intime une charge calme et inquiétante, d'une froide monumentalité. Le buste se rapproche de celui de Lefebvre (cat. 31), aussi bien par l'exagération du nez que par ses dimensions, mais s'inscrit dans l'espace de manière beaucoup plus statique. Les yeux enfoncés dans les orbites, aux pupilles profondément creusées, accentuent l'absence de vie exprimée par le buste, modèle pour la lithographie parue dans *La Caricature* le 11 avril 1833 (LD 51, fig. 1). Le journal espérait que le lecteur retrouverait « dans ces traits anguleux, dans cette bouche pincée, dans ces yeux profondément encavés, quelque chose de cette expression hyénique[3] ». La comparaison avec le portrait d'Eugène Devéria montre le sens aigu de l'observation de Daumier (fig. 2). La terre crue était déjà très lacunaire en 1905, comme en témoigne l'illustration reproduite dans l'article de Gustave Geffroy (fig. 2, p. 87), et le visage (nez, pommettes, menton) a subi des restaurations, ou plutôt des restitutions considérables en vue de la fonte du bronze (cat. 35*bis* et 33*ter*).

Persil apparaît également dans les lithographies suivantes : LD 39, 49, 91, 95, 127, 133, 175, 182, 205, 241, 242, 244, 249.　**E.P.**

1. *La Caricature*, n° 127, 11 avril 1833, p. 2.
2. *Ibid.*
3. *Ibid.*

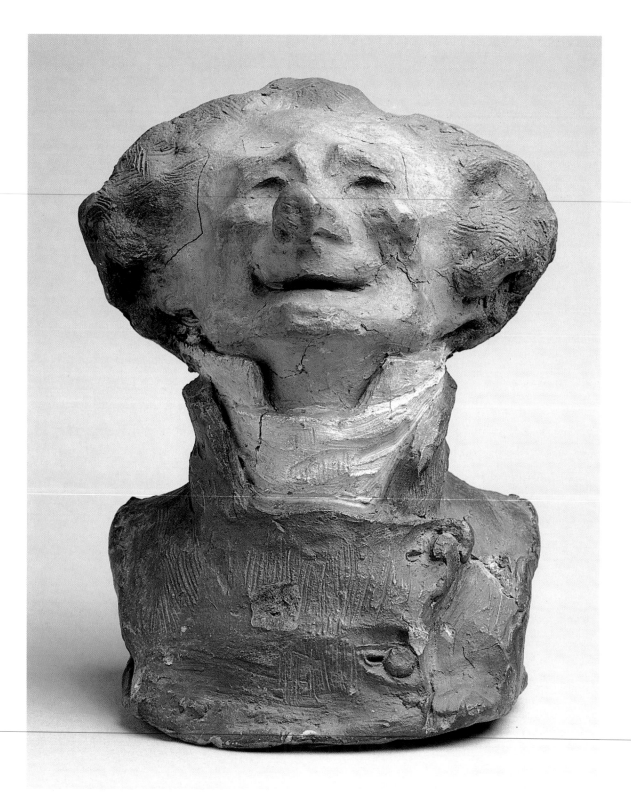

36

Charles Philipon (Lyon, 1800 - Paris, 1862),
journaliste, directeur de *La Caricature* et du *Charivari*

Terre crue coloriée
1833 ?
H. 16,4 ; L. 13 ; P. 10,6 cm
Paris, musée d'Orsay (RF 3504)

Gobin 12, « le Rieur édenté » ; Wasserman 35

Exposé à Paris seulement

Historique
    Voir cat. 10.

Expositions
    Paris, 1878 (?) ; Cambridge (Mass.), 1969, nᵒ 35 ;
    Paris, 1979a, nᵒ 34 ; Paris, 1980-1981, nᵒ 345
    (XXVIII).

Œuvres en rapport
    Voir cat. 11.

36*bis*
Philipon

Bronze
H. 15,9 ; L. 13,4 ; P. 10,2 cm
À l'arrière, en bas, à droite : MLG (dans un carré) et « BRONZE » ;
12/25 ; à l'intérieur : 12/25 (dans un cercle)
Washington, Hirshhorn Museum and Sculpture Garden
Don de Joseph H. Hirshhorn, 1966 (Inv. : 66.1078 ; S61.55 ; S847)

Exposé à Ottawa seulement

Historique
Voir cat. 10*bis.*

Expositions
New York, 1962-1963, n° 97 ; Washington, 1974-1975, n° 33.

Cat. 36*ter*

36*ter*
Philipon

H. 15,7 ; L. 13,7 ; P. 10,2 cm
Sur le côté, à gauche : MLG (dans un carré) et 3/25F² ;
à l'intérieur : 3/25
Washington, The National Gallery of Art, Lessing J. Rosenwald
Collection (Inv. : 1943.3.12)

Exposé à Washington seulement

Historique
Voir cat. 11*ter.*

Expositions
Washington, 1960, sans cat. ; Cambridge (Mass.), 1969, n° 35, repr.

Fig. 1
Le Charivari ou *Le Magasin
charivarique*, bois gravé utilisé
du 24 au 30 novembre 1833, puis
les 19 et 20 janvier 1834 en guise
d'en-tête du *Charivari* (détail).

Fig. 2
Pierre-Jean David, dit David d'Angers
Charles Philipon, 1828,
médaillon en bronze,
Angers, galerie David d'Angers.

Longtemps anonyme, cette remarquable charge amicale de Philipon ne figure pas sur les photographies des bustes prises en 1861 (fig. 1, p. 86). Il serait tentant, mais incertain en l'état actuel des recherches, d'imaginer qu'il puisse s'agir de la terre crue ayant appartenu à Champfleury ou à Nadar[1]. En 1948, Mourre avait proposé d'identifier le buste comme Vialette de Mortarieu[2], mais il revient à Jean Adhémar d'y avoir vu, à juste titre, une caricature de Philipon, commanditaire puis propriétaire des terres crues[3]. Créateur de la poire, charge emblématique de Louis-Philippe, Philipon, républicain pugnace, fut une figure-clef de la presse polémique sous la monarchie de Juillet : il créa de nombreux journaux, dont *La Caricature, Le Charivari* et *Le Musée pour rire*. Ami et complice de Daumier pendant toute sa vie, il le renvoya cependant du Charivari en 1860. Durbé ne voyait curieusement pas dans ce buste une charge caractérisée[4], mais comme Wasserman, il considérait qu'il s'agissait d'une des premières sculptures modelées par Daumier, dès 1832[5]. Le début de l'année 1833 correspondrait donc à une datation plus prudente, d'une part en raison

de la maîtrise du modelage et d'autre part en raison du lien avec le dessin de l'en-tête du *Charivari*, utilisée en novembre 1833 et janvier 1834. Daumier n'a pas directement dessiné d'après la terre crue, comme pour certaines lithographies en pied réalisées en 1833, mais l'expression est similaire (fig. 1). Le grand éclat de rire muet de Philipon déchire son visage osseux et vivace, auréolé d'une masse de cheveux qui accentue la forme elliptique de la tête. La redingote et le col sont traités avec élégance et brio, comme les boutonnières, indiquées à la pointe de l'ébauchoir. Les sourcils en accent circonflexe, le nez retroussé et le menton en galoche évoquent un masque de carnaval et répondent audacieusement au médaillon, pourtant très jovial, modelé en 1828 par David d'Angers (fig. 2).
E.P.

1. Voir page 87, note 20.
2. Mourre, 1948, p. 97.
3. Caso, Adhémar et Wasserman, 1983, p. 43.
4. Durbé, 1961, p. 5.
5. Wasserman, 1969, p. 155.

37

Baron Joseph de Podenas

(Nogaro [Gers], 1782 - Montpellier, 1851), député

Terre crue coloriée
1833
H. 21,3 ; L. 20,5 ; P. 12,8 cm
Paris, musée d'Orsay (RF 3505)

Gobin 1, « l'Important malicieux » ; Wasserman 27

Exposé à Paris seulement

Historique
Voir cat. 10.

Expositions
Paris, 1878 (?) ; Cambridge (Mass.), 1969, nº 27 ;
Paris, 1979a, nº 1 ; Paris, 1980-1981, nº 345 (XXIX).

Œuvres en rapport
Voir cat. 12.

Cat. 37*ter*

37*bis*
Podenas

Bronze
H. 20,6 ; L. 19,7 ; P. 12,1 cm
À l'arrière, en bas, à gauche : MLG (dans un carré) et
« BRONZE » ; à l'intérieur : 18/25 (dans un cercle)
Washington, Hirshhorn Museum and Sculpture Garden
Don de Joseph H. Hirshhorn, 1972 (Inv. : 72.82 ; S70.37)

Exposé à Ottawa seulement

Historique
    Voir cat. 20*bis.*

37*ter*
Podenas

Bronze
H. 20,3 ; L. 19,4 ; P. 11,8 cm
Sur le côté, en bas, à gauche : MLG et 3/25 A[1] ; à l'intérieur : 3/25
Washington, The National Gallery of Art, Lessing J. Rosenwald
Collection (Inv. 1943.3.1 [A.1673])

Exposé à Washington seulement

Historique
    Voir cat. 11*ter.*

Expositions
    Washington, 1960, sans cat. ; Cambridge (Mass.), 1979, n° 27 ;
    Washington, 1979, n° 10.

Obscur magistrat à la cour de Toulouse, le baron de Podenas devint député de Narbonne en 1829. Artisan de la chute de Charles X, ce libéral signa l'adresse des 221, mais son appartenance politique s'est infléchie inexorablement vers le conservatisme à partir de 1833. Sa faconde méridionale fut stigmatisée sans relâche par *La Caricature* : « M. Podenas est l'improstitué de France qui parle le plus : M. Charles Dupin lui-même n'a jamais pu calculer au juste ce qu'il coûte au budget en frais d'impression[1] », et *Le Charivari* regrettait de ne fournir que l'aspect physique du député, « car c'est bien de lui que l'on peut dire que son ramage répond à son plumage[2] ». Daumier a modelé avec un humour féroce le buste monumental de l'infatuation abrutie. La structure pyramidale de la sculpture culmine avec la tête en pain de sucre du bavard méridional, surmontée d'une touffe de cheveux très impertinente, au modelé vigoureux. Cette « masse informe dans laquelle un observateur exercé pouvait découvrir avec un peu de peine un visage à l'envers » était, selon *La Caricature,* « effrayant[e] de ressemblance[3] ». Le buste diffère légèrement des lithographies (cat. 49 et 50). Le visage de Podenas, contracté dans une mimique faussement bonasse, est construit, autour du nez épaté et des bajoues émergeant directement du col, dans une subtile alternance de forts reliefs et de creux profondément marqués. Les multiples repeints sur l'habit ont empâté les traces de spatule dentée qui indiquaient la texture du vêtement. Un quatrain du *Charivari,* conçu à l'occasion de la défaite de Podenas aux élections en 1834, donne peut-être une indication sur la polychromie des carnations : « Quoi ! Je ne verrai plus au banc de Podenas / La vineuse couleur de sa face épandue[4]. »   **E.P.**

1. *La Caricature,* n° 187, 5 juin 1833, p. 2.
2. *Le Charivari,* n° 196, 14 juin 1833, p. 2.
3. *La Caricature, op. cit.* note 1.
4. Cité par Cabanne, Gregori et Leduc, 1980, p. 88.

38

Clément-François-Victor-Gabriel Prunelle
(La Tour-du-Pin [Dauphiné], 1774 - Vichy, 1853),
médecin, maire de Lyon et député de 1830 à 1839

Terre crue coloriée
1832 ?
H. 31,4 ; L.15,2 ; P. 15,9 cm
Paris, musée d'Orsay (RF 3506)

Gobin 8, « le Dédaigneux » ; Wasserman 28

Exposé à Paris seulement

Historique
    Voir cat. 10.

Expositions
    Paris, 1878 (?) ; Paris, 1979a, n° 8 ; Paris, 1980-1981,
    n° 345 (XXX).

Autres exemplaires
    Voir cat. 10.

38*bis*
Prunelle

Bronze
H. 13 ; L. 14,3 ; P. 10,4 cm
À l'arrière, au bas, à droite : « BRONZE » ; à l'intérieur : 30/30
(dans un cercle)
Washington, Hirshhorn Museum and Sculpture Garden
Don de Joseph H. Hirshhorn, 1966 (Inv. : 66.1081 ; S 61.190 ;
S990)

Exposé à Ottawa seulement

Historique
Voir cat. 10*bis*.

Exposition
New York, 1962-1963, n° 98.

Cat. 38*ter*

38*ter*
Prunelle

Bronze
H. 12,8 ; L. 14,9 ; P. 10,5 cm
À l'arrière, en bas, à gauche MLG et 3/30 D2 ; à l'intérieur : 3/30
Washington, The National Gallery of Art, Lessing J. Rosenwald
Collection (Inv. : 1943.3.8 [A-1680])

Exposé à Washington seulement

Historique
Voir cat. 11*ter*.

Expositions
Boston, 1958, n° 8, repr. ; Los Angeles, 1958, n° 227 ; Washington,
1960, sans cat. ; Pottstown (Penn.), 1964, sans numéro ; Cambridge
(Mass.), 1969, n° 28 (repr.) ; Washington, 1979, n° 9, repr.

Fig. 1
Mr. Prune..., lithographie
parue dans *La Caricature*
le 27 juin 1833

En 1830, le docteur Prunelle devint maire de Lyon et député du Dauphiné, mandat qu'il exerça jusqu'en 1837. Il ne fut pas le plus antipathique des *Célébrités du juste milieu*. Sa physionomie ingrate dut intéresser Daumier. L'adhésion de Prunelle à la monarchie de Juillet était motivée, selon un de ses discours, par le fait qu'elle avait « l'avantage de réaliser les vœux des républicains en conservant la stabilité et la force inhérente à l'unité du gouvernement monarchique[1] ». Mais cet exemple de réconciliation nationale ne l'empêcha pas de voter les lois de septembre. « M. Prune » était décidément trop « improstitué » aux yeux de *La Caricature*, qui lui conseilla malicieusement, suite à sa nomination comme médecin-chef des eaux de Vichy « de profiter de l'occasion pour se faire donner des douches. Quelques douches ne peuvent lui faire de mal[2] ». Daumier a modelé une charge particulièrement physiognomonique, où se ressent l'influence burlesque des *Grimaces* de Boilly. Durbé et Wasserman considéraient à juste titre que la terre avait dû être une des premières réalisées par Daumier[3],

car le buste s'apparente, aussi bien par ses dimensions que par l'expression de la mimique, à ceux de Cunin-Gridaine (cat. 14) ou de Royer-Collard (cat. 39). Daumier a modelé l'agitation des mèches de cheveux de Prunelle avec une remarquable vivacité. L'œil non dissimulé par la chevelure est indiqué profondément à la pointe de l'outil, il constitue un véritable jeu de mots avec le patronyme du député. Cette pupille scrutatrice contraste avec la masse de cheveux qui cache le front du personnage. *Le Charivari* remarquait que « M. Prunelle n'aime pas l'évidence, parce qu'elle saute aux yeux[4] »... La lithographie en pied s'inspire librement du buste (LD 60, fig. 1), à la manière de celle représentant Podenas (cat. 50).

E.P.

---

1. Durbé, 1961, p. 13.
2. *Ibid. La Caricature*, n° 138, 27 juin 1833, p. 2.
3. Durbé, *op. cit.* note 1, p. 13 ; Wasserman, 1969, p. 133.
4. *Le Charivari*, n° 40, 9 janvier 1833, p. 4.

39

Pierre-Paul Royer-Collard

(Sampuis [Marne], 1763 - Châteauvieux [Loir-et-Cher], 1845), député

Terre crue coloriée

1832 ?

H. 13,9 ; L. 12 ; P. 8,9 cm

Paris, musée d'Orsay (RF 3507)

Gobin 6, « le Vieux finaud » ; Wasserman 29

Exposé à Paris seulement

Historique

Voir cat. 10.

Expositions

Paris, 1878 (?) ; Paris, 1979a, n° 6 ; Paris, 1980-1981, n° 345 (XXXI).

Œuvres en rapport

Voir cat. 11.

39bis

Royer-Collard

Bronze

H. 13 ; L. 11,4 ; P. 8,9 cm

À l'arrière, en bas, à gauche : MLG (dans un carré) et « BRONZE » ; 11/25 ; à l'intérieur : 11/25 (dans un cercle)

Washington, Hirshhorn Museum and Sculpture Garden

Don de Joseph H. Hirshhorn, 1966 (Inv. : 66.1062 ; S58.67 ; S427)

Exposé à Ottawa seulement

Historique

Voir cat. 10bis.

Expositions

Paris, 1957, n° 6 ; Detroit et autres villes, 1959-1960, n° 4 ; New York, 1962-1963, n° 77, repr. ; Washington, 1974-1975, n° 24.

39ter

Royer-Collard

Bronze

H. 12,7 ; L. 11,8 ; P. 8,9 cm

Sur le côté, en bas, à gauche : MLG (dans un carré) et 3/25 C^2 ; à l'intérieur : 3/25

Washington, The National Gallery of Art, Lessing J. Rosenwald Collection (Inv. : 1943.3.6 [A-1678])

Exposé à Washington seulement

Historique

Voir cat. 11ter.

Expositions

Washington, 1960, sans catalogue ; Cambridge (Mass.), 1969, n° 3, repr. ; Washington, 1979, n° 8, repr.

Fig. 1
Pierre-Jean David, dit David d'Angers
Pierre-Paul Royer-Collard,
1827, médaillon en bronze, Angers,
galerie David d'Angers.

Royer-Collard fut une personnalité de premier plan sous la Restauration et la monarchie de Juillet, comme en témoigne son portrait en médaillon modelé par David d'Angers (fig. 1). Constamment élu député de la Marne entre 1815 et 1842, il enseigna l'histoire de la philosophie à la Sorbonne à partir de 1811, et succéda au mathématicien Laplace à l'Académie française en 1827. Proche des libéraux sous la Restauration, il devint président de la Chambre en 1828, et présenta lui-même l'adresse des 221 à Charles X. Royer-Collard soutint immédiatement le régime de Louis-Philippe. Il fut, avec Guizot, un des principaux doctrinaires de la nouvelle Charte et demeura un monarchiste convaincu. La perruque portée par Royer-Collard était si célèbre que Daumier ne manqua pas de la modeler avec verve pour ce buste. La tête au visage figé dans une grimace d'abêtissement, pitoyable masque de sénilité, semble ne faire qu'un avec les reliefs fouillés de la cravate et du col largement ouvert. Les repeints du visage ont quelque peu empâté le modelage enlevé du froncement des sourcils ou des rides profondes qui barrent le front et les commissures des lèvres. Le portrait de Royer-Collard en pied, paru dans *La Caricature* le 22 août 1833, prend certaines libertés par rapport à la terre crue (LD 68, fig. 2) Le texte qui accompagne la lithographie précise qu'il s'agit d'un « des meilleurs qu'ait produit [...] M. Daumier. La ressemblance est parfaite[1] ». Daumier synthétise sans concessions dans ce buste une variation sur le *type* du vieillard cacochyme, initié avec Lameth (cat. 29). **E.P.**

Fig. 2
Mr. Royer-Col..., lithographie parue
dans *La Caricature* le 22 août 1833.

---

1. *La Caricature*, n° 146, 22 août 1833, p. 2.

Cat. 40*ter*

40

Comte Horace-François Sébastiani

(La Porta [Corse], 1772 - Paris, 1851),
maréchal de France et homme politique

Terre crue coloriée
1833
H. 12,7 ; L. 11,9 ; P. 10,4 cm
Paris, musée d'Orsay (RF 3508)

Gobin 19, « le Fat » ; Wasserman 30

Exposé à Paris seulement

Historique
    Voir cat. 10.

Expositions
    Paris, 1878 (?) ; Paris, 1934, nº 393b ; Paris, 1979a, nº 19 ; Paris, 1980-1981,
    nº 345 (XXXII).

Œuvres en rapport
    Voir cat. 11.

40*bis*

Sébastiani

Bronze
H. 12,7 ; L. 11,4 ; P. 9,8 cm
À l'arrière, en bas, au centre : MLG (dans un carré)
et « BRONZE » ; en bas à droite : 11/25 ; à l'intérieur : 11/25
(dans un cercle)
Washington, Hirshhorn Museum and Sculpture Garden
Don de Joseph H. Hirshhorn, 1966 (Inv. : 66.1074 ; S59.104 ; S668)

Exposé à Ottawa seulement

Historique
    Voir cat. 10*bis*.

Exposition
    New York, 1962-1963, nº 81.

40*ter*

Sébastiani

Bronze
H. 12,8 ; L. 11,8 ; P. 10,2 cm
Sur le côté droit, en bas : MLG et 2201-1 ; à l'intérieur : 3/25
Washington, The National Gallery of Art, Lessing J. Rosenwald
Collection (Inv. : 1943-3.19 [A-1691])

Exposé à Washington seulement

Historique
    Voir cat. 11*ter*.

Expositions
    Washington, 1960, sans cat. ; Cambridge (Mass.), 1969, nº 30, repr.

Fig. 1
Auguste Clésinger, Jean-Baptiste
dit *Horace-François, comte Sébastiani,*
maréchal de France, 1851-1853,
buste en marbre, Versailles,
musée national du Château.

« Le portrait dessiné par M. Daumier indique suffisamment que les qualités physiques du *Cupidon de l'Empire* ont subi un notable déchet. La seule chose qui soit restée intacte chez M. Sébastiani, ce sont ses prétentions nobiliaires et son esprit d'aristocratie[1]. » La morgue du fils de tailleur, devenu comte d'Empire en 1809 (fig. 1), qui faisait « graver ses armes jusque sur les espagnolettes de ses croisées et sur le talon de ses bottes [2] », était à la hauteur de sa réputation de séducteur. Fidèle à Napoléon qui avait fait sa fortune, il se retrouva demi-solde en 1816. Député de la Corse dans les rangs de l'opposition en 1819, Sébastiani fut continuellement réélu jusqu'en 1842. Ambassadeur à Naples et à Londres, il se retira de la vie publique après l'assassinat, en 1847, de sa fille, la duchesse de Choiseul-Praslin[3]. Daumier s'est attaché à façonner férocement la moue arrogante de Sébastiani. Si, pour la lithographie parue dans le *Charivari* le 10 juillet 1833 (LD 156, fig. 2), Daumier modifia quelques détails par rapport au buste, en allongeant par exemple le nez du maréchal, il conserva en revanche les yeux clos, qui rappellent l'allure générale du buste d'Étienne (cat. 19).

Sébastiani apparaît également dans les lithographies suivantes : LD 44, 49, 56, 110.   **E.P.**

Fig. 2
Mr Sébast..., lithographie
parue dans *Le Charivari*
le 10 juillet 1833.

1. *Le Charivari*, nº 222, 10 juillet 1833, p. 2.
2. *Ibid.*
3. Le duc de Choiseul-Praslin, assassina sa femme, fille de Sébastiani, par amour pour la gouvernante de leurs enfants avec laquelle il avait une liaison. Ce fait divers eut un grand retentissement.

41

Jean Vatout

(Villefranche [Rhône], 1791 - Claremont [Angleterre], 1848),
député

Terre crue coloriée

1833

H. 20,1 ; L. 16,2 ; P. 10,2 cm

Paris, musée d'Orsay (RF 3510)

Gobin 24, « l'Entêté » ; Wasserman 31

Exposé à Paris seulement

Historique
    Voir cat. 10.

Expositions
    Paris, 1878 (?) ; Paris, 1979a, n° 24 ; Paris, 1980-1981, n° 345 (XXXIV).

Œuvres en rapport
    Voir cat. 11.

41bis

Vatout

Bronze

H. 19,1 ; L. 17,8 ; P. 10,1 cm

À l'arrière, à droite : MLG (dans un carré) et « BRONZE » ;
à l'intérieur : 21/25 (dans un cercle)

Washington, Hirshhorn Museum and Sculpture Garden

Don de Joseph H. Hirshhorn, 1966 (Inv. : 66. 1079 ; S59.103)

Exposé à Ottawa seulement

Historique
    Voir cat. 10*bis*.

Expositions
    Paris, 1957, n° 24 ; New York, 1962-1963, n° 80 ; Oklahoma, 1983-1985,
    sans numéro.

41ter

Vatout

Bronze

H. 19,4 ; L. 15,9 ; P. 10,2 cm

À l'arrière : MLG (dans un carré) et 2203-1 ; à l'intérieur : 3/25

Washington, The National Gallery of Art, Lessing J. Rosenwald
Collection (Inv. : 1943-3.24 [A-1696])

Exposé à Washington seulement

Historique
    Voir cat. 11*ter*.

Expositions
    Washington, 1960, sans catalogue ; Cambridge, 1969, n° 31, repr.

Fig. 1
Eugène Devéria, *Vatout*, 1831,
crayon sur papier, Paris, Bibliothèque
nationale de France, département
des Estampes et de la Photographie.

Fig. 2
Vat..., lithographie
parue dans *Le Charivari*
le 16 novembre 1833.

Jean Vatout, sous-préfet, bibliothécaire de Louis-Philippe en 1832, président du Conseil des bâtiments civils et des monuments historiques en 1839, fut reçu à l'Académie française en janvier 1848 après de multiples tentatives, mais il mourut avant le jour de sa réception officielle, exilé par la Révolution de février en Angleterre, où il avait suivi son souverain bienfaiteur… Farouchement antirépublicain, il avait été régulièrement élu député de Semur-en-Auxois entre 1834 et 1846. Vatout commit des chansons comiques et grivoises fort appréciées du roi des Français, mais également plusieurs volumes de *Souvenirs historiques de résidences royales. Le Charivari* ne lui pardonnait pas d'être « l'historiographe des hauts faits et actions magnanimes de la branche cadette[1] ». Le buste modelé par Daumier s'impose par ses dimensions et l'aspect inquiétant du visage. Celui-ci se présente en effet comme un masque étrange et sinistre, aux volumes irréguliers, centré sur le vide laissé par un nez nanifié, que Geffroy assimilait à « un faux-nez[2] ». Par cette atrophie nasale – qui est d'ailleurs le contrepoint de l'hypertrophie caractérisant d'Argout (cat. 10) – et l'accentuation des irrégularités de la boîte crânienne, ce buste se rapproche de celui de Delessert (cat. 15). Un dessin de Devéria reproduit certes des traits plus réguliers, mais la coiffure est identique à celle du buste (fig. 1). Daumier a laissé libre cours à sa verve caricaturale, pointant savoureusement la prétention sérieuse du littérateur officiel. Sur le buste, l'expression du visage est dominée par les yeux grands ouverts, aux paupières ourlées. Wasserman envisagea en 1969 que la surface des yeux ait pu être peinte, remarquant ce détail sur la lithographie parue dans *Le Charivari* le 16 novembre 1833[3] (LD 175, fig. 2), qui reproduit fidèlement les volumes et les valeurs de la terre crue[4]. Daumier n'ayant pas, comme à son habitude, indiqué les pupilles à la pointe de l'outil, cette hypothèse demeure plausible, d'autant que la polychromie originale a subi de nombreux repeints.   **E.P.**

1. *Le Charivari*, n° 350, 16 novembre 1833, p. 2.
2. Geffroy, 1905, p. 105.
3. Wasserman, 1969, p. 142.
4. En 1983, Adhémar remit curieusement en question l'identification du buste à Vatout, sans proposer d'alternative, alors que la lithographie parue dans *Le Charivari* reproduit très fidèlement le buste (Wasserman, Caso et Adhémar, 1983, p. 65).

42

Jean-Ponce-Guillaume Viennet
(Béziers, 1777 - Val-André [Yvelines], 1868),
député de 1820 à 1837, pair de France et académicien

Terre crue coloriée

1832-1833

H. 19,9 ; L. 18 ; P. 14 cm

Paris, musée d'Orsay (RF 3512)

Gobin 9 ; « le Rusé » ; Wasserman 32

Exposé à Paris seulement

Historique
  Voir cat. 10.

Expositions
  Paris, 1878 (?) ; Paris, 1979a, n° 9 ; Paris, 1980-1981, n° 345 (XXXVI).

Autres exemplaires
  Voir cat. 10.

Cat. 42*ter*

42*bis*
Viennet

Bronze
H. 19,5 ; L. 16,8 ; P. 12,8 cm
À l'arrière, en bas, à gauche : MLG (dans un carré) ;
à l'intérieur : 12/30 (dans un cercle)
Washington, Hirshhorn Museum and Sculpture Garden
Don de Joseph H. Hirshhorn, 1966 (Inv. : 66.1077, S61, 54, 5846)

Exposé à Ottawa seulement

Historique
    Voir cat. 10bis.

Expositions
    New York, 1962-1963, n° 96, repr.

42*ter*
Viennet

Bronze
H. 20 ; L. 15,9 ; P. 12,7 cm
À l'arrière, en bas, à gauche : MLG et, au bord : 3/30 B[1] ;
à l'intérieur : 3/30
Washington, The National Gallery of Art, Lessing J. Rosenwald
Collection (Inv. : 1943-3.9 [A-1681])

Exposé à Washington seulement

Historique
    Voir cat. 11ter.

Expositions
    Boston, 1958, n° 11 ; Los Angeles, 1958, n° 228 ; Washington,
    1960, sans cat. ; Cambridge (Mass.), 1969, n° 32, repr.

Viennet fut, avec d'Argout (cat. 10), un des hommes politiques les plus souvent caricaturés et *charivarisés* sous le règne de Louis-Philippe. Militaire de carrière, il collabora également au *Constitutionnel*, et se rendit célèbre en 1827 en écrivant un *Épître aux chiffonniers*, favorable à la liberté de la presse, ce qui lui valut son exclusion de l'armée. Député de l'opposition sous la Restauration, il est élu dans l'Hérault en 1828, 1831 et 1834. Favorable à la monarchie de Juillet, il soutint alors sans états d'âme le gouvernement dans sa lutte contre la liberté de la presse, et s'attira ainsi la haine définitive de celle-ci : « M. Viennet ne se formalisera sans doute pas de voir ses gestes et sa physionomie de tribune [*sic*] fidèlement reproduits dans le *Charivari*. C'était de notre part un devoir et une justice, car M. Viennet est un de nos fournisseurs ordinaires[1]. » Ennemi juré de la génération artistique et littéraire de 1830, Viennet, académicien en 1831, fut un des principaux adversaires de « la tourbe romantique[2] », comme il l'écrivait lui-même. La terre et la polychromie, très restaurées, ne donnent plus qu'une idée quelque peu émoussée de la surface d'origine. Mais le visage chiffonné dans une grimace crispée, aux yeux clos, « embusqué dans son faux-col, des bosses au front comme s'il avait été bousculé dans une bagarre romantique[3] », selon Geffroy, garde toute la saveur de la charge façonnée par Daumier. Alexandre admirait « ce crâne olympien, énorme, digne d'un génie ou d'un hydrocéphale et qui le fait ressembler à un faux Victor Hugo[4] ». Le buste se rapproche par sa conception et ses dimensions de ceux de Ganneron (cat. 25) et de Vatout (cat. 41). *Le Charivari* s'acharna sur les maigres talents poétiques de Viennet : « Il est bon de savoir que le mémorable officier d'état-major forge, avec un égal succès, le fer et l'alexandrin. Si ses fers, par malheur, sont mauvais comme ses vers, ses vers, en revanche, sont durs comme ses fers[5]. »

Viennet apparaît également dans les lithographies suivantes : LD 54, 92, 145, 150 (cat. 46), 229, 233.   **E.P.**

1. *Le Charivari*, n° 119, 29 mars 1833, p. 3.
2. Cité par Michel Le Duc dans Cabanne, Gregori et Leduc, 1980, p. 29.
3. Geffroy, 1905, p. 105.
4. Alexandre, 1888, p. 69.
5. *Le Charivari*, n° 264, 14 août 1833, p. 1.

43

Inconnu, peut-être ***Comte Charles-Louis Huguet
de Sémonville*** (Paris, 1759 - 1839), diplomate et magistrat,
ou encore ***Pierre-Nicolas Berryer*** (Sainte-Menehould
[Marne], 1757 - Paris, 1841), avocat, dit habituellement
Nicolas Soult (Saint-Amans [Tarn], 1769 - 1851),
maréchal de France

Terre crue coloriée

1835 ?

H. 15,7 ; L. 13,2 ; P. 9,4 cm

Paris, musée d'Orsay (RF 3509)

Gobin 30, « le Hargneux » ; Wasserman 36

Exposé à Paris seulement

Historique
    Voir cat. 10.

Expositions
    Paris, 1878 (?) ; Paris, 1979a, n° 30 ; Paris, 1980-1981, n° 345 (XXXIII).

Œuvres en rapport
    Voir cat. 11.

43*bis*

Huguet de Sémonville, Berryer ?, dit ***Soult***

Bronze

H. 15,2 ; L. 13 ; P. 9,5 cm

À l'arrière, en bas, à gauche : MLG (dans un carré) ;
à l'intérieur : 2/25

Washington, Hirshhorn Museum and Sculpture Garden

Don de Joseph H. Hirshhorn, 1966 (Inv. : 86.1315 ; S 243.74)

Exposé à Ottawa seulement

Historique
    Voir cat. 35*bis*.

43*ter*

Huguet de Sémonville, Berryer ?, dit ***Soult***

H. 14,9 ; L. 12,7 ; P. 9,5 cm

À l'arrière : MLG (dans un carré) et « BRONZE » ;
à l'intérieur : 23/25 (dans un cercle)

Washington, The National Gallery of Art, Lessing J. Collection
Rosenwald (Inv. : 1951-17-15 [A-1612])

Exposé à Washington seulement

Historique
    Voir cat. 10*ter*.

Expositions
    Washington, 1960, sans cat. ; Cambridge (Mass.), 1969, n° 36, repr.

Fig. 1
Sou..., lithographie parue dans
La Caricature le 28 juin 1832.

Fig. 2
Mayer et Pierson, *Nicolas Berryer*,
vers 1857, photographie,
tirage sur papier albuminé,
fonds Disderi, Paris, musée d'Orsay.

Fig. 3
Juges des accusés d'avril - de Sémonville -
Robert Macaire [Thiers] - *Roederer*,
lithographie parue dans *La Caricature*
le 30 juillet 1835 (détail), coll. part.

L'identification de ce buste avec Soult a toujours été controversée, bien qu'elle ait été défendue par Gobin et Adhémar. Cette sculpture est restée anonyme sur l'album de photographies de 1861 (fig. 1, p. 86), Bouvy ne se prononça pas, Mourre contesta et proposa Broglie. Durbé, Kaiser et Wasserman n'y adhérèrent pas. Si Daumier modifie souvent certains détails entre sculpture et lithographie, le visage de Soult dans les *Masques de 1831* (cat. 7) ne ressemble pas à celui du personnage représenté par cette terre crue. Enfin, Wasserman a souligné à juste titre que, si la lithographie publiée le 28 juin 1832 dans *La Caricature* représentant Soult semble bien procéder d'un buste, il ne s'agit certainement pas de celui-ci[1] : Daumier insiste sur la calvitie, désespérément compensée par une cascade de cheveux lisses tombant sur les épaules, ce qui confère au personnage une vague allure de duègne goyesque à épaulettes (LD 46, fig. 1). Il semble dorénavant raisonnable d'écarter cette identification. En 1983, Adhémar et Wasserman, puis, en 1993, Le Normand-Romain, à leur suite, suggérèrent d'y voir Nicolas Berryer, célèbre avocat royaliste, défenseur de Chateaubriand en 1833 (fig. 2). Une planche en triptyque parue dans *La Caricature* le 30 juillet 1835 pourrait suggérer un autre nom : Huguet de Sémonville. Diplomate pendant la Révolution de 1789, fait prisonnier en Autriche, échangé contre Madame Royale, pair de France en 1815, Sémonville se rallia à la monarchie de Juillet[2]. Plusieurs points de comparaison peuvent être observés (fig. 3). L'implantation capillaire du buste est similaire à celle du personnage sur la lithographie : cheveux courts, disposés en mèches sur les tempes et le front. La forme générale du crâne, la courbure du nez, les pommettes hautes, et les joues légèrement creusées sont semblables. Enfin, les sourcils sont assez proéminents dans les deux cas. La terre présente assurément un aspect caricatural bien plus violent que la lithographie, la charge est soulignée par la bouche ouverte, aux gencives apparentes et ouvertes dans une vocifération muette. L'étude physiognomonique est poussée à un paroxysme frisant l'expressionnisme. Daumier modela peut-être ce buste pour lui-même, saisissant la violence du pouvoir de la parole et stigmatisa par ce modelage maîtrisé, dynamisé par la torsion du cou et de la bouche, béante et diagonale, l'iniquité d'un procès que *La Caricature* n'avait cessé de dénoncer. S'il s'agit bien de Sémonville, ce buste constituerait alors, avec ceux de Montlosier (cat. 32) et de *L'Inconnu* dit *Verhuel* (cat. 45), les témoins d'un ensemble aujourd'hui disparate autour des *Juges des accusés d'avril*.

E.P.

1. Wasserman, 1969, p. 158.
2. Provost et Childs, 1989, p. 38.

Cat. 44

Cat. *44ter*

44

Inconnu, peut-être ***Hippolyte Lucien-Joseph Lucas***
(Rennes, 1807 - Paris, 1878), journaliste,
ou encore ***P. Mendez de Vigo***
(Oviedo [Espagne], 1790 - 1860 ?), général espagnol,
dit habituellement ***Comte Jean Pelet de La Lozère***
(Saint-Jean-du-Gard, 1785 - Villers-Cotterêts, 1871),
homme politique

Terre crue coloriée
1833 ?
H. 14,5 ; L.12,9 ; P. 11,1 cm
Paris, musée d'Orsay (RF 3502)

Gobin 13, « l'Homme à la tête plate » ; Wasserman 34

Exposé à Paris seulement

Historique
    Voir cat. 10.

Expositions
    Paris, 1878 (?) ; Paris, 1979a, n° 13 ; Paris, 1980-1981, n° 345 (XXVI).

Œuvres en rapport
    Voir cat. 11.

44bis

Lucas ou Vigo ?, dit ***Pelet de La Lozère***

Bronze
H. 13,7 ; L. 12,4 ; P. 10,5 cm
À l'arrière, en bas, à gauche : MLG (dans un carré)
et « BRONZE » ; au bord, en bas, à droite : 12/25
Washington, Hirshhorn Museum and Sculpture Garden
Don de Joseph H. Hirshhorn, 1966 (Inv. : 66.1051 ; S58.28 ; S 368)

Exposé à Ottawa seulement

Historique
    Voir cat. 10*bis*.

Expositions
    Détroit et autres villes, 1959-1960, n° 12 ; New York, 1962-1963, repr. ;
    Washington, 1974-1975, n° 35.

44ter

Lucas ou Vigo ?, dit ***Pelet de la Lozère***

Bronze
H. 13,5 ; L. 12,7 ; P. 10,8 cm
Épaule gauche, en bas : MLG (dans un carré) et sur le bord :
3192-1 ; à l'intérieur : 3/25
Washington, The National Gallery of Art, Lessing J. Rosenwald
Collection (Inv. : 1943.3.13 [-1685])

Exposé à Washington seulement

Historique
    Voir cat. 11*ter*.

Expositions
    Washington, 1960, sans cat. ; Pottstown (Penn.), 1964, sans numéro ;
    Cambridge (Mass.), 1969, n° 34, repr.

L'identification de ce buste étonnant est toujours controversée. Ni Durbé ni Wasserman n'ont accepté, à juste titre, d'y voir une charge de Privat-Joseph-Claramond, comte Pelet de la Lozère, député de Blois et pair de France en 1837. Pelet figure en effet dans *Le Ventre législatif* (cat. 55), et le personnage représenté sur la planche ne ressemble pas aux traits chargés par ce buste. Daumier a volontiers modelé des caricatures de proches ou de connaissances partageant ses opinions politiques, comme Philipon (cat. 36), mais également de personnages obscurs dont la physionomie l'avait frappé, comme Fruchard (cat. 21). Wasserman, Caso et Adhémar ont proposé d'y voir Louis Huart (Trèves [Allemagne], 1814 - Paris, 1865), journaliste politique, critique théâtral au *Charivari* et fondateur du théâtre des Folies-Nouvelles, mais un autre polémiste, lui aussi caricaturé par Dantan, Hippolyte Lucas, qui avait également collaboré au *Charivari*, pourrait à notre avis mieux correspondre à cette charge de Daumier[1] (fig. 1). On pourrait envisager aussi le nom de Barbé de Marbois, un des juges des accusés d'avril, qui figure également dans *Le Ventre législatif*[2]. Cette hypothèse est tentante, surtout en raison de l'espèce de calot couvrant la boîte crânienne du personnage (LD 117, fig. 2). Mais sur la lithographie, « Barbé Marbois » offre non seulement un nez nettement plus acéré, mais surtout il est imberbe, alors que la moustache du buste fait corps avec le col du vêtement sur lequel semble s'effondrer l'inconnu. Une mention manuscrite apposée sur l'album de photographies de 1861 suggère enfin une autre identification : « Vigo, général español [*sic*] ». Elle fait référence à une lithographie sans date, représentant le général Mendez de Vigo[3] (LD 299, fig. 3), dont le visage quelque peu sinistre semble proche des traits déformés à l'extrême du buste, qui demeure l'une des charges les plus outrées de la série. Wasserman a pensé qu'il s'agissait d'une des premières sculptures modelées par Daumier[4]. Ce dernier semble l'avoir réalisée pour son propre plaisir, avec autant de férocité amusée que pour Fulchiron (cat. 22), mais avec un résultat plus synthétique. La violence de la charge se concentre sur le nez qui dévore littéralement le visage, d'autant plus présent que la tête aplatie, soulignée d'un étrange bonnet aux coutures apparentes, semble prendre appui sur les globes oculaires hypertrophiés du personnage. **E.P.**

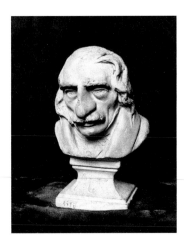

Fig. 1
Dantan, dit Dantan jeune,
Hippolyte Lucas, 1837, journaliste
et écrivain, buste en plâtre,
Paris, musée Carnavalet.

Fig. 2
Mr Barbé Marbois, lithographie
parue dans *La Caricature*
le 28 mai 1835, coll. part.

Fig. 3
P. Mendez de Vigo, général español [sic],
lithographie sans date de parution.

---

1. Il convient de souligner que Victor Hugo caricatura Lucas vers 1841 en le réduisant également à un nez, une moustache et un col. Voir cat. exp. *Soleil d'encre, manuscrits et dessins de Victor Hugo*, Paris, musée du Petit Palais, 1985, n° 93a, p. 84.
2. Le Men, dans cat. exp., Paris, Versailles, Bruxelles et Saint-Denis, 1996-1997 p. 93.
3. Delteil souligne qu'il n'avait « rencontré qu'une épreuve de cette lithographie ; elle figurait dans la collection Roger-Marx »; Delteil, vol. I, 199.
4. Wasserman, 1969, p. 153.

45

Inconnu, dit habituellement
Comte Charles-Henri Verhuel de Sevehaar
(Doetinchem [Hollande], 1764 - Paris, 1845), amiral

Terre crue coloriée
1835
H. 13,1 ; L. 11,6 ; P. 8,8 cm
Paris, musée d'Orsay (RF 3511)

Gobin 20, « le Niais » ; Wasserman 33

Exposé à Paris seulement

Historique
    Voir cat. 10.

Expositions
    Paris, 1878 (?) ; Paris, 1979a, nº 20 ; Paris, 1980-1981, nº 345 (XXXV).

Œuvres en rapport
    Voir cat. 11

45*bis*

Inconnu, dit ***Verhuel***

Bronze
H. 12,7 ; L. 11,4 ; P. 9,2 cm
À l'arrière, en bas, à droite : MLG (dans un carré) et « BRONZE » ;
sur le bord, à gauche : 6/30 ; à l'intérieur : 6/30 (dans un cercle)
Washington, Hirshhorn Museum and Sculpture Garden.
Don de Joseph H. Hirshhorn, 1966
(Inv. : 66.1048 ; S232)

Exposé à Ottawa seulement

Historique
  Voir cat. 10*bis.*

Expositions
  Detroit et autres villes, 1959-1960, n° 1 ; New York, 1962-1963, n° 65 ;
  Washington, 1974-1975, n° 30.

45*ter*

Inconnu dit ***Verhuel***

Bronze
H. 12, 7 ; L. 11,4 ; P. 8,9 cm
À l'arrière, en bas, à gauche : MLG (dans un carré) et, au bord :
2186-1 ; à l'intérieur : 3/30
Washington, The National Gallery of Art, Lessing J. Rosenwald
Collection (Inv. : 1943.3.20 [A-1692])

Exposé à Washington seulement

Historique
  Voir cat. 11*ter.*

Expositions
  Washington, 1960, sans cat. ; Cambridge (Mass.), 1969, n° 33, repr.

Fig. 1
*Juges des accusés d'avril
- de Sémonville - Robert Macaire
[Thiers] - Roederer*, lithographie
de la série *Juges des accusés d'avril*,
lithographie parue dans *La Caricature*
le 30 juillet 1835, coll. part.

L'identification de ce buste à Louis-Gaspard-Amédée Girod de l'Ain (Gex [Ain], 1781 - ? 1847) a été définitivement refusée, à juste titre, par Wasserman : il est impossible d'y retrouver une quelconque ressemblance avec la lithographie où figure ce personnage[1] (fig. 1). Le nom de Verhuel, défendu en 1958 par Adhémar[2], se heurte à la différence du traitement de la chevelure. L'hypothèse de Georges Mouton, comte de Lobau (Phalsbourg [Meurthe], 1770 - Paris, 1838), proposée en 1983 par Adhémar, n'est pas plus satisfaisante si l'on se réfère à la calvitie et à l'expression méprisante des différents bois gravés représentant le personnage publié dans *Le Charivari* en 1834[3] (cat. 60). Sur le buste, la chevelure forme une sorte de perruque indiquée vigoureusement à la pointe de l'ébauchoir, alors que la lithographie représentant Verhuel montre une coiffure aux cheveux lisses, surmontée d'un toupet hésitant entre le chignon frontal de l'*Apollon du Belvédère* et le pain de sucre. L'expression du visage de la terre crue pourrait se rapprocher de celle qui anime la figure grimaçante de Roederer sur la planche 313 des *Juges des accusés d'avril* (fig. 1), mais une fois encore, la coiffure diffère sensiblement entre le buste et la lithographie. Le buste n'est pas identifié sur l'album de photographies de 1861. Le baron Antoine-Marie Roederer (Metz, 1782 - ?, après 1865) était fils d'un procureur général. Cette autre hypothèse soulève à son tour un problème : de quel Roederer s'agit-il, du père, décédé en 1835, ou du fils ? Par le traitement physiognomonique de la mimique grimaçante, par la virtuosité et la minutie du rendu de la chevelure, par ses dimensions, ce buste, hélas encore sans identité certaine, se rapproche de ceux de Cunin-Gridaine (cat. 14), Prunelle (cat. 38) ou encore Royer-Collard (cat. 39), et Daumier y affirme une remarquable maîtrise du modelage. **E.P.**

1. Wasserman, 1969, p. 149.

2. Adhémar, dans cat. exp. 1958, n° 39.

3. Page de droite, troisième vignette, quatrième personnage en partant de la gauche.

LES PORTRAITS-CHARGES
EN LITHOGRAPHIE

L'idée de passer en revue, au crible de la caricature, les parlementaires orléanistes, revient à Philipon qui commença par faire travailler Traviès à une série de portraits-charges « charivarisés », *Les Musiciens de l'orchestre*. Peu après, c'est à Daumier qu'il confia une nouvelle série, détectant en lui le très grand portraitiste qui multipliera les charges au cours de sa longue carrière. L'histoire du projet initial est narré en détail par Philipon, commentateur des dessins qu'il publiait, dans l'explication de la planche liminaire de la première série, *Les Célébrités de la charge* : « La *Caricature* avait dans le temps promis à ses abonnés une galerie de portraits des célébrités du juste milieu, dont les ressemblances, consciencieusement étudiées, devaient posséder, outre un caractère énergique, ce trait burlesque connu sous le nom de "charge". Habituée à porter dans ses publications toutes les conditions possibles du succès, *La Caricature* a différé quelque temps la réalisation de ce projet, parce qu'elle a fait modeler chaque personnage en maquette. La galerie des célébrités acquiert un nouveau mérite au moment où un si grand nombre d'entre elles vont passer de l'assoupissement centrique au réveil du *Charivari*. M. Charles Lam. ouvre la marche. Cet honneur appartient de droit à celui qui dit : "émigrer n'est pas déserter"[1]. »

Ce passage donnait une vue précoce de l'ensemble du projet des portraits-charges parlementaires. De plus, il soulignait et précisait le rapport entre la caricature et les bustes sculptés[2] et semblait d'ores et déjà annoncer le panorama de députés somnolents, alors dans un état de torpeur digestive, du *Ventre législatif* (cat. 55) : au bruyant chahut du *Charivari* de les réveiller en sursaut ! Composées d'après de telles « maquettes », les lithographies modelées ne risquaient en aucun cas de posséder la suavité ni la mollesse des portraits de Belliard, auprès de qui Daumier avait fait son apprentissage de lithographe. Elles en tirent une charpente solide, des arêtes vives qui juxtaposent de petites surfaces traitées en aplats sur les volumes de la face. Trois formules lithographiques sont utilisées pour les portraits-charges inspirés par les bustes qui paraissent dans *La Caricature* et dans *Le Charivari* (indépendamment du portrait collectif du *Ventre législatif*) : les portraits-vignettes « aux armes » (cat. 46), les portraits-vignettes en buste (cat. 47 à 49) et les portraits en pied (cat. 50 et 51).   **S.L.M.**

---

1. *La Caricature*, 26 avril 1832, texte reproduit dans Delteil.
2. Voir Wasserman, 1969 et Paris, Versailles, Bruxelles et Saint-Denis, 1996-1997.

46

Mr Vieux-Niais [Guillaume Viennet]

Le Charivari, 5 juin 1833
Lithographie ; deuxième état sur deux
28,3 × 15 cm
Signé en bas à gauche sous le buste : *h. Daumier* (les armoiries
sont de Philipon)

Paris, Bibliothèque nationale de France, réserve du département
des Estampes et de la Photographie (Dc 180b rés. Pc tome 2)
Exposé à Paris seulement (exemplaire reproduit)

Paris, collection Prouté
Exposé à Ottawa seulement

Delteil 150

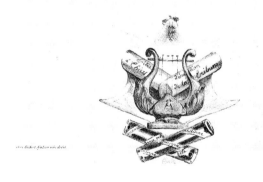

Les « vignettes » d'après les modelages rappellent par leur délimitation circulaire les médaillons en bas-relief de David d'Angers plutôt que les charges de Dantan jeune et sont apparentées, en tant que lithographies, aux médailles antiques de Delacroix[1] (1826) ainsi qu'aux galeries de portraits donnés à partir de 1832 à *L'Artiste* par Achille Deveria, Gigoux et Léon Noël. Les portraits aux armes forment une première et courte série de cinq charges, toutes inspirées des bustes, que publia *la Caricature* (Lameth le 12 février, Dupin aîné le 14 juin, Soult le 28 juin, d'Argout le 9 août 1832, Persil le 11 avril 1833). La série se poursuivit en 1833 dans *Le Charivari* avec Duboys d'Angers, le 25 mars 1833 (LD 144), Viennet le 5 juin (*Mr Vieux-Niais*) et Jacques Lefèvre le 9 novembre. Les armes parlantes composées par Philipon[2], qui parodiaient un code du blason fondé sur la symbolique des couleurs, étaient parfois coloriées, alors qu'aucun des portraits de Daumier ne le sera jamais[3], car le grand dessinateur préférait s'en tenir à « ses coloristes oppositions de noir et de blanc », à « la large distribution de ses ombres et de ses clairs[4] ». Dans *Mr Vieux-Niais*, le sobriquet s'ajoute à ces armes parlantes pour pasticher, en caricature, les recueils de blasons de grandes familles qui furent réalisés à la Renaissance. Philipon ironisait sur les prétentions poétiques de Viennet (par la lyre) : ce poète, d'inspiration classique et fortement antiromantique, avait été victime d'un célèbre charivari à Estagel, et les journaux de Philipon se moquaient volontiers de lui. La caricature est très proche du buste (cat. 42). Daumier a utilisé l'effet comique de la mode des cravates (qu'évoquait Marco de Saint-Hilaire dans l'*Art de mettre la cravate* imprimé par Balzac en 1828). **S.L.M.**

1. La référence aux reliefs numismatiques était un moyen utilisé par
   Delacroix pour inventer un dessin reposant moins sur le trait que sur
   le rendu des surfaces jouant avec la lumière.
2. Les « armes parlantes », en terme de blason, ressemblent à des rébus
   fondés sur la décomposition en vignettes du nom propre, parfois
   agrémentés de jeux de mots ; elles peuvent également faire allusion,
   par l'image, au porteur du nom. Elles sont considérées souvent comme
   une dégradation de l'art du blason (voir Le Men, 1998).
3. Les bustes modelés en terre crue sont néanmoins coloriés, afin de mieux
   rendre l'effet de la chair et de la carnation.
4. Duranty, mai 1878, p. 430.

47

Guiz... [Guizot, en buste]

Le Charivari, 31 mai 1833
Lithographie ; épreuve du deuxième état
sur deux
14,2 × 13,5 (dessin) ; 36,5 × 27,9 (feuille)
Signé en bas à gauche : *H.D.*

Collection Roger Passeron (anciennes
collections A. Barrion et Edmond Frapier)
Exposé à Paris seulement
(exemplaire reproduit)

Paris, collection Prouté
Exposé à Ottawa seulement

Delteil 148

GUIZ....

Fig. 1
Honoré Daumier,
Mr Guiz. [Guizot, en pied],
lithographie parue dans *La Caricature*
le 13 décembre 1833, coll. part.

La série « en tête » publiée dans *Le Charivari* commença le 31 mai 1833 par un *Guizot* mélancolique à l'air lointain dont la belle épreuve présentée fut exposée pour le centenaire de *La Revue des Deux Mondes* ; le portrait en vignette est rendu par un traitement velouté, adapté à l'air mélancolique et pensif, le visage un peu penché, que Daumier prêtait volontiers à Guizot, et peut être rapproché de sa caricature en pied, bras et jambes croisés, adossé à son « banc de douleur » (fig. 1) sur lequel il se replie, l'air abattu, tel un oiseau noir de mauvais augure. Philosophe du régime, incorruptible protestant, Guizot, qui fut député de 1830 à 1848, et ministre de l'Intérieur en août 1830, ministre de l'Instruction publique de 1832 à 1837, puis ministre des Affaires étrangères, s'était fait détester pour sa dureté. Hugo dans *Choses vues* en 1847 le définissait ainsi : « M. Guizot est personnellement incorruptible et il gouverne par la corruption. » La tête inclinée, un peu enfoncée dans l'encolure, la lèvre mince serrée et pleine de morgue sont, dans les deux caricatures de Daumier, caractéristiques du personnage. Elles peuvent être confrontées avec le portrait à mi-corps de Delaroche, dont une réplique par Vibert se trouve au musée de Versailles.

S.L.M.

BATAILLE

48

Bataille [Alex. Simon Pataille]

Le Charivari, 11 juin 1833
Lithographie ; deuxième état sur deux
14 × 12 cm
Signé en bas à gauche : *h.D.*

Saint-Denis, musée d'Art et d'Histoire
(ancienne collection Provost)

Delteil 151

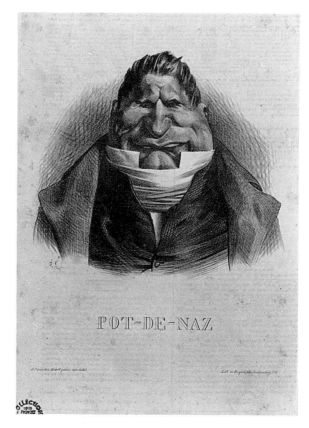

POT-DE-NAZ

49

Pot-de-Naz [Podenas en tête]

Le Charivari, 14 juin 1833
Lithographie ; deuxième état sur deux
Signé en bas à gauche : *h.D.*

Saint-Denis, musée d'Art et d'Histoire
(ancienne collection Provost)

Delteil 152

Exposition
    Paris, Versailles, Bruxelles et Saint-Denis, 1996-1997, n° 20, repr. p. 44.

La série s'est poursuivie avec Thiers, la tête ronde et hilare, le 2 juin, Pataille (1781-1857, magistrat et homme politique), avec son crâne bosselé, qui semble prêt pour une consultation de phrénologie (cat. 48), le 11 juin, puis Podenas (député de 1829 à 1834), le visage fermé, la carrure massive, le 14 juin (cat. 49), Chevandier de Valdrôme, l'air obséquieux et retors, le bas du visage masqué par le faux-col, le 20 juin, et le créole Jollivet[1], dont le profil au sourire sardonique se prolonge par un crâne dolichocéphale « à la Néfertiti » et par une chevelure abondante et crépue, le 14 septembre.

Les deux épreuves exposées sont tirées du *Charivari*, mais les noirs sont particulièrement beaux, surtout dans le cat. 49. **S.L.M.**

1. Avocat, député en 1830, tué pendant la Révolution de 1848, délégué des planteurs de la Martinique.

50

Mr Pot de Naz [Podenas]

Planche 270, La Caricature, n° 130, 2 mai 1833
Lithographie sur blanc ; deuxième état sur deux
24,9 × 18,3 cm
Signé en bas à gauche : *h. Daumier*

Paris, Bibliothèque nationale de France, réserve du département
des Estampes et de la Photographie (Dc 180b rés. tome 1
[épreuve du dépôt légal])
Exposé à Paris seulement (exemplaire reproduit)

Paris, collection Prouté
Exposé à Ottawa seulement

Delteil 52

Une troisième série de dix-huit portraits, publiée dans *La Carica-ture* en 1833, montrait les personnages en pied, laissant pressentir l'évolution de la lithographie et du dessin d'illustration vers le type social. Les personnages de Daumier se détachent hors de tout espace de référence sur le blanc de la page, l'indication spatiale se borne à l'ombre portée, discrète, de la jambe ou du bas du corps, et au crayonnage du sol. Alors que le portrait-vignette répondait à la définition numismatique du type, le portrait en pied permettait de représenter la silhouette, la stature, le costume et de couvrir plus largement l'identité sociale du modèle. Il renvoyait également à une modalité plus noble du portrait, dans la tradition picturale d'un art officiel où la présentation en pied était réservée aux dignitaires et aux portraits royaux. Comme la statuette, dont la vogue se répandit alors, la lithographie proposait une transposition miniaturisée qui flattait le modèle ; la mise en page des planches s'inspire de la norme graphique des galeries de costumes d'acteurs, de mode, de contrées visitées en voyage, où le vêtement importait plutôt que le modèle.

Célébrant l'habit noir du costume masculin, Daumier offre un pendant aux figurines féminines tracées par Gavarni pour *La Mode* de Girardin. Il se montre attentif à tous les plis du tissu, représente la veste qui se tend et fait des fronces autour des boutons qui ferment difficilement sur un ventre rebondi, il transcrit les cassures du pantalon contre le dessus de la chaussure, dans Prunelle le 27 juin 1833 et surtout dans Podenas le 2 mai 1833. Duranty a parfaitement décrit cet art qu'avait Daumier de donner corps au costume, assurant ainsi au modèle une présence physique intense. Daumier montre (en caricature) le « héros de la vie moderne » en habit noir, cet accoutrement ridicule qui trouble les sculpteurs plus inspirés par l'antique et le nu. **S.L.M.**

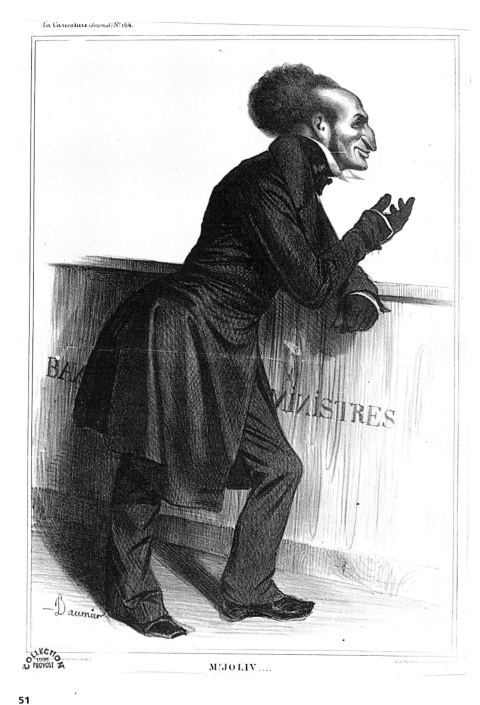

Fig. 1
Henri Toulouse-Lautrec,
Yvette Guilbert, projet d'affiche,
1894, fusain rehaussé à l'encre,
Albi, musée Toulouse-Lautrec.

51

Mr Joliv... [Adolphe Jollivet]

Planche 346, *La Caricature*, n° 164, 27 décembre 1833
Lithographie sur blanc ; état unique
24,9 × 18,3 cm
Signé en bas à gauche : *Daumier*

Saint-Denis, musée d'Art et d'Histoire

Delteil 75

Les silhouettes ventripotentes de Prunelle et de Barthe (*La Caricature*, 17 juillet 1833, LD 63) stigmatisaient le bourgeois et le rentier tels qu'ils apparaîtront quelques années plus tard sous le crayon de Grandville, en 1840, dans *Les Français peints par eux-mêmes* (fig. 1, p. 223). D'autres planches de la série en pied, inspirée à l'évidence par les bustes qui tenaient lieu de référence à l'équipe de Philipon, présentent des trouvailles originales, comme le hiéroglyphe des doigts et de la main gantée de Jollivet (27 décembre 1833) accoudé au banc des ministres, qui annonce le motif des gants noirs chez Toulouse-Lautrec dans *Yvette Guilbert, projet d'affiche* en 1894 (fig. 1), introduit l'année précédente dans l'affiche *Confetti*. **S.L.M.**

Physionomie populaire

52

Deux têtes d'homme

Vers 1830-1834
Pierre noire sur papier vergé
16,7 × 15 cm
Signé à l'encre noire en bas à gauche : *h D*
Au verso : *Deux figures vues de derrière*
Fusain

Rotterdam, Museum Boijmans Van Beuningen (F II 172)

Maison D.120 (recto) et D.179 (verso)

Exposé à Ottawa et à Paris seulement

Historique
    Galerie Paul Cassirer, Berlin ; Franz Kœnings, Rotterdam ;
    acquis avec la collection Koenigs en avril 1940 par D.G. van Beuningen ;
    donné au musée en 1940.

Expositions
    Vienne, 1936, n° 25 ; Francfort et New York, 1992-1993, n° 2, repr.

Verso

Le plus proche équivalent de cette physionomie d'homme du peuple restituée d'une main vigoureuse se trouve dans les images de travailleurs des lithographies de Daumier datant de 1833-1834, tels *Primo saignare* (LD 73), publié dans *La Caricature* du 5 décembre 1833, ou *Ne vous y frottez pas !!* (cat. 56) de mars 1834[1]. La tête est modelée avec beaucoup de force, en larges plans sculptés par de puissants effets de lumière ; ce type de physionomie, à la forte mâchoire et aux pommettes saillantes, s'observe dans les planches que l'artiste exécute à cette période, en beaucoup moins idéalisé. Dans l'œuvre exposée, le visage est buriné par la vie et une sorte de résignation émane de son regard éteint, d'autant plus efficace qu'il affronte directement celui du spectateur. Laughton a proposé avec hésitation une date plus tardive, mais non sans signaler le style hachuré du dessin, associé uniquement aux œuvres de jeunesse de Daumier[2]. L'étude des deux figures au verso, qui n'ont pas encore été rattachées à une œuvre connue, pourrait nous fournir un indice. **M.P.**

1. Laughton, 1987, p. 138 ; Ives, dans cat. exp. Francfort et New York 1992-1993, n° 2.
2. Laughton, *op. cit.* note 1, p. 138.

Recto

Philipon contre Philippe

LES ARMES DU POUVOIR : PROCÈS ET PRISON

Dans les deux planches suivantes, Daumier aborde le vaste thème de la prison, sujet artistique et littéraire du romantisme, interprété par Goya, puis par Delacroix dont les tableaux sur Le Tasse en prison apparurent comme des allégories du créateur rejeté par la société ; mais Daumier, quant à lui, s'exprime en artiste qui a payé de sa personne le droit à la liberté d'expression : il évoque l'emprisonnement politique dont il a été lui-même victime[1]. Sa situation se rapproche davantage de celle de Verlaine, poète en prison, ou de celle de Courbet, incarcéré au même endroit, après l'affaire du déboulonnage de la colonne Vendôme (*Autoportrait à Sainte-Pélagie*, 1872, Ornans, musée Courbet) ; le peintre s'est d'ailleurs souvenu des lithographies de Daumier en prison (et particulièrement d'une lithographie à la plume, non exposée, *Les Réjouissances de juillet... vues de Ste Pélagie, Le Charivari*, 29-30 juillet 1834, LD 197).

Comme l'a rappelé Provost, Sainte-Pélagie, prison pour dettes jusqu'en 1834, devint la prison des détenus politiques de 1831 à 1893. Son entrée avait été transférée sous la Restauration rue du Puits-de-l'Ermite, tandis que l'ancienne entrée, rue de la Clef, avait été murée[2].   **S.L.M.**

---

1. Même si son séjour à Sainte-Pélagie, lieu de détention des prisonniers politiques, a été abrégé par son transfert dans la clinique psychiatrique du docteur Pinel (ce qui lui inspira tout un cycle d'aquarelles de monomanes et d'aliénés en prise aux délires de l'imagination et de la folie, lithographiées par Ramelet). Une de ces aquarelles appartient aux collections du Conseil général du Val-d'Oise. Sur Sainte-Pélagie, voir cat. exp. *Balzac et le monde des coquins*, Paris, maison de Balzac, 1985.

2. Provost et Childs, 1989, p. 127.

53

Souvenir de Ste Pélagie (grande planche)

[1834]
Lithographie sur blanc ; état unique
24 x 18,8 cm
Signé en bas à droite : *h. Daumier*

Paris, collection Prouté
Exposé à Paris seulement (exemplaire reproduit)

Collection Roger Passeron
Exposé à Ottawa seulement

Delteil 193

Le traitement de *Souvenir de Ste Pélagie* est dénué de l'inspiration allégorique de *Moderne Galilée* (cat. 54) : l'œuvre, dont Daumier a donné deux versions successives, représente un intérieur de cellule où sont enfermés trois artistes, parmi lesquels, debout, les mains dans les poches, Daumier, surnommé « Gargantua » en prison ; une lettre à Jeanron, écrite de Sainte-Pélagie le 8 octobre 1832, indiquait sa disposition d'esprit : « Me voici donc à Pélagie, charmant séjour où tout le monde ne s'amuse pas. Mais moi, je m'y amuse, quand ce ne serait que pour faire de l'opposition. [...] à part cela, la prison ne me laissera aucun souvenir pénible, au contraire[1]. » La composition n'est pas sans rapport avec la représentation stéréotypée de l'atelier qui apparaît autour de *La Vie de bohème* de Murger dans les années 1840 ou avec celle de l'artiste

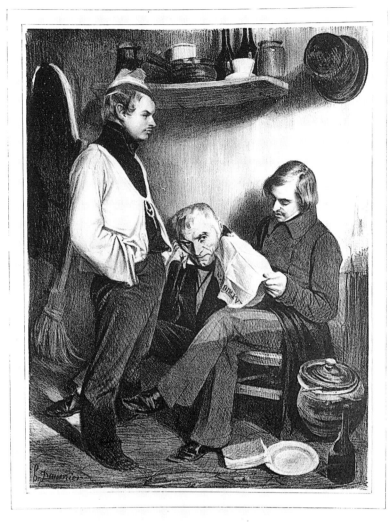

SOUVENIR DE St PÉLAGIE

dans sa mansarde (reprise par Daumier dans une lithographie de 1839 : *Le bois est cher, mais les arts ne vont pas*) ; on y retrouve le poêle au premier plan, la sobriété du décor orné d'une simple étagère où sont posés des objets ordinaires, les patères où sont suspendus le manteau et le chapeau, et un banc sur lequel sont assis deux des personnages ; tout ce décor évoque le dénuement d'ateliers à l'aménagement rudimentaire[2]. Mais l'enfermement est rendu par l'air concentré, absorbé à l'intérieur d'eux-mêmes des personnages, emprisonnés dans leur propre solitude qui redouble les murs de la prison, malgré le caractère dénué de prétention de leurs postures tirées des gestes de la vie quotidienne. L'un d'entre eux lit un journal dont le titre républicain, *La Tribune* d'Armand Carrel, apparaît comme une revendication de ses opinions politiques, et d'autres imprimés gisent à terre, alors que la gamelle vide est rutilante de blancheur. La composition de cette petite scène de genre, sorte de « poème en prose » lithographique sur le thème de l'atelier-prison ou de la prison-atelier, semble transposer dans le registre de la modernité et des costumes de 1830 la lithographie de Delacroix qui date de 1828 montrant Faust et Méphisto dans le cabinet de Faust.

Daumier fit deux versions lithographiques de son souvenir de prison. La première, dite « petite planche », a été publiée dans *Le Charivari* du 14 mars 1834 : elle est éclairée d'un jour qui vient de la gauche et baigne la scène. Dans la seconde, magnifiée par un format plus grand, Daumier a reproduit son sujet en contrepartie (c'est-à-dire en sens inverse); il dramatise l'atmosphère en renforçant le contraste entre les zones d'ombres, qui deviennent prépondérantes, et la source lumineuse, dont le journaliste approche son journal, comme pour recueillir l'éclairage diffusé par la lucarne de la prison. La vision n'en devient que plus mélancolique et pathétique ; cette seconde planche, tirée à part et beaucoup plus recherchée par les amateurs, a figuré dans d'importantes collections citées par Delteil : colonel de La Combe, Champfleury, Pochet, Malherbe, Grasset, et Beurdeley, l'épreuve de Champfleury étant passée entre les mains de Pochet puis de Beurdeley.

S.L.M.

1. Lettre vendue le 7 novembre 1887, citée dans Alexandre, 1888, et souvent reproduite depuis.
2. Sur cette iconographie de la bohème, voir Luce Abélès, dans cat. exp. *La Vie de Bohème*, Paris, RMN, 1988.

Au Bureau, chez Aubert passe Vero-Dodat.   *Lith. Delaunois, chez Becki. 10.*

Et pourtant elle marche.

54

Moderne Galilée. Et pourtant elle marche

La Caricature, pl. 436, n° 209, 6 novembre 1834
Lithographie au crayon et au pinceau ; deuxième état sur deux
22,4 x 27,6 cm (dessin) ; papier 25,8 x 33,5 (feuille)
Signé en bas à droite : *H.D.*

Ottawa, musée des Beaux-Arts du Canada
Exposé à Ottawa et Washington seulement
(exemplaire reproduit)

Collection Roger Passeron
Exposé à Paris seulement

Delteil 93

Dans *Moderne Galilée*, dont la légende « Et pourtant elle marche » fait allusion au mot célèbre de Galilée, le prisonnier est assis à même le sol, enchaîné (sa physionomie ressemble à celle de Blanqui) ; il fait face au procureur général Persil, qui se dresse, en robe, exhibant son profil aux traits cruels et acérés. Dans cette sobre planche, proche de la peinture romantique allemande par son iconographie, Daumier a exprimé avec conviction sa foi républicaine. Absorbé dans une méditation mélancolique, le personnage rêve à la liberté qui lui apparaît sous la forme d'une allégorie féminine, poursuivant, tel un astre, sa révolution dans le ciel, sur une trajectoire ponctuée par la suite des millésimes depuis 1830. Le passage du rêve à la réalité aura lieu en 1848, dans le *Dernier Conseil des ex-ministres*, où Daumier montre l'arrivée d'une Liberté rayonnante chassant les usurpateurs (cat. 115).   **S.L.M.**

LA RIPOSTE DE L'ÉDITEUR :
« L'ASSOCIATION MENSUELLE »

L'*Association mensuelle lithographique*, créée par Philipon, était une société d'actionnaires recrutés parmi les lecteurs de *La Caricature* et du *Charivari* pour constituer un fonds de réserve destiné à financer le paiement des amendes qui ne cessaient de pleuvoir sur les journaux de caricatures politiques ; les membres de l'Association recevaient une grande planche par mois. La série, qui débuta en août 1832, compta vingt-quatre planches ; Grandville la commença, mais il fut supplanté par Daumier qui passa progressivement sur le devant de la scène et acheva la série. Sur les cinq planches de Daumier, trois sont des pièces maîtresses de son œuvre lithographique (et même de l'histoire de la lithographie), conçues expressément comme des tableaux d'histoire en lithographie[1]. *Le Ventre législatif* (cat. 55), bien qu'annoncé comme « le dessin du mois de janvier », paraît le 6 février 1834 avec un léger retard[2]. La dernière planche, en septembre 1834, fut *la Rue Transnonain* (cat. 57).

Le contrat d'association proposé aux lecteurs, qui donnait le coup d'envoi de la série, fut publié le 26 juillet 1832 dans *La Caricature* ; ce texte mérite d'être reproduit car la tonalité du projet, emporté dans une éloquence militante républicaine, défend la liberté de la presse en conflit avec le pouvoir en place :

« Association pour la liberté de la presse.

« Vingt saisies, six jugements, trois condamnations, plus de 6 000 F d'amendes, treize mois de prison, des persécutions, au nombre desquelles l'exigence d'un cautionnement de 24 000 F, tout cela, dans l'espace d'un an, est une preuve incontestable de la profonde haine du pouvoir contre nous.

« Notre cautionnement est fourni, un seul procès nous reste en ce moment à vider. L'avenir de notre journal est donc certain ; mais pour le mettre entièrement à l'abri des nouveaux coups que peut et que veut, sans doute, lui porter l'implacable ennemi de la presse, nous créons une association destinée à nous former une caisse de réserve, pour payer les frais des procès qu'on peut intenter à l'avenir. Nous appelons à cette association tous les amis de *La Caricature*, tous les citoyens qui pensent que nous avons servi avec quelque puissance et quelque courage la cause de la liberté, tous ceux qui veulent aussi la défendre. »   **S.L.M.**

---

1. Bechtel, 1952 ; *L'Association mensuelle, Cahiers de l'Institut d'histoire de la presse et de l'opinion*, n° 6, Université de Tours, 1983.

2. Date de publication de l'explication. La planche était censée paraître le dernier jeudi du mois, le jour de la parution hebdomadaire de *La Caricature*.

55

Le Ventre législatif. Aspect des bancs ministériels de la chambre improstituée de 1834

L'Association mensuelle, pl. 18, janvier 1834
(publiée début février)
Lithographie ; épreuve sur Chine, non pliée, de la collection
Degas (cachet)
28 x 43 cm
Signé en bas à droite : *H. Daumier*

Association des Amis d'Honoré Daumier
Exposé à Paris seulement (exemplaire reproduit)

Ottawa, musée des Beaux-Arts du Canada
Exposé à Ottawa et à Washington seulement

Delteil 131

A. Guizot – B. Persil – C. Thiers – D. Barthe – E. Soult – F. d'Argout – G. Prunelle
– H. Lefèvre – I. Rigny – J. Podenas – K. Harlé, père – L. Royer-Collard – M. Odier
– N. Pelet de la Lozère. O. Fruchard – P. Delessert – Q. Vatout – R. Keratry
– S. Jolivet – T. Viennet – U. Lameth – V. Ganneron – W. Étienne – X. Fulchiron (?).

« Ce dessin de Daumier représente assez fidèlement le centre de la Chambre de 1834. Tu retrouveras là presque tous les députés que *la Caricature* mettait en scène dans ses dessins, ce sont très souvent des personnages satiriquement crayonnés », écrivait Philipon à son ami Roslje[1]. L'ensemble des personnages est identifiable en effet (voir le schéma ci-dessus), et certaines figures peuvent être rapprochées de leur transposition dans d'autres séries de portraits-charges, dont cette œuvre offre une sorte de résumé synoptique : ainsi reconnaît-on, entre autres, Harlé père, l'enrhumé, la goutte au nez qui tient un grand mouchoir (fig. 1), Odier, la

silhouette raide et guindée, le visage revêche, et le haut-de-forme à la main (fig. 2), ou encore le docteur Prunelle, les mains dans les poches (fig. 3).

Chef-d'œuvre unanimement reconnu de tous les historiens de la lithographie, cette planche de Daumier a été maintes fois commentée, depuis l'explication publiée dans le journal *La Caricature*[2] jusqu'à l'analyse de Champfleury, dans l'*Histoire de la caricature moderne* de 1865 (qui relate le point de vue du réalisme sur la caricature) et enfin celle de Duranty[3], rédigée à l'occasion de l'exposition de 1878 (à cette date, la planche était intégrée à l'ex-

Mr ARLÉPAIRE.

Mr ODIEUX.

Mr PRUNE.

Fig. 1
Honoré Daumier,
Mr Arlépaire [Harlé père],
lithographie parue dans
La Caricature, pl. 280,
6 juin 1833, coll. part.

Fig. 2
Honoré Daumier,
Mr Odieux [Odier],
lithographie parue dans
La Caricature, pl. 285,
20 juin 1833, coll. part.

Fig. 3
Honoré Daumier,
Mr Prune [Prunelle],
lithographie parue dans
La Caricature, pl. 288,
27 juin 1833, coll. part.

position permanente du département des Estampes de la Bibliothèque nationale). C'est son point de vue, celui de la génération impressionniste, qui convient pour présenter une rare épreuve sur Chine non plié de cette lithographie, elle-même très rare, ayant appartenu à Degas, comme l'indique son cachet. Elle figurait sous le n° 64 au catalogue de la vente Degas où elle était reproduite[4] : « Sauf en face d'une tête où le nez s'exagère d'une façon discordante et ennuyeuse, afin d'obéir à une tradition alors établie pour un certain personnage[5], on oublie qu'il y a là caricature. La *charge* disparaît, l'*accent* poussé à sa dernière limite vous saisit tout entier.

« Quatre bancs, dont le premier commence l'hémicycle, se succèdent dans cette planche, et leurs dossiers cachent à mi-corps les députés qui s'étagent sur les gradins. On ne voit que le buste et la tête des gens. Il y en a trente-trois, plus un autre qui seul se tient debout, à l'intérieur de l'hémicycle. »

Suivait une longue page admirative qui analysait les nuances de « couleur » apportées à l'ensemble par les habits noirs, les gilets noirs ou gris, les chevelures blanches qui brillent çà et là. L'éclairage zénithal de l'hémicycle nouvellement aménagé modèle les personnages « par masses énergiques, remplissant de noir tous les creux du visage et brillant sur les saillies. Les noirs gras, transparents, veloutés, et les demi-teintes, fines, nettes, modulées sur une gamme d'intensités différentes, réservent ces blancs chauds, limpides, onctueux, que ce disciple de Rubens et des Vénitiens sait admirablement répartir[6] ».

L'art lithographique de Daumier, coloriste en noir et blanc, était mis en évidence par Duranty. Dans sa perception des figures, le critique s'en tenait délibérément aux attitudes, ignorant à dessein l'identité des modèles et la qualité de portrait collectif qui est celle de la planche : « Les députés lisent, causent, rient, songent, prisent ou se mouchent ; quelques-uns ont l'affaissement et la stupeur de vieillards tombés en enfance. Je ne m'occupe pas de politique ; j'ôte le titre de la planche et le mot de députés ; nous n'aurons plus devant nous qu'une assemblée d'hommes, tels que notre temps et notre race les produit [*sic*]. »

Après une comparaison valorisante avec le modelé des têtes de Poussin, et un paragraphe sur les visages, les poses et les habits, il en venait à noter ceci : « On continue à regarder, le premier choc du comique a cessé ! Un grand courant de vérité s'émeut et s'écoule vers nous. » Il poursuivait : « Ils ne sont pas burlesques, ces hommes, ces bourgeois de notre époque ; ils ont un grand, un étrange caractère… Ils sont beaux de par l'énergie qu'a mise en eux le crayon puissant et violent de l'artiste. Eh bien, où est donc le railleur, le satirique là-dedans ? que devient ce pilori où il croyait les clouer par le grotesque ? Le profond, l'intense sentiment de la vérité et de la vie l'a saisi. Je contemple ces personnages et je les admire[7]. »

Par un renversement inattendu, la caricature dévalorisante et burlesque devenait un mode héroïque et glorieux. *Le Ventre législatif* parvint au même résultat que la *Rue Transnonain* (cat. 57) qui, de façon similaire, accéda à l'ampleur d'un tableau d'histoire : les deux œuvres transgressent leur statut d'art mineur pour atteindre à celui du grand art, d'ordinaire réservé pour le portrait à la grande peinture ou à la noble statuaire en pied. Daumier, ce faisant, annonçait la révolution artistique de Courbet qui suivra le même trajet fondé sur la fusion des modes d'expression majeurs et mineurs, mais selon une évolution inverse qui intègre à la grande peinture les expérimentations graphiques des langages de l'illustration, de l'imagerie et de la caricature. **S.L.M.**

1. Carteret, dans cat. exp., Paris, 1934b, n° 29, p. 127.
2. « Explication » de Philipon dans *La Caricature* du 13 février 1834, n° 171, reproduite dans *Cahiers de l'Institut d'histoire de la presse et de l'opinion*, Université Tours, 1983, p. 48-49.
3. Duranty, mai 1878, p. 436.
4. *Catalogue des estampes anciennes et modernes… composant la collection Degas*, première vacation, le 6 novembre 1918, Paris, hôtel Drouot, n° 64 ; cat. exp. *The Private Collection of Edgar Degas. A Summary Catalogue*, New York, The Metropolitan Museum of Art, 1997-1998, n° 142.
5. Il s'agit bien sûr du ministre d'Argout.
6. Duranty, *op. cit.* note 3, p. 439.
7. *Ibid.*, p. 440.

56

Ne vous y frottez pas ! !

L'Association mensuelle, pl. 20, mars 1834, publiée début juin
Lithographie
30 x 43 cm
Signé en bas à gauche : *H.D.*

Collection Roger Passeron
Exposé à Paris seulement (exemplaire reproduit)

Boston, Museum of Fine Arts. Legs de William P. Babcock, 1900
Exposé à Ottawa seulement

Delteil 133

Exposition
    Paris, 1934b, n° 30.

« La liberté de la presse, personnifiée par un jeune et vigoureux imprimeur attend, bien campée, les attaques d'un gros et gras personnage que pousse Persil et qu'Odilon Barrot cherche à retenir. Charles X, renversé et secouru par les monarques étrangers, témoigne du sort que pourrait réserver à son nouvel adversaire le puissant athlète auquel Daumier a su donner un si beau caractère de force et d'indépendance.

« Nous ne craignons pas de dire que cette planche […], exécutée à la manière des Anglais, d'un dessin large, ferme, et cependant plein de finesse, est un des meilleurs croquis politiques faits en France. »

L'« Explication » de Philipon[1] dévoilait au lecteur les clés des figures de l'arrière-plan, tandis que le personnage central, un Hercule imprimeur aux bras solides et musclés, se laisse identifier immédiatement dans la lithographie, grâce à l'inscription incurvée « *LIBERTÉ DE LA PRESSE* » qui l'isole et le met en évidence au premier plan comme un héros. Face à la puissance de la presse et face à la classe ouvrière, – ces deux pouvoirs n'en formant qu'un – les « ordres » du clergé et de l'aristocratie gesticulent vainement et s'éloignent à l'horizon. Daumier a utilisé la perspective et la récession des plans pour exprimer l'irréversible avènement de la République, que symbolise l'ouvrier du livre.

Philipon invoquait l'exemple des Anglais et rendait hommage au « dessin » de Daumier dans cette série d'emblée destinée à un public d'amateurs. Ultérieurement, l'œuvre sera recherchée par tous les grands collectionneurs. Delteil a cité les grandes ventes où la planche a figuré : Champfleury, Burty, Goncourt, Barrion, Renouvier, Malherbe, Degas, Hazard[2].   **S.L.M.**

---

1. Philipon, « Dessin du mois de mars », *La Caricature*, n° 187, 8 juin 1834 ; voir Schaffouse, 1995-1996, n° 24, et *Cahiers de l'Institut d'histoire de la presse et de l'opinion*, Université de Tours, 1983, p. 52-53.

2. La cote évolue au tournant du siècle de 60 francs en 1891 (vente Champfleury) à 900 francs en 1919 (vente Hazard). La planche a été vendue 955 francs à la vente Dujardin en 1918 et 2 000 francs à la vente Sarah Bernhard en 1923

57

Rue Transnonain, le 15 avril 1834

L'Association mensuelle, pl. 24, juillet 1834 (publiée début octobre)

Lithographie ; épreuve sur Chine, non pliée, de la collection Degas (cachet)

28 x 44 cm

Signé en bas à gauche : *H.D.*

Association des Amis d'Honoré Daumier

Delteil 135

Fig. 1
Joseph-Ferdinand Boissard de Boisdenier,
Épisode de la Retraite de Russie, huile sur toile,
signé « Jo. Boissard 1835 », Rouen, musée des Beaux-Arts.

Vingt-quatrième et dernière planche de *L'Association mensuelle*, cette lithographie est l'un des chefs-d'œuvre de Daumier, souvent tenu pour l'une des premières manifestations du réalisme. Daumier relate sobrement un événement dramatique des insurrections d'avril 1834, au cours duquel la troupe a tiré sur les habitants d'une maison[1], et le titre n'en dit pas plus ; la gravure est le constat de la mort dressé par Daumier à l'intérieur d'une chambre au lit défait, où l'homme glissant du lit a écrasé un bébé sous son poids, tandis que l'on aperçoit au premier plan, de façon fragmentaire, le visage d'un vieil homme, lui aussi mort. L'œuvre connut un retentissement immédiat et pourrait avoir influencé l'élaboration par Delaroche de *L'Assassinat du duc de Guise*[2] (1835, Blois, Château-musée). Dans son explication, Philipon laissait libre cours à l'indignation suscitée par « la boucherie de la rue Transnonain » alors que Daumier s'en tenait à la « chose vue », de sorte que la planche ne put être saisie (mais Louis-Philippe en fit rechercher et détruire les exemplaires disponibles sur le marché) : « Cette Lithographie

---

1. À la fin du siècle, une œuvre célèbre d'Alphonse de Neuville, souvent reproduite, *Les Dernières Cartouches*, reprendra, dans un traitement plus proche d'Antigna, le thème de la « bavure » et des massacres des civils par les militaires.

2. Selon Passeron. Sylvain Bellenger a signalé l'existence d'une aquarelle préparatoire au tableau de Blois, datée de 1832, et donc antérieure à la lithographie de Daumier.

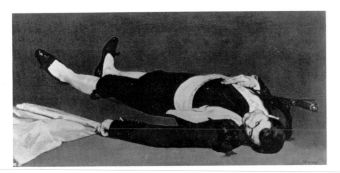

Fig. 2
Édouard Manet, *L'Homme mort (le Torero mort)*,
1864-1865, huile sur toile,
Washington, National Gallery of Art.

CRAC!!! — PAR GILL

Fig. 3
André Gill, *Crac!!!, à mon maître Daumier*, *La Lune rousse*,
18 février 1877, lithographie à la plume reproduite
au procédé et coloriée.

est horrible à voir, horrible comme l'action épouvantable qu'elle retrace. C'est un vieillard assassiné, une femme morte, un cadavre d'homme criblé de blessures qui gît sur le corps d'un pauvre petit enfant dont le crâne est fendu. Ce n'est point une charge, c'est une page sanglante de notre histoire moderne, page tracée par une main vigoureuse et dictée par une noble indignation. Daumier, dans ce dessin, s'est élevé à une grande hauteur, il a fait un tableau qui, pour être peint en noir et sur une feuille de papier, n'en sera ni moins estimable ni moins durable. La boucherie de la rue Transnonain sera pour ceux qui l'ont soufferte une tache ineffaçable, et le dessin que nous citons sera la médaille frappée dans le temps pour perpétuer ce souvenir de la victoire remportée sur quatorze vieillards, femmes ou enfants[3]. »

Le texte de Baudelaire, qui a sûrement eu connaissance de celui de Philipon, respectait mieux l'atmosphère de la planche de Daumier en une sorte de petit poème en prose enchâssé dans son article sur les caricaturistes français, un morceau réussi de transposition d'art : « À propos du lamentable massacre de la rue Transnonain, Daumier se montra vraiment grand artiste ; le dessin

est devenu assez rare, car il fut saisi et détruit. Ce n'est pas précisément de la caricature, c'est de l'histoire, de la terrible et triviale réalité. – Dans une chambre pauvre et triste, la chambre traditionnelle du prolétaire, aux meubles banals et indispensables, le corps d'un ouvrier nu, en chemise et en bonnet de coton, gît sur le dos, tout de son long, les jambes et les bras écartés. Il y a eu sans doute dans la chambre une grande lutte et un grand tapage, car les chaises sont renversées, ainsi que la table de nuit et le pot de chambre. Sous le poids de son cadavre, le père écrase entre son dos et le carreau le cadavre de son petit enfant. Dans cette mansarde froide il n'y a rien que le silence de la mort. »

Baudelaire n'éliminait pas de l'œuvre de Daumier la part de sentimentalité qui la rapprochait de la peinture de genre historique et anecdotique pratiquée par Delaroche, alors triomphante au Salon, et qui restera l'une des composantes de la peinture réaliste de l'école de 1848 (par exemple dans *La Veuve* d'Antigna au Salon de 1849, Remiremont, musée municipal Charles-de-Bruyère). Baudelaire n'en indiquait pas moins, à la suite de Philipon, le caractère ambitieux et exceptionnel de cette lithographie qui est l'égal d'un grand tableau d'histoire : non sans justesse, il soulignait le rapport de la lithographie avec la peinture de bataille dont l'accrochage dans les galeries de Versailles avait déjà commencé : à l'exemple de Gros, les peintres de la monarchie de Juillet ont représenté dans la peinture napoléonienne moins les victoires de la Grande Armée que l'hécatombe des victimes et les cadavres gisant sur la neige de la Retraite de Russie (ainsi l'*Épisode de la Retraite de Russie* de Boissard de Boisdenier, peintre ami de Baudelaire et de Daumier, de 1835[4] [fig. 1]) ; de même, Daumier représentait la mort sans fard, sans espoir de l'au-delà, à travers le massacre d'une famille dans une chambre, ce qui entraînait le spectateur vers une méditation sur la mort, la vanité des êtres et des choses. Il insistait sur la vision crue du cadavre[5], dramatisée par la présentation du corps à l'oblique ; cette évocation triviale et réaliste de la mort, celle des transis gothiques (comme le gisant de l'abbatiale d'Écouis), inscrit la lithographie de Daumier dans la continuité du *Christ mort* de Holbein, et dans la même famille d'œuvres que *L'Exécution du maréchal Ney* de Gérôme (1867, Salon de 1868, Sheffield, City Art Gallery) ou *L'Homme mort (le Torero mort)* de Manet (fig. 2) ; en 1877, l'hommage d'André Gill à Daumier confirma la portée de cette œuvre, réinterprétée dans un dessin de presse qui combat la censure[6] (fig. 3). **S.L.M.**

3. Explication signée Ch. Pon et publiée dans *La Caricature* du 2 octobre 1834, n° 204 ; voir *Cahiers de l'Institut d'histoire de la presse et de l'opinion*, 1983, Université de Tours, p. 60.

4. L'influence de la lithographie de Daumier sur ce tableau d'histoire qui lui est postérieur d'un an est probable ; en revanche, le motif du cheval mort, issu de Géricault, se retrouvera chez Daumier.

5. Comme Géricault l'a fait dans sa lithographie du cheval mort dont Daumier se souviendra de nouveau dans *Don Quichotte, Sancho Pança et la mule morte* (cat. 360).

6. Voir Juerg Albrecht et Rolf Zbinden, dans Régnier (dir.), 1997, p. 124-135 ; Juerg Albrecht, *Rue Transnonain*, Francfort-sur-le-Main, Fischer, 1992.

L'ÉCHEC DE PHILIPON
ET LA FIN DE LA CARICATURE POLITIQUE

Baissez le rideau la farce est jouée.

58

Baissez le rideau, la farce est jouée

Planche 421, *La Caricature*, n° 201,
11 septembre 1834
Lithographie sur blanc ; état unique
20 x 27,8 cm

Saint-Denis, musée d'Art et d'Histoire
(ancienne collection Provost)

Delteil 86

L'allusion au théâtre sert de métaphore explicative au fonctionnement de la vie parlementaire et de la vie judiciaire[1], et permet à Daumier d'en dénoncer les distorsions. Dans l'un et l'autre cas, l'organisation de l'espace se prête à la théâtralité : la salle des Débats avait été aménagée en hémicycle par Jules de Joly au palais Bourbon entre 1828 et novembre 1832, les députés y faisaient cercle, sur des bancs étagés comme en un grand théâtre tout en haut duquel s'ouvraient les tribunes de la presse auxquelles Daumier avait accès ; la scène était dominée par le « perchoir » du président, au-dessous duquel se succédaient les orateurs à la tribune ; plusieurs planches de la période politique des années 1830-1835 contribuèrent à cette identification de l'hémicycle à un théâtre. L'une des plus réussies a été publiée à l'occasion du discours du roi pour la session parlementaire de 1834[2] : *Baissez le rideau, la farce est jouée*. Louis-Philippe, en Paillasse, salue le public tandis que le rideau se baisse sur le régime parlementaire symbolisé par l'hémicycle. La légende reprend les dernières paroles prononcées par Rabelais au moment de mourir. **S.L.M.**

1. Voir à ce sujet deux catalogues récents d'exposition : Paris, Versailles, Bruxelles et Saint-Denis, 1996-1997 et Paris et Bruxelles, 1996-1997.
2. Pour respecter le principe de la séparation des pouvoirs, le roi n'entrait pas dans l'hémicycle, et n'accédait qu'au salon du Roi, où il prononçait une fois par an son discours d'adresse.

C'était vraiment bien la peine de nous faire tuer !

59

C'était vraiment bien la peine de nous faire tuer !

La Caricature, pl. 524 et dernière, n° 251, 27 août 1835
Lithographie sur blanc ; état unique
21 x 29 cm

Saint-Denis, musée d'Art et d'Histoire
(ancienne collection Provost)

Delteil 130

Fig. 1
Honoré Daumier, *Autres fruits
de la Révolution de Juillet*,
texte de la loi sur la presse dans des
calligrammes en forme de poires,
paru dans *La Caricature*, n° 251,
27 août 1835, coll. part.

Fig. 2
Francisco de Goya, *Y aun no se van,
Caprices*, planche n° 59, 1796-1797,
eau-forte et aquatinte, publié en 1799.

Après l'attentat de Fieschi, le 28 juillet 1835, les « lois de septembre » sur la presse, votées le 9 septembre, interdirent la caricature politique, qui disparut donc de l'œuvre de Daumier jusqu'en 1848. *La Caricature* « morale politique judiciaire et scénique » ne put survivre à l'impossibilité de rester « politique ». La dernière livraison, datée du 27 août 1835, publiait le texte de la loi, en présentant les articles de censure et d'autorisation préalable sous la forme de calligrammes en forme de poires (fig. 1), procédé déjà introduit dans *Le Charivari*, le 27 avril 1834 et le 1er mai 1835[1].

Cette belle planche tragique, inspirée du *Caprice* n° 59 de Goya (fig. 2), transpose le thème traité dans le registre fantastique de la danse macabre ; elle préfigure, dans une certaine mesure, les grandes allégories de 1871 qui recourront à la même tonalité d'inspiration (par exemple *La Paix. Idylle*, cat. 336).

L'œuvre a été contrefaite, sous le titre *Les Morts des trois journées*, en 1836 à Londres dans *La Caricature française, journal sans abonnés ni collaborateurs*, publié en fascicules hebdomadaires par Ida Saint-Elme, auteur des *Mémoires d'une contemporaine*[2].

Après 1835, la contrefaçon de toute lithographie politique, à Bruxelles[3] et à Londres, est apparue comme un moyen de contourner la censure et de diffuser une politique interdite désormais sur le territoire de l'hexagone.   **S.L.M.**

1. Le Men, 1984, p. 83-102.
2. 25 numéros parurent ; une œuvre de Daumier y était contrefaite dès le premier numéro, publié le 1er mars (LD 71).
3. Voir les articles de Jacques Hellemans, dans cat. exp. Paris et Bruxelles, 1996-1997, p. 41-48 et dans Régnier (dir.), 1997, p. 284-287

60

Fac-quasi similé des vignettes de titre du Charivari, telles qu'elles ont été soumises à la censure de 1835, avec l'indication pittoresque des vignettes passées par les ciseaux. Seconde et dernière planche

Le Charivari, 20 septembre 1835
Bois de bout
3,5 x 17,1 cm (dessin)

Bibliothèque historique de la Ville de Paris

Bouvy 19 (pour le premier tirage, mais ce retirage est inconnu de Bouvy)
Exposé à Paris seulement

Les bustes furent non seulement reproduits en lithographie, mais également sur bois pour servir de bandeaux au *Charivari*, où ils furent d'abord présentés comme des devinettes aux lecteurs avant d'être légendés lors d'une livraison postérieure[1]. En tant que dernière irrévérence de la caricature politique à la censure, peu après la promulgation des lois de septembre 1835, *Le Charivari* publia sur deux pleines pages une sorte de présentation récapitulative des « têtes de pages » autorisées par la censure, en alternance avec la description verbale des images interdites. Ici, sur la page de gauche[2], l'un des cinq bandeaux (qui ne sont pas tous de Daumier), reproduit une série de bustes (Dubois, Viennet, Prunelle, Vatout, Barthe, Lefèvre, Delessert)[3] parus sans les noms identifiant les personnages dans *Le Charivari* du 17 au 23 novembre 1833, puis avec leur nom le 23 janvier 1834[4]. Cette mise en page originale des images qui introduit un véritable contrepoint au texte peut être rapprochée de l'invention tout à fait contemporaine du livre illustré romantique. La disposition par images en bandes évoque les plaques de verre coloriées, vendues par séries (éditées par Aubert, un homonyme de notre éditeur), qui servaient aux projections des lanternes magiques. C'est ainsi que Nadar publiera, dans une mise en page comparable sa « lanterne magique des journalistes » dans *Le Journal amusant*.　　　　　　　**S.L.M.**

1. Bouvy, mars 1932, p. 40-50 et décembre 1932, p. 187-192.
2. Deux autres bandeaux de Daumier prennent place sur la page de droite.
3. Qu'il convient de rapprocher des terres crues et des lithographies correspondantes : Dubois (LD 144), Viennet (LD 54, 145), Prunelle (LD 60), Vatout (LD 175), Barthe (LD 63), Lefèvre (LD 173), Delessert (LD 59 et 170).
4. Après son autorisation par la censure, ce bandeau fut réimprimé dans *Le Charivari* du 30 septembre au 31 janvier 1836. Le personnage de gauche avait disparu du bois qui avait été coupé.

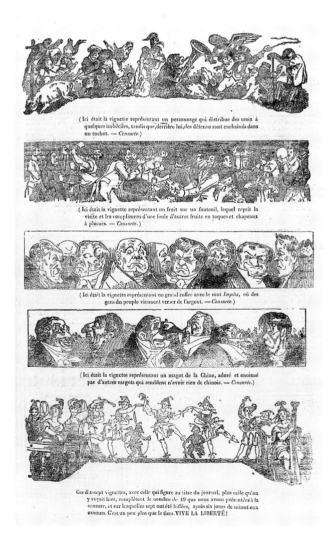

Illustration, caricature de mœurs et parodies (1835-1848)

LE LIVRE ILLUSTRÉ

Tome Iᵉʳ

Jean-Paul Choppart.

Lith Junca

Cat. 61, t. I

61

Les Aventures de Jean-Paul Choppart

Paris, au bureau (Aubert), 1836, deux vol. in-12, ouverts au frontispice, de la « troisième édition corrigée et augmentée de nouveau par l'auteur » :
- « Jean-Paul Choppart », t. I (LD 278)
- « La mâchoire de Jean-Paul courait le plus grand danger », t. II (LD 280)
Lithographie imprimée par Junca
Signé en bas à gauche : *h.d.* (LD 278)

Paris, Bibliothèque nationale de France, département des Imprimés

Delteil 277-281
Exposé à Paris seulement

L'interdiction de la caricature politique en septembre 1835 entraîna la reconversion de Daumier vers la caricature de mœurs et l'illustration des livres romantiques. L'essor que prit alors le secteur de l'édition pour enfants, parmi les activités de la maison Aubert, apparaît dans les catalogues de l'éditeur où se trouvaient albums, « alphabets en bandes » et livres illustrés : c'est ainsi que Daumier illustra de cinq planches, déposées à la date du 10 décembre 1835, les deux volumes d'un petit livre d'étrennes enfantines, *Les Aventures de Jean-Paul Choppart*, de Louis Desnoyers[1], dont il avait illustré, pour *Le Journal des enfants*, *Les Aventures amphibies de Robert-Robert et de son fidèle compagnon Toussaint-Lavenette*, en 1835-1836 (B 93-96). Parmi les illustrateurs des éditions successives figurent plusieurs caricaturistes du *Charivari* : Grandville en 1832, dans la version d'origine publiée en feuilleton par *Le Journal des enfants* ; Daumier en 1836 ; Cham (avec Giacomelli) dans l'édition Hetzel de 1868, maintes fois donnée en livre de prix et rééditée sous la troisième République[2].

Célèbre pour avoir composé l'une des premières galeries littéraires de « types » parisiens, *Les Béotiens de Paris*, Desnoyers fut surtout rédacteur en chef du *Charivari* dont Philipon était directeur artistique. C'est contre la mièvrerie des « berquinades » adressées aux enfants qu'il a pris la plume : « On peut dire que toutes les œuvres écrites jusqu'à notre époque, pour l'enfance, sont niaises (y compris celles de Berquin), ou barbares, ou inutiles, ou dangereuses[3]. » L'œuvre est un roman d'apprentissage qui raconte la fugue de deux enfants terribles et leur équipée héroï-comique ; enrôlés malgré eux dans une troupe de saltimbanques, ils subissent les persécutions du chef de la troupe qui se fait appeler le marquis de la Galoche. Best-seller de la littérature enfantine française du XIXᵉ siècle, ce livre annonçait *Sans famille* de Hector Malot, *Le Tour de la France par deux enfants* de Mme Bruno, voire *L'homme qui rit* de Victor Hugo. Il peut aussi se lire, avec l'œil de l'adulte, comme une satire du charlatanisme contemporain et des mœurs sans scrupule des « industriels » qui seront la cible des « Robert Macaire » de Daumier.

Tome 2.me

Lith: Junca.

*La mâchoire de Jean-Paul court le
plus grand danger.*

Cat. 61, t. II

En frontispice du premier tome, Daumier présente « Jean-Paul Choppart » (LD 278) – une sorte de Quasimodo enfant dont la difformité physique fait écho à l'esthétique du grotesque et de la caricature mise en œuvre par l'auteur de la préface de *Cromwell* ; cette lithographie, consacrée au « type » de l'enfant terrible, se rattache à la galerie qui a commencé dans *Le Charivari* moins de quinze jours après l'entrée en vigueur des nouvelles lois sur la presse. La série des *Types français* par Daumier et Traviès (qui paraît en 31 planches du 23 septembre 1835 à juillet 1836, LD 260-270) compte notamment le « saute-ruisseau », le petit clerc adolescent que fut Daumier à un moment donné (LD 260, *Types français*, nᵒ 1).

Au tome second, la planche-frontispice, « La mâchoire de Jean-Paul courait le plus grand danger » (LD 280), illustre l'épisode où le marquis de la Galoche vante dans un long boniment ses talents d'arracheur de dents. Par sa mise en page et son invention, cette

lithographie reprend le thème théâtral de la parade et du charlatan, apparu dès la toute première lithographie attribuable à Daumier (LD A, cat. 3) et promis à une longue fortune dans son œuvre. Les silhouettes des deux personnages sur les tréteaux offrent une première élaboration de celles de Robert Macaire et de Bertrand, protagonistes de la série *Caricaturana* qui débute quelques mois plus tard au *Charivari* (cat. 70 à 72). **S.L.M.**

1. *Les Livres de l'enfance du XVᵉ au XIXᵉ siècle*, Paris, Gumuchian, t. I, nᵒ 2188 (reprinted Londres, The Holland Press, 1967 et 1979) ; Carteret, 1976, p. 199.
2. Voir Ségolène Le Men, « De Jean-Paul Choppart à Struwwelpeter. L'invention de l'enfant terrible dans le livre illustré », *Revue des sciences humaines*, nᵒ 224, janvier-mars 1992 ; Laura Kreyder, « Les petits diables, l'enfant terrible au XIXᵉ siècle », *Il diavolo fra le righe, presenza e forme del demoniaco nella letteratura francese dal XVII al XIX secolo*, Milan, Guerini, 1995, p. 137-195.
3. « À l'auteur », lettre-préface de Louis Desnoyers à Ortaire Fournier, dans l'*Histoire de Pierre Durand*, Paris, 1839, p. VII.

62

Souvenirs du choléra-morbus

Vignette gravée par Plon illustrant *La Némésis
médicale illustrée*, recueil de satires…
contenant 30 vignettes dessinées par Daumier,
et gravées par les meilleurs artistes,
avec un grand nombre de culs-de-lampe, etc.
par François Fabre, 2ᵉ édition
Paris, au bureau de la Némésis, t. I, 1840, p. 69
(imp. Béthune et Plon)
Bois de bout
Signé en bas à gauche : *h. Daumier* et en bas
à droite : *A. Plon sc.*
Un volume in-8, exemplaire à grandes marges
avec ex-libris de la bibliothèque du docteur
Félix Durosier

Collection Roger Passeron

Bouvy 340

Exposé à Ottawa et à Paris seulement

Ah ! sans l'heureux secours des mille démentis[a] !

Apparu en 1835, le livre illustré romantique devint, selon la formule de Beraldi, « musée d'images », parsemé de bois gravés, soit en vignettes dans le texte, soit en planches hors-texte et vendu par livraisons avant d'être édité en livre d'étrennes. Daumier fut associé à plusieurs de ces entreprises collectives, et illustra en propre *La Némésis médicale*. Satire des médecins et des pratiques médicales, du magnétisme à la physiognomonie, le poème de « François Fabre, Phocéen [comme Daumier] et docteur » est composé de chants, à l'imitation de la *Némésis* de Barthélémy, satire politique de 1831 avec des eaux-fortes et d'après Raffet. Dans la seconde édition de 1840 vendue par livraisons puis en volume et contrefaite à Bruxelles (Bruylandt-Christophe et Cⁱᵉ, 1843), chacun de ces chants est orné d'un hors-texte gravé sur bois d'après Daumier (B 336-364), dont l'un des plus réussis, à la neuvième livraison, se rapporte au choléra de 1832[1]. Avec une remarquable économie de moyens, Daumier rend le spectacle de la mort et de l'épidémie sous un soleil intense, signifié par le blanc de la page. Dans l'exemplaire présenté, la « mise en train » au tirage[2] a permis de régler l'intensité des noirs afin d'avoir une perspective par récession des plans : le chien du premier plan apparaît très noir tandis qu'un effet de tailles croisées rend en gris le lointain. Le croquis de Daumier a inspiré à Baudelaire, en guise de description, une sorte de poème en prose : « Chargé d'illustrer une assez mauvaise publication médico-poétique, la *Némésis médicale*, [Daumier] fit des dessins merveilleux. L'un d'eux, qui a trait au choléra, représente une place publique inondée, criblée de lumière et de chaleur. Le ciel parisien, fidèle à son habitude ironique dans les grands fléaux et les grands remue-ménage politiques, le ciel est splendide ; il est blanc, incandescent d'ardeur. Les ombres sont noires et nettes. Un cadavre est posé en travers d'une porte. Une femme rentre précipitamment en se bouchant le nez et la bouche. La place est déserte et brûlante, plus désolée qu'une place populeuse dont l'émeute a fait une solitude. Dans le fond se profilent tristement deux ou trois petits corbillards attelés de haridelles comiques, et au milieu de ce forum de la désolation, un pauvre chien désorienté, sans but et sans pensée, maigre jusqu'aux os, flaire le pavé desséché, la queue serrée entre les jambes. » **S.L.M.**

1. Brivois, 1883, p. 141 ; Carteret, t. II, 1976, p. 227 ; Ray, t. II, 1984, nᵒ 217.
2. Technique de tirage élaboré en 1839 qui permet, par un système de papiers découpés (« hausses » et « découpages ») surélevant certaines parties du bois, de renforcer les noirs à certains emplacements et de les atténuer à d'autres.

63

Le Phrénologiste palpant « un crâne à demi rongé
et prêt à tomber en poussière... »

Planche hors-texte gravée par Birouste, en regard,
tête de page et lettrine d'après Daumier pour
Les Français peints par eux-mêmes, Paris, Curmer,
t. III, 1841, p. 97
Bois de bout
Planche signée en bas à gauche : *h. Daumier*
et à droite : *Birouste*
13 × 9,5 cm
Tête de page signée en bas à gauche : *H. Daumier*
et à droite : *Birouste*
3,8 × 12 cm
Lettrine non signée gravé par Gaildreau
4 × 4 cm
Un volume in-8

Paris, maison de Balzac

Bouvy 375

Exposé à Paris seulement

« Ce que nos devanciers n'ont pas fait pour nous, nous le ferons pour nos petits-neveux : nous nous montrerons à eux non seulement peints en buste, mais des pieds à la tête et aussi ridicules que nous pourrons nous faire[1]. » Ainsi était définie la vaste entreprise éditoriale des *Français peints par eux-mêmes*[2], parue en 422 livraisons à partir de 1839 et menée à bien en neuf volumes édités de 1840 à 1842 par l'éditeur Curmer[3], avec l'aide d'un grand nombre d'auteurs et d'illustrateurs (parmi lesquels Daumier, Gavarni, Grandville, Charlet, Traviès et Meissonier). Chacune des livraisons, vendue six sous en noir et dix sous coloriée, abordait un « type » social ou professionnel auquel était consacré le « grand bois » hors-texte, selon une formule invariable de mise en pages, qui montrait le personnage en pied, silhouetté sur la page, exposé comme un spécimen de botanique ou d'histoire naturelle ; en appoint, d'autres vignettes, de la tête de page à la lettrine et au cul-de-lampe, complétaient le reportage.

Outre les vignettes qu'il a données notamment pour *Le Prisme*, Daumier a illustré quatre « types » pour *Les Français* : au tome II, *L'Herboriste* (p. 260) et *Le Défenseur officieux* (p. 347) et au tome III, *Le Bourgeois campagnard* (p. 25) et *Le Phrénologiste* par Eugène Bareste (p. 97, livraison 166), présenté « en noir[4] ». Les

bois et le reçu autographe de Daumier à l'éditeur Curmer daté du 30 décembre 1839 ont figuré à l'exposition de 1934[5].

Debout, de profil, les jambes légèrement écartées, « le phrénologiste », lunettes sur le nez, examine avec l'œil attentif et spécialisé de l'amateur... deux crânes qu'il fait tourner dans ses deux mains pour en identifier et en comparer les bosses. Version moderne, comique et dérisoire de la méditation devant un crâne (qui inspira à plusieurs reprises Delacroix dont *Hamlet et Horatio au cimetière*, et qu'interpréta Daumier dans *Les Bas-bleus*, cat. 92), cette œuvre campe dans cette planche un héros funèbre en habit noir qui ressemble au « croque-mort », autre « type » des *Français*, un héros observateur aussi : « Celui que nous observons en ce moment est généralement observateur. Il croit au développement des masses encéphaliques, au déplissement des circonvolutions du cerveau, à l'innéité des facultés et au perfectionnement

1. Janin, préface, tome 1 des *Français...*, p. XVI.
2. Brivois, 1883, p. 157 ; Ray, t. II, 1984, n° 227 ; Carteret, t. III, 1976, p. 245-250.
3. Cinq volumes sur *Paris*, trois sur la *Province*, et *Le Prisme*, distribué en prime aux souscripteurs.
4. Les planches coloriées sont beaucoup moins belles.
5. Paris, 1934b, n° 423 (coll. Grosjean-Maupin) et n° 413 (bibl. Doucet).

de l'espèce humaine par l'éducation » (p. 99). Environné de tout un attirail dont se moquèrent à maintes reprises les caricaturistes, de Töpffer (dans le docteur Craniose de *Monsieur Cryptogame*) à Daumier (de ses caricatures politiques ou sociales à *La Némésis médicale*), le phrénologiste est décrit ainsi par Eugène Bareste dans son article : « Le phrénologiste a un cabinet de travail dans lequel il se garde bien de travailler. Ce cabinet, fort propre du reste, est décoré avec luxe, il est orné d'un bureau couvert de papier blanc, de brochures et de livres non coupés ; d'une magnifique bibliothèque renfermant des ouvrages de phrénologie et de physiognomonie superbement reliés, mais vierges dans toute l'ac-

ception du mot ; de consoles en bois doré sur lesquelles sont placés les plâtres topographiés de Gall et de Spurzheim, les têtes moulées sur place des assassins célèbres, des grands hommes politiques et des voleurs distingués ; enfin des tableaux synoptiques, des portraits, d'un divan, et d'un piano criard… » (p. 104).

Tout ce décor est repris par Daumier qui expose à l'arrière-plan, non sans rappeler les planches politiques et les bustes en terre crue, des crânes rangés sur une étagère surmontant les types correspondants de formes crâniennes ; sur le coin d'un meuble, est posé en guise d'emblème de la science phrénologique un Victor Hugo au vaste front.   **S.L.M.**

64

Physiologie du poëte par Sylvius
[Edmond Texier]

Illustrations de Daumier, Paris, Jules Laisné, Aubert et Cⁱᵉ, Lavigne, 1842
Frontispice signé en bas à gauche : *Birouste*
8,5 × 7 cm
Vignette de titre non signée
4 × 5,3 cm
Un volume in-32

Paris, maison de Balzac

Bouvy 459

Exposé à Paris seulement

Les physiologies, et en particulier la collection des « physiologies illustrées Aubert », « inondèrent » – métaphore d'époque – Paris en 1841-1842. Ces petits livres illustrés, de format in-32, analysaient, par le mot et par l'image, avec la verve satirique du journal illustré, les caractères et les « types » contemporains, en parodiant la veine plus sérieuse des *Français peints par eux-mêmes* (cat. 63) et de leurs imitations diverses[1]. De nombreux croquis de Daumier, en tirage originaire (comme ici) ou en retirage, en émaillaient les pages. C'est là, au dire des Goncourt, qu'il fallait « aller chercher l'invention, l'esprit, l'enlevé de ses illustrations qui ressemblent à des croquetons galopant à travers tout le livre ». Illustrateur de physiologies, Daumier fut aussi l'inspirateur de bon nombre d'entre elles, dont certains titres évoquent ses séries les plus célèbres : ainsi, la *Physiologie des bas-bleus* de Frédéric Soulié (1842) ou la *Physiologie de Robert Macaire* de James Rousseau (1842) ; dans certains cas, les auteurs de physiologies brodaient

leur texte autour des lithographies du *Charivari* que les lecteurs gardaient en mémoire.

Dans la *Physiologie du poëte*[2], le frontispice – un Victor Hugo rayonnant de gloire – et la vignette de titre, minuscule ovale d'un nocturne au clair de lune, annoncent respectivement les chapitres sur « le poète olympien » et « le poète lamartinien », où ces bois figureront une seconde fois[3] ; leur confrontation dès l'entrée du livre tourne en dérision le génie romantique qui prête à caricature et l'émotion lyrique face à la nature, à laquelle Daumier lui-même cédait volontiers (cat. 80, 85 et 108). La double page semble une mise en images du titre hugolien *Les Rayons et les Ombres* tandis que le frontispice vise directement le poète – lequel fut, comme Thiers, l'une de ses cibles de prédilection[4] ; le croquis s'inspire, pour le parodier, du portrait peint par Châtillon (fig. 1). L'auteur d'*Olympio*, auquel est consacré le chapitre liminaire, exhibe son crâne géant qu'aurait apprécié le phrénologiste (cat. 63). Les sourcils froncés, le vaste front dégagé, il trône aux cieux, tel un moderne Jupiter ; il pose avec le geste, fixé depuis Dürer, de la mélancolie, bras accoudé, main au visage. La gravité de l'habit noir moderne est atténuée par l'attitude détendue des jambes croisées : dans cette « apothéose » parodique, vague allusion à l'*Apothéose d'Homère* d'Ingres (1826, Paris, musée du Louvre) et dérision probable des multiples candidatures académiques du poète, Daumier se conforme au ton de l'incipit : « Son berceau fut un Sinaï. Il est né par un soir d'orage, entre un éclair et un coup de tonnerre » ; le chapitre se poursuit sur l'évocation des « planètes olympiennes » d'où jaillissent « en forme d'étincelles, des myriades de volumes à couverture beurre frais. – Prix : 7 fr 50 c. » (p. 10). Au style fleuri du journaliste répond le croquis sommaire et cursif de Daumier, fidèlement gravé en fac-similé par Birouste, son graveur favori, qui a soigné aussi le rapport entre les zones sombres et les parties lumineuses.   **S.L.M.**

Fig.1
Auguste Châtillon,
Portrait de Victor Hugo,
1836, huile sur toile,
Paris, maison de Victor Hugo.

1. Preiss, 1999.
2. Françoise Lhéritier, « *Les Physiologies* par Andrée Lhéritier, Jean Prinet, Claude Pichois, Antoinette Huon et Dimitri Stremoonkhoff », *Études de presse*, nouvelle série, vol. IX, n° 17, 4e trimestre 1957, n° 89.
3. La gravure du frontispice apparaît en réemploi p. 12, au milieu d'une phrase.
4. Voir notamment la série *Souvenirs du Congrès de la paix* en septembre 1849 (LD 1940, 1942, 1943).

65

Révolution causée par une pluie d'orage, qui fond tout à coup sur les promeneurs...

Illustration de *La Grande Ville, Nouveau Tableau de Paris, comique, critique et philosophique par Paul de Kock*, Paris, Au bureau central des publications, t. I, 1842, p. 330.
Bois de bout par Bernard d'après Daumier
Vignette signée en bas à gauche : *h.D.* et au milieu : *Bernard*
9,8 × 10,1 cm
Un volume in-8

Paris, maison de Balzac

Bouvy 686

Exposé à Paris seulement

Dans ce croqueton en fac-similé mis en valeur par la mise en train du tirage[1], Daumier esquisse un tableau de pluie propre à la vie dans « la grande ville », où les passants se laissent surprendre par une averse soudaine et violente (l'ombre portée des personnages prouve que le soleil n'est pas loin). Les traits parallèles, traversant la page à l'oblique, rendent l'effet d'une pluie torrentielle, et teintent la vignette d'un gris, plus soutenu à l'arrière-plan, qui symbolise la vision brouillée des formes sous l'averse ; au loin, passe un omnibus à peine visible ; telles des taches éclaboussant l'image, les silhouettes noires des passants s'agitent et courent en tous sens ; ils pataugent dans les flaques luisantes tandis que le vent retourne les parapluies et fait s'envoler les chapeaux. C'est là un trait d'humour qu'affectionnait Daumier et qui a l'effet d'un instantané ; le zigzag des lignes brisées, qui caricaturent le corps désarticulé des passants dont les basques d'habits se soulèvent, forme dans cette composition un jeu d'abstraction linéaire et tachiste que reprendront certains croquis de presse plus tardifs de Cham et de Nadar, et qui préfigure le style nerveux de l'affichiste Chéret, apprécié par Huysmans et Seurat.

Le thème de la pluie, également traité par la vignette suivante[2], a été interprété régulièrement dans l'œuvre lithographique de Daumier, dont la sensibilité à la poésie des intempéries et des variations atmosphériques (cat. 180) était proche de celle des impressionnistes.   **S.L.M.**

1. Bouvy a signalé deux retirages : dans *L'Illustration* du 17 mai 1845 et dans le *Tableau de Paris* de Texier, t. I, Paris, *L'Illustration*, 1853, p. 70.
2. *Ibid.*, p. 332, B 687 : « *Passants abrités sous une porte pendant un orage* ».

66

*Tortillard « Tortillard tira mystérieusement de sa poche
une petite bourse de soie rouge et compta lentement…
dix-sept pièces d'or qu'elle contenait »*

Illustration hors-texte pour *Les Mystères de Paris* d'Eugène Sue,
Nouvelle Édition revue par l'auteur, Paris, Gosselin, t. I, 1843,
p. 308
Bois de bout par Lavoignat d'après Daumier
Planche signée à gauche : *h. Daumier* et à droite : *H. Lavoignat*

16 × 10,5 cm
Un volume in-8

Paris, maison de Balzac

Bouvy 741

Exposé à Paris seulement

Le roman d'Eugène Sue, *Les Mystères de Paris*, remporta un
immense succès lors de sa publication en feuilleton dans *Le
Constitutionnel*. Daumier a réalisé quatre grands bois d'illustration pour le tome I de l'édition illustrée du roman, publiée d'abord
par livraisons, puis en trois tomes en 1842-1843[1]. L'un de ces hors-
texte représente le « type » de Tortillard. Daumier considère avec
sympathie l'enfant espiègle, auquel il offre une place dans la galerie des gamins, non loin de *L'Écolier* de Charlet pour *Les Français
peints par eux-mêmes* et de Jean-Paul Choppart (cat. 61). Par sa
physionomie taquine et malicieuse, sa posture un peu contorsion-
née, son accoutrement d'enfant des rues, vêtu d'une blouse d'écolier un peu grande et portant au cou le mouchoir des classes populaires, l'enfant, tel que Daumier l'a campé, a déjà quelque chose de
Gavroche et du gamin de Poulbot. Dans la pénombre, le modelé
de la physionomie et les pans du vêtement se détachent du fond,
interprété en bois de teinte[2], par le graveur Lavoignat[3]. Cet éclairage un peu fantastique met en valeur son œil rond et scrutateur,
son nez retroussé et sa chevelure crépue.   **S.L.M.**

TORTILLARD.

---

1. T. I, 20 planches (13 bois, 7 acier) ; t. II, 20 planches (8 bois, 12 acier) ;
   t. III, 17 planches (10 bois, 7 acier) ; Brivois, 1883, p. 381 ; Carteret, t. III,
   1976, p. 569-570 ; Ray, t. II, 1984, n° 233 ; Rümann, 1926, n° 452.
2. Le bois « de teinte », qui rend la teinte et les surfaces ombrées, s'oppose
   à la gravure sur bois en fac-similé qui est gravée au trait à la manière d'un
   croquis à la plume.
3. D'après un dessin de Daumier sur bois probablement rehaussé au lavis.

67

*Le Père Goriot « Aux uns, il faisait horreur ;
aux autres, il faisait pitié »*

Illustration hors-texte pour *Le Père Goriot, Œuvres complètes
de M. de Balzac la Comédie humaine*, Paris, Furne, Dubochet
& Cie, Hetzel & Paulin, t. IX, 1846, p. 313
Bois de bout gravé par Baulant d'après Daumier
Planche signée en bas à gauche : *h.D.* et en bas
à droite : *BAULANT*

11,8 × 9,3 cm
Un volume in-8

Paris, maison de Balzac

Bouvy 736

Exposé à Paris seulement

Daumier et Balzac se connaissaient depuis l'époque de *La Caricature*, où Balzac, sous divers pseudonymes, rédigeait de nombreux
articles. Daumier lui devait cette définition, souvent répétée : « Ce
gaillard-là, il a du Michel-Ange sous la peau » ; recommandé par
l'écrivain pour l'un des volumes (où il n'a pas figuré), il a fourni
quatre bois pour *La Comédie humaine*.

L'édition illustrée de *La Comédie humaine*[1], coéditée par les
plus grands éditeurs romantiques regroupés autour de Furne, et
achevée par Houssiaux, s'est poursuivie en dix-sept volumes parus
de 1842 à 1855 ; elle est ornée de 154 planches hors-texte et vignettes
par Daumier, Tony Johannot, Meissonier, Gavarni, Henri Monnier, Bertall, Célestin Nanteuil, Gérard-Séguin, Français… Dans
cette édition collective, mise en vente par livraisons à cinquante
centimes, à partir du 23 avril 1842, et maintes fois rééditée avec ses
illustrations, les romans de Balzac sont pour la première fois

Aux uns, il faisait horreur ; aux autres, il faisait pitié.

LE PÈRE GORIOT.

Cat. 67

Fig. 1
Célestin Nanteuil, bandeau
des *Œuvres illustrées de Balzac*, Paris,
Marescq, 1851-1853, gravure sur bois
de bout d'après « Tony Johannot,
Staal, Bertall, Daumier,
E. Lampsonius etc. », coll. part.

regroupés sous l'appellation de « comédie humaine » qui a souvent servi à qualifier l'œuvre lithographique de Daumier[2] ; le projet d'ensemble défini dans l'avant-propos était de mettre en scène les différentes « espèces » humaines contemporaines. *Le Père Goriot* répond à celle décrite par Balzac dans la « monographie du rentier » au tome III des *Français peints par eux-mêmes*. Le « type » en a été confié à Daumier, qui montre son personnage assis sur une chaise, le dos courbé, jambes et mains croisées, vêtu d'une redingote usée et de vieux souliers, dans une posture assez proche, bien qu'inversée, de celle que le caricaturiste avait prêtée en 1833 à Guizot assis au « banc de douleurs » des ministres[3]. Les traits tirés vers le bas donnent au visage, conformément au code physiognomonique, un air morose ; l'univers du héros, le cercle fermé de son horizon spirituel, son allure usée inquiètent le spectateur et lui font pitié par un mélange de sentiments qui répond à la phrase de Balzac : « Aux uns il faisait peur, aux autres il faisait pitié. » Daumier a su créer l'image familière du père Goriot, reprise d'édition en édition[4] et adoptée par les autres illustrateurs : l'affiche de *La Comédie humaine*, par Bertall, présentait en bonne place la créature de Daumier. De même, dans le frontispice par

Nanteuil publié en tête de chacune des livraisons de l'édition populaire « à quatre sous[5] » (fig. 1), le profil au crâne chauve et à la peau desséchée, inventé par Daumier pour incarner le père Goriot, réapparaissait de nouveau dans une sélection de quelques personnages connus de l'œuvre. **S.L.M.**

1. Brivois, 1883, p. 17-30 ; Carteret, t. II, 1976, p. 56 ; Ray, t. II, 1984, n° 230 ; Rümann, 1926, 463 ; Vicaire, t. I, 1974, col. 239.

2. À quelques mois de la sortie de la première livraison, Daumier donna au *Charivari* une série de cinq planches répondant au titre *La Comédie humaine*.

3. LD 74, *Mr Guiz…*, La Caricature, n° 162, 13 décembre 1833.

4. Édition Houssiaux, t. IX, 1853, p. 325 ; éditions Marescq, 1851-1853 et Michel-Lévy, t. III, 1867, p. 16 ; publication du bois dans la publicité de *L'Illustration*, 5 décembre 1846 (retirages signalés par Bouvy). Les bois étaient, dès cette époque, rendus plus durables par le procédé du cliché galvanoplastique, qui en facilitait la diffusion et la cession.

5. *Œuvres de Balzac illustrées* (Paris, Marescq, 1851-1853), 10 vol., éd. populaire illustrée, reprise en 1867 par Michel Lévy et retirée encore par la suite (livraisons à vingt centimes, 4 francs le volume, 40 francs l'édition complète) ; bibl. : Vicaire, *op. cit.* note 1, p. 247 ; Claude Witkowski, *Monographies des éditions populaires. Les romans à quatre sous. Les publications illustrées à 20 centimes de 1848-1870*, Paris, J.-J. Pauvert, 1987, p. 41, n° 8 ; Bouvy, janvier 1932, p. 21-24.

68

*La lecture du « Charivari »
dans « Le Charivari, 1ᵉʳ avril 1840 »*

Lithographie ; deuxième état
sur deux

22 × 22 cm

Signé en bas à droite : *H.D.*

Paris, Bibliothèque historique
de la Ville de Paris (Pér. Fol. 1)
Exposé à Paris seulement
(exemplaire reproduit)

Ottawa, musée des Beaux-Arts
du Canada
Exposé à Ottawa et à Washington
seulement

Delteil 792

Dans les scènes de mœurs, le thème du lecteur de journaux, notamment celui du lecteur du *Charivari*, fut récurrent chez Daumier : cette caricature lança avec humour un appel au renouvellement trimestriel des abonnements, inscrit dans l'image sur la quatrième page du journal dont la vignette de titre est bien reconnaissable : « Avis. Ceux de MM. nos souscripteurs dont l'abonnement finit le 1ᵉʳ avril sont priés de le renouveler s'ils ne veulent pas éprouver de retard dans l'envoi du journal. » Le visage caché par la double page du journal déployé qu'ils lisent avec avidité, les deux « types » de lecteurs ne s'en laissent pas moins reconnaître à leur silhouette : un dandy élégant et à la mode, en habit noir, et un bourgeois à lunettes d'un certain âge. Au détour d'une caricature, Daumier indiquait la façon dont il imaginait son propre lectorat. **S.L.M.**

69

« Le Carnaval »

Le Charivari, 28 février 1843
Gravure au procédé (galvanographie)
Encadrement signé en bas à gauche : *Rémond [graveur]*
et en bas à droite : *H.D.*, illustrant sur une double page
un poème de Gavarni
29,5 × 43 cm

Ottawa, musée des Beaux-Arts du Canada
Don de George J. Rosengarten, Montréal, 1997

Bouvy 715

Hors série, cette grande planche, encadrement d'un poème de Gavarni, utilise le procédé Rémond, expliqué dans *Le Charivari* du 10 juin 1843 : « gravure sur cuivre en relief d'un dessin, obtenue chimiquement par électrolyse, procédé désigné sous le nom de "Galvanographie"[1] ». Indépendamment du caractère expérimental de la technique, du format et de la mise en page, cette composition, bien propre à Daumier par son effet de foule qui rend fiévreusement une cohue endiablée, reflète également l'inspiration de Gavarni, son confrère du *Charivari*, le dessinateur attitré des bals romantiques, de mardi gras et de carnaval : la cavalcade enveloppe d'une grappe de personnages qui s'effiloche en boucle la « bulle » du poème, sorte de calligramme disposé en minces colonnes, ponctuées d'interjections, au cœur de la double page ; la foule en liesse qui s'étire jusqu'au lointain rassemble des pitres qui font voler en l'air leurs chapeaux, et des débardeurs, agitant leur mouchoir, dans une mise en page originale et dynamique qui annonce celles de la presse illustrée montmartroise de la fin du siècle. **S.L.M.**

1. Bouvy, mai 1931.

70

Voulez-vous de l'or, voulez-vous de l'argent, voulez-vous des diamans [sic]*, des millions, des milliasses ? Approchez, faites-vous servir........Baoud ! Baoud ! Baoud-boud-boud ! ! Voici du bitume, voici de l'acier, du plomb, de l'or, du papier, voici du ferrrrrr gallllllvanisé....... Venez, venez, venez vite, la loi va changer, vous allez tout perdre, dépêchez-vous, prenez, prenez vos billets, prenez vos billets ! ! (Chaud, chaud, la musique.) Baoud ! Baoud ! ! Baoud-Baoud ! ! Baoud ! Baoud ! !*

Planche 81 de la série *Caricaturana*
Le Charivari, 20 mai 1838
Lithographie sur blanc ; état unique « par MM. Daumier et Philipon » (d'après la lettre), imp. Aubert et Cie
23,3 × 22 cm

Paris, École nationale supérieure des beaux-arts (PC 26 894)

Delteil 436
Exposé à Ottawa et à Paris seulement

71

Mr Daumier, votre série... est... charmante...

Planche 78 de la série *Caricaturana*
Lithographie sur blanc, « par MM. Daumier et Philipon » (d'après la lettre), imp. Aubert. et Cie ; deuxième état sur quatre, avec retouche sur le nez de l'artiste, reproduit par Delteil (le troisième état a paru dans *Le Charivari*, 8 mai 1838)
23 × 22,6 cm

Paris, École nationale supérieure des beaux-arts (épreuve en noir, PC 26 894)

Delteil 433
Exposé à Ottawa et à Paris seulement

Parmi les grandes séries du *Charivari* après 1835, *Caricaturana*, le cycle consacré à Robert Macaire, a été rapproché par Baudelaire de la série parallèle et opposée *Histoire ancienne* – qui travestit en bourgeois les personnages de la mythologie classique ; cette épopée caricaturale d'un héros moderne et sans scrupule avait ainsi à charge de supplanter l'épopée des anciens : « J'ai deux remarques importantes à faire à propos de deux de ces séries, *Robert Macaire* et l'*Histoire ancienne*. – *Robert Macaire* fut l'inauguration décisive de la scène de mœurs. La grande guerre politique s'était un peu calmée [...]. Le pamphlet fit place à la comédie. La *satire Ménippée* céda le terrain à Molière, et la grande épopée de Robert Macaire, racontée par Daumier d'une manière *flambante*, succéda aux colères révolutionnaires et aux dessins allusionnels. La caricature, dès lors, prit une allure nouvelle, elle ne fut plus spécialement politique. Elle fut la satire générale des citoyens. Elle entra dans le domaine du roman[1]. »

Ces derniers mots ont été presque textuellement repris par Champfleury qui définit la caricature comme « le cri des citoyens », dans son *Histoire de la caricature moderne* de 1865 où chaque grand caricaturiste contemporain est représenté par le type qu'il a créé : Daumier par Robert Macaire, Monnier par Joseph Prudhomme, et Traviès par Mayeux.

La série de cent planches, qui parut dans *Le Charivari* du 20 août 1836 au 25 novembre 1838 (LD 354-455), connut un succès immédiat et durable dont témoignent l'édition, à la demande probable de Philipon, de vingt planches supplémentaires publiées dans *Le Charivari* d'octobre 1840 à septembre 1842[2], et la mise en vente d'épreuves sur blanc en cours de publication (30 francs les cinquante planches en août 1837, puis 40 francs les 80 planches en octobre 1838) ; aux étrennes de 1839 fut édité l'album complet des planches, au prix de 45 francs en noir et 55 francs coloriées, rassemblées dans un « portefeuille élégant ». L'épreuve du British Museum[3] (cat. 72) est probablement un essai de coloriage, signé *Edouard Bouvenne* pour cette édition ; Aubert reprit en 1839 la série sous la forme d'un livre illustré romantique, de format in-8, avec des copies en réduction des planches insérées dans un encadrement lithographié par Malapeau, ornemaniste assez réputé à l'époque. Agrémentés de textes explicatifs, *Les Cent et un Robert Macaire* furent alors mis en vente par livraisons puis en volume, dont une contrefaçon parut au Brésil en 1844, sous le titre *La Lanterne magique*[4]. Aubert publia une nouvelle copie de la série après

1. Charles Baudelaire, « Quelques caricaturistes français », dans *Le Présent, revue européenne*, octobre 1857, repris dans Baudelaire, 1975-1976, t. II, p. 555.
2. Philipon commanda aussi à Gavarni une série sur madame Macaire, que le dessinateur consacra en fait aux misères de la vie conjugale.
3. Cette épreuve qui semble provenir d'un album factice démonté récemment accompagne dans le fonds du British Museum deux autres essais de mises en couleurs signés de Bouvenne (LD 422 et LD 872), également signalés par Michael Pantazzi. D'autres ensembles sont apparus sur le marché, comme la série *Les Papas*, vendus à Francfort en 1999, également coloriée par Bouvenne (information communiquée par Claude Bouret).

1848 au bureau du *Journal pour rire* sous le titre *Les Cent Robert Macaire* ; des contrefaçons parurent en Belgique et en Hollande.

Daumier emprunta son personnage, créé dans *L'Auberge des Adrets* (1823) et endossé dans *Robert Macaire* (1834) par le célèbre acteur romantique Frédérick Lemaître, qui, lui-même, selon le témoignage de Banville, l'aurait tiré d'un passant croisé dans la rue[5]. Bandeau sur l'œil et foulard au cou, Robert Macaire, au costume mi-élégant mi-canaille, déambule en compagnie de son acolyte Bertrand, l'air toujours satisfait, le torse bombé et le ventre rebondi, clamant à ses dupes de grands discours que transcrivent les légendes de Philipon. Auteur probable des situations comiques rendues par les planches, ce dernier disputa la paternité de l'œuvre à Daumier, qui finit par se lasser d'être connu avant tout comme le dessinateur de Robert Macaire[6].

En ces années de naissance de la bande dessinée qu'inventait Töpffer en Suisse et dont Aubert sera pour la France tout à la fois l'introducteur et le contrefacteur, la série des *Robert Macaire* peut s'interpréter comme une forme primitive de cette suite de dessins, qui exploitait le procédé romanesque balzacien du « personnage reparaissant » et dont la structure narrative reproduisait toujours le même schéma : d'un bout à l'autre de la série, le couple comique et contrasté des héros affronte de nouvelles situations. La satire visait les hommes d'affaires, dénommés sous le terme alors péjoratif d'« industriels », et les sociétés en simple commandite et par actions qui bernaient les actionnaires « gogos », comme l'indique le titre d'une autre série de Daumier. Mais d'une certaine façon, c'est aussi la bourgeoisie tout entière, sous le règne du roi bourgeois, que stigmatise le personnage de Robert Macaire (comme Ingres l'a fait dans le portrait de *Monsieur Bertin*, perçu comme une caricature par son commanditaire), tout en offrant, à quelques années de l'essor de la littérature physiologique, une vaste panoplie des conditions sociales et des métiers contemporains, dont Daumier et Philipon dressaient la galerie.

Les deux exemples retenus ont un caractère d'autodérision pour les cosignataires de la série, Philipon et Daumier : *Monsieur Daumier* (cat. 71 et 72) montre un artiste, vu de dos, à sa table de lithographe, nommément interpellé par Robert Macaire dans la légende de Philipon, mais, comme l'a remarqué Bouvy, son profil n'offre guère de ressemblance avec Daumier ; de plus, dans le deuxième état (épreuve de l'École des beaux-arts, cat. 71), l'artiste, par une retouche du dessin très rare dans l'œuvre, a rallongé le nez du personnage qui, du coup, semble caricaturer Philipon lui-même[7] ! L'œuvre, qui contraste avec la planche précédente, *L'Artiste Robert Macaire*, vision plus prétentieuse de l'artiste-peintre (LD 432, *Le Charivari*, 26 mars 1838), représente le dessinateur travaillant, sans esquisse préalable, sur la pierre. Dans ce coin d'atelier se remarquent du côté du lithographe un petit chevalet posé sur la table et, au mur, une palette accrochée à un clou, des masques de plâtre et des fragments sculptés suspendus, qui évoquent l'intérêt de Daumier pour la peinture et la sculpture, tandis que l'espace s'ouvre à droite, du côté de Robert Macaire, sur un

72
Mr Daumier, votre série... est... charmante...

Planche 78 de la série *Caricaturana*
Lithographie sur blanc, « par MM. Daumier et Philipon »
(d'après la lettre), imp. Aubert et Cie
Épreuve datée : *le 15 octobre 1838* et annotée :
Modèle de la grande collection 1839

Londres, The British Museum (essai de coloris, 1838)

Delteil 433

décor plus cossu que symbolisent un tableau de paysage richement encadré et un panneau indiquant le tirage des ABC à 40 000 exemplaires[8], comme pour signifier ironiquement le patronage de l'éditeur-lithographe, de Philipon et d'Aubert.

Dans *Voulez-vous de l'or* (cat. 70) revient le leitmotiv de l'annonce et de la parade, accompagné du boniment forain et rythmé au son de la grosse caisse, comme dans l'épisode de « la bagatelle de la porte » de *Jean-Paul Choppart* (cat. 61) : Daumier, tout en approfondissant un thème qui lui est cher (cat. 3 et *Parade du Charivari*, LD 554), s'en prenait aux annonces illustrées grâce auxquelles Girardin, le directeur de *La Presse*, était parvenu à abaisser le prix d'abonnement de son journal à quarante francs. Dans *Le Charivari*, les annonces illustrées allaient bientôt remplir, en totalité ou en partie, la dernière page du journal. La posture et l'expression de Robert Macaire en aboyeur, la bouche largement ouverte, le buste légèrement penché en avant, seront reprises par Daumier dans des aquarelles postérieures où l'on retrouve le geste du bras tendu, prolongé par la baguette de montreur, vers la « peinture de saltimbanques » de l'arrière-plan (cat. 319). **S.L.M.**

4. Une étude de Heliana Angotti Salgueiro est en cours à ce sujet.

5. Texte reproduit et cité dans Delteil, en tête des notices de la série [s.p.].

6. Wolff, 13 février 1879 (cité par Courthion et Cailler [éds.], 1945, p. 49) : « Toutes les fois qu'on parlait, dans un journal, des Robert Macaire de Daumier, vite arrivait une lettre de Philipon qui en réclamait la paternité, parce qu'il avait composé la légende. »

7. Bouvy, dans cat. exp. Paris, 1934b, n° 52.

8. Il s'agit de l'une des collections à succès d'Aubert : les feuilles lithographiées d'abécédaires auxquelles Daumier a lui-même collaboré.

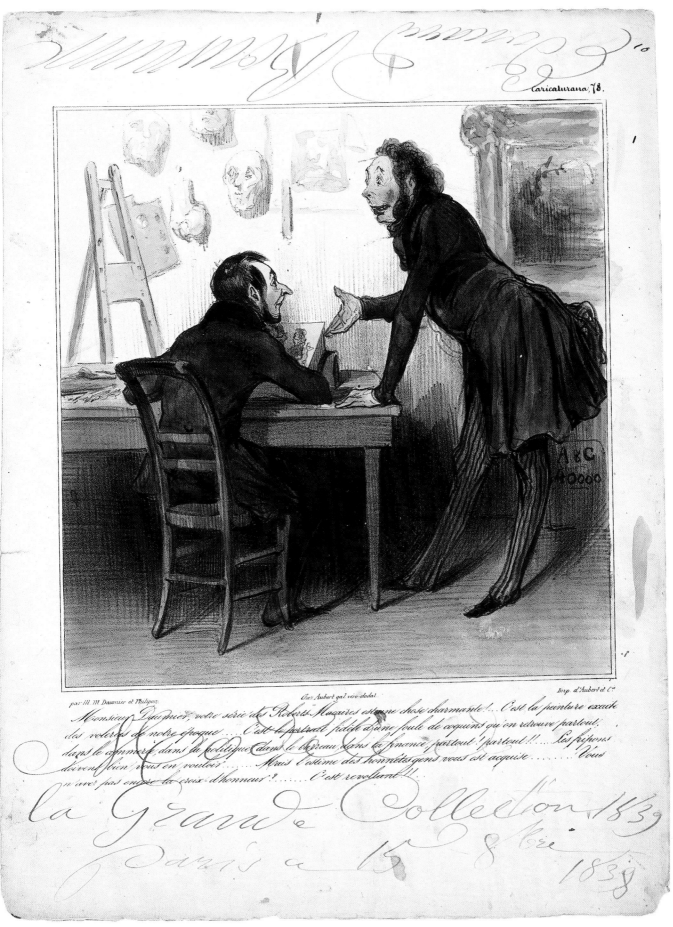

Cat. 72

HISTOIRE ANCIENNE

73

Ménélas vainqueur

**Sur les remparts fumants de la superbe Troie
Ménélas, fils des dieux, comme une riche proie,
Ravit sa blonde Hélène et l'emmène à sa cour
Plus belle que jamais de pudeur et d'amour.**
Iliade (traduction Bareste)

Planche 1 de la série *Histoire ancienne*
Lithographie sur blanc ; deuxième état sur trois
reproduit par Delteil (troisième état paru dans
Le Charivari, 22 décembre 1841)
23,8 × 19 cm
Signé en bas à gauche : *h.D.*, imp. Aubert

Paris, Bibliothèque nationale de France, réserve
du département des Estampes et de la Photographie
(Dc 180b rés. tome 12 [épreuve du dépôt légal])
Exposé à Paris seulement (exemplaire reproduit)

Boston, Museum of Fine Arts
Legs de W. G. Russel Allen, 1963
Exposé à Ottawa seulement

Delteil 925

MÉNÉLAS VAINQUEUR.
Sur les remparts fumants de la superbe Troie
Ménélas fils des Dieux , comme une riche proie ,
Ravit sa blonde Hélène et l'emmène à sa cour
Plus belle que jamais de pudeur et d'amour   ILLIADE (Traduction Bareste)

Baudelaire a établi un parallèle clairvoyant entre la comédie bour-geoise de Robert Macaire et la série *Histoire ancienne*, qu'il a décrite comme un « blasphème » à l'encontre des convenances artistiques de la grande peinture d'histoire mythologique et des valeurs académiques soutenues par l'Institut et l'École des beaux-arts, comme par le jury du Salon : « L'"Histoire ancienne" me paraît une chose importante, parce que c'est pour ainsi dire la meilleure paraphrase du vers célèbre : "Qui nous délivrera des Grecs et des Romains ?" Daumier s'est abattu brutalement sur l'antiquité, sur la fausse antiquité – car nul ne sent mieux que lui les grandeurs anciennes – il a craché dessus ; et le bouillant Achille, et le prudent Ulysse, et la sage Pénélope, et Télémaque, ce grand dadais, et la belle Hélène qui perdit Troie, et tous enfin nous apparaissent dans une laideur bouffonne qui rappelle de vieilles carcasses d'acteurs tragiques prenant une prise de tabac dans les coulisses. Ce fut un blasphème très amusant, et qui eut son utilité. Je me rappelle qu'un poète lyrique et païen de mes amis[1] en était fort indigné. Il appelait ça une impiété et parlait de la belle Hélène comme d'autres de la vierge Marie[2]. »

Comme le suggérait Baudelaire, *Histoire ancienne* se moque des postures héroïques ridicules et d'un jeu théâtral auquel personne ne croit plus guère, que visaient également les *Croquis d'expressions*, et les *Physionomies tragico-classiques* tirés, comme Robert Macaire, du monde du théâtre.

HISTOIRE ANCIENNE.

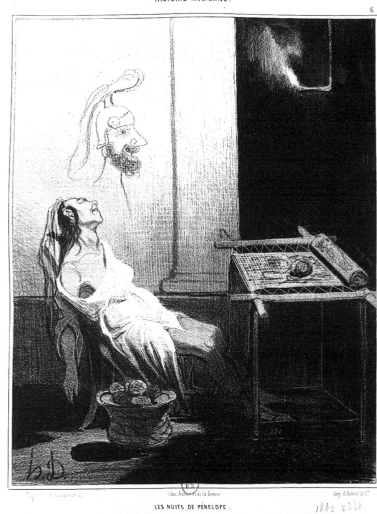

LES NUITS DE PÉNÉLOPE.

74

Les Nuits de Pénélope

De son époux absent l'adorable profil,
Toujours à ses doux yeux brillait comme
une étoile
Mais pour tramer trois ans et sa ruse et sa toile
Il fallait qu'elle eût un fier fil.

(Odyssée, ch. II. Trad. indiscrète de Mr Villemain)

Planche 6 de la série *Histoire ancienne*
Lithographie sur blanc ; deuxième état sur trois
reproduit par Delteil (troisième état paru dans
Le Charivari, 24 avril 1842)
23,6 × 18,9 cm
Signé en bas à gauche : *h.D.*

Paris, Bibliothèque nationale de France, réserve
du département des Estampes et de la Photographie
(Dc. 180b rés. tome 17)

Delteil 930

Exposé à Paris seulement

La série *Histoire ancienne* compte cinquante planches publiées
dans *Le Charivari*, de décembre 1841 à janvier 1843[3]. Daumier y fait
la satire de la culture des humanités classiques, alors communément dispensée par l'institution scolaire[4], et, du même coup, se
moque de la peinture d'histoire anoblie par ses références aux arts
de l'Antiquité grecque, et du beau idéal diffusé par l'enseignement
artistique académique et défendu de Winckelmann à Quatremère
de Quincy, secrétaire perpétuel de l'Académie des beaux-arts de
1816 à 1839. Il entreprend de « traduire » à sa façon les œuvres
d'Homère et le *Télémaque* de Fénelon (dont un best-seller scolaire
produisait à cette époque l'équivalent moderne avec l'*Histoire du
jeune Anacharsis en Grèce* de l'abbé Barthélémy), comme le laisse

1. Théodore de Banville, comme le rappelle Roger Passeron, dans cat. exp.
Blois, 1968, p. 183.
2. Baudelaire, « Quelques caricaturistes français », 1857, repris dans
Baudelaire, 1975-1976, t. II, p. 555-556.
3. Sur l'ensemble de la série, Malibu, 1975, Minneapolis, 1994.
4. Klaus Herding s'est intéressé au rapport entre la série et les débats pédago-
giques contemporains qui opposaient les partisans de la culture des humanités classiques à ceux d'une éducation plus moderne et plus adaptée à la
vie contemporaine ; voir Herding, janvier 1989, p. 29-44. Du même auteur,
« "Inversionen". Antikenkritik in der Karikatur des 19. Jahrhunderts »,
dans Herding (Klaus) et Otto Gunther (dir.), *Nervöse Auffangsorgane des
inneren und äuseren Lebens - Karikaturen*, Giessen, 1981, p. 71-75.

75

Le Beau Narcisse

Il était jeune et beau, de leurs douces haleines
Les zéphirs caressaient ses contours
pleins d'attraits
  Et dans le miroir des fontaines
Il aimait comme nous à comtempler [sic]
ses traits.
Quatrain intime de Mr Narcisse de Salvandy

Planche 23 de la série *Histoire ancienne*
Lithographie sur blanc ; deuxième état sur quatre
reproduite par Delteil (quatrième état paru dans
Le Charivari, 11 septembre 1842)
24,9 × 20 cm
Signé bas à droite : *h.D.*

Paris, Bibliothèque nationale de France, réserve
du département des Estampes et de la Photographie
(Dc. 180b rés. tome 18)

Delteil 947

Exposé à Paris seulement

LE BEAU NARCISSE.
Il était jeune et beau, de leurs douces haleines.
Les zéphirs caressaient ses contours pleins d'attraits.
Et dans le miroir des fontaines
Il aimait comme nous à comtempler ses traits.

Quatrain intime de Mr Narcisse de Salvandy

entendre un passage des *Causeries* du peintre Gigoux : « Daumier
se mit un jour en tête d'illustrer *Télémaque*, puis l'*Iliade* et l'*Odyssée* à sa manière. Il vint un jour me demander ces livres qu'il ne
savait où trouver. Je les lui envoyai par un de mes rapins et figurez-
vous qu'il eut le soin de me les rendre après les avoir lus[5] ! » Peut-
être eut-il accès à la traduction Bareste[6] de l'*Iliade*, que les vers
donnés en légende parodient, et dont une édition illustrée par
Nanteuil parut en 1841[7].

L'Antiquité vivante selon Daumier travestit les anciens en
modernes, comme le fait valoir l'annonce de la série dans *Le Charivari* (22 décembre 1841) qui l'assimile à un *alter ego* d'Ingres, puisant à la même source que lui, mais usant d'un autre langage, et

développe la fiction d'un Daumier voyageur en quête du « sentiment grec primitif » : « Seul, sans mission scientifique, Daumier a
parcouru la Grèce, s'inspirant là où un beau souvenir l'attachait,
pleurant là où une touchante tradition l'attendait. Dessinant nuit
et jour il a retrouvé enfin le sentiment grec primitif dont nous donnons une première preuve dans le *Ménélas vainqueur*[8]. »

Une fois la série achevée, Daumier est ironiquement donné pour
un néo-grec accompli, qui est parvenu à restaurer l'art grec dans
un « album » digne des fouilles d'Égine.

L'annonce du *Charivari* se clôt sur l'évocation humoristique de
la planche liminaire, *Ménélas vainqueur* (cat. 73), où l'on voit, dans
le champ fumant des ruines de Troie, « la blonde Hélène », com-

HISTOIRE ANCIENNE.

47.

PYGMALION.

O triomphe des arts ! quelle fût ta surprise,
Grand sculpteur, quand tu vis ton marbre s'animer,
Et, d'un air chaste et doux, lentement se baisser
Pour te demander une prise.

(Comte Siméon)

76
Pygmalion

O triomphe des arts ! quelle fût ta surprise,
Grand sculpteur, quand tu vis ton marbre
s'animer,
Et, d'un air chaste et doux, lentement
se baisser
Pour te demander une prise.
(Comte Siméon)

Planche 47 de la série *Histoire ancienne*
Lithographie sur blanc ; deuxième état sur trois
reproduite par Delteil (troisième état paru dans
Le Charivari, 28 décembre 1842)
22,9 × 18,9 cm
Signé en bas à droite : *H.D.*

Paris, Bibliothèque nationale de France,
département des Estampes et de la Photographie
(Dc. 180b rés. tome 18)
Exposé à Paris seulement (exemplaire reproduit)

Boston, Museum of Fine Arts
Legs de W.G. Russel Allen, 1963

Exposé à Ottawa seulement

Delteil 971

mère digne de « madame Fribochon » (cat. 171) et de la mère Ubu,
se pavaner au bras de son noble époux, « Plus belle que jamais de
pudeur et d'amour », tout en adressant un pied de nez à Ménélas,
« fils des dieux » et mari cocu (et du même coup au public !) :
« Nous savons que, comme toute nouvelle traduction, cette composition chaste et naïve trouvera plus d'un détracteur. Peut-être
quelques ignorants reprocheront-ils à Hélène certain geste, qui,
dans notre civilisation pervertie, signifie tout autre chose qu'un
pudique remords. Eh bien ! ce geste est plein de couleur locale, et
Daumier a vu les descendantes des Hellènes l'exécuter avec une
grâce charmante devant le monarque bavarois. Preuve de l'expression respectueuse que le geste a toujours eue dans ce poétique pays.

5. Gigoux, 1885, p. 54.

6. Ministre de l'Instruction publique jusqu'en 1844, sous le ministère Guizot.

7. Comme l'a remarqué Kirsten Powell, dans cat. exp. Middlebury College
   (Vermont), 1990, p. 106-113, n° 21.

8. Annonce parue dans *Le Charivari*, 22 décembre 1841, pour le lancement
   de la série, et reproduite dans le catalogue de Delteil (LD 925).

« À louer la martiale prestance de Ménélas et toute la noblesse de cette œuvre, *Le Charivari*, préfère annoncer à ses abonnés intelligents, et ils le sont tous, que la mythologie, l'âge d'or, l'histoire grecque, et l'histoire romaine, toute l'antiquité enfin, seront traduits aussi fidèlement par Daumier. Collection sublime, monument surhumain, dont le vrai titre doit être : "les temps héroïques dévoilés". »

La planche *Les Nuits de Pénélope* (cat. 74) représente la fidèle Pénélope, sous la silhouette, griffonnée au mur, d'Ulysse au casque de guerrier dont elle attend le retour à Ithaque, en tissant interminablement sa toile. Ce graffiti rapproche l'interprétation donnée par Daumier de l'histoire de Pénélope d'une autre « histoire ancienne », celle de la jeune Grecque Dibutade qui avait tracé au mur, d'après le contour de son ombre, la silhouette de son fiancé parti en guerre. Tout en parodiant un sujet de tableau d'histoire néo-classique associé au mythe de l'invention du dessin, Daumier crée une sorte de fable sur la caricature comme graffiti. Enfin, il exploite une fois de plus le procédé du contraste entre un pan de mur lumineux et un arrière-plan perdu dans l'ombre, rendu par un très beau noir lithographique, profond et velouté, où interviennent des accents de lumière traités en réserve (pour la torche et la tunique) et des grattages à la pointe (sur le métier à tisser).

Le Beau Narcisse (cat. 75), entièrement nu, exhibe un corps squelettique, et un profil couronné de roses (qui n'ont rien du corps et du profil grecs !), l'air souriant et benêt ; allongé sur le bord d'un rivage, il contemple avec satisfaction son image. Variation sur le thème narcissique du miroir qui revient souvent dans l'œuvre de Daumier, le reflet de son visage sur la surface mouvante des eaux offre une métaphore de la caricature, comme forme expressive, déformée, du portrait.

Dans son atelier de sculpteur, Pygmalion (cat. 76) devient un petit rapin au nez pointu qui s'étonne de voir sa sculpture Galatée se baisser vers lui pour demander une prise de tabac. Comme dans *Ménélas vainqueur*, le comique de geste et de situation est fondé sur l'incongruité et sur l'anachronisme qui exploite le thème du tabac (et l'on sait que Daumier était un grand fumeur) : dans cette évocation littérale du projet annoncé par *Le Charivari*, la statue descend au sens propre de son socle, lequel ressemble à un tonneau[9].

Le burlesque d'*Histoire ancienne*, peu répandu dans les arts graphiques avant Daumier[10], même s'il existait en littérature française depuis le *Virgile travesti* de Scarron, repose sur un effet analogue (dans la gestuelle, l'expression et les situations empruntées à la mythologie) ; il se double de la parodie de la grande peinture[11], de la démythification du beau idéal et de la dérision des humanités. Daumier s'est fait l'initiateur d'un nouveau genre fondé sur la dérision de la culture classique dont l'esprit se prolonge, après Grandville (*Un autre monde*, 1844) et Doré (*Les Travaux d'Hercule*, 1847) chez Offenbach, dans *La Belle Hélène* (1864), et Jarry, dans *Ubu roi* (1896).   **S.L.M.**

9. Comme l'a remarqué Powell, *op. cit.* note 7, qui rappelle aussi que le tabac, pratique masculine adoptée par George Sand, faisait partie des poncifs de la critique antiféministe.

10. L'un des précurseurs de Daumier sur ce terrain est Grandville avec la *Galerie mythologique,* album paru en 1830 ; voir Roberts-Jones, janvier-février 1988, p. 71-75.

11. L'un des jeux visuels auxquels s'est livré Daumier dans la série est le pastiche des peintures d'histoire connues : voir les notices de Provost et Chambers, septembre 1980, p. 156-157.

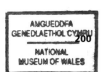

UN SALON CARICATURAL EN 1840

77

Ascencion [sic] **de Jésus-Christ.** D'après le tableau original
de M. Brrdhkmann

Planche publiée dans *La Caricature* le 26 avril 1840 et dans
Le Charivari le 1ᵉʳ avril 1841
Lithographie sur blanc, sans numéro de pierre, chez Bauger,
imp. d'Aubert et Cⁱᵉ ; troisième état sur trois, d'après Provost
(mais reproduit par Delteil comme le deuxième état)

Bibliothèque nationale de France, département des Estampes
et de la Photographie (épreuve au dépôt légal)

Delteil 794

Exposé à Paris seulement

Les deux planches du *Salon de 1840* sont à l'origine d'un nouveau
genre graphique dans la presse illustrée : le Salon caricatural, dont
Baudelaire, avec le *Salon caricatural* de 1846, illustré de vignettes
de Maurisset, est d'ordinaire réputé l'inventeur, en collaboration
avec Banville et Vitu[1]. La parodie, qui s'attaquait aux peintures de
style néo-classique dans *Histoire ancienne*, se tourne désormais
vers les œuvres du Salon.

En fait, Daumier ne ridiculisait pas seulement la peinture de
Salon mais aussi la politique artistique de Louis-Philippe en
matière de décors religieux, que ce soit à La Madeleine ou à Saint-
Roch, église vouée au patronage d'un saint antipesteux, qui fait
face aux Tuileries et se transforma alors en un véritable musée
d'art religieux. Contrepoint à l'illustration célèbre sur l'épidémie
de choléra parue l'année même dans *La Némésis médicale*
(cat. 62), *Pèlerinage de Sᵗ-Roch* (cat. 78) offre le tableau désolé
d'un paysage animé d'un unique pan de mur en ruine qui masque

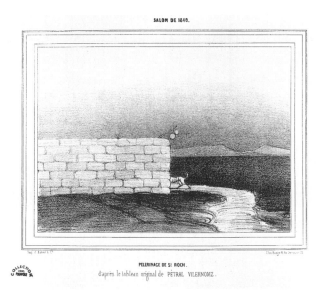

78

Salon de 1840. Pèlerinage de Sᵗ-Roch. D'après le tableau
original de Pétral Vilernomz

Lithographie sur blanc, sans numéro de pierre, chez Bauger,
imp. d'Aubert et Cⁱᵉ ; deuxième état sur deux

Saint-Denis, musée d'Art et d'Histoire

Delteil 795

partiellement le corps d'un chien famélique trottant sur un chemin
sinueux. Ce désert, où règne la mort, réduit à néant toute ambition
monumentale et transmet ainsi un message politique sur la vanité
des ambitions artistiques du roi-bourgeois.

Parodie de peinture religieuse, *Ascencion de Jésus-Christ*[2]
(cat. 77) est un jeu graphique sur l'iconographie de l'Ascension : le
Christ est déjà sorti du champ, où seuls ses pieds et les pointes de
lance des soldats restent visibles, de part et d'autre d'un vide central. Encore une fois, le comique est lié à une composition centrée
sur le vide et à l'abolition du sujet pictural, annoncé par le titre.
Un an après que l'invention de la photographie eut été rendue
publique, ces deux planches, par leurs gags graphiques, abordent
la question du cadrage, de la délimitation du champ pictural et du
point de vue ; elles accusent l'une et l'autre un effet de fragmenta-
tion de l'image et de décadrement d'autant plus expressif que ces
lithographies représentent des tableaux peints, « encadrés » par
un double filet. Toutes ces réflexions sur la composition picturale
deviendront bientôt essentielles dans l'œuvre lithographique de
Daumier. **S.L.M.**

---

1. Cat. exp. *Les Salons caricaturaux*, Paris, musée d'Orsay, RMN, 1990.
2. Planche non signée, mais présentée dans *La Caricature* comme étant
de Daumier : *L'Ascension (Caricature sur le Salon) par Daumier*.

La physiologie du bourgeois dans les séries du *Charivari*

LES CINQ SENS

79

L'Odorat

Planche 1 de la série *Les Cinq Sens*
La Caricature provisoire, 21 juillet 1839
Lithographie sur blanc ; deuxième état sur quatre
20,2 × 23 cm (dessin) ; 25,7 × 36,1 (feuille)
Signé en haut à droite : *h. D.*
Imp. Aubert et Cie

Collection Roger Passeron
Exposé à Paris seulement (exemplaire reproduit)

Ottawa, musée des Beaux-Arts du Canada
Exposé à Ottawa et à Washington seulement

Delteil 594

80

La Vue

Planche 2 de la série *Les Cinq Sens*
La Caricature provisoire, 4 août 1839
Lithographie sur blanc ; deuxième état sur quatre
20,2 × 22,8 cm (dessin) ; 25,7 × 35,1 (feuille)
Signé en haut à droite : *h. D.*
Imp. Aubert et Cie

Collection Roger Passeron
Exposé à Paris seulement (exemplaire reproduit)

Ottawa, musée des Beaux-Arts du Canada
Exposé à Ottawa et à Washington seulement

Delteil 595

81

Le Goût

**Fichtre ! je m'étonne pas si ce gaillard-là
a de l'esprit... et il m'appelle vieille bête !
donne m'en comme ça tous les matins,
animal, et j'en aurai aussi de l'esprit !**

Planche 3 de la série *Les Cinq Sens*
La Caricature provisoire, 18 août 1839
Lithographie ; deuxième état sur quatre
19,2 × 22,8 cm (dessin) ; 25,7 × 35,1 (feuille)
Signé en haut à droite : *h. D.*
Imp. Aubert et Cie, lith. Bauger, rue du Croissant, 16

Collection Roger Passeron
Exposé à Paris seulement (exemplaire reproduit)

Ottawa, musée des Beaux-Arts du Canada
Exposé à Ottawa et à Washington seulement

Delteil 596

82

L'Ouïe

**Nini, réveille-toi donc ! – v'là une heure que
je t'appelle et elle me dit : oui Adolphe !
je ne m'appelle pourtant pas Adolphe !...
ni le petit non plus**

Planche 4 de la série *Les Cinq Sens*
La Caricature provisoire, 4 septembre 1839
Lithographie ; deuxième état sur trois
19,2 × 22,5 cm (dessin) ; sur papier 25,7 × 36,3 (feuille)
Signé en haut à droite : *h. D.*
Imp. Aubert et Cie ; lith. Bauger, rue du Croissant, 16

Collection Roger Passeron
Exposé à Paris seulement (exemplaire reproduit)

Ottawa, musée des Beaux-Arts du Canada
Exposé à Ottawa et à Washington seulement

Delteil 597

83

Le Toucher

Planche 5 de la série *Les Cinq Sens*
La Caricature provisoire, 13 septembre 1839
Lithographie ; deuxième état sur quatre
19,4 × 23 cm (dessin) ; 25,6 × 36,3 (feuille)
Imp. Aubert et Cie ; lith. Bauger, rue du Croissant, 16

Collection Roger Passeron
Exposé à Paris seulement (exemplaire reproduit)

Ottawa, musée des Beaux-Arts du Canada
Exposé à Ottawa et à Washington seulement

Delteil 598

Fig. 1
Francisco de Goya,
Si quebró el Cantaro, *Caprices*,
planche nᵒ 25, eau-forte et aquatinte,
1796-1797, publié en 1799.

Les Cinq Sens formèrent une série complète dans *La Caricature provisoire*, reprise, en ordre dispersé, de 1841 à 1843, en troisième ou quatrième état, dans *Le Charivari*[1], à l'intérieur de la longue série en cinquante planches des *Types parisiens.* Daumier présentait en largeur les planches qu'il traitait d'ordinaire en hauteur, dans le sens de lecture des journaux illustrés. Cette mise en page en plan rapproché, testée au *Charivari* par les *Croquis d'expressions*[2], traite les personnages à mi-corps et dramatise les situations.

Apparu de longue date dans l'estampe, le thème des cinq sens se rattache à la tradition de l'emblème, aux scènes de genre allégoriques de la peinture hollandaise, que parodie Daumier notamment dans *L'Odorat*, tout en se moquant du goût du public et des collectionneurs contemporains pour ce type d'œuvres. La principale réussite de la série est le nocturne de *La Vue*[3] (Daumier lui-même, dans son œuvre, s'attarda volontiers sur ce thème) : un couple bourgeois parisien flanqué de son rejeton admire le croissant de lune – emblème du mari cocu – et s'émeut à la vision poétique des berges de la Seine noyées dans le clair-obscur, non loin des tours de Notre-Dame.

Le comique de la série repose sur une structure où titre et sujet s'opposent, comme dans une antiphrase : une scène de nuit évoque *La Vue* (cat. 80) ; un personnage au nez enrhumé figure *L'Odorat* (cat. 79) ; une mère sourde aux hurlements de son marmot symbolise *L'Ouïe* (cat. 82) ; la lecture des légendes corse l'intrigue des saynètes, et renforce une dérision qui porte sur la disharmonie des relations entre les sexes et les générations : dans *L'Ouïe*, le mari réveillé par les cris du bébé s'étonne d'entendre sa femme prononcer en rêve le prénom d'un amant probable. Dans *Le Toucher* (cat. 83), Daumier, reprenant à Goya l'iconographie du *Caprice* 25 (fig. 1), montre une vieille paysanne qui donne une raclée à un petit enfant, fesses nues, face au spectateur. À la satire de l'éducation dans les campagnes et à la critique des châtiments corporels s'ajoute une allusion politique au mythe de Napoléon, qui s'affirmera l'année suivante en 1840 avec le Retour des cendres : image placardée sur le mur du fond, le portrait en vignette[4] de Napoléon est pourvu d'une présence fantomatique qui permet d'évoquer par la négative le sens du toucher.

D'une certaine manière, cette courte série énonce le programme esthétique qu'offrent les scènes de mœurs de Daumier après 1835 : celui d'une psychosociologie contemporaine, apte à rendre visuellement sensibles par le dessin « les cinq sens » de la bourgeoisie.

S.L.M.

1. LD 594, 18 janvier 1843 ; LD 595, 14 septembre 1842 ; LD 596, 26 février 1841 ; LD 597, 6 janvier 1843 ; LD 598, 15 janvier 1843.
2. Série qui « tourne » en même temps que *Types parisiens.*
3. À rapprocher de LD 570, *Types parisiens*, nᵒ 12 (1841).
4. Qui, suivant un jeu visuel convenu dans l'art de la vignette, ressemble à une empreinte digitale.

MŒURS CONJUGALES

84

Le mari (lisant) : « nous étions mollement étendus sur la mousse odorante, les rayons de la lune berçaient les branches du saule agité par la brise du soir. Enivrés d'amour nous lancions au Ciel des Sermens [sic] *qui retombaient dans nos cœurs. »*
La Femme (à part) : Peut-on lire ces choses avec un bonnet de coton, et une boule comme la sienne !…

Planche n⁰ 11 de la série *Mœurs conjugales*
Le Charivari, 29 octobre 1839
Lithographie sur blanc ; deuxième état sur deux
24 × 23 cm
Signé en bas à gauche : *h. D.*

Paris, Bibliothèque nationale de France, réserve du département des Estampes et de la Photographie (Dc. 180b rés. tome 12)
Exposé à Paris seulement (exemplaire reproduit)

Ottawa, musée des Beaux-Arts du Canada
Exposé à Ottawa et à Washington seulement

Delteil 634

85

***Effet de lunes. La fenêtre enfin libre est ouverte
à la lune.***

Planche n° 25 de la série *Mœurs conjugales*
Le Charivari, 16 mai 1840
Lithographie sur blanc ; deuxième état sur trois
24,5 × 19,8 cm
Signé en bas à droite : *h. D.*

Paris, Bibliothèque nationale de France, réserve du département
des Estampes et de la Photographie (Dc. 180b rés. tome 17)
Exposé à Paris seulement (exemplaire reproduit)

Santa Barbara, R.M. Light & Co
Exposé à Ottawa seulement

Delteil 648

Effet de lunes.

Daumier partageait avec d'autres artistes de la période romantique, tels Delacroix ou Scheffer, un intérêt pour la représentation de l'obscurité et de la nuit qui coïncidait avec les recherches de l'optique physiologique contemporaine sur l'accommodation de la vision dans l'obscurité. Dans *Mœurs conjugales*, dont les 60 planches ont paru de mai 1839 à octobre 1842 dans *Le Charivari* (LD 624-683), ce thème, rapporté tantôt à la représentation du lit conjugal, tantôt à la contemplation du ciel étoilé, lui a permis d'approcher l'intimité (et les failles) du couple.

Dans la chambre à coucher du *Mari lisant* (cat. 84), les deux époux sont au lit, présent dans l'ameublement de la planche précédente comme dans dix planches de la série ; le mari en bonnet de coton fait la lecture à sa jolie femme plus jeune que lui, conformément au cliché caricatural des couples mal assortis, cible traditionnelle des charivaris ; mais la légende inverse les rôles attendus, accusant ainsi le contraste entre l'apparence et la réalité : le mari s'émeut à la lecture d'une poésie lyrique et sentimentale tandis que la jeune femme se moque de lui, en s'exprimant avec la verve familière du langage parlé. Daumier propose une variation personnelle sur le scénario de la lecture conjugale[1] – thème issu de la caricature anglaise, où il apparaît chez Hogarth (dans *Le Marriage à la mode*) et Rowlandson (dans la planche coloriée *Reading by order*). L'effet de clair-obscur évoque un passage de la *Physiologie de la vie conjugale* sans doute inspiré par Daumier[2] (1842, p. 44-45) : « Un excellent couple […] va se mettre au lit ; la lumière tremblotante de la chandelle projette sur le mur de grandes

ombres noires qui donnent à la table de nuit des apparences monumentales, et rendent fantastiquement la silhouette du bonnet de coton. » Dans l'intérieur Louis-Philippe, le détail des pantoufles abandonnées sur la descente de lit ajoute une note réaliste et emblématique. Malgré l'ironie de la légende, la lithographie de Daumier relate avec émotion un moment de bonheur, où la nuit, réchauffée par la flamme de la chandelle, qui diffuse une lumière rassurante et douce, inspire la tendresse plutôt que les cauchemars.

Dans *Effet de lunes* (cat. 85), Daumier adopte le motif du personnage vu de dos qui regarde par la fenêtre, issu de la scène de genre hollandaise et repris par le romantisme allemand, de Friedrich à Kersting ; la scène d'intérieur s'ouvre vers l'extérieur, et le spectateur est incité à contempler, à l'instar des personnages, la nuit constellée d'astres : le nez en trompette, mal couvert par sa chemise de nuit trop courte et coiffé d'un bonnet de nuit, un petit bourgeois frissonnant accompagné de son épouse observe, par la fenêtre ouverte à deux battants, le croissant de lune qui lui fait les cornes. Encore une fois, par-delà le traitement caricatural de la scène, Daumier rend son sujet avec lyrisme, et fait preuve d'une grande maîtrise dans le rendu velouté de ses noirs[3]. **S.L.M.**

1. Voir aussi LD 1496 et LD 1532.
2. Cité dans cat. exp. Saint-Denis, 1988-1989, n° 12.
3. *Ibid.*, n° 38 : « Jamais peut-être la maîtrise de ses noirs ne l'aura plus rapproché de Redon » (Catherine Camboulives).

LES TABLEAUX PARISIENS

86

C'est unique ! j'ai pris quatre tailles...

Planche nᵒ 27 de la série *Émotions parisiennes*
Le Charivari, 7 février 1840
Lithographie sur blanc ; premier état, avant la lettre
24,4 × 18,7 cm
Signé en bas à gauche : *h. D.*

Washington, The National Gallery of Art, Rosenwald Collection
(épreuve d'essai)

Delteil 711

Exposé à Ottawa et à Washington seulement

Parmi les scènes de genre traitées par Daumier, plusieurs séries présentent des tableaux parisiens qui se rattachent à la tradition littéraire, toujours vivace, du *Tableau de Paris* de Louis Sébastien Mercier, tout en annonçant l'inspiration des poèmes en prose baudelairiens.

C'est unique ! (cat. 86) fait partie de la série des *Émotions parisiennes* dont les 51 planches ont paru dans *Le Charivari* du 2 juin 1839 au 26 novembre 1841 : l'épreuve d'essai avant la lettre de la collection Rosenwald de Washington[1] porte l'indication manuscrite de sa date de réception par l'imprimerie Bauger : transmise à l'imprimeur le 14 janvier, enregistrée au dépôt légal et approuvée par la censure le 1ᵉʳ février, la planche fut publiée le 7 février 1840 ; c'est là un rare témoignage sur les étapes de la publication des lithographies de Daumier. Sur la planche apparaît du côté gauche la silhouette caractéristique du flâneur élégant et curieux, en habit noir et haut-de-forme ; les jambes écartées, le buste légèrement incliné, il darde son parapluie vers la vitrine d'une boutique de corsets, tandis que l'ombre portée à ses pieds s'étire sur le sol ; son profil à l'œil vivace et concupiscent, aux lèvres serrées, au nez retroussé, n'est pas sans ressemblance (est-ce un hasard ?) avec l'autoportrait à la plume dessiné par Baudelaire dont un autre dessin a pour légende « un habit noir ». D'après le commentaire, le personnage guigne les quatre tailles des femmes qu'il a connues. Bien significative des sensibilités et des modes vestimentaires du temps, cette planche sur les dessus (masculins) et les dessous (féminins) de la bourgeoisie a été reproduite par J. Grand-Carteret

dans son ouvrage publié en 1888, *Les Mœurs et la Caricature en France*. Annonçant l'esthétique baudelairienne de l'héroïsme de la vie moderne que symbolise le flâneur, l'œil aux aguets, et qui repose sur le rapport entre mode et modernité, cette œuvre, dont il existe plusieurs variantes chez Daumier[2], résume aussi la poésie de la grande ville, celle des marchandises exposées dans les devantures de magasin qui hanteront les photos du Paris désert d'Atget et auxquelles Zola consacrera de belles pages dans *Au bonheur des dames*.

Le Journal illustré, qui affichait à cet égard ses liens avec l'almanach, représentait de saison en saison les variations de la température et les intempéries saisonnières, que Daumier rendait admirablement dans ses lithographies : ainsi, les deux premières planches de *Paris l'hiver*, courte série publiée dans *Le Charivari* de décembre 1844 à février 1845. *Entre onze heures et minuit* (cat. 87) est une scène de nuit par un froid glacial : deux passants aux silhouettes emmitouflées, le visage crispé par la bise, vont bientôt se croiser ; ils se dévisagent mutuellement avec méfiance car, comme l'explique la légende, chacun prend l'autre pour un agresseur possible. Alors que d'autres œuvres traduisent l'incandescence de la chaleur solaire et estivale par le blanc de réserve, ce même blanc

---

1. B 6052 ; Washington, 1979-1980, nᵒ 21, p. 38.
2. La première planche de la série *Les Papas* est également située près de la devanture d'un magasin de corsets, où Daumier semble avoir aimé placer sa « caméra invisible » (LD 645).

87

***Entre onze heures et minuit. – Sapristi… Voilà
un homme qui a l'air bien féroce… ça doit être
un chourineur… et je n'ai pas le moindre poignard !
Saperlotte, je suis perdu…***

Planche 1 de la série *Paris l'hiver*
Le Charivari, 21 décembre 1844
Lithographie sur blanc ; deuxième état sur deux
20,7 × 24,3 cm
Signé en bas à gauche : *h. D.*

Los Angeles, UCLA at The Armand Hammer Museum
of Art and Cultural Center
Exposé à Ottawa et à Washington seulement
(exemplaire reproduit : premier état avant la lettre,
avec légende manuscrite)

Bibliothèque nationale de France, département des Estampes
et de la Photographie
Exposé à Paris seulement

Delteil 1329

88

Manière ingénieuse de décharger les toits de neige, en en chargeant les passants

Planche 2 de la série *Paris l'hiver*
Le Charivari, 31 décembre 1844
Lithographie, épreuve reproduite
par Delteil ; troisième état sur trois
22,9 × 19,1 cm (dessin) ; 32,8 × 25,5 (feuille)
Signé en bas à gauche : *h. D.*

Los Angeles, UCLA at The Armand
Hammer Museum of Art and
Cultural Center
Exposé à Ottawa et à Washington
seulement (exemplaire reproduit)

Collection Roger Passeron
Exposé à Paris et à Ottawa seulement

Delteil 1330

évoque le temps d'hiver, il éclaire le pan de mur gauche où se dessine l'ombre portée de l'un des passants, et contraste, sur la droite, avec le noir profond de la nuit glacée où perce la lueur lointaine d'un réverbère. Usant d'une trouvaille de composition qui repose sur ce contraste entre les deux parties, en positif et en négatif, de la planche, cette lithographie trahit peut-être l'intérêt de Daumier pour le nouvel art de la photographie.

Autre « chose vue », le trajet de la boule de neige dans *Manière ingénieuse* (cat. 88) : quelqu'un, du côté du spectateur, l'a lancée sur une élégante grisette, qui se recroqueville sous l'effet de la surprise et du froid, tandis que son compagnon étonné se tourne vers elle, et qu'un autre passant continue d'avancer, les mains bien au chaud dans les poches. Saynète comique, cette pochade démontre la virtuosité de Daumier qui dessine la boule de neige à partir du blanc de la page, contrastant vivement avec le noir du manteau de l'homme ; l'emploi du grattoir a permis de rendre l'effet poudreux de la neige et l'explosion de la boule. La surface du trottoir couvert de neige fondante, et celle, légère, qui givre l'assise du mur de la maison sont également rendues par un jeu des hachures grises et des grattages à la pointe ou au grattoir (dont la clarté est parfois estompée par une reprise au crayon lithographique).

S.L.M.

LES BAS-BLEUS

C'est singulier comme ce miroir m'applatit la taille et me maigrit la poitrine! Que m'importe?... Mme de Staël et Mr de Buffon l'ont proclamé:... le génie n'a point de sexe.

La mère est dans le feu de la composition, l'enfant est dans l'eau de la baignoire!

89

C'est singulier comme ce miroir m'applatit [sic] **la taille et me maigrit la poitrine ! Que m'importe ?...**
Mme de Staël et Mr de Buffon l'ont proclamé....
le génie n'a point de sexe.

Planche 1 de la série *Les Bas-bleus*
Le Charivari, 30 janvier 1844
Lithographie sur blanc ; état non mentionné par Delteil
(qui en compte trois[1])
22,9 × 18 cm
Signé en bas à gauche : *h. D.*

Paris, Bibliothèque nationale de France, réserve du département des Estampes et de la Photographie (ancienne collection Curtis)
(Dc. 180b rés. tome 24)

Delteil 1221

Exposé à Paris seulement

---

1. Delteil a indiqué de légères variations dans la lettre. Il manque dans cet état les trois points de suspension après un point d'exclamation qu'il signale pour le troisième état : *la poitrine !... que.*

90

La mère est dans le feu de la composition, l'enfant est dans l'eau de la baignoire !

Planche 7 de la série *Les Bas-bleus*
Le Charivari, 26 février 1844
Lithographie sur blanc ; premier état avant la lettre, sur deux
23,3 × 19 cm
Signé en bas à droite : *h. D.*

Paris, Bibliothèque nationale de France, réserve du département des Estampes et de la Photographie (ancienne collection Curtis)
(Dc. 180b rés. tome 17)
Exposé à Paris seulement (exemplaire reproduit)

Paris, collection Prouté
Exposé à Ottawa seulement

Delteil 1227

O Lune !... inspire moi ce soir quelque petite pensée un peu grandiose !... car je t'aime ainsi, lorsque tu me présentes en entier la face pâle et mélancolique !... mais, ô Lune, je t'affectionne moins lorsque tu m'apparais sous la forme d'un croissant....parceque alors tu me rappelles tout bonnement mon mari !...

91

O Lune !...inspire-moi ce soir quelque petite pensée un peu grandiose !.. car je t'aime ainsi, lorsque tu me présentes en entier ta face pâle et mélancolique !...mais, ô Lune, je t'affectionne moins lorsque tu m'apparais sous la forme d'un croissant....parceque alors tu me rappelles tout bonnement mon mari !...

Planche 8 de la série *Les Bas-bleus*
Le Charivari, 28 février 1844
Lithographie sur blanc ; troisième état sur trois
23,5 × 18 cm
Signé en en bas à droite : *h.D.*

Paris, Bibliothèque nationale de France, réserve du département des Estampes et de la Photographie (ancienne collection Curtis) (Dc. 180b rés. tome 24)

Delteil 1228

Exposé à Paris seulement

Dans la série *Les Bas-bleus*, publiée en quarante planches par *Le Charivari*, de janvier à août 1844 (LD 1221-1260), Daumier se moquait de la femme-auteur sortant de son rôle d'épouse et de mère au foyer pour devenir, à la façon de « votre madame Sand », un « bas-bleu », qui fume comme un homme[2] (pl. 2, LD 1222 et pl. 9, LD 1229) et prétend être reconnue en tant qu'écrivain (pl. 10, LD 1230, pl. 17, LD 1237, pl. 19, LD 1239...). Le thème, pratiquement inexploré jusque-là par Daumier qui l'abandonnait à d'autres dessinateurs du *Charivari*, tel Gavarni, plus spécialisés dans ce registre, s'enracine dans une double tradition : d'une part la comédie, depuis Aristophane jusqu'au Molière des *Femmes savantes*, et d'autre part, la tradition imagière des mondes à l'envers, dont un aspect se rapporte à l'inversion des rôles sexuels dans l'économie domestique et familiale. C'est ainsi que la première planche de Daumier sur le rôle des femmes, dans *Mœurs conjugales*, renvoyait à la mode du jour l'imagerie traditionnelle du colportage sur « la dispute de la culotte ». L'artiste mettait en

2. Christine Planté, « *Les Bas-bleus* de Daumier : de quoi rit-on dans la caricature ? », Régnier (dir.), 1997, p. 192-203.

92

**Femme de lettre humanitaire se livrant
sur l'homme a [sic] des réflexions
crânement philosophiques !**

Planche 15 de la série *Les Bas-bleus*
Le Charivari, 10 mars 1844
Lithographie ; deuxième état sur quatre
(épreuve sur papier mince)
23,15 × 18,15 cm
Signé en bas à gauche : *h. D.*

Collection Roger Passeron
Exposé à Paris seulement (exemplaire reproduit)

Paris, collection Prouté
Exposé à Ottawa seulement

Delteil 1235

LES BAS-BLEUS.

Femme de lettre humanitaire se livrant sur l'homme a des réflexions crânement
philosophiques !

évidence, – fût-ce pour s'en moquer –, de nouvelles façons d'être féminines, symptômes d'une condition qui changeait et qui affectait particulièrement le monde de la presse, y compris le lectorat du *Charivari*[3] : c'est là toute l'ambivalence de la caricature au XIXe siècle, dont la fonction n'était pas seulement de rabrouer, mais aussi, par le rire, de focaliser l'attention sur certains domaines en débat.

Le titre de la série est la traduction d'une expression anglaise qui serait apparue vers 1781 pour désigner un homme, Benjamin Stillingsfeet, remarqué pour ses bas bleus et son agréable conversation dans le club littéraire féminin animé par Mrs. Montagu[4] ; Jules Janin, en 1842, attribua à Byron la primauté du terme qui désigne « la race toute moderne des malheureuses créatures féminines qui, renonçant à la beauté, à la grâce, à la jeunesse, au bonheur du mariage, aux chastes prévoyances de la maternité, à tout ce qui est le foyer domestique, la famille, le repos au dehors, entreprennent de vivre à la force de leur esprit[5] ». Quand Daumier s'en empara, l'expression était déjà passée dans l'argot du journalisme et dans le langage courant. Le domaine, alors en pleine croissance,

de la littérature d'éducation était largement accessible, depuis madame de Beaumont et madame de Genlis jusqu'à Pauline Guizot, à la femme-auteur dont l'œuvre édifiante et sentimentale fut parfois couronnée par le prix Montyon, annuellement distribué par l'Académie ; la femme-écrivain prenait sa place aussi dans la littérature romanesque et le feuilleton de presse ; enfin, à la faveur de l'alphabétisation croissante, le secteur de la presse féminine illustrée se développait et lui apportait également un débouché et un public. Toutefois, les sphères littéraires légitimes, qui admettaient les femmes comme lectrices ou comme égéries, demeuraient étanches aux femmes-auteurs. Au tournant des années 1840, la littérature physiologique, depuis *Les Français peints par eux-mêmes*[6] jusqu'aux physiologies proprement dites[7], n'a pas manqué d'épingler le « bas-bleu » et la femme-auteur, à laquelle Stendhal, Balzac (à cause de Laure de Surville et de Zulma Carraud) et Flaubert (par Louise Colet) s'intéressaient plus sérieusement[8]. Plusieurs sujets de lithographies chez Daumier, qui avait lu de près la *Physiologie des bas-bleus* de Frédéric Soulié, semblent inspirés par la lecture de ces textes moqueurs que prolongeaient

93

Le parterre de l'Odéon
– *L'auteur !..l'auteur !..l'auteur !…*
– *Messieurs, votre impatience*
va être satisfaite.. vous désirez
connaître l'auteur de l'ouvrage
remarquable qui vient d'obtenir
un si grand, et je dois le dire,
si légitime succès…
cet auteur…c'est môa !

Planche 17 de la série *Les Bas-bleus*
Le Charivari, 17 mars 1844 (cl 1844-988)
Lithographie ; premier état, avant la
lettre
21,5 × 18,5 cm

Paris, Bibliothèque nationale de France,
réserve du département des Estampes
et de la Photographie (ancienne
collection Émile Lafont) monogrammé
E.L. au verso (Dc. 180c boîte)
Exposé à Paris seulement
(exemplaire reproduit)

Ottawa, musée des Beaux-Arts
du Canada
Exposé à Ottawa et à Washington
seulement

Delteil 1237

au théâtre des pièces comme *Un bas-bleu*, de Ferdinand Langlé et
F. de Villeneuve créé aux Variétés le 24 janvier 1842[9].

C'est singulier…, la première planche de la série (cat. 89) offre
un pendant féminin au *Narcisse* de la série *Histoire ancienne*
(cat. 75) et montre une femme en chemise, la tête couronnée de
feuillages ; elle détourne avec dépit son profil de biquette[10] du
miroir qui lui renvoie l'image peu flatteuse de son corps décharné.
La légende nomme Mme de Staël, l'une des figures tutélaires des
bas-bleus dans leur entreprise littéraire ; par le nom de Buffon
(dont la phrase « le style c'est l'homme » est familière à tous), elle
propose au lecteur d'interpréter la série comme un chapitre d'histoire naturelle sociale traitant du « genre » (dans le sens de *gen-
der*), signe d'identité trahi par le bas-bleu lorsqu'il/elle nie la distinction de sexe : « Le génie n'a point de sexe. »

« Il faut au génie une chambre en désordre », remarquait Jules
Janin[11]… La mauvaise tenue de l'intérieur du bas-bleu, mère
indigne, est critiquée avec drôlerie dans *La mère est dans le feu…*
(cat. 90), non sans référence au *Marriage à la mode* de Hogarth (et
aux poncifs des textes sur les bas-bleus[12]) : chaise renversée, balai

3. « Conduct unbecoming : Daumier and *Les Bas-bleus* », dans cat. exp.
   Middlebury (Vermont), 1990, p. 67-77.

4. Jacqueline Armingeat, *Daumier : Intellectuelles et Femmes socialistes*,
   Paris, Sauret, 1974, p. 125, et Rentmeister, dans cat. exp., Berlin, 1974,
   p. 57-79.

5. Premières lignes de son article « le bas-bleu » illustré par Pauquet ; Janin,
   Les Français, t. V, Paris, Curmer, 1842, p. 201-231.

6. *Ibid.* et Félix Guichardet, « Les femmes littéraires », *Le Prisme*, p. 35.

7. Ainsi les deux derniers chapitres de la *Physiologie du poète* (cat. 64)
   et la *Physiologie des bas-bleus* de Frédéric Soulié (1841).

8. Voir notamment certains passages de *Beatrix* (1838) et de *La Muse
   du département* (1843) de Balzac, ou la correspondance de Flaubert avec
   Louise Colet en août-septembre 1846.

9. Armingeat, *op. cit.* note 4 et cat. exp. *op. cit.* note 4, p. 76, note 25 (qui cite
   une édition de 1844).

10. Roberts-Jones (1940) a noté chez Daumier la récurrence d'un « type de
    femme maigre dont la forme du visage ressemble à une tête de brebis ».

11. Janin, *op. cit.* note 5, p. 206.

12. « Le génie aime le pêle-mêle de toutes choses : les plumes et la brosse
    à dents, le peigne et le pain de chaque jour. » ; Janin, *ibid.*, p. 206.

94

L'artiste m'a représenté [sic] au moment ou [sic] j'écris
mon sombre volume intitulé vapeurs de mon âme !...
l'œil n'est pas mal, mais le nez ne me semble pas
suffisamment affligé !...
(Le monsieur à part) – Oui.... il n'est qu'affligeant....

Planche 23 de la série *Les Bas-bleus*
Le Charivari, 15 avril 1844
Lithographie sur blanc ; troisième état sur trois
23,2 × 18,2 cm
Signé en bas à droite : *h. D.*

Paris, Bibliothèque nationale de France, réserve du département
des Estampes et de la Photographie (ancienne collection Curtis)
(Dc. 180b rés. tome 24)

Delteil 1243

Exposé à Paris seulement

95

Voyez-donc un peu, Isménie !...
Comment le gouvernement permet-il d'afficher
de pareilles turpitudes ?...

Planche 40 de la série *Les Bas-bleus*
Le Charivari, 7 août 1844
Lithographie sur blanc ; premier état avant la lettre,
légende manuscrite
23 × 18,3 cm
Signé en bas à gauche : *h. D.*

Paris, Bibliothèque nationale de France, réserve du département
des Estampes et de la Photographie, album Laran (Dc. 180.0)
Exposé à Paris seulement (exemplaire reproduit)

Paris, collection Prouté
Exposé à Ottawa seulement

Delteil 1260

abandonné[13], livres et pantoufles traînant à terre, la mère, dans l'enthousiasme de l'écriture, est absorbée au point d'oublier son bébé, fesses en l'air, qui pique une tête dans « l'eau du bain ». Daumier restitue avec attention le décor intérieur, dessinant jusqu'aux motifs du papier peint ; parmi les cadres accrochés au mur, un « pêle-mêle » d'estampes parachève l'évocation du désordre propre à la mauvaise maîtresse de maison.

La huitième planche de la série, *Ô lune* (cat. 91), introduit une nouvelle variation sur le thème de la nuit (cat. 108) : assise dans un fauteuil, auprès de la fenêtre ouverte à deux battants, le bas-bleu, en chemise et bonnet de nuit, s'extasie devant le spectacle de la pleine lune qui jette un jour étrange à l'intérieur de la chambre. Le contraste entre son air ridicule et trivial (renforcé par la légende qui lit dans ses pensées) et l'émotion romantique sincère que suscite la vision de la nuit que Daumier fait partager au spectateur sert, de nouveau, de ressort comique. L'intensité des noirs, particulièrement dans l'épreuve de l'ancienne collection Curtis, et le caractère inquiétant de l'ombre portée du fauteuil et du bas-bleu confèrent à la planche une atmosphère fantastique et une tonalité quasi abstraite, non sans rapport avec les illustrations, bien plus tardives, de Manet pour *Le Corbeau* de Poe[14].

Parmi les autres nocturnes, figurent *Dis donc, Bichette* (LD 1225), planche inspirée par la peinture de Delacroix, *Lady Macbeth*, et *Femme de lettre humanitaire* (cat. 92) : dans une chambre faiblement éclairée par la flamme d'une chandelle, posée sur une table, à côté de quelques livres, le bas-bleu médite sur la vanité des choses, tenant d'une main un crâne et de l'autre son menton, telle une mélancolique Madeleine à la veilleuse. L'expression ridicule du visage, les lunettes glissant vers l'avant du nez, les cheveux tirés en arrière et le front un peu dégarni apportent un contraste comique à la gravité du thème mise en valeur par l'ampleur de la silhouette, le traitement pictural du clair-obscur, l'intensité des noirs sur lesquels se détachent, en réserve, les blancs de la chemise, de la flamme et de la tranche des livres. L'épreuve exposée est tirée sur papier mince, selon une pratique adoptée vers cette époque par les imprimeurs, qui précédait le tirage proprement dit : ces très rares épreuves, destinées à l'atelier et parfois envoyées au dépôt légal, sont de grande qualité puisque le dessin sur la pierre n'a subi aucune usure et que la pierre a gardé toute sa fleur.

Le Parterre de l'Odéon (cat. 93) vise le bas-bleu – peut-être même George Sand –, qui, dans sa vanité d'auteur et sa quête de reconnaissance, se dresse en bombant le torse, à la stupéfaction des hommes qui l'entourent ; la légende renforce la drôlerie de la caricature, fondée sur le comique de geste, et précise le sens de la saynète. La silhouette de dandy vu de dos au premier plan s'inspire de Gavarni, qui a, lui aussi, traité le thème de la loge[15], repris depuis par les impressionnistes. La modernité de facture et de mise en page, valorisée par la qualité de l'épreuve, se remarque dans l'organisation géométrique de l'espace structuré par des verticales et des obliques parallèles, et dans le recours à des formes

sombres, nettement délimitées, traitées en aplat, qui se détachent sur la tonalité grisée, vibrante, du fond de la loge rendu par le frottage du crayon, non sans évoquer le traitement lithographique de Toulouse-Lautrec et de la génération des nabis.

Dans *L'artiste m'a représenté...* (cat. 94), un bas-bleu et un homme en habit noir vu de dos, dans le style de Gavarni, dialoguent. Tous deux contemplent au mur le portrait de la femme-auteur qui s'est fait peindre dans l'exercice de son art, plume en main, et que met en valeur un cadre riche. Son profil stupide, aux yeux globuleux, dédoublé dans le tableau, évoque la planche de Grandville publiée dans *Le Magasin pittoresque*, qui montre, d'après Lavater, la métamorphose d'Apollon en grenouille. La légende, dans cette planche encore, renforce l'effet comique de la saynète, en transcrivant, outre les propos du bas-bleu, l'ironique aparté de son compagnon.

Le bas-bleu ne réagit pas seulement à son portrait, mais aussi à ses caricatures : dans les deux planches finales, dont la dernière tient lieu de frontispice à l'album[16], Daumier traite de la réception par les bas-bleus des caricatures qui les vilipendent : après avoir montré la rage et l'indignation qu'expriment deux lectrices du *Charivari* (LD 1259), Daumier représente un second « couple » aux silhouettes comiquement contrastées[17] (cat. 95), qui, passant devant le magasin de caricatures, y découvre l'annonce de la mise en vente de la série complète, à 20 francs, sur une affiche que désigne du doigt la plus grosse des deux femmes. À la fonction présentative de cette œuvre, comme frontispice d'album et planche finale de la série, s'adjoint donc une fonction publicitaire, qui témoigne de l'essor de la réclame dans ces années où la lithographie permet aux premières affiches illustrées, des affiches de librairie, d'être réalisées. De plus, Daumier réinterprète le thème (traditionnel dans l'art de la caricature depuis le XVIIIᵉ siècle) de la vitrine du magasin de caricatures exposant au public son « musée de plein vent[18] » – qu'il a lui-même abordé dans les planches de sa première période politique. Alors qu'il insistait auparavant sur l'exposition des caricatures, l'accent porte désormais sur les personnages et sur l'inscription (manuscrite et sans doute autographe dans l'épreuve de l'album Laran exposée) du titre, conformément à un jeu d'images répandu dans les frontispices romantiques, souvent reproduits et agrandis par l'affiche de librairie. **S.L.M.**

---

13. L'oblique du balai trace la perspective comme le couteau dans les natures mortes flamandes.

14. Notamment dans la première et la dernière planche qui montrent le personnage à la fenêtre et l'ombre portée du corbeau sur le buste, (Paris, Lesclide, 1875).

15. Ainsi, *La Loge de l'Opéra, La Mode*, 1831.

16. Selon une habitude propre au livre illustré dont la dernière livraison publie, en prime, le frontispice.

17. La plus maigre fait penser au texte de Janin : « Voyez-la donc dans la rue, trottinant, les coudes serrés contre la taille, la tête haute, le regard baissé, un bout de manuscrit sortant de son cabas. » Janin, *op. cit.* note 5, p. 202.

18. Titre d'un article du *Livre des cent et un*, Paris, Ladvocat, 1831.

LES GENS DE JUSTICE

-Laissez dire un peu de mal de vous.... laissez dire.....tout à l'heure, moi, je vais injurier toute la famille de votre adversaire ! . . .

96

Dites donc, confrère, vous allez soutenir…

Le Charivari, 13 octobre 1845
Planche 14 de la série *Les Gens de justice*
Lithographie sur blanc ; deuxième état sur deux
25,8 × 19,2 cm
Signé en bas à droite : *h. D.*

Cergy-Pontoise, Conseil général du Val-d'Oise

Delteil 1350

97

Laissez-dire un peu de mal de vous…

Le Charivari, 11 octobre 1847
Planche 32 de la série *Les Gens de justice*
Lithographie sur blanc ; deuxième état sur deux
23,4 × 19,8 cm
Signé en bas à gauche : *h. D.*

Cergy-Pontoise, Conseil général du Val-d'oise

Delteil 1368

« Mais les *Gens de justice* ! Jamais, depuis Rabelais, la gent chica-nière n'a été plus serrée de près, plus fouillée, plus implacable-ment disséquée dans ses trucs, dans ses manies, dans ses audaces, dans ses roueries. Ces robes noires, ces faces rasées, le froid humide de la salle des Pas-Perdus, l'atmosphère surchauffée des salles d'audience, tout cela a positivement grisé Daumier. C'est avec une fougue rancunière qu'il a croqué ces innombrables types d'avocats emballés, de juges assoupis, moqueurs ou inexorables, de plaideurs exaspérés[1]. »

Ces lignes introduisaient une analyse précoce de la célèbre série de Daumier, *Les Gens de justice*, dont les 38 lithographies ont paru dans *Le Charivari* du 21 mars 1845 (LD 1337) au 31 octobre 1848 (LD 1374)[2], avec un succès qui ne s'est pas démenti et qu'at-teste le choix des reproductions figurant sur les couvertures des ouvrages consacrés à Daumier.

Abordant le « type » judiciaire à la manière des physiologies (cat. 64) et des *Français peints par eux-mêmes*[3] (cat. 63), Daumier s'inspire notamment de la *Physiologie de l'homme de loi*[4], peut-être composée par Philipon, et illustrée par son ami Trimolet avec Maurisset (fig. 1). Cette physiologie décrit la métamorphose de l'étudiant en avocat, puis s'arrête à quelques « variétés de l'espèce », comme « l'avocat du diable », avant de décrire « la confraternité

LES GENS DE JUSTICE.

Une péroraison à la Démosthène.

98

Une péroraison à la Démosthène

Planche 33 de la série *Les Gens de justice*
Le Charivari, 27 avril 1848
Lithographie sur blanc ; deuxième état sur deux
25,5 × 19 cm
Signé en bas à droite : *h. D.*

Cergy-Pontoise, Conseil général du Val-d'Oise

Delteil 1369

Fig. 1
Vignette de Trimolet pour la *Physiologie de l'homme de loi par un homme de plume*, Paris, Aubert et Lavigne [1841], gravure sur bois de bout, coll. part.

1. Alexandre, 1888, p. 269.
2. Cain, 1993 ; Hanovre, 1979, n° 47-69 ; Mons, 1990-1991 ; Paris et Bruxelles, 1996-1997 ; Giry, mai-juin 1968, p. 21-25 ; Le Foyer, 1958 ; Petit, 1961 ; Rothe, 1928 ; Waldman, 1919.
3. Dont certaines livraisons abordaient la justice, notamment « l'avocat », « l'avoué » et « la Cour d'assises », illustrés par Gavarni.
4. *Physiologie d'un homme de loi par un homme de plume. Vignettes par MM. Trimolet et Maurisset*, Paris, Aubert et Lavigne, [1841].

99

Vous avez perdu votre procès c'est vrai... mais vous avez dû éprouver bien du plaisir à m'entendre plaider

Planche 35 de la série *Les Gens de justice*
Le Charivari, 27 avril 1848
23,9 × 18,2 cm (dessin) ; 32,8 × 24,6 (feuille)
Lithographie sur blanc

Premier état avant la lettre, légende manuscrite
(Washington, The National Gallery of Art) ;
deuxième état sur deux (collection Roger Passeron)
Signé en bas à gauche : *h. D.*

Collection Roger Passeron
Exposé à Ottawa et à Paris seulement

Washington, The National Gallery of Art, Rosenwald Collection
Exposé à Ottawa et à Washington seulement (exemplaire
reproduit)

Delteil 1371

100

La Veuve en consultation

Planche inédite, exécutée sans doute pour
la série *Les Gens de justice*
Vers 1846
Lithographie sur blanc, premier état avant la lettre
23 × 20 cm
Signé en bas à gauche : *h. D.*

Paris, Bibliothèque nationale de France, réserve du département
des Estampes et de la Photographie (ancienne collection Gobin)
(Dc. 180b rés. boîte 3 n° 9)
Exposé à Paris seulement

Non catalogué par Delteil

Exposition
    Paris, 1934b, n° 142.

Cat. 100

entre avocats », et d'énumérer dans les derniers chapitres les composantes du « parquet et de la magistrature » : « des faiseurs de loi », « du greffier », « de l'huissier et du garde du commerce », « de l'avoué », « du notaire », « de l'homme de loi proprement dit », « le jurisconsulte de la salle des Pas Perdus ». Ainsi passe devant les yeux du lecteur une « lanterne magique de figures noires » dont les silhouettes minuscules, reprises et amplifiées par les lithographies de Daumier, prennent alors une tout autre envergure, dont aquarelles et peintures donneront d'autres variations encore[5]. Dans le microcosme du Palais, Daumier examine la pantomime des gestes et des expressions et met à jour une théâtralité particulière fondée sur le contraste entre les attitudes et sur le rapport de la figure à l'espace.

Dites donc, confrère... (cat. 96) saisit, en aval du procès, l'instant de la métamorphose du bourgeois en avocat. Daumier montre

deux avocats, les bras levés et les manches pendantes, en train de revêtir leur robe et se préparant, du même coup, à endosser le rôle de leur plaidoirie ; la légende dialoguée met en évidence la complicité des confrères, prêts à troquer leur jeu d'un jour à l'autre, selon le client qu'ils ont à défendre. Par référence à la physiognomonie animale, Daumier leur donne l'allure inquiétante d'oiseaux de proie, dépliant leurs ailes de vautours pour prendre leur envol. Sur les visages, les expressions macabres et clownesques sont plaquées comme des masques.

Dans *Laissez-dire un peu de mal...* (cat. 97), Daumier montre l'avocat parlant à son client en aparté : il lui souffle à l'oreille une phrase que dévoile la légende, tandis que la partie adverse pour-

---

5. Cain (*op. cit.* note 2) souligne le rapport entre la démarche de Daumier et les physiologies.

suit sa plaidoirie, avec une emphase exprimée par le geste, devant les juges et le public. Cette composition, dans un instantané saisissant, fait voir, en un bloc, l'avocat et son client, mains croisées, dos courbé, visage tendu, l'air prostré sur son banc, tandis qu'à l'arrière-plan s'agite la foule. L'échelonnement des plans, le traitement des « jours » de la salle, selon la formule de Duranty, qui mettent en valeur la robe sombre de l'avocat se rapprochent des effets de l'aquarelle et du lavis.

D'autres planches se concentrent sur l'action principale et décrivent les grands moments du procès, jusqu'à la péroraison, point d'orgue d'une plaidoirie (*Une péroraison à la Démosthène*, cat. 98) : le contraste entre la lumière et l'ombre barre à l'oblique la planche d'une diagonale que prolongent la silhouette et les plis de la robe du plaideur vu de dos. Au premier plan sont groupés à gauche trois avocats qui observent leur confrère avec des physionomies comiques. Assis au fond, derrière la table horizontale, les juges immobiles apportent un contrepoint statique au grand élan gestuel qui emporte le corps de l'avocat. Comme dans le cas du thème de l'aparté, la scène de la péroraison, où le crayon du lithographe rend les jeux de la lumière vibrant sur le drapé des robes, se prolonge dans l'œuvre dessinée[6], où Daumier restitue de mémoire, sous tous les angles, la représentation du plaideur au bras tendu[7], qu'il interprète alors, à la plume rehaussée de lavis, dans un style tournoyant, plus nerveux, inspiré par Rembrandt et Fragonard[8].

Vient enfin la sortie, que Daumier traite aussi dans son enquête : dans *Vous avez perdu votre procès…* (cat. 99) d'avril 1848, l'avocat, bien qu'il ait perdu sa cause, bombe le torse, fier de sa plaidoirie, tandis que la veuve et l'orphelin témoignent leur désarroi par leur silhouette courbée ; la femme en grand deuil, cachant son visage dans son mouchoir, évoque les pleurants des tombeaux médiévaux. Sur l'épreuve en premier état avant la lettre de la collection Rosenwald (Washington), la légende manuscrite est autographe ; en changeant « j'ai bien plaidé » en « vous avez dû éprouver bien du plaisir à m'entendre plaider », Daumier accentue, par sa rature, le caractère ignoble du comportement de l'avocat qui a le front de s'autocomplimenter devant ses clients. Dans cette belle planche dramatisée par la légende[9], Daumier dresse, sans discours, par la pantomime et le dessin, un réquisitoire contre l'avocat, qui se trouve à son tour, face au caricaturiste, en position d'accusé ; il plaide la cause des affligés, ce qui n'est pas sans rapport avec le thème chrétien de la Charité, vertu théologale qui lui inspire, la même année, l'esquisse présentée au concours pour la figure de *La République* (cat. 120).

Hors des salles d'audience, le spectacle des avocats en robe qui, les bras chargés de dossiers, arpentent l'escalier du Palais, réaménagé par l'architecte Duc, inspire à Daumier *Grand escalier du Palais de justice. Vue de faces* (cat. 101), planche splendide qui contient en germe tout un cycle ultérieur d'aquarelles et de croquis[10] (cat. 211 à 225). La légende « Vue de faces » se rapporte soit à l'escalier soit aux personnages, et la lithographie tire sa puis-

sance de l'étrange rapport des silhouettes à l'espace horizontalement strié par les marches. Raides dans leurs robes qui leur confèrent une stature monumentale et solennelle, deux avocats, l'un représenté à mi-corps et l'autre en pied, descendent. Le visage glabre et impassible, le regard fixe, ils ressemblent à des mécaniques funèbres, dont la présence inquiétante, pleine de morgue pour l'un et de suffisance pour l'autre, est plaquée sur la structure abstraite et linéaire de l'escalier. À l'arrière-plan, un troisième avocat, de dos, gravit à la hâte les dernières marches, et contrebalance de sa silhouette oblique l'équilibre hiératique de la composition.

Delteil mentionne deux lithographies inédites de 1848 en rapport avec la série (LD 1376 et LD 1377, 1848[11]) mais en ignore une troisième dont les deux exemplaires connus (cat. 100), avant la lettre, appartiennent à la Bibliothèque nationale de Paris (épreuve acquise en 1931 grâce à un don Rockefeller) et à la Rosenwald Collection de la National Gallery of Art de Washington[12]. La datation vers 1846[13] est corroborée par le numéro de la planche[14]. La scène est située dans le cabinet d'un avocat, dont le buste est placé en évidence, devant la bibliothèque. Dans un vif contraste avec une jeune veuve affligée qui pleure dans son mouchoir, l'avocat sourit, les jambes croisées, face à son buste, l'air narquois et détendu ; il s'apprête peut-être à consoler la jeune femme qui rappelle les *majas* à mantilles des *Caprices* de Goya. **S.L.M.**

6. Sur le motif de l'aparté et le geste de l'orateur à la Démosthène, que partagent lithographie et dessin, voir Stuffmann, dans cat. exp. Francfort et New York, 1992-1993, p. 16-27. Dans le même ouvrage, Colta Ives analyse le thème de la justice (« Juristen und das Gericht », p. 174-201)

7. Voir la planche 6 de la série, *Un avocat qui est… rempli de la conviction intime* (LD 1342).

8. Francfort et New York, 1992-1993, n° 82.

9. Voir la planche 22 (septembre 1846), rendue également très dure par sa légende : *Il défend la veuve et l'orphelin, à moins…* (LD 1358).

10. En particulier l'aquarelle de Baltimore, The George A. Lucas Collection of the Maryland Institute, en prêt permanent au Baltimore Museum of Art (MD. 601), cat. exp. *op. cit.* note 8, n° 88, p. 187-189. Voir également *ibid.*, n° 86-87.

11. Pierres 1328 et 1319 : elles sont datées par la numérotation.

12. Washington, 1979-1980, n° 49.

13. Paris, 1934b, n° 142.

14. N° 960, la planche 26 de la série, correspondant à la pierre 953, a paru le 18 novembre 1846 dans *Le Charivari*.

LES GENS DE JUSTICE.

Grand escalier du Palais de justice.
Vue de faces.

101

Grand escalier du Palais de justice. Vue de faces

Planche 2 de la série *Les Gens de justice*
Le Charivari, 8 février 1848
Lithographie sur blanc ; deuxième état sur trois
24 × 18 cm
Signé en bas à gauche : *h.D.*

Cergy-Pontoise, Conseil général du Val-d'Oise

Delteil 1372

LES BONS BOURGEOIS

LES BONS BOURGEOIS. N° 27.

Quand il y a trente dégrès de chaleur, heureux le bourgeois lorsqu'il va dormir dans la
forêt de St Germain en compagnie de sa femme et de plusieurs Lézards !

102

Quand il y a trente dégrés [sic]
*de chaleur, heureux le bourgeois
lorsqu'il va dormir dans la forêt
de St-Germain, en compagnie de sa
femme et de plusieurs Lézards !*

Planche 27 de la série
Les Bons Bourgeois
Le Charivari, 22 avril 1847
Lithographie sur blanc ; troisième état
sur trois (épreuve avec déclaration
d'imprimeur)
25,8 × 22,7 cm
Signée en bas à gauche : *h. D.*

Paris, musée Carnavalet (G01592)
Exposé à Paris seulement
(exemplaire reproduit)

Paris, collection Prouté
Exposé à Ottawa seulement

Delteil 1503

La série *Les Bons Bourgeois*, très prisée des amateurs, conte, en 82 lithographies, « les travaux et les jours » de la bourgeoisie, de même que *Mœurs conjugales* (cat. 84 et 85), *Pastorales* ou *Tout ce qu'on voudra* (cat. 106 et 107) ; mises à part douze pièces tirées sur blanc (dont cat. 105) et dix autres inédites, les planches ont paru dans *Le Charivari* de mai 1846 à juin 1849 (cat. 102, 103 et 104). Dans *Recherche infructueuse de la planète Leverrier* (cat. 103), Daumier reprend le thème lyrique du spectacle de la nuit étoilée, déjà maintes fois abordé par lui et traité ultérieurement par Whistler et Van Gogh ; il parvient à rendre de façon extraordinaire

« cette obscure clarté qui tombe des étoiles » en assurant une ampleur nouvelle à la représentation du ciel, par un dégradé qui s'étend sans limite, au-dessus d'un horizon ponctué sur la gauche par la silhouette minuscule de trois arbres au noir intense et velouté. Mais il maintient la dérision comique par le traitement des figures : absorbés dans une contemplation béate, un couple de bourgeois, nez en l'air, écarquille les yeux à la recherche de la fameuse planète dont la position avait été calculée par l'astronome Leverrier, et que devait dix mois plus tard découvrir l'astronome allemand Galle sous le nom de Neptune[1] ; l'homme corpulent et

LES BONS BOURGEOIS.

Recherche infructueuse de la planète Leverrier.

103

*Recherche infructueuse
de la planète Leverrier*

Planche 55 de la série *Les Bons Bourgeois*
Le Charivari, 4 décembre 1846
Lithographie ; troisième état sur trois
25,3 × 22 cm
Signé en bas à droite : *h. D.*

Collection Roger Passeron
Exposé à Paris seulement
(exemplaire reproduit)

Paris, collection Prouté
Exposé à Ottawa seulement

Delteil 1531

Fig. 1
Grandville, *Le Rentier de Paris et sa femme*,
Les Français peints par eux-mêmes, Paris,
Curmer, t. III, 1841, planche gravée sur bois
de bout par Guillaumot, coll. part.

la femme plantureuse, au visage de carpe, rappellent *Le Rentier de Paris et sa femme*, dans l'illustration par Grandville des *Français peints par eux-mêmes* (fig. 1).

Cette œuvre révèle le tournant qui s'opère alors chez Daumier vers un nouvel art du paysage, où la poésie de la campagne contraste avec la drôlerie des situations caricaturales que force en général la légende. D'autres planches « pastorales » illustrent les plaisirs nouveaux associés, comme dans *La Vie de bohème* de Henry Murger, à la découverte dominicale des environs de Paris, dans l'ombrage des guinguettes (LD 1502), le déjeuner sur l'herbe

1. Blois, 1968, n° 152, repr.

223

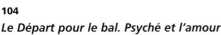

Le départ pour le bal

Viens donc !... viens donc.... je te dis que le schall que tu as à la maison est bien plus joli que ça !...

104

Le Départ pour le bal. Psyché et l'amour

Planche 59 de la série *Les Bons Bourgeois*
Le Charivari, 22 septembre 1847
Lithographie
Premier état avant la lettre, légende manuscrite autographe
sur la pierre
25,5 × 21,3 cm
Signé en bas à gauche : *h.D.*

Paris, Bibliothèque nationale de France, réserve du département
des Estampes et de la Photographie (exemplaire reproduit)
Exposé à Paris seulement

Delteil 1535

105

*Viens donc !... viens donc !.... je te dis que le schall
que tu as à la maison est bien plus joli que ça !...*

Planche 70 de la série *Les Bons Bourgeois*
Lithographie sur blanc ; deuxième état sur deux (planche
non publiée dans *Le Charivari*)
25,9 × 21,8 cm
Signé en bas à gauche : *h.D.*

Paris, musée Carnavalet (G 01637)

Delteil 1546

Exposé à Paris seulement

(LD 1519) ou la sieste (LD 1503) : dans *Quand il y a trente dégrés de chaleur...* (cat. 102), un couple de bourgeois se repose à même le sol en forêt de Saint-Germain ; l'homme allongé dort, le ventre chauffé par le soleil, tandis que sa femme assise, jambes repliées, lit son journal d'un air renfrogné. L'impression de canicule[2], suggérée par la légende, est rendue par les postures et les expressions des personnages et par l'intensité de la lumière de juillet (déclarée par l'imprimeur le 10 juillet 1846, cette lithographie n'a été publiée que près d'un an plus tard, le 22 avril 1847). Mais l'espace multisensoriel, auquel s'intéresse Daumier depuis plusieurs années, privilégie désormais la sensation optique : toute la planche baigne dans une lumière tamisée par les arbres, parsemée de taches de lumière et d'ombre qui traversent les feuilles, dans un traitement proche de celui d'aquarelles non caricaturales et plus tardives comme *Le Liseur* (cat. 311)[3] et déjà presque impressionniste ou cézannien.

Le Départ pour le bal (cat. 105), dont une unique épreuve avant la lettre avec légende manuscrite, autographe, non cataloguée par Delteil[4], présentée à Paris dans cette exposition, procède d'une toute autre veine, franchement comique, qui engage, comme dans *Les Baigneurs*, la représentation du corps du bourgeois : inconscient de son ridicule, un gros bourgeois à peine vêtu, couronné de roses et déguisé en zéphir pour un bal costumé, mime devant son miroir le saut d'une danseuse sur les pointes. Dans son incongruité

A. Ane.   B. Biset.   C. Cavalier.   D. Danseuse.   E. Écrivain.   F. Fantassin.

G. Ganache.   H. Horloger.   I.J. Idiot.   K. Kalmouck.   L. Laitière.   M. Marmiton.

Fig. 2 et 3
Honoré Daumier, *Alphabet figuré,*
Petites Macédoines d'Aubert,
nº 251, Paris, Aubert, lithographie
en deux planches, lettres A à M
et lettres N à Z, déposé
le 16 décembre 1835, coll. part.

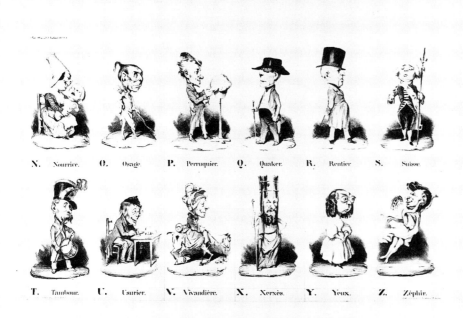

N. Nourrice.   O. Osage.   P. Perruquier.   Q. Quaker.   R. Rentier.   S. Suisse.

T. Tambour.   U. Usurier.   V. Vivandière.   X. Xerxès.   Y. Yeux.   Z. Zéphir.

comique, cette planche se fonde sur la condensation de deux vignettes, le D de « danseuse » et le Z de « zéphir », de son abécédaire en deux planches (LD 323) déposé le 16 décembre 1835 et publié dans la collection des alphabets dépliants d'Aubert (fig. 2 et 3) ; traduite sur bois, cette image sera reprise pour illustrer des livres d'enfants.

Viens donc !… je te dis que le schall… (cat. 105) montre un mari essayant d'arracher sa jeune épouse, largement enceinte, à la contemplation de la vitrine d'un magasin de nouveautés. Les jeux de la lumière rendent la transparence et la superposition des étoffes dans la silhouette gracieuse de la jeune femme, proche des gravures de Goya et de Gavarni[5] : cette poésie des vitrines, récur-

rente chez Daumier, inspirera, après Atget, les surréalistes : « Aux devantures de la galerie, les mouchoirs symétriquement exposés forment des triangles suspendus au-dessus de jupons de couleur sombre qui empêchent les regards de fouiller la boutique à leur aise » (Aragon, *Le Paysan de Paris*, 1926).   **S.L.M.**

2. Présente aussi dans *Divertissement caniculaire* (LD 1509).

3. Francfort et New York, 1992-1993, nº 64.

4. Delteil signale néanmoins en premier état une légende manuscrite lithographiée, et présume que la légende est de la main de Daumier.

5. *La Femme sans nom* dans *Les Français peints par eux-mêmes*, t. I, 1840, p. 253.

TOUT CE QU'ON VOUDRA

Tout Ce qu'on voudra 10

Deux heures du matin, Sortie du théâtre historique.

Est 2843

106

Deux heures du matin,
sortie du théâtre [sic] *historique*

Planche 10 de la série *Tout ce qu'on voudra*
Lithographie sur blanc ; premier état avant
la lettre, légende manuscrite
24,7 × 21,5 cm
Signé en bas à gauche : *h.D.*

Paris, École nationale supérieure
des beaux-arts (Est. 2843)

Delteil 1656

Exposé à Ottawa et à Paris seulement

Longue série de 70 planches, *Tout ce qu'on voudra* a débuté en mars 1847 et s'est poursuivie sous la deuxième République jusqu'en juillet 1851 dans *Le Charivari*, sauf quatorze planches uniquement tirées sur blanc (dont cat. 106). Delteil y a rattaché quatre lithographies inédites. Les deux magnifiques épreuves présentées comportent des légendes manuscrites ; dans l'une la légende de Daumier, « – Ils ne s'attendront pas [biffé : guère] à me trouver là ! », a été changée, par une autre main, pour la légende définitive[1] (cat. 107).

Deux heures du matin… (cat. 106) est un bel effet de neige en pleine nuit, à la sortie du théâtre, sur le mur duquel on aperçoit un coin d'affiche : la foule des passants se hâte dans l'obscurité qu'éclaire la lueur diffuse d'un réverbère, tandis que tombent les flocons de neige qui parsèment la planche, piquetée de blanc. *Un mari brûlé du feu de la jalousie* (cat. 107) est une pièce à la fois

tendre et comique, comme le deviennent alors beaucoup d'œuvres de Daumier paysagiste et caricaturiste ; dans cette scène bucolique, peut-être transposée d'une lithographie de Raffet (fig. 1), Daumier exploite le « gag » du mari trompé tombé dans une mare : il pointe sa tête hors de l'eau et se raccroche au tronc noueux d'un vieux chêne ; dans l'ouverture entre deux branches tordues, il surveille la promenade sentimentale du couple. Tandis que le premier plan, avec l'eau ridée de la mare, et les herbages nerveusement griffonnés de son bord, est interprété dans un style très expressif, le lointain, plus esquissé, s'estompe avec poésie, laissant l'air circuler dans la lithographie[2].　　　　**S.L.M.**

1. À laquelle manque l'accent circonflexe de « brûlé » comme dans le second état (au département des Estampes et de la Photographie) ; l'accent a été rétabli dans le troisième état publié dans *Le Charivari*.
2. Saint-Denis, 1988-1989, n° 34.

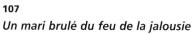

107

Un mari brulé du feu de la jalousie

Planche 21 de la série *Tout ce qu'on voudra*
Le Charivari, 25 octobre 1847
Lithographie sur blanc ; premier état avant
la lettre, légende manuscrite (épreuve reproduite
par Delteil)
24,6 × 21,7 cm
Signé en bas à gauche : *h.D.*

Paris, École nationale supérieure des beaux-arts
(Est. 2844)

Delteil 1667

Exposé à Ottawa et à Paris seulement

Fig. 1
Auguste Raffet, « *L'ennemi ne se
doute pas que nous sommes là…* »,
album lithographique de 1836,
Paris, Gihaut frères, planche 8,
coll. part.

Peintures, années 1840

108

Les Noctambules

Vers 1842-1847
Huile sur bois
28,9 × 18,7 cm
Signé en rouge en bas à gauche : *h.D*

Cardiff, National Museum and Gallery (A 2452)

Maison I-3

Exposé à Paris et à Washington seulement

Historique

Coll. Alfred Saucède, Paris ; vente Saucède, Paris, 14 février 1879, n° 11 ; acquis par Rouart ? ; coll. Henri Rouart, Paris, après 1903 ; vente Rouart, Paris, galerie Manzi-Joyant, 9-11 décembre 1912, n° 168, repr., *Noctambules* ; acquis 7 000 francs par Wallis & Son, Londres ; acquis 338 160 livres par Gwendoline E. Davis, 14 décembre 1912 ; légué par Gwendoline E. Davis au musée en 1952.

Expositions

Paris, 1888, n° 359 ; Paris, 1958, n° 80 ; Londres, 1961, n° 78 ; Paris, 1979, n° 7 ; Londres, 1981, hors cat.

Il serait tentant de rapprocher ce tableau de l'engouement des romantiques pour les clairs de lune, mais Daumier avait un intérêt tout personnel pour les scènes nocturnes et une propension à observer, quoique d'un œil ironique, les préoccupations des gens à l'égard des phénomènes astronomiques. Les amateurs de clairs de lune occupent une place prédominante dans ses premières lithographies, et seront plus tard remplacés par des Parisiens attendant avec anxiété le passage d'une comète. *Le Promeneur au clair de lune* (B 259) et *La Vue* (cat. 80), parus respectivement en juillet et le 14 septembre 1842 dans *Le Charivari*, marquent l'apparition de ce motif dans l'œuvre de l'artiste.

Tout d'abord incertain quant à la date des *Noctambules*, Maison a fini par conclure que la peinture pourrait avoir été exécutée dans les années 1838-1840, ce qui en ferait une des premières œuvres de Daumier[1]. Adhémar, avant lui, l'avait située vers 1843-1848. Cette deuxième proposition a été privilégiée par la plupart des chercheurs, y compris Laughton. Celui-ci a relevé très justement certaines analogies entre ce tableau et *Ouvriers dans la rue* (MI-4), également au musée de Cardiff, et a situé *Les Noctambules* aux alentours de 1846-1848[2].

La datation demeure sans doute incertaine, mais il est néanmoins intéressant de noter que Daumier a recours à une composition similaire dans la scène de la lithographie *Le Membre de toutes les académies* (LD 846), publiée dans *Le Charivari* du 6 mars 1842. L'examen du panneau de Cardiff a révélé, par ailleurs, un net repentir indiquant qu'à l'origine, Daumier entendait ne représenter qu'un seul personnage au centre. Selon Burnstock et Bradford, la technique ainsi que l'apprêt et le médium utilisés sont représentatifs des travaux de la fin des années 1840[3].

M.P.

1. Maison, vol. I, 1968, n° I-3.
2. Adhémar (1954a, n° 26) ainsi que Georgel et Mandel (1972, n° 9) ont proposé 1847 comme date d'exécution ; Laughton, 1996, p. 177, n° 3.
3. Aviva Burnstock et William Bradford, « An Examination of the Relationship Between the Material and Techniques Used for Works on Paper, Canvas and Panel by Honoré Daumier », Ashok Roy et Perry Smith (éds.), *Painting Techniques, History, Materials and Studio Practice*, contributions au Congrès de Dublin, 7-11 septembre 1998, Londres, « International Institute for Conservation of Historic and Artistic Work », 1998, p. 217-222.

109

Femme et Enfant sur un pont

Vers 1845-1848
Huile sur panneau
27,3 × 21,3 cm

Washington, The Phillips Collection (0377)

Maison I-9

Historique
Arsène Alexandre, Paris ; Alphonse Kann, Paris ; Dikran Khan Kélékian, Paris ; vente Kélékian, New York, American Art Association, 30-31 janvier 1922, n° 92, repr. ; acquis à la vente par l'intermédiaire de la Kraushaar Gallery pour 3 500 dollars par la Phillips Memorial Art Gallery.

Exposition
New York, 1930, n° 81.

110

Dans la rue ou ***Une rue dans Paris***

Vers 1845-1848
Huile sur panneau
28,5 × 18,5 cm
Signé en bas à droite : *h.D.*

Copenhague, Ordrupgaard

Maison I-8

Historique
Galerie Ambroise Vollard, Paris ;
Wilhelm et Jenny Hansen, Copenhague.

Expositions
Paris, 1878, n° 87 (*Une rue dans Paris*,
prêté par l'artiste) ; Paris, 1901, n° 102 ;
Zurich, 1917, n° 77.

Les peintures d'Ordrupgaard et de Washington sont, de l'avis général, les premières huiles de Daumier sur un sujet qui lui tenait à cœur et qui a connu, sa vie durant, des modifications successives. Adhémar les a situées après 1850 tandis que Maison leur a attribué une datation antérieure, plus plausible, entre 1845 et 1848[1]. Il s'agit de nocturnes, ce qui rappelle les travaux précédents de l'artiste ; dans les deux compositions, l'enfant se déplace avec difficulté, un motif récurrent que l'on retrouve dans *Vous avez perdu votre procès...* (cat. 99), qui date de 1848, et, plus tard, dans les différentes versions du *Fardeau* (cat. 160) et de *La Blanchisseuse* (cat. 161, 162, 163 et 164). La composition du tableau de la collection Phillips (cat. 109) évoque *Les Noctambules* (cat. 108), mais les figures imprécises, éclairées de l'arrière, sont sur un pont, la ligne d'horizon au-dessus du quai se dessinant au loin. Il pourrait s'agir d'une lavandière rentrant du travail. Le panneau d'Ordrupgaard (cat. 110) offre une allure spectrale, ce qui lui confère une tonalité inhabituelle, pré-symboliste ; la mère, représentée sans visage et définie uniquement par la lumière projetée sur elle, dégage quelque chose d'infiniment touchant dans l'anonymat qu'elle incarne. **M. P.**

1. Adhémar, 1954a, n° 66.

231

111

Le Baiser

Vers 1845-1848
Huile sur panneau
37 × 28,5 cm
Signé en bas à gauche : *h.D.*

Paris, musée d'Orsay, donation de Max et Rosy Kaganovitch,
1973 (RF 196315)

Maison I-6

Historique
  Coll. Hippolyte Lavoignat, Paris, en 1878 ; coll. James Staats Forbes,
  Londres, avant 1904 ; vente Forbes, Munich, galerie Fleischman,
  21 mars 1906, II, n° 28, repr., « Nach der Arbeit » ; coll. Dr Hermann
  Eissler, Vienne ; Weiss ; Kaye ; coll. Mendelssohn-Bartholdy, Berlin ;
  coll. Max Kaganovitch, Paris ; donné par Max et Rosy Kaganovitch
  au musée en 1973.

Expositions
  Paris, 1978, n° 22 ; New York, 1930, n° 89 ; Paris, 1934a, n° 16 ; Londres,
  1961, n° 18, repr.

112

Au bord de l'eau

Vers 1849-1853

Huile sur panneau

33 × 24 cm

Signé en bas à gauche : *h.D.*

Troyes, musée d'Art moderne,
donation de Pierre et Denise Lévy

Maison I-11

Historique

Galerie Durand-Ruel, Paris ; coll. Nicolas-Auguste
Hazard, Orrouy, jusqu'en 1913 ; coll. Mme veuve
Hazard, jusqu'en 1919 ; vente Hazard, Paris, galerie
Georges Petit, 13 décembre 1919, n° 95, repr. ;
acquis 53 000 francs par Schœller, Paris ;
coll. Gabriel Cognacq, Paris ; vente Cognacq,
Paris, galerie Charpentier, 14 mai 1952, n° 36,
Baigneuses ; coll. Pierre Lévy, Troyes, en 1961 ;
donné par P. Lévy au musée en 1976.

Expositions

Paris, 1878, n° 73 (*Au bord de l'eau*, prêté par
Durand-Ruel) ; Paris, 1901, n° 469 ; Londres, 1927,
n° 7 ; Paris, 1934a, n° 14 ; Paris, 1958, n° 316 ;
Londres, 1961, n° 10, repr. ; Ingelheim-am-Rhein,
1971, n° 1, repr.

Rares sont les artistes qui, comme Daumier, ont consacré une si grande partie de leur œuvre aux relations entre parents et enfants et aucun n'a aussi bien distingué entre la représentation amusée des risques et périls du métier de parent, telle qu'elle apparaît dans les lithographies publiées, et le regard intime, tendre et profondément humain illustré par les peintures. Dans le tableau du musée d'Orsay, le départ ou le retour du travailleur s'accompagne d'un débordement d'affection à l'égard du plus jeune membre de la famille. Dans *Au bord de l'eau*, une jeune fille avance avec précaution des bords de Seine, tandis que les autres fillettes et les femmes, sans doute des parentes et amies, font la lessive ou s'apprêtent à la rejoindre. Dans les deux tableaux, Daumier représente le personnage principal penché, attitude qu'il reprendra, notamment pour les baigneurs. À l'exception d'Adhémar, qui a attribué une date étrangement tardive au *Baiser* (1860-1862), les exégètes ont été pratiquement unanimes à placer l'œuvre dans sa première production, entre 1845 et 1848[1]. Selon Maison, *Au bord de l'eau* serait de 1847 environ, alors qu'Adhémar l'a daté de dix ans plus tard, vers 1855-1860[2]. Un certain manque d'assurance se perçoit dans les deux tableaux, plus apparent dans *Au bord de l'eau*, ce qui autoriserait une datation plus ancienne. Si le cas est moins complexe pour *Le Baiser*, on ne peut, somme toute, faire abstraction du lien qui existe entre *Au bord de l'eau* et *Baigneurs* (cat. 154) ou encore *Le Premier Bain* (cat. 159), ce qui indiquerait une date un peu plus tardive, hypothèse retenue par Laughton[3].

M.P.

1. Adhémar, 1954a, n° 122 ; Maison, vol. I, 1968, n° 16 (1845-1847) ; Georgel et Mandel, 1972, n° 6 (1845) ; Laughton, 1991, p. 69 (vers 1846-1848).
2. Adhémar, *op. cit.* note 1, n° 78.
3. Laughton, *op. cit.* note 1, p. 102 (vers 1849-1853) ; Laughton, 1996, p. 24 (vers 1849-1852).

113

Sortie de l'école

Vers 1847-1848, retouché dans les années 1850
Huile sur panneau
40 × 31 cm
Signé en bas à gauche : *h. Daumier* ; inscription au verso :
Collection Georges Lutz

Collection particulière (avec le concours de la galerie Nathan, Zurich)

Maison I-12

Exposé à Ottawa seulement

Historique

Coll. comte Armand Doria, Orrouy ; vente Doria, Paris, galerie Georges Petit, 8-9 mai 1899, n° 130 ; vendu 7 700 francs ; coll. Georges Lutz, Paris ; vente Lutz, Paris, galerie Georges Petit, 26-27 mai 1902, n° 48 ; vendu 9 000 francs ; coll. Mante, Paris ; coll. Jaubert, Paris ; coll. Hirsch, Paris ; vente (Hirsch), Paris, hôtel Drouot, 7 décembre 1912, n° 14 ; acquis 8 000 francs par la galerie Chaine & Simonson ; coll. Gwendoline E. Davis, Montgomeryshire ; galerie M. Wildenstein & Cie, 1934, Paris ; coll. Renand, Paris ; galerie Alfred Daber, Paris, 1961.

Expositions

Paris, 1878, n° 85 (*Sortie de l'école* prêté par l'artiste) ; Paris, 1934a, n° 16a ; Paris, 1958, n° 170 ; Londres, 1961, n° 20.

Selon Maison, Daumier a certainement retouché ce panneau de 1847, peut-être une dizaine d'années après l'avoir exécuté. Les figures de droite, peintes avec une fluidité nerveuse annonçant le style plus assuré de son œuvre ultérieur, diffèrent passablement de celles de gauche. La pièce, une des plus admirées à l'exposition de 1878, fait partie des scènes d'enfants jouant ou sortant de l'école. Il se dégage quelque chose d'émouvant dans ces fillettes qui se précipitent hors de l'école, tel un torrent impétueux. Le sujet pourrait bien avoir été suggéré par l'immense succès de *La Sortie de l'école turque* d'Alexandre Decamps, l'un des peintres que Daumier admirait le plus ; Decamps s'est peut-être à son tour inspiré d'une lithographie de son ami, *Ah ! his !...* de 1832 (cat. 8) pour peindre, en 1841, *Les Sonneurs* du musée du Louvre.

Une autre composition, de sujet voisin, ayant appartenu au peintre Daubigny, figure dans le catalogue de Fuchs, mais a été rejetée par Maison[1]. Pourtant, Brame, dans l'inventaire qu'il a dressé après le décès de Daubigny en 1878, a constaté l'existence de ce tableau à son domicile, 30, rue de La Rochefoucauld, en tant qu'« École par Daumier » et l'a évalué 1 800 francs[2]. Mme Daubigny le prêta peu après à l'exposition de 1878, sous le n° 51 et le titre *Petits Enfants*.

1. Maison, vol. I, 1968, p. 214, pl. 205 et Fuchs, 1930, n° 287, repr.
2. Madeleine Fidell-Beaufort et Janine Bailly-Herzberg, *Daubigny*, Paris, Geoffroy-Dechaume, 1975, p. 270.

1848
et la deuxième République

LE GAMIN DE PARIS AUX TUILERIES.
Cristi!..... comme on s'enfonce là dedans.

114

Le Gamin de Paris aux Tuileries.
Cristi !... comme on s'enfonce là-dedans.

Le Charivari, 4 mars 1848
Lithographie sur blanc ; état unique
25,5 × 22,7 cm

Paris, musée Carnavalet (G 01247)
Exposé à Paris seulement

Boston, Museum of Fine Arts. Legs William
P. Babcock, 1900
Exposé à Paris seulement

Delteil 1743

Avec la proclamation de la République et l'abolition de la censure en février 1848, les conditions de production des lithographies se trouvèrent transformées, et l'imagerie politique, de nouveau rendue possible par « le printemps des peuples », donna lieu, en France comme dans l'Europe entière, à une abondante production lithographique. Daumier, alors, comme l'a indiqué Champfleury, a délibérément renoncé aux distorsions de « la poire » pour épargner Louis-Philippe[1], sa cible de naguère déchue, désormais en exil en Angleterre. Il n'a consacré que peu de caricatures à l'actualité politique qui lui a inspiré néanmoins, hors série, deux planches publiées les 4 et 9 mars 1848, peu après les journées de février. Elles offrent le rare exemple d'une caricature positive, où

Daumier, sans brandir le fouet de la satire, fait part au public de son enthousiasme républicain.

Dans *Le Gamin de Paris aux Tuileries* (cat. 114), il interprète une scène, fortement symbolique et maintes fois retenue par les dessinateurs dans la geste de ces journées, où l'enfant du peuple s'est assis sur le trône. Alors que les autres dessinateurs, comme Adam et Arnout, montraient l'ensemble du décor et dispersaient davantage l'attention du spectateur, Daumier s'est rapproché de la scène centrale pour attirer les regards vers le gamin fluet au nez pointu, coiffé d'un bicorne, qui, jambes et bras en l'air, rebondit sur le trône royal bien rembourré, en s'écriant familièrement « cristi !... comme on s'enfonce là-dedans[2] », tandis qu'autour de

Dernier conseil des ex ministres .

115

Dernier Conseil des ex-ministres

Le Charivari, 9 mars 1848
Lithographie sur blanc ; deuxième état sur deux
21,4 × 27 cm
Signé en bas à droite : *h. D.*

Collection Roger Passeron (anciennes collections René Gaston-Dreyfus et comte Borletti)
Exposé à Paris seulement

Boston, Museum of Fine Arts. Legs William P. Babcock, 1900
Exposé à Ottawa seulement

Delteil 1746

Fig. 1
Robert Seymour,
France Receiving the Ordinances.
Hide your Diminished Heads,
Londres, éd. Lean, 7 août 1830
(repr. d'après Régnier [éd.], 1997,
p. 48, fig. 55).

lui s'agite la foule dans une gaieté de carnaval (le personnage de droite semble sorti de l'illustration de Daumier pour le poème de Gavarni sur le carnaval, cat. 69). Flaubert, qui a soigneusement consulté le corpus iconographique de l'année 1848 pour écrire la troisième partie de *L'Éducation sentimentale* (1868), s'est souvenu de l'ambiance et de la scène de Daumier, dans le passage où Frédéric assiste à l'invasion des Tuileries par la foule et voit le trône jeté par la fenêtre puis brûlé : « On avait une gaieté de carnaval, des allures de bivac ; rien ne fut amusant comme l'aspect de Paris, les premiers jours. » Un peu plus loin, il fait savoir que Pellerin, tel Daumier, « avait même commencé une figure de la République ».

1. LD 1744, 1745 et 1747 : ces trois planches sont des portraits-charges.
2. Comme l'a remarqué Maurice Agulhon, la légende présente un jeu de mot sur le sens familier du participe « enfoncé » ; cat. exp. *La Révolution de 1848. L'Europe des images*, Paris, Assemblée nationale, 1997.

Chez Aubert, Pl. de la Bourse.

Imp. Aubert & Cie.

— Citoyennes .... on fait courir le bruit que le divorce est sur le point de nous être refusé..... constituons - nous ici en permanence et déclarons que la patrie est en danger!.....

116

Citoyennes....... on fait courir le bruit que le divorce est sur le point de nous être refusé....constituons nous ici en permanence et déclarons que la patrie est en danger !.....

Planche 1 de la série *Les Divorceuses*
Le Charivari, 4 août 1848
Lithographie en blanc
25 × 21 cm
Signé en bas à gauche : *H.D.*

Paris, École nationale supérieure des beaux-arts (PC 26894)
Exposé à Ottawa et à Paris seulement

Delteil 1769

Cette figure de la République, dont Daumier peindra bientôt l'esquisse (cat. 120), apparaît majestueusement dans la seconde et rare lithographie (présentée dans une belle épreuve des anciennes collections René Gaston-Dreyfus et comte Borletti[3]), *Dernier Conseil des ex-ministres*[4], dont le souvenir s'est inscrit dans la mémoire de Michelet qui l'évoqua avec précision trois ans plus tard : « Je me rappelle une autre esquisse où vous rendiez sensible, même aux plus simples, le droit de la République. Elle rentre *chez elle* ; elle trouve les voleurs à table qui tombent à la renverse. Elle a la force et l'assurance de la *maîtresse de maison*. La voilà définie et son droit clair pour tous. Elle seule est *chez elle* en France.

« Les questions n'avancent que quand on trouve ainsi une formule très forte qui crève les yeux. Le jour où Molière trouva celle de Tartufe, son vrai portrait, Tartufe fut dès lors impossible[5]. »

Dans l'embrasure de la porte ouverte à deux battants se dessine sur le blanc de réserve la silhouette monumentale, grisée, de la République au bonnet phrygien, qui s'avance, bras écartés, comme l'ombre animée d'une revenante, vers le groupe des ministres épouvantés, amalgamés en une masse sombre et mouvante au premier plan ; l'un s'enfuit par la fenêtre, l'autre, dont le profil ressemble à Thiers (qui n'était pourtant pas ministre dans le cabinet Guizot), jette un regard terrifié vers cette République-femme à laquelle les traits de crayon donnent l'animation de la vie, faisant vibrer les bords flottants de sa tunique. L'iconographie de la scène, où débute le recours à l'allégorie dans l'œuvre de Daumier, est transposée d'une caricature de Seymour sur la Révolution de 1830[6] (fig. 1).

Le reste de l'année 1848 fut consacré aux séries, soit pour continuer celles qui étaient en cours, comme *Les Gens de justice*, soit pour en entamer d'autres, qui, sans relater d'événement précis de l'actualité politique, s'y rattachaient néanmoins, comme *Les Alarmistes et les Alarmés* (LD 1761-1768) ou *Les Divorceuses*. La seconde (LD 1769-1774), en six planches publiées dans *Le Charivari* d'août à octobre 1848, reprenait dans un registre politisé la question des femmes, déjà traitée sous l'angle des mœurs par *Les Bas-bleus* (cat. 89 à 95), et ensuite par *Les Femmes socialistes* ; les féministes, dont se moquaient au *Charivari* plusieurs articles publiés de mars à juin[7], comme les caricatures de Cham et *Les Vésuviennes* d'Édouard de Beaumont, formulaient leurs revendications dans le Club des femmes et dans *La Voix des femmes* en 1848, où elles réclamaient vainement le droit de vote (accordé aux femmes un siècle plus tard) ou le rétablissement du divorce, aboli en 1816, discuté, et repoussé, sur un projet de loi soumis à l'Assemblée le 28 mai 1848 (et finalement autorisé par la loi Naquet en 1884)[8]. Dans une veine proche des *Guêpes* d'Aristophane, dont Baudelaire souhaitait l'illustration par Daumier, la première planche des *Divorceuses, Citoyennes… on fait courir le bruit…* (cat. 116) montre l'assemblée des femmes, ayant pris possession de la salle des Débats pour défendre à la tribune la cause du divorce. L'atmosphère houleuse de la planche, publiée le 4 août 1848 (date anniversaire de l'abolition des privilèges de la noblesse et du

clergé en 1789 !), avec une légende qui évoque ironiquement la « patrie en danger » de 1792 (discrète allusion à *l'Enrôlement des volontaires* de Thomas Couture, œuvre inachevée commandée en 1848), se rapproche des lithographies relatives à l'envahissement de l'Assemblée par le peuple le 15 mai 1848 (celle de Bonhommé par exemple), qu'a relaté en phrases inquiètes Victor Hugo dans *Choses vues* : face à cet « étrange spectacle », l'écrivain parlait « des flots d'hommes déguenillés descendant ou plutôt ruisselant le long des piliers des tribunes basses » et décrivait les « monceaux d'hommes » qui s'agglutinent sur « le bureau du président, l'estrade du secrétaire, la tribune ». Chez Daumier, c'est la même scène au féminin, et l'artiste parvient admirablement à rendre l'effet de la foule enthousiaste et fiévreuse, où, sur la droite, se mêlent en un mouvement ascendant les corps de femmes se ruant à la tribune derrière une égérie enflammée, qu'il héroïse à sa manière. Cheveux dénoués, celle-ci clame son discours, tandis que s'envole sa coiffe à rubans et que, plus haut, s'agite désespérément, mais en vain, la cloche du secrétaire de séance[9]. L'arrière-plan se répartit en deux zones, grise et blanche, séparées à la verticale, sur lesquelles se détache l'oratrice dont tout le corps bascule en avant dans une ample oblique, prolongée par l'axe du cou, le bras déployé et la main ouverte, et contrariée par la position de l'autre bras solidement appuyé à la tribune. Une foule de visages attentifs ou interrogateurs forme au sol une nappe scandée au loin de bras tendus. Dans le jeu de pleins et de vides qui met en valeur l'*actio* du personnage, Daumier se souvient de l'affiche de Gavarni pour *Les Français peints par eux-mêmes*, sans renoncer à l'expressivité caricaturale (notamment dans la matrone aux vastes seins du premier plan). Significative du tournant de 1848 chez Daumier, cette œuvre, qu'a inspiré peut-être l'élan des barricades[10], annonce le traitement dynamique et la composition de *L'Émeute* (cat. 122 et 196).

S.L.M.

---

3. 2e vente, décembre 1966.

4. Blois, 1968, n° 36 ; cat. exp. Paris, *op. cit.* note 2, n° 85.

5. Lettre à Honoré Daumier du 30 mars 1851, publiée dans Alexandre, 1888, et, en dernier lieu, dans Le Guillou (éd.), *Correspondance générale de Jules Michelet*, Paris, Champion, t. VI, 1996, lettre 5451, p. 719. Michelet y remercie Daumier de s'être indigné, par la caricature, de la suspension de son cours du Collège de France.

6. Repr. dans Jürgen Döring, « Caricature anglaise et caricature française aux alentours de 1830 », dans Régnier (dir.), 1997, p. 48, fig. 55.

7. Notamment les 9 mars, 24 et 28 mai.

8. Laura S. Struminger, « Les Vésuviennes : les femmes-soldats dans la société de 1848 », p. 234-248 et Luce Czyba, « Féminisme et caricature : la question du divorce dans *le Charivari* de 1848 », p. 249-255, dans Régnier (dir.), *op. cit.* note 6, 1998.

9. Même motif, mais sur le côté gauche de l'image, dans une lithographie de 1869 (LD 3721).

10. Le thème, réel ou allégorique, de la femme sur les barricades a imprégné l'iconographie des journées de juin 1848 (autour des représentations de « Victorine Charlemagne ») et s'est prolongé dans la littérature. La femme de Michelet, Athénaïs Mialaret, s'est dressée sur les barricades viennoises.

117

Le Sommeil d'Endymion-Berryer

Planche inédite destinée à la série *Idylles parlementaires*
Fin 1850-début 1851
Lithographie sur blanc ; une seule épreuve connue
(non reproduite par Delteil)
25,5 × 27,6 cm
Signé en bas à gauche : *H. D.*

Washington, The National Gallery of Art, Rosenwald Collection (B-21, 903)
Exposé à Paris et à Washington seulement

Delteil 2075

Exposition
    Washington, 1979, n° 61.

LES REPRÉSENTANS REPRÉSENTÉS.

ASSEMBLÉE LÉGISLATIVE. 13.

VICTOR HUGO.

On vient de lui poser une question grave, il se livre à des réflexions sombres _ la réflexion sombre peut seule éclaircir la question grave ! _ aussi est-il le plus sombre de tous les grands hommes graves !

118

Victor Hugo
On vient de lui poser une question grave, il se livre
à des réflexions sombres – la réflexion sombre peut seule
éclaircir la question grave ! – aussi est-il le plus sombre
de tous les grands hommes graves

Planche 13 de la série *Assemblée législative (Les Représentants représentés*, deuxième série)
Le Charivari, 20 juillet 1849
Lithographie sur blanc ; deuxième état sur deux
26,9 18,4 cm
Signé en bas à gauche : *H.D.*

Saint-Denis, musée d'Art et d'Histoire (ancienne collection Provost)

Delteil 1861

Fig. 1
Benjamin Roubaud, *Victor Hugo*,
portrait-charge de la série
Panthéon charivarique, Le Charivari,
retirage du 10 décembre 1841, lithographie.

Portraits-charges des députés de la deuxième République, *Les Représentants représentés* sont répartis en deux ensembles : la série sur la Constituante compte 53 planches publiées dans *Le Charivari* du 24 novembre 1848 au 31 mai 1849, puis reprises sous forme d'album ; la deuxième série sur l'Assemblée nationale (parmi les 750 membres de laquelle figuraient de nombreux représentants de la précédente Assemblée) comporte 55 planches dont 37 ont paru dans *Le Charivari* de juin 1849 à août 1850[1]. À cause des difficultés du marché de l'estampe sous la deuxième République, les grandes maisons parisiennes, comme Aubert, publiaient ainsi des galeries de portraits des parlementaires, dont la *Galerie des représentants du peuple*, imprimée par la maison Lemercier et coéditée en 1848-1849 par Basset, Goupil et Vibert, offrait un autre exemple[2].

Les charges de Daumier, d'un traitement souvent moins sculptural et moins expressif qu'en 1832-1835, empruntaient à Benjamin Roubaud le procédé des « grosses têtes » introduit de 1836 à 1838 dans le *Panthéon charivarique*[3] (fig. 1), ce que n'apprécièrent ni Duranty ni Charles Blanc ; elles évoquaient l'appartenance locale, sociale, professionnelle et politique des nouveaux élus, républicains de la veille ou du lendemain ; et enfin, elles tenaient compte, soit pour s'en démarquer par le dynamisme de la composition, soit pour s'en inspirer par les jeux de lumière sur les visages, de l'avènement récent du portrait au daguerréotype, comme dans la caricature de Victor Hugo (cat. 118), intégrée à la seconde série, l'une des réussites de l'ensemble. L'écrivain, devenu homme politique, qu'évoque Daumier, entre autres dans la série *Souvenirs du Congrès de la Paix*, a, dès les années 1830, souvent inspiré les cari-

caturistes[4] : alors que Roubaud le montrait debout sur les monuments de Paris, dont l'entassement monumental était à l'échelle de la démesure de l'écrivain, Daumier s'en tient, quant à lui, à une présentation plus sobre : dressé à la verticale au milieu de la feuille, le personnage est juché sur un socle de livres, ce qui n'est pas sans évoquer la statue de Napoléon rétablie sous Louis-Philippe au sommet de la colonne Vendôme. Les bras croisés, les sourcils froncés, l'air « grave », Victor Hugo incline sa tête (en poire à l'envers !), pour dégager son vaste front.

À la même période, Daumier a commencé à décrire les habitudes parlementaires, thème qu'il reprendra lors de la campagne électorale de 1868, et s'est moqué des élus dans les *Idylles parlementaires* qui caricaturent des tableaux célèbres en seize lithographies publiées dans *Le Charivari* de septembre 1850 à février 1851 et qui renouent avec la veine parodique d'*Histoire ancienne* pour viser cette fois, non plus le néo-classicisme, mais l'art du XVIIIe siècle, de plus en plus prisé des amateurs, et collectionné notamment par Morny, le demi-frère de Napoléon III, futur président du Corps législatif[5]. Agrémentées de quatrains ou de poèmes rimés par Huart et Philipon, les lithographies, qui parodient la peinture mythologique des « amours des dieux », s'inscrivent dans des cadres rococos ouvragés tous différents, dont Daumier était particulièrement satisfait : « Il est enchanté de ces cadres "triomphants, incroyables". Hein, dit-il, "on ne dira pas que je ne fais pas de l'ornement et du tapé" ; et il rit de bon cœur, enchanté de sa suite et de son succès[6]. » À partir de toiles célèbres, Daumier se moque des hommes politiques de la deuxième République, et particulièrement du groupe orléaniste des « Burgraves » dont faisait partie Thiers[7] : dans l'une des onze planches inédites[8], *Le Sommeil d'Endymion-Berryer*, dont la seule épreuve connue, non reproduite par Delteil, est exposée (cat. 117), Daumier travestit, d'après Girodet, Thiers, bien reconnaissable à sa tête de hibou, les yeux cerclés de lunettes, en un petit amour voletant, tout nu, une paire d'ailes attachée aux épaules comme un zéphir d'opérette (cat. 104), au-dessus du gros Berryer, dont le corps flasque, drapé dans une nuée lumineuse, est substitué au nu d'Endymion.

S.L.M.

1. L'ensemble de Daumier dépasse ainsi, en nombre, les cent et une (160 en fait) représentations de Robert Macaire qui avaient connu un si grand succès : cent onze lithographies au total. Voir Paris, Versailles, Bruxelles et Saint-Denis, 1996-1997, nos 36 à 57.
2. Cat. exp. *La Révolution de 1848. L'Europe des images*, Paris, Assemblée Nationale, 1998, n° 48.
3. Cat. exp. *Benjamin Roubaud. Le Panthéon charivarique*, Paris, maison de Balzac, 1988.
4. Bouvenne, 1979.
5. Cat. exp. *Figures du XVIIIe siècle*, Bordeaux, musée Goupil, 1998.
6. Adhémar, 1954b, p. 42.
7. Cherpin, 1948, p. 115-122.
8. Ce comique qui, par l'atteinte au corps, renouait d'une certaine manière avec l'idée du *Gargantua* (cat. 5), fut autocensuré au *Charivari*.

119

Un grand défilé

1850

Fusain, crayon avec plume et encre sur papier

30,2 × 47,2 cm

Inscriptions en bas au centre : *Veron*, et en dessous : *Berryer [...] Léon Faucher / Estancelin / d'Aguisseau Baroche Molé*

Paris, Bibliothèque nationale de France, département des Estampes et de la Photographie.

Maison D-823

Exposé à Ottawa seulement

Historique

Coll. Georges Viau, Paris ; vente anonyme, Paris, hôtel Drouot, 1er juin 1932, no 2, repr. ; vendu 1 150 francs ; coll. Maurice Loncle, Paris ; vente anonyme, Paris, hôtel Drouot, 8 décembre 1966, no 3 ; acquis par la Bibliothèque nationale.

Exposition

Paris, 1923, no 58.

Ce dessin est l'une des rares études préparatoires à une lithographie – de format et de complexité exceptionnels, comme tous les cas connus[1]. La lithographie qui correspond au présent dessin (LD 1979), publiée dans *Le Charivari* du 6 juillet 1850, marquait l'apogée des charges de Daumier contre un gouvernement ultra-réactionnaire. En avril 1849, le prince-président Louis Napoléon Bonaparte envoya une expédition militaire pour combattre la République proclamée à Rome à la suite de la Révolution de 1848 et rétablir le pouvoir temporel du pape. La lithographie dénonçait la politique antirépublicaine, dite « L'expédition de Rome à l'intérieur », lancée le 11 mai 1850 par Charles Forbes, comte de Montalembert, chef de la faction catholique à l'Assemblée constituante élue l'année précédente. Le 31 mai 1850, l'Assemblée adopta une loi instaurant le suffrage restreint ; quelques jours après la publication de la lithographie, le 15 juillet, elle devait voter la loi Tanguy limitant la liberté de la presse.

Daumier fait défiler les diverses factions politiques conduites par Henri de La Rochejacquelein suivi du minuscule Adolphe Thiers (qui réapparaît de profil au bas), du docteur Véron et d'une brochette de politiciens que l'artiste a déjà satirisés dans *Idylles parlementaires* (cat. 117). Quelques mois auparavant, Véron, propriétaire du journal *Le Constitutionnel* et l'une des têtes de Turc favorites de Daumier, avait poursuivi *Le Charivari* en diffamation et obtenu gain de cause. Dans sa définition du mouvement et de la tonalité de la composition, le dessin a une richesse et une spontanéité qu'on ne retrouve pas dans la lithographie[2]. **M.P.**

1. Laughton, 1984, *passim*.

2. Au sujet du dessin, voir Laughton, *op. cit.* note 1, p. 57-58 ; à propos de la lithographie, voir Raimund Rütten dans Naples, 1987-1988, p. 200, et Provost et Childs, 1989, p. 145.

Les grands projets, le Salon, 1848-1852

120

Esquisse de « La République »

1848

Huile sur toile

73 × 60 cm

Paris, musée d'Orsay, donation Étienne Moreau-Nélaton
(RF 1744)

Maison I-20

Exposé à Paris seulement

Historique

Esquisse du concours ouvert en 1848 pour la figure de la République ;
coll. de l'artiste puis de sa veuve, Valmondois ; coll. Michel Boy, Paris ;
vente Michel Boy, Paris, hôtel Drouot, *Tableaux [...] composant
la collection de M. Boy*, 25 mai 1904, n° 7, œuvre retirée ; vente,
Michel Boy, Paris, hôtel Drouot, *Tableaux modernes et anciens [...]
composant la collection de feu M. Boy*, 17 juin 1905, n° 10 ; acquis
425 francs par Étienne Moreau-Nélaton ; donné par Étienne Moreau-
Nélaton au musée du Louvre, le 27 juillet 1906.

Expositions

Paris, 1878, n° 74 (*Concours de 1848. Esquisse de la République.
Appartient à M. H. Daumier*) ; Paris, 1900, n° 177 (à M. Boy) ; Paris,
1934a, n° 1 ; *La Révolution française*, Paris, musée Carnavalet, 1939,
n° 1477 ; *La Révolution de 1848*, Paris, Bibliothèque nationale, 1948,
n° 570b ; Paris, 1953, n° 24 ; Paris, 1958, n° 96 ; *De Corot aux
impressionnistes, donations Moreau-Nélaton*, Paris, Grand Palais,
30 avril-22 juillet 1991, n° 1.

Nous savons beaucoup de choses sur cette toile, une des plus célèbres du XIXe siècle français, les circonstances de son exécution, la multiplicité des sources qui y ont présidé, la signification profonde de l'allégorie ; manque cependant un élément déterminant, sa place exacte dans l'œuvre de Daumier. C'est, en effet, le premier tableau sûr de Daumier et tous les commentateurs se sont inévitablement interrogés sur cette entrée tardive mais accomplie dans la carrière de peintre : à quarante ans, sans que nous ne sachions rien d'un éventuel apprentissage, Daumier a créé d'emblée un chef-d'œuvre.

Les travaux récents de Marie-Claude Chaudonneret[1] et de Chantal Georgel[2] ont retracé en détail l'histoire du concours pour la figure de la République, élément déterminant d'une nouvelle politique artistique et qui devait susciter autant d'espoir que de déception. Rappelons donc que, le 14 mars 1848, Ledru-Rollin, ministre de l'Intérieur chargé des Beaux-Arts, décida d'ouvrir un « concours pour la composition de la figure symbolique de la République française ». Un « appel aux artistes » était aussitôt divulgué par voie de presse et d'affichage. Pour les peintres – un autre concours était également ouvert pour une figure sculptée et pour « la médaille commémorative de la révolution de 1848 et de l'établissement de la République française » –, il était précisé : « Cette composition ne devra comporter qu'une figure. Le choix de l'attitude, des accessoires et des attributs est laissé au goût de chaque concurrent. Les esquisses peintes, dont la dimension, pour la hauteur, ne devra pas excéder celui d'une toile de vingt (73 centimètres), seront déposées à l'École des Beaux-Arts, du 1er au 5 avril. L'exposition publique aura lieu du 5 au 8 avril. Aussitôt après la clôture de l'exposition, le jury désigné par le Ministre de l'intérieur choisira les trois esquisses qui devront être reproduites en grand. » Chantal Georgel a souligné les ambiguïtés des directives de Ledru-Rollin : « La figure symbolique de la République

---

1. Chaudonneret, 1987.
2. Georgel, 1998.

Fig. 1
Andrea del Sarto, *La Charité*,
1518, huile sur toile,
Paris, musée du Louvre.

Fig. 2
Jean-François Millet, *La Charité*,
vers 1839, huile sur toile,
localisation actuelle inconnue,
reproduit dans Étienne Moreau-Nélaton,
Millet raconté par lui-même,
Paris, Henri Laurens, vol. 1, 1921, fig. 10.

devait remplacer l'image du roi dans les actes officiels et les lieux publics, mais à ce rôle purement institutionnel s'ajoutait, pour cette "image", celui de résumer un idéal politique qu'elle contribuerait ensuite à diffuser à des fins de propagande et d'éducation. Ce n'était pas là une mince affaire. Aussi pourrait-on penser que des consignes précises furent données aux artistes appelés à participer au concours. Il n'en fut rien. Ledru-Rollin voulait un symbole, une unique figure[3] », mais ne donnait aucune directive sur la pose et les attributs.

En dépit de ces incertitudes, près de sept cents candidats participèrent au concours et leurs esquisses furent exposées du 17 avril au 2 mai (la date initiale avait été repoussée). Elles furent descendues par la presse qui ne considéra qu'un alignement de toiles rudimentaires, laborieuses, rendues incompréhensibles par l'abondance d'attributs et de symboles qui en faisaient autant de rébus. Le 10 et le 13 mai, le jury, péniblement constitué d'artistes et d'hommes politiques – mais les ministres, occupés par la formation du gouvernement, ne vinrent pas – officia ; Cogniet, Ingres, Delaroche, Delacroix, Decamps, Robert-Fleury, Schnetz, Jeanron et Charles Blanc sélectionnèrent vingt esquisses. Celle de Daumier fut classée onzième, derrière Flandrin, classé premier, Papety, Cambon, Alexandre Hesse, devant Balze, Landelle, Gérôme. Tous furent invités à passer de l'esquisse au tableau de grand format ; Flandrin se récusa et Daumier n'envoya pas le travail demandé. Rappelons le désolant épilogue de cette affaire d'État : le jury, réuni le 23 octobre, répondit, à l'unanimité, négativement « à la question de savoir si parmi ces figures il en est qui puissent être acceptées comme symboles de la République française[4] ».

Quelques semaines plus tard, revenant sur cette « triste exhibition des Républiques à l'École des Beaux-Arts », sur ces Républiques « rouges, roses, vertes, jaunes », « rissolées, culottées, grattées, ratissées » et toujours extrêmement parées, pomponnées, déguisées, Champfleury regretta que n'ait pas été plus remarquée l'esquisse de Daumier, « toile simple, sérieuse et modeste » : « Une forte femme assise et deux enfants suspendus à sa mamelle ; à ses pieds, deux enfants lisent [*sic*]. L'idée est très nette. *La République nourrit ses enfants et les instruit.* Ce jour-là, j'ai crié vive la République, car la République avait fait un grand peintre. Ce peintre, c'est Daumier ! » Et il continuait, après avoir raillé ceux qui méprisaient le caricaturiste, étranger au grand art : « Il a fallu cette belle esquisse savante, sérieuse et michel-angélesque du caricaturiste pour prouver aux incrédules que Daumier peut marcher à la suite de Delacroix, d'Ingres et de Corot, les trois seuls maîtres de l'école française actuelle[5]. » Il faut reconnaître que Champfleury, écrivant ces lignes en septembre 1848, en hissant au premier rang un Daumier jusqu'alors connu par ses seuls « petits dessins sur bois » et en pressentant pour lui une grande carrière de peintre, a fait preuve d'une singulière clairvoyance. Mais il est resté seul, et pour longtemps. Certes Théophile Gautier déplorera que son esquisse, « jugée par tous une des plus remarquables », n'ait pas été transformée en « morceau grand comme nature[6] » ;

d'autres – Haussard, Isnard, Paul Mantz – distribuèrent de minces éloges mais regrettèrent que l'artiste n'ait pas su « mieux remplir les conditions du programme[7] ». On remarquera cependant, comparant l'esquisse de Daumier avec les œuvres qui nous sont parvenues, qu'il a suivi de près les recommandations distribuées à la dernière minute par les organisateurs : « Votre composition doit réunir en une seule personne *la Liberté, l'Egalité, la Fraternité*. Cette trinité est le caractère principal du sujet. Il faut donc que les signes des trois puissances se montrent dans votre œuvre. Votre *République* doit être assise pour faire naître l'idée de stabilité dans l'idée du spectateur. Si vous étiez peintre, je vous dirais non pas d'habiller votre figure en tricolore, si l'art s'y oppose mais cependant de faire dominer les couleurs nationales dans l'ensemble du tableau. J'allais oublier le bonnet. J'ai dit plus haut que la République résumait les trois puissances qui forment son symbole. *Vous n'êtes donc pas maître d'ôter ce signe de la liberté.* Seulement arrangez-vous pour en quelque sorte le transfigurer. Mais je vous dis encore une fois : vous ne pouvez pas faire disparaître un signe que le peuple s'attend à retrouver dans la personnification du gouvernement qu'il a choisi. Gardez-vous aussi des airs trop belliqueux. Songez à la *force morale* avant tout. La République est trop forte pour avoir besoin de lui mettre le casque en tête et la pique à la main[8]. » À l'exception, notable, du bonnet phrygien – il est difficile d'admettre que la couronne de laurier le « transfigure » –, la toile de Daumier réunit – et beaucoup plus que celles de ses concurrents – toutes les conditions suggérées et sa « convenance » ne fait aucun doute : l'insistance trinitaire avec cette composition triangulaire formée par la République et les deux enfants qui têtent – mais aussi les trois couleurs, les trois enfants ; la stabilité de cette figure assise qu'après tant de souverains, Daumier fait à son tour trôner ; l'éclat du drapeau tricolore parmi des tonalités réduites à des bruns, des gris, des beiges ; enfin l'absence de tout vocabulaire guerrier mais la sûreté, la puissance, la combinaison réussie – cet aspect « michel-angélesque » que rappelait Champfleury – de l'idéal viril et de la féminité, bref l'incarnation parfaite de ce qu'on a appelé récemment « la force tranquille ».

Car la grandeur de cette image tient non seulement à ce que Daumier réussit d'emblée à renouveler, et presque fonder, une iconographie jusqu'ici hésitante, celle de la République[9], mais aussi à s'inscrire, en la « transfigurant », dans une longue tradition picturale. Certes il faut évoquer tant de modèles[10] depuis celui, magistral, d'Andrea del Sarto (fig. 1) jusqu'à Alexandre Laemlein (1845, Caen, musée des Beaux-Arts) ou Charles Landelle (1843, Laval, musée de Laval) et l'ami Millet (fig. 2), sans omettre Rubens, que Daumier admirait tant, et qui donna à Marie de Médicis incarnant *La Félicité de la Régence* (fig. 3) la fière attitude qui sera celle de la République souveraine[11]. Mais cette République est une charité laïque, ne laissant subsister du religieux que l'évocation trinitaire, récusant la gracieuseté du geste qui console ou répand et le regard compatissant ; elle protège par instinct, donne par devoir, regarde au loin l'avenir, le voisin ou l'ennemi.

Fig. 3
Pierre Paul Rubens,
La Félicité de la Régence,
1621-1625, huile sur toile,
Paris, musée du Louvre.

3. *Ibid.*, p. 31.

4. *Ibid.*, p. 27-36.

5. Champfleury (signé Bixiou), « Revue des arts et des ateliers »,
   Le Pamphlet, 3-6 septembre 1848, cité dans Chaudonneret, *op. cit.* note 1,
   p. 138. Champfleury reprendra ce texte, en le modifiant légèrement
   (Champleury, 1865, p. 167-169).

6. Gautier, 5 décembre 1848, cité dans Chaudonneret, *op. cit.* note 1, p. 149.

7. Voir Chaudonneret, *op. cit.* note 1, p. 153, 155, 166.

8. *Le Journal des débats*, 2 mai 1848, cité dans Georgel, *op. cit.* note 2, p. 35.

9. Sur les tentatives de personnifier, depuis la première République,
   cette allégorie, on se reportera à l'ouvrage de Maurice Agulhon,
   *Marianne au combat. L'imagerie et la symbolique républicaine de 1789
   à 1880*, Paris, Flammarion, 1979.

10. Voir Georgel, *op. cit.* note 2, p. 49-56.

11. Le rapprochement a été fait par Dorival, 1967, p. 73-76.

Marie-Claude Chaudonneret a, par ailleurs, remarqué que le signe choisi par l'artiste et apposé en rouge en bas à droite – une double patte d'oie inscrite dans un cercle et trois points en triangle – était un signe compagnonnique assimilant cette figure de la République à celle de la « mère » des compagnons, souhaitant donc lui voir remplir les mêmes devoirs, nourrir, éduquer, protéger, favoriser la croissance et l'entraide, veiller sur les années d'apprentissage. La toute jeune République ne pouvait adopter une image plus juste et signifiante.

Mais deux questions essentielles subsistent auxquelles nous ne pouvons apporter de véritable réponse : quelles furent les œuvres de Daumier peintre avant ce coup d'éclat ? Pourquoi, après avoir été d'emblée remarqué lors du premier jury, n'a-t-il pas persévéré et proposé une grande version ?

À la première question, Duranty, qui écrivait en 1878 du vivant de Daumier, a répondu par une invérifiable anecdote : Daumier, à ses débuts, étudiant chez Béliard puis chez Boudin, « connut alors quelques artistes, entre autres Préault et Jeanron, et vers 1828 il faisait partie d'une petite colonie artistique qui alla se nicher dans une maison du faubourg Saint-Denis, où se trouvait un bureau de nourrices. La première peinture de Daumier date d'alors. Ce fut une enseigne de sage-femme qu'il exécuta de moitié avec Jeanron, et qu'on leur paya cinquante francs[12] ». Il est évidemment tentant de croire Duranty et de voir dans l'enseigne de sage-femme le lointain antécédent de notre République nourricière ; mais rien ne vient corroborer cette assertion et nous ignorons tout des peintures que Daumier aurait faites en vingt ans de carrière, de 1828 à 1848. Certes il fut intéressé par un concours qui répondait à ses aspirations profondes et peut-être stimulé par les encouragements de Courbet et de Bonvin[13], mais cela ne suffit pas à expliquer l'étonnante maîtrise de ce chef-d'œuvre, exécuté dans un délai très court et, comme le montre l'analyse du Laboratoire de recherche des musées de France, d'un seul jet avec l'unique repentir de la jambe gauche « d'abord représentée dénudée et ensuite dissimulée par le lourd drapé[14] ». Au printemps 1848, Daumier ne maniait certainement pas les pinceaux pour la première fois.

Mais Daumier n'a pas su « réaliser en grand » et passer, comme le demandait le jury, de l'esquisse au tableau. C'est là la seconde question que pose cette *République*, à vrai dire moins intrigante que la première interrogation quand nous aurons vu Daumier si prompt à entreprendre des projets qu'il laissait inaboutis, et se mesurant avec des succès divers au grand format. Le témoignage de son ami Théophile Gautier nous apprend que, contrairement à Flandrin, il ne s'est pas désisté entre les deux jugements : « L'esquisse de Daumier, écrit Gautier en décembre 1848, jugée par tous une des plus remarquables, avait inspiré un vif désir de savoir comment il se tirerait d'un morceau grand comme nature. Les amis qui ont eu l'occasion de voir son tableau en cours d'exécution s'accordaient à trouver dans cette œuvre une verve et une *maestria* qui promettaient une révélation des plus intéressantes de ce talent si vigoureux et si fin. Soit lassitude, soit inexpérience, Daumier n'a pu achever sa figure à temps[15]. » La curiosité des proches ne sera pas satisfaite ; Daumier n'achèvera pas, n'exposera pas au Salon de 1849 ; la grande ébauche disparaîtra. « Inexpérience » peut-être, comme le dit Gautier, ce qui, du coup, laisse supposer un peintre débutant. L'esquisse réapparaîtra trente ans plus tard, à l'exposition chez Durand-Ruel, et il faudra encore un peu plus d'un quart de siècle pour qu'elle entre dans la collection d'Étienne Moreau-Nélaton. Celui-ci l'acheta en 1905, au moment où il a parfait l'ensemble de peintures qu'il donnera, l'année suivante, aux Musées nationaux. C'est que Daumier, jusqu'alors absent de cet admirable rassemblement, fait à lui seul le lien entre la génération de Delacroix et celle de la Nouvelle Peinture[16], et sa *République* – formellement mais aussi, pour ce républicain fervent, politiquement – devient une œuvre clé, résumant la leçon de Delacroix et annonçant un monde nouveau. **H.L.**

12. Duranty, juin 1878, p. 542.

13. « Un instant, il [Courbet] eut l'idée de concourir pour l'esquisse du tableau de la République [...]. Mais il y renonça, et, en compagnie de Bonvin, alla trouver Daumier, dans l'île Saint-Louis, pour lui témoigner son admiration et l'engager à prendre part à un concours. » (Georges Riat, *Gustave Courbet peintre,* Paris, H. Floury, 1906, p. 49.)

14. Rapport fait le 28 décembre 1998 par J.-P. Rioux. Photographies et radiographies ont été réalisées par J.-P. Vandenbossch.

15. Gautier, *op. cit.* note 6.

16. Vincent Pomarède, dans cat. exp. *De Corot aux impressionnistes, donation Moreau-Nélaton,* Paris, Grand Palais, 1991, p. 44.

121

Le Meunier, son fils et l'âne

Vers 1849-1850
Huile sur bois
39,5 × 32,8 cm

Collection particulière (avec la collaboration
de la galerie Nathan, Zurich)

Maison I-23
Exposé à Ottawa et à Paris seulement

Historique
    Coll. Richard Muther, Breslau ; Miethke ; coll. Otto Gerstenberg,
    Berlin ; par héritage, M. Scharf ; coll. part.

Expositions
    Berlin, 1926, n° 56 ; Brême, 1979-1980, n° 1, repr.

Une grande version du *Meunier, son fils et l'âne* est la première œuvre que Daumier présente au Salon après le succès obtenu par *La République* (cat. 120). Mais il semble qu'elle y ait été mal placée. En effet, parmi les papiers d'Alexandre au Getty Center se trouve une lettre inédite d'un correspondant inconnu qui, le 15 juillet 1849, a envoyé à Daumier un exemplaire du *Constitutionnel* accompagné des commentaires suivants : « J'ai été hier au Salon et je n'ai pas pu y trouver votre tableau dont on m'a dit beaucoup de bien. Des cinq ou six choses que je cherchais, la vôtre comprise, je n'ai pu mettre l'œil que sur les fleurs d'Eugène Delacroix. Cette exposition aux Tuileries est déroutante[1]. » Si, dans le compte rendu du Salon, Champfleury a fait une critique élogieuse de l'interprétation populiste de Daumier de la fable de La Fontaine, le journaliste du *Constitutionnel* a rédigé une analyse intéressante mais moins flatteuse : « Daumier, ce prince des caricaturistes, si le décret du gouvernement provisoire permet de l'appeler ainsi, a envoyé aussi un morceau de peinture à sa façon. C'est du fruit assez rare. Il a traduit à sa manière la fable du *Meunier, son fils et l'âne. Quand trois filles passant, l'un dit : C'est grand honte, etc...* Ces trois luronnes, au court cotillon, le nez au vent et les poings sur les hanches, paraissent, comme la Dorine de *Tartuffe*, très *fortes en gueule*, et l'allocution qu'elles projettent au loin a bien l'air d'être empruntée au catéchisme de Vadé. Nous n'avions vu qu'une peinture de M. Daumier, avant celle-ci : c'est son esquisse pour le concours de la forme symbolique de la République. Elle en valait bien d'autres. Mais qui expliquera comment l'idée de faire une République est inopinément tombée dans le cerveau de ce grand maître de la charge[2] ? »

La composition est une interprétation tout à fait personnelle de la fable, symbolisant l'impossibilité de faire plaisir à tout le monde. Au début, le fils monte sur l'âne et le père suit derrière à pied, puis c'est le père qui est sur l'âne et le fils qui suit et enfin, le père et le fils suivent l'âne qui marche libéré de tout fardeau. Dans le texte, l'une des trois filles dit, en voyant le meunier sur l'âne :

> *... C'est grand'honte*
> *Qu'il faille voir ainsi clocher ce jeune fils,*
> *Tandis que ce nigaud, comme un évêque assis,*
> *Fait le veau sur son âne, et pense être bien sage.*
> *— Il n'est, dit le meunier, plus de veaux à mon âge :*
> *Passez votre chemin, la fille, et m'en croyez[3].*

Daumier place dans cette huile le meunier, son fils et l'âne en arrière-plan, faisant des trois jeunes femmes les personnages principaux de la composition : ce qui, dans la fable, n'était qu'un simple commentaire, devient dans la peinture un grand air d'opéra[4]. Selon un collaborateur du *Charivari*, la toile est nettement marquée par l'influence de Rubens, particulièrement évidente, d'après Larkin, dans la femme portant un panier sur sa tête, que l'on retrouve dans *Silène* (cat. 129). On remarquera également que la pose de la femme de droite a été reprise dans *Femmes poursuivies par des satyres* (cat. 126). Cette composition est profondément baroque, et le mouvement emporté que Daumier imprime aux personnages centraux est tout à fait fidèle aux préoccupations de l'artiste à cette époque. Cette tendance est encore plus frappante dans *Enfant cueillant des fruits*, une œuvre récemment redécouverte et qui a appartenu à Feuchère, ami de Daumier, de mêmes dimensions que *Le Meunier*, ainsi que dans *Ecce Homo* (cat. 135) et dans des lithographies telles que *Dernier Conseil des ex-ministres* (cat. 115) ou *Les Divorceuses* (cat. 116) exécutées en 1848[6].

Ce n'est certainement pas sans raison que Daumier n'a pas prêté *Le Meunier, son fils et l'âne* à l'exposition de 1878, tout comme *Femmes poursuivies par des satyres*. Était-ce parce qu'il les considérait comme des erreurs de jeunesse ou étaient-elles trop

détériorées, comme l'a suggéré Alexandre en 1888 ? L'affirmation de ce dernier selon laquelle « cette belle composition s'est assombrie » à cause de l'inexpérience de Daumier dans la préparation de la toile et l'utilisation du bitume, est discutable et même si, de toute évidence, l'effet de cette toile est moins lumineux que celui de l'œuvre maîtresse du Salon de 1850 (cat. 126) qui n'était pas non plus dans son état original, il n'est pas facile de dire à quel point elle était altérée.

Daumier s'est manifestement donné beaucoup de mal pour réaliser cette composition dont on connaît trois versions : la petite huile sur bois de la collection Gerstenberg, l'huile inachevée de la Barnes Foundation (MI-22), dont la taille est identique à la troisième version, et celle de la Burrell Collection à Glasgow. Bien que semblables, ces trois œuvres ne sont pas identiques et leurs relations ne sont pas très claires. La petite version (cat. 121), probablement la première, est plus large. L'espace laissé en bas à gauche est plus important et le paysage à droite est assez vaste pour y placer le groupe du meunier en arrière-plan. Dans la version Barnes, le visage du personnage central est de profil et le groupe du meunier est absent. Dans la toile de Glasgow, on constate aisément que l'espace prévu pour accueillir le meunier, son fils et l'âne était trop étroit et que, pour remédier au problème, Daumier a légèrement redéfini les contours de la robe de la femme de droite pour pouvoir peindre le groupe du meunier et pour montrer au moins une partie de la tête de l'âne.

L'aspect le plus insolite de l'étude de Barnes (et qui indique clairement que Daumier n'avait pas l'intention de garder le tableau dans son premier état) est la présence de deux études d'une femme avec un enfant peintes à l'extrême gauche du tableau. Compte tenu de leur petite taille, il est fort improbable que Daumier ait eu l'intention de les achever et de les découper, mais leur présence confirme l'intérêt de l'artiste pour ce thème à cette période.

M.P.

1. Lettre inédite, Los Angeles, Getty Center for the History of Art and the Humanities.
2. Champfleury, juillet-décembre 1949, citation reproduite dans Champfleury, *Le Réalisme*, Paris, 1973, p. 286 ; *Le Constitutionnel*, 15 juillet 1849. La référence à Vadé concerne Jean-Joseph Vadé (1719-1757), auteur de vaudevilles et d'opérettes qui a porté sur la scène le langage populaire des Halles.
3. La Fontaine, *Fables choisies*, Bruxelles, Société nationale pour la propagation des bons livres, t. I, 1838, p. 111-112.
4. Dans son illustration de la fable, Grandville plaçait le meunier au premier plan et les jeunes femmes en arrière ; voir La Fontaine, *op. cit.* note 3, p. 109.
5. *Le Charivari*, 1er juillet 1849, cité par Vincent, 1968, p. 135. Selon Vincent également, « la joie qui se dégage de la peinture revêt une signification symbolique : les jeunes filles en train de danser célébreraient l'avènement du gouvernement républicain tandis que les silhouettes disparaissant à l'arrière-plan représenteraient des personnages politiques des dernières années ».
6. Pour *Enfant cueillant des fruits*, qui n'avait toujours pas été retrouvé lorsque Maison publia son catalogue, voir Itami, Yamanashi et Ehime, 1997-1998, n° 5, repr.

122

L'Émeute

Vers 1848-1852

Fusain avec lavis gris et gouache sur papier vélin

57,4 × 4,9 cm

Inscriptions à l'encre en bas à gauche par Arsène Alexandre :
Esquisse de H. Daumier provenant de / son atelier
de Valmondois et acquise de Mme Vve. Daumier en 1891
(février). / Arsène Alexandre ; au verso au centre,
à la mine de plomb : B_{ic} *gA.5875*

Oxford, Ashmolean Museum (P 1572)

Maison D. 735

Exposé à Ottawa et à Paris seulement

Historique
Mme Daumier, Valmondois, jusqu'en 1891 ; coll. Arsène Alexandre,
Paris ; vente Alexandre, Paris, galerie Georges Petit, 18-19 mai 1903,
n° 129, *Composition* ; coll. Davigneau, Paris ; Percy Moor Turner,
Londres ; W.F.R. Weldon ; légué par Mme Weldon au musée en 1937.

Expositions
Paris, 1958, n° 103 ; Londres, 1961, n° 102 ; Ingelheim-am-Rhein, 1971,
n° 48, repr. ; Marseille, 1979, n° 46, repr. ; Francfort et New York,
1992-1993, n° 27, repr. coul.

123

Camille Desmoulins au Palais-Royal

Vers 1850
Pierre noire, plume, encre, lavis, aquarelle
et gouache sur papier
55,7 × 44,8 cm
Signé en bas à droite : _h. Daumier_

Moscou, musée d'État des Beaux-Arts Pouchkine

Maison D. 737

Exposé à Paris seulement

Historique
Coll. Breitheimer, Paris ; vente Breitheimer, Paris, hôtel Drouot, 1869,
nº 42 ; Gabriel Dupuis, Paris ; coll. Eugène Blot, Paris ; vente L.B.,
Paris, hôtel Drouot, 10 mars 1906, nº 8 ; galerie Rosenberg, Paris ;
vente Rosenberg père, Paris, hôtel Drouot, 1909, nº 59 ; coll. Gérard,
Paris ; acquis de la collection M. [Morozov ?], Moscou en 1927.

Expositions
Paris, 1878, nº 220 (_Camille Desmoulins_, prêté par M. Gabriel Dupuis) ;
Paris, 1888, nº 413 ; Paris, 1907, nº 34 ; Ingelheim am Rhein, 1971, nº 51,
repr.

Maison a associé trois dessins de grand format à un projet d'édition illustrée de l'*Histoire de France*, souvent réimprimée, d'Henri Martin, ami de Daumier qui, devenu sénateur, siégera au comité de l'exposition Daumier en 1878. On ne connaît pas de document relatif à ce projet probablement amorcé vers 1850, puis abandonné, mais il est certain que s'y rattachent deux des dessins : l'un achevé, *Camille Desmoulins* ; l'autre inachevé, non signé et portant le titre vague de *Scène de la Révolution* (MD. 736). Seul est sorti de l'atelier de Daumier *Camille Desmoulins*, devenu, après l'exposition de 1878, l'œuvre révolutionnaire la plus connue de l'artiste, jusqu'à la redécouverte de *L'Émeute* (cat. 196). Le sujet, fameux, évoque l'appel aux armes du 12 juillet 1789, dans les jardins du Palais-Royal, où, a noté en 1878 Paul Sébillot, la foule excitée par les « paroles enflammées » de Desmoulins « prend des feuilles vertes comme signe de ralliement[1] ». Cette œuvre pleinement aboutie était considérée en 1878 tantôt comme une huile, tantôt comme un pastel. Au moins un critique y vit une geste héroïque qui rivalisait avec *La Marseillaise* de François Rude[2], quoique la comparaison avec *Le Serment du Jeu de paume*, de David, eût été plus pertinente. Moins porté sur les associations historiques, Duranty y décela la plus anglaise des œuvres de Daumier, et trouva aux figures « les formes trapues des John Bull traditionnels », tandis que « la couleur rappel[ait] Rowlandson[3] ».

L'Émeute, censée appartenir au même ensemble – encore que cela soit loin d'être certain –, est beaucoup plus complexe. La scène apocalyptique qu'embrase le feu du ciel évoque un sujet biblique. Percy Moore Turner prétendit qu'elle représentait aux yeux d'Arsène Alexandre, premier propriétaire du fusain, la destruction de Sodome, nom éponyme de l'œuvre jusqu'en 1961. Alexandre, cependant, la présenta sous le titre *Composition* et sans la moindre allusion à la Bible dans son propre catalogue de vente de 1903. L'opinion du collectionneur rapportée par Turner demeure néanmoins plausible. Daumier pourrait avoir tiré son sujet du récit que fit Victor Hugo de la fin de Sodome dans *Les Orientales*. L'évocation hugolienne avait déjà inspiré à Louis Boulanger *Le Feu du ciel* (1828-1829, Paris, maison de Victor Hugo). Laughton, qui a comparé le dessin au *Guernica* de Picasso, y a vu de prime abord une illustration de l'*Histoire de France*, mais s'est ravisé et a conclu à une allégorie plus universelle de la folie destructrice de l'homme[4]. Dans un texte à paraître, Jon Whiteley propose un rapprochement possible avec le « mal des ardents » (ergotisme) qui a sévi à Paris en 1129 et dont parla Diderot (mais non Martin, comme le souligne le spécialiste)[5].

La scène, d'un effet extraordinaire, est sans équivalent dans l'œuvre de Daumier et, semble-t-il, sans précédent. Elle a pu toutefois éveiller quelque écho dans des œuvres ultérieures d'autres artistes, notamment l'*Arrestation de Charlotte Corday* d'Alfred Dehodencq (1868) ou l'étrange *Vitellius traîné dans les rues de Rome* par Georges Rochegrosse, élève de Dehodencq. Le traitement des figures curieusement courtes de bras est voisin du style de Daumier de la fin des années 1840, date probable du dessin. Parue dans *Le Charivari* du 29 juillet 1856, la planche *Aspects de Paris depuis qu'on joue... la Bourse* (LD 2773), avec sa pluie de titres financiers, propose une intrigante reprise du thème, et l'on retrouve un décor presque identique dans la lithographie *Oh ! mon ami... j'ai peur de ces gens-là* (LD 3198), publiée dans *Le Charivari* du 30 août 1859. La similitude, sûrement fortuite, témoigne néanmoins d'une certaine récurrence dans les dessins de Daumier.   **M.P.**

1. Sébillot, 1878, p. 1 ; Yevgeny Levitin (dir.), *Le Musée d'Art Pouchkine de Moscou*, Saint-Pétersbourg, Aurora, 1993, n° 367, repr. coul.
2. Anonyme, 1878, p. 2 : « un groupe de citoyens criant : Aux armes ! à rendre jalouse l'ombre du vieux Rude ».
3. Duranty, 1878, p. 538.
4. Laughton, 1991, p. 49-50 ; Laughton, 1996, p. 36.
5. Je remercie Jon Whiteley de m'avoir permis de prendre connaissance de la notice relative à ce dessin qui figurera dans son catalogue des dessins français de l'Ashmolean Museum (à paraître).

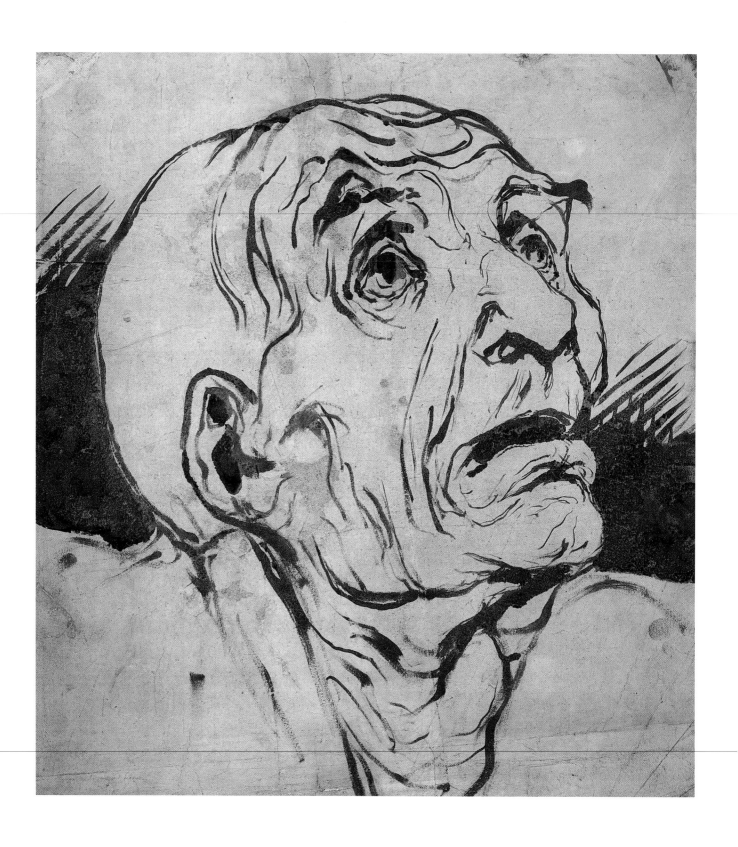

124
Tête d'expression

Vers 1848-1852
Pinceau et encre brune
36 × 32 cm

Londres, The British Museum (1975.3.1.32)

Maison D. 29

Historique
  Coll. Lemaire, Paris ; coll. Bignou, Paris ; Reid & Lefevre Gallery,
  Londres ; Barbizon House, Londres, en 1923 ; The Tate Gallery,
  Londres (n° d'inventaire 4185) ; transféré au British Museum en 1975.

Expositions
  Londres, 1923, n° 18.

Unique dans l'œuvre de Daumier, cette remarquable étude de
grande dimension demeure une énigme à tous égards. La technique, un lavis exécuté au moyen d'un mélange d'huile apparemment diluée et d'encre brune, est sans précédent chez l'artiste,
malgré une similitude superficielle avec le calque sur verre, purement utilitaire, d'*Un wagon de troisième classe*. Le mince support
de papier a été, de toute évidence, mutilé ; il n'en subsiste qu'une
feuille déchirée en deux dans le sens de la longueur, reconstituée
avec un soin extrême à une date inconnue. Les marges ayant été
rognées, on ne sait rien du format primitif, peut-être fort imposant, de la feuille. En première comme en dernière analyse, on a
l'impression d'un fragment d'un carton né sous une main libre et
preste qui a laissé au passage des marques de doigt[1]. S'agit-il du
reliquat d'une grande feuille déchirée par Daumier, qui aurait par
la suite récupéré deux fragments de la tête ? La mutilation *post
mortem* semble peu probable.

Moins facile à résoudre reste la question sur la signification de
l'œuvre. Il pourrait s'agir d'une étude préparatoire à une grande
composition ; la tête angoissée rappelle curieusement le *Saint
Jérôme* de Léonard de Vinci (Vatican, pinacothèque). Daumier
préparait-il une composition religieuse, abandonnée ou demeurée
à l'état de projet, comparable en vigueur à l'*Ecce Homo* (cat. 135)
– un *Enfant prodigue* (cat. 191 à 194) ? Laughton, qui a daté le dessin de 1848-1851, a conclu à une étude de *Tête d'expression* au sens
des XVIIe et XVIIIe siècles, se rattachant à un sujet profane,
peut-être une émeute ou des réfugiés[2]. La physionomie du vieil
homme au front creusé de rides, au rictus prononcé et à la bouche
affaissée, est moins singulière qu'il n'y paraît à première vue.
Daumier en a exploité le type dans une veine humoristique pour
le porteur chauve de *Physiologie de la portière* (B 517 et 518) de
1841 et en maintes lithographies[3], ainsi que pour des incarnations
féminines, telle la vieille femme encore plus stylisée à l'extrême
gauche du *Grrrrand Déménagement du Constitutionnel* de 1846
(LD 1475).   **M.P.**

1. Des marques de doigt se discernent sur d'autres dessins, notamment
   l'*Avocat et sa cliente* (cat. 216).
2. Laughton, 1987, p. 136 et 137 ; Laughton, 1996, p. 28.
3. Voir à cet égard le gardien de la paix (LD 635 et 692) ou le Chinois chauve
   dans *Comment on passe ses soirées en Chine* (LD 1210), *Le Charivari*,
   24 octobre 1839 et 4 janvier 1845 respectivement.

125

Étude pour « Femmes poursuivies par des satyres »

Vers 1850

Plume, encre et traces d'aquarelle sur papier vergé

20,4 × 22,7 cm

Au verso : _Un avocat plaidant_

Plume et aquarelle sur crayon

Signé en bas à gauche : _h.D._

Rotterdam, Museum Boijmans Van Beuningen (F II 13)

Maison D. 215 (recto) et D. 661 (verso)

Exposé à Paris et à Washington seulement

Historique

Coll. Paul Bureau, Paris, vers 1878 ; vente Bureau, Paris, galerie Georges Petit, 20 mai 1927, lot 52, repr. (verso) ; acquis 52 000 francs par Betz ; galerie Cassirer, Berlin ; coll. F. Koenigs, Rotterdam ; acquis avec la collection Koenigs en 1940 par D.G. van Beuningen ; donné au musée en 1940.

Expositions

Paris, 1878, n° 139 (_Un avocat_), prêté par Mme Bureau ; Paris, 1901, n° 141 ; Paris, 1934a, n° 133 ; Vienne, 1936, n° 21.

Verso

L'intérêt qu'ont éveillé tour à tour ces deux dessins à des périodes différentes constitue une illustration frappante des changements d'attitude à l'égard de Daumier. C'est un *Avocat plaidant* – recto de la feuille – qui fut exposé en 1878. Par la suite, l'attention du public s'est focalisée indiscutablement sur le lavis des femmes, souvent appelé faussement *Femme et Enfant*, d'une fluidité merveilleuse plus apte à séduire l'œil moderne. Ce n'est que récemment que Bruce Laughton y a reconnu formellement une étude pour la femme de gauche et un satyre des *Femmes poursuivies par des satyres* (cat. 126), exposé au Salon de 1850-1851[1]. Comme cette encre à la plume date sûrement des années 1848-1850, on peut en inférer qu'*Un avocat* lui est probablement contemporain, donc procède de la même préoccupation que la série des *Gens de Justice* des années 1846-1848 (cat. 96 à 101). **M.P.**

1. Laughton, 1996, p. 30-31, fig. 37.

126

Femmes poursuivies par des satyres

1850
Huile sur toile
129,3 × 97 cm
Signé en bas à droite : *h. D.*

Montréal, musée des Beaux-Arts,
Legs d'Adaline van Horne, 1945

Maison I-32

Historique

[Galerie] E. J. van Wisselingh, Amsterdam ; coll. Sir C. William
van Horne, Montréal, 1919 ; coll. Miss Adaline van Horne, Montréal,
de 1915 à 1945 ; légué par Adaline van Horne au musée des Beaux-Arts
de Montréal en 1945.

Expositions

Paris, 1850-1851, n° 726 (*Femmes poursuivies par des satyres*) ;
Van Horne Collection, Montréal, Art Association of Montréal, 1933,
n° 138 ; Londres, 1961, n° 6 ; *Le Goût de l'art. Les collectionneurs
montréalais 1880-1920*, Montréal, musée des Beaux-Arts,
8 décembre 1989 – 25 février 1990, n° 18.

Dans son ouvrage pionnier sur Daumier, Arsène Alexandre s'est attardé sur cette toile qu'il avait vue, vers 1886, chez Mme Daumier à Valmondois : « Une autre peinture [Alexandre venait de parler du *Meunier, son fils et l'âne* (voir cat. 121)] est dans un état bien plus compromis encore, mais cette fois le malheur offre par compensation un bien instructif côté de curiosité. Ce sont deux *Bacchantes*, d'un mouvement superbe ; elles sont très entraînées, très ivres, et courent enlacées, à perdre haleine. Le tableau avait figuré dans tout son éclat au Salon de 1848. Aujourd'hui il est singulièrement zébré, tacheté de touches pressées, tombées comme une grêle, jetées comme autant de coups de sable. Le mauvais traitement, c'était le peintre lui-même qui l'avait infligé. Au retour de l'exposition, il avait été mécontent de son œuvre, et il voulait la remanier entièrement, tant il s'acharnait à la recherche de la vérité. Pour cela, il avait commencé à couvrir son tableau d'une préparation nouvelle, impatiente et quasi furieuse. Et ce beau morceau fut comme d'autres emporté par les atermoiements forcés, les impérieuses nécessités du journal et de la marmite. » Et Alexandre continuait, citant Champfleury et mettant cet inaboutissement sur le compte d'un emploi du temps dévoré par les travaux de première nécessité[1].

Il est difficile de mesurer la fiabilité de l'anecdote contée par le critique, qui la tenait peut-être de Mme Daumier. On relèvera une erreur – le tableau n'a pas été exposé au Salon de 1848 mais à celui de 1850-1851 ; on s'étonnera surtout, contemplant l'admirable toile de Montréal, qu'elle ait pu être considérée comme massacrée par les « mauvais traitements de son auteur » car les zébrages, les touches virevoltantes « tombées comme une grêle, jetées comme autant de coups de sable » font un effet extraordinaire, accroissent le dynamisme, l'effet tourbillonnant de la scène, traduisent tout à la fois le tremblement des chairs, l'anxiété de la poursuite, la luxuriance du paysage. Nous ne retiendrons donc des propos d'Alexandre que l'œuvre a été profondément remaniée par l'artiste – il est impossible de préciser à quel moment – après son exposition au Salon où elle fut mal accueillie[2].

La toile a souvent été considérée comme exemplaire d'un Daumier qui, captivé par Rubens et sensible aux arrangements rocaille – le dessin préparatoire, récemment identifié (cat. 125), conforte cette assimilation à l'art du XVIIIᵉ siècle –, hésitait entre mythologie et polissonnerie. Certes les sources anciennes ne sont pas à négliger et, à côté du Flamand, il faudrait citer Fragonard pour la vivacité du coloris, le déshabillé et l'abandon des corps. Mais hommages et citations n'en font pas pour autant une scène galante. Car Daumier, comme Manet une décennie plus tard, offre une vision nouvelle de sujets rabâchés ; et s'inscrivant évidemment dans une tradition ancienne, puisant dans l'exemple des maîtres, il propose néanmoins leur aggiornamento. Ce ne sont pas des « nymphes » – contrairement à ce qu'indique le titre usuel *Deux nymphes poursuivies par des satyres* – qui folâtrent, sachant qu'après les prémices d'usage, elles seront immanquablement prises, mais des « femmes » – Daumier a intitulé son tableau, dans le livret du Salon, *Femmes poursuivies par des satyres* – qui courent à perdre haleine pour échapper à leurs assaillants. Pas de badinage charmant mais la crainte d'un viol ; et la nature même apparemment enchanteresse, cette arcadie touffue et abandonnée, semée de mille fleurs, si différente des paysages secs et hostiles que traversent Don Quichotte et la horde de fugitifs, se fait complice, en suscitant et recelant les coupables. Certes la volupté n'est pas absente pour le spectateur qui, avec l'œil du voyeur, contemple cette poitrine tendue, ce visage renversé, yeux clos, bouche entrouverte, qui évoque d'autres jouissances, ou imagine une idylle saphique troublée par l'intrusion masculine. Étrange tableau cependant qui dissimule, sous les dehors les plus aimables – et Daumier se révèle étonnant coloriste, jouant des rouges, des orangés, de l'éclat d'un ruban azur sur tant de verts différents –, l'effroi d'un crime.

H.L.

---

1. Alexandre, 1888, p. 343-344.
2. Philippe de Chennevières se montrait particulièrement mordant : « Les femmes sont dignes comme couleur d'un décorateur de cabaret et, comme dessin, elles ne valent pas une des lithos les moins réussies de Daumier » (Adhémar, 1954a, p. 118) ; Clément de Ris était plus compatissant : « Les efforts de Daumier sont trop remarquables pour ne pas mériter d'être chaudement soutenus » (Clément de Ris, « Le Salon », vol. VI, *L'Artiste*, 1ᵉʳ février 1851). Claude Vignon (1851, p. 129) était saisie par un « charivari de couleurs ». Voir également sur ce tableau Janet M. Brooke, cat. exp. *Le Goût de l'art. Les collectionneurs montréalais 1880-1920*, Montréal, musée des Beaux-Arts, 1989-1990, p. 84-87. Un rapport dressé par Catherine O'Meara, restauratrice de peinture au musée des Beaux-Arts de Montréal, le 4 février 1999, apporte les précisions suivantes : « La radiographie nous montre que les premiers coups de pinceau que Daumier a utilisés pour ébaucher la composition furent lâches mais d'une main sûre. Par la suite l'artiste a fait plusieurs changements dans la composition à différentes périodes de sa création, ce qui expliquerait en partie l'épaisseur considérable de la couche picturale et sa surface inégale et parfois empâtée. Les changements de composition visibles sur la radiographie sont les suivants :
– déplacement et simplification de la ligne d'horizon au coin supérieur gauche. Originalement, le fond semble avoir été peint de façon plus traditionnelle et plus détaillée ;
– changement dans le nombre et position des satyres. Originalement, il y en avait trois ;
– au niveau du personnage central, déplacement du genou et baisse du décolleté de la chemise.
« D'autres changements ne peuvent pas être décrits aussi précisément ; il semblerait que Daumier ait recouvert certaines sections du tableau avec une deuxième couche de préparation (à base de blanc de plomb) et ce matériel radio-opaque cache maintenant la composition originale. Ces sections comprennent la région du visage du personnage central, les régions du fond au-dessus de sa tête et les régions rehaussées de sa jupe. Cette deuxième couche préparatoire est moins distincte (épaisse) par-dessus le torse du personnage central et toutes les régions herbeuses à droite de celui-ci. »

127

Buste de femme ou **La Commère**

Vers 1850-1855
Huile sur toile
41 × 30,5 cm

Glasgow, Art Gallery and Museum,
Kelvingrove

Maison I-219

Exposé à Ottawa et à Washington
seulement

Historique
Nicolas-Auguste Hazard, Orrouy ;
vente Hazard, Paris, galerie Georges Petit,
1-3 décembre 1919, n° 102, repr. ;
acquis 7 000 francs par Barbazanges ;
Reid & Lefevre Gallery, Londres ;
coll. William McInnes, Glasgow ; légué
par W. McInnes au musée en 1944.

Expositions
Londres, 1927 ; Londres, 1961, n° 25.

Cette œuvre remarquable, inconnue jusqu'en 1919, est d'une telle particularité qu'elle est difficilement classable. Il est exclu qu'il s'agisse d'un fragment d'un tableau de plus grande taille, car elle épouse de toute évidence les dimensions de la toile. Par ailleurs, sa liberté d'exécution laisse supposer que l'artiste a dévié de son intention première en cours de route. Le visage finement rendu semble en effet s'extraire de la chevelure plutôt que d'en faire partie, et tout porte à croire que la robe a été exécutée après coup. On ne peut que conjecturer sur l'évolution éventuelle du tableau en fonction des deux figures esquissées en arrière-fond. Daumier, comme on le croit en général, l'aurait peint sur le tard. Maison

semble hésiter sur la date, qu'il a située aux environs de 1870. Toutefois, la femme rappelle vaguement le buste de la figure principale des *Femmes poursuivies par des satyres* (cat. 126) et les têtes sont à peu près de même taille dans les deux tableaux. Est-ce une étude de femme, modifiée par la suite ? Ou un nouveau projet inspiré de cette toile mais resté dans cette forme énigmatique ? La comparaison avec des œuvres plus tardives – on songe ici au *Peintre* (cat. 249) – étant peu éclairante, le tableau pourrait correspondre davantage, par sa facture, à une époque antérieure, voire aux années 1850.
M.P.

128

Étude de danseuses

Vers 1849-1850
Pierre noire et crayon Conté sur papier vergé
33,8 × 27,4 cm

Paris, musée du Louvre, département
des Arts graphiques, fonds du musée d'Orsay
(RF 5897)

Maison D. 474

Exposé à Ottawa et à Washington seulement

Historique
Coll. Roger Marx, Paris ; galerie Hessel, Paris ;
donné par la Société des amis du Louvre en 1923.

Expositions
Berlin, 1926, n° 99 ; *Les Achats du musée
du Louvre et les dons de la Société des amis
du Louvre*, Paris, musée de l'Orangerie, 1933,
n° 151 ; Paris, 1934a, n° 115 ; Francfort et New
York, 1992-1993, n° 21, repr.

Bien que ces personnages paraissent liés entre eux, ils constituent beaucoup plus vraisemblablement une série d'explorations indépendantes du mouvement. À la droite de la composition, à peine visible, une femme se dirige vers le spectateur dans un mouvement qui pourrait annoncer *Femmes poursuivies par des satyres* (cat. 126). En haut de l'esquisse, Daumier a tracé les contours d'une figure séparée des autres, – pas nécessairement une danseuse – le dos courbé, dans une pose que l'artiste semble affectionner tout particulièrement et qu'il reprend fréquemment dans ses compositions[1]. La danseuse placée à gauche, ébauchée à coups de crayon rapides et nerveux, est d'abord représentée les jambes

légèrement croisées, puis dans une position plus dynamique pour donner l'impression d'un mouvement continu. Cette combinaison intéressante de deux techniques de dessin sur une même feuille a été vraisemblablement exécutée vers 1849-1850, époque où l'artiste travaillait à ces thèmes pour le Salon. On peut également attribuer à cette période un dessin perdu d'une femme nue avec ses enfants (MD. 244), exécuté probablement en vue d'une composition jamais réalisée. **M.P.**

1. Voir, par exemple, les dessins MD. 235 et MD. 236.

129
Silène, dit aussi ***Le Triomphe de Silène***

1850
Crayon noir, fusain, crayon Conté et rehauts de gouache blanche
sur papier marouflé sur toile
43 × 61 cm
Signé en bas à gauche : *h. Daumier*

Calais, musée des Beaux-Arts et de la Dentelle

Maison D. 762

Exposé à Ottawa et à Paris seulement

Historique
    Acquis par l'État de Daumier, 1 000 francs, le 4 juin 1863, en échange
    de *La Madeleine au désert* commandée le 15 septembre 1848 ; déposé
    à Calais en 1866.

Expositions
    Paris, 1850-1851, n° 728 (*Silène* ; *dessin*) ; Paris, 1901, n° 175 ; Paris, 1934a,
    n° 52 ; Londres, 1961, n° 5 ; Marseille, 1979, n° 44 ; Francfort et New
    York, 1992-1993, n° 30.

En 1863, Daumier, renvoyé du *Charivari* trois ans plus tôt et bientôt privé des ressources que lui offrait sa collaboration sporadique au *Boulevard* – ce journal publie une douzième lithographie de Daumier le 24 mai 1863 et cesse de paraître –, connut une passe difficile.

Le 12 avril 1863, il écrivait au ministre des Beaux-Arts, lui proposant de « faire une série de dessins ayant pour titre : Physionomie des mœurs contemporaines ». Le chef de la division des Beaux-Arts, qui n'a pas oublié que *La Madeleine au désert* (cat. 132), payée depuis plus de dix ans, n'a toujours pas été livrée, suggéra d'accepter quatre dessins, estimés 250 francs chacun, en échange de la toile depuis si longtemps promise.

Soucieux d'effacer ses dettes envers l'État mécène et avec l'évident espoir de nouvelles commandes, Daumier, le 6 mai, faisait une offre différente, « remplacer par un dessin (marche de Silène) [cette] commande fort ancienne ». Quelques jours plus tard, l'inspecteur, M. Dubois, se rendit à la nouvelle adresse de Daumier 26, rue de l'Abbaye-Montmartre, jugea le dessin « œuvre de mérite », le prix (1 000 francs) « un peu élevé » mais, connaissant son homme, souhaita clore l'affaire : « en songeant que depuis si longtemps M. Daumier devait livrer un tableau représentant la Madeleine, et qu'il s'est écoulé des années sans qu'il ait tenu sa promesse, je pense qu'il vaut mieux prendre son dessin que d'attendre encore indéfiniment. » Le 4 juin, le ministre donnait son accord et *Silène* entrait dans les collections nationales pour être déposé en 1866 à Calais[1].

Au terme de cette pénible transaction, Daumier ne livrait pas une œuvre récente mais un grand dessin exposé au Salon de 1850-1851, où l'on voit le fils de Pan, ivre mort, débraillé et bedonnant, soutenu par deux satyres qui tentent peut-être de le jucher sur son âne, tandis que, à l'arrière-plan, un autre satyre course une jeune femme. Une bacchanale joyeuse et enlevée s'il n'y avait le masque grimaçant de Silène, plus douloureux que grisé, et surtout le geste pathétique de la femme qui tend le bras pour signaler et tenter d'empêcher le viol qui va se commettre en coulisses.

Par son sujet, par sa manière, *Silène* se rattache à *Femmes poursuivies par des satyres* (cat. 126), ou au *Meunier, son fils et l'âne* (cat. 121), deux toiles contemporaines. Techniquement – une grande feuille où se mêlent crayons, fusain et rehauts de gouache blanche – elle n'a aucun équivalent dans l'œuvre de Daumier.

Les Goncourt, qui, les premiers, admirèrent ce « dessin sérieux » – ils commentaient en 1860 un bois de Trichon paru dans *Le Temps* et qui le reproduisait[2] (fig. 1) – s'émerveillaient de ce qu'un caricaturiste pût s'attaquer à un tel sujet, de ce qu'un « dessinateur charivarique » décrivant ce « Sancho Pansa de la Grèce » se plaçât d'emblée et avec autant d'aisance dans la filiation de la grande peinture d'histoire. Et ils citaient d'emblée le nom qui immédiatement vient à l'esprit, celui de Rubens : « Seriez-vous Rubens, seriez-vous cet enfant prodigue de Rubens, Jordaens, vous ne lui donneriez pas plus de mouvement, plus de vie ; serait-il signé de ces grands noms, ce Silène ne serait point plus grasse-

Fig. 1. Auguste Trichon,
L'Ivresse de Silène, d'après Daumier,
gravure sur bois, *Le Temps,
illustrateur universel,* n° 3,
8 juillet 1860.

ment pansu, plus magistralement entripaillé ; ces satyres n'auraient point plus grande tournure ; le paysage ne serait point plus chaud, plus touffu, plus digne de la scène. » Le mouvement, la profusion, l'abondance des fruits, l'épaisseur des corps renvoient indiscutablement à cette école flamande, à Rubens en particulier, que Daumier vénérait ; mais les moyens mis en œuvre ne lui doivent rien et nous conduisent vers une autre source d'admiration de Daumier, le XVIIIᵉ siècle français : le fusain gras et rapide donne épaisseur et mouvement, les rehauts de gouache blanche colorent.

Bruce Laughton[3] a reconnu dans ce Silène abruti les traits du fameux docteur Véron (1798-1867), un temps directeur de l'Opéra puis unique propriétaire, à partir de 1844, du *Constitutionnel*. Il y faisait la réclame pour Thiers et s'engagea vivement, en 1848, contre les idées socialistes et les circulaires de Ledru-Rollin avant d'être un soutien actif de Louis-Napoléon Bonaparte dans sa marche vers l'Empire. Et il n'est pas invraisemblable que Daumier l'ait chargé, faisant de l'éducateur de Bacchus, du « plus jovial des buveurs », un ivrogne tragique et quasi inconscient que l'on tente de remettre en selle dans cette bacchanale qui préfigure avec tout ce qu'elle aura d'amer, de licencieux, d'effréné, la « fête impériale ».

H.L.

1. Cherpin, 1977.
2. Goncourt, 8 juillet 1860 ; cité partiellement dans Passeron, 1979, rééd. 1986, p. 174.
3. Laughton, 1991, p. 50, 58, 70-72.

130

Phrosine et Mélidore, dit aussi **_Le Baiser_**

Vers 1848-1852

Craie brun foncé sur deux morceaux de papier

30 × 24,9 cm

Paris, musée du Louvre, département des Arts graphiques,
fonds du musée d'Orsay (RF 4181)

Maison D. 810

Exposé à Ottawa seulement

Historique
  Don de l'artiste à William P. Babcock, Paris et Boston ;
  coll. Walter Gay, Paris ; donné par Walter Gay au Louvre en 1893.

Expositions
  Paris, 1934a, n° 47, repr. ; Londres, 1961, n° 108 ; Francfort et New York,
  1992-1993, n° 29, repr.

Les spécialistes datent en général de 1848-1850 ce dessin, unique dans l'œuvre de Daumier et de loin sa réalisation la plus érotique, qu'ils pensent contemporain de ses premières peintures destinées au Salon[1]. Adhémar a décelé, non sans raison, l'influence de Géricault dans le traitement extraordinairement intense du sujet, et pensé que ce dessin a inspiré _L'Enlèvement_ de Cézanne[2] (Cambridge, Fitzwilliam Museum, 1867). Plus récemment, Laughton observait que la composition emprunte un détail de _La Peste de Marseille_ de Jean-François De Troy, que Daumier aurait connu par une esquisse, peut-être inversée[3]. Par la suite, Stuffmann et Sonnabend ont proposé pour source une sculpture, _Les Parias_ d'Antoine-Auguste Préault, ami intime de Daumier[4]. Une ancienne hypothèse voulant que le sujet représente Adam et Ève n'a jamais été prise vraiment au sérieux.

Le dessin est en fait une illustration pour _Phrosine et Mélidore_ de Pierre-Joseph Bernard, dit Gentil-Bernard (1710-1775). Le poème évoque la séparation de deux amants : Phrosine, prisonnière de son frère jaloux, et Mélidore, qui s'est fait ermite dans une île proche. Éperdue d'amour, Phrosine s'évade, se laissant porter par les flots jusqu'à l'île de Mélidore, où elle s'évanouit, nue, entre ses bras. Le dessin restitue l'instant où Mélidore donne un baiser à Phrosine toujours inanimée tandis qu'il la couvre de son manteau[5]. La scène s'inspire à n'en pas douter d'une illustration de Prud'hon, d'une sensualité exacerbée, gravée en 1797 pour une édition des _Œuvres_ de Gentil-Bernard, et dont William Babcock, premier propriétaire du _Baiser_, possédait un exemplaire[6]. La tradition veut que Daumier ait fait don du dessin à Babcock, sans doute à l'époque de la vente à George Frothingham de _Visiteurs dans l'atelier d'un peintre_ (cat. 255). Vu l'admiration que vouait Daumier à Prud'hon, on peut se demander si la gravure ne lui appartenait pas à l'origine et s'il ne l'aurait pas offerte à Babcock en même temps que le dessin.   **M.P.**

1. À la même époque, probablement en 1847, Millet a représenté une figure féminine en un état de pâmoison comparable dans _Suzanne et les Vieillards_ (Melbourne, National Gallery of Victoria).
2. Adhémar, 1954a, n° 55.
3. Laughton, 1991, p. 58-59.
4. Stuffmann et Sonnabend, dans cat. exp. Francfort et New York, 1992-1993, n° 29.
5. Le passage du poème se lit ainsi : « Ah ! quel fardeau pour les bras d'un amant ! / Quel coup, ô ciel ! quelle scène inouïe ! / Mais sa Phrosine etoit evanouie ; / Trop de frayure, de fatigue et d'efforts / Avoient, hélas ! epuisé ses ressorts ; / Quand son amant, par cent baisers de flamme, / Rouvre ses yeux, ressuscite son âme, / Rouvre ses yeux pleins d'un charme nouveau, / Voile son corps des plis de son manteau » (Pierre-Joseph Bernard, _Poésies choisies de Gentil-Bernard_, Paris, Quantin, 1884, p. 83). Fait à signaler, l'hypothèse de Stuffmann et Sonnabend selon laquelle Daumier a représenté les amants en adversaires, selon son habitude, est incompatible avec le sujet ; voir Francfort et New York, 1992-1993, n° 29.
6. L'épreuve fera partie du legs Babcock au Boston Museum of Fine Arts ; voir _Regency to Empire : French Printmaking,1715-1814,_ Baltimore, Museum of Art, 10 novembre 1984-6 janvier 1985, Boston, Museum of Fine Arts, 6 février-31 mars 1985 et Minneapolis, Institute of Arts, 27 avril-23 juin 1985 (cat. par Victor I. Carlson, John W. Ittman, David Becker, _et al._), n° 113.

131

Trois femmes nues couchées

Vers 1849-1852

Pierre noire ou fusain, craie blanche, lavis gris et blanc sur toile
94 × 140 cm

Paris, musée du Louvre, département des Arts graphiques,
fonds du musée d'Orsay, don de Nathan Cummings (RF 31.431)

Maison D. 213

Exposé à Paris seulement

Historique

Galerie Ambroise Vollard, Paris, au plus tard en 1934 ; coll. R. de Galéa
et son héritier, Paris, jusqu'en 1963 ; coll. Nathan Cummings, Chicago ;
donné au musée du Louvre en 1964.

Exposition

Paris, 1934a, n° 45 ; *Dessins de sculpteurs de Pajou à Rodin*, Paris,
musée du Louvre, cabinet des Dessins, 1964, n° 94.

Cette œuvre, exceptionnelle chez Daumier, est la plus grande et la
plus somptueuse de ses compositions de nus. Comme l'ont noté
Maison et d'autres spécialistes, il s'agit d'une étude préparatoire,
avec rehauts de lavis et de craie, que l'artiste a abandonnée à une
étape qui renseigne peu sur son intention ultime. Daumier, on le
sait, commençait souvent ses œuvres sur toile au fusain, mais rien
de tel ne nous est parvenu, à l'exception peut-être de *Ecce Homo*[1]
(cat. 135). Ici Daumier a peint d'abord le nu, selon son habitude,
mais l'œuvre définitive allait-elle être une composition à trois nus ?
On peut le supposer, car il existe deux petits nus dans un paysage
qui laissent croire à un projet plus ambitieux, peut-être les trois
Grâces, dans la veine des *Femmes poursuivies par des satyres*[2]

1. À propos du fusain, de l'encre et des autres types de matériaux identifiés
   sur les toiles de Daumier, voir Aviva Burnstock et William Bradford,
   « An Examination of the Relationship Between the Material and Techniques Used for Works on Paper, Canvas and Panel by Honoré Daumier »,
   Ashok Roy et Perry Smith (éds.), *Painting Techniques, History, Materials
   and Studio Practice*, contributions au Congrès de Dublin, 7-11 septembre
   1998, Londres, « International Institute for Conservation of Historic and
   Artistic Work », 1998, p. 218.
2. Daumier reprend le sujet d'une triade de figures endormies dans plusieurs
   lithographies : *Une nuit au poste* (1848, LD 1759) ; *Tous les trois profitant
   de l'ombre* (1850, LD 2056), prévue pour les *Idylles parlementaires* ;
   Ce qu'on appelle une session bien remplie (1870, LD 3785) ; et *Les Arènes
   législatives* (1870, LD 3792), où les figures sont représentées sous forme
   de squelettes.

(cat. 126). Le premier, une petite esquisse au musée Mahmoud Khalil du Caire (M II-52), appartient peut-être à l'époque relativement précoce des *Baigneurs*[3] (cat. 154). L'autre, probablement aussi ancien (localisation actuelle inconnue), est un curieux nu nocturne avec un enfant, que Maison a attribué, sous réserve, à Daumier. Cette attribution paraît confirmée par une petite étude au lavis, inédite, exécutée au verso d'un dessin de la National Gallery of Art de Washington (MD. 247) ainsi que par une gravure sur bois (B 460) de la *Physiologie du poëte* (cat. 64) de 1841[4].

Trois femmes nues couchées remonte presque assurément aux années 1849-1852, époque où Daumier espérait encore exposer au Salon. Il existe toutefois des liens manifestes avec les baigneuses de Courbet, comme avec *Les Demoiselles des bords de la Seine*, présenté au Salon de 1857. Cette année-là, Nadar publia une virulente critique du peintre réaliste qui, en l'occurrence, n'est pas dénuée d'intérêt : « Lorsque M. Courbet arriva à Paris, il voulut faire le malin, comme on dit. Il pensa qu'il fallait à tout prix attirer l'attention du public et en conséquence il se mit à peindre des faux Daumiers plus grands que nature […]. Mais son *Concert d'Ornans*, son *Enterrement*, ses *Lutteurs*, sa *Baigneuse*, ses *Demoiselles des bords de la Seine* de cette année l'ont surabondamment prouvé – M. Courbet doit se résigner à n'être ni un peintre d'histoire ni même jusqu'ici et je le crains bien jamais un peintre de figures. […] Souhaitons bonne chance à Maître Courbet paysagiste, animalier et peintre d'accessoires[5]. » **M.P.**

3. Voir Geneviève Lacambre, dans cat. exp. *Les Oubliés du Caire*, Paris, musée d'Orsay, RMN, 1994-1995, p. 194.
4. Voir Maison, vol. I, 1968, attribution D.
5. Nadar, *Nadar jury au Salon de 1857*, 1857, cité dans Roger Greaves, *Nadar ou le paradoxe vital*, Paris, Flammarion, 1980, p. 203 et 204.

132

La Madeleine au désert

Vers 1848-1852
Huile sur toile
41 × 33 cm
Monogrammé en bas à gauche : *h.D.*

Tokyo, The National Museum of Western Art

Maison I-29

Exposé à Paris et à Washington seulement

Historique

Coll. François Cavé, Paris ; vente François Cavé, Paris, hôtel Drouot, 19 mai 1926 nº 43 (« Inconnu », identifié par Louis Dimier, « Tableaux qui passent », *Gazette des Beaux-Arts*, décembre 1926, p. 365-366 [repr.]) ; coll. H. Fiquet, Paris ; coll. Alfred Gold, Berlin ; Paul J. Heinemann ; coll. Violet de Laszlo, New York ; vente Londres, Sotheby's, 31 mars 1965, nº 90 (repr.) ; coll. part., Suisse ; galerie Wildenstein ; acquis par le National Museum of Western Art Tokyo en 1979.

Expositions

Meisterwerke deutscher und französischer Malerei des 19. Jahrunderts, Düsseldorf, Kunstverein, 1930 ; New York, 1930, nº 59 (repr.) ; *Die Sammlung Oskar Schmitz*, Zurich, Kunsthaus, 1932, nº 76 ; *L'Art français. Peinture du XIXe siècle*, Amsterdam, E.J. Wisselingh & Co, 1933, nº 6 (repr.) ; Londres, 1936, nº 89 ; *Tableaux et dessins. Quelques maîtres du XVIIIe et XIXe siècles*, Paris, galeries Durand-Ruel, 1938.

L'année 1848 vit l'affirmation et, d'une certaine façon, la reconnaissance de Daumier peintre. La sélection de son *Esquisse de « La République »* (cat. 120), en mai, avec une vingtaine d'autres toiles, prouve la surprenante maîtrise d'un tout nouveau venu et, pour les pouvoirs publics, son aptitude à recevoir des commandes. On ne pouvait mettre en doute sa capacité à les honorer, ignorant tout des difficultés de l'artiste à passer de l'esquisse au « tableau » et, tout simplement, à achever l'œuvre commencée. L'histoire tortueuse de *La Madeleine au désert* en est l'illustration exemplaire ; en embarrassant les pouvoirs publics, Daumier s'est révélé incapable et peut-être insoucieux de mener une carrière de peintre, vivant de commandes et fidèle à ses engagements ; mais on doit s'interroger aussi sur cette caractéristique essentielle de l'art de Daumier qui privilégie la promptitude de l'ébauche et ne dresse pas une nette démarcation entre inachevé et fini.

Le 15 septembre 1848, un arrêté du ministère de l'Intérieur confiait au « citoyen Daumier » l'exécution « moyennant une somme de 1 000 francs, imputable sur le crédit de 200 000 F ouvert par l'Assemblée nationale le 17 juillet 1848 pour un encouragement aux Beaux-Arts [d'] un tableau dont le sujet et l'esquisse devront être soumis à l'approbation de l'administration[1] ». Le 19 septembre, Charles Blanc, directeur des Beaux-Arts, écrivait à Daumier pour le lui signifier. Le 26 novembre, celui-ci avait précisé son sujet, *La Madeleine au désert*, et recevait un premier acompte de 500 francs ; le solde sera versé le 26 mai 1849.

1. Paris, Archives nationales, F²¹23 ; Cherpin, 1977 ; Georgel, 1998.

Fig. 1
Honoré Daumier, *Sainte Madeleine
[en prière]*, vers 1848-1852,
localisation actuelle inconnue.

Commencèrent alors les démêlés de Daumier avec l'administration puisque, malgré les rappels pressants, le peintre tardait à livrer ce tableau destiné à l'église de l'île d'Aix ; en juillet 1850, un inspecteur alla chez Daumier et signala : « M. Daumier n'a point encore achevé son tableau mais il m'a promis de s'en occuper prochainement. » Nouvelle intervention de Charles Blanc en septembre. Le 17 mai 1853, Joseph Dubois, inspecteur des Beaux-Arts, se rendant quai d'Anjou, constatait que Daumier « n'a pas même commencé » sa toile, ce qui était faux puisque Poulet-Malassis et Baudelaire en avaient vu une « ébauche » lors de leur visite du 14 janvier 1852[2]. Nouveau rapport du même Dubois, le 6 août 1857 ; Daumier demanda un « dernier délai jusqu'au 1er novembre prochain ». En marge, l'inspecteur écrivait, désabusé : « 1er février 1858. M. Daumier ne finira jamais. » Il avait raison. L'affaire trouvera son épilogue cinq ans plus tard ; le 6 mai 1863, l'artiste, qui connaissait de graves difficultés financières, proposa à l'administration de régler définitivement l'affaire : « Je viens vous demander de vouloir bien m'autoriser à remplacer par un dessin (marche de Silène) une commande fort ancienne qui m'avait été faite d'un tableau ; ce tableau, auquel j'ai beaucoup travaillé, n'a pas été terminé. » Le 4 juin 1863, le ministre donna son accord à cette transaction et *Silène* (cat. 129) était accepté.

Il n'y a aucune raison de suspecter la parole de Daumier quand il écrit avoir « beaucoup travaillé » à son tableau ; un dessin – rapide sur une grande feuille montrant la sainte dans une attitude très proche de celle qu'elle aura sur la toile (fig. 1) – et une esquisse à l'huile témoignent de ses efforts. La petite toile de Tokyo, enlevée, manifestement exécutée d'un seul jet, monumentale dans son petit format, fait regretter que Daumier n'ait pas exécuté son tableau. Il réussit, en effet, usant d'une gamme réduite, et des forts contrastes d'ombre et de lumière – rappelant, comme dans le *Martyre de saint Sébastien* (cat. 133 et 134), la leçon des maîtres espagnols –, à renouveler et bousculer l'iconographie de la sainte. Car, au fil du temps, Madeleine comme Sébastien, souvent dépouillée de signification religieuse, était d'abord devenue motif pour les peintres. Certes, comme l'a montré Bruno Foucart[3], la dévotion renouvelée à la sainte, « grande amie de la Rédemption »

selon la formule de Lacordaire, joua un rôle important dans la multiplication des toiles qui lui sont consacrées et qui en font, et de loin, la sainte la plus fréquemment représentée dans les Salons entre 1800 et 1860[4]. Il n'en reste pas moins que l'abondance des œuvres que la pécheresse suscita – et l'on pense particulièrement aux chefs-d'œuvre de Delacroix (1845, Winterthur, collection Oskar Reinhart), Cézanne (vers 1869, Paris, musée d'Orsay) ou Puvis de Chavannes (1869-1870, Francfort, Städelsches Kunstinstitut) – tient d'abord à sa « picturogénie », s'humiliant aux pieds du Christ et laissant tomber sa lourde chevelure, macérant dans la grotte de la Sainte-Baume, dévêtue, ou couchée à même le sol parmi les quelques instruments de sa pénitence, la croix, la Bible, la tête de mort, le fouet éventuellement. La sainte n'est jamais plus le saint Jean-Baptiste femelle, décharné, sans âge, enveloppé de ses cheveux comme d'une peau de bique que sculpta, par exemple, Donatello, mais une belle et jeune femme – ce que justifie son passé récent de prostituée –, en général aux premiers jours d'un jeûne qui ne pourrait que lui être bénéfique. En 1858, Paul Baudry peignait une demi-mondaine (Nantes, musée des Beaux-Arts), modèle d'atelier devant un portant de théâtre, qui inaugure sa sévère contrition après avoir fait l'acquisition de la panoplie de son nouvel état, la tête de mort « en ivoire et la discipline en cuir de Russie[5] ». Dix ans plus tard, Puvis de Chavannes découpe sa Madeleine, droite, austère, sur un âpre paysage désertique. Deux figures statiques, l'une sensuellement languide, l'autre toute à sa méditation.

Mais chez Daumier, comme auparavant chez Delacroix, plus tard chez Cézanne, la sainte est animée, frémissante. Éperdue de remords, elle est, chez Cézanne, ployée, abîmée, sur une tête de mort quand chez Delacroix et Daumier, comme mue par un feu intérieur, elle tend vers le ciel. Daumier a peut-être connu la petite toile de Delacroix[6] dont la composition est cependant bien éloignée de la sienne – la sainte, veillée et en quelque sorte doublée par un ange, suavement soulevée par un souffle divin, est extatique et pâmée comme quelque Ludovica Albertoni. En comparaison, l'esquisse de Daumier est dépouillée, austère et sa Madeleine, emportée. Dans cette vallée de larmes profondément encaissée, elle implore, mains jointes, tête révulsée, un ciel que pointe la croix et que l'on devine aveugle, suppliant de l'arracher à cette terre, mourant de ne pas mourir. **H.L.**

2. Adhémar, 1954a, p. 44.

3. Bruno Foucart, *Le Renouveau de la peinture religieuse en France (1800-1860)*, Paris, Arthéna, 1987.

4. Entre 1831 et 1848, la Madeleine devança très largement (98 tableaux) ses « concurrents », saint Pierre (32 tableaux), sainte Cécile (26), sainte Jeanne d'Arc et saint Sébastien (25), etc. Foucart, *op. cit.* note 3, p. 98-99.

5. Théophile Gautier, *Exposition de 1859*, Wolfgang Drost et Ulrike Hennings (éds.), Heidelberg, Carl Winter Universitätsverlag, 1992, p. 18-19.

6. Soulignant que la toile de Tokyo avait appartenu à François Cavé, fils d'une très chère amie de Delacroix, Arsène Alexandre insistait sur les liens entre les deux artistes, particulièrement manifestes, selon lui, dans cette *Madeleine* ; Alexandre, 7 juin 1928, p. 542.

133
Martyre de saint Sébastien (esquisse)

Vers 1849-1852
Huile sur bois
32 × 22 cm

Paris, musée d'Orsay (RF 1994-18),
don anonyme en souvenir de Jean Adhémar, 1994

Non catalogué par Maison

Historique
    Acquis par Hélène Adhémar, conservateur en chef au musée
    du Louvre, chargée des galeries du Jeu de paume et de l'Orangerie,
    dans le commerce parisien en juin 1978.

Exposition
    Marseille, 1979, nº 43, repr. ; *De l'Impressionnisme à l'Art nouveau.*
    Acquisitions du musée d'Orsay 1990-1996, Paris, musée d'Orsay,
    16 octobre 1996 - 5 janvier 1997, repr.

134

Martyre de saint Sébastien

Vers 1849-1852
Huile sur toile
220 × 140 cm

Soissons, musée municipal,
dépôt de la commune de Lesges

Non catalogué par Maison

Historique

    Commandé à Daumier par la direction des Beaux-Arts pour
la somme de 1 500 francs, le 10 février 1849 ; attribué par arrêté
du 22 juin 1852 à l'église de Lesges (Aisne) ; classé Monument
historique le 20 septembre 1979 ; transféré au musée municipal
de Soissons en 1980.

Exposition

    Marseille, 1979, n° 42, repr.

Le Martyre de saint Sébastien de Daumier est une découverte récente. C'est en février 1979, en effet, que Pierre Angrand[1] publia cette œuvre importante, retrouvée dans une église d'un village de l'Aisne (fig. 1) qu'alors il ne nomme pas – il s'agit de Lesges, à 19 kilomètres au sud-est de Soissons ; son article résolvait une énigme depuis que Jean Adhémar, un quart de siècle plus tôt, avait transcrit une note manuscrite de Poulet-Malassis racontant sa visite avec Baudelaire dans l'atelier de Daumier[2].

Nous sommes le 14 janvier 1852 ; l'éditeur et le poète se rendent quai d'Anjou dans « ce simple atelier d'artiste qui n'a point à tenir compte des pieds du public ». Daumier, pressé par un travail lithographique, leur fit à peine les honneurs de la maison mais, parmi les « diverses ébauches », figurait « sur un chevalet l'ébauche d'un martyre » ; « sur un chevalet » signifie que Daumier y travaillait à cette date ; « ébauche », qu'il s'agit de la grande toile aujourd'hui au musée de Soissons et non de la petite esquisse du musée d'Orsay[3] (cat. 133). En 1954, Jean Adhémar ne connaît pas le tableau – il pense à *Ecce Homo* (cat. 135) d'Essen qu'il rattache justement à la commande que Daumier a reçue en 1849, qu'on lui a payée et que l'inspecteur des Beaux-Arts venait lui réclamer périodiquement. Il reviendra à Pierre Angrand suivi par Jean Cherpin, toujours ignorants de l'œuvre dissimulée dans son église du Soissonnais, de tracer son historique en même temps que celui de l'autre ouvrage demandé à Daumier pendant la seconde République, *La Madeleine au désert*[4] (cat. 132).

Le 10 février 1849, Charles Blanc, directeur des Beaux-Arts, commanda donc à Daumier un *Martyre de saint Sébastien* pour la somme de 1 500 francs ; en l'élisant de nouveau, il ne faisait pas seulement œuvre de charité envers un artiste nécessiteux pas plus qu'il ne le récompensait de ses sympathies républicaines ; certes cela a peut-être joué mais Charles Blanc, en promouvant Daumier peintre après son échec – mais un échec remarqué – au concours pour la figure de *La République*, effectuait avant tout un choix artistique.

1849, comme l'a justement remarqué Chantal Georgel[5] est l'« année Charles Blanc », celle « pendant laquelle la direction des Beaux-Arts, après avoir tenté de répondre à la misère sociale des artistes, opte pour la mise en place d'une véritable politique d'encouragement aux arts ». Daumier, qui, grâce à ses caricatures, était déjà un nom connu, pouvait aussi présenter, en affirmant ses dons manifestes de peintre, la surprise et la séduction d'un talent prometteur et l'espoir d'un renouvellement. On pourrait être étonné du choix d'un sujet religieux mais, dans la gamme limitée des sujets possibles, c'était celui qui convenait le mieux au génie de Daumier, impropre au paysage, sans doute désarçonné face à un thème tiré de l'histoire antique, médiévale ou moderne qui aurait nécessité restitution archéologique ou précision chronologique.

La Madeleine et le *Martyre de saint Sébastien*, s'appuyant sur des récits légendaires et imprécis, susceptibles en tout cas de favoriser l'imagination, récusant, parce que rebattus et depuis longtemps saisis par les peintres, toute contrainte d'exactitude

Fig. 1
Honoré Daumier,
Martyre de saint Sébastien accroché dans l'église de Lesges (Aisne).

1. Angrand, 1979.
2. Adhémar, 1954a, p. 44-45.
3. Un rapport du Laboratoire de recherche des musées de France, dressé par Patrick Le Chanu, le 7 décembre 1998, nous donne les précisions suivantes : « L'examen en réflectographie infrarouge n'a permis de déceler aucune trace de dessin sous-jacent. La mise en place de la composition a probablement été faite à l'aide d'une ébauche peinte. L'utilisation d'une peinture très sèche explique l'aspect râpeux de la surface, notamment sur les régions les plus claires des carnations, aspect amplifié par la radiographie. Toujours en radiographie, on note des différences de densité qui ne se superposent pas aux plages de couleurs du tableau et sont peut-être l'indice de repentirs. C'est le cas au niveau des coudes du saint, dont la grande largeur sur le document radiographique indique que les avant-bras étaient peut-être dans un premier temps repliés vers l'arrière. Une zone sombre située devant les deux saintes femmes laisse penser que le profil des collines était peut-être dans un premier temps situé plus haut. De légers repentirs doivent être signalés sur les doigts de la main gauche du saint et notamment sur le pouce. Signalons enfin la grande quantité de blanc de plomb sous-jacent présent du haut de la tête du saint jusqu'à la base de son cou. La main gauche du *putto* a été peinte en arrière d'une première ébauche bien visible en radiographie et ses doigts sont cernés par un trait de pierre noire. »
4. Angrand, 1974 ; Cherpin, 1977.
5. Georgel, 1998, p. 129.

Fig. 2
Honoré Daumier,
Le Nouveau saint Sébastien
Vierge et martyr,
lithographie parue dans *Le Charivari*
le 25 décembre 1849.

Fig. 3
Honoré Daumier,
Martyre de saint Sébastien,
vers 1849-1852, pierre noire,
New York, The Metropolitan
Museum of Art.

historique, étaient d'abord, pratiquement privés de signification religieuse, prétexte à la peinture de corps nus, féminin et masculin, torturés par la macération ou la sagittation.

C'est évidemment cette latitude extrême, en même temps que la possibilité de se mesurer aux anciens et d'affronter le grand format, qui séduisait Daumier. C'est lui qui, le 18 février 1849, fixa le sujet : « Monsieur, le tableau que vous m'avez fait l'honneur de commander représentera le Martyre de saint Sébastien », écrivait-il à la direction des Beaux-Arts, promettant de soumettre rapidement une esquisse et réclamant un acompte sur la somme de 1 500 francs promise[6]. Mais après cette précipitation initiale – ce choix fut approuvé le 27 février ; le 11 avril, Daumier reçut 600 francs –, les documents conservés aux Archives nationales[7] témoignent des difficultés de l'administration à récupérer sa commande. Lorsque le 21 juillet 1850, un inspecteur des Beaux-Arts se rendit quai d'Anjou, il constata que le *Martyre* n'était pas commencé ; toutefois ajouta-t-il, « M. Daumier a promis de s'en occuper prochainement ». Le 14 janvier 1852, nous l'avons noté, Baudelaire et Poulet-Malassis virent « l'ébauche » ; quelques mois plus tard, en mai 1852, la toile était achevée. Au même moment, arguant de « son attachement à Louis-Napoléon », de l'unanimité des votes de sa commune « en faveur de notre Prince Président », le maire de Lesges, J. Liance, pharmacien à Paris, réclamait pour l'église paroissiale l'attribution d'un *Saint Sébastien* : « Le village, précisait-il, possède une église dont la fondation est très ancienne : elle est, sans contredit, l'une des plus remarquables du diocèse, tant par son architecture que par la régularité de ses dispositions intérieures. Malheureusement, ce temple se trouve bien délabré, et la commune est si pauvre qu'il lui est impossible de remplacer les deux tableaux de deux chapelles latérales dédiées l'une à la Vierge et l'autre à Saint-Sébastien[8]. »

On ne refuse rien à un pharmacien bien pensant : nonobstant le triste état de l'église et l'étroitesse de la chapelle latérale qui ne pouvait accueillir la grande toile de Daumier, le *Martyre de saint Sébastien* partit donc pour Lesges où il fut accroché, au-dessus de l'entrée, au revers de la façade (fig. 1), jusqu'à son transport au musée de Soissons en 1980[9].

La vie de ce soldat chrétien, à la fin du IIIe siècle ap. J.-C., repose sur une *Passio Sancti Sebastiani* initiale, vraisemblablement rédigée sous le pontificat de Sixte III (432-440) qui, au fil du temps, se ramifiera en de nombreux récits édifiants et légendaires. Le martyre du saint est une véritable passion en plusieurs actes : Sébastien percé de flèches, soigné par Irène, bastonné à mort, son corps jeté à l'égout. La sagittation fut, dès le XVIe siècle, l'épisode le plus répandu par l'iconographie même si, au XVIIe siècle, celui du saint veillé par Irène connut une fortune importante dont témoigne le chef-d'œuvre de Georges de La Tour[10].

Daumier combine curieusement ces deux thèmes, montrant le soldat romain attaché à son arbre et blessé de deux flèches tandis qu'Irène et sa servante – deux saintes femmes indistinctes, comparables à celles qui se hâtent au tombeau du Christ – approchent du lieu du supplice. Un angelot grassouillet, *putto* profane plus que messager divin, le décore de la palme du martyre, par anticipation puisque le saint ne mourra pas de ses blessures.

Quand Daumier, après tant d'autres, recueille saint Sébastien, celui-ci n'est plus qu'un corps : un motif pour les artistes, celui d'un jeune homme posant la douleur. Mais après tant de peintres qui, à la suite de Guido Reni (qui troubla tellement Mishima), ont planté en pleine nature le corps nu, impeccable et juvénile d'un modèle d'académie, Daumier choisit un homme sans grâce, plutôt épais, ordinaire. Il n'est pas « percé de flèches comme un hérisson », selon l'expression de la *Légende dorée* – ce qui sera le cas du docteur Véron pour une caricature contemporaine du *Charivari* (fig. 2) – mais en a reçu deux seulement, fichées parallèles dans le ventre. La chair est triste, brune, inégale et n'a pas la blancheur, la finesse et le poli de celle des martyrs académiques ; le sang fait des traînées sombres quand ses devanciers exhibaient des gouttelettes rondes et vermillon comme autant d'ornements supplémentaires : une parenthèse donc dans l'iconographie du saint ; le Sébastien de Daumier n'a vraisemblablement rien à voir avec celui de ses contemporains, les obscurs Lepaulle, Terral, Chauvin, Foncy, Orgelin, Richaud, Chaplin, Dabray, Tabar, qui exposèrent au Salon entre 1845 et 1850, pas plus qu'il n'annonçait l'éphèbe de Gustave Moreau et de nombreux peintres symbolistes ou l'adolescent équivoque de d'Annunzio que dansera Ida Rubinstein.

Beaucoup d'auteurs ont été embarrassés de l'adoption par Daumier d'un sujet religieux sans considérer qu'il y était obligé par le principe même de la commande d'État – et de fait sa toile trouvera une destination naturelle dans une église du Soissonnais, pays où l'archerie était et reste vivante. Arguant d'une nouvelle épidémie de choléra en 1849, on a par ailleurs évoqué l'élection délibérée d'un saint antipesteux ; mais cette ultime épidémie ne se développa qu'à l'été alors que Daumier avait, depuis plusieurs mois, choisi son sujet[11].

Peut-être son attachement au saint martyrisé tenait-il, comme pour le Christ moqué par la foule (cat. 135), à ses réflexions amères face aux vicissitudes de la République, une République déjà battue en brèche, incertaine, nourrie du souvenir de ses martyrs et s'édifiant littéralement sur le phénomène des persécutions.

Deux études préparatoires documentent l'élaboration du tableau, un dessin à la pierre noire (fig. 3) et une esquisse à l'huile (cat. 133). Sur la première, le saint n'est pas blessé mais attaché à un arbre, les jambes légèrement fléchies, la tête levée vers un essaim tourbillonnant d'angelots ; le fort contraste des noirs et des blancs, le tronc tourmenté, le vol sinueux des anges dont Daumier suit magnifiquement le tracé, confèrent au dessin une puissance baroque et un dynamisme qu'on ne retrouve pas sur la toile définitive. L'esquisse à l'huile (cat. 133), dénichée par Hélène Adhémar dans le commerce parisien, présente une évolution notable de la composition ; Sébastien est lié par les mains qui, réunies, dessinent un étonnant motif en forme de palmier ; il s'écroule complètement sur le sol, la tête tournée vers le messager potelé qui brandit le prix

de son sacrifice ; le haut du corps est dans l'ombre, le ventre et les cuisses en pleine lumière. Dans une campagne indécise, à l'ombre d'un gros arbre touffu, sur ce corps attaché mais non blessé, rien ne permet de lire encore la scène pieuse. Ce n'est que sur la toile définitive que le sujet se précise ; ce qui, jusqu'ici, aurait pu être mythologie ou simple académie, devient tableau religieux et le jeune homme épais se transforme enfin en Sébastien, dûment percé de flèches, proclamé martyr bientôt soigné par Irène et sa servante. La lumière tombe désormais sur la face du saint et les instruments de son supplice ; le reste est dans l'ombre. La toile est impressionnante et belle, sans équivalent dans la peinture du temps – mais la remarque vaut pour tant d'œuvres de Daumier – sinon peut-être celle de Delacroix auquel font penser le dynamisme, dans une scène d'ordinaire si statique, la simplification voulue, la négligence de l'accessoire, et ces admirables figures elliptiques, femmes jumelles et voilées, se hâtant vers le lieu du supplice. Ce rapprochement est ténu et vain car le coloris ne lui doit rien, parce qu'il faudrait évoquer aussitôt Italiens et Espagnols du XVIIe siècle. Pour son premier grand format, pour son premier tableau religieux, Daumier a réussi un chef-d'œuvre, difficile, c'est-à-dire peu séduisant, et ignoré, abîmé aussi par les mauvaises conditions climatiques de cette église de Lesges où il séjourna si longtemps. Sébastien a un beau et étrange visage, inoubliable ; il est déjà ailleurs, laisse s'affaisser son enveloppe corporelle et contemple non pas la mort, mais la vie future. **H.L.**

6. Cherpin, *op. cit.* note 4, p. 29.

7. Paris, Archives nationales, F21 23.

8. Angrand, *op. cit.* note 4, p. 95-96.

9. La lettre du maire de Lesges est du 29 mai 1852 ; le 22 juin 1852, un arrêté du ministère de l'Intérieur accorde la toile de Daumier « pour la décoration de l'église de Lesges » ; le 24 juin, les autorités sont prévenues de ce dépôt ; Daumier reçoit le solde de la commande, soit 900 francs ; Angrand, *op. cit.* note 4, p. 96.

10. On se reportera pour l'iconographie de saint Sébastien au remarquable catalogue de l'exposition *Saint Sébastien, rituels et figures*, Paris, musée national des Arts et Traditions populaires, 1983-1984, rédigé par Sylvie Forestier.

11. T.J. Clark, 1973a, p. 113.

135

Ecce Homo

Vers 1849-1852
Huile sur toile
160 × 127 cm

Essen, Museum Folkwang

Maison I-31

Exposé à Paris seulement

Historique
    Coll. Aimé Diot, Paris, avant 1897 ; Dutch Gallery, Londres ; acquis par
    Karl-Ernest Osthaus auprès de la Dutch Gallery 275 livres, en 1906 ;
    Osthaus Museum, Hagen ; Museum Folkwang, Hagen, vers 1912 ;
    Museum Folkwang, Essen, en 1922.

Expositions
    New York, 1930, n° 44a ; Londres, 1961, n° 2.

Ce tableau, le plus grand de Daumier et assurément un de ses chefs-d'œuvre, est entré très tôt, en 1906, dans la belle collection de l'Osthaus Museum à Hagen, témoignant ainsi de la remarquable politique d'acquisition des musées allemands et du goût des pays germaniques pour l'œuvre de Daumier, tellement négligé en France ; on dressera alors volontiers des correspondances entre l'art du Français et certains peintres allemands, expressionnistes en particulier, pour en déduire un peu hâtivement que Daumier s'inscrivait difficilement dans notre tradition picturale. La toile est communément intitulée *Nous voulons Barabbas*, ce qui est une erreur. Les quatre évangélistes évoquent certes le passage du Christ devant Pilate et le choix que celui-ci propose aux juifs de libérer Jésus ou le « brigand » Barabbas ; mais tous font intervenir le couronnement d'épines après cet épisode. Or sur la toile de Daumier, Jésus porte déjà l'infamant et cruel symbole de sa royauté. Daumier suivait saint Jean qui, seul des évangélistes, montre le Christ présenté une seconde fois à la foule après avoir été couronné d'épines et revêtu d'un manteau de pourpre : « De nouveau, écrit le disciple préféré, Pilate sortit dehors et leur dit : "Voyez je vous l'amène dehors, pour que vous sachiez que je ne trouve en lui aucun motif de condamnation." Jésus sortit donc dehors, portant la couronne d'épines et le manteau de pourpre ; et Pilate leur dit : "Voici l'homme !" » (Jean XIX, 4-5). Il convient donc d'intituler la toile *Ecce Homo* (« Voici l'homme ») puisque Daumier a choisi de montrer le moment d'abaissement le plus complet du Fils de Dieu, torturé, ridiculisé et ravalé au rang des malfaiteurs.

Nous ne possédons aucun renseignement sur la genèse de cette œuvre qui, contrairement à la *Madeleine au désert* (cat. 132), ne semble pas avoir fait l'objet d'une commande ; mais abordant un format aussi considérable pour lui, Daumier pensait certainement au Salon. Subsiste avec cet *Ecce Homo* inachevé un des trois tableaux religieux du peintre[1] qui en a sans doute exécuté d'autres puisque Jules Laurens se rappelait avoir vu, vers 1863, dans son atelier, « le projet superlatif d'une grande machine l'*Assomption de la Vierge*[2] » et que Klossowski a mentionné *La Mise au tombeau du Christ* qu'il découvrit, avant 1908, dans la collection Hazard à Orrouy[3].

Adhémar et Maison ont considéré cet *Ecce Homo* comme une toile précoce de Daumier et la datent de la fin des années 1840 ou du début des années 1850 ; mais Jean Cassou, surpris de son étonnante liberté, la pense « une œuvre de la fin[4] ». Nous nous rangeons à l'avis d'Adhémar et de Maison et la croyons contemporaine des grands efforts de peinture religieuse initiés par la deuxième République (voir cat. 132, 133 et 134) et des scènes de foules auxquelles Daumier s'attacha pour rappeler le mouvement révolutionnaire de 1848. Outre la parenté thématique avec *L'Émeute* (cat. 196) de la Phillips Collection, on soulignera une façon semblable de cerner les personnages d'un trait noir même si, dans l'*Ecce Homo*, le contour est plus épais, moins prudent et appliqué ; toute la toile est parcourue de traits gras et souples qui refusent la ligne et l'angle droits.

Peu attentifs au sujet même et donc enclins au faux-sens que nous avons relevé, la plupart des commentateurs, déconcertés par l'insistance de Daumier à peindre des sujets religieux, se sont penchés sur la portée symbolique de l'œuvre. Ainsi T. J. Clark, rappelant justement que nous sommes en présence d'« une œuvre sûre d'elle-même et non pas hésitante », a souligné que, en 1849, les scènes de la Passion n'offraient pas des images obscures ou ésotériques mais que l'assimilation du Christ à la République bafouée, trahie et finalement mise à mort, était métaphore usuelle ; « mieux valait parler, ajoute-t-il, de Barabbas plutôt que de Napoléon puisque tout le monde savait que le Christ *était* la République, Le Grand Prolétaire, le Prophète trahi par son peuple[5]. » À ceci près, qu'il n'est pas question ici de Barabbas, et donc pas question de Napoléon III. Récemment, partant de ce tableau, Jacques Dewitte a développé une longue et intéressante analyse « à propos de Daumier, caricaturiste et peintre ». À Daumier caricaturiste, et donc à la lithographie, il attribue la décision, le trait aigu, directement ou sournoisement lancé, mais toujours efficace et qui blesse. À Daumier peintre, l'attention aux « êtres humbles et pitoyables, vaincus, déchus, misérables, obscurs », avec un unique ressort, la compassion. D'un côté celui qui pourfend les royautés, les injustices et les puissances ; de l'autre celui qui considère, avec tendresse et pitié, les faibles et les exclus[6]. Il serait facile de montrer ce que cette dichotomie a d'excessif, que la vachardise n'est pas absente de la peinture et que la lithographie – qui n'est pas toujours caricature – sait faire preuve de commisération. Mais c'est bien, et au sens fort, le mot de « compassion » qui vient d'abord à l'esprit pour cet *Ecce Homo*, station capitale dans la Passion du Christ. Il est seul, droit, immobile, présenté à cette foule, dont courbes et ondulations traduisent la frénésie, par un Pilate qui retrouve pour dire « Voici l'homme ! » les façons contournées, commerçantes et vulgaires des bonimenteurs de foire qui racolent le chaland. Et cette foule – car l'humanité est incertaine – est également celle qui, ailleurs, porte les révolutions, jeunes et vieux, cruels ou simplement curieux, voulant du sang ou saisis de dégoût. Et Lui fragile, auréolé d'un halo de peinture plus claire, faiblement rattaché à ceux qui l'exhibent et le condamnent – l'admirable ligne qui part du dos de Pilate, suit les liens du Christ jusqu'au bras du bourreau –, véritable « attraction », à tous les sens du terme : *He was despised, rejected of men, a man of sorrows and acquainted with grief*[7]. **H. L.**

---

1. À *La Madeleine au désert* et à l'*Ecce Homo*, il convient, en effet, d'ajouter *Jésus et ses disciples* (MI-30, Amsterdam, Rijksmuseum, en dépôt au Van Gogh Museum), toile extrêmement médiocre et qui demanderait – œuvre douteuse ou excessivement « complétée » – à être attentivement examinée.
2. Laurens, 1901, p. 334 (mentionné dans la notice de Maison).
3. Klossowski, 1923, sous le nº 79.
4. Cassou, 1949, pl. 53.
5. T. J. Clark, 1973a, p. 113-144.
6. Dewitte, 1997, p. 689-699.
7. Georg Friedrich Haendel, *Le Messie.*

Ratapoil

ACTUALITÉS.

RATAPOIL et CASMAJOU.
Membres les plus actifs de la société philantropique du **dix Décembre**: portraits
dessinés d'après nature et réellement frappans.

136

Ratapoil et Casmajou
Membres les plus actifs de la société philanthropique
du dix Décembre : portraits dessinés d'après nature
et réellement frappans [sic]

Planche 6 de la série *Actualités*
Le Charivari, 11 octobre 1850
Lithographie sur blanc ; deuxième état sur deux
24,7 × 21 cm
Signé en bas à gauche : *h. D.*

Paris, Bibliothèque nationale de France,
réserve du département des Estampes et de la Photographie
(Dc. 180b rés. tome 4 [épreuve du dépôt légal])
Exposé à Paris seulement (exemplaire reproduit)

Paris, collection Prouté
Exposé à Ottawa seulement

Delteil 2035

137

Ratapoil fesant [sic] *de la propagande*
– Si vous aimez votre femme, votre maison, votre champ,
votre génisse et votre veau, signez, vous n'avez pas une
minute à perdre

Planche 163 de la série *Actualités*
Le Charivari, 19 juin 1851
Lithographie sur blanc ; premier état, avant la lettre, sur deux
26 × 19,9 cm
Signé en bas à gauche : *h. D.*

Paris, collection Prouté
Exposé à Paris seulement

Delteil 2117

138

Ce bon Mr Ratapoil leur a promis qu'après qu'ils auraient signé sa pétition les alouettes leur tomberaient toutes rôties

Planche 151 de la série *Actualités*
Le Charivari, 20 juin 1851
Lithographie sur blanc ; deuxième état sur deux
26,4 × 21,4 cm
Signé en bas à gauche : *h. D.*

Paris, Bibliothèque nationale de France,
réserve du département des Estampes et de la Photographie
(Dc. 180b rés. tome 43 [épreuve du dépôt légal])
Exposé à Paris seulement (exemplaire reproduit)

Ottawa, musée des Beaux-Arts du Canada
Exposé à Ottawa et à Washington seulement

Delteil 2118

139

Un jour de revue.
Ratapoil et son état-major ; vive l'Empereur !

Planche 162 de la série *Actualités*
Le Charivari, 1er juillet 1851
Lithographie sur blanc ; seul état connu
25,3 × 22,4 cm
Signé en bas à gauche : *h. D.*

Collection Roger Passeron
Exposé à Paris seulement (exemplaire reproduit)

Ottawa, musée des Beaux-Arts du Canada
Exposé à Ottawa et à Washington seulement

Delteil 2123

140

Le Sire de Berryer se fesant [sic] *recevoir Chevalier*
dans l'ordre philanthropico-militaire du Dix-Décembre

Planche 189 de la série *Actualités*
Le Charivari, 19 août 1851
Lithographie sur blanc ; deuxième état sur deux
26,7 × 23,4 cm
Signé en bas à gauche : *h. D.*

Paris, École nationale supérieure
des beaux-arts (PC 26894)
Exposé à Ottawa et à Paris seulement

Delteil 2138

141

Belle Dame, voulez-vous bien accepter mon bras ?
– Votre passion est trop subite pour que je puisse
y croire !

Planche 212 de la série *Actualités*
Le Charivari, 25 septembre 1851
Lithographie sur blanc ; deuxième état sur deux
25,7 × 22,2 (dessin) ; 34,4 × 27 (feuille)
~~Signé en bas à gauche : *h. D.*~~

Collection Roger Passeron
Exposé à Ottawa et à Paris seulement

Delteil 2153

142

Le commerce est mort, les partis l'ont tué,
que voulez-vous qu'il fît contre eux trois ?
Qu'il mourût… qu'il mourût !…

Planche inédite, prête à paraître le 2 décembre 1851
Lithographie sur blanc ; épreuve unique, inconnue de Delteil,
avec légende autographe lithographiée à l'envers sur la pierre
19,2 × 27,8 cm (dessin) ; 24,9 × 33 cm (feuille)
Signé en bas à gauche : *h. Daumier*

Collection Roger Passeron
Exposé à Paris seulement

Non catalogué par Delteil

ACTUALITÉS.

Projet de statues pour orner le Peristile de la Bourse

Fig. 1
Honoré Daumier,
Projet de statues pour orner…
la Bourse, lithographie parue
dans *Le Charivari* le 9 juillet 1850.

Dès la fin de 1848, la campagne présidentielle avait été marquée par un déferlement de caricatures antibonapartistes, destinées probablement à contrer la propagande du « neveu de l'oncle », qui s'exerçait dans les campagnes, où traditionnellement, dans les intérieurs paysans, l'image de Napoléon était accrochée au mur (cat. 83), et sa statuette posée sur la cheminée, l'une et l'autre diffusées par colportage. Depuis 1849, les républicains s'alarmaient de l'omniprésence dans la vie publique du prince-président (et de l'élection à l'Assemblée de plusieurs membres de la famille Bonaparte, à commencer par le prince Jérôme caricaturé en Polichinelle par Daumier dans *Les Représentants représentés* (cat. 118) : *La Revue comique à l'usage des gens sérieux*, qu'éditait le républicain Hetzel, y consacra l'intégralité de ses vignettes, caricatures et bandes dessinées, pour la plupart composées par Nadar et Bertall. C'est dans ce courant caricatural militant et antibonapartiste que se situe la création chez Daumier de Ratapoil, tant admiré par Michelet, qui lui écrivit après une visite d'hommage : « Ah ! vous avez atteint en plein l'ennemi ! Voilà l'idée bonapartiste à jamais pilorisée par vous[1]. » De fait, alors que la série des *Représentants représentés* diffractait en une foule de charges l'analyse d'un même personnage, le député, Ratapoil concentre, comme à l'époque de Robert Macaire, sur un seul caractère, traité par le procédé du « personnage reparaissant », la représentation de l'agent de propagande qui, en plus de cinquante lithographies, confirmait dans l'esprit des lecteurs du *Charivari* la menace bonapartiste, contre laquelle Daumier les mit en garde jusqu'au 2 décembre 1851[2].

Ces lithographies, auxquelles répond la statuette que Michelet devait voir modeler (cat. 143), font tourner Ratapoil dans l'espace, en lui donnant mouvement et vie ; elles présentent le personnage sous des angles multiples, en vision rapprochée à mi-corps (cat. 139), en pied, ou en silhouette passant au loin (cat. 138) : tout se passe comme si, de la sculpture à la lithographie, le mythe de Pygmalion, sur lequel Daumier avait médité dans *Histoire ancienne* (cat. 76), se réalisait en acte. Quant au nom « Ratapoil », il est apparu dans le texte du *Charivari* le 12 août 1850 (« proclamation du Colonel Ratapoil »,), et les jours suivants sortirent des articles de Clément Caraguel signés « Colonel Ratapoil ». L'idée du personnage de Ratapoil se profilait, en relation avec l'art de la statuaire publique et avec la thématique de Robert Macaire, dans *Projet de statues pour orner… la Bourse*, lithographie publiée dans *Le Charivari* le 9 juillet 1850, qui faisait allusion aux statues de la Bourse érigées en février-mars 1850[3] (fig. 1). Le « Colonel Ratapoil », qui vise les « Décembrards », membres de la Société du Dix Décembre, interdite dès octobre 1850[4], est repris, sans être nommé par la légende, dans la planche inaugurale de la longue série *Actualités* de Daumier le 28 septembre 1850 (LD 2029). L'aspect définitif du héros, désigné par son nom, est trouvé le 11 octobre, dans *Ratapoil et Casmajou* (pl. 6 d'*Actualités*), où les deux compères, échangeant un regard complice, vus de face et en pied, semblent faire un premier salut d'acteurs au public (cat. 136).

Cham, à son tour, interprète Ratapoil, dans *Actualités*, comme un personnage tragi-comique du Grand-Guignol rossant continuellement ses victimes[5] et Nadar en donne un croquis au lavis[6], tandis que Clément Caraguel, à la « une » du *Charivari*, commence « Ratapoil en consultation dans nos bureaux », long article du 20 octobre 1850, par ces mots : « Le colonel Ratapoil n'est pas, comme on se l'imagine, un vulgaire soudard, le chapeau sur l'oreille, la trique à la main, faisant sans cesse le moulinet, frappant quand même, ne pouvant se présenter nulle part sans casser aussitôt les bras, les jambes, les vitres et les assiettes. À la vérité, Ratapoil ressemble un peu à ce portrait, mais ce n'en est pas moins un homme de tact et de raison, un penseur ne cassant jamais un membre à personne sans savoir pourquoi : Assommons les idéologues, mais comptons avec l'idéologie ! telle est la règle de conduite de Ratapoil. »

Cette évocation de la personnalité et du symbole politique de Ratapoil rend compte, en outre, de la plasticité du personnage et de la mécanisation du geste qu'offre, comme une sorte de dessin animé, la frise des lithographies de Daumier : un bras tendu, la jambe en avant, il adoube chevalier du Dix Décembre le « Sire de Berryer » (cat. 140) ; puis, tel un matamore de la *commedia dell'arte*, tiré d'une gravure de Callot[7], dans un hypocrite et galant salut, tend son bras à la République, qui se dérobe en lui jetant un regard méprisant (cat. 141).

Deux planches font ensuite allusion aux pétitions que l'administration préfectorale faisait signer dans les campagnes, afin d'autoriser, par une révision de la Constitution, une seconde candidature du prince-président : Ratapoil *fesant* [sic] *de la propagande* (cat. 137) – l'emploi politique du mot « propagande » est à noter[8] – chuchote à l'oreille d'un paysan traité à la manière du Thomas Vireloque de Gavarni (de création légèrement postérieure) ; son gourdin sous le bras, le buste incliné, il essaie, les flancs battus de sa longue redingote, de passer pour un personnage inoffensif et discret, mais son profil et sa barbiche trahissent sa ressemblance avec les traits du prince-président. Dans la planche suivante, *Ce bon M. Ratapoil…* (cat. 138) se profile en ombre chinoise à l'arrière-plan, ayant dupé de ses promesses un couple de paysans en sabots. Non sans rapport avec l'esquisse de Couture pour *L'Enrôlement des volontaires, Un jour de revue* (cat. 139) annonce dès juillet 1851[9] le traitement expressionniste du dessin de presse anarchiste fin-de-siècle : un Ratapoil vindicatif entraîne une foule hurlante à pousser des vivas bonapartistes (donc contre-républicains), sous une forêt de bâtons surmontés de chapeaux qui s'agitent de façon menaçante.

Le cycle final, en six pierres[10], dont deux seulement purent paraître avant le 2 décembre[11], et dont l'une a totalement disparu (pierre 354), narre les mésaventures et la triste fin du Commerce, Mercure impuissant dont la taille démesurée se rapproche des personnages des *Disparates* de Goya. Après avoir commencé par entraver le Commerce (LD 2171, pierre 350), et l'avoir expédié à l'hôpital (LD 2172, pierre 351), puis avoir été troublé par son

apparition au milieu d'une partie de cartes tranquille (LD 2174, pierre 352, planche parue le 2 décembre[12]), la bande des brigands Ratapoil, Thiers et Berryer l'ont abattu et terrassé – tel un Gulliver qui ne s'éveillera plus : le Commerce, son pain de sucre gisant auprès de lui, est bien mort, « les partis l'ont tué » (cat. 142). Cette planche prémonitoire, dont le coup d'État empêcha probablement la publication, évoque, de façon dérisoire, le souvenir de la *Rue Transnonain* (cat. 57) ! L'épreuve inédite exposée[13] est inconnue de Delteil ; signée en toutes lettres par Daumier, au lieu des initiales habituelles[14], elle comporte une légende autographe, tracée à l'envers sur la pierre.

Après la chute de l'Empire, Daumier reprendra son personnage, identifié à l'empereur déchu (LD 3886, 24 octobre 1871 et LD 3888, 1ᵉʳ novembre 1871), et l'interprétera dans un style proche des Don Quichotte dessinés qui sont absents de l'œuvre lithographique.

S.L.M.

1. Alexandre, 1888, p. 295.
2. Joachim Heusinger von Waldbegg, « *Kunst+Dokumentation, Honoré Daumier, Ratapoil, um 1850/51* », Mannheim, Städtische Kunsthalle, 30 mai-13 juillet 1970.
3. Provost (Provost et Childs, 1989, p. 146), constatant une anomalie dans l'ordre de numérotation des pierres, a proposé de la dater d'un an plus tard, mais l'insertion de la lithographie dans la série *Actualités* (elle porte le n° 163 et le n° 175 (LD 2025) est aussi de juillet 1850) infirme cette proposition.
4. Voir LD 2045, Washington, 1979, n° 63.
5. Planches 15 et 16 de la série *Actualités*, Le Charivari, 18 et 19 octobre 1850 : *Le Colonel Ratapoil, membre d'une société de bienfaisance…* et *Argument victorieux d'un membre de la Société du dix Décembre* (dialogue entre le bourgeois et Ratapoil). Plusieurs planches de Cham sont reproduites dans Heusinger, *op. cit.* note 2, p. 24-28.
6. *Ibid.*, repr., p. 30.
7. Voir le personnage de Fricasso, des *Balli di Sfessania* (vers 1621-1628), dont s'est déjà inspiré Daumier le 12 décembre 1850 pour caricaturer l'empereur de Prusse (LD 2046). Provost (*op. cit.* note 3) a signalé que des reproductions en vignette d'après Callot apparaissaient dans *Le Charivari*.
8. L'emploi politique du mot date de la Révolution. Toutefois, jusqu'en 1848, où de nombreuses sociétés s'en emparent, il est plutôt réservé au registre religieux de la « propaganda Dei ». Daumier s'en sert pour désigner en 1849 « une propagandiste » féministe (LD 1930, planche inédite).
9. Ratapoil était devenu depuis le 31 mai (LD 2111) l'anti-héros quasi quotidien du *Charivari*.
10. Nᵒˢ 350 à 355.
11. LD 2171, pierre 350 le 25 novembre, et LD 2174, pierre 352 le 2 décembre, à la date du coup d'État.
12. Il convient de rapprocher et d'opposer cette apparition à l'irruption de la République dans le *Dernier Conseil des ex-ministres* de février 1848 (cat. 115).
13. Roger Passeron l'avait exposée, hors catalogue, au musée Marmottan.
14. Comme cela arriva souvent à l'artiste, entre LD 2150 et LD 2189, du 29 septembre au 13 décembre 1851.

143
Ratapoil

Statuette en bronze
1891
H. 43,5 ; L. 15,7 ; P. 18,5 cm
Signé à l'angle postérieur à droite : *Daumier* ; au dos à gauche :
Siot-Decauville Fondeur, Paris et *4*.

Paris, musée d'Orsay (RF 927)

Gobin 61 ; Wasserman 37

Historique

> Bronze fondu en 1891, sous l'impulsion d'Armand Dayot avec l'accord
> de Gustave Larroumet, directeur des Beaux-Arts, par le fondeur
> Siot-Decauville d'après le plâtre original moulé par Adolphe-Victor
> Geoffroy-Dechaume, aujourd'hui à Buffalo, Albright-Knox Art Gallery ;
> acquis pour le musée du Luxembourg en 1892, transféré au musée
> du Louvre en 1927, et attribué au musée d'Orsay en 1986.

Expositions

> Paris, 1900, nᵒ 1605 ; Paris, 1934a, nᵒ 394 ; Paris, 1958, nᵒ 135 ; *Le Second
> Empire de Winterhalter à Renoir*, Paris, musée Jacquemart-André, mai-
> juin 1957, nᵒ 315 ; *Exposition d'Art français au Japon, 1840-1940*, Tokyo,
> National Museum of Modern Art, 3 novembre 1961-15 janvier 1962, et
> Kyoto, Musée municipal, 25 janvier-15 mars 1962, nᵒ 14 ; Paris, 1979a ;
> *From Courbet to Cézanne, a new 19ᵗʰ Century ; preview of the musée
> d'Orsay, Paris,* Brooklyn et Dallas, 1986, nᵒ 41 ; Paris, 1989-1990, n° 215.

Autres exemplaires

> – Terre crue originale, 1851, vraisemblablement détruite lors
> de l'opération de moulage.
> – Plâtres : plâtre original moulé par Adolphe-Victor Geoffroy-
> Dechaume, vers 1851 ?, Buffalo, Albright-Knox Art Gallery ; plâtre, sur-
> moulage du précédent (par Pouzadoux, en 1891), collection particulière ;
> plâtre, surmoulage par Carli du bronze conservé au musée des Beaux-
> Arts de Marseille, 1929 (voir *infra*), Marseille, musée des Beaux-Arts.
> – Bronzes, première édition Siot-Decauville, 1891, d'après le plâtre origi-
> nal moulé par Adolphe-Victor Geoffroy-Dechaume aujourd'hui conservé
> à Buffalo, Albright-Knox Gallery, 8 ou 10 exemplaires numérotés et mar-
> qués *Siot-Decauville Fondeur Paris* suivi du numéro d'édition : le nᵒ 1
> à Oxford, Ashmoleum Museum, le nᵒ 2 à Marseille, musée des Beaux-
> Arts, le nᵒ 5 à Karlsruhe, Staatliche Kunsthalle et le nᵒ 6 à Munich, Neue
> Pinacothek.
> – Bronzes, deuxième édition Siot-Decauville, après 1891, 20 exemplaires :
> le nᵒ 16 à Philadelphie, Philadelphia Museum of Art, le nᵒ 17 à Washing-
> ton, National Gallery of Art, Lessing J. Rosenwald Collection, le nᵒ 19
> à Mannheim, Städtische Kunsthalle et le nᵒ 20 à Copenhague,
> Ny Carlsberg Glyptotek.
> – Bronzes, édition Alexis Rudier, 1929, 20 exemplaires, marqués *Alexis
> Rudier Fondeur Paris*, numérotés 0 à 20/20 : le nᵒ 0 à Los Angeles,
> County Museum of Art, The Armand Hammer Daumier Collection,
> le nᵒ 7 à Hambourg, Hamburger Kunsthalle, le nᵒ 9 à Francfort,
> Städelsches Kunstinstitut et le nᵒ 13 à Winthertur, Kunstmuseum
> Winthertur.
> – Bronzes, édition Valsuani, vers 1960, 15 exemplaires marqués *Cire
> perdue Valsuani* et numérotés, dont 3 épreuves d'essai, marquées E1,
> E2, E3. [Des surmoulages en bronze de ces différentes éditions
> apparaissent régulièrement sur le marché.]

Fig. 1
Jean-Pierre Dantan,
dit Dantan jeune, *Frédéric Lemaître
dans le rôle de Robert Macaire
dans « L'Auberge des Adrets »*,
1833, plâtre, Paris, musée Carnavalet.

Fig. 2
Rethel, « La Mort sur la barricade »
(détail), cinquième planche
de la série *Auch ein Totentanz aus
dem Jahre 1848*, 1849.

Ratapoil est le « résumé d'une époque[1] », celle de la deuxième République fragilisée par la propagande musclée de certains agents électoraux en faveur de Louis-Napoléon Bonaparte, élu président le 10 décembre 1848, pour quatre ans non renouvelables. En 1850, il organisa une campagne d'opinions permanente en sa faveur. Comme la menace d'une restauration impériale se précisait, *Le Charivari* devint offensif à partir du mois d'août 1850. Daumier a inventé avec *Ratapoil* le type de l'aventurier politique, la « synthèse de l'agent interlope, de l'auxiliaire infatigable de la propagande napoléonienne[2] », hantant les boulevards et les cafés, tenant « sous le bâton, parqués dans les faubourgs / Les ouvriers ainsi que des noirs dans leurs cases[3] ». Selon Geffroy, Ratapoil n'était pas seulement « l'agent électoral de 1850, il continu[ait] les demi-soldes de la Restauration[4] ». La violence subversive de la statuette de *Ratapoil* est à la mesure de l'enjeu politique, peut-être plus grave pour Daumier, républicain convaincu, qu'aux temps où il avait modelé les bustes des *Célébrités* : la République n'était plus en effet un rêve idéal à conquérir, mais une réalité mal assurée à défendre.

Le sobriquet apparaît le 12 août 1850 dans un article du *Charivari*[5], et dès 1875, « Ratapoil », substantif masculin, figure au *Grand Dictionnaire universel du XIXᵉ siècle* : « de *rat*, de *à*, et de *poil*. Familier. Partisan du militarisme, et particulièrement du césarisme napoléonien[6] ». L'antécédent immédiat de *Ratapoil* est Robert Macaire[7], que Daumier avait érigé (avec son filiforme compère Bertrand) en type grotesque du flibustier de la finance. *Ratapoil* semble la synthèse « grandiose et famélique[8] » de ces deux tristes sires, déjà imaginés par Daumier sous forme de sculptures monumentales flanquant l'escalier de la Bourse de Paris (fig. 1, p. 280). Le caricaturiste n'avait probablement pas oublié la statuette-charge en plâtre, modelée en 1833 par Dantan[9], comme le souligne la similarité de l'attitude des deux sculptures (fig. 1). Daumier subvertit également les poses outrées des dandys parisiens qui paradaient sur les boulevards. Selon Théodore de Banville, Robert Macaire était un « dandy en guenilles[10] », qualificatif seyant parfaitement à *Ratapoil*. La filiation avec le type du Robert Macaire était d'ailleurs bien à l'esprit des contemporains de Daumier. Ainsi, le 28 novembre 1851, Michelet prédit un peu rapidement au caricaturiste qu'en « 1852 certaines de [ses] gravures [*sic*] comme le Ratapoil, seront représentées au théâtre[11] », bouclant en quelque sorte le cycle d'inspiration de l'artiste. Si l'on pense au frontispice de Gavarni illustrant *Le Diable à Paris* (1845), voire au *Môssieu Réac* imaginé par Nadar, ou aux stéréotypes de la *commedia dell'arte* et du théâtre de Guignol, la silhouette dégingandée de Ratapoil évoque sans conteste celle de Don Quichotte, qui hante la peinture de Daumier. En 1839, Daumier avait déjà utilisé la créature de Cervantes afin de « faire toucher au doigt la démence de ces Don Quichottes monarchiques qui poussent à mettre la lance en arrêt contre tout un peuple[12] ». Enfin, par ses contacts quotidiens avec le monde de l'estampe, Daumier a pu connaître une gravure d'Alfred Rethel (1816-1859) : « La Mort sur la barricade », tirée de la série *Auch ein Totentanz aus dem Jahre 1848*, publiée à Leipzig en 1849 et diffusée à Paris en 1850[13] (fig. 2). La figure macabre de Rethel, vêtue comme *Ratapoil* d'une redingote entrouverte, évoque la silhouette décharnée du badinguet-tiste[14] modelée par Daumier. La redingote elle-même est signifiante : un des journaux de propagande bonapartiste, de tendance conservatrice, créés au lendemain du 10 décembre, s'appelait *La Redingote grise*. Et Baudelaire n'avait-il écrit pas en 1846 de ce vêtement, deuxième peau du citadin au milieu du XIXᵉ siècle, qu'il transformait ses contemporains en « une immense défilade de croque-morts, croque-morts politiques, croque-morts amoureux, croque-morts bourgeois[15] » ? Bien que la statuette ne caricature pas directement les traits du prince-président, la moustache *à l'impériale* demeure l'emblème immédiatement reconnaissable de l'ennemi[16]. *Ratapoil* est en quelque sorte la litote, irrévérencieuse et tragique, de « Napoléon-le-Petit[17] », définitivement métamorphosé en fossoyeur de la République. Modelé « dans un accès d'indignation[18] », le « provocateur "décembraillard" et assommeur[19] » déploie la linéarité inquiétante de sa silhouette, giacomettienne avant la lettre, soulignée d'une redingote et coiffée d'un haut-de-forme ratatiné rabattu sur l'œil gauche. Daumier a modelé des volumes exacerbés, en déséquilibre, à la fois fragiles et puissants, qui juxtaposent différentes torsions axiales. L'hypertrophie de la cambrure, des plis froissés du pantalon et de la redingote culminent dans l'expression satanique du visage. L'élégance morbide de ce déguenillé « insolent et sordide[20] », appuyé sur un gourdin menaçant dont le diamètre équivaut presque à celui de ses jambes, constitue un véritable dialogue de la forme avec le vide.

Lointain avatar de la statuette romantique dont il procède, terriblement moderne par la représentation scrupuleuse des boutons du vêtement, *Ratapoil*, « œuvre sur laquelle on ne peut mettre un nom[21] », rompt avec les catégories de la sculpture en 1850. Déjà expressionniste, la statuette mortifère créée par Daumier dressait un constat féroce et pessimiste des basses œuvres de la politique.

Il est traditionnellement admis que Daumier façonna cette sculpture comme maquette préalable à la trentaine de lithographies publiées dans *Le Charivari* entre mars 1850 et décembre 1851[22]. La légende dorée de la genèse de *Ratapoil*, rapportée en 1888 par Arsène Alexandre, veut que Michelet ait rencontré Daumier au moment même où celui-ci modelait la statuette. Mais ce récit date la rencontre du sculpteur et de l'historien avant le 30 mars 1851 et non en 1850 : « L'artiste travaillait à son atelier ; ce jour-là, il modelait avec la terre glaise une statuette dont l'idée depuis quelques jours le hantait. La porte s'ouvre, un petit homme entre rapidement, [...], demande d'une voix essoufflée : "vous êtes Daumier ?" et tombe aux genoux du caricaturiste étonné. [...]. Les regards de Michelet se dirigent machinalement vers l'ouvrage que l'artiste avait interrompu, et après un examen rapide, il pousse un cri d'enthousiasme : "Ah ! vous avez atteint en plein l'ennemi ! Voilà l'idée bonapartiste à jamais pilorisée par vous !"[23] » Si Arsène Alexandre a peut-être enjolivé l'anecdote, cette datation est sobrement confirmée par le *Journal* de Michelet, qui écrit à la date du 20 mars 1851 : « Vu Daumier pour la première fois[24]. » Un témoignage nouveau éclaire par ailleurs le succès de la statuette dès son apparition : Gustave Doré informait Nadar que sa mère avait repris ses « jeudis », que « Daumier [venait]

1. Geffroy, 1905, p. 108.
2. Alexandre, 1888, p. 296.
3. Victor Hugo, *Les Châtiments*, Livre III, chap. I, « Apothéose », Paris, [Hetzel] Gallimard, [1870] 1977, p. 94.
4. Geoffroy, *op. cit.* note 1.
5. Anonyme, « Proclamation du colonel Ratapoil, chef de la Société du Dix-Décembre », *Le Charivari*, 12 août 1850, nº 224, p. 2. Le grade faisait allusion aux revues militaires multipliées par le « Prince-Président », jusqu'à l'automne, qui se transformaient régulièrement en manifestations bonapartistes.
6. *Grand Dictionnaire universel du XIXᵉ siècle...* par M. Larousse, t. 13, Paris, Administration du Grand Dictionnaire universel, 1875, p. 721. L'onomatopée *rataplan*, qui suit la définition de « Ratapoil », traduit le son martial des tambours. Une contrepèterie sur le patronyme du général Rapatel, pair de France, constitue également une étymologie plausible : ce dernier avait été compromis pendant les journées de juin dans l'écrasement de la révolte du faubourg Saint-Denis.
7. Le 2 juillet 1823, Antoine-Louis-Prosper Lemaître (Paris, 1800-1876), dit Frédérick Lemaître, créa au théâtre de l'Ambigu le rôle de Robert Macaire, dans *L'Auberge des Adrets*, mélodrame en trois actes de Saint-Amand, Polyanthe et Benjamin Antier. Ce fut un succès considérable.
8. Escholier, 1938, p. 72.
9. Sorel, 1989, p. 147.
10. Banville, 1882, p. 210.
11. Alexandre, *op. cit.* note 2, p. 300.
12. Cité par Johannes Hartau, *Don Quijote und der Kunst*, Berlin, Mann, 1987.
13. Planche V, dans *Auch ein Totentanz aus dem Jahre 1848, Erfunden und gezeichnet von Alfred Rethel. Mit erklärendem Text von R. Reinick. Ausgeführt im akademischen Atelier für Holzschneidekunst zu Dresden unter Leitung von H. Bürkner [...]*, Leipzig, Georg Wigand's Verlag, 1849 ; publiée en France sous le titre *Le Socialisme, nouvelle danse des morts, composée et dessinée par Alfred Rethel, lithographiée par A. Collette*, Paris, Goupil, Vibert & Cⁱᵉ, 1850.
14. Sobriquet donné aux partisans de Louis-Napoléon Bonaparte, qui tirerait son origine du patronyme « Badinguet », utilisé par le prince, déguisé en ouvrier, pour s'évader du fort de Ham en 1846. Il y était enfermé depuis 1840, après une tentative avortée de coup d'État, fomentée à l'occasion du retour des cendres à Paris de Napoléon Iᵉʳ.
15. Charles Baudelaire, *Écrits esthétiques*, [1846] Paris, 10/18, 1986, p. 185.
16. Qui pourrait évoquer le visage de Méphisto lithographié en 1828 par Delacroix pour illustrer l'édition française du *Faust* de Goethe, publiée à Paris par Motte et Sautelet à Paris en 1828.
17. Hugo, *op. cit.* note 3, Livre II, chap. VI « L'Autre président », p. 91.
18. Alexandre, *op. cit.* note 2, p. 296.
19. *Ibid.*
20. Escholier, *op. cit.* note 8, p. 72.
21. Geffroy, *op. cit.* note 1, p. 108.
22. Entre 1850 et 1851, *Ratapoil* apparaît dans les lithographies suivantes : LD 2000, 2035, 2085, 2093, 2106, 2108, 2111, 2117, 2118, 2123, 2126, 2128, 2136, 2137, 2138, 2139, 2144, 2146, 2147, 2152, 2153, 2156, 2158, 2167, 2168, 2169, 2171, 2172, 2173, 2174.
23. Alexandre, *op. cit.* note 2, p. 295.
24. Jules Michelet, *Journal, 1849-1860*, vol. 2, Paris, Gallimard, 1962, p. 153.

Fig. 3
Ratapoil, plâtre original, vers 1851,
Buffalo, Albright-Knox Art Gallery.

quelquefois et avec lui on CAUSE [*sic*]. Ma mère a vu hier chez lui son *Ratapoil* qui lui a paru une chose superbe et capable de se répandre beaucoup. Moi, je n'ai pas encore eu le temps d'aller jusqu'au quai d'Anjou, mais j'en ai une terrible envie[25] ». La terre crue aurait donc été modelée en mars 1851, *après* les premières lithographies représentant Ratapoil, et non en 1850 comme l'ont affirmé Gobin[26] et Cherpin[27], qui considéraient que Daumier avait procédé de la même manière que pour les bustes des *Célébrités*. En 1979, Passeron proposa de dater le modelage de la statuette vers 1851, avec un argument pertinent : « Les premiers Ratapoils lithographiés ne sont pas, comme le décrit Gobin, sculpturaux[28]. » Il remarquait en outre que *Ratapoil* ne présentait « pas encore sa maigreur définitive[29] » sur une lithographie parue dans *Le Charivari* le 11 octobre 1850 (cat. 136). En effet, le personnage est moins filiforme, sa redingote plus courte, Daumier semble même avoir synthétisé les deux silhouettes juxtaposées de Ratapoil et de son compère Casmajou pour la forme définitive de la statuette[30]. À partir du printemps 1851, les lithographies paraissent en effet opérer en quelque sorte une décomposition dynamique de la pose de la sculpture, sans jamais s'en inspirer littéralement (cat. 137 à 142).

La terre crue originale qui provoqua l'admiration de Michelet n'existe vraisemblablement plus aujourd'hui, détruite lors du moulage en plâtre du modelage de Daumier. Quand, et par qui, fut effectuée cette opération ? Ni Alexandre, qui mentionna le premier que « l'artiste l'avait fait mouler en plâtre[31] », ni Dayot – selon lequel « [Daumier] eut dans son ardeur satirique de nombreuses occasions de l'utiliser, que, redoutant un accident pour son fragile mannequin en terre crue, il résolut d'en faire un moulage en plâtre[32] » – n'ont précisé la date et le nom du mouleur. Gobin a avancé le premier que le moulage avait eu lieu peu de temps après le modelage[33], hypothèse qui semble probable au regard des tribulations de la statuette[34]. Pendant le second Empire, Mme Daumier eut en effet bien des angoisses à cause de *Ratapoil* : Dayot rapportait plaisamment que « la malheureuse femme avait pris ce plâtre en horreur. […] Elle tremblait au moindre bruit, craignant une descente de police, et maudissait au fond de son cœur cet affreux Ratapoil. […] Finalement elle l'enfouit dans un paillon à bouteille, et le cacha dans un des coins les plus mystérieux des cabinets d'aisances[35] ». Quant au praticien, le nom de Geoffroy-Dechaume, mouleur émérite, fut également avancé par Gobin[36]. Il n'a pas été contesté depuis, et demeure vraisemblable en raison de la complexité des volumes de la sculpture. Après la chute du second Empire à Sedan en 1870, *Ratapoil* reprit du service au *Charivari*. Mais rien ne semble indiquer que Daumier se soit de nouveau inspiré de la statuette pour dessiner ses lithographies : sa mémoire proverbiale lui suffisait[37]. Le plâtre n'est pas mentionné au catalogue de l'exposition des œuvres de Daumier exposées chez Durand-Ruel en 1878. Il est difficile d'imaginer que Geoffroy-Dechaume ait négligé une sculpture aussi importante en organisant l'exposition : Daumier avait peut-être vraiment oublié où se trouvait la sculpture, à moins que son épouse se soit toujours montrée réticente à mettre au jour une œuvre qui l'avait tant inquiétée. La statuette ne semble pas avoir quitté sa cachette avant mai 1878 ; en effet, le 26, *Le Petit Journal* signala que le Comité de l'exposition venait de « retrouver et de placer dans l'une des salles la statuette de "Ratapoil"[38] ». C'était la première fois qu'elle était montrée au public, avant d'appartenir à Victor-Adolphe Geoffroy-Dechaume après la mort de Daumier.

En 1952, Gobin dénombrait curieusement « deux plâtres originaux[39] ». En 1969, Lukach s'étonnait déjà, non sans raison, que Daumier ait demandé à Geoffroy-Dechaume de mouler deux plâtres[40]. Alexandre, qui connaissait Geoffroy-Dechaume et Mme Daumier, ne parle que d'une « fragile statuette cachée avec un soin jaloux[41] ». Dès 1969, Wasserman et Beale constatèrent, à juste titre, après une étude technique rigoureuse et pionnière, que la statuette alors dans la collection Borlettti di Arosio à Milan[42] avait été moulée sur le plâtre conservé depuis 1954 à l'Albright-Knox Art Gallery, à Buffalo[43] (fig. 3). La genèse du bronze conservé au musée d'Orsay, largement reconstituée par Pierre Angrand en 1975, puis, non sans confusion, par Cherpin en 1979, permet de mieux cerner les statuts de ces deux plâtres. *Ratapoil* fut la première fonte posthume d'une sculpture de Daumier à être réalisée au XIXᵉ siècle, et également à entrer dans les collections publiques françaises. Armand Dayot, inspecteur des Beaux-Arts, en fut l'initiateur. En 1888, il avait organisé à l'École des beaux-arts une exposition où trônait le plâtre original de *Ratapoil*, au milieu de charges de Dantan[44]. En novembre 1890, Dayot tenta de convaincre Gustave Larroumet, directeur des Beaux-Arts, d'accueillir favorablement la traduction en bronze « du fameux Ratapoil de Daumier[45] ». Précisant que le plâtre, « épreuve unique », appartenait à Geoffroy-Dechaume, il envisageait au départ de n'en tirer qu'un seul bronze. La commande fut passée à la maison Siot-Decauville, fondeur agréé du ministère des Beaux-Arts et de la Ville de Paris, par un arrêté du 16 février 1891, pour le prix de 450 francs[46]. Au cours des années 1890, l'entreprise fondée par Edmond Siot-Decauville était particulièrement renommée, et les connaisseurs considéraient que ses fontes étaient « du tout premier ordre, nul ne fai[sai]t mieux que lui[47] ». Le 23 février, Larroumet écrivit à Adolphe-Victor Geoffroy-Dechaume pour lui demander son plâtre. Le 17 avril 1891, l'entreprise de moulage Jean Pouzadoux et fils fournit une facture pour « une épreuve d'une statuette en plâtre du *Ratapoil* de Daumier[48] ». Le nom du mouleur Jean Pouzadoux n'intervint pas par hasard pour mouler une pièce aussi délicate que *Ratapoil*. En effet, depuis juillet 1879, Geoffroy-Dechaume était chargé du contrôle technique des moulages réalisés pour la création du musée de Sculpture comparée[49]. Il faisait exclusivement appel à Pouzadoux, dont le travail de moulage de sculptures médiévales était « d'une telle perfection qu'il n'est possible de désirer mieux[50] ».

Il fut finalement décidé de fondre une série limitée de bronzes comme l'indiquent l'édition de 1908 du catalogue du musée des Beaux-Arts de Marseille[51], et une lettre de Dayot à un correspondant anonyme, datée du 30 mai 1891[52], où l'inspecteur de Beaux-Arts explique qu'il a obtenu « du propriétaire du plâtre unique, Mr Geoffroy-Dechaume, qui fut un des intimes de Daumier, que très peu d'exemplaires en seraient tirés : 8 ou 10 par exemple. Ce chiffre atteint, le moule sera brisé sous les yeux de Mr Geoffroy-Dechaume. [...] Le prix de chaque exemplaire sera de 250 f. Le fondeur aura 200 f et 50 f reviendront à madame veuve Daumier, qui est pauvre, par les soins de Mr. Geoffroy-Dechaume[53] ». Loin des lieux qui avaient abrité le plâtre original, le bronze de *Ratapoil* allait connaître la récompense suprême, le musée du Luxembourg, réservé aux artistes contemporains, mais cette entrée ne se fit pas sans réticences. Le 17 décembre 1891, le comité consultatif des musées nationaux hésita « à faire exposer dans les galeries cette figure intéressante mais dont les mérites particuliers ne correspondent pas au caractère esthétique du musée du Luxembourg[54] ». Subtilement, le comité proposa « de faire entrer cet objet curieux dans la collection spéciale de Dessins originaux, de maquettes et d'esquisses[55] » accessible seulement aux visiteurs qui en faisaient la demande... Quarante ans après, la statuette de Daumier, décidément politiquement incorrecte, dérangeait toujours : la crise boulangiste, considérée par les républicains comme une tentation bonapartiste, venait tout juste de s'apaiser. **E.P.**

25 Lettre s.d. de Gustave Doré à Nadar, dans Nadar, *Correspondance, 1820-1851*, t. 1, établi et annoté par André Rouillé, Paris, éd. Jacqueline Chambon, 1999, p. 221-222. Merci à Quentin Bajac, conservateur au musée d'Orsay, et à André Rouillé, maître de conférences à l'université de Paris-VIII, de leur précieuse collaboration.

26. « Il est néanmoins manifeste que toutes [les lithographies] sont nées de l'idée première, dans sa forme sculpturale » ; Gobin, 1952, p. 26

27. Cherpin, 1979, p. 163.

28. Passeron, 1979, p. 170.

29. *Ibid.*, p. 166.

30. En 1969, dans le catalogue de l'exposition du Fogg Art Museum, Joan M. Lukach remarquait très justement cette contamination des deux formes ; voir Wasserman, 1969, p. 164.

31. Alexandre, *op. cit.* note 2, p. 301.

32. Dayot, 1897, p. 187.

33. Gobin, *op. cit.* note 26, p. 294.

34. Merci à Anne Pingeot, conservateur général au musée d'Orsay, de ses remarques toujours avisées.

35. Dayot, *op. cit.* note 32, p. 187.

36. Gobin, *op. cit.* note 26, p. 294.

37. Entre 1870 et 1872, *Ratapoil* apparaît dans les lithographies suivantes : LD 3886, 3888, 3892, 3895, 3898, 3909, 3916, 3921, 3935.

38. Cherpin, *op. cit.* note 27, p. 117.

39. Gobin, *op. cit.* note 26.

40. Wasserman, *op. cit.* note 30, p. 135.

41. Alexandre, *op. cit.* note 2, p. 301.

42. Que son propriétaire actuel soit ici remercié de sa collaboration.

43. Pour l'historique de ce plâtre, voir Wasserman, 1969, *op. cit.* note 30.

44. Nᵒ 514 : « une vitrine contenant une statuette en plâtre de Daumier, *Ratapoil* – appartenant à M. Geoffroy-Dechaume – et les figurines-charges suivantes de Dantan jeune… », ; cité par Cherpin, *op. cit.* note 27, p. 165.

45. *Ibid.*, p. 166.

46. Archives des musées nationaux, F21 2192.

47. Mauglas, 1894, p. 2.

48. Cherpin, *op. cit.* note 27, p. 167.

49. Aujourd'hui musée national des Monuments français. Voir l'article de N. Bondil dans cat. exp. L'Isle-Adam, 1998, p. 61-68.

50. Cité dans N. Bondil, *op. cit.* note 49, p. 62, 66. Le 15 juin, le fondeur annonçait l'exécution de la commande : « la première épreuve, Modèle, coûte 450 F, la deuxième 250 F, plus une note de moulage de M. Pouzadoux de 170 F. » Selon Angrand, qui ne cite pas de sources, ce moulage devait être remis, en remerciement, à Geoffroy-Dechaume. Voir Cherpin, *op. cit.* note 27, p. 167 et Angrand, 1975, p. 120.

51. Auquier, 1908 : « ce bronze a été fondu à dix exemplaires par Siot-Decauville », p. 480. Siot-Decauville fondit une deuxième série de *Ratapoil*, après la mort d'Adolphe-Victor Geoffroy-Dechaume en 1892, probablement pour continuer à subvenir aux besoins d'Alexandrine Daumier, qui décéda en 1895, comme l'atteste le nᵒ 20, conservé à la Ny Carlsberg Glyptotek de Copenhague.

52. Lettre d'Armand Dayot à un correspondant anonyme, 30 mai 1891, Munich, Neue Pinakothek.

53. *Ibid.*

54. Archives des musées nationaux, SA, 1891, 31 décembre.

55. Archives des musées nationaux, SA, 1891, 31 décembre.

Fugitifs

144

Fugitifs

(*Les Émigrants*, étude pour le bas-relief)

Avant 1852

24,9 × 39,3 cm

Plume, encre noire, lavis gris sur traits à la
mine de plomb et sanguine sur papier vergé
Signé en bas à droite à la plume et encre
noire : *h D.* ; cachet *ML* dans l'angle
inférieur gauche

Paris, musée du Louvre, département
des Arts graphiques, fonds du musée
d'Orsay (RF 36 801)

Maison D. 819

Exposé à Paris seulement

Historique
    Coll. Claude Roger-Marx ; donné par sa fille,
    Paulette Asselin, au musée du Louvre en 1978.

Expositions
    Paris, 1934a, nº 163 ; Paris, 1958, nº 102 ;
    Londres, 1961, nº 106 ; Marseille, 1979, nº 39
    repr. ; Rome, 1983-1984, nº 4, repr. ; Francfort
    et New York, 1992-1993, nº 23, repr.

145

Fugitifs

premier état, fragment de la partie gauche

Vers 1850-1852 ?
Relief en plâtre d'après un modelage
en terre crue exécuté vers 1850 ?
H. 45,8 ; L. 32,2 ; P. 2 cm

Paris, musée d'Orsay (RF 4639)

Non catalogué par Gobin et Wasserman

Historique
Coll. Victor-Adolphe Geoffroy-Dechaume, avant 1862 ;
conservé par sa descendance ; acquis par le musée
d'Orsay en 1998.

146

Fugitifs, deuxième état (*Les Émigrants*, « deuxième version »)

Entre 1862 et 1878 ?
Relief en plâtre patiné
H. 34,6 ; L. 74 ; P. 8,5 cm

Canberra, National Gallery of Australia (n° 72.378)

Gobin 65 ; Wasserman 39

Exposé à Paris seulement

Historique

Plâtre original moulé par le sculpteur Adolphe-Victor Geoffroy-Dechaume, sur le modelage original détruit lors de l'opération ; coll. Adolphe-Victor Geoffroy-Dechaume avant 1862, puis de son fils Adolphe Geoffroy-Dechaume en 1892 ; acquis 5 000 F en mai 1914 par A. Bouasse-Lebel, qui le rétrocède quelques jours plus tard ; coll. Spencer Samuels & Co, 1972 ; acquis par la National Gallery of Australia de Canberra en 1974.

Expositions

Paris, 1878, n° 234 ou 235 ; Paris, 1901, n° 308 ? ; Paris 1934a, n° 395 ; Paris, 1958, n° 101 ; Paris, 1961b, n° 247 ; Cambridge, (Mass.), 1969, n° 39.

Autres exemplaires

Plâtres :

– surmoulage 1, exécuté vers 1893, signé en bas à droite : *h. Daumier*, vers 1893 ?, coll. Roger Marx ; coll. Georges Wildenstein jusqu'en 1958 ; São Paulo, Museu de Bellas Artes, depuis 1958 (n° 72) ;
– surmoulage 2, exécuté vers 1893 ?, coll. Armand Dayot ;
– surmoulage 3, exécuté vers 1893 ?, coll. Geoffroy-Dechaume ? ; coll. Georges Grappe avant 1947 ; depuis 1947, Copenhague, Ny Carlsberg Glyptothek ;

– surmoulage 4, vers 1893 ?, coll. Jules Desbois ; coll. Maurice Gobin jusqu'en 1967 ;
– surmoulage 5, après 1893 ?, coll. Moreau-Vauthier jusqu'en 1947 ; coll. Eugène Rudier ;
– surmoulage 6 vers 1893 ?, modèle sur fond de coulage, Paris, musée d'Orsay (cat. 147) ;
– surmoulage 7, exécuté par Noguès en 1972, Paris, musée national des Monuments français ;
– trois surmoulages patinés, Paris, coll. part. ;
– surmoulage, réduction au tiers, coll. part.

Bronzes :

– fonte Siot-Decauville, entre 1893 et 1905, cinq exemplaires, numérotés 1 à 5, marqués *Siot-Decauville fondeur Paris* : le n° 1 à Liège, musée d'Art moderne, le n° 2 à Washington, National Gallery of Art, The Rosenwald Collection et le n° 4 à Minneapolis, The Mineapolis Institute of Arts, The John Van Derlip Fund ;
– fonte Georges Rudier, vers 1935, dix exemplaires numérotés 1 à 10/10, marqués *h. Daumier* et *Georges Rudier Fondeur Paris* ;
– fonte Alexis Rudier, 1960, 7 exemplaires numérotés 1 à 7/7, signés : *h. Daumier* et marqués : *Alexis Rudier Fondeur Paris* : et un exemplaire signé : *h. Daumier* et marqué : *Alexis Rudier 0* ;
– fonte Clémenti, 1960, 10 exemplaires ;
– galvanoplasties dorées réalisées par Cassirer à Berlin d'après le surmoulage ayant appartenu à Claude Roger-Marx, Allemagne, avant 1914, sans marque de fondeur et signées en bas à droite : *h. Daumier*, une à Marseille, Bibliothèque municipale ? ;
– surmoulages des fontes précédentes, certaines signés en bas à droite : *ch. Daumier* [*sic*], sans numérotation ni marque de fondeur, un autre monogrammé en bas à droite *h.d.*, présentant une marque de fondeur illisible.

147

Fugitifs, deuxième état (*Les Émigrants*, « deuxième version »)

Vers 1893 ?

Relief en plâtre, surmoulage du plâtre original (cat. 146)

H. 54,5 ; L. 93,5 ; P. 16,5 cm

Paris, musée d'Orsay (RF 3637)

Non catalogué par Gobin et Wasserman

Exposé à Ottawa seulement

Historique

Coll. Geoffroy-Dechaume ; donné par la famille Geoffroy-Dechaume au musée d'Orsay en 1982.

Exposition

Paris, 1986, n° 21.

À quiconque a perdu ce qui ne se retrouve
Jamais, jamais[1] !

Seuls reliefs connus de Daumier, *Fugitifs* figurent parmi les chefs-d'œuvre de sa maturité. *Fugitifs* est probablement l'appellation exacte. En effet, il s'agit du titre que Champfleury donna aux reliefs dans le catalogue de l'exposition de 1878 chez Durand-Ruel[2] ; le titre *Les Émigrants* n'apparut qu'en 1888 dans l'ouvrage d'Arsène Alexandre[3]. La répression du soulèvement des journées de juin 1848 est probablement à l'origine des reliefs. Les « transportations », par « mesure de sûreté générale » de plus de 4 000 individus[4], furent contemporains de l'épidémie de choléra qui frappa Paris en 1849[5]. Enfin, après le coup d'État du 2 décembre 1851, les proscriptions de républicains s'intensifièrent au cours de l'année 1852. Ces événements trouvèrent probablement un écho amer dans les grands mouvements de population en Europe, migrations internes des ruraux vers la ville, ou émigrations massives vers le Nouveau Monde. La famine de 1847 en Irlande, la ruée vers l'or en Californie en 1848, à laquelle partici-

pèrent les parents de Carpeaux, frappèrent Daumier et ses contemporains. Il faut noter les articles consacrés à l'émigration dans *Le Charivari* en 1852[6] : « Les émigrants allemands[7] », « Paroxysme de l'émigration[8] ». Si ces articles peuvent contenir des allusions voilées aux déportations intensives de mars 1852 vers l'Algérie ou le bagne de Cayenne[9], le thème de l'émigration, de l'exil et de l'errance était dans l'air du temps.

Les reliefs ont-ils précédé les cinq tableaux (cat. 150 à 152) et plusieurs dessins (cat. 144 et 149), auxquels ils sont liés ? Il est difficile de répondre, car si les personnages à l'extrême gauche du tableau de Winterthur s'inspirent manifestement de la composition des reliefs, avec de légères modifications (fig. 1, p. 300), le thème hante néanmoins la peinture de Daumier sur une vingtaine d'années. Le décor mural réalisé par Delacroix au palais Bourbon, *Attila suivi de ses hordes barbares foule aux pieds l'Italie et les arts*, dévoilé en janvier 1848, a inspiré le modelage des reliefs : Daumier semble avoir repris littéralement, mais en le dévêtant, l'attitude de l'homme en fuite portant un ballot sur la tête. Le chignon torsadé du personnage féminin sur le fragment (cat. 145) se fait l'écho des

148

Fugitifs, troisième état (*Les Émigrants*, « première version »)

Entre 1862 et 1878 ?

Relief en plâtre patiné

H. 28 ; L. 66 ; P. 8,5 cm

Paris, musée d'Orsay (RF 2830)

Gobin 64 ; Wasserman 38

Historique

Plâtre original réalisé par le sculpteur Geoffroy-Dechaume, obtenu par le moulage d'un relief en terre crue ? détruit lors de l'opération ; coll. Adolphe-Victor Geoffroy-Dechaume avant 1878, puis de son fils Adolphe Geoffroy-Dechaume en 1892 ; acquis pour le musée du Louvre en 1960 ; attribué au musée d'Orsay en 1986.

Expositions

Paris, 1878, n° 234 ou 235 ; 1901, n° 308 ? ; Paris, 1958, n° 100 ; Paris, 1986, n° 20.

Autres exemplaires

Plâtres

surmoulage exécuté en 1955 pour l'édition des dix exemplaires en bronze par Georges Rudier : Paris, musée d'Orsay (RF 3636) et surmoulage patiné, Paris, coll. part.

Bronzes

fonte Georges Rudier, 1955, exécutée d'après le surmoulage conservé au musée d'Orsay (voir *supra*), dix exemplaires numérotés 1 à 10/10, marqués : *h. Daumier* et *Georges Rudier fondeur Paris* : le n° 10 à Cambridge (Mass.), Fogg Art Museum, Harvard University.

chevelures de Préault. Cependant, les sources de la composition se retrouvent d'abord dans l'œuvre de l'artiste. Mais si cette figure de femme au dos musculeux, pivot de la composition, vient exactement, mais à l'envers, d'une lithographie de la série des *Baigneurs*, publiée dans *Le Charivari* du 6 septembre 1840[10] (fig. 1), il ne serait guère prudent de dater le modelage de façon aussi précoce. La silhouette, ici masculine, participe de l'imaginaire de Daumier « accoutumé […] à exercer [sa] mémoire et à la remplir d'images[11] ». Les souvenirs michelangélesques affleurent dans l'inachèvement et le modelage vigoureux, mais on y rencontre également l'influence des corps rubéniens. Si la femme au visage enfoui dans sa main évoque l'*Adam* peint par Masaccio, la mise en page des reliefs procède plutôt de certains sarcophages antiques que Daumier a pu examiner au Louvre et rappelle surtout les séquences foisonnantes de personnages de la colonne Trajane, dont Daumier possédait des moulages[12].

De toutes les sculptures de Daumier, ces reliefs sont les plus ambitieux, déployant en une frise tragique et digne la vingtaine de personnages nus, hommes, femmes et enfants, « sombre armée de

1. Charles Baudelaire, « Le Cygne », dans *Les Fleurs du mal, Baudelaire, Œuvres complètes*, Paris, Gallimard, bibliothèque de la Pléiade, 1975, p. 87.
2. Paris, 1878, numéros 234 et 235 : « *Fugitifs, esquisse en plâtre, appartient à M. Geoffroy-Dechaume.* »
3. Alexandre, 1888, p. 339.
4. Qui pouvaient être accompagnés de leur famille.
5. Voir chronologie.
6. Ce genre de titres perdure jusqu'en 1857 : Taxile Delord, « L'émigration allemande », 5 septembre 1854 ; « L'émigration espagnole », 25 novembre 1854 ; Armand Caraguel, « Dernière ressource contre l'émigration », 2 avril 1855 ; T. Delord, « Fin de l'émigrantisme », 18 octobre 1855 ; T. Delord, « L'émigration en Amérique », 26 avril 1856 ; T. Delord, « L'émigration », 1 janvier 1857 ; Arnould Frémy, « Suite de l'émigration rurale », 26 mai 1857 ; A. Frémy, « L'émigration littéraire », 28 mai 1857.
7. Taxile Delord, « Les émigrants allemands », *Le Charivari*, 3 avril 1852, n° 94, p. 2.
8. Louis Huart, « Paroxysme de l'émigration », *Le Charivari*, 30 mai 1852, n° 151, p. 3.
9. Wasserman, Caso et Adhémar, 1983, p. 80.
10. Cette publication constitue un véritable recueil d'études anatomiques cruelles et cocasses constitué par l'artiste.
11. Baudelaire, [1863] 1975-1976, p. 1167.
12. Alexandre, *op. cit.* note 3, p. 339.

Fig. 1
*Quand les enfants ont été
bien sages, le papa les mène au bain
par partie de plaisir,* planche 17 de la
série *Les Baigneurs,* lithographie
parue dans *Le Charivari*
le 6 septembre 1840.

misérables[13] », qui semblent venir du néant et y retourner. Le mouvement tournant, dans lequel les personnages paraissent se diriger vers le spectateur puis s'en éloigner, vient-il de la composition de la colonne Trajane[14] ? La respiration de vide réservée aux angles supérieurs de la composition suggère une convexité en trompe l'œil qui crée le mouvement cinétique animant les reliefs. Les profils moins accentués ou à peine suggérés à l'arrière-plan forment un fond dynamique aux personnages du premier plan. La composition est centrée sur le personnage féminin fortement cambré en arrière sous le poids de l'enfant qu'elle porte sur son bras droit, cependant qu'un autre la tire dans la direction opposée. L'équilibre des volumes, rythmé par la diversité des jambes puissamment modelées, est sans cesse mis en danger par les aspérités de la matière qui jouent avec la lumière dans des contrastes complexes. Allégories dépouillées d'accessoires, les reliefs ont en quelque sorte évacué le sujet. Le réalisme lyrique et synthétique l'emporte sur l'anecdote et l'emphase. Daumier a su donner au quotidien la dignité de l'universel, anticipant, selon le mot de Benoist, le « mysticisme social de Dalou[15] ». Ces reliefs évoquaient à Escholier « Constantin Meunier à cause de l'entente des masses, […] Rodin à cause de la synthèse des formes et de la vérité palpitante avec laquelle les muscles affaissés et les ventres flétris sont exprimés[16] ». S'ils ne furent pas réellement connus avant 1878, ils acquièrent leur renommée dès les années 1890, par l'intermédiaire de la photographie et de l'édition.

Deux témoignages célèbres, s'y rapportant directement ou indirectement, soulèvent des questions techniques délicates. Le premier émane d'Auguste Poulet-Malassis, éditeur de Baudelaire, voisin de Daumier dans l'île Saint-Louis. Le 14 janvier 1852, Baudelaire le « mène chez Daumier quai d'Anjou[17] » et l'éditeur des *Fleurs du mal* observe que Daumier « fait aussi de la sculpture. Je vois comme une grande bacchanale de cire aux murs de l'atelier[18] ». La mention d'une *Bacchanale* en cire a toujours été sujette à caution. S'agit-il d'une erreur de Poulet-Malassis comme il est communément admis, ou un relief représentant une *Bacchanale,* sans lien avec les *Fugitifs,* était-il accroché aux murs de l'atelier de Daumier ? Il est difficile d'apporter une réponse, bien que Poulet-Malassis ait modéré sa constatation : « *comme* une bacchanale[19] ». Quant au témoignage du critique d'art Philipe Burty, il constitue la première description connue des *Fugitifs.* Le 10 décembre 1862, il passe la soirée avec Steinheil dans l'atelier de Geoffroy-Dechaume, qui lui « fait voir un bas-relief en cire et un bas-relief de terre-cuite de Daumier exécutés il y a quelques années. Le sujet est le même, traité avec quelque variante. C'est une sorte de départ, de fuite de personnages nus, emportant sur leurs épaules, sur leur tête, sur la hanche, des paquets volumineux ou pesants[20] ». On considère généralement que Burty a commis une erreur d'appréciation en parlant de cire. Il était pourtant connaisseur, et quand bien même la luminosité hivernale n'ait pas été idéale, il avait une familiarité certaine avec ce matériau, puisqu'il possédait des cires d'Henry Cros. Burty différencie d'ailleurs parfaitement ce relief de l'autre, « de terre-cuite », même s'il pourrait s'agir probablement d'un plâtre retouché. S'il est certain que le relief de Paris (cat. 148) a été moulé sur une terre ou un plâtre retravaillé à la terre, on peut alors se demander si celui de Canberra (cat. 146) ne procède pas d'une cire, ce qui expliquerait la disparité des traces d'outils constatées sur les deux sculptures[21].

Il est difficile d'avancer une date précise pour le modelage du relief original en terre crue à partir duquel furent moulés par Geoffroy-Dechaume les plâtres ayant aujourd'hui valeur d'originaux. Plusieurs datations ont été envisagées, de la plus précoce, 1832-1833, proposée par Rosenthal[22] au regard du modelage des

Fig. 2a
Détail du cat. 145, avec chignon

Fig. 2b
Détail du cat. 148, sans chignon.

bustes et de l'émigration polonaise à Paris ces années-là, à la plus tardive, 1871, justifiée par les événements de la Commune, avancée par Gobin[23]. Ces dates sont trop extrêmes, il convient de les réfuter pour celles communément admises par Maison[24], Wasserman[25], Clark[26], Cherpin[27] et Adhémar[28] : entre 1848, après la répression des mouvements insurrectionnels des journées de juin, et 1852, date du premier témoignage qui pourrait se rapporter à l'un des reliefs de Daumier[29]. Il existe vraisemblablement trois *états* successifs d'une même œuvre retravaillée sans cesse par Daumier, qui recourut aux talents de mouleur de Geoffroy-Dechaume

pour reprendre sa composition : « premier état » (cat. 145), « deuxième état » (cat. 146) et « troisième état » (cat. 148). Ces deux derniers, encadrés d'une modeste baguette en bois, furent particulièrement bien étudiés par Wasserman et Beale en 1969. Ils ont établi avec pertinence l'antériorité du plâtre conservé à la National Gallery de Canberra[30] par rapport à celui du musée d'Orsay. Les « questions déroutantes[31] » que posait en 1969 la comparaison des deuxième et troisième états pourraient trouver aujourd'hui quelques éléments de réponse. Lors de la préparation de l'exposition, nous avons retrouvé et acquis un fragment de la

13. Geffroy, 1905, p. 105.

14. Benoist, 1994, p. 207.

15. Merci à Anne Pingeot, conservateur général au musée d'Orsay, de ses remarques toujours précieuses.

16. Escholier, 1938, p. 73.

17. Adhémar, 1954a, p. 44. À propos de cette visite, on peut se demander si un poème de Baudelaire, *Bohémiens en voyage*, n'est pas lié aux reliefs. Selon Pichois, le manuscrit fut envoyé à Théophile Gautier entre septembre 1851 et le début de janvier 1852 pour la *Revue de Paris*. Les premières strophes évoquent les reliefs, même si la source d'inspiration de Baudelaire serait une gravure de Callot, *La Marche des Bohémiens*, décrite par Arsène Houssaye en 1850-1851 dans le *Musée des familles*, peut-être connue de Daumier. Voir Pichois dans Baudelaire, 1975-1976, p. 864-865.

18. Wasserman, Caso et Adhémar, *op. cit.* note 9, p. 75.

19. Si la *Bacchanale* décrite par Poulet-Malassis évoque le grand dessin de Daumier de Calais consacré à *Silène* (cat. 129), il faut noter un relief représentant une *Bacchanale* qui figure sur une lithographie d'après une nature morte peinte par un proche de Daumier, Boissard de Boisdenier, présentée au Salon de 1834 sous le titre *Devant de cheminée*. Ce relief est une citation exacte d'une œuvre du sculpteur malinois Lucas Faydherbe (1617-1697). Daumier possédait des moulages de fragments de la colonne Trajane. Il admirait la peinture nordique, il aurait pu accrocher aux murs

de son atelier un moulage, peut-être patiné, d'où la confusion avec une cire. Des similitudes existent entre les compositions du relief de Faydherbe et le dessin de Calais. Un moulage en plâtre du relief de Faydherbe, probablement du XIXᵉ siècle, est conservé au musée du Louvre ; il ne peut s'agir d'une œuvre de Daumier (et encore moins de… Préault, comme le suggérait sans sourciller Gobin). Communication orale de Jean-René Gaborit, conservateur général chargé du département des Sculptures du musée du Louvre, mars 1997.

20. Burty, 1897, p. 20-21.

21. Wasserman, 1969, p. 178.

22. Rosenthal, 1911, p. 74.

23. Gobin, 1952, p. 308.

24. Maison, vol. II, 1968, p. 266.

25. Wasserman, *op. cit.* note 21, p. 174.

26. Clark, 1973a, p. 195-197.

27. Cherpin, 1979, p. 161.

28. Wasserman, Caso et Adhémar, *op. cit.* note 9, p. 75.

29. Ruinant ainsi l'hypothèse de 1855 émise par Fuchs en 1927.

30. Que MM. Brian Kennedy, directeur de la National Gallery of Australia, et Michael Desmond, Senior Curator, reçoivent ici l'expression de toute notre gratitude.

31. Wasserman, *op. cit.* note 21, p. 176.

partie gauche de la composition. Mentionné par Gobin comme « paraissant issu d'un moule original mais incomplètement venu[32] », il a été de nouveau signalé par Wasserman[33], mais n'avait jamais été étudié (cat. 145). Ce fragment constitue, au-delà de sa remarquable vigueur plastique, un témoin précieux pour tenter de comprendre la genèse des plâtres originaux des *Fugitifs*, et donc la technique de Daumier. La fraîcheur et l'acuité de certains détails, comme la présence d'un chignon à l'arrière du crâne de la femme portant l'enfant sur son bras (fig. 2a et 2b), l'absence de manques sur la terrasse, la superposition des coutures et des traces d'empreintes digitales plaident en faveur d'un statut antérieur à celui des plâtres originaux de Canberra et Paris. Ce relief a été moulé selon la technique du moule à pièces (ou à bon creux), c'est-à-dire en procédant par surfaces réduites[34], probablement d'après une première épreuve en plâtre déjà retravaillée à la terre crue, comme l'indiquent des coutures plus anciennes, recouvertes d'ajouts de glaise[35]. Il ne semble pas que Daumier ait utilisé de cire pour ce fragment[36]. Le bord extérieur droit de la planchette sur laquelle Daumier a modelé cette partie du relief est bien visible sur ce fragment, mais également sur le plâtre de Canberra (cat. 146). Sur celui-ci, l'espace entre la figure centrale et l'homme portant le brancard semble comblé de façon aléatoire, malgré l'intention de suggérer deux profils. Le pied droit de l'homme est sectionné au niveau du métatarse ; s'il se prolongeait en volume, il chevaucherait le pied droit de la figure centrale.

On pourrait imaginer que Daumier, à la faveur d'une cassure imprévue lors d'un des moulages, a travaillé séparément les deux parties du relief, pour les ajuster *in fine*, ce qui expliquerait cette légère incohérence d'articulation. Cette hypothèse semble être corroborée par le revers du fragment qui présente horizontalement, à sa partie inférieure, une profonde rainure ainsi qu'un guillochage, comme s'il avait été prévu de rabouter deux parties. Sur les reliefs complets, les figures de la partie gauche ne montrent pas leur visage au spectateur, alors que celles de droite sont représentées soit de face, comme la femme affligée, soit de profil, comme l'homme portant le brancard. S'il est envisageable qu'un accident, lors d'un premier démoulage, ait pu être à l'origine d'une composition en deux parties, le fragment a cependant été moulé comme tel, avec la ligne de fracture sinueuse à son extrémité droite (cat. 145). Daumier, préfigurant ainsi Rodin, a pu exploiter un événement fortuit comme une étape de sa recherche. Le dessin, seule étude connue à ce jour directement liée au relief, qui résume l'essentiel de la composition, ne laisse pas de soulever une interrogation : s'agit-il d'une pensée antérieure ou postérieure au modelage (cat. 144) ? Si la disposition des personnages est de prime abord bien identique à celle des trois états, l'ensemble pourrait manquer de cohésion car la partie gauche du dessin semble se diluer dans l'espace. Daumier a introduit quelques variations par rapport à la composition du modelage, comme le personnage à l'extrême droite du dessin qui porte un ballot sous le bras et clôt la disposition par un mouvement d'ouverture. À peine suggéré sur

les reliefs, il semble rappeler, dans une symétrie inversée, la figure vigoureuse à l'extrême gauche des plâtres. De plus, les personnages de ce dessin présentent un luxe de détails dans la caractérisation des visages que l'on ne retrouve que sur un seul profil masculin, à l'extrême droite du deuxième état (cat. 146). Daumier a même étudié à part, au bas de la feuille, le profil de l'homme portant un brancard comme un masque d'affliction particulièrement expressif. Sonnabend a considéré, à juste titre, que Daumier avait dû réaliser ce dessin immédiatement après avoir modelé le relief[37]. Le mélange de volumes aboutis, très proches de la sculpture, et l'indécision de la construction de l'extrémité gauche du dessin semblent témoigner des hésitations du sculpteur pour parvenir à l'équilibre de cette composition tournante. On pourrait donc envisager que Daumier ait été tenté de reprendre l'élaboration de la composition entre le premier (cat. 145) et le deuxième état du relief (cat. 146).

En 1969, Wasserman et Beale considéraient que le plâtre de Canberra (cat. 148) « n'[était] pas un agrandissement trait pour trait » de celui conservé à Paris (cat. 148), « mais plutôt une adaptation[38] », et que si le plâtre de Canberra « avait d'abord été réalisé par Daumier, peut-être l'avait-il abandonné avant de le finir, et, souhaitant le terminer ultérieurement, l'aurait-il trouvé trop durci pour continuer à le travailler. Il aurait pu alors modeler un relief complètement nouveau, la soi-disant "première" version [cat. 148], qui apparaît comme une sculpture plus cohérente[39] ». La composition des deux reliefs est identique et ne diffère que par quelques détails, comme le sol sur lequel marchent les personnages, lacunaire sur le deuxième état mais complet sur le troisième. Une couture identique localisée sur le postérieur de l'enfant, placé à l'extrême gauche de la composition, se retrouve sur les deux reliefs. On remarque également dans les deux cas l'absence du pied droit de la femme qui pleure : ces plâtres procèdent en fait de la même matrice. Le relief de Canberra apparaît plus fort malgré ses manques, les volumes s'imposent avec une remarquable simplicité. L'aspect de surface du relief de Paris est plus rugueux, les volumes saillent sur un fond vibrant, qui n'est pas sans unifier les masses. Faut-il y voir un reflet de recherches picturales parallèles ? On pourrait alors envisager les hypothèses suivantes. Daumier a pu modeler le relief original en terre crue vers 1850. Lors des premiers moulages par Geoffroy-Dechaume, un accident est à l'origine du fragment, qui garde la trace du premier état du relief (cat. 145). Après un certain nombre d'épreuves, le sculpteur finit par exécuter à un deuxième état dont témoigne le plâtre de Canberra (cat. 146), point d'aboutissement provisoire des recherches de Daumier. Il conserva également une terre crue, aujourd'hui disparue. Était-ce le modelage original ou un estampage provenant du moule du premier état ? Au cours des mois, la terre non cuite se rétracta[40], Daumier la fit alors mouler, pour retravailler l'épreuve en plâtre à la glaise, atténuant ainsi la zone intermédiaire entre les deux parties de la composition, que l'on devine sur le deuxième état. Daumier laissa probablement les reliefs se détériorer, comme l'indiquent les lacunes retranscrites par le plâtre de Canberra. La présence en 1862, dans l'atelier de Geoffroy-Dechaume, des reliefs « exécutés il y a quelques années[41] » est cohérente : en 1860, Daumier avait été renvoyé du *Charivari* et déménagea de l'île Saint-Louis. Le don eut-il lieu à ce moment-là ou Daumier les avait-il déjà laissés à son ami[42] ? En raison de leur fragilité, ces précieuses sculptures furent vraisemblablement moulées une dernière fois à creux perdu par Geoffroy-Dechaume, donnant ainsi aux plâtres de Canberra et de Paris le statut d'originaux. La date exacte de cette opération reste difficile à déterminer, elle intervint après 1862, si le témoignage de Burty est exact, et en tous cas avant 1878[43].

Geoffroy-Dechaume mourut en 1892. Plusieurs surmoulages du deuxième état (mais aucun du troisième) furent réalisés à partir de 1893, dont l'un, qui appartenait à Armand Dayot, servit à l'édition des bronzes, évitant ainsi de détériorer davantage le plâtre original. Le modèle sur fond de coulage généreusement donné en 1982 par la famille Geoffroy-Dechaume au musée d'Orsay (cat. 147) permet d'élucider une partie de l'histoire du deuxième état[44]. Ce dernier était intact lorsque Alexandre en publia une photographie en 1888. Le plâtre fut-il brisé à l'occasion d'un déménagement, ou

lors des opérations de moulage en vue de la fonte ? Le relief a été moulé avec son cadre. L'absence de trous de vers sur le cadre et la ligne de fracture visible aujourd'hui sur le relief de Canberra permettent de dater l'exécution de ce plâtre d'avant 1905, date à laquelle Geffroy publia une photographie du deuxième état déjà fissuré. Il est difficile de préciser la date de la première édition à cinq exemplaires du deuxième état par Siot-Decauville. La fonte fut-elle effectuée dès 1893 comme semble l'indiquer une lettre du fils de Geoffroy-Dechaume[45] ? Cependant, en 1905 Geffroy souhaitait que « le bronze sauve encore [...] une ébauche en bas-relief des Émigrants[46] ». Pensait-il au troisième état qui ne fut édité qu'en 1955 ? Il faut noter que la première photographie d'un bronze Siot-Decauville fut publiée en 1907 dans l'ouvrage d'Henry Marcel. Enfin, avant 1914, le marchand berlinois Cassirer avait fait tirer un nombre illimité de galvanoplasties d'après le surmoulage qui appartenait à Claude Roger-Marx[47]. En mai 1914, Adolphe Geoffroy-Dechaume vendit le plâtre original du deuxième état au collectionneur Bouasse-Lebel. Lorsque celui-ci apprit l'existence des galvanoplasties allemandes, il rétrocéda immédiatement le plâtre dont il aurait voulu avoir l'exclusivité de l'édition[48]…

E.P.

---

32. Gobin, *op. cit.* note 23, p 309.

33. Wasserman, *op. cit.* note 21, p. 175.

34. Ce procédé épargne et déforme le moins possible les reliefs sur les zones délicates du modelage, que celui-ci soit frais ou en mauvais état notamment pour une terre non cuite laissée sans soins particuliers ; il évite les levées de terre et permet également d'obtenir plusieurs épreuves.

35. D'une part, la cuisse gauche de la femme présente des traces d'outil (probablement une mirette gradinée), laissées sur un matériau déjà durci, problablement pour essayer divers aspects de surface. L'originalité du fragment réside, d'autre part, dans l'emploi de deux types de pièces différentes. En effet, la figure de la femme à l'extrême droite et l'espace vide entre ses jambes (qui constituent d'ailleurs l'articulation centrale du relief définitif) ont été reproduits au moyen de pièces en terre glaise, souples, alors que le reste du relief est moulé plus classiquement, avec des pièces en plâtre. Certaines zones ont été retravaillées au plâtre frais, comme l'indique l'aspect rugueux de la matière. Ces interventions sont *a priori* le fait de Daumier lui-même, mais cette intervention de Geoffroy-Dechaume, pour ténue qu'elle nous semble, n'est pas à écarter. Merci à Georges Barthe, restaurateur, et à Jacques Laurent, chef des ateliers de moulage de la Réunion des musées nationaux, de leurs observations.

36. Sur une épreuve en plâtre, même aussi nerveuse, il est difficile de se prononcer de manière définitive : le moulage brouille de toutes façons la lisibilité du modelage original. Merci à Laurence Chicoineau, restauratrice, de son aimable collaboration.

37. Ives, Stuffmann et Sonnabend, 1993, p. 96.

38. Wasserman, *op. cit.* note 21, p. 176 : « *It is apparent then, that the 'second' version is not a point-by-point enlargment of the 'first', but rather a free-hand adaptation.* » Wasserman n'avait pu disposer du plâtre alors conservé au musée du Louvre, et avait fondé ses comparaisons à partir de l'étude d'un des bronzes.

39. Wasserman, *op. cit.* note 21, p. 177 : « *If this version were actually made*

by Daumier first, perhaps he had abandonned it before completion, and wishing to complete it later found it too dryed out to continue working on it. He could then have made a completely new one (the so-called 'first' version) which does appear to be more fully concieved as a sculpture… »

40. Jacques Laurent, chef des ateliers de moulage de la Réunion des musées nationaux, remarque que le coefficient de rétraction de l'argile à faïence est de 72 %.

41. Burty, *op. cit.* note 20, p. 20-21.

42. On peut admettre aussi que Daumier ait voulu les laisser à Geoffroy-Dechaume en vue d'une éventuelle vente, comme pour les dessins. Mais le témoignage de Burty ne va pas dans ce sens. Les deux amis auraient-ils envisagé de faire fondre des bronzes d'après les plâtres, afin d'assurer des revenus à Daumier ? Dans ce cas, qui aurait payé cette opération onéreuse ? Sûrement pas Daumier, qui était sans travail, et qui devait déjà beaucoup d'argent à son ami.

43. Paris, 1878, *op. cit.* note 2.

44. En 1996, Emmanuelle Héran, conservateur au musée d'Orsay, et les membres du Groupe de recherche sur le plâtre dans l'art (G.P.R.A.) entamèrent une étude afin de consolider ce relief, qui présentait une altération constituée d'efflorescences pulvérulentes localisées compromettant la cohésion du plâtre, conséquences d'une abondante utilisation et d'une exposition prolongée à l'humidité avant son entrée dans les collections publiques. Ces remarquables travaux permirent de conclure à l'ancienneté de ce surmoulage, et d'effectuer une série de tests de consolidation. Qu'ils soient ici remerciés de leur précieuse collaboration.

45. Une lettre d'Adolphe Geoffroy-Dechaume à A. Bouasse-Lebel datée du 30 mai 1914 affirme que cette édition Siot-Decauville aurait été fondue à partir de novembre 1893. Cité par Cherpin, *op. cit.* note 27, p. 202.

46. Geffroy, *op. cit.* note 13, p. 105.

47. Cherpin, *op. cit.* note 27, p. 159.

48. *Ibid.*

Recto

Verso

149

Les Fugitifs

Vers 1849-1850
Crayon et lavis d'encre grise
14 × 24,5 cm
Monogrammé en bas à gauche : *h. D*

Paris, École nationale supérieure des Beaux-Arts

Maison II-286 (recto) et 7 (verso)
Exposé à Ottawa et à Paris seulement

Historique
    Coll. Wasset ; acquis par l'École des beaux-arts en 1869.

Expositions
    Rome, 1983-1984, n° 5 ; Francfort et New York 1992, n° 26.

150

Les Fugitifs

Vers 1849-1850
Huile sur bois
16 × 31 cm
Signé en bas à gauche : *h. Daumier*

Collection particulière, en prêt permanent à la National Gallery
de Londres

Maison I-27

Historique
>Coll. Béguin, Paris, en 1878 ; coll. Auguste Boulard, Paris ; vente Auguste
>Boulard, Paris, hôtel Drouot, 9-10 avril 1900, n° 107 ; coll. Vial ;
>coll. Esnault-Pelterie, Paris, en 1910 ; coll. Sir William van Horne ;
>coll. William Cornelius van Horne.

Expositions
>Paris 1878, n° 17 (*Le Coup de vent*) ; Paris, 1888 ?, n° 362 ; Paris, 1910,
>n° 49 (*Les Fugitifs*).

151

Les Fugitifs ou *Les Émigrants*

Vers 1849-1850
Huile sur bois
16,2 × 28,7 cm

Paris, musée du Petit Palais

Maison I-56

Historique
   Coll. Mme Bernard-Léon, Paris, en 1878 ; Camentron ; coll. Boulanger,
   Paris, en 1925 ; don de Mme A. Boulanger au musée Carnavalet ;
   transmis, à la suite d'un échange, au musée du Petit Palais, en 1934.

Exposition
   Paris, 1878, n° 65 (*Une fuite*) ; Paris, 1934a, n° 44 (*Les Émigrants*) ;
   Londres, 1961, n° 15.

La critique a évoqué à propos des *Fugitifs* ou des *Émigrants* – les titres varient, nous reviendrons sur cette question – une des plus importantes séries de Daumier, conjuguant exceptionnellement peinture, sculpture, dessin.

Le terme de « série », qui implique la réitération, voulue et évolutive selon des modalités préalablement fixées, d'un motif identique, ne convient guère ; pas plus que ne convient celui de « réplique », répétition occasionnée par le succès commercial d'une composition initiale (et exécutée pour satisfaire la demande). Il s'agit plutôt de « variations » sur un même thème, Daumier traduisant en quatre tableaux, trois reliefs (ou plutôt un relief dans trois états différents), deux dessins, la fuite ou la migration de populations chassées par la guerre ou poussées par la misère. Ces variations ne sont pas isolées dans l'œuvre de Daumier mais touchent à d'autres thèmes, parfois obsessionnels, sur lesquels il se penchera sa vie durant, Don Quichotte, chevalier errant dans une campagne semblablement désolée, mère harassée tenant son enfant par la main, homme sauvant un enfant de la noyade, déplacement de saltimbanques fourbus et indigents, mais aussi scènes de foule où l'artiste s'amuse du tohu-bohu des physionomies et des attitudes, chevaux bondissants, femmes luttant contre le vent.

Ainsi les *Fugitifs* concentrent-ils des thèmes et des méditations plus individuels, développés dans tout l'œuvre, sous des espèces différentes, le nœud peut-être de l'œuvre de Daumier et, par la beauté des pièces, un des sommets de son art.

152

Les Fugitifs ou *Les Émigrants*

Vers 1865-1870
Huile sur toile
38,7 × 68,5 cm

Minneapolis, The Minneapolis Institute of Arts

Maison I-215

Historique

Coll. Charles-François Daubigny, Valmondois ; coll. Mme Charles-François Daubigny, Valmondois ; coll. Arsène Alexandre, Paris ; vente Paris, galerie Georges Petit, *Catalogue de tableaux modernes [...] composant la collection de M. Arsène Alexandre,* 18 et 19 mai 1903, nº 20 ; coll. Paul Bureau, Paris ; vente, Paris, galerie Georges Petit, *Catalogue de tableaux anciens [...], tableaux modernes [...] œuvres importantes de Daumier [...] composant la collection de M. Paul Bureau,* 20 mai 1927, nº 100 ; acquis 285 000 francs par Paul Rosenberg ; coll. G.R. Rogers ; New York, The Museum of Modern Art ; acquis grâce au Ethel Morrison Van Derlip Fund par le Minneapolis Institute of Art en 1954.

Expositions

Paris, 1878, nº 53 (*Émigration*) ; Paris, 1901, nº 70 ; New York, 1930, nº 54 ; *French Art 1800-1900,* Londres, Royal Academy, 1932, nº 326 ; *A Century of Progress,* Chicago, Art Institute, 1934, nº 184 ; Paris, 1953, nº 30 ; *The Romantic Movement,* Londres, Tate Gallery, 1959, nº 103 ; Northampton, 1961, nº 3.

Les quatre tableaux – celui de la collection Reinhart (fig. 1) n'a pu, en raison de son statut, être prêté – auxquels il faut ajouter le dessin de l'École des beaux-arts (cat. 149), le seul qui leur soit directement lié, ont fait l'objet de discussions répétées, difficiles et souvent vaines sur leur datation, plus rarement sur leur signification.

Selon Maison, ils ont été exécutés entre 1848 et 1870. Pour Jean Adhémar, qui donne une fourchette beaucoup plus restreinte, vers 1848-1849, la répression conduite par le général Cavaignac après les journées de juin 1848 les aurait suscités : à la fin de l'année, commente-t-il, quatre mille républicains seront déportés sur les plateaux d'Algérie, d'autres quitteront la France ; Karl Marx doit aller résider en Angleterre, chassé par la « République honnête ». Ces événements tragiques touchèrent vivement les amis de

Daumier ; lui-même voulut s'associer à leur tristesse, il peignit alors les tableaux intitulés *Les Émigrants, Les Fugitifs, Les Prisonniers*[1]. C'est une explication possible à la genèse de ces œuvres mais on ajoutera que les mouvements démographiques se développaient considérablement à la fin des années 1840 et au début des années 1850. Si toutes les grandes villes françaises virent alors leur population grandie par l'immigration, les troubles politiques de 1851-1852, plus tard la crainte des levées d'hommes nécessaires à la guerre de Crimée, le malaise économique qui entretenait des

---

1. Adhémar, 1954a, p. 39. À vrai dire, cinq toiles ; *Les Prisonniers,* Maison I-117, est un panneau qui appartient, comme *Les Fugitifs* (cat. 150), à Auguste Boulard.

troubles endémiques dans le Bassin parisien et la progression de la misère en 1853-1855 ajoutaient à l'instabilité des populations. Spectacle quotidien dans le Paris du second Empire que ces arrivées d'immigrants démunis ou l'errance, d'un taudis l'autre, d'une population « flottant comme une trombe de bohémiens[2] » ; et Haussmann justifiera l'annexion, dans le Paris des vingt arrondissements, des communes suburbaines par le refus de laisser s'établir autour de la capitale « une ceinture compacte de faubourgs [...] où s'accumulent avec une rapidité prodigieuse des populations nomades[3] ». On notera également, plus lointaines, les nombreuses migrations dont la presse se faisait l'écho, allemandes, irlandaises, italiennes vers la lointaine Amérique ou quelque autre Eldorado.

Nous n'avons aucune certitude quant à la datation ; et il serait intéressant de rattacher aux *Fugitifs* cette « grande bacchanale de cire » aperçue dans l'obscur et le désordre de l'atelier par Poulet-Malassis en janvier 1852[4]. Tout au plus peut-on dresser l'ordre de la séquence, reprenant celui donné par Maison : la version aujourd'hui déposée à la National Gallery (cat. 150) peut être la première, immédiatement suivie – nous sommes vers 1849-1850 – par celle du Petit Palais (cat. 151) ; un peu plus tardive (vers 1852-1855) *Les Fugitifs* de plus grand format de la collection Reinhart (fig. 1) ; enfin, ultime variation, nettement postérieure car profondément différente des trois autres par sa technique et, sans doute, par sa signification, la toile de Minneapolis (cat. 152 ; vers 1865-1870). Les deux premières sont de petit format (environ 16 × 30 cm) ; les deux dernières plus amples (environ 40 × 70 cm). Apparemment très voisines, présentant une composition identique – un cortège, toujours posé de biais, s'approchant ou s'éloignant du spectateur – et les mêmes teintes sourdes, terreuses qui confondent bêtes et gens, et la nature semblablement aride, hostile – rien que poussière et caillasse –, elles se distinguent cependant de façon significative à l'examen attentif.

Dès la version londonienne (cat. 150) la plupart des constantes sont indiquées, hommes, femmes, enfants, chevaux et un chien noir, progressant lentement sous ce ciel « bas et lourd qui pèse comme un couvercle », luttant contre la fatigue et les éléments, le vent manifeste, le froid peut-être. Tous tendent vers une éclaircie lointaine qui signale un au-delà meilleur. Dans cette harmonie de bruns se remarque au centre le bleu de la bâche qui couvre le dernier cheval, le blanc qui éclaire d'un coup de soleil, timide et focalisé, le dos d'un homme et la croupe d'une bête, le rouge enfin d'un grand manteau, faisant ondoyer ainsi un grand drapeau tricolore. Et il est possible que ce bleu, ce blanc, ce rouge justifient Jean Adhémar et donnent à cette procession d'errants, proscrits républicains, sa signification contemporaine.

La version du Petit Palais (cat. 151) présente le même cortège mais vu de face et avec un désaxement très sensible de la composition suivant la pente abrupte des ravins ; massé à gauche, un amas presque indistinct d'hommes et de bêtes ; splendidement isolé au second plan, un cavalier à la cape flottante. Même coup de

Fig. 1
Honoré Daumier, *Les Fugitifs*, vers 1852-1855, huile sur papier marouflé sur toile, Winterthur, collection Oskar Reinhart.

soleil qui illumine la cavale blanche, même ciel plus léger au loin mais cette fois-ci les fugitifs lui tournent le dos. Ils portent les mêmes hardes qui sont celles de la misère, vêtements des serfs du Moyen Âge ou des paysans de Millet. Le vent semble moindre, la fatigue aussi pesante.

Dans la version Reinhart (fig. 1), le cortège s'étoffe. De la dizaine nous passons à un flot continu et serré dont nous ne voyons ni le début ni la fin. Toujours le cheval blanc et le chien noir, toujours ce désert montueux. Mais la nouveauté, et elle est de taille, c'est l'apparition marquée de figures presque nues, comparables à celles qui, déjà sans doute, étaient représentées sur le relief sculpté. Alors le vêtement miséreux devient drapé à l'antique et le cortège contemporain s'intemporalise. Alors que les tableaux précédents montraient « ceux qui vont », tous dans le même sens, mécaniques et résignés, Daumier, distinguant plus nettement chacun, introduit un mouvement divers : au premier plan un homme vu de dos, plus loin un autre se retourne, plus loin encore, éperdue de douleur – dans d'autres cortèges, elle aurait été bacchante enivrée – une femme, que nous verrons réapparaître sur la toile de Minneapolis, se renverse et tend les bras vers le ciel.

La version de Minneapolis (cat. 152) est la plus dissemblable. Le défilé devient horde innombrable et compacte ; le mouvement s'accélère ; les fugitifs s'éloignent, rapides et frénétiques, d'un désastre proche dont témoigne le ciel, rougeoyant des lueurs d'un incendie ; ils fuient, terrifiés, quelque Sodome marquée du châtiment divin. Et Daumier traduit cette frayeur par l'emportement et comme l'accélération de sa touche, si différente de celle, posée, épaisse, qu'il utilise dans les trois versions précédentes. Il y a là une dramatisation qui fait irrésistiblement penser à Delacroix ; de même que le cavalier sur l'immuable cheval blanc en tête du cortège fait penser à son Attila du palais Bourbon.

Ainsi les quatre tableaux ne se distinguent-ils pas uniquement par leur manière, leur composition ou leur rythme si manifestement changeant et divers. Daumier leur a donné des significations différentes. Devenant de plus en plus intemporels, ils s'éloignent de tout ancrage contemporain, évoquent l'errance de la race de Caïn comme les malheurs de toute guerre, les cortèges récurrents de va-nu-pieds, les hordes de proscrits, les chaînes de prisonniers, tous ceux qui souffrent, tous ceux qui sont victimes. On peut les voir « fugitifs », fuyant quelque désastre obscur, ou « émigrants » en quête d'une terre promise ; on les a vus successivement l'un et l'autre car, depuis plus d'un siècle, ces quatre tableaux ont été lus à la lumière de l'histoire récente.

Déjà en 1878, lors de la rétrospective *Daumier* chez Durand-Ruel, les auteurs du catalogue introduisaient de curieuses distinctions : la version de Londres (cat. 150) était intitulée *Le Coup de vent* – en 1888, Arsène Alexandre la rebaptise *Les Fugitifs* – comme si cette morne procession ne subissait que quelque intempérie ; celle du Petit Palais (cat. 151) devenait *Une fuite* ; celle de Minneapolis (cat. 152) s'appelait *Émigration*. Quand, en 1903, celle-ci fut vendue avec une partie de la collection d'Arsène

Alexandre, le catalogue précisait : « Puissante ébauche d'un cortège de fugitifs, avançant péniblement sous un ciel d'orage[5]. » Mais un quart de siècle plus tard, en 1927, lors de la vente de la collection de Paul Bureau, le ton était nettement plus dramatique : « Sous un ciel tragique, où de lourds nuages noirs ressemblent aux tourbillons de fumée, s'échappant d'un formidable incendie, une horde étrange s'avance, composée d'hommes, de femmes et d'enfants qui se pressent autour d'un personnage à cheval, comme autour d'un guide. N'est-ce pas l'image des guerres et des révolutions qui, à de certaines époques, bouleversent et ravagent les races humaines[6] ? »

Cette compassion, toujours émouvante et universelle, que Daumier manifestait, une fois encore, à l'égard des plus démunis, renvoie également à sa propre condition d'artiste : il a connu la faim, l'emprisonnement, l'errance et ce qu'aujourd'hui nous appellerions la marginalité et la précarité, bref ce qui compose, à proprement parler, la bohème mais sans la note sentimentale et douceâtre de Murger : un combat âpre, tenace, quotidien, la fidélité sans compromissions à un idéal, et, en matière artistique, la quête permanente et insatisfaite d'expressions nouvelles. Alors il est proche de Decamps et de Millet avec lesquels il partageait l'amour des humbles, le désir de témoigner de la souffrance anonyme, comme la palette réduite et sourde ; proche aussi, nous l'avons vu, de Delacroix. Mais Daumier, comme souvent, donnait sa propre version d'un motif récurrent dans la peinture du temps. Quand tant d'autres, à l'instar de Marilhat et de Dauzats, faisaient aimablement défiler, dans un désert lumineux, de pittoresques caravanes et répandaient le goût facile de l'orientalisme, il dressait son cortège de vaincus, cette humanité vouée à errer sans fin dans le désert d'ici-bas, sous un ciel aveugle, et qui allait, on ne sait plus où, on ne sait plus pourquoi. **H.L.**

2. Rapport de la commission d'hygiène de 1858 cité dans Jeanne Gaillard (*Paris, la ville, 1852-1870*, Paris, éditions Honoré Champion, 1977, p. 209) à laquelle nous empruntons ces renseignements démographiques.

3. *Ibid.*, p. 104.

4. Adhémar, *op. cit.* note 1, p. 44.

5. *Catalogue des tableaux modernes [...] composant la collection de M. Arsène Alexandre*, Paris, galerie Georges Petit, 18-19 mai 1903, n° 20. Dans son ouvrage de 1888 où il dressait un premier catalogue des peintures de Daumier, Arsène Alexandre distribuait curieusement les tableaux dans deux rubriques différentes « Sujets d'histoire et sujets classiques » pour la version de Londres, « Fantaisies, têtes diverses » pour celle du Petit Palais.

6. *Catalogue des tableaux anciens [...], tableaux modernes [...] composant la collection de M. Paul Bureau*, Paris, galerie Georges Petit, 20 mai 1927, n° 100 (*Les Émigrants*).

Quai d'Anjou

153

Le Haleur ou **Le Tireur de bateau**

Vers 1856-1860
Huile sur panneau
19 × 28 cm
Signée en bas à droite : *h.D.*

Collection particulière

Maison I-28

Historique
Coll. Hippolyte Lavoignat, Paris ; coll. Eugène Blot, Paris ; comte Allard du Cholet ; vente A. du C., Paris, 28 mai 1910, n° 20 ; coll. Oppenheimer, Paris ; galerie Bernheim ?, Paris ; coll. Otto Gerstenberg, Berlin, jusqu'en 1935 ; par héritage, M. Scharf ; coll. part.

Expositions
Paris, 1878, n° 19 (*Le tireur de bateau*, prêté par M. Lavoignat) ; Paris, 1901 ?, n° 8 ; Paris, 1908, n° 1.

La seule œuvre de Daumier qui s'apparente à cette peinture est une lithographie de 1843, *Une navigation difficile* (LD 1028), où un marin amateur en détresse est contraint de faire appel à un fougueux tireur de bateau professionnel[1]. Un revirement aussi net d'atmosphère entre la lithographie et la peinture est inhabituel chez Daumier et l'insoutenable fardeau porté par le travailleur moderne acquiert une dimension quasi mythique dans la peinture. Parmi les compositions de Daumier, cette critique accablante de la condition ouvrière est probablement celle qui a le plus marqué la conscience sociale d'artistes plus jeunes. *Les Haleurs de la Volga* d'Ilya Répine (1870-1874, Saint-Pétersbourg, musée Russe) peut être considéré comme la première manifestation d'importance d'une filiation spirituelle qui se prolonge dans les *Haleurs* de Theodor Verstraete et ceux de Jules Adler, exposés respectivement aux Salons de 1891 et de 1904.

Daumier, dans des œuvres de ce genre, semble se rapprocher de Millet, mais si le tableau remonte aussi loin que l'a daté Maison (1848-1852), la comparaison devient anachronique. Le fait que, tout comme *Le Baiser* (cat. 111), le tableau ait appartenu au graveur de Daumier, Hippolyte Lavoignat, qui n'aurait possédé que des œuvres de jeunesse, milite en faveur d'une date plus reculée. Mais Adhémar l'a situé plus raisonnablement vers 1858-1862, ce qui permet de l'associer à *La Laveuse* (cat. 163) en raison de leurs similitudes conceptuelles et stylistiques[2]. Il existe une version deux fois plus grande du *Haleur* (MII-51), que Maison a estimé être la première mais terminée d'une autre main. **M.P.**

1. Tirée de la série *Les Canotiers parisiens*, *Le Charivari*, 4 mai 1843. Daumier reprend le sujet autrement dans une gravure, *Comme quoi la profession de canotier* (B 837), parue dans *Le Charivari*, 12 août 1853.
2. Adhémar, 1954a, n° 121 (vers 1858-1860, mais 1860-1862 en p. 125 et sur la planche 121).

Cat. 154

Baudelaire, songeant aux lithographies de la série *Histoire ancienne* (cat. 73 à 76), écrivait en 1852 dans *L'École païenne* : « Daumier s'est abattu brutalement sur l'antiquité, sur la fausse antiquité, – car nul ne sent mieux que lui les grandeurs anciennes, – il a craché dessus[1]. » Le commentaire aurait pu tout aussi bien s'appliquer aux *Baigneurs*, où un comique, Apoxyomène, les genoux pliés, s'essuie après une baignade dans la Seine, tandis que, derrière lui, un Spinario moderne enlève une de ses chaussettes. Ce regard, qui corrobore le parti pris réaliste de Daumier, trouve sa source dans son œuvre graphique dès la fin des années 1830. Le personnage debout a la même pose et un habillement

identique dans un bois gravé (B 279) reproduit dans *Le Charivari* du 21 novembre 1839 ; il figure de nouveau, en garçonnet, dans une des planches (B 672) de *La Grande Ville* (cat. 65), qui date de 1842[2]. Ce sont là autant d'« ancêtres » de maints avocats aux bras tendus dans les lithographies ultérieures. Cette parenté avec les travaux publiés de Daumier ressort peut-être encore davantage dans une variante des *Baigneurs* (Glasgow, Burrell Collection [MI-17]), où le groupe d'hommes est en partie emprunté à un autre bois, *Une promenade au bord de la Seine* (B 793), paru dans *Le Charivari* du 25 juillet 1852. Adhémar a été ainsi amené à dater les peintures aux environs de 1852, opinion rejetée par Maison qui

154

Baigneurs

Vers 1852-1853
Huile sur panneau
33 × 24,8 cm
Signé en bas à gauche : *h.D.*

Collection particulière

Maison I-16

Historique

    Coll. Pillet, Paris ; coll. Achille (ou Gustave ?) Arosa, Paris ; galerie Gaston Alexandre Camentron, Paris ; coll. baron Herzog, Budapest ; galerie Matthiesen, Berlin ; coll. Jakob M. Goldschmidt, New York et Paris ; vente anonyme, Londres, Sotheby's, 28 novembre 1956, nᵒ 121 ; galerie Alfred Daber, Paris ; coll. M. et Mme Albert J. Dreitzer, New York ; donné par M. et Mme A. J. Dreitzer au Rose Art Museum, Brandeis University, Waltham (Mass.) ; vente anonyme, New York, Christie's, 6 novembre 1991, nᵒ 254, repr. ; coll. José Mugrabi, New York ; vente anonyme, New York, Sotheby's, 13 novembre 1996, nᵒ 107, repr. coll. ; coll. part.

Expositions

    Paris, 1878, nᵒ 91 (*Baigneurs*, prêté par M. Pillet) ; Paris, 1901, nᵒ 26 ; Paris, 1934a, nᵒ 14A ; Paris, 1958a, nᵒ 7, repr.

155

Feuille d'études avec une baignade

Vers 1852-1855
Plume, encre et lavis sur papier vergé
29,9 × 25 cm

Stuttgart, Graphische Sammlung der Staatsgalerie (C 60/929)

Maison D. 784
Exposé à Ottawa et à Washington seulement

Historique

    Coll. Nicolas-Auguste Hazard, Orrouy ; vente Hazard, Paris, galerie Georges Petit, 13 décembre 1919, nᵒ 342 ; acquis 350 francs par Petitdidier, Paris ; Maison ; galerie Nathan, Zurich ; donné au musée en 1960.

a opté pour les années 1846-1848[3]. L'hypothèse d'Adhémar semble plus plausible ; il vaut la peine d'établir un parallèle avec les opulentes *Baigneuses* de Coubert (Montpellier, musée Fabre), exposé au Salon de 1853[4].

    La feuille d'études de Stuttgart constitue une exploration, d'un grand intérêt, d'un genre que Daumier a vraisemblablement pratiqué à plusieurs reprises, quoique peu d'exemples nous en soient parvenus. La composition esquissée au bas à droite est apparentée, sans être identique, à un tableau de l'Armand Hammer Museum of Art (MI-38) que Maison fait remonter à 1850-1852. Dans cette peinture, l'artiste intègre le motif des baigneurs à celui des chevaux. **M.P.**

1. Baudelaire, 1975-1976, p. 555.
2. Voir *La Grande Ville*, vol. I, p. 128 (B 672).
3. Adhémar, 1954a, nᵒ 71.
4. On rapportait, en 1934, que le dos du tableau porte la mention « à M. Daumier, 8 octobre 1868 ». Cette inscription concernerait plutôt une vente ou, ce qui est moins probable, une exposition inconnue, et non la date d'exécution de la peinture (voir Paris, 1934a, nᵒ 14A).

156

L'Abreuvoir

Vers 1855-1860
Huile sur bois
44,7 × 55,7 cm
Signé en bas à droite : *h.D.*

Cardiff, National Museum and Gallery (A 2451)

Maison I-74
Exposé à Ottawa et à Paris seulement

Historique
   Coll. Arsène Alexandre ?, Paris ; coll. Thomas Glen Arthur, Ayr,
   jusqu'en 1907 ; vente Arthur, Londres, Christie's, 20 mars 1914, n° 88 ;
   acquis par Colnaghi, Londres ; acquis 2 000 livres par Margaret
   S. Davies, Montgomeryshire, 7 juillet 1914 ; légué par Margaret
   S. Davies au musée en 1963.

Expositions
   Paris, 1878, n° 81 (*À l'abreuvoir*, prêté par l'artiste) ; Londres, 1923, n° 13 ;
   Londres, 1936, n° 86 ; Cardiff-Swansea, 1957, n° 6 ; Londres, 1961, n° 11,
   repr.

Assez peu nombreuses, les peintures équestres de Daumier forment un groupe distinct. Le cheval figure dans certaines lithographies, au titre de moyen de transports indispensable du XIXe siècle, et parfois avec des hommes dans des scènes délibérément inhabituelles, réelles ou imaginaires (comme celle où le cheval apparaît à la porte d'un appartement au cinquième étage), ou celles inspirées du *Cauchemar* de Füssli et des œuvres de ses successeurs de la période romantique[1]. Dans les peintures, si le thème, dans la mesure où il existe, a toujours été traité avec simplicité (la scène représente généralement des palefreniers conduisant les chevaux vers une berge familière à l'artiste), Daumier a conféré à ses chevaux une dimension épique qui, comme le soulignait Puissant en 1878, les rend « plus héroïques que les chevaux du Parthénon[2] ».

Rarement Daumier a insufflé à ses thèmes autant d'énergie brute ; c'est dans ces travaux qu'il se rapprochait le plus de Géricault. Ses contemporains ont également remarqué dans ces œuvres un lien avec l'Antiquité, particulièrement évident dans au moins un de ses dessins (MD. 281), qui rappelle les cavaliers de la colonne de Trajan dont l'artiste possédait des moulages[3].

Dans *L'Abreuvoir* de Cardiff (cat. 156), peint sur bois, la scène, baignant dans une semi-obscurité, semble évoquer un incident : éclairé par un rayon de lumière, un magnifique cheval blanc, retenu par un cavalier d'allure athlétique, se cabre à la vue d'un chien qui aboie. Dans la toile beaucoup plus imposante de Boston (cat. 157), un cavalier retient son cheval pour en maîtriser un autre. Dans cette peinture, vraisemblablement un travail inachevé, le

157

Les Cavaliers

Vers 1858-1863
Huile sur toile
60,4 × 85,3 cm
Signé en bas à gauche : *h.D.*

Boston, Museum of Fine Arts, Tompkins Collection (41.726)

Maison I-76

Historique

Coll. Eugène Blot, Paris ; vente Blot, Paris, hôtel Drouot, 9-10 mai 1900, n° 29 ; racheté par Blot 1 100 francs ; vente Blot, Paris, hôtel Drouot, 10 mai 1906, n° 22, repr. ; vendu 4 800 francs ; galerie Durand-Ruel, Paris ; coll. Harrison Tweed ; acquis par le musée en 1941.

Expositions

Paris, 1901, n° 13 ; Paris, 1908, n° 16 ; New York, 1930, n° 56 ; Londres, 1961, n° 13, repr.

fond est à peine indiqué et la technique de Daumier est reconnaissable dans le traitement du cheval noir, qu'il a d'abord peint, puis gratté et incisé à l'aide du couteau à palette. Plusieurs dates d'exécution sont avancées pour ces peintures. Larkin a proposé le milieu des années 1840, Maison le milieu des années 1850 et Adhémar le début des années 1860[4]. En revanche, Laughton a émis l'hypothèse très vraisemblable que ces travaux auraient été réalisés à quelques années d'intervalle, datant la peinture de Cardiff aux environs de 1855-1860 et *Les Cavaliers* de Boston aux alentours de 1858-1863[5]. Rien n'indique que Daumier ait vendu une de ses compositions équestres et aucune des quatre œuvres exposées en 1878 n'a trouvé acheteur.

M.P.

1. Voir notamment *Le cheval est un aliment sain* (LD 2781) dans *Le Charivari* du 4 mars 1856 ; *Plaisanteries que se permettent... les chevaux* (LD 3048), dans *Le Charivari* du 22 mai 1858 ; et *À Paris, le brouillard* (LD 3348), dans *Le Journal amusant* du 24 décembre 1864.
2. Puissant, 20 avril 1878, p. 2.
3. Maison a établi un lien entre ce dessin et *Les Cavaliers* de Boston, mais cette relation n'est pas évidente.
4. Larkin, 1966, p. 76 ; Adhémar 1954a, n°s 107 et 109 (date proposée : 1860-1862).
5. Laughton, 1996, p. 79-80.

158

Le Premier Bain ou **_Bain dans la Seine_**

Vers 1852-1855

Huile sur toile

25 × 19 cm

Signé en bas à droite : _h. Daumier_

Collection particulière

Maison I-54

Historique
Stheeman ; Bernheim-Jeune ?, Paris ;
Otto Gerstenberg, Berlin, jusqu'en 1935 ;
par héritage, M. Scharf ; coll. part.

Expositions
Paris, 1901, n° 73 ; Berlin, 1926, n° 29 ;
Francfort et New York, 1992-1993, n° 15, repr. coul.

La Bonne Grand-mère (1835, LD 254), lithographie sans grand intérêt exécutée pour _La Revue des peintres_, reprenait, dans un style qui étonne chez Daumier, un poncif de la peinture de genre de la fin du XVIIIe et du début du XIXe siècle : les premiers pas d'un enfant. Si la facture évoquait Boilly, le sujet était cher à Daumier, encore qu'inattendu dans une lithographie. Une étude de femme guidant les premiers d'un enfant au verso d'une feuille du British Museum (MD. 227) semble avoir fourni les figures centrales des diverses versions du _Premier Bain_, variation sur le thème, où le père tient le premier rôle sous le regard de la mère[1]. La représen-

tation des plaisirs humbles d'une famille ouvrière donne un tour nouveau et émouvant à l'iconographie du culte de l'enfance. Le père, pantalon retroussé, guide doucement les premiers pas du bambin dans la Seine, tandis que la mère et une sœur aînée les observent de la berge.

La version oblongue (cat. 159), plus fluide de pinceau et plus subtile de couleur, a d'abord appartenu à Gustave Arosa et était donc familière à Gauguin. En 1878, elle fut montrée deux fois en public à intervalles rapprochés : d'abord en février, à la très attendue vente Arosa, puis en avril à l'exposition Daumier, où Puissant

159

Le Premier Bain

Vers 1852-1855
Huile sur panneau
25,1 × 32,4 cm
Signé en bas à gauche : *h. Daumier*

Detroit, The Detroit Institute of Arts, legs Robert H. Tannahill
(70.166)

Maison I-55

Historique
    Coll. Gustave Arosa, Paris ; vente Arosa, Paris, hôtel Drouot,
    25 février 1878, n° 24 ; vendu 800 francs ; coll. comte Armand Doria,
    Orrouy ; vente Doria, Paris, galerie Manzi-Joyant, 4-5 mai 1899, n° 128,
    repr. ; vendu 10 500 francs ; galerie Brame, Paris ; coll. Sir William
    Van Horne, Montréal, en 1912 ; vente succession van Horne, New York,
    Parke Bernet, 24 janvier 1946, n° 8, repr. ; Durand-Ruel, Paris ;
    Robert H. Tannahill, Grosse Pointe Farms (Michigan) ; légué par
    Robert H. Tannahill au musée en 1970.

Exposition
    Paris, 1878, n° 36 (*Le Premier Bain*, prêté par le comte Doria).

l'a jugée « d'un fondu et d'un charme inouis de coloris[2] ». La première version de format portrait (cat. 158), qui a davantage la facture d'une esquisse, oppose fortement les clairs lumineux et les
noirs profonds. Maison (qui a répertorié également des copies, des
fausses esquisses à l'huile et un agrandissement de la composition)
a daté les deux œuvres exposées de 1852-1855. À l'exposition de
1878 figurait une toile apparentée (MI-88, Winterthur, collection
Reinhart) où le père et l'enfant sont saisis parmi d'autres baigneurs, et que Maison a daté de 1855-1857.   **M.P.**

1. Maison, juin 1956, p. 200. En 1912, le tableau s'intitulait *Le Premier Pas*,
   comme l'a démontré Janet Brooke ; voir *Le Goût de l'art : les collectionneurs montréalais, 1880-1920*, Montréal, musée des Beaux-Arts, 1989-1990,
   n° 17.
2. Puissant, 20 avril 1878, p. 2.

160

Le Fardeau

Vers 1850-1853
Huile sur toile
55,5 × 45,5 cm
Signé en bas à droite : *h.D.*

Prague, Národní Galerie v Praze

Maison I-43
Exposé à Paris seulement

Historique
    Localisation inconnue avant l'achat par le musée en 1923.

Maison a recensé sept versions de cette composition, dont la plus grande, inachevée, anciennement dans la collection Gerstenberg, devint illustre lors de sa première exposition en 1900[1]. Arsène Alexandre, un temps propriétaire du tableau, ignorait l'existence des autres versions en 1888. Selon toute apparence, peu ont été vues avant la fin du siècle. Adhémar a apporté néanmoins la preuve que Auguste Poulet-Malassis avait laissé une description d'une étude à l'huile admirée à l'atelier de Daumier le 14 janvier 1852 : « Une *Blanchisseuse* traînant une petite fille le long des quais par un grand vent, ébauche d'un sentiment si triste qu'on dirait l'énorme paquet de linge qu'elle a sous le bras en route pour le Mont-de-Piété[2]. »

Les compositions sont essentiellement de deux types légèrement distincts. Au premier, avec quai en diagonale, arbres à l'extrême gauche et figures sur l'autre quai, appartiennent deux versions monochromes peintes en nappes légères (MI-85, Glasgow, Burrell Collection ; MI-86, coll. part.). Théodore de Banville connaissait l'existence du tableau Burrell en 1878, comme en témoigne un cliché montrant l'œuvre dans le studio de photographie de Nadar[3]. Deux mois avant le vernissage de l'exposition Daumier, le poète écrivait : « Nadar possède de Daumier, frottée au bitume, une figure de femme, lasse, brisée en deux, qui monte l'escalier interminable, porte sur son dos qui ploie un gros paquet de linge, et tient l'enfant par la main. N'est-ce pas là l'image attendrie et désolée de la Misère[4] ? »

Banville et Nadar siégeant tous deux au comité de l'exposition

de 1878, il est possible que la peinture a été absente de cette manifestation à cause d'une maladie dans la famille du photographe[5].

Les autres versions constituent un type distinct avec un parapet presque horizontal qui borde le quai, le quai d'en face désert, et, à la place des arbres, une construction figurée sous un angle bizarre. Pour Maison, la plus petite (MI-37), datée de 1850-1852, précède toutes les autres, le tableau de Prague (cat. 160) et la toile Gerstenberg inachevée (MI-42), tous deux de 1850-1853, puis un autre grand tableau d'une collection particulière, également inachevé (1859-1860, MI-121). Au musée des Beaux-Arts de Dijon se trouve une version insuffisamment étudiée de format étroit (MII-13) peinte sur papier marouflé sur toile et mise au carreau[6]. Fuchs a répertorié également pour la première fois en 1927 une sculpture du même sujet (G 62) depuis mise en doute par Jeanne Wasserman, et dans laquelle certains voient le modèle des peintures[7].

Selon son propre témoignage, Arsène Alexandre avait acquis la version Gerstenberg de Mme Daumier, vraisemblablement entre 1888 et au plus tard décembre 1891, quand il apprit de cette dernière que l'essentiel du contenu de l'atelier de l'artiste avait été vendu[8]. Daumier avait sans conteste retravaillé le tableau avant de l'abandonner : des repentirs se voient autour des figures. Maison a affirmé, sur la foi d'une photographie portant une inscription, qu'Alexandre avait également acheté la seconde grande version du tableau (MI-121) de la veuve de Daumier[9]. Ceci ne semble pas être le cas, et la transcription d'une attestation de la main d'Alexandre en date du 16 septembre 1929 précise qu'il s'agit d'une « variante

161

Blanchisseuse et son enfant

Vers 1855-1857

Pierre noire, plume et encre avec lavis sur papier

29 × 22 cm

Signé en bas à gauche : *h.D.*

Paris, collection André Bromberg

Non catalogué par Maison

Historique
Vente anonyme, Paris, hôtel Drouot, 6 mai 1987, n° 18.

Exposition
Francfort et New York, 1992-1993, n° 38, repr.

des plus importantes de celui qui fut en ma possession et qui figura à ma vente » ; c'était à son avis « la *première* idée » de la toile Gerstenberg lui ayant appartenu[10]. L'examen aux rayons X révèle, tête-bêche sous l'œuvre de Daumier, un portrait de femme représentant le sujet jusqu'aux genoux, probablement d'une autre main.

Maison a comparé les compositions de deux autres esquisses (MD. 228 et 229). Presque tous les exégètes sont d'avis que l'idée de la structure provient d'œuvres antérieures de Daumier, si ce n'est que les figures principales sont campées solitaires dans la morne lumière du jour. L'artiste éprouvait depuis toujours pour les figures luttant contre le vent une fascination qui lui avait inspiré dans sa jeunesse un certain nombre de lithographies, dont deux avec le même décor que les tableaux[11]. Il a développé une idée analogue dans une variation sur le thème, inconnu de Maison, – un splendide dessin sur le vif du milieu des années 1850 montrant une blanchisseuse et son enfant de profil[12] (cat. 161). **M.P.**

1. Au sujet des multiples versions, voir Maison, 1961a. Albert Kostenevich se penche sur le tableau Gerstenberg, longtemps cru disparu, aujourd'hui au musée de l'Ermitage, dans cat. exp. *Les Trésors retrouvés : chefs-d'œuvre impressionnistes et autres grandes œuvres de la peinture française…*, Saint-Pétersbourg, musée de l'Ermitage/Paris, Éditions de la Martinière, 1995, p. 26-31, repr. coul.

2. La note manuscrite (aujourd'hui au Louvre, département des Arts graphiques) a été découverte par Adhémar qui la cite dans Adhémar, 1954a, p. 44-45.

3. Voir la photographie dans Eileen Romano, *The Impressionnists, Their Lives, Their World and Their Paintings,* New York, Penguin Studio, 1997, p. 62, et Banville que cite Adhémar, *op. cit.* note 2, p. 124, n° 114.

4. Comme il citait de mémoire, Banville ajouta le détail de l'« interminable escalier », causant ainsi des méprises. Adhémar et Maison pensaient tous deux que le poète fait allusion à une quatrième version, inconnue, d'*Une blanchisseuse* (MI-84) ; voir Adhémar, *ibid.*, et Maison, vol. I, 1968, p. 97, n. 1.

5. Nadar siégea initialement avec Banville au comité de l'exposition. On trouve sa lettre de démission dans Cherpin, 1979, p. 110.

6. Le papier présente un filigrane que nul n'a encore examiné. Une inscription sur le châssis atteste l'existence de ce tableau dans la collection de Jules Dupré ; il ne figure cependant pas dans la vente de l'atelier Dupré (Paris, galerie Georges Petit, 30 janvier 1890).

7. Voir Wasserman, 1969, n° 40.

8. Lettre du 19 décembre 1891 dictée par Mme Daumier à son médecin, mais signée de sa main, aujourd'hui à Los Angeles, Getty Center for the History of Art and the Humanities.

9. Maison, *op. cit.* note 4, p. 116, n° 121, avec des dimensions inexactes. Au sujet de l'œuvre et des autres versions, voir la monographie de Laughton dans le catalogue de la vente (Londres, Sotheby's, 22 juin 1993, n° 25) et une analyse plus fouillée dans Laughton, 1996, p. 73-77, 181, n. 26.

10. Le texte dactylographié se trouve à la bibliothèque Witt ainsi qu'un autre de la main d'Eduard Fuchs daté du 2 juillet 1929 qui en annonce la publication dans la deuxième édition de son *Der Maler Daumier*.

11. Voir *Chapeau ballon* (LD 710), *Le Charivari*, 4 février 1840, et *Une position difficile* (LD 1528), 1847, pl. 52 des *Bons Bourgeois*.

12. Daté des années 1855-1860 par Ives, dans cat. exp. Francfort et New York, 1992-1993, n° 38, repr. et vers 1855 par Laughton, *op. cit.* note 9, p. 32, fig. 40.

162

Une blanchisseuse

Vers 1860-1861
Huile sur panneau
28,5 × 19,7 cm
Signé en bas à gauche : *h.D.*

Buffalo, Albright-Knox Art Gallery,
George B. and Jenny R. Mathews Fund
(64 :2)

Maison I-84

Historique

    Coll. Georges Lutz, Paris ; vente Lutz, Paris,
galerie Georges Petit, 26-27 mai 1902, nº 49 ;
coll. Morot, Paris ; coll. Edmund Davis,
Londres ; Reid & Lefevre Gallery, Londres,
1927 ; galerie M. Knoedler & Co., New York,
1928 ; coll. A. Conger Goodyear, Buffalo, 1928 ;
acquis de sa succession par le musée en 1964.

Expositions

    Paris ?, 1861a, nº 140 ; Paris ?, 1861b, nº 800 ;
Londres, 1915, nº 28 ; Londres, 1927, nº 10 ;
Londres, 1961, nº 72.

Daumier marqua son retour au Salon de 1861 après une absence de dix ans en présentant une petite *Blanchisseuse*. C'est probablement à l'occasion de cette rentrée au palais des Champs-Élysées (où il n'exposera plus de tableau) qu'il s'est enquis auprès de Charles Jacque de la possibilité d'une aide de la direction des Beaux-Arts touchant l'encadrement qu'il ne pouvait se permettre[1]. L'accrochage était catastrophique, comme s'en affligeait Albert de la Fizelière : « Je m'étais fait une fête de voir un tableau de ce grand dessinateur, à qui nous devons la comédie du siècle, éparse dans des milliers de compositions humoristiques. Dérision ! Ce tableau, grand comme les deux mains ouvertes, est

accroché sur la frise de la salle D. Il est impossible de le voir[2]. »

L'œuvre capta néanmoins le regard de quelques critiques : Paul de Saint-Victor fut déçu ; Thoré-Burger nota, sans conviction, dans un journal belge que le « poète du peuple » avait exposé un tableau vigoureux de couleur ; Horace de Callias y vit une œuvre « brossée avec beaucoup d'esprit et une grande habileté de contraste », et ajouta que « cette petite toile fait penser aux types populaires de Gavarni[3] ».

Les trois versions connues de la composition sont réunies dans cette exposition[4]. On considère aujourd'hui que Daumier a, selon toute vraisemblance, envoyé au Salon de 1861 le plus petit format,

163
La Sortie du bateau à lessive

1861 ?-1863 ?
Huile sur panneau
49,8 × 33 cm
Signé et daté en bas à gauche :
h. Daumier 186[3 ?]

New York, The Metropolitan Museum of Art,
legs Lizzie P. Bliss, 1931 (47.122)

Maison I-159

Historique
Coll. Geoffroy-Dechaume, Valmondois, 1878 ;
vente Geoffroy-Dechaume, Paris, hôtel Drouot,
14-15 avril 1893, n° 24, *Sortie du bateau à lessive*,
daté de 1863, avec des dimensions inexactes ;
vendu 5 400 francs ; coll. Paul Gallimard, Paris ;
coll. E. Bignou, Paris ; Reid & Lefevre Gallery,
Londres ; galerie M. Knoedler and Co., New
York ; coll. Lizzie P. Bliss, New York, jusqu'en
1931 ; légué par Lizzie P. Bliss au Museum of
Modern Art, New York, en 1931 ; transféré
au Metropolitan Museum of Art en 1947.

Expositions
Paris ?, 1816b, n° 800 ; Paris, 1878, n° 37 (*Sortie du
bateau à lessive*, prêté par Geoffroy-Dechaume) ;
Paris, 1900, n° 180 (*Femme remontant du lavoir
aux quais de la Seine*, prêté par P. Gallimard) ;
Paris, 1901, n° 42 ; Paris, 1908, n° 6 ; New York,
1930, n° 80.

à peu près « grand comme les deux mains ouvertes » et monogrammé *h.D.*[5] (cat. 162). Cela dit, on remarquera avec intérêt qu'en 1878, Edmond Duranty a cru reconnaître le morceau du Salon de 1861 dans la grande version (cat. 163) signée et datée, en principe, de 1863[6]. Le critique d'art pourrait certes s'être trompé ; il n'est pas question du Salon dans le catalogue de la vente Geoffroy-Dechaume de 1893, où la peinture, inscrite avec des dimensions inexactes, est pour la première fois datée de 1863. Le dernier chiffre est aujourd'hui illisible ; la date indiquée pourrait bien être 1863, mais on peut s'étonner que Daumier ait envoyé au Salon une œuvre simplement monogrammée[7].

Maison pensait la version de Buffalo antérieure aux deux autres et la datait de 1855-1856 au plus tard. L'examen révèle qu'elle est peinte en couches légères étoffées de glacis, sans décision préparatoire. Maison clôt l'ensemble par la version du musée d'Orsay (cat. 164), la plus célèbre des trois, mais nous croyons qu'il s'agit plutôt de la deuxième version, sans doute entamée au début de 1861 en vue du Salon. L'écart fort beau, mais inhabituel, entre le fini des figures et celui de l'arrière-plan, d'une audace et d'une liberté magiques, semble indiquer que le tableau est inachevé. Preuve encore plus significative, l'examen révèle que Daumier a modifié le contour des maisons, qui épousait au départ ceux de la

164
La Laveuse ou *La Blanchisseuse*

Vers 1860-1861
Huile sur panneau
49 × 33,5 cm
Signé en bas à droite : *h.D.*

Paris, musée d'Orsay (RF 2630)

Maison I-160

Historique

Coll. Paul Régereau, Paris ; coll. Paul Bureau, Paris ; vente Bureau, Paris, galerie Georges Petit, 20 mai 1937, nᵒ 101, repr. ; acquis 701 000 francs par le musée du Louvre ; transféré au musée d'Orsay en 1986.

Expositions

Paris, 1901, nᵒ 59 ; Paris, 1934a, nᵒ 13, repr. ; Philadelphie, 1937, nᵒ 1 ; Paris, 1958a, nᵒ 180.

version de Buffalo, et qu'il a retouché la blanchisseuse, notamment le délinéament du paquet de linge, et intégré ces repentirs dans la troisième version (cat. 163).

Malgré la date indistincte, la blanchisseuse de New York est à ce jour la seule peinture datée connue qui subsiste de Daumier, et ce détail constitue à lui seul la preuve pratiquement irréfutable de sa présence chez Geoffroy-Dechaume[8]. À l'exposition de 1878, Puissant[9] a été frappé par la « silhouette indigo sur le blanc cru des maisons râclées à neuf » de la blanchisseuse, comme d'ailleurs un confrère, qui salue le « sentiment prodigieux de la silhouette » de Daumier. Moins animée et moins bien préservée que la version d'Orsay, l'œuvre possède cependant une grande unité ; Daumier a de toute évidence retouché le contour de la silhouette avec le plus grand soin. Duranty, admiratif, note que « l'eau de la rivière d'un bleu de pierre précieuse, et l'éclatante, grasse et je dirais voluptueuse blancheur des maisons du quai qui s'étalent au soleil font

penser à Decamps [...]. Il y a toutefois dans la sommaire exécution de Daumier une énergie, une certitude de gamme, une intensité de tonalité et une science d'opposition qui font qu'il va parfois plus loin que ceux à qui on le compare[10] ».

L'image, particulièrement réussie dans la version d'Orsay, a acquis avec le temps un caractère iconique, équivalent urbain des *Glaneuses* de Millet de 1857. Si *Le Fardeau* (cat. 160) représente le summum de la forme expressive, *La Blanchisseuse* atteint à une monumentalité tendre, rarement égalée dans les autres œuvres de Daumier. Ce trait n'échappa certes pas à la critique, notamment à Paul Sébillot, qui salua le don qu'avaient en commun Daumier et Millet de saisir « le côté grand des choses vulgaires », tout en précisant que Daumier donnait à ses figures « foulant le pavé des rues, les dalles du lavoir ou la berge des quais, l'aspect épique que Michel-Ange prêtait à ses prophètes et à ses sibylles[11] ». **M.P.**

1. Jacque a répondu avec obligeance dans une lettre inédite (Los Angeles, Getty Center for the History of Art and the Humanities) qui vaut d'être citée *in extenso* : « Je n'ai pu avoir avant les renseignements que je vous envoie. Voici la marche la plus simple à prendre. Aller de suite (avant 3 h) au ministère. Demander Monsieur Cluys. Réclamer de lui l'autorisation de commander la bordure à laquelle vous avez Droit. Porter *immédiatement* la chose à Monsieur Fouty le doreur, qui n'attend que ça et votre mesure pour l'exécuter. Si vous éprouviez quelque anicroche vous n'auriez qu'à demander Monsieur Roux qui est de mes meilleurs amis et qui en vous nommant et en lui montrant ce mot vous aplanira les difficultés. / à vous / Ch. Jacque / Nous faisons aussi nos commandes pour le Salon. Nous irons peut-être vous voir avec Millet un après-midi, / Ch. J. »

2. Albert de La Fizelière, *A-Z ou le Salon en miniature*, Paris, Poulet-Malassis et de Broisse, 1961, p. 23, également cité dans A. Tabarant, *La Vie artistique au temps de Baudelaire*, Paris, Mercure de France, 1963, p. 281.

3. Paul de Saint-Victor dans Tabarant *op. cit.* note 2, p. 281-282 ; W. Burger, *Le Temps*, 12 juin 1861, repris dans Burger, *Salons 1861-1868*, vol. I, Paris, Vve J. Renouard, 1870, p. 116 ; et Horace de Callias, « Salon de 1861, V, Les lettres B.C.D.E. », *L'Artiste*, p. 247.

4. L'hypothèse de la quatrième version naîtra d'une mauvaise lecture d'un texte relatif à une version du *Fardeau* ayant appartenu à Nadar ; voir cat. 160, note 4.

5. On trouvera une analyse de l'œuvre dans la notice de Katy Kline, dans Steven A. Nash *et al.*, *Albright-Knox Art Gallery : Painting aud Sculpture from Antiquity to 1942*, New York, Rizzoli, 1979, p. 208.

6. Duranty, 1878, p. 538.

7. Daumier a signé de son nom en entier *Le Meunier, son fils et l'âne* (M I-24) et *Don Quichotte* (cat. 351), présentés aux Salons de 1849 et de 1850 respectivement, mais de son monogramme seulement *Femmes...* (cat. 126), également exposé au Salon de 1850.

8. On trouvera une analyse de l'œuvre dans Charles Sterling et Margaretta M. Salinger, *French Paintings. A catalogue of the Collection of The Metropolitan Museum of Art*, vol. II, New York, The Metropolitan Museum of Art, 1966, p. 40-43.

9. Puissant, 20 avril 1878, p. 2 et 26 avril 1878, p. 2.

10. Duranty, *op. cit.* note 6.

11. Sébillot, 1878, p. 1 ; Puissant, 26 avril 1878, p. 2. Sébillot a rendu un hommage similaire aux *Laveuses du quai d'Anjou* remarquées à l'exposition de 1878 (MI-41, apparemment localisation actuelle inconnue), où « deux femmes du peuple sont sur les marches avec des allures aussi épiques que les déesses qui peuplent les fresques peintes par les maîtres » (Sébillot, 1878, *ibid.*).

165

Détresse ou *Mère assise avec son enfant endormi*

Vers 1858-1860
Fusain sur papier vergé
36,5 × 28 cm
Filigrane : IVERSAY

Toronto, musée des Beaux-Arts
de l'Ontario, don de Sam et Ayala Zacks
(71/108)

Maison D. 221
Exposé à Ottawa et Washington
seulement

Historique
   Coll. Roger Marx, Paris ; vente Marx, Paris,
   galerie Manzi-Joyant, 11-12 mai 1914, n° 112,
   repr. ; acquis 820 francs par Dikran Khan
   Kélékian ; vente anonyme, Paris, hôtel
   Drouot, 2 juillet 1952, n° 20 ; acquis par Sam
   et Ayala Zacks, Toronto, en 1956 ; donné
   par Sam et Ayala Zacks au musée en 1971.

Exposition
   Francfort et New York, 1992-1993, n° 39,
   repr. (début des années 1850).

La Soupe (cat. 166), le plus célèbre peut-être des dessins de Daumier conservés au Louvre, fait depuis longtemps partie des quelques œuvres de l'artiste qui résument à elles seules la condition humaine. La femme qui avale goulûment sa soupe tout en donnant le sein à son enfant atteint à une férocité sans équivalent dans l'art du XIXe siècle, une sorte de cycle alimentaire dont Élie Faure a écrit que « la tragédie de la faim y gronde comme un orage[1] ». Dans le dessin de Toronto (cat. 165), la mère épuisée s'est endormie en allaitant, et son bras ballant exprime une impuissance absolue. La représentation de la femme, quoique vigoureuse, est aux antipodes de la figuration féminine précédente, l'allégorie de *La République* (cat. 120) exécutée plusieurs années auparavant.

L'ajout de gauche (destiné à recevoir une figure masculine) à la feuille du Louvre et le travail au lavis dénotent un projet de grand format, de même type que l'œuvre aquarellée des années 1860. Une petite étude au crayon montrant une composition identique mais inversée parmi d'autres (MD. 803), y compris une scène de chemin de fer, indique d'autres projets de changement, dont aucun n'a cependant fait surface jusqu'ici. Toutefois, deux études

166

La Soupe

Vers 1862-1865
Fusain, pierre noire, plume, encre,
lavis, aquarelle et crayon Conté sur deux feuilles de papier vergé
juxtaposées
30,3 × 49,4 cm
Signé au centre à gauche : *h.D.*

Paris, musée du Louvre, département des Arts graphiques,
fonds du musée d'Orsay (RF 5188)

Maison D. 698
Exposé à Ottawa et à Paris seulement

Historique
    Coll. Guyotin, Paris ; André Schoeller, Paris ; Jacques-Michel Zoubaloff,
    Paris ; donné par Zoubaloff au Louvre en 1920.

Expositions
    Paris, 1901, n° 212 ; New York, 1930, n° 93 ; Paris, 1934a, n° 63, repr. ;
    Marseille, 1947, n° 21 ; Paris, 1958, n° 202 ; Marseille, 1979, n° 56 ;
    Francfort et New York, 1992-1993, n° 40, repr.

à l'huile, moins efficaces, d'une femme allaitant en présence d'un
enfant qui boit sa soupe (MI-95 et I-96), que l'exégète situe avec
hésitation vers 1855-1858, prouvent que Daumier a tenté en peinture une variation sur le thème dans une facture qui, en définitive,
frôle presque la tendresse[2]. Colta Ives a décelé avec raison, dans le
dessin, des échos de Greuze[3]. Laughton l'a daté vers 1853-1857, tandis que Adhémar l'avait placé aux environs de 1860-1862[4]. On
inclinerait vers une date encore plus tardive, soit l'époque des
grandes aquarelles du milieu des années 1860. **M.P.**

1. Élie Faure, *Histoire de l'art. L'art moderne II*, Paris, Denoël, 1987, p. 59
   [1921, pour l'édition originale].
2. Maison a envisagé trois autres tableaux perdus, connus par des
   documents seulement (Maison, vol. I, 1968, n° I-96).
3. Ives, dans cat. exp. Francfort et New York 1992-1993, n° 40.
4. Laughton, 1991, p. 106 ; Laughton, 1996, p. 37 ; Adhémar, 1954a, n° 116.

167

Femme allaitant

Vers 1862
Pierre noire, lavis et crayon Conté
16,3 × 14,3 cm
Signé en haut à gauche : *h. D.*

Collection particulière

Maison D. 222
Exposé à Paris seulement

Historique

> Coll. Alexis Rouart, Paris ; vente Rouart, Paris, hôtel Drouot, 8-10 mai
> 1911, n° 209, indication inexacte de la place de la signature (en haut à
> droite) ; vendu 3 900 francs ; coll. Oppenheimer, Paris ; coll. Otto Gers-
> tenberg, Berlin, jusqu'en 1935 ; par héritage, Margaret Scharf ; coll. part.

Expositions

> Paris, 1900, n° 849 ; Paris, 1901, n° 269 ; Berlin, 1926, n° 121 (dimensions
> inexactes) ; Francfort et New York, 1992-1993, n° 41, repr.

Une aquarelle (MD. 689) montrant un intérieur avec une femme
tenant un enfant dans ses bras représente, selon la tradition,
Mme Bureau et son fils Paul – hypothèse assez vraisemblable vu
que l'œuvre ne faisait pas partie de la dispersion de l'imposant
ensemble de dessins constitué par Mme Bureau et son mari[1]. Daumier exécuta quelques autres travaux dans la même veine, mais
jamais d'huiles, comme l'a noté Colta Ives. Ils comptent parmi ses
plus charmantes œuvres et sont, sans contredit, ses réalisations les
plus sereines sur la maternité. Dans ce ravissant lavis (cat. 167), la
femme allaitant s'apparente, ainsi que l'a observé Adhémar, à la
robuste jeune mère du *Wagon de troisième classe* (cat. 270), qui
lui ressemblait davantage encore, par la pose sinon par le type,
avant les retouches apportées par Daumier[2].

Un croquis schématique du groupe familial traité, de façon plus
fouillée dans l'aquarelle de la collection Phillips (cat. 168) figure

168

Monsieur, Madame et Bébé, dit aussi *Maternité*

Vers 1862
Pierre noire, plume, encre, lavis, aquarelle, crayon Conté
et gouache sur papier vergé
17,4 × 19,2 cm
Signé en bas à droite : *h. Daumier*

Washington, The Phillips Collection (375)

Maison D. 699

Historique

> Coll. Roger Marx, Paris ; galerie Bernheim-Jeune, Paris ; coll. Albert Pra,
> Paris, en 1934 ; vente Pra, Paris, galerie Charpentier, 17 juin 1938, n° 7,
> repr. ; vendu 53 900 francs ; coll. Kapferer, Paris ; galerie Wildenstein
> & Co., New York ; acheté par Duncan Phillips en 1953.

Expositions

> Paris, 1901, n° 119 ; Paris, 1927, n° 11 ; Paris, 1934a, n° 55 ; Londres, 1961,
> n° 117 ; Francfort et New York, 1992-1993, n° 42, repr. coul.

sur le carnet de Daumier de 1862 (cat. 211) ; cette date se rapproche
de celle qu'ont avancée, en raison du style, Colta Ives et Bruce
Laughton[3]. On perçoit une note d'humour subtile dans le
contraste entre la jeune femme et le mari plus âgé, qui observe de
loin, avec perplexité, le lien dont il est exclu. **M.P.**

1. La collection Bureau comptait plusieurs dessins de mères, ou de
   grands-mères, et enfants, y compris le seul dessin connu de Daumier de la
   Vierge, de sainte Anne et de Jésus enfant, dit *Deux femmes et un enfant*
   (MD. 691, Los Angeles, UCLA at the Armand Hammer Museum of Art
   and Cultural Center, Armand Hammer Museum, University of California).
2. Voir Adhémar, 1954a, n° 76.
3. Ives (dans cat. exp. Francfort et New York, 1992-1993, n° 42) croit que le
   croquis représente une famille de l'époque ; Laughton, 1997, p. 60, fig. 77 ;
   Adhémar (*op. cit.* note 2) l'a situé plutôt entre 1855 et 1860.

169
Scène de ménage

Vers 1865
Pierre noire, lavis gris, lavis noir, plume et encre sur papier vergé
25,3 × 20 cm
Signé en bas à gauche : *h D.*

Chicago, The Art Institute of Chicago, Arthur Heun Fund
(1952.1108)

Maison D. 693
Exposé à Paris seulement

Historique
  Coll. Mme Bureau, Paris, vers 1878 ; coll. Paul Bureau, Paris ; vente
  Bureau, Paris, galerie Georges Petit, 20 mai 1927, n° 68, repr. ; acquis
  40 000 francs par Percy Moore Turner, Londres ; Carstairs Gallery,
  New York ; acquis par le musée en 1952.

Expositions
  Paris, 1878, n° 108 (*Scène de ménage*, prêté par Mme Bureau) ; Paris,
  1888, n° 411 ; Paris, 1901, n° 126 ; Francfort et New York, 1992-1993, n° 43,
  repr. coul.

En 1898, Jacques Beltrand reproduisait ce dessin dans un bois gravé intitulé *La Correction paternelle,* titre inapproprié, conférant à l'œuvre une saveur très XVIII siècle, qui évoquait Greuze et aurait sans doute plu à Daumier[1]. La famille Bureau, qui possédait également une représentation plus idyllique de la félicité conjugale, acheta l'œuvre du vivant de l'artiste. Le thème de ce père dépassé, tenant à bout de bras un bébé mouillé, constitue l'une des intrigues secondaires de la saga de la vie quotidienne que développa et redéveloppa l'artiste à partir des années 1840, mais jamais avec autant de plaisir. Colta Ives a daté le dessin du milieu des années 1860 et en a relevé fort pertinemment la parenté avec les scènes de la vie quotidienne, si réalistes, de Rembrandt[2]. Daumier excellait dans la transposition de climats, comme le montre l'adaptation de cette apothéose de l'exaspération domestique à un contexte politique dans *À l'instar de Pantin* (LD 3740), lithographie dénonçant le sort que la Prusse venait de réserver au grand-duché de Bade, publiée dans *Le Charivari* du 12 octobre 1869. **M.P.**

1. Voir Provost et Childs, 1989, p. 217, au sujet du rétablissement du titre
   de 1878.
2. Ives, dans cat. exp. Francfort et New York, 1992-1993, n° 43.

Les croquis d'artiste, années 1850

Les années 1850 ont inauguré une manière, poursuivie dans la décennie suivante, souvent désignée dans les titres de séries par le terme de « croquis » (*parisiens, musicaux, au Salon, pris à l'exposition, dramatiques, de chant...*) : ce mot, évocateur de *La Caricature* d'avant 1835 que recherchaient alors les amateurs[1], permettait surtout d'insister sur la valeur du dessin lithographique et d'en souligner l'effet « d'après nature[2] ».

---

1. On se souvient des « croquades » en forme de poire de Philipon ; « croquis » désignait une rubrique littéraire, souvent rédigée par Balzac.

2. Apprécié particulièrement par les Goncourt, férus de ce mot à la mode, chez Gavarni.

CROQUIS MUSICAUX   16

Fesant les délices du public de Carpentras.

170

Fesant [sic] *les délices du public de Carpentras*

Planche 16 de la série *Croquis musicaux*
Le Charivari, 7 avril 1852
Lithographie sur blanc ; état unique
26,1 × 20,6 cm
Signé en bas à gauche : *H. Daumier*

Paris, musée Carnavalet (G 01849)
Exposé à Paris seulement (exemplaire reproduit)

Santa Barbara, R.M. Light & Co.
Exposé à Ottawa seulement

Delteil 2242

Deux chanteuses représentées à mi-corps, le visage étrangement éclairé par la rampe (comme dans LD 2244 et 2245), s'égosillent sur un air du musicien Carpentras, les mains jointes, en un duo que la lithographie de Daumier parvient à rendre presque audible. Le cadrage de la planche, vu des premiers rangs du parterre, et le crayonnage confèrent une grande beauté à cette œuvre, de mise en page audacieuse, qui évoque l'art de Degas (lequel s'est expressément souvenu de la lithographie parue deux jours avant, *L'orchestre pendant qu'on joue une tragédie* (LD 2243), dans *L'Orchestre de l'Opéra*, vers 1869, Paris, musée d'Orsay). **S.L.M.**

171

Oui, madame Fribochon, il y a eu,
il y a trois semaines, un tremblement
d'terre très conséquent à Bordeaux,
et pas pus tard qu'avant z'hier,
entre minuit et trois heures du matin,
j'ai ressenti des secousses qui ne
sont pas naturelles dans mon lit...
l'herboriste, m'sieu Potard, m'a expliqué
ce Phénomène... y prétend que ça tient
à ce que le gouvernement laisse
trop creuser la terre en Californie
et que ça finira par nous jouer à tous
un mauvais tour aux Batignolles !...

Planche 278 de la série *Actualités*
Le Charivari, 17 mars 1852
Lithographie sur blanc ;
deuxième état sur deux
23,5 × 20,8 cm
Signé au centre : *h. Daumier*

Collection Roger Passeron
(ancienne collection René Gaston-Dreyfus)

Delteil 2263
Exposé à Ottawa et à Paris seulement

ACTUALITÉS 278

—Oui, madame Fribochon, il y a évu, il y a trois semaines, un tremblement d'terre très conséquent à Bordeaux, et pas pus tard qu'avant z'hier, entre minuit et trois heures du matin, j'ai ressenti des secousses qui ne sont pas naturelles dans mon lit...l'herboriste, m'sieu Potard, m'a expliqué ce Phénomène... y prétend que ça tient à ce que le gouvernement laisse trop creuser la terre en Californie et que ça finira par nous jouer à tous un mauvais tour aux Batignolles !...

C'est l'une des plus belles lithographies de l'œuvre[1], qui se détache dans une période un peu terne de la carrière de Daumier et dont il a repris la thématique dans son aquarelle *Les Trois Commères* (1858-1862, MD 697). Dans la composition en vignette, le trio des commères, rassemblées dans l'obscurité sur un palier d'appartement, semble comploter comme les sorcières de *Hamlet*, autour d'une chandelle, tenue par l'une d'elles, qui éclaire les personnages d'une lumière intense, rendue par le blanc du papier. Dans son clair-obscur digne de Rembrandt, l'œuvre, proche aussi de Goya, Füssli ou Delacroix, donne malgré tout l'impression d'un « croquis d'après nature ». L'expression des visages rapprochés, dont l'un, face au spectateur, semble se récrier avec incrédulité, la courbe des corps emmitouflés de châles et enveloppés de grandes ombres, l'harmonie chromatique des noirs, des gris et des blancs, le souple tracé des formes assurent à la scène un traitement propre à l'art lithographique. Le verbiage de la légende est souvent cité comme l'exemple même de celles, superflues, qui dénaturent le génie de Daumier : libre au spectateur de n'en rien lire ! On peut toutefois considérer que ces quelques lignes au bas de la planche rendent visuellement, comme en bruit de fond, le murmure du parler populaire cher à Claudel[2], tout autant que les oscillations expressives du trait de Daumier et les physionomies des personnages. Pour l'inscription de la légende, il a fallu rogner le bas du croquis, qui est resté intact dans le premier état, avant la lettre – celui de l'épreuve exposée provient de l'ancienne collection René Gaston-Dreyfus[3]. **S.L.M.**

1. Provost et Childs, p. 150 ; Laughton, 1996, p. 39-40.
2. *Positions et Propositions sur le vers français.*
3. Troisième vente, 15-17 mai 1968, n° 156 ; épreuve exposée au musée Cognacq-Jay en 1961 (n° 175), et à la galerie des Ponchettes de Nice en 1961 (n° 238).

—Voilà pourtant notre chambre nuptiale, Adélaïde . . . . ces limousins ne respectent rien, ils n'ont pas le culte des souvenirs !...

172

Voilà pourtant notre chambre nuptiale, Adélaïde....
ces limousins ne respectent rien, ils n'ont pas le culte
des souvenirs !...

Planche 3 de la série *Croquis parisiens*
Le Charivari, 13 décembre 1853
Lithographie sur blanc ; deuxième état sur deux
25,6 × 20,9 cm
Signé en bas à gauche : *h. D.*

Paris, Bibliothèque nationale de France,
réserve du département des Estampes
et de la Photographie (Dc. 180b rés. tome 50)
Exposé à Paris seulement (exemplaire reproduit)

Boston, Museum of Fine Arts
Legs de W.C. Russel Allen, 1963
Exposé à Ottawa seulement

Delteil 2429

UN DES INCONVÉNIENTS DES SOUS-SOLS.
Allons bon !....... en voilà encore qui ont poussé cette nuit !....

Agréable vue dont jouissent exclusivement les locataires des SOUS-SOLS.

173

Un des inconvénients des sous-sols
Allons bon !....... en voilà encore qui ont poussé
cette nuit !...

Planche 15 de la série *Croquis parisiens*
Le Charivari, 26 novembre 1856
Lithographie sur blanc ; deuxième état sur deux sur papier mince
15,7 × 20,2 cm
Signé en bas à gauche : *h. D.*

Paris, musée Carnavalet (G 01881)
Exposé à Paris seulement (exemplaire reproduit)

Paris, collection Prouté
Exposé à Ottawa seulement

Delteil 2814

Sous le second Empire, les caricaturistes ont beaucoup critiqué les travaux d'Haussmann[1]. Daumier l'a fait avec un talent qui tranche nettement sur l'ensemble de cette production : il a interprété de façon quasi abstraite les formes déchiquetées des immeubles en démolition. Spectateurs impuissants et navrés, un couple de bourgeois contemple la destruction de son univers familier, ce que symbolise la brisure de la planche scindée en deux espaces, et que corrobore la légende : *Voilà pourtant notre chambre nuptiale, Adélaïde* (cat. 172). Dans l'effondrement du monde quotidien de la bourgeoisie, l'homme à la pioche, en silhouette sur le ciel à l'arrière-plan, apparaît comme l'emblème de la destruction du vieux Paris, voire comme un possible symbole révolutionnaire. Entre ces deux univers contradictoires, sur le mur en brèche, se dressent les formes noires et calcinées de poutres tordues dans un lacis étrange.

Daumier se moque aussi de l'aménagement insalubre des sous-sols des immeubles parisiens, sombres et humides comme des champignonnières (cat. 173). Il en tire des effets inédits, par l'enchaînement des planches, le cadrage fragmenté et le point de vue,

174

Agréable vue dont jouissent exclusivement
les locataires des sous-sols

Planche 17 de la série *Croquis parisiens*
Le Charivari, 29 novembre 1856
Lithographie sur blanc ; deuxième état sur deux sur papier mince
19,5 × 25,9 cm
Signé en bas à gauche : *h. D.*

Paris, musée Carnavalet (G 01883)
Exposé à Paris seulement (exemplaire reproduit)

Los Angeles, UCLA at The Armand Hammer Museum of Art and Cultural Center. The Armand Hammer Daumier and Contempories Collection
Exposé à Ottawa et Washington seulement

Delteil 2815

en trois planches des *Croquis parisiens*, où alternent vue d'intérieur (cat. 173 et 174) et vue de la rue (LD 2816). L'emplacement du soupirail varie selon les compositions : dans *Agréable vue...* (cat. 174), il se trouve au centre, et le couple conjugal, qui contemple le spectacle, installé dans deux fauteuils de part et d'autre, évoque irrésistiblement les caricatures des téléspectateurs du XXᵉ siècle, au regard fasciné par l'image animée : tel est bien l'enjeu du comique des deux planches exposées, qui montrent, comme dans *La Femme au petit chien* de Giacomo Ballà, le ballet futuriste des jambes et des chevilles des piétons passant sur le trottoir, ainsi qu'on peut l'entrevoir par le soupirail[2]. Les deux épreuves sont de beaux tirages sur papier mince. **S.L.M.**

1. Rosemarie Gerken, « *Transformation* » *und* « *embellissement* » *von Paris in der Karikatur, Zur Unwandlung des französischen Hauptstadt im zweitem Kaiserreich durch den Baron Haussmann*, Hildesheim, Zurich et New York, éd. Georg Olms, 1997.
2. On trouve ailleurs chez Daumier le comique de la vision fragmentée du corps, vu par les ouvertures, vasistas et mansardes, des immeubles parisiens (1847, LD 1660).

Voyageurs appréciant de moins en moins les wagons de troisième classe, pendant l'hiver.

175

Voyageurs appréciant de moins en moins les wagons de troisième classe, pendant l'hiver

Planche 2 de la série *Les Agréments des chemins de fer*
Le Charivari, 25 décembre 1856
Lithographie sur blanc ; deuxième état sur deux
18,7 × 25,1
Signé en bas à gauche : *h. D.*

Collection Roger Passeron
Exposé à Paris seulement (exemplaire reproduit)

Santa Barbara, R.M. Light & Co.
Exposé à Ottawa seulement

Delteil 2824

Le thème des chemins de fer, apparu dans les années 1840 et traité dans *Les Chemins de fer* en décembre 1855 (LD 2729 à 2732), est repris par les deux planches des *Agréments des chemins de fer* en décembre 1856 (LD 2823 et 2824) : proche dans sa composition d'une lithographie publiée le 9 novembre 1855 (LD 2640), la seconde, *Voyageurs appréciant de moins en moins...* (cat. 175) situe la scène dans un wagon de troisième classe, à l'époque recouvert d'un toit, mais ni vitré, ni chauffé : par les fenêtres s'engouffrent les flocons de neige à l'intérieur du wagon obscur, tandis que les voyageurs, frigorifiés, se tassent les uns contre les autres, formant un groupe pyramidal. Le visage encapuchonné de la femme de gauche abritant un enfant d'un pan de vêtement est empreint d'une expression de souffrance inquiète. Toute différente est la réserve tranquille et résignée de la femme au panier, qui ressemble à celle de l'aquarelle de Baltimore (cat. 269) et du tableau de New York (cat. 271).   **S.L.M.**

CROQUIS DRAMATIQUES

Un rappel de chanteuse,.....scène de haute comédie.

176

Un rappel de chanteuse... scène de haute comédie

Planche 9 de la série *Croquis dramatiques*
Le Charivari, 9 janvier 1857
Lithographie sur blanc ; troisième état sur trois
sur papier mince
26,6 × 20,9 cm
Signé en bas à gauche : *h. D.*

Paris, Bibliothèque nationale de France, réserve
du département des Estampes et de la Photographie
(Dc 180b rés. tome 61)

Delteil 2905
Exposé à Paris seulement

Fig. 1
Gustave Doré, *Opéra (la fosse aux lions)*,
1854, lithographie, planche de l'album
Les Différents Publics de Paris,
Paris, au bureau du *Journal amusant.*

177

**Dire.... *que dans mon temps, moi aussi,*
j'ai été une brillante Espagnole....... maintenant
je n'ai plus d'espagnol, que les castagnettes !....
*c'est bien sec !.....***

Planche 11 de la série *Croquis dramatiques*
Le Charivari, 20 janvier 1857
Lithographie ; troisième état sur trois sur papier mince
20,4 × 24,6 cm
Signé en bas à gauche : *h. D.*

Paris, Bibliothèque nationale de France, réserve
du département des Estampes et de la Photographie
(Dc. 180b rés. tome 61)
Exposé à Paris seulement (exemplaire reproduit)

Boston, Museum of Fine Arts. Legs de William
P. Babcock, 1900
Exposé à Ottawa seulement

Delteil 2907

_ Dire.... que dans mon temps, moi aussi, j'ai été une brillante Espagnole....... maintenant je n'ai
plus d'espagnol, que les castagnettes !.... c'est bien sec !.....

Le thème des spectacles donna lieu à plusieurs séries lithographiques dans les années 1850 ; *Croquis dramatiques*, en quinze lithographies, publiées dans *Le Charivari* de septembre 1856 à mai 1857, est la plus importante d'entre elles par l'originalité des éclairages et des compositions dont la modernité annonce l'impressionnisme et l'œuvre de Degas. Les trois épreuves exposées sont de très beaux tirages sur papier mince.

Rappelée en scène par les applaudissements, la chanteuse, qui tient la main de son partenaire (cat. 176), s'incline vers le public avec une profonde révérence, tandis que pleuvent sur elle les bouquets – trouvaille graphique empruntée à Doré (fig. 1) et réitérée dans une planche de 1864 (LD 3281) ; les feux de la rampe éclairent la scène, devant laquelle le trou du souffleur trace un rectangle oblong prolongé par la ligne noire du rebord de la fosse. La vivacité du trait de crayon se remarque notamment dans la robe et dans l'arrière-plan obscur de la scène. De toute évidence, Degas a connu cette planche ou emprunté le motif du bouquet à Doré, comme Daumier.

Dans l'audacieuse composition de *Dire... que dans mon temps...* (cat. 177), Daumier plaque l'un sur l'autre deux espaces distincts, qui s'articulent entre eux par plans contrastés : entre les coulisses sombres qui forment repoussoir à l'avant, s'ouvre une zone trapézoïdale de lumière, centrée sur la danseuse, qu'observe une vieille actrice placée derrière le rideau de gauche. Le contraste entre « la vieille » et « la jeune » (introduit dans la planche précédente, LD 2906) est un thème goyesque traité non seulement dans les tableaux du musée de Lille, mais également dans les *Caprices*, où se croisent *majas* et Célestines ; en revanche, l'audacieuse torsion du corps de la danseuse, dont le buste, la gorge et le visage en pleine lumière sont tendus vers le public à peine visible derrière le rebord des loges, n'appartient qu'à Daumier, comme le traitement expressif des contours et l'effet de mouvement de l'étoffe de la robe qui virevolte autour de la silhouette ; cette scénographie dynamique, bien différente du style hispanisant de Manet dans *Lola de Valence* (1862-1867, Paris, musée d'Orsay), a été observée de près par Degas, qui a adopté à son tour une écriture cursive pour rendre les lumières de la scène sur le corps de la danseuse en mouvement, sous des angles d'approche inattendus.

La planche suivante, *Un danseur qui se pique...* (cat. 178) montre de nouveau une juxtaposition des lieux hétérogènes qu'offre l'espace théâtral ; la zone d'ombre de la fosse d'orchestre d'où émerge la silhouette en hiéroglyphe du chef d'orchestre, baguette en main, contraste avec la scène en pleine lumière où se détache, au centre, la danseuse en tutu sur les pointes, tandis que

CROQUIS DRAMATIQUES 12

Le danseur qui se pique d'avoir conservé les belles traditions de VESTRIS.

178

Le danseur qui se pique d'avoir conservé
les belles traditions de VESTRIS

Planche 12 de la série *Croquis dramatiques*
Le Charivari, 23 janvier 1857
Lithographie sur blanc ; deuxième état sur deux
sur papier mince
25,5 × 21,9 cm
Signé en bas à gauche : *h. D.*

Paris, Bibliothèque nationale de France, réserve
du département des Estampes et de la Photographie
(Dc. 180b rés. tome 61)

Delteil 2908
Exposé à Paris seulement

Fig. 2
Grandville, *Apocalypse du ballet,*
Un autre monde, Fournier, 1844,
illustration gravée sur bois de bout.

Fig. 3
Grandville, *Le Concert à la vapeur,*
Un autre monde, Fournier, 1844,
illustration gravée sur bois de bout.

179

Un orchestre dans une maison comme il faut......
où l'on se passe la fantaisie de jouer l'opérette

Planche 8 de la série *Les Comédiens de société*
Le Charivari, 20 avril 1858
Lithographie sur blanc ; deuxième état
26,8 × 21,1 cm
Signé en bas à gauche : *h. D.*

Paris, Bibliothèque nationale de France, réserve
du département des Estampes et de la Photographie
(Dc. 180b rés. tome 61)
Exposé à Paris seulement (exemplaire reproduit)

Boston, Museum of Fine Arts. Legs de William P.
Babcock, 1900
Exposé à Ottawa seulement

Delteil 3038

LES COMÉDIENS DE SOCIÉTÉ.

Un orchestre dans une maison comme il faut...... où l'on se passe la fantaisie de jouer l'opérette.

le corps de ballet se laisse deviner de part et d'autre. Indépendamment du travail sur les gradations lumineuses et sur les contrastes d'image en positif et en négatif, l'humour visuel, fondé sur la mécanisation du geste et l'automatisation des personnages, est directement emprunté aux illustrations de Grandville pour *Un autre monde* (1844), notamment *Apocalypse du ballet* (fig. 2) et *Le Concert à la vapeur* (fig. 3), et engage l'un des ressorts les plus profonds, et les plus simples, du rire : celui du « mécanique plaqué sur du vivant », selon la formule de Bergson dans *Le Rire* (1904).

Le théâtre de société et les concerts d'amateurs à domicile perpétuèrent sous le second Empire un rituel de sociabilité mondaine qui remonte au XVIIIᵉ siècle, et qu'évoque *Comédiens de société*, série dont les seize pièces ont paru dans *Le Charivari* d'avril à juin 1858. Daumier y poursuit les recherches plastiques des *Croquis dramatiques*, auxquelles s'intéresseront Degas dans ses pastels et lithographies de café-concert des années 1875-1878 et Toulouse-Lautrec dans ses lithographies de spectacles : contrastes de lumières, éclairages inhabituels, cadrages inattendus, superposition de motifs plaqués les uns sur les autres, facture allusive du croquis, vibration des teintes. Dans *Un orchestre dans une maison comme il faut...* (cat. 179), une frange sombre cerne la silhouette et les visages des chanteuses illuminés par une lampe posée à terre, tandis que le groupe des musiciens, à contre-jour, est traité d'un gris plus soutenu que l'arrière-plan où sont groupés les spectateurs, assis comme l'est sans doute le dessinateur qui observe la scène légèrement *de sotto*. Sur la gauche, la délimitation du cadre ne laisse visible que le bas de la robe de l'une des auditrices. La gestuelle propre à chaque instrumentiste est soigneusement observée, notamment, comme dans le bandeau de « l'orchestre du charivari » en 1834, la mimique expressive du flûtiste parmi les autres musiciens. Le chat qui fait le gros dos renforce cette allusion, sonore, au charivari, la *Katzenmusik* souvent mise en images par les caricaturistes viennois en 1848 : Daumier introduit ainsi dans le dessin de presse français un motif constamment repris, depuis les caricatures de *L'Olympia* jusqu'aux illustrations du *Chat noir*. Sur la droite, un rideau complète l'assise latérale de la composition, indiquée par la forme du piano, par ses rayures verticales d'ombre et de lumière.

S.L.M.

CROQUIS D'HIVER .

LA CRINOLINE EN TEMPS DE NEIGE
_ Ma belle dame.....faut-y vous donner un coup d'balai ?.....

180

La Crinoline en temps de neige
— Ma belle dame... faut-y vous donner un coup
d'balai ?....

Première planche (sans numéro) des *Croquis d'hiver*
Le Charivari, 13 novembre 1858
Lithographie sur blanc ; deuxième état sur deux
26,1 × 22,1 cm
Signé en bas à gauche : *h. D.*

Paris, Bibliothèque nationale de France, réserve du département
des Estampes et de la Photographie (Dc. 180b rés. tome 61)
Exposé à Paris seulement (exemplaire reproduit)

Boston, Museum of Fine Arts. Legs de W.C. Russell Allen, 1963
Exposé à Ottawa seulement

Delteil 3089

L'actualité présentée par Daumier au *Charivari* continuait d'être
annuellement rythmée par les saisons : en 1858, le printemps
évoque les spectacles (série *Les Comédiens de société*, cat. 179),
l'été *Les Plaisirs de la villégiature* et *Les Bains de mer*, l'automne
les vendanges (*Croquis d'automne*, le 17 octobre 1858), tandis que
les deux scènes d'intérieur et d'extérieur qui se répondaient dans
Croquis d'hiver (LD 3089 et 3090) présentent des effets de neige.
La Crinoline en temps de neige renoue avec l'inspiration météo-
rologique des années 1840, interprétée désormais dans le style des
« croquis ». Daumier traduit, par les accents des grattages et par
le blanc de réserve, la neige légère qui se dépose sur les vêtements
des passants, ourlant une silhouette d'homme à l'arrière-plan, et
recouvrant la crinoline et le parapluie d'une femme vue de dos
qu'observe une concierge au balai dont la légende rapporte les
propos. Le paysage rythmé par les troncs des arbres décharnés est
constellé par les flocons qui tombent, créant un effet de pointillé
blanc.   **S.L.M.**

Peintures, années 1850

181

Les Deux Avocats

Vers 1858-1862

Huile sur panneau

34 × 26 cm

Signé en bas à gauche : *h. Daumier*

Lyon, musée des Beaux-Arts (B1305 d)

Maison I-18

Exposé à Ottawa et à Paris seulement

Historique

Coll. Charles Daubigny, Paris, jusqu'en 1878
(alors estimé 1 800 francs) ; succession
Daubigny ; coll. Henri Rouart, Paris ;
vente Rouart, Paris, galerie Manzi-Joyant,
9-11 décembre 1912, nº 170, *Un coin du palais* ;
acquis à la vente 15 228 francs par Brame et
Gustave Tempelaere, Paris ; coll. Joseph Gillet,
Lyon ; légué par Joseph Gillet au musée en 1923.

Expositions

Paris, 1878, nº 54 (*Les deux avocats*, prêté
par Mme Daubigny) ; Paris, 1888, nº 358 ;
Paris, 1934a, nº 42, repr. ; Paris, 1958a, nº 81.

Les tableaux de Daumier présumés, à certaines époques, contemporains de ses lithographies ont quelque chose de paradoxal, non seulement dans la particularité de leur mise en scène et de leur cadrage, tellement plus audacieux dans les tableaux, mais aussi dans les physionomies des avocats, rarement parents des avocats représentés dans *Le Charivari*. Certains ont considéré que les panneaux de Lyon et de Zurich présentaient les caractères de premières œuvres, mais cette opinion a été souvent révisée, et la question reste irrésolue. Adhémar a d'abord pensé que la peinture de Lyon était de 1864, mais a fini par conclure sur une date antérieure, à partir de 1845-1846. Maison a abondé dans son sens ; à ses yeux

c'était l'unique peinture d'avocats de la période qui datait des environs de 1846-1848[1]. Adhémar a situé le panneau Bührle plus tôt, vers 1843-1846. Mais Maison, s'appuyant sur des considérations stylistiques, l'a repoussé d'une bonne dizaine d'années, 1855-1857[2].

Il serait fort étonnant que l'un ou l'autre panneau remonte aux années 1840 ; l'unique rapprochement qui peut être fait avec certitude, c'est celui avec une certaine série de planches lithographiques, *Les Gens de justice* (cat. 96 à 101), série qui a donné lieu à des peintures. Dans les *Avocats* de Zurich, les personnages se détachent d'un pilier, comme dans les *Trois Avocats* de la Phillips Collection (cat. 290), un temps considéré aussi comme une œuvre

182

Les Deux Avocats

Vers 1855-1857
Huile sur panneau
20,5 × 26,5 cm
Signé en bas à gauche : *h. Daumier*

Zurich, Fondation Collection E.G. Bührle

Maison I-90
Exposé à Paris seulement

Historique

Coll. Hubert Debrousse, château de Moyeux, Nangis (Seine-et-Marne) ;
vente Debrousse, Paris, hôtel Drouot, 4-6 avril 1900, n° 112 ; coll. Hirsch,
Paris ; vente anonyme, Paris, hôtel Drouot, 7 décembre 1912, n° 15 ;
galerie Hessel ?, Paris ; coll. Justin K. Thannhauser ?, New York ;
coll. Duncan Phillips, Washington ; M. Knoedler and Co, New York ;
coll. W.F.C. Ewing, New York ; coll. F. Nathan, Zurich ; marché de l'art
de Grande-Bretagne ; acquis par E.G. Bührle, Zurich, en 1952.

Exposition

Paris, 1901, n° 46.

de jeunesse, l'*Avocat lisant* (MI-213, que Maison datait de la fin des
années 1860), et plusieurs aquarelles présentant la même architecture. La mise en page est en fait typique d'une direction que Daumier n'imprimera à son œuvre qu'à la fin des années 1850 ; l'exécution pourrait donc dater des environs de 1860. Comme l'a
observé Madeleine Vincent, dans le panneau de Lyon, le traitement du sujet se situe « entre la satire et l'épopée », veine très
proche des aquarelles du début et du milieu des années 1860,
notamment *Le Grand Escalier du palais de Justice*[3] (cat. 284). La
première impression d'Adhémar paraît donc assez juste : la date la
plus plausible se situe vers 1862-1864.   **M.P.**

1. Adhémar, 1935, p. 158 ; Adhémar, 1954a, n° 20.
2. *Ibid.*, n° 19.
3. Madeleine Vincent, *Catalogue du musée de Lyon. La peinture des XIX*
   *et XX*e *siècles*, Lyon, Édition de Lyon, 1956, p. 132-133.

183

Le Lutteur

Vers 1852-1853
Huile sur panneau
42 × 27,5 cm
Signé en bas à gauche : *h. Daumier*

Copenhague, Ordrupgaard

Maison I-45

Historique
    Coll. Charles Daubigny, Paris, jusqu'en 1878
    (alors estimée 1 200 francs) ; succession
    Daubigny ; coll. Louis Sarlin, Paris ;
    vente Sarlin, Paris, galerie Georges Petit,
    2 mars 1918, n° 26, repr. ; coll. Heilbuth,
    Paris ; Londres, Reid & Lefevre ;
    coll. Wilhelm et Jenny Hansen, Copenhague ;
    légué par W. et J. Hansen au musée en 1951.

Expositions
    Paris, 1878, n° 55 (*Le lutteur* prêté par
    Mme Daubigny) ; Paris, 1901, n° 71 ; Paris,
    1910, n° 42 ; Londres, 1961, n° 65, repr.

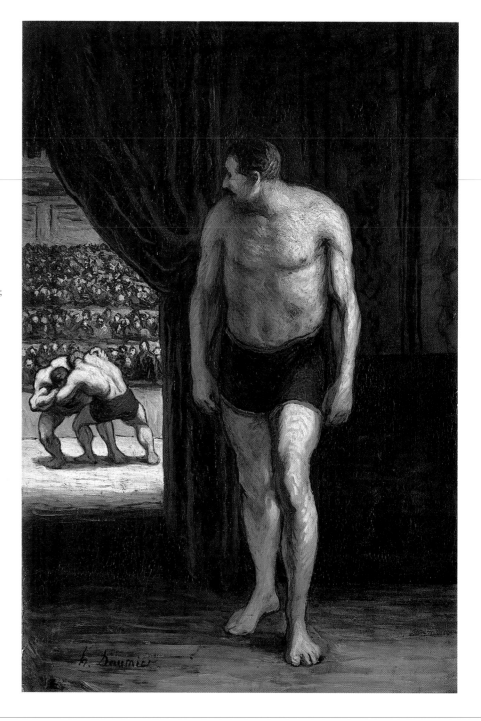

Dans la littérature moderne, *Le Lutteur* de l'exposition de 1878 s'est transformé en *Les Lutteurs*, ce dernier titre focalisant l'intérêt non plus sur la figure principale mais sur le groupe à l'arrière-plan. C'est en un sens ce que fait la composition, subvertissant le thème en montrant un lutteur qui attend passivement son tour, tandis que le spectacle brutal se déroule dans le fond. Daumier ne dédaignait pas à l'occasion ce procédé, dont il avait déjà tiré un effet similaire dans *Baissez le rideau, la farce est jouée* (cat. 58) avec le même hiatus entre le premier plan et l'arrière-plan[1]. Un dessin (MD. 525, Vienne, Albertina) représente la figure aux mêmes dimensions que le tableau, et des lutteurs dans une position identique. Il existe également plusieurs feuilles d'études de lutteurs se rattachant à la composition, mais dont aucune ne correspond à la version finale. Deux d'entre elles sont exposées, l'une répertoriée par Maison, l'autre publiée par Laughton ; une troisième feuille (MD. 526), aujourd'hui disparue, donnait à voir quatre groupes de lutteurs[2]. Un autre dessin (MD. 528, Lyon, musée des Beaux-Arts) a été associé au groupe, mais il en diffère à tel point qu'il faut presque certainement y voir, comme le soupçonnait Maison, une étude pour *Le Fils prodigue* (cat. 191 à 194).

Maison a daté le panneau vers 1852 et Laughton, de 1853, en partie sur la foi d'un lien apparent avec *Les Lutteurs* de Courbet (Budapest, Szépmüvészeti Mùzeum) exposé au Salon de 1853 où les *Baigneuses* du même Courbet, plus célèbres encore, provoquèrent un scandale que répercuta Daumier dans *Grands Admirateurs des tableaux de M. Courbet* (B 827), publié dans *Le Charivari*

184

Les Lutteurs

Vers 1852-1853

Crayon sur mine de plomb sur papier

29,5 × 20,5 cm

Lyon, musée des Beaux-Arts

Maison D. 527

Historique
Coll. Roger Marx, Paris ; vente Marx, Paris, galerie
Manzi-Joyant, 11-12 mai 1914, nᵒ 116 (avec MD. 528 et
le dessin ci-dessous) ; acquis à la vente par le musée en 1914.

185

Les Lutteurs

Vers 1852-1853

Crayon sur papier

26 × 20,5 cm

Lyon, musée des Beaux-Arts

Non catalogué dans Maison

Historique
Coll. Roger Marx, Paris ; vente Marx, Paris, galerie
Manzi-Joyant, 11-12 mai 1914, nᵒ 116 (avec MD. 527 et D. 528) ;
acquis à la vente par le musée en 1914.

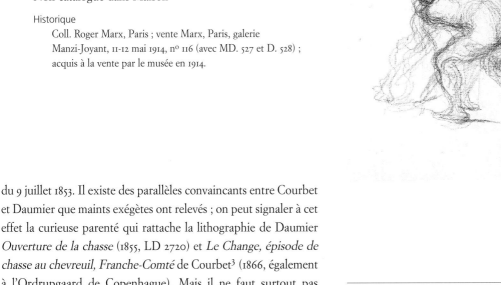

du 9 juillet 1853. Il existe des parallèles convaincants entre Courbet
et Daumier que maints exégètes ont relevés ; on peut signaler à cet
effet la curieuse parenté qui rattache la lithographie de Daumier
Ouverture de la chasse (1855, LD 2720) et *Le Change, épisode de
chasse au chevreuil, Franche-Comté* de Courbet[3] (1866, également
à l'Ordrupgaard de Copenhague). Mais il ne faut surtout pas
oublier que, vers la même époque, le jeune Gustave Doré dessinait
également des lutteurs à la salle Montesquieu pour *Le Journal
pour rire*, où Nadar publia une caricature du tableau de Courbet[4].
À la fin de sa vie, Daumier a renoué une dernière fois avec le sujet
dans une allégorie politique, plus sinistre, *Le Véritable Lutteur
masqué* (LD 3604), parue dans *Le Charivari* du 9 novembre 1867.

M.P.

1. Il apparaît également tard dans sa vie, par exemple dans *Le Barbe bleue
prussien* (LD 3489), *Le Charivari*, 13 mars 1866.
2. Au sujet des dessins, voir également Maison, juin 1956, p. 200, et Laughton,
1996, p. 130-131.
3. Voir en particulier *Courbet und Deutschland*, Hambourg, Hamburger
Kunsthalle et Francfort, Städtische Galerie im Städelschen Kunstinstitut,
1978-1979, p. 210 et 211, 298 et 299.
4. Klaus Herding, « Courbets Modernität im Spiegel der Karikatur », dans
cat. exp. Hambourg et Francfort, *op. cit.* note 3, fig. 22, p. 512.

186

Les Voleurs et l'Âne

Vers 1858-1860
Huile sur toile
41,4 × 33 cm

Collection particulière

Maison I-115

Historique

Coll. Arsène Alexandre, Paris ; vente
Alexandre, Paris, galerie Georges Petit,
18 et 19 mai 1903, n° 18 ; vendu 1 700 francs ;
Salgot (probablement Sagot), Paris ;
coll. Otto Gerstenberg jusqu'en 1935, Paris ;
par héritage, M. Scharf ; coll. part.

Expositions

Paris, 1901, n° 2 ; Berlin, 1926, n° 8 ; Francfort
et New York, 1992-1993, n° 33, repr. coul.

C'est, sans nul doute, à la suite du *Meunier, son fils et l'âne* (cat. 121) que Daumier a recouru, pour une autre œuvre, à une fable de La Fontaine, *Les Voleurs et l'Âne*. La fable, allégorie de l'occasion, est bien connue : alors que deux larrons se disputent un âne volé, un troisième le leur dérobe. Le sujet n'est pas de ceux qui furent confiés à Daumier en 1855 pour un ensemble d'illustrations de La Fontaine, et aucun des dessins inspirés des fables ne semble être lié à ce projet de publication[1].

La plus grande des deux peintures consacrées à ce thème, la plus connue, considérée parfois comme la version achevée, a été la première œuvre d'importance de Daumier à faire son entrée au Louvre. Peinte sur une toile mise au carreau (ce qui laisse supposer une étude préparatoire) et beaucoup plus développée que la version de moindre format, elle offre néanmoins des passages d'une merveilleuse fraîcheur, à moitié traités. Deux esquisses existent – un croquis de petites dimensions des deux voleurs (MD. 395) et une plus grande composition, d'une puissance remarquable, intégrant le paysage et le nu (cat. 188). Aucun de ces essais n'a servi directement aux peintures et ils diffèrent largement l'un de l'autre, tant par la pose du voleur couché sur le dos que par la position des deux voleurs et du cavalier.

La tradition veut que la peinture de moindre format (cat. 186) ait servi d'esquisse à l'œuvre du musée d'Orsay, mais il est difficile d'y voir une étude au sens classique du terme. Peinte avec une remarquable verve – et sans trace de modèle – sur un dessin sous-jacent

---

1. Voir l'exposé dans Maison, vol. II, 1968, p. 137-138.

187

Les Voleurs et l'Âne

Vers 1858-1860
Huile sur toile
58,5 × 56 cm
Signé en bas à droite : *h. Daumier*

Paris, musée d'Orsay (RF 844)

Maison I-116

Historique
    Coll. Adolphe-Victor Geoffroy-Dechaume, Valmondois ;
vente Geoffroy-Dechaume, Paris, hôtel Drouot, 14 et 15 avril 1893,
n° 21, repr. gravée par Auguste Boulard ; acquis 12 100 francs à la vente
par le musée du Louvre ; transféré au musée d'Orsay en 1986.

Expositions
    Paris, 1878, n° 38 (*Les voleurs et l'âne*, prêté par
M. Geoffroy-Dechaume) ; Berlin, 1926, n° 25 ; Paris, 1934a, n° 43, repr.

188
Les Voleurs et l'Âne

Vers 1858-1860
Pierre noire sur papier vélin
34 × 25,5 cm

Paris, musée du Louvre, département des Arts graphiques,
donation Claude Roger-Marx, fonds du musée d'Orsay
(RF 36.799)

Maison D. 395
Exposé à Paris seulement

Historique

Galerie Ambroise Vollard, Paris ; coll. Renan, Paris ; coll. Wertheimer,
Paris ; coll. Claude Roger-Marx, Paris ; donné par Paulette Asselain,
fille de Claude Roger-Marx, au musée en 1978.

Expositions

De Watteau à Cézanne, Genève, musée d'Art et d'Histoire, 1951, n° 105 ;
Paris, 1957, n° 19c ; Marseille, 1979, n° 63, repr. ; *Donations Claude
Roger-Marx*, Paris, musée du Louvre, cabinet
des Dessins, 1980-1981, n° 14, repr. ; Francfort et New York, 1992-1993,
n° 32, repr.

très libre, elle semble plutôt une variante. Peut-être l'auteur a-t-il
cherché par une composition asymétrique, bien différente de la
structure carrée propre à la version d'Orsay et aux dessins, à présenter le sujet dans un cadre plus dynamique. Daumier a repris
dans une lithographie de 1862 (cat. 189) la composition du tableau
d'Orsay. Cette gravure diffère à tel point de la première peinture
que Duranty estimait, en 1878, que cette version lui était inconnue[2].

Duranty attribua les tons chauds et roux du tableau d'Orsay
(dus, en partie, à l'apprêt de la toile) à l'admiration que portait
Daumier à ses contemporains de l'époque romantique, tel Diaz,
mais aussi à son étude de la peinture anglaise[3]. La source première
du tableau est, sans conteste, une bagarre de rue reproduite par
Daumier dans une lithographie de 1845, elle-même précédée par
une lithographie de 1844[4] représentant une mêlée entre chasseurs et
chiens. À l'opposé du combat de divertissement figuré dans *Les
Lutteurs* (cat. 183), la bataille engagée dans *Les Voleurs et l'Âne* est
âpre et singulièrement violente. Adhémar avait la presque certitude
que le sujet comportait un sous-entendu politique, opinion rejetée
par Maison mais reprise par Laughton, qui associe les dessins (les
datant des années 1849-1850) à la fin de la guerre austro-hongroise[5].

Dater la peinture d'Orsay est une entreprise malaisée. Adhémar
la situa d'abord dans les années 1861-1862, proche de la litho-

graphie, pour la ramener peu à peu à 1848-1850, la rapprochant
d'un événement politique. Larkin, qui y vit une référence au coup
d'État de Louis Napoléon, souscrit également à une date plus
reculée[6]. Puisqu'il est difficile de concilier le style des peintures et
celui du *Meunier, son fils et l'âne* de 1849 (cat. 121), une date ultérieure semble mieux indiquée – environ 1858, comme le propose
Maison.

M.P.

2. Duranty, 1878, p. 358.

3. *Ibid.* L'œuvre constitue une intéressante contrepartie plébéienne
à la décoration de Delacroix de l'église Saint-Sulpice, *La Lutte de Jacob
avec l'ange* (1854-1861).

4. *Mais pis que j'vous dis qu'c'est des amis...* (LD 1387), *Le Charivari*,
23 août 1845 ; *Je te dis que je l'ai fait partir* (LD 1082), *Le Charivari*,
10 janvier 1844.

5. Adhémar, 1954a, p. 123, n° 98 ; Laughton, 1991, p. 142-143. Laughton
s'appuie sur des lithographies plus tardives et le texte de La Fontaine :
« L'âne, C'est quelquefois une pauvre province ; Les voleurs sont tel ou tel
prince, Comme le Transylvain, le Turc et le Hongrois » (*Fables choisies de
La Fontaine*, illustrées par Grandville, nouvelle édition, vol. I, Bruxelles,
1838, p. 72).

6. Adhémar, 1935, p. 156-157 ; Adhémar, *op. cit.* note 5, p. 123, n° 98 (la datant
de 1856-1858) ; Charles Sterling et Hélène Adhémar, *La Peinture au musée
du Louvre : École française, XIXe siècle*, Paris, RMN, vol. II, 1959, n° 527 ;
Larkin, 1966, p. 219.

189

L'Âne et les Deux Voleurs

1862
Souvenirs d'artistes, nº 75
Lithographie ; premier état avant la lettre
22,8 × 20,2 cm
Signé en bas à gauche : *H.D.*

Paris, collection Prouté
Exposé à Paris seulement (exemplaire reproduit)

Ottawa, musée des Beaux-Arts du Canada
Exposé à Ottawa et à Washington seulement

Delteil 3253

Publié, non dans *Le Boulevard*, mais dans *Souvenirs d'artistes*, *L'Âne et les Deux Voleurs* introduit un genre nouveau de gravure, particulièrement menacé par la photographie[1] : celui de la gravure de reproduction que Daumier voue à l'interprétation de sa propre peinture ; il donne ainsi une gravure originale, en se conformant aux recommandations de Philippe Burty dans *La Gazette des Beaux-Arts*, reprises ultérieurement par Charles Blanc : l'un et l'autre désiraient que les œuvres soient « traduites », soit par de grands graveurs (comme Marcantonio pour Raphaël), soit par l'artiste lui-même. Le sujet est tiré d'une fable de La Fontaine, l'un de ses auteurs favoris avec Molière et Cervantes ; en un sobre paysage qui, non sans rapport avec celui de *Paysagistes au travail* (cat. 233), évoque le style de Rops, et inspira à son tour Doré dans une illustration des *Fables* de 1867 (fig. 1), Daumier transpose les coloris du tableau en noir et blanc, et dégage de larges surfaces éclairées par le blanc de la page, comme la descente de la colline, en réservant des pans d'ombre sur la droite ; il met l'accent sur l'entremêlement violent, formant une sorte d'hydre au premier plan des deux corps des brigands qui se battent – thème que Courbet a traité en 1853 dans *Les Lutteurs* (fig. 2) – tandis qu'à l'arrière-plan s'enfuient au grand galop le voleur et l'âne. **S.L.M.**

Fig. 1
Gustave Doré, *Fables* de La Fontaine, livre 2, fable 9, Paris, Hachette, 1867, planche gravée sur bois de teinte, collection particulière.

Fig. 2
Gustave Courbet, *Les Lutteurs*, 1853, huile sur toile, Budapest, Szépmüvészeti Museum.

---

1. Sur la pétition des graveurs contre la reproduction photographique en 1859, voir André Rouillet, *La Photographie en France. Textes et controverses. Une anthologie*, Paris, Macula, 1989.

190

Le Meunier, son fils et l'âne

Vers 1858-1860
Huile sur toile
48 × 58 cm
Signé en bas à droite [flou] : *h.D.*

Collection particulière

Maison I-73
Exposé à Ottawa et à Paris seulement

Historique
    Coll. comte Armand Doria, Orrouy ; vente comte Doria,
    Paris, galerie Georges Petit, 4 et 5 mai 1899, nº 134 ;
    vendu 4 000 francs ; galerie Hessel, Paris ; coll. Paul
    Gallimard, Paris ; coll. Otto Gerstenberg, jusqu'en 1935,
    Berlin ; par héritage, M. Scharf ; coll. part.

Expositions
    Paris, 1901, nº 48 ; Paris, 1908, nº 8 ; Berlin, 1926, nº 59.

Dans cette variation toute personnelle sur le thème de la fable de La Fontaine exposée au Salon de 1849, Daumier a traité le sujet de façon très générale, n'empruntant que le motif principal du meunier et de son fils se rendant à la foire. L'artiste a remplacé les trois femmes de la fable par un de ses motifs favoris, une femme et ses deux filles, qui ne figurent pas dans le texte de La Fontaine. Comme c'était souvent le cas lorsque Daumier illustrait un texte littéraire, il ne sert que de point de départ pour une œuvre d'imagination. Dans la grande étude à l'huile de Barnes (MI-22), préparatoire à la composition *Le Meunier, son fils et l'âne* de 1849 (cat. 121), Daumier avait peint deux petites esquisses distinctes de femmes avec leurs enfants qui pourraient fort bien lui avoir fourni l'idée de cette association de thèmes. Les personnages sont représentés sans ironie, dans un décor campagnard baigné par une magnifique lumière crépusculaire, donnant ainsi à la toile une signification plus large que celle du texte de La Fontaine. Adhémar, qui croyait que la peinture avait été exécutée sur bois, la datait vers les années 1850, tandis que Maison l'a situé plus précisément vers 1855[1]. En fait, il est probable que le travail soit légèrement postérieur, vers 1858-1860. **M.P.**

1. Adhémar, 1954a, nº 61.

191
Le Fils prodigue

1863
Plume et lavis d'encre noire
20 × 14 cm

Washington (DC), The National Gallery of Art, Rosenwald
Collection

Maison D. 754
Exposé à Paris et à Washington seulement

Historique
    Coll. Aubry, Paris ; coll. D.S. ; vente coll. D.S., Paris, hôtel Drouot,
    17 décembre 1924, nº 196 ; coll. Lessing J. Rosenwald, Washington ;
    donné au musée en 1942.

Expositions
    Francfort et New York, 1992-1993, nº 36.

192
Le Fils prodigue

1863
Plume et lavis d'encre noire
20,5 × 11,5 cm

Cardiff, National Museum and Gallery (52.139)

Maison D. 756

Historique
    Coll. Lemaire, Paris ; galerie Barbazanges, Paris ; galerie Reid & Lefevre,
    Londres ; coll. Gwendoline E. Davies ; légué par Gwendoline E. Davies
    au musée en 1952.

Expositions
    Londres, 1922, nº 5 ; Marseille, 1979, nº 80 ; Francfort et New York,
    1992-1993, nº 37.

193

Trois études pour « Le Fils prodigue »

1863
Plume et encre noire
8,4 × 6,4 cm ; 9,2 × 6,4 cm ; 10,2 × 84 cm

Washington (DC), The National Gallery of Art,
Rosenwald Collection

Maison D. 757
Exposé à Ottawa seulement

Historique
    Coll. Aubry, Paris ; coll. Gobin, Paris ;
    coll. Lessing J. Rosenwald, Washington ; donné
    au musée en 1943.

Expositions
    Paris, 1927, n° 40 (dans le même cadre que cat. 194).

Sur cette parabole, propre à Luc (XV, 11-32), Maison a catalogué huit dessins de Daumier auxquels pourrait être ajoutée la feuille du musée des Beaux-Arts de Lyon, traditionnellement intitulée *Les Lutteurs* (MD. 527). Cet ensemble a été daté par Laughton « dans les années 1860[1] » et plus tardivement encore, « probablement au début des années 1870 », par Margret Stuffmann et Martin Sonnabend[2]. Cependant un dessin de cette série (MD. 753), provenant de la collection Roger Marx et récemment passé en vente, montre au verso une étude pour le portrait de Carrier-Belleuse (cat. 234 et 235), ce qui nous conduit à proposer la date de 1863[3].

L'ensemble est cohérent et illustre remarquablement la méthode de Daumier qui, de croquis en croquis, cherche l'exacte position de ses personnages, tourne autour d'eux, si bien que, en vingt séquences, il réussit à monter un déroulé quasi cinématographique des retrouvailles du fils perdu avec son père. Seuls ces deux personnages l'intéressent ; les accessoires sont réduits à presque rien : l'émouvant détail de la canne paternelle qui gît au sol, inutile désormais puisque le père a retrouvé son bâton de vieillesse, ou l'indication sommaire d'un emmarchement (cat. 191 et cat. 193). Dans cette série, le dessin de Cardiff (cat. 192) occupe une position particulière qui développe un cadre architectural et montre, sous deux angles différents, le vieillard et le jeune homme franchissant le seuil de la maison commune sous l'œil de quelques témoins. Ce n'est plus l'embrassade émue que Daumier retraçait sur les autres dessins ; le pardon accordé, le fils prodigue semble désormais porter son père, tel Énée le vieil Anchise.

194
Le Fils prodigue

1863
Plume et encre noire
30,4 × 41,1 cm

Washington (DC), The National Gallery of Art, Rosenwald
Collection

Maison D. 758
Exposé à Ottawa seulement

Historique
  Coll. Aubry, Paris ; coll. Gobin, Paris ; coll. Lessing J. Rosenwald,
  Washington ; donné au musée en 1943.

Expositions
  Paris, 1927, n° 40 (dans le même cadre que cat. 193).

De ce passage de l'Évangile, régulièrement exploité tout au long
du siècle par les peintres qui y trouvaient un épisode particulièrement émouvant et édifiant, souvent prétexte, avec le voyage du fils
« dans un pays lointain », à des scènes exotiques, Daumier n'a
retenu que les retrouvailles solitaires du fils et du père. Une fois
encore les maîtres-mots sont compassion et, à tous les sens du
terme – tenant compte des croquis multiples, des corrections et
hésitations –, repentir. Formellement[4] ce qu'il poursuit, comme
avec *Les Lutteurs* ou *Les Fugitifs*, c'est l'imbrication et, en fin de
compte, la fusion des corps : ceux-ci tendent l'un vers l'autre,
s'embrassent, se ploient, se soutiennent jusqu'à n'être plus qu'un,
figure monumentale de l'amour et du pardon.   **H.L.**

1. Laughton, 1991, p. 154.
2. Francfort et New York, 1992-1993, p. 116.
3. *19th Century European Paintings, Sculpture and Master Drawings*, vente
   Christie's, New York, 22 mai 1997, n° 51.
4. On se reportera aux très justes remarques de Judith Wechsler, dans
   cat. exp. Francfort et New York, 1992-1993, p. 41.

195
Tête d'homme ou *Tête d'expression*

Vers 1852-1856
Huile sur panneau
27,6 × 35,3 cm
Signée en bas à droite : *h. D.*

Cardiff, National Museum and Gallery
(A 2456)

Maison I-81
Exposé à Paris et à Washington seulement

Historique
Galerie Bernheim-Jeune ?, Paris ; The French
Gallery, Londres ; acquis 560 livres par
Gwendoline E. Davies, le 4 février 1914 ; légué
par Gwendoline E. Davies au musée en 1952.

Expositions
Londres, 1922, n° 22 ; Londres, 1923, n° , 18 ;
Londres, 1961, n° 39 ; Ingelheim am Rhein, 1971,
n° 9, repr. ; Marseille, 1979, n° 45.

Conçue comme un buste de prophète de Michel-Ange – on pense au Joël de la chapelle Sixtine –, cette œuvre, peut-être la plus connue des têtes peintes par Daumier, est également unique en son genre. Le personnage – selon tous les experts un ouvrier –, corps penché en avant et bras écartés, est présenté dans une pose difficile à interpréter, malgré la grande force de caractère qui s'en dégage. On retrouve toutefois cette même figure au centre d'une œuvre complexe et pas entièrement autographe, *La Famille sur la barricade* (MII-18, Prague, Národní Galerie), reconnue en 1901 comme une scène de la Révolution de 1848. La découverte ultérieure d'un dessin étroitement apparenté (MD. 31), avec un morceau de journal datant de 1848-1849 collé sur le dos protecteur, est venue renforcer l'hypothèse du contexte révolutionnaire[1]. Il ne fait guère de doute que la même physionomie, qui apparaît dans une esquisse voisine également à Cardiff (MD. 30), se retrouve, la tête encore un peu plus inclinée, dans un petit dessin à la plume (MD. 23) faisant partie d'une collection privée[2].

Le lien entre les trois œuvres principales apparentées cataloguées par Maison n'est pas toujours évident et jusqu'ici les tentatives de chronologie n'ont pas été convaincantes. Maison, Larkin et d'autres exégètes ont estimé que la *Tête d'homme* (MD. 31) et la peinture de Cardiff (cat. 195), que Maison datait de 1855-1856, ont pu être exécutées toutes deux après la peinture de Prague[3]. C'est toutefois très improbable en ce qui concerne la *Tête* de Cardiff, qui présente des signes de modification, particulièrement dans les contours du visage, difficiles à imaginer dans le cas d'une reprise ; en effet, quoique semblable aux autres, ce visage est nettement plus long et construit avec plus de sensibilité. Il est peut-être plus intéressant encore d'observer le manque d'homogénéité entre le personnage de Cardiff et son pendant dans la composition de Prague, où, en raison des contraintes du format, les bras se trouvent dans le bas de l'œuvre[4]. **M.P.**

1. Selon Adhémar (1954a, n° 39), le morceau de papier provient de *La Commune* ; selon Maison (vol. II, 1968, n° 31), de *L'Avant-Garde*.
2. Dans sa dernière incarnation, ce personnage représente un vieux juge dans *Trois juges en séance* (cat. 217).
3. Larkin, 1966, p. 91 ; Laughton, 1996, p. 69 et 70. Ce dernier a daté le dessin (MD. 31) entre 1849 et 1855-1856. On notera que dans le curieux *Lutteur de barricade* (MII-17), où Maison a vu une esquisse retouchée par une autre main, le personnage a été muni d'une arme à feu pour expliquer la position de son bras.

196
L'Émeute

Vers 1852-1858
Huile sur toile
87,6 × 113 cm

Washington (DC), The Phillips Collection (384)

Maison II-19

Historique
    Coll Toulouse-Lautrec ?, Paris (selon Georgel et Mandel) ;
    coll. Henry Bing, Paris ; Vigier, Paris ; acquis de Vivier par Fiquet, Paris,
    1904 ; consignation par Fiquet chez Paul E. Cremetti et Leicester
    Galleries, Londres, 1924 ; acquis par la Phillips Memorial Art Gallery
    le 24 février 1925.

Dès son exposition à la Phillips Memorial Gallery, *L'Émeute*, peut-être la peinture la plus importante de Daumier en Amérique du Nord et l'une des plus significatives de toute son œuvre, a amorcé une montée irrésistible vers la célébrité. C'est à tous égards un chef-d'œuvre dont le sujet a exercé sur l'art moderne une attraction pratiquement inégalée depuis *La Liberté guidant le peuple* de Delacroix. La toile exprime le sentiment révolutionnaire avec des accents absolument neufs et son état d'inachèvement lui confère une modernité sans équivalent dans la peinture du XIXe siècle, modernité à laquelle ne peut manifestement prétendre une version antérieure, également inachevée, du même sujet (MI-26, Moscou, musée d'Art Pouchkine). Mais, surtout, cette toile confirme la capacité du maître de la *Rue Transnonain, le 15 avril 1834* (cat. 57) à brosser un tableau pouvant rivaliser avec cette lithographie par sa portée historique et son impact politique.

Rappelons que la peinture est demeurée inconnue jusqu'à ce qu'Arsène Alexandre la redécouvre en 1924 ; quiconque l'a vue comprend d'emblée l'intérêt qu'elle a suscité. Alexandre a dit qu'elle était « le plus important et le plus impressionnant de tous les tableaux de Daumier que nous connaissions ou qu'il nous sera donné de connaître[1] ». Frank Mather a écrit peu après qu'il s'agissait de l'« un des plus grands tableaux du dernier siècle et de tous les temps ». Fait intéressant, tant Alexandre que Mather y ont vu une certaine violence – selon le mot de Mather, « une moderne danse de la mort où les hommes brûlent à la flamme de leur propre fanatisme[2] ». Plus près de nous, Adhémar, jugeant que le tableau « dépasse de cent coudées » tout ce que Daumier a produit sur le thème, et proposant de le rebaptiser *La Marseillaise*, y a décelé avec plus de raison « cette communion née des grandes heures de la vie d'un peuple[3] ». Tandis que se poursuivait le concert de louanges, des expertises incitaient les exégètes de Daumier à conclure que l'œuvre n'était pas dans son état primitif, sans pour autant s'entendre sur l'étendue des repeints. En 1961, Maison l'exclut de l'exposition de Londres ; plus tard, Larkin et Vincent reconnaissaient du bout des lèvres la possibilité d'une intervention minimale ultérieure[4]. Depuis la sortie, en 1968, du catalogue raisonné de Maison où celui-ci rejetait comme non autographes certaines zones de la peinture, dont les têtes, il est généralement admis que les retouches sont d'une ampleur qu'on n'avait pas d'abord soupçonnée et que Daumier a vraisemblablement laissé une ébauche assez inachevée. En revanche, l'authenticité de la composition ne fait guère de doute. Ayant réexaminé la toile, Burnstock et Bradford ont conclu à une combinaison caractéristique de fusain et de crayon lithographique, à des frottis (sur la chemise du personnage principal) et à l'utilisation probable de gomme arabique[5]. Laughton a abondamment traité de la préparation rosâtre commune à plusieurs tableaux de Daumier, à propos de laquelle Albert Boime a évoqué avant lui l'influence possible de Thomas Couture, non seulement dans le dessin mais dans la forme générale de la figure principale[6].

Adhémar croyait que ce tableau et un certain nombre d'autres scènes révolutionnaires avaient « été peints vraiment au lendemain de la Révolution ». Maison pensait qu'il pouvait s'agir de l'une des commandes officielles reçues après la Révolution de février 1848, mais il n'existe aucune preuve à cet effet[7]. La lettre de la Direction des beaux-arts en date du 19 septembre 1848 ne fait état que d'« un Tableau dont vous devrez soumettre le sujet et l'esquisse à l'approbation de l'administration » ; la deuxième commande, datée du 10 février 1849, est libellée dans les mêmes termes[8]. Comme les documents ont trait à la *Madeleine au désert* inachevée (cat. 132) et au *Saint Sébastien* (cat. 134), on voit mal où *L'Émeute* pourrait s'insérer. Force est donc de conclure que Daumier a entamé cette toile de son propre chef, tout comme la première *Émeute* (MI-26). Cependant, la question de la datation demeure entière : Vincent a admis pratiquement toutes les hypothèses jusqu'à la Commune de 1871, tandis que Laughton penchait pour une date plus proche de la Révolution de février 1848-1849, avec des retouches ultérieures, qu'il a situé dans les années 1850[9].

La composition est, en l'état actuel, fort peu orthodoxe, avec son jeune révolutionnaire se dirigeant à l'oblique vers le spectateur et presque toutes les figures secondaires massées à droite, suivant le même principe qu'*Un jour de la revue...* (cat. 139) de 1851. La *Scène de la révolution* (MI-26), avec son grand élan diagonal, convient bien aux mouvements héroïques caractéristiques des compositions de Daumier à compter de 1848 environ, dont atteste sans ambages *Les Divorceuses* (cat. 116). Le style des personnages de la toile de la collection Phillips – du moins celui de la figure centrale – tranche avec la manière de l'artiste à cette époque. Il est difficile de croire que la composition ait pu être conçue entre 1848 et 1850, au plus fort de la période néo-baroque de Daumier, entre des œuvres d'une tout autre dynamique, comme *La République* (cat. 120) et *Ecce Homo* (cat. 135), voire *Camille Desmoulins* (cat. 123). Pour autant qu'on puisse en juger, la composition générale est sûrement plus tardive, peut-être de la deuxième moitié des années 1850. **M.P.**

---

1. Alexandre, 1924, p. 14.
2. Phillips, 1929, p. 48. Les observations d'Alexandre méritent d'être citées : « En tête avance un fanatique, dont la beauté irréelle et l'éloquence mensongère ont attiré la foule sombre dans son sillage. Il semble lui-même illuminé d'une lumière pourpre. Le regard est inspiré, mais la moue est bestiale et mal assurée. Derrière lui, tout près de son bras levé, marche le fauteur de troubles, le type sinistre de l'émeutier » (Alexandre, *op. cit.* note 1, p. 144).
3. Adhémar, 1948, p. 44.
4. Larkin, 1966, p. 90 (« sur la tête et les épaules, des touches quelque peu bizarres, plus tardives, qui pourraient être d'un autre pinceau ») ; Vincent, 1968, p. 133 (« quelques touches accessoires, qui pourraient être d'une autre et plus tardive main »).
5. Aviva Burnstock et William Bradford, « An Examination of the Relationship Between the Material and Techniques Used for Works on Paper, Canvas and Panel by Honoré Daumier », Askok Roy et Peny Smith (éds.), *Painting Techniques, History, Materials and Studio Pratice,* contributions au Congrès de Dublin, 7-11 septembre 1998, Londres, International Institut for Conservation of History and Artistics Works, 1998, p. 219 à 221.
6. Laughton, 1996, p. 68. Albert Boime, dans *Thomas Couture and the Eclectic Vision*, New Haven, Yale University Press, 1980, suggère que le jeune homme vient d'une figure de droite de *L'Enrôlement des volontaires de 1792* de Thomas Couture.
7. Adhémar, *op. cit.* note 3, p. 43.
8. Cherpin, 1973, p. 170 et 171.
9. Vincent, *op. cit.* note 4, p. 133 ; Laughton, *op. cit.* note 6, p. 67.

197

Passants*, dit aussi *L'Attente à la gare

Vers 1858-1860
Huile sur toile
59 × 115 cm
Signé en bas à gauche [indistinct] : *h. D.*

Lyon, musée des Beaux-Arts (B-684)

Maison I-114
Exposé à Ottawa et à Paris seulement

Historique
    Coll. Aimé Diot, Paris, avant 1900 ; coll. Michel Boy, Paris, en 1901 ;
    vente Boy, Paris, hôtel Drouot, 25 mai 1904, n° 9, repr., *L'Attente
    à la gare* ; acquis 3 000 F par le musée.

Exposition
    Paris, 1901, n° 20.

198

Sortie du théâtre

Vers 1863-1865
Huile sur toile
33,3 × 41,2 cm
Signé en bas à gauche : *h. D.*

San Diego, San Diego Museum of Art, Earle W. Grant Fund
(1972 :186)

Maison I-180

Historique
> Galerie Ambroise Vollard, Paris ; galerie Hugo Nathan, Francfort, 1913 ;
> galerie Matthiesen, Berlin, 1926 ; galerie Wildenstein & Co., New York,
> 1943 ; M. et Mme Charles W. Engelhard, Far Hills (New Jersey) ; acquis
> par le musée en 1972.

Expositions
> Paris, 1901, n° 95 ; Berlin, 1926, n° 17, repr. ; Londres, 1961, n° 61.

Fig. 1
Honoré Daumier,
L'Homme à la corde (cat. 200)
et *Passants* (cat. 197)
sur leur toile d'origine.

Le format peu commun de *Passants* s'explique peut-être par la nature du support, la partie inutilisée de la grande toile ayant déjà servi pour *L'Homme à la corde* de Boston (fig. 1). Il est quasi certain que, après avoir apprêté ce support et ébauché *L'Homme à la corde,* Daumier s'est refusé à jeter ce qu'il en restait, car il s'agissait d'une surface non négligeable. On ne peut qu'en conclure qu'il a fait pivoter la toile tendue sur son châssis de quatre-vingt-dix degrés et y a brossé la composition de Lyon. Les marques de crayon bordant la toile de Boston sont en fait des repères de coupe. Ceci dit, la question de savoir si la séparation est intervenue peu ou longtemps après l'exécution des morceaux, voire après la mort de l'artiste, reste ouverte. En 1888, Arsène Alexandre ignorait vraisemblablement l'existence des deux toiles, puisque sa liste des œuvres de Daumier n'en faisait pas état.

Devant un tel constat, la séduisante hypothèse de Madeleine Vincent voulant que le sujet ait imposé le format de l'œuvre pose quelque difficulté[1]. En revanche, les compositions de ce type plaisaient indéniablement à Daumier – il donnera un format similaire à l'*Ancienne Comédie-Française* (MI-164), proche mais d'une conception plus délibérée, ainsi qu'à plusieurs aquarelles d'avocats (MD. 608). *Passants,* cela saute aux yeux, est exécuté *alla prima,* sûrement dans une intention précise mais librement, comme une ébauche. À droite, un personnage qui rappelle celui du *Déjeuner à la campagne* de Cardiff (cat. 314), a été silhouetté avec un contours laissant voir l'apprêt de la toile et le repentir sous-jacent. Au centre, quelques vigoureux coups de pinceaux confèrent une extraordinaire expressivité à deux têtes d'homme, tandis qu'un embryon de visage occupe à droite une zone laissée

vide. À gauche est ébauchée une femme, apparue la première fois dans la *Sortie de l'école* (cat. 113) ; seuls sont légèrement suggérés la tête et le col de la figure, représentée traînant un enfant par la main[2]. L'effet d'ensemble est d'une modernité étonnante, sans équivalent dans la peinture de l'époque. Le morceau diffère beaucoup, il va sans dire, de peintures comparables mais pleinement achevées, l'*Ancienne Comédie-Française* notamment.

Lorsque la toile attira l'attention pour la première fois en 1901, elle reçut le titre, impropre, d'*Attente à la gare.* Plus tard, Adhémar l'a associé à des scènes de la Révolution de février 1848 et l'a daté de peu après[3]. Daumier, selon lui, prenait la foule à témoin de l'insurrection. De superficielles similitudes formelles avec *L'Émeute* (cat. 196) et la singulière *Famille sur la barricade* (MII 18, Prague, Národní Galerie) ont favorisé une interprétation politique qui résiste mal à l'observation objective. Nous sommes devant une scène de rue, avec des figures allant et venant en tous sens, dans le désordre caractéristique de la vie quotidienne, qui n'a rien à voir avec la commotion associée aux insurrections dont Daumier lui-même nous a laissé l'image. La toile la plus proche à cet égard est la petite *Sortie du théâtre* (cat. 198). Maison qui, dans un rapprochement intuitif avec *L'Homme à la corde,* a situé l'œuvre vers 1858, a également répertorié deux petites versions à l'huile[4], qu'il considérait comme des études, mais qui répètent les mêmes hésitations perçues dans la grande composition. Le rapport avec le tableau de Lyon paraît incertain, et Maison a avancé prudemment que l'une d'elles (MI-23, localisation actuelle inconnue) pourrait être une ébauche de Daumier achevée par une autre main.

Unique en son genre, *Sortie du théâtre* est d'une facture voisine de *Passants,* et repose sur le même principe unique de présentation. Toutefois, l'échelle plus familière autorise davantage de concentration et un dessin plus focalisé comme dans une lithographie de 1855 représentant une foule à la sortie d'un théâtre[5]. La psychologie des spectateurs de tous âges et de toutes couches sociales bravant le froid au sortir du spectacle est rendue avec une grande économie de moyens, et la facture produit une impression d'immédiateté absente des études que Maison a associées à *Passants.* Le sujet, qu'affectionnait particulièrement Daumier (cat. 106), évoque comme en gros plan la dispersion des enfants de la *Sortie de l'école.* **M.P.**

1. Madeleine Vincent, *Catalogue du musée de Lyon. La peinture des XIXe et XXe siècles,* Lyon, Éditions de Lyon, 1956, n° VII-92, pl. 28.

2. La figure est parfois confondue avec celle d'un garçonnet dans les écrits sur Daumier.

3. Adhémar, 1948, p. 43. Voir également Maison, vol. I, 1968, p. 112, et Laughton, 1996, p. 71.

4. Maison, *op. cit.* note 3, II-18, repr., et une huile sur papier, découverte après la publication de son catalogue raisonné. Au sujet de cette dernière, voir Maison, 1970, p. 623-624, repr., et Laughton, *op. cit.* note 3, p. 71, fig. 87, p. 70.

5. *Des Parisiens dans l'attente du plaisir* (LD 2652) ; l'insertion des personnages dans un remarquable entrelacs de lignes horizontales et verticales annonce les préoccupations du XXe siècle pour la forme plane.

199
L'Homme à la corde, dit aussi L'Évasion

Vers 1858-1860
Huile sur toile fine
111 × 72,6 cm

Ottawa, musée des Beaux-Arts du Canada,
don de H.S. Southam, C.M.G., LL.D., 1950 (5061)

Maison I-122

Historique

Coll. Nicolas Auguste Hazard, Orrouy, jusqu'en 1913 ;
coll. Mme Hazard, sa veuve, Orrouy, jusqu'en 1919 ;
vente Hazard, Paris, galerie Georges Petit,
1er-3 décembre 1919, n° 105 ; acquis 10 000 francs avec
le cat. 200 par Barbazanges ; galerie Van Wisselingh,
Amsterdam, 1928-1933 ; acheté en 1933 par H.S. Southam ;
donné par Southam au musée en 1950.

Exposition

Londres, 1961, n° 80.

On connaît trois variantes de cette composition : un petit panneau achevé (MI-124, coll. part.), que Maison considérait comme l'état définitif, et ces deux grandes toiles presque identiques de format, toutes deux inachevées. Ces grandes compositions en accord avec les sensibilités modernes par leur aspect extraordinaire – la toile d'Ottawa préfigure Giacometti ; celle de Boston apparaît comme un Immendorff fortuit – trouveront au XXᵉ siècle un second souffle. À la fin du XIXᵉ, elles étaient la propriété de Nicolas Auguste Hazard, remarquable collectionneur qui a signé avec Delteil le *Catalogue raisonné de l'œuvre lithographié* de Daumier (1904).

On ne sait pas grand-chose sur ces toiles quant à leur sujet, jugé tantôt tragique – une évasion –, tantôt, et avec plus de vraisemblance, prosaïque – un peintre en bâtiments, hypothèse confirmée par une lithographie politique de 1869, *Difficile à remettre à neuf* (LD 3693), qui en procède fort probablement[1]. La figure suspendue en l'air est une idée éminemment originale, que Daumier lui-même a déjà exploitée sur le mode comique au début des années 1850 dans une lithographie de la série *Exercices gymnastiques à l'usage des gens du monde*[2]. Quoi qu'il en soit, comme dans *Le Haleur* (cat. 153) et les blanchisseuses (cat. 162 à 164), une scène de la vie quotidienne est élevée à la hauteur de la peinture d'histoire. Daumier pourrait bien avoir eu en tête plusieurs autres compositions, notamment un maçon sur une échelle dont il subsiste plusieurs dessins[3].

Dans la première de ces grandes compositions (cat. 199), Daumier a maintes fois remanié le placement des jambes et du bras droit de la figure, allant jusqu'à racler de grandes plaques de couleurs encore fraîches. Mécontent du résultat, il a apprêté une toile de plus grand format déjà utilisée pour un autre tableau (voir cat. 197) et y a entamé un nouvel *Homme à la corde*, de moindres dimensions que le support[4]. Un trait vertical tracé librement à droite (souvent omis, malheureusement, dans les reproductions)

200

L'Homme à la corde

Vers 1858-1860
Huile sur toile
110,5 × 72,3 cm

Boston, Museum of Fine Arts, Tompkins Collection
(43.31)

Maison I-123

Historique

Coll. Nicolas Auguste Hazard, Orrouy, jusqu'en 1913 ;
Mme Hazard, sa veuve, Orrouy, jusqu'en 1919 ;
vente Hazard, Paris, galerie Georges Petit,
1er-3 décembre 1919, n° 104 ; acquis 10 100 francs avec
le cat. 199 par Barbazanges ; Bignou, Paris ; Reid &
Lefevre Gallery, Londres ; Scott and Fowles, New York ;
J. Kerrigan, New York, 1929 ; Esther Salter Kerrigan ;
vente Kerrigan, New York, 8-10 janvier 1942, n° 282, repr. ;
F. Schnittjer, New York ; vente, Parke-Bernet Galleries,
14 janvier 1943, n° 282 ; acquis à la vente 5100 $ par le
Museum of Fine Arts de Boston.

Expositions

Londres, 1923, n° 33 ; New York, 1930, n° 60 ; Paris, 1955,
n° 1 ; Los Angeles, 1958, n° 219, repr. ; Londres, 1961, n° 81.

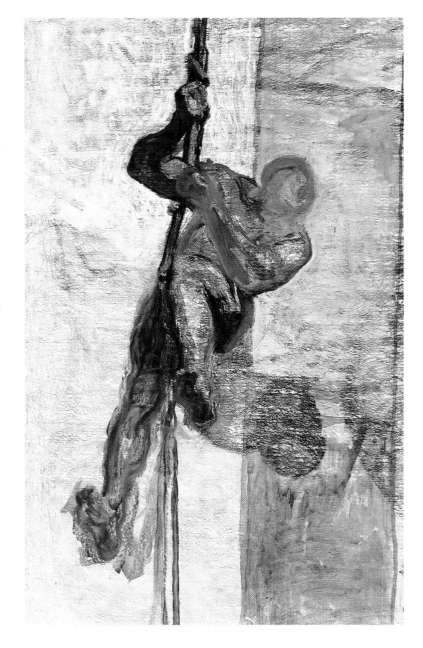

délimite la composition. L'ancienne toile semble avoir porté une grande composition avec une figure penchée, toujours visible sous la forme d'un repentir. D'autres *pentimenti* le long du bord droit de la toile de Boston correspondent à ceux du bord inférieur des *Passants* du musée des Beaux-Arts de Lyon, ce qui indique que les deux œuvres partageaient à l'origine le même support[5]. Daumier a peint – ou plutôt dessiné – son deuxième *Homme à la corde* manifestement *alla prima*, avec une extraordinaire liberté, nous laissant un rare exemple d'une telle ébauche. Mais il s'est vite désintéressé de cette deuxième version, utilisant simplement le reste de la toile pour les *Passants* de Lyon.

Aucune étude préparatoire n'est connue, mais il se peut qu'il en ait existé une : les bords de la toile d'Ottawa portent des traces de mise au carreau, curieusement irrégulières, qui font penser à une tentative d'agrandissement d'une image plus petite. En fait, c'est à se demander si un panneau n'a pas précédé les grandes toiles,

démarche plus logique chez Daumier, ce qui pourrait expliquer les difficultés de conceptualisation éprouvées par l'artiste devant le sujet considérablement agrandi. Adhémar a situé les compositions vers 1860-1862[6], Maison, un peu plus tôt vers 1858-1860, datation raisonnable, encore qu'avec ce type de matériau, on puisse difficilement trancher.   **M.P.**

1. *Le Charivari*, 22 février 1869.
2. *La Corde, ou manière de s'élever en société rien qu'à la force du poignet* (B. 820), *Le Charivari*, 20 janvier 1853.
3. Maison, vol. II, 1968, n°s 258 et 259 ; la composition procède de *Robert Macaire architecte*, dont on connaît deux états (LD 395 et 396) ; l'un a paru dans *Le Charivari*, 9 avril 1837 ; une figure apparentée occupe l'arrière-plan d'une lithographie ultérieure (LD 2842), *Le Charivari*, 5 novembre 1856.
4. George Shackelford et Jim Wright du Boston Museum of Fine Arts ont examiné la peinture avec moi. Qu'ils en soient remerciés.
5. Voir également cat. 197.
6. Adhémar, 1954a, coul. n° 119 (vers 1860-1862) et p. 125, note 119 (vers 1860).

201

Le Forgeron

Vers 1865
Pierre noire, crayon et lavis gris avec gouache sur papier
35,4 × 25,4 cm

Paris, musée du Louvre, département des Arts
graphiques, donation Claude Roger-Marx, 1974,
fonds du musée d'Orsay (RF 35.837)

Maison D. 269
Exposé à Ottawa et à Washington seulement

Historique
    Coll. Cahen, Paris ; coll. Claude Roger-Marx, en 1934, Paris ;
    donné par Roger-Marx, en 1974.

Expositions
    Paris, 1901, n° 168 (avec indications des dimensions du cadre) ;
    Paris, 1927, n° 44 ; Paris, 1934a, n° 81 ; Londres, 1936, n° 48 ;
    Paris, 1958a, n° 172, repr. ; Marseille, 1979, n° 54, repr. ;
    Donations Claude Roger-Marx, Paris, musée du Louvre,
    cabinet des Dessins, 1980-1981, n° 15, repr.

En 1857 et au début de l'année suivante, dans une série de lithographies exécutées avec un entrain plus souvent associé à ses caricatures de politiciens et d'avocats, Daumier avait raillé les privilèges des bouchers, objets d'une controverse croissante. La série culmina avec une suite intitulée *Messieurs les bouchers* (janvier-février 1858). Si l'on a daté de la fin des années 1850 les dessins et aquarelles que Daumier a consacré à cette profession, il semble pratiquement acquis (comme l'a noté Margret Stuffmann) qu'il ne revint à ce sujet qu'au début des années 1860[1]. Propriété de Geoffroy-Dechaume à une certaine époque, cette aquarelle (cat. 202) constitue sans doute l'ultime variation de l'artiste sur le thème du boucher découpant une carcasse[2]. Le verso porte une remarquable étude d'avocats apparentée, selon toute vraisemblance, aux travaux du début des années 1860.

Certains ont vu un lien entre le choix de ce sujet et l'immense intérêt suscité par la présentation au Louvre, en 1857, du *Bœuf écorché* de Rembrandt, qui a inspiré de nombreux artistes, de Delacroix et Decamps à Vollon et Bonvin. S'il est peu probable que Daumier soit demeuré insensible à cette vague d'enthousiasme, on notera néanmoins que le motif de la carcasse est apparu dans certaines de ses lithographies dès 1842[3]. On remarquera surtout la distinction que Daumier a établie entre les genres[4] : le contraste entre la virulence de ses lithographies et la grande sobriété de ses dessins, sombres malgré tout (nul doute cependant qu'il avait la réaction du public à l'esprit dans les deux cas).

Ses aquarelles de forgerons témoignent de la même attention accordée à une figure isolée dans son travail, un thème absent de l'œuvre lithographié de Daumier. Geoffroy-Dechaume en a eu une (MD. 268) en sa possession, quoique, ne figurant pas dans la liste de 1863, elle soit sans doute postérieure à cette date. *Le Forgeron* du Louvre (cat. 201) a très vraisemblablement été exécuté aux alentours de 1865. La facture de l'aquarelle a quelque chose de magique : le forgeron a presque l'air d'un prestidigitateur, effet que vient fortuitement renforcer la présence inopinée d'une tête semblable à une vision dans les flammes. **M.P.**

202
Le Boucher, marché Montmartre

Vers 1862-1865
Fusain, pierre noire et aquarelle sur papier
24,5 × 19,5 cm
Signé en bas à droite : *h. Daumier*
Au verso : *Une confidence*, plume, encre, fusain,
crayon et aquarelle

Collection particulière

Maison D. 263 et D. 592
Exposé à Paris seulement

Historique
Coll. Victor Geoffroy-Dechaume, Valmondois ; vente
Geoffroy-Dechaume, Paris, hôtel Drouot, 14-15 avril 1893,
nº 58 *bis*, ajout au catalogue (*Le boucher de Montmartre*) ;
vendu 1 300 francs ; coll. Adèle Caussin, marquise
Landolfo-Carcano, Paris ; vente Carcano, Paris,
galerie Georges Petit, 30 mai-1ᵉʳ juin 1912, nº 102, repr.,
Le charcutier ; acquis 6 500 francs par Oppenheimer ;
Otto Gerstenberg, Berlin, jusqu'en 1935 ; par héritage,
M. Scharf ; coll. part.

Exposition
Paris, 1878, nº 170 (*Le boucher [marché Montmartre]*,
prêté par M. Geoffroy-Dechaume).

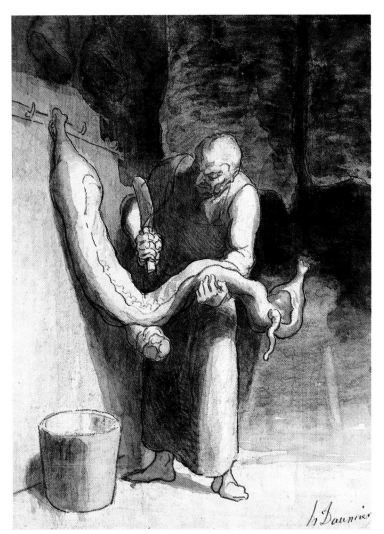

Recto

Fig. 1
Honoré Daumier,
Le Boucher, aquarelle, gouache, plume,
encre et craie blanche, Cambridge, Mass.,
Fogg Art Museum, Harvard University Art
Museums, Alpheus Hyatt Fund.

Verso

1. Stuffmann, dans cat. exp. Francfort et New York, 1992-1993, nᵒˢ 56, 57.
On trouve des dates antérieures dans Adhémar, 1954a, nº 95 (1856-1860)
et Laughton, 1996, p. 40 (1856-1858).
2. Voir l'aquarelle du Fogg Art Museum (fig. 1) et le lavis non catalogué
par Maison mais analysé par Stuffmann, *op. cit.* note 1, nº 56.
3. Dans *Impressions de voyage d'un grand poète* (LD 982), *La Caricature*,
13 mars 1842.

4. On retrouve dans la lithographie *Les bourgeois... ça n'est jamais content*
(LD 3011, *Le Charivari*, 26 janvier 1858) un personnage proche qui a pu
servir de modèle. On notera une exception dans une peinture à l'huile de
la collection Geoffroy-Dechaume (MI-110), exposée en 1878, absolument
identique à la lithographie, de mêmes dimensions que celle-ci (LD 3015)
et seul exemple du genre dans l'œuvre de Daumier.

Théâtre, Molière

203

Un Scapin, dit encore ***Scène de comédie***

Vers 1863-1865
Huile sur bois
32,5 × 24,5 cm

Paris, musée d'Orsay, don de Mme Dulac
et de Mlle Turquois, 1928 (RF 2666)
Maison I-129

Historique

    Coll. Turquois, Paris (M. Turquois l'acquiert de Daumier
    en 1878) ; don de ses filles Mme Dulac et Mlle Turquois
    au musée du Louvre en 1928 ; transféré au musée d'Orsay
    en 1986.

Expositions

    Paris, 1878, n° 84 (*Un Scapin. Appartient à M. H. Daumier*) ;
    Paris, 1888, n° 375 ; Paris, 1901, n° 78 ; Paris, 1934a, n° 31.

C'est vers 1878 que M. Turquois, « un de ces amateurs modestes mais de grand goût, […] qui ne spéculent pas, qui n'accumulent pas, qui se contentent d'un petit nombre de tableaux choisis pour leur propre délectation[1] », acquit ce panneau qui rejoignit, dans son appartement du boulevard Haussmann, une collection d'une douzaine de toiles (Corot, Daubigny, Dupré, Jongkind…), de quelques tapisseries et de faïences françaises. Il fit cet achat sur les conseils d'Auguste Boulard qu'il avait rencontré à l'Isle-Adam et qui le poussa à acquérir également une autre *Scène de comédie* (MI-128) aujourd'hui au Fogg Art Museum de Cambridge (Mass.) (fig. 1), qui peut être considérée – même format, personnages identiques mais dans d'autres attitudes – comme un pendant de celle d'Orsay. À sa mort, ses héritiers laissèrent aux conservateurs du Louvre la possibilité de prendre pour leur collection un des deux tableaux. Choix « délicat », nous dit Paul Vitry : « Celui auquel ils s'arrêtèrent ne saurait qu'être approuvé par tous ceux qui admirent la qualité prodigieuse des blancs fondus de la cape de Scapin, la mordante et gouailleuse expression de son masque vulgaire, la fougue du pinceau avec laquelle est esquissée de façon sommaire et décisive la figure du vieillard en colère, tout en regrettant peut-être la vibrante silhouette, où, dans l'autre tableau […], le partenaire furibond d'un Scapin, moins poussé peut-être que dans celui du Louvre, se retournait en agitant des bras frénétiques[2]. »

Préparé par quatre dessins, très rapidement exécutés, qui mettent en place les personnages (MD. 470 à 473), le panneau doit être, au vu de ces croquis, daté un peu plus tardivement que ne l'a fait Maison (vers 1858-1862) ; nous proposons volontiers une date voisine de *Crispin et Scapin*, soit vers 1863-1865. Mais l'œuvre a été reprise ultérieurement par Daumier qui a dressé, dans un premier temps, ses personnages sur un fond sombre, où l'on peut lire encore les éléments d'un décor, puis décida de les placer sur un fond clair, uni et vivement brossé[3].

Paul Vitry a identifié un « Scapin » et un « vieillard en colère » ; il est, à vrai dire, difficile d'aller plus loin car si on reconnaît aisément, coiffé de son bonnet, portant un ample vêtement blanc légèrement rayé de rouge, Scapin que l'on retrouve mais sarcastique et méditant un mauvais coup dans *Crispin et Scapin* (cat. 204), l'homme vêtu et calotté de noir (la calotte apparaît quand il se retourne, dans le tableau du Fogg) ne se laisse pas facilement identifier. On a souvent évoqué Géronte et lu, en conséquence, cette scène comme tirée des *Fourberies de Scapin* – c'est l'hypothèse la plus satisfaisante, encore qu'on comprenne mal pourquoi le négociant Géronte porte le rabat désignant un magistrat ou un ecclésiastique –, on a mentionné Harpagon et Tartuffe. Il est sans doute plus juste de soutenir que Daumier, puisant dans le répertoire, a

Fig. 1
Honoré Daumier, *Scène de comédie*,
vers 1863-1865, huile sur bois,
Cambridge (Mass.), Fogg Art Museum,
Winthrop Bequest.

associé arbitrairement des personnages de l'ancienne comédie, imaginé une situation qui, comme pour ses lithographies, demanderait une légende, et animé de sentiments manifestes les physionomies qui deviennent véritables têtes d'expression éclairées par les feux de la rampe. L'une, renversée dans l'ombre, dit l'ironie, la moquerie, la satisfaction épanouie du blagueur qui a réussi son coup ; l'autre, creusée, exorbitée, le trouble et l'anxiété de qui a reçu une mauvaise nouvelle. Contrairement à Crispin et Scapin, rien de louche et dérangeant mais une fois encore, devant un public qui marche, les ressorts éternels et inusables de la comédie. **H.L.**

1. Paul Vitry « Bulletin des musées. Don d'un tableau de Daumier », *Beaux-Arts*, nᵒ 6, 15 mars 1928, p. 87.
2. *Ibid.*, p. 88.
3. L'analyse du Laboratoire de recherche des musées de France, établie le 28 décembre 1998 par J.-P. Rioux, ne permet malheureusement pas de lire ce décor initial.

204

Crispin et Scapin

Vers 1863-1865
Huile sur toile
60,5 × 82 cm
Monogrammé en bas à gauche : *h. D.*

Paris, musée d'Orsay, don de la Société des amis du Louvre
avec la participation des enfants d'Henri Rouart (RF 2057)
Maison I-162

Historique
Coll. Charles-François Daubigny ; coll. Mme Charles-François
Daubigny, sa veuve ; Paris, coll. Henri Rouart ; vente Rouart, Paris,
galerie Manzi-Joyant, *Tableaux anciens [...] Tableaux modernes
composant la collection de feu M. Henri Rouart*, 9, 10 et 11 décembre
1912, n° 161 ; acquis 30 000 francs par la Société des amis du Louvre
avec la participation des enfants d'Henri Rouart.

Expositions
Paris, 1878, n° 59 (*Scapin. Appartient à Mme Daubigny*) ; Paris,
1888, n° 360 ; Paris, 1934a, n° 29 ; Paris, 1958b, n° 177 ; Marseille, 1979,
n° 64 ; *Des mécènes par milliers*, Paris, musée du Louvre,
21 avril-21 juillet 1997, n° 539.

Tôt répandu par l'illustration, souvent exposé, toujours accessible, entré dès 1912 dans les collections nationales, ce tableau est un de ceux qui assurèrent la réputation de Daumier peintre. Alors que les tableaux religieux ou mythologiques semblaient impropres au génie de Daumier, alors que *La République* (cat. 120) était contestée par ce qu'elle avait d'abrupt et de révolutionnaire, *Crispin et Scapin* a toujours fait l'unanimité. Et tout contribue à lui assurer cette gloire, son format, son parfait état, la provenance impeccable – Daubigny, Henri Rouart –, le charme de son sujet. Celui-ci a néanmoins été longtemps mal établi. L'exposition de 1878 mentionnait simplement *Scapin*; dans la collection Rouart, il était intitulé *Crispin et Scapin*; plus tard Jean Adhémar voulut y reconnaître une scène des *Fourberies de Scapin*[1] et proposa en conséquence le titre de *Scapin et Silvestre*. S'il est difficile de rattacher cette scène à un passage précis de la comédie de Molière, il l'est plus encore de voir, dans le personnage de droite, Silvestre, tant celui-ci reprend les caractéristiques usuelles de Crispin. Le valet de l'ancienne Comédie-Française – qui apparaît en 1654, dans une pièce de Scarron *L'Écolier de Salamanque* –, peu scrupuleux, fripon, plaisant mais effronté, est en effet toujours coiffé d'un léger chapeau noir, à calotte ronde et à petits bords, le cou enveloppé d'une fraise ou d'une collerette blanche et plissée, et vêtu d'un justaucorps noir à basques courtes serré à la taille d'une épaisse ceinture de cuir[2]. Scapin, en revanche, ne reprend pas son habit traditionnel, des vêtements rayés vert et blanc, mais porte une large chemise blanche; dans la *Scène de comédie* (cat. 203) où il figure aussi, l'habit blanc est timidement rayé de rouge.

Daumier réunit donc, en un double portrait à mi-corps plutôt qu'en une scène évoquant un moment précis d'une comédie, deux valets, aux talents comparables, tous deux de beaucoup de ressources, intrigants, bavards et menteurs. Le sujet est la complicité et la duplicité étalées ici devant des portants de théâtre, ailleurs dans des prétoires. On remarquera que Crispin ne fait pas sur cette toile sa première apparition dans l'œuvre de Daumier qui, dès ses débuts, a mêlé théâtre et politique[3]. Une lithographie, publiée dans *Le Charivari* le 12 mai 1851 (LD 2104) et intitulée *Les Conseils d'un Crispin politique* (fig. 1), le montrait désignant la constitution à Louis Napoléon et offrant ses services au prince-président : « Prince… vous ne devez toucher à la Constitution qu'avec un gant relevé jusqu'au coude… Je vous offre le mien ! » Ainsi Crispin devenait-il le collaborateur, voire l'instigateur du coup d'État, un des principaux personnages de *L'Histoire d'un crime*. C'est dire que, pour Daumier, il n'était pas seulement un amusant valet de comédie, mais la personnification, certes parfois charmeuse et toujours habile, du mal agissant, dissimulé, souterrain. Nous sommes alors loin de Molière et Crispin susurrant à l'oreille de son compère, ou plus exactement de son complice, « *piano piano, terra terra, sotto voce, sibillando* », Scapin, dont les yeux écarquillés et la bouche largement étirée d'un sourire démoniaque ne sont plus éclairés par les feux de la rampe mais par des lueurs infernales.

Fig. 1.
Honoré Daumier,
Les Conseils d'un Crispin politique,
lithographie parue dans
Le Charivari le 12 mai 1851

Degas admira ce tableau qu'il vit souvent chez son grand ami Henri Rouart. À Daumier, il reprendra les curieuses distorsions qu'induit l'éclairage de *sotto in su*[4] mais aussi, dans nombre de ses œuvres, l'ambiguïté – c'est sans doute le mot-clé de cette œuvre – qui sourd aussitôt que disparaît le cadre de scène, entre le réel et le factice, le paysage naturel et le portant de toile peinte, les ressorts de la comédie et la conduite du quotidien, les sentiments exprimés par les acteurs et les profondeurs identiques de l'âme humaine, ce qui est joué et ce qui est vécu, en un mot le mystère de la vie. **H.L.**

1. Adhémar, 1954a, p. 126.
2. Le Crispin le plus célèbre est celui de Regnard dans *Le Légataire universel* (1708). *Le Grand Dictionnaire Larousse du XIXᵉ siècle* rappelle que « M. Samson, comédien-poète du Théâtre français, a spirituellement groupé la dynastie des Crispins dans *La Famille Poisson* (1845) »; Daumier, attentif à tout ce qui concernait le théâtre, a peut-être lu l'ouvrage.
3. Le 11 septembre 1834, Daumier publiait dans *La Caricature* une lithographie – *Baissez le rideau, la farce est jouée* (cat. 58) – qui montrait un Pierrot tenant un rideau ouvrant sur la Chambre des députés. De même, à la fin de sa carrière, il dénoncera de nouveau la farce parlementaire (*Théâtre de la politique* (LD 3904) dans *Le Charivari* du 13 janvier 1872.)
4. Voir notamment les remarques de Michael Pantazzi, dans cat. exp. *Degas*, Paris, Grand Palais, 1988, p. 270-271.

205

Scène du Malade imaginaire

Vers 1860-1863
Huile sur bois
27 × 35 cm
Signé en bas à droite : *h. Daumier*

Philadelphie, The Philadelphia Museum of Art
Maison I-154

Historique
    Coll. A. S... en 1878 (Schagé ?), Paris ; coll. Esnault-Pelterie, Paris ;
    acquis par le Philadelphia Museum of Art, grâce au fonds Lisa Norris
    Elkins et à diverses contributions de R. Strugis Ingersoll, George
    D. Widener, Lessing J. Rosenwald, Henry P. McIlhenny, Dr I.S. Ravdin,
    Floyd T. Starr, Irwing H. Vogel, Mr and Mrs Rodolphe Meyer de
    Schauensee et Mrs Herbert Cameron Morris en 1954.

Expositions
    Paris, 1878 (*Scène du Malade imaginaire*), n° 31 ; Paris, 1900, n° 188 ;
    Paris, 1934a, n° 30 ; Philadelphie, 1937a, n° 13 ; Londres, 1961, n° 62.

Fig. 1. Honoré Daumier,
Scène du Malade imaginaire,
vers 1860-1863, huile sur bois,
Merion, Barnes Foundation.

Cette *Scène du Malade imaginaire* – nous reprenons le titre porté dans le catalogue de l'exposition chez Durand-Ruel en 1878 – est une des deux peintures que Daumier consacra à ce sujet. Elle a été, en effet, précédée d'une esquisse de format voisin (fig. 1) qui ne montre que les deux personnages principaux (Argan et Purgon ou Diafoirus) et néglige le décor, à l'exception des fioles et de la tasse au premier plan : le médecin, halluciné, prend le pouls du malade qui, yeux clos, bouche entrouverte, semble mort, un face à face saisissant et dénué de toute intention caricaturale.

Dans le tableau de Philadelphie, le décor se précise avec l'adjonction d'un grand drapé derrière le fauteuil du malade et de deux portraits ovales sur le mur qui contemplent, interloqués, la scène. Un troisième personnage, monsieur Fleurant, armé de son redoutable clystère[1], surgit dans le dos du médecin, prêt à intervenir. L'esprit même de la scène n'est plus du tout le même ; à l'interrogation angoissée devant la mort succède le comique de l'hypocondriaque bonneté qui, de ses yeux inquiets, guette le verdict de l'homme de science. Nous serions proches alors de l'aquarelle du Courtauld (cat. 206) qui réunit les mêmes ingrédients et brode sur un thème de Molière, n'était-ce l'étonnante et mouvementée figure du médecin qui ausculte, profil aigu et décharné, mèches en désordre, regard fixe et égaré, et fait souffler dans cette scène conventionnelle un vent de folie.   **H.L.**

1. On remarquera, à la suite de Raymond Escholier, que le clystère figure
    dans les charges par Daumier du maréchal-comte de Lobau : « Qui
    ne connaît le geste très humain en somme du maréchal Lobau, dispersant
    l'émeute, en faisant jouer les pompes à incendie ? [...] Dès lors, il n'est
    plus de charge du maréchal Lobau, où l'on ne le représente, accoutré
    à la façon des apothicaires de Molière. Dans le cortège du *Prince Lancelot
    de Tricanule* (ainsi fut surnommé et chansonné le commandant en chef
    de la Garde nationale), celui-ci est représenté en costume de cour, portant
    la seringue en sautoir. » (Escholier, 1930, p. 34.)

206

Scène de comédie,
dit aussi *Le Malade imaginaire*

Vers 1860-1865
Crayon et aquarelle
20,7 × 27,1 cm
Filigrane : *HUDELIST*
Signé en bas à gauche : *h.* et en dessous : *h. Daumier*

Londres, Courtauld Gallery
(The Samuel Courtauld Trust)
Maison D-486

Historique
  Coll. Lemaire, Paris ; galerie Bignou, Paris ; galerie *L'Art moderne*,
  Lucerne ; acquis par Samuel Courtauld en mars 1929, 1800 £ ;
  donné par Samuel Courtauld au musée en 1934.

Expositions
  New York, 1930, nº 98 ; Paris, 1958b, nº 211 ; Londres, 1961, nº 165 ;
  Marseille, 1979, nº 65.

Dès 1857, Baudelaire soulignait, entre Daumier et Molière, la parenté qu'il voyait dans la simplicité, l'évidence, le refus des circonvolutions inutiles : « Quant au moral, écrivait-il, Daumier a quelques rapports avec Molière. Comme lui, il va droit au but. L'idée se dégage d'emblée. On regarde, on a compris. Les légendes qu'on écrit au bas de ses dessins ne servent pas à grand-chose, car ils pourraient généralement s'en passer. Son comique est, pour ainsi dire, involontaire[1]. »

Le poète visait alors exclusivement le caricaturiste et lithographe mais il est fort probable que Daumier, s'appuyant sur le parallèle dressé par Baudelaire dans ces pages élogieuses, ait dès lors songé à appuyer ces déclarations par une série de peintures et dessins consacrés au monde de Molière. L'aquarelle du Courtauld est un de ces dessins achevés et destinés à la vente que l'artiste

multiplia dans les années 1860 – un « article » ou « produit », aurait dit Degas.

L'hypocondriaque, qui semble à l'article de la mort, reçoit la visite de deux médecins ; l'un discourt doctement et se prononce sur le beau cas ; l'autre, dans son dos, tout aussi émacié et grotesque, agite un énorme clystère. L'accent, c'est-à-dire la lumière, insiste sur le malade enveloppé dans ses draps comme dans un linceul, la main sentencieuse, le profil aigu et le rabat, le monstrueux instrument. C'est la plus caricaturale de toutes les scènes de comédie de Daumier, celle où se perçoit le plus immédiatement le comique simple et répandu qui charge la médecine et les médecins. La scène – le rideau baroque du baldaquin lui confère son aspect théâtral –, couramment intitulée *Le Malade imaginaire*, ne se rattache à aucun passage précis de cette comédie. Certes le grabataire évoque Argan, le médecin qui vaticine, monsieur Purgon ou Diafoirus père, et celui qui tient le clystère, monsieur Fleurant, mais à aucun moment chez Molière ils n'apparaissent ensemble. Une fois encore, Daumier a puisé dans le répertoire, qu'il a accommodé à sa façon, pour renouveler efficacement la satire ancienne.

Il est Molière, c'est-à-dire Béralde, et raille la médecine comme « une des plus grandes folies qui soit parmi les hommes », l'illustrant ici par cette « plaisante momerie » d'un « homme qui veut se mêler d'en guérir un autre ». Mais le cas particulier des médecins souligne, chez Daumier comme chez Molière, la vanité qu'il y a à discourir sur la nature humaine, « par la raison […] que les ressorts de notre machine sont des mystères […] où les hommes ne voient goutte, et que la nature nous a mis au devant des yeux des voiles trop épais pour y connaître quelque chose[2] ». **H.L.**

1. Charles Baudelaire, « Quelques caricaturistes français », texte publié pour la première fois dans *Le Présent,* 1er octobre 1857, repris dans Baudelaire, 1975-1976, p. 556.
2. Molière, *Le Malade imaginaire*, acte III, scène 3.

207

Le Malade imaginaire

Vers 1865-1866
Plume, encre noire, encre grise et lavis gris sur pierre noire
sur papier
31,9 × 35,6 cm
Signé à la plume et à l'encre brune, en bas à gauche : *h.D.*

New Haven, Yale University Art Gallery, legs Edith Malvina
K. Wetmore, 1966 (1966.80.6).
Maison D. 485
Exposé à Ottawa et à Washington seulement

Historique
    Coll. Alexandre Dumas fils, Paris, en 1878 ; vente D[umas], Paris,
    hôtel Drouot, 16 février 1882, n° 21, *Le malade entre les deux médecins* ;
    Binder, Paris ; César de Hauke & Co., New York, 1933 ; Edith Malvina
    K. Wetmore, New York ; légué par Edith K. Wetmore au musée en 1966.

Exposition
    Paris, 1878, n° 197 (*Le Malade imaginaire, appartient à Alexandre Dumas*).

Le Malade imaginaire de Molière a inspiré à Daumier des scènes dont certaines sont des visions hallucinées sans commune mesure avec la dimension de la pièce. Diafoirus tâte le pouls d'un Argan fou de terreur, dans la plus connue des interprétations du thème, une aquarelle de la collection Gerstenberg[1] (MD. 476, Saint-Pétersbourg, musée de l'Ermitage). Ce chef-d'œuvre de mise en scène fantastique est théâtralement éclairé d'en bas par une source invisible, peut-être les feux de la rampe – effet particulièrement cher à Daumier et à Degas après lui.

La composition de New Haven (cat. 207) est une variation sur le sujet montrant Argan de façon atypique entre deux médecins. D'où le doute de Maison quant à la parenté avec la comédie de Molière, même si, dans une scène de l'acte II, Diafoirus et son fils Thomas prennent tous deux le pouls de l'hypocondriaque[2]. Le diagnostic du fils n'a rien de réjouissant : « *Dico* que le pouls de Monsieur est le pouls d'un homme qui ne se porte point bien. » Le dessin de New Haven est sommé d'un petit croquis qui non seulement le rattache à la pièce de Molière, mais prouve aussi son antériorité sur l'aquarelle Gerstenberg au musée de l'Ermitage quant à la forme générale. La transe du médecin à droite, Diafoirus sans doute, ne trouve aucun écho chez le malade inerte qui a cessé d'être un objet de risée. C'est ce contraste entre la compassion et le grotesque, également observable dans *La Déposition d'une mineure* (cat. 288), qui confère à l'œuvre son inquiétant pouvoir.

Le dessin inédit du buste d'Argan (cat. 208) est directement apparenté à l'aquarelle Gerstenberg, mais pas forcément en tant qu'étude. L'assurance du trait et certaines similitudes dans les effets de lumière suggèrent une reprise de la figure principale, très probablement exécutée sur commande. Le sentiment de terreur sans motif apparent n'en paraît que plus troublant, comme si la mort elle-même s'était manifestée. Daumier multipliera, inconsciemment peut-être, les variations sur ce type de figure – pensive, endormie, angoissée, ou paralysée par la peur, tête et corps rejetés contre un dossier. Elles apparaissent notamment avec une fréquence relative dans ses lithographies à partir des années 1840[3].

Par l'imagerie, *Le Malade imaginaire* fait suite aux œuvres de Daumier traitant des ennuis de santé de tous les jours, telle la pâle préfiguration du *Malade* de l'ancienne collection Gerstenberg *Ah ! docteur* (LD 1664) de 1847, ou – ainsi que l'a signalé Larkin – la lithographie, plus tardive et plus proche, du dentiste jubilant, qui agite une fraise sous les yeux de sa victime au bord de la catatonie[4]. Rappelons que Daumier a exploité le filon de la méfiance envers les médecins dès ses toutes premières allégories politiques : en 1833, il tirait un parti efficace des connaissances médicales autodidactes du roi Louis-Philippe dans *Primo saignare* (LD 73) et l'année suivante, il montrait l'ambassadeur de Russie à Paris prenant le pouls du régime politique moribond de la France dans *L'Europe peut dormir tranquille* (B 47)[5]. **M.P.**

208
Le Malade imaginaire

Vers 1865-1866
Plume, encre et lavis sur papier
12 × 14 cm
Signé en bas à droite : *h.D.*

Collection particulière

Non catalogué par Maison
Exposé à Ottawa et à Washington seulement

Historique
Coll. part., Paris ; vente, Paris, hôtel Drouot,
8 décembre 1997, n° 55, repr. ; galerie Thomas Le Claire, Hambourg ;
coll. part.

1. Voir Ilatovskaya, 1996, n° 45, repr. coul. Laughton a daté de 1868-1875 cette œuvre, longtemps crue disparue ; voir Laughton, 1996, p. 87, fig. 106.
2. Maison, vol. II, 1968, n° 485 ; voir E. Haverkamp-Begemann et Anne-Maris S. Logan, *European Drawings and Watercolors in the Yale University Art Gallery, 1500-1900*, New Haven, Yale University Press, 1970, p. 51-52.
3. Voir également *Les Mandarins lettrés* (LD 1206) de 1845, *Une séance du conseil des cinq* (LD 2036) de 1850, *Fonctionnaires chinois veillant au salut de l'empire* (LD 3123) de 1859, *Le Président de la diète* (LD 3507) de 1866 et *L'Europe* (LD 3621) de 1868.
4. Larkin, 1966, p. 192, *Voyons, ouvrons la bouche !* (LD 3272), *Le Charivari*, 12 mars 1864.
5. Daumier a renoué avec cette imagerie par *Ma chère France* (LD 3784) du temps de la guerre franco-allemande, *Le Charivari*, 23 mai 1870.

209

Scène d'une comédie de Molière

Vers 1865-1870
Plume et lavis
13,5 × 19,5 cm

Chapel Hill (N.C.), The Ackland Art Museum, The University
of North Carolina, Ackland Found
Maison D. 484

Historique

1878, atelier de Daumier, Valmondois ; Arsène Alexandre, Paris ; donné
par A. Alexandre à l'acteur Coquelin cadet (avec le dessin Maison
D. 483) ; galerie G. Wertheimer, Paris ; galerie Durand-Matthiesen,
Berlin ; galerie Lucien Goldschmidt, New York ; acquis par le Ackland
Art Museum le 24 août 1964.

Expositions

First Decade of Collection Exhibition, Chapel Hill, Ackland Art
Museum, 2 novembre-21 décembre 1969, n° 77 ; *Ackland Collection*,
Chapel Hill, Ackland Art Museum, 27 septembre-17 octobre 1970 ;
Six Centuries of Drawings in the Ackland Collection, Chapel Hill,
Ackland Art Museum, 13 juin-22 août 1976.

Jusque dans les années 1960, ce dessin fut encadré avec un autre
(fig. 1), très voisin, et qui porte l'annotation suivante : *Recherches
de personnages du théâtre de Molière, par H. Daumier. provenant
de son atelier de Valmondois. souvenir affectueux d'Arsène
Alexandre à son cher ami Coquelin cadet.*

Rien d'étonnant à ce qu'Arsène Alexandre, pionnier des travaux
sur Daumier, donnât ces « recherches de personnages » à l'interprète des grands rôles de Molière à la Comédie-Française – il fut
notamment Thomas Diafoirus dans *Le Malade imaginaire* et Scapin dans *Les Fourberies de Scapin* – qui était aussi « un amateur
d'art très fin, très délicat, très averti[1] ». « Toujours si distingué
dans sa fantaisie la plus bouffonne[2] », Coquelin cadet ne pouvait
qu'apprécier cet étonnant dessin où la frénésie du trait traduit la
vivacité de la comédie et le mouvement vibrionnant des acteurs,
où les rehauts de lavis, doublant ou dérangeant le tracé à la plume,
suscitent l'éclat bariolé et contrasté de la scène.   **H.L.**

Fig. 1.
Honoré Daumier,
*Scène d'une
comédie
de Molière*,
vers 1865-1870,
plume et lavis,
coll. part.

1. Jules Claretie, préface au catalogue de la vente *Succession Coquelin cadet*,
Paris, hôtel Drouot, 26 mai 1909. Coquelin cadet (1848-1909) a été
portraituré par Jean Béraud en Sylvestre des *Fourberies de Scapin* et par
J. A. Muenier en Diafoirus. Les dessins de Daumier ne sont pas passés
dans la vente après décès dans laquelle figuraient des œuvres de Béraud,
Blanche, Bonnard, Cazin, Corot, Maurice Denis, Fantin-Latour, Sisley,
Sorolla, Vuillard, Zorn…
2. *Ibid.*

210

Scène de comédie

Vers 1870-1873
Huile sur bois
24,7 × 31,8 cm

Los Angeles, UCLA at The Armand Hammer Museum of Art
and Cultural Center, The Armand Hammer Daumier and
Contemporaries Collection
Maison I-237

Historique

Coll. Mme Henry Marcel, Paris ; galerie Wildenstein and Co.,
Paris et New York ; coll. R.W. Redford ; galerie Wildenstein and Co.,
New York ; coll. André Meyer, New York ; vente *The André Meyer
Collection*, New York, Sotheby's, 22 octobre 1980, n° 13 ; acquis par
Armand Hammer.

Exposition

Paris, 1934a, n° 32.

Ce petit panneau est assurément une des œuvres ultimes de Daumier – nous sommes autour de 1870 –, rapidement enlevée, laissant
à peine apparaître le contour au pinceau, toujours si visible auparavant, se concentrant sur les physionomies des acteurs, distor-
dues par les feux de la rampe, quand l'une, uniment éclairée et
coiffée d'un toupet blanc, devient figure extatique, et quand
l'autre, mangée d'ombre, apparaît masque angoissé. La critique y
a vu une scène de Molière, sans invraisemblance mais sans pouvoir, une fois encore, préciser une pièce et des rôles ; il s'agit, en
fait, d'une variation nouvelle sur un sujet ancien, où Daumier, au
moment d'abandonner la peinture, reprend les thèmes d'une vie,
l'amour du théâtre, le rapprochement de deux caractères opposés,
la frontière ténue entre le comique et le tragique. Faut-il en rire,
faut-il en pleurer ? Nous ne saurons jamais. Don Quichotte est
toujours doublé de Sancho ; sur scène, les comédiens profèrent
des paroles incompréhensibles ; l'artiste s'interroge indéfiniment
sur son œuvre ; les amateurs découvrent sans cesse des planches
nouvelles. C'est sur ces indécisions, ces questions sans réponse
que Daumier, bien avant de mourir, clôt sa vie d'artiste. **H.L.**

Avocats, années 1861-1862

211

Carnet

1862
Graphite, plume, encre noire et lavis d'encre sur papier vergé
23,9 × 15,8 cm
Au verso de la couverture : *19 9bre* [illisible]
Au bord supérieur de la page 2, au centre : *8bre 1862*

Paris, musée du Louvre, département des Arts graphiques,
fonds du musée d'Orsay (RF 51 887)

Non catalogué par Maison
Exposé à Paris seulement

Historique
Coll. Adolphe-Victor Geoffroy-Dechaume, conservé par ses
descendants ; acquis par le musée d'Orsay en 1998.

Œuvres en rapport
Folio 1, recto : *Un avocat plaidant* (?) (MD. 668), *L'Accusation* (MD. 665
ou 666), *Les Confrères* (cat. 220), *Trois juges en séance* (cat. 217 et 218),
La Plaidoirie (MD. 670) ; folio 2, recto : *Un argument péremptoire*
(MD. 637), *Une confidence* (MD. 591) ou *Deux avocats discutant*
(MD. 594), *Les Deux Confrères* (MD. 596), *Avant l'audience, avocat
et client* (MD. 614), *Le Plaideur mécontent* (MD. 619) ; folio 3, recto :
Les Avocats (MD. 610), *Les Trois Juges* (MD. 603) ou *Trois avocats
causant* (cat. 291), *Le Défenseur* (cat. 224), *Les Avocats* (MD. 608),
Avocats (cat. 219), *Une cause célèbre* (cat. 222), *Un argument
péremptoire* (?) (MD. 637), *Les Avocats* (?) (MD. 581) ; folio 4, recto :
Un avocat et sa cliente (?) (cat. 215), *Les Pièces à conviction* (?) (cat. 287),
Monsieur, Madame et Bébé (?) (cat. 168).

Inédit, ce carnet fut soigneusement conservé par Adolphe-Victor Geoffroy-Dechaume et n'avait jamais quitté la descendance de ce dernier. Daumier l'a vraisemblablement fabriqué lui-même, en réutilisant un papier cartonné au revers duquel on distingue des traces de dessins antérieurs, à la plume et à l'encre. L'un d'eux, au verso de la couverture, représente une femme et un enfant. L'autre, désormais illisible, est tronqué par le découpage. Les feuilles sont reliées par un cordon de ficelle. Sur les dix feuilles de papier vergé, Daumier n'en a utilisé que quatre, non numérotées. Deux têtes d'hommes, isolées, réalisées chacune dans un style différent, occupent ce que l'on pourrait considérer comme le dos de la couverture. Le premier dessin, situé dans l'angle supérieur droit, représente un homme barbu de profil, modelé de façon sculpturale par des traits de plume ondoyants. Le visage se découpe sur un fond de hachures vigoureuses, cerné par un lavis affectant la forme d'un médaillon, qui n'est pas sans évoquer certaines œuvres de Préault[1]. Vingt-trois « vignettes » de formats divers, disposées régulièrement sur la surface des feuilles et griffonnées au crayon de manière très enlevée, sont un témoignage précieux de ce qui aurait pu constituer un début de *liber veritatis*, mais qui correspond plus vraisemblablement à un ensemble de *ricordi*. Il n'est pas exclu, par ailleurs, que l'artiste ait pu également jeter sur ces feuilles des projets de dessins destinés à la vente. Cependant, certaines œuvres importantes, comme *Après l'audience* (cat. 223), n'y figurent pas. Daumier, dont les procédés n'avaient rien d'orthodoxe, a-t-il mêlé dans ces dessins réalisation et invention ? L'artiste a parfois utilisé ce type de raccourcis dessinés, mais ce carnet représente cependant un rare exemple de systématisation du procédé.

Daté de 1862, cet ensemble permet d'éclaircir en partie la chronologie confuse de certains dessins. Ce carnet est contemporain d'une des périodes les plus difficiles de la vie de Daumier après son renvoi du *Charivari* en mars 1860 : ce répertoire pourrait être lié à un témoignage de Philippe Burty, qui relate une visite à l'atelier d'Adolphe-Victor Geoffroy-Dechaume en décembre 1862 : « Daumier est en ce moment dans une gêne cruelle. Il y avait chez Geoffroy une dizaine de ses dessins qu'il vend 50 f. et qu'il exécute à la plume, légèrement rehaussés de teintes plates[2]. » Or Geoffroy-Dechaume gardait également une trace de certains dessins vendus par son intermédiaire, comme l'atteste un feuillet conservé dans les archives de sa famille, daté du 9 février 1863, qui dresse soigneusement la liste de neuf dessins avec, en regard, le nom des acquéreurs, parmi lesquels lui-même figure deux fois, en compagnie d'amis du cercle de l'île Saint-Louis, comme Steinheil ou Corbon. Les prix correspondent à ceux avancés par Burty : 50 francs pièce. Les archives Geoffroy-Dechaume[3] témoignent du rôle d'intermédiaire et du soutien sans faille que Adolphe-Victor prodigua à Daumier[4], comme le dévoile une lettre touchante de 1862, écrite lorsque ce dernier ne put rembourser son ami au terme d'une échéance[5] : « On s'est présenté pour le billet de 400 F de fin septembre dont je n'ai pas osé vous parler d'avance [...]. Je vous ai apporté deux dessins, j'en ai d'autres qui vont suivre immédiatement. Si vous en trouvez le placement je pourrais facilement vous en donner pour vous couvrir. J'espère en vendre de mon côté. Quelque chose me dit que je vais sortir de l'embarras où je suis. Pardonnez-moi celui que je vous donne[6]. »

Si quelques-unes des vignettes figurant sur le carnet demeurent difficilement déchiffrables, cet ensemble est dévolu en majeure partie à des œuvres représentant des « avocats » et concerne souvent des feuilles célèbres. En effet, onze dessins présents dans ce carnet ont été exposés en 1878 chez Durand-Ruel ; deux d'entre eux, *Deux avocats discutant* et *Les Deux Confrères*, ont d'ailleurs appartenu à Geoffroy-Dechaume. Dans la plupart de ces croquis séduisants, Daumier a indiqué sommairement les silhouettes des dessins aboutis. Mais parfois le sculpteur n'est pas loin : les volumes s'accusent, fouillés nerveusement, comme sur la vignette au centre de la deuxième page, à gauche, où les masses sombres des *Deux Confrères* contrastent avec les stries brèves indiquant l'escalier du Palais. Ailleurs, Daumier a fait preuve d'une remarquable économie de moyens, comme dans la silhouette enlevée du *Plaideur mécontent*, où la main de l'avocat, ouverte dans un geste éloquent, se détache, ample et impressionnante, sur le blanc de la feuille. **E.P.**

1. Comme le médaillon en bronze représentant le littérateur Félicien Malefille, conservé dans une collection particulière américaine. Voir cat. exp. Paris, 1997, n° 59, p. 145.
2. Philippe Burty, *Croquis d'après nature*, Paris, 1897, p. 20-21.
3. Que Monsieur Denis Geoffroy-Dechaume soit ici remercié de son accueil chaleureux.
4. Voir Papet, dans cat. exp. L'Isle-Adam, 1998, p. 50-53.
5. *Archives Geoffroy-Dechaume*. « Bon pour 400- Fin septembre prochain [*en dessous*] ou ordre
« je payerai [*sic*] à MD. Geoffroy-Dechaume la somme de quatre cents francs valeur reçue en compte
« Paris ce 12 octobre 1861
« h. Daumier 48 bd Rochechouart   Enregistré à Paris le deux octobre 1862 MD. Bureau ».
6. *Archives Geoffroy-Dechaume*, lettre autographe signée Honoré Daumier à Adolphe-Victor Geoffroy-Dechaume, s.d. [1862].

212

Deux avocats

Vers 1862
Pierre noire, lavis, aquarelle, gouache et crayon
Conté sur papier vergé
20,9 × 27 cm
Signé à l'encre, en bas à droite : *h. Daumier*

New York, The Pierpont Morgan Library,
don de M. et Mme Eugene V. Thaw (1997.87)

Non catalogué dans Maison
Exposé à Ottawa et à Washington seulement

Historique
 Collet, Paris ; coll. Jules Claretie, Paris ; vente
 anonyme, Paris, palais Galliera, 27 mars 1973, nº 17,
 repr. ; M. et Mme Eugene V. Thaw, New York ;
 donné au musée en 1997.

Expositions
 Paris, 1878, nº 195 (*Deux avocats*, prêté par
 M. Collet) ; Francfort et New York, 1992-1993, nº 89.

213

Deux avocats : la poignée de main

Vers 1862
Plume, encre, crayon et aquarelle sur papier
10,3 × 19 cm
Signé au centre à droite : *h. Daumier*

Amsterdam, Rijksmuseum

Maison D. 582
Exposé à Paris et à Washington seulement

Historique
 Coll. Van Wisselingh, Amsterdam ; coll. Reich,
 Amsterdam ; donné au musée en 1924.

Expositions
 Londres, 1961, nº 207 ; Ingelheim-am-Rhein,
 1971, nº 40, repr.

214

Tête d'homme

Vers 1860-1862
Sanguine, pierre noire, plume et encre noire sur papier vergé
25,8 × 23,8 cm
Signé en bas à droite : *h.D.*

Paris, musée du Louvre, département des Arts graphiques,
fonds du musée d'Orsay, donation Claude Roger-Marx
(RF 36.798)

Maison D. 8
Exposé à Ottawa et à Washington seulement

Historique

Coll. Théodore Duret, Paris, en 1914 ; Claude Roger-Marx, Paris,
en 1934 ; donné par Paulette Asselain, fille de Claude Roger-Marx,
au musée en 1978.

Expositions

Paris, 1934a, n° 155, repr. ; Londres, 1936, n° 76 ; Philadelphie, 1937a,
n° 51 ; Paris, 1957, n° 66 ; Paris, 1958a, n° 18 ; Marseille, 1979, n° 84, repr. ;
Donations Claude Roger-Marx, Paris, musée du Louvre, cabinet des
Dessins, 1980-1981, n° 18, repr. ; Francfort et New York, 1992-1993, n° 5,
repr. coul.

Deux des compositions du carnet de 1862 (cat. 211), qui figurent
des personnages à mi-corps, correspondent à l'aquarelle de la collection Thaw de la Morgan Library (cat. 212) et à *Un avocat plaidant* (MD. 675) de l'Armand Hammer Museum of Art de Los
Angeles (fig. 1). Le dessin extrêmement bien conservé de la Morgan Library, perdu pendant près d'un siècle, n'est réapparu
qu'après la publication du catalogue de Maison. Colta Ives l'a
associé aux compositions qu'exploitait Daumier pour des scènes
inspirées de Molière, notamment celle de *Crispin et Scapin*
(cat. 204). Plus proches encore sont l'avocat de gauche et une
aquarelle du J. Paul Getty Museum[1] (cat. 281). L'artiste s'est sans
doute souvenu, pour la circonstance, d'études telles que la magnifique tête rubénienne du Louvre, à laquelle on attribue en général
une date bien antérieure, soit 1849-1850[2].

Quelle que fût l'intention de départ – un Bacchus ou un hercule, peut-être –, cette tête (cat. 214) ne semble avoir été intégrée
aux figures d'avocats qu'au début des années 1860, pour servir de
contrepoids aux physionomies quasi squelettiques dont Daumier
avait l'habitude. Une tête analogue se retrouve dans une aquarelle
de la Burrell Collection de Glasgow (MD. 680) et, à un degré
moindre, dans les visages rondelets d'une autre aquarelle présentée ci-après (cat. 221). Ces physionomies tranchent sur les personnages édentés et décharnés d'avocats qui, dans une aquarelle du
Rijksmuseum d'Amsterdam (cat. 213), se congratulent avec un
enthousiasme aux relents d'hypocrisie. Ce dessin ne figure pas
dans le carnet mais semble être de la même période, probablement
de 1862-1863. **M.P.**

Fig. 1.
Honoré Daumier,
Un avocat plaidant,
aquarelle, encre et gouache,
Los Angeles, UCLA at The Armand
Hammer Museum of Art and Cultural
Center, The Armand Hammer Daumier
and Contemporaries Collection.

---

1. Ives, dans cat. exp. Francfort et New York, 1992-1993, n° 89. À l'aquarelle
du musée Getty peut s'ajouter un dessin d'une collection particulière
(MD. 592), de conception semblable. L'ordre chronologique des deux
œuvres semble toutefois impossible à établir.

2. Ives, *op. cit.* note 1, n° 5.

215

Un avocat et sa cliente

Vers 1862
Crayon et aquarelle sur papier
21,8 × 17,5 cm
Signé en haut à gauche : *h. Daumier*

Stuttgart, Graphische Sammlung der Staatsgalerie (C 64/1285)

Maison D. 615
Exposé à Ottawa et à Washington seulement

Historique
> Acheté 50 francs de l'artiste, en 1863, par Geoffroy-Dechaume
> pour Claude Corbon ; coll. Royer, Paris ; coll. Decaux ;
> coll. Dr Hermann Eissler, Vienne ; E. Prochazka, New York ;
> coll. part. suisse ; marché d'art suisse ; acquis par le musée en 1964.

Expositions
> Paris, 1878, n° 216 (*Un Avocat et sa cliente*, prêté par *M. Royer*) ;
> Ingelheim-am-Rhein, 1971, n° 42, repr.

216

Avocat et sa cliente

Vers 1862-1864
Crayon noir, plume, encre et aquarelle sur deux feuilles
de papier vergé assemblées
19,4 × 22,6 cm (image) ; 24,1 × 23,8 cm (feuille)
Inscription au crayon au sommet, tête-bêche et fragmentaire :
M[onsie]ur G[...]d
Filigrane : *[HAL]LINES*

Cardiff, National Museum and Gallery (A 1679)

Maison D. 617

Historique
> Coll. Jules Castagnary, Paris ; Durand-Ruel, Paris ; Paul Rosenberg,
> Paris ; vendu à Bernheim-Jeune, Paris, 3 avril 1918 ; acheté 20 000 francs
> par Gwendoline Davis, 8 mars 1920 ; légué par Gwendoline Davis
> au musée en 1952.

Expositions
> Paris, 1888, n° 396 ; Londres, 1961, n° 199.

Cat. 216

L'aquarelle de Stuttgart (cat. 215) est illustrée dans le carnet de Daumier (cat. 211). Il s'agit probablement de l'œuvre répertoriée dans la liste de Geoffroy-Dechaume du 9 février 1863, *La visite au juge (ou La solliciteuse)*, achetée 50 francs par Claude Corbon, sculpteur, journaliste, politicien, puis sénateur de gauche, et dont l'amitié pour l'artiste remontait à la Révolution de 1848[1]. Corbon fut, en 1878, vice-président du comité organisateur de l'exposition de Daumier. Deux ans auparavant, ce dernier assistait au banquet offert en l'honneur de Corbon, et François Bonvin nota par la suite dans son journal : « Revu tous les vieux amis d'autrefois : Geoffroy, Daubigny, Steinheil, Faure, Soitoux, Deck frères, etc. Le meilleur : Daumier ! Point de politique ; tout amitié[2]. »

Cette aquarelle, d'une rare vivacité, se concentre sur l'avocat d'une élégante, le sourire suprêmement lubrique de celui-ci contrastant, comme l'observa Passeron, avec le rictus de mort d'un confrère en arrière-plan[3]. Un procès et une cliente d'un autre genre font l'objet de l'aquarelle de Cardiff (cat. 216), que Daumier acheva à grand-peine, et qui a appartenu un temps à l'éminent critique Castagnary. La composition ne présentait au départ que deux personnages, l'avocat et sa modeste cliente ; par la suite, l'artiste l'agrandit à gauche, ajoutant deux avocats en arrière-fond. La feuille étant nettement plus grande que le dessin, il en a allongé en même temps la partie inférieure. **M.P.**

1. Voir Papet, dans cat. exp. L'Isle-Adam, 1998, p. 58, note 25. Le croquis d'une composition de sujet analogue figure dans le carnet, mais aucune œuvre de Daumier ne semble y faire écho.

2. *Notes et souvenirs* de Bonvin cités par Étienne Moreau-Nélaton, *Bonvin raconté par lui-même*, Paris, Henri Laurens, 1927, p. 92.

3. Passeron, 1981, éd. américaine, p. 178.

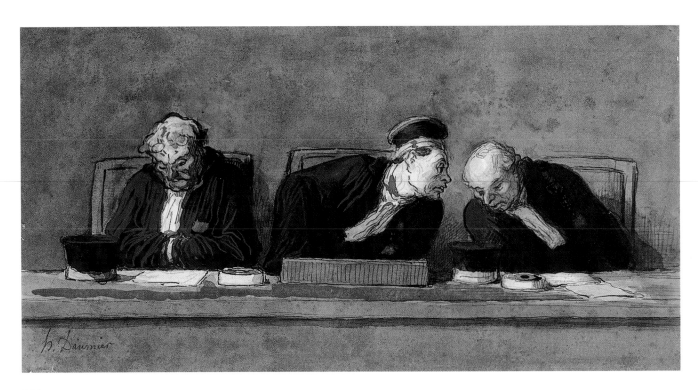

217

Trois juges en séance

Vers 1862
Plume, encre et aquarelle sur papier vergé
18 × 35 cm
Signé en bas à gauche : *h. Daumier*

Collection particulière

Maison D. 640

Historique
    J. Duz, Paris ; Henri Darrasse, Paris ; vente Darasse, Paris, hôtel Drouot,
    6 décembre 1909, n° 72 ; vendu 4 000 francs ; Otto Gerstenberg, Berlin,
    jusqu'en 1935 ; par héritage M. Scharf ; coll. part.

Expositions
    Paris, 1878, n° 97 (*Le Tribunal*, prêté par M. J. Duz) ; Paris, 1888, n° 390 ;
    Paris, 1901, n°, 187 ; Berlin, 1926, n° 81.

La similitude de ces deux compositions complique l'identification de l'œuvre que Daumier a dessinée sur son carnet daté de 1862 (cat. 211). Est-ce la version d'Ottawa ou le grand format plus fluide conservé dans une collection particulière ? La taille un peu plus haute de l'avocat au centre du dessin plaide en faveur de la version d'Ottawa, mais ce détail est loin d'être décisif. Les deux œuvres étaient destinées à la vente ; aucune ne figure cependant dans la liste des dessins datés du 9 février 1863 que Geoffroy-Dechaume a vendus pour le compte de l'artiste[1]. Au cours de cette période, Jules Dupré s'employa également à placer les dessins de son ami

Daumier, ainsi qu'Alfred Sensier, leur ami commun. Dans une lettre du 11 février 1863, Dupré écrivait à Daumier : « Vous trouverez sous ce pli 200 francs. Sensier a dû vous en remettre 300. Voici donc vos cinq dessins *d'avocats* placés au grand contentement de ceux qui les ont acquis, je les trouve vendus au-dessous de leur valeur, mais je n'ai pas osé demander plus dans la crainte d'échouer ; quant au dessin qui me reste, je vous le remettrai quand vous viendrez, si, d'ici-là, je n'ai pu le placer[2]. »

Il est peu probable que le petit dessin d'Ottawa ait été vendu 100 francs, car à la même occasion, *Un avocat et sa cliente* (aujour-

218

Trois juges en séance

Vers 1862

Plume, encre et lavis sur papier vergé

13 × 24,5 cm

Ottawa, musée des Beaux-Arts du Canada (812)

Maison D. 639

Exposé à Ottawa seulement

Historique

Coll. Henri Rouart, Paris ; vente Rouart, Paris, galerie Manzi-Joyant,
16-18 décembre 1912, nº 43, repr. ; acquis 2 200 francs par Wallis,
Londres ; William Scott & Sons, Montréal ; acquis par le musée en 1914.

Expositions

Paris, 1888, nº 380 ; Paris, 1900, nº 850 ; Londres, 1961, nº 215.

d'hui à Stuttgart, cat. 215) était parti à 50 francs seulement. Mais
Trois juges en séance pourrait avoir été, à cause de son format,
plus lucratif.

La composition renouait avec une idée déjà exploitée dans *Physionomie de l'Assemblée*, publiée en 1849 dans *Le Charivari*, et,
surtout, avec celle d'un bois plus tardif de juges assoupis (B 768)
de la série *Paris qui dort*, paru dans *Le Charivari* du 25 avril 1852.
Dans l'aquarelle, toutefois, un seul juge somnole tandis que les
deux autres conversent. **M.P.**

1. Voir Papet, dans cat. exp. L'Isle-Adam, 1998, p. 58, note 25.
2. Reproduite intégralement dans Escholier, 1923, p. 191.

219

Deux avocats

Vers 1862
Crayon et aquarelle sur papier
22 × 16,2 cm
Signé en bas à gauche : *h. Daumier*

Reims, musée des Beaux-Arts, legs de Henry Vasnier, 1907

Maison D. 595
Exposé à Ottawa seulement

Historique
Fromanger ?, Paris ; Verdier ?, Paris ; Henry Vasnier, Reims ; légué par H. Vasnier au musée en 1907.

Expositions
Paris ?, 1878, n° 213 (*Avocats*, prêté par M. Verdier) ; Paris, 1901, n° 287 ; Paris, 1934a, n° 138 ; Paris, 1958a, n° 312 ; Londres, 1961, n° 203 ; Ingelheim am Rhein, 1971, n° 41, repr.

220

Deux collègues ou *Les Confrères*

Plume, encre, pierre noire, lavis de couleurs et gouache sur papier vergé
23,5 × 20,2 cm
Signé à l'encre en bas à gauche : *h. Daumier*

Williamstown, Sterling and Francine Clark Art Institute

Maison D. 593
Exposé à Ottawa seulement

Historique
Coll. Adrien Tavernier, Paris ; vente Tavernier, Paris, galerie Georges Petit, 6 mars 1900, n° 109 ; racheté 3 250 francs ; vente T[avernier], Paris, hôtel Drouot, 15 avril 1907, n° 68 ; racheté 920 francs par Tavernier (une seconde fois) ; M. Knoedler and Co., New York ; Robert Sterling Clark, Williamstown.

Expositions
Paris, 1901, n° 283 ; Williamstown, 1962, n° 3, repr. (*Les deux avocats*).

221

Mon cher confrère...

Vers 1862
Crayon, plume, encre, lavis, aquarelle et gouache sur papier
28 × 21,8 cm
Signé en bas à gauche : *h. Daumier*

Melbourne, National Gallery of Victoria

Maison D. 600
Exposé à Ottawa seulement

Historique
    Barbizon House, Londres ; coll. Cyrus L. Lawrence, New York ; vente
    Lawrence, New York, American Art Association, 21-22 janvier 1910,
    n° 30, repr., *Les Avocats* ; acquis 900 dollars par Durand-Ruel,
    New York ; acquis par le musée en 1922.

Exposition
    Londres, 1961, n° 210.

Six compositions de ce genre figurent dans le carnet de 1862 (cat. 211), dont plusieurs peuvent être identifiées, notamment l'aquarelle du musée des Beaux-Arts de Reims. Les avocats y sont représentés en pied, au palais de Justice mais hors de la salle du tribunal, dans une suite de variations qui portent sur les collègues ou sur des clients. Arsène Alexandre, informé en cela par Geoffroy-Dechaume, raconta que Léon Gambetta, qui avait été avocat avant de devenir un illustre homme politique républicain, disait reconnaître plusieurs personnes parmi ces figures lors de sa visite à l'exposition de 1878. Geoffroy-Dechaume l'aurait assuré qu'il s'agissait de personnages tous fictifs, mais que Daumier « connaît les avocats, et surtout l'*avocat*, mieux qu'ils se connaissent eux-mêmes. De là cette ressemblance qui vous surprend[1] ».

Il y a, en effet, récurrence de personnages. Mais l'impression la plus forte vient de la singulière qualité cinématographique que ce groupe de travaux a acquise à travers le temps, à la façon des images statiques d'un film perdu. Le phénomène est rare dans les tableaux de Daumier, où seul un cadrage non orthodoxe produit parfois l'impression inattendue de gros plan dans une vaste scène. Comme en témoignent les lithographies, le sentiment de quasi-séquence des aquarelles est intentionnel, mais on ne peut en fait l'appréhender que dans le cadre d'une exposition. Daumier scrute le comportement journalier des avocats dans une série de vignettes, souvent rehaussées par une mise en scène analogue. Les deux avocats de l'aquarelle de Williamstown (cat. 220), que Laughton a attribuée à une période antérieure (1855-1860), se saluent avec une cordialité où perce une pointe de défi[2]. Dans la composition de Melbourne, les salutations sont d'une telle obséquiosité qu'elles ne sauraient être sincères et en disent long sur l'affrontement imminent au tribunal. Dans l'aquarelle de Reims – reprise, selon Passeron, d'un tableau antérieur, conservé à Lyon (cat. 181) –, l'avocat de gauche, très distant, provoque un sourire méchant chez son collègue auquel il n'a pas prêté attention[3]. Il s'agit probablement de *Gens qui se connaissent et qui ne se saluent pas*, vendu 200 francs à Fromanger et répertorié dans la liste de Geoffroy-Dechaume du 9 février 1863[4]. **M.P.**

---

1. Alexandre, 1888, p. 356. À propos de l'intérêt que le jeune Gambetta
   a suscité chez Daumier en 1869, voir *ibid.*, p. 321-322.
2. Laughton, 1996, p. 93.
3. Passeron, 1981, éd. américaine, p. 224.
4. Voir Papet, dans cat. exp. L'Isle-Adam, 1998, p. 58, note 25.

222

Une cause célèbre

Vers 1862-1865
Pierre noire, lavis, plume, encre, aquarelle, gouache et crayon
Conté sur papier vélin
26 × 43 cm
Signé à l'encre en bas à gauche : *h. Daumier*

Collection particulière

Maison D. 680

Historique

Coll. Paul Bureau, Paris ; coll. Auguste Boulard, Paris ; vente Boulard, Paris, hôtel Drouot, 9-10 avril 1900, n° 153, repr. ; acquis 22 200 francs par Morel d'Arleux, Paris ; coll. Mme Albert Esnault-Pelterie, Paris, en 1900 ; par héritage, Mme Jacques Meunié, petite-fille de Mme A. Esnault-Pelterie, Paris ; coll. part.

Expositions

Paris, 1878, n° 182 (*Le Plaidoyer*, prêté par M. Boulard) ; Paris, 1888, n° 386 ; Paris, 1889, n° 140 ; Paris, 1900, n° 140 ; Paris, 1901, n° 146 ; Paris, 1927, n° 24 ; Paris, 1931, n° 23 ; Paris, 1934a, n° 135, repr. ; Philadelphie, 1937a, n° 38 ; Francfort et New York, 1992-1993, n° 95, repr. coul.

Ces deux aquarelles et *Une cause criminelle* du musée Getty (cat. 281), qui formaient une suite spectaculaire dans la collection Esnault-Pelterie, furent présentés ensemble à l'Exposition universelle de 1900. Souvent reproduit au XXᵉ siècle, *Après l'audience* était, semble-t-il, inconnu jusque-là, sans doute dans une collection particulière ignorée des amis de Daumier, puisque l'œuvre ne fut pas exposée à la rétrospective de 1878. En revanche, *Une cause célèbre* constituait l'un des temps forts de l'exposition et plusieurs critiques ont reproduit, à l'intention du lecteur, la réplique tacite imaginaire de l'avocat à la sortie hystérique de son confrère : « Va, mon bonhomme, je te repincerai au demi-cercle[1]. »

L'incertitude dont a parlé Maison à propos de la datation des dessins de Daumier se confirme en quelque sorte dans le cas d'*Une cause célèbre*, sujet figurant sans équivoque dans le carnet de 1862, mais que les exégètes ont situé souvent, non sans raison, à la fin des années 1860[2]. En revanche, *Après l'audience*, pourtant absente du carnet, se vit assigner une date antérieure – celle de 1858-1960, ce qui la rapproche de la période du carnet. Dans les deux cas, la scène se passe dans une salle d'assises fictive, dont l'artiste esquisse l'architecture (fait rarissime chez Daumier), et il existe entre les deux œuvres un lien probablement plus étroit qu'on ne l'a cru jusqu'ici.

On ne connaît aucune étude préparatoire pour *Après l'audience*, quoique la méthode de Daumier en laisse supposer un certain nombre. À partir d'une série d'études voisines, on peut imaginer la genèse d'*Une cause célèbre*. Sur une feuille conservée au musée Cantini de Marseille (MD. 676), le dessin croque des personnages quelque peu différents, placés en sens inversé : les avocats y sont

223

Après l'audience

Vers 1862-1865
Fusain, plume, encre, lavis gris et beige et aquarelle
29 × 35,8 cm
Signé en bas à gauche : *h. Daumier*

Collection particulière

Maison D. 638
Exposé à Ottawa et à Paris seulement

Historique

Durand-Ruel, Paris ; Mme Albert Esnault-Pelterie, Paris, en 1900 ;
par héritage, Mme Jacques Meunié, petite-fille de
Mme A. Esnault-Pelterie, Paris ; vente, Londres, Sotheby's,
3 décembre 1991, nº 2, repr. coul. ; coll. part.

Expositions

Paris, 1900, nº 846, repr. ; Paris, 1901, nº 198 ; Paris, 1934a, nº 140 ;
Philadelphie, 1937a, nº 37.

d'abord rapprochés pour se retrouver ensuite à une certaine distance l'un de l'autre. Dans une deuxième étude (MD. 677), contenant des indications sur l'architecture, le placement des avocats
est toujours le même, et l'un d'eux a les mains sur la poitrine. C'est
peut-être à ce stade que Daumier a inversé la disposition et fait des
études distinctes des personnages sur une feuille depuis coupée en
deux[3] (MD. 678, MD. 679). L'étude de l'avocat de droite
(MD. 679), d'un brio extraordinaire, présente deux positions du
bras gauche : d'abord appuyé à la barre du tribunal (la composition finale en retient l'impressionnante manche encore en contact
avec sa toque), puis, dans la version finale, posé sur la poitrine.
Selon Laughton, les études pourraient être postérieures à l'aquarelle, mais cette hypothèse paraît improbable[4].

M.P.

1. Surmay, 1878, p. 133. Voir aussi Leroy, 1878, p. 2 et Castagnary, 1878, p. 3.
2. Ives, dans cat. exp. Francfort et New York, 1992-1993, nº 95 (seconde
moitié des années, 1860) ; Laughton, 1996, p. 98 (1865-1870).
3. Les études consignées par Maison sous les numéros D. 632, D. 634/635,
et D. 636/145 sont probablement toutes des projets pour l'avocat de droite.
4. Laughton, *op. cit.* note 2, p. 98.

224

Le Défenseur

Vers 1862-1865
Pierre noire, plume, encre, aquarelle et gouache sur papier
19 × 29,5 cm
Signé en bas à gauche : *h. Daumier*

Paris, musée du Louvre, département des Arts graphiques,
fonds du musée d'Orsay (RF 36.581)

Maison D. 658
Exposé à Paris seulement

Historique
  Coll. Louis Lemaire, Paris ; par héritage, famille Emmer-Lemaire
  et Mme Lemaire, Paris, 1968 ; entré au musée par dation en paiment.

Expositions
  Paris, 1878, n° 105 (*Avocat plaidant*, prêté par M. Lemaire) ; Paris, 1888,
  n° 401 ; Paris, 1901, n° 223 (avec dimensions du cadre) ; Paris, 1923, n° 51 ;
  Paris, 1927, n° 7.

Ni l'une ni l'autre de ces versions ne figure dans le carnet de Daumier, mais toutes deux datent probablement du début des années 1860. D'après Maison, l'aquarelle de Paris (cat. 224) a précédé celle de Washington (cat. 225), qui aurait été exécutée à l'aide d'un calque (MD. 659, fig. 1). Laughton a souscrit à la même chronologie et avance 1858-1860 pour la version de Paris et 1860-1863 pour celle de Washington[1]. Il y a tout lieu de croire que le dessin inachevé sur papier-calque est antérieur aux deux aquarelles et qu'il a été exécuté d'après un modèle perdu qui ne figurait que les deux personnages et la barre. Dans le calque, les bras de la femme n'ont pas encore de position arrêtée, laissant entrevoir l'éventualité de mains jointes. C'est sur cette feuille que Daumier a esquissé l'élément architectural ainsi que le public. L'aquarelle de Washington est sûrement la première. La femme a les mains sur les genoux et l'architecture est en place mais non terminée : les

côtés droit et gauche du lambris derrière l'avocat ne sont pas de même hauteur et la porte du centre n'est pas encore surmontée d'une double arche. Ces détails sont corrigés et d'autres améliorations sont introduites dans l'aquarelle plus travaillée de Paris, où la femme est représentée les mains dans un manchon. On conçoit difficilement que Daumier ait pu peindre la version de Paris sans avoir le modèle de Washington à sa disposition ; les deux œuvres sont sans doute très contemporaines.

À l'exposition de 1878, la version de Paris a suscité énormément d'éloges : c'est peut-être, de la rétrospective, l'œuvre décrite et commentée le plus. Tout comme dans *Une cause célèbre* (cat. 222), le contraste entre un ouragan humain déchaîné et une cliente satisfaite mais rusée – une « sainte nitouche capable de tout », selon les mots de Foucher – appelle inévitablement cette observation tacite : « Non, messieurs, vous ne condamnerez pas

225

Le Défenseur

Vers 1862-1865

Pierre noire, plume, encre, aquarelle et gouache sur papier

20,2 × 29,2 cm

Signé en bas à gauche : *h. Daumier*

Washington, Corcoran Gallery of Art, collection W.A. Clark

Maison D. 660

Historique

Coll. Ferdinand Heilbuth, Paris ; vente Heilbuth, Paris, galerie Georges Petit, 17-18 mai 1890, n° 327 ; vendu 2 550 francs ; Henri Vever, Paris ; vente H.V., Paris, galerie Georges Petit, 1er-2 février 1897, n° 137 ; coll. Paul Gallimard, Paris ; Paul Cassirer, Berlin ; sénateur William A. Clark, Washington ; légué par W.A. Clark au musée en 1925.

Expositions

Paris, 1888, n° 415 ; Paris, 1889, n° 136 ; Paris, 1907, n° 15 ; Londres, 1961, n° 222.

une femme plus honnête cent fois dans sa légère infraction aux lois du mariage, que ne l'est son odieux mari dans sa plate et vulgaire fidélité[2] ! » L'ample mouvement des bras, qu'affectionnait Daumier, reprend ce qui était à l'origine, dans une lithographie de 1835 (LD 556), le large geste du vendeur montrant un melon peu alléchant et s'inspire probablement d'un noble précédent : *La Justice et la Vengeance divine…* de Prud'hon[3]. Un critique a cru toutefois reconnaître Berryer sous les traits de l'avocat[4]. **M.P.**

1. Laughton, 1996, p. 95.

2. Foucher, 1878, p. 3 ; Leroy (1878, p. 2), ajoutait que l'avocat se jette hors de la barre avec une violence de mouvement michelangélesque.

3. *Grande Exposition de l'Industrie* (LD 556), parue dans *Le Figaro*, 7 mars 1835, puis dans *Le Charivari*, 5 mai 1839. À propos de Prud'hon, voir cat. 296.

4. Pelletan, 29 avril 1878, 2e partie, p. 2. À propos de Berryer, voir cat. 43, cat. 117 et cat. 140.

Fig. 1.
Honoré Daumier,
Scène de procès,
pierre noire sur papier-calque,
Rotterdam, Museum Boijmans
Van Beuningen.

Les planches du Boulevard et Souvenirs d'artistes

226
Le Nouveau Paris
Comme c'est heureux pour les gens pressés,
qu'on ait élargi les voies de communication ! ! !

Souvenirs d'artistes n° 301
Lithographie sur blanc ; deuxième état sur deux (premier état
paru dans *Le Boulevard*, le 8 avril 1862)
27,7 × 22,5 cm
Signé en bas à gauche : *h.D.*

Ottawa, musée des Beaux-Arts du Canada
Exposé à Ottawa et Washington seulement (exemplaire
reproduit)

Collection Roger Passeron
Exposé à Paris seulement

Delteil 3245

227
Le Nouveau Paris

Pierre lithographique

Paris, Bibliothèque nationale de France, réserve du département
des Estampes et de la Photographie
Exposé à Paris seulement

Un zeste, un rien... et l'omnibus se trouve complet.

228
Madeleine-Bastille

Un zeste, un rien.... et l'omnibus se trouve complet
Souvenirs d'artistes n° 273
Lithographie sur blanc ; deuxième état sur deux, épreuve
sur Chine appliqué (premier état paru dans *Le Boulevard*,
le 16 mars 1862)
24,3 × 22 cm
Signé en bas à gauche : *h.D.*

Collection Roger Passeron

Delteil 3243
Exposé à Ottawa et à Paris seulement

Un zeste, un rien... et l'omnibus se trouve complet.

229
Madeleine-Bastille

Pierre lithographique

Paris, Bibliothèque nationale de France, réserve du département
des Estampes et de la Photographie
Exposé à Paris seulement

Selon Philipon, Daumier voulait peindre à sa guise, mais ses caricatures provoquaient aussi des désabonnements au *Charivari*.
Baudelaire s'indigna de son licenciement, sans doute lié au durcis-
sement de la censure impériale après l'attentat d'Orsini, dans une
lettre à l'éditeur Poulet-Malassis en mars 1860 : « Libre, et, *foutu
à la porte* du *Charivari*, au milieu d'un mois et n'ayant été payé que
d'un demi-mois ! Daumier est libre et sans autre occupation que
la peinture. » Cette situation nouvelle a représenté pour Daumier
(dont la dernière planche pour *Le Charivari* paraît le 1er mars 1860,
LD 3261) un important tournant dans son œuvre et son statut[1].
Délaissant momentanément le public des rieurs de ce journal, il
s'est adressé au cercle des amateurs et des collectionneurs qui
appréciaient ses aquarelles et ses peintures ; en lithographie, il
réserva le meilleur d'une production restreinte à un hebdomadaire
d'opposition discrète à l'Empire, *Le Boulevard*, que fondait en
1861 son émule, disciple et ami Carjat[2] et auquel collaboraient ses
premiers défenseurs, Baudelaire, Banville et Champfleury : dès le

numéro-spécimen du 1er décembre 1861, son portrait-charge en
peintre inaugura la galerie des 68 portraits-charges à grosses têtes,
presque tous de Carjat ; Daumier, promu artiste, se trouva érigé,
– comme le seront Courbet, quelques numéros plus tard, et, sous
l'angle littéraire et politique, Hugo, l'exilé –, en figure tutélaire de
ce journal de poésie et de caricature ; des textes critiques lui sont
consacrés à plusieurs reprises, de la présentation du numéro-
spécimen par Jean du Boys (p. 7), aux articles de Charles Bataille[3]

1. Comme l'a montré Michel Melot dans sa communication inédite au
   colloque de New York en 1993, « Daumier et les écrivains français ».
   Voir aussi son commentaire sur l'article « Abdication de Daumier 1er »,
   Le Charivari, 1er septembre 1861, dans Melot, 1er et 2e trimestre 1980, p. 162.
2. Voir la thèse d'Élizabeth Fallaize, 1987.
3. Daumier est présenté comme « ce satirique forcené qui nous a tracé
   un tableau si navrant de la société civilisée de notre époque, ce poète,
   cet enthousiaste, ce vengeur qui avait rêvé l'Homme nerveux de Michel-
   Ange et n'a trouvé à travers la vie que des pléthores et des phtisies. »

(no 7, p. 2) et surtout de Champfleury, en édition pré-originale de l'essai de 1864 pour *La Nouvelle Revue de Paris* (développé en 1865 dans l'*Histoire de la caricature moderne*)[4]. Dans la collection des dessins du *Boulevard*, à laquelle Carjat prédit « une grande valeur dans quelques années » (no 52, p. 1), les lithographies de Daumier, payées au tarif de cinquante francs l'une[5], ont formé d'emblée un ensemble hors pair (dix scènes, LD 3243 à 3252, publiées du 16 mars au 21 septembre 1862, et le portrait-charge du sculpteur Carrier-Belleuse, LD 3254) ; les scènes (avec *L'Âne et les Deux Voleurs*, cat. 189) seront reprises sur blanc, à grandes marges, certaines épreuves sur Chine appliqué étant réservées aux amateurs, dans le recueil *Souvenirs d'artistes*, qui plaçait en exergue, de façon significative, la qualité « d'artiste » adéquate au nouveau traitement que Daumier conférait à ses œuvres lithographiques.

Deux des cinq planches sont exposées avec leur pierre lithographique telles qu'elles ont été imprimées par Bertauts, pour le second état (cat. 226 et 228), l'éditeur de *Souvenirs d'artistes*[6] : c'est l'un des rares cas où les dessins de Daumier ont été conservés sur la pierre, puisque celle-ci était d'ordinaire grainée après le tirage pour être réutilisée.

Encadré par deux planches qui montrent la foule voyageant dans les transports publics (LD 3243 et 3253), cet ensemble a pour thème majeur, en conformité avec le titre du journal, son contenu rédactionnel et ses illustrations, la vie du boulevard et les tracas des rues (LD 3245), et développe, en mineur, celui des artistes, à travers la représentation du photographe et des peintres. En écho à d'autres planches déjà parues[7], la première, *Madeleine-Bastille* (cat. 228), montre les passagers de la ligne d'omnibus des Grands Boulevards, et revient au thème des transports en commun déjà traité en 1855-1856 et repris en 1864[8] (cat. 267 à 278) : la composition est rythmée par la découpe lumineuse des ouvertures rectangulaires à l'intérieur de l'omnibus obscur et de la porte ; deux des fenêtres servent de cadre au portrait des passagers, tandis que,

telle une plantureuse cariatide, une femme d'un certain âge cherche, la main sur le rail, à garder son équilibre, sous le regard courroucé des autres passagères maigres et revêches : dans cet échange expressif, le comique de *La Famille Fenouillard* (1889) de Christophe n'est pas loin !

Dans *Le Nouveau Paris* (cat. 226), Daumier donne sa propre version d'un sujet traité différemment par Gustave Doré, dans un ouvrage de même titre dont la publicité figure dans *Le Boulevard* (no 61, p. 8) et dans quelques croquis pour le journal (« Paris nouveau »)[9] : après le macadam, les démolitions et les sous-sols, précédemment illustrés par Daumier, viennent les embouteillages et la satire du rythme accéléré de la vie moderne, en une planche pleine de mouvement où un piéton affolé cherche, au péril de sa vie, à traverser la chaussée au milieu des chevaux et des véhicules emportés à pleine vitesse, tandis qu'un bourgeois tranquille lit l'heure sur la montre qu'il a sortie de son gousset. Picasso admirait suffisamment cette pièce pour en avoir sous les yeux une épreuve dans sa villa La Californie[10]. **S.L.M.**

---

4. Melot, *op. cit.* note 1 ; Fallaize, *op. cit.* note 2, p. 107.
5. « Après le bon et paternel Daumier que j'abordais en tremblant, ne pouvant lui offrir que *cinquante* francs par dessin et qui me répondit en souriant : Mais, mon cher enfant, vous m'en offrez dix de plus qu'au *Charivari*, je choisis Émile Benassit et Durandeau qui acceptèrent mes modestes propositions : trente francs par pierre », Carjat, *L'Écho de Paris illustré*, 25 septembre 1892, p. 6, cité dans Fallaize, *op. cit.* note 2, p. 266.
6. Une troisième pierre du *Boulevard* est conservée à la collection Armand Hammer du Los Angeles County Museum of Art, repr. (sans légende) au frontispice du cat. exp. Los Angeles, 1979, où l'ensemble *Souvenirs d'artistes* était exposé, nos 121-129, comme à Washington, 1979.
7. Voir note 6. Le thème de l'omnibus intervient à plusieurs reprises (nos 11, 18, 61).
8. Sur l'omnibus, voir aussi un bois du *Monde illustré*, 30 janvier 1864 (B 943), à l'origine de la commande de l'aquarelle *L'Intérieur d'un omnibus* (cat. 230) ; voir Laughton, 1996, p. 108-109.
9. Fallaize, *op. cit.* note 2, p. 99-100.
10. Selon le témoignage de Roger Passeron ; 1968, Blois, no 269.

230

Intérieur d'un omnibus

1864

Pierre noire, plume, encre et aquarelle sur vélin

21,2 × 30,2 cm

Signé en haut à droite : *h.Daumier*

Baltimore, The Walters Art Gallery (37.1227)

Maison D. 294
Exposé à Ottawa et à Paris seulement

Historique
 Commandé à l'artiste en 1864 par George A. Lucas, Paris, pour William Walters, Baltimore.

Exposition
 Philadelphie, 1937a, no 26.

La scène d'omnibus apparaît chez Daumier dès 1843, dans la lithographie *Une rencontre désagréable* (LD 1009). La frise de figures en interaction vues de face offre des possibilités que l'artiste exploitera à fond dans une lithographie ultérieure, *N'est-il pas vrai, brave turco* (LD 3198), parue dans *Le Charivari* du 31 août 1859. L'idée lui plaît sûrement, car il la reprend dans *Madeleine-Bastille. – Un zeste, un rien* (cat. 228) en 1862, puis, deux ans plus tard, dans le bois gravé *Intérieur d'un omnibus* (*Le Monde illustré* du 30 janvier 1864), dont vient en droite ligne cette aquarelle. *Intérieur d'un omnibus* est à maints égards la suite logique de *Madeleine-Bastille. – Un zeste, un rien*. Ce qu'appréhendaient le plus les voyageurs s'est réalisé : un homme énorme, parodie prolétaire du portrait de monsieur Bertin par Ingres, déborde de sa place sur la banquette, coincé entre deux femmes, dont l'une tient un enfant et l'autre fulmine contre un inconnu sur le point de

s'assoupir sur son épaule. Dans cette aquarelle, Daumier a subtilement changé les détails, atténuant les physionomies mais forçant l'effet en amplifiant la figure masculine. Comme l'a signalé Bruce Laughton, il a signé avec esprit dans le coin supérieur droit parmi les annonces d'analgésiques, de benzine, de lotions capillaires et de tableaux[1].

La genèse de l'aquarelle de Baltimore est bien connue, grâce au journal du marchand George A. Lucas[2], qui l'avait commandée pour le compte d'un collectionneur, William Walters, magnat des chemins de fer qui détenait également une participation dans la Baltimore Street Car Company. L'œuvre est l'une des rares répliques produites par l'artiste – et jusqu'ici la plus ancienne connue – de l'un de ses dessins gravés publiés. Moins d'un mois après la parution d'*Intérieur d'un omnibus*, Lucas confiait à son journal en date du 26 février 1864 qu'il a rendu visite à Daumier – sans doute à titre d'intermédiaire de Walters, attendu à Paris le 15 mars. L'entrée suivante, datée du 18 mars, fait à coup sûr allusion à la même œuvre : « Vu Daumier et commandé l'*Omnibus* pour 100 fr. » Le lendemain, il retournait chez l'artiste : « Porté dessin à H. Daumier – dessin à compléter d'ici une semaine. » On s'interroge toujours sur le sens de « porté dessin à Daumier ». La seule explication plausible est qu'il a remis la gravure à l'artiste.

L'aquarelle n'a pas été terminée à temps, mais le 13 avril, Lucas rencontra par hasard Daumier, qui lui apprit que « le dessin de [l']*Omnibus* était terminé ». Trois jours plus tard, le samedi 16 avril, il prit livraison du « dessin de l'omnibus » qu'il régla 100 francs[3].

Maison voit dans un dessin étroitement apparenté (MD. 291) soit une étude préparatoire à l'*Omnibus* de Baltimore, soit une copie. L'existence d'un modèle rendant superflue l'exécution d'une étude, l'hypothèse de la réplique paraît plus plausible, d'autant que certains détails du dessin donnent à penser que cet omnibus avec sa frise de voyageurs vus de face a été initialement une esquisse pour un *Wagon de troisième classe*. La composition, surtout connue par le biais du bois gravé, aura une grande influence sur l'œuvre d'autres artistes, à commencer par Gustave Doré, qui reprendra l'effet burlesque du gros homme dans un dessin de ses *Two Hundred Sketches, Humorous and Grotesque* (Londres, 1867).

M.P.

1. Laughton, 1996, p. 109.
2. Georges A. Lucas, *The Diary of George Lucas, 1857-1909*, texte établi avec une introduction par Lilian M.C. Randall, Princeton, Princeton University Press, 1979, p. 173 à 176.
3. Le paiement est enregistré sous l'année 1864 dans le carnet IV de Daumier.

231

À travers les ateliers

Fichtre !... Epatant !... Sapristi !... Superbe !... ça parle !

Souvenirs d'artistes, n° 285

Lithographie sur blanc ; deuxième état sur deux, épreuve sur
Chine fixé (premier état paru dans *Le Boulevard*, le 20 avril 1862)

25,2 × 21 cm

Signé en bas à gauche : *h.D.*

Aix-en-Provence, atelier Cézanne
Exposé à Paris seulement (exemplaire reproduit)

Los Angeles, UCLA at The Armand Hammer Museum of Art
and Cultural Center, The Armand Hammer Daumier and
Contemporaries Collection
Exposé à Ottawa et à Washington seulement

Delteil 3246

Imp Bertauts, Paris

Fichtre !... Epatant !... Sapristi !... Superbe!... ça parle!...

Une autre planche, en rapport avec un croquis et une grande
aquarelle de la Walters Art Gallery de Baltimore[1], *À travers les
ateliers*, fut spécialement appréciée des grands peintres, et collec-
tionnée par Courbet, Delacroix, Van Gogh et Cézanne, à qui
appartenait la belle épreuve sur Chine exposée. Reprise d'une
scène gravée sur bois en 1841[2] (fig. 1), cette planche, qui mériterait
d'être commentée en relation avec l'art de chacun de ces peintres,
traite de la réception de l'œuvre d'art par les artistes-amateurs et
les amateurs-artistes, et montre un groupe d'hommes examinant et
jaugeant, dans un coin d'atelier, un tableau sur un chevalet, caché
aux yeux du spectateur (mais une autre toile visible au premier
plan représente un paysage) : Daumier scrute l'œuvre de près, le
visage plissé par un sourire, le paysagiste Jules Dupré s'exclame en
déployant les bras, un troisième assis, jambes croisées (qui ressemble un peu à Courbet), observe le tableau d'un air entendu et
narquois, tandis que les trois derniers, plus en arrière, ont des
visages étonnés, voire offusqués.   **S.L.M.**

Fig. 1
Honoré Daumier,
vignette gravée sur bois par Pauquinon,
en cul-de-lampe de l'article
« Les visiteurs du Salon »
de Félix Guillemardet, *Le Prisme*,
Paris, Curmer, 1841, p. 120, coll. part.

1. Los Angeles, 1979, n° 124.

2. Où l'on trouve un groupe de quatre hommes regardant un tableau, avec
un autoportrait caricatural de Daumier, à côté d'un peintre assis.

NADAR élevant la Photographie à la hauteur de l'Art

232

Nadar élevant la Photographie à la hauteur de l'Art

Le Boulevard, 25 mai 1862
Lithographie sur blanc ; premier état sur deux
27,2 × 22,2 cm
Signé en bas à gauche : *h.D.*

Paris, Bibliothèque nationale de France, réserve du département
des Estampes et de la Photographie (Dc. 180b rés. tome 69)
Exposé à Paris seulement (exemplaire reproduit)

Boston, Museum of Fine Arts. Legs W. G. Russell Allen, 1963
Exposé à Ottawa seulement

Delteil 3248

Voici un atelier en plein air aussi comique qu'inattendu : la nacelle du ballon de Nadar, survolant la capitale et braquant son objectif sur l'horizon urbain ; la caricature *Nadar élevant la Photographie à la hauteur de l'Art*, qui concrétise la fiction asmodéenne du *Diable à Paris*, illustré par Gavarni et Bertall (Hetzel, 1845-1846), est d'abord un hommage à l'inventeur de la photographie aérienne à bord de son ballon *Le Géant* (technique de prise de vues dont ce dernier annoncera, de façon prémonitoire, les applications cartographiques) ; le clin d'œil de Daumier à la célèbre lithographie de Delacroix pour le « prologue dans le ciel » du *Faust* de Goethe[1] (fig. 1) met en évidence la réalisation, par la photographie en ballon, du rêve romantique de vision panoramique formulé dans le chapitre « Paris à vol d'oiseau » de *Notre-Dame de Paris* (1832). De plus, le zigzag de la silhouette en habit noir, chapeau tournoyant en l'air[2], ressemble, dans son équilibre instable, au « N » géant d'une lettre anthropomorphe estampillant le ciel de l'initiale, basculée sur le côté, de « Nadar[3] », qui tient lieu à celui-ci de signature et dont le nom, en toutes lettres, figure sur la nacelle à la manière des « cartes de visite » dessinées par Victor Hugo en exil[4]. Tout en se moquant de l'esprit publicitaire des photographes, à travers Nadar, – dont le nom apparaissait effectivement en lettres immenses sur la façade de l'immeuble-atelier du boulevard des Capucines[5] –, Daumier vise, par ce relais hugolien, l'industrie du portrait-carte de visite qui devint, sous le second Empire, un important débouché de la photographie, en ironisant sur « l'ascension » du nouvel art. Ainsi, la planche de Daumier constate la concurrence entre photographie et lithographie, prend acte de l'opposition entre art et industrie qui, en gravure comme en photographie, entraîne certains artistes au refus du « procédé[6] » et aboutit, corrélativement, à l'essor de la gravure originale de peintre – ce dont sa propre œuvre d'artiste-caricaturiste lithographe est un exemple ; cette valorisation se manifeste dans le mouvement des aquafortistes, fondé en 1861, dont Daumier est membre[7] (sans être lui-même aquafortiste). Par-delà l'irréversible ascension du portrait et de la vue photographique, il défend, face à ses amis Carjat et Nadar qui l'ont eux-mêmes exercé avec art, le portrait-charge lithographique, le mode d'expression propre au *Panthéon-Nadar*[8], et, bien sûr, au *Boulevard*, en une lithographie qui saisit au vol le mouvement dans un instantané alors interdit, à cause de la pose statique, au portrait photographique[9]. Par la qualité nerveuse et dynamique de son dessin qui, à travers l'affichiste Chéret, se transmettra à Seurat, par sa signification condensée, comme par son humour graphique et sémantique aux strates multiples, cette œuvre est exemplaire du projet artistique de Daumier dans ses caricatures lithographiées à cette date. **S.L.M.**

Fig. 1
Eugène Delacroix,
Méphistophélès en vol,
première planche pour *Faust*,
Motte, 1828, lithographie.

Fig. 2
Nadar, autoportrait
caricatural, vers 1854-1855,
montage photographique
avec l'inscription : *au grand
homme le daguerréotype
reconnaissant.*

1. Explicitement parodiée dans LD 2149.
2. Utilisation du même comique fondé sur la silhouette pliée en quatre chez Rops (dans *Lassen et Wlenavski*, lithographie pour *Uylenspiegel*, nº 24, 13 juillet 1856 et dans son interprétation, en forme de N majuscule, de l'autoportrait caricatural du *Panthéon-Nadar* (fig. 2) dans *Nadar aîné*, lithographie pour *Uylenspiegel*, nº 43, 23 novembre 1856. Voir cat. exp. *Nadar. Caricatures et photographies*, Paris, maison de Balzac, 1990 (cat. par Loïc Chotard).
3. La lettre figurée était une forme de lettre de fantaisie, utilisée par l'affichage publicitaire ; Daumier en avait tracé lui-même un alphabet (LD 325, 1836).
4. L'écrivain était passionné par la photographie qu'il pratiqua dans « l'atelier de Jersey », étudié par Pierre Georgel, Philippe Néagu et Françoise Heilbrun.
5. Cat. exp. *Nadar*, Paris, musée d'Orsay, RMN, 1995.
6. Sur les deux techniques au Salon de 1861, voir Burty, *La Gazette des Beaux-arts*, 1861.
7. Melot, 1er et 2e trimestre 1980.
8. Dont le déploiement panoramique avait été offert aux Parisiens dès 1854 ; *Nadar – Caricatures et photographies*, Paris, maison de Balzac, 1990.
9. Contrainte dont se moquent d'autres caricatures de Daumier sur la photographie ; Ingelheim-am-Rhein, 1971, nº 353-358 et Hanovre, 1979, nºs 328-332.

233

Paysagistes au travail

Souvenirs d'artistes nº 309
Lithographie sur blanc ; deuxième état
sur deux (premier état paru dans *Le Boulevard*,
le 17 août 1862)
20,5 × 26,8 cm
Signé en bas à gauche : *h.D.*

Collection Roger Passeron
Exposé à Paris seulement (exemplaire reproduit)

Santa Barbara, R.M. Light & Co.
Exposé à Ottawa seulement

Delteil 3251

Paysagistes au travail...

Fig. 1
Gustave Courbet, *La Sieste pendant la saison des foins*,
1868, huile sur toile, signé et daté *G. Courbet 68*,
Salon de 1869, Paris, musée du Petit Palais.

Fig. 2
Félicien Rops, *En Ardenne IV.*
La saison des travaux, Uylenspiegel,
nº 13, 26 avril 1857, lithographie.

Dans *Paysagistes au travail*, les peintres sont passés de l'atelier au plein air sans résister à la tentation de la sieste au soleil ; deux d'entre eux se prélassent à l'ombre d'un arbre, comme dans le grand tableau de Courbet commencé six ans plus tard qui montre son disciple, le paysagiste Marcel Ordinaire, faisant, en compagnie de son frère, *La Sieste pendant la saison des foins* (fig. 1). Daumier démarque une caricature de Darjou parue dans *Le Charivari*, le 6 septembre 1860, qui elle-même paraphrasait la lithographie de Rops *Les Coloristes*, publiée le 17 août 1856 dans *Uylenspiegel*[1]. Parue, jour pour jour, six ans avant *Paysagistes au travail*, la pièce de Rops était certainement connue de Daumier qui s'inspire aussi d'*En Ardenne IV. La saison des travaux* (fig. 2) pour en reprendre, non seulement le sujet, mais également, en l'inversant, le jeu visuel photographique du contraste de l'image vue en positif ou en néga-

tif. La grande qualité de l'épreuve exposée permet d'apprécier l'art avec lequel, dans son paysage, Daumier, adoptant à l'instar de ses personnages un point de vue à ras du sol qui dégage amplement l'horizon, joue avec le blanc du papier pour rendre l'intensité lumineuse et la chaleur du plein été, tandis que le premier plan offre une zone d'ombre fraîche, prolongée par la silhouette de l'arbre, et que, plus à l'arrière, s'aperçoit, deux fois répété[2], le motif, humoristique et abstrait, du trapèze de la toile, du chevalet et du parasol abandonnés. **S.L.M.**

1. Hoffmann, 1981, p. 206, note 6.
2. À rapprocher de LD 3439, *Les Paysagistes : le premier copie la nature, le second copie le premier*, paru dans *Le Charivari*, 12 mai 1865.

234
Portrait du sculpteur Carrier-Belleuse

1863
Fusain sur papier vergé
43 × 28,5 cm

Paris, musée du Petit Palais

Maison D. 47
Exposé à Ottawa et à Paris seulement

Historique
    Coll. Poilpot, Paris ; entré au Petit Palais en 1924.

Expositions
    Paris, 1889, n⁰ 139 ; Paris, 1901, n⁰ 240.

Albert Carrier-Belleuse (1824-1887) se fit un nom au Salon de 1863 avec une *Bacchante* en marbre (Paris, musée d'Orsay) que Napoléon III lui acheta le 16 mai de la même année[1]. Ami de Daumier, et comme lui épris de l'œuvre de Prud'hon, Carrier-Belleuse est surtout connu pour ses portraits sculptés ; il avait modelé l'année précédente un buste en terre cuite de son confrère, d'une belle vitalité[2]. Il y a une certaine ambiguïté dans le parti pris par Daumier de le représenter entouré de bustes et sans allusion aucune à sa *Bacchante* dans une lithographie publiée, quelques jours après le triomphe au Salon, dans *Le Boulevard* du 24 mai 1863[3]. Le sculpteur, qui frisait la quarantaine, paraît avoir le teint mer-

veilleusement fleuri et semble – il faut le reconnaître – beaucoup plus vivant que dans le portrait photographique de Nadar (1877), ainsi que l'a observé Adhémar, ou le buste plus tardif et plus terne de l'université Stanford, que son ancien assistant Auguste Rodin présentera au Salon de 1882[4].

Il subsiste cinq dessins apparentés à la lithographie, ce qui dénote un degré de préparation rare chez Daumier. En outre, celui-ci a signé exceptionnellement la planche de son nom en entier. On ne sait toujours pas si la hâte explique l'oubli d'inverser la signature et de numéroter la pierre. Les deux fusains de cette exposition sont de toute évidence des études sur le vif – l'une est

235

Portrait du sculpteur Carrier-Belleuse

1863
Fusain sur papier vergé
36,5 × 25,6 cm

Paris, musée du Louvre, département des Arts graphiques, fonds du musée d'Orsay, donation Claude Roger-Marx en 1974 (RF 35.836)

Maison D. 49
Exposé à Ottawa seulement

Historique
> Don de l'artiste à Albert Carrier-Belleuse, Paris ; héritiers de Carrier-Belleuse, Paris ; coll. Claude Roger-Marx, Paris ; donné par Claude Roger-Marx au Louvre en 1974.

Expositions
> Paris, 1878, nº 215 (*Carrier de Belleuse - Portrait, appartient à M. Carrier de Belleuse*) ; Paris, 1927, nº 15 ; Paris, 1934a, nº 149 ; Philadelphie, 1937a, nº 52 ; Paris, 1958a, nº 194 ; *Donations Claude Roger-Marx*, Paris, musée du Louvre, cabinet des Dessins, 1980-1981, nº 16, repr.

un spirituel portrait de face ; l'autre, un splendide, quoique plus sobre, profil dont l'artiste fera don à Carrier-Belleuse, qui le prêtera en retour à l'exposition Daumier de 1878. Une étude à la plume, plus caricaturale et plus succincte, montrant le sculpteur de profil (MD. 50), a manifestement été exécutée de mémoire, afin d'explorer l'idée du profil. C'est aussi le cas d'une seconde étude à la plume, tout aussi énergique (MD. 48) et très proche de la lithographie, qui montre le visage littéralement inversé. À cette dernière se rattache une étude de face inédite, non cataloguée par Maison, dessinée au verso d'une feuille d'études pour *Le Retour de l'enfant prodigue*, découverte il y a peu[5].   **M.P.**

1. Geneviève Bresc-Bautier et Anne Pingeot, *Sculptures des jardins du Louvre, du Carrousel et des Tuileries*, Paris, RMN, vol. II, 1986, p. 73-75.
2. Daté de 1862, aujourd'hui au musée du château de Versailles ; voir June Hargrove, *The Life and Work of Albert Carrier-Belleuse*, New York, Garland Pub., 1977, p. 106-107, fig. 56 et Simone Hoog et Roland Brossard, *Musée national du château de Versailles : Les sculptures*, Paris, RMN/Seuil, vol. I, 1993, p. 118, nº 459, repr.
3. *A. Carrier-Belleuse* (LD 3254).
4. Adhémar, 1954a, p. 51.
5. Vente, New York, Christie's, 22 mai 1997, nº 51.

Les lithographies publiées sous l'Empire autoritaire

LE RETOUR AU CHARIVARI (1863-1868)

236

La Muse de la brasserie

Planche 4 de la série *À la brasserie*
Le Charivari, janvier 1864
Lithographie sur blanc ;
deuxième état sur deux
20,1 × 25,6 cm
Signé en bas à droite : *h.D.*

Collection Roger Passeron
Exposé à Paris seulement
(exemplaire reproduit)

Boston, Museum of Fine Arts
Legs William P. Babcok, 1900
Exposé à Ottawa seulement

Delteil 3260

La Muse de la Brasserie

De retour le 18 décembre 1863 (LD 3255) au *Charivari* qui réaccueillit chaleureusement « ce dessinateur qui a le rare talent de faire, même de ses caricatures, de véritables œuvres d'art[1] », Daumier se concentra sur la manière qu'il s'était forgée au *Boulevard* ; il revint aux « croquis » en séries où le nom de l'artiste est parfois englobé dans le titre : « *Croquis pris à l'Exposition par Daumier* » (cat. 243) ; de plus, par sa fréquente présentation en largeur, les personnages étant coupés à mi-corps, la lithographie accusait alors son autonomie par rapport au sens de lecture du journal et s'isolait de la page par un double filet d'encadrement. Ces pièces mettaient à profit l'expérience de dessinateur et de peintre – acquise entre-temps par Daumier –, ce qui leur conférait une liberté nouvelle et une grande puissance de dessin.

Rarement sur blanc, elles sont tirées sur des pierres de moindre qualité et des papiers médiocres, par souci d'économie (même si le gillotage, employé dès 1863 au *Journal amusant*, ne devient systématique qu'à partir de 1870 au *Charivari* qui l'a expérimenté en 1865[2]). Seules les épreuves tirées sur la pierre-mère rendent alors pleinement justice au dessin de Daumier (LD 3315-3317).

Très rare, même en « *Charivari* », et exposée dans une superbe épreuve, *La Muse de la brasserie* est l'une des quatre lithographies de la série *À la brasserie*. À mi-corps, la « serveuse » se détourne de la salle vers le spectateur, les yeux baissés, tandis que, derrière le bar, les habitués du café, disposés en foule sur une bande ombrée[3], n'ont d'yeux que pour elle, à commencer par un personnage plus important, sur la gauche, qui tient son journal. L'arrière-plan est vivement tracé à traits de crayon entrecroisés qui font vibrer la lumière de cette scène d'intérieur au traitement déjà impressionniste. La composition d'ensemble de cette planche, probablement connue de Manet, n'est pas sans évoquer celle d'*Un bar aux Folies-Bergère* (fig. 1). **S.L.M.**

Fig. 1
Édouard Manet,
Un bar aux Folies-Bergère,
1881-1882, huile sur toile,
Londres, Courtauld
Institute Galleries.

1. Voir ce texte, et d'autres, dans la notice Delteil 3255.
2. Voir Lecomte, 1959, p. 15-19. La première planche de Daumier gillotée (signée *Gillot sc. en bas à gauche*) a paru dans *Le Charivari* dès le 12 juin 1865 ; voir Provost et Childs, 1989, p. 157 ; Laran dans Delteil, tome XX ; Paul Prouté, « le procédé Gillot », *Arts et Livres de Provence*, n° 8, 1948, p. 113 ; Lachenal, dans cat. exp. Ingelheim-am-Rhein, 1971.
3. À rapprocher, même si le style en ombre chinoise est différent, de la frise des spectateurs de La Goulue dans l'affiche de Toulouse-Lautrec *Moulin rouge* (1891).

237
En chemin de fer
Nous approchons de ce grand Tunnel où depuis
le commencement du mois il y a déjà eu trois accidents !...

Planche 2 de la série *Les Moments difficiles de la vie*
Le Charivari, 16 mars 1864
Lithographie sur blanc ; deuxième état sur deux
22,6 × 21,8 cm
Signé en bas à droite : *h.D.*

Paris, Bibliothèque nationale de France, réserve du département
des Estampes et de la Photographie (Dc. 180b rés. tome 69)

Delteil 3273
Exposé à Paris seulement

238

*M Prudhomme. Vive les troisième
on peut y être asphyxié mais jamais
assassiné*

Planche 4 de la série *En chemin de fer*
Le Charivari, 20 août 1864
Lithographie sur blanc ; deuxième état
sur trois (épreuve du dépôt légal
sur papier mince)
22,5 × 23,1 cm
Signé en bas à gauche : *h.D.*

Paris, musée Carnavalet
Exposé à Paris seulement
(exemplaire reproduit)

Paris, collection Prouté
Exposé à Ottawa seulement

Delteil 3299

M.PRUD'HOMME_Vive les troisième on peut y être asphyxié mais jamais assassiné.

Le thème des voyages en train, abordé autour de 1855, reparut en 1864, notamment dans *En chemin de fer, nous approchons…* (cat. 237), troisième lithographie d'une série de sept sur *Les Moments difficiles de la vie* (mars-juillet). Comme dans plusieurs aquarelles (surtout MD. 294, en rapport avec un bois du *Monde illustré* de 1864, B 943[1]), Daumier s'intéresse au rapport entre l'alignement des trois passagers et les rayures du tissu qui strient l'arrière-plan de la planche[2]. Leurs façons diverses d'exprimer, par la physionomie, la posture et l'attitude, l'appréhension de l'approche du tunnel, dans l'anxiété d'un accident possible, contraste avec la scansion géométrique, abstraite et régulière des rayures, ce qui renforce l'expressivité satirique de la planche.

La série *En chemin de fer* (LD 3296-3301, août-septembre) aborde la question de la sécurité dans les chemins de fer[3], tout en représentant la stratification sociale des passagers du train, répartis de la première à la troisième classe : aucun risque d'agression dans le wagon bondé de troisième classe, où vient se réfugier, entre une paysanne au regard fuyant, les mains posées sur son baluchon, et un paysan à la tête baissée, un Joseph Prudhomme[4], petit-bourgeois, à tête de hibou, les yeux en vrille cerclés de

lunettes, que Daumier emprunte à Monnier (cat. 238). La composition de la planche se rapproche de celle d'une lithographie de 1855, en l'inversant[5]. La ligne de fuite des fenêtres indiquant la profondeur, l'impression de foule et de promiscuité rendue par les rangées de tête qui se répètent et s'amalgament, la façon dont la lumière, dans le clair-obscur, crée le modelé des visages et des corps rapprochent cette lithographie des aquarelles et des peintures consacrées au thème du wagon de troisième classe (cat. 269 à 275). Mais un traitement spécifique est réservé à la lithographie, tant dans le rendu des volumes et de la teinte, accentué par un trait de crayon lithographique nerveux, que dans le maintien d'une expressivité caricaturale, qui accuse l'individualité propre à chacun des êtres entassés dans le wagon. **S.L.M.**

---

1. Voir aussi MD. 296 et MD. 297, d'après un bois de teinte du *Boulevard* de 1862 (B 921) repr. ; Laughton, 1996, p. 110-111.

2. Voir aussi LD 3296, 3298 et 3301.

3. Plusieurs attaques de voyageurs avaient suscité une panique ; Provost et Childs, 1989, p. 157.

4. Type introduit dans la série deux planches plus tôt (LD 3297).

5. *Impressions de voyage en chemin de fer*, 9 novembre 1855 (LD 2640).

CROQUIS DE THÉÂTRE (1864-1868)

L'ACTEUR.— Il était votre amant, Madame ! (*Bravo ! bravo !*) Et je l'ai assassiné ! (*Bravo ! bravo !*) Apprêtez-vous à mourir ! (*Bravo ! bravo !*) Et je me tuerai après sur vos deux cadavrrres !...
UN TITI.— Ah ! ben, non, alors ! Qu'est-ce qui porterait le deuil ?

239

*L'acteur – Il était votre amant, Madame ! (Bravo !
bravo !) Et je l'ai assassiné ! (Bravo ! bravo !) Apprêtez-
vous à mourir ! (Bravo ! bravo !) Et je me tuerai après
sur vos deux cadavrrres !...
Un Titi – Ah ! ben, non, alors ! Qu'est-ce qui porterait
le deuil ?*

Planche 2 de la série *Croquis dramatiques*
Le Charivari, 18 avril 1864
Lithographie sur blanc ; deuxième état sur deux
24,1 × 22,3 cm
Signé en haut à droite : *h.D.*

Paris, Bibliothèque nationale de France, réserve du département
des Estampes et de la Photographie (Dc. 180b rés. tome 69
[épreuve du dépôt légal])

Delteil 3280
Exposé à Paris seulement

240

Vous croyez peut-être que c'est un spectateur...... eh bien pas même !....... c'est le directeur ! ! !

Planche 167 de la série *Actualités*
Le Charivari, 29 juillet 1868
Lithographie ; deuxième état sur deux,
épreuve « en *Charivari* »
23,8 × 20,7 cm (pierre 38) ;
maison A. de Vresse, lith. Destouches
Signé en bas à gauche : *h.D.*

Saint-Denis, musée d'Art et d'Histoire
(ancienne collection Provost)

Delteil 3653

ACTUALITÉS   167.

Vous croyez peut être que c'est un spectateur........ eh bien pas même !.......c'est le directeur !!!

Comme le thème des wagons de chemin de fer, celui du théâtre, déjà traité auparavant (cat. 203 à 210), resurgit tant en planches isolées qu'en séries, parfois en lien étroit avec la peinture de Daumier. En arrière-plan de *L'Acteur* (cat. 239), la scène du meurtre de l'amant, rendue par la pantomime grandiloquente du vaudeville, déclenche les applaudissements des spectateurs du fond du parterre, qui gesticulent en hurlant de joie. Comparable à celui d'une lithographie publiée le 4 mai 1864, qui évoquait un spectacle de ballet vu par un public plus huppé (LD 3266, *Monsieur Colimard, si vous continuez* [fig. 1], série *Croquis pris au théâtre*), le point de vue reprend celui de *Au théâtre* (cat. 260), et superpose les spectateurs dans la pénombre à la scène illuminée, délimitée par deux grandes obliques qui traversent la composition. Par rapport au tableau, dont la reprise est fidèle, Daumier interprète de façon nouvelle les rapports de lumière, en utilisant le blanc du papier, et accentue l'étude physionomique des spectateurs aux visages bordés d'une frise lumineuse – thème qu'il explore, à la suite de Boilly et Doré, dans maintes lithographies (par exemple LD 3262-3264). L'espace de la salle de théâtre lui permet de multiples recherches de mise en page, de lumière ou de facture, comme dans une

Fig. 1
Honoré Daumier,
Monsieur Colimard...,
4 mai 1864, lithographie
parue dans *Le Charivari*.

planche d'*Actualités* de 1868, *Vous croyez...* (cat. 240) : la salle, vidée par la canicule, n'a gardé pour spectateur que le directeur – ce qui laisse à Daumier tout loisir de contempler l'espace, pour rendre, à longs traits de crayon, le galbe des rangées de fauteuils, la courbure des loges d'avant-scène et la lumière crue de la rampe qui se projette sur le couple en mouvement des acteurs. **S.L.M.**

CROQUIS DU SALON (1864)

241

Et toi, qu'est-ce que tu trouves de meilleur au Salon cette année ? — la bière.

Le Public à l'Exposition. Croquis par h. Daumier
Le Journal amusant, 18 juin 1864
Lithographie sur blanc ; premier état avant la lettre,
légende manuscrite
22,5 × 22 cm
Signé en bas à droite : *h.D.*

Paris, École nationale supérieure des beaux-arts
(Est. 2845)

Delteil 3315
Exposé à Ottawa et à Paris seulement

242

Il n'y a pas à dire c'est bien moi...

Le public à l'Exposition.
Croquis par h. Daumier
Lithographie ; premier état avant la lettre,
légende manuscrite
22,4 × 22 cm
Signé en bas à gauche : *h.D.*

Paris, École nationale supérieure
des beaux-arts (Est. 2846)

Delteil 3316
Exposé à Ottawa et à Paris seulement

Trois épreuves d'essai, tirées sur la pierre-mère avant gillotage, rendent compte d'un dernier thème abordé par les « croquis », dans un style très voisin des aquarelles rehaussées à la plume et au lavis d'encre de Chine : celui du Salon et du public des expositions. La première (cat. 241) représente, dans le contre-jour du premier plan, un groupe d'artistes et de bourgeois attablés autour d'un verre de bière, à la buvette qui avoisine la salle des sculptures désertée par les visiteurs[1] : par l'ouverture de la porte, les sculptures, juchées sur leur socle, dominent l'arrière-plan en pleine lumière[2]. La seconde (cat. 242) reprend la confrontation du modèle et du buste, déjà traitée en 1848 dans *La Veuve en consultation* (non catalogué par Delteil), et montre Joseph Prudhomme, qui déambule dans la salle des sculptures, sa femme au bras, et se trouve brusquement face à son buste, qui semble le tancer du regard : « Il n'y a pas à dire, c'est bien moi ! », s'exclame-t-il dans

la légende composée par Daumier. Sur la troisième lithographie (cat. 243), destinée à être rognée à la publication, un trait de plume délimite la zone à effacer sur la pierre. Le croquis montre la foule toujours massée dans les salles à l'heure de la fermeture, tandis que Daumier saisit au passage un bref incident auquel nul ne prête attention : comme un couple de visiteurs s'est assoupi sur une banquette, un garde en uniforme vient secouer par l'épaule l'homme qui a piqué du nez. C'est là tout l'art de chroniqueur de Daumier, tel que l'a résumé Focillon : « Il arrache à la poussière des jours le petit fait qui ne signifiait rien à nos yeux et il le projette dans un espace absolu où il acquiert l'énormité d'une représentation symbolique. Il a dans l'esprit l'exigence naturelle du relief, et sa destinée de chroniqueur et de pamphlétaire le voue à tout ce qui passe, à l'universalité du moment[3]. »

Avant la lettre, et toutes trois reproduites par Delteil, ces pièces,

243

Le 15 juin à 5 heures

Croquis pris à l'exposition
par Daumier
Lithographie ; premier état avant
la lettre, légende manuscrite
22,7 × 21,1 cm
Signé en bas à gauche : *h.D*

Paris, École nationale supérieure des
beaux-arts (Est. 2847)

Delteil 3317
Exposé à Ottawa et à Paris seulement

destinées à la préparation de la lettre et la copie, comportent, outre une mention de page dans le coin supérieur gauche, l'inscription du titre, du nom propre et de la légende tracée à la plume par Daumier lui-même ; elles attestent la qualité des rares épreuves conservées, préalablement au gillotage auquel recouraient *Le Journal amusant* (deuxième état) et *Le Petit Journal pour rire* (troisième état) comme l'indique la signature minuscule, déjà portée sur la pierre, *Gillot sc.* (Gillot graveur). La première en particulier montre l'effort de Daumier pour donner au crayon lithographique un équivalent de la teinte qu'offrent, dans le dessin, le lavis ou l'aquarelle, ou, en gravure sur métal, le grain de résine de l'aquatinte ; les zones de lumière sont épargnées pour faire luire le blanc de la feuille ; les personnages sont éraflés d'un trait de crayon évocateur du trait de plume dans le dessin et de la pointe sèche sur l'aquatinte, qui signe, d'une griffe nerveuse et

rapide, le style de Daumier au même titre que l'écriture manuscrite de la légende autographe. Le dessin lithographique transpose une autre technique graphique (plume et aquarelle, ou aquatinte et pointe sèche), sans qu'il y ait pour autant de référence précise à ce travail d'auto-interprétation et de transposition stylistique : cette ultime facture de Daumier persistera dans les grandes lithographies de la dernière période.   **S.L.M.**

---

1. Tous les Salons le constatent ; voir par exemple le texte de Baudelaire, « Pourquoi la sculpture est ennuyeuse », paru dans le *Salon de 1846* (Baudelaire, 1975-1976, tome II, p. 487).

2. Un sujet voisin est repris pour *Le Charivari* un an plus tard, le 3 juin 1865, dans *La Buvette* (LD 3293).

3. *Gazette des beaux-arts*, texte reproduit dans Courthion et Cailler (éds.), 1945, p. 185.

Amateurs, années 1860

244

L'Amateur d'estampes

Vers 1860-1862
Huile sur toile
41 × 33,5 cm
Signé en bas à gauche : *h. Daumier*

Paris, musée du Petit Palais, legs Eugène Jacquette à la Ville
de Paris pour les collections municipales, 1899 (nº 39)

Maison I-137

Historique
    Coll. comte Armand Doria ?, Orrouy ;
    coll. Eugène Jacquette, Paris ;
    légué par Jacquette au musée en 1899.

Expositions
    Paris, 1878, nº 34 (*L'Amateur d'estampes*,
    prêté par le comte Doria, avec des dimensions inexactes) ;
    Paris, 1888, nº 355 ; Paris, 1889, nº 229 ; Hami, Yamanashi
    et Ehine, 1997-1998, nº 13, repr. coul. ; Bonn, 1998, nº 32,
    repr. coul.

245

L'Amateur d'estampes

Vers 1860-1862
Huile sur bois
35 × 26 cm
Signé en bas à gauche : *h.D.*

Philadelphie, Philadelphia Museum of Art

Maison I-136

Historique
    Roquet, Paris ; acquis par Brame, Paris, 6 décembre 1891 ;
    échangé avec Georges Lutz, Paris, 9 décembre 1891 ; vente Lutz, Paris,
    galerie Georges Petit, 26-27 mai 1902, n° 46 ; vendu 3 300 francs ;
    Mme Albert Esnault-Pelterie, Paris ; acquis par le musée en 1954.

Expositions
    Paris, 1889, selon Paris, 1934a ; Paris, 1900, selon Fuchs ;
    Paris, 1910, n° 39 ; Paris, 1934a, n° 22, repr. ; Philadelphie, 1937b, n° 2.

246

L'Amateur d'estampes

Vers 1863-1865
Huile sur bois
40,2 × 33 cm
Signé en bas à gauche : *h. Daumier*

Chicago, The Art Institute of Chicago, don de la succession
Marshall Field

Maison I-152
Exposé à Ottawa et à Paris seulement

Historique

[Selon la légende, Camille Corot, Paris ; vente Corot, Paris,
hôtel Drouot, 5-6 juin 1875, n° 663] ; Georges Viau, Paris ;
Henri Vever, Paris (non inclus dans la vente Vever, Paris,
1-2 février 1897) ; Mme Jacques Doucet, Paris, en 1934 ;
Seligman, Paris ; galerie M. Knoedler and Co., New York ;
Marshall Field, Chicago ; donné par la succession de M. Field
au musée en 1957.

Expositions

Paris, 1900, n° 182, repr. (*L'amateur,* prêté par M. Viau) ;
Paris, 1901, n° 81 ; New York, 1930, n° 90 ; Paris, 1934a, n° 21, repr.

Il est généralement admis que la peinture inachevée de Philadelphie (cat. 245) a été réalisée postérieurement à une esquisse à
l'huile (MI-135) représentant un amateur dans une pièce décorée
de nombreux tableaux[1]. L'œuvre de Philadelphie possède toutefois un important repentir autour de la tête du personnage ainsi
qu'un deuxième tracé au niveau du dos, indiquant qu'à l'origine le
personnage n'était pas aussi voûté et s'écartait donc de la figure de
l'esquisse. Deux études de l'« amateur » (MD. 364 et 365) le représentent dans des angles différents devant le carton à dessin ouvert,
comme dans la version de Philadelphie, et sont de toute évidence
antérieures à cette dernière. Détail intéressant, on distingue, dans
ce tableau, deux lignes tracées au bas et à la droite du panneau qui
définissent le cadrage adopté pour la toile achevée, légèrement
plus grande, du Petit Palais (cat. 244). Dans cette dernière, l'amateur est placé à droite du centre et plus bas, avec le carton à dessin ouvert devant lui. Si la version de Philadelphie est plus sen-
suelle et pittoresque, celle de Paris, très différente, reflète un
travail de composition plus poussé.

Dans les deux versions, l'amateur est absorbé par le contenu du
carton à dessin, alors que dans la variante de Chicago (cat. 246), il
est représenté debout, au centre, le regard fixé sur une sanguine
accrochée au mur et les mains dans les poches, l'air indécis. Ce
dernier personnage rappelle celui que Daumier avait créé bien des
années auparavant dans la gravure sur bois *L'Amateur de caricatures* (B 327) publiée dans *Le Charivari* en 1840, ainsi que dans une
œuvre légèrement antérieure (B 191) parue en 1839. Selon Maison,
la peinture de Chicago serait à rapprocher d'une deuxième version
faisant partie de la Burrell Collection (MI-151) et toutes deux
auraient été réalisées dans les années 1860-1863, peu après les
tableaux de Philadelphie et de Paris, qu'il a situés aux alentours de
1860. L'étonnant allongement du personnage de Chicago semble
davantage caractéristique des derniers travaux de Daumier, tels
que *L'Amateur d'estampes* de Gand (cat. 347).

Il existe également une certaine confusion quant à la provenance de *L'Amateur d'estampes* de Chicago, Maison ayant répertorié ce tableau et le *Peintre feuilletant un carton à dessin* (MI-171)
du musée des Beaux-Arts de Lyon comme étant une seule et
même œuvre détenue par Corot. Or, il est clair que la peinture de
Lyon représente un artiste dans son atelier, difficile à confondre
avec un collectionneur. Par ailleurs, la peinture vendue en 1875,
avec les autres œuvres de la collection Corot, sous le nom de
L'Amateur d'estampes (n° 663), fut acquise par un dénommé
Jacquet, nom qui se rapproche étrangement de celui de Jacquette,
propriétaire de la version du Petit Palais[2]. Pour des raisons
inconnues, Jacquette ne figurait pas parmi les prêteurs de l'exposition de 1878, bien qu'il eût récemment acquis plusieurs pièces
de Daumier. Cependant, le comte Doria prêta une peinture intitulée *L'Amateur d'estampes* (n° 34) qui, d'après la description
du catalogue, mesure 40 × 22 cm. Maison considérait ces dimensions comme erronées et assimilait le tableau Doria à la toile du
Petit Palais (mesurant 41 × 33,5 cm), alors qu'il aurait fort bien pu
s'agir d'une autre version[3]. Meissonier, un ami du groupe du quai d'Anjou, avait déjà popu-
larisé le thème de l'amateur au XVIIIᵉ siècle dans ses peintures de
genre. Cette parenté n'échappa pas à un critique d'art qui écrivait
en 1878 : « Et ces *amateurs de gravures*, Meissonier les aurait-il
mieux rendus[4] ? » **M.P.**

1. Prêté au Museum of Fine Arts de St. Petersburg (Floride).
2. L'exemplaire du catalogue de la vente Corot (5-6 juin 1875), conservé
   dans les archives Knoedler, porte l'annotation « Jacquet » que Robaut
   (Alfred Robaut, *L'Œuvre de Corot*, Paris, H. Floury, vol. IV, 1905, p. 257)
   prend pour « Jaquot ».
3. *L'Amateur d'estampes,* prêté par Doria en 1878, ne figurait pas
   au catalogue de la vente Doria de 1899 et fut probablement vendu
   ou échangé avant cette vente.
4. Surmay, 1878, p. 134.

247

Devant un marchand d'estampes

Vers 1860-1863
Huile sur bois
33,5 × 25 cm
Signé en bas à gauche : *h. Daumier*

Dallas, Dallas Museum of Art, Foundation for
the Arts Collection, fonds Mme John B. O'Hara
(1981.33.FA)

Maison I-145

Historique

    Coll. Louis Lemaire, Paris, de 1860 à 1917, selon Paris,
    1934a ; galerie Paul Rosenberg et Cie, Paris, en 1931 ;
    coll. Emile Staub, Männedorf ; Mme Emile
    Staub-Terlinden, Männedorf, en 1934 ; galerie Wildenstein
    and Co., New York, en 1953 ; coll. M. et Mme Leigh
    B. Block, Chicago ; vente anonyme, Parke Bernet,
    New York, 20 mai 1981, no 315, repr. ; acquis par le musée
    en 1981.

Expositions

    Paris, 1878, no 7 (*Amateurs d'estampes*, prêté par
    M. Lemaire) ; Paris, 1888, no 366 ; Paris, 1901, no 53 ;
    Berlin, 1926, no 51 ; Paris, 1934a, no 25.

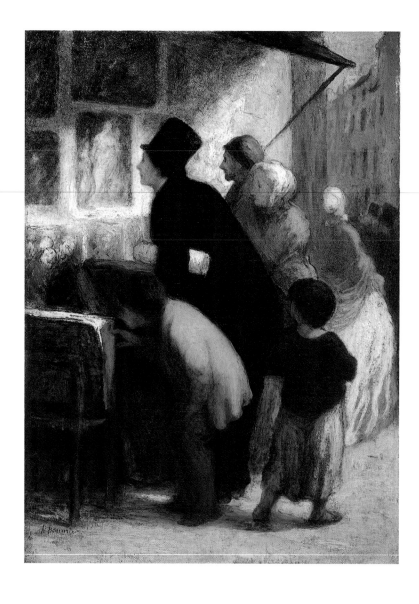

Comme le soulignait Marius Vachon dans son compte rendu de l'exposition de 1878, le thème des amateurs d'art se retrouve dans un bon nombre de travaux de Daumier, qui campe avec « une vérité étonnante, les variétés nombreuses de cette classe sociale : l'amateur passionné, l'amateur banal, l'amateur homme du monde, l'amateur sceptique, l'amateur blasé, l'amateur pour rire, enfin l'amateur populaire d'images[1] ». Dans la peinture de Williamstown (cat. 248), un collectionneur en robe de chambre tient entre ses mains une estampe qu'il fait admirer à ses invités réunis autour de la table. La convergence des regards des quatre personnages traduit leur passion commune pour cette gravure et confère à la scène une atmosphère quasi cérémoniale. Dans la peinture de Dallas (cat. 247), la plus achevée des trois compositions consacrées à ce thème (les autres étant MI-70 et MI-138), des passants regardent avec autant de curiosité un étalage de gravures. Dans cette œuvre aussi, nul ne paraît échapper à la fascination des images : un petit garçon entrouvre du bout du doigt un carton à dessin afin d'en découvrir le contenu ; en arrière-plan, un couple modeste admire de loin les gravures tandis qu'au centre un jeune homme, peut-être un artiste, tenant un rouleau de papier sous le bras, se penche autant qu'il peut pour regarder une estampe représentant une femme et ses enfants, thème cher à Daumier qui peut probablement être interprété, comme une référence à son propre travail.

    Il existe également une version moins finie du tableau de Dallas, détenue par le Fogg Art Museum (MI-70), que Maison a daté d'environ 1855. D'après Maison, cette version serait suivie, dans la série, par une composition voisine, avec des personnages en « plan

248

Les Amateurs d'estampes

Vers 1860-1863
Huile sur bois
31,8 × 40,6 cm
Signé en bas à droite : *h. Daumier*

Williamstown, Sterling and Francine Clark Art Institute (696)

Maison I-147

Historique
  Coll. Béguin, Paris ; coll. Peytel, Paris ;
  galerie M. Knoedler and Co., New York ;
  coll. Robert Sterling Clark.

Expositions
  Paris, 1878, n° 14 (*Amateurs de gravures*, prêté par M. Béguin) ;
  Saint-Pétersbourg, 1912, n° 144 ; Bâle, 1921, n° 53.

américain », ayant appartenu à Corot puis à Geoffroy-Dechaume, qui aurait été réalisée vers 1860[2] ; puis par la peinture de Dallas dont l'exécution se situerait entre 1860 et 1863. Une hypothèse non confirmée, perpétuée par Adhémar, veut que Louis Lemaire, ami de Daumier, ait été propriétaire de ce dernier tableau en 1860[3]. La présente œuvre, la version de Corot et la peinture de Williamstown (que Maison datait également de 1860-1863) ont toutes été exposées en 1878 ; on conçoit l'étonnement de Vachon devant la diversité des variations sur le thème.   **M.P.**

1. Vachon, 1878, p. 3.
2. Dans ce cas, il y a également confusion quant à la succession des propriétaires : lors de la vente Corot des 5 et 6 juin 1875, la peinture, cataloguée sous le titre *Les Curieux à l'étalage* (n° 662), fut achetée par le neveu de Corot, Joseph Chamouillet. Il est probable que ce dernier l'ait cédée par la suite à Geoffroy-Dechaume qui, lors de cette même vente, a acquis le tableau de Daumier *Le Barreau* (n° 663). *Les Curieux à l'étalage* figurerait dans la vente Geoffroy-Dechaume de 1893.
3. Paris, 1934a, n° 25 ; Adhémar, 1954a, n° 83.

249

Un peintre

Vers 1863-1866
Huile sur panneau
29 × 18,8 cm
Signé en bas à droite : *h.D.*

Édimbourg, National Gallery of Scotland, don
du National Arts Collection Fund, 1923 (1616)

Maison I-192
Exposé à Ottawa et à Paris seulement

Historique
Coll. Victor Geoffroy-Dechaume, Paris, en 1878 ;
vente Geoffroy-Dechaume, Paris, hôtel Drouot,
14-15 avril 1893, nº 26, *Portrait d'un peintre* ;
vendu 305 francs ; coll. Georges Viau, Paris ;
coll. part. ; Reid & Lefevre Gallery, Londres ;
donné au musée en 1923.

Expositions
Paris, 1878, nº 40 (*Un peintre*, prêté par
M. Geoffroy-Dechaume) ; Paris, 1901, nº 86 ;
Londres, 1961, nº 49.

Selon le catalogue de la vente Geoffroy-Dechaume de 1893, ce
tableau serait un portrait, mais la prudence s'impose devant cette
désignation car, en 1878, l'œuvre s'intitulait simplement *Un
peintre*. Chose curieuse, elle ne remporta manifestement pas de
succès à la vente : elle obtint le plus bas prix, loin derrière *Joueurs
de domino* (cat. 301). Pourtant, de toutes les représentations d'artistes de Daumier, c'est celle dont l'expression est la plus intense
et la plus métaphysique : le peintre au regard creux fixe la lumière,
tournant le dos à la toile apparemment intacte sur son chevalet.
L'effet est bizarrement monolithique, comme si le sujet était une
sculpture, et encore plus abstrait quand on le compare à la *Tête de
sonneur* (MI-191) du Hammer Museum, où les formes sont également sculptées de façon dramatique par des jeux d'ombre et de
lumière. Maison, qui, dans un rare aparté, jugeait la représentation
sentimentale, a daté le panneau de 1865-1866, se rapprochant en
cela d'Adhémar, qui avait prudemment proposé une fourchette
plus large, vers 1863-1866[1]. **M.P.**

---

1. Adhémar, 1954a, nº 133 ; il y indiquait erronément que l'œuvre appartenait
à un particulier.

250
Le Liseur

Vers 1863-1865
Huile sur panneau
34 × 25 cm
Signé en bas à gauche : *h.D.*

Des Moines, Des Moines Art Center,
The Nathan Emory Coffin Collection

Maison I-157

Historique
Coll. Charles Daubigny, Paris, jusqu'en
1878 (alors prisée 600 francs) ;
Mme Charles Daubigny ; coll. Pierre
Decourcelle, Paris ; vente Decourcelle,
Paris, hôtel Drouot, 26 juin 1926, nº 20,
repr. ; acquis 100 000 francs par M. Poyet ;
galerie P. Rosenberg, New York ;
Lamar Galleries, New York ;
coll. Duncan Phillips, Washington (DC) ;
galerie P. Rosenberg, New York, en 1952 ;
acquis par le musée en 1958.

Expositions
Paris, 1878, nº 57 (*Le lecteur*, prêté
par Mme Daubigny).

La tête inclinée, en vue modérément plongeante, apparaît dans
d'autres œuvres, mais Daumier lui confère dans cette œuvre une
profonde concentration qui rappelle beaucoup la *Tête d'homme*
(cat. 195) aujourd'hui à Cardiff. Toutefois, *Le Liseur* s'en écarte
par l'exécution, avec ses traits soigneusement sculptés par le jeu de
la lumière et la facture d'esquisse des mains tenant un livre à la
tranche rehaussée de rouge. Le jeune homme lit dans un atelier
d'artiste, reconnaissable au moulage accroché au mur, vu dans
d'autres peintures et dessins, et dont la présence dans l'atelier de
Daumier est étayée par des documents. Pour des motifs d'ordre
stylistique, Maison a daté la toile vers 1863.　　　**M.P.**

251

Un amateur

Vers 1864-1866
Crayon, fusain et lavis gris et brun sur papier
53,5 × 41,7 cm
Signature et dédicace à l'encre en bas à gauche :
h. Daumier à Cléophas

Rotterdam, Museum Boijmans Van Beuningen
(F II 31)

Maison D. 369
Exposé à Ottawa seulement

Historique
    Coll. Jacques Doucet, Paris ; galerie Paul Cassirer, Berlin ;
    coll. F. Koenigs, Rotterdam ; acquis avec la collection
    Koenigs en avril 1940, par D.G. van Beuningen ; donné
    par Van Beuningen au musée en 1940.

Expositions
    Berlin, 1926, n° 88 ; Vienne, 1936, n° 19.

Un amateur (cat. 252), l'aquarelle la plus aboutie des deux exposées, est l'unique œuvre de Daumier à représenter un collectionneur seul, entouré de la passion de sa vie. Klaus Herding et Martin Sonnabend se sont tous deux penchés sur le dialogue tacite entre l'homme et les objets, et plus particulièrement sur l'échange de regards avec la Vénus de Milo, version réduite du marbre du Louvre[1]. Alors que Herding voyait dans l'expression du collectionneur l'orgueil du propriétaire, l'intention semble vouloir davantage exprimer le caractère éphémère du plaisir que la pathologie du collectionneur : que le regard du personnage s'attarde sur une copie sans grande valeur semble placer le dialogue à un autre niveau et en faire plutôt une confrontation pathétique entre l'âge et la beauté, thème exploité plus clairement dans des peintures comme *La Confidence* (MI-150, Cardiff, National Museum).

Daumier a accordé un soin particulier à la préparation de cette superbe aquarelle : Maison a inventorié deux études du personnage (MD. 113 et 114), dans lesquelles l'homme est représenté assis mais en sens inverse, et une grande composition préparatoire (MD. 368), également inversée, dans laquelle on ne retrouve pas la Vénus, objet d'une étude distincte[2] (MD. 469). Dans la splendide et grande étude du musée Boijmans Van Beunigen (cat. 251), les éléments principaux se détachent de l'obscurité ambiante et le tête-à-tête entre l'homme et la statue, placée un peu différemment que dans l'aquarelle de New York, se fait plus intense. La dédicace à l'acteur et sculpteur Alfred Baron, dit Cléophas, a amené Adhémar à penser que ce dernier avait pu servir de modèle au collectionneur, réalisé selon lui vers 1865[3]. Alfred Baron étant né en 1820, il semble toutefois peu probable que Daumier ait pu penser à lui comme modèle. Ultérieurement, Sonnabend a situé l'aquarelle vers 1860 ou plus tard, tandis que Laugton a proposé une date entre 1863 et 1866 ou entre 1863 et 1870[4]. **M.P.**

---

1. Herding, dans cat. exp. Francfort et New York, 1992-1993, p. 57 ; Sonnabend, *ibid.*, n° 77.
2. L'un des dessins (MD. 114) présente au verso une étude d'un Don Quichotte. Grehan (1975, p. 56-57), suivi en partie par Laughton (1996, p. 180, n° 25), a émis des doutes quant à l'origine de certains de ces dessins.
3. Adhémar, 1954, n° 92.
4. Sonnabend, *op. cit.* note 1, n° 77 ; Laughton, *op. cit.* note 2, p. 58 et 59. Le texte ne continue pas d'une page à l'autre. Laughton a tout simplement donné deux dates différentes dans deux paragraphes.

252

Un amateur

Vers 1864-1866
Plume, encre, lavis, aquarelle, crayon Conté et gouache
sur pierre noire, sur papier vélin
43,8 × 35,5 cm
Signé à l'encre en bas à gauche : *h. Daumier*

New York, The Metropolitan Museum of Art,
collection H.O. Havemeyer, legs Mme H.O. Havemeyer,
1929 (29.100.200)

Maison D. 370
Exposé à Paris et à Washington seulement

Historique
Jules Dupré, Paris, vers 1878 : vente Dupré, Paris,
galerie Georges Petit, 30 janvier 1890, probablement nº 150,
L'amateur, dessin à l'encre de Chine ; vendu 1 250 francs ;
Durand-Ruel, Paris ; acquis 8 000 francs par
M. et Mme H.O. Havemeyer, New York, le 19 septembre 1895 ;
Mme H.O. Havemeyer, 1907-1929, New York ; légué par
Mme Havemeyer au musée en 1929.

Expositions
Paris, 1878, nº 154 (*Un amateur*, prêté par M. J. Dupré) ;
New York, 1930, nº 141 ; Paris, 1934a, nº 90, repr. ;
Philadelphie, 1937a, nº 22 ; Francfort et New York, 1992-1993,
nº 77, repr. coul.

253

Trois amateurs devant « La Revue nocturne » de Raffet

Vers 1863-1865
Pierre noire, sanguine, plume, encre et aquarelle sur papier
26 × 31 cm
Signé à l'encre noire en bas à gauche : *h. Daumier*

Paris, musée du Louvre, département des Arts graphiques,
fonds du musée d'Orsay (RF 4036)

Maison D. 387
Exposé à Washington seulement

Historique
  Coll. Hector Giacomelli, Paris, avant 1878 ; vente Giacomelli, Paris,
  hôtel Drouot, 13-15 avril 1905, nº 75, repr. ; acquis 9 080 francs
  par Constant Leclerc ; coll. Isaac de Camondo, Paris ; donné
  par I. de Camondo au Louvre en 1911.

Expositions
  Paris, 1878, nº 148 (*Trois amateurs devant* La revue nocturne *de Raffet*,
  prêté par M. Giacomelli) ; Paris, 1934a, nº 89 ; Londres, 1961, nº 153 ;
  Ingelheim-am-Rhein, 1971, nº 35, repr.

Selon l'hypothèse séduisante d'Adhémar[1], *Trois amateurs devant « La revue nocturne » de Raffet* serait une commande de l'artiste Hector Giacomelli, motivée par la parution de son catalogue raisonné de l'œuvre lithographié d'Auguste Raffet (1863). Il n'est pas inconcevable en effet que l'œuvre ait été exécutée pour Giacomelli, peut-être à l'instigation d'un ou de plusieurs des nombreux amis qu'il avait en commun avec Daumier – de Charles Jacque à Victor Hugo en passant par Charles-François Daubigny et Jules Michelet. L'admiration que Daumier vouait à Raffet est bien connue ; on peut par conséquent voir dans cette aquarelle un hommage à la plus célèbre des lithographies de Raffet et un reflet de son propre goût des nocturnes. Il y a quelque chose de curieu-

sement forcé dans le triangle de ces trois têtes rapprochées, les bras se détachant, telles les pales d'une hélice, sur le mur qui porte des peintures et des dessins. Parmi les œuvres accrochées, on remarquera avec intérêt des variations sur des dessins de Daumier lui-même, voisines de *Crispin et Scapin* (cat. 204) en haut au centre et de *La Chanson à boire* (cat. 305) à l'extrême gauche.

L'aquarelle du Victoria and Albert Museum (cat. 254) est probablement contemporaine et proche des *Trois amateurs...* du Louvre (cat. 253). Une étude préparatoire (MD. 377, Buenos Aires, Museo Nacional de Bellas Artes) montre qu'au départ, les têtes des deux collectionneurs étaient réunies comme dans cette dernière. L'étude se distingue des œuvres subsistantes de Daumier à

254

Les Amateurs d'estampes ou ***Le Portefeuille***

Vers 1863-1865
Craie, aquarelle, plume et encre sur papier vélin
35 × 32 cm
Signé au crayon Conté en bas à droite : *h. Daumier*

Londres, The Victoria and Albert Museum, collection Ionides
(CAI 118)

Maison D. 379

Historique

Coll. Constantine A. Jonnidès, Londres ; légué au musée par Jonnidès
en 1901.

Expositions

*Third Exhibition of the Society of French Artists, open daily from ten
to five o'clock, at 168, New Bond Street, W.* (sans le nom du marchand
ou de la galerie), Londres, 1872, n° 120 (*The Print collector*) ; Paris, 1878,
n° 205 (*Le Portefeuille, appartient à Jonnidés de Londres*) ; Francfort et
New York, 1992-1993, n° 72, repr.

un détail près mais singulier : mécontent du placement des têtes,
l'artiste a déchiré le dessin en deux dans le sens de la largeur et
intercalé une bande de papier afin de surhausser la figure debout.
Cette étude a servi pour un calque (MD. 378) dont vient l'aquarelle
achevée du Victoria and Albert Museum. Cette dernière partage
néanmoins avec celle de Paris maints éléments, dont la position
des cartons ouverts et fermés et la petite *Charité* sculptée à droite.
La pièce est représentée en diagonale ; Daumier a donné à ses
amateurs, d'un enthousiasme fort atténué, une expression de
contemplation silencieuse où Laughton perçoit une note légèrement sinistre[2].   **M.P.**

1. Adhémar, 1954a, p. 127, n° 136. Une seconde aquarelle portant
apparemment l'inscription *à l'ami Henri H. Daumier* a été mise aux
enchères à la vente Giacomelli sous le n° 76 et le titre : *Une fâcheuse
rencontre.*
2. Laughton, 1996, p. 56

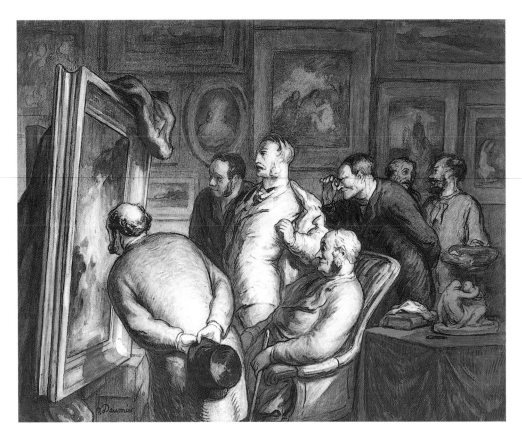

255

Visiteurs dans l'atelier d'un peintre

Vers 1865-1867
Pierre noire, plume, encre, lavis, aquarelle et gouache sur papier
vélin
36 × 45,1 cm
Signé à la plume et à l'encre en bas à gauche : *h. Daumier*

Montréal, musée des Beaux-Arts de Montréal,
legs de Mme William R. Miller à la mémoire de son époux, 1951

Maison D. 384
Exposé à Ottawa et à Paris seulement

Historique
  Vendu 800 francs par l'artiste à G.H. Frothingham, Montréal,
  probablement par l'entremise de William P. Babcock, Paris et Boston ;
  succession Frothingham, Montréal ; coll. Mme William Robert Miller,
  née Harriet Frothingham, Montréal ; donné par Mme W.R. Miller
  au musée des Beaux-Arts en 1951.

Expositions
  *Art Association of Montreal. Eight Exhibition, 1878. Catalogue of Oil
  Paintings and Drawings, & c., lent for the Occasion, and Exhibited
  by the Association,* Montréal, Windsor Hotel, 15 février 1878, n° 34 ;
  *Art Association of Montreal. Ninth Exhibition, 1879. Catalogue of Oil
  and Water Colour Paintings Exhibited by the Association on the
  Occasion of the Opening of the Art Gallery,* Montréal, Phillip's Square,
  26 mai 1879, n° 279 ; Boston, 1958, n° 168 ; Londres, 1961, n° 151 ;
  Francfort et New York, 1992-1993, n° 74, repr. coll.

Ces aquarelles sortent toutes deux d'une idée issue d'une lithographie de 1862 (cat. 231) dont la composition inversée est connue
par deux études : un grand format (fig. 1) et un dessin préparatoire
de moindre dimension mais plus achevé (MD. 381, Boston,
Museum of Fine Arts). Contrairement à ce qu'en a pensé Maison,
la première idée développée par Daumier apparaît sur la feuille de
Rotterdam, laquelle porte plusieurs ajouts, notamment une étude
pour le profil de la figure assise. L'antériorité de cet ensemble se
vérifie grâce au personnage à l'extrême droite, d'abord un
connaisseur, transformé ensuite en quelques traits sommaires en
un peintre avec une palette[1].

Plus grande et plus achevée, l'aquarelle de Montréal (cat. 255)
suit de près le modèle de Boston quant à la moitié droite de la
composition, mais renouvelle les figures de la moitié gauche.
L'historique de l'œuvre a fait l'objet de bien des méprises. Bruce
Laughton et Martin Sonnabend, qui ont récemment examiné la
pièce en détail, ont signalé pour la première fois que, comme le
croyait Maison, elle ne pouvait être *Amateurs dans un atelier* prêté
par le docteur Court au Salon de 1869[2]. De solides preuves indi-
rectes fournissent des indices sur deux points : il s'agit du « dessin
pour l'Amérique » dont le carnet IV de Daumier constatait la
vente, en octobre 1867, au prix sans précédent de 800 francs[3] ;
l'interlocuteur de Daumier dans ce marché était le peintre américain William Babcock, mandataire du collectionneur montréalais
George Frothingham. Babcock – amplement représenté dans la
collection Frothingham, pour laquelle il avait également acquis

256
Visiteurs dans l'atelier d'un artiste

Vers 1865-1867
Pierre noire, plume, encre, aquarelle et gouache
sur papier
32,4 × 31 cm
Signé à la plume et à l'encre en bas à droite :
h. Daumier

Baltimore, The Walters Art Gallery (37.1228)

Maison D. 385
Exposé à Ottawa et à Paris seulement

Historique
> Coll. P. Aubry, Paris, probablement acheté à l'artiste,
> 1876-1877 ; acquis de Mme Aubry par Durand-Ruel,
> Paris, 1895 ; coll. Cyrus L. Lawrence, New York ;
> vente Lawrence, New York, American Art Association,
> 21-22 janvier 1910, n° 34, repr., *L'atelier de l'artiste* ;
> acquis 2 600 dollars par l'entremise de E. Glënzer & Co.
> pour Henry Walters sous le nom de Henry Chester ;
> donné par H. Walters au musée en 1931.

Expositions
> Paris, 1888, n° 398 ; Philadelphie, 1937a, n° 20.

deux aquarelles de Millet et Barye, amis de Daumier – possédait
personnellement l'étude principale de la composition (MD. 381),
qu'il a léguée au musée de Boston[4]. L'aquarelle de Montréal est
fort probablement la première œuvre de Daumier à avoir été
exposée régulièrement dans un musée nord-américain – voire
dans quelque musée que ce soit. Frothingham disparaîtra prématurément ; sa collection est demeuré en prêt à l'Art Association of
Montreal jusqu'à la majorité de ses enfants.

Maison a établi un lien entre l'aquarelle de Baltimore (cat. 256)
et une œuvre vendue 200 francs, le 20 mars 1877, à P. Aubry, grand
collectionneur des œuvres de l'artiste après 1876. La vente figure
dans le carnet V, où « Esquisse amateurs dans un atelier [*sic*] » a
été substitué à la mention « pas fini[5] ». En 1878, Aubry possédait
donc l'aquarelle de Baltimore, qu'il prêta alors à la rétrospective
Daumier, mais, comme l'a indiqué avec bon sens Laughton, il ne
peut s'agir de l'œuvre vendue en mars 1877, le terme « esquisse »
convenant davantage à un autre dessin ayant appartenu à Aubry[6]
(MD. 386, aujourd'hui dans une collection particulière). Daumier
a dû l'exécuter peu après la version de Montréal, s'appuyant sur la
moitié gauche de l'étude de Boston et ajoutant la figure de l'artiste
au centre. S'il existe une certaine ambiguïté quant au décor – plus
proche, selon les aquarelles de Daumier, de l'intérieur d'un collectionneur que de l'atelier –, le sujet est transparent : un artiste officiel couronné de succès et son aréopage de critiques et d'amateurs
suffisants. La légère note d'humour de la version de Baltimore est
absente de l'aquarelle de Montréal, en surface plus contenue mais
en sourdine plus virulente dans sa critique.   **M.P.**

Fig. 1
Honoré Daumier,
Dans l'atelier d'un peintre,
plume, lavis et craie brune,
Rotterdam, Museum Boijmans
Van Beuningen.

---

1. L'idée première de la composition semble être un dessin hésitant (MD. 383)
   de sujet voisin, que Maison a rapproché de l'aquarelle de Baltimore.
2. Laughton, 1996, p. 52-55 ; Sonnabend, dans cat. exp. Francfort et New
   York, 1992-1993, n° 74.
3. Voir la transcription du carnet IV dans Laughton, *op. cit.* note 2, p. 172.
4. Frothingham et sa femme semblent avoir été de fervents amateurs d'aquarelles. À compter de 1864, le couple a prêté régulièrement des œuvres aux
   expositions de l'Art Association de Montréal. À l'exposition de 1889 ont
   figuré quelque quatre-vingts de leurs œuvres canadiennes, américaines et
   européennes, dont treize de Babcock. Laughton (*op. cit.* note 2, p. 55) s'est
   demandé si l'aquarelle de Daumier n'aurait pas été prêtée à une exposition
   tenue à Montréal en 1868.
5. Voir la transcription du carnet V dans Laughton, *ibid.*, p. 174.
6. *Ibid.*, p. 174.

257

À l'exposition. Un instant de repos

1868
Crayon et fusain sur papier
15,5 × 21,5 cm
Signé en bas à gauche : *h.D.*

Copenhague, Ordrupgaard

Maison D. 393
Exposé à Ottawa seulement

Historique

Coll. Paul Gauguin, Paris, avant 1884 ; sa femme Mette Gauguin,
Copenhague ; donné par elle à son neveu Peter Urban Gad,
Copenhague ; coll. Wilhelm et Henny Hansen, Copenhague ;
légué par Mme Hansen au musée en 1951.

258

Les Amateurs de tableaux

Vers 1869-1870
Plume, encre noire, lavis brun et lavis gris sur traces
de fusain sur papier vélin
49,3 × 39,2 cm
Filigrane : *J. WHATMAN 1869*

Chicago, The Art Institute of Chicago, don Joseph
et Helen Regenstein Foundation, en l'honneur
de Frank B. Habachek (1968.1)

Maison D. 390a
Exposé à Washington seulement

Historique
    Coll. Mᵉ Bollet, Lille ; coll. part., Paris ;
    acquis avec des fonds de la Joseph et Helen
    Regenstein Foundation par l'Art Institute
    of Chicago en 1968.

Expositions
    Francfort et New York, 1992-1993, n° 71, repr.

Le 22 décembre 1888, la veille de sa violente dispute avec Vincent van Gogh, Gauguin écrivait longuement à Émile Schuffenecker : « J'ai devant moi en ce moment une adorable chose de Daumier. Un bonhomme qui regarde avec effroi un lièvre – la femme le tire par son paletot et lui dit : "Prends garde cet animal est peut-être très méchant[1]". »

La lithographie en question appartenait probablement à Van Gogh, fervent admirateur de l'œuvre de Daumier, mais Gauguin possédait deux dessins de l'artiste qu'il a emportés au Danemark en 1884 : l'étude d'Ordrupgaard (cat. 257) et un petit *Sancho Pança*[2] (MD. 411, aujourd'hui à Copenhague, Statens Museum for Kunst). Comme le souligne Maison, *À l'exposition...* est une étude préparatoire à une composition gravée inversée, publiée au printemps 1868[3] (B 953). On peut donc la ranger avec une relative certitude parmi les dernières variations de Daumier sur le thème du Salon. Les personnages mieux définis que dans le bois gravé (dont la figure centrale est l'incarnation de monsieur Prudhomme) nous sont connus par des œuvres antérieures.

Le dessin de Chicago représente une salle de vente, sujet récurrent dans l'œuvre de Daumier, dont un bois gravé (B 940) publié dans *Le Monde illustré*, le 18 avril 1863, apparenté à un dessin également inversé (MD. 391, fig. 1). Ce dessin (cat. 258) se rattache à son tour à un autre tableau (MI-133) que Maison a daté de 1858-1862 (encore qu'il puisse être plus tardif). La découverte récente du filigrane permet de le situer après 1869, peut-être vers 1870-1875 selon Laughton[4]. **M.P.**

Fig. 1
Honoré Daumier,
Les Amateurs de peinture,
vers 1863, lavis gris, aquarelle
et fusain, Cleveland,
Cleveland Museum of Art,
fonds Dudley P. Allen.

1. Victor Merlhès, *Paul Gauguin et Vincent van Gogh, 1887-1888 : Lettres retrouvées, sources ignorées*, Papeete, Avant et Après, 1989, p. 241-242. La lithographie décrite appartient à la série *Émotion de chasse* (LD 2892), *Le Charivari*, 17 septembre 1858.
2. Au sujet de la collection Gauguin, voir Merete Bodelsen, « Gauguin, the Collector », *The Burlington Magazine*, vol. CXII, n° 810, septembre 1970, p. 607.
3. *Exposition des Beaux-Arts – Dans le Salon Carré – Un instant de repos* (B 953), *La Presse illustrée*, 8 mai 1868.
4. Laughton, 1996, p. 62.

259

Le Peintre : la mise au tombeau ou *L'Artiste*

Vers 1868-1870

Huile sur bois

26 × 34 cm

Signée en bas à droite : *h. Daumier*

Reims, musée des Beaux-Arts, legs Warnier-David

Maison I-205

Historique
Coll. David, Reims, en 1874 ; coll. Warnier-David, Reims ; légué par Warnier-David au musée en 1909.

Expositions
Reims, 1874 (prêté au musée des Beaux-Arts) ; Paris, 1934a, n° 17, repr. ; Paris, 1953, n° 32 ; Ingelheim-am-Rhein, 1971, n° 15.

De l'avis général, il s'agit de la première œuvre de Daumier à avoir été exposée dans un musée français de son vivant, et il peut paraître ironique que, de toutes ses peintures, ait été retenue celle qui était la plus étroitement liée à son travail d'artiste. Nul doute que cette composition soit fondée sur une gravure sur bois, *Exposition de peinture de 1868 – le dernier coup de pinceau* (B 952), publiée dans *Le Monde illustré* le 18 avril 1868, si bien qu'il est improbable qu'elle soit antérieure à cette date[1]. On retrouve dans les deux œuvres non seulement le même personnage flamboyant aux traits exagérés, dans lequel Adhémar a reconnu Jules Dupré, mais aussi une même façon de présenter le sujet[2]. Là, toutefois, s'arrêtent les ressemblances, et la présence d'importants repentirs autour du personnage (à l'exclusion de sa tête) montre que Daumier a partiellement improvisé à partir d'une légère esquisse (MD. 362) qui a fait partie de la collection Claude Roger-Marx.

La caractéristique la plus frappante de l'œuvre est le contraste

entre le traitement de la peinture elle-même et celui de la peinture sur le chevalet : on dirait que deux personnalités différentes se sont mises au travail. Radieuse, la peinture dans la peinture a des tonalités et un style qui rappellent *Le Troubadour* (cat. 345) ou *Sauvetage* (cat. 342). Il est difficile de dire avec certitude si cette juxtaposition délibérée, sans équivalent dans l'œuvre de Daumier, constitue une sorte de justification artistique. Dans *Peintre feuilletant un carton à dessin* (MI-71, Lyon, musée des Beaux-Arts), le peintre imaginaire au crâne dégarni, très différent de Daumier, a sur son chevalet une œuvre de Daumier lui-même, *Œdipe et le Berger* (MI-7). Il serait intéressant de savoir s'il existe un lien entre *L'Ensevelissement* représenté dans cette huile et « Le Christ mis au tombeau de Daumier, prisé six cents francs », mystérieux tableau aujourd'hui disparu, qui ornait le salon de Daubigny au 53, boulevard Rochechouart en 1878 et fit ensuite partie de la collection Hazard[3]. **M.P.**

1. Adhémar (1935, p. 157 et 158) a daté l'œuvre de 1864, la rapprochant de la lithographie *Vue d'un atelier* ([LD 3286], *Le Charivari*, 1er avril 1864). Maison (vol. I, 1968, n° 205) l'a située vers 1866-1867 et a émis l'hypothèse que le personnage avait été esquissé à partir de la lithographie. Laughton (1991, p. 180) l'a datée aux alentours de 1868-1870.

2. Adhémar, *op. cit.* note 1, p. 157.

3. Voir Madeleine Fidell-Beaufort et Janine Bailly-Herzberg, *Daubigny*, Paris, Geoffroy-Dechaume, 1975, p. 269. Mme Daubigny n'a pas prêté cette peinture à l'exposition de 1878. On remarquera également la présence d'une *Mise au tombeau* en arrière-plan d'une lithographie (LD 1317) de la série *Les Philantropes du jour*, publiée dans *Le Charivari* du 16 février 1845.

Le théâtre, années 1860

260

Au théâtre

Vers 1860-1864
Huile sur toile
97,5 × 90,4 cm
Signé en bas à gauche : *h. Daumier.*

Munich, Bayerische Staatsgemäldesammlungen,
Neue Pinakothek

Maison I-142
Exposé à Paris seulement

Historique

Coll. Georges Viau (en 1900), Paris ; acquis chez Cassirer par Hugo
von Tschudi pour la Nationalgalerie de Berlin en 1907 mais celui-ci doit
renoncer à cet achat n'ayant pas obtenu l'autorisation de Guillaume II ;
coll. Carl Sternheim, Höllriegelskreuth ; acquis par la Pinakothek
de Munich grâce à un don de Theodor van Cramer-Clett en 1913.

Expositions

Paris, 1878, n° 42 (*Au Théâtre. Appartient à M. H. Daumier*) ;
Paris, 1900, n° 183 ; Paris, 1901, n° 82 ; *Fünfzehnten Austellung
der Berliner Secession*, Berlin, 1908, n° 43 ; Paris, 1934a, n° 27 ;
Impressionnistes et romantiques français dans les musées allemands,
Paris, musée de l'Orangerie, 1951, n° 22 ; *Manet bis Van Gogh. Hugo
von Tschudi und der Kampf am die Moderne*, Berlin, Nationalgalerie
et Munich, Neue Pinakothek, 1996-1997, n° 10.

261

Groupe de spectateurs, de dos

Vers 1860-1864
Mine de plomb
24,5 × 32 cm

Chicago, The Art Institute of Chicago,
Joseph and Helen Regenstein Collection

Maison D. 504
Exposé à Ottawa et à Washington seulement

Historique

Coll. Gerstenberg, Berlin ; coll. Mme M. Scharf ; galerie Nathan,
Zurich ; coll. Joseph et Helen Regenstein, Chicago ; donné par
la fondation Regenstein au musée en 1954.

Cat. 260

262

Les Spectateurs

Vers 1863-1865
Plume, aquarelle et rehauts de gouache
34 × 29 cm
Signé en bas à gauche : *h. Daumier*

New York, The Metropolitan Museum of Art

Maison D. 503
Exposé à Ottawa et à Paris seulement

Historique
Coll. part., France ; vente *À divers amateurs*, Paris,
galerie Charpentier, 9 mars 1956, n° 8 ; coll. de Hauke ;
Knoedler ; coll. Walter C. Baker, New York.

Expositions
The Walter C. Baker Collection of Drawings, New York,
The Metropolitan Museum of Art, juin-septembre 1960 ;
Londres, 1961, n° 168.

263

Pendant l'entracte

Vers 1863-1865

Fusain, estompe, plume, encre brune et lavis gris et beige

28 × 35 cm

Paris, collection Prat

Maison D. 502

Historique

Coll. Alfred Strölin, Paris ; coll. part., Paris ; acquis par le propriétaire actuel en 1987.

Expositions

Masterful Studies. Three Centuries of French Drawings from the Prat Collection / De main de maître. Trois siècles de dessins français dans la collection Prat, New York, National Academy of Design, Fort Worth, Kimbell Art Center, Pittsburgh, The Frick Art Museum et Ottawa, musée des Beaux-Arts du Canada, 1990-1991, nº 100 ; *Dessins français de la collection Prat,* Paris, musée du Louvre, Édimbourg, National Gallery of Scotland et Oxford, Ashmolean Museum, 1995, nº 85.

264

Une loge de théâtre

Vers 1865-1870
Huile sur bois
26,5 × 35 cm
Signé en bas à gauche : *h. D.*

Hambourg, Hamburger Kunsthalle

Maison I-188

Historique
    Coll. Charles-François Daubigny, Valmondois ; coll. Verdier, Paris ;
    Ambroise Vollard, Paris ; coll. Adolphe Tavernier, Paris ;
    vente Ad. Tavernier, Paris, galerie Georges Petit, 6 mars 1900, n° 13 ;
    acquis 2 600 francs par Étienne Bignou, Paris (un catalogue annoté
    de la vente conservé au département des Estampes et de la Photographie
    de la Bibliothèque nationale de France porte la mention :
    « vendu 2 600 F à M. Arconati-Visconti ») ; Scott and Fowles,
    New York ; Reid and Lefevre, Londres ; coll. Robert von Hirsch, Bâle ;
    vente *The Robert von Hirsch Collection*, Londres, Sotheby's,
    26-27 juin 1978, n° 709 ; acquis par la Hamburger Kunsthalle en 1980.

Exposition
    Paris, 1878, n° 52 (*Une loge de théâtre*).

265
Au théâtre, dit aussi *Fauteuils d'orchestre*

Vers 1865-1870
Huile sur toile
60 × 86 cm

Cincinnati, Cincinnati Art Museum

Maison I-187

Historique
Coll. Egisto Fabbri, Florence ; coll. docteur Kurt Mettler, Paris ;
coll. Richard Goetz, Paris ; coll. docteur Alfred Gold, Berlin ; Weitzner ;
van Diemen & Lilienfeld, New York ; Hirschl & Adler, New York ;
French & Co, New York ; Cincinnati, coll. part.

Exposition
New York, 1930, nº 86.

Fig. 1
Adolph Menzel,
Le Théâtre du Gymnase,
1856, huile sur toile,
Berlin, Nationalgalerie.

Fig. 2
Edgar Degas,
L'Orchestre de l'Opéra,
vers 1870,
huile sur toile,
Paris, musée d'Orsay.

Fig. 3
Honoré Daumier,
Au théâtre, vers 1865-1870,
plume et aquarelle, coll. part.

La solitude de Don Quichotte errant dans la Sierra, celle de l'amateur d'estampes qui feuillette les grands cartons à dessins, le silence qui entoure le lecteur, le collectionneur, le joueur d'échecs ont toujours été contrebalancés chez Daumier par l'attention qu'il portait à la foule ; c'est le peuple insurgé (cat. 196), s'enflammant pour la noble cause, et la populace hésitante et lyncheuse (cat. 138) ; les hordes de fugitifs exténués et le grouillement des trains de plaisir ; ceux qui s'encaquent dans des wagons ou se pressent aux Salons ; les spectateurs tendus vers la scène, les passants anonymes et qui regardent à peine ; la foule bruyante et désordonnée, la foule attentive et silencieuse. Tantôt il en saisit l'uniformité pesante et grise, tantôt il relève la note légère, comique ou poétique d'un visage pimpant parmi des figures rébarbatives. Et toujours le tohu-bohu des physionomies, les contrastes saisissants nés de ces rapprochements éphémères et inattendus. Daumier fut fasciné comme Degas par ceux qui regardent ; comme lui il eut le goût, et très tôt, du spectacle.

Aussi la foule des théâtres a-t-elle été gibier de choix, microcosme social et métaphore évidente du monde tel qu'il est : théâtre élégant et théâtre populaire ; mélodrame et grand opéra ; parterre de critiques blasés et loges féminines et mondaines ; spectateurs captivés par le spectacle ou débandés à l'entracte ; de face, en attendant que le rideau se lève, ou de dos, laissant entrevoir la scène illuminée.

Contrairement à *Don Quichotte* ou aux *Fugitifs*, peintures et dessins sur ce thème sont doublés par des lithographies qui permettent une datation plus fine et donnent d'utiles renseignements sur les théâtres, les représentations, les catégories sociales des spectateurs. Le théâtre intervint tôt dans l'œuvre de Daumier, dès 1839, avec les *Croquis d'expression,* et en 1841, avec les *Physionomies tragico-classiques.* Mais ce n'est qu'en 1842 avec les *Promesses d'un ténor* (LD 989) que Daumier, pour la première fois, évoqua, au-delà de la seule physionomie des acteurs, la scène elle-même, la rampe, le trou du souffleur. En 1848, il livrait ses premières images de spectateurs, chaudement émus au dénouement d'un mélodrame dans une loge populaire du théâtre de la Gaîté (*Le Cinquième Acte à la Gaîté*, LD 1674), et montrait l'année suivante, du paradis, de dos et de trois quarts, ouvriers et petits bourgeois, hommes, femmes et enfants, fixés sur la scène. Dès lors ces motifs réapparaissent régulièrement, planches isolées et, en 1864-1865, la série de huit pièces des *Croquis pris au théâtre* (LD 3261-3268).

On est à la Gaîté (LD 1674), à la Porte Saint-Martin (LD 2274), au théâtre Ventadour (LD 2764), peut-être au grand Opéra (LD 2806) ; on donne *Richard III* de Shakespeare (LD 2274), un opéra italien (LD 2764), l'éphémère succès du jour (LD 2763). Il y a des bourgeois en habit noir et des ouvriers en blouse, des matrones parées comme des châsses et des demoiselles toutes simples, des loges mixtes parfois propices aux épanchements (LD 2261) et des parterres exclusivement masculins. Ils sont attentifs ou somnolents (LD 2274), émus aux larmes (LD 1674), ébaubis de l'effet de machinerie (LD 2806). Les messieurs de l'orchestre viennent reluquer, égrillards et « tous satisfaits », les « jolies jambes » des danseuses (LD 3262), ceux du poulailler se détendent après une journée harassante (LD 1679). Le plus souvent, Daumier s'amuse ou s'attendrit de la joie ou de la peine des spectateurs, charge les sentiments si naïvement étalés sur leurs bonnes figures. Toujours il admire, avec ceux qui regardent, se détachant sur l'obscurité grouillante des salles, chassant le sombre quotidien, tout ce monde lointain fait, selon l'expression de Degas, « de distance et de fard ». Mais parfois perce un réquisitoire : ce mélodrame captivant un public populaire (LD 1679) n'est-il pas un « opium du peuple » qui bride – nous sommes en 1849 – les velléités révolutionnaires ?

Peintures et dessins reprennent sensiblement les mêmes dispositions, nous font grimper au paradis ou nous introduisent dans des loges élégantes ; ce sont les mêmes jeux de lumière, le contraste saisissant entre la pénombre de la salle et l'éclat vif de la scène, entre le gros plan où les figures s'enlèvent en sombres silhouettes, et le lointain flou et lumineux, les mêmes compositions qui semblent trancher arbitrairement dans la masse des spectateurs, coupent un visage, décentrent le cadre de scène, livrent des fragments incompréhensibles d'architecture et, toujours, nous confèrent, à la jonction de ces deux mondes, celui du quotidien et celui du rêve, une position imprécise.

De la lithographie au dessin, la charge s'estompe ; dans la peinture, elle disparaît. Plusieurs dessins montrent encore quelques bonnes trognes, épanouies ou sèches, celui qui regarde les yeux hors de la tête, celui qui roupille. Mais la peinture n'offre plus qu'un répertoire mesuré de regards et d'attitudes. La comparaison entre *Au théâtre* (cat. 260), un des tableaux les plus importants de Daumier, et le « croquis dramatique » (cat. 239) où l'artiste a repris exactement sa composition picturale, est particulièrement édifiante. Maison a daté la peinture « vers 1860 », quelques années donc avant l'illustration qui parut dans *Le Charivari* le 18 avril 1864 ; mais il est, à vrai dire, difficile de dire si la toile précéda la lithographie ou la suivit. *Au théâtre* présente une foule compacte de spectateurs captivés et littéralement soulevés par le drame qui se joue. Nous sommes dans un théâtre de boulevard, un théâtre populaire, au parterre sans doute car la scène semble de plain-pied, vraisemblablement dans une large baignoire de face (la gravure, qui accentue cependant la vue plongeante, n'est guère plus précise). Un orchestre dans la fosse et le chef, debout derrière le trou du souffleur ; sur scène, le dernier acte d'un mélodrame : devant un mur gothique, trois personnages en costume de la Renaissance, un homme mort étendu raide sur le sol, un autre semblablement vêtu, debout à ses pieds et brandissant un poignard, une femme en robe blanche, cheveux dénoués, se tordant de douleur. Les cinq spectateurs que l'on voit de profil battent des mains, exprimant, yeux exorbités, bouche entrouverte, l'attention et l'effroi. « Aucun mot », a écrit Philippe Burty, pensant notamment à cette toile, « ne pourrait donner une idée exacte de la diversité de ces physionomies qu'absorbe, qu'allume, qu'excite,

qu'effraye, qu'amuse le jeu de la scène. La pose affaissée ou tendue, le jeu des muscles, la direction des regards, la flamme des prunelles, tout ce qui fait travailler un corps et penser un cerveau est saisi dans son infinie mobilité, fixé avec un art incomparable de l'observation morale et des conditions physiologiques[1]. » Mais si la toile décrit un drame auquel le public participe et compatit, la même composition, gravée, devient charge ; les spectateurs bruyants, partagés entre ceux qui « marchent » et ceux qui se moquent de tant d'invraisemblances, applaudissent, font des commentaires à haute voix. Et la légende ponctue la tirade de l'homme debout, des bravos du public jusqu'à l'intervention gouailleuse d'un titi qui ridiculise ce qui se passe sur scène et fait tourner le drame en vaudeville.

Au théâtre est un des grands chefs-d'œuvre de Daumier, une œuvre ambitieuse, comparable par son format à celles exécutées à la fin des années 1840 et au début des années 1850 en vue du Salon. Le traitement de la masse des spectateurs rappelle celui de la foule dans l'*Ecce Homo* (cat. 135), personnages sommairement indiqués dont les contours sont soulignés de cernes noirs. Daumier joue du contraste entre la pénombre de la salle et l'éclairage violent et inégal de la scène, comme le fit, sans doute peu auparavant, Menzel dans son *Théâtre du Gymnase*[2] (fig. 1) et un peu plus tard Degas avec *L'Orchestre de l'Opéra* (fig. 2). Mais Menzel, hanté par cette « névrose du vrai » que soulignait chez lui Duranty, a donné une vue atomisée de la salle de spectacle, individualisé spectateurs et acteurs, détaillé l'architecture et les éléments du décor, proposé une vision chatoyante, bruissante, tranquille de cette scène à l'image de la paisible comédie bourgeoise en costumes contemporains qui se joue ; tout cela est uni, homogène, un même monde qui assiste à sa propre représentation et les dames dans les loges, les messieurs de l'orchestre se regardent et conversent aux feux de la rampe. Rien en tout cas de la violence, de l'extraordinaire tension, de la séparation voulue entre deux mondes distincts, traduite par une simplification brutale, que l'on trouve chez Daumier.

La toile a été préparée par un dessin (cat. 261) qui indique sommairement le cadre de scène et groupe en un sage demi-cercle un public attentif mais calme qui n'a rien encore de celui, frénétique, dressé dans une composition pyramidale, de l'œuvre définitive. Les corps de ces vieillards agglutinés sont nus comme est étrangement nu, parmi le public vêtu qui patiente au parterre pendant l'entracte, un homme visant de ses jumelles les loges d'avant-scène dans le beau et curieux dessin de la collection Prat (cat. 263). Il appartient à un groupe de quelques feuilles que l'on peut dater de la première moitié des années 1860, et qui montre de face, sans la vision de la scène, le public dissipé avant le lever

---

1. Cité dans Rosenthal et Laran, 1911, p. 99.
2. Sur la comparaison, souvent établie, entre Daumier et Menzel, voir Thomas W. Gaehtgens et Claude Keisch, dans cat. exp. *Menzel*, Paris, RMN/musée d'Orsay, 1996, p. 116-117, 279-280.

Fig. 4
Honoré Daumier,
Le Cinquième acte à la Gaité,
planche 28 de la série
Tout ce qu'on voudra,
lithographie parue dans
Le Charivari du 7 février 1848.

Fig. 5
Honoré Daumier,
*Les Spectacle est
une bonne chose pour
le peuple de Paris*,
planche 33 de la série
Tout ce qu'on voudra,
lithographie parue dans
Le Charivari du 14 février 1849.

du rideau, ou attentif pendant la représentation. Le dessin Prat a ceci de particulier qu'il montre une femme assise au second rang quand les autres parterres sont strictement masculins. C'est le cas de l'aquarelle de New York (cat. 262) qui présente un orchestre bondé où tous n'ont pu trouver une place assise, sans doute un soir de première à la Comédie-Française. Les crânes alignés comme dans un ossuaire, réduits à l'indication sommaire d'une touffe de cheveux et de deux yeux caves, moutonnent en vaguelettes successives jusqu'aux parois de la salle ; seules se distinguent quelques physionomies au premier rang, des visages qui nous sont familiers et qui réapparaissent dans d'autres dessins de Daumier comme celui du bel homme, debout au premier plan, son haut-de-forme sous le bras, que nous retrouvons ailleurs en amateur de peinture (cat. 255).

Dans la seconde moitié des années 1860, Daumier a proposé une vision nouvelle de la salle de spectacle où l'élément féminin, qui jusqu'ici ne faisait que de timides apparitions, devint dominant, où le peintre atténuait par ailleurs la brutale opposition entre la salle et la scène. Il songeait vraisemblablement à une composition aussi ambitieuse qu'*Au théâtre* et dont nous ne conservons que la belle ébauche de Cincinnati (cat. 265). Elle a été préparée par un dessin de l'ancienne collection Rouart (fig. 3) qui aligne trois rangées de spectateurs, dames élégantes, bijoutées et décolletées, messieurs en habit. Sur la toile, la disposition est identique, plus rigoureuse encore dans la juxtaposition des profils, très plats, simplement cernés et qui semblent d'une médaille. À une date voisine – était-ce une première pensée pour cette toile inaboutie ; ou Daumier, incapable de poursuivre l'ébauche commencée, s'était-il orienté vers un autre composition ? –, il réalisa sur un petit panneau une merveilleuse esquisse (cat. 264) ; nous avons quitté la promiscuité du paradis pour une loge élégante, spacieuse et féminine ; nous sommes aux antipodes de la toile de Munich, dans un autre monde où ce qui était contraste devient homogénéité, où la sécheresse voulue de la matière fait place à une touche rapide et onctueuse, où la salle et la scène sont éclairées d'une même lumière douce, uniforme et enveloppante, où le drame devient idylle, dans un autre rêve, un autre paradis. **H.L.**

266

La Femme au ruban bleu

Vers 1860
Huile sur toile
40 × 32 cm
Signé en bas à droite : *h.D.*

Washington (DC), Dumbarton Oaks House
Collection (P.37.10[O])

Maison I-46
Exposé à Ottawa seulement

Historique
Coll. Octave Mirbeau, Paris ; vente Mirbeau, Paris,
galerie Durand-Ruel, 24 février 1919, n° 16, repr. ;
acquis 4 500 francs par Durand-Ruel, Paris ;
galerie Dikran Khan Kélékian, Paris ;
vente Kélékian, New York, American Art
Association, 30-31 janvier 1922, n° 102, repr.,
sur papier marouflé ; acquis 2 200 dollars
par Eugene O. M. Liston, vraisemblablement pour
Dikran Khan Kélékian ; acquis 8 000 dollars de
Kélékian, le 2 avril 1937, par Mme Robert Wood
Bliss, Washington ; légué par Mme Bliss au musée
en 1940.

Expositions
Philadelphie, 1937a, n° 14 ; Springfield, 1939, n° 29 ;
Londres, 1961, n° 27, repr.

Ce tableau ne peut être considéré comme un portrait au sens traditionnel du terme. Il est resté relativement inachevé : de larges zones de couleurs ont été ébauchées ; par la suite, un contour a été tracé au pinceau d'un geste fluide, quoique sûr ; et une deuxième ligne a réduit les proportions du cou, comme si l'artiste avait noté un déséquilibre entre le profil et le corps. Néanmoins, ces quelques éléments donnent une impression de somptueuse jeunesse et d'assurance qui annoncent, dans un style plus vigoureux, les portraits que Manet peindra sur le tard. Le sujet est fort probablement idéalisé et apparaît ailleurs dans les œuvres de Daumier, notamment dans la remarquable figure centrale de *Fauteuils d'orchestre*, conservé à Cincinnati[1] (cat. 265). Déjà en 1937, Marceau constatait que ce personnage féminin était peint sur une composition représentant des spectateurs au théâtre et apparentée à

La Loge de la Walters Art Gallery de Baltimore (MI-72), ce qui accrédite encore davantage la parenté avec les *Fauteuils d'orchestre*[2]. Ce buste précède-t-il (ce semble être le cas), et de longtemps, le tableau de Cincinnati ? Le problème demeure. Maison a situé l'œuvre entre 1850 et 1853, attribuant ainsi à la série des *Loges*, dont faisait partie cette peinture, une date de plusieurs années antérieure et précédant de plus de dix ans celle du tableau de Cincinnati. Il serait peut-être plus exact d'opter pour la fin des années 1850. **M.P.**

---

1. Il existe dans une collection particulière un dessin au pinceau et à l'encre vaguement apparenté et figurant un buste de profil (MD. 488).
   Un personnage analogue mais de facture moins enlevée apparaît dans *L'Attente à la gare* (cat. 277).
2. Marceau, dans cat. exp. Philadelphie, 1937a, p. 15.

Les transports en commun

267
Intérieur d'un wagon de première classe

1864
Pierre noire, lavis, aquarelle et crayon Conté sur vélin
20,5 × 30 cm
Signé à l'encre en bas à gauche : *h. Daumier*

Baltimore, The Walters Art Gallery (37.1225)

Maison D. 296
Exposé à Washington seulement

Historique
   Commandé à l'artiste en 1864 par George Lucas, Paris,
   pour William Walters, Baltimore ; donné par Henry Walters en 1931.

Expositions
   Philadelphie, 1937a, n° 23 ; Londres, 1961, n° 188 ; Washington,
   1979, n° 73 ; Francfort et New York, 1992-1993, n° 50, repr.

268

Intérieur d'un wagon de deuxième classe

1864
Pierre noire, lavis, aquarelle, crayon Conté et gouache sur vélin
20,5 × 30,1 cm
Signé à l'encre en bas à gauche : *h. Daumier*

Baltimore, The Walters Art Gallery (37.1224)

Maison D. 297
Exposé à Washington seulement

Historique
    Commandé à l'artiste en 1864 par George Lucas, Paris, pour William
    Walters, Baltimore ; donné par Henry Walters en 1931.

Expositions
    Philadelphie, 1937a, nᵒ 24 ; Londres, 1961, nᵒ 189 ; Washington, 1979,
    nᵒ 74 ; Francfort et New York, 1992-1993, nᵒ 49, repr. coul.

En avril 1864, un peu plus de deux semaines après avoir pris livraison de l'*Intérieur d'un omnibus* (cat. 230), George Lucas retourna chez Daumier. Le 29, il notait dans son journal, avec son laconisme habituel : « Vu Daumier & commandé 1ʳᵉ et 2ᵉ classe[1]. » Il s'agissait cette fois encore d'une commande pour le compte de Walters : deux œuvres d'un ensemble de trois ; le thème ferroviaire intéressait manifestement son client. Puis, plus rien jusqu'au 6 juin, où Lucas écrivait : « Message de Daumier ramassé chez Daumier et réglé (200 fr) les deux dessins Wagons 1ʳᵉ et 2ᵉ classe[2]. » Pas un mot, toutefois, de la commande ni de la livraison de la troisième œuvre, l'*Intérieur d'un wagon de troisième classe*, dont on trouve en revanche confirmation dans le carnet IV de l'artiste, sous l'année 1864, également payée cent francs par Lucas[3].

---

1. George A., *The Diary of George Lucas, 1857-1909,* texte établi avec une
   introduction par Lilian M.C. Randall, Princeton, Princeton University
   Press, 1979, p. 177.
2. *Ibid.,* p. 179.
3. « Lucas 3 dessins… 300 [francs] » ; voir Laughton, 1996, p. 169.

269

Intérieur d'un wagon de troisième classe

1864
Crayon Conté, lavis, aquarelle et gouache sur vélin
21,2 × 34 cm
Signé au crayon Conté en bas à droite : *h. Daumier*

Baltimore, The Walters Art Gallery (37.1226)

Maison D. 298
Exposé à Washington seulement

Historique
> Commandé à l'artiste en 1864 par George Lucas, Paris,
> pour William Walters, Baltimore ; donné par Henry Walters en 1931.

Expositions
> Paris, 1907, n° 8 ; Philadelphie, 1937a, n° 25 ; Londres, 1961, n° 190 ;
> Washington, 1979, n° 75 ; Francfort et New York, 1992-1993, n° 48, repr.

La nature de la commande poussa Daumier à réaliser en trois images ce qui constitue en définitive une étude sociologique, une analyse des clivages sociaux, ainsi qu'une étude du type et du comportement des voyageurs. L'*Intérieur d'un wagon de première classe* (cat. 267) s'appuie sur deux études préparatoires, dont l'une, fort abîmée, ne sera jamais reproduite. L'œuvre définitive s'avance en terrain inconnu mais son charme est curieusement perturbé par la présence massive de la figure masculine à droite. Fait intéressant, l'*Intérieur d'un wagon de deuxième classe* (cat. 268) est, comme *Omnibus* (cat. 230), une réplique en plus grand d'une xylographie, le *Train de plaisir, 10 degrés d'ennui et de mauvaise humeur* (B 921), parue dans *Le Monde illustré* du 18 janvier 1862, deux années auparavant. La demande émanait sans doute de Lucas ou de Walters, mais Daumier n'a pu résister à la tentation d'améliorer – considérablement, du reste – le modèle. Aucune étude préparatoire à l'*Intérieur d'un wagon de troisième classe* (cat. 269), la plus célèbre des trois pièces, n'a encore été retrouvée, fait inhabituel pour un dessin de cette complexité chez Daumier. Cela donne à penser que l'artiste a repris une composition qui existait déjà. **M.P.**

270

Un wagon de troisième classe

Vers 1862-1864
Huile sur toile
67 × 92 cm
Signé en bas à droite : *h. Daumier*

Ottawa, musée des Beaux-Arts du Canada

Maison I-166

Historique

Galerie Brame, Paris, en 1878 ; vente Brame, Paris, 1882, n° 7 ; Pillet, Paris ; comte Armand Doria, Orrouy ; vente comte Doria, galerie Georges Petit, Paris, 4-5 mai 1899, n° 127, repr. ; acquis 46 500 francs par Georges Petit ; coll. Paul Gallimard, Paris, en 1908 ; coll. sir J. Murray, Londres ; vente Murray, Londres, Christie's, 29 avril 1927, n° 37 ; Reid & Lefevre Gallery, Londres ; coll. Van Wisselingh, Amsterdam ; coll. Gordon C. Edwards, Ottawa ; acquis par le musée en 1946.

Expositions

Paris, 1878, n° 62 (*Un wagon de 3e classe*, prêté par M. Brame) ; Paris, 1888, n° 354 ; Paris, 1889, n° 230 ; Paris, 1901, n° 43.

Ces œuvres, les plus ambitieuses de Daumier sur le sujet, sont peut-être aussi les plus complexes par leur psychologie, aucun élément anecdotique ne distrayant le spectateur de la représentation d'un moment ordinaire dans la vie de trois générations d'une même famille. Les figures principales, qui forment bloc contre une frise de têtes plus animée, n'ont que des interactions subtiles. Le long trajet a fatigué les jeunes voyageurs déjà endormis, appuyés sur l'aïeule qui, seule, veille. Sans doute peu de commentateurs seraient aujourd'hui d'accord avec Léonce Bénédite, pour qui l'œuvre était l'une de « ces représentations humoristiques de personnages populaires, dans lesquelles l'extraordinaire observateur qu'était ce grand enfant distrait et bienveillant de Daumier mettait toute sa féroce bonhomie ». L'interprétation qui a prévalu est celle d'Arsène Alexandre, qui y voyait « un résumé complet de la vie humaine, avec tout son bagage de détresses et de tares, de joies déçues et de géhennes qui obligent aux résignations fatalistes » – une image universelle de l'indigence à l'ère industrielle[1].

1. Léonce Bénédite, *La Peinture au XIXe siècle d'après les chefs-d'œuvre des maîtres et les meilleurs tableaux des principaux artistes*, Paris, Flammarion, 1909, p. 106 ; Alexandre dans le catalogue de la vente Doria, 1899, p. II.

271

Un wagon de troisième classe

Vers 1862-1864
Huile sur toile
65,4 × 90,2 cm

New York, The Metropolitan Museum of Art, H.O. Havemeyer
Collection, legs de Mme H.O. Havemeyer, 1929 (29.100.129)

Maison I-165

Historique

Coll. Duz, New York, en 1888 ; acquis par Durand-Ruel, Paris, 8 juin
1892 ; transmis à Durand-Ruel, New York, 19 avril 1893 ; vendu
à Matthew Chaloner Durfee Borden, New York, 24 février 1896 ;
vente Borden, New York, American Art Association, 13-14 février 1913,
n° 76, repr. ; acquis 40 000 dollars par Durand-Ruel pour le compte
de H.O. Havemeyer, New York ; Mme H.O. Havemeyer, New York,
1913-1929 ; légué par Mme H.O. Havemeyer au musée en 1929.

Expositions

Paris, 1888, n° 361 ; Paris, 1934a, n° 6, repr. ; Philadelphie, 1937a, n° 5.

En fait, peu d'œuvres de Daumier ont autant piqué les curiosités que ces deux versions peintes d'*Un wagon de troisième classe*, et encore moins ont été autant scrutées en vue de percer sa méthode de travail. La version mise au carreau et inachevée de New York (cat. 271), mentionnée la première fois en 1888, a fait énormément parler d'elle au XXe siècle. La version achevée et incontestablement retravaillée d'Ottawa (cat. 270) figurait à la rétrospective Daumier de 1878, où Paul Sébillot, entre autres, la rangeait parmi les plus remarquables de l'exposition. Avec ce tableau, affirmait Camille Pelletan, Daumier « a fait un chef-d'œuvre : toutes les figures sont vraies, vivantes, marquées d'un caractère, d'une incroyable justesse de mouvement, d'un relief étonnant[2] ». À part une mention dans une lettre de 1864, aucun écho antérieur ne nous est parvenu, mais, fait exceptionnel, plusieurs dessins d'exécution ont survécu en plus de l'aquarelle Walters (cat. 267). On connaît depuis un certain temps deux calques (MD. 299 et D. 300), le premier repris censément de la toile de New York, et le second mis au carreau au verso et montrant une composition de sens inversé, proche de l'œuvre d'Ottawa. La réapparition, en 1971, d'un unique calque sur verre (fig. 2) de même format que les toiles ainsi que d'un autre calque a singulièrement compliqué la question[3]. Il faut dire que l'authenticité du calque sur verre et du second calque (MD. 300) a été contestée à plusieurs reprises, à tort comme on le verra[4].

L'ordre d'exécution des œuvres est depuis toujours litigieux. Adhémar estimait en 1954 que le tableau d'Ottawa avait précédé toutes les autres versions, avançant plus curieusement que la toile de New York était une réplique préparatoire à un envoi au Salon d'un plus grand format[5]. Marceau et Rosen, puis Faison, ont soutenu à l'inverse que l'aquarelle Walters avait servi de modèle au tableau de New York et que le tableau d'Ottawa constituait la version finale[6]. Selon le calendrier des événements suggéré par Maison, Daumier aurait exécuté un calque de l'aquarelle, aujourd'hui disparu, dont il aurait tiré l'huile mise au carreau et inachevée de New York. Puis, de cette toile, il aurait pris un calque (MD. 299), qu'il aurait copié en l'inversant (MD. 300), et de ce dernier calque serait issue l'œuvre d'Ottawa[7]. Ce point de vue est largement partagé, quoique Laughton a récemment émis l'hypothèse que l'aquarelle a pu servir de modèle à l'huile d'Ottawa, qui serait par conséquent antérieure à celle de New York[8].

On ne saurait nier la filiation directe de la toile de New York par rapport à l'aquarelle Walters, généralement datée de 1864. Or, si l'on se fie à une lettre d'Arthur Stevens en date du 26 septembre de la même année, une peinture existait depuis un bon moment en 1864. Stevens, qui s'occupait de temps en temps de vendre des tableaux en France et en Belgique, a écrit de Bruxelles : « Mon ami Baudelaire qui se trouve, ainsi que moi, momentanément en Belgique, m'apprend à l'instant qu'il a vu, il y a quelque temps, dans votre atelier, un tableau représentant "un voyage en troisième classe". Je m'imagine ce que peut être ce tableau, car je connais l'admirable aquarelle du même sujet. Je viens donc, mon cher monsieur, vous prier de me faire savoir si vous possédez encore ce tableau. Si votre réponse est affirmative, voulez- [sic] m'envoyer ce tableau ici, pour quelques jours ? J'en ferai l'acquisition ou je le céderai à l'un de mes amateurs dans ce pays[9]. »

Ce courrier, qui soulève plus de questions qu'il n'apporte de réponses, demande quelques explications. Harcelé par ses créanciers, Baudelaire gagna la Belgique au printemps de 1864, et y séjourna jusqu'en juillet 1866. Comme il avait quitté Paris le 24 avril, cinq jours avant la commande des deux premières scènes de chemin de fer Walters, il ne peut avoir vu la version aquarellée d'*Un wagon de troisième classe*, sauf si elle était étrangère aux

Fig. 1
Honoré Daumier,
Un wagon de troisième classe,
huile sur toile,
Ottawa, musée des Beaux-Arts
du Canada : radiographie.

Fig. 2
Honoré Daumier,
Un wagon de troisième classe,
encre sur verre, coll. part.

2. Pelletan, 31 mai 1878, p. 2. Voir également Sébillot, 1878, p. 1, et Bergerat, 1878, p. 44-53.

3. Ingelheim-am-Rhein, 1971, n° 30, repr.

4. À propos du calque sur verre, voir Fitzgerald, 1971, p. 431. Il est à noter qu'Otto Gerstenberg a acquis le panneau de Durand-Ruel. Grehan (1975, p. 102), ne sachant pas que le dessin Maison D. 300 correspond à des repentirs de la toile d'Ottawa, invisibles à l'œil nu, a conclu à un faux.

5. Adhémar, 1954a, p. 128.

6. Marceau et Rosen, 1940, p. 15-33 ; Faison, 1946b, *passim.*

7. Maison, vol. I, 1968, p. 141-142, n° 165.

8. Laughton, 1996, p. 113-114.

9. Cité dans Quaintenne, 1948, p. 95.

commandes. Étant donné la date présumée de la livraison de cette pièce à Lucas (et en supposant qu'il s'agit de la troisième commandée), Stevens ne peut l'avoir vue qu'entre juin et septembre 1864[10]. Or, et ce n'est pas un hasard, il a rédigé sa lettre le 26 septembre, fête nationale belge, à l'occasion de laquelle Nadar fut invité à effectuer à Bruxelles sa troisième ascension en ballon[11] ; comme Stevens, Baudelaire et Nadar avaient passé la matinée ensemble, le nom de Daumier a dû surgir tout naturellement dans la conversation[12]. La toile que Baudelaire a vue « il y a quelque temps » et l'aquarelle familière à Stevens représentent-elles la même composition, comme le sous-entend ce dernier ? En ce cas, force est de reconnaître – au rebours de l'opinion reçue – qu'un tableau au moins est antérieur à l'aquarelle.

L'examen de la toile d'Ottawa révèle que Daumier l'a considérablement retravaillée à deux reprises, modifiant en particulier la jeune mère à gauche, la houppelande de l'aïeule, la partie supérieure du garçonnet à droite, et des zones du fond (fig. 1). Des images photographiques infrarouges donnent une assez bonne idée de la forme première de la mère et des plis de la houppelande de la grand-mère, ainsi que des remaniements apportés à l'arrière-plan (par exemple, la deuxième fenêtre à gauche a été déplacée). Là où la couche picturale est mince – la tête, les mains et le cabas de la vieille notamment –, on distingue nettement le dessin, dont le trait souvent vif et nerveux peut difficilement passer pour un calque.

Les expertises permettent d'affirmer que Daumier a pris le calque sur verre d'après la toile d'Ottawa assez tardivement, après les retouches de la houppelande mais avant la dernière série de transformations. Ce calque sur verre, nécessaire parce que facilement inversé, a été sans doute réalisé en vue de modifier certains éléments, en particulier la position de la tête de la jeune mère à gauche et de celle du garçonnet à droite, qu'il voulait abaisser jusqu'au bord supérieur du dossier de la banquette. La preuve en est que le décalque inversé (MD. 300) est entièrement fidèle au verso de la plaque de verre, à deux détails près : les têtes retouchées de la jeune femme et du garçon. Il a déjà été question ailleurs du besoin qu'éprouvait Daumier de vérifier le bien-fondé de ses corrections par une image inversée, mais la mise au carreau apparemment inutile du verso demeure inexplicable[13]. En définitive, Daumier est allé beaucoup plus loin en repeignant une bonne partie du corps de la jeune femme et du nourrisson.

La toile de New York semble également avoir connu plus d'un état. On voit à certaines zones, en particulier le voyageur coiffé d'un haut-de-forme à gauche, que Daumier a tout d'abord ébauché librement la composition au pinceau. Le dessin assuré dénote des essais préalables. La mise au carreau constitue une fois encore une énigme ; les avis divergent quant à savoir si elle a précédé le dessin (selon la méthode habituelle) ou l'a suivi[14]. Cette pièce, indéniablement très proche de l'aquarelle Walters, s'en distingue par de petites variations intéressantes, la principale étant le sommet du dossier, indiqué sur la toile à deux hauteurs différentes

dont l'une correspond à l'aquarelle. La toile présente également des différences dans l'ébauche et le délinéament définitif, comme si Daumier avait remanié la composition en fonction de l'aquarelle.

La question la plus épineuse réside dans la nature du premier calque (MD. 299), qui a manifestement beaucoup servi. Le délinéament de la vieille femme correspond visiblement dans tous ses détails à celui de la peinture d'Ottawa, mais est beaucoup moins fidèle à sa contrepartie de New York. Ce détail, à lui seul, semble signaler indiscutablement un calque de l'œuvre d'Ottawa. Toutefois, le reste du calque, impossible à vérifier dans la version d'Ottawa, est très proche du tableau de New York, qu'il reproduit jusque dans le placement des fenêtres. Si l'on fait abstraction des remaniements de l'œuvre d'Ottawa, le placement relatif des figures était manifestement identique au départ dans les deux versions peintes et les calques, les deux toiles ne se démarquant que par l'aménagement de la voiture.

Daumier a été de toute évidence fort occupé pendant l'été de 1864 ; il est de plus établi que, lorsqu'il travaillait simultanément aquarelle et planche lithographique, il reportait de l'une sur l'autre des éléments de la composition. Ainsi, ayant achevé et livré l'*Omnibus* (MD. 291) en avril 1864, il en reprit une figure, celle du voyageur endormi, dans *Le 15 juin à cinq heures* (cat. 243) du 30 juin 1864. En revanche, *Moi ce que j'aime dans la salle de sculpture* (LD 3292), publié le 13 juin 1864, également dans la série *Salon*, lui a fourni les deux personnages masculins de l'aquarelle *Intérieur d'un wagon de première classe* (MD. 293). On retrouve sûrement le même phénomène, mais en plus compliqué, pour les peintures. Daumier a-t-il inauguré sa composition sur la toile d'Ottawa, puis, insatisfait du résultat, aurait-il tout repris à zéro sur la toile de New York ? Les aquarelles Walters ont-elles été le catalyseur qui l'a fait se concentrer sur la composition ? Ou la proposition de Stevens lui a-t-elle donné l'idée d'entamer une seconde toile ? On peut penser que, après avoir reporté la peinture d'Ottawa sur verre, il a exécuté le premier calque (MD. 299), dont il a modifié l'emplacement des fenêtres avant de l'appliquer à la toile de New York. L'inconnue demeure l'aquarelle Walters, trop proche pour être écartée et pas assez libre pour être une pure invention. **M.P.**

10. Stevens aurait formulé sa lettre autrement s'il avait vu la pièce dans l'atelier de Daumier.

11. Les cinq jours que Nadar a passés à Bruxelles sont très documentés ; voir M. Kunel, *Cinq journées avec Ch. Baudelaire*, Liège, Édition de « Vigie 30 », 1932, *passim*.

12. Stevens a refusé de monter dans la nacelle du ballon ; Baudelaire s'en est vu refuser l'accès au dernier moment.

13. Au sujet de l'inversion des images, voir l'essai de M. Pantazzi, p. 26.

14. Maison, *op. cit.* note 7, n° I-165.

272

Un wagon de troisième de classe

Vers 1865-1866
Huile sur panneau parqueté
26 × 34 cm
Signée au centre à droite : *h. Daumier*

San Francisco, The Fine Arts Museum, acquis par le musée,
Whitney Warren, Jr. Fund, à la mémoire de Mme Adolph B.
Spreckels ; fonds légué par Henry S. Williams à la mémoire
de H.K.S. Williams ; Magnin Income Fund ; Art Trust Fund ;
Alexander and Jean de Bretteville Fund ; Art Acquisition
Endowment Income Fund en l'honneur de Mme John
N. Rosekrans, Jr. (1996.51)

Maison I-109
Exposé à Washington seulement

Historique
Coll. Pelpel, Paris ; vente P., Paris, hôtel Drouot, 21 décembre 1908,
n° 9 ; galerie Bernheim-Jeune, Paris, au plus tard en 1909 ; galerie
Knoedler and Co., New York ; coll. J.G. Shepherd ; coll. James J. Hill,
Minneapolis ; par héritage, Ruth Hill Beard, Minneapolis ;
coll. M. et Mme Anson Beard ; vente anonyme, Londres, Sotheby's,
6 décembre 1961, n° 85, repr. coul. ; coll. M. et Mme D. Bakalar, Boston ;
vente, Sotheby's, New York, 14 novembre 1984, n° 1, repr. ; coll. part.

Expositions
Paris, 1878, n° 70 (*Un wagon de IIIe classe*, prêté par M. Pelpel) ;
Paris, 1888, n° 372.

Cette belle version d'*Un wagon de troisième classe* (récemment
nettoyée de surcroît), moins connue, est unanimement considérée
comme le premier essai de Daumier sur ce thème, Maison allant
jusqu'à la dater de 1856-1858. Toutefois, la souplesse même de la
conception et le recours à la formule élaborée pour les grands
tableaux indiquent quasiment sans conteste qu'elle leur est postérieure, se situant probablement vers 1865-1866. L'arrière-plan
reprend un groupe de figures analogues et l'angle de vision est le
même, mais la position des figures principales diffère. À gauche,
la jeune mère observe un enfant plus âgé tandis que l'homme au
centre, qui retient son chapeau, ressemble à une figure d'une
aquarelle de la collection Gerstenberg, aujourd'hui à l'Ermitage,

représentant des spectateurs au théâtre (MD. 505). Les personnages, sans doute étrangers les uns avec les autres, y sont regroupés avec plus de naturel et la tonalité des couleurs est plus intense.
On ne connaît aucun dessin préparatoire pour cette toile. Cependant, un panneau conservé à Cardiff (MI-179), brillamment
esquissé mais non terminé, de dimensions analogues mais distinct
par la composition, démontre que Daumier savait improviser sur
le thème. Il faut souligner que les réserves faites à l'origine par
Maison à propos du *Wagon de troisième classe* de Cardiff sont
dénuées de fondement et que le tableau est peint directement sur
une ébauche, exécutée avec soin, d'un *Don Quichotte et Sancho
Pança* identique à la grisaille destinée à Nadar (cat. 365). **M.P.**

273

Un wagon de troisième classe

Vers 1865-1866
Pierre noire, lavis gris, plume et encre sur papier vélin
23,5 × 33 cm

Berne, collection E.W.K.

Maison D. 302
Exposé à Paris seulement

Historique
Coll. G. Mathias, Paris ; vente Mathias, Paris, hôtel Drouot,
24 avril 1903, n⁰ 32 ; coll. S. Posen ; coll. docteur Lothar Mohrenwitz ;
vente Mohrenwitz, Lucerne, Fischer, 22-23 novembre 1960,
n⁰ 480, repr. ; coll. Wylder ; coll. M. et Mme Norton Simon,
Fullerton (Californie) ; coll. part.

Expositions
Paris, 1901, n⁰ 227 ; Londres, 1961, n⁰ 191 ; Francfort et New York,
1992-1993, n⁰ 51, repr.

Cette étude pour l'aquarelle bien connue de la collection Oskar
Reinhart de Winterthur (MD. 303), est située en général aux environs de 1865. Les grandes zones de la composition, constituées de
couches de craie et de lavis, sont gardées dans la version finale,
mais la recherche formelle transparaît dans tout le croquis. Le vieil
homme à droite, transformé en jeune homme abattu dans l'œuvre
définitive, est rendu par une profusion de lignes dessinées à la
plume ; l'homme au centre, en arrière-plan, converti par la suite en
femme, est coiffé de deux chapeaux, tout comme le personnage à
sa droite. De telles études témoignent de l'énorme recherche, rarement visible dans les lithographies publiées, que Daumier s'imposait pour trouver le trait juste, même dans les dessins qui lui
étaient familiers. **M.P.**

274

Un wagon de troisième classe

Vers 1864-1865
Crayon et aquarelle
22,5 × 31,5 cm
Signé en bas à gauche : *h. Daumier*

Collection particulière (avec la concours de la galerie Nathan, Zurich)

Maison D. 301
Exposé à Ottawa et à Paris seulement

Historique
    Coll. Auguste Boulard, Paris, 1878 ; vente Boulard, Paris, hôtel Drouot, 9-10 avril 1900, nº 152, repr. ; vendu 6 500 francs ; galerie Durand-Ruel, Paris ; coll. Otto Gersetenberg, Berlin ; par héritage, M. Scharff ; coll. Fritz Nathan, Zollikon (Zurich) ; coll. part.

Expositions
    Paris, 1878, nº 183 (*Intérieur d'un wagon de 3ᵉ classe*, prêté par M. Boulard) ; Paris, 1888, nº 387 ; Paris, 1889, nº 141 ; Berlin, 1926, nº 76.

Comme dans les autres scènes de wagon, les figures principales, souvent connues par d'autres œuvres sur le sujet, communiquent rarement les unes avec les autres ; elles sont soit absorbées dans leurs pensées, soit endormies. L'homme à gauche est un type récurrent dans l'œuvre de Daumier. La dame guindée, souvent vue dans un wagon de deuxième, sinon de première classe, jette au spectateur un regard sournois, comme pour le prendre à témoin de l'infortune de sa présente situation[1]. Les tonalités sourdes – frôlant la grisaille – laissent transparaître le dessin et témoignent d'une maîtrise consommée de la composition. Prêtée à l'exposition de 1878 par le peintre Auguste Boulard, ami de Daumier, l'œuvre y a acquis une notoriété méritée qui ne se démentira pas. Elle sera d'ailleurs souvent copiée et plagiée[2]. **M.P.**

---

1. On la voit également, suffoquant à côté d'un fumeur, dans *En chemin de fer… Un voisin agréable* (LD 3253), *Le Boulevard*, 21 septembre 1862.
2. Maison, vol. II, 1968, p. 102.

275

Un wagon de troisième classe

1865-1866
Huile sur panneau
25,9 × 33,5 cm
Signé en bas à droite : *h.D.*

Manchester, Manchester City Art Galleries (1955.36)

Maison I-178

Historique
    Coll. sir George Drummond, Montréal ; vente Drummond, Londres, Christie's, 1919, n° 26 ; coll. Velten, Londres ; galerie Goupil, Paris ; galerie Barbizon House, Londres, avant 1923 ; coll. Margaret S. Davis, Montgomeryshire ; vente, Londres, Sotheby's, 4 mai 1960, n° 107 ; Redfern Gallery, Londres ; Lord (Sidney L.) Bernstein, Londres ; légué par Lord Bernstein au musée en 1995.

Expositions
    Londres, 1923, n° 2 ; *Art Treasures of England*, Londres, Royal Academy of Arts, 1998, n° 343, repr. coll.

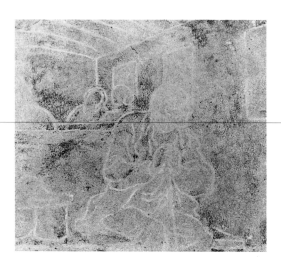

Fig. 1
Honoré Daumier,
Un wagon de troisième classe,
craie rouge sur papier bleu,
Los Angeles, The Armand Hammer
Daumier and Contemporaries Collection,
UCLA at the Armand Hammer Museum
of Art and Cultural Center.

Maison a situé le tableau dans les environs de 1865. Toutefois, il donne l'impression d'être plus tardif, peut-être de la seconde moitié des années 1860 ; il s'agit vraisemblablement d'une des dernières variations de Daumier sur le thème des chemins de fer. À première vue, ce tableau rappelle *Un wagon de troisième classe* (cat. 274), mais un wagon où l'artiste n'a conservé qu'un seul voyageur ; l'effet est d'une étonnante originalité. En fait Daumier, qui a introduit l'idée d'une figure à l'œil rivé à la vitre plus tôt, dans une lithographie de 1858[1], l'exploitera à maintes reprises, notamment dans l'*Intérieur d'un wagon de deuxième classe* (cat. 268). Le motif de la tête tournée à droite utilisé pour le voyageur solitaire qui regarde dans le vide est en lui-même fort ancien : apparu dans les œuvres de jeunesse de l'artiste, il resurgit avec une régularité obsessionnelle, quoique inconsciente, de son extraordinaire réservoir d'images[2].

M.P.

1. Voir *Tiens... ma femme avec un monsieur* (LD 3085), *Le Charivari*, 27 octobre 1858.
2. Figuré la première fois dans *C'était vraiment bien la peine de nous faire tuer !* (cat. 59) de 1835.

276

Une salle d'attente

Vers 1862-1864
Huile sur papier collé sur papier fort
31 × 24,7 cm

Buffalo, Albright-Knox Art Gallery, George B.
and Jenny R. Mathews Fund (64 : 12)

Maison I-39

Historique
Coll. Paul Bureau, Paris ; vente Bureau, Paris, galerie Georges Petit,
20 mai 1927, n° 97, repr. ; acquis 300 000 francs par Paul Rosenberg
pour A. Conger Goodyear, Buffalo ; offert par A. Conger Goodyear
au musée en 1955 ; attribué au A. Conger Goodyear Fund en 1964.

Expositions
Paris, 1901, n° 19 ; New York, 1930, n° 75 ; Paris, 1934a, n° 5 ;
Londres, 1961, n° 68A ; Northampton, 1961, n° 7.

Daumier a représenté les salles d'attente et le mouvement de la
foule dans les gares dans de nombreuses lithographies mais rarement dans des aquarelles ou peintures. En raison du style, on a
souvent fait remonter l'œuvre de Buffalo (cat. 276), seule de son
espèce, à la fin des années 1840 ou au tout début des années 1850,
date tout à fait improbable[1]. Adhémar l'a située aux alentours de
1858-1860 ; en effet, la lithographie *Ouverture de la chasse*
(LD 3075), parue dans *Le Charivari* du 8 septembre 1858, est la première manifestation d'une composition de ce genre. Une filiation
encore plus étroite avec un bois gravé, *Bureau d'attente d'omnibus* (B 926), publié dans *Le Monde illustré* du 15 mars 1862, permet de croire à une date encore plus tardive, soit 1862-1864, ce que

---

1. Voir Larkin, 1966, p. 135 (fin des années 1840 ou début des années 1850) ;
Maison, vol. I, 1968, n° 39 (vers 1850-1851) ; Adhémar, 1954a, p. 52.

277

L'Attente à la gare

Vers 1865-1866
Pierre noire, lavis, crayon Conté,
aquarelle et gouache sur papier vélin
28 × 34 cm
Signé au crayon Conté en bas à droite :
h. Daumier

Londres, The Victoria and Albert
Museum, Ionides Collection (CAI 119)

Maison D. 309

Historique
  Constantine A. Jonnidès, Londres.

Expositions
  Paris, 1878, nº 204 (*La gare, appartient
  à M. Jonnidès de Londres*) ; Francfort
  et New York, 1992-1993, nº 54, repr. coll.

confirme en partie le personnage au bonnet, sujet fréquent dans les œuvres de Daumier de la première moitié des années 1860. Plusieurs dessins apparentés dénotent une recherche poussée dans la composition et ont servi, non seulement pour cette magnifique esquisse peinte, mais également pour des éléments de l'aquarelle de grand format *La Gare Saint-Lazare* (MD. 311), de la collection Gerstenberg, aujourd'hui à l'Ermitage[2].

Daumier a-t-il d'abord songé à une aquarelle, d'où ce recours au papier peu courant pour une peinture à l'huile ? Cela est hautement improbable, mais néanmoins possible. L'artiste a repris le sujet beaucoup plus tard, dans une aquarelle (cat. 277). Dans la peinture, la composition se focalise sur la figure debout qui se tourne brusquement vers l'horloge au mur. Dans l'aquarelle, le groupe assis est représenté à la manière d'une frise comme dans les représentations de wagon. La scène se situe toutefois à l'extérieur, contre un mur nu dans la lumière intense du jour : l'homme est absorbé dans ses pensées, la vieille femme s'apprête à nourrir un chien impatient, l'enfant semble exténué par l'attente. Le ton quasi monochrome est rehaussé par des touches de couleur sur les physionomies et une tache de rouge sur le chapeau de la femme, parente élégante de *La Femme au ruban bleu*[3] (cat. 266).

Le groupe animé de voyageurs sur le quai, dans *Le Départ du train*

278

Le Départ du train

vers 1864-1865

Pierre noire, plume, encre, lavis, crayon Conté, aquarelle
et gouache sur papier

15 × 25,5 cm

Signé à l'encre en haut à droite : *h. Daumier*

Collection particulière

Maison D. 310

Historique

Coll. Henri Rouart, Paris ; vente Rouart, Paris, galerie Manzi-Joyant,
Paris, 16-18 décembre 1912, nᵒ 32, repr., *La gare Saint-Lazare*,
14,5 × 25 cm ; acquis 8 910 francs par Brame, Paris, pour A. Beurdeley ;
vente Beurdeley, Paris, galerie Georges Petit, 24 juin 1920, nᵒ 100, repr.,
Le départ du train ; acquis 15 100 francs par Tedesco ; Reid & Lefevre
Gallery, Londres ; galerie M. Knoedler and Co., New York ;
Duncan Phillips, Washington (D.C.) ; Kraushaar Gallery, New York ;
coll. Ralph T. King ; coll. Charles King ; coll. part.

Expositions

Paris, 1888, nᵒ 379 ; Paris, 1889, nᵒ 138 ; Londres, 1961, nᵒ 187 ;
Francfort et New York, 1992-1993, nᵒ 47, repr. coul.

(cat. 278), se rapproche des compositions d'un bois gravé, *Les
Voyageurs du dimanche* (B 929), paru dans *Le Monde illustré* du
3 mai 1862, et d'une lithographie, *Grand Train de plaisir*
(LD 3302), publiée dans *Le Charivari* du 21 septembre 1864.
L'aquarelle date, selon toute vraisemblance, des années 1864-1865,
quoique Laughton la situe plus tard, vers 1865-1869. Là encore, le
camaïeu est rompu par deux soudaines taches rouges sur le bonnet, comme si l'artiste voulait confirmer son refus net de la couleur[4]. Le couple charmant émergeant de l'ombre, à droite, est
devenu un couple en voyage de noces, en promenade sur les quais,
dans un faux qui a appartenu à sir Michael Sadleir[5]. **M.P.**

2. Pour ce qui est des dessins apparentés, voir la notice de Katy Kline,
dans cat. exp. Steven A. Nash *et al.*, *Albright-Knox Art Galery : Painting
and Sculpture from Antiquity to 1942*, New York, Rizzoli, 1979, p. 206.
Dans le nombre se trouve *Une salle d'attente* (MD. 306) de la collection
Kaplan, que Colta Ives (Francfort et New York, 1992-1993, nᵒ 46) situe
après la peinture.

3. Une étude (MD. 308 ; recensée dans Francfort et New York, 1992-1993,
nᵒ 53) a précédé l'aquarelle.

4. Laughton, 1996, p. 118.

5. Voir Sadleir, 1924, pl. 65 ; Georgel et Mandel, 1972, nᵒ 382.

Avocats, années 1865-1868

En mars 1865, Edmond de Goncourt écrivait dans son journal : « J'ai vu l'autre jour, en passant rue Taitbout, de terribles aquarelles de Daumier. Cela représente des panathénées de judicature, des rencontres d'avocats, des défilés de juges sur des fonds sombres dans des endroits gris, éclairés du jour d'un cabinet de juge d'instruction, de la lumière grise d'un corridor de palais de justice. C'est lavé avec une eau d'encre sinistre et des noirs funèbres. Les têtes sont affreuses, avec des grimaces, des rires qui font peur. Ces hommes noirs ont je ne sais quelle laideur d'horribles masques antiques dans une greffe. Les avoués souriants prennent un air de corybantes. Il y a du faune dans ces avocats[1]. » Cette description jette un éclairage intéressant sur la perception des œuvres de Daumier. L'endroit dont parlait Edmond de Goncourt était la galerie Brame, sise au 47 de la rue Taitbout, où Daumier, comme l'a mentionné Laughton, fit livrer en 1864 (selon son carnet IV) pour un certain M. Delisle, probablement l'associé de Brame, trois dessins dont la valeur totale s'élevait à 300 francs et, en janvier 1865, deux autres valant 250 et 150 francs[2]. Il se peut qu'il y ait eu d'autres œuvres en consignation chez Brame : selon Sensier, Daumier a fait état, en 1866, de commandes oubliées[3]. Ces quelques lignes – fort peu charitables mais néanmoins justes – font référence à un événement plutôt rare : la présentation d'une série de travaux de l'artiste, en fait la première petite exposition des œuvres de Daumier, semble-t-il, avant la rétrospective de 1878. On peut également en déduire que le style de ces aquarelles était déjà apprécié du public depuis quelques années.

Fig. 1
Honoré Daumier, *Feuille d'études*, crayon, plume, encre et aquarelle, localisation actuelle inconnue, anciennement collection Claude Roger-Marx.

Dans ce contexte, une feuille d'esquisses provenant de la collection Claude Roger-Marx (fig. 1), connue par une photographie de 1927 conservée à la Witt Library, est intrigante car elle représente, dans une forme très abrégée, dix compositions pour la plupart identifiables, dessinées les unes à côté des autres, comme dans le Carnet de 1862 (cat. 211), mais en plus condensé. Il est probable que Daumier ait utilisé cette feuille en 1865, dans les derniers mois de l'année : sur l'espace laissé libre auparavant, il a représenté une maison avec une grande fenêtre qui correspond sans doute à l'atelier qu'il souhaitait ajouter à la maison qu'il louait à Valmondois depuis le 1er octobre 1865[4]. Les esquisses Roger-Marx ne semblent pas être des études pour des compositions, mais plutôt un recensement d'œuvres existantes correspondant, de droite à gauche, à *Une cause criminelle* (cat. 280), *La Plaidoirie* (MD. 655), *Le Grand Escalier du palais de Justice* (cat. 284), *Une annonce de saltimbanques* (MD. 555), *Le Forgeron* (cat. 201), *Le Boucher* (MD. 264), *Le Malade imaginaire* (cat. 207), *Les Amateurs d'estampes* (cat. 254), peut-être *Deux avocats en conversation* (MD. 602), et une œuvre qui pourrait être *Entre avocats* (MD. 584).

Cet ensemble d'œuvres est par trop hétéroclite pour correspondre à la description du *Journal* des Goncourt, mais il permet de déterminer que certaines des aquarelles les plus connues de Daumier datent à peu près de cette époque. Tatiana Ilatovskaya, George Goldner et Lee Hendrix ont, chacun séparément, lié deux de ces aquarelles à celles décrites dans le texte de Goncourt[5]. Les dessins sur la feuille Roger-Marx repensent-ils des œuvres réalisées sur plusieurs années ou sont-ils le fruit d'un travail récent ? La question reste entière mais, tout compte fait, l'hypothèse la plus plausible est qu'il s'agit de nouvelles réalisations. **M.P.**

279

Le Défenseur

Vers 1864-1865

Pierre noire, lavis gris, craie blanche et crayon Conté
sur papier vergé

22,8 × 34,9 cm

Signé au crayon Conté en bas à gauche : *h.D.*

Washington, The Phillips Collection (376)

Maison D. 664

Historique

Coll. Alexis Rouart, Paris ; non inclus dans la vente Rouart, Paris,
hôtel Drouot, 8-10 mai 1911 ; Henri Rouart, Paris ; non inclus dans
la vente Rouart, Paris, 16-18 décembre 1912 ; César de Hauke, Paris ;
acquis par Duncan Phillips en 1937.

Expositions

Paris, 1901, nº 267 ; Paris, 1923, nº 83 ; Paris, 1927, nº 27 ; Paris, 1934a,
nº 132 ; Londres, 1961, nº 221 ; Washington, 1979, nº 54 ; Francfort
et New York, 1992-1993, nº 82.

---

1. Goncourt, vol. II, 1956, p. 140.

2. Voir la transcription du carnet et le commentaire dans
   Laughton, 1996, p. 169 et 190, nº 8.

3. Dans une lettre à Millet datée du 5 novembre, 1866,
   Alfred Sensier écrivait : « Daumier m'a dit ensuite
   de Brame qu'il était fort irrégulier dans ses paiements
   et oubliait ses commandes » (cité par Pierre Miquel,
   Le Paysage français au XIXᵉ siècle, 1824-1874, Maurs-la
   Jolie, Éditions de la Martinelle, 1975, vol. III, 1975,
   p. 479).

4. On trouve une seconde esquisse d'une maison avec une

grande fenêtre d'atelier d'artiste, datant probablement
de la même époque que la première, au verso non
répertorié d'une étude (MD. 63) conservée au Armand
Hammer Museum of Art de Los Angeles. À propos
de la location de la maison, voir Cherpin, 1948, p. 82-83.

5. Ilatovskaya, 1996, nº 48, p. 137, *La Plaidoirie* (MD. 655) ;
George R. Goldner et Lee Hendrix, *European
Drawings. Catalogue of the Collections*, vol. II, Malibu,
The J. Paul Getty Museum, 1992, nº 55, *Une cause
criminelle* (cat. 280).

280

Une cause criminelle

Vers 1865
Plume et encre, crayon et fusain sur papier
18 × 28 cm
Signé et dédicacé : *h.D. à Monsieur (Plez ?)*

Londres, The Victoria and Albert Museum, collection Ionides
(CAI 125)

Maison D. 654

Historique
  Constantine A. Jonnidès, Londres.

Le grand dessin de la Phillips Collection (cat. 279) est une version plus élaborée de l'étude de Rotterdam (cat. 125) datant de la fin des années 1840 dont un calque a presque assurément été utilisé pour en tracer les grandes lignes[1]. Après avoir ébauché la composition au crayon, au lavis ainsi qu'à la plume et à l'encre, Daumier a entrepris de donner plus d'ampleur au grand geste théâtral de l'homme de loi et a retracé à la pierre noire le mouvement général de la silhouette à grand renfort de jeux de manches. Ce dessin, une des nombreuses variations de Daumier sur le thème de l'avocat défendant un client manifestement coupable, a fasciné Degas (qui voyait l'œuvre au moins une fois par semaine chez ses amis les Rouart) et, avant lui, le jeune Paul Renouard.

Dans l'étude de Londres (cat. 280), Daumier met au contraire l'accent sur un accusé menacé de perdre son procès, l'avocat se trouvant, pour une fois, à court d'arguments. Cette représentation moins courante de l'avocat en difficulté a été reprise ultérieurement dans une étude de la collection LeFrak (MD. 652) ainsi que dans un lavis (MD. 653) et une aquarelle (MD. 655) de la collection Gerstenberg, actuellement à l'Ermitage, travaux dans lesquels la mine suspecte de l'accusé varie d'une composition à l'autre[2]. Dans l'étude de Londres, Daumier intègre à la scène un deuxième avocat, placé à gauche, et dans des esquisses ultérieures, a proposé

---

1. Ives (cat. exp. Francfort et New York, 1992-1993, n° 82) a proposé une date beaucoup plus tardive pour l'étude de Rotterdam et les dessins proches (MD. 662 et 663), situés vers le début des années 1870.
2. L'un de ces travaux est connu d'après une gravure (B 987) publiée par Ménandre en 1877. Le thème de la conversation entre l'accusé et son avocat est apparu pour la première fois dans une lithographie intitulée *Voilà le ministère public qui vous dit des choses désagréables* (LD 1357), parue dans *Le Charivari* du 24 août 1848.

281

Une cause criminelle

Vers 1865
Plume, encre, lavis gris, aquarelle, gouache et crayon Conté
sur pierre noire sur papier vélin
38,5 × 32,8 cm
Signé à l'encre noire en bas à gauche : *h. Daumier*

Los Angeles, The J. Paul Getty Museum (89.GA.33)

Maison D. 673
Exposé à Paris seulement

Historique
Coll. Charles de Bériot, Paris ; non inclus dans la vente Bériot, Paris,
hôtel Drouot, 18 mai 1911 ; Mme Albert Esnault-Pelterie, Paris ;
Gustave Meunié, par héritage, Paris ; marché de l'art, Londres ;
acquis par le musée en 1989.

Expositions
Paris, 1878, nº 225 (*Une cause criminelle,* prêté par M. de Bériot) ;
Paris, 1888, nº 389 ; Paris, 1900, nº 847 ; Paris, 1934a, nº 136 ; Paris,
1934b, nº 79 ; Philadelphie, 1937a, nº 35 ; Francfort et New York,
1992-1993, nº 85, repr. coul.

282
Les Avocats

Vers 1865-1867
Pierre noire, plume, encre, lavis,
aquarelle et gouache sur papier
34,9 × 30,5 cm
Signé en bas à gauche : *h. Daumier*

Baltimore, The Walters Art Gallery

Maison D. 682
Exposé à Ottawa seulement

Historique
Cyrus L. Lawrence, New York ;
vente Lawrence, New York, American
Art Association, 21-22 janvier 1910, nᵒ 33,
repr. ; acquis par Henry Walters sous
le nom de Henry Chester ; légué par
H. Walters au musée en 1931.

divers arrangements, dont un gros plan de la conversation entre l'accusé et son avocat. Parmi ces dernières, *Une cause criminelle* du J. Paul Getty Museum (cat. 281) est à juste titre la plus célèbre. L'œuvre figurerait la défense d'un parricide, d'après l'un des critiques de l'exposition de 1878[3]. Henry James, grand admirateur de l'aquarelle, n'avait aucun doute quant à la culpabilité de l'accusé[4]. Les formes sinueuses qui se succèdent le long de la diagonale confèrent à la composition une solennité exceptionnelle et, comme dans *Le Grand Escalier...* (cat. 284), de légers repentirs témoignent de l'extraordinaire attention accordée par Daumier aux détails de la scène, à l'angle d'une épaule, à la forme d'une feuille de papier ou à la longueur d'un doigt.

Alors que Colta Ives a daté le dessin Phillips du début des années 1860 et l'aquarelle du musée Getty du milieu des années 1860, Bruce Laughton a situé ces deux travaux plus tard dans le temps[5]. Quant à l'aquarelle du Walters Art Gallery de Baltimore (cat. 282), elle serait, toujours d'après Laughton, encore plus tar-

dive, datant possiblement des années 1870-1875[6]. Dans cette dernière peinture, le procès se déroule sous les yeux d'un spectateur qui assiste à la scène légèrement en retrait et perçoit l'effet de la plaidoirie à travers la réaction amusée de trois avocats qui ont suspendu leur conversation pour mieux écouter. La composition est formelle et dépouillée, contrastant ingénieusement avec la comédie mise en scène. On connaît également une variante à l'huile (MI-198), moins finie, de cette œuvre, présentant des personnages à mi-corps, que Maison a datée de 1865-1867 et qui pourrait bien avoir été réalisée après l'aquarelle. **M.P.**

3. Foucher, 1878, p. 3, a décrit « l'avocat qui se penche vivement vers le parricide en lui disant : "Tais-toi, malheureux, n'aies pas la sottise d'avouer." »
4. James, 1954, p. 34-36. James connaissait probablement l'œuvre d'après la gravure reproduite dans le catalogue des lithographies et des gravures de Daumier publié par Champfleury (Champfleury, 1878b, p. 218).
5. Ives, *op. cit.* note 1, nᵒˢ 82 et 85.
6. Laughton, 1996, p. 104.

283

Au palais de Justice

Vers 1862-1865
Plume, encre, lavis, pierre noire, aquarelle et gouache
sur papier vergé
14 × 23 cm
Signé en bas à gauche : *h. Daumier*

Paris, musée du Petit Palais, legs Eugène Jacquette
à la Ville de Paris pour les collections municipales, 1899

Maison D. 620

Exposé à Ottawa et à Paris seulement

Historique
    Coll. Eugène Jacquette, Paris ; légué par Jacquette à la Ville de Paris
    en 1899.

Expositions
    Paris, 1923, n° 82 ; Paris, 1934a, n° 125, repr. ; Francfort et New York,
    1992-1993, n° 78, repr. coul. ; Bonn, 1998, n° 35, repr. coul.

En raison de la similitude entre la femme à l'enfant, à droite, et celle de la lithographie de 1848 *Vous avez perdu votre procès* (cat. 99), la critique a été presque unanime à prêter une date très précoce à cette œuvre relativement isolée, la seule aquarelle de Daumier qui rende compte de l'animation des couloirs du Palais. Par sa composition en forme de frise, elle rappelle de très nombreuses figures peintes par Louis Léopold Boilly au début du XIXe siècle[1]. Cependant il ne fait guère de doute que cette aquarelle s'apparente d'assez près au *Grand Escalier du palais de Justice* (cat. 284) du milieu des années 1860, dont elle a inspiré le registre supérieur, ainsi qu'à *Trois avocats causant* (cat. 290) qui, contrairement à l'opinion la plus répandue, ne saurait être une œuvre ancienne. Pour autant qu'on puisse en juger, *Au palais de Justice* remonte au début des années 1860 et constitue un essai auquel Daumier procède en une seule autre occasion, pour la *Gare Saint-Lazare* (MD. 311), pièce plus grande et plus fouillée de la collection Gerstenberg, également exécutée dans les années 1860.   **M.P.**

1. Située aux alentours de 1850 par Colta Ives (dans cat. exp. Francfort et
   New York, 1992-1993, n° 78) et entre 1848 et 1853 par Laughton (1996, p. 91).

284

Le Grand Escalier du palais de Justice

Vers 1865
Fusain, pierre noire, plume, encre, lavis, aquarelle
et gouache sur papier
36 × 26,6 cm
Signé en bas à gauche : *h. Daumier.*

Baltimore, The Baltimore Museum of Art (L.33.53.2)

Maison D. 601
Exposé à Ottawa et à Paris seulement

Historique

Coll. A. Sommers ?, Paris ; George A. Lucas, Paris et Baltimore,
peut-être le dessin de Daumier acheté 200 francs à Sommers
le 3 décembre 1881 ; légué en même temps que la collection Lucas
au Maryland Institute College of Art ; en dépôt au Baltimore Museum
of Art ; acquis par le musée en 1997.

Expositions

Paris, 1907, n° 9 ; Philadelphie, 1937a, n° 40 ; Londres, 1961, n° 202 ;
Baltimore, 1989, sans numéro ; Francfort et New York, 1992-1993,
n° 88, repr. coul.

285

Étude de quatre avocats

Vers 1865

Plume, encre et lavis gris sur papier vergé (dépassant le cadre du dessin [deux morceaux sont joints] en haut et en bas)

27 × 22,5 cm

Signé en bas à gauche : *h.D.*

Chicago, The Art Institute of Chicago, don de Mary et Leigh Block (1988.141.27)

Maison D. 605
Exposé à Paris seulement

Historique

> Londres, Sir Edmund Davis ; vente Davis, Londres, Christie's, 15 mai 1942, n° 41 ; acquis par Percy Moore Turner ; K.E. Maison, Londres ; M. et Mme Leigh B. Block, Chicago ; donné par M. et Mme Leigh B. Block au musée en 1988.

Expositions

> Francfort et New York, 1992-1993, n° 92, repr.

La célèbre aquarelle *Le Grand Escalier du palais de Justice* (cat. 284) est inspirée d'une lithographie, moins vigoureusement truculente, que Daumier réalisa en 1848 (cat. 101), elle-même tributaire d'une gravure sur bois de 1836 (B 84) représentant un avocat marchant avec superbe, et destinée au *Charivari*[1]. Dans cette œuvre, sans doute la meilleure évocation par Daumier de la vanité ostentatoire des hommes de loi, le fondu des couleurs fait ressortir l'arrogant éclat de la rosette de la Légion d'honneur épinglée sur le torse bombé d'orgueil de l'avocat. Comme l'a montré Colta Ives, l'aquarelle a d'abord pris la forme d'une esquisse (fig. 1), présentant la scène inversée[2]. Daumier réalisa plus tard une autre étude du personnage principal (MD. 571), dont il affectionnait manifestement la physionomie puisqu'on la retrouve, plus virulente encore, dans l'étude extraordinairement vivante d'un groupe d'avocats conservée à Chicago (cat. 285) et qu'Ives a située à une date postérieure[3]. L'artiste fera revivre le personnage dans l'une des dernières œuvres qu'il réalisera pour la presse, *Le Citoyen Bertrand* (LD 3885), publiée dans *La Revue comique* de Bertall du 22 octobre 1871[4].

Un examen approfondi de l'aquarelle de Baltimore confirme le perfectionnisme de Daumier qui, à un stade avancé de l'exécution, a effacé les contours de la robe de l'avocat et, après avoir rétréci la silhouette, a rempli les espaces vides avec la plus grande minutie. Fait étonnant, cette aquarelle ne figurait pas à l'exposition de 1878, date à laquelle elle n'était manifestement plus dans l'atelier de Daumier, et il semble que le public n'ait pu l'admirer qu'en 1884, Georges Lucas l'ayant alors prêtée à l'École des beaux-arts pour une exposition[5].　　**M.P.**

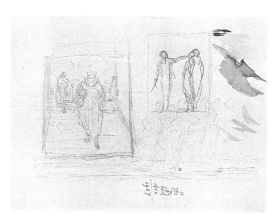

Fig. 1
Honoré Daumier, esquisse pour
Le Grand Escalier du palais de Justice,
vers 1865, crayon sur papier brun,
Washington (DC), The National Gallery of Art,
Rosenwald Collection.

---

1. Daumier a reproduit une partie de cette gravure sur bois (B 84) trois ans plus tard dans une autre gravure (B 86) publiée dans *Le Charivari* en 1839.
2. Francfort et New York, 1992-1993, n° 88. L'esquisse a été exécutée par-dessus ce qui semble être une étude d'une des versions des *Fugitifs*.
3. *Ibid.*, n° 92, daté entre 1868 et 1870.
4. Le 23 octobre, Daumier reçut 50 francs pour ce dessin, la même somme que celle qui lui avait été versée par *Le Charivari* plus de trente ans auparavant dans le cadre du contrat du 23 février 1839.
5. Prêt inscrit dans le journal de Lucas à la date du 28 février 1884 : « Porté des aquarelles de Daumier et de Barye à Roger Ballu pour son exposition aux Beaux Arts » (George A. Lucas, *The Diary of George Lucas, 1857-1909,* texte établi avec une introduction par Lilian M.C. Randall, Princeton, Princeton University Press, 1979, vol. II, 1979, p. 580).

286

Les Pièces à conviction

Vers 1865-1868
Plume, encre noire, lavis gris, aquarelle sur pierre noire
et touches de mine de plomb sur papier vergé
36,3 × 53,8 cm
Filigrane : *HALLINES, HP* dans un écusson

Chicago, The Art Institute of Chicago, don de Mme Helen
Regenstein (1968.160)

Maison D. 641
Exposé à Ottawa seulement

Historique
Guyotin ?, Paris ; coll. Behrens ; galerie M. Knoedler and Co. ?,
New York ; vente Berne, Gutekunst et Klipstein, 24 novembre 1955,
n° 5, repr. ; Walter Bareiss, Munich ; Eugene V. Thaw, New York ;
donné par H. Regenstein au musée en 1968.

287

Les Pièces à conviction

Vers 1865-1868

Crayon noir et couleur, plume, encre, lavis et aquarelle rehaussée
de gouache sur papier

31,7 × 46,3 cm

Signé en bas à gauche : *h. Daumier*

Melbourne, National Gallery of Victoria

Maison D. 642

Historique

> Coll. A. Bellino, Paris ; vente Bellino, Paris, galerie Georges Petit,
> 20 mai 1892, n° 31, *Pièces à conviction*, repr. ; vendu 1 900 francs ;
> Cyrus L. Lawrence, New York ; vente Lawrence, New York, American
> Art Association, 21-22 janvier 1910, n° 32, repr. ; acquis 1 025 dollars
> par Durand-Ruel, New York ; coll. Sadler, Londres ; Barbizon House,
> Londres ; acquis par le musée en 1924.

Expositions

> Paris, 1888, n° 393 ; Paris, 1889, n° 134 ; Londres, 1923, n° 11 ; Londres, 1961,
> n° 214.

Ces compositions, que Laughton a situées vers la fin des années
1860, sont des variations sur un thème déjà exploré par Daumier
(cat. 218) auquel l'artiste a réservé un traitement plus dramatique :
le cas soumis à l'examen des juges est un meurtre, mais même les
infamantes pièces à conviction, une chemise et un couteau tachés
de sang, ne parviennent pas à éveiller leur intérêt[1]. Dans l'imposante étude de Chicago (cat. 286), le flou de la composition
confère à la scène une tonalité sinistre et ambiguë qui, pour le
spectateur moderne, rend cette esquisse plus saisissante encore
que l'aquarelle parfaitement achevée de Melbourne (cat. 287). Le
contraste est révélateur : comme dans tous les travaux de Daumier
représentant des scènes de tribunal, l'artiste a recherché un effet
tragi-comique, particulièrement évident dans l'œuvre finale où
l'expression de profond ennui sur le visage des magistrats est
lourde de sous-entendus. **M.P.**

---

1. La datation proposée par Laughton (1996, p. 102) est de 1865-1870.

288

La Déposition d'une mineure,
dit aussi *La Séance à huis clos*

Vers 1865-1868

Fusain, lavis gris et crayon Conté sur papier vergé

21,5 × 34,5 cm

Signé à l'encre en bas à gauche : *h. Daumier*

Copenhague, Ny Carlsberg Glyptotek (1901)

Maison D. 645

Historique

Coll. P. Aubry, Paris ; vente P.A., Paris, galerie Georges Petit,
10 mai 1897, n° 40, *Déposition de mineure* ; acquis 861 francs
par Durand-Ruel pour Edgar Degas ; vente Degas, Paris, galerie
Georges Petit, 26-27 mars 1918, n° 108, *Le Tribunal* ; acquis 13 600 francs
par la galerie Trotti ; coll. Wilhelm Hansen, Copenhague ;
légué par Mme Hansen au musée en 1951.

Expositions

Paris, 1878, n° 103 (*La Séance à huis clos, appartient à M. P.A.*) ;
Francfort et New York, 1992-1993, n° 83, repr.

Cette œuvre, qui compte toujours parmi les plus formidables actes d'accusation du système judiciaire de Daumier, fit sensation à l'exposition. Puissant en donnait une description célèbre dans un compte rendu de *L'Événement*, et Surmay, dans sa recension pour le *Musée universel*, s'attardera sur cette « séance à huis clos d'un aspect poignant. Sur le tribunal règnent un président et deux juges dont les regards tiennent comme en arrêt une pauvre fille coiffée d'un béguin. Ils la pressent de questions, ils lui demandent des détails, l'enfant soumise à cette immonde torture, balbutie, on le voit, on le sent, elle baisse la tête. C'est d'une vérité effrayante[1] ». Des trois dessins connus sur ce sujet, seul celui-ci, ayant appartenu à Degas, est achevé. Selon Maison et d'autres exégètes, les deux autres seraient des études préparatoires. Mais il y a tout lieu de penser que la feuille de Copenhague est bien la première – celle sur laquelle Daumier a ébauché, puis travaillé la composition. Les repentirs montrent que l'artiste a hésité quant au placement de la fillette, lui ménageant une réserve assez haut et assez près du centre, et a agrandi à deux reprises le banc[2]. Une étude, anciennement dans la collection Loncle (MD. 643), est probablement une variante moins précise de celle de Copenhague ; les modifications envisagées y sont esquissées à larges traits. Daumier semble s'être servi du dessin sur papier-calque du musée Boijmans Van Beuningen (fig. 1) pour reproduire des éléments de la feuille Loncle, qu'il a ensuite amplifiés. Les études pourraient bien avoir

Fig. 1
Honoré Daumier,
*La Déposition d'une
mineure*, vers 1865-
1868, plume et
encre sur papier-
calque, Rotterdam,
Museum Boijmans
Van Beuningen.

été des références – elles diffèrent passablement de la feuille de Copenhague par le détail – mais certains remaniements, tel le travail du banc, leur sont manifestement étrangers.

La décision de placer la fillette plus bas que les têtes de ses juges ajoute à la tension de la composition, qui tire essentiellement son effet du contraste entre la figure délicate, tout juste esquissée, de l'accusée et les physionomies extraordinaires des juges. **M.P.**

1. Surmay, 1878, p. 131-135. Puissant (20 avril 1878, p. 2) décrit ainsi ce dessin :
   « Une des choses les plus poignantes, les plus tragiquement monstrueuses
   qu'ait pu rêver le penseur : des juges interrogent fiévreusement, luxurieusement, une fillette en guenilles, immobile et pétrifiée sous leur impudique
   curiosité. »
2. Le repentir autour de la fillette a conduit d'aucuns à prêter à Daumier
   – à tort, semble-t-il – l'intention de la représenter enceinte.
   Voir cat. exp. Francfort et New York, 1992-1993, n° 83.

289

Le Défenseur

Vers 1864-1865
Plume et lavis sur papier vergé
18,5 × 23 cm
Signé en bas à droite : *h. Daumier*

Collection particulière

Maison D. 667
Non exposé

Historique

Coll. Émile Straus, Paris ; vente Straus,
galerie Georges Petit, 3-4 juin 1929, n° 4, repr. ;
acquis 150 000 francs par Knoedler & Co.,
New York ; coll. Mme A.S. Alexander,
New York ; vente anonyme, New York,
Sotheby's, 14 mai 1986, n° 109, repr ; coll. Thune.

Expositions

Paris ?, 1888, n° 391 (*La plaidoirie*, 25 × 30 cm
[dimensions du cadre], prêté par M. Strauss) ;
Paris, 1901, n° 275.

Le 31 juillet 1864, l'éminent critique Champfleury, qui avait signé deux semaines auparavant un éloge de Daumier, lui envoya l'article, non sans lui demander deux dessins : « Un de mes amis désirerait bien avoir deux dessins de vous. Êtes-vous en train d'en faire ? Mon ami vient pas d'une richesse excessive et ne peut mettre que cent francs aux deux [*sic*]. Je lui ai dit que je me chargerais de sa demande. Il désirerait deux scènes de tribunal. Dans la première, le procureur général qui prononcerait un discours contre l'accusé aurait l'air plus scélérat que celui contre lequel il appellerait toute la vindicte des lois. Le second (également tribunaux) à votre choix. Je vous serais bien obligé, ne pouvant dans ce moment aller vous voir, de me répondre un mot à ce sujet[1]. »

Nous ignorons si Daumier a répondu à la missive, mais il semble qu'il n'y ait pas donné suite. Le 3 octobre suivant, Champfleury, après être passé à Valmondois sans aller saluer l'artiste, lui écrivait pour l'informer qu'il s'apprêtait à réviser *La Caricature moderne* – qui lui rendait hommage – et pour réitérer sa requête : « D'autre part, je tiens beaucoup au dessin que je vous ai demandé (*un avocat impérial ayant l'air plus scélérat que l'accusé contre lequel il fait le réquisitoire*). Vous seriez bien aimable de le faire en plus grand. C'est pour mon éditeur qui y tient beaucoup et vous ne voudriez pas me faire passer auprès de lui pour un prometteur. À quelle époque puis-je compter, et vous-même, quand viendrez-vous à Paris ? Réponse S.V.P.[2] »

Il est aisé de reconnaître, en l'ami de Champfleury, Édouard Dentu (1830-1884), jeune homme qu'on ne peut guère qualifier d'indigent et qui publiera en 1865 l'*Histoire de la caricature moderne* du critique. Il est difficile de taire l'importunité de la démarche de Champfleury, liant la commande à l'hommage publié, et encore moins la gêne cruelle où se trouvait Daumier, et dont Champfleury était assurément conscient. L'artiste a-t-il obtempéré ? Aucun document ne l'atteste. On observera cependant avec intérêt le type de dessin sollicité – qu'expliquent probablement les aquarelles d'avocats exposées à la galerie Brame, au printemps 1865 – et en particulier la spécificité de la commande. Il existe plusieurs dessins, manifestement tous exécutés pour des collectionneurs et axés soit sur le juge, soit sur un avocat[3]. Celui-ci présente la particularité de figurer un accusé de la classe moyenne et un avocat pointant l'index non pas vers la justice divine, mais vers la preuve dans son dossier.   **M.P.**

1. Lettre inédite, Los Angeles, Getty Center for the History of Art. Il s'agit de « La Caricature moderne : Honoré Daumier », *La Nouvelle Revue de Paris*, 15 juillet 1864.
2. *Ibid.*
3. Voir notamment MD. 665, D. 666, D. 669 et D. 670.

290

Trois avocats causant

Vers 1862-1865
Huile sur bois
40,6 × 33 cm
Signé en bas à droite : *h. Daumier*

Washington, The Phillips Collection (0381)

Maison I-90
Exposé à Ottawa et à Washington seulement

Historique

Victor Geoffroy-Dechaume, Paris, non inclus
dans la vente de 1893 ; Henri Rouart, Paris ;
vente Rouart, Paris, galerie Manzi-Joyant,
9-11 décembre 1912, n° 162, repr. *Les avocats* ;
galerie M. Knoedler and Co., New York ;
coll. George Blumenthal, New York ;
mis en consignation par Blumenthal chez
Knoedler and Co., New York ;
acquis par la Phillips Memorial Art Gallery
le 11 novembre 1920.

Expositions

Paris, 1888, n° 357 ; Paris, 1889, n° 233 ;
Londres, 1923, n° 9 ; New York, 1930, n° 63 ;
Paris, 1934a, n° 40 ; Itami, Yamanashi et Ehime,
1997-1998, n° 12, repr. coul.

Il existe, dans l'œuvre de Daumier, deux exemples connus d'une même composition exécutée une fois à l'huile et une autre fois à l'aquarelle, qui portent l'une comme l'autre sur le sujet le plus populaire de l'artiste : les avocats. Le premier cas concerne une célèbre peinture à l'huile (MI-213) qu'Alexandre (qui en fut un temps propriétaire) considérait comme l'une des œuvres les plus accomplies de Daumier (fig. 1), et une aquarelle presque identique, quoique moins achevée (MD. 577), que l'artiste a signée vers la fin de sa vie d'une main manifestement hésitante. L'autre cas concerne deux travaux qui, de toute évidence, renvoient l'un à l'autre, à savoir la peinture à l'huile (cat. 290) intitulée *Trois avocats causant*, et l'aquarelle correspondante mais légèrement différente (cat. 291).

En ce qui concerne les deux premières compositions « jumelles » (MI-213 et D. 577), Maison a estimé que la peinture à l'huile avait été exécutée très tard, vers 1868-1870, et que l'aquarelle en était une reprise[1]. Toujours selon Maison, le tableau de la

Phillips Collection a été réalisé, pour sa part, vers 1855-1857, suivi par l'aquarelle de Williamstown, chronologie qu'a aussi retenu Laughton[2]. Bien que la peinture à l'huile soit légèrement plus grande que l'aquarelle, la différence principale entre les deux œuvres réside dans le traitement de l'avocat de droite et des détails en arrière-plan. À ce sujet, il convient de noter que le large pilier, également présent dans l'aquarelle, et la femme éplorée figurant au fond de la composition sont des éléments tirés d'*Au palais de Justice* (cat. 283), daté habituellement des années 1850 mais vraisemblablement pas réalisé bien avant 1862[3]. Cette relation, tout comme l'habitude de Daumier de représenter les avocats en pied essentiellement dans des dessins, suggère que la nature même de ces peintures, selon toutes probabilités plus expérimentales que répétitives, serait à attribuer au succès des aquarelles au début des années 1860. Comme l'ont avancé Georgel et Mandel, il semble également très probable que ce soit l'aquarelle Clark qui ait précédé le tableau Phillips, et non le contraire[4].

291

Trois avocats causant

Vers 1862-1865
Plume, encre noire, pierre noire, lavis coloré
et gouache sur papier
33 × 24,7 cm
Signé en bas à gauche : *h. Daumier*

Williamstown, Sterling and Francine Clark
Art Institute

Maison D. 604

Historique
    M. Knoedler and Co., Paris ; acquis par Robert
    Sterling Clark en 1915 ; donné au Clark Institute en 1955.

Exposition
    Williamstown, 1962, nº 5, repr.

L'examen comparé du traitement d'un même sujet à l'aide de différents procédés est plus intéressant encore. Dans la peinture à l'huile, par exemple, la physionomie des personnages, bien que moins détaillée que dans l'aquarelle, atteint un degré de précision rare dans les peintures de Daumier. Laughton l'a d'ailleurs souligné, précisant que l'expression nettement caricaturale des visages est moins prononcée dans l'huile que dans l'aquarelle[5]. **M.P.**

1. Adhémar (1954a, nº 23) a proposé une date d'exécution exceptionnellement précoce, 1843-1848, la situant à la même époque que *Les Noctambules* (cat. 108).
2. Laughton (1996, p. 92-93) a daté la peinture de 1855-1857 et l'aquarelle de 1855-1860.
3. Ives (dans cat. exp. Francfort et New York, 1992-1993, nº 78) a situé la réalisation du tableau vers 1850, et Laughton (*op. cit.* note 2, p. 91) entre 1848 et 1853.
4. Georgel et Mandel, 1972, nº 117.
5. Laughton, *op. cit.* note 2, p. 93.

Fig. 1
Honoré Daumier, *L'Avocat lisant,* vers 1868-1870, huile sur toile, Winterthur, coll. part.

292

Scène de tribunal, dit aussi **Le Verdict**

Vers 1865-1867
Plume et encre avec touches de pierre noire sur deux feuilles
jointes de papier vergé
36,6 × 41,8 cm

Washington, The National Gallery of Art, collection Rosenwald
(1943.3.3235)

Maison D. 685
Exposé à Ottawa et à Paris seulement

Historique
Coll. Arsène Alexandre, Paris ; vente Alexandre, Paris, galerie
Georges Petit, 18-19 mai 1903, nº 12 ; galerie Durand-Ruel, Paris
et New York ; coll. Lessing J. Rosenwald, Washington ;
donné par L. Rosenwald au musée en 1943.

Expositions
Londres, 1961, nº 218 ; Francfort et New York, 1992-1993, nº 96, repr.

Le remarquable dessin de Washington (cat. 292) fait partie d'une
petite série d'études préparatoires réalisées en vue d'une ambitieuse scène de tribunal que Daumier semble ne jamais avoir
entreprise. Deux petites esquisses au crayon, anciennement dans
la collection Claude Roger-Marx (MD. 684) et sans doute décou-
pées dans une grande feuille de croquis comme celle de Washington, constituent probablement des ébauches plus anciennes de
l'œuvre envisagée. L'une de ces esquisses représente l'accusé
attendant debout le verdict des juges assis, tandis que l'autre
montre, d'un côté, les juges quittant la salle d'audience après avoir
rendu leur verdict et, de l'autre, l'accusé évanoui dans les bras
d'un garde. De ces deux scènes, c'est la seconde que Daumier a
choisi de développer sur la feuille de Washington : on y retrouve,

d'une part, une représentation des juges marchant dans une direction puis dans l'autre et, d'autre part, un plan d'ensemble de la
composition, dessiné en haut de la feuille à laquelle il a joint une
autre feuille pour pouvoir y présenter l'intégralité des éléments.

Deux autres études (MD. 686 et 687) dévoilent la composition
dans son ensemble et représentent le procès en cours d'audience
avec l'avocat pointant le doigt vers un crucifix suspendu au-dessus
des juges. C'est de cette dernière scène dont s'est inspiré Daumier
pour réaliser la peinture inachevée de Rotterdam (cat. 293), sa plus
grande sur le thème de la justice et, fort probablement, sa dernière
huile sur le sujet. À bien des égards, la partie de droite du *Pardon*
est le prolongement, à la fois psychologique et formel, du drame
exposé dans *Une cause criminelle* (cat. 281) ; elle en devient

293

Le Pardon

Huile sur toile

Vers 1865-1867

38 × 68 cm

Rotterdam, Museum Boijmans Van Beuningen (2596)

Maison I-199

Historique

Paris, Paul Bureau ; vente Bureau, Paris, galerie Georges Petit, 20 mai 1927, n° 99, repr. ; acquis 380 000 francs par la galerie Matthiesen, Berlin ; coll. J. Goldschmidt ; galerie Paul Cassirer, Berlin ; galerie Knoedler and Co. ; coll. Van Beuningen, Rotterdam ; donné au musée en 1958.

Expositions

Paris, 1901, n° 18 ; Londres, 1936, n° 23 ; Ingelheim-am-Rhein, 1971, n° 12, repr. ; *Prud'hon, La Justice et la Vengeance divine poursuivant le Crime*, Paris, musée du Louvre, 1986, n° 88B.

l'avant-dernier acte : pendant que l'avocat de la défense invoque la miséricorde divine, l'accusé, peut-être une femme, se cache le visage dans les mains. Le grand vide qui sépare, au centre, les parties en présence, et que l'avocat ne parvient pas à franchir, en dit autant sur l'issue du procès que la mine impassible des juges.

Bien que cette toile ait appartenu aux membres de la famille Bureau, amis et mécènes de Daumier, elle n'est pas signée et l'on peut supposer qu'elle a été achetée après sa mort. Maison l'a datée vers 1865-1867, ce qui semble raisonnable compte tenu de sa relation avec l'aquarelle de Los Angeles. Le dessin de Washington est fort probablement de la même époque, bien qu'une date postérieure, fondée sur des critères stylistiques, ait été avancée[1]. **M.P.**

Fig. 1
Honoré Daumier,
L'Argument décisif,
vers 1865, plume et lavis,
Rotterdam, Museum
Boijmans Van Beuningen.

1. Ives (dans cat. exp. Francfort et New York, 1992-1993, n° 96) a situé sa réalisation au début des années 1870.

Recto

Verso

294

Violoniste chantant

Vers 1865-1867

Plume, encre gris-brun, fusain et lavis gris sur papier vélin

29 × 23 cm

Au verso : *Le Défenseur*, mine de plomb, plume et encre

Collection particulière

Maison D. 333 et D. 656

Historique

Galerie Aimé Diot, Paris ; ne figure pas dans la vente de 1897 ;
comte Armand Doria, Orrouy ; vente comte Doria, Paris, galerie
Georges Petit, 8-9 mai 1899, nº 396 ; vendu 360 francs ; galerie Alexandre
Rosenberg père, Paris ; vente Rosenberg, Paris, galerie Georges Petit,
21 mai 1909, nº 58 ; galerie Henri Haro, Paris ; vente Haro, Paris, hôtel
Drouot, 3 février 1912, nº 88 ; Pelletier, Paris ; coll. Otto Gerstenberg,
Berlin, jusqu'en 1935 ; par héritage, M. Scharf ; coll. part.

Expositions

Paris, 1901, nº 266 ; Paris, 1907, nº 35 ; Paris, 1908, nº 27 ? ; Berlin,
1926, nº 138 ; Francfort et New York, 1992-1993, nº 109 (recto), repr.

295

Le Défenseur

Vers 1865-1867
Plume, encre et lavis sur crayon sur papier
22,5 × 30 cm
Signé en bas à droite : *h.D.*

Londres, Courtauld Gallery

Maison D. 657
Exposé à Ottawa seulement

Historique
> Lecomte, Paris ; Percy Moore Turner,
> Londres ; Samuel Courtauld, Londres.

Expositions
> Paris, 1901, nº 217 ; Paris, 1923, nº 80 ;
> Paris, 1927, nº 4 ; Londres, 1961, nº 220 ;
> *Prud'hon, La Justice et la Vengeance
> divine poursuivant le Crime*, Paris,
> musée du Louvre, 1986, nº 88A.

Maison a répertorié deux *Violoniste chantant* : le dessin exposé (cat. 294), anciennement dans la collection Gerstenberg jusqu'en 1935, le mieux connu, et un autre curieusement identique (MD. 334) de la Burrell Collection, conservé à Glasgow. La feuille Gerstenberg comporte en plus des études au fusain que Daumier n'a pas complètement effacées avant d'exécuter le *Violoniste* ainsi qu'une composition avec un avocat plaidant au verso. Signalons que des traces de fusain – passablement arbitraires, semble-t-il – se voient sensiblement aux mêmes endroits sur la feuille de Glasgow. Se fondant sur la parenté du sujet avec une gravure de musiciens ambulants, publiée dans *Le Monde illustré* du 20 décembre 1862 (B 937), Margret Stuffmann a daté cette feuille des années 1860, tandis que Laughton l'a située plus tard, vers 1869-1873[1].

Une composition avec un défenseur, presque identique à celle du verso du *Violoniste chantant*, figure sur une feuille isolée signée d'un monogramme, conservée aux Courtauld Galleries (cat. 295). Cette feuille, légèrement rehaussée au lavis, diffère de l'autre par de menus détails tout en étant très voisine dans la composition. Maison hésite sur l'ordre d'exécution, mais on peut supposer que le dessin Gerstenberg fut le premier[2]. Il se peut bien que la vente du *Violoniste*, indissociable du recto de la collection Gerstenberg, ait amené Daumier à exécuter une seconde version du *Défenseur*, lui aussi d'un type destiné à la vente.

Dans *Le Défenseur* (cat. 295), l'avocat montre dans un grand effet de manche l'allégorie de Prud'hon *La Justice et la Vengeance divine poursuivant le Crime*, réduite à quelques traits au-dessus de la tête des juges. Ce tableau, auquel Daumier attachait plus d'importance qu'on ne le croit généralement, était une commande destinée à la salle du Tribunal criminel du palais de Justice de Paris. Exposé au Salon de 1808, il y entra l'année suivante[3]. En 1815, la monarchie restaurée, il fut rendu à l'artiste et remplacé par une *Crucifixion*, que Daumier a intégrée à l'occasion dans ses compositions. Le tableau a été exposé au musée du Luxembourg à compter de 1818 et, à la mort de Prud'hon, transféré au Louvre où Daumier l'a découvert.

L'effet qu'a exercé *La Justice et la Vengeance divine poursuivant le Crime* sur l'imagination de Daumier est sensible non seulement par ses réinterprétations de la composition, mais aussi par son utilisation toute personnelle et très probablement inconsciente de motifs empruntés à cette toile[4]. La dette la plus évidente réside dans les mouvements des bras – l'un replié sur la poitrine, l'autre tendu – pris à la Vengeance divine, qu'il reproduira toute sa vie dans diverses lithographies et aquarelles[5]. On peut se demander si la présence de l'allégorie de la Justice de Prud'hon à sa place originale est révélatrice de l'anticléricalisme de Daumier, mais on ne saurait douter de la charge symbolique de cette présence. Cette réinterprétation de *La Justice et la Vengeance divine poursuivant le Crime* (cat. 296), qu'obtiendra le critique Philippe Burty en échange d'un dessin de Delacroix – selon une inscription au verso –, pourrait bien être la dernière œuvre signée par l'artiste neuf jours avant sa mort.

M.P.

296

La Justice et la Vengeance divine poursuivant le Crime

Vers 1864-1867

Plume, encre, lavis et sanguine sur papier vergé

26 × 34 cm

Signé à l'encre en bas à gauche : *h Daumier*

Inscription, au verso, par Philippe Burty : *J'avais échangé ce croquis assez ancien dans l'œuvre de Daumier contre un autre croquis par Delacroix. Il n'était pas signé. Geoffroy-Dechaume l'a porté à Daumier, qu'il a réjoui. Il voulait bien le signer, mais le pauvre grand artiste était si près de la cécité complète qu'il a fallu lui tenir la main et qu'il n'a pu y ajouter un envoi. Ph. Burty, 2 février 1879*

Collection particulière

Maison D. 813

Historique

Coll. Philippe Burty, Paris ; vente Burty, Paris, hôtel Drouot, 2-3 mars 1891, nº 51 ; coll. Charles Haviland, Paris ; vente Haviland, Paris, hôtel Drouot, 7 décembre 1922, nº 4 : acquis par Van Riel ; coll. Otto Gerstenberg, Berlin, jusqu'en 1935 ; par héritage, M. Scharf ; coll. part.

Expositions

Paris, 1888, nº 417 ; Berlin, 1926, nº 95 ; *Prud'hon, La Justice et la Vengeance divine poursuivant le Crime*, Paris, musée du Louvre, 1986, nº 91 ; Francfort et New York, 1992-1993, nº 97.

1. Stuffmann, dans cat. exp. Francfort et New York, 1992-1993, nº 109 ; Laughton, 1996, p. 140, fig. 178.

2. Maison, vol. II, 1968, note relative à D. 656.

3. Au sujet de la toile de Prud'hon, voir Helen Weston, « Prud'hon : Justice and Vengeance », *The Burlington Magazine*, vol. CXVII, nº 867, juin 1975, p. 362, fig. 40 ; Sylvain Laveissière, *Prud'hon, La Justice et la Vengeance divine poursuivant le Crime* (Dossiers du département des Peintures, 32), Paris, RMN, 1986 (exposition présentée au musée du Louvre, 15 mai-15 septembre 1986) ; cat. exp. *Prud'hon ou le rêve du bonheur*, Paris, Grand Palais, 23 septembre 1997-12 janvier 1998, New York,

The Metropolitan Museum of Art, 2 mars-7 juin 1998, nº 170.

4. Voir notamment *Courage héroïque de Don Carlos et de Don Miguel* (B 36) de 1834 ; *La Caricature, un fouet à la main, met en fuite les boursicotiers* (1838, B 106) de 1838, ou même en 1869, *À l'instar de Pantin* (LD 3740). Parmi les nombreuses autres adaptations de l'image, voir notamment l'illustration de Gustave Doré dans Xavier-Boniface Saintine, *Le Chemin des écoliers*, Paris, 1861.

5. Cat. 224 et 225. Daumier a introduit l'image dans la lithographie *Le Code pénal* (LD 1219), *Le Charivari*, 25 mai 1845.

Chanteurs, joueurs et buveurs...

297

Tête d'étude, dit aussi ***L'Antiquaire***

Vers 1858-1860
Huile sur bois
35 × 27 cm
Signé en bas au centre : *h.D.*

Stuttgart, Staatsgalerie (2766)

Maison I-98
Exposé à Ottawa et à Washington seulement

Historique

Coll. Jules Dupré, Paris ; vente Dupré, Paris, galerie Georges Petit, 30 janvier 1890, n° 143, *L'antiquaire* : vendu 1 210 francs ; galerie Hessel, Paris ; Graber ; vente Parke-Bernet, New York, 20 novembre 1956, n° 33 ; Marlborough Fine Art Ltd, Londres ; acquis par le musée en 1967.

Expositions

Paris, 1878, n° 24 (*Tête d'étude*, prêté par M. J. Dupré) ; Paris, 1923, n° 30 ; Londres, 1961, n° 40.

298

Chanteurs ambulants ou ***Chanteurs de rue***

Vers 1860-1862
Huile sur bois
24,2 × 25,4 cm
Signé en bas à droite : *h. Daumier*

New York, collection Judy et Michael Steinhardt

Maison I-107

Historique

Viguier, Paris ; vente Viguier, Paris, 1906, n° 18 ; Otto Gerstenberg, Berlin, jusqu'en 1935 ; par héritage, M. Scharf ; Allemagne, coll. part. ; acquis par Judy et Michael Steinhardt en 1998.

299

Trio d'amateurs

Vers 1864-1865
Huile sur bois
21,3 × 24,8 cm
Signé en bas à droite : *h. Daumier*

Paris, musée du Petit Palais, legs Eugène Jacquette à la Ville
de Paris pour les collections municipales, 1899 (nº 40).

Maison I-170
Exposé à Ottawa seulement

Historique
   Vendu par l'artiste pour 800 francs à Eugène Jacquette, en février 1877
   (*Chanteur*) ; légué par Eugène Jacquette à la Ville de Paris en 1899.

Exposition
   Paris, 1934a, nº 11 ; Bonn, 1998, nº 33, repr. coul.

Nettement moins synthétique – on serait tenté de dire moins idéa-
lisée – que les autres travaux de ce genre réalisés par Daumier,
l'étonnante étude d'une tête d'homme de Stuttgart (cat. 297)
constitue la représentation d'un individu la plus précise que l'artiste ait produite et celle où il se rapproche le plus du portrait[1]. La
physionomie du personnage, caractérisée par l'asymétrie des yeux
et le visage plat, presque satirique, y est tout à fait remarquable.
Cette étude n'est apparemment liée à aucune autre composition
de Daumier et demeure, à ce titre, un exercice d'expression isolé
comparable à la *Tête de Don Quichotte* (cat. 367), une œuvre de
pure fantaisie que l'artiste réalisa vers la fin de sa vie. Datant probablement de la fin des années 1850, elle a été prêtée par Jules
Dupré pour l'exposition de 1878, vraisemblablement avec l'approbation de Daumier lui-même.

   L'importance accordée à la physionomie se remarque également
dans les travaux que Daumier a consacré aux chanteurs et aux

---

1. Provost a signalé qu'il s'agirait d'un portrait du musicien Jean Cabaner
   (1833-1878), dont Manet a fait un portrait au pastel fort différent.
   Voir Provost et Childs, 1989, p. 203.

artistes des rues qu'il a campés le plus souvent dans des dessins ou des gravures sur bois. Les chanteurs amateurs sont occasionnellement représentés dans des peintures, comme dans le petit tableau datant du milieu des années 1860, conservé au Petit Palais (cat. 299) et identifié par Cherpin, connu comme « panneau de 3 », que Daumier a vendu, d'après les notes du carnet V, à Jacquette en février 1877[2]. Dans ces peintures, l'artiste adopte une approche plutôt intimiste, presque méditative, mettant l'accent sur le visage des chanteurs absorbés dans leur musique. Une variante du tableau du Petit Palais, dans une collection particulière de New York (MI-169), met en scène des chanteurs ambulants aux traits beaucoup plus accusés, comme déformés par les rigueurs de leur

condition. L'accentuation de l'expression, qu'on retrouve aussi dans les *Chanteurs ambulants* (cat. 298), porte à penser que Daumier faisait une distinction entre chanteurs des rues et chanteurs amateurs, et adaptait ses physionomies en conséquence. Selon Maison, la toile Steinhardt a été réalisée entre 1856 et 1860, mais il semble plus probable qu'elle ait été exécutée au début des années 1860, époque où Daumier s'intéressait davantage au sujet[3]. **M.P.**

2. Cherpin, 1960, p. 358. Dans Adhémar, 1954a, n° 129, la peinture est datée de 1863-1866, alors que dans Maison, vol. I, 1968, n° I-170, elle est datée de 1864-1865.
3. Maison, *op. cit.* note 2, vol. I, n° I-170.

300

La Lecture d'un poème ou **Le Poète raseur**

Vers 1857-1858
Huile sur toile
32 × 41 cm
Signé au centre à gauche : *h. Daumier*

Collection particulière

Maison I-101

Historique
Coll. J. Duz, Paris, en 1878 ; coll. Henri Rouart, Paris ; vente Rouart, Paris, galerie Manzi-Joyant, 9-11 décembre 1912, n° 165, repr., *Le liseur* ; acquis 42 000 francs par Thannhauser ; coll. Otto Gerstenberg, Berlin, jusqu'en 1935 ; par héritage, coll. Scharf ; coll. part.

Expositions
Paris, 1878, n° 2 (*La lecture*, prêté par M. J. Duz, dimensions inexactes) ; Paris, 1888, n° 356 (dimensions inexactes) ; Paris, 1889, n° 231 ; Berlin, 1926, n° 35.

301

Joueurs de domino

Vers 1862
Plume, encre et lavis sur pierre noire sur papier
17 × 25 cm
Signé en bas à gauche : *h.D.*

Collection particulière

Maison D. 324
Exposé à Ottawa seulement

Historique
Coll. Louis Steinheil, acheté 50 francs en 1862-1863, Paris ;
coll. Mme Caresse, Paris, en 1878 ; coll. Victor Geoffroy-Dechaume,
Paris ; vente Geoffroy-Dechaume, Paris, hôtel Drouot, 14-15 avril 1893,
nᵒ 59 ; vendu 520 francs ; galerie Durand-Ruel ?, Paris ; coll. Otto
Gerstenberg, Berlin ; par héritage, M. Scharf ; coll. part.

Expositions
Paris, 1878, nᵒ 164 ; Paris, 1888, nᵒ 383 ; Berlin, 1926, nᵒ 130 ;
Londres, 1961, nᵒ 120.

À la fin des années 1850 et pendant la décennie suivante, Daumier entreprit une série de peintures et de dessins dans lesquels il représentait deux ou trois hommes conversant, lisant ou jouant. En raison même de toute absence de tension, ces tableaux de personnages absorbés comptent, dans un sens, parmi ses sujets les plus inattendus et s'écartent des lithographies ou aquarelles aux buveurs tapageurs. Le vieil homme de gauche de *La Lecture d'un poème* (cat. 300) est plongé dans ses pensées alors qu'un ami lui fait la lecture ; cette figure a été reprise dans une scène extérieure, plus esquissée, où l'homme fait la lecture à un enfant (MI-99). Cependant, dans *Les Joueurs d'échecs* (cat. 302), qui est datable de 1863-1867 et qui se situe dans l'univers des amateurs d'art (on voit trois peintures au mur), une légère tension se perçoit : l'homme de droite, très éclairé et dans l'expectative, a la main agrippée à la table tandis que son adversaire, la tête appuyée sur une main fermée, réfléchit au coup suivant.

Dans les *Joueurs de domino* (cat. 301), Daumier suggère l'ombre d'un incident : l'un des hommes jette un coup d'œil furtif au jeu d'un adversaire, dont le sourire malin est éloquent. Ce fut sans doute là une concession à l'acheteur éventuel et, de fait, l'œuvre se trouvait parmi les dessins que Philippe Burty a vus en vente à 50 francs lors d'une visite au studio de Victor Geoffroy-Dechaume, quai d'Anjou, en décembre 1862[1]. Elle apparaît aussi sur le répertoire de Geoffroy-Dechaume du 9 février 1863 comme ayant été vendue 50 francs à Louis Steinheil, beau-frère de Meissonier, qui l'aurait revendue puisqu'elle était présentée à l'exposition de 1878 comme un prêt de Mme Caresse[2].   **M.P.**

1. Philippe Burty, « Croquis d'après nature, notes sur quelques contemporains », 2ᵉ série, Paris, aux bureaux de la *Revue rétrospective*, 1893, p. 20-23.
2. Voir Papet dans cat. exp. L'Isle-Adam, 1998, p. 50, nᵒ 25.

302
Les Joueurs d'échecs

Vers 1863-1867
Huile sur panneau
24,8 × 32 cm
Signé en bas à gauche : *h. Daumier*

Paris, musée du Petit Palais, legs Eugène Jacquette à la Ville de Paris pour les collections municipales en 1899

Maison I-168

Historique

Coll. Eugène Jacquette, Paris ; légué par Jacquette à la Ville de Paris en 1899.

Expositions

Paris, 1931, n° 24 ; *Exhibition of French Art, 1200-1900*, Londres, Royal Academy of Arts, janvier-mars 1932 ; Paris, 1934a, n° 3, repr. ; Londres, 1961, n° 34, repr. ; *Französische Malerei des 19. Jarhundert, von David bis Cezanne*, Munich, Haus der Kunst, 1964-1965, n° 52 ; Bonn, 1998, n° 34, repr. coul.

303
Les Buveurs

Vers 1858-1860
Huile sur panneau
36,5 × 28 cm
Signé en bas à gauche : *h.D.*

New York, The Metropolitan Museum of Art, legs de Margaret S. Lewisohn, 1954 (54.143.1)

Maison II-30

Exposé à Ottawa et à Washington seulement

Historique

Coll. Charles Daubigny, Paris, jusqu'en 1878 (alors prisée 600 francs) ; coll. Mme Daubigny ; coll. Henri Rouart, Paris ; vente Rouart, Paris, galerie Manzi-Joyant, 9-11 décembre 1912, n° 171, repr., *Les buveurs* ; acquis 35 000 francs par Knoedler ; coll. Adolph Lewisohn ; Mme Samuel Lewisohn ; Mlle Margaret S. Lewisohn ; légué au musée en 1954.

Expositions

Paris, 1861b, n° 141 ; Paris, 1878, n° 49 (*Les buveurs*, prêté par Mme Daubigny) ; Paris, 1901, n° 68 ; New York, 1930, n° 69 ; Paris, 1934a, n° 7.

Cat. 303

Les Buveurs ornait la chambre de Daubigny avec *Crispin et Scapin* (cat. 204) ; sa veuve l'a prêté à la rétrospective de 1878, ce qui en fait l'une des rares œuvres de Daumier montrées deux fois du vivant de l'artiste, puisqu'il l'avait déjà exposée en 1861 à la galerie Martinet. Adhémar jugeait la pièce à la fois inachevée et atypique, et la disait inspirée d'une lithographie de Gavarni illustrant « Le Vin des chiffonniers » des *Fleurs du mal* de Baudelaire, poème dont on a retrouvé le manuscrit dans les papiers personnels de Daumier[1]. Le moins qu'on puisse dire, c'est que cette filiation, contestée par Maison, n'est pas évidente ; on est loin de la scène nocturne évoquée par Baudelaire, où un ivrogne titube dans une rue grouillante de passants. Daumier campa souvent des buveurs dans ses lithographies des années 1840-1860 ; de plus, il a ébauché sans l'achever au moins un tableau (MI-5) représentant des hommes en état d'ébriété avancée. La scène exposée donne à voir une auberge sur une route, et deux buveurs, dont l'un semble abîmé dans ses pensées, se détachent sur un mur brillamment éclairé. Se fondant sur de vieilles photographies, Maison a conclu que l'œuvre avait souffert de restaurations, en particulier à l'endroit du mur (ce qui est une exagération, car la peinture est en fait en assez bon état). Il l'a supposée antérieure à 1856, suivant la data-

tion d'Adhémar. Cependant, si Daumier l'a exposée en 1861, l'œuvre pourrait être plus probablement, semble-t-il, de la fin des années 1850.

On se rappellera avec intérêt qu'une scène bachique plus tardive et plus brutale, empruntée à un bois gravé (B 935) en 1862 pour *Le Monde illustré*, a fait partie des trois reproductions de Daumier que Vincent van Gogh envoya en 1882 à son ami Anton van Rappard avec ce mot : « Si vous les possédez déjà, retournez-les moi, s'il vous plaît, à l'occasion. J'ai toujours été d'avis que les "Quatre âges d'un buveur" de Daumier était une de ses plus belles œuvres. Si vous n'aviez rien d'autre de Daumier que ceci, ce maître serait quand même bien représenté dans votre collection[2]. » Van Gogh finira par copier le morceau en janvier 1890 dans un tableau célèbre, aujourd'hui à l'Art Institute de Chicago[3].

M.P.

1. Adhémar, 1954a, p. 50 et n° 85.

2. Vincent van Gogh, *Correspondance générale*, t. 1, Paris, Gallimard, 1990, p. 722, lettre R13.

3. Lettre de Van Gogh à son frère Theo, Saint-Rémy, janvier 1890 : « J'ai essayé de copier les "Buveurs" de Daumier et le "Bagne" de Doré ; c'est très difficile. » *Correspondance générale, op. cit.* note 2, p. 652, lettre 626F.

304

Les Buveurs dit aussi **La Fine Bouteille**

Vers 1864-1865
Aquarelle, crayon Conté, plume et encre sur papier vergé
22,1 × 29,5 cm
Signé à l'encre blanche, en bas à droite : *h. Daumier*
Filigrane : *HL ?*

Stockholm, Nationalmuseum (229/1979)

Maison D. 328

Historique

Coll. Somers, Paris ; coll. Mme Coleman, Paris ; vente Coleman, Paris,
galerie Georges Petit, 3 mai 1917, n° 55, repr., *Chez le marchand de vins* ;
vendu 10 200 francs ; galerie Bernheim-Jeune, Paris ; Svensk-Franska
Konstgalleriet, Stockholm ; coll. Thorsten Laurin, Stockholm,
en 1936 ; acquis par le musée en 1950.

Expositions

Paris, 1878, n° 156 (*Les buveurs*, prêté par M. Somers) ; Vienne, 1936,
n° 57 ; Francfort et New York, 1992-1993, n° 61, repr.

Selon Adhémar, l'aquarelle nocturne de Stockholm (cat. 304)
pourrait représenter une rencontre entre artistes à Barbizon dans
les jeunes années de Daumier[1]. La figure debout en tablier représente probablement un aubergiste s'apprêtant à partager deux
bonnes bouteilles avec des amis après la fermeture. De l'homme se
dégage une intensité déjà observée dans *Le Malade imaginaire*
(MD. 476), mais baignant dans l'euphorie des grandes espérances,
tandis que sur les visages de ses hôtes se lit une expectative
qu'exalte la lumière de la bougie.

Quelque chose de l'atmosphère très XVIIᵉ siècle hollandais de *La
Fine Bouteille* imprègne également, quoique dans une veine plus
turbulente, les deux versions aquarellées des *Buveurs* (cat. 305 et
306) exceptionnelles par leur sujet : des hommes chantant. Toutes
deux débordent d'une vitalité peu commune – due pour beaucoup à la saisie des figures en plan rapproché –, toutes deux sont
célèbres depuis plus d'un siècle. L'éclairage et le dessin à la plume
nerveux accusent chaque pli et creuse la moindre ride, créant,

305

La Chanson à boire

Vers 1864-1865
Craies de couleur, plume et encre avec aquarelle sur papier vergé
25 × 35 cm
Signé en bas à droite : *h. Daumier*

Collection particulière

Maison D. 330
Exposé à Ottawa et à Paris seulement

Historique
  Christophe, Paris ; Adolphe Tavernier, Paris ; vente Tavernier, Paris,
  galerie Georges Petit, 6 mars 1900, n° 108, repr. ; non vendu ; vente
  T[avernier], Paris, hôtel Drouot, 15 avril 1907, n° 64, repr. ; vendu
  6 400 francs ; Haro, Paris ; Durand-Ruel, Paris ; Mme Albert Esnault-
  Pelterie, Paris, en 1901 ; par héritage, Mme Jacques Meunié,
  sa petite-fille, Paris ; vente, Londres, Sotheby's, 3 décembre 1991, n° 1,
  repr. coul. ; coll. part.

Expositions
  Paris, 1878 ?, n° 199 (*Buveurs*, prêté par M. Christophe) ; Paris, 1901,
  n° 279 ; Paris, 1934a, n° 74 ; Philadelphie, 1937a, n° 28.

comme l'a souligné Laughton, un effet d'un réalisme frappant malgré la forme stylisée[2]. La plus grande et la plus complexe des deux (cat. 305), qui présente une extraordinaire série de mouvements de bouche, fit probablement partie de l'exposition de 1878 ; dix ans plus tard, elle figurait avec quelques autres aquarelles dans la monographie d'Arsène Alexandre. En fait, on en trouve des reproductions dans le commerce dès la fin du siècle, comme en témoigne le portrait du peintre Édouard Terrus par Maximilien Luce, admirateur de Daumier[3].

Le petit format de Williamstown (cat. 306), que Daumier destinait à ses amis Bureau, se caractérise par un grand souci du détail. Il a en commun avec le grand format un personnage central d'esprit voisin, mais avec un entourage différent. Un croquis préparatoire à la grande composition occupe une feuille inédite, anciennement dans la collection Claude Roger-Marx et connue par une photographie de 1927 ; les deux figures de droite apparaissent également dans un dessin que n'a pas retenu pas Maison, mais qu'a

accepté Passeron[4]. Pour le buveur à l'extrême droite, Daumier a certainement pris modèle sur une figure d'un groupe représenté dans un dessin de Los Angeles (Armand Hammer Museum of Art, MD. 164), qu'il a suivie fidèlement dans la grande version et avec une visible liberté dans la petite. À ces pièces, a démontré Laughton, s'ajoute un projet, non concrétisé, de publication du petit format ; le bois est également conservé à Los Angeles.

Margret Stuffmann a daté les trois œuvres du début des années 1860[5]. Laughton a situé le grand format *La Chanson à boire* (cat. 305) vers 1860 et la version de Williamstown peu après[6]. Les

---

1. Adhémar, 1954b, p. 22, pl. 23.
2. Laughton, 1987, p. 141.
3. Vente, New York, Christie's, 13 novembre 1996, n° 207, repr.
4. Voir la photographie conservée à Londres, Witt Library, et Passeron, 1981, p. 273, fig. 208.
5. Stuffmann, dans cat. exp. Francfort et New York, 1992-1993, n° 62.
6. Laughton, 1996, p. 42-44.

306

Les Buveurs ou ***La Chanson*** ou ***Buveurs chantant***

Vers 1864-1865

Mine de plomb, aquarelle, crayon Conté, plume et encre
sur papier vergé

23,7 × 26,6 cm

Signé à l'encre en haut à gauche : *H. Daumier* ; inscription à la
mine de plomb au verso, à l'occasion de l'exposition de 1901 :
les buveurs / expos. D. N. 144

Williamstown, Sterling and Francine Clark Art Institute (1504a)

Maison D. 329

Historique
    Paul Bureau, Paris ; vente Bureau, Paris, galerie Georges Petit,
    20 mai 1927, n° 65, repr. ; acquis 202 000 francs par Knoedler & Co.,
    New York ; Robert Sterling Clark.

Expositions
    Paris, 1888, n° 410 ; Paris, 1900, n° 853 ; Paris, 1901, n° 144 ;
    Williamstown, 1962, n° 4, repr. (*Les buveurs*) ; Francfort et New York,
    1992-1993, n° 62, repr.

lithographies de Daumier de la période 1862-1865 campent très
souvent des buveurs, dont des artistes ; il a publié un sujet voisin
de *La Fine Bouteille* en 1864[7]. Il a consigné dans ses carnets de
comptes des emplettes de vin non négligeables qui furent l'objet
d'une curiosité compatissante, bien qu'amusée[8]. À ce sujet, il ne se
différenciait guère de ses amis : l'inventaire après décès de Corot en
1875 constata l'existence chez le défunt, en plus de quelque 800
bouteilles vides, de « soixante deux bouteilles vin rouge ordinaire
prisées 30 francs ; de quatorze bouteilles de vin de Bordeaux et
autres prisées 14 francs ; [et] de trois cent quatre-vingt-dix bouteilles de vin d'office, prisées 160 francs », tandis que, en 1878,
Daubigny inventoriait dans la cave de sa résidence principale
« trois pièces de vin rouge ordinaire contenant environ six cent cinquante litres, prisées trois cent vingt francs » et « cent cinquante
bouteilles de vin rouge prisées quatre-vingts francs[9] ».   **M.P.**

7. Voir la lithographie *Dire qu'il y a des gens qui boivent de l'absinthe*
   (LD 1864), *Le Journal amusant*, 30 janvier 1864. Au sujet des œuvres
   de Daumier qui exploitent ce thème, voir cat. exp. *Daumier et le vin*,
   Saint-Rambert-sur-Loire, musée du Prieuré, 1967 (avec une préface
   de Jean Cherpin).
8. Laughton, *op. cit.* note 6, p. 163, où il est question des marchands de vin
   de Daumier.
9. Anne Roquebert, « Quelques observations sur la technique de Corot.
   Annexe : Inventaire après décès de Corot », Actes du colloque *Corot,
   un artiste et son temps* (Paris, musée du Louvre, 1er et 2 mars 1996, Rome,
   Villa Médicis, 9 mars 1996), Paris, Klincksieck-Louvre, 1998, p. 117 ;
   Madeleine Fidell-Beaufort et Janine Bailly-Herzberg, *Daubigny*, Paris,
   Geoffroy-Dechaume, 1977, p. 267.

307

Les Bons Amis ou *Les Deux Amis*

Vers 1864-1865
Aquarelle sur pierre noire, plume, encre et crayon Conté
sur papier vergé
23,5 × 47 cm
Signé à la plume et à l'encre, en bas à droite : *h. Daumier*

Baltimore, The Baltimore Museum of Art (BMA 1996.48.18684)

Maison D. 319
Exposé à Ottawa et à Paris seulement

Historique
George A. Lucas, Paris et Baltimore ; légué avec la collection Lucas
au Maryland Institute, College of Art ; en dépôt au Baltimore Museum
of Art ; acquis par le musée en 1996.

Expositions
Paris, 1907, n° 11 ; Philadelphie, 1937a, n° 27 ; Londres, 1961, n° 126 ;
Washington, 1979, n° 86, repr. ; Francfort et New York, 1992-1993,
n° 63, repr. coul.

Cette composition contient des éléments de deux lithographies apparentées : *Je n'ai jamais tant ri…* (LD 3250), parue dans *Le Boulevard* du 3 août 1862, et *Voyons, faut pas être injuste…* (LD 3287), publiée dans *Le Charivari* du 2 mai 1864. Elle est donc certainement postérieure aux lithographies, datant probablement des environs de 1864-1865[1]. Au dos de la feuille, un croquis, catalogué nulle part, reproduit un homme, la main gauche tendue vers une table. Sans être aussi contrasté, son coloris est proche de celui du *Liseur* (cat. 311) ; des gris harmonieux, rehaussés de touches de jaune, forment un merveilleux paysage tout en taches, et du rose et du vert vif composent le dessus de la table. Les personnages sont traités avec sûreté – pour l'homme de droite, dessiné surtout à la craie, le trait est léger et plein d'entrain ; pour celui de gauche, il se fait plus vigoureux et appuyé. La figure de gauche, en fait, a été retouchée ; d'importants repentirs se voient autour de l'abdo-

men dont le dessin d'origine est encore visible et, aussi, autour du dos, que l'artiste a déplacé plus à gauche après avoir dessiné le vêtement à la plume et à l'encre. Le souci du détail chez Daumier transparaît dans le placement de la signature, dont on distingue un premier essai dans le coin inférieur droit. L'œuvre dégage pourtant une prodigieuse spontanéité. Comme l'ont souligné avec raison Stuffmann et Laughton, Daumier a peint, dix ans avant la lettre, une scène d'extérieur impressionniste[2]. Margret Stuffmann a remarqué, en outre, que le personnage de droite ressemblait à Daumier, ressemblance peut-être voulue par l'artiste. **M.P.**

1. Stuffmann (vers 1862-1864 ou peu après), dans cat. exp. Francfort et
   New York, 1992-1993, n° 63 ; Laughton, 1996, p. 121 (vers 1863-1865).
2. Voir Francfort et New York, *op. cit.* note 1, n° 63, et Laughton,
   op. cit. note 1, p. 121.

308

Les Baigneurs

Vers 1865-1868

Fusain, pierre noire, lavis gris et brun et aquarelle sur papier

21,2 × 18,5 cm

Signé en bas à droite : *h.D.*

Baltimore, The Baltimore Museum of Art

Maison D. 719

Historique

Coll. George A. Lucas, Paris et Baltimore ; légué avec la collection Lucas au Maryland Institute, College of Art ; en dépôt au Baltimore Museum of Art ; acquis par le musée en 1996.

Expositions

Philadelphie, 1937a, n° 31 ; Londres, 1961, n° 103 ; Washington, 1979, n° 25.

À partir de 1839, Daumier revint continuellement, dans ses lithographies, sur le thème des Parisiens aux bains publics de la Seine. L'école de natation Petit, à deux pas de sa demeure, quai d'Anjou, ainsi que divers « bains de quatre sous » lui ont procuré ce sujet inépuisable et risible qu'est l'être humain réduit à une quasi-nudité – de monsieur Beaufumé (LD 2871) si « furieusement bien conservé », qui faisait l'envie de clients moins en muscles, à l'hallucinante « queue à la porte des cabinets[1] ». Quiconque voit *Aux Bains Deligny* (1858, LD 2870) ne peut plus regarder du même œil le *Torse du Belvédère*. Toutefois, c'est une lithographie moins divertissante de 1864, de la série négligée des *Baigneurs*, qui semble avoir été le point de départ de l'unique aquarelle que

Daumier a réalisée plus tard sur le sujet, probablement vers 1865-1868[2]. L'esquisse, encore visible vers la gauche d'un homme debout, le regard tourné vers le ciel, laisse supposer que l'artiste a d'abord songé à une composition différente. L'œuvre finale, plus austère, annonce la simplicité d'un Picasso de l'époque rose. La scène est quasi contemplative : deux hommes sont de dos, l'un se penche pour parler, l'autre est tout absorbé dans ses pensées.

M.P.

1. Voir *Dites donc, Monsieur Beaufumé* (LD 2871), *Le Charivari*,
17 juillet 1858, et *Une visite aux bains* (LD 2867), *Le Charivari*, 30 juin 1858.
2. *L'eau, est-elle bonne ?* (LD 3318), *Le Journal amusant*, juillet 1864.

309
Feuille d'études avec un groupe d'hommes
ou *Les Mendiants*

Vers 1865-1870
Crayon noir sur traces de fusain sur papier vergé
42 × 30,9 cm

Chicago, The Art Institute of Chicago, don à la mémoire
de Tiffany Blake (1948.19)

Maison D. 794

Historique
    Galerie Ambroise Vollard, Paris ; Carstairs Gallery, New York ;
    R. Zinser, New York ; acquis par le musée grâce aux fonds Blake
    en 1948.

Expositions
    Northampton, 1961, n°, 19 ; Francfort et New York, 1992-1993, n° 118,
    repr.

Cette esquisse de grand format, qui représente des hommes apparemment en attente, demeure une énigme. On n'y décèle aucune
parenté formelle avec quelque peinture ou lithographie. Une lointaine filiation pourrait s'établir avec une lithographie de 1834
(LD 197), admirée par Duranty, qui figure des prisonniers de
Sainte-Pélagie assistant, de la fenêtre, à la fête du 14 juillet. Lionello Venturi, le premier à publier ce dessin, y voyait des mendiants observant peut-être un spectacle, ce que laisse supposer la
petite danseuse de droite, au bas du dessin. Margret Stuffmann a
associé la pièce, sous réserve, à des études de saltimbanques et l'a
fait remonter à la seconde moitié des années 1860, se fondant sur
un beau dessin, non catalogué par Maison, conservé au Städelsches Kunstinstitut de Francfort[2]. La caricature d'une tête et le
petit personnage figuré en entier dans le haut à droite laissent
croire, par leur précision, à des portraits. La petite danseuse au
bas du dessin, qui rappelle *La Zingara* d'Auguste Clésinger exposée en 1857, s'apparente, sans lui être identique, à celle que Daumier a intégrée à la lithographie *Dire... que dans mon temps...*
(cat. 177), publiée en 1857. Il est difficile d'établir un lien net entre
les deux œuvres, mais le rapprochement permet de penser que le
dessin pourrait être plus ancien qu'on ne l'a supposé jusqu'ici.

M.P.

1. Venturi, 1938, p. 50.
2. Stuffmann, dans cat. exp. Francfort et New York, 1992-1993, n° 119.

310

Le Liseur ou **La Lecture à l'ombre**
ou **Corot dessinant à Ville-d'Avray**

Vers 1866-1868
Plume, encre et lavis sur papier
17,2 × 19 cm
Signé en bas à droite : *h.D.*

Collection particulière (avec la collaboration
de la galerie Nathan, Zurich)

Maison D. 360
Exposé à Ottawa et à Paris seulement

Historique
> Coll. Louis-Eugène Ducasse, Paris, en 1878 ;
> galerie P. Rosenberg, Paris ; vente anonyme,
> Paris, hôtel Drouot, 28 novembre 1934, n° 5,
> repr. ; coll. Maurice Loncle, Paris ; héritiers de
> Maurice Loncle, Paris, en 1968 ; vente anonyme,
> Paris, hôtel Drouot, 10 décembre 1981, n° 20 ;
> coll. part.

Expositions
> Paris, 1878, n° 161 (*Le liseur*, prêté par
> M. Ducasse) ; Paris, 1958a, n° 114 ; Londres,
> 1961, n° 148.

À la fin du XIXᵉ siècle, ces œuvres, aimait-on croire, représen-taient Corot dessinant dans son jardin de Ville-d'Avray. Maison a montré que cette croyance était sans fondement et que la petite version figurait à l'exposition de 1878, sous le titre *Le Liseur*[1]. Dans le grand dessin (cat. 311), le personnage n'est pas sans res-sembler, il est vrai, à Corot. Eugène Ducasse, élève de Corot et propriétaire de la petite version, pourrait bien être à l'origine de la légende. Alfred Robaut et Étienne Moreau-Nélaton n'ont pas inclus toutefois ces œuvres dans la liste, par ailleurs exhaustive, de l'iconographie de Corot, laquelle compte un portrait réalisé par Ducasse. Daumier et Corot, qui se connaissaient depuis l'époque du quai d'Anjou, restèrent amis leur vie durant et eurent une relation commune en la personne de Daubigny, qui admirait ses deux aînés et leur vouait une affection profonde. En 1874, Corot vint à l'aide de Daumier et fournit presque la moitié de la somme nécessaire (6 000 francs sur 13 000 francs) à l'achat de la maison de Valmondois ; c'est à ses côtés que Daumier a demandé à être inhumé. Selon Adhémar, la version Havemeyer aurait appartenu à Corot, qui possédait quatre peintures de Daumier, mais rien ne confirme cette hypothèse et l'œuvre ne figurait pas dans la vente Corot de 1875[2].

Plus spontanée, la première version montre le sujet assis sur une chaise. Daumier entreprend un deuxième dessin, dans un format également horizontal, sur la grande feuille Havemeyer, mais aban-donne vite le projet. Au verso, il exécute ensuite une composition dense et à la verticale : le sujet, assis de profil sur un banc, a une attitude plus détendue[3]. Celle-ci, la plus connue des scènes de per-sonnages dans un paysage, porte dans les marges les marques typiques de calques, quoiqu'on n'en connaisse aucun et que le tableau ne laisse pas supposer le recours à ce procédé. Les deux versions diffèrent considérablement. Dans l'étude (cat. 310), où la vision est plus précise, les lignes sont fortes et le clair-obscur affirmé ; la composition finale (cat. 311), elle, offre des tons tout en nuances ainsi qu'un parfait sens de l'équilibre et une suprême maî-trise de la lumière. Ces travaux se situent sans doute dans la seconde moitié des années 1860, vraisemblablement vers 1866-1868, et il est quasi certain, en raison de l'écriture vacillante, que la ver-sion Havemeyer a été signée par un Daumier vieillissant[4]. Absente de l'exposition de 1878, elle devait être déjà vendue et inaccessible.

M.P.

1. Titre retenu pour les deux œuvres dans Alexandre, 1888, p. 376 : « *Le liseur* 17-19, charmante aquarelle : un homme lit sous des arbres ; à M. Ducasse », et « *Le liseur*, même sujet, de plus grandes dimensions ; à MM. Boussod et Valadon. »
2. Voir Adhémar, 1954a, n° 67.
3. Daumier reprend cette pose, mais en l'inversant, dans la série tardive de *Don Quichotte* (cat. 368 et 369).
4. À propos des dates, voir Adhémar, *op. cit.* note 2, n° 67 (vers 1854) ; Stuffmann, dans cat. exp. Francfort et New York, 1992-1993, n° 64 (années 1860) ; Laughton, 1991, p. 134-136 et Laughton, 1996, p. 122 (vers 1865-1870 pour les deux œuvres).

311

Le Liseur ou *Corot dessinant à Ville-d'Avray*

Vers 1866-1868

Aquarelle sur pierre noire, avec plume, encre, lavis et crayon
Conté sur papier vélin

33,8 × 27 cm

Signée à la plume et à l'encre en bas à gauche : *h. Daumier*

Au verso : étude préparatoire pour la même composition, plume, encre brune, lavis gris et crayon Conté

New York, The Metropolitan Museum of Art, collection
H.O. Havemeyer, legs Mme H.O. Havemeyer, 1929 (29.100.199)

Maison D. 361 (recto) et D. 359 (verso)
Exposé à Paris et à Washington seulement

Historique

Boussod, Valadon & Cie, Paris, au plus tard en 1888 ; coll. Paul Gallimard, Paris ; coll. M. Heymann, Paris, jusqu'en 1890 ; acquis 450 francs le 7 janvier 1890 par Durand-Ruel, Paris, *Corot dans son jardin* ; transféré à Durand-Ruel, New York, 25 février 1890 ; acquis 240 dollars par M. et Mme H.O. Havemeyer, New York, 9 avril 1890 ; Mme H.O. Havemeyer, 1907-1929, New York ; légué par Mme Havemeyer au musée en 1929.

Expositions

New York, Union League Club, printemps 1890, sans numéro ; Paris, 1901, n° 200 (*La lecture*) ; New York, 1930, n° 142 ; Paris, 1934a, n° 146 ; Philadelphie, 1937a, n° 21 ; Francfort et New York, 1992-1993, n° 64, repr.

312
Deux têtes

Vers 1865-1870
Plume, encre et aquarelle
9 × 17 cm
Signé en bas à gauche : *h.D.*

Paris, collection particulière

Maison D. 121
Exposé à Paris seulement

Exposition
   Paris, 1957, n° 80.

Connu depuis longtemps mais rarement montré, *Dans la campagne* constitua l'une des surprises de l'exposition de 1992-1993 à Francfort et New York ; Maison lui-même, semble-t-il, ignorait que le verso et le recto appartenaient à la même feuille. L'excellent état de préservation révèle la liberté et la maîtrise de la couleur avec laquelle Daumier travaillait l'aquarelle lorsqu'il n'était pas soumis aux contraintes du fignolage, ainsi que son étonnant niveau d'anticipation vis-à-vis des impressionnistes. L'artiste a sûrement exécuté la pièce quelque temps après son installation à Valmondois en 1865, probablement à la fin de la décennie, sinon au début des années 1870, comme l'a suggéré Laughton. Margret Stuffmann a opté pour la période 1865-1870, relevant la similitude avec les aquarelles de Cézanne de la même époque[1]. Au verso se trouve une version inachevée d'un cultivateur tirant une brouette, scène bucolique que l'artiste avait quotidiennement sous les yeux. Au recto, un homme portant une houe s'avance vers nous, tandis qu'une silhouette féminine s'éloigne dans le fond. Les deux pages portent une dédicace au peintre Amand Gautier, ami de Daumier.

Selon Stuffmann, il pourrait fort bien s'agir d'une étude d'après nature ; le sentiment de liberté qui s'en dégage va, certes, dans le sens de cette hypothèse[2]. Pourtant, d'après ce que l'on sait des habitudes de Daumier, l'éventualité est peu probable.

Dans *Deux têtes*, manifestement plus léché, la vue presque aussi naturelle de figures paysannes semble moins spontanée, notamment en raison de la technique utilisée. L'artiste a travaillé le dessin au lavis et rehaussé le visage de rares touches de couleur. Maison a cru pouvoir assimiler ce dessin, probablement exécuté à la fin des années 1860, à un autre de même dimension de la collection d'Arsène Alexandre, que le collectionneur a mis en vente sous le titre *Deux bourgeois*. Cependant, il serait bien étonnant qu'un aussi fin connaisseur se soit mépris sur le sujet d'une œuvre de Daumier. Il s'agit probablement d'un autre dessin. **M.P.**

---

1. Stuffmann, dans cat. exp. Francfort et New York, 1992-1993, n° 65 ;
   Laughton (1996, p. 124) situe le dessin plus tard, vers 1871-1875.
2. Stuffmann, *op. cit.* note 1.

313

Dans la campagne

Vers 1865-1870
Pierre noire, aquarelle et crayon Conté sur papier vergé
18,6 × 13,4 cm
Inscription à l'encre et à la plume en bas à droite :
à mon ami Gautier / h Daumier
au verso : *Ouvrier avec une brouette*, fusain, plume, encre
et lavis ; signé en bas à gauche : *h.D.* ; inscription en bas
au centre : *A mon ami Amand Gautier / h Daumier*

Collection particulière

Maison D. 711 (recto) et D-255 (verso)
Exposé à Paris seulement

Historique
　Coll. Amand Gautier, Paris ; coll. Alexis Rouart, Paris ; vente Rouart,
　Paris, hôtel Drouot, 8-10 mai 1911, nᵒ 208 ; vendu 2 300 francs ;
　coll. Oppenheimer, Paris ; coll. Otto Gerstenberg, Berlin, jusqu'en 1935 ;
　par héritage, M. Scharf ; coll. part.

Expositions
　Paris, 1901, nᵒ 271 ; Berlin, 1926, nᵒ 77 ; Francfort et New York, 1992-1993,
　nᵒ 65, repr. coll.

314

Le Déjeuner à la campagne ou *Fin d'un déjeuner*

Vers 1867-1868
Huile sur panneau
26 × 34 cm

Cardiff, National Museum and Gallery (A 2449)

Maison I-211
Exposé à Ottawa et à Paris seulement

Historique

Lemaire, Paris, en 1878 ; Bernheim-Jeune, Paris, en 1917 ;
acquis 35 000 francs par Gwendoline E. Davies, le 11 avril 1917 ;
légué par Gwendoline E. Davies au musée en 1952.

Expositions

Paris, 1878, n° 10 (*Un déjeuner à la campagne*, prêté par M. Lemaire) ;
Paris, 1888, n° 367 ; Paris, 1901, n° 50 ; Bath, 1918, prêt temporaire ;
Londres, 1961, n° 31 ; Ingelheim-am-Rhein, 1971, n° 16, repr. ;
Chefs-d'œuvre impressionistes du musée national du Pays de Galles,
Paris, musée Marmottan, 1979, n° 12.

D'une franche vivacité, le tableau de Cardiff (cat. 314) ne donne guère l'impression d'avoir été précédé par l'étude à l'huile très fouillée et tout aussi enlevée de la collection Reinhart à Winterthur (MI-210). La liberté d'exécution et la fraîcheur des couleurs – inégalées, peut-être, dans l'œuvre achevé de Daumier – font de cette pièce l'un des éléments précurseurs de l'impressionnisme. L'artiste a traité souvent ce sujet dans les années 1860, mais jamais avec autant de verve. En comparant l'œuvre avec un tableau antérieur comme *Les Buveurs* (cat. 303), on constate la remarquable évolution de la peinture de Daumier dans la seconde moitié de la décennie, vers 1867-1868.

315

Dénicheurs de nids

Vers 1867-1868
Huile sur panneau
23 × 32 cm
Signé en bas à droite : *h.D.*

Collection particulière

Maison I-208
Exposé à Paris seulement

Historique

Coll. L. Sporck, Paris, en 1878 ; coll. Victor Chocquet, Paris,
jusqu'en 1891 ; Mme Chocquet, Paris, jusqu'en 1899 ; vente Chocquet,
Paris, galerie Georges Petit, 1er, 3 et 4 juillet 1899, no 41 ; vendu
800 francs ; galerie Ambroise Vollard, Paris ; galerie Matthiesen, Berlin ;
coll. Otto Gerstenberg, Berlin, jusqu'en 1935 ; par héritage, M. Scharf ;
coll. part.

Expositions

Paris, 1878, no 72 (*Dénicheurs de nids*, prêté par M. L. Spork) ;
Paris, 1901, no 98 ; Berlin, 1926, no 12.

En revanche, le thème des *Dénicheurs de nids* (cat. 315), qui a d'abord fait partie des collections Chocquet et Gerstenberg, est inusité chez Daumier, bien qu'il s'agisse d'un élément secondaire très courant dans les paysages de Corot. Contemporaine, à n'en pas douter, du *Déjeuner à la campagne*, l'œuvre est également exceptionnelle en ce qu'elle constitue l'une des plus étranges réalisations d'un sujet de genre, au point d'apparaître plus audacieuse que la plupart des pièces de la collection Chocquet, à l'exception peut-être des Manet et des Cézanne. Les figures, vues de près, évoluent dans un paysage dépouillé formé d'un ciel et d'une étendue d'herbe, indiquée par un aplat vert. Le garçonnet à droite, qui res-

semble à l'homme de l'étude du British Museum (cat. 124) en plus jeune, est peint et mis en valeur par quelques rehauts et un rapide trait pour la chemise. La figure de gauche, plus travaillée, donne une idée de l'évolution qu'aurait connue le tableau si le projet avait été achevé. Maison signale qu'on a perdu les traces d'une peinture au thème analogue, mais de format vertical, prêtée à l'exposition de Paris en 1901. Un petit panneau plus schématique et possiblement postérieur, que Maison a exposé à Londres en 1961, semble s'en rapprocher par le sujet[1].   **M.P.**

1. Voir Londres, 1961, no 24.

Saltimbanques

316

Parade de saltimbanques

Vers 1860-1864
Huile sur panneau
25 × 33 cm
Signé en bas à gauche : *h. Daumier*

Collection particulière

Maison I-126
Exposé à Ottawa et à Paris seulement

Historique
Galerie Haro, Paris ; coll. Mme Albert Esnault-Pelterie, Paris, en 1900 ;
par héritage, Mme Jacques Meunié, sa petite-fille, Paris ; vente, Paris,
hôtel Drouot, 18 mars 1988, n° 50, repr. coul. ; José Mugrabi, New York ;
coll. part.

Expositions
Paris, 1878 ? ; Paris, 1889 ; Paris, 1900, n° 174 (*Parade de saltimbanques*,
prêté par Mme Esnault-Pelterie) ; Paris, 1901, n° 37 ; Paris, 1934a, n° 34 ;
Philadelphie, 1937a, n° 9 ; Francfort et New York, 1992-1993, n° 98,
repr. coul. (daté de 1860 ou peu après).

Ce panneau de Daumier, que Maison a daté des environs de 1860, pourrait bien être la première version d'un thème dont est sorti un extraordinaire ensemble d'œuvres sur les spectacles forains, les charlatans, les hercules et tous ces artistes qui faisaient la parade dans les foires. Ce type de spectacle était au faîte de sa popularité durant la jeunesse de Daumier, dans les années 1830 et 1840. Le phénomène a atteint son apogée au théâtre des Funambules où se produisait Jean-Charles, dit Baptiste, Deburau, mime génial qui a fait la fortune des directeurs de l'établissement. La parade passionnait pratiquement tout l'entourage de Daumier, de l'écrivain Charles Nodier et de l'historien du genre Jules Janin – qui pleureront sa disparition – à Jules Champfleury qui, à la fin des années 1840, écrivait des sketches pour Deburau et son rival Paul Legrand, contribuant à transformer les vestiges de cette forme de théâtre romantique en critique sociale[1].

Les virtuoses du boulevard du Temple côtoyaient les bonimenteurs qui attiraient les spectateurs, les Pierrots surgis dans le sillage de Deburau, les Jocrisses, les Paillasses, et les baladins, saltimbanques que Daumier avait déjà immortalisés dans un petit tableau (MI-25, Washington, National Gallery of Art) que la plupart des exégètes ont situé à la fin des années 1840[2]. Comme l'a démontré T.J. Clark, le gouvernement entreprit à compter de 1849 de prévenir toute activité subversive en chassant de la rue les artistes ambulants ; en 1853, une loi exigea de ces derniers qu'ils se munissent de permis de travail et de permis de circuler, qu'ils observent des horaires stricts de représentation et qu'ils s'abstiennent d'employer des enfants de moins de six ans[3].

Le remaniement en 1862 du boulevard du Temple signa l'arrêt de mort du « théâtre à quatre sous » ; les formes les plus populaires de divertissement, qui déclinaient depuis 1840 – année où Maurice Alhoy décrivit sa gloire passée –, survécurent à grand-peine dans les faubourgs, par exemple à la foire de Saint-Cloud[4]. Paula Harper a constaté que les spectacles de rue avaient en grande partie disparu au moment où Daumier s'attaqua pour de bon au sujet des amuseurs publics dans les années 1860 ; ses œuvres s'insèrent donc, a-t-elle conclu, dans une grande célébration nostalgique

d'un art en voie d'extinction, encore qu'elles lui confèrent une portée politique, comme l'a signalé Clark[5].

À en juger par le paysage de ce panneau fignolé, l'action se déroule loin des boulevards, dans un cadre rustique – peut-être la foire de Saint-Cloud. Les visages sévères tranchent avec le spectacle bruyant d'un violoneux sur le retour, entouré d'acolytes beaucoup plus jeunes et énergiques. Aucun dessin apparenté à cette œuvre n'est connu, et Daumier n'en a peut-être pas exécuté : des images radiographiques ont révélé en effet qu'il avait retouché avec grand soin les détails de la composition. À l'origine, le bras droit de la figure féminine pointait vers le bas au moment de battre la grosse caisse, le joueur de violon tenait son instrument d'une façon légèrement différente, et l'affiche avec la grosse femme était disposée frontalement et un peu plus à droite. À l'exposition de 1878, Pelletan a relevé maintes « merveilles » dont l'une avec un saltimbanque « qui souffle dans un trombone à faire éclater les veines de ses tempes ». Ce ne peut être que ce tableau[6].

M.P.

1. L'unique tableau dédicacé de Daumier est un portrait (MI-144) portant l'inscription *h. D. à Debureau* [*sic*].

2. Harper (1981, p. 111) a suggéré avec pertinence que Daumier avait peut-être envoyé l'œuvre à l'exposition de 1878 sous le titre *Paillasse*.

3. Clark, 1973a, p. 120-121. Une mesure législative adoptée le 7 décembre 1874 portera à douze ans la limite d'âge des enfants de saltimbanques et à seize ans celle des autres enfants.

4. M. Alhoy, « La Parade », *Le Musée pour rire*, vol. III, n° 144, 1840.

5. Harper, *op. cit.* note 2, p. 41 et 42 ; Clark, *op. cit.* note 3.

6. Pelletan, 29 avril 1878, p. 2.

Recto

Verso

317

Étude pour une « Parade »

Vers 1864-1865
Pierre noire sur papier vergé
33,5 × 25,1 cm
Verso : *Étude pour une « Parade »*
Pierre noire

Paris, musée du Louvre, département des Arts graphiques,
fonds du musée d'Orsay (RF 6160)

Maison D. 523 (recto) et D. 524 (verso)
Exposé à Ottawa et à Paris seulement

Historique
    Coll. Albert Pontremoli, Paris ; vente Pontremoli, Paris, hôtel Drouot,
    11 juin 1924, n° 17 ; acquis 10 910 francs par la Société des amis
    du Louvre ; donné au musée en 1924.

Expositions
    Paris, 1901, n° 241 (avec des dimensions inexactes) ; Paris, 1934a, n° 101 ;
    Marseille, 1979, n° 67 ; Francfort et New York, 1992-1993, n° 99,
    repr. (vers 1860)

318

Parade de saltimbanque

Vers 1864-1865
Sanguine et lavis brun sur papier vergé
39,4 × 27,9 cm

Collection particulière

Maison D. 551

Historique
    Coll. comte Armand Doria, Paris, en 1878 ; vente comte Doria,
    galerie Georges Petit, Paris, 8-9 mai 1899, n° 378 ; vendu 720 francs ;
    coll. Georges Viau, Paris ; vente Viau, Paris, vacations des 4 mars 1907 ?
    et 21-22 mars 1907 ? n° 106 ; coll. Libaude ? ; coll. J.W. Boehler ;
    galerie Paul Cassirer, Berlin ; coll. Eduard Fuchs, Berlin-Zehlendorf ;
    New York, coll. part.

Expositions
    Paris, 1878, n° 166 (*Parade de saltimbanques*, prêté par le comte Doria) ;
    Paris, 1901, n° 291 ; Francfort et New York, 1992-1993, n° 100, repr. coul.

Ces deux études semblent inaugurer une suite de variations qui culminera dans une composition représentant les meneurs de parade en pied sur les tréteaux. Au recto de la feuille du Louvre, Daumier a travaillé les poses et les rapports entre les deux figures. Au verso, il a étudié l'anatomie de l'une d'elles, qu'il a retenue en l'inversant et en lui attribuant un nouvel acolyte. À partir de cette construction inversée, il a exécuté la composition à la sanguine sur une feuille de plus grand format qui a servi de modèle, en grande partie, à plusieurs interprétations ultérieures du sujet. **M.P.**

319
La Parade

Vers 1865
Plume, encre, aquarelle, pierre noire, sanguine, lavis gris,
crayon Conté et gouache sur papier vergé
27 cm × 36,8 cm

Paris, musée du Louvre, département des Arts graphiques,
fonds du musée d'Orsay (RF 4164)

Maison D. 556
Exposé à Paris et à Washington seulement

Historique
 Coll. Alexandre Dumas fils, Paris, en 1878 ; vente Dumas, Paris,
 hôtel Drouot, 16 février 1882, n° 20 ; vendu 650 francs ; coll. Alexis
 Rouart, Paris ; coll. Henri Rouart, Paris ; vente Rouart, Paris, galerie
 Manzi-Joyant, 16-18 décembre 1912, n° 31, repr., *La Parade foraine* ;
 acquis 45 000 francs et offert au musée du Louvre par les enfants
 d'Henri Rouart en 1912.

Expositions
 Paris, 1878, n° 196 (*La parade*, prêté par M. Alexandre Dumas) ;
 Paris, 1888, n° 377 ; Paris, 1889, n° 137 ; New York, 1930, n° 36 ;
 Exhibition of French Art, 1200-1900, Londres, Royal Academy of Arts,
 janvier-mars 1932, n° 925 ; Paris, 1934a, n° 99, repr. ; Vienne, 1936, n° 33 ;
 Paris, 1958a, n° 229 ; Marseille, 1979, n° 66 ; Francfort et New York,
 1992-1993, n° 103, repr.

320
La Parade de saltimbanques

Vers 1865
Aquarelle, fusain, plume et craie sur papier vergé
28,9 × 35 cm

Los Angeles, UCLA at the Armand Hammer Museum
of Art and Cultural Center, The Armand Hammer Daumier
and Contemporaries Collection

Non catalogué par Maison

Historique
 Mme Barre, Paris ; vente anonyme, Paris, hôtel Drouot, 17 mars 1981,
 n° 5, repr. ; acquis par le Museum of Art and Cultural Center,
 Los Angeles.

Expositions
 Paris, 1901, n° 110 ; Édimbourg, 1981 et Portland, 1982, n° 244, repr. ;
 Francfort et New York, 1992-1993, n° 102, repr. coul.

Cat. 320

La composition remonte à l'annonce-réclame conçue en 1839 pour *Le Charivari* (LD 554) et que Daumier a ressuscitée une année plus tard pour la *Grande Ménagerie parisienne*[1] (B 333). Le sujet était commun à beaucoup d'artistes, de Raffet à Nadar, qu'ont suivis, avec une intense nostalgie, Alphonse Legros, auteur d'un frontispice pour les *Souvenirs des funambules* de Champfleury (1859), et le jeune Félix Bracquemond qui signa, la même année, un frontispice pour *Les Tréteaux* de Charles Monselet[2]. Daumier a publié lui-même en 1865 deux interprétations voisines mais dissemblables du sujet, où les mêmes éléments sont repris, mais sur un mode grotesque et dans une mise en page oblique[3]. Ces lithographies appartenant aux suites publiées sous les titres *Souvenirs de la fête de Saint-Cloud* et *La Fête du village voisin* donnent le sentiment d'un spectacle présenté loin des pavés de Paris.

Les trois aquarelles, toutes issues d'une étude au Szémüvéstreti Mùzeum de Budapest souvent datée vers 1864-1865, diffèrent entre elles par des points de détail, mais se ressemblent par leur format paysage et leur structure rigide qui restreint la véhémence foncière des personnages. La version de Paris (cat. 319), la plus connue, et dont Alexandre Dumas fils a été un temps propriétaire, est généralement considérée comme la version définitive, car sa légèreté de touche ne laisse supposer aucune mise en train préalable[4]. On doit à Tatiana Ilatovskaya la belle publication d'une version anciennement conservée dans la collection Gerstenberg (aujourd'hui à l'Ermitage, MD. 555), qui en a établi la ressemblance première avec les autres versions, avant que Daumier la retouche, ce qui pourrait la

situer chronologiquement après les autres[5]. La troisième version (cat. 320) était inconnue de Maison et probablement antérieure à l'aquarelle de Paris. La violence des physionomies dans les trois versions, que Harper trouvait macabres et qui ne le cèdent en intensité qu'aux portraits d'avocats exécutés par Daumier à la même époque, a inspiré à Stuffmann des parallèles entre Daumier et Munch[6]. La question de savoir si cette composition est une métaphore délibérée de la propagande diffusée par le régime de Napoléon III reste pendante, mais on ne peut guère douter de son intention foncièrement cynique[7]. **M.P.**

1. Kaposy, 1968, p. 262 ; Stuffmann, dans cat. exp. Francfort et New York, 1992-1993, n° 101. La même datation, vers 1865, apparaissait déjà dans Harper, 1981, p. 168, mais une date ultérieure, 1867-1870, a été avancée dans Laughton, 1996, p. 132, et Maison ; *Le Charivari*, 18 avril 1839 et 14 décembre 1840.

2. Au sujet du frontispice de Bracquemond, voir Jean-Paul Bouillon, *Félix Bracquemond, le réalisme absolu. Œuvre gravé 1849-1859. Catalogue raisonné*, Genève, 1987, p. 221, n° Af 39.

3. Voir *Villageois économes se contentant* (LD 3373) et *Musiciens jouant pendant douze heures* (LD 3378), *Le Journal amusant*, 24 juin et 16 septembre 1865 respectivement.

4. Aristide Ménandre a publié une gravure (B 988) montrant la composition inversée dans un article qu'il a consacré à Daumier dans *La Galerie contemporaine*, 1877. Maison a cru qu'il s'agissait de *La Parade* de Paris (MD. 556), mais l'œuvre reproduisait en fait un dessin aujourd'hui disparu.

5. Ilatovskaya, 1996, p. 141-144.

6. Harper, *op. cit.* note 1, p. 162 ; Stuffmann, *op. cit.* note 1, n° 101.

7. Harper, *op. cit.* note 1, p. 164.

321

L'Hercule de foire ou *Pierrot et Colombine*

Vers 1865-1867
Craie brune, encre et plume sur papier vergé
42 × 29,7 cm

Rotterdam, musée Boijmans Van Beuningen (F II 115)

Maison D. 532
Exposé à Paris et à Washington seulement

Historique
Galerie Paul Cassirer, Berlin ; coll. F. Koenigs, 1929 ; acquis avec la collection Koenigs en avril 1940 par D.G. van Beuningen ; donné au musée en 1940.

Expositions
Vienne, 1936, n° 5 ; Londres, 1961, n° 173, repr.

Étude préparatoire pour une composition demeurée inachevée, ce dessin est le seul, chez Daumier, à représenter un moment de tendresse dans la vie des saltimbanques. Une jeune femme noue un foulard autour de la tête d'un hercule qui la tient affectueusement par l'épaule. Comme souvent, l'artiste a débuté par une ébauche à la craie qu'il a ensuite traitée à l'encre en commençant par les figures de nus. Hésitant et vigoureux à la fois, le résultat n'en est que plus attachant dans son contraste entre la masse imposante de l'homme et la sinueuse silhouette de la femme. André Schoeller a prêté à l'exposition Daumier de 1934, à Paris, une composition proche, plus fouillée, rehaussée au lavis, avec, au verso, une étude de torse pour l'hercule, où le personnage est coiffé d'un foulard rose, plus distinct[1]. Une petite étude à l'encre pour la jeune femme, en costume, sûrement un état plus avancé du sujet, apparaît en marge au recto du cat. 322, également conservé au musée Boijmans Van Beuningen. **M.P.**

---

1. Voir Paris, 1934a, n° 113, *Hercule de foire* ; Maison a analysé l'œuvre sous l'entrée D. 532, mais sans la cataloguer.

Recto

322

Un acteur, dit aussi *Henry Monnier dans le rôle de Prudhomme*

Vers 1865-1867
Pierre noire, plume, encre et lavis gris sur papier vergé
42 × 30,3 cm
Au verso : *Étude d'un aboyeur*, pierre noire

Rotterdam, musée Boijmans Van Beuningen (F II 61)

Maison D. 448 (recto) et D. 509 (verso)
Exposé à Washington seulement

Historique

G. Cahen, Paris ; M. Gobin, Paris ; galerie Paul Cassirer, Berlin ;
coll. F. Koenigs, Rotterdam, 1933; acquis avec la collection Koenigs
en avril 1940 par D. G. van Beuningen ; donné au musée en 1940.

Expositions

Paris, 1901, n⁰ 167 (avec les dimensions du cadre) ; Vienne, 1936, n⁰ 46,
repr. ; Londres, 1961, n⁰ 194, repr. ; Francfort et New York, 1992-1993,
n⁰ 19, repr. (sans date).

Cette feuille double est caractéristique du dessin de Daumier en perpétuel devenir, où la main voltige allègrement de sujet en sujet. Les feuilles de ce genre portent parfois des griffonnages et des touches de couleur. Les premiers intéressent d'autres compositions, ne se rapportant pas forcément à l'œuvre en cours ; les secondes sont de simples essais de couleurs effectués dans la marge de la première feuille venue. Le verso de cette feuille porte une étude d'aboyeur intense et sauvage, préparatoire sans conteste à un tableau dont on connaît deux versions, l'*Hercule de foire* (cat. 323) et la version du Muzeul National de Artà al României de Bucarest (M II-44).

Au recto, Daumier a d'abord utilisé la feuille en format paysage pour une étude préparatoire aux *Deux Médecins et la Mort* ; à droite figurent plusieurs variations en réduction sur ce thème, traitées à l'encre et au lavis pour certaines[1]. Puis, ayant fait pivoté la feuille d'un quart d'un tour, l'artiste a dessiné à la pierre noire une

---

1. Pour d'autres variantes de la composition, voir MD. 399-401.

Cat. 322, verso

Fig. 1, recto
Honoré Daumier, *Un avocat plaidant*, vers 1866, fusain,
encre et encre de Chine, Los Angeles, UCLA at the Armand
Hammer Museum of Art and Cultural Center, The Armand
Hammer Daumier and Contemporaries Collection.

Fig. 1, verso
Honoré Daumier, *Deux Études d'aboyeur*, vers 1866, fusain,
Los Angeles, UCLA at the Armand Hammer Museum of Art
and Cultural Center, The Armand Hammer Daumier and
Contemporaries Collection.

figure en toge dont on se demande s'il s'agit d'une étude pour l'un des médecins ou pour quelque autre figure, un acteur par exemple. La tête dessinée à la plume, probablement après coup, offre une splendide expression de concentration, mais semble avoir été dégagée du support plutôt que raccordée au corps. Une tradition relativement récente y voit un portrait d'Henri Monnier (1799-1877) dans le rôle de Joseph Prudhomme. Monnier, dessinateur fort réputé en son temps, était un ami de longue date de Daumier. Homme d'une étonnante diversité, à la fois acteur et écrivain, Monnier a inventé en 1831 le célèbre personnage de monsieur Prudhomme, que Daumier a exploité à l'occasion dans ses satires (cat. 238). Une lithographie de 1852 montre Monnier en Prudhomme (LD 2347), mais comme elle n'a aucun rapport avec ce dessin, il n'y a aucune raison de croire que Daumier a conçu celui-ci comme un portrait de son ami. La petite figure féminine croquée en haut à gauche se rattache à un autre dessin de Rotterdam (cat. 321), ce qui permet de penser que Daumier a travaillé les deux feuilles en même temps. **M.P.**

323

Hercule de foire ou *Une parade de saltimbanques*

Vers 1865-1867
Huile sur panneau
26,6 × 34,9 cm
Signé en bas à gauche : *h. Daumier*

Washington (DC), The Phillips Collection (0380)

Maison I-189

Historique

Coll. P. Aubry, Paris, en 1878 ; ne figure pas dans la vente Aubry de 1897 ; Guyotin, Paris ; Alexander Reid, Glasgow ; vente A., Paris, hôtel Drouot, 10 juin 1898, n° 23 ; Victor Desfossés, Paris ; vente, Paris, hôtel Desfossés, 26 avril 1899, n° 25 ; baron Vitta, Paris ; vendu à M. Knoedler and Co., New York en mars 1928 ; acquis par la Phillips Memorial Gallery, Washington (DC), le 23 novembre 1928.

Expositions

Paris, 1878, n° 5 (*Une parade de saltimbanques*, prêté par M. P.A.) ; Paris, 1888, n° 370 ; New York, 1928, n° 8 ; New York, 1930, n° 73 ; *Daumier and Ryder*, Washington, Phillips Memorial Gallery, février-mars 1932, n° 92.

Il existe deux versions de l'*Hercule de foire* : le célèbre tableau de la collection Phillips et un panneau au Muzeul National de Artă al României de Bucarest (MII-44) dans lequel Maison a vu une œuvre antérieure achevée par une autre main[1]. Les deux tableaux diffèrent par la mise en valeur du groupe principal, plus à gauche dans la version Phillips, et, globalement, par les figures secondaires très mal conçues. L'*Hercule* Phillips est certainement postérieur à *La Parade* de Paris (cat. 319) – dont il emprunte la femme du rideau – et probablement à *La Parade* de Chicago (cat. 326), où une figure féminine bat un tambour pour la première fois. De plus, la version assez tardive de Bucarest comporte un saltimbanque qui, bien qu'inversé, est directement repris de la figure des *Saltimbanques* (cat. 330). Maison a situé l'œuvre vers 1865, datation dont la vraisemblance reste à confirmer.

La focalisation sur les figures saisies à mi-corps confère à l'œuvre une forte intensité que Daumier a étudiée avec grand soin.

L'aboyeur croqué sur une feuille du Hammer Museum à Los Angeles (fig. 1, verso, p. 412) est pleinement abouti dans un deuxième dessin (cat. 322). Ce n'est pas un hasard si le croquis Hammer occupe le verso d'une étude d'avocat plaidant. Chez Daumier, éloquence de prétoire et boniment de voie publique sont souvent équivalents. Il convient de signaler à cet égard que Champfleury a écrit en 1865 la *Pantomime de l'avocat* pour les *Fantaisies parisiennes*, théâtre qu'il a dirigé brièvement[2]. Harper a vu cependant dans la composition une critique politique voilée et dans l'aboyeur une figure à la Ratapoil dans ce que le personnage a de plus noir[3].

M.P.

1. Voir Iacobescu, 1966, p. 119-128.
2. *Champfleury : l'art pour le peuple*, cat. exp. Paris, musée d'Orsay, établi et rédigé par Luce Abélès, avec le concours de Geneviève Lacambre, RMN, 1990, p. 59, n° 21.
3. Harper, 1981, p.165-169, en particulier p. 197.

Cat. 324

324

Paillasse

Vers 1865-1866
Craie brune et crayon sur fusain sur papier
41 × 36 cm

Rotterdam, musée Boijmans Van Beuningen (F II 174)

Maison D. 545
Exposé à Paris et à Washington seulement

Historique

A.D. Geoffroy, Paris ; Kapferer, Paris ; J.W. Bohler, Paris ; galerie
Paul Cassirer, Berlin ; Franz Koenigs, Haarlem ; acquis avec la collection
Koenigs en avril 1940 par D.G. van Beuningen ; donné au musée en 1940.

Expositions

Paris, 1878 ?, n° 132 (*Paillasses*, 40 x 33 cm, prêté par l'artiste) ;
Paris, 1901, n° 206 ; Vienne, 1936, n° 18.

325

Paillasse

Vers 1865-1866
Pierre noire et aquarelle sur papier vergé
36,5 × 25,5 cm
Signé en bas à droite : *h.D.*
Au verso : *Saltimbanque jouant du tambour*
Mine de plomb et pierre noire
Inscription : *sur blanc*

New York, The Metropolitan Museum of Art, Rogers Fund,
1927 (27.152.2)

Maison D. 547 (recto) et D. 538 (verso)
Exposé à Ottawa et à Paris seulement

Historique

Coll. Paul Bureau, Paris ; vente Bureau, Paris, galerie Georges Petit,
20 mai 1927, n° 79, repr. ; acquis 255 000 francs par Ivins pour
The Museum of Modern Art, New York.

Expositions

Paris, 1878, n° 121 (*Un Paillasse*, prêté par Mme Bureau) ; Paris, 1901,
n° 138 ; New York, 1930, n° 115 ; Paris, 1934a, n° 106, repr. ; Philadelphie,
1937a, n° 32 ; Francfort et New York, 1992-1993, n° 116, repr. coll.

Cat. 325

Ces deux dessins sont voisins d'une composition projetée mais jamais exécutée, connue cependant par un croquis d'une grande vivacité, probablement l'idée définitive de l'ensemble[1] (MD. 546, fig. 1). La première mouture du sujet semble être, comme l'a proposé Maison, une petite étude (MD. 544) montrant le paillasse dans une pose similaire avec, tout juste indiquées derrière lui, une chaise, une table et une figure accroupie. La grande feuille de Rotterdam (cat. 324) pousse plus loin l'étude du saltimbanque – son expression frénétique et le mouvement de ses bras rendus avec une vigueur remarquable – entre une foule suggérée à gauche et un saltimbanque battant sa grosse caisse à droite. Dans le célèbre dessin du Metropolitan Museum of Art (cat. 325), le plus fouillé, le personnage est debout sur la chaise, immédiatement devant un tambour ; le lieu, un square, est esquissé. Il est intéressant de noter que Daumier adaptera le geste effréné du clown pour *Le Cauchemar d'un député* (LD 3751), lithographie publiée dans *Le Charivari* du 7 décembre 1869.

Bruce Laughton a situé le dessin du Metropolitan Museum très tard dans la carrière de Daumier, en 1872-1973, alors que Margret Stuffmann l'a placé, avec plus de prudence, au milieu des années 1860[2]. Cette dernière hypothèse semble plus plausible pour deux raisons. La figure apparaît dans une autre composition des années 1860 (cat. 326). Mais surtout, l'esquisse au verso de la feuille du Metropolitan Museum se rattache directement au *Saltimbanque jouant du tambour* (cat. 328) du British Museum, diversement daté selon les sources de 1863 à 1870. **M.P.**

Fig. 1
Honoré Daumier, *Le Prestidigitateur*, vers 1868, plume et lavis, coll. part.

1. Exposé par Maison à Londres, 1961, n° 183, et vu la dernière fois à une vente, Paris, hôtel Drouot, 15 février, 1995.
2. Laughton, 1996, p. 139 ; Stuffmann, dans cat. exp. Francfort et New York, 1992-1993, n° 116.

326

La Parade

Vers 1865-1866
Fusain, craie, plume, encre et lavis gris sur papier vergé
50,8 × 36,8 cm
Filigrane : *HALLINES, EP* dans un écusson

Chicago, The Art Institute of Chicago, don de Mary et Leigh Block (1988.141.26)

Maison D. 553
Exposé à Ottawa seulement

Historique
    Coll. Mlle M. Geoffroy, Paris ; coll. Henraux, Paris ;
    coll. Mme Valdo-Barbey, Paris ; galerie Paul Rosenberg, Paris ;
    coll. M. et Mme Leigh B. Block, Chicago ; donné par M. et Mme Block
    au musée en 1988.

Expositions
    Paris, 1878, n° 135 (*Une parade* [croquis], prêté par l'artiste) ;
    Paris, 1901, n° 207 ; Paris, 1934a, n° 102 ; Vienne, 1936, n° 12 ;
    Londres, 1961, n° 181 ; Francfort et New York, 1992-1993, n° 107, repr.

Cette grande composition particulièrement ambitieuse masse sur les tréteaux, autour de la figure centrale de l'hercule, des personnages connus par d'autres œuvres. Le dessin, manifestement un travail en cours, nous révèle un Daumier improvisateur. L'artiste semble avoir affectionné cette œuvre puisqu'il l'a envoyée à l'exposition de 1878. La présence du saltimbanque gesticulant, accompagné du batteur de grosse caisse, en dénote la postériorité par rapport à la série de dessins dont il a été la figure principale (cat. 324 et 325). Des considérations principalement socio-historiques ont poussé Harper à associer le dessin avec les *Parades* de 1865, alors que Stuffmann et Laughton l'ont situé, de façon moins restrictive, à la fin des années 1860[1]. **M.P.**

1. Harper, 1981, p. 165 ; Stuffmann, dans cat. exp. Francfort et New York, 1992-1993, n° 107 (situé dans la deuxième moitié des années, 1860) ; Laughton, 1996, p. 133, fig. 169 (daté des années, 1865-1870).

Cat. 326

327

La Parade

Vers 1865-1866
Fusain, plume, encre, lavis gris, aquarelle, gouache
et crayon Conté sur papier vélin
44 × 33,4 cm
Signé à l'encre en bas à gauche : *h.D.*

Collection particulière

Maison D. 534
Exposé à Ottawa et à Paris seulement

Historique
Coll. Eugène Montrosier, Paris ; galerie Ambroise Vollard, Paris ;
Mme Albert Esnault-Pelterie, Paris, en 1901 ; par héritage,
Mme Jacques Meunié, sa petite-fille, Paris ; vente, Londres, Sotheby's,
3 décembre 1991, n° 4, repr. coul. ; coll. part. ; vente, New York,
Sotheby's, 8 novembre 1995, n° 3, repr. coul. ; coll. part.

Expositions
Paris, 1878, n° 104 (*La parade* [dessin rehaussé de couleurs], prêté
par M. Montrosier) ; Paris, 1888, n° 403 ; Paris, 1889, selon Paris, 1934a ;
Paris, 1901, n° 298 ; Paris, 1931, n° 22 ; Paris, 1934a, n° 100, repr. ;
Philadelphie, 1937a, n° 34 ; Francfort et New York, 1992-1993, n° 115,
repr. coul.

328

Saltimbanque jouant du tambour

Vers 1865-1867
Pierre noire, plume, encre, lavis, aquarelle, gouache et crayon
Conté sur papier
33,5 × 25,5 cm
Signé à l'encre en bas à droite : *h. Daumier*

Londres, The British Museum (1966-2-10-30)

Maison D. 539
Exposé à Ottawa et à Paris seulement

Historique
    Coll. G. Berger, Paris ; coll. Jean Dollfus, Paris ; César de Hauke, Paris ;
    donné par C. de Hauke au musée en 1966.

Expositions
    Paris, 1901, nº 112 ; Paris, 1934a, nº 111 ; Londres, 1961, nº 178 ;
    Francfort et New York, 1992-1993, nº 113, repr.

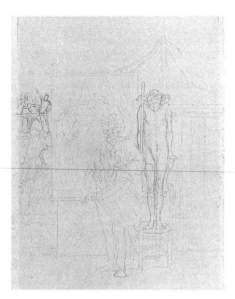

Fig. 1
Honoré Daumier, *Saltimbanque jouant du tambour*,
vers 1865-1867, crayon sur papier-calque,
Cambridge, Fogg Museum of Art.

Ces deux œuvres, parmi les plus célèbres aquarelles de Daumier, présentent la particularité de camper une même figure principale dans des compositions dissemblables. Les avis divergent, il va sans dire, sur leur ordre d'exécution. Maison, suivi en cela par Laughton, a pensé que l'aquarelle du British Museum était la dernière née, alors que Paula Harper, dont Stuffmann a accepté provisoirement les conclusions, s'est efforcée d'en établir l'antériorité[1]. L'hypothèse de Maison semble reposer sur des preuves plus solides, à commencer par les études préparatoires et les calques en grandeur nature pour *La Parade* (cat. 327), que l'existence d'un modèle aurait rendus superflus.

En outre, d'infimes, mais curieux, détails tendent à confirmer que *La Parade* a servi de modèle au *Saltimbanque jouant du tambour*. Dans le dessin du British Museum, le trait vertical qui définit le coin de l'immeuble derrière le personnage se trouve, sans raison apparente, exactement à la même place que le trait qui définit le bord de la bannière dans *La Parade*. Le bonnet du saltimbanque suit celui de l'un des calques (MD. 535) préparatoires à cette pièce ; et près du coin supérieur droit se devine le visage de Pantin.

Harper s'est longuement interrogée sur l'ordre d'exécution des études préparatoires à *La Parade*. La première est fort probablement le lavis dédicacé à Jules Dupré (MD. 633, Glasgow, Burrell Collection) et la dernière, un calque retouché[2] (fig. 1). À ces œuvres s'ajoute une feuille de croquis comportant une étude achevée pour la tête de Pantin (MD. 768). Il est probable que, avant d'enchaîner l'exécution des deux grandes études, Daumier a choisi de se servir du saltimbanque au tambour, dans un contexte non pas rustique mais urbain – les pavés de Paris – dans l'unique étude connue à l'aquarelle du British Museum, au verso du *Paillasse* du Metropolitan Museum of Art (cat. 325).

La recherche d'une signification directe – si souvent difficile à saisir dans la peinture de Daumier – a entraîné une lecture minutieuse de ces œuvres, qui ont été interprétées et réinterprétées peut-être plus que toute autre production de l'artiste. Henry James, qui a sans doute connu *La Parade* uniquement par l'estampe publiée par Eugène Montrosier, son premier propriétaire, l'a décrite comme « symbolique et pleine de sévérité, d'imagination et de pitié[3] ». Le personnage d'âge mûr, fatigué et marginal, qui fait écho au *Gilles* de Watteau, est considéré par presque tous les exégètes, de Léon Rosenthal à Jean Adhémar, comme l'incarnation de l'expérience personnelle de Daumier. Plus près de nous, T.J. Clark en a fait le héros de Daumier, son image cardinale de l'artiste[4].

Paula Harper a rendu plus complexe encore la lecture en voyant dans le saltimbanque de l'aquarelle du British Museum un escamoteur qui, pour Daumier, servirait de métaphore aux élections législatives de 1863[5]. Selon Laughton, qui a daté la pièce de 1869-1870, le personnage est plutôt une allusion à l'imminence de la guerre franco-allemande[6]. *La Parade* avait déjà inspiré à Harper une interprétation analogue où elle faisait le lien entre la grosse femme et la personnification de la Prusse dans une lithographie (LD 3607) de 1867 et entre le frêle Pantin, naguère rattaché par Adhémar à la figure de Mars (LD 3630) de 1868, et un prototype du soldat de la République[7]. Selon l'hypothèse de Harper, reprise par Stuffmann mais contestée par Laughton, Daumier entendait dénoncer avec *La Parade* la menace que la Prusse représentait pour la France après la défaite de l'Autriche en 1866. La question est de savoir si Daumier aurait choisi une œuvre à caractère privé comme support d'une allégorie politique. La réponse repose sur des datations, et sur une iconographie pour le moins incertaine. Quoi qu'il en soit, la signature inscrite d'une main tremblante dénote une époque très tardive qui coïncide avec la vente de l'œuvre, sûrement après 1871 et très probablement après 1875. La femme colosse apparaît dans de nombreuses images antérieures, de Daumier (cat. 316) et d'autres artistes. Pantin, dans sa première incarnation, fait le trapéziste (d'où son port de tête altier) dans *Les Différentes Poses gracieuses du trapèze* (LD 3383), planche parue dans *Le Journal amusant* du 4 novembre 1865. La figure de Mars est probablement postérieure à l'aquarelle. **M.P.**

1. Laughton, 1996, p. 135 ; Harper, 1981, p. 183 à 186 ; Stuffmann, dans cat. exp. Francfort et New York, 1992-1993, nos 113-115.
2. Harper, *op. cit.* note 1, p. 183-186.
3. James, 1890, réédd. 1954, p. 36 ; Montrosier, grand collectionneur et amateur des œuvres de Daumier, projetait de rédiger un catalogue de l'œuvre lithographié de Daumier.
4. Rosenthal, 1912, p. 85 ; Adhémar, 1954a, p. 63 ; Clark, 1973a, p. 122-123. Au sujet de la représentation de l'artiste en saltimbanque, voir également Francis Haskell, « The Sad Clown : some notes on a 19th century myth », *French 19th Century Painting and Litterature*, Manchester, Manchester University Press, 1972, p. 2-16, et Borowitz, janvier 1984.
5. Harper, *op. cit.* note 1, p. 175-179, en particulier p. 179.
6. Laughton, *op. cit.* note 1, p. 135-137.
7. Harper, *op. cit.* note 1, p. 191.

329

Le Déplacement des saltimbanques

Vers 1866-1867

Fusain, lavis gris, aquarelle et crayon Conté
sur papier vélin

36 × 27,1 cm

Signé à l'encre noire en bas à gauche : *h.D.*

Hartford, Wadsworth Atheneum,
The Ella Gallup Sumner and Mary Catlin
Sumner Collection (1928.273)

Maison D. 550

Historique

> Coll. Mlle A. Geoffroy, Paris ; vente anonyme,
> Paris, hôtel Drouot, 4 avril 1928, n° 25 ;
> F.C. Sumner, Hartford ; donné par F.C. Sumner
> au musée en 1928.

Expositions

> Paris, 1878, n° 127 (*Paillasses*, prêté par l'artiste) ;
> Paris, 1901, n° 205 ; Paris, 1934a, n° 109 ;
> Philadelphie, 1937a, n° 33 ; Londres, 1961, n° 184 ;
> Francfort et New York, 1992-1993, n° 111, repr.

L'aquarelle de Hartford (cat. 329), sûrement la plus expressive des œuvres de Daumier sur le thème des saltimbanques, est également l'une des deux seules représentations connues d'une famille de saltimbanques itinérants. L'artiste avait déjà exécuté – vers la fin des années 1840 probablement – une huile sur panneau de ce même sujet (MI-15, Washington National Gallery), qui a été exposée en 1878 avec cette aquarelle inachevée où la foule suggérée à l'arrière-plan ajoute au sentiment d'abattement et de départ apparemment sans retour[1]. T.J. Clark a vu dans cette image de rejet le commentaire de Daumier sur l'artiste en tant que paria ; Harper a abondé dans son sens[2]. À ces exclus, la vie pourrait peser autant qu'aux blanchisseuses et aux laveuses (cat. 161, 162, 163 et 164).

La composition est encore connue par une sanguine (MD. 548), parfois considérée comme une étude, ainsi que par un calque (MD. 549) inversé, que Maison a appelé à tort une contre-épreuve[3]. L'ordre d'exécution des dessins ne fait pas l'unanimité, même s'il semble assez clair que le calque a été exécuté d'après la sanguine pour établir les contours des personnages, et qu'il a été employé en partie pour l'aquarelle de Hartford, qui s'éloigne ici et là du modèle. Ainsi, le bonnet du saltimbanque possède deux contours – l'un fidèle au calque, l'autre tracé après coup – et le pliant que tenait la figure féminine a fait place à un tambourin. Les avis divergent sérieusement sur la date – de la fin des années 1840 à la fin des années 1860[4]. La première hypothèse semble douteuse

---

1. Voir Harper, 1981, p. 109-110, au sujet de l'exposition de l'aquarelle, et p. 110-111 à propos du *Déplacement de saltimbanques* peint (Washington, The National Gallery of Art), également exposé en 1878 sous le n° 29 et le titre *Paillasse*. Auparavant, le n° 29 était censé être le *Pierrot jouant de la mandoline* (MI-240, Winterthur, Museum Reinhart), certes présent à l'exposition mais sous le n° 56 et le titre *Chanteur*, prêté par Mme Daubigny. Le panneau correspond au *Pierrot par Daumier prisé deux cents francs* dans l'inventaire dressé par Daubigny le 8 mars, 1878 ; voir Madeleine Fidell-Beaufort et Janine Bailly-Herzberg, *Daubigny*, Paris, Geoffroy-Dechaume, 1975, p. 269-270.

2. Clark, 1973a, p. 122 ; Harper, *op. cit.* note 1, p. 123-124.

3. Harper, *op. cit.* note 1, p. 112-113.

4. Harper, *op. cit.* note 1, p. 109 et 111 (en tant que l'un des premiers essais d'aquarelles de Daumier, fin des années 1840) ; Stuffmann, dans cat. exp. Francfort et New York, 1992-1993, n° 111 (milieu à fin des années 1850) ; Adhémar, 1954a, n° 158 (vers 1866) ; Laughton, 1991, p. 171-172 (1865-1869).

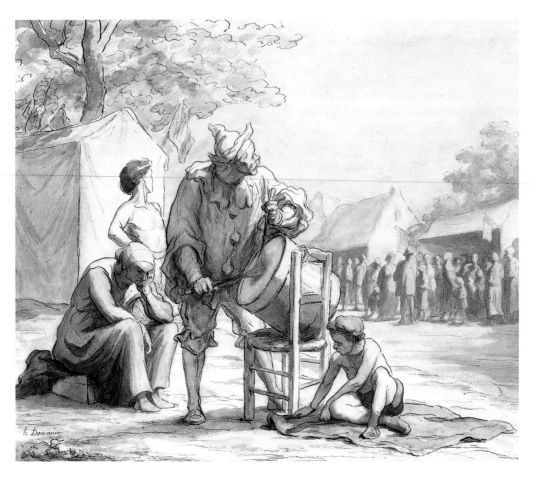

330

Les Saltimbanques

Vers 1866-1867
Fusain, encre, plume, lavis, aquarelle et crayon Conté
sur papier vélin
33,5 × 39,2 cm
Signé à l'encre noire en bas à gauche : *h. Daumier*

Londres, The Victoria and Albert Museum (CAI 120)

Maison D. 542

Historique
    Constantine A. Ionides, Londres.

Expositions
    Paris, 1878, n° 203 (*Saltimbanques, appartient à M. Jonnidès de Londres*) ; Francfort et New York, 1992-1993, n° 112, repr. coul.

cependant, car l'aquarelle réunit toutes les caractéristiques de l'œuvre de Daumier aux environs de 1866-1867.

Dans *Les Saltimbanques*, un personnage tente en vain de capter l'attention des villageois agglutinés devant une autre baraque. L'un des jeunes acrobates est assis immobile sur son tapis, tandis que l'autre jette aux badauds un regard plein d'espoir. Seule la mère prostrée exprime un sentiment d'abandon à la fatalité d'une existence aux perspectives déclinantes, et il y a quelque chose de poignant dans le contraste entre la légèreté de facture de la composition et le tragique intrinsèque du sujet. Le même sentiment d'écrasant désespoir habite les Pierrots de quelques dessins, et l'on imagine aisément tout ce que ces images expriment, pour Daumier, d'expérience vécue[5]. Un dessin de Los Angeles (MD. 529, Armand Hammer Museum of Art) rattaché à une étude de Cleveland (MD. 797, Cleveland Museum of Art) date sans doute également de 1866[6].

L'aquarelle de Londres (cat. 330) fait suite à un croquis à la plume et à l'aquarelle de moindre format (MD. 540). On lui connaît, comme pour l'aquarelle de Hartford, une étude en contrepartie (MD. 541), à la craie et à l'encre. Il existe de plus un calque à l'encre et à la plume (MD. 543) de cette aquarelle ; il se pourrait donc que Daumier ait eu l'intention de reprendre la composition. L'aquarelle a donné lieu à diverses datations variant du début à la fin des années 1860, mais elle est probablement des environs de 1866-1867[7]. **M.P.**

5. Voir les dessins du Santa Barbara Museum of Art (MD. 518) et d'une collection particulière (MD. 519).

6. Le verso du dessin de Cleveland comporte des études en rapport avec les lithographies de janvier et février 1866.

7. Adhémar, *op. cit.* note 4, n° 162 (vers 1862-1865) ; Laughton, *op. cit.* note 4, p. 170 et 171, et Laugton, 1996, p. 128 (1865-1869) ; Stuffmann, dans Francfort et New York, 1992-1993, n° 112 (début ou milieu des années, 1860).

331

L'Orgue de Barbarie

Vers 1864-1865
Plume, encre, aquarelle, gouache
et crayon Conté sur vélin
34 × 26 cm
Signé à l'encre en bas à gauche : *h. Daumier*

Paris, musée du Petit Palais, legs Eugène
Jacquette à la Ville de Paris pour les
collections municipales, 1899 (228)

Maison D. 350
Exposé à Ottawa et à Paris seulement

Historique

Eugène Jacquette, Paris ; légué par Jacquette
à la Ville de Paris en 1899.

Expositions

Paris, 1923, n° 81 ; Paris, 1934a, n° 66 ; Londres,
1961, n° 141 ; Francfort et New York, 1992-1993,
n° 110, repr ; Bonn, 1998, n° 36, repr. coul.

Ce sujet a inspiré deux aquarelles étroitement apparentées, presque de même format – celle-ci et une autre, inachevée (MD. 349), ayant appartenu à Puvis de Chavannes et aujourd'hui conservée dans la collection Bührle, à Zurich. Cette œuvre, à peine satirique, est la plus fouillée des représentations de musiciens ambulants par Daumier ; la figure du joueur d'orgue aveugle est particulièrement poignante.

Comme presque toujours chez Daumier, il est malaisé de déterminer l'ordre d'exécution des deux œuvres. On pourrait croire, de prime abord, que l'aquarelle zurichoise a précédé la parisienne et que l'artiste l'a abandonnée après avoir tenté sans succès de modifier la tête du joueur d'orgue. Il existe d'ailleurs une étude distincte (MD. 6) de la tête retouchée, dont le modèle a servi pour la feuille de Paris. Mais il est également certain que les contours largement esquissés et divers détails du dessin de Zurich – notamment le placement des jambes du joueur d'orgue et le vieil homme à l'extrême gauche – sont repris, avec des modifications, du dessin de Paris. Daumier aurait donc travaillé simultanément les deux feuilles jusqu'à ce que l'une d'elles lui donne satisfaction.

Les exégètes s'accordent en général pour situer l'œuvre autour des années 1860, alors que Laughton a avancé une date plus tardive, entre 1860 et 1864. On pourrait également signaler la parenté du joueur d'orgue et du paysan de la lithographie *Comme ça se redresse vite une épine dorsale de candidat* (LD 3718), publiée dans *Le Charivari* du 25 juin 1869. Le fait que Daumier ait eu en tête un type particulier, peut-être une physionomie observée dans la vie réelle, se trouve corroboré par la précoce apparition de la figure de profil dans *Combien votre lièvre, l'ami ?* (LD 2894), paru dans *Le Charivari* du 22 octobre 1858. Daumier a repris ce sujet dans l'une de ses dernières lithographies (LD 3938), publiée le 21 février 1874 dans *Le Journal amusant*. Maison a fait état d'une variante à l'huile, plutôt faible, avec une montreuse faisant danser un ours au bout d'une chaîne, qui porte curieusement au verso l'inscription *A l'ami Corot 1851 h. D*[1]. Il est à remarquer qu'aucun tableau de ce sujet ne se trouvait dans la collection de Corot à sa mort en 1875.

M.P.

1. Maison, vol. I, 1968, p. 119, sous le n° I-350.

Dernières planches politiques et allégories (1869-1871)

Faisant sa première entrée.

332
Faisant sa première entrée

Planche 142 de la série *Actualités*
Le Charivari, 6 juillet 1869
Lithographie sur blanc ;
troisième état sur trois
23,4 × 19,8 cm
Signé en bas à gauche : *h.D.*

Saint-Denis, musée d'Art et d'Histoire
(ancienne collection Provost)

Delteil 3720

Les élections du 24 mai 1869 ont amorcé le tournant vers l'Empire libéral ; les partisans de l'Empire autoritaire se retrouvèrent en minorité au Corps législatif. Ce fait a inauguré la dernière période politique de l'œuvre lithographique de Daumier : celle-ci commence par une enquête sur les mœurs parlementaires, de la campagne électorale à l'élection, puis pendant le ballottage, jusqu'à la vérification des pouvoirs : ainsi évoque-t-il l'entrée en scène dans l'hémicycle du nouveau député, fier de son élection, qui bombe le torse dans *Faisant sa première entrée*, planche sobrement composée où reparaît l'intérêt de Daumier pour l'étude de la silhouette ; à l'arrière-plan, les bancs incurvés de la salle des Débats, rappel discret du *Ventre législatif* (cat. 55), accusent la théâtralité de la pose. **S.L.M.**

L'EMPIRE C'EST LA PAIX.

ÉPOUVANTÉE DE L'HÉRITAGE.

333

L'Empire c'est la paix

Planche 232 de la série *Actualités*
Le Charivari, 19 octobre 1870
Lithographie ; troisième état sur trois
(deuxième état publié dans *L'Album du siège*)
23,1 × 18,6 cm
Signé en bas à gauche : *h.D.*

Collection Roger Passeron
(ancienne collection Gabriel Cognacq)

Delteil 3814
Exposé à Ottawa et à Paris seulement

334

Épouvantée de l'héritage

Planche 280 de la série *Actualités*
Le Charivari, 11 janvier 1871
Lithographie ; troisième état sur trois
(état publié dans l'*Album du siège)*
23,15 × 18,25 cm
Signé en bas à gauche : *h.D.*

Collection Roger Passeron
(ancienne collection Gabriel Cognacq)

Delteil 3838
Exposé à Ottawa et à Paris seulement

Ceci a tué cela.

LA PAIX
Idylle.

335

Ceci a tué cela

Planche 306 de la série *Actualités*
Le Charivari, 9 février 1871
Lithographie ; deuxième état sur quatre, épreuve
« en *Charivari* »
23,7 × 19,7 cm
Signé en bas à gauche : *h.D.*

Saint-Denis, musée d'Art et d'Histoire
(ancienne collection Provost)

Delteil 3845
Exposé à Ottawa et à Paris seulement

336

La Paix. Idylle

Planche de la série *Actualités*
Le Charivari, 6 mars 1871
Lithographie ; deuxième état sur deux, belle épreuve
« en *Charivari* »
23,5 × 18,4 cm
Signé en bas à gauche : *h.D.*

Saint-Denis, musée d'Art et d'Histoire
(ancienne collection Provost)

Delteil 3854

L'Empire s'effondra le 4 septembre à Sedan. Pierre Véron, le rédacteur en chef du *Charivari*, salua dès le 6 l'avènement de la République ; le journal se maintint comme le principal illustré satirique dans cette période troublée puis sous la Commune, alors que la diffusion des caricatures politiques se faisait plutôt par des feuilles volantes et s'opérait dans des conditions matérielles difficiles[1] ; « l'année terrible » inspira à Daumier, dans la veine des « désastres de la guerre », de Callot (1633) à Goya (dont l'album est paru à titre posthume en 1863, fig. 1), un défilé de visions et d'allégories tragiques, médiocrement reproduites par gillotage, qui montraient le triomphe de la Mort, à la suite de Grandville (dans *L'ordre règne à Varsovie*, 1832) et de Rethel (fig. 2, p. 284). Moins agressives que les allégories de Pilotell pour *La Caricature politique* qui furent censurées, ces œuvres contrastaient, comme l'ont justement souligné Champfleury[2] et Beraldi, avec le ton plus anecdotique et quotidien des caricatures de Cham, également publiées par *Le Charivari* et reprises dans *L'Album du siège*. Dix lithographies de Daumier[3] y figurent ; les épreuves exposées de *L'Empire c'est la paix* (cat. 333) et d'*Épouvantée de l'héritage* (cat. 334) en font partie. La légende de la première reprend un mot célèbre de Napoléon III, prononcé le 9 octobre 1852 à Bordeaux, quelques semaines avant son coup d'État[4], et l'applique, par antiphrase, à la vision d'un champ de ruines et d'un paysage dévasté, avec une hécatombe de cadavres qui parsèment le sol, comme l'avait fait Hugo dans *Châtiments* :

> *O morts, l'herbe sans bruit croît sur vos catacombes.*
> *Dormez dans vos cercueils ! taisez-vous dans vos tombes !*
> *L'empire, c'est la paix[5].*

Le bilan de l'Empire, après Sedan, est ainsi établi par Daumier, dramatiquement, par la synthèse d'un mot et d'une image apocalyptique. Dans le cat. 334, la « pauvre France abattue » auréolée du millésime tragique « 1871 », se voilant la face comme une pleurante d'art funéraire, dresse sa silhouette endeuillée au milieu d'un champ de morts, non sans référence à la planche 60 des *Désastres de la guerre*, *No hay quien los socorra* (fig. 1) et aux illustrations de Doré pour *Le Purgatoire* de Dante (Hachette, 1868). Toujours dans *L'Album du siège* (mais l'état exposé est tiré du *Charivari*), *Ceci a tué cela* (cat. 335) procède aussi du détournement d'un mot célèbre du poète – la prophétie de Claude Frollo sur la mort de l'architecture condamnée par l'imprimerie dans *Notre-Dame de Paris* (chapitre ajouté en 1832) : à l'occasion des élections de février 1871, Daumier rappelle le bilan du plébiscite de 1869, de l'Empire et de la défaite, par une France, mère-patrie éplorée, chevelure dénouée, vêtue d'un drapé flottant – non sans rapport avec cer-

Fig. 1
Francisco Goya,
No hay quien los socorra (il n'y a personne pour les aider), planche 60 des *Désastres de la guerre*, vers 1808-1810, éd. 1863, eau-forte et aquatinte.

Fig. 2
Gustave Doré,
Le Loup devenu berger,
Fables de La Fontaine,
Paris, Hachette, 1867,
bois de teinte, coll. part.

taines figures véhémentes des *Divorceuses* –, qui désigne d'une main les « oui » surmontant l'urne (« ceci ») et de l'autre l'étendue de cadavres (« cela »).

La lithographie *La Paix. Idylle* (cat. 336) est de nouveau fondée sur une antiphrase entre le titre et la scène, et sur une antithèse grinçante entre thème bucolique et thème macabre : assise sur un mur en ruine, la Mort joue de la flûte, devant une étendue couverte d'ossements et de crânes. La composition est très proche de l'illustration par Gustave Doré de la fable de La Fontaine, *Le Loup devenu berger* (fig. 2), dont s'est précédemment inspiré Daumier en 1867[6] (LD 3599).   **S.L.M.**

1. Lethève, 1961.
2. « Ce recueil de caricatures relatives au siège de Paris ne contient que 10 lithographies de Daumier, images sinistres et graves comme celles de Goya. Le voisinage de Cham qui plaisante sans cesse, même en face des plus graves événements, rend plus sensible encore l'écart entre le satirique et le caricaturiste. » Champfleury, 1878.
3. LD 3814, 3819, 3824, 3828, 3831, 3838, 3843, 3845, 3849, 3851.
4. « L'Empire, c'est la paix. C'est la paix, car la France le désire, et lorsque la France est satisfaite, le monde est tranquille. »
5. *Châtiments*, livre I, IV, « Aux morts du 4 décembre ».
6. Naples, 1987-1988, p. 446-447.

337

Page d'histoire

Planche 234 de la série *Actualités*
Le Charivari, 16 novembre 1870
Lithographie ; deuxième état sur trois, épreuve portant les
signatures manuscrites de Victor Hugo et Honoré Daumier
22,7 × 18,8 cm
Signé en bas à gauche : *h.D.*

Paris, Bibliothèque nationale de France, réserve du département
des Estampes et de la Photographie (ancienne collection Loncle)
(Dc. 180b rés. tome 80)
Exposé à Paris seulement (exemplaire reproduit)

Los Angeles, UCLA at The Armand Hammer Museum
of Art and Cultural Center, The Armand Hammer Daumier
and Contemporaries Collection
Exposé à Ottawa et à Washington seulement
Delteil 3820

338

Autres candidats

Planche 301 de la série *Actualités*
Le Charivari, 3 février 1871
Lithographie ; deuxième état sur deux
23,6 × 19,9 cm
Signé en bas à gauche : *h.D.*

Saint-Denis, musée d'Art et d'Histoire
(ancienne collection Provost)

Delteil 3844

La France-Prométhée et l'aigle-vautour.

« Tu resteras dehors et cloué sur la porte!... »

1853   1er mars 1871
(*Les Châtimens.*)   (Ordre du jour de l'Assemblée nationale.)

339

La France-Prométhée et l'aigle-vautour

Le Charivari, 13 février 1871
Lithographie ; deuxième état sur deux, belle épreuve
« en *Charivari* »
22,7 × 19 cm
Signé en bas à gauche : *h.D.*

Saint-Denis, musée d'Art et d'Histoire
(ancienne collection Provost)

Delteil 3847

340

« Tu resteras dehors et cloué sur la porte !... »

1853 (Les Chatimens [sic]*) – 1er mars 1871 (Ordre du jour de l'Assemblée nationale)*
Planche 323 de la série *Actualités*
Le Charivari, 1er-4 mars 1871
Lithographie ; deuxième état sur deux
23 × 19,4 cm
Signé en bas à gauche : *h.D.*

Saint-Denis, musée d'Art et d'Histoire
(ancienne collection Provost)

Delteil 3853

Fig. 1
Théophile Schuler, vignette de titre pour
Châtiments, Paris, J. Hetzel et Cⁱᵉ, 1872,
gravure sur bois reproduite au procédé,
variation sur la lithographie de Daumier
Page d'histoire.

Fig. 2
Honoré Daumier, *Le Tonnerre*, gravure sur bois
par L. Dumont reproduite au procédé,
illustration de *Châtiments* de Victor Hugo,
Paris, librairie du *Victor Hugo illustré*,
s.d. [vers 1880], p. 111 (réemploi d'une illustration publiée par Hetzel en 1872 [fig. 1]),
coll. part.

Fig. 3
Félicien Rops, *L'ordre règne à Varsovie*,
1863, lithographie.

Châtiments, pamphlet de Hugo publié à Bruxelles en 1853 et interdit en France, avait prophétisé la chute de « Napoléon le Petit »,
en une suite de poèmes satiriques parfois inspirés par les lithographies de Daumier ou de Granville. La mise en vente officielle en
France le 20 octobre 1870 donna au recueil une nouvelle actualité ;
Daumier l'évoque par la lithographie *Page d'histoire*, publiée le
16 novembre dans *Le Charivari* (cat. 337), qui représente l'aigle
impérial terrassé par le livre de Hugo et frappé par la foudre
(l'éclair qui zèbre le ciel évoque Sedan) :

> *Quelqu'un te vengera, pauvre France abattue,*
> *Ma mère ! et l'on verra la parole qui tue*
> *Sortir des cieux profonds*[1].

Cette composition inspira la vignette de titre ovale composée
par l'illustrateur Schuler pour l'édition J. Hetzel et Cⁱᵉ[2] (fig. 1) ;
dans la même édition, elle se trouve aussi reproduite de façon plus
littérale par une gravure de reproduction (B 985), ultérieurement
réemployée en cul-de-lampe du poème « Joyeuse Vie » dans l'édition de la librairie du *Victor Hugo illustré*, dite édition Hugues,
du même recueil (fig. 2). L'épreuve exposée porte la double signature de Hugo et de Daumier, qui déjeunèrent ensemble le 2 janvier 1871, en compagnie de Louis Blanc, rentré de son exil de
Londres[3]. D'autres exemplaires furent dédicacés par Hugo, dont
l'un à Burty.

La structure de *Page d'histoire* est inversée dans *La France-
Prométhée et l'aigle-vautour* (cat. 339), qui riposte à la signature
de l'armistice et à l'annonce des conditions de paix : un « aigle-
vautour » aux ailes décharnées, largement déployées, dévore le
foie de la « France-Prométhée », comme l'aigle prussien (ici plus
encore que l'aigle impérial) a mutilé la France des deux provinces
perdues. Cette évocation cruelle joint au procédé caricatural
d'animalisation, emprunté au blason et à l'iconographie des
nations, une rhétorique d'amplification mythologique ; l'œuvre est
probablement inspirée par une lithographie de Rops sur la sanglante répression de la Pologne par la Russie, *L'ordre règne à Varsovie*[4] (fig. 3), dont se rapproche une autre allégorie de Daumier,
parue dix jours plus tôt, le 3 février, *Autres candidats* (cat. 338). Le
prototype iconographique le plus direct de Daumier, partagé par
Rops, est une célèbre lithographie de Grandville, *La France livrée
aux corbeaux de toute espèce* (fig. 4). L'imaginaire de Rops,
comme celui de Daumier, est imprégné de réminiscences littéraires de *Châtiments*, dont l'éloquence et la satire se fondent sur
la métaphore animalisante et le mythe :

> *Sur « un roc hideux », le Destin*
> *Saisit, pâle et vivant, ce voleur du tonnerre*
> *[Napoléon-Prométhée],*
> *Et, joyeux, s'en alla sur le pic centenaire*

Fig. 4
Grandville, *La France livrée aux corbeaux de toute espèce*, paru dans *La Caricature*, le 15 octobre 1831, pl. 100, lithographie coloriée au pinceau, coll. part.

Fig. 5
Francisco Goya, *Las Resultas,* pl. 72 des *Désastres de la guerre* (avant 1815, éd. 1863), eau-forte.

Le Clouer, excitant par son rire moqueur
Le vautour Angleterre à lui ronger le cœur[5].

Dans un autre passage qui inverse les rôles, le vautour[6] est Napoléon le Petit qui se dit :

... Je vais enfoncer à la France
Mes ongles dans le cou !

Il est probable enfin que Daumier connaissait deux planches des *Désastres de la guerre* de Goya, *Las Resultas* (fig. 5) et *El buitre carnivoro* (pl. 76) qui font partie de la séquence allégorique finale du recueil paru en 1863 : le vautour-carnivore contre lequel se révoltait Goya était celui de l'occupation napoléonienne de 1808.

Une planche de mars 1871 (cat. 340) marque un nouvel hommage à Hugo, et cite, comme une prophétie consommée, le dernier vers d'un court poème de *Châtiments* interdisant au « coquin » l'accès du « charnier des rois » :

Non, tu n'entreras point dans l'histoire, bandit !
Haillon humain, hibou déplumé, bête morte,
Tu resteras dehors et cloué sur la porte[7].

S.L.M.

1. « Joyeuse Vie », livre III, V.
2. Cat. exp. *La Gloire de Victor Hugo*, Paris, Grand Palais, RMN, 1985, p. 543. Théophile Schuler a évoqué ses illustrations dans quatre lettres adressées à Victor Hugo de mai à septembre 1872, où l'on peut noter qu'il ne garde pas Daumier ; S. Le Men, « L'édition illustrée, un musée pour lire », cat. exp. cité., p. 543.
3. Provost et Childs, 1989, p. 164.
4. M. Exteen, *L'Œuvre gravé et lithographié de Félicien Rops*, 1928, n° 166 ; voir Hoffmann, 1981, p. 207-209 et fig. 17.
5. « Waterloo ! », *Châtiments*, livre V, III.
6. « Ce n'est plus l'aigle, c'est le vautour / Qui vole à Notre-Dame », *Châtiments*, livre I, VI.
7. *Ibid.*, livre VII, X.

341

Entrepôt d'Ivry

Affiche

Lithographie à la plume

46,8 × 39 cm

Avec encadrement litho en noir et brun-rouge sur papier crème

107,5 × 78,5 cm

Paris, musée de la Publicité (imprimerie Casset-Delas)

Exposé à Paris seulement (exemplaire reproduit)

Boston, Museum of Fine Arts, legs W.G. Russel Allen, 1964

(imprimerie L. Péquereau)

Exposé à Ottawa seulement

Delteil App. 27

Cette affiche, la seule de Daumier – qui aurait débuté cependant en peinture par l'enseigne d'une sage-femme –, est lithographiée à la plume, comme la célèbre affiche de Manet pour *Les Chats* de Champfleury (1868), dont l'estampe est, comme ici, collée sur une feuille qui porte la lettre. Elle fut commandée à Daumier par un ami, lui-même sculpteur, son voisin entre 1865 et 1872[1], Charles Desouches, le directeur des entrepôts de charbon d'Ivry, pour remplacer une affiche précédemment demandée à Émile Bayard par Achard, fondateur de la société et associé de Desouches. La controverse sur la datation de l'affiche[2], comme sur son attribution tantôt à Bayard, tantôt à Daumier, se résout si l'on admet que quatre affiches se sont succédé sur le thème de « la cuisinière et le charbonnier » : n° 1, Bayard[3] (dépôt légal, 1856) ; n° 2, attribuable à Bayard (dépôt légal, 1857) ; n° 3, Daumier[4] (sans dépôt légal, 1872) ; n° 4, copie agrandie d'après Daumier, affiche en couleurs de très grand format[5] (dépôt légal, 1912, BNF, département des Estampes et de la Photographie). Les exemplaires de Boston et de Los Angeles (collection Armand Hammer) sont imprimés par L. Péquereau, 4, rue et place Louvois ; celui du musée de la Publicité est lithographié par Casset-Delas, 183, rue Saint-Honoré[6].

Dans cette affiche qui tient lieu du panneau « bois-charbons » cher à Breton dans *Nadja*, Daumier interprète, d'après Bayard, une petite scène d'intérieur, où le marchand de charbon livrant un immense sac est accueilli à bras ouverts par la cuisinière en tablier, devant son fourneau. L'affiche est efficace et lisible, mais l'œuvre reste déconcertante, tant par la reprise tardive de la saynète de Bayard datant du milieu des années 1850, proche des croquis de physiologies et des scènes de genre dans l'édition illustrée populaire, que par son traitement illustratif lithographié à la plume, adapté aux affiches de feuilleton pour les colonnes Morris de l'époque, mais inhabituel au dernier Daumier. Pourtant, celui-ci confère à l'« affiche drôle » de son cadet une tonalité profonde, personnelle, voire testamentaire : est-ce, comme dans une danse macabre[7], un messager de l'au-delà qui vient surprendre la cuisinière ? Les résonances de l'affiche sont amplifiées par la façon dont le personnage du charbonnier, se profilant en contre-jour au premier plan et ployant sous sa lourde charge, se rattache à la vaste thématique du « fardeau » qui, de la gravure à la peinture, parcourt l'œuvre entier : cette constante apparaît dans les caricatures politiques représentant Louis-Philippe écrasé sous le poids de la presse, puis dans les bois gravés des années 1840 montrant ouvriers, bûcherons, ou laveuses chargées de linge, enfin dans la période des allégories politiques avec la reprise du mythe de Sisyphe, portant le sac du budget de 1869, dans *Comme Sisyphe* (*Le Charivari*, 25 février 1869) – composition apparentée à l'affiche, mais autrement puissante et dynamique dans son dessin et

sa force symbolique (LD 3694). La saynète reprise de Bayard, ainsi englobée dans la « métaphore obsédante » du « fardeau », conduit à une méditation sur la misère, alliée à une réflexion métaphysique sur la destinée des êtres et la mort prochaine, dont La Fontaine, auteur aimé de Daumier comme de Millet, livre la leçon profonde et amère dans *La Mort et le Bûcheron* :

> *Un pauvre bûcheron, tout couvert de ramée,*
> *Gémissant et criant, marchait à pas pesants.*
> *Soudain, n'en pouvant plus d'effort et de douleur,*
> *Il met bas son fardeau, il songe à son malheur.*
> *En est-il un plus pauvre en la machine ronde ?*
> *Quel plaisir a-t-il eu depuis qu'il est au monde ?*

Autre Sisyphe, le charbonnier sous sa charge n'est-il pas à prendre, à compte d'auteur, comme une figure de l'artiste-lithographe et de Daumier lui-même, tel qu'il se voit au terme d'une carrière qui s'est déroulée sous le joug d'une « charrette » hebdomadaire de lithographies de presse ? Dans cette tâche qui l'a accablé sa vie durant, dans ce labeur continuel qui fut aussi le lot de Balzac (et de bien d'autres artistes ou écrivains du XIXe siècle, travailleurs acharnés), son œuvre, comme le sac bosselé sur le dos du charbonnier, prend forme peu à peu. **S.L.M.**

---

1. À cette date, il déménagea 30, rue Geoffroy-l'Asnier, adresse indiquée par la lettre de l'affiche.

2. 1862 pour Maindron (*Les Affiches illustrées*, Paris, 1886) ; 1872 pour Champfleury, 1878 ; 1850 pour Delteil, 1925-1930 ; 1868 pour l'épreuve de la collection Cognacq, Paris, 1934b, n° 309.

3. « Vers 1855, à ma sortie du collège, Victor Achard [...] me pria à déjeuner [...] et me commanda une affiche "drôle". [...] Le vrai, le seul auteur de l'affiche est votre serviteur », lettre d'Émile Bayard à Layus, 17 juin 1885, publiée par Maxime Préau, *Nouvelles de l'estampe*, n° 7, 1971, p. 381.

4. « L'affiche du charbon d'Ivry [...] est bien de Daumier. [...] Si quelqu'incrédule se refusait à y croire, l'envoyer tout simplement chez M. Desouches, qui lui montrera la pierre-mère », lettre de Hippolyte Maindron à Layus, 12 juin 1885, *op. cit.* note 3.

5. Reconstitution par Anna Hoyt, *Bulletin of the Museum of Fine Arts*, Boston, 1945 ; voir également Bouvy, 1934, n° 5 et 6 et Hoyt, 1948, p. 110-112.

6. Los Angeles, 1979, n° 156 ; cat. exp. *Trois siècles d'affiches françaises*, Paris, musée de la Publicité, 1978, n° 13. L'épreuve de la Bibliothèque nationale de France est imprimée par Charles Verneau (actif à partir de 1880).

7. Ainsi, *Voyage pour l'éternité* de Grandville en 1832 ou la suite de Rethel en 1849 (version française).

Œuvres tardives

342
Sauvetage ou *Noyade*

Vers 1870
Huile sur toile
34,3 × 28 cm

Hambourg, Hamburger Kunsthalle (5248)

Maison I-229
Exposé à Paris et à Washington seulement

Historique
> Gaston Alexandre Camentron, Paris ; coll. Eugène Blot, Paris ;
> vente Blot, Paris, hôtel Drouot, 10 mai 1906, n° 23 ; vendu 570 francs ;
> galerie Druet, Paris ; coll. Holzmann ; coll. Tanner ; galerie
> Bernheim-Jeune, Paris ; coll. Percy Moore Turner, Londres ;
> coll. Samuel Courtauld, Londres ; coll. lady Christabel Aberconway,
> Londres et Galles du Nord ; acquis par le musée en 1976.

Expositions
> Paris, 1901, n° 27 ; Paris, 1908, n° 23 ; Londres, 1923, n° 1 ; Berlin, 1926,
> n° 52 ; New York, 1930, n° 82 ; Cardiff et Swansea, 1957, n° 8 ;
> Londres, 1961, n° 16, repr. ; Ingelheim am Rhein, 1971, n° 18, repr.

Trois versions de cette composition sont connues : une étude autrefois conservée dans la collection Hazen (MI-228b) ; une grande huile sur papier marouflé, présentant la même forme générale, mais dans une facture d'esquisse (MI-228a) ; et le panneau de Hambourg, de format vertical, le mieux préservé de tous. Seule peinture de Daumier consacrée à un sujet contemporain franchement tragique, l'œuvre, en fait une sorte de descente de croix moderne, tient à la fois du reportage et de la peinture d'histoire. Le père, impuissant, tient dans ses bras le corps nu du petit noyé ; près de lui, la mère essaie de le toucher dans un geste plein de sollicitude. Les figures sombres se découpent sur la lumière vive du jour ; les bleus et les gris glacés du paysage ne font que mieux ressortir l'horreur du moment. Maison a situé l'œuvre vers 1870 ; elle paraît certes tardive, encore qu'Adhémar optait pour les années 1860-1862[1]. Fait curieux, dans sa jeunesse, Daumier avait traité le sujet de la quasi-noyade sur le mode comique dans quelques bois et lithographies datant des années 1840[2]. **M.P.**

---

1. Adhémar, 1954a, n° 120.
2. Voir à ce propos la scène de noyade comique du bois *Le Robert Macaire sauveteur* (B 592), dans *Physiologie de Robert Macaire* de 1841 ; *Les Puits de Grenelle* (LD 660), planche parue dans *La Caricature* du 4 avril 1841 ; et le bois *Aux grands baigneurs, la patrie reconnaissante* (B 750), publiée dans *Le Charivari* du 13 août 1846.

343

Centaure enlevant une femme

Vers 1871
Plume, encre et lavis gris sur traces de pierre noire sur papier vergé
27,4 × 36,7 cm

Paris, musée du Louvre, département des Arts graphiques,
donation Claude Roger-Marx, fonds du musée d'Orsay (RF 35.838)

Maison D. 750
Exposé à Ottawa seulement

Historique
Coll. Roger Marx, Paris ; coll. Claude Roger-Marx, Paris ; donné par
Claude Roger-Marx au musée en 1974.

Expositions
Paris, 1934a, n° 53 ; Londres, 1936, n° 46 ; Philadelphie, 1937a, n° 45 ;
Paris, 1953, n° 38 ; Paris, 1958a, n° 209 ; *Donations Claude Roger-Marx*,
Paris, musée du Louvre, cabinet des Dessins, 1980-1981, n° 20, repr. ;
Francfort et New York, 1992-1993, n° 35, repr.

Fig. 1
Honoré Daumier, *Centaure enlevant une femme* (recto), vers 1871,
plume et encre, Washington (DC), The National Gallery of Art,
Rosenwald Collection.

Fig. 2
Honoré Daumier, *Étude pour La France-Prométhée et l'aigle-vautour*
(verso), 1871, plume et encre, Washington (DC), The National
Gallery of Art, Rosenwald Collection.

Ce dessin figurant probablement Nessus et Déjanire, comme l'ont supposé Stuffmann et Sonnabend, fait suite à plusieurs croquis sur une feuille isolée (MD. 749, coll. part.). On y voit généralement une œuvre de jeunesse, que Bruce Laughton a située vers 1848-1849[1]. Une parenté directe rattache cependant ce dessin à une étude à la plume, probablement l'idée première de la composition, avec la nymphe emportée sur le dos d'un centaure (fig. 1). Cette étude porte au verso un dessin à la plume préparatoire de la lithographie *La France-Prom*éthée... (cat. 339), publiée le 13 février 1871 et sans aucun doute exécutée vers le début du même mois, donc proche de la date avancée par Stuffmann et Sonnabend[2].

À en juger par la feuille de Washington, Daumier est passé d'un mythe classique violent arrangé en allégorie moderne à un autre teinté d'érotisme. En fait, l'allusion au viol est évidente dans la figure féminisée de Prométhée, et la transition du recto au verso est assez caractéristique du processus d'association visuelle chez Daumier[3]. On a souvent relevé la dette du *Centaure enlevant une femme* envers certaines œuvres de Géricault sur des thèmes voi-

sins – phénomène intéressant à une époque aussi tardive dans la carrière de Daumier[4]. C'est peut-être dans le dessin de Washington que la filiation apparaît le plus manifestement. Elle ressort moins dans le dessin, plus fluide, de Paris, où le corps de la figure féminine, élément le plus dynamique et le plus complexe de la composition, est à peine rehaussé de lavis, comme pour fixer le regard sur la tragédie qui se joue devant nous. **M.P.**

---

1. Laughton, 1991, p. 25, fig. 2.23.
2. Voir Francfort et New York, 1992-1993, n° 35.
3. Voir, par exemple, le dessin de Los Angeles du Armand Hammer Museum of Art, dont le recto porte un avocat plaidant et le verso, un bonimenteur gesticulant (MD. 508 et 626).
4. Il existe également un croquis (MI-746) dont Farrell Grehan (Grehan 1975, p. 52-53) a démontré qu'il s'agissait d'une copie libre de *L'Éducation d'Achille* [?] de Delacroix, seule copie connue parmi les dessins de Daumier. On le dirait exécuté de mémoire, et, quoi qu'en pense Grehan, une parenté – bien qu'indirecte – semble la rattacher aux études de centaures de Daumier.

344

Page jouant de la mandoline

Vers 1868-1872
Crayon et lavis avec pierre noire sur papier vergé
32,2 × 21,6 cm

Londres, The British Museum (1923.10.16.1)

Maison D. 341
Exposé à Ottawa seulement

Historique
    Parsons, Londres ; A.E. Anderson ; donné par A.E. Anderson
    au musée en 1923.

Exposition
    Londres, 1961, n° 146.

Lors de sa première apparition publique, à la vente Doria de 1899, *Le Troubadour* avait pour pendant supposé une *Femme portant son enfant* (MI-77) de mêmes dimensions et à peine esquissée. Comme le comte Doria et son ami Nicolas Hazard possédaient plusieurs toiles inachevées, presque certainement récupérées dans l'atelier de Daumier après sa mort, il est probable que cet appariement fortuit soit l'œuvre d'un marchand de tableaux, comme ce le fut le cas pour *Le Meunier, son fils et l'âne* (MI-24) et de *Femmes poursuivies par des satyres* (cat. 126), conservés comme pendants jusqu'en 1909.

Le sujet plutôt inhabituel de ce tableau a amené Robert Rey à voir un lien possible avec *Le Passant*, pièce en vers de François Coppée située dans la Venise du XVe siècle et présentée pour la première fois en 1869, et à envisager la possibilité qu'il s'agisse d'une commande spéciale[1]. Comme le *Pierrot jouant de la mandoline* de Winterthur (MI-240, Museum Oskar Reinhart), l'œuvre est davantage, sans doute, une réinterprétation d'un thème du XVIIIe siècle[2]. Elle évoque notamment Watteau, et le dessin préparatoire du British Museum (cat. 344) montre que l'artiste envisageait effectivement d'y inclure un personnage en costume du XVIIIe siècle[3]. Peut-être Daumier projetait-il un tableau décoratif comme *Enfants cueillant des fruits*, découvert récemment dans une collection japonaise, mais il n'en existe aucune preuve.

Très différente des représentations antérieures de musiciens ambulants de Daumier, cette œuvre donne à penser que l'artiste a renoué tardivement avec un de ses thèmes favoris, dans une veine plus poétique[4]. L'analyse du tableau effectuée par Kenneth Bé, du musée de Cleveland, a révélé toute la complexité du travail de Daumier, qui a apposé sur la toile plusieurs couches d'apprêt teinté[5]. Il est facile de voir dans l'application de la peinture en larges touches l'évolution des formes : par exemple, la transformation du contour des jambes, l'idée précoce de dessiner une balustrade en travers de la composition, ou l'ajout, en dernière minute, d'un piédestal, qui cache le paysage à droite. **M.P.**

1. Rey, 1966, p. 140. Il se peut que cette idée lui soit venue à la lecture du catalogue de la vente Doria, dans lequel le personnage est décrit comme « un passant donnant de sa mandoline une aubade ».
2. Voir Borowitz, avril 1984, p. 119-121.
3. Maison (1960, n° 70) pensait que Daumier avait retravaillé son dessin à la pierre noire quand il s'était attelé à la peinture.
4. Voir cat. 298.
5. Pour consulter l'interprétation du rapport d'analyse, voir Laughton, 1996, p. 147-148.

345

Le Troubadour ou *Le Page* ou
Page jouant de la mandoline ou
Page jouant de la guitare ou *Le Guitariste*

Vers 1862-1872
Huile sur toile
83,2 × 56,2 cm
Signée en bas à droite : *h.D.*

Cleveland, The Cleveland Museum of Art, Leonard C. Hanna
Jr. Fund (58.23)

Maison I-186

Historique
> Coll. comte Armand Doria, Orrouy ; vente comte Doria, Paris,
> galerie Georges Petit, 4-5 mai 1899, n° 132, *Page jouant de la mandoline* ;
> vendu 3 350 francs avec *Femme portant son enfant* [MI-77]) ;
> galerie Ambroise Vollard, Paris ; galerie Paul Cassirer, Berlin ;
> coll. Eduard Fuchs, Berlin-Zehlendorf, au plus tard en 1927 ;
> galerie Wildenstein ; coll. Thannhauser, New York, 1953 ;
> acquis par le musée en 1953.

Expositions
> Paris, 1901, n° 101 ; Berlin, 1926, n° 41 ; New York, 1930, n° 57 ;
> Londres, 1961, n° 64, repr.

346
L'Atelier

Vers 1870-1873
Huile sur toile
31 × 25 cm

Los Angeles, The J. Paul Getty Museum
(JPGM 85.PA.514)

Maison I-225

Historique
   Coll. Georges de Bellio, Paris, jusqu'en 1894 ;
   sa fille Victorine Donop de Monchy, Paris,
   par héritage ; coll. Caron, Paris ;
   galerie Wildenstein & Co., New York,
   avant 1940 ; coll. M. et Mme Norton Simon,
   Fullerton (Cal.), en 1958 ; Mme Lucille Simon,
   Los Angeles ; acquis de L. Simon par le musée
   en 1985.

Exposition
   Los Angeles, 1958, n° 22.

De tout l'œuvre peint de Daumier, cette toile constitue son évocation la plus délibérée des maîtres français du XVIIIᵉ siècle et sa seule représentation d'un moment d'intimité entre un jeune homme et une jeune femme. Cette dernière, modèle dont l'épaule est dénudée et la chevelure relevée à la mode du XVIIIᵉ siècle, poursuit une conversation animée tout en prenant appui sur un bloc de pierre, à côté d'un poêle. Le jeune homme qui lui fait face porte un costume aux manches bouffantes qui évoque la même époque, tandis qu'on distingue un peintre au travail à l'arrière-plan. Il est presque certain que Daumier, tout en répondant à une motivation assez différente et en adoptant une manière qui lui est propre, a abordé, dans cette œuvre tardive des années 1870-1872, un genre assez semblable aux peintures des connaisseurs du XVIIIᵉ siècle popularisées par Meissonier[1]. On retrouve cet engouement chez les amis de Daumier, par exemple Philippe Burty qui a réuni en 1860[2] à la galerie Martinet quelques-unes des plus belles toiles du XVIIIᵉ siècle de la collection du docteur Louis La Caze ; vers la fin de cette décennie, le legs effectué par La Caze au Louvre, en 1869, a révélé Fragonard dans toute sa gloire. On sait que Daumier a visité le Louvre à cette occasion et il serait difficile d'imaginer cette peinture sans l'existence des *Têtes de fantaisie* de Fragonard. L'ambiance et bien davantage encore la virtuosité de cette œuvre évoquent un éveil aux possibilités intrinsèquement modernes d'un art du passé qui n'allait pas tarder à enflammer l'imagination d'un Renoir.　**M.P.**

---

1. Adhémar (1954a, n° 173) date cette œuvre de 1868-1870 et Maison
   (vol. I, 1968, n° I-225) aux alentours de 1870.

2. *Catalogue de tableaux et dessins de l'École française principalement
   du XVIIIᵉ siècle tirés de collections d'amateurs*, Paris, galerie Martinet,
   1860, avec un texte de Philippe Burty.

347
L'Amateur d'estampes

Vers 1870-1873
Huile sur toile
41 × 33,2 cm

Gand, Museum voor Schone Kunsten
(1913Q)

Maison I-235

Historique
Coll. Isidore Van den Eynde ;
vente Van den Eynde, Bruxelles,
galerie Le Roy, 13 décembre 1912, n° 3 ;
acquis à la vente pour le musée par
les Amis du musée.

Maison a répertorié trois versions de ce tableau : un petit panneau (MI-234) qu'il estime être la première étude et dont la facture diffère fortement des autres ; la présente version sur toile, la plus grande, et un panneau de moindre dimension (MI-236) dans une collection particulière de Berne. La version de Berne a été exécutée rapidement et la touche y est plus nerveuse, l'artiste étant de toute évidence à la recherche de la forme. Dans la peinture de Gand, certainement réalisée en second, l'intention est précisée mais ne va pas au-delà de l'étude. La figure de droite se dégage, pour ainsi dire, d'un sol sombre ; quelques coups de pinceau sont donnés à titre indicatif ; des rayures sont pratiquées dans la peinture fraîche ; et seule la tête est ébauchée. La figure plus travaillée de gauche n'est pas sans rappeler *Le Troubadour* (cat. 345), mais inversée, et éclairée par un puissant rayon de lumière tout comme le portfolio en bas à gauche. De plus, à la différence de la version de Berne, celle de Gand signale de façon sommaire, tracé en rouge, le lieu de la scène, sans doute un studio, évoqué par un tableau encadré placé en haut à gauche. Maison lui a donné une datation tardive, les années 1870-1873, ce qui correspond à la période où Daumier, à la fin de sa carrière, utilisait davantage des effets de lumière théâtraux.   **M.P.**

348
L'Atelier d'un sculpteur

Vers 1872-1875
Huile sur panneau
28 × 35,5 cm

Washington (DC), The Phillips Collection (0383)

Maison I-233

Historique
Coll. Uhle, Dresde, en 1904 ; galerie Durand-Ruel, Paris ;
galerie Bignou, New York ; galerie Kraushaar, New York ;
acquis par la Phillips Memorial Art Gallery le 1er décembre 1925.

Expositions
New York, 1930, n° 87 ; Paris 1934a, n° 26.

Selon Adhémar, ce tableau représente l'atelier de Clésinger et le vieil homme à gauche serait Auguste Clésinger, un ami de 1848, dont la *Femme piquée par un serpent* avait fait sensation au Salon de 1847[1]. Pour tentante que soit cette hypothèse, à laquelle certains exégètes ont ajouté foi, il n'existe aucun lien apparent entre cette œuvre et Clésinger, pas plus que de ressemblance physique pour la confirmer. Il semblerait plutôt que le sculpteur soit le jeune artiste représenté à droite, sans doute dans l'attente du verdict de son aîné. Reconnue à juste titre comme une des meilleures œuvres tardives de Daumier, cette peinture a été réalisée avec la plus grande économie : dans l'atelier assombri, où règne un silence quasi mystique, seuls quelques éléments essentiels sont indiqués de façon spectrale. Daumier est parvenu, avec des rehauts, à rendre la concentration du vieillard, qui se penche pour mieux voir la sculpture, ainsi que l'application du jeune homme. Si Adhémar a d'abord daté le tableau de 1864-1866 environ, Maison penche pour la décennie suivante, aux alentours de 1870-1873. Plus récemment, Laughton a proposé une date plus tardive encore mais fort plausible : vers 1875-1877[2]. **M.P.**

1. Adhémar, 1954a, n° 131. Voir également Robert Rey, *Daumier*, Japon, Ars Mundi, 1998, p. 112, et Maison, vol. I, 1968, n° I-233 (sous réserve). Laughton (1996, p. 150 et 151), qui a estimé lui aussi que le sculpteur pourrait être le personnage situé à gauche, doute qu'il s'agisse de Clésinger.
2. Adhémar, *op. cit.* note 1, n° 131 ; Laughton, *op. cit.* note 1, p. 150.

Cat. 349

349
Le Peintre devant son tableau

Vers 1870-1875
Huile sur panneau
33,3 × 25,7 cm
Signé en bas à gauche : *h.D*

Washington (DC), The Phillips Collection, don de Marjorie
Phillips à la mémoire de Duncan Phillips (0378)

Maison I-222

Historique

Galerie Paul Rosenberg, Paris, en 1901 ; galerie Alexander Reid,
Glasgow ; coll. sir William Burrell, Glasgow ; vente Burrell, Londres,
Christie's, 16 mai 1902, n° 141 ; galerie Alexander Reid ?, Glasgow ;
coll. Jules Strauss, Paris ; galerie Reid & Lefevre, Londres, en 1927 ;
galerie M. Knoedler and Co., New York (à compte et demi avec
Reid & Lefevre, revendu à Reid & Lefevre) ; coll. David Cargill,
Glasgow ; Bignou Gallery, New York, 1941 ; acquis par Duncan Phillips
pour sa collection particulière, 14 décembre 1944 ; par héritage,
Marjorie Phillips ; donné par M. Phillips au musée en 1967.

Expositions

Paris, 1901, n° 65 (*Le peintre devant son tableau*) ; Londres, 1923, n° 14 ;
Londres, 1961, n° 50.

350
Le Peintre devant son tableau

Vers 1870-1875
Huile sur panneau
33,5 × 27 cm
Signé en bas à gauche : *h. D.*

Williamstown, Sterling and Francine Clark Art Institute (697)

Maison I-221
Exposé à Ottawa et à Washington seulement

Historique

Coll. Gaston Alexandre Camentron, Paris ; coll. docteur Hermann Eiss-
ler, Vienne ; coll. Max Liebermann, Berlin ; par héritage, Mme Kurt
Riezler, née Leibermann, Berlin et New York ; coll. A. Weil ; galerie
M. Knoedler and Co., New York ; Robert Sterling Clark ; donné par
S. et F. au Clark Institute en 1955.

Malgré tous les arguments sensés qui contredisent cette opinion, il
est tentant de voir des autoportraits dans ces œuvres (à l'instar de
Fuchs[1] qui leur a attribué le numéro 1 dans son catalogue). Faute
de tradition ou de ressemblance physique, nous devons nous
contenter de l'hypothèse réconfortante d'un autoportrait, métaphorique, de l'image du peintre – résumant tous les peintres sans
en être aucun en particulier – solitaire dans la pénombre de son
atelier éclairé par un invisible rayon lumineux qui, comme l'inspiration elle-même, ne provient d'aucune source précise. Le peintre,
absorbé dans ses pensées mais sûr de lui, prend du recul, les pieds
ancrés au sol, l'équilibre n'étant rompu que par les contours frag-
mentaires de la lumière qui, telle une secousse électrique, donne
vie à la figure. La spontanéité avec laquelle Daumier a peint ces
deux versions d'une même idée (cat. 349 et 350) ne fait qu'épaissir
le mystère, que l'existence d'une petite version passablement différente et parfois contestée, de la Barnes Foundation (MI-220), ne
contribue nullement à élucider.

Le panneau de la Phillips Collection se caractérise par une facture
proche de l'esquisse, avec des frottis et des tons passés à la brosse ;
seul le traitement des lumières est véritablement pictural. Tous les
éléments sont en place, sans être parfaitement aboutis – le chevalet, par exemple, est simplement indiqué. La version de Williamstown, plus ordonnée par endroits et plus explicite en d'autres,
paraît moins régie par le hasard. Ainsi, la main tout juste suggérée
dans le premier tableau est nette dans le second. Le panneau de la
Phillips Collection est donc antérieur. Les datations varient du
milieu des années 1860 au milieu des années 1870, Maison s'en
tenant à 1870 environ pour les trois versions[2]. Que ces panneaux
aient été exécutés tardivement, peut-être même vers 1870-1875,
comme l'a suggéré Laughton, semble probable[3]. **M.P.**

1. Fuchs, 1927, p. 46, n° 1.
2. Adhémar, 1954a, n° 153 (qui a daté l'œuvre vers 1865-1868) ; Maison, vol. I,
1968, n° I-221.
3. Laughton, 1996, p. 148.

Cat. 350

Don Quichotte

Au Salon de 1850-1851, Daumier envoya un *Don Quichotte et Sancho se rendant aux noces de Gamaches.* Maison, procédant « par élimination », a identifié le tableau avec celui aujourd'hui conservé au Bridgestone Museum of Art (cat. 351) mais sans preuve véritable ; Daumier a, en effet, plusieurs fois traité le même sujet et le petit format du panneau de Tokyo ne convient guère à une œuvre ambitieuse qui, comme *Femmes poursuivies par des satyres* (cat. 126) et *Silène* (cat. 129), devait marquer le premier envoi de l'artiste au Salon. Mais c'est là, dans la pénurie des sources concernant la chronologie de son œuvre peint, un renseignement capital : dès les tout débuts de sa carrière de peintre, Daumier s'est attelé à Don Quichotte et, pendant plus de vingt ans, c'est-à-dire jusqu'à la fin de sa vie d'artiste, a médité sur le héros de Cervantes. Il faut d'emblée mentionner deux autres repères : au verso d'un dessin représentant *Don Quichotte et Sancho Pança* (MD. 435 ; peut-être une première pensée pour le tableau du Salon de 1850-1851), Daumier a esquissé, ivre mort et bedonnant, un *Silène* (MD. 744) en relation directe avec le dessin de Calais (cat. 129) ; enfin nous savons que le *Don Quichotte, Sancho Pança et la mule morte* du musée d'Orsay (cat. 360) a été peint en 1867 pour la maison de Daubigny à Auvers-sur-Oise. C'est à ces maigres données que se résume toute notre science concernant un des cycles les plus importants de Daumier : vingt-neuf peintures et quarante et un dessins.

La médiocrité de bien des œuvres peintes sur ce thème au XIXe siècle, la parenté très vite dressée entre l'excentrique amateur de romans de chevalerie et l'artiste bercé de chimères et dédaigneux de sa carrière, ont fait croire que Don Quichotte était un thème propre à Daumier. C'est négliger la considérable quantité d'illustrations, de tableaux, de motifs décoratifs qui signalent, depuis le XVIIe siècle, la fortune du livre de Cervantes. André Berry[1] puis Jean Seznec[2] en ont fait un survol rapide ; et récemment, Johannes Hartau[3] a consacré un chapitre magistral de son ouvrage sur les représentations de Don Quichotte à Daumier. Avant celui-ci, il faut donc énumérer notamment Charles Coypel qui, dans ses gravures, ses cartons de tapisseries, a montré, dans une continuelle atmosphère de fêtes galantes, un Don Quichotte Louis XV et versaillais (fig. 1), Natoire, Fragonard et enfin la génération des graveurs romantiques, Tony Johannot en tête – qui illustra (1836) la traduction de Louis Viardot sur laquelle s'appuiera vraisemblablement Daumier (fig. 2, p. 532) –, Célestin Nanteuil (fig. 2) et jusqu'à Gustave Doré qui travailla à son tour (1863) sur la traduction Viardot. Les peintres contemporains de Daumier n'étaient pas en reste et, contrairement à ce que soutient Jean Cherpin – « le personnage inspirait peu les peintres, et on relève seulement une toile sur lui aux Salons de 1852, 1859, 1867[4] » – exposaient régulièrement des œuvres sur ce thème, alors que certains, tels Penguilly-l'Haridon (deux toiles au Salon de 1849, une en 1850) ou Louis Boulanger (Salons de 1857 et de 1859), s'en faisaient une véritable spécialité. On ajoutera les noms de Delacroix et, plus curieusement, de Corot qui se sont intéressés sporadiquement au héros de Cervantes, mais surtout celui de Decamps que nous avons vu souvent proche de Daumier ; il exécuta de nombreux tableaux sur le thème de Don Quichotte, soucieux de renouveler une iconographie rabâchée, de s'éloigner de la grâce rocaille comme du pittoresque romantique[5] (fig. 3).

Fig. 1
Charles Coypel, *Don Quichotte au bal chez Don Antonio*, 1743, huile sur toile, Compiègne, musée national du château.

Fig. 2
Célestin Nanteuil, *La Lecture de Don Quichotte*, 1873, huile sur toile, Dijon, musée des Beaux-Arts.

Fig. 3
Alexandre-Gabriel Decamps, *Don Quichotte et Sancho Pança*, s.d., huile sur toile, Pau, musée des Beaux-Arts.

Avec *Les Fugitifs* (cat. 144 à 152), Daumier, sur une durée identique, multiplia les variations, dans diverses techniques, sur un même sujet. Pour Don Quichotte, puisant dans divers épisodes du roman, il élabora un véritable cycle ; mais, rompu à l'art de la gravure, il n'a pas songé cependant un moment à composer une suite d'illustrations ; il avait une visée unique : le tableau. Quand tant d'autres s'attachaient aux passages les plus tumultueux ou pittoresques – au Salon de 1850-1851, l'obscur Alexandre Vimont exposait ainsi *Dorothée. Cardenio, le curé et le barbier la rencontrent dans la Sierra-Morena ;* deux ans plus tôt, Baron envoyait des *Noces de Gamaches* – étaient avant tout soucieux de monter une composition et cédaient à l'espagnolisme facile, Daumier ne s'intéresse qu'à Don Quichotte et à Sancho Pança, presque toujours accompagnés, et comme doublés, par leurs montures respectives, une Rossinante aussi digne, efflanquée, bossuée que son auguste maître et un âne replet, toujours à la traîne, toujours exténué. Quelques accessoires – le harnachement chevaleresque, les sacs, gourdes et besaces de Sancho –, de rares comparses – le barbier et le curé, dans l'encadrement de la porte, regardant Don Quichotte lire des romans de chevalerie –, une nature sèche, caillouteuse, inhospitalière, comparable en tout point à celle dans laquelle errent les « fugitifs », parfois des plateaux, souvent des gorges profondes, tantôt à une heure indistincte entre chien et loup, tantôt écrasée de soleil et alors avare d'une ombre que ne dispense qu'un gros arbre isolé derrière lequel se planque inévitablement Sancho Pança, trois fois rien. Don Quichotte a un type, une allure – mais cela est également vrai chez les devanciers et contemporains de Daumier –, il a également une figure, admirable, tantôt rêveuse, tantôt inquiète, tantôt douloureuse alors que la plupart, lui faisant trimbaler toute une quincaillerie, le chargent et le ridiculisent. Daumier fait son portrait, la tête seulement, dans une petite étude aujourd'hui à Otterlo (cat. 367) – la

1. André Berry, « Les illustrateurs de Don Quichotte », *Arts et Métiers graphiques*, n° 14, novembre 1929, p. 823-830.

2. Jean Seznec, « Don Quixote and his french illustrators », *Gazette des Beaux-Arts*, 6ᵉ série, t. XXXIV, n° 979, septembre 1948, p. 173-192.

3. Johannes Hartau, *Don Quijote in der Kunst*, Berlin, Mann, 1987, p. 196-241 et *Honoré Daumier, Don Quijote : konische Gestaldt in grosser Malerei*, Francfort, Fischer, 1998.

4. Cherpin, 1973, p. 145.

5. Parmi les œuvres qui ont pu pousser Daumier à élire le thème de Don Quichotte, il convient de citer la décoration de l'hôtel Pimodan, évoquée par Roger de Beauvoir (*Les Mystères de l'île Saint-Louis. Chroniques de l'hôtel Pimodan*, Paris, Calmann-Lévy, 1891 [nouvelle édition], p. 5.) : « Nous passâmes de là dans la salle à manger de l'hôtel, où se voient de beaux Robert, et surtout deux panneaux consacrés, l'un à Don Quichotte, l'autre à son écuyer pantagruélique. Rien de plus charmant et de plus ingénieux que ces deux toiles évidemment postérieures au style italien des arabesques et des amours qui décorent la base de cette pièce […]. »

version de Zurich (MI-203) est malheureusement ruinée – moustache et barbiche, les cheveux rares et gris, dégageant un front haut et étroit, les tempes creuses, le nez mince et busqué, les yeux comme deux trous d'ombre. Sancho est naturellement plus ordinaire, un bon gros, aussi tassé, balourd, rétif que son maître est svelte, agile, allant. D'un dessin à l'autre, d'un tableau à l'autre, placés le plus souvent sur des plans différents, ils recomposent un curieux attelage. Don Quichotte s'enlève en silhouette quand Sancho se fond dans la masse des rochers ou se cache derrière l'épaisseur d'un tronc ; Don Quichotte rêvasse les yeux au ciel quand Sancho dort pesamment à ses côtés, la face tournée vers la terre ; Don Quichotte fonce à toute allure sur l'ennemi improbable quand Sancho, immobile, supplie que lui soit épargnée une nouvelle aventure. Mais lorsque dans l'ultime tableau de ce cycle (cat. 357), Don Quichotte, monté sur son cheval blanc, semble s'envoler pour quelque apothéose, il entraîne irrésistiblement avec lui, toujours renâclant, son fidèle Sancho.

On a vu tout naturellement, et très tôt, dans cette longue méditation de Daumier sur les personnages de Cervantes, ce dialogue du doux rêveur et du terre à terre, de l'homme voué aux songes et de celui uniquement préoccupé des choses de la vie, un portrait psychologique de l'artiste qui avait, selon la formule d'Arsène Alexandre, « l'âme de Don Quichotte dans le corps de Sancho[6] ». Daumier n'a pas fait une lecture pessimiste de *Don Quichotte* à l'instar de Chateaubriand qui en soulignait la « gaîté cruelle » ; il ne considérait pas son héros « ridicule » comme le voyait Alfred de Vigny. Il soulignait simplement une dualité assez commune dans l'âme humaine et que son époque se plaisait à analyser. Il se rapproche alors de Flaubert : « Il y a en moi deux bonhommes distincts, un qui est épris de lyrisme, de grands vols d'aigle, de toutes les sonorités de la phrase et des sommets de l'idée ; un autre qui creuse et qui fouille le vrai tant qu'il peut, qui aime à accuser le petit fait aussi puissamment que le grand[7]. »

Cela, Arsène Alexandre, le premier, puis Jean Adhémar et Claude Roy notamment, plus récemment Martin Sonnabend[8] l'ont compris et développé. Mais, très justement, Claude Roy[9] double ces réflexions ordinaires de considérations formelles, évoquant devant le « cavalier de Rossinante de plus en plus squelettique et stylisé dans l'écriture graphique » un « parti pris d'élongation » qui rapproche Daumier de la statuaire sarde des origines et de l'art de Giacometti aujourd'hui. On en a un parfait exemple avec la toile exécutée pour la maison de Daubigny, *Don Quichotte, Sancho Pança et la mule morte* (cat. 360) : le chevalier et son écuyer apparaissent, rapidement silhouettés, dans un paysage qui se résume à deux diagonales dessinant l'entaille d'une gorge profonde ; barrant tout le premier plan, dessiné d'un cerne précis et épais, le cadavre de la bête, image poignante de la mort toute nue sur laquelle butent nos deux cavaliers. Usant d'une composition identique, Gustave Doré, quelques années plus tôt, plaçait nos deux héros dans une nature abondante de conte de fées, racines tortueuses, branches enchevêtrées ; la mule harnachée et pomponnée est couchée tête en bas avec rien d'un cadavre. D'un côté – celui de Daumier, infidèle, il est vrai, au texte de Cervantes –, ascèse, dépouillement, économie de moyens, quelques rehauts limités de couleur. De l'autre – celui de Gustave Doré respectueux des indications –, un brillant étalage de savoir-faire, la virtuosité dans le maniement du noir et blanc, une illustration splendidement orchestrée. D'un côté le surprenant précurseur de Picasso ; de l'autre, le dernier des vignettistes romantiques.   **H.L.**

6. Alexandre, 1888, p. 237.
7. Seznec, art. cité, note 2, p. 228.
8. Martin Sonnabend, dans cat. exp. Francfort et New York, 1992-1993, p. 237-238.
9. Roy, 1971, p. 106.

351

Don Quichotte et Sancho Pança

Vers 1849-1850

Huile sur bois

39 × 32 cm

Signé en bas à gauche : *h. Daumier*

Tokyo, Bridgestone Museum of Art,
Ishibashi Foundation

Maison I-33

Exposé à Paris et à Washington seulement

Historique

Coll. Paul Aubry, Paris ; vente P[aul] A[ubry], Paris, 10 mai 1897, nº 3 ;
vente *Collection d'un amateur*, Paris, 24 mars 1900, nº 5 ; coll. Behrens,
Hambourg ; coll. Franz Goerg, Reims ; vente F[ranz] G[oerg], Paris,
30 mai 1910, nº 24 ; galerie E. Bignou, Paris ; galerie Reid & Lefevre,
Londres ; coll. Robert Treat Paine, Brookline ; coll. Richard C. Paine,
Boston ; galerie Agnews and Sons ltd., Londres ; Ishibashi Foundation,
Tokyo.

Expositions

Paris, 1850-1851 ?, nº 727 ; Paris, 1878, nº 4 ; Paris, 1900, nº 232 ;
Paris, 1901, nº 45 ; *Centennale de l'art français*, Saint-Pétersbourg,
Institut français, 1912, nº 245 ; Paris, 1934a, nº 39 ; Londres, 1961, nº 87.

352

Don Quichotte et Sancho Pança

Vers 1850
Aquarelle, lavis et crayon noir
13,6 × 19,6 cm
Signé en bas à gauche : *h Daumier*

Reims, musée des Beaux-Arts

Maison D. 438

Exposé à Otttawa et à Washington
seulement

Historique

« Acquis du vivant de Daumier par M. Jamot père », mention portée
dans le catalogue de l'exposition *Donation Paul Jamot*, Paris, musée
de l'Orangerie, avril-mai 1941, n° 105 ; coll. Paul Jamot, Paris ; légué par
Paul Jamot au musée de Reims en 1939 mais entré, à cause de la guerre,
en 1949 seulement.

Expositions

Paris, 1927, n° 30 ; *Fransk Malerkunst*, Copenhague, Ny Carlsberg
Glyptotek, 1928, n° 126 ; *Donation Paul Jamot*, Paris, musée
de l'Orangerie, avril-mai 1941, n° 105 ; Londres, 1961, n° 228.

Daumier a laissé huit tableaux montrant Don Quichotte et Sancho
Pança errant dans la sierra Morena en quête d'aventures et qui ne
se rattachent à aucun épisode précis du roman de Cervantes. Il se
peut que le *Don Quichotte et Sancho se rendant aux noces de
Gamaches*, envoyé par l'artiste au Salon de 1850-1851 – l'œuvre est
selon nous perdue mais Maison y voyait le tableau du Bridgestone
Museum of Art (cat. 351) –, soit le prototype de cette série ; mais on
remarquera que Daumier n'a jamais représenté que Don Quichotte

et Sancho alors que, à ce moment du récit, le cortège est plus nombreux puisque, à nos deux héros, se sont adjoints le licencié et le
bachelier. Quoi qu'il en soit, le tableau du Bridgestone Museum
doit être daté de la fin des années 1840 ou du tout début des années
1850, vingt ans avant l'admirable *Don Quichotte sur un cheval
blanc* (cat. 357) qu'il faut situer au début des années 1870.

Pendant ces vingt années, Daumier a usé de deux formules différentes, montrant au premier plan tantôt le chevalier en armure,

353

Don Quichotte et Sancho Pança
Vers 1850
Crayon noir et lavis
16 × 22 cm
Monogrammé en bas à droite : *h D*

New York, The Metropolitan Museum of Art, Purchase 1927,
Rogers Fund (27.152.1)

Maison D. 437
Exposé à Ottawa et à Paris seulement

Historique
 Coll. Paul Bureau, Paris ; vente *Tableaux anciens [...] Tableaux
 modernes [...] œuvres importantes de Daumier [...] composant
 la collection de M. Paul Bureau*, Paris, galerie Georges Petit,
 20 mai 1927, nº 48 ; acquis par le Metropolitan Museum of Art.

Expositions
 Paris, 1878, nº 140 (*Don Quichotte et Sancho*) ; Paris, 1901, nº 142 ;
 Francfort et New York, 1992-1993, nº 123.

droit sur la blanche Rossinante, la lance pointée vers le ciel, tel un
fier saint Georges, tantôt l'écuyer sur son âne, suivant péniblement
son maître. Ils avancent sous un ciel obscur qui va s'éclaircissant,
qu'il soit du soir, qu'il soit du matin et, plus rarement, uniformé-
ment bleu. Dans la version du Bridgestone Museum, Sancho, à
quelques pas de Don Quichotte, est encore distinct, étrange créature faisant corps avec son âne ; dans celle, admirable, de Munich
(cat. 354), il n'est plus au loin qu'une vague silhouette dissoute par

la chaleur dans la lumière intense de midi. Si longtemps séparés,
Daumier les a réunis dans ses dernières œuvres. Sur la toile du
Courtauld (cat. 356), un des grands chefs-d'œuvre du peintre, ils
vont d'un même pas, créatures sans visages, dans une angoissante
vallée où n'apparaît plus qu'une encoche de ciel. Un peu plus tard
encore, mettant un terme à cet admirable cycle, Daumier préside à
l'ascension de Don Quichotte (cat. 357) et Sancho suit toujours,
maugréant sans doute, mais indispensable à cette apothéose. **H.L.**

354

Don Quichotte et Sancho Pança

Vers 1865-1870
Huile sur toile
52 × 32,6 cm
Signé en bas à droite : *h.D.*

Munich, Bayerische Staatsgemäldesammlungen,
Neue Pinakothek

Maison I-217
Exposé à Paris seulement

Historique

Coll. Michel Boy, Paris ; vente *Tableaux modernes
et anciens [...] composant la collection de feu M. Boy*,
Paris, hôtel Drouot, 17 juin 1905, n° 9 ; coll. Wilhelm
Uhde ; coll. Carl Sternheim, Höllriegelskreuth ; donné
par Carl Sternheim dans le cadre de la Tschudi-Spende,
en 1913.

Expositions

Paris, 1958a, n° 217 ; *Manet bis Van Gogh. Hugo von
Tschudi und der kampf um die Moderne*, Berlin,
Nationalgalerie et Munich, Neue Pinakothek, 1997, n° 12.

355

Don Quichotte et Sancho Pança

Vers 1866-1868
Huile sur toile
40,2 × 33 cm
Signé en bas à gauche : *h. D.*

Los Angeles, UCLA at The Armand Hammer Museum
of Art and Cultural Center, The Armand Hammer
Daumier and Contemporaries Collections (4567)

Maison I-206

Historique
  Coll. Ferdinand Roybet, Paris ; donné par Roybet à Paul Selignon
  en 1880 ; Maurice Goldblatt, New York, en 1924 ; Julius Weitzner,
  New York, en 1927 ; coll. Dr. Franz H. Hirschland, Harrison
  (New York), de 1927 à 1978 ; Eugene Thaw, New York, en 1978 ;
  Artemis, Londres, en 1980 ; acquis par Armand Hammer en 1980.

Expositions
  New York, 1930, nº 52 ; Francfort et New York, 1992-1993, nº 124.

356

Don Quichotte et Sancho Pança

Vers 1870

Huile sur toile

100 × 81 cm

Londres, Courtauld Gallery

Maison I-227

Historique

Coll. Régereau, probablement Paris ; coll. Viau, Paris ; galerie Vollard dont le *Registre de caisse* du 13 décembre 1894 indique : *Doit Monsieur G. Viau, 1 peinture de Daumier don Quichotte, 650 (achetée à Régereau [425 fs] le 12 courant payable en deux billets 10 mai et 10 juin*, Paris ; galerie Rosenberg, Paris ; galerie Bignou, Paris ; galerie Reid & Lefevre, Londres ; The Tate Gallery (en dépôt), Londres ; acquis par Samuel Courtauld, Londres, en mai 1923 pour 1350 £ ; donné par Samuel Courtauld en 1932.

Expositions

Paris, 1901, n° 89 ; Paris, 1907, n° 32 ; *Samuel Courtauld Memorial Exhibition*, Londres, The Tate Gallery, 1948, n° 20 ; *Impressionnistes de la collection Courtauld de Londres*, Paris, musée de l'Orangerie, 1955, n° 17 ; Cardiff et Swansea, 1957, n° 12 ; Londres, 1961, n° 97.

357

Don Quichotte et Sancho Pança ou
Don Quichotte sur un cheval blanc

Vers 1870-1873

Huile sur toile

40 × 31 cm

Zurich, collection particulière

Maison I-238

Historique
>   Galerie Vollard, Paris ; galerie Cassirer, Berlin ; coll. Erich-Maria Remarque, Porto-Ronco (Suisse) ; coll. part., Zurich.

Expositions
>   *The Remarque Collection*, New York, Knoedler & Co, 1943, n° 5 ; Londres, 1961, n° 100 ; Francfort et New York, 1992-1993, n° 130.

358

Don Quichotte, Sancho Pança et la mule morte

Vers 1850
Huile sur toile
23,5 × 45 cm

Otterlo, Kröller-Müller Museum

Maison I-201

Historique
> Coll. Alfred Saucède, Paris ; vente *Tableaux modernes et anciens [...] formant la collection de M. Alfred Saucède*, Paris, hôtel Drouot, 14 février 1879, n° 9 ; coll. Hoogendijk, Amsterdam ; vente Hoogendijk, Amsterdam, 1921, n° 19 ; acquis par Helen Kröller-Müller, La Haye ; fondation Kröller-Müller en 1938.

Expositions
> Amsterdam, 1920, n° 1 ; Londres, 1961, n° 99.

359

Don Quichotte, Sancho Pança et la mule morte

Vers 1860
Huile sur bois
24,8 × 46,3 cm
Monogrammé en bas à gauche : *h. D*

New York, The Metropolitan Museum of Art,
Purchase Wolfe Fund, 1909

Maison I-202

Historique
> Coll. Charles-François Daubigny ; coll. Mme Daubigny en 1878 ; Camentron, Paris, en 1901 ; coll. Robert Dell, Paris ; acquis par le Metropolitan Museum of Art, grâce au Catherine Lorillard Wolfe Fund, en 1909.

Expositions
> Paris, 1878, n° 48 ; Paris, 1901, n° 24 ; New York, 1930, n° 47 ; Philadelphie, 1937a, n° 11 ; Paris, 1953, n° 28.

Cat. 359

S'enfonçant dans la sierra Morena, pays de rochers et de broussailles, « pour échapper à la Sainte-Hermandad qui devait être à leurs trousses », Don Quichotte et Sancho butèrent sur un coussin de selle et sur une valise, en examinèrent le contenu, crurent apercevoir, sautant de buisson en buisson, son propriétaire et, plus loin, « après avoir contourné une partie de la montagne, […] découvrirent au bord d'un ruisseau une mule morte, plus qu'à moitié dévorée par les chiens et les corbeaux, et qui portait encore sa selle et sa bride[1] ». De ces quelques lignes, très rarement illustrées par ses prédécesseurs, Daumier a tiré trois tableaux, tous présents dans cette exposition (cat. 358 à 360) et un dessin[2] (MD. 442-443).

Ce dessin de la collection Hammer, sur papier-calque et lisible recto verso, prépare, avec sa mise au carreau, les toiles d'Otterlo et New York. Maison leur a assigné une date voisine, vers 1866. Leur facture diffère cependant profondément. Dans la version hollandaise (cat. 358), l'usage d'un cerne noir accusant la morphologie du terrain, suivant les contours de la mule morte comme du cheval blanc de Don Quichotte, les aplats de couleurs, les coloris sourds et terreux et l'éclat ponctuel de la cavale blanche, la facture encore proche d'un Decamps, renvoient aux années 1850 ; sur une composition voisine, on la rapprochera de la première version des *Fugitifs* (cat. 150) pour proposer une datation autour de 1850. Plus libre et enlevé, plus clair de tonalité, procédant par petites touches, le panneau de New York (cat. 359) ne saurait être une variation contemporaine ; dix ans peut-être séparent ces deux œuvres et nous approchons du milieu des années 1860 quand Daumier n'hésite pas – le panneau de New York n'est pas éloigné des *Fugitifs* de Minneapolis (cat. 152) – à reprendre, dans une manière nouvelle, des compositions antérieures.

Un peu plus tard sans doute – nous sommes en 1867 –, Daumier s'attelle sur le même sujet à une toile (cat. 360) plus ample, verticale, décoration pour la maison de Daubigny à Auvers, en pendant d'une œuvre de Corot. Les deux cavaliers sont vus de face, masse sombre et tassée de Sancho sur son âne, alors que Don Quichotte s'enlève en silhouette sur le ciel gris-bleu, dans l'échancrure de l'étroite vallée. La mule morte, tache informe dans les tableaux précédents, se détache sur le terrain nu, vigoureuse image de la mort, pattes décharnées et enchevêtrées, ventre gonflé, évoquant déjà les contours âpres et tendus de Picasso.　**H.L.**

1. Miguel de Cervantes, *L'Ingénieux Hidalgo Don Quichotte de la Manche*, traduction d'Aline Schulman, Paris, Seuil, 1997, p. 219.
2. Peut-être convient-il d'ajouter un croquis, très rapide, non catalogué par Maison et récemment passé en vente (crayon noir et estompe, 6,5 × 12,5 cm, vente Paris, hôtel Drouot, 2 décembre 1998, n° 40 [repr.]).

360

Don Quichotte, Sancho Pança
et la mule morte

1867
Huile sur toile
132,5 × 54,5 cm

Paris, musée d'Orsay, donation
de la baronne Eva Gebhard-Gourgaud
(RF 1965-7)

Maison I-209

Historique
Peint pour décorer le vestibule de la
maison de Charles François Daubigny
à Auvers-sur-Oise ; coll. Eva Gebhard-
Gourgaud, Paris ; donné par la baronne
Eva Gebhard-Gourgaud au Louvre en
1965 ; transféré au musée d'Orsay en 1986.

Expositions
New York, 1930, n° 46 ; Paris, 1934a, n° 48 ;
Paris, 1953, n° 33 ; Marseille, 1979, n° 69.

361

Don Quichotte courant sur les moutons

Vers 1850-1855

Huile sur toile

66 × 116 cm

Zurich, collection particulière

Maison I-111

Historique

Coll. Célos ; galerie Cassirer, Amsterdam ; coll. Erich-Maria Remarque, Porto-Ronco (Suisse) ; galerie Feilchenfeldt, Zurich ; coll. part., Zurich.

Expositions

French Painting from David to Toulouse-Lautrec, New York, The Metropolitan Museum of Art, 1941, n° 24 ; Londres, 1961, n° 89.

Avide de combats qui lui donneraient la gloire d'un Amadis, Don Quichotte s'en entretient avec Sancho quand il aperçoit au loin « un épais nuage de poussière ». Débute alors un épisode célèbre du roman de Cervantes qui voit le chevalier prendre deux troupeaux de moutons avançant dans la plaine pour des armées s'apprêtant à livrer bataille. Don Quichotte monte sur une hauteur pour mieux observer la scène, nomme à Sancho les glorieux guerriers puis, tout soudain, soucieux d'« apporter aide et secours aux faibles et aux opprimés[1] », se précipite dans la mêlée.

L'épisode a retenu Daumier qui a fait un grand nombre de croquis montrant Don Quichotte fonçant sur les troupeaux (MD. 415 à 424) et trois tableaux (cat. 361 et 363 ; fig. 1) préparés par une étude de Sancho seul sur son âne, peu connue et admirable (cat. 362). Maison a daté celle-ci et, en conséquence, les deux toiles

auxquelles elle se rapporte directement, de 1864-1866. Stylistiquement, elle est cependant proche d'œuvres des années 1850 et, en particulier, de *Ecce Homo* (cat. 135), avec ces larges traits noirs qui, ici, dessinent le personnage sur sa monture et délinéent la morphologie du terrain. Sancho nous prend à témoin de la folie de son maître – « Revenez, monsieur, au nom du ciel, revenez ! Ce sont des moutons et des brebis que vous allez attaquer ! Ah, quel malheur ! Vous êtes fou[2] ! » – que nous voyons, dans les œuvres suivantes, courir sur les bêtes. Il existe deux versions très différentes d'une composition rigoureusement identique : la première

---

1. Miguel de Cervantes, *L'Ingénieux Hidalgo Don Quichotte de la Manche*, traduction d'Aline Schulman, Paris, Seuil, 1997, p. 161 *sq.*

2. *Ibid.*, p. 165.

362
Sancho Pança

Vers 1855
Huile sur bois
56 × 46,5 cm
Monogrammé en bas à droite : *h. D*

Avignon, fondation Angladon-Dubrujeaud

Maison I-183
Exposé à Paris seulement

Historique
    Galerie Aimé Diot, Paris ; vente A. Diot par suite de décès, hôtel Drouot,
    salle nº 1, 8-9 mars 1897, nº 49 (*Sancho*, esquisse) ; coll. Jacques Doucet,
    Paris ; coll. Mme Jacques Doucet, Paris ; coll. Jean et Paulette Angladon-
    Dubrujeaud, Avignon ; fondation Angladon-Dubrujeaud, Avignon,
    depuis 1978.

Exposition
    Le Second Empire, Paris, musée Jacquemart-André, 1957, nº 76.

363

Don Quichotte courant sur les moutons

Vers 1855
Huile sur bois
40,5 × 64 cm

Londres, The National Gallery, Lane Bequest, 1917

Maison I-182

Historique
    Coll. E. J. van Wisselingh, Amsterdam ; coll. Hugh Lane, Dublin ;
    légué par Hugh Lane à la National Gallery, en 1917.

Expositions
    Exhibition at the Royal Hibernian Academy, Dublin, 1904, n° 50 ;
    The Hugh Lane Collection, Dublin, Municipal Gallery, 1908-1913, n° 161.

(cat. 363), sur bois, joue des effets violents d'ombre et de lumière qui noircissent partie des montures et soulèvent le sol en vagues successives, créant ainsi une extraordinaire dynamique ; la seconde (fig. 1), sur toile et sensiblement plus grande, précise les personnages, nuance les terrains, insiste sur le lointain poudroiement des troupeaux en marche, dans un paysage qui n'est pas sans rappeler celui de *La Défaite des Cimbres*, le chef-d'œuvre de Decamps (1833, Paris, musée du Louvre). Sur un sujet identique, Daumier a laissé une autre œuvre remarquable (cat. 361) : de dimensions importantes, simplement esquissée avec les traces très visibles de mise au carreau, elle reprend, une fois de plus, cette composition biaise chère au peintre. De nouveau Sancho sur son âne, impavide, lent, tout en rondeurs, est plaqué contre le brun des terrains pelés tandis que Don Quichotte s'enlève déjà à moitié sur le gris-bleu du ciel ; tendu, anguleux, hérissé comme sa monture, il est admirablement saisi par Daumier au moment précis où il s'ébranle vers de nouveaux et douteux combats. **H.L.**

Fig. 1
Honoré Daumier, *Don Quichotte courant sur les moutons*, vers 1855, huile sur toile, New York, coll. part.

364

Don Quichotte et Sancho Pança se reposant sous un arbre

Vers 1855
Huile sur toile
41 × 33 cm
Signé en bas à gauche : *h. Daumier*

Copenhague, Ny Carlsberg Glyptotek, dépôt du Statens Museum for Kunst depuis 1915

Maison I-174

Historique

Galerie Brame, Paris ; coll. Gustave Arosa, Paris ; vente *Tableaux modernes composant la collection de M. G. Arosa*, Paris, hôtel Drouot, 25 février 1878, n° 25 ; coll. Jean Dollfus, Paris ; vente *Tableaux modernes* [...] *dépendant des collections de M. Jean Dollfus*, Paris, galerie Georges Petit, 2 mars 1912, n° 27 ; acquis par Tempelaere ; acquis (en 1914, à l'occasion de *l'Exposition d'art français du XIXᵉ siècle* au Statens Museum for Kunst) par le Statens Museum for Kunst qui le dépose à la Ny Carlsberg Glyptotek en 1915.

Expositions

Paris, 1878, n° 67 (*Don Quichotte et Sancho Pança*) ; Paris, 1885, n° 104 ; Paris, 1900, n° 179 ; *Exposition d'art français du XIXᵉ siècle*, Copenhague, Statens Museum for Kunst, 1914, n° 58 ; *Fransk Maleskunst*, Copenhague, Ny Carlsberg Glyptotek, 1928, n° 39.

Fig. 1
Honoré Daumier, *Don Quichotte et Sancho Pança se reposant sous un arbre*, vers 1865, huile sur toile, coll. part., en dépôt au Kunstmuseum de Berne.

Fig. 2
Tony Johannot, *Sancho Pança se reposant sur un arbre*, illustration tirée de Miguel de Cervantes, *Don Quichotte de la Manche*, traduit et annoté par Louis Viardot, Paris, Victor Lecou, 1863, p. 457.

Sur ce thème, Daumier a exécuté deux compositions différentes sur trois tableaux ; l'une, très librement esquissée (MI-181, fig. 1), et que Maison a datée du milieu des années 1860, montre Don Quichotte et Sancho de part et d'autre d'un gros arbre au centre de la toile ; l'autre – la toile de la Ny Carlsberg (cat. 364) et sa variante d'Ordrupgaard, de plus petit format, et que nous pensons antérieure (autour de 1855) –, décentre le tronc et regroupe les deux personnages en une masse unique, Sancho avachi sur son barda et dormant – sa pose reproduit exactement une gravure de Tony Johannot (fig. 2) –, Don Quichotte bras croisés, jambes écartées, rêvassant les yeux au ciel[1] ; au loin les compères sont doublés du couple que forment la blanche Rossinante, debout et attentive, et l'âne couché de Sancho. Les effets de Sancho gisent au sol, renversés et désordonnés, alors que le bouclier du chevalier est accroché tel un trophée victorieux à une branche ; l'écuyer dort quand son maître veille ; l'un est tourné vers la terre quand l'autre n'est plus de ce monde. Mais, d'ordinaire séparés, les deux compères sont réunis et Sancho semble issu de la côte de Don Quichotte comme Ève – l'iconographie est voisine – de celle d'Adam ; ils ne sont plus opposés mais, frère siamois, soulignent les aspirations contraires de beaucoup d'entre nous, écartelés entre le souci des biens de ce monde et la part du rêve. Sainte-Beuve, en 1864, le disait avec philosophie : « Chacun est Don Quichotte à son tour, et chacun Pança. Il se retrouve, en effet, plus ou moins en chacun de cette alliance boiteuse de l'idéal exalté et du bon sens positif et terre à terre. Ce n'est même chez beaucoup qu'une question d'âge : on s'endort Don Quichotte et on se réveille Pança[2]. » **H.L.**

---

1. Dans une autre composition qui, malheureusement trop fragile, n'a pu figurer dans cette exposition (MI-83, Bâle, Kunstmuseum), Daumier adosse Don Quichotte de face contre un gros rocher tandis que Sancho dort dans l'ombre à ses côtés.
2. Cité dans Johannes Hartau, *Don Quijote in der Kunst*, Berlin, Mann, 1987, p. 235.

365
Sancho Pança se soulageant

Vers 1855
Huile sur bois
24 × 31,5 cm

Marseille, musée des Beaux-Arts

Maison I-175
Exposé à Paris et à Washington seulement

Historique

Donné par Daumier à Nadar ; vente N***, Paris, hôtel Drouot, novembre 1895 ; coll. Georges Lutz, Paris ; vente *Catalogue des importants tableaux modernes [...] par suite du décès de M. Georges Lutz*, Paris, galerie Georges Petit, 26-27 mai 1902, n° 51 ; coll. Lhermitte, Paris ; acquis par la Ville de Marseille, avec la participation du Fonds régional d'aide aux musées (F.R.A.M.), en 1987.

Exposition

Paris, 1878, n° 88 (*Don Quichotte et Sancho. Appartient à M. Nadar*).

Fig. 1
Honoré Daumier, *Sancho Pança se soulageant*, vers 1855, plume et lavis, coll. part.

Fig. 2
Honoré Daumier, *Don Quichotte faisant des cabrioles devant Sancho Pança*, vers 1860-1865, Winterthur, Museum Oskar Reinhart.

Pudique ou distrait, le catalogue de la vente Georges Lutz commentait en 1902 : « Sancho s'est assis, mélancolique, au bord du chemin ; son âne est près de lui. On aperçoit, au loin, la maigre silhouette de Don Quichotte sur son maigre cheval. » Mais ce petit panneau se rattache à un épisode précis du roman de Cervantes quand, au terme d'une nuit obscure et pleine de bruits mystérieux, « soit à cause de la fraîcheur du matin qui commençait à se faire sentir, soit qu'il eût mangé quelque chose de laxatif, ou – et c'est le plus probable – par un effet de la nature, Sancho eut envie de faire ce qu'un autre n'aurait pu faire pour lui ; mais si grande était sa peur qu'il n'osait s'écarter d'un pouce de son maître. Quant à essayer de se retenir, c'était impossible. Alors pensant tout arranger, il lâcha l'arçon arrière qu'il tenait de la main droite, et discrètement, sans faire de bruit, détacha l'aiguillette qui soutenait à elle seule ses culottes, de sorte qu'elles lui tombèrent aussitôt sur les talons et lui restèrent aux pieds comme des entraves. Après quoi, il releva sa chemise du mieux qu'il put et mit à l'air ses deux fesses, qui n'étaient pas petites ». Mais la discrétion voulue de Sancho se heurte aux bruits qu'il ne peut retenir et à l'inévitable odeur qui trouble son maître. Don Quichotte se plaint alors de l'irrévérence du valet : « Je parie, monsieur », s'excuse celui-ci, « que vous vous imaginez que j'ai fait quelque chose qu'on ne doit pas faire. » À Don Quichotte la conclusion abrupte et souveraine : « Sancho, ce sont là matières qu'il vaut mieux ne pas remuer[1]. »

L'épisode, évidemment négligé par les illustrateurs de Cervantes, intéressa Daumier, sans doute parce qu'il oppose, sur un mode trivial mais particulièrement frappant, l'écuyer plus terre à terre que jamais et « l'ingénieux hidalgo ». Un dessin au crayon

montre Sancho baissant culotte (MD. 411, Copenhague, Statens Museum for Kunst) et trois autres sont en relation directe avec le panneau de Marseille, deux sommaires études préparatoires sur papier-calque (MD. 426, 427) et un beau lavis de mêmes dimensions (MD. 425), plutôt une réplique dans une technique différente qu'une esquisse de l'œuvre peinte (fig. 1). On ajoutera que, si Daumier cache chastement les « deux fesses qui n'étaient pas petites » de Sancho par l'artifice d'un tronc d'arbre, il n'hésite pas à montrer celles, desséchées, de son maître dans un étonnant dessin, *Don Quichotte faisant des culbutes devant Sancho Pança* (MD. 428, fig. 2) où les rapports maître-valet sont inversés.

Daumier donna ce panneau à Nadar pour le remercier des admirables portraits que le photographe avait réalisés de lui en 1856-1858[2](voir fig. 1, p. 62). Visitant la maison du photographe à

Sénart en 1893, Edmond de Goncourt y remarqua « sur les murs tout couverts de tableaux, de dessins, de photographies », « une spirituelle grisaille de Daumier représentant un Don Quichotte ridicule ». L'œuvre fut vendue deux ans plus tard à l'hôtel Drouot par un Nadar à court d'argent. Le « tableautin » de Daumier ne dépassa guère une centaine de francs. « Ç'a été un désastre, la vente de ce pauvre Nadar », commenta Edmond de Goncourt[3].

H.L.

1. Miguel de Cervantes, *L'Ingénieux Hidalgo don Quichotte de la Manche*, traduction d'Aline Schulman, Paris, Seuil, 1997, p. 184-185.
2. Voir cat. exp. *Nadar, les années créatrices : 1854-1860*, Paris, musée d'Orsay, 1994, p. 301 (notice rédigée par Françoise Heilbrun).
3. Edmond de Goncourt, *Journal. Mémoires de la vie littéraire*, t. IV, Paris, Fasquelle-Flammarion, 1891-1896, p. 451, 870.

366

Don Quichotte au clair de lune

Vers 1865-1870
Fusain sur papier vergé
20,3 × 26,4 cm

Bâle, Öffentliche Kunstsammlung, Kunstmuseum (1978-214)

Maison D. 414

Historique
　　Coll. Lemaire, Paris ; galerie Barbazanges, Paris ; galerie Reid & Lefevre,
　　Londres ; coll. Robert von Hirsch, Bâle ; vente *Collection Robert
　　von Hirsch*, Londres, Sotheby's, 27 juin 1978 ; acquis 22 000 £ par
　　le Kunstmuseum de Bâle.

Expositions
　　Paris, 1901, n° 220 ; Francfort et New York, 1992-1993, n° 126.

Ce beau dessin, à la technique inhabituelle chez Daumier[1] – un fusain sur papier vergé qui, pour l'éclat de la lune, ménage la blancheur du papier (on pense déjà aux « noirs » de Seurat) – est la séquence qui suit le tableau *Don Quichotte et Sancho Pança se reposant sous un arbre* (cat. 364). La nuit est tombée ; la pleine lune s'est levée, « mellifluente aux lèvres des déments » avec laquelle dialogue la sombre silhouette de Don Quichotte, appuyé sur sa lance. Sancho n'est plus qu'un tas informe, se fondant avec les rochers qui l'entourent, naturellement absent de ce grandiose colloque nocturne.
　　　　　　　　　　　　　　　　　　　　　　H.L.

---

1. On rapprochera de ce dessin un autre paysage sous la lune (MD. 738),
　usant d'une technique semblable.

367
Tête de Don Quichotte

Vers 1870
Huile sur toile
31,5 × 25 cm

Otterlo, Kröller-Müller Museum

Maison I-226

Historique
Coll. Hoogendijk, Amsterdam ; vente
Hoogendijk, Amsterdam, 1912, n° 20 ;
acquis par Helen Kröller-Müller, La Haye ;
fondation Kröller-Müller en 1938.

Exposition
Londres, 1961, n° 91.

Portrait dramatique et tardif de Don Quichotte, cette belle « tête d'expression » prend sa place parmi les nombreuses que Daumier exécuta depuis les débuts de sa carrière de peintre. Il précise enfin les traits du « chevalier à la triste figure » dont le visage se réduisait d'ordinaire à un anguleux profil quand il n'était pas complètement estompé[1]. Johannes Hartau[2] y a judicieusement reconnu – même visage émacié, même front dégarni, mêmes yeux caves – Alexandre Glais-Bizoin (1799-1877). Avec ce député de gauche, régulièrement élu dans les Côtes-du-Nord, Daumier partageait la passion du théâtre et surtout de semblables idées politiques, favorables à la République, hostiles à Louis-Philippe et, plus encore, à Napoléon III. Glais-Bizoin était devenu, au fil du temps, une figure de la vie parlementaire, gentiment charrié pour sa promptitude à s'embarquer dans tous les combats libéraux, « souvent représenté comme une sorte d'excentrique et d'enfant terrible, un de ces parleurs spirituels qui chevauchent sur toutes les questions sans les bien connaître, qui pirouettent avec des lazzi à travers les situations les plus graves, et finissent par ne plus être que les Pasquins de l'éloquence française ». Pierre Larousse portait, de son côté, un jugement plus attendri : « Irréprochable, citoyen, patriote, indépendant, résolu, vaillant de cœur et d'esprit, ouvert à toutes les idées généreuses, à tous les sentiments libéraux, M. Glais-Bizoin nous apparaît comme le type charmant du vieux député d'opposition[3]. » Un Don Quichotte somme toute. **H.L.**

1. Une autre *Tête de Don Quichotte*, dans un très piètre état, se trouve dans les collections du Kunsthaus de Zurich (MI - 203).
2. Johannes Hartau, *Don Quijote in der Kunst*, Berlin, Mann, 1987, p. 214, 216.
3. Notice Glais-Bizoin dans Pierre Larousse, *Grand Dictionnaire universel du XIXe siècle*, Paris, 1872.

368
Don Quichotte lisant

Vers 1865-1870
Huile sur panneau
33,6 × 26 cm

Melbourne, National Gallery of Victoria, Felton Bequest (1923)

Maison I-194

Historique
Coll. Lemaire, Paris, en 1978 ; coll. Jungers ; galerie Bernheim, Paris ;
coll. Rinder ; galerie Reid & Lefevre, Londres ; acquis 1450 £ pour
le Felton Bequest, en 1923.

Expositions
Paris, 1878, n° 8 (*Don Quichotte. Appartient à M. Lemaire*) ; Paris, 1888,
n° 368 ; Paris, 1901, n° 51 ; Paris, 1923, n° 9 ; Londres, 1961, n° 94.

Nous sommes au tout début de l'histoire de *L'Ingénieux Hidalgo
Don Quichotte de la Manche*. Notre héros est là, « frisant la cinquantaine », « de constitution robuste, sec de corps, maigre de
visage[1] », dans l'exercice qu'il préférait à tous avant de se lancer
dans ses aventures, la lecture des romans de chevalerie. Daumier
lui a donné la pose des amateurs dans leur cabinet, accrochant aux
murs de cet intérieur austère non pas des tableaux mais la lance et
le « bouclier de cuir à l'ancienne ». Dans l'encadrement de la porte
apparaissent le curé Don Pero Perez et le barbier du village,
maître Nicolas. Daumier, encore une fois, a pris des libertés avec
le récit de Cervantes puisqu'il a inventé une scène qui n'existe pas,
le chevalier observé, pendant qu'il lit, par les deux compères. Ce
n'est, en effet, qu'après une première série d'aventures, que le curé
et le barbier, profitant du sommeil de Don Quichotte, découvrirent sa bibliothèque et procédèrent à une destruction des livres
qui avaient causé la folie de leur ami ; mais jamais ils ne l'avaient
surpris compulsant ses folios.

Sur ce thème, Daumier réalisa deux tableaux, l'un de petites
dimensions (cat. 368), plus précis dans la description des éléments
du décor et dans celle des traits de Don Quichotte ; l'autre
(cat. 369) d'un format important pour Daumier, largement et vivement brossé et allusif partout. Celui-ci, un des chefs-d'œuvre du

1. Miguel de Cervantes, *L'Ingénieux Hidalgo Don Quichotte de la Manche*,
traduction d'Aline Schulman, Paris, Seuil, 1997, p. 43.

369
Don Quichotte lisant

Vers 1865-1870
Huile sur toile
81,3 × 63,5 cm

Cardiff, National Museum and Gallery, Gwendoline E. Davies
Bequest (1952)

Maison I - 193
Exposé à Paris seulement

Historique

Coll. Edgar Degas, Paris ; vente *Tableaux modernes et anciens [...]*
composant la collection Edgar Degas, Paris, galerie Georges Petit,
26-27 mars 1918, n° 23 ; acquis 20 000 francs par Bernheim-Jeune ;
coll. Gwendoline E. Davies, Cardiff ; légué par Gwendoline E. Davies
au National Museum and Gallery en 1952.

Expositions

Londres, 1961, n° 93 ; Marseille, 1979, n° 68 ; *The Private Collection
of Edgar Degas*, New York, The Metropolitan Museum of Art,
1er octobre 1997-11 janvier 1998, n° 134.

peintre, appartint à Degas qui possédait également quelques dessins – certains donnés par Henri Rouart et Arsène Alexandre – et
une belle collection de lithographies. Les deux œuvres sont indubitablement tardives, vers 1865-1870, mais rien ne permet de soutenir que la toile de Cardiff est une esquisse du panneau de Melbourne[2]. Daumier, à l'évidence, songeait à une œuvre ambitieuse
dont l'exemplaire de Cardiff – achevé ? inachevé ? comment l'affirmer ? – est un admirable témoignage. Nous sommes au tout
début de l'histoire de Don Quichotte, avons-nous dit ; et pourtant, dans l'œuvre de Daumier, ces deux peintures apparaissent
comme un épilogue quand le héros, lassé de tant d'aventures, a
raccroché définitivement les armes et se voue, tel un saint Jérôme
profane, à l'étude : lire, méditer, décrypter le monde. Les livres ne
sont plus « coupables de tout le mal », eux qui conduisirent le chevalier à ses extravagances et autorisèrent le curé et le barbier à procéder à un salutaire autodafé ; ils sont la vraie vie, celle de celui qui
se voue à l'art, et se heurte à l'incompréhension du vulgaire. Tout
un monde qui permet à l'artiste enchanteur et roi de se proclamer,
tel Don Quichotte, empereur de Trébizonde, d'égaler les exploits
anciens et de conquérir de lointains archipels.   **H.L.**

2. Le panneau de Melbourne a été préparé par un calque, de dimensions
identiques (MD. 410, coll. part.).

Chronologie

Avertissement : du vraisemblable au vrai

La bibliographie consacrée à Honoré Daumier est abondante. Les éléments biographiques certains y sont cependant rares et paraissent souvent peu assurés. C'est, néanmoins, à partir de ce matériau incertain qu'a été bâtie la chronologie qui suit. Un double niveau de lecture doit donc toujours être présent à l'esprit du lecteur :
- celui des faits assurés, toujours suivis de la référence d'archives ou de documents contemporains des faits relatés ;
- celui des faits probables, référencés d'après les grandes monographies consacrées à l'artiste.

1738

16 décembre

Naissance de Jean-Claude Daumier, à Béziers. Des anecdotes concernant la famille Daumié ou Daumier, installée dans cette ville, figurent dans le quotidien *L'Hérault* entre le **14 février** et le **10 mars 1879**.

1767

Jean-Claude Daumier quitte Béziers et s'installe à Marseille.

1770

11 mars

Mariage de Jean-Claude Daumier et de Louise Silvi, âgée de vingt-sept ans, tous deux de la paroisse du Cheval Blanc, à Marseille, en l'église des Accoules.

Lui est installé comme vitrier, aucune profession n'est indiquée pour elle. Le couple aura huit enfants. Succéderont à leur père dans le métier de vitrier deux de ses fils, l'un, François-Joseph-Honoré-César, dans la paroisse Notre-Dame du Mont-Carmel (qui signera comme témoin l'acte de baptême d'Honoré) et l'autre, Jean-Baptiste, dans la paroisse Saint-Martin (Direction des archives des Bouches-du-Rhône, 201 E 779).

1777

26 septembre

Naissance à Marseille de Jean-Baptiste Louis Daumier. Son père exerce alors la profession de magasinier (Direction des archives des Bouches-du-Rhône, 201 E 496 Saint-Martin).

« Jean-Baptiste Daumier, né à Marseille d'une famille honnête d'artisans, ne reçut d'autre éducation que celle jugée nécessaire à la profession à laquelle on le destinait. Sorti à l'âge d'environ douze ans de l'école où on lui avait appris à lire et à écrire, il entra en apprentissage chez son père, auquel il a succédé dans l'état de vitrier, qu'il a exercé jusqu'en 1815, époque de sa venue à Paris. Cependant un goût prononcé pour la solitude et la méditation le tenait constamment éloigné de la société bruyante de ses compagnons de travaux. Il ne devinait pas encore le besoin qui le tourmentait » (J.-B. Daumier, *Les Veilles poétiques*, Paris, A. Boulland, Marseille, Camoin frères, 1823, p. 3-4, préface de A. Boulland).

1782

30 juin

Naissance à Entrevaux (Basses-Alpes) de Cécile-Catherine Philip, fille de Honoré Philip et de Thérèse Aillaud (Cherpin, 1973, p. 31).

1801

6 nivôse an 10 (27 décembre)

Mariage à la mairie du Nord, commune de Marseille, de Jean-Baptiste Louis Daumier demeurant rue des Thionvillois, maison dix-huit, isle douze, section un, vitrier, et de Cécile-Catherine Philip, âgée de dix-neuf ans, demeurant rue des Thionvillois (ainsi dénommée de 1794 à 1814, actuelle rue Nationale), maison dix-huit, isle douze, section un, sans profession. « Le mari et les témoins [André Dozol, commis âgé de quarante-six ans, Joseph Dozol, commis âgé de vingt-quatre ans, Étienne Arloth, commis âgé de quarante-cinq ans, Marc Antoine Généreux Pellegrin, menuisier âgé de vingt-huit ans] ont signé avec moi [J. Roumieu aîné, adjoint au maire faisant par délégation la fonction d'officier ministériel], l'épouse et sa mère ont déclaré ne le savoir [signer] » (Direction des archives des Bouches-du-Rhône, 201 E 1366).

« ... et déjà même il avait dépassé sa vingtième année lorsqu'une épouse de son choix et dans la convenance de son état, vint, avec le bonheur domestique, lui faire partager la jouissance d'une *bastide* ou maison de campagne que possédait sa famille dans un des plus beaux sites des environs de Marseille » (Daumier, *op. cit.*, 1823, p. 5-6).

1802

17 vendémiaire an 11 (9 octobre)

Naissance de leur première fille, Thérèse Alexandrine Joséphine Adèle Daumier. Ses parents demeurent toujours rue des Thionvillois, maison dix-huit, isle douze, section un. Les témoins sont Alexis Gaspard Nicollas, capitaine d'infanterie, âgé de vingt-neuf ans et Jean Joseph Dauvergne, cartier, âgé de trente-sept ans (Direction des archives des Bouches-du-Rhône, 201 E 2530).

1805

2 thermidor an 13 (21 juillet)

Naissance d'une seconde fille, Marie Victorine Daumier, qui sera surnommée Miette. Ses parents demeurent toujours rue des Thionvillois. Les témoins sont Claude Raimond, entrepreneur des fortifications, âgé de trente-neuf ans et Jean-Baptiste Hugues, entrepreneur des fortifications, âgé de trente-huit ans (Direction des archives des Bouches-du-Rhône, 201 E 2540).

29 octobre

Décès de Thérèse Alexandrine Joséphine Adèle Daumier (Cherpin, 1973, p. 31).

1808

26 février

Naissance à Marseille, 11, place Saint-Martin, où se trouvent l'appartement et la boutique de son père (fig. 1), du troisième enfant de la famille Daumier, Honoré-Victorin, que ses parents surnommeront Norin (Direction des archives des Bouches-du-Rhône, 201 E 2558).

Sur l'acte de décès d'Honoré Daumier, le père de l'artiste est prénommé Auguste Baptiste Louis (Valmondois, service de l'état civil, registre unique 1879, n° 4).

Au dos d'un relevé de son acte de mariage, Jean-Baptiste Daumier a indiqué les

Fig. 1
Maison natale d'Honoré Daumier, démolie en mars 1927.

dates et heures de naissance de ses enfants, il indique « quatre heures de l'après-midi » comme heure de la naissance d'Honoré (Billioud, 1948, p. 1-20).

29 février

Baptême à l'église Saint-Martin, en face de la maison et de la boutique de ses parents. L'acte est actuellement conservé aux archives de l'archevêché de Marseille. Le parrain est son oncle maternel. On ne sait rien de la marraine qui devait appartenir aussi à la famille maternelle de Daumier – peut-être une tante par alliance ? (Cherpin, 1973, p. 21.)

1813

17 juillet

Naissance d'un quatrième enfant, Marie Louise Jean Baptiste Daumier qui sera surnommée Baptistine. La famille demeure alors place Saint-Martin, n° 1. Les témoins sont Jean Antoine Boudes, docteur en médecine, âgé de trente-trois ans et Joseph Pierre Roustan, pharmacien, âgé de vingt-sept ans (Direction des archives des Bouches-du-Rhône, 201 E 2577).

Jean-Baptiste Daumier développe une carrière poétique et est reçu membre du cercle littéraire de l'Académie de Marseille (Daumier, *op. cit.*, 1823, p. 6-7).

1815

19 mars

Fuite de Louis XVIII. Début des Cent-Jours.

Avril

Jean-Baptiste Daumier part pour Paris et laisse sa femme et ses enfants à Marseille. Plusieurs hypothèses ont été avancées pour expliquer ce départ : le souhait d'accroître l'audience de son œuvre littéraire, la concurrence de jeunes vitriers ambulants et l'échec de son activité d'encadrement d'œuvres graphiques

ou peintes (Passeron, 1979, p. 17).

Il arrive à Paris et s'installe à l'hôtel du Cheval Blanc, 24, rue de l'Hirondelle, à proximité du pont Saint-Michel, pour à peine un an (Cherpin, 1973, p. 53).

Ardent monarchiste, il se rapproche immédiatement des milieux favorables aux Bourbons (Passeron, 1979, p. 18).

17 août

Une lettre du chevalier Alexandre-Marie Lenoir (1761-1839, peintre et archéologue, fondateur de l'ex-musée des Monuments français et alors administrateur des musées de Saint-Denis, professeur à l'Athénée royal des arts de Paris) à Jean-Baptiste Daumier l'invite à lui apporter le manuscrit de sa tragédie *Philippe II*, inspirée de l'abbé de Saint-Réal. Une autre lettre, datée du **2 septembre**, renouvelle la demande (sur le chevalier Alexandre Lenoir, voir Adhémar, 1954a, p. 11 ; Cherpin, 1973, p. 24-25 ; sur les liens entre Jean-Baptiste Daumier et Alexandre Lenoir, voir Cherpin, 1973, p. 17-33, où sont reproduites les lettres de l'administrateur du musée royal des Monuments français).

Alexandre Lenoir présente Jean-Baptiste Daumier à la princesse de Rohan à qui il dédiera un poème : *L'Autre Parnasse. A Madame la Princesse douairière de Rohan Rochefort* (Daumier, *op. cit.*, 1823, p. 104-108).

Jean-Baptiste Daumier fait imprimer son *Matin de printemps*. La page de titre porte « de l'Imprimerie Royale à Paris, Chez l'Auteur, rue de l'Hirondelle, N° 24, et chez tous les Marchands de Nouveautés, 1815 » (un commentaire en est donné dans *Le Moniteur*, 1815, col. 1284, une analyse plus détaillée est faite par A. Lenoir dans les *Annales des bâtiments, des ponts et chaussées, de l'industrie et de la littérature*, t. III, 1819, p. 417-421 : « Le vitrier de Marseille joint à l'esprit et au génie, ce que nous sommes habitués à nommer du goût. C'est avec succès qu'il a osé s'emparer du redoutable vers alexandrin... » auquel succède dans le tome IV de la même année un commentaire signé G...R..., p. 239-240).

10 septembre

Opportuniste, Jean-Baptiste Daumier commémore par un poème la revue solennelle des troupes russes à Vertus, en Champagne – qui symbolise l'apothéose du tsar Alexandre Ier par les souverains et généraux alliés (Daumier, *op. cit.*, 1823, p. 96-99 : *A l'Empereur de Russie*).

14 novembre

Cinq exemplaires d'*Un matin de printemps* sont déposés au premier Bureau de la Division littéraire au ministère de la Police générale du royaume (Passeron, 1979, p. 19).

25 novembre

Nouvelle lettre d'Alexandre Lenoir qui informe Jean-Baptiste Daumier qu'il devra présenter son livre à Monsieur, frère du roi, comte d'Artois, futur Charles X, le lendemain dimanche **26 novembre** à 11 heures. Il est en même temps présenté au duc et à la duchesse de Berry (Cherpin, 1973, p. 25).

1816

22 janvier

Par une longue lettre, Cécile, qui ne sait pas écrire, fait rendre compte à son mari de l'accueil fait à son poème et l'informe qu'Honoré et sa sœur ont été mis en pension (reproduite en partie dans Cherpin, 1973, p. 33-36, adressée rue de l'Hirondelle, n° 24, Faubourg Saint-Germain, à Paris. Un commentaire est publié dans le n° 44 du 10 février, 1816 du *Journal de Marseille et du département des Bouches-du-Rhône*).

30 mars

Victorine-Marie Daumier ne va plus à l'école. Honoré continue d'y aller et fait des progrès. La famille réside toujours à Marseille, au Petit Cours, n° 57 (Cherpin, 1973, p. 36-38, d'après la lettre de Cécile-Catherine adressée à Monsieur Daumier, hôtel de Limoges, n° 4, rue de l'École de Médecine à Paris).

13 mai

Jean-Baptiste Daumier dédie une ode à Alexandre Lenoir (Daumier, *op. cit.*, 1823, p. 100-103 : « *A. M. le chevalier Alexandre Lenoir, Administrateur du Musée royal des Monuments français, à l'occasion d'un article inséré dans un journal* »).

11 juillet

Jean-Baptiste Daumier est nommé commis-expéditionnaire du greffe de l'Assemblée générale des commissaires-juges nommés par les puissances alliées pour former les commissions d'arbitrage (Cherpin, 1973, p. 40).

16 septembre

Jean-Baptiste Daumier reçoit une lettre de Joseph Agoub de Marseille qui lui annonce l'arrivée de sa famille pour dans quinze jours. La famille réunie commence par séjourner 4, rue de l'École-de-Médecine avant d'emménager 12, rue du Pot-de-fer (Cherpin, 1973, p. 53).

17 octobre

Jean-Baptiste Daumier a précédemment déposé le manuscrit de son *Philippe II* à la Comédie-Française, mais le secrétaire de la Comédie-Française, Magnien, lui répond ce jour que le manuscrit n'a jamais été vu au secrétariat (Cherpin, 1973, p. 26).

1817

2 janvier

Jean-Baptiste Daumier se voit décerner une « Mention honorable » par la Société libre des arts du Mans, mais la pièce de vers qu'il lui a adressée (*Ode française*) dans le cadre d'un concours n'a pas été retenue (lettre conservée dans la coll. R. Passeron).

Au milieu de l'année, Jean-Baptiste perd son emploi. Il sollicite un poste à la Bibliothèque royale, mais sa demande est rejetée, début **octobre**. Il est alors domicilié quai des Orfèvres, nº 56 (Cherpin, 1973, p. 40-41).

24 avril

Premiers exemples de lithographie artistique présentés au Salon par Engelmann (nᵒˢ 955-968) et le comte de Lasteyrie (nᵒˢ 983-993) qui avait ouvert à Paris le premier atelier de lithographie d'après le procédé mis au point par Senefelder en 1802 (*L'Amateur d'estampes*, vol. XI, nᵒ 2, mars 1932, p. 33-39).

8 octobre

Un décret institue le dépôt légal des lithographies.

1818

5 mars

Décès de la mère de Cécile-Catherine Daumier, Thérèse, et début d'une succession longue et coûteuse (peut-être était-elle la fille de Louis Philip et de Magdelaine Rastegue si l'on rapproche cette mention du document de la direction des archives des Bouches-du-Rhône, 201 E 2843. Sur les problèmes de succession : Cherpin, 1973, p. 41).

Jean-Baptiste Daumier fait jouer sa tragédie *Philippe II* dans un petit théâtre, la Salle Chantereine, au nᵒ 19*bis* rue Chantereine (actuelle rue de la Victoire). Dans un recueil de « Mémoire détachés » d'Alexandre Lenoir conservé au département des Estampes et de la Photographie de la Bibliothèque nationale de France (Ya² 151/8)/Est. 4) figure un article (sans référence) intitulé : « Littérature Philippe II, tragédie en cinq actes ; par M. Daumier, vitrier de Marseille. » Une note manuscrite, de la main de Lenoir, ajoute : « La représentation de cette pièce à laquelle j'ai assisté y a produit le plus grand effet sur les spectateurs Madᵉˡˡᵉ Camille qui a rempli le rôle d'Elisabeth a montré un talent supérieur, j'ose dire qu'elle manque au théâtre français. » (Selon l'*Indicateur général des spectacles de Paris* [1820], « Cette nouvelle salle, très jolie… n'est… ouverte qu'à des amateurs, mais plus exercés et qui peuvent se familiariser avec

la scène avant de débuter sur les théâtres publics », même information dans le *Journal des théâtres* du 18 octobre 1821.) À plusieurs reprises, Alexandre Lenoir demandera des billets de faveur pour assister à ce spectacle.

Jean-Baptiste Daumier est sans emploi et sans ressources : la famille connaît une existence vagabonde et l'on recense au moins huit changements de domicile dans les dix années qui suivent (Cherpin, 1973, p. 54).

3 octobre 1818 et jusqu'à **janvier 1821**

La famille se trouve quai aux Fleurs, 9.

13 octobre

Jean-Baptiste Daumier présente à Louis XVIII son *Ode au Roi* composée en 1814 (Daumier, *op. cit.*, 1823, p. 75-81 ; A. Lenoir [*op. cit.*, 1819, p. 421] relate l'événement et précise que « M. Daumier a été présenté au Roi par M. le duc de Duras »).

1819

20 février

Publication de la tragédie en cinq actes et en vers de Jean-Baptiste Daumier *Philippe II*, « à Paris, chez les Marchands de nouveautés » (Adhémar, 1954a, p. 9 ; des commentaires figurent dans Étienne Jouy, *Œuvres complètes*, Paris, 1823, vol. IX, *Observations sur les mœurs françaises au commencement du XIXᵉ siècle. Événements et personnages*, p. 358).

1820

Selon Alexandre, 1888, Jean-Baptiste Daumier trouve un emploi de « saute-ruisseau » chez un huissier pour son fils Honoré-Victorin, alors âgé de douze ans, qui prend ainsi contact avec le monde de la loi (selon Alexandre, 1888, p. 21 qui ajoute : « Ce bon garçon était fait pour porter les dossiers et approfondir les beautés de la procédure comme un écureuil pour rester en cage » ; selon Passeron, 1979, p. 29, ceci aurait eu lieu « dans le courant de l'année 1821 » ? Daumier évoquera peut-être cet épisode de son existence dans une lithographie – première de la série des *Types français* [LD 260] – publiée par *Le Charivari* le 23 septembre 1835, dont la légende indique : « Le petit saute-ruisseau mange peu, court beaucoup, flâne davantage et revient le plus tard possible à l'étude où il est le souffre-douleur. Il s'appelle ordinairement Pitou, Godard ou Galuchet. »).

1821

19 janvier

Jean-Baptiste Daumier obtient le titre de « membre correspondant » du Cercle académique de Marseille après que Joseph Agoub a présenté un « rapport favorable » (Cherpin, 1973, p. 42).

Février

La famille Daumier s'installe au 33, rue Guénégaud.

Honoré Daumier abandonne son précédent emploi et devient commis chez un parent du conventionnel Delaunay, libraire au Palais-Royal, foyer important de la vie parisienne. À proximité se trouvaient deux importants marchands d'estampes, Lenoir et Jauffret (Adhémar, 1954a, p. 10-13).

Travaillant non loin du musée du Louvre, Honoré Daumier s'y rendit certainement pour copier d'après les œuvres exposées. Bien qu'aucun souvenir ne nous reste de ces premiers essais, quelques réminiscences réapparaîtront plus tardivement, plus liées aux sculptures qu'aux peintures alors exposées ; ainsi *La Vénus de Milo* (crayon sur papier, MD 806, Copenhague, Ordrupgaard, réutilisée dans *Un Amateur*, crayon, gouache et aquarelle sur papier, MD 370, New York, The Metropolitan Museum of Art) (Lemann [mai 1945, p. 304-305] relève au nombre des sources d'inspiration la sculpture et les peintures flamandes et hollandaises).

Honoré Daumier peut voir dans le quartier du Palais-Royal l'ancien maire d'Orgon, chef-lieu de canton des Bouches-du-Rhône, qui portait sous son bras la pierre qu'il avait jetée en 1814 dans la voiture de Napoléon et qui réclamait pour ce fait d'armes une pension à Louis XVIII. Ne l'ayant pas obtenue, il se noya dans la Seine, sa pierre au cou. Cet événement inspira certainement la gravure *Un héros de juillet* (LD 23) déposée à la date du **1er juin** (Passeron, 1979, p. 33).

6 mai 1821

Naissance d'un nouvel enfant dans la famille Daumier : Athanase Marie Georges Alexandre au 33, rue Guénégaud, qui mourra le **3 octobre** de l'année suivante (Archives de la Seine, bobine 5.MI₁/225).

1822

Honoré Daumier devient l'élève d'Alexandre Lenoir, peintre et archéologue, professeur à l'Athénée royal des arts de Paris, ami de son père (Adhémar, 1954a, p. 11).

La formation qu'Alexandre Lenoir dispensait à Honoré Daumier privilégiait la couleur et se référait principalement aux œuvres de Rubens et Titien. Le désaccord apparaît rapidement entre le maître et l'élève (ces goûts de Lenoir sont développés dans les *Annales des bâtiments, de la littérature et de l'industrie* en 1817, devenues, en 1818 et 1819, les *Annales des bâtiments, des ponts et chaussées, de l'industrie et de la littérature*. L'ensemble des écrits aurait dû être regroupé dans un seul ouvrage comme il est indiqué au t. II, n° 14, avril 1818, p. 161-166). La collection personnelle de Lenoir comprenait plus de deux cents portraits peints que le collectionneur destinait au Louvre, études physiognomoniques qui durent impressionner le jeune Daumier (Louis Courajod, *Alexandre Lenoir, son journal et le musée des Monuments français*, t. 1, Paris, 1878, p. 197-210 ; Laughton, 1996, p. 5).

Inscription à l'académie Suisse, installée quai des Orfèvres, près du palais de Justice, et à l'académie Boudin. Honoré Daumier y rencontre les peintres Théodore Leblanc (1800-1837), Louis-Henri de Rudder (1807-1881), Philippe-Auguste Jeanron (1809-1877) et le sculpteur Antoine-Auguste Préault (1810-1879) avec qui il se lie d'amitié. Ces relations se maintiendront au fil du temps, et ainsi, de ce dernier, Honoré Daumier possédera un bas-relief réalisé en 1830 et représentant *Un jeune comédien romain égorgé par deux esclaves* (l'académie Suisse est aussi citée par Moreau-Nélaton dans *Millet raconté par lui-même*, vol. 1, Paris, H. Laurens, 1921, p. 32, où il parle de Millet et de Marolle qui travaillaient les après-midi chez « Boudin ou chez Suisse ». Sur les rapports de Daumier et des autres artistes, Cherpin, 1973, p. 53 ; Passeron, 1979, p. 27).

La famille Daumier habite 72, rue Mazarine.

22 février

Naissance de la future madame Daumier dans le IVᵉ arrondissement de Paris : « L'an mil huit cent vingt deux, le vingt deux février, est née à Paris Marie Alexandrine, de sexe féminin fille de Marie Alexandre Dassy, peintre vitrier, et de Marie Armandine Leclerc, son épouse, demeurant rue de la Cordonnerie, n° 26 » (Archives de la Seine, bobine 5.MI/234).

L'acte de décès de Mme Daumier du 12 janvier 1895 indiquera pour parents Marie Alexandre d'Assy et Marie Françoise Armandine Leclerc (L'Isle-Adam, Service de l'état civil, registre unique 1895, n° 3).

16 août

Dépôt légal d'une lithographie d'inspiration politique intitulée *Le Dimanche* (cat. 3).

11 septembre (dépôt légal le **13**)

Deuxième lithographie : *J'suis d'garde à la merrie* (LD B).

20 décembre

Troisième lithographie, *La Promenade à Romainville* (non catalogué par Delteil) (toutes les trois, signées *HD* et imprimées chez Engelmann, deux sont rete-

nues avec hésitation par Delteil mais youtes ont été présentées comme de la main de Daumier à la Bibliothèque nationale lors de l'exposition de 1934b, nᵒˢ 1-3).

1823

Jean-Baptiste Daumier publie *Les Veilles poétiques* préfacées par Auguste Boulland. La page de titre précise : « Paris, / Auguste Boulland et Cⁱᵉ, libraire, / rue du-Battoir Saint-André N° 12 / Marseille, chez Camoin frères, / libraires, 1823 » (Adhémar, 1954a, p. 87, reproduit dans Passeron, 1979, p. 15).

2 juillet 1823

Création au théâtre de l'Ambigu d'un mélodrame en trois actes signé de Benjamin Autier, Saint-Amand et Polyanthe (pseudonymes de Lacoste et Chapanier) intitulé *L'Auberge des Adrets* ou *La Pauvre Marie*. C'est la première apparition sur scène de Robert Macaire interprété par Frédérick Lemaître.

11 novembre 1823

Une commande de soixante exemplaires des *Veilles poétiques* est faite par les Bibliothèques du ministère de la Maison du roi.

Jean-Baptiste Daumier continue d'écrire pour le théâtre et des poésies. Plusieurs cahiers conservés à la Bibliothèque municipale de Marseille (fonds Cherpin) conservent le souvenir de ses travaux.

L'adresse de Jean-Baptiste Daumier devient 56, rue des Boucheries-Saint-Germain, près l'Abbaye.

1824

4 mai 1824

Quatrième lithographie connue de Daumier : *Réduction du cinquième* imprimée chez Lasteyrie (non catalogué par Delteil). Une autre lithographie, non cataloguée par Delteil, a peut-être fait suite à celle-ci : *J'ouvre… grands dieux, c'était un chien* (Lemann, mai 1945, p. 304-305).

De 1824 à 1830, on ne connaît aucune autre lithographie de Daumier.

1825

Honoré Daumier entre en apprentissage chez Zéphirin Belliard, né à Marseille en 1798. Celui-ci a débuté au Salon de 1822 comme miniaturiste mais s'est rapidement spécialisé dans le portrait lithographié (Béliard, selon Alexandre, 1888, p. 25. Sur son œuvre de graveur : Jean Laran, *Bibliothèque nationale, département des Estampes, inventaire du fonds français après 1800*, Paris, 1974, p. 129-147).

Honoré Daumier est principalement chargé de préparer les pierres lithographiques. Durant cet apprentissage, il assiste à la confection des lithographies pour l'illustration de : *Iconographie des contemporains… depuis 1789 jusqu'en 1829*, chez Delpech, 1823-1832 et de : *Iconographie française… depuis le règne de Charles VII jusqu'à la fin de celui de Louis XVI*, chez Delpech, 1825-1840, pour lequel son employeur livre de nombreuses planches de portraits d'aristocrates. Il apprend la lithographie, mais pas avec Ramelet comme le disait A. Alexandre (d'ailleurs Philipon écrivait dans *Le Charivari* du **7 décembre 1832** : « Nous publions le *Jet d'eau* par M. Ramelet. M. Ramelet n'est pas encore bien familiarisé avec l'exécution lithographique et pourtant ses essais sont remarquables par la couleur et la netteté. » Il produit « quelques alphabets casés tant bien que mal chez les libraires, plusieurs illustrations de romances troubadour, de pauvres croquis destinés à un petit journal créé par William Duckett », selon Escholier, 1930, p. 14).

La famille Daumier habite alors 26, rue de l'Abbaye.

1827

Jean-Baptiste Daumier publie un poème dans la *Couronne des poètes français*, recueil paru à la Librairie catholique (Adhémar, 1954a, p. 87).

1829

20 février

La famille Daumier loge 33, rue de la Barillerie, à proximité du palais de Justice, dans une maison appartenant à M. Romieu ou Ramieu. Elle y résidera jusqu'en **mai 1831**. Le **10 juillet 1831**, Jean-Baptiste Daumier signera à l'intention de son ancien propriétaire une reconnaissance de dette de 612,50 francs pour les loyers du quatrième trimestre 1830 et des deux premiers de 1831 (documents dans la coll. Passeron).

Mai

Fondation de *La Silhouette*, premier hebdomadaire satirique illustré en France, créé par Philipon, Ratier et Ricourt, installé dans la rue du Coq. La revue disparaîtra en **mai 1831**, Achille Ricourt (1776-1865) ayant alors fondé la revue *L'Artiste*. Selon Duranty, Ricourt aurait été le premier éditeur de Daumier et l'auteur de la formule : « Vous avez le geste, vous » (Duranty, mai 1878, p. 436).

Décembre

Ouverture du *Grand magasin de caricatures et de nouveautés lithographiques*, galerie spécialisée dans la vente de caricatures, galerie Véro-Dodat, tenue par Gabriel Aubert (1789-1847) et son beau-frère Charles Philipon (1806-1862). (l'*Annuaire du commerce de la Seine* indique plusieurs localisations dans la galerie Véro-Dodat : au n° 31 en 1831, au n° 38 en 1833 et au n° 13 selon certains auteurs modernes).

G. Aubert obtiendra son brevet de lithographe le **12 février 1836** (n° 938) et celui de libraire (n° 6739) le **10 septembre 1841**, brevets qui passeront à son épouse, Marie Françoise Madeleine, née Philipon (1794-1851), le **20 septembre 1847**. Ces brevets seront annulés par décision ministérielle du **12 décembre 1853** (Archives nationales F/18/1728).

Apparition des premières statuettes-charges de Jean-Pierre Dantan (1800-1869) – qui n'ont pas été sans inspirer les futurs bustes en terre crue que réalisera Daumier – exposées dans une salle du passage des Panoramas (Sorel, n° 1404, janvier 1986, p. 1-38 et n° 1405, février 1986, p. 87-102).

1830

17 avril

Jean-Baptiste Daumier publie un poème, *L'Espérance*, dans le *Mercure du XIXᵉ siècle* (t. 29, p. 97-99).

22 juillet

La Silhouette publie *Passe ton chemin, cochon !* que Delteil considérait comme la première lithographie de Daumier, inspirée de Charlet (LD 1). Près d'une vingtaine suivront jusqu'à la fin de l'année (LD 2 à 20 dont cat. 4) avec, en particulier les lithographies *Le Vieux Drapeau* (signée ; d'après des vers du poète et chansonnier Pierre-Jean de Béranger (1780-1857), dont on venait de publier le quatrième recueil de *Chansons*) et *Pleure donc feignant* (allusion à la chute de Charles X, LD 2 et 3) qui sont publiées le **11 août**. Les lithographies à la plume *Courage... nous aurons toujours du pain* et *En route* sont déposées les **4 et 11 septembre** (LD 9 et 10) ; elles portent l'indication *Lith. de Ratier*.

27-29 juillet

Honoré Daumier prend part aux Trois Glorieuses, journées révolutionnaires qui enflamment Paris et reçoit, dit-on, un coup de sabre au front (Passeron, 1979, p. 48 ; ceci paraît corroboré par la description de Daumier lors de son incarcération le **31 août 1832**).

Jean-Baptiste, déçu par la Restauration dont il attendait tant, met sa plume au service du nouveau régime (Marseille, Bibliothèque municipale, archives Cherpin).

4 septembre

Lithographies : *Il a raison l'moutard – eh oui c'est nous qu'a fait la révolution et c'est eux qui la mangent (la galette)* (allusion à une lithographie de Charlet,

n° 662 du catalogue de La Combe, LD 8), et *Courage... nous aurons toujours Dupain* (Dupin avait été, depuis 1817, l'homme d'affaires et le conseiller de Louis-Philippe qui le remercia en lui offrant le poste lucratif de procureur général près la Cour de cassation, LD 9).

11 septembre

Lithographie *En route mauvaise troupe !... C'est né dans un pays libre et ça se vend pour **Dupain*** (LD 10).

17 septembre

Dépôt de la lithographie *Ya encore de l'ouvrage par là !* dont la publication est refusée par la censure (LD 12).

7 octobre

Jean-Baptiste Daumier date de ce jour un récit grandiloquent de 130 feuillets intitulé *Les Enfants de la rue et les hommes de la Chambre (Scènes historiques)* (Marseille, Bibliothèque municipale, archives Cherpin).

4 novembre

Honoré Daumier participe sous le pseudonyme de Rogelin à *La Caricature* dont paraît le premier numéro. Ce journal sera dirigée de **novembre 1830** à **août 1835** par Charles Philipon et Gabriel Aubert qui a épousé la demi-sœur de son associé (Bibliothèque nationale de France, département des Manuscrits, N. acq. 24281, folio 370-371. Baudelaire dira de cette revue qu'elle était « un tohu-bohu, un capharnaüm, une prodigieuse comédie satirique, tantôt bouffonne, tantôt sanglante où défilent, affublés de costumes variés et grotesques, toutes les honorabilités politiques »).

Les autres collaborateurs de cette revue seront Grandville (1803-1847), Gavarni (1804-1866), Henri Monnier (1799-1877), Raffet (1804-1860), Traviès (1804-1859), Pigal (1798-1872), Charlet (1792-1845), Balzac (1799-1850) sous le pseudonyme de comte Alexandre de B..., Louis Desnoyers (1802-1868) sous le nom de Derville (Alexandre, 1888, p. 38-42).

Les éditeurs demandent à Daumier une série de bustes modelés et coloriés dans le genre des statuettes-charges de Jean-Pierre Dantan : la série sera terminée en **avril 1832**. Exposée dans la vitrine du journal, elle obtient un grand succès (Alexandre, 1888, p. 65-75).

1ᵉʳ décembre

La lithographie *Pauvres moutons. Ah ! vous aurez beau faire / Toujours on vous tondra* (LD 18) est la première caricature politique dirigée contre Louis-Philippe.

10 décembre

Loi sur la liberté de la presse : Daumier réalisera 250 lithographies jusqu'au **25 août 1835**, dont 9 seulement ne seront pas politiques.

Ce fut une enseigne de sage-femme, exécutée en collaboration avec Jeanron, qui aurait rapporté à Daumier le premier argent (50 francs) que lui valut sa palette. Parmi les œuvres conservées réalisées à cette date, Adhémar citait *Un homme jetant son chien à l'eau* (MI-1, Itami, Itami City Museum of Art) et *Aquafortiste* (MI-2, vente, Londres, Sotheby's, 1ᵉʳ décembre 1993, n° 114) qui représente peut-être le graveur Louis Leroy. Adhémar ajoute l'*Autoportrait* du musée Calvet à Avignon, rejeté par Maison, t. 1, 1968, p. 437 et Georgel, 1972, n° 3 (Passeron, 1979, p. 79-80 tandis que Maison, vol. 1, 1968, p. 51-52 propose des dates plus tardives).

1831

9 mars

Le propriétaire du logement du 33, rue de la Barillerie, qu'occupent les Daumier, réclame ses dus et menace la famille d'expulsion. Le **16 mars**, Jean-Baptiste Daumier écrit à son propriétaire à Vierzon et régularise une partie de ses dettes. Le **10 juillet**, un reliquat de 612,50 francs reste toujours à payer (Marseille, Bibliothèque municipale, archives Cherpin).

1er juin

Lithographies : *Un héros de juillet* (Un grand blessé de la Révolution, sans ressources, va se suicider, LD 23) et *Monseigneur s'ils persistent nous mettrons Paris en état de siège* (Le Comte Lobau, nommé maréchal de France, réprime les manifestations républicaines, LD 24).

Juin

Alexandre Lenoir procure à Jean-Baptiste Daumier « des copies en écriture, qui vous occuperont plusieurs jours et qui vous seront payés » (Cherpin, 1979, p. 17-33).

21 octobre

Lithographies : *Le patrouillotisme chassant le patriotisme du Palais Royal* (La troupe chasse les républicains du jardin du Palais-Royal le 22 décembre 1830, LD 28) et *Dieu ai-je aimé cet être-là !* (Seconde attaque contre Louis-Philippe, LD 29).

14 novembre

Charles Philipon est condamné pour « offenses envers la personne du roi en insérant dans son journal deux caricatures » (Archives de la Seine 2Y13/18, registre 25, n° d'ordre 15558).

5 décembre

Lithographie : *Départ pour Lyon* (2 planches) (nouvelle attaque contre Louis-Philippe qui se rendit à Lyon à la suite de la répression d'une insurrection qui se renouvellera en 1834, LD 30 et 31).

15 décembre

Lithographies : *Ils ne font qu'un saut* (non signée) et *Gargantua* (signée, LD 32 et cat. 5). Quelques jours plus tard, les lithographies sont saisies dans la boutique d'Aubert et l'ordre est donné de détruire les pierres et toutes les feuilles déjà imprimées.

Le dessin de l'Albertina de Vienne dédié *A Jeannette* (cat. 1) serait un des premiers dessins connus de Daumier que l'on s'accorde à dater vers 1831-1833 (Passeron, 1979, p. 44 ; Francfort et New York, 1992-1993, p. 62-63).

Le journal *La Liberté*, auquel il collabore alors, était l'organe d'expression des artistes en rupture avec le système en place. Il fonctionnait comme un « comité de salut artistique » où s'exprimèrent les amis peintres et sculpteurs d'Honoré Daumier (Sensier, 1872, p. 45).

1832

13 janvier

Incarcération de Charles Philipon pour une peine de six mois (Archives de la Seine 2Y13/18, registre 25, n° d'ordre 15558).

9 février

Première caricature de Daumier dans *La Caricature* (n° 67) : *Très humbles, très soumis, très obéissants…* (LD 40).

Démêlés de Philipon avec la justice au sujet des caricatures de Louis-Philippe sous forme de poire ; la première apparition de celle-ci figure dans une lithographie du **23 février**, *Le Cauchemar*, que Daumier signe du pseudonyme de Rogelin (LD 41) (Alexandre, 1888, p. 45).

23 février

Daumier, ainsi qu'Aubert et l'imprimeur Delaporte, sont déférés devant la Cour d'assises pour les deux lithographies : *Ils ne font qu'un saut* et *Gargantua* (LD 32 et 34) (alors qu'un accord paraît établi sur la chronologie de ces faits, il est nécessaire de signaler que, selon Alexandre, 1888, le *Gargantua* ne fut pas publié, n. 1, p. 46).

Si le jugement concernant la première lithographie se clôt par un non-lieu, le jugement de la seconde aboutit à une condamnation :

« Aujourd'hui les jurés de la 2e section de la Cour d'assises avaient à juger trois affaires de caricatures. Dans la première, MM. Delaporte, imprimeur ; Daumier,

auteur de la lithographie, et Aubert, marchand de gravures, étaient prévenus d'excitation à la haine et au mépris du gouvernement du Roi, et d'offenses à la personne du Roi, en publiant une caricature intitulée : *Gargantua* ; elle représente un homme dans l'immense bouche duquel repose la partie supérieure d'une échelle qui descend jusqu'à terre ; les échelons sont couverts de valets occupés à brouetter, dans l'avaloir de Gargantua, des sacs d'écus qu'une multitude mal vêtue et affamée apporte à ses pieds ; auprès de lui on remarque d'autres personnages qui, placés sous l'échelle, s'emparent avec avidité de tout ce qui tombe des brouettes ; enfin un groupe nombreux de gens en grand costume se pressent autour du fauteuil de *Gargantua*, et applaudissent avec transport.

« M. Legorrec, avocat général, soutient la prévention. Me Blanc présente la défense.

« Les jurés répondent affirmativement sur toutes les questions.

« La Cour condamne MM. Aubert, Daumier et Delaporte chacun en six mois de prison et 500 fr. d'amende » (*Gazette des tribunaux*, n° 2037, 23 février 1832). L'application de cette condamnation n'est pas demandée immédiatement.

7 mars

Philipon est condamné pour « offense à Sa Majesté le Roi et à un des membres de sa famille » (Archives de la Seine 2Y13/18, registre 25).

8 mars

Publication de la lithographie *Masques de 1831* (cat. 7).

26 avril

Selon un article de *La Caricature* (n° 78), les premiers bustes « modelés en maquette » à la demande de Philipon sont traduits en lithographies (pour les dates de réalisation, voir Alexandre, 1888, p. 62-63, Passeron, 1979, p. 76-77 ; voir aussi le lien avec une gravure d'Auguste Desperet, où figurent deux des bustes, publiée dans la *Chronique des arts et de la curiosité*, décembre 1966, p. 20. En ce qui concerne le nombre des bustes : Adhémar, 1954a, pense qu'il put y en avoir jusqu'à 45 ; voir aussi les photos du fils adoptif de Philipon réalisées en avril 1865 où 34 bustes sont reproduits ainsi que la n. 65, p. 302-303 de Passeron, 1979 et l'introduction de Gobin, 1952).

Dans ce même numéro de *La Caricature* figure la première lithographie inspirée des bustes qui représente Charles de Lameth (LD 43). Daumier réalise encore les portraits caricaturaux de Dupin aîné (LD 45, publié le **14 juin**), du maréchal Soult (LD 46, publié le **28 juin**) et du comte d'Argout (LD 48, publié le **9 août**) (voir Alexandre, 1888, p. 65-67).

28 juillet

Nouvelle incarcération de Charles Philipon (Archives de la Seine 2Y13/19, registre 26, F° 98, n° d'ordre 291).

2 août

Le n° 91 de *La Caricature* annonce la création d'une nouvelle publication : *L'Association mensuelle*. Sa vocation était de publier chaque mois une lithographie dont la vente devait permettre de payer les amendes infligées par la censure.

22 août

Dépôt de la lithographie : *Les Blanchisseurs* (signé : *Honoré*, elle représente le procureur général Persil, le préfet de police Gisquet et le maréchal Soult occupés à « nettoyer » le drapeau tricolore avec la légende : *Le blanc s'en ira mais ce diable de rouge tient comme du sang*, LD 39).

23 août

La lithographie *La Cour du roi Pétaud* (LD 49), publiée dans le n° 94 de *La Caricature*, provoque l'exécution de la peine décidée en février.

27 août

Au matin, l'officier de paix Bouroux met Honoré Daumier en état d'arrestation, à son domicile 12, quai de la Grève, en présence de ses parents (archives de la Préfecture de police de Paris, dossier Daumier E A/42).

Il le transfère au dépôt de la Préfecture de police (qu'a largement décrit Gérard de Nerval dans ses *Souvenirs*) d'où il adresse une missive à la future madame Philipon. Il y reste quatre jours (Archives de la Seine 2Y13/19, registre 26, F° 119, n° d'ordre 353).

28 août

Jean-Baptiste Daumier reçoit une lettre de Philipon, calmant ses inquiétudes sur le sort d'Honoré qui vient d'être mis en prison. Cette lettre annonce qu'Aubert viendra le lendemain pour lui indiquer comment faire une demande pour que son fils soit transféré dans une maison de santé (Cherpin, 1973, p. 75-80).

30 août

Dans le n° 95 de *La Caricature*, on pouvait lire :

« Au moment où nous écrivons ces lignes […]. Plats valets, dites donc : "l'allégresse est universelle". »

31 août

Daumier est incarcéré à la prison de Sainte-Pélagie, dans le quartier du jardin des Plantes (démolie en 1895) pour six mois. Le dossier de cette incarcération le désigne artiste-peintre et porte la description suivante : « Signalement : Âgé de 24 ans. Nez retroussé. Taille 1 m 71. Bouche moyenne. Cheveux noirs. Menton ovale et saillant. Sourcils moyens. Visage ovale. Front large et plat. Teint ordinaire. Yeux gris. Marques particulières : une cicatrice au haut du front près du départ des cheveux » (Archives de la Seine 2Y13/19, registre 26, F° 119, n° d'ordre 353). Cette dernière information semble corroborer l'idée du coup de sabre reçu durant les Trois Glorieuses.

La peine devait se terminer le **22 février 1833** mais cette durée allait être sensiblement abrégée par la conjonction des événements qui devaient suivre. Daumier aurait reçu, durant sa détention, des leçons de peinture de Jeanron (Laughton, 1996, p. 10).

6 septembre

Philipon est de nouveau incarcéré à Sainte-Pélagie, alors qu'il venait de passer un certain temps à la maison de santé de la veuve Laurent au 36, rue Pigalle, puis à la clinique du docteur J.-P. Casimir Pinel (1800-après 1856, neveu de Philippe Pinel [1745-1826], criminaliste et médecin-chef à l'hôpital Bicêtre puis à la Salpêtrière), 76, rue de Chaillot à partir du **17 mars 1832** et jusqu'au début de **juin 1832**. Il avait alors obtenu une permission de sortie pour se rendre aux obsèques du général Lamarque (sur la chronologie de ces événements, voir Chateaubriand, *Mémoires d'outre-tombe*, et Victor Hugo, *Les Misérables*) et n'y était jamais retourné.

8 octobre

Lettre de Daumier à Jeanron (selon Alexandre, 1888, cette lettre fut vendue le 7 novembre 1887 parmi une collection d'autographes, retranscription complète p. 54-55, localisation actuelle inconnue).

15 octobre

Philipon retourne dans la maison de santé du docteur Pinel.

11 novembre

Daumier obtient son transfert à la maison de santé du docteur Pinel, où il restera jusqu'à l'extinction de sa peine. Les règlements prescrivaient aux directeurs de maisons de santé de déclarer leurs hôtes à la police dans les vingt-quatre heures, mais Pinel ne fit cette déclaration que le **15 novembre**, au commissariat du quartier du Roule. À ce moment Daumier est déclaré habiter 39, rue Saint-Germain-l'Auxerrois ; sa famille avait déménagé depuis son incarcération.

Durant cette période, Daumier dut réaliser plusieurs dessins et aquarelles qui seront gravés par Charles Ramelet (1805-1851) et publiés dans *La Caricature* (n° 118, 7 février 1833, LD 50) et dans *Le Charivari* entre le **14 janvier** et le **19 octobre 1833** (LD, Appendice 29-43) (d'après Champfleury, selon Passeron, 1979, p. 72).

Cette série, dite de l'*Imagination*, met en scène les pensionnaires du docteur Pinel (les malades mentaux). Trois des personnages représentés ont été identi-

fiés : Philipon dans *La Colique*, Emma, fille adoptive de Philipon dans *Des pouchinels… des dadas…*, et le docteur Pinel lui-même dans *Le Médecin* (Cherpin, 1973, p. 77-78). Un dessin préparatoire pour la planche intitulée *Misanthropie* a été récemment redécouvert (Laughton, 1996, p. 7, ill. 3 [récemment acquis par le Conseil général du Val-d'Oise] et p. 176, n. 9).

1er décembre

Premier numéro du *Charivari*, fondé par Charles Philipon, dont le premier tirage de deux cent mille exemplaires est distribué gratuitement. Le sous-titre de cette revue indiquait : *Journal publiant chaque jour un dessin* ; celui-ci figurait toujours sur la troisième des quatre pages du journal. La rédaction était installée 16, rue du Croissant et l'administration galerie Véro-Dodat au-dessus du magasin de lithographies d'Aubert. Après 1835, ce journal se verra contraint d'abandonner la caricature politique pour la caricature sociale.

1833

17 janvier

La Gazette de Sainte-Pélagie décrit une chambre où était représenté un Gargantua dont la bouche engloutissait d'énormes hottes d'écus : peut-être s'agissait-il d'un dessin de Daumier.

24 janvier-10 mars

Publication des six planches de la série *Bal de la Cour* dans *Le Charivari* (LD 136 à 141).

27 janvier (et non le 22 février comme cela aurait dû être)

Daumier finit de purger sa peine. Il quitte sa famille et part habiter rue Saint-Denis dans une maison populaire où il retrouve d'autres artistes : Paul Huet et Louis Cabat, mais aussi Préault, Jeanron et Narcisse Diaz de la Peña. Ils partagent un atelier commun, un ancien Bureau de nourrices (Alexandre, 1888, p. 86-87).

Daumier réalise une caricature du procureur-général Persil qui est le dernier buste que publie le n° 127 de *La Caricature* (**11 avril 1833**, LD 51). À celui-ci succéderont des portraits en pied, série qui commence avec un portrait de M. de Podenas (n° 130 du **2 mai 1833**, cat. 50) ; dix-huit seront publiés jusqu'au **27 décembre 1833** (Alexandre, 1888, p. 67-75).

Honoré Daumier copie au Louvre au moins une œuvre de Rubens (*La Kermesse*) (pour l'historique de cette copie, voir Passeron, 1979, n. 13, p. 304 et Duranty, 1878, p. 538).

18 mars

Dans le *Supplément* au numéro 124 de *La Caricature* intitulé *Théâtre des Folies Politiques*, les journalistes imaginent un certain nombre de pièces autour de l'actualité politique (*L'Attentat risible*, *L'Assassiné imaginaire*…). Au bas de cette pseudo-affiche figure : « Les décors seront peints par MM. Grandville, Forest, Julien, Daumier, Traviès, etc., peintres et décorateurs de la *Caricature*. »

6 mai

Le Charivari publie la première lithographie de Daumier réalisée sur une pierre française alors que jusqu'alors les pierres devaient être importées de la région de Munich. Cette planche *Le bois est cher et les arts ne vont pas* (LD 146) représente peut-être ses amis de la rue Saint-Denis, Cabat, Jeanron ou d'autres…

Son activité de graveur ne lui permet bientôt plus de se consacrer à la peinture.

Novembre

Début des bois gravés. L'utilisation du bois de bout représentait une amélioration technique considérable dont Daumier profita aussitôt. Daumier dessinait lui-même sur le bois et des artisans (selon Bouvy, 1933a, au moins soixante-deux artisans collaborèrent à ces bois gravés) épargnaient le trait du dessin à la gouge (gravure en taille d'épargne). Les premières planches apparaissent sous forme de frontispice pour *Le Charivari*. Daumier participe aussi à *La Chronique de Paris* (32 vignettes) et au *Journal des enfants* (où il publie 5 bois).

1834

Daumier réalise plusieurs planches pour la publication de Philipon, *L'Association mensuelle* : *Le Ventre législatif* (pl. 18, **janvier 1834**, cat. 55), *Très hauts et très puissants moutards et moutardes légitimes* (pl. 19, **février 1834**, LD 132), *Ne vous y frottez pas !!* (pl. 20, **mars 1834**, cat. 56), *Enfoncé Lafayette !... Attrape mon vieux !* (pl. 22, **mai 1834**, LD 134) et enfin *Rue Transnonain, le 15 avril 1834* (pl. 24, **juillet 1834**, cat. 57) (pour l'historique des événements qui se sont déroulés les 13 et 14 avril [et non le 15] dans l'immeuble du 12, rue Transnonain, à l'angle de la rue de Montmorency, à Paris, voir *Le National* du 16 avril 1834 et A. Ledru-Rollin, *Mémoire sur les événements de la rue Transnonain dans les journées des 13 et 14 avril 1834*, Paris, Guillaumin, 23 juillet 1834, qui regroupe les dépositions des témoins survivants et du commandant de compagnie, M. de Failly, jugé responsable du massacre).

14 mars

Publication de la première des deux planches, identiques mais de formats différents, intitulées *Souvenir de Ste-Pélagie* (LD 192 et cat. 53). Elles représentent Daumier debout devant deux de ses compagnons d'incarcération, le graveur Lerouge et l'écrivain Masse, lisant le journal républicain *La Tribune* (Passeron, 1979, p. 101).

« Lorsque, à la suite d'indignes manœuvres académiques, son [celui de Préault] fameux groupe, *Les Parias*, fut refusé au Salon, il eut, du moins la consolation de voir Daumier le reproduire magnifiquement et le populariser par la diffusion lithographique » (dans *Le Musée d'Alexandre D...* [Decamps, le frère du peintre], Salon de 1834 [Escholier, 1930, p. 49, qui attribue à Daumier une feuille réalisée, en fait, par Nanteuil]).

Ce Salon est aussi l'occasion de la publication de deux planches (LD 190 et 191) dans *Le Charivari* du **2 avril** et du **25 juin** qui reproduisent *Un corps-de-garde sur la route de Smyrne à Magnésie*, d'après Decamps (n° 471 du livret du Salon) et *Vue générale d'Avignon et de Villeneuve-lès-Avignon, prise de l'intérieur du fort Saint-André* d'après Paul Huet (n° 991 du livret du Salon).

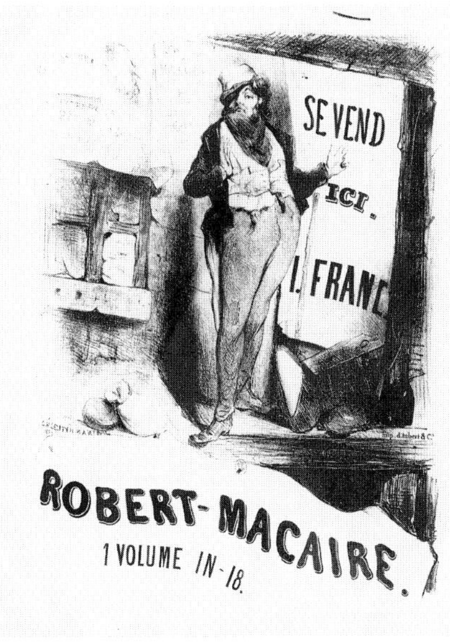

14 juin

Première représentation au théâtre des Folies-Dramatiques de *Robert Macaire*, pièce en quatre actes et six tableaux par Saint-Amand, Autier et Frédérick Lemaître.

9 octobre

La Caricature signale une aquarelle de Daumier, *Un cabaret de village*, parmi les œuvres qui vont être reproduites dans une prochaine livraison de la *Revue des peintres*, mais celle-ci ne paraîtra jamais (Adhémar, 1954a, p. 24).

1835

6 janvier

Le Charivari fait paraître une publicité pour : « *La Chambre improstituée*. Deux cahiers composés de six feuilles chacun. Prix du cahier 6 francs. Cette collection, due au crayon de M. Daumier, reproduit les traits exacts des principaux ventrus de la Chambre. Ils sont reproduits en pied, dans le costume et la pose qui leur sont le plus ordinaire. » Il s'agit des planches publiées entre le **2 mai** et le **18 juillet 1833** dans *La Caricature*.

14 mars

Dépôt de la lithographie *La Bonne grand-mère* gravée par Delaunois (LD 254)

destinée à la *Revue des peintres* (11e livraison, pl. 55). Cette représentation dut être inspirée, comme toutes les lithographies publiées dans ce journal et les planches non déposées : *La Lecture du journal* et *Cavalerie légère* (LD 256 et 257), par une aquarelle comme celle dont il avait été question le **9 octobre** précédent. De telles œuvres, dont Henri Monnier avait inondé le marché depuis **1825** et dont la technique ne fut pas sans influence sur Daumier, se révélèrent invendables et renvoyèrent celui-ci vers la caricature (Adhémar, 1954a, p. 24).

À partir du **28 mai**, Daumier publie les *Portraits des juges des accusés d'avril* (les personnalités chargées de juger les mutins d'avril 1834. LD 117, 120-121, 124-126, 128-129).

5 juin

Dépôt de la lithographie *Le Malade* (LD 255) destinée à la *Revue des peintres* (14e livraison, pl. 67).

27 août

Le n° 251 de *La Caricature* publie la dernière caricature politique de Daumier pour de nombreuses années, *C'était vraiment bien la peine de nous faire tuer* (cat. 59), puisque la loi sur la liberté de la presse du **29 août** prohibe désormais ce type de publication. Il aura fourni auparavant 91 lithographies à cette revue. *Le Charivari*, aussi appelé à se réformer, adopte à cette occasion un nouveau sous-titre : *publiant chaque jour un nouveau dessin... quand la Censure le permet*. Daumier se consacre dès lors, et jusqu'en 1848, à la caricature sociale et à la satire de mœurs. Sa première série, annoncée dès le **23 septembre**, se nomme *Types français* (LD 260-270) et débute par *Le petit clerc, dit : saute-ruisseau* qui rappelle son premier emploi.

Daumier habite 24, rue de l'Hirondelle dans l'île de la Cité.

31 août

Annonce, dans les colonnes du *Charivari*, de la vente groupée des 24 dessins de *L'Association mensuelle*.

Les gains mensuels de Daumier, dans les années 1835-1845, oscillent entre 300 et 600 francs (Cherpin, 1973, p. 166.)

22 octobre-31 décembre

Flibustiers parisiens, pour *Le Charivari* (LD 271 à 276).

10 décembre

Dépôt de cinq lithographies pour la nouvelle édition des *Aventures de Jean-Paul Choppart* (cat. 61) par Louis Desnoyers.

1836

22 janvier-10 mars 1836

Plaisirs de l'hiver, pour *Le Charivari* (LD 283 à 288).

4 février-14 février

Le Charivari commence la publication de quelques planches de portraits autour du procès du conspirateur corse Giuseppe Fieschi (1790-1836) (LD 289 à 298) dont l'attentat, perpétré le 25 août précédent contre Louis-Philippe, était à l'origine des nouvelles lois de censure.

20 août 1836-25 novembre 1838

Le Charivari publie la série de cent lithographies des *Robert Macaire*, sous le titre *Caricaturana* (LD 354 à 455 et cat. 70 à 72). Toutes les planches sont signées conjointement par Daumier et Philipon. Deux éditions existaient, une en noir et blanc et une en couleurs. En 1839, ces planches paraîtront en album (fig. 2).

Fig. 2
Célestin Nanteuil,
Affiche pour Robert Macaire,
1837, lithographie.

23 septembre 1836-11 avril 1837

La Chasse, pour *Le Charivari* (LD 302 à 317). Ces lithographies à la plume sont des variations sur des caricatures anglaises publiées par Robert Seymour (1800-1836). Cette série sera rééditée en **1840** et **1845**.

17 novembre

Galerie physionomique, pour *Le Charivari*, 31 planches dont 25 de Daumier (LD 326 à 350) ; les autres sont de Traviès.

1837

Septembre

Portrait au fusain de Daumier par H. Espérandieu (actif entre 1822 et 1854) (anc. coll. John Rewald, localisation actuelle inconnue, Passeron, 1979, p. 6.)

Une lithographie de Benjamin Roubaud (1811-1847) dans le *Panthéon charivarique* représente Daumier, l'album de Robert Macaire sous le bras (fig. 3) (Passeron, 1979, p. 74).

17 septembre

Le Charivari annonce la publication de plusieurs alphabets comiques illustrés disponibles chez Aubert, entre autres par Daumier.

Daumier collabore à la *Gazette des enfants et des jeunes personnes* avec 3 lithographies (LD 458 à 460).

1er novembre

Début du premier carnet de comptes de Daumier qui enregistre les commandes et les livraisons de lithographies jusqu'en **septembre 1840**. Jusqu'en **juin 1838**, chaque lithographie est payée 40 francs ; il en réalise mensuellement entre 5 et 10. À partir de **septembre 1838**, il exécute un nombre plus important de dessins

PANTHÉON CHARIVARIQUE

DAUMIER fut le peintre ordinaire
Des pairs, des députés et des Robert Macaire.
Son rude crayon fit l'histoire de nos jours.
— O l'étonnante boule ! ô la bonne figure !
— Je le crois pardieu bien car *Daumier* est toujours
Excellent en caricature.

Fig. 3
Benjamin Roubaud, *Portrait gravé d'Honoré Daumier*, septembre 1837.

sur des blocs de bois – que Daumier nomme « bois » – qui sont gravés par d'autres. Ces illustrations, selon leur niveau de complexité, sont payés entre 20 et 65 francs. Certaines illustrations, particulièrement compliquées, peuvent être payées jusqu'à 125 francs, ainsi *PARADE DE CHARIVARI* (LD 554) publiée le **6 janvier 1839** dans *Le Charivari* (Marseille, Bibliothèque municipale, archives Cherpin, MSD 4 ; commenté dans Laughton, 1996, p. 153-157.)

1838

28 janvier 1838-7 avril 1839

Daumier réalise cinquante-trois des cent lithographies de la série *Croquis d'expression* (LD 466 à 521), les suivantes sont de Henri-Daniel Plattel (1803-1859) et de J. Platier. L'ensemble est publié dans *Le Charivari*.

1er novembre 1838

Philipon se lance dans une nouvelle édition de *La Caricature* qui paraîtra jusqu'au **31 décembre 1843**. Daumier y publiera 133 lithographies, dont *Types parisiens* (LD 559 à 606 et cat. 79 à 83) qui est la suite et parfois la reprise des *Croquis d'expressions*.

À partir de **1838**, *Le Charivari*, en plus de sa lithographie de troisième page, publie des bois gravés qui peuvent être utilisés à plusieurs reprises. Pour ce journal et d'autres, Daumier en réalisera 660 entre **1838** et **1852** (Bouvy, octobre 1931).

1839

Février 1839

Le nouveau propriétaire du *Charivari* est M. Dutacq. Le **2 février**, Daumier signe un nouveau contrat qui lui accorde 50 francs par pierre lithographique et 2 000 francs d'avance sur les 200 lithographies à venir en échange du monopole de son travail, mais rien ne le confirme vraiment dans le carnet de comptes (Vincent, 1968, p. 79).

Les lithographies et les xylographies lui rapportent environ 484 francs par mois entre **septembre 1838** et **juin 1839**. Entre **juillet 1839** et **avril 1840**, son revenu mensuel s'établit à 687 francs avant de retomber à 523 francs les cinq mois suivants (Vincent, 1968, p. 79-80 ; Laughton, 1996, p. 15).

Une lettre laconique non datée mais attribuable à la fin des années 1830 ou au début des années 1840, conservée dans le fichier Moreau-Nélaton, adressée à Monsieur Destouches, Imprimeur-lithographe, 28 rue de Paradis, porte le texte : « Monsieur, Envoyez-moi dix pierres tout de suite. J'ai l'honneur de vous saluer. h. Daumier. »

19 mai 1839-12 octobre 1842

Mœurs conjugales, pour *Le Charivari* (LD 624 à 683), avant d'être vendues en album à partir de **janvier 1843**.

2 juin 1839-26 novembre 1842

Émotions parisiennes, pour *Le Charivari* et *La Caricature* (LD 684 à 728 et cat. 86).

11 juin 1839-27 septembre 1842

Les Baigneurs, pour *Le Charivari* (LD 760 à 790), vendues en album à partir d'**août 1843**.

17 novembre

Le *Figaro* publie une lithographie de Daumier *La Salle des pas perdus* (LD 753) qui sera aussi reproduite dans le livre d'Albéric Second, *Paris au dix-neuvième siècle*, éd. du Charivari.

1er décembre 1839-26 juin 1840

Les Parisiens, pour *Le Charivari* (LD 754 à 759).

1840

4 septembre 1840-17 avril 1842

Les Bohémiens de Paris, pour *Le Charivari* (LD 822 à 849).

25 octobre 1840-novembre 1841

Robert Macaire (2ᵉ série), pour *Le Charivari* et *La Caricature* (LD 866 à 885) (Thackeray écrit au sujet de Robert Macaire, en 1840, dans *The Paris Sketch Book* et Fortunatus le cite dans son *Dictionnaire satirique des célébrités contemporaines* en 1842).

1841

10 janvier-15 novembre

Physionomies tragico-classiques (LD 890 à 904), pour *Le Charivari*, vendues en album à partir de **juin 1843**.

26 juillet 1841

Il emprunte 110 francs à un M. Braconneau (un certain Levasseur sert d'inter-médiaire pour le règlement, avec lettres de rappel les **31 décembre**, **4** et **6 janvier 1842**). Une signification de vente est adressée le **31 mars 1842** (Marseille, Bibliothèque municipale, archives Cherpin).

22 décembre 1841-5 janvier 1843

Histoire ancienne, pour *Le Charivari* (LD 925 à 974 et cat. 73 à 76) est inspirée de planches et d'ouvrages prêtés par le peintre Jean Gigoux (1806-1894) (Gigoux, 1885, p. 54).

De nombreuses gravures sont publiées dans des journaux ou des livres : *Physiologies* (**1841-1842**, cat. 64), *Les Français peints par eux-mêmes* (**1840-1842**, cat. 63), *Némésis médicale illustrée* (**1840**, cat. 62), *La Grande Ville* (**1842**, cat. 65).

1842

18 février

Il s'engage à remettre à un certain M. Fumet un acompte de 50 francs, paiement partiel de sa dette à M. Braconneau (Marseille, Bibliothèque municipale, archives Cherpin. Selon l'*Annuaire-Almanach du commerce*, Paris, 1850, p. 210, le dénommé Fumet aurait été huissier, 8, place de la Bourse).

18 mars

Dans une nouvelle lettre adressée à l'huissier Fumet, Daumier se dit incapable de poursuivre le règlement de sa dette (lettre reproduite dans Cherpin, 1973, p. 64).

31 mars

Une signification de vente est adressée à Daumier qui ne peut honorer ses dettes. Il s'ensuit, le **13 avril**, une vente par autorité de justice (Marseille, Bibliothèque municipale, archives Cherpin).

18 novembre

Nouvelle lettre à l'huissier Fumet : Daumier demande huit jours pour solder sa dette envers M. Braconneau (Marseille, Bibliothèque municipale, archives Cherpin).

1843

7 mars

L'échec des *Burgraves* de Victor Hugo sur la scène du Théâtre-Français (Comédie-Française) est à l'origine d'une lithographie publiée dans *Le Charivari* du **31 mars** : *Hugo lorgnant les voûtes bleues* (LD 1004).

8 avril

Lettre de Romieu, l'ancien propriétaire des Daumier, rue de la Barillerie, à Daumier père, pour le remercier de l'envoi d'œuvres de son fils en règlement d'une dette (coll. Passeron).

11 avril-17 septembre

Les Canotiers parisiens, pour *Le Charivari*, avec des légendes de Louis Huart (1813-1865) (LD 1023 à 1042).

30 mai 1843-22 mars 1844

Les Chemins de fer, pour *Le Charivari* (LD 1043 à 1058).

Fig. 4

Honoré Daumier, *Les Beaux Jours de la vie. Quand on a son portrait au Salon*, lithographie parue dans *Le Charivari* du 26 avril 1845.

30 septembre

Lettre de Daumier à Dutacq dans laquelle il déclare réduire le prix de ses dessins sur pierre pour *Le Charivari* à 40 francs l'un (reproduit dans Delteil, entre les nᵒ 135 et 136).

24 décembre 1843-19 septembre 1846

Les Beaux jours de la vie, pour *Le Charivari* (LD 1088 à 1188) (fig. 4).

1844

11 janvier-23 juin 1845

Voyage en Chine, pour *Le Charivari* (LD 1189 à 1220).

30 janvier 1844-7 août 1844

Début de la série des *Bas-bleus*, qui remporta un tel succès dans *Le Charivari* qu'elle fut ensuite tirée en feuilles sur papier blanc (LD 1221 à 1260 et cat. 89 à 95).

15 mai 1844

Honoré écrit à ses parents de Moisselles (actuel Val-d'Oise) où il est en congé (vente, Paris, hôtel Drouot, 29 mars 1979, nᵒ 16).

21 décembre-8 février 1845

Paris l'hiver, pour *Le Charivari* (LD 1329 à 1334 et cat. 87 et 88).

1845

21 mars 1845-31 octobre 1848

Les Gens de justice, dans *Le Charivari* (LD 1337 à 1375 et cat. 96 à 101), lithographies que l'on pense contemporaines d'un certain nombre de ses premières peintures sur ce sujet, telles que *Les Deux Avocats* (cat. 181).

15 mai

Baudelaire parle de Daumier – qui n'expose pas – dans son compte rendu du Salon qui se tenait au Louvre : « Nous ne connaissons, à Paris, que deux hommes qui dessinent aussi bien que M. Delacroix, l'un d'une manière analogue, l'autre d'une méthode contraire. L'un est M. Daumier, le caricaturiste ; l'autre, M. Ingres, le grand peintre, l'adorateur rusé de Raphaël » (Baudelaire, 1975-1976, p. 356).

19 mai 1845-15 mai 1846

Pastorales, pour *Le Charivari* (LD 1388 à 1437).

27 juin

Nouveau contrat de travail avec *Le Charivari*. Il ne doit plus fournir qu'entre 5 et 10 dessins chaque mois.

2 décembre 1845 -juin 1846

Professeurs et moutards, pour *Le Charivari* (LD 1438 à 1469).

Delacroix, dans une lettre à Daumier, lui écrit : « Il n'y a pas d'homme que j'estime et que j'admire plus que vous » (cité par Escholier, 1930, p. 51 et par Passeron, 1979, p. 148).

1846

6 janvier 1846-juin 1848

Locataires et propriétaires, pour *Le Charivari* (LD 1594 à 1625). Trois planches de cette série (LD 1626 à 1628) sont demeurées inédites. Une deuxième série sera publiée entre **février** et **avril 1854** (LD 2570 à 2580), une troisième entre **septembre** et **novembre 1856** (LD 2837 à 2842).

2 février

Naissance d'un neveu dans le quatrième arrondissement, fils de Marie Victorine et d'un père « non dénommé », qui sera déclaré à l'état civil sous le nom d'Honoré Daumier. Le **10 juin 1852**, cet enfant sera confié à l'Assistance publique par le département de la Seine. En **1872**, il est de nouveau mentionné pour la remise d'un Certificat d'origine (Archives de la Seine, bobine 5.MI1/590).

16 avril

Honoré Daumier épouse à la mairie du IXᵉ arrondissement Marie-Alexandrine Dassy (ou d'Assy), dite Didine (qui est peut-être représentée dans la lithographie *Eh bien, ma Didine* du 21 juillet 1842, LD 679) ou Nini, couturière, qui demeurait jusqu'alors chez ses parents, 6, rue du Pourtour-Saint-Gervais. Les témoins sont M. A. Soubeyran, employé, Philippe Bernard-Léon, ancien comédien et directeur de théâtre, alors peintre et lithographe. La mère de Daumier, déclarée veuve, est présente (acte non retrouvé mentionné par Cherpin, 1973 et Passeron, 1979, p. 148 et 209-210. Pour une description de Mme Daumier, Escholier, 1930, p. 59-60).

Daumier réside alors au dernier étage de l'immeuble sis 9, quai d'Anjou (selon Francfort et New York, 1992-1993, p. 254, cette installation remonte peut-être à 1841. Elle dure au moins jusqu'à **1861** s'il faut en croire une reconnaissance de dette adressée à Geoffroy-Dechaume [Paris, coll. part.] et peut-être jusqu'en **1863**, selon Francfort et New York, 1992-1993, p. 255).

Au nº 17 du quai, dans l'ancien hôtel Lauzun dit alors de Pimodan, résident Baudelaire, Théophile Gautier, Roger de Beauvoir et le statuaire Michel-Pascal qui réalisa un médaillon de Daumier à l'origine d'un poème de Baudelaire (E. Texier, *Le Tableau de Paris*, 1852, cité dans Passeron 1979, p. 148-150, *Baudelaire*, Paris, Bibliothèque historique de la Ville de Paris, 1993-1994, n. 372*bis* et Délégation à l'Action artistique de la Ville de Paris, *L'Île Saint-Louis*, 1980, p. 86-88 et 102-106).

Quai de Bourbon vivaient aussi Daubigny, Geoffroy-Dechaume, Meissonier et son beau-frère Steinheil.

C'est au cours d'une soirée de l'hôtel Lauzun que naquit le *Salon caricatural*,

album de soixante caricatures avec des vers de Baudelaire, de Banville et la collaboration de Daumier.

1ᵉʳ mai 1846-juin 1849

Les Bons Bourgeois, pour *Le Charivari* (LD 1477 à 1567 et cat. 102 à 105). Neuf planches (LD 1559 à 1567) prévues pour cette série sont demeurées inédites.

8 juin

Le Charivari publie et commente la planche *Grrrrand déménagement du Constitutionnel* (LD 1475).

10 décembre 1846-1ᵉʳ juin 1849

Les Papas, pour *Le Charivari* (LD 1568 à 1590) qui auraient encore dû comprendre trois planches (LD 1591 à 1593 jamais publiées).

1847

28 mars 1847-2 avril 1851

Tout ce qu'on voudra, pour *Le Charivari* (LD 1647 à 1716 et cat. 106, 107) à la thématique extrêmement variée puisqu'on y retrouve des caricatures concernant le Salon (LD 1647), les amateurs (LD 1657), les gens de justice (LD 1661)…

15 avril

Il participe à une réunion dans l'atelier de Barye, où sont aussi présents Ary Scheffer, Decamps, Dupré, Delacroix, Rousseau, Charles Jacque…, et où l'on évoque l'idée d'un salon indépendant du Salon officiel (R. Escholier, *Delacroix*, t. III, Paris, Floury, p. 114). Un acte est déposé chez M. Faiseau-Lavanne, notaire à Paris, contenant les statuts de ce salon qui ne verra jamais le jour avec cet ensemble de sociétaires (Sensier, 1872, p. 164).

14 juillet-30 septembre

Les Baigneuses, pour *Le Charivari* (LD 1629 à 1645).

1848

24 février

Abdication de Louis-Philippe. Jeanron devient directeur des Musées nationaux. Il décide que le Salon de 1848, sans jury, ouvrira le dimanche **5 mars**.

Les journées révolutionnaires inspirent deux planches à Daumier (cat. 114 et 115) : *Le Gamin de Paris aux Tuileries* et *Dernier Conseil des ex-ministres* qui lui vaudra une lettre admirative de Jules Michelet (1798-1874) (Escholier, 1930, p. 61-6 ; Bertrand, 1977, p. 30-40).

14 mars

Le Moniteur universel publie la décision du ministre de l'Intérieur d'organiser un concours pour une figure peinte de la République française et pour une médaille commémorative de la Révolution de 1848 et de l'établissement de la République.

18 et 28 mars

Publication du programme définitif du triple concours pour une figure de la République.

Avril

« Un instant, il [Courbet] eut l'idée de concourir pour l'esquisse du tableau de la République destiné à remplacer le portrait de Louis-Philippe. Mais il y renonça, et, en compagnie de Bonvin, alla trouver Daumier, dans l'île Saint-Louis, pour lui témoigner son admiration et l'engager à prendre part à ce concours » (G. Riat, *Gustave Courbet peintre*, Paris, Floury, 1906, p. 49).

27 avril

Exposition, à l'École des beaux-arts, des esquisses des concours. Dans une planche de Daumier, parue dans *Le Charivari* du **15 octobre 1844**, on voyait au mur une gravure où étaient déjà fixés les traits de la *République* (cat. 120) (Passeron, 1973, p. 162).

10-13 mai

Jugement des esquisses peintes (Archives nationales, AJ⁵² 493, séances des 10 et 13 mai 1848 ; Chaudonneret, 1987).

12 juin

Commande de la version définitive de sa figure de *La République* haute de 2 mètres moyennant la somme de 500 francs (Archives nationales, F/21/23 ; Cherpin, 1973, p. 170-171).

4 août-9 octobre

Les Divorceuses, pour *Le Charivari* (LD 1769 à 1774 et cat. 116).

15 septembre

Le ministre de l'Intérieur Jeanron lui commande un tableau de sujet religieux au prix de 1 000 francs (dans un document du 30 mai 1863, Archives nationales, F/21/23, ce tableau est intitulé *La Madeleine au désert*, cat. 132).

Mais Daumier ne s'acquittera de son engagement qu'en **1863**, en livrant *L'Ivresse de Silène*, aujourd'hui au musée de Calais (cat. 129). Deux règlements de 500 francs lui sont accordés le **29 novembre 1848** et le **26 mai 1849** (Archives nationales F/21/23).

2 décembre

Le Charivari publie une lithographie de Daumier représentant le futur empereur abordant la France traîné par un aigle en laisse (LD 1754). Les opinions antibonapartistes de l'artiste s'expriment déjà clairement.

De novembre 1848 à janvier 1849 et de juin 1849 à août 1850

Les Représentants représentés. La Constituante, paru dans *Le Charivari* (LD 1796 à 1848) et *Les Représentants représentés. Assemblée législative*, publié en partie dans *Le Charivari* (LD 1849 à 1903 et cat. 118). À ces deux séries succède *Physionomie de l'Assemblée* (LD 1947 à 1978, chaque planche composée de deux scènes superposées), critique des régimes qui succèdent aux espoirs de février 1848.

1849

5 février

À cette date, dans le *Journal* de Delacroix, on lit : « M. Baudelaire venu comme je me mettais à reprendre une petite figure de femme à l'orientale [...] Il m'a parlé des difficultés qu'éprouve Daumier à finir » (R. Escholier, *Delacroix*, t. II, Paris, Floury, p. 274).

10 février

La direction des Beaux-Arts informe Daumier qu'il « est chargé d'exécuter [...] moyennant une somme de quinze cents francs imputables sur le crédit des ouvrages d'art et décoration d'édifices publics un tableau dont l'esquisse devra être soumise à l'approbation de l'administration » (Archives nationales F/21/23).

11 avril

Premier versement de 600 francs pour la réalisation d'un *Martyre de saint Sébastien* (cat. 134) dont le solde sera réglé le **30 juin 1852** à réception du tableau. Le tableau fut envoyé à Lesges (Aisne) le **24 juin 1852** pour répondre à une demande du maire, M. Liance, du **29 mai 1852**, qui souhaitait un tableau pour le décor de l'église paroissiale (Archives nationales F/21/23).

12 mai

En réponse à une demande de Daumier, le ministère de la Guerre affirme ne posséder aucune information sur Joseph André Lambert Pierre Jauffret (coll. Passeron).

15 juin

Daumier envoie *Le Meunier, son fils et l'âne* au Salon (n° 484) qui se tient au palais des Tuileries (Glasgow, Glasgow Art Gallery and Museum, Burrell Collection) (selon Francfort et New York, 1992-1993, il y aurait adressé sa *Madeleine* [coll. part., Suisse] qui aurait été refusée par le jury rétabli, ce que contredisent les éléments du dossier Archives nationales F/21/23).

6 août

Il obtient un « Passeport à l'Intérieur valable pour un an », pour sa femme et lui, invitant « les Autorités civiles et militaires à laisser passer et librement circuler de Paris à Caen M. Daumier, Honoré, artiste peintre, natif de Marseille… et à lui donner aide et protection en cas de besoin » (coll. Passeron).

9 août

Départ pour Langrune, petite plage du Calvados où il arrive le **10 août** avec son épouse, une de leurs amies, Mme Muraire et ses enfants (sur ce lieu de villégiature, voir *La Normandie monumentale et pittoresque. Édifices publics, églises, châteaux, manoirs, etc., Calvados, Arrondissement de Caen, Langrune*, p. 157-164).

Dès le **11 août**, Daumier revient sur Paris et écrit à sa femme dès le **13** (Cherpin, mai 1955).

Pendant ce temps se propageait en France une épidémie de choléra dont on trouve les échos dans *Le Journal des débats* du **2 août**. Daumier y fait référence dans une lettre du **22 août** (les mentions du choléra et de la défaite des révoltés de Hongrie ainsi que l'existence déjà signalé d'un passeport ont permis à Cherpin, mai 1955, de dater ces courriers où ne figure aucune mention d'année de 1849 et non de 1853 comme le faisait Adhémar, 1954a).

D'autres lettres sont conservées, datées du **23**, **25** et **28 août**. Un courrier du **5 septembre** parle du prochain retour de son épouse et, en attendant, Daumier écrit qu'il va passer la journée à « faire une pierre » (vente, Paris, hôtel Drouot, 7 mai 1981, n° 356).

Début des œuvres sur le thème des *Fugitifs* (cat. 144 à 152) (Francfort et New York, 1992-1993, p. 94 ; Laughton 1996, p. 28-29).

9 octobre 1849-18 février 1851

Physionomie de l'Assemblée, pour *Le Charivari* (LD 1947 à 1977).

Novembre

Il signe un reçu de 1 000 francs à M. Pelpel pour prix d'un tableau (vente, Paris, hôtel Drouot, 12 juin 1984. Selon l'*Annuaire-Almanach du Commerce*, Paris, 1850, p. 330, un seul Pelpel existe, ancien négociant, installé 6, rue du Renard-Saint-Merry).

1850

24 juillet

Daumier reçoit la visite de T. Dubois, inspecteur des Beaux-Arts, qui vient réclamer le tableau commandé par l'État à l'artiste en 1848. Daumier avoue ne pas l'avoir commencé (Archives nationales F/21/23).

2 septembre

L'administration des Beaux-Arts réclame sèchement le tableau de la *Madeleine au désert*, payé et jamais livré, et rappelle à Daumier qu'il a reçu depuis une commande qu'il n'a pas non plus honorée (Archives nationales F/21/23).

28 septembre

Première apparition du personnage de Ratapoil (LD 2029), bientôt suivi de celui de Casmajou (cat. 136) (selon Gobin, 1952, la sculpture précède les lithographies ; selon Passeron, 1979, les représentations en deux dimensions précèdent les sculptures. Pour un commentaire de la sculpture, de sa date et des relations de Daumier avec Michelet à ce sujet, voir Passeron, 1979, p. 170-171, ainsi qu'Escholier, 1930, p. 61).

Septembre 1850-février 1851

Les Idylles parlementaires, 27 planches dont 16 publiées dans *Le Charivari* (LD 2050 à 2076 et cat. 117).

30 décembre

Dans le livret du Salon qui s'ouvre au Palais national (actuel Palais-Royal), on trouve la mention :

DAUMIER (HONORÉ), 9, quai d'Anjou, île Saint-Louis.

726 : Femmes poursuivies par des satyres (cat. 126).

727 : Don Quichotte et Sancho se rendant aux noces de Gamaches (cat. 351).

728 : Silène ; dessin (cat. 129).

(Vignon, 1851, p. 126 ; Clément de Ris, « Le Salon », *L'Artiste*, vol. VI, 1ᵉʳ février 1851.)

1851

Mort de Jean-Baptiste Daumier (cette information figure dans Adhémar, 1954a, le décès étant localisé à l'asile de Charenton au début de l'année 1851, mais nous n'avons retrouvé aucun acte confirmant ce fait. De plus, cette information est inconciliable avec la mention de « Madame Veuve Daumier » au mariage de son fils, en 1846).

31 janvier-15 juillet

Physionomies tragiques, pour *Le Charivari* (LD 2175 à 2184.)

30 mars

Lettre admirative de Michelet à Daumier au sujet de la lithographie *Le Révérend Père Capucin Gorenflot se chargeant de professer au collège de France un cours d'histoire en remplacement de Mʳ Michelet* (LD 2091) (Bertrand, 1977, p. 30-40).

12 novembre

Nouvelle série de lithographies ayant pour thème le monde de la justice (*Les Avocats et les Plaideurs*, LD 2185 à 2188, proches des versions aquarellées MD. 592 à 598).

1852

14 janvier

Baudelaire mène Auguste Poulet-Malassis (1825-1878) chez Daumier. Une transcription par Étienne Moreau-Nélaton du compte rendu de cette visite, collationnée sur le document original, est conservé dans le fichier Moreau-Nélaton du service d'étude et de documentation des Peintures du Louvre. On y lit : « 14 janvier. Baudelaire me mène chez Daumier quai d'Anjou, près l'Hôtel Lambert. Nous le trouvons à son atelier très simple, atelier d'artiste qui n'a point à tenir compte des pieds du public. On n'y voit que des choses d'activité ou d'affection. Deux lithographies d'après Delacroix, deux d'après Préault, quelques médaillons de David, un paysage (deux mots rayés) d'un inconnu. On me reçoit comme un ami ancien pour lequel on n'a même pas à se lever. Daumier est pressé il expédie une lithographie pour le charivari. Baudelaire croit qu'il l'a déjà faite. Daumier ne dit pas non (trois mots illisibles) qu'il est d'originalité pour ne pas craindre de se répéter. Il y a sur un chevalet l'ébauche d'un martyre. Moi : aurez-vous de la peinture au salon. Lui : Je n'en sais rien, je n'y tiens pas. M : Vous n'avez pas de temps pour peindre. L : Je recommence toute 25 fois, à la fin je fais tout en deux jours. On parle des journalistes qu'on va transporter. Les traits de la figure de Daumier sont vulgaires, elle est pourtant pleine de finesse et de noblesse. En même temps son masque a la mollesse et paraît capable de la malléabilité de celui d'un comédien. [...] Il y a beaucoup de vieilles toiles retournées contre le mur. Ce sera pour une autre fois. Rien de différent de ce que j'ai vu. Pas de tentatives dans d'autres sens que les (deux mots illisibles). C'est toujours comme dit Baudelaire dans le système du dessin d'invention. »

9 janvier-10 mars

Les Parisiens en 1852, pour *Le Charivari* (LD 2218 à 2228).

Un décret de **février** rétablit la censure, Daumier reprend les caricatures sociales.

9 février-5 mai

Croquis musicaux, pour *Le Charivari* (LD 2229 à 2245 et cat. 170).

22 mars

Première lithographie d'une série consacrée aux chemins de fer (LD 2279) qui aura des prolongements dans l'œuvre graphique de Daumier (avec par exemple les aquarelles de la Walters Art Gallery de Baltimore, cat. 267 à 269).

24 avril-29 mai

Le Public du Salon, pour *Le Charivari* (LD 2292 à 2302).

19 juin

François Ponsard (1814-1867) fait représenter sur la scène du Théâtre-Français *Ulysse*, tragédie en cinq actes, à laquelle *Le Charivari* répond le **27 juin** par *Ulysse ou les porcs vengés*, pièce méli-mélo-tragique, mais nonobstant écrite en vers ou à peu près, et dédiée aux charcutiers. Paroles traduites de Ponsard par Huart. Costumes dessinés par Daumier (B 774-785).

Poulet-Malassis rend compte d'une nouvelle visite à Daumier (Adhémar, 1954a, p. 44-45).

25 juillet

Mort du peintre Jean-Jacques Feuchère. Daumier s'occupe d'organiser la vente après décès où son œuvre est représentée par une peinture (*Enfants cueillant des fruits*, coll. part., repr. dans cat. exp. Itami, Yamanashi et Ehime, 1997-1998, p. 22), six dessins et environ 650 lithographies. Il s'agit de la première vente publique d'œuvres de Daumier. Le règlement de la succession déposée chez maître Lecomte, 200, rue Saint-Antoine, permettra de faire apparaître un crédit de 10 000 francs (vente, Paris, 8-9 mars 1853, pour disperser plus de 600 numéros. Lettre de Froment-Meurice, s.d., coll. part.).

21 août

Caricature de Daumier par Nadar publiée dans *Le Journal parisien*. Cette gravure a été précédée d'un dessin conservé dans le fichier Moreau-Nélaton du service d'étude et de documentation des Peintures du Louvre, légendé *mon ami Daumier* par Nadar et inscrit sur le montage par Moreau-Nélaton *Nadar fecit 1852*.

Septembre

Début du carnet II de Daumier qui court jusqu'en **novembre 1862** et concerne ses finances, particulièrement les paiements (Marseille, Bibliothèque municipale, archives Cherpin, MSD3 et commentaires dans Laughton, 1996, p. 158-164). Le coup d'État du **2 décembre** est suivi d'une surveillance accrue de la presse. Daumier se réfugie dans la lithographie de mœurs (en huit ans, il va réaliser plus de 1 200 lithographies inspirées du monde contemporain).

1853

17 mai

Daumier reçoit la visite de T. Dubois, inspecteur des Beaux-Arts, « afin de lui réclamer un tableau représentant la Madeleine au désert qui lui a été commandé en 1848 », qui conclut : « Mr Daumier n'a pas même commencé, cependant sur mon insistance il a promis de le livrer au plus tard pour la fin de 7bre prochain » (Archives nationales, F/21/23).

20 juillet-7 septembre

Croquis aquatiques, pour *Le Charivari* (LD 2411 à 2422). Une seconde série est publiée entre le **9** et le **21 septembre 1854** (LD 2591 à 2596.)

Pour la première fois, il part durant l'été pour Valmondois, dans l'arrondissement de Pontoise, et pour Barbizon où il retrouve certains de ses voisins parisiens comme Corot et où il se lie d'amitié avec d'autres artistes : Millet, Rousseau, Geoffroy-Dechaume, Daubigny et d'autres.

21 août

Dans un courrier, dont le destinataire n'est pas mentionné, il propose ses services au tarif que lui octroie *Le Charivari*, 50 francs la caricature : « Ayez la bonté de m'envoyer les sujets de caricature que vous désirez avec les noms des lieux à représenter si vous le jugez nécessaire » (Marseille, Bibliothèque municipale, archives Cherpin).

29 septembre

Première représentation au théâtre de la Porte-Saint-Martin d'un spectacle imposant, « une féerie » auquel participent une soixantaine de personnages, sans compter de nombreux figurants. Il s'agit des *Sept merveilles du monde. Grande féerie en 20 tableaux dont un prologue* par MM. d'Ennery et E. Grangé, musique des ballets et airs nouveaux par M. Gondois, ballets et divertissements de M. Adrien… L'affiche du spectacle précise « Costumes du Temple de Jupiter dessinés par M. Daumier » (Lobstein, printemps 1998, p. 52-57).

13 octobre-3 novembre

Daumier séjourne en même temps que Félix Ziem à l'auberge Ganne à Barbizon (A. Billy, *Les Beaux Jours de Barbizon*, Étrépilly, Presses du Village, rééd. 1993, p. 77).

1854

9 novembre 1854-28 février 1855

Émotions de chasse, pour *Le Charivari* (LD 2601 à 2615).

30 décembre

Une annonce, publiée par *Le Charivari*, indique la publication de deux albums de lithographies : *Les Cosaques pour rire* et *Chargeons les Russes* de Cham, Daumier – qui fournit dix-neuf (LD 2472 à 2490) et quinze planches (LD 2491 à 2505) – et Charles Vernier.

1855

17 mars 1855-5 mai 1858

Ces bons parisiens, pour *Le Charivari* (LD 2653 à 2662).

Avril-septembre

L'Exposition universelle, pour *Le Charivari* (LD 2663 à 2703).

« C'était là [à Barbizon, chez T. Rousseau], sous un mince toit de tuiles, dans cette grange sans portes, avec ses murs de grès bâtis à la terre par quelque antique bûcheron, que nous nous rassemblions avec Diaz, Barye, Daumier, Millet, Emile Diaz, Tillot, Louis Laure et sa famille, Alfred Feydeau, Martin Etcheverry, Ziem, Tardif, etc. » (Sensier, 1872, p. 230-231).

Lors d'un de ces séjours, une édition illustrée des *Fables* de La Fontaine est envisagée (pour la distribution des tâches, voir Sensier, 1872, p. 230-232 mais aussi Laughton, 1991, p. 143-149 et 207-208 et Laughton, 1996, p. 37 ; enfin, Francfort et New York, 1992-1993, nos 32-34).

14 octobre

Dans un compte rendu du *Journal d'Alençon*, dont il est l'éditeur-propriétaire, Poulet-Malassis écrit : « Daumier, le seul caricaturiste qui n'ait pas besoin de mettre de légendes à ses dessins. »

1856

3 mars 1856-14 juin 1858

Les Hippophages, pour *Le Charivari* (LD 2780 à 2789).

8 juillet 1856-3 septembre 1858

Croquis d'été, pour *Le Charivari* (LD 2843 à 2877).

17 septembre

Une lettre de Millet convie les époux Daumier aux festivités du triple baptême d'Émélie (marraine, sa sœur Marie, parrain, son frère François), Louise (marraine, Mme Rousseau, parrain, Alfred Sensier) et François. La cérémonie a lieu à l'église de Chailly (Moreau-Nélaton, *op. cit.*, 1921, p. 29-32).

21 septembre

Mme Daumier, qui signe Maria-Alexandrine Dassy, et Théodore Rousseau sont marraine et parrain de François, le fils de Jean-François Millet, né au début de 1849 (Moreau-Nélaton, *op. cit.*, 1921, p. 78 et Billy, *op. cit.*, rééd. 1993, p. 53).

24 septembre-23 mai 1857

Croquis dramatiques, pour *Le Charivari* (LD 2897 à 2911 et cat. 176 à 178).

Octobre

Daumier est pressenti pour illustrer les *Odes funambulesques* de Théodore de Banville que va éditer Auguste Poulet-Malassis. Le projet échouera pour des raisons financières et le frontispice sera gravé par Félix Bracquemond (1833-1914) d'après un dessin de André-Charles Voillemot (1823-1893) (C. Pichois, *Auguste Poulet-Malassis*, Paris, Fayard, 1996, p. 120).

1857

4 mars-25 mars

La Comète de 1857, pour *Le Charivari* (LD 2925 à 2934) (la première lithographie de la série présente une composition identique aux dessins et aquarelles MD. 694 à 697 : *Les Trois Commères*).

6 avril

Daumier reçoit la visite de T. Dubois, inspecteur des Beaux-Arts, qui lui réclame à nouveau le tableau commandé en 1848. Daumier demande de nouveau un délai jusqu'au 1er novembre suivant (Archives nationales, F/21/23).

14 juin

Une lettre de Millet à Daumier annonce la naissance de son fils, Charles. (Moreau-Nélaton, *op. cit.*, 1921.)

22 juin-31 août

Le Salon de 1857, pour *Le Charivari* (LD 2959 à 2965).

1er octobre

Baudelaire publie « Quelques caricaturistes français », dans *Le Présent. Revue universelle*, où Daumier figure à une place majeure.

1858

24 février

Les bouchers de Paris perdent leur monopole, ce qui inspire à Daumier des caricatures sur le commerce de la viande publiées dans *Le Charivari* entre le **26 janvier** et le **16 mars** (LD 3010 à 3021), ainsi que plusieurs peintures (*Le Boucher, marché Montmartre*, MI-110, vente, Paris, hôtel Drouot, 28 novembre 1994, à comparer à LD 3015) et dessins (*Le Boucher*, Cambridge, Fogg Art Museum, MD. 264, à comparer à LD 3012). Il est à noter que *L'Intérieur de boucherie* de Rembrandt était entré au Louvre l'année précédente.

3 avril-7 juin

Les Comédiens de société, pour *Le Charivari* (LD 3031 à 3046 et cat. 179).

13 décembre 1858-3 avril 1860

En Chine, pour *Le Charivari* (LD 3096 à 3124.)

1859

6 avril

Champfleury propose à Daumier de réaliser six dessins à la plume pour illustrer un ouvrage dont il lui adresse le texte (Los Angeles, Getty Center for the History of Art and the Humanities).

6 avril

L'Exposition de 1859, pour *Le Charivari* (LD 3135 à 3143).

1860

Selon l'*Annuaire-Almanach du Commerce et de l'Industrie (Didot-Bottin)*, Daumier est domicilié 20, boulevard Pigalle, sous la rubrique : lithographe.

Le Charivari et l'éditeur Martinet publient un album factice de trente planches récentes de Daumier, sous le titre *Album des charges du jour*.

Mars

Après vingt-sept ans de service, Daumier est licencié du *Charivari*. Baudelaire renoue alors avec l'idée de confier à Daumier l'illustration de la *Pharsale* de Lucain et des comédies d'Aristophane. Il écrit à Poulet-Malassis le 11 mars 1860 :

« Et, à ce sujet, pensez à Daumier ! à Daumier, libre et foutu à la porte du *Charivari*, au milieu d'un mois, et n'ayant été payé que d'un demi-mois ! Daumier est libre et sans autre occupation que la peinture. Pensez à *La Pharsale* et à *Aristophane*. Il faut le remonter comme une pendule. » (Baudelaire, *Lettres 1841-1866*, Paris, Mercure de France, 1907, p. 252).

13 avril

Le Charivari publie un article intitulé « L'Abdication de Daumier » où son renvoi est justifié par une demande du public et de la police qui ne supportait plus les « abominations » du caricaturiste.

8 juillet

Une gravure, *L'Ivresse de Silène*, d'après l'œuvre aujourd'hui à Calais (cat. 129), est publiée par *Le Temps. Illustrateur universel* pour accompagner un article enthousiaste d'Edmond et Jules de Goncourt (Passeron, 1979, p. 174 ; Laughton, 1996, p. 43).

28 octobre

Un second bois gravé de Daumier est publié dans *Le Temps. Illustrateur universel* ; il s'agit de *Membres d'une société d'horticulture* (B 920).

Daumier, presque sans travail, se débat dans de graves difficultés financières, ce que semble confirmer une lettre adressée au marchand Beugniet (reproduite dans Passeron, 1979, p. 268).

Un certain nombre d'artistes, au rang desquels figure Daumier, envisagent de nouveau une « Société indépendante pour la propagation de l'art revenu à son but raisonné » dont T. Rousseau aurait été le président, Diaz le vice-président et Ziem le secrétaire (Sensier, 1872, p. 247-248).

1861

Daumier dessine et peint. En **février**, *Une blanchisseuse* (cat. 162) et *Les Buveurs* (cat. 303) sont présentés à une exposition de la galerie Martinet.

1er mai

Une blanchisseuse est présentée au Salon (n° 800 du livret) qui se tient au palais des Champs-Élysées.

21 septembre

Un article négatif de Philipon « Abdication de Daumier Ier » est publié dans *Le Journal amusant*, puis dans *Le Charivari* du **21 décembre** : « Une seule qualité a manqué à M. Daumier, c'est l'imagination. Il ne cherchait pas ses sujets et n'en trouvait jamais la légende… Mais quand on donnait à Daumier une légende à mettre en scène, comme il l'exécutait. » Le même commentaire figurera dans la rubrique nécrologique de Louis Leroy du *Charivari* du **18 février 1879**.

1862

22 février

Champfleury publie dans *Le Boulevard* un article sur Daumier.

Daumier revient à la lithographie et au dessin d'illustration. Étienne Carjat (fig. 5) lui commande une série de douze lithographies pour son nouveau journal *Le Boulevard* (cat. 226 et 228), la première est publiée le **16 mars** (LD 3243). Il travaille aussi pour l'hebdomadaire *Le Monde illustré*, auquel il fournit des dessins qui sont gravés sur bois (35 jusqu'en 1869, B 921-955).

30 avril

A travers les ateliers, dans le *Boulevard* (cat. 231) est d'une composition proche des *Visiteurs dans l'atelier d'un peintre* (cat. 255).

Depuis décembre 1861, Daumier est en relation épistolaire avec Edme Dacier,

H. DAUMIER

Fig. 5
Étienne Carjat, *Honoré Daumier*,
vers 1860, lithographie,
Paris, Bibliothèque nationale de France.

archiviste en chef à Aurillac, au sujet des planches de l'*Histoire ancienne* (cat. 73 à 76). Le **3 mai 1862**, E. Dacier retourne à Daumier les planches que celui-ci lui avait confiées (Cherpin, 1956).

20 mai

« En août prochain je paierai à M. Th. Rousseau ou à son ordre la somme de quinze cents francs valeur reçue en un tableau. » Cette reconnaissance de dette nous révèle un Daumier collectionneur malgré ses problèmes pécuniaires (Marseille, Bibliothèque municipale, archives Cherpin).

25 mai

Publication dans *Le Boulevard* de la planche *Nadar élevant la Photographie à la hauteur de l'Art* (cat. 232).

1er juillet

Daumier signe une reconnaissance de dette à Carjat qui lui a prêté soixante francs (Marseille, Bibliothèque municipale, archives Cherpin).

Giacomelli, qui a publié le catalogue raisonné des gravures de Raffet, lui commande une aquarelle *Collectionneurs* (intitulé aujourd'hui *Trois amateurs devant « La Revue nocturne » de Raffet*, cat. 253) dans laquelle Giacomelli est peut-être représenté examinant des gravures de Raffet (vente Giacomelli, Paris, hôtel Drouot, 13-15 avril 1905, n° 75 : *Les Amateurs*, repr. au catalogue, vendu 9 000 francs).

Lors d'une visite à Daubigny, à Valmondois, Daumier réalise une caricature, *Paysagistes au travail* (cat. 233).

Daumier déménage pour le 48, boulevard Rochechouart, puis pour le 26, rue de l'Abbaye (aujourd'hui rue des Abbesses) (Archives de Paris, calepins cadastraux, 1863, D.IP4, cat. 189).

La lithographie *L'Âne et les Deux Voleurs* (cat. 189) reprend la composition du tableau du musée d'Orsay (cat. 187) et des dessins répertoriés par Maison sous les numéros D. 394-395 (cat. 188) (ce dernier a été offert par la fille de Claude Roger-Marx, Paulette Asselain, au cabinet des Dessins du musée du Louvre, en 1978, *Donations Claude Roger-Marx*, Paris, musée du Louvre, 1980-1981, n° 14).

1863

L'adresse, rue de l'Abbaye, est à rapprocher de celle qui figure sur une lettre, conservée dans la collection Passeron, adressée à un voisin médecin où Daumier écrit : « Mon cher de Varennes si vous pouviez venir voir ma fille demain vous me feriez bien plaisir elle a un rhume qui m'inquiète. A vous de cœur. » Les Archives de l'état civil de Paris, détruites et reconstituées pour cette période, principalement à partir des actes de baptême, ne conservent aucune information sur cette enfant, mais peut-être ne fut-elle jamais baptisée ? Le docteur Paul Prosper Viger de Varennes, qui avait soutenu sa thèse en 1834 sur les perforations du poumon, était le fils adoptif de M. et Mme Pelée Devarennes, lui, ancien ingénieur des Ponts et Chaussées et ancien maire de Valognes. P.P. Viger de Varennes était ancien interne des hôpitaux et hospices civils de Paris, membre de la Société anatomique et prosecteur des cours d'accouchement. Selon l'*Annuaire médical et pharmaceutique* de Félix Roubaud (Paris, 1849), il habitait, depuis 1842, au 3, rue de l'Abbaye – à proximité de la résidence des Daumier –, où il consultait de 11 à 14 h. Quoi qu'il en soit, cette enfant dut disparaître très tôt.

12 avril

Lettre de Daumier au ministre d'État chargé des Beaux-Arts proposant « une série de dessins ayant pour titre : *Physionomie des mœurs contemporaines…* ».

Le chef de la division des Beaux-Arts propose au ministre dans une note du **27 avril** d'acheter quatre de ces dessins, bien qu'on « retrouve dans cette œuvre les qualités qui distinguent cet artiste, mais aussi ses défauts », pour une somme de 1 000 francs, mais rappelle que Daumier doit, depuis 1848, un tableau représentant *La Madeleine* à l'administration des Beaux-Arts qui lui a alors versé la somme de 1 000 francs. Un passage raturé de la note porte : « Ce n'est pas précisément là un genre d'ouvrages que l'administration doive encourager, surtout en présence des ressources qu'offre à M. Daumier l'exécution des caricatures pour *Le Charivari* » (Archives nationales, F/21/311).

C'est le moment où Philippe Burty le dit « dans une gêne cruelle » (Bessis, octobre 1968, p. 22).

6 mai

Daumier propose son dessin, *Marche de Silène* (*Silène*, cat. 129), en remplacement de la commande de 1848 ; il espère ainsi apurer sa dette et bénéficier d'autres achats de l'État. L'inspecteur des Beaux-Arts, Dubois, vient voir le dessin le **23 mai** suivant et rédige un rapport au ministre pour accepter cet échange. Un autre rapport au ministre émane du chef de la division des Beaux-Arts qui écrit : « C'est une œuvre de mérite dans laquelle on retrouve les qualités qui distinguent M. Daumier. » La substitution est acceptée et signifiée par un courrier du **14 juin**. Cette formalité accomplie, il adresse de nouveau au ministre la lettre du 12 avril, cette fois datée du **8 juin**. Le dossier conserve encore une minute de lettre du 18 février 1878, où l'on peut lire : « rechercher dans quel ministère ou dans quel musée de province on a pu placer la Marche de Silène [*sic*] grand dessin aux 2 crayons de Daumier. Donner réponse, s'il y a lieu, à M. Geoffroy de Chaume [*sic*] quai d'Anjou, 13 » (Archives nationales, F/21/23. Voir aussi l'interprétation de Bessis, octobre 1968, p. 22).

24 mai

Le *Boulevard* publie la lithographie *A. Carrier-Belleuse* (LD 3254) certainement préparée par les dessins cat. 234 et 235.

Été à Valmondois.

Michelet lui fait rencontrer le directeur du *Magasin pittoresque* qui lui commande des bois.

14 juin

Disparition du journal *Le Boulevard*.

Décembre

Daumier devient locataire d'un appartement avec atelier, 20, boulevard Pigalle, qui deviendra, suite à des modifications de noms de rue, le 36, boulevard de Clichy, l'année suivante (Passeron, 1979, p. 274).

Dans ses *Souvenirs*, le peintre Jules Laurens (1825-1901) décrit dans l'atelier de Daumier « le projet superlatif d'une grande machine, l'*Assomption de la Vierge* », dont nous ne savons plus rien.

18 décembre

Daumier recommence à travailler pour *Le Charivari* (après la mort de Philipon) où ses anciens amis organisent un banquet en son honneur. Ils publient dans *Le Charivari* du même jour le communiqué suivant : « Nous annonçons avec une satisfaction qui sera partagée par tous nos abonnés, que notre ancien collaborateur Daumier, qui depuis 3 ans avait quitté la lithographie pour se consacrer exclusivement à la peinture s'est décidé à reprendre le crayon qui lui a valu tant de succès. Nous donnons aujourd'hui, une première planche de Daumier, et, à partir de ce jour, nous publierons chaque mois, 6 ou 8 lithographies de ce dessinateur, qui a le rare talent de faire, même de ses caricatures, de véritables œuvres d'art. » Le banquet est commenté par Champfleury dans le journal *La Vie parisienne*.

Il travaille aussi pour *Le Journal amusant* (*Aesculape*, janvier 1959, p. 15).

1864

3 février

Croquis pris au théâtre, pour *Le Charivari* (LD 3261 à 3268).

26 février

L'ingénieur américain qui est à l'origine des acquisitions en France pour la future Walters Art Gallery de Baltimore, George A. Lucas, lui achète *Intérieur d'un omnibus* (cat. 230) et lui commande deux dessins sur le même sujet (George A. Lucas, *The Diary of George A. Lucas*, texte établi avec une introduction par Lilian M.C. Randall, Princeton, Princeton University Press, 1979, p. 174-179 aux dates du **19** et **26 mars**, du **16** et **26 avril** et surtout **6 juin** et vol. 2, p. 11-16).

Mars

Début du carnet III de Daumier, consacré aux lithographies, qui court jusqu'en **juin 1872** (Marseille, Bibliothèque municipale, archives Cherpin, n⁰ MSD1 ; commentaires dans Laughton, 1996, p. 164-169).

8 mars

Pétition des artistes français, dont Daumier, « à Monsieur le ministre d'État pour une réforme du Salon » (*Chronique des arts et de la curiosité*, 8 mars 1864, p. 147-149).

21 mars

« Moi, Honoré Victorin Daumier né à Marseille (Bouches-du-Rhône) le vingt six février mil huit cent huit Donne et lègue à mon épouse Marie Alexandrine d'Assy tout ce que je possède pour en jouir en toute propriété à partir du jour de mon décès et en disposer comme elle voudra sans que personne n'ait rien à y prétendre » (vente, Paris, hôtel Drouot, 11 juin 1982).

24 mai

Croquis pris à l'exposition, pour *Le Charivari* (LD 3289 à 3293). La seconde planche fait explicitement référence à *Œdipe et le Sphinx* de Gustave Moreau (n⁰ 1388 du livret).

1ᵉʳ juin

Daumier fait reprendre par un dénommé Garny le dessin (rien ne précise le sujet et si celui-ci a un rapport avec les projet de la série *Physionomie des mœurs contemporaines* ni la date d'envoi) qu'il avait déposé chez le directeur des Beaux-Arts (Archives nationales, F/21/311).

24 juin

Début du carnet IV de Daumier, consacré aux peintures et aux dessins, qui s'étend jusqu'à **juin 1872** (Marseille, Bibliothèque municipale, archives Cherpin, MSD2 ; commentaires dans Laughton, 1996, p. 169-172).

Juillet-août

Les Baigneurs, pour *Le Journal amusant* et *Le Petit Journal pour rire* (LD 3318 à 3327), marque les débuts d'une intense collaboration avec ces deux journaux.

31 juillet

Lettre de Champfleury, où l'écrivain lui parle d'un ami qui « désirerait deux scènes de tribunal. Dans la première, le procureur-général qui prononcerait un discours contre l'accusé aurait l'air plus scélérat que celui contre lequel il appellerait toute la vindicte des lois. Le second (également tribunaux) à votre choix » (Los Angeles, Getty Center for the History of Art and the Humanities).

Un autre courrier, du **3 octobre**, laisse penser que cet ami était en fait l'éditeur Édouard Dentu qui s'apprêtait à publier *L'Histoire de la caricature moderne* de Champfleury (Paris, 1865) (Los Angeles, Getty Center for the History of Art and the Humanities).

C'est cette année que paraît le premier article consacré à Daumier par Champfleury, dans *La Nouvelle Revue de Paris* (Cherpin, 1979, p. 17).

1865

9 avril

Lettre comminatoire de Pierre Véron, rédacteur en chef du *Charivari*, qui se

CROQUIS PRIS AU SALON par DAUMIER 2

_ Cette année encore des Vénus... toujours des Vénus !... comme s'il y avait des femmes faites comme ça !...

Fig. 6
Honoré Daumier : *Croquis pris au Salon. Cette année encore des Vénus...*, lithographie parue dans *Le Charivari* du 10 mai 1865.

Fig. 7
Maison d'Honoré Daumier à Valmondois.

plaint de l'irrégularité de la livraison des pierres lithographiques par Daumier et qui se termine par la formule « L'exactitude est la politesse des rois. Des rois du crayon comme des autres » (Los Angeles, Getty Center for the History of Art and the Humanities).

10 mai-24 juin

Croquis pris au Salon, pour *Le Charivari* (LD 3440 à 3448) (fig. 6). La septième planche concerne le tableau de Manet, *Olympia* (nº 1427 du livret), la suivante

mentionne Courbet qui exposait le *Portrait de Pierre-Joseph Proudhon en 1853* et un paysage du Doubs (nº 520 et 521 du livret).

Dans *L'Autographe au Salon de 1865 et dans les ateliers, 104 pages de croquis originaux*, Daumier est présent sur une moitié de la page 14 avec quatre dessins d'avocats et le texte suivant de Pigal : « Henri [*sic*] Daumier, un maître dessinateur, un voyant comme Balzac. – Le relief, la puissance, le mouvement, la vie, la couleur, la science anatomique, – qu'il l'ait appris ou qu'il le devine, – il a tout. Ses caricatures politiques, ses bourgeois, ses dieux de l'Olympe, ses Robert Macaire... l'admiration hésite entre tous. À ces quatre avocats pris en flagrant délit de *plaidaillerie*, il ne manque même pas la parole ; en les regardant vous vous bouchez les oreilles. » La page 88 lui est aussi entièrement consacrée avec la reproduction de divers dessins.

24 mai

Champfleury demande à Baudelaire d'écrire « un morceau de poésie » sur Daumier pour accompagner la gravure, d'après le médaillon de Michel-Pascal destiné à son *Histoire de la caricature moderne* (*Lettres à Charles Baudelaire*, Claude et Vincenette Pichois [éds.], Neuchâtel, La Baconnière, 1973, lettre nº 84).

Champfleury publie son ouvrage qui inclut Daumier et est accompagné du poème de Baudelaire *Vers pour un portrait de M. Daumier*.

4 juin

La *Chronique des arts et de la curiosité*, p. 206, annonce la tenue prochaine d'une exposition de tout l'œuvre lithographique de Daumier et Gavarni.

Daumier passe l'été chez Théodore Rousseau. Dans une lettre du **28 septembre** à sa femme, Rousseau parle des époux Daumier (Sensier, 1872, p. 316-317).

1er octobre

Daumier part s'installer à Valmondois dans une maison qu'il loue sur la route d'Orgiveaux, vers Sausseron, au père Gueudé pour un loyer annuel de 250 francs (fig. 7). Le propriétaire s'engage à construire, dans le jardin, un atelier qui existe encore. Daumier conserve son appartement du boulevard de Clichy jusqu'en **octobre 1878**. Le double du bail a été enregistré à Beaumont le **23 septembre** (une partie est reproduite dans *Aesculape*, janvier 1959, p. 2).

1866

20 février

Le *Charivari* publie *Un quart d'heure avant sa mort il était encore en vie* (*L'Enterrement de Girardin*) (LD 3486) pour lequel on connaît deux dessins (Maison D-821-822, ce dernier au musée national de Stockholm).

Publication de plusieurs lithographies ayant pour cible les gouvernements prussien – et, en particulier, le chancelier Bismarck (LD 3495) – et anglais (problème de l'Irlande, LD 3536).

1867 (fig. 8)

3 février

Vente publique de lithographies de Daumier (*Chronique des arts et de la curiosité*, 1867, p. 34).

Début de ses problèmes de vue.

Profitant d'un relâchement de la censure, il produit ses gravures les plus fortes, attaquant l'impérialisme et le militarisme prussiens et le fragile équilibre européen (LD 3566 ou 3615). Les risques de guerre vont être un sujet couramment traité par Daumier, les années suivantes.

Un certain nombre de lithographies isolées, publiées dans *Le Charivari*, font référence à l'Exposition universelle qui se tient à Paris (LD 3571, 3578, 3583 et 3593).

22 décembre

Daumier travaille alors à la réalisation de « quelques alphabets » (*Chronique des arts et de la curiosité*, p. 311).

Fig. 8
Paul Hadol, *La Carte de visite du Charivari*, lithographie parue dans *Le Charivari* du 2-3 janvier 1867.

Décès de Théodore Rousseau à Barbizon. Daumier s'occupe de Mme Rousseau : « La compagne de Rousseau lui survécut. En 1867, quand il fut mort, Daumier la fit admettre dans un asile d'aliénés où elle termina ses jours » (Billy, *op. cit.*, rééd. 1993, p. 66).

1868

Daumier se retrouve avec Gambetta chez son ami Carjat. Il aurait commenté cette rencontre par la formule : « Voilà un garçon qui a une rude tête, je vous jure qu'il ira loin. Il est borgne, mais cela ne l'empêche pas d'y voir rudement clair ! » (Passeron, 1979, p. 285).

1er août

Daumier, à Valmondois, réalise son seul dessin signé, localisé, daté qui est resté inconnu jusqu'à son passage en vente publique (New York, Sotheby's, 17-18 novembre 1998, n° 230) (fig. 9).

1869

Daumier présente trois aquarelles au Salon : *Visiteurs dans l'atelier d'un peintre* (n° 2659, cat. 255), *Juges de Cour d'assises* (non identifié) et *Les Deux Médecins et la Mort* (n° 2660, Winterthur, coll. Reinhart, MD. 400).

« Les critiques acerbes qu'il [François Bonvin] n'avait pas ménagées, l'occasion s'en présentant, à la façon d'attribuer les médailles et les croix, avaient fini par l'éloge d'un illustre dédaigné et par un hommage enflammé à l'art de Daumier, dont trois aquarelles magnifiques, victimes de l'accrochage le plus défavorable, avaient témoigné de l'indifférence coupable du jury pour les créations magis-

Fig. 9
Honoré Daumier, *Deux chanteurs*, signé et daté : *Valmondois, 1868*, crayon, encre et aquarelle sur papier.

559

Fig. 10
Auguste Boulard, *Portrait de Mme Daumier*,
vers 1870, huile sur toile, Paris, coll. part.

trales du grand dessinateur » (E. Moreau-Nélaton, *Bonvin raconté par lui-même*, Paris, H. Laurens, 1927, p. 71).

Au Salon triennal (Société libre des Beaux-Arts) à Bruxelles, il expose : 276 : *Le Lutrin* ; 277 : *Brelan d'avocats* ; 1335 : *Cachet rouge !*, dessin rehaussé ; 1336 : *En troisième*, dessin rehaussé (exposition non répertoriée par Maison).

21 juin

Dans un article du *Figaro*, François Bonvin réclame une Légion d'honneur pour Daumier.

Le Charivari publie des lithographies politiques de plus en plus nombreuses liées aux élections du nouveau corps législatif qui ont alors lieu (LD 3746 : *V'la ma cartouche*).

Vente Breithmeyer : *Camille Desmoulins au Palais-Royal* (dessin), 200 francs (cat. 123) (Mireur, 1911, p. 379-382).

1870

7 février

Le Charivari publie la première d'une longue série de caricature dirigée contre Thiers (LD 3764) (Cherpin Germaine, 1955).

8 février

Avec Corot, Bonvin, Manet et Courbet, il signe une protestation contre la rigueur du jury du Salon.

30 avril

Reconnaissance de dette à l'endroit de « Mademoiselle Hugues [pour] la somme de cent francs valeur reçue en compte » (Marseille, Bibliothèque municipale, archives Cherpin).

5 juillet

Chez Bonvalet, boulevard du Temple, se tient un banquet présidé par Gustave Chaudey, en l'honneur de Courbet et de Daumier qui venaient de refuser la Légion d'honneur que leur proposait Émile Ollivier, appelé le **3 janvier** par Napoléon III pour former un nouveau gouvernement. Maurice Richard, ami de Courbet, y avait le portefeuille des Beaux-Arts. Daumier aurait alors confié à Préault : « Mon bon ami, laisse-moi me regarder dans la glace ; voilà cinquante ans que je me vois comme ça ; je rirais si je me voyais autrement. Merci pour ta fraternelle intervention ; mais n'en parlons plus jamais » (Riat, *op. cit.*, 1906, p. 278-280).

21 juillet

Lettre de Félix Ziem : « Je suis charmé que vous ayez bien voulu faire partie de notre comité. C'est Gautier qui m'a annoncé cette bonne nouvelle. Nous tâchons d'être agréables et utiles aux artistes et il appartient aux premiers d'être à la tête de tout ce qui peut concourir à les aider et à relever l'art... Un homme tel que vous est un bien précieux pour arriver à ce but » (Los Angeles, Getty Center for the History of Art and the Humanities).

Pendant la guerre, il traverse une mauvaise période et décide d'abandonner la lithographie.

6 septembre

Les artistes de Paris nomment une commission chargée de veiller à la sauvegarde des œuvres d'art dans les Musées nationaux, à Paris et dans ses environs. Courbet est président, en font partie plusieurs peintres dont Daumier (Riat, *op. cit.*, 1906, p. 286).

16 novembre

Page d'histoire, pour *Le Charivari* (cat. 337), représente l'aigle impérial écrasé sous *Les Châtiments* de Victor Hugo.

1871

6 février

Il est élu membre de la commission de quinze peintres et dix sculpteurs – présidée par Courbet – nommée par les artistes pour la sauvegarde des œuvres des musées menacées par le siège de Paris. Délégué par les Beaux-Arts à la Commune, il s'oppose (**17 avril**) à la proposition de Courbet d'abattre la colonne Vendôme. Publication de la lithographie *La France. Prométhée et l'aigle-vautour* (cat. 339), constat angoissé de vingt ans de gouvernement impérial.

10 août

Daubigny lui prête 500 francs, et 250 francs le **25 novembre 1875** (Marseille, Bibliothèque municipale, archives Cherpin).

23 septembre

Enregistrement du bail de la maison de Valmondois (une partie copiée dans *Aesculape*, janvier 1959, p. 2).

4 octobre, 23 octobre et **3 novembre**

Lettres de Bertall et Jules Laffitte, refondateurs de la *Revue comique*, pour solliciter la collaboration de Daumier à leur journal qui paraîtra **du 15 octobre au 17 décembre 1871**. Un dessin de Daumier, reproduit par le procédé Lefman, figure dans le n° du 22 octobre : *Citoyen Bertrand... Tu me fais de la peine...* (LD 3885) (Marseille, Bibliothèque municipale, archives Cherpin).

Décembre

Parmi les adresses « A monsieur le Président de la République » pour une réforme des statuts du Salon de 1872, l'une porte entre autres les signatures de Daumier, Corot, Daubigny, Théodore Frère et Édouard Manet (Archives nationales, F/21/325).

16 décembre

Vente X... : *Avant le plaidoyer*, aquarelle, 150 francs (Mireur, *op. cit.*, 1911, p. 379-382).

1872

5-6 février

Vente Anastasi : *Scène d'intérieur* (dessin), 115 francs (Mireur, *op. cit.*, 1911, p. 379-382).

27 mai

La composition *Le Peuple souverain*, par Daumier, est éditée en fac-similé par Yves et Barret pour être publié dans le nº 12 du journal *Le Peuple souverain* (LD 3928).

29 mai

Durant un dîner chez Charles-Wilfried de Bériot, sur un plat de cuivre, il réalise avec Félicien Rops, Alfred Taïée et Henri Harpignies son unique eau-forte. L'un d'entre eux avait avec lui un cuivre tout préparé et une pointe. Le cuivre (10 x 22,5 cm) fut divisé en six cases, et chacun grava un sujet : Rops, dans deux cases superposées, deux visages de prostituées ; Harpignies, un paysage avec une rivière ; Taïée, son hôte avec sa femme au piano ; Daumier une tête d'homme de profil ; la sixième case resta vierge (LD 3955).

14 septembre

Publication de sa dernière lithographie dans *Le Charivari* où l'on voit un squelette sortir d'un cercueil drapé d'une toile inscrite *Monarchie* avec le titre : « *Et pendant ce temps-là ils continuent à affirmer qu'elle ne s'est jamais mieux portée* » (LD 3937).

Il réalise une unique affiche pour *L'Entrepôt d'Ivry* (cat. 341).

13 décembre

Reconnaissance de dette à l'ordre de Mme Debove-Valmy pour « valeur reçue en marchandises » (Marseille, Bibliothèque municipale, archives Cherpin. Selon l'*Annuaire-Almanach du Commerce*, Paris, 1870, p. 225, Mme Veuve Debove-Balmy [*sic*] faisait commerce de bois à brûler, 6, chaussée Clignancourt, à proximité donc du logis des Daumier).

1873

8 avril

Daumier rembourse 100 francs à un ami, sur une dette de 1 000 francs (Passeron, 1979, p. 294).

C'est alors que Daumier aurait peint sa dernière toile *Femme portant un enfant* (MI-241, Zurich, coll. part.) (Passeron, 1979, p. 294).

1874

8 février

Daumier achète sa maison de Valmondois (selon Passeron, 1979, p. 295 : « Dans son catalogue du centenaire de la mort de l'artiste, Mireille Samson cite l'acte de vente du notaire Duprez à l'Isle-Adam. Il est signé par Daumier lui-même et Gueudé. Ce n'est donc pas, comme on l'a écrit depuis plus de soixante ans, Corot qui l'acheta. Par contre, Alfred Robaud a précisé que cette maison a été payée par Daumier avec les 6 000 francs que Corot avait remis pour lui à un ami commun, Bardon, au moment de partir pour une noce à Beaune. » Selon Besson, 1959, la première information erronée sur l'achat de la maison de Valmondois par Corot aurait été transmise oralement à Raymond Escholier par le peintre Jean Gigoux (1885, p. 145 mais voir aussi la note 1). Dès le **13 février 1879**, cette information fut reprise par les journaux [*La Révolution française* dans l'article nécrologique : « Échos de partout »]).

1875

Janvier

Geoffroy-Dechaume lui dédicace la médaille réalisée en l'honneur de Corot l'année précédente.

22 février

Décès de Jean-Baptiste Camille Corot.

26 mai-9 juin

Vente Corot : *Les Curieux à l'étalage*, 1 500 francs, *L'Amateur d'estampes*, 1 550 francs, *Le Barreau* 1 160 francs, *Les Conseils à un jeune artiste*, 1 520 francs (Mireur, *op. cit.*, 1911, p. 379-382).

Un cinquième carnet de comptes, inscrit sur la couverture *1875-1876*, concerne les ventes de tableaux réalisés par Daumier d'**octobre 1875** à **mars 1877** (Marseille, Bibliothèque municipale, archives Cherpin, MSD5 ; commentaires dans Laughton, 1996, p. 173-174).

1876

23 mai

À l'occasion d'une vente à l'hôtel Drouot au bénéfice de son vieil ami Jeanron, Daumier offre une étude pour *Scapin et Silvestre* (*Crispin et Scapin*, cat. 204).

21 juillet

« Reçu de M. Pasclal la somme de douze cents francs pour un tableau Galerie de théâtre » (vente, Paris, hôtel Drouot, 7 mai 1981).

Octobre

Daumier vend à Mme Bureau une toile : *Don Quichotte courant sur les moutons*, pour 1 500 francs.

« En 1876, un ancien ouvrier, Claude-Anthime Corbon, qui avait participé à la révolution de 1848, venant d'être élu sénateur, un banquet fêta cet événement. Daumier, Daubigny, Geoffroy-Dechaume, François Bonvin étaient du nombre des invités » (Passeron, 1979, p. 295).

À la fin de 1876, il est invité par Montrosier, homme de lettres, journaliste, directeur du *Musée des deux mondes* et de la *Gazette des amateurs*, à se rendre chez Carjat pour y être photographié. Ce portrait est publié dans la *Galerie contemporaine* accompagné de croquis et de la reproduction d'un tableau appartenant à Dupré.

1877

Daumier est presque aveugle. Le médecin qui le soigne lui interdit tout travail et exige un repos absolu.

10 février

« Les artistes décorés hier. Cham et Bertall sont décorés. M. Daumier ne l'est pas : ce Michel-Ange de la caricature n'a pas rendu de "services exceptionnels" mais son œuvre est de celles qui restent. C'est un titre suffisant pour passer à la postérité mais non, paraît-il pour figurer sur la liste des promotions ministérielles » (*Le Bien public*).

15 avril

« J'autorise Monsieur Geoffroy-Dechaume à prendre telle mesure qui sera nécessaire relativement à un tableau exposé chez M. Dangleterre [galerie située rue de Seine] et mis en vente par lui comme étant de moi, ce qui est faux aussi bien que la signature ; c'est une copie de mes lithographies » (Marseille, Bibliothèque municipale, archives Cherpin).

Daumier assiste à une soupe aux choux à Auvers-sur-Oise, avec vingt-quatre personnes, durant laquelle Daubigny « a chanté, comme en sa jeunesse, *les Foins* de René Dupont » et Geoffroy-Dechaume a lancé l'idée d'une exposition des œuvres de Daumier. Ce dernier revient à la charge le **3 septembre** et le **21 octobre** (É. Moreau-Nélaton, *Daubigny raconté par lui-même*, Paris, H. Laurens, 1925, p. 124-125 ; Passeron, 1979, p. 295).

31 juillet

Lettre de Carjat : « Vous vous souvenez qu'à un des derniers dîners du *Bon Bock* je vous ai demandé quelque chose pour figurer dans une vente que je compte faire à la fin de l'année, pour sauver ma pauvre maison d'un naufrage imminent » (Los Angeles, Getty Center for the History of Art and the Humanities).

5 novembre

Dans un courrier, Jules Dupré se propose de jouer les intermédiaires pour la vente d'un tableau à un dénommé Stumpf. Peut-être s'agit-il de *L'Ancienne Comédie-Française* (MI-164) que le collectionneur prêtera à l'exposition de 1878 (Los Angeles, Getty Center for the History of Art and the Humanities).

À la requête d'Étienne Arago, le gouvernement lui accorde une pension annuelle de 1 200 francs. De nouveau, il est proposé pour une médaille et de nouveau il refuse.

10-15 décembre

Vente Sensier : *Le Tribunal*, aquarelle, 465 francs (Mireur, *op. cit.*, 1911, p. 379-382).

1878

En **janvier**, l'exposition tant désirée est enfin annoncée. Un comité de trente personnes est constitué avec des artistes et des journalistes. Victor Hugo en accepte la présidence d'honneur. Trois vice-présidents sont choisis parmi les sénateurs : Corbon, Alphonse Peyrat et l'historien Henri Martin (pour la liste complète, voir *Le Bien public* du **26 janvier**).

30 janvier

Selon une correspondance de Bonvin : « Je suis allé à Paris dimanche, mais rien qu'une heure. Nous nous occupons du bon et brave Daumier, un des <u>méconnus</u> de notre époque. S'il avait consenti au quart de la réclame qui a été faite pour X ou pour Z, il serait millionnaire » (Moreau-Nélaton, 1927, p. 101).

25 février

À la vente Arosa, ses œuvres atteignent pour la première fois des prix importants : *Le Premier Bain*, 800 francs, *Don Quichotte et Sancho sous un arbre*, 1 620 francs, *Après le bain : étude*, 320 francs (Mireur, *op. cit.*, 1911, p. 379-382).

17 mars

Nouvelle missive de Carjat : « Connaissant tous les ennuis qui vous assiègent vous-même, je n'ose plus réclamer l'exécution de la promesse que vous m'avez faite fraternellement il y a quelques mois. Cependant, comme je tiens à faire la vente le mois prochain, et qu'il y a <u>péril imminent</u> dans ma pauvre demeure, je prends mon courage à deux mains et viens vous redonner signe de vie » (Los Angeles, Getty Center for the History of Art and the Humanities).

17 avril-15 juin

Ouverture à la galerie Durand-Ruel de l'exposition Daumier avec un catalogue qui comprend une biographie rédigée par Champfleury. L'artiste, qui vient de subir une intervention aux yeux qui a échoué, n'est pas présent. L'exposition se solde par un déficit de 4 000 francs.

26 avril

Nouveau courrier de Carjat qui parle de son article dans *La Petite République* de la veille et remercie « pour le petit tableau qu'elle [Mme Daumier] a eu l'obligeance de m'apporter. La semaine prochaine, je vous le porterai pour vous prier de vouloir bien le signer » (Cherpin, 1973, p. 201).

7 mai

Selon une correspondance de Bonvin : « Vendredi dernier, je suis allé à Paris avec la ferme intention de vous rendre visite ; mais l'exposition de Daubigny et

celle, ratée, de Daumier, m'ont mis dans un tel état, que j'ai eu grand-peine à me traîner jusqu'au chemin de fer, cause première du réveil de mes douleurs » (Moreau-Nélaton, *op. cit.*, 1927, p. 123).

16 juin

Une courte correspondance de Daumier autorise Étienne Maindron (1801-1884) à reproduire deux dessins, figurant sous les nᵒˢ 128 et 134, à l'exposition des œuvres de Daumier. Dans le fichier Moreau-Nélaton du Louvre, la reproduction de cette lettre est accompagnée de la retranscription d'un autographe de Champfleury : « Voilà tout, absolument tout ce que j'ai pu obtenir de Daumier, dans l'état fâcheux où il se trouve. La signature, grosse, indécise, fera comprendre le trouble profond de la vue de l'homme. »

21 juillet

La pension que lui verse l'État est doublée par le ministre de l'Instruction publique, Agénor Bardoux, et passe à 2 400 francs (*La Marseillaise*, **21 juillet 1878**).

Octobre

Résiliation définitive de la location de l'appartement du boulevard de Clichy.

1879

10 février

Frappé d'apoplexie, Daumier meurt à Valmondois entouré de sa femme, de Daubigny et de Geoffroy-Dechaume (Escholier, 1930, p. 149-150).

14 février

Enterrement civil au cimetière de Valmondois ; les obsèques – 12 francs – sont

Fig. 11
Tombe d'Honoré Daumier et de son épouse au cimetière du Père-Lachaise, avril 1880.

payées par le gouvernement à la demande du ministre des Beaux-Arts. Discours de Champfleury et Carjat (*Le Rappel*, **15 février**).

Vente Saucède, à l'hôtel Drouot, où figurent quatre aquarelles de Henri [*sic*] Daumier : *L'Amateur de gravures*, 610 francs, *Don Quichotte*, 225 francs, *Le Chiffonnier*, 330 francs, *Effet de clair de lune*, 150 francs (Mireur, *op. cit.*, 1911, p. 379-382).

28 octobre

Une lettre illustrée de Geoffroy-Dechaume à Ernest Maindron comporte un projet de monument funéraire jamais réalisé : pierre dressée à l'imitation d'une pierre lithographique avec la liste de ses principales œuvres et la signature de Daumier (Paris, Bibliothèque nationale, cabinet des Estampes).

La pension trimestrielle de Mme Daumier est fixée à 1 200 francs.

1880

27 février

« Dans sa séance du 27 février dernier, le conseil municipal de la ville de Paris, ayant accordé à Mme veuve Daumier une concession de terrain dans le cimetière du Père-Lachaise, pour la sépulture de son mari, une souscription est ouverte pour la tombe de H. Daumier au Père-Lachaise. » Suit la liste des personnes chez qui l'on peut souscrire et où on lit les noms de Dupré, Boulard, Carjat, Daubigny, etc. (*Le Rappel*, 9 mars).

Le lendemain, le président du Conseil municipal de Paris, Castagnary, informe Mme Daumier de la décision du Conseil, accordant une concession gratuite au Père-Lachaise (24ᵉ division, 2ᵉ ligne, en bordure du chemin Clary), pour l'inhumation de l'artiste.

Fig. 12
Auguste Boulard, *Portrait gravé d'Honoré Daumier*, Salon de 1881, lithographie.

Fig. 13
Mme Daumier devant sa maison à Valmondois, vers 1890,
photographie, Paris, coll. part.

16 avril

Transfert de sa dépouille mortelle au cimetière du Père-Lachaise, à proximité de Corot et de Millet (fig. 11) (*Le Rappel*, **17 avril**).

« Le rendez-vous des invités était fixé chez M. Lebègue, marbrier, nº 200, rue de la Roquette. […] Le monument, d'une grande simplicité, se compose d'une pierre tombale de 2 mètres de haut sur 0,90 centimètres de large. Il se trouve à droite de la chapelle du cimetière, et à gauche du monument à Casimir Périer, à côté de la tombe de Pradier, dans la 24e division, située entre l'avenue Morrys, l'avenue transversale des Marronniers et le chemin de la Fontaine » (*Le Petit Journal*, **16 avril 1879**).

Un dossier des archives de la Préfecture de police de Paris concerne cette inhumation. On peut y lire : « … Le fourgon portant le cercueil est arrivé à 2 heures 1/2 devant le cimetière. Environ 200 personnes ont suivi le fourgon jusqu'au lieu de l'inhumation. Il y avait environ 30 femmes parmi les assistants. Toutes les personnes paraissaient être des journalistes, des peintres, etc. plusieurs étaient décorées. Sur la tombe deux discours manuscrits ont été prononcés. Le premier par Mr Pierre Véron du Charivari. Il retrace la vie du défunt, il en fait l'éloge en son nom et en celui du journal auquel il a collaboré. Le 2e discours est lu par Mr Carja [*sic*] ; il retrace également la vie du défunt, fait l'éloge de son républicanisme, de sa droiture, de sa générosité pour ceux qui souffraient. Il cite toutes les phases par lesquels [*sic*] a passé Daumier. 1830. Il dit qu'il prit la cause du peuple qu'il a cru un moment être victorieuse puis en 1848 et au 2 décembre il fut emprisonné par les décembriseurs (*ndr* ?)… Un auteur dont on n'a pu savoir le nom dit quelques paroles élogieuses pour Daumier en son nom et celui de nombreux amis. Un Mr de Valmondois fait des adieux au défunt, ainsi qu'au nom de ses amis du pays où il est décédé et qui on [*sic*] su l'apprécier. La foule se disperse ensuite. Aucun incident ne s'est produit. [signature illisible] » (Daumier E A/42 daté du **15 avril** [*sic*], rapport de police inventorié 145.635).

1881

Auguste Boulard, s'inspirant d'un portrait photographique de Nadar, expose au Salon une lithographie représentant Honoré Daumier, partie du nº 4596 du livret (fig. 12).

1888

Arsène Alexandre publie la première biographie de l'artiste accompagnée d'une esquisse de catalogue raisonné. C'est auprès de la veuve de l'artiste qu'il a obtenu un certain nombre de renseignements qui lui ont servi à poser les fondations de la biographie anecdotique et légendaire de l'artiste.

De nombreuses œuvres de Daumier figurent à l'*Exposition de peinture, aquarelles, lithographies des maîtres français de la caricature et de la peinture de mœurs au XIXe siècle* à l'École des beaux-arts, à Paris.

1895

11 janvier

Décès de Mme Daumier à l'hospice de L'Isle-Adam (L'Isle-Adam, service de l'état civil, registre unique 1895, nº 3 ; *Le Journal des arts*, 16-19 janvier 1895).

14 janvier

Inhumation de Mme Daumier auprès de son époux au cimetière du Père-Lachaise.

1901

Première grande exposition posthume à l'École des beaux-arts, sous l'égide du syndicat de la Presse artistique.

D.L.

Quelques amateurs, collectionneurs et marchands d'Honoré Daumier

Arsène Pierre Urbain ALEXANDRE (1859-1937)

Journaliste, critique d'art et rédacteur en chef de nombreux journaux, il a été aussi l'auteur d'une vingtaine d'ouvrages consacrés à l'histoire de l'art contemporain et à la caricature. Il publia, en 1888, la première monographie de Daumier pour laquelle il a recueilli les souvenirs de la veuve de l'artiste. En 1903, pour « des raisons indépendantes de sa volonté », sa collection de peintures a été mise en vente ; on y trouvait des œuvres de Daumier mais aussi de Renoir ou de Toulouse-Lautrec.

Hormis de nombreux dessins, ce ne sont pas moins de douze peintures de Daumier qui sont passées dans sa collection : *Femme et enfant sur un pont* (cat. 109), *Amateurs* (MI-14, anciennement Paris, galerie Schmit), *Tête de Scapin* (MI-34, localisation actuelle inconnue), *Les Laveuses du quai d'Anjou* (MI-40, New York, coll. part.), *Le Fardeau* (MI-42, Saint-Pétersbourg, Ermitage), *Les Fugitifs* (MI-57, Winterthur, Museum Oskar Reinhart), *L'Abreuvoir* (cat. 156), *Les Voleurs et l'Âne* (cat. 186), *Le Fardeau* (MI-121, en prêt à Londres, The National Gallery), *Tête de sonneur* (MI-191, Los Angeles, Armand Hammer Museum), *L'Avocat lisant* (MI-213, localisation actuelle inconnue), *Les Fugitifs* (cat. 152).

Gustave AROSA (1818-1883)

Surtout connu pour avoir été le tuteur de Paul Gauguin, cet associé d'agent de change a été un collectionneur très tôt attentif aux courants modernes de la peinture. Ainsi, dès 1875, acheta-t-il plusieurs œuvres à la vente impressionniste qui se tint à l'hôtel Drouot. Sa collection a été dispersée le 25 février 1878. Plusieurs œuvres de Daumier y étaient présentes, dont *Baigneurs* (MI-16, vente, New York, Sotheby's, 13 novembre 1996, localisation actuelle inconnue), *Le Premier Bain* (cat. 159), *Silène et deux faunes* (MI-59, localisation actuelle inconnue), *Don Quichotte et Sancho Pança sous un arbre* (cat. 364).

Alfred C. BARNES (1848-1951)

Le scientifique très médiatique – il inventa un puissant antiseptique qui fit sa fortune à partir de 1902 – et collectionneur américain à l'origine de la fondation qui porte son nom à Merion, en Pennsylvanie, a acquis à Paris, entre 1922 et 1931, quatre œuvres sous le nom de Daumier et une cinquième qui lui est attribuée. Il s'agit de *Les Ribaudes* (MI-22), *Les Deux Buveurs* (MI-119), *Le Malade imaginaire* (MI-153), *Le Peintre devant son tableau* (MI-220) et enfin *Le Porteur d'eau* (MII-49).

Georges de BELLIO (1828-1894)

Médecin d'origine roumaine, émigré en France au milieu des années 1850, Georges de Bellio s'intéressa d'abord aux objets d'art avant de collectionner les peintures. L'inventaire de sa collection dressé en 1895 a fait apparaître des tableaux de Goya, Fragonard, Hubert Robert, Delacroix, Corot et une suite impressionnante d'œuvres impressionnistes dont *Impression, soleil levant* de Claude Monet. Deux peintures de Daumier figurent aussi sur cette liste : *Tête de Paillasse* (MI-224, vente, Londres, Sotheby's, 27 juin 1977, nº 17, localisation actuelle inconnue) et *L'Atelier* (cat. 346) qui passèrent dans la collection de sa fille et de son gendre, Eugène et Victorine Donop de Monchy.

Alexandre BERNHEIM-JEUNE (1839-1915)

Originaire de Besançon, Alexandre Bernheim, qui ajouta alors à son patronyme celui de Jeune, vint s'installer à Paris, en 1873. Il ouvrit une galerie qui perdura, jusqu'en 1906, au 8, rue Laffitte, avant d'être installée 25, boulevard de la Madeleine. Cette galerie prospère a détenu une importante partie du capital de la Société de la galerie Georges Petit. Ses fils et successeurs, Josse (1870-1941) et Gaston (1870-1953), ont été d'importants marchands de peintures impressionniste, post-impressionniste et nabi. Leurs expositions, telles celles de Van Gogh en 1901, de Bonnard et Vuillard en 1906, de Van Gogh et Cross en 1907, de Seurat en 1908 ou de Matisse en 1910, ont marqué durablement l'évolution des goûts et des collections contemporaines. Leur galerie a exposé, à plusieurs reprises, des œuvres de Daumier, dont : *Tête d'homme* (cat. 195), *Un wagon de troisième classe* (MI-109, localisation actuelle inconnue), *L'Amateur d'estampes* (MI-135, Saint Petersburg [Floride], Museum of Fine Arts), *Le Déjeuner à la campagne* (cat. 314).

Eugène BLOT (1857-1938 ?)

Amateur d'art depuis 1882, Eugène Blot constitua une première collection de peintures dans laquelle figuraient des œuvres de Daumier qu'il a vendues à l'hôtel Drouot en 1900 (*Les Cavaliers*, cat. 157). Une nouvelle vente d'une deuxième collection constituée autour d'un noyau d'œuvres impressionnistes a eu lieu, toujours à l'hôtel Drouot, le 10 mars 1906. Parmi les dessins et peintures de Daumier figurait *Sauvetage* (cat. 342). En 1907, Blot a ouvert une galerie 155, faubourg Poissonnière où il exposera à plusieurs reprises des œuvres de Daumier (*La Confidence*, MI-150, localisation actuelle inconnue). Une troisième vente de sa collection aura lieu le 2 juin 1933 à l'hôtel Drouot.

Auguste-Marie BOULARD (1825-1897)

Peintre, élève de Jules Dupré et de Léon Cogniet, il est l'auteur de nombreux paysages et scènes de genre peints et gravés qu'il adressa au Salon à partir de 1847. Il fit la connaissance de Daumier, de Daubigny et de Geoffroy-Dechaume à l'hôtel Lauzun et resta très lié toute sa vie à ces artistes dont il grava certaines œuvres. Il habita toujours l'île Saint-Louis puisqu'il mourut au 13, quai d'Anjou, mais il a eu une maison à L'Isle-Adam, à proximité de Valmondois. Plusieurs œuvres de Daumier ont figuré dans sa vente après décès, dont : *Les Fugitifs* (cat. 150), dont il a réalisé une gravure sur cuivre, *Prisonniers* (MI-117, localisation actuelle inconnue), *Tête de sonneur* (MI-191, Los Angeles, Armand Hammer Museum).

Hector Henri Clément BRAME (1831-1899)

Fils d'un entrepreneur de travaux publics lillois, Hector Brame se destina d'abord au théâtre avant d'épouser, en 1865, la fille du marchand de tableaux Gustave Tempelaere et de se lancer sur les traces de son beau-père. En 1864, il ouvrit une galerie au 47, rue Taitbout qui fut transférée, en 1892, au 2, rue Laffitte et dirigée désormais par son fils Hector Gustave. En 1882, Brame est obligé de se séparer d'une partie de son fonds, dont *Un wagon de troisième classe* qui avait figuré à l'exposition de 1878 (cat. 270). Sa galerie est restée réputée pour les œuvres de Daumier qui y furent exposées : par exemple, *Don Quichotte et Sancho Pança sous un arbre* (cat. 364). Ses successeurs ont continué à acquérir et commercialiser des toiles de Daumier, notamment *Le Premier Bain* (cat. 159).

Emil G. BÜHRLE (1890-1956)

Collectionneur suisse d'origine allemande, Emil Bührle entama des études d'histoire de l'art, avant de se consacrer à une carrière industrielle au service de l'équipement militaire. Lors d'un voyage à Paris, en 1913 – d'autres disent lors d'une exposition à Berlin, à la même date –, il découvrit la peinture impressionniste qui fut à l'origine de sa vocation de collectionneur. Il devint dès lors, et particulièrement dans les années 1930, un client régulier des grandes galeries internationales et assista aux grandes dispersions de peintures modernes. Un nombre important des tableaux qu'il possédait sont aujourd'hui gérés par une fondation installée à Zurich depuis 1960. On peut y voir *Les Deux Avocats* (cat. 182) et *Les Fumeurs* (MI-105), tandis que d'autres œuvres appartiennent encore aujourd'hui encore à ses descendants.

Paul BUREAU (1827-1876)

Selon les renseignements fournis par F. Boulze, descendant du peintre Auguste Marie Boulard (1825-1897), la demi-sœur de celui-ci aurait épousé un monsieur Bureau. Sur le faire-part de décès d'Auguste Boulard, elle apparaissait en tant que veuve, ce qui nous permet de supposer qu'elle fut l'épouse de Pierre-Isidore Bureau (1827-1876), peintre et collectionneur réputé, installé à L'Isle-Adam et explique que, lors de l'exposition de 1878, les œuvres étaient dites appartenir à *Madame Bureau*. Il semble donc raisonnable de conclure que la vente de la collection Paul Bureau du 20 mai 1927 était celle de leur fils. Ce ne sont pas moins de trente-huit œuvres de Daumier (aquarelles, dessins et peintures) qui furent alors dispersées. Parmi les peintures figuraient *Une salle d'attente* (cat. 276, alors payé 300 000 francs), *Les Musiciens ambulants* (MI-125, localisation actuelle inconnue, qui fut vendu 40 000 francs), *Les Avocats* (MI-139, Los Angeles, Armand Hammer Museum), *Les Amateurs* (MI-146, Rotterdam, Museum Boijmans Van Beuningen, vendu 640 000 francs), *La Blanchisseuse* (cat. 164), *Don Quichotte et Sancho Pança* (MI-184, New York, coll. part.), *Le Pardon* (cat. 293, alors payé 380 000 francs), *Les Fugitifs* (cat. 152). Dans le catalogue de l'exposition de 1878, un lot de dessins appartenant à Mme Bureau est répertorié du n° 106 au n° 123 et d'autres, isolés, sont aussi mentionnés.

Sir William BURRELL (1861-1958)

Originaire d'une famille écossaise de Glasgow enrichie dans la construction navale, il reprit avec son frère l'affaire familiale, en 1885, et la fit prospérer. L'aisance financière ainsi assurée lui permit de développer sa passion précoce de collectionneur, particulièrement auprès du marchand Alexander Reid (1854-1928) qui a ouvert une galerie, en 1889, à Glasgow. En 1944, Burrell a offert à sa ville natale sa collection, riche de plus de 8 000 œuvres d'origines diverses (art médiéval, art oriental, peintures dont Cézanne et Daumier, sculptures dont quatorze de Rodin…), l'assortissant de clauses extrêmement restrictives, en particulier concernant la possibilité de prêts. Parmi les œuvres de Daumier de cette donation figurent les peintures : *Les Baigneurs* (MI-17), *Le Meunier, son fils et l'âne* (MI-24), *Le Fardeau* (MI-85), *L'Amateur d'estampes* (MI-151) et *Don Quichotte et Sancho Pança* (MI-171), et, parmi les dessins : *Violoniste chantant* (MD. 334), *Personnages de Molière* (MD. 479) et *La Parade* (MD. 533).

Philippe BURTY (1830-1890)

Après avoir entamé des études de dessin et de peinture, Philippe Burty fit partie, dès les origines, des rédacteurs de la *Gazette des Beaux-Arts* (1859). Corres-

pondant artistique de divers journaux, rédacteur de nombreux catalogues d'exposition et de vente après décès (pour Delacroix en 1866, et T. Rousseau en 1867, vente impressionniste de 1875), historien d'art – éditeur, entre autres, de la correspondance de Delacroix – et romancier, il fut aussi un collectionneur avisé qui prêta à l'exposition Daumier de 1878 deux ensembles de croquis sous passe-partout, n°s 98 et 99.

Gaston Alexandre CAMENTRON (1862- ?)

« Il faut aller voir dans les magasins de M. Camentron [rue Laffitte] des tableaux admirables de M. Renoir et Daumier. Des *Baigneurs* de Daumier d'une inoubliable saveur, de couleur délicate et forte, d'une écriture de formes magistrale », écrivait Thadée Natanson dans *La Revue blanche*, en février 1898. Cette note s'appliquait peut-être aux tableaux *Après le bain* (MI-15, New York, coll. part.), *Baigneurs* (cat. 154) ou encore *Baignade* (MI-138, localisation actuelle inconnue), mais le marchand a aussi possédé, entre autres : *Départ pour l'école* (MI-44, Rotterdam, Museum Boijmans Van Beuningen), *Le Fardeau* (MI-85, Glasgow, Burrell Collection), *Don Quichotte dans les montagnes* (MI-202, New York, The Metropolitan Museum of Art), *Le Déjeuner à la campagne* (cat. 314).

Paul CASSIRER (1871-1926)

Après avoir étudié l'histoire de l'art, Paul Cassirer ouvrit à Berlin, en 1898, avec son cousin Bruno Cassirer (1872-1941), une maison d'édition et une galerie – dont il confia le décor au Belge Henry van de Velde – qui ont eu la double vocation de défendre la Sécession berlinoise et de faire connaître la peinture française en Allemagne. De nombreuses œuvres de Daumier passèrent ainsi entre ses mains, dont *Les Fumeurs* (MI-105, Zurich, Fondation Bührle), *Un wagon de troisième classe* (cat. 270), *Le Troubadour* (cat. 345), *Le Pardon* (cat. 293).

Jean-Baptiste Camille COROT (1796-1875)

Il semble que, dès 1847, Corot – introduit depuis les années 1820 dans les milieux officiels de la peinture – et Daumier se soient côtoyés au sein du groupe d'artistes vivant sur l'île Saint-Louis. Une étroite relation d'amitié a uni les deux hommes qui reposent dans des tombes voisines au cimetière du Père-Lachaise. Nous connaissons plusieurs dessins de Daumier représentant Corot, en particulier les dessins MD. 359 et 361 conservés au Metropolitan Museum of Art de New York. Par goût et afin de soutenir financièrement Daumier, Corot lui a acheté plusieurs tableaux, dont : *Peintre feuilletant un carton à dessins* (MI-71, Lyon, musée des Beaux-Arts), *Les Avocats* (MI-139, Los Angeles, Armand Hammer Museum), *L'Amateur d'estampes ?* (cat. 246), *Conseils à un jeune artiste* (MI-163, Washington, The National Gallery of Art).

Chester DALE (1883-1962)

Aidé de sa première épouse Maud Dale, elle-même peintre et critique d'art, Chester Dale a réuni une collection prestigieuse de peintures impressionniste et post-impressionniste, en particulier avec l'aide du marchand Georges Petit. Lors d'une exposition de la collection, en 1952, Maud Dale insista sur l'importance de l'œuvre de Daumier dont deux peintures firent partie du legs – dont une clause interdit les prêts – consenti à la National Gallery de Washington par le collectionneur : *Déplacement de saltimbanques* (MI-25) et *Un fauteuil d'orchestre* (MI-158).

Charles-François DAUBIGNY (1817-1878)

Peintre de paysages et graveur, présent au Salon – dont il deviendra membre du jury ultérieurement – depuis 1838, il habitait quai d'Anjou dans l'île Saint-Louis et s'est lié très tôt avec Daumier qu'il rencontrait à l'hôtel Lauzun. Leur relation amicale se poursuivit ultérieurement et Daumier s'est rendu à plusieurs reprises à Auvers-sur-Oise où s'installa Daubigny, en 1860. Comme le fit Corot, Daubigny a acheté à Daumier plusieurs peintures que sa veuve a prêtées à l'exposition de 1878. On peut citer, par exemple : *Les Deux Avocats* (cat. 181), *Les Lutteurs* (cat. 183), *Le Liseur* (cat. 250), *Crispin et Scapin* (cat. 204), *Une loge de théâtre* (cat. 264), *Don Quichotte dans les montagnes* (MI-202, New York, The Metropolitan Museum of Art), *Don Quichotte, Sancho Pança et la mule morte* (cat. 360), *Les Fugitifs* (cat. 152).

Gwendoline E. (1882-1951) et Margaret S. (1884-1963) DAVIES

Petite-fille de David Davies, magnat du charbon et des chemins de fer, Gwendoline Davies a acquis les premières œuvres de sa collection en 1906 et a accru celle-ci jusqu'à sa mort. Une partie de la collection a été alors offerte au National Museum of Wales, dont plusieurs œuvres de Daumier : *Les Noctambules* (cat. 108), *Ouvriers dans une rue* (MI-4), *Tête d'homme* (cat. 195), *Un wagon de troisième classe* (MI-179), *Don Quichotte lisant* (cat. 369) et *Le Déjeuner à la campagne* (cat. 314).

Après le décès de sa sœur, Margaret Davies a poursuivi l'enrichissement de la collection restante, mais a également dû vendre des œuvres pour en acheter d'autres. À sa mort, elle a légué néanmoins au musée de Cardiff *L'Abreuvoir* (cat. 156) de Daumier, tandis que, du même artiste, ont été vendus : *Baignade* (MI-38, localisation actuelle inconnue), *Un wagon de troisième classe* (MI-178, localisation actuelle inconnue) et *Tête de sonneur* (MI-191, Los Angeles, Armand Hammer Museum).

Edgar DEGAS (1834-1917)

De la relation qu'entretinrent les deux artistes, peu de choses nous sont conservées si ce n'est le souvenir de la vive admiration qu'éprouva Degas envers Daumier. Un seul tableau de celui-ci cependant fut acquis par Degas. Cette peinture figurait à sa vente après décès sous le n° 23 et sous le titre *Homme assis dans un fauteuil* ; il s'agissait en fait du *Don Quichotte lisant* (cat. 369), esquisse du tableau de la National Gallery of Victoria de Melbourne (MI-194).

DELETRANGE

Uniquement connu par une lettre de Daumier, sans mention de lieu ni de date, exposée à la galerie Kenneth W. Rendell de New York, en janvier 1998, ce personnage avait, apparemment, commandé quelques esquisses au peintre.

Jean DOLLFUS (1823-1911)

Industriel alsacien, lié aux filatures Dollfus-Mieg, Jean Dollfus fut initié à la peinture par un élève de Delacroix, Louis Clément Faller (1819-1901). Après son mariage avec la fille du ministre des Affaires étrangères des Pays-Bas, le baron Huyssen van Kattendyke, lui-même grand collectionneur, Dollfus commença à acquérir en quantité des œuvres d'art (tapisseries, objets d'Extrême-Orient et peintures, des primitifs aux post-impressionnistes) qu'il transporta à Paris où il s'installa durant la guerre de 1870. Parmi les œuvres de Daumier qu'il possédait, on peut citer : *Le Dessinateur* (MI-63a, Saint Louis, Missouri, Washington University), *Don Quichotte et Sancho Pança sous un arbre* (cat. 364), *Le Peintre devant son tableau* (cat. 349), présentés chez Durand-Ruel en 1878.

Eugène (1854-1942) et Victorine (1863-1958) DONOP de Monchy
voir : Georges de BELLIO

Armand François Paul des FRICHES, comte Armand DORIA (1824-1896)

Issu d'une famille génoise venue s'installer en France au XVIIe siècle, il disposa d'une aisance financière qui lui permit de réunir une grande collection d'œuvres d'art. Celle-ci a été d'ailleurs un refuge après le décès de son épouse en 1855 et de sa fille en 1872. Dans l'*Album-souvenir de la collection Armand Doria* qui fut publié en 1899, dix tableaux de Daumier étaient recensés, dont : *Le Premier Bain* (cat. 159), *Le Meunier, son fils et l'âne* (MI-73, Allemagne, coll. part.), *L'Amateur d'estampes* (cat. 244), *Le Malade imaginaire* (MI-153, Merion, Barnes Foundation), *Un wagon de troisième classe* (cat. 270), *Le Troubadour* (cat. 345). Dans la section consacrée aux arts graphiques figuraient trente-deux numéros affectés à un ensemble de près de cinquante dessins. Plusieurs de ces œuvres avaient été prêtées à l'exposition de 1878.

Jules DUPRÉ (1811-1889)

Peintre et graveur présent avec succès au Salon à partir de 1831, ami de Daumier pour les mêmes raisons et dans les mêmes circonstances que le furent Corot ou Daubigny, Jules Dupré a possédé trois tableaux de l'artiste qui furent exposés chez Durand-Ruel, en 1878 : *Avocat plaidant* (MI-66, localisation actuelle inconnue), *Tête d'étude* (MI-98, localisation actuelle inconnue) et *La Salle des pas perdus au palais de Justice* (MI-140, localisation actuelle inconnue).

Paul DURAND-RUEL (1831-1922)

Fils de Jean-Marie Fortuné Durand et d'une demoiselle Ruel qui avaient adjoint à leur papeterie du 174, rue Saint-Jacques une activité de fournitures pour artistes, Paul Durand-Ruel développa rapidement, dès 1840, une carrière de marchand de tableaux. Connu pour son rôle dans la promotion des peintres impressionnistes qu'il a connus réfugiés à Londres durant la guerre de 1870, il fut aussi le marchand de nombreux autres artistes dans sa galerie du 16, rue Laffitte puis du 11, rue Le Peletier. Il a accueilli, en 1878, l'unique exposition consacrée à Daumier de son vivant. Parmi les nombreuses œuvres de l'artiste passées entre ses mains, il est possible de citer : *Au bord de l'eau* (cat. 112), *Les Curieux à l'étalage* (MI-70, Cambridge [Mass.], Fogg Art Museum), *Les Cavaliers* (cat. 157).

ESNAULT-PELTERIE

Plusieurs membres de cette famille sur plusieurs générations (*L'Ancienne Comédie-Française*, MI-164, a été vendu à Paris le 18 mars 1988) ont possédé des œuvres de Daumier – sept, selon les indications de Maison. Les premiers acquéreurs ont pu être l'industriel Albert Esnault-Pelterie, créateur des tissages de Renancourt qui fut président du Syndicat général de l'industrie cotonnière ou Eugène-Émile qui fut architecte (1842- ?).

Georges FEYDEAU (1862-1921)

Le fils de l'écrivain Ernest Feydeau (1821-1873) se fit remarquer comme vaudevilliste, dès 1887, et poursuivit une carrière exceptionnellement prolifique d'auteur et de comédien. Cette réussite lui permit de constituer une importante collection de peintures qui fut dispersée en plusieurs vacations à l'hôtel Drouot (11 février 1901, 14 juin 1902 et 4 avril 1903). Feydeau a été le détenteur de quatre œuvres de Daumier : deux peintures, *Les Baigneurs* (MI-17, Glasgow, Burrell Collection) et *Galerie de tableaux* (MI-133, New York, coll. part.) et deux aquarelles, *Le Plaideur mécontent* (MD. 619) et *Les Deux Confrères* (MD. 596).

Paul GALLIMARD (1850-1929)

Fils du collectionneur Gustave Gallimard, Paul, qui avait abandonné des études d'architecture pour se consacrer au théâtre des Variétés à Paris, dont il était propriétaire, a côtoyé les écrivains et les peintres contemporains. Il fut, avec son ami Edmond de Goncourt, l'un des premiers à s'intéresser aux estampes japonaises, mais n'en abandonna pas pour autant les acquisitions de peintures de toutes époques. Il a possédé ainsi un Fragonard, un Goya, un Greco, neuf Corot, sept Delacroix et huit Daumier, parmi lesquels on peut citer : *Départ pour l'école* (MI-44, Rotterdam, Museum Boijmans Van Beuningen), *Le Meunier, son fils et l'âne* (MI-73, Allemagne, coll. part.), *La Laveuse* (cat. 163). Il fut enfin le détenteur d'une très importante collection de peintures impressionnistes.

Gustave GEFFROY (1855-1926)

Romancier et journaliste, engagé aux côtés de Georges Clemenceau (1841-1929) dans le journal *La Justice*, il a été un critique abondant – auteur d'une *Histoire de l'impressionnisme,* dès 1894 – dont les huit volumes de *La Vie artistique* publiés de 1892 à 1903 ont rassemblé les articles les plus pénétrants. À plusieurs reprises, Daumier – « cette haute, belle et pure figure », tel qu'il le décrit dans un article de 1901 – fut le sujet de ses livres et de ses articles.

Adolphe-Victor GEOFFROY-DECHAUME (1816-1892)

Arsène Alexandre, rendant un hommage posthume à Victor Geoffroy-Dechaume, en 1893, écrivait : « Monsieur Geoffroy-Dechaume fut un des caractères les plus droits, un des hommes les meilleurs et les plus sincères, un des artistes [sculpteur] les plus savants et les plus passionnés, en un mot une des nobles figures de ce siècle. » Ce à quoi nous pouvons ajouter qu'il fut un des plus fidèles amis et soutiens de Daumier, qu'il connut à Paris et qui fut son voisin à Valmondois. Il posséda un nombre important d'œuvres du peintre prêtées à l'exposition de 1878 – la plupart furent dispersées lors de sa vente après décès –, dont : *L'Aquafortiste* (MI-2, vente, Londres, Sotheby's, 1er décembre 1993, n° 114, localisation actuelle inconnue), *Femmes et Enfants* (MI-52, La Haye, musée Mesdag), *Trois avocats causant* (cat. 290), *Les Voleurs et l'Âne* (cat. 187), *Les Avocats* (MI-139, acheté à la vente Corot, Los Angeles, Armand Hammer Museum), *Le Peintre* (cat. 249).

Baron Napoléon GOURGAUD (1881-1944)
et Madame, née Eva GEBHARD (1886-1959)

Fils du baron Gaspard Gourgaud (1783-1852) qui avait suivi Napoléon à Sainte-Hélène, Napoléon Gourgaud professa tout au long de sa vie une admiration sans borne pour l'ancien empereur et fut à l'origine du musée napoléonien de l'île d'Aix. Avec son épouse américaine, ils réunirent une importante collection de peintures dont une partie fut léguée au Louvre, en 1965. De ce don provient le *Don Quichotte, Sancho Pança et la mule morte* (cat. 360).

Armand HAMMER (1898-1990)

Ce collectionneur américain, enrichi dans les industries pharmaceutiques et pétrolières, a réuni la plus importante collection d'œuvres de Daumier – peintures et dessins, lithographies, surtout après l'achat de la collection Longstreet en 1976, et sculptures – dont un échantillon fut présenté aux États-Unis dans le cadre d'une exposition itinérante qui circula de 1979 à 1983. Depuis le décès du collectionneur, la collection est gérée par la fondation Armand Hammer de Los Angeles.

Wilhelm HANSEN (1868-1936)

Conseiller d'État et directeur d'une compagnie d'assurances, le Danois Wilhelm Hansen connut une brillante carrière de financier qui lui permit de satisfaire sa passion pour l'art, à partir de 1892. Afin de faire bénéficier largement de sa collection – qu'il estimait la plus importante de peintures françaises hors de France –, il entreprit de faire construire un musée à Ordrupgaard, dans la banlieue de Copenhague, qui ouvrit au public en 1918. Celui-ci connut des difficultés financières, dès 1922, et une partie des collections dut être vendue. Le musée n'en conserve pas moins trois peintures de Daumier ayant appartenu à son créateur : *Dans la rue* (cat. 110), *Les Lutteurs* (cat. 183) et *Don Quichotte et Sancho Pança se reposant sous un arbre* (cat. 364), tandis qu'un dessin se retrouve aujourd'hui dans les collections de la Ny Carlsberg Glyptotek : *La Déposition d'une mineure* (cat. 288).

Nicolas Auguste HAZARD (1843-1913)

Nous ne savons que fort peu de choses de cet amateur fortuné, qui s'essaya aussi à la peinture, si ce n'est qu'il fut un ami du comte Doria et des frères Rouart, un client assidu du marchand Pierre-Ferdinand Martin, installé rue de Clichy puis 52, rue Laffitte, et le donateur d'œuvres d'Adolphe Félix Cals (1810-1880) au Louvre, aujourd'hui conservées au musée d'Orsay. Sa collection de plus de huit cents peintures et œuvres graphiques fut dispersée en plusieurs vacations, à la galerie Georges Petit, après le décès de son épouse, Julie Pauline Hazard (1853-1919). Parmi les œuvres de Daumier de la collection figuraient *Les Ribaudes* (MI-22, Merion, Barnes Foundation), *Don Quichotte et Sancho Pança* (MI-36, Itami, City Museum of Art), *Devant l'âtre : deux hommes en conversation* (MI-103, vente, Paris, hôtel Drouot, 14 juin 1985, n° 37, localisation actuelle inconnue), *L'Homme à la corde* (cat. 199 et 200), *Le Médecin Diafoirus* (MI-223, New York, coll. LeFrak).

Ferdinand HEILBUTH (1826-1889)

Artiste d'origine allemande, naturalisé français en 1876, il fut l'élève de Charles Gleyre à l'École des beaux-arts et participa à de nombreuses manifestations tant en France – au Salon, à partir de 1863 – qu'en Grande-Bretagne – Royal Academy et Grosvenor Gallery. Une aquarelle de Daumier figurait dans sa vente après décès, à la galerie Georges Petit, les 19-21 mai 1890 : *L'Avocat et sa cliente* (non catalogué par Maison). Il fut aussi propriétaire de deux peintures : *Les Lutteurs* (cat. 183) et *Don Quichotte et Sancho Pança se reposant sous un arbre* (MI-173).

Alphonse HIRSCH (1843-1884)

Élève de Léon Bonnat (1833-1922) et d'Ernest Meissonier (1815-1891), peintre et aquafortiste auquel la critique promettait un avenir brillant, Alphonse Hirsch, collectionneur lui-même, fut le mentor de nombreux amateurs. Plusieurs œuvres de Daumier firent partie de sa collection, dont *La Sortie de l'école* (MI-12, localisation actuelle inconnue), *Les Deux Avocats* (cat. 182), *Le Malade imaginaire* (MI-153, Merion, Barnes Foundation).

Constantine Alexandre IONIDES

Issu d'une riche famille de marchands grecs installés à Londres, à Tulse Hill, maison que fréquentaient Whistler et ses amis, Alexandre Ionides, qui travailla au Stock Exchange, constitua sa collection de dessins et de peintures sur le continent. En 1901, il légua au Victoria & Albert Museum un ensemble important de peintures et de dessins dont la première œuvre impressionniste à être présentée dans un musée anglais, *Le Ballet de Robert le Diable* de Degas. Treize dessins de Daumier accompagnaient ce legs, dont *L'Attente à la gare* (cat. 277), *Les [deux] Amateurs d'estampes* (cat. 254), *Une cause criminelle* (cat. 280). Ce collectionneur apparaît sous le nom de *Jonnidès (de Londres)* dans le catalogue de l'exposition de 1878.

Hippolyte de LAVOIGNAT (probablement)

Plusieurs documents récemment réapparus sur le marché de l'art (*Lettres autographes*, Paris, maison Charavay, catalogue n° 821, avril 1998, p. 20) paraissent authentifier le portrait de la collection Chester Dale conservé à la National Gallery de Washington, non retenu par Maison. Ce personnage, dont nous ne savons rien, a prêté trois peintures de Daumier à l'exposition de 1878 :

Le Baiser (cat. 111), *Le Haleur* (cat. 153) et *Femmes et Enfants* (MI-52, La Haye, musée Mesdag).

LEMAIRE

Ce nom nous est uniquement connu par les indications de provenance des œuvres présentées chez Durand-Ruel, en 1878. La plupart des tableaux se sont retrouvés ensuite chez des marchands : Barbazanges, *Les Ivrognes* (MI-5, localisation actuelle inconnue), Bernheim-Jeune, *Le Déjeuner à la campagne* (cat. 314), Bignou, *Une ronde d'enfants* (MI-51, coll. part.), *Les Deux Buveurs* (MI-119, Merion, Barnes Foundation) et Rosenberg, *Devant un marchand d'estampes* (cat. 247) et, en l'absence d'archives, nous ne disposons pas des moyens d'approcher de plus près la personnalité de leur ancien propriétaire.

Roger MARX (1859-1913)

Parallèlement à une collaboration en tant que journaliste et critique à de nombreux journaux (notamment la *Gazette des Beaux-Arts* dont il fut rédacteur en chef en 1902), Roger Marx poursuivit une brillante carrière administrative. Inspecteur des Beaux-Arts à partir de 1888, il se trouva impliqué dans l'organisation de la Centennale de l'art français au sein des Expositions universelles de 1889 et de 1900. Quelque temps avant sa mort, il devint inspecteur principal des musées de province. Une partie de son importante collection fut dispersée en 1914 tandis que quelques éléments passèrent à son fils, Claude Roger-Marx. S'il possédait plusieurs dessins de Daumier, dont *Centaure enlevant une nymphe* (cat. 343) ou *Saint Joseph et l'enfant Jésus* (MD. 751, localisation actuelle inconnue), il ne détenait qu'une peinture de l'artiste *Don Quichotte et Sancho Pança sous un arbre* (MI-181, Suisse, coll. part.).

Étienne MOREAU-NÉLATON (1859-1927)

Peintre, graveur et céramiste mais aussi historien d'art, Étienne Moreau-Nélaton – ce patronyme ajoute au nom de son père celui de sa mère – fut l'un des plus grands donateurs des Musées nationaux de ce siècle. De son grand-père, Adolphe Moreau, il avait hérité une prestigieuse collection de peintures qu'il s'employa à compléter et à étendre aux productions de ses contemporains. La seule des œuvres de Daumier qu'il a possédée a une importance telle qu'elle hisse son propriétaire parmi les principaux amateurs de l'artiste ; il s'agit de *La République* (cat. 120).

Félix TOURNACHON, dit NADAR (1820-1910)

Collaborateurs des publications de Philipon, Daumier et Nadar se connaissaient depuis la fin des années 1840. Nadar réalisa une série de portraits photographiques de Daumier, en 1856, tandis que le peintre consacra au journaliste, romancier, caricaturiste, photographe et aérostier l'une de ses plus célèbres lithographies : *Nadar élevant la Photographie à la hauteur de l'Art* (cat. 232), en 1862. Nadar fut parmi les principaux organisateurs de l'exposition Daumier de 1878 chez Durand-Ruel. C'est certainement à ces relations d'amitié que Nadar dut de posséder *Don Quichotte et Sancho Pança* (cat. 365) qu'il prêta à l'exposition de 1878.

Michel PASCAL (peut être encore orthographié PASCHAL ou PASCLAL)

Le 7 mai 1981, un reçu de Daumier est passé en vente à Paris (hôtel Drouot), adressé à un M. Pasclal (lecture difficile). Ce document, en date du 21 juillet 1876, concernait un règlement de 1 200 francs correspondant à : *un tableau Galerie de théâtre*. Dans le quatrième carnet de comptes de Daumier (Marseille, Bibliothèque municipale) figure à la date du 8 juin 1876 : *L'Esquisse à Paschal – 300 fr.* À l'exposition de 1878, un dénommé Pascal (s'agit-il de la même personne ?) prêta *Course au bord de la mer* (MI-53, vente, Londres, Sotheby's,

1er décembre 1965, nº 14, localisation actuelle inconnue) et un dessin, *Portrait de Mlle E.F.* (non catalogué par Maison).

PELPEL

Une lettre de Daumier, datée de novembre 1849, indique qu'un dénommé Pelpel venait de remettre mille francs au peintre pour prix d'un tableau (vente, Paris, hôtel Drouot, 12 juin 1984). À l'exposition de 1878 apparaît sous ce nom un tableau : *Un wagon de troisième classe* (MI-109, localisation actuelle inconnue).

Georges PETIT (1856-1920)

En 1878, reprenant l'affaire de son grand-père Francis et de son père Jacques, qui s'étaient particulièrement intéressés aux peintres de l'école de 1830, Georges Petit devint marchand de tableaux et éditeur d'art au 8, rue de Sèze et, très vite, le rival de Paul Durand-Ruel. Les années 1880-1890 furent marquées par un soutien constant aux peintres impressionnistes et par l'organisation de nombreuses expositions qui leur étaient consacrées. L'activité de la galerie est néanmoins diversifiée et, à plusieurs reprises, on put y voir des œuvres de Daumier, telles que *Amateurs* (MI-14, localisation actuelle inconnue), *Don Quichotte et Sancho Pança* (MI-36, localisation actuelle inconnue), *Galerie de tableaux* (MI-133, localisation actuelle inconnue), *Un wagon de troisième classe* (cat. 270).

Duncan PHILLIPS (1886-1966)

Petit-fils de James Laughlin, banquier et fondateur d'une aciérie, l'Américain Duncan Phillips montra très tôt une prédilection pour l'histoire de l'art et publia son premier article sur ce sujet en 1907. À peine diplômé de l'université de Yale, en 1908, il commença à collectionner les peintures et décida, en 1918, de les exposer dans un musée dédié à la mémoire de son père et de son frère, décédés l'année précédente. Cette fondation ouvrit au public en 1921, et présentait deux cent quarante peintures. Elle s'est enrichie les années suivantes de tableaux de première importance comme *Le Déjeuner des canotiers* de Renoir, en 1923, ou la *Montagne Sainte-Victoire* de Cézanne, en 1925. Parmi les œuvres de Daumier que le collectionneur a conservées pour être exposées dans sa fondation figurent : *Femme et enfant sur un pont* (cat. 109), *Trois avocats causant* (cat. 290), *Conseils à un jeune artiste* (MI-163), *Le Peintre devant son tableau* (cat. 349), *L'Atelier d'un sculpteur* (cat. 348).

Claude ROGER-MARX (1888-1977)

Fils de Roger Marx, il cumula comme son père des activités de journaliste et de critique – il fut le chroniqueur attitré du *Figaro littéraire* et du *Figaro* – avec des fonctions administratives puisqu'il fut inspecteur des Beaux-Arts. Fervent admirateur des artistes du XIXe siècle et défenseur des artistes contemporains, il a réuni une importante collection de peintures et d'œuvres graphiques dont il a offert une partie au musée du Louvre, en 1974, et sa sœur, Paulette Asselain, en a légué une autre, en 1978, après sa mort. Daumier occupait une place de choix dans cette collection avec, entre autres œuvres : *Les Ivrognes* (MI-5, localisation actuelle inconnue), *Fugitifs* (cat. 144), *Les Voleurs et l'Âne* (cat. 188), *Le Forgeron* (cat. 201) ou le *Portrait du sculpteur Carrier-Belleuse* (cat. 235), dessins conservés au Louvre dans le fonds du musée d'Orsay.

Alexis ROUART (1839-1911)

Ingénieur, il reprit avec son frère Henri les activités de l'entreprise familiale de fabrication de tubes métalliques. Il subit l'influence de son aîné jusque dans ses collections où abondaient les gravures de l'école romantique, les estampes japonaises, les objets d'art extrême-orientaux et les peintures contemporaines. Il possédait trois peintures de Daumier : *L'Aquafortiste* (MI-2, vente, Londres,

Sotheby's, 1ᵉʳ décembre 1993, nᵒ 114, localisation actuelle inconnue), *Déplacement de saltimbanques* (MI-25, Washington, The National Gallery of Art) qui allaient passer toutes deux, en 1911, dans la collection de son frère, et enfin *Satyre tenant un enfant* (MI-60, Allemagne, coll. part.).

Stanislas Henri ROUART (1833-1912)

Fils d'un fabricant d'équipement militaire, il se lia, au lycée Louis-le-Grand, avec Degas, aux côtés de qui il se retrouva durant la guerre de 1870. En marge de ses activités industrielles, Henri Rouart était peintre de paysage et est devenu collectionneur, bénéficiant des conseils de son ancien condiscple. Son importante collection a été dispersée en plusieurs vacations à la galerie Manzi-Joyant, au lendemain de sa mort, puis en avril 1913. Parmi les nombreuses œuvres de Daumier de sa collection, on peut citer : *Les Noctambules* (cat. 108) et *Ouvriers dans une rue* (MI-4), tous deux conservés au National Museum of Wales de Cardiff, *Les Deux Avocats* (cat. 181), *Déplacement de saltimbanques* (MI-25, Washington, The National Gallery of Art), *Crispin et Scapin* (cat. 204) qui furent, pour la plupart, exposés en 1878.

Gertrude STEIN (1874-1946)

Femme de lettres américaine, Gertrude Stein a vécu la plus grande partie de sa vie à Paris en compagnie de son frère Leo, à partir de 1903. Ensemble, ils ont réuni une importante collection de peintures contemporaines, illustre pour ses Picasso, Matisse, Braque ou Juan Gris. Parmi les rares œuvres du XIXᵉ siècle de leur collection figurait une *Tête de vieille femme* de Daumier (MI-108, localisation actuelle inconnue).

D.G. VAN BEUNINGEN (1877-1955)

Magnat néerlandais de la navigation, bénéficiant du monopole du commerce du charbon avec l'Allemagne et l'Angleterre, D.G van Beuningen fut très présent sur le marché de l'art européen du début du XXᵉ siècle. À plusieurs reprises, il offrit ou déposa des œuvres de sa collection au musée de Rotterdam qui a acquis l'ensemble restant en 1958. Afin de souligner l'excellence des relations qu'avaient pu entretenir le musée et le collectionneur, celui-ci fut rebaptisé Museum Boijmans Van Beuningen. Trois Daumier figuraient dans cette ultime transaction : *Départ pour l'école* (MI-44), *Les Amateurs* (MI-146) et *Le Pardon* (cat. 293).

Sir William VAN HORNE (1843-1915)

Issu d'une famille d'origine néerlandaise peu fortunée installée au Canada, William van Horne devint, en 1881, employé de la compagnie ferroviaire *Canadian Pacific*, dont il a été le directeur à partir de 1888. Ses activités de collectionneur ont débuté au milieu des années 1880 et il fréquenta, dès lors, les collectionneurs et les marchands d'art de Londres, de New York et de Paris. Une partie importante de ses achats concernent la peinture française du XIXᵉ siècle et comprennent plusieurs œuvres de Daumier, dont : *Les Fugitifs* (cat. 150), *Femmes poursuivies par des satyres* (cat. 126), *Le Premier Bain* (cat. 159), *Un étalage* (MI-106, localisation actuelle inconnue).

Georges VIAU (1855-1939)

Fils d'un stomatologue de la cour impériale russe, Georges Viau exerça la profession de dentiste. Cependant, il est plus connu pour avoir été élevé dans l'intimité du comte Doria et avoir connu la plupart des collectionneurs et des artistes contemporains. Il a rassemblé une importante collection de peintures, particulièrement impressionnistes, remaniée à plusieurs reprises à la suite de ventes en 1907, 1909 et 1930. Ses collections ont donné lieu à plusieurs ventes posthumes, en 1942, 1943 et 1948. Parmi les œuvres de Daumier dont il fut un

moment propriétaire figurèrent : *Causerie dans l'atelier* (MI-64, New York, coll. part.), *Les Fumeurs* (MI-105, Zurich, Fondation Bührle), *Le Drame* (MI-142, Munich, Neue Pinakothek), *L'Amateur d'estampes* (cat. 246) ou encore, parmi d'autres, *Le Peintre* (cat. 249).

Ambroise VOLLARD (1868-1939)

Ancien étudiant en droit devenu marchand d'art, écrivain et éditeur, Ambroise Vollard eut un rôle important en organisant les premières expositions monographiques consacrées à des peintres impressionnistes et post-impressionnistes. L'activité de sa galerie, installée à partir de 1900, au 6, rue Laffitte, fut cependant plus diversifiée et de nombreuses œuvres de Daumier y furent présentées. Selon la recension effectuée par Maison, ce ne sont pas moins de vingt-cinq tableaux de cet artiste qui sont passés par la boutique de Vollard, plaçant celle-ci en tête des galeries ayant vendu des peintures de Daumier.

William T. (1819-1894) et Henry (1848-1931) WALTERS

Richissimes Américains de Baltimore, le père – fondateur des premiers réseaux de chemin de fer américains – et le fils ont réuni une importante collection d'art français, utilisant parfois les services d'un intermédiaire à Paris, dénommé G.A. Lucas. Ils sont à l'origine de la Walters Art Gallery de Baltimore dont ils voulaient faire un musée encyclopédique. On peut y admirer plusieurs peintures et œuvres graphiques de Daumier, dont *La Loge* (MI-72), et les aquarelles *Intérieur d'un omnibus* (cat. 230), *Intérieur d'un wagon de première classe* (cat. 267), *Intérieur d'un wagon de deuxième classe* (cat. 268) et *Intérieur d'un wagon de troisième classe* (cat. 269).

Cette liste ne serait pas complète sans le relevé de tous les autres prêteurs de l'exposition de 1878 à la galerie Durand-Ruel sur lesquels nous ne disposons que de peu ou même d'aucune information (chaque nom est suivi du nombre d'œuvres prêtées) : MM. Henri Barre (2), Béguin (4), de Bériot (1), Mme Bernard-Léon – que l'on doit pouvoir mettre en rapport avec Philippe Bernard-Léon, comédien puis peintre et graveur qui figure dans la lithographie répertoriée par L. Delteil sous le nᵒ 1269, intitulée *Bernard Léon dans le rôle de Mignot* – (2), MM. Berthelier (1), Bonvenue (1), Mmes Caresse (1), Chamouillet (1), MM. Léon Charley (1), Christophe (1), Collet (1), Dacier (1), David (1), Desouches (1), Diot (9), Ducasse (1), Gabriel Dupuis (1), J. Duz (2), Fassin (1), Groiseilliez (1), Guyotin (6), Jourde (1), Lasègue (1), Latouche (12), F. Martin (2), May (1), Montrosier (1), Petit (1), Pillet (1), Rozer (1), Salomon (1), Somers (1), Sporck (2), Stahl (1), Stumpf (1), Tabourier (1), docteur A. Thévenet (1), Van der Hoewen (4), Verdier (8), Villeminot (2). À ces personnes presque toutes inconnues, il faut enfin ajouter quelques propriétaires de dessins plus célèbres : le fondeur Ferdinand Barbedienne (1810-1892) avec trois œuvres, le sculpteur Albert-Ernest Carrier-Belleuse (1824-1887) avec son portrait dessiné (cat. 235), le romancier Alexandre Dumas fils (1824-1895) avec deux dessins (dont cat. 319) et le marchand Haro avec un seul.

**D.L.,
avec la collaboration de C.L.B.**

Bibliographie sélective

A

Adam Hans-Christian, « Swimmers : human figures in an aqueous environment », *Aperture*, nᵒ III, été 1988, p. 82-83.

Adhémar Jean, « Les Légendes de Daumier », *L'Amateur d'estampes et des livres d'art*, vol. XIII, 1934, p. 54-58.

– « Peut-on dater les peintures de Daumier ? », *Beaux-Arts*, nᵒ 68, 20 avril 1934, p. 1-6.

– « Sur la date des tableaux de Daumier », *Bulletin de la Société de l'histoire de l'art français*, 1935, p. 145-160.

– « Daumier peintre officiel », *Bulletin de la Société de l'histoire de l'art français*, 1941-1944, p. 76-77.

– « Daumier. Catalogue des lithographies », *Inventaire du fonds français après 1800 au cabinet des Estampes*, Paris, Bibliothèque nationale, vol. V, 1948.

– « Les Esquisses sur la Révolution de 1848 », *Arts et livres de Provence*, nᵒ 8, 1948, p. 42-45.

– *Honoré Daumier*, Paris, Pierre Tisné (coll. Prométhée), 1954a.

– *Daumier, dessins et aquarelles*, préf. de Claude Roger-Marx, Paris, P. Tisné, 1954b (*Daumier, drawings and watercolours*, trad. anglaise de Eveline Winkworth, New York, MacMillan, 1954).

– « Daumier et Boilly », *Arts et livres de Provence*, nᵒ 27, mai 1955, p. 18-20.

– *Les Gens de médecine dans l'œuvre de Daumier. Catalogue raisonné*, préf. de Henri Mondor, Monte Carlo, Sauret, 1966.

– *Daumier. Les Gens d'affaires – Robert Macaire*, Paris, 1968 (*Daumier. Financial and Businessmen – Robert Macaire*, trad. anglaise de Léon Amiel, Paris et New York, 1974).

– « Le Monde de l'estampe célèbre l'anniversaire de Daumier mort il y a cent ans », *Nouvelles de l'estampe*, nᵒˢ 46-47, 1979, p. 9-25.

– compte rendu du livre de Grehan Farrel, *Honoré Daumier. The Undiscovered forgeries, notes on K.E. Maison's Catalogue raisonné…*, Chavannes-Renens (Suisse), 1975, *Gazette des Beaux-Arts. Chronique des arts*, avril 1975, p. 24-25.

– « La Loi de 1881 sur la liberté de la presse et le courage politique de Charles Philipon (1830-1833) », *Gazette des Beaux-Arts. Chronique des arts*, nᵒ 1355, décembre 1981, p. 1.

– « Propositions pour une thématique des portraits photographiques par Nadar », *Gazette des Beaux-Arts*, nᵒ 1407, avril 1986, p. 157-179.

A[dhémar] J[ean], compte rendu de l'exposition *Daumier sculpture. A critical and comparative study*, Cambridge, Fogg Art Museum, 1ᵉʳ mai-23 juin 1969, *Gazette des Beaux-Arts. Chronique des arts*, nᵒˢ 1218-1219, juillet-août 1970, p. 23-24.

Adhémar Jean : voir Mondor Henri et Adhémar Jean ; Roger-Marx Claude et Adhémar Jean ; Wasserman Jeanne L., Caso J. de et Adhémar Jean

Affiches et caricatures dans l'Histoire, Paris, Fernand Nathan, 1982.

Alauzen André M., *La Peinture en Provence du XIVᵉ siècle à nos jours*, Marseille, La Savoisienne, 1962.

Albrecht Juerg, *Daumier*, Reinbek bei Hamburg, Rowohlt Taschenbuch Verlag, 1984.

Albrecht Juerg : voir Zbinden Rolf et Albrecht Juerg

Alexandre Arsène, *H. Daumier. L'Homme et l'œuvre*, Paris, H. Laurens, 1888.

– *L'Art du rire et de la caricature*, Paris, Ancienne maison Quantin-Librairies Imprimeries réunies, 1892.

– « La Collection Henri Rouart », *Les Arts*, décembre 1921.

– « An Unpublished Daumier », *Burlington Magazine*, vol. 44, nᵒ 252, mars 1924, p. 143-145.

– *Daumier*, Paris, Rieder (coll. Maîtres de l'art moderne), 1928.

– « Le Mysticisme de Daumier », *Le Figaro*, 7 juin 1928, p. 542.

– *Les Classiques de l'humour*, Paris, La Renaissance, 1933.

– « Daumier », *Les Arts*, 12 mai 1934.

Alhoy Maurice, *Naturgeschichte des Reisenden*, Munich, 1921.

Alingrin Georges, « À travers la presse locale », *Arts et livres de Provence*, nᵒ 8, 1948, p. 123-125.

Angrand Pierre, « L'Administration des Beaux-Arts et l'œuvre de Daumier », *La Pensée*, nᵒ 177, octobre 1974, p. 97-110.

– « Sur le *Ratapoil* de Daumier », *Gazette des Beaux-Arts*, nᵒ 1274, mars 1975, p. 120.

– « Un Tableau de Daumier retrouvé : *Le Martyre de Saint Sébastien* », *Gazette des Beaux-Arts*, nᵒ 1321, février 1979, p. 95-98.

Anonyme « L'Œuvre de Daumier », *La Petite République française*, 3ᵉ série, nᵒ 744, 26 avril 1878, p. 2.

– « Mort de Daumier », *Le Petit Journal*, 13 février 1879.

– « Note nécrologique », *Paris-Journal*, 13 février 1879.

– « Obsèques de Daumier », *Le Français*, 15 février 1879.

– « Honoré Daumier », *L'Illustration*, 22 février 1879.

– « Honoré Daumier », *Le Monde illustré*, 22 février 1879.

– « Sur la translation des cendres de Daumier, de Valmondois au Père-Lachaise. Discours de Carjat et de Pierre Véron », *Le Rappel*, 17 avril 1880.

– « Le Monument Daumier à Valmondois », *Gil Blas*, 22 juin 1900.

– « Le Monument Daumier à Valmondois », *Le Charivari*, août 1900.

– *Honoré Daumier*, Paris, F. Juven (Les Maîtres humoristes, nᵒ 16), 1908.

– « Daumier expose au Salon d'Automne », *Le Cousin Pons*, vol. 12, 1921.

– *Honoré Daumier. Appreciations of his Life and Works*, New York (The Phillips Publication, nᵒ 21), 1922.

– *Honoré Daumier Mappe*, Vienne, 1924.

– « Compte rendu de la vente Paul Bureau », *Bulletin de l'art*, 1927, p. 167-172.

– « Daumier », *Gazette de Paris*, 2 mars 1929.

– « Daumier », *La Liberté*, 13 février 1929.

– « A Daumier for the National Gallery », *Art News*, vol. XL, nᵒ 12, octobre 1941, p. 1-14.

– « Recent important acquisitions of American collections », *Art quaterly*, vol. V, nᵒ 1, hiver 1942, p. 99-105.

– « Compte rendu du vernissage de la présentation au public des trente-six bustes exposés dans la salle de délibération du Conseil municipal », *Bulletin officiel de la ville de Marseille*, nᵒ 2357, 21 février 1948.

– « Lithographies sur Victor Hugo », *Arts Documents*, février-mars 1953.

– « Gallery notes », *Albright Art Gallery, Buffalo Fine Arts Academy*, vol. 9, nᵒˢ 1-2, janvier 1955.

– [M. W], *Honoré Daumier*, New York, The Metropolitan Museum of Art (coll. The Metropolitan Museum of Art Miniatures), 1955.

– « Hugo vu par Daumier », et « La Journée de Valmondois », *Arts et livres de Provence*, nᵒ 27, mai 1955, p. 14-15 et p. 59.

– « Honoré Daumier », *Les Cahiers français*, nᵒ 29 (coll. Documents d'actualité), mai 1958.

– « Honoré Daumier », *Sele arte*, n° 53, septembre-octobre 1961.

– « Compte rendu de Catherine Coeure, *Robert Macaire* », *Nouvelles de l'estampe*, n° 2, 1967.

– « Compte rendu de Raymond Cogniat, *Le Romantisme* », *Nouvelles de l'estampe*, n° 2, 1967.

– « Compte rendu de *Daumier : Mœurs conjugales* », *Nouvelles de l'estampe*, n° 3, 1968.

– *Honoré Daumier : Lithographien und Holzschnitten*, Lubeck, Overbeck Gesellschaft, 1970.

– « Daumier », *Arts et livres de Provence*, n° 79, 1971, p. 1-13.

– « Among recent acquisitions », *Bulletin of the City Art Museum of Saint Louis*, vol. 7, 1971-1972, p. 1-7.

– « Daumier auf Wanderschaft », *Du*, n° 12, 1979, p. 72.

– *Daumier et Cham. L'album du Siège*, Paris, Ed. Alexandra, 1979.

– « Une Américaine se penche sur les visages de Daumier et ceux de Paris », *Nouvelles de l'estampe*, n°s 46-47, juillet-octobre 1979, p. 27.

– « Les Deux derniers Daumier de la Bibliothèque nationale », *Nouvelles de l'estampe*, n°s 46-47, juillet-octobre 1979, p. 24-25.

– « 1979 [Mille neuf cent soixante dix neuf], Année Daumier », *Nouvelles de l'estampe*, n°s 40-41, juillet-octobre 1979, p. 32.

– *Daumier*, Boston, Boston Book on Art, [s.d.].

– *Daumier*, Monte-Carlo, Sauret, [après 1954].

Aradi Nora, « Les Tableaux de Daumier et l'art universel », *Acta Historiae Artium Academiae Scientiarium Hungaricae*, t. XXVI, n°s 1-2, 1980, p. 93-123.

– « Zur Ikonologie der neuen Kunst », *Wissenschaftliche Zeitschrift der Humboldt Universität zu Berlin*, vol. 34, n°s 1-2, 1985, p. 57-62.

Argis Henri d', « Honoré Daumier », *La Grande Encyclopédie*, vol. 13, Ladmirault et Cⁱᵉ, [vers 1980].

Armand, « Les Robert-Macaire, galerie morale, historique et philosophique par MM. Philipon et Daumier », *Le Cabinet de lecture, gazette de la ville et de la campagne*, samedi 30 décembre 1837, p. 8-9.

Arms John Taylor, « Rue Transnonain », *Print Quaterly*, n° 3, 1943, p. 15-17.

Arnold Matthias, *Honoré Daumier, Leben und Werk*, Stuttgart-Zurich, 1987.

Audebrand Philippe, « Daumier », *Le Voleur*, 28 février 1879.

Auquier Philippe, *Ville de Marseille. Catalogue des peintures, sculptures, pastels et dessins*, Marseille, Typographie et lithographie Barlatier, 1908.

B

Babelon Jean, « Daumier », *Gazette des Beaux-Arts*, vol. XXI, n° 904, janvier 1939, p. 60.

Bacou Roseline : voir Sérullaz Maurice et Bacou Roseline

Ballas G., « Daumier, Corot, Papety et Delacroix, inspirateurs de Cézanne », *Bulletin de la Société de l'histoire de l'art français*, 1974-1975, p. 193-199.

Balzer Wolfgang, *Die Physiognomie des Burgers. 12 Druke nach Lithographie*, Dresde, Verlag der Kunst, 1947.

– *Der Junge Daumier und seine Kampfgefährten. Politische Karikatur in Frankreich, 1830-1835*, Dresde, Verlag der Kunst, 1965.

Banks M. A., « Two paintings by Daumier : *Madame Pipelet* and *Don Quixotte and the dead mule* », *Bulletin of the Rhode Island School of Design*, n° 21, avril 1933, p. 17-21.

– « Two paintings by Daumier : *Madame Pipelet* and *Don Quixotte and the dead mule* », *Art Digest*, n° 7, juin 1933, p. 10.

Banville Théodore de, « La Comédie moderne. Honoré Daumier », *Le National*, 17 février 1879.

– « Les Grands chroniqueurs : Gavarni, Daumier, Cham », *Gil Blas*, 12 décembre 1879.

– *Mes souvenirs*, Paris, G. Charpentier, 1883.

Bardou Alfred, « [Daumier] », *Le Journal illustré*, 29 avril 1888.

Baridon Laurent, « Word and Image in Daumier's Bustes de parlementaires », *Word Image*, vol. 11, avril-juin 1995, p. 108-116.

Baridon Laurent et Guédron Martial, *Corps et Arts. Physionomies et Physiologies dans les arts vivants*, Paris, L'Harmattan, 1999 (chap. V : Les Parlementaires de Daumier. Caricature et aliénisme, p. 167 et 188).

Barotte René, « Daumier sculpteur analyse le cœur humain », *L'Aurore*, 2 novembre 1979.

Barzini Luigi et Mandel Gabriel, *Daumier*, Milan, Rizzoli (coll. *L'Opera pittorica completa*), 1991.

Baty Gaston, « Robert Macaire et Co. Rêveries sur des lithographies de Daumier, 1946 », *Cahiers Gaston Baty*, III, 1965.

Baudelaire Charles, *Les Dessins de Daumier*, Paris, Crès (coll. Ars graphica. Études et documents publiés sous la direction de M. J.C. Daragnès), 1924.

– *Écrits sur l'art*, texte établi, présenté et annoté par Michel Simonin, Paris [s.d.].

– *Curiosités esthétiques. L'art romantique et autres œuvres critiques*, textes établis avec introduction et notes par Henri Lemaître, Paris, Garnier frères, 1962.

– *Œuvres complètes*, éd. Claude Pichois avec la collab. de Jean Ziegler, Paris, Gallimard (coll. Bibliothèque de la Pléiade), 1975-1976.

Baumann Félix A., *Götter, Helden und Daumier. Die 50 Illsutrationen der « Histoire ancienne »*, Zurich-Munich, 1979.

Baumgart Fritz, *Idealismus und Realismus 1830-1880. Die Malerei der bürgerlichen Gesellschaft*, Cologne, M. Dumont Schauberg, 1975.

Baur Otto, « Det Mensch-Tier-Vergleich un die Mensch-Tier-Karikatur. Eine ukonographische Studie zur bildenden Kunst des 19. Jahrhunderts », thèse, Université de Cologne, 1973.

Bayard Émile, *L'Illustration et les illustrateurs*, Paris, 1898.

– *La Caricature et les caricaturistes*, Paris, Librairie Ch. Delagrave, 1901.

Bayer-Klötzer Eva-Susanne, « Die Tendenzen der französischen Karikatur 1830-1848. Die Gesellschaftpolitischen Probleme der Julie monarchie im Spiegel der Karikatur », thèse, Université de Munich, 1981.

Bazin Germain, *De David à Cézanne*, Genève, Skira, 1943.

– « Compte rendu de : Howard P. Vincent, *Daumier and his world* », *Gazette des Beaux-Arts. Chronique des arts*, n°s 1216-1217, mai-juin 1970, p. 16.

Bazire Edmond, « Les Obsèques de Daumier », *Beaux-Arts illustrés*, n° 5, 1879.

– « Les Obsèques de Daumier. Discours de Champfleury et de Carjat », *Le Rappel*, 15 février 1879.

Bechstein Hans, *Das Parlament der Juli-Monarchie, 36 Bronzeplastiken*, Leipzig, Insel-Bucherei, 1959.

Bechtel Edwin de Turek, « Les Lithographies de jeunesse », *Arts et livres de Provence*, n° 8, 1948, p. 50-56.

– *Freedom of the press and l'Association Mensuelle. Philipon adversus Louis-Philippe*, New York, The Grolier Club, 1952.

Before Manet to Modigliani from the Chester Dale collection, New York, A. A. Knopf, 1929.

Bellanger Camille, *L'Art du peintre. La peinture et les peintres depuis les temps les plus reculés jusqu'à nos jours, V : École française*, Paris, Garnier, 1922.

Bellanger Claude : voir *Histoire générale de la presse française*, vol. 2 : *De 1815 à 1871*

Bellet Roger, *Presse et journalisme sous le second Empire*, Paris, A. Colin, 1967.

Belleudy Jules, « Daumier a-t-il existé ? », *Massalia*, 7 mai 1931.

Benoist Luc, *La Sculpture romantique*, Paris, 1928 (rééd. sous la dir. d'Isabelle Leroy-Jay Lemaistre, Paris, Gallimard, 1994).

Benoit Fernand, « Un Art précurseur de Daumier », *Arts et livres de Provence*, n° 8, 1948, p. 119.

Benson Gertrude R., « Daumier reevaluated », *Magazine of Art*, vol. 30, décembre 1937, n° 12, p. 738-741.

Beraldi Henri, *Les Graveurs du XIXe siècle. Guide de l'amateur d'estampes modernes*, vol. 5, Paris, Conquet, 1886.

Bérard Jean, « Chronique parisienne. Honoré Daumier », *La Marseillaise*, 13 février 1879.

Bergerat Émile, « Revue artistique. Exposition des œuvres d'Honoré Daumier », *Journal officiel*, 26 avril 1878, p. 4453-4455.

Bergman-Carton Janis, *The Woman of ideas in french art 1830-1848*, New Haven et Londres, Yale University Press, 1995.

Berray Émile, « Daumier », *Bulletin des Beaux-Arts*, vol. II, 1884.

Bersier Jean E., « Daumier lithographe », *Arts et livres de Provence*, n° 8, 1948, p. 103-109.

– *Daumier lithographe*, texte de six conférences prononcées à l'école Estienne, les 1er, 8, 15, 22, 29 février et 7 mars 1960 ; extrait de *La Bibliographie de la France. Chroniques*, n° 17, 26 avril 1963, n° 18, 3 mai 1963 et n° 19, 10 mai 1963.

– *Aux quatre vents de l'estampe*, Nancy, Berger-Levrault, 1966.

Bertall (Charles-Albert d'Arnoux, dit), « Exposition des œuvres de Daumier », *Paris-Journal*, 21 avril 1878.

– « Exposition des œuvres de Daumier », *L'Artiste*, mai 1878.

Bertas Pierre, « Un Marseillais : Honoré Daumier 1808-1879 », *Provincia*, vol. 9, 1929.

Bertaud Jules, « Le Centenaire de Daumier (l'homme) », *Annales politiques et littéraires*, 26 février 1908.

Bertels Kurt, *Honoré Daumier als Lithograph*, Munich et Leipzig, R. Piper (coll. Klassische Illustratoren), 1908.

Bertram Anthony, *Honoré Daumier, 1808-1879*, Londres et New York, The Studio (coll. The World's masters), 1929.

Bertrand Régis, « Les Projets de collaboration de Daumier et Michelet sous la deuxième République », *Arts et livres de Provence*, n° 96, février 1977, p. 30-40.

Bessis Henriette, « À propos de Daumier », *Gazette des Beaux-Arts. Chronique des arts*, t. LXXII, n° 1197, octobre 1968, p. 22.

Besson George, *La Peinture française au XIXe siècle*, Paris, Braun, 1945.

– *Daumier*, Paris, Cercle d'art, 1959.

Beytout G. et Sergent Louis, *La Pharmacie et la médecine dans l'œuvre de Daumier*, Paris, Les Pharmaciens bibliophiles, 1932.

Billioud Joseph, « Les Huit quartiers plébéiens de Daumier », *Arts et livres de Provence*, n° 8, 1948, p. 120-122.

Bixiou (Champfleury Jules Husson, dit), « Revue des arts et des ateliers », *Le Pamphlet*, 3-6 septembre 1848 (repr. dans Chaudonneret, 1987, p. 138-139).

– « Salon de 1849 », *La Silhouette*, 6e année, n° 28, dimanche 22 juillet 1849, p. 9-10.

Blanc Charles, « Duc, Daumier, Couture », *Le Temps*, 12 avril 1879.

Blanton Catherine W., « An Unpublished Daumier Panel in the Fogg Art Museum, Scapin et Géronte », *Burlington Magazine*, t. 108, 1966, p. 511-516.

Blin Louis, « En attendant un musée Daumier, la ville de Marseille achète une série de statuettes de son grand artiste », *Arts*, 6 février 1948, p. 8.

Blot Eugène, *Histoire d'une collection de tableaux modernes. 50 [Cinquante] ans de peinture (1882 à 1932)*, Paris, Éditions d'Art, 1934.

Blum André, « La Caricature politique en France sous la deuxième République », *Révolutions de 1848*, n° 74, 1979, p. 203-215.

– « La Caricature politique en France sous le Second Empire », et « La Caricature politique en France pendant la guerre de 1870-71 », *Revue des études napoléoniennes*, n° 15, 1919, p. 169-183, et p. 301-311.

– « La Caricature politique sous la monarchie de Juillet », *Gazette des Beaux-Arts*, t. XVI, n° 703, mars-avril 1920, p. 257-277.

– « Daumier et la caricature politique en France sous la nouvelle République », *L'Amateur d'estampes*, n°s 2-3, 1923.

Blumer M.-L., « Daumier, Honoré », *Dictionnaire de biographie française*, vol. 10, p. 282-283.

Boetzel M., *Le Salon. Année 1865. 50 tableaux et sculptures dessinés par les artistes exposants gravés par l'auteur*, Paris, Veuve Berger-Levrault, 1865.

– *Le Salon. Année 1869. Tableaux et sculptures dessinés par les artistes exposants gravés par l'auteur*, Paris, Veuve Berger-Levrault, 1869.

– *Le Salon. Année 1870. Tableaux et sculptures dessinés par les artistes exposants gravés par l'auteur*, Paris, Veuve Berger-Levrault, 1870.

Boime Albert, *The Academy and French Painting in the nineteenth Century*, Londres, Phaidon, 1986.

Bonvin François, « Salon de 1869 », *Le Figaro*, 21 juin 1869.

Borgese Leonarda, *Daumier*, Novare, Istituto Grafico de Agostini, 1954.

Bornemann R., Searle Ronald et Roy Claude, *La Caricature, art et manifeste du XVIe siècle à nos jours*, Genève, Skira, 1974.

Borowitz Helen, « Painted smiles : sad clowns in French art and literature, » *Bulletin of the Cleveland Museum of Art*, vol. 71, n° 1, janvier 1984, p. 23-35.

– « Three guitars : reflections of Italian comedy in Watteau, Daumier, Picasso », *Bulletin of the Cleveland Museum of Art*, vol. 71, n° 4, avril 1984, p. 116-129.

Bouchot H. F., *Les Livres à vignettes au XIXe siècle*, Paris, E. Rouveyre, 1891.

Bouchot-Saupique J., « Daumier dessinateur », *Cahiers alsaciens d'archéologie, d'art et d'histoire*, n° 11, 1967 (Hommage à Hans Haug), p. 45-48.

Boudaille R., « Interview de Picasso », *France-Soir*, 17 octobre 1966.

Bourdelle Antoine, « Daumier », *Arts et livres de Provence*, n° 8, 1948, p. 14-15.

Boussel P., *Daumier. Les cents Robert Macaire*, Paris, Horay (coll. Les Maîtres du dessin satirique), 1979.

Bouvenne Aglaüs, *Victor Hugo, ses portraits et ses charges*, Paris, J. Baur, 1879.

Bouvy Eugène, « Autour des bois de Daumier : Daumier et la *Revue des Deux Mondes*, à propos de deux états différents d'un bois du maître », *L'Amateur d'estampes et des livres d'art*, mars 1931, p. 59-62.

– « Autour des bois de Daumier : le graveur Rémond et la grande planche du Carnaval dans le *Charivari* de 1843 », *L'Amateur d'estampes et des livres d'art*, mai 1931, p. 74-82.

– « Autour des bois de Daumier : Les Bois de la *Lithographie quotidienne* et les numéros-réclames du *Charivari* », *L'Amateur d'estampes et des livres d'art*, octobre 1931, p. 153-156.

– « Autour des bois de Daumier : Les Contrefaçons de Londres et de Bruxelles », *L'Amateur d'estampes et des livres d'art*, décembre 1931, p. 181-188.

– « Autour des bois de Daumier : La Planche du *Père Goriot* et le frontispice des *Œuvres de Balzac illustrées* de Célestin Nanteuil », *L'Amateur d'estampes et des livres d'art*, janvier 1932, p. 21-24.

– « Autour des bois de Daumier : Les En-têtes du *Charivari* », *L'Amateur d'estampes et des livres d'art*, mars 1932, p. 40-50.

– « Ulysse ou les porcs vengés dans le *Charivari* et dans l'édition Garnier », *L'Amateur d'estampes et des livres d'art*, juillet 1932, p. 115-122.

– « Les Planches politiques gravées du *Charivari* de 1834 », *L'Amateur d'estampes et des livres d'art*, décembre 1932, p. 187-192.

– *Trente-six bustes de H. Daumier*, Paris, Le Garrec, 1932.

– « Robert Macaire en miniature », et « Autour des bois de Daumier : l'*Almanach comique pour 1940* », *L'Amateur d'estampes et des livres d'art*, janvier 1933, p. 16-22, et p. 23-26.

– « Autour des bois de Daumier : les vignettes des couvertures de livraison des *Français peints par eux-mêmes* », *L'Amateur d'estampes et des livres d'art*, mai 1933, p. 86-93.

– « Autour des bois de Daumier : Daumier, Gavarni et les Goncourt », et « Autour des bois de Daumier : Don Quichotte », *L'Amateur d'estampes et des livres d'art*, juillet 1933, p. 97-105 et p. 120-124.

– *Daumier : l'Œuvre gravé du maître*, Paris, Le Garrec, 2 vol., 1933 (réimpr. : San Francisco, Alan Wofsy Fine Arts, 1995).

– « Compte rendu de l'exposition de l'Orangerie », *L'Amateur d'estampes et des livres d'art*, janvier 1934, p. 44-49.

– « Autour de l'affiche du charbonnier de Daumier », *L'Amateur d'estampes et des livres d'art*, 1935.

Boytman Yuri, « Domie i Parijskaya Kommuna. K 100-letiu Parijskoy Kommuny », *Iskusstvo*, n° 34, 1971, p. 60-65.

Bracquemond Félix, *Étude sur la gravure sur bois et la lithographie*, Paris, imprimé par Henri Beraldi, 1897.

Bransten E.H., « Significance of clown paintings by Daumier, Picasso and Rouault », *Pacific Art Review*, n° 3, 1944, p. 21-39.

Brerette Geneviève, « Hommage à Daumier », *Le Monde*, 12 juin 1979.

Brisson Jules et Ribeyre Félix, *Les Grands Journaux de France*, Paris, Dumineray, 1863.

Brivois Jules, *Bibliographie des ouvrages illustrés du XIXᵉ siècle, principalement des livres à gravures sur bois*, Paris, Rouquette, 1883.

Brookner Anita, « Current and forthcoming exhibitions, Paris », *Burlington Magazine*, n° 662, mai 1958, p. 185.

Brown Marilyn R., « Gypsies and other Bohemians. The Myth of the Artist in Nineteenth-Century Art », thèse, Detroit University of Michigan, 1985.

Buchinger-Früh Marie-Louise, « Karikatur als Kunstkritik. Kunst und Künstler in der Salonkarikatur des « Charivari » zwischen 1850 und 1870 », thèse, Tübingen, 1987.

Buisseret Augustin de, « Les Caricaturistes français », *L'Art*, vol. 47, 1888, p. 91-100.

Burnell Devin Berry, « Art and ambiguity : the aesthetics of caricature considered in relation to nineteenth century Romanticism and to the work of Daumier », thèse, Chicago, University of Chicago, 1976.

Burroughs Bryson, « Two drawings by Daumier », *The Metropolitan Museum of Art Bulletin*, vol. 22, n° 12, 1927, p. 291-292.

Burty Philippe, « Exposition des œuvres de Daumier », *La République française*, 1ᵉʳ mai 1878, p. 3.

– « L'Enterrement de Daumier », *La République française*, 15 février 1879.

– *Revue rétrospective de 1897*, Paris, Bureau de la Revue rétrospective, 1897.

C

Cabanne Pierre, Gregori Michele et Leduc Michel, *Les Bustes des parlementaires par Honoré Daumier*, Lausanne, Édita et Paris, Vilo, 1980.

C[adiot] N[oémie], « L'Exposition de Daumier », *Courrier du soir*, 24 mai 1878, p. 2.

Cahen-Hayem M.-L., « Daumier paysagiste », *Formes*, vol. 15, octobre 1934, p. 2-3.

Cahiers de l'art mineur. Honoré-Victorin Daumier, éd. établie par Jean-Claude Lefebvre avec la collab. de Jacques Warme, préf. de Pierre Dassau, Publication de l'Association « L'Image », 1979.

Cain Julien, *Daumier et les gens de justice*, Monte-Carlo, Sauret, 1954 (réimpr. 1974 et 1993).

– *Un Grande designatore. Daumier. Magistrati e gli avocati*, Rome, L'Eloquenza, 1968.

Calvet Arlette, Dunoyer Lise, Monnier Geneviève et Sérullaz Maurice, *Dessins français de Prud'hon à Daumier*, Fribourg et Paris, 1966.

Camis Max, « Compte rendu de l'exposition Daumier-Gavarni », *La Vie*, 15 juin 1923.

Camus Marie-Hélène, « Le Culot d'Honoré », *L'Humanité-Dimanche*, 5 juillet 1978.

– « L'Invité : Louis Provost collectionneur et donateur », *L'Humanité-Dimanche*, 23-29 mai 1979.

Cardon Émile, « Profil d'artiste : Daumier », *Le Soleil illustré*, 14 avril 1878.

La Caricature entre la République et la censure. La satire imagée en France de 1830 à 1880. Un langage de résistance, colloque, Francfort, J.W. Goethe Universität, 24-27 mai 1988, organisé par l'Université Lumière de Lyon II et la Johann Wolfgang Goethe Universität de Francfort (actes à paraître).

Carjat Étienne, « Le Michel-Ange du peuple », *La Petite République*, 25 avril 1878.

Carjat Étienne et Véron Pierre, « Discours prononcés pour la translation des cendres de Daumier de Valmondois au Père-Lachaise », *Le Rappel*, 17 avril 1880.

Carrier David, *High Art, Charles Baudelaire and the Origins of Modernist Painting*, Philadelphie, University Park, The Pennsylvania State University Press, 1996.

Carteret Léon, *Le Trésor du bibliophile romantique et moderne 1801-1875*, t. II et III, *Livres illustrés du XIXᵉ siècle*, Breuil-en-Vexin, Édition du Vexin français et Laurent Carteret, 1976, éd. originale, 1928.

Cary Elisabeth Luther, *Honoré Daumier : a Collection of his Social and Political Caricatures together with an Introductory Essay on his Art*, New York, Putnam's Sons, 1907.

– « Daumier's unconquerable soul », *Parnassus*, vol. 4, octobre 1932, p. 7-10.

Caso Jacques de, *Sculptural communication in the age of romanticism*, Princeton, 1992.

Caso Jacques de : voir Wasserman Jeanne L., Caso J. de et Adhémar Jean

Cassou Jean, *Daumier*, Lausanne, J. Marguerat, 1949.

Castagnary Jules-Antoine, « Salon de 1869 », *Le Siècle*, juin 1869.

– *Salons (1857-1870)*, Paris, O. Charpentier et E. Fasquelle, 1892.

[Castagnary Jules-Antoine], « Chronique. Exposition des œuvres de Daumier », *Le Siècle*, XLIV, 16, n° 571, 25 avril 1878.

Ceard Henry, « Robert Macaire », *Les Annales politiques et littéraires*, 13 novembre 1921.

Celebonovic Aleksa, *Bürgerlicher Realismus. Die Meisterwerke der Salonmalerei*, Berlin, 1974.

Les 100 [Cent] Robert Macaire, P. Boussel (éd.), Paris, P. Horay, 1979.

Cent vingt lithographies de Daumier. L'œuvre et l'évolution de Daumier depuis ses origines, fac-similés choisis et publiés dans l'ordre chronologique avec introd. et notes de Jean Laran, Paris (Les Albums des Beaux-Arts), 1930.

Chadefaux Marie-Claude, « Le Salon caricatural de 1846 et autres salons caricaturaux », *Gazette des Beaux-Arts*, n° 1190, mars 1968, p. 161-176.

Chamant Francis J.-P., « Le Fonds marseillais », *Arts et livres de Provence*, n° 8, 1948, p. 138-142.

Chambers R.L., « Daumier's *Histoire ancienne* : art and politics », *Arts*, vol. 55, n° 1, septembre 1980, p. 156-157.

Champfleury (Jules Husson, dit), « Salon de 1849 », *La Silhouette*, juillet-décembre 1849.

– « Lettre à Honoré Daumier sur *Les Excentriques* », *Le Pays*, 24 janvier 1851.

– « Daumier », *Le Boulevard*, 22 février 1862.

– « Daumier et Gavarni », *La Vie parisienne*, 10 avril 1864, p. 205-207.

– « La Caricature moderne : Honoré Daumier », *La Nouvelle Revue de Paris*, 15 juillet 1864.

– *Histoire de la caricature moderne*, Paris, Dentu, 1865 (2ᵉ éd., 1878).

– *Les Excentriques*, augmenté d'une préface *À Honoré Daumier*, Paris, Michel Lévy frères, 1877.

– Préface au *Catalogue de l'exposition des peintures et des dessins de H. Daumier, galeries Durand-Ruel*, Paris, Durand-Ruel, 1878a.

– *Daumier. Essai de catalogue de l'œuvre lithographié et gravé*, avec la gravure d'une planche, en collaboration avec Henri Harpignies, etc., Paris, Michel Lévy frères, 1878b.

– « Obsèques de Daumier », *L'Événement*, 15 février 1879.

– « Les Illustrateurs de livres au XIXᵉ siècle : Honoré Daumier », *Le Livre*, 10 avril 1883.

Champier Victor, « Expositions diverses », *L'Année artistique*, mai 1878, p. 358-359.

Chan Georges, « Les Peintres et le chemin de fer », *La Vie du rail*, nº 1290, 2 mai 1971.

Charbonnel Victor, « Honoré Daumier, artiste républicain [avec son portrait et onze reproductions de ses œuvres] », *La Raison*, avril 1908.

Charles Baudelaire : Salon de 1846, David Kelley (éd.), Oxford, Clarendon Press, 1975.

Charlot J., « Daumier's graphic compositions », *Print review*, vol. 11, 1980, p. 54-95.

Charron Jean-Paul, *Daumier et les gens de justice*, Aix-en-Provence, La Cour d'appel, 1970.

Chaudonneret Marie-Claude, « La Peinture en France de 1830 à 1848. Chronique bibliographique et critique », *Revue de l'art*, nº 91, 1991, p. 71-80.

– *La Figure de la République. Le concours de 1848*, Paris, édition de la Réunion des musées nationaux (coll. Notes et documents des musées de France, 13), 1987.

Chennevières-Pointel Charles-Philippe de, *Lettres sur l'art français en 1850*, Argentan, Impr. de Barbier, 1851.

Cherpin Germaine, « Les Cent onze figurations de Monsieur Thiers », *Arts et livres de Provence*, nº 8, 1948, p. 35-41.

– « Daumier chez les Pasquier », *Arts et livres de Provence*, nº 27, mai 1955, p. 16-17.

Cherpin Jean, « Sur quelques documents nouveaux », *Arts et livres de Provence*, nº 8, 1948a, p. 74-92.

– « Retour de Daumier », *Arts et livres de Provence*, nº 8, 1948b, p. 149-152.

– « Trois lettres inédites du chevalier Alexandre Lenoir », *Arts et livres de Provence*, nº 18, janvier 1950, p. 30-32.

– « Les Amis de Daumier », *Arts*, 13 juillet 1951.

– « Les Premiers amis de Daumier », *Revue française*, Noël 1951.

– « Daumier et le théâtre, *Revue de l'histoire du théâtre*, vol. III, 1953, p. 131-159.

– « Lettres à Didine ou les bains de mer de Mme Daumier », *Arts et livres de Provence*, nº 27, mai 1955, p. 35-44.

– « Le Dernier carnet de comptes de Daumier », *Marseille. Revue municipale*, mai-juillet 1956, p. 35-42.

– « Une Descente du Rhône en 1850 », *Reflets méditerranéens*, nº 15, 1956.

– *Daumier et le théâtre*, Paris, L'Arche, 1958.

– « Autour de la première exposition des peintures de Daumier », *Gazette des Beaux-Arts*, nº 1072-1073, mai-juin 1958, p. 329-340.

– « L'Acte de baptême de Daumier » et « Daumier et le théâtre », *Aesculape*, mars 1959, p. 3-8 et p. 59-62.

– « Le Rayonnement de Daumier », *Revue du vieux Marseille*, vol. III, 1959.

– « Le Quatrième carnet de comptes de Daumier », *Gazette des Beaux-Arts*, 1960, p. 353-362.

– « L'Œuvre littéraire de J.-B. Daumier de Marseille », *Le Bouquiniste français*, janvier 1962, p. 1-6.

– « Sur un tableau. Vrai ou faux ? », *L'Amateur d'art*, nº 329, 1964.

– « Nadar et Daumier », *Arts et livres de Provence*, nº 58, 1965.

– « Le Film de Robert Macaire », *Arts et livres de Provence*, nº 61, 1966.

– « Chronique de l'hôtel des Ventes », *Arts et livres de Provence*, nº 63, juin 1966.

– « Don Quichotte dans l'œuvre de Daumier » et « L'Homme Daumier, un visage qui sort de l'ombre », préf. de Claude Roger-Marx, postf. de Pierre Guiral, *Arts et livres de Provence*, nº 87, 1973, p. 9-242.

– « Honoré Daumier », *Bulletin de la Société d'études scientifiques et archéologiques de Draguignan*, vol. 18-20, 1973-1975, p. 33-36.

– « L'Homme Daumier », *L'Amateur d'art*, nº 552, 31 janvier 1974.

– *Daumier journaliste*, Marseille, Mutuelle de la presse, 1976.

– « Daumier toujours présent. *La Madeleine*, le *Martyre* et le *Silène* ou les commandes de l'État 1848-1849 », *Arts et livres de Provence*, nº 95, 1977, p. 27-39.

– *Daumier et le théâtre*, Marseille, édition des Arts et Livres de Provence, 1978.

– « Les Manifestations du centenaire de Daumier », *Publications commerciales. Marseille*, 23-29 décembre 1978.

– *Daumier et la sculpture*, Marseille, La Revue moderne, 1979.

– « Daumier et le vin », *Arts et livres de Provence*, nº 108, 1982, p. 41-44.

C[herpin] J[ean], « Autour d'un anniversaire – Daumier à Valmondois », *Le Monde*, 10 août 1954.

Cherpin Jean et Cherpin Germaine, « Daumier peintre d'histoire » et « Daumier journaliste politique de 1830 à 1852 », *L'Information historique*, nº 2, 1954, p. 49-56, nº 3, 1974, p. 85-96.

Cherpin Jean et Ducasse André, « Variétés », *Arts et livres de Provence*, nº 8, 1948c, p. 153-159.

Cherpin Jean, Negis André et Sergent Louis, « Les sentiments d'opposition dans la famille Daumier », *Marseille. Revue municipale*, nº 35, avril 1958.

– « De la maison de santé à l'*Imagination* », *Aesculape*, mars 1959, p. 44-51.

Cherronet Louis, « Les Sunlights de Daumier », *Art et Décoration*, vol. 63, mars 1934, p. 115-116.

Chesneau Ernest, *Peintres et statuaires romantiques*, Paris, Charavay frères, 1880.

Chevalier Louis, *Classes laborieuses et classes dangereuses à Paris pendant la première moitié du XIXᵉ siècle*, Paris, Plon, 1958 (rééd. 1969).

– *Les Parisiens*, Paris, Hachette, 1967.

Childs Elizabeth C., « Honoré Daumier and the Exotic Vision : Studies in French Caricature and Culture, 1830-1870 », thèse, Université de Columbia, UMI Dissertation Service, 1989.

– « Big trouble : Daumier, *Gargantua*, and the censorship of political caricature », *Art journal*, vol. 51, nº 1, printemps 1992, p. 26-37.

Chincholle, « Le Monument Daumier à Valmondois », *L'Estampe*, 13 août 1900.

Chollet Roland, *Balzac journaliste. Le tournant de 1830*, Paris, Klincksieck, 1983.

Citerne Guy, *Honoré Daumier*, Cannes, Institut coopératif de l'École moderne, 1965.

– « Daumier », *Bibliothèque du travail*, nº 604, 15 avril 1965.

Clapp Jane, *Art Censorship, a Chronology of Proscribed and Prescribed Art*, Metuchen (N.J.), Scarecrow Press, 1972.

Claretie Jules, « Courrier de la semaine. Honoré Daumier », *L'Indépendance belge*, février 1879.

– *H. Daumier, 1810-1879*, Paris, Librairie des Bibliophiles (coll. Peintres et sculpteurs contemporains. Première série. Artistes décédés entre 1870 et 1880), 1882.

– « Les Pères des Robert-Macaire. À propos du centenaire de Daumier », *Annales politiques et littéraires*, 16 août 1908.

Clark Kenneth, *The Romantic rebellion. Romantic versus classic art*, London, J. Murray (Sotheby's Parke Bernet Publications), 1973.

Clark Timothy J., *The Absolute Bourgeois : Artists and politics in France, 1848-1851*, Londres, Thames and Hudson, 1973a.

– *The Image of the people. Gustave Courbet and the 1848 Revolution*, Londres, Thames and Hudson, 1973b.

– *Painting of modern life*, Princeton, Princeton University Press, 1984.

Clément-Janin, « Graveurs et illustrateurs », *Beaux-Arts*, 9 mars 1934, p. 1.

Cochet Gustavo, *Honoré Daumier*, Buenos Aires, Poseidon (Biblioteca Argentina de Arte), 1945.

Cogniat Raymond, *Sculptures de peintres*, Paris (coll. Formes et couleurs), 1943.

– *Le Romantisme*, Paris, éd. Rencontres, 1967.

Collins Irene, « The Government and the Newspaper Press in France, 1814-1881 », thèse, Oxford, Université d'Oxford, 1959.

– « The Government and the press in France during the reign of Louis-Philippe », *English Historical Review*, 1954, p. 262-282.

Contour Solange, *Valmondois 1908. Honoré Daumier. Le Centenaire de sa naissance*, Paris, S. Contour, s.d. [1990].

Cooper Douglas, « Compte rendu de : K.E. Maison : Honoré Daumier. Catalogue raisonné of the paintings, watercolors and drawings », *Master drawings*, t. 6, nº 4, 1968, p. 405-410.

Coquiot Gustave, *H. Daumier, 1808-1879*, Paris, 1901.

Cotrim Alvaro, *Daumier e Pedro I*, préf. par Josué Montello, Rio de Janeiro, Ministerio de Educaçao e Cultura, 1961.

– « Note sur les œuvres de Daumier conservées au Brésil », *Arts et livres de Provence*, nº 61, 1966.

Courthion et Cailler (éds.) : voir *Daumier raconté par lui-même et par ses amis*

The Cult of images. Baudelaire and the 19th Century Media Explosion, Béatrice Farwell (éd.), Santa Barbara, University of California Art Museum, 1977.

Cunningham C.C., « Horsemen by Honoré Daumier », *Bulletin of the Boston Museum of Fine Arts*, nº 40, février 1942, p. 8-9.

Cuno James, « Charles Philipon, la Maison Aubert and the business of caricature in Paris, 1829-1841 », *Art Journal*, vol. 43, nº 4, hiver 1983, p. 347-354.

– « Charles Philipon and La Maison Aubert : the Business, Politics and Public of Caricature in Paris, 1820-1840 », thèse, Cambridge, Harvard University, 1985.

– « The Business and politics of caricature : Charles Philipon et La Maison Aubert », *Gazette des Beaux-Arts*, nº 1401, octobre 1985, p. 95-111.

Curtiss Mina, « Manet caricatures : Olympia », *Massachusetts Review*, vol. 7, nºs 3-4, 1966, p. 725-752.

D

Damiron Suzanne, « La Revue "L'Artiste". Sa fondation, son époque, ses amateurs », *Gazette des Beaux-Arts*, nº 1029, octobre 1954, p. 191-202.

Dancu Dimitru, *Daumier*, Bucarest, Meridiane, 1971.

Daniels Margaret H., « The Woodcuts of H. Daumier », *Bulletin of the Metropolitan Museum*, nº 1, 1926, p. 16-19.

Daumard Adeline, *La Bourgeoisie parisienne de 1815 à 1848*, Paris, S.E.V.P.E.N., 1963.

Daumier, numéro spécial de la revue *Le Fureteur*, 1er mai 1901, avec la collab. de C. Blanc, Champfleury, A. Dayot, L. Dourliac et G. Geffroy.

Daumier, numéro spécial de la revue *Fortunio*, nº 16, juin 1922, avec la collab. de V. Bernard, R. Jean, L. Larguier, M. Pagnol, F. Prieur, C. Rim.

Daumier, C.F. Ramus (éd.), New York et Londres, 1978.

« Daumier and Gavarni », Charles Holmes (éd.), notes de Henry Frantz et Octave Uzanne, *The Studio*, automne 1904.

Daumier. Das lithographische Werk, 2 vol., Klaus Schrenk (éd.), Munich, 1977.

Daumier. Dessins et aquarelles, introd. de Jean Adhémar, préf. de Claude Roger-Marx, Paris, Braun, 1954.

Daumier Drawings in Context, colloque, New York, The Metropolitan Museum of Art, 1993.

Daumier. Les Cent Robert Macaire (1836-1838), préf. de Pierre Broussel, Paris, P. Horay, 1979.

Daumier. Les Parlementaires. Portraits des célébrités du juste-milieu, préf. d'Antoinette Le Normand-Romain, Paris, M. Trinckvael, 1993.

Daumier raconté par lui-même et par ses amis, Pierre Courthion et Pierre Cailler (éds), Genève, P. Cailler (coll. Les Grands artistes vus par eux-mêmes et par leurs amis), 1945.

Daumier. Selected Works, notices de Frank et Dorothy Getlein, New York, 1969.

Daumier Zeichnungen, Munich, Wilhelm Hausenstein (Drucke der Marees Geselschaft. Portfolio VIII), 1918.

Dayot Armand, *Les Maîtres de la caricature française au XIXe siècle*, Paris, Flammarion, s.d. [1888].

– « L'Art dans les deux mondes. Daumier sculpteur », *Le Figaro*, 21 février 1891, p. 158-159.

– *Journées révolutionnaires (1830-1848) d'après des peintures, sculptures, dessins, lithographies, médailles, autographes, objets… du temps*, Paris, Flammarion, 1897.

– *Le Long des routes – Récits et impressions*, Paris, Flammarion, 1897.

– « Honoré Daumier, lithographe, peintre et sculpteur », *Revue rhénane*, avril-mai 1923, p. 447-462.

Deinhard Hanna, « Daumier et sa représentation de la foule moderne », *Histoire et critique des arts*, vol. XXXII, nº 81, 1er-2e trimestre 1980, p. 97-113.

Delacroix Eugène, *Dictionnaire des Beaux-Arts*, reconstitué par Anne Larue, Paris, Hermann, 1996.

Delfino Carlo, « Daumier a Stoccarda », *Arti*, nº 6, 1965, p. 8-9.

Delteil Loÿs Henri et Hazard Nicolas Auguste, *Catalogue raisonné de l'œuvre lithographié de Honoré Daumier*, Orrouy (Oise), Hazard, 1904.

Delteil Loÿs Henri, *Honoré Daumier*, Paris, chez l'auteur, (série : « Le Peintre graveur illustré », XIXe et XXe siècles. vol. 20-29), 1925-1930, (réimpr., New York, 1969).

Depouilly Jacques, « Le *Martyre de saint Sébastien* au musée de Soissons », *Revue du Louvre et des musées de France*, nºs 5-6, 1980, p. 320-321.

Deschamps J., *Notice sur la caricature après la révolution de 1848 (Daumier, Cham, Vernier)*, précédé d'un art. de F. J. Raspail, Rouen, Impr. Paul Leprêtre, s.d. [1870].

Dété Eugène et Dimier Louis, *Physionomies et physiologies*, 81 gravures sur bois d'après Daumier, préf. et cat. par Louis Dimier, Paris, Nourry, 1930.

Dewitte Jacques, « Dérision et compassion. À propos de Daumier, caricaturiste et peintre », *Commentaire*, nº 79, automne 1997, p. 689-699.

Digonnet Marcel, « Les Expositions Daumier à Marseille », *Arts et livres de Provence*, nº 8, 1948, p. 134-137.

Dimier Louis, « Tableaux qui passent, Daumier [*La Madeleine en prière*] », *Gazette des Beaux-Arts*, décembre 1926.

– *Physionomies et physiologies*, Nogent-le-Rotrou, Impr. Daupeley-Gouverneur, Paris, Émile Noury, 1930.

Dimier Louis : voir Dété Eugène

Diole Philippe, « Daumier », *Beaux-Arts*, 16 mars 1934, p. 1.

– « On glorifie Daumier mais on laisse sa tombe à l'abandon », *Beaux-Arts*, 23 mars 1934, p. 1.

Döhmer K., « Louis-Philippe als Birne. Zur Karikatur und ihrer Herkunft aus der Physiognomik », *Pantheon*, vol. 38, n° 3, juillet-septembre 1980, p. 248-254.

Dolan T., « Upsetting the hierarchy : Gavarni's *Les Enfants terribles* and family life during the Monarchie de Juillet », *Gazette des Beaux-Arts*, avril 1987, p. 152-158.

Dorbec Prosper, « La Peinture française sous le second Empire jugée par le factum, la chanson et la caricature », *Gazette des Beaux-Arts*, n° 697, octobre-décembre 1918, p. 409-427.

Dorival Bernard, « Marie de Médicis, mère de la République », *Cahiers alsaciens d'archéologie, d'art et d'histoire* (hommage à Hans Haug), t. 11, 1967, p. 73-76.

– « La Sculpture des peintres en France », *Journal de psychologie*, n° 1, 1978, p. 27-62.

Dormoy Marie, « La Collection Schmiz à Dresde », *L'Amour de l'art*, octobre 1926.

– « Un Ensemble unique de 50 Daumier : la collection Bureau », *Bulletin de l'art ancien et moderne*, 1927, p. 73.

Dorra Henri, « Une Source imprévue de Daumier », *Gazette des Beaux-Arts*, n° 1246, novembre 1972, p. 295-296.

– « Note sur deux sources de Daumier », *Nouvelles de l'estampe*, n°s 46-47, juillet-octobre 1979, p. 26-27.

Doty Robert, « Daumier and photography », *Image*, vol. 7, n° 4, avril 1958, p. 87-93.

Dresdner Albert, *Die Kunstkritik. Ihre Geschichte une Theorie. Vol. 1 : Die Entstehung der Kunstkritik*, Munich, 1915.

Driskel Michael P., « Singing *The Marseillaise* in 1840 : the last of Charlet's censored prints », *Art Bulletin*, vol. 69, 1987, p. 603-624.

– « Et la lumière fut : the meaning of David d'Anger's monument to Gutenberg », *Art Bulletin*, vol. 73, septembre 1991, p. 363.

Drost Wolfgang, « L'Inspiration plastique chez Baudelaire », *Gazette des Beaux-Arts*, 1957, p. 321-336.

– « Daumier critique de la civilisation décadente », *Aesculape*, mars 1959, p. 9-27.

Drumont Édouard, « Daumier », *La République française*, 15 février 1879.

– *Les Héros et les pitres*, Paris, Flammarion, 1900.

Du Bois Guy P., « Corot and Daumier », *The Arts*, n° 17, novembre 1930, p. 73-79.

Ducasse André, « Deux publications marseillaises », *Arts et livres de Provence*, n° 8, 1948, p. 126-128.

Du Colombier Pierre, « Daumier », *Beaux-Arts*, 19 mai 1939, p. 5.

Duhamel Georges, « Hommage à Daumier », *Arts et livres de Provence*, n° 27, mai 1955, 9-13.

Dunstan B. « Looking at paintings », *American artist*, n° 43, novembre 1979, p. 58-59.

Dupruy Denis, « Profils artistiques. Les caricaturistes. (1) Daumier », *La Presse théâtrale*, 15 avril 1855.

Duranty Edmond, « La caricature et l'imagerie pendant la guerre de 1870-1871 en Allemagne, en France, en Belgique, en Italie et en Angleterre », *Gazette des Beaux-Arts*, février 1872, p. 155-172.

– « La caricature et l'imagerie en Europe pendant la guerre de 1870-1871 », *Gazette des Beaux-Arts*, avril 1872, p. 322-343.

– « Études sur Daumier », *Gazette des Beaux-Arts*, vol. 17, n° 5, mai 1878, p. 429-443 et vol. 17, n° 6, juin 1878, p. 528-544.

– « Daumier. Son point de départ, sa vie, son talent », *Beaux-Arts illustrés*, n° 5, 1879.

Durbé Dario, *Daumier scultore*, Milan, Fabbri (coll. Chefs-d'œuvre de l'art. Grands sculpteurs), 1961.

Durbé Dario et Roger-Marx Claude, *Daumier*, Paris, Hachette (coll. Chefs-d'œuvre de l'art. Grands sculpteurs), 1969.

E

Eberle M., « Daumier oder die Ohnmacht des engagierten bürgerlichen Individuums », *Kritische Berichte*, n° 2, 1974, p. 73-81.

Eckstein Hans, « Daumier », *Die Kunst für alle*, vol. 44, avril 1928, p. 207-208.

– « Compte rendu de l'exposition Corot-Daumier », *Parnassus*, octobre 1930, p. 413.

Eighteenth and Nineteenth Century Paintings and Sculpture of the French School in the Chester Dale collection, Washington, 1965.

Elme Patrick, « Le Peuple de Daumier », *Galerie des arts*, n° 96, 1970, p. 10-11.

Erenyi Janos, *Daumier*, 6 vol. (I- *Politische Karikaturen* ; II- *Richter und Advokaten* ; III- *Bürgerleben* ; IV- *Malet und Kunstliebhaber* ; V- *Evolution und Krieg* ; VI- *Theater und Publikum*), Zurich, Rascher, 1944-1945.

– « Honoré Daumier. Formprobleme seiner Kunst », thèse, Zurich, Rascher, 1946.

Escholier Raymond, « Daumier, sa femme et ses amis », *Le Temps*, 2 novembre 1910.

– *Daumier*, Paris, Louis Michaud, 1913.

– « Daumier », *Le Temps*, 1er novembre 1921.

– « Daumier à Marseille », *Le Figaro*, 16 juillet 1922.

– *Daumier, peintre et lithographe*, Paris, H. Floury (coll. La Vie et l'art romantiques), 1923.

– *Daumier 1808-1879*, Paris, Librairie Floury, 1930 (rééd. du livre de 1913, réimpr. en 1923 et 1930).

– *Daumier*, Paris, Floury (coll. Anciens et Modernes), 1938.

– « Daumier, le lithographe, le peintre, le sculpteur », *L'Art et les artistes*, n° 37, novembre 1938, p. 37-65.

– « Ce Daumier, quel sculpteur ! », *Arts et livres de Provence*, n° 8, 1948, p. 22-26.

– *Daumier et son monde*, Nancy, Berger-Levrault, 1965.

F

F., « A Painting by Daumier », *Bulletin of the Art Institute of Chicago*, mai 1925, p. 60-61.

Fabricius-Iosic Liljana : voir Gmelin Hans Georg et Fabricius-Iosic Liljana

Faison Samson Lane, *Daumier*, Londres, Paul Wengraf, 1946a.

– *Honoré Daumier's* Third class railway carriage *in the Metropolitan Museum of Art*, Londres, Humphries (coll. The Gallery books, n° 13), 1946b.

Fallaize Élisabeth, *Etienne Carjat and « Le Boulevard » (1861-1863)*, Genève et Paris, Slatkine, 1987.

Faré Michel, « Daumier ami de Baudelaire », *Connaissance des arts*, n° 189, novembre 1967, p. 122-125.

Fargeaud Mme Bernard, « Sur le jugement et la condamnation de Daumier (1832) », *Aesculape*, janvier 1959, p. 35-43.

Farwell Beatrice, *The Charged image. French Lithographic Caricature 1816-1848*, Santa Barbara, Santa Barbara Museum of Art, 1989.

Farwell Beatrice (éd.) : voir *The Cult of images. Baudelaire and the 19th century media explosion* ; *French popular lithographic imagery, 1815-1870*

Faure Élie, « Le Don Quichotte de Daumier », *Ombres solides*, Paris, Malfère, 1934, p. 593.

Feinblat Ebria, « A Favorable view of Louis-Philippe », *Drawing*, vol. VII, n° 4, novembre-décembre 1985, p. 73-75.

Fels Florent, *Les Cent Robert Macaire d'Honoré Daumier*, Paris, Les Arts et le livre (coll. L'Art et la Vie), 1926.

Ferment Claude, « Traviès et Daumier », Paris, 1955 (mémoire de l'École du Louvre).

– « Le Caricaturiste Traviès. La vie et l'œuvre d'un « Prince du guignon » (1804-1859) », *Gazette des Beaux-Arts*, nᵒ 1347, février 1982, p. 63-78.

Fermigier André, « Le Grand opposant », *Le Monde*, 21 juin 1979.

Feydy Jacques, « Recherches sur l'expression chez Daumier. Plastique et psychologie dans les peintures de Daumier », *Bulletin de la Société de l'histoire de l'art français*, 1954, p. 84-91.

Finke Ulrich : voir *French 19th Century Painting and Literature*

Fischer Marcel, *Daumier. Der Maler*, Berne, A. Scher, 1950.

Fitzgerald Peter, « Daumier at Ingelheim-am-Rhein », *Burlington Magazine*, vol. 113, juillet 1971, p. 431.

– « Compte rendu de l'exposition : Daumier at the Royal Academy », *Burlington magazine*, vol. 123, nᵒ 937, avril 1981, p. 246 et 249.

Flanary David A., « Champfleury. The Realistic Writer as Art Critic », thèse, Université du Michigan, 1980.

Fleischmann Benno, *Honoré Daumier. Gemälde und Graphik*, Wien, Otto Lorenz, s.d. [1937] (éd. française, trad. de M. Sachs, Paris, 1939).

Florisoone Michel, « Daumier », *Revue hebdomadaire*, vol. 48, 1939, p. 494-497.

Focillon Henri, *La Peinture française aux XIXᵉ et XXᵉ siècles. Du réalisme à nos jours*, Paris, Renouard et H. Laurens (coll. Manuels d'Histoire de l'art), 1928.

– « Honoré Daumier (1808-1879) », *Gazette des Beaux-Arts*, nᵒ 800, août 1929, p. 79-104.

– *Les Maîtres de l'estampe. Honoré Daumier (1808-1879)*, Paris, H. Laurens, 1930.

– « Visionnaires : Goya to Daumier », *Lecture at the Phillips Memorial Gallery*, Washington, 1940.

– « Visionnaires : Balzac et Daumier », *Essays in Honor of A. Feuillerat*, New Haven, Yale University Press, 1943, p. 195-209.

– « Sur *L'Émeute* », *Gazette des Beaux-Arts*, juillet-décembre 1944, p. 33.

– *Honoré Daumier (1808-1879)*, Paris, Flammarion – Arts et métiers graphiques (coll. Images et idées. Maîtres de l'estampe), 1969.

Fontainas André, « Daumier », *L'Amour de l'art*, octobre 1921, p. 299-304.

– *La Peinture de Daumier*, Paris, Crès (coll. Ars graphica), 1923.

– *Daumier*, Paris, Librairie de France (albums d'art Druet IV), 1927.

Forse P., « Daumier's early lithographs », *Print Review*, vol. 11, 1980.

Fortunatus (Fortuné Mesuré, dit), « Daumier », *Rivarol de 1842. Dictionnaire satirique des célébrités contemporaines*, Paris, Au bureau du feuilleton mensuel, 1842.

Fosca François, « Musée du Louvre. L'acquisition de *La Blanchisseuse* », *Beaux-Arts*, 1927, p. 174-176.

– *Daumier*, Paris, Plon (coll. Les Maître de l'Art), 1933.

Foucher Paul, « Exposition de Daumier », *Le National*, 19 avril 1878, p. 3.

– « Honoré Daumier, » *Le National*, 13 février 1879.

Fougerat, Emmanuel, *Honoré Daumier*, Paris, Laboratoire Chantereau (Museum d'art rétrospectif. Coll. drogues et peintures, nᵒ 11), 1955.

Fouquier Henri, « Chronique », *Le XIXᵉ siècle*, 13 février 1879.

Fournel Victor, *Les Artistes français contemporains*, Tours, A. Mame et fils, 1883 (2ᵉ éd., 1884).

Les Français peints par eux-mêmes, 2 vol., Paris, Curmer, 1853.

F [rancis] H [enry] S [ayles], « A Drawing by Daumier », *Bulletin of the Cleveland Museum of Art*, vol. 14, nᵒ 10, 1927, p. 155-157.

François Dominique, « Honoré Daumier. Le Rembrandt du peuple », *Jardin des arts*, octobre-novembre 1972, p. 46-49.

Frank H., « Pasticcio, Parodie und Travestie », *Bildende Kunst*, vol. 29, nᵒ 6, 1981, p. 1-7.

Frantz Henri, « La Revanche de Daumier », *Le Gaulois*, 1ᵉʳ juillet 1913.

Frantz Henri et Uzanne Octave, « Daumier and Gavarni », *The Studio*, numéro special, automne 1904.

French 19th Century Painting and Literature, Ulrich Finke (éd.), Manchester, Manchester University Press, 1972.

French Popular Lithographic Imagery, 1815-1870, 9 vol., Beatrice Farwell (éd.), Chicago, University of Chicago Press, 1980.

Friedlander Max J., « Honoré Daumier », *Kunst und Kuenstler*, vol. 24, p. 272-276.

Fromrich Y., *Musique et caricature en France au XIXᵉ siècle*, Genève, éd. Minkoff, 1973.

Fuchs Eduard, *Honoré Daumier. Holzschnitte 1833-1870*, Munich, s.d. [1917].

– *Honoré Daumier. Lithographien. I, 1828-1851 ; II, 1852-1860 ; III, 1861-1872*, Munich, A. Langen, 1920.

– *Der Maler Daumier*, Munich, A. Langen, 1927.

– *Der Maler Daumier. Der Supplement*, Munich, A. Langen, 1930.

Fuchs Eduard et Kraemer Hans, *Die Karikatur der europäischen Völker*, 2 vol., Berlin, A. Hofmann, 1901-1904.

G

Gaborit Jean-René, « Acquisitions. Musée du Louvre, département des Sculptures. Sculptures de Daumier. Les trente-six bustes-charges des célébrités », *La Revue du Louvre et des musées de France*, vol. 31, nᵒ 1, février 1981, p. 37-39.

Gaillot Edmond, « Daumier », *Revue limousine*, 13 juillet 1931.

Gallego Julian, « Goya en el arte moderno », *Goya*, 1970-1971, p. 252-261.

Gangi Gaetano, « Honoré Daumier : autorittrato, 1872 », *Letteratura*, nᵒˢ 82-83, 1966, p. 110-111.

Ganz Hermann, « Die Kunstausstellung in Paris », *Kunst und Künstler*, vol. 27, 1929, p. 74.

Garcin Mme Philippe, « Sur les bustes modelés par Daumier », *Aesculape*, janvier 1959, p. 21-34.

Garnier Henri, « Les Obsèques de Daumier », *Le Voltaire*, 15 février 1879.

Gasnault F., « Les Salles de bal du Paris romantique : décors et jeux de corps », *Romantisme*, vol. 12, nᵒ 38, 1982, p. 7-18.

Gauffin Axel, *Corot, Daumier, Guys*, Stockholm, 1923.

Gauguin Pola, « Honoré Daumier », *Kunst og Kultur*, vol. 14, 1927, p. 129-152.

Gaultier Paul, *Le Rire et la caricature (Daumier, Gavarni, Forain)*, préf. par Sully Prudhomme, Paris, Hachette, 1906.

Gauss Ulrike, *Dessins français du XIXᵉ et XXᵉ siècles du cabinet des Estampes de la Württembergische Staatsgalerie de Stuttgart*, Stuttgart, 1969.

Gauthier Maximilien, *Daumier*, Paris et Dornach, Braun (coll. Les Maîtres, nᵒ 26), 1939 (nouvelle éd. 1950).

Gautier Théophile, « Salon de 1833 », *La France littéraire*, t. 6, 1833, p. 139-166.

– « École nationale des beaux-arts. Exposition des figures du concours pour la République », *La Presse*, 5 décembre 1848 (repr. dans Chaudonneret, 1987, p. 148-151).

Les Gens de justice, préf. de Julien Cain, Monte Carlo, A. Sauret, 1954.

Geffroy Gustave, « Daumier », *La Revue de l'art ancien et moderne*, vol. 9, nᵒ 49, avril 1901, p. 229-250.

– *Daumier*, Paris, Librairie de l'art ancien et moderne (coll. Artistes de tous les temps. Série C. Temps modernes), 1903.

– « Daumier sculpteur », *L'Art et les Artistes*, nᵒ 1, avril 1905, p. 101-108.

Genkina M., « Zjivopis Onore Domie », *Iskusstvo*, nᵒ 33, 1970, p. 64-67.

George Dorothy, *Catalogue of Political and Personal Satires Preserved in the Department of Prints and Drawings in the British Museum 1828-1832*, vol. XI, Londres, British Museum, 1957.

Georgel Chantal, *1848. La République et l'art vivant*, Paris, Fayard, RMN, 1998.

Georgel Pierre, « Les Transformations de la peinture vers 1848, 1855, 1863 », *Revue de l'art*, n° 27, 1975, p. 69-72.

Georgel Pierre et Mandel Gabriel, *Tout l'œuvre peint de Daumier*, Paris, Flammarion, 1972.

Getlein Frank et Dorothy, *Selected Works of Daumier*, New York, 1969.

Gexlotei Eugène, « L'Ancienne collection François de Hatvany », *Gazette des Beaux-Arts*, mai-juin 1966, p. 370.

Ghirardelli Ynez, *The Artist Honoré Daumier : Interpreter of History*, San Francisco, The Grabbhorn Press, 1940.

Gibson M., « Daumier question », *Art News*, n° 79, février 1980, p. 191-192.

Gigoux Jean, *Causeries sur les artistes de mon temps*, Paris, Calmann-Lévy, 1885.

Gill André « Daumier », *La Lune rousse*, 23 février 1879.

– *Artiste et citoyen*, Tours, A. Mame, 1883.

Giry Marcel, « Daumier et les gens de justice », *Revue marseillaise*, n° 72, mars-juin 1968, p. 21-25.

Gmelin Hans Georg et Fabricius-Iosic Liljana, *Honoré Daumier. Druckgraphik aus der Kunsthalle Bielefeld und Privatbesitz*, Bielefeld, 1971.

Gobin Maurice, « Sur l'art de Daumier, dessin et sculpture », *Arts et livres de Provence*, n° 8, 1948, p. 57-61.

– *Daumier sculpteur (1808-1879), avec un catalogue raisonné et illustré de l'œuvre sculpté*, Genève, Cailler, 1952.

Gohr Siegfried, « Der Kult des Künstlers un der Kunst im 19. Jh. Zum Bildtyp der Hommage », thèse, Cologne, Université de Cologne, 1975.

Goldman Bernard, « Realist iconography : intent and criticism », *Journal of Aesthetics and Art Criticism*, n° 18, 1959-1960, p. 183.

Goldstein B., « Daumier's spirit in American art », *Print Review*, vol. 11, 1980, p. 127-144.

Goldstein Robert Justin, *Censorship of Political Caricature in Nineteenth Century France*, Kent (Ohio)-Londres, The Kent State University Press, 1989a.

– *Political Censorship in the Arts and the Press in Nineteenth Century Europe*, New York, 1989b.

Gombrich Ernst, *Art and Illusion*, New York, Pantheon Books, 1960.

– « The Mask and the face », Gombrich Ernst, Hochberg Julian et Black Max, *Art, Perception and Reality*, Baltimore, 1972.

Gombrich Ernst Hans et Kris Ernst, « The Principle of caricature », *British Journal of Medical Psychology*, vol. XVII, 1938, p. 319-342.

– *Caricature*, Harmondsworth, 1940.

Goncourt Edmond et Jules de, « L'Ivresse de Silène, par Daumier », *Le Temps, illustrateur universel*, n° 3, 8 juillet 1860.

– *Journal. Mémoire de la vie littéraire*, vol. 1, 1851-1863, Paris, Flammarion, 1956.

Goncourt Edmond de, « Daumier », *Revue indépendante*, 1895.

Gonse Louis, « Compte rendu de : Alexandre, Arsène, *H. Daumier. L'Homme et l'œuvre*, Paris, H. Laurens, 1888 », *Gazette des Beaux-Arts*, septembre 1888, p. 174-176.

Goodman F. J., « Style and individual talent », *American Artist*, n° 54, novembre 1990, p. 82.

Grand-Carteret John, *Les Mœurs et la Caricature en France*, Paris, La Librairie illustrée, 1888.

– « De l'importance du document graphique », *Journal des arts*, 6 avril 1888.

– « Compte rendu de : Alexandre Arsène, *H. Daumier. L'Homme et l'œuvre*, Paris, H. Laurens, 1888 », *Journal des arts*, 8 mai 1888.

Grappe Georges, « Honoré Daumier », *L'Art vivant*, n° 184, mai 1934, p. 1181-184.

Grass-Mick André, « À qui Daumier ? Paris, Marseille ou l'étranger ? », *Journal de Marseille*, 31 juillet 1927.

– *La Lumière sur Daumier. Études sur l'artiste et son œuvre*, Marseille, Tacussel, 1931.

– « Les Logis de Daumier », *Arts*, 2 septembre 1949.

Grass-Mick André et Ducasse André, « Pierre Véron et Daumier », *Arts et livres de Provence*, n° 27, mai 1955, p. 48-49.

Grautoff O., « Drei Verläufer Rodins : Gericault, Daumier, Carpeaux », *Die Plastik*, décembre 1910, p. 100-102.

Gregori Michel : voir Cabanne Pierre, Gregori Michele et Leduc Michel

Grehan Farrell, *Honoré Daumier. The Undiscovered Forgeries, notes on K.E. Maison's Catalogue raisonné of the Paintings, Watercolours and Drawings*, Chavannes-Renens (Suisse), Chez l'auteur, 1975.

Guédron Martial : voir Baridon Laurent et Guédron Martial

Guerre Pierre, *Daumier*, Paris, Cahiers du Sud, 1955.

Guillet Hubert, « Les Bustes de Daumier au musée des Beaux-Arts de Marseille », *Arts*, 20 février 1948, p. 8.

– « Marseille et le musée Daumier », *Arts et livres de Provence*, n° 8, 1948, p. 143-144.

Guinard Paul, « Miguel Angel en el arte francés », *Goya*, n°s 74-75, 1966, p. 136-155.

Guiral Pierre, « Un Accusateur de la bourgeoisie », *Arts et livres de Provence*, n° 8, 1948, p. 31-34.

– « Daumier et la guerre qui vint », *Arts et livres de Provence*, n° 27, mai 1955, p. 45-47.

Guisset Jacqueline, « Daumier, Rops, Ensor : trois esprits de caricaturistes », dans cat. exp. *Honoré Daumier*, musée des Beaux-Arts de Mons, 15 décembre 1990-3 février 1991, Bruxelles, 1990.

H

H. L., « A Great Daumier », *American Magazine of Art*, n° 16, juin 1925, p. 315-316.

Hamill P., « The Daumier dilemna », *Art and Antiques*, vol. 15, n° 2, février 1993, p. 62-69.

Hannaert L. « Propos sur Daumier », *Revue de la Bibliothèque nationale de Belgique*, n°s 9-10, 1959.

Hannoosh Michele, *Baudelaire and Caricature. From the Comic to an Art of Modernity*, University Park, The Pennsylvania University Press, 1992.

Harper Paula Hays, « Daumier's clowns : les Saltimbanques et les Parades. New biographical and political functions for a nineteenth century myth », *Dissertation abstract*, 1976-1977, n° 37. *Daumier's Clowns : les Saltimbanques et les Parades. New Biographical and Political Functions for a Nineteenth Century Myth*, New York (coll. Outstanding Dissertations in the Fine Arts) et Londres, Garland, 1981.

Hausenstein Wilhelm, *Daumier. Zeichnungen*, Munich, Piper, 1918.

Hayot M. « Deux toiles majeures de Daumier en vente à Paris », *L'Œil*, n° 392, mars 1988, p. 77.

Hédiard Germain, « Exposition générale de la lithographie à l'École des beaux-arts », *Revue encyclopédique*, n° 16, 1891, p. 490-496.

Henraux Lucien, « *La Soupe* di Daumier al Louvre », *Dedalo*, mai 1920, p. 818-821.

Herbiet Georges, « Les Vrais et les faux », *Arts et livres de Provence*, n° 27, mai 1955, p. 56-57.

Herding Klaus, « Le Citadin à la campagne : Daumier critique du comportement bourgeois face à la nature », *Nouvelles de l'estampe*, n°s 46-47, juillet-octobre 1979, p. 28-40.

– « Isolation und Kommunikation als kunstlerische Problem in 19. Jh. », *Wissenschaftlicher Zeitschrift Humboldt Universität*, Berlin, t. 29, n°s 5-6, 1980, p. 503-517.

– « Inversionen : Antikenkritik in der Karikatur des 19. Jahrhunderts », *Nervöse Auffangsgorgane des inneren und äusseren Lebens*, Klaus Herding et Otto Gunter (éds), Geissen, 1980, p. 131-137.

– « Daumier critique des temps modernes. Recherches sur l'*Histoire ancienne* », *Gazette des Beaux-Arts*, vol. 113, nº 1140, janvier 1989, p. 29-44.

Herriot Édouard, « Daumier », *Gazette de Paris*, 2 mars 1929.

Histoire générale de la presse française, vol. 2 : *De 1815 à 1871*, Claude Bellanger (dir.), Paris, Presses universitaires de France, 1969.

Hlavacek L., « Povala Daumierova realismus », *Umeni*, vol. 24, 1976, p. 303-325.

Hoffmann Edith, « Notes on the iconography of Félicien Rops », *Burlington Magazine*, nº 937, avril 1981, p. 208-210.

Hofmann Werner, « Zu Daumiers graphischer Gestaltungweise », *Jahrbuch der kunsthistorischen Sammlungen un Wien*, vol. 52, 1956, p. 147-181.

– *La Caricature de Léonard à Picasso*, Paris, Gründ-Somogy, 1958 (éd. allemande 1956).

– « Le vocabulaire de chiffres graphiques dans le dessin de Daumier », *Aesculape*, mars 1959, p. 52-57.

– « Baudelaire et la caricature », *Preuves*, nº 207, mai 1968, p. 38-43.

– *Das irdische Paradies. Motive und ideen des 19. Jahrhunderts*, Munich, Prestel, 1974.

– « Don Quichotte dans le corps de Sancho », *Frankfurter Allgemeine Zeitung*, 10 février 1979 (autre version du texte de l'exposition de Marseille).

– « Ambiguity in Daumier (and elsewhere) », *Art journal*, vol. 43, nº 3, hiver 1983, p. 361-364.

Hohl, Reinhold, « La Collezione Oskar Reinhart « Am Romerholz » a Winterthur », *Antichita Viva*, t. 10, nº 3, 1971, p. 20-31.

Honoré Daumier, Paris, Librairie F. Juven (Les maîtres humoristes, nº 16), 1908.

Honoré Daumier, Marseille, Bibliothèque municipale, 1929.

Honoré Daumier, préf. d'André Wurmser, Paris, 1952.

Honoré Daumier, Georg Piltd (éd.), Munich (coll. Klassiker der Karikatur, nº 12), 1976.

Honoré Daumier, Appreciations of his Life and Works, essai de Duncan Phillips, Frank Jewett Mather Jr, Guy Pène du Bois et Mahonry Young, New York, E. P. Dutton and Co (coll. The Phillips publications, nº 2), 1922.

Honoré Daumier. A Thematic Guide to his Œuvre, préf. de Louis Provost, introd. de Elizabeth C. Childs, New York, Garland, 1986.

Honoré Daumier als Gesellschaftkritiker, Richard Zürcher (dir.), Zurich, 1949.

Honoré Daumier, 240 lithographies, préf. par B. Lemann, Zurich, Manesse, 1945 (éd. anglaise avec un texte de W. Wartmann, 1966).

Honoré Daumier. Émotions de chasse, A. Rossel (éd.), Paris, Édition de la Courtille, 1973.

Honoré Daumier, James Rousseau, Robert Macaire, der unstberliche Betrüger, K. Riha (dir.), Francfort, 1977.

Honoré Daumier [Karikaturen], Georg Piltz (éd.), Munich, 1976.

Honoré Daumier. La Chasse et la Pêche, préf. de Paul Vialar, notices de Jacqueline Armingeat, Paris, Vilo, 1975.

Honoré Daumier. Commerces et commerçants, préf. de Jean Ferniot, notices de Jacqueline Perrot, Paris, Vilo, 1979.

Honoré Daumier. Les Gens de justice, préf. de Julien Cain, Paris, Vilo, 1966.

Honoré Daumier. Les Gens du spectacle, préf. de François Périer, cat. et notices de Jacqueline Armingeat, Paris, Vilo, 1973.

Honoré Daumier. Intellectuelles (Les Bas-bleus) et femmes socialistes, préf. de Françoise Parturier, notices de Jacqueline Armingeat, Paris, M. Trinckvel, 1974 (rééd. 1993).

Honoré Daumier. Locataires et propriétaires (1847, 1854, 1856), préf. de Paul Guth, notices de Jacqueline Armingeat, Paris, Vilo, 1977.

Honoré Daumier. Mœurs conjugales, préf., catalogue et notices de Philippe Robert-Jones, Paris, Vilo, 1967 (éd. américaine, Boston [Mass.], 1968, trad. de Angus Malcolm).

Honoré Daumier. Mœurs politiques, préf. de Philippe Erlanger, cat. et notices de Jacqueline Armingeat, Paris, Vilo, 1972.

Honoré Daumier. Professeurs et moutards, préf. de Raymond Picard, Paris, Vilo, 1969.

Honoré Daumier. Les Tracas de Paris, préf. de Pierre Mazars, notices de Jacqueline Armingeat, Paris, Vilo, 1978.

Honoré Daumier. Les Transports en commun, préf. de Max Gallo, notices de Jacqueline Armingeat, Paris, Vilo, 1976.

Hoppe Ragnar, *Honoré Daumier. Gustave Courbet. Twa franska mästare och deras arbeten i nordisk ägo*, Stockholm (coll. Foren fransk Konst), 1929.

Hoyt Anna C., « La Cuisinière et le charbonnier », *Bulletin of the Museum of Fine Arts (Boston)*, vol. 43, octobre 1945, p. 58-65 (éd. française *Arts et livres de Provence*, nº 8, 1948, p. 110-112).

Hubbard Robert H., « *Le Wagon de troisième classe* acquired by the National Gallery of Canada », *Arts Quaterly*, vol. 10, nº 3, 1947, p. 226-227.

Hugo Victor, *Choses vues*, Hubert Juin (éd.), Paris, Gallimard, 1972.

Huon, Antoinette, « Charles Philipon et la Maison Aubert », *Études de presse*, nº 17, 1957, p. 67-76.

Huyghe René, *Le Dessin français au XIXᵉ siècle*, Lausanne, Mermod, 1948.

– « Daumier », *Jardin des arts*, nº 115, juin 1964, p. 3-10.

I

Iacobsen Natalia, « Honoré Daumier in Galeria de Artà Universalà a Muzeulenlui de Artà al Repubblici Socialiste Românîa », *Studii Muzeale*, t. 3, 1966, p. 119-128.

Ilatovskaya Tatiana, *Master drawings rediscovered. Treasures from prewar German collections*, Saint-Pétersbourg, New York, Harry N. Abrams, 1996.

L'Imagerie satirique en France de 1830 à 1880 : un discours de résistance. La Caricature entre République et censure, ouvrage collectif Raimund Rütte, Ruth Jung et Gerhard Schneider (éds), éd. française réalisée par l'équipe Littérature et idéologies au XIXᵉ siècle, Philippe Régnier (dir.), Lyon, Presses universitaires de Lyon, 1997.

Isaacson J. « Impressionism and journalistic illustration », *Arts*, nº 56, juin 1982, p. 95-115.

« The Issue of caricature », *Art Journal*, nº 48, printemps 1989, Judith Wechsler (dir.).

I[ves] C[olta], « Prometheus and the vulture », *Metropolitan Museum of Art bulletin*, vol. XLVIII, nº 2, 1990, p. 47.

Ives Colta : voir cat. exp. Francfort et New York, 1992-1993

Ivins William M. Jr, « Daumier, the man of this time », *The Arts*, février 1923, p. 88-102.

– « Daumier as a lithographer », *Prints and Books*, 1926, p. 265-293.

– « Daumier », *The Colophon*, nº 5, 1931.

J

J. H. (Champfleury, Jules Husson, dit), « H. Daumier », *Le Boulevard*, 1ᵉʳ décembre 1862.

James Henry, « Daumier caricaturist », *Century Magazine*, vol. 17, 1890, p. 402-403 ; repris dans *Daumier caricaturist*, Emmaus, Pennsylvanie, Rodale Press (coll. Miniature Books), 1937 (rééd. 1954).

– *Picture and Text*, Londres, 1893.

Jamot Paul, *La Peinture au musée du Louvre. École française du XIXᵉ s. 2ᵉ partie*, Paris, Éditions des musées nationaux [s.d.].

Janson Horst, *19th Century Sculpture*, New York, N. N. Abrams, 1985.

Javel Firmin, « Article nécrologique. Honoré Daumier », *L'Événement*, 13 février 1879.

Jedlicka Gotthard, « Honoré Daumier, 1810-1879. *Das Drama* », *Kunstwerke der Welt aus dem öffentlichen bayerischen Kunstbesitz*, vol. 2, 1962.

Joachim Harold, *French Drawings and Sketchbooks of the Nineteenth Century*, Chicago, The Art Institute, 1978.

Jobling Paul, « Daumier's *Orang-outania* », *Print Quaterly*, vol. 10, nº 3, septembre 1993, p. 231-346.

Jouffroy A., « Daumier et Lautrec, juges de la société de leur temps », *Arts*, nº 475, 4 août 1954, p. 9.

Jourdain Frantz, *De choses et d'autres*, Paris, H. Simonis Empis, 1902.

Jullian René, « Sur la chronologie de quelques peintures de Daumier », *Bulletin de la Société de l'histoire de l'art français*, 1965, p. 223-229.

K

Kahn Gustave, « Daumier », *Gazette des Beaux-Arts*, nº 528, juin 1901, p. 463-492.

Kalitina Nina, *Daumier*, Moscou, Ed. Aurora, 1955.

– « Proizvedenia Onore Domie v sobraniah SUA », *Iskusstvo*, vol. 12, 1979, p. 61-66.

Kamin M., « Daumier », *Arts et Décoration*, nº 51, octobre 1939, p. 37.

Kaposy Veronica, « Remarques sur deux époques importantes de l'art de Daumier dessinateur », *Acta Historiae Artium Academiae Scientiarum Hungaricae*, vol. 14, nᵒˢ 3-4, 1968, p. 255-273.

Kare S.D., « A study of the use of caricature of selected sculptures of Honoré Daumier and Claes Oldenburg », *Dissertation abstracts*, section A, vol. 39.

Die Karikatur zwischen Republik und Zenzur. Bildsatire in Frankreich 1830 bis 1880. Eine Sprache des Widerstandes ?, Raimund Rütten, Ruth Jung et Gerhard Schneider (dir.), Marbourg, Jonas Verlag, 1991.

Kaulbach Hans-Martin, *Bombe und Kanone in der Karikatur. Eine kunsthistorische Untersuchung zur Meaphorik der Vernichtungsdrohung*, Marbourg, 1987.

Keller Ulrich, « Nadar as portraitist. A photographic career between art and industry », *Gazette des Beaux-Arts*, nº 1407, avril 1986, p. 133-156.

Kemp Friedhelm et Pichois Claude (éds), *Charles Baudelaire : Sämtliche Werke/Briefe*, avec la collab. de Wolfgang Drost, Munich, Heimeran, 1975 ; *Juvenilia-Kunstkritik 1832-1846*, Munich, Heimeran, 1977 ; *Aufsätze zu Literatur und Kunst 1857-1860*, Munich, C. Hansen, 1989.

Kist J.R., *Daumier verslaggever zijn tijd*, Utrecht-Anvers, A.W. Bruna of Zoom, 1971.

– *Daumier. Eyewitness of an epoch*, New York, Woodbury (coll. Barron's Educational Series), 1979.

Klingender D. « Daumier and the reconstruction of Paris », *Architectural Review*, vol. 90, août 1941, p. 55-60.

Klossowski Erich, *Honoré Daumier*, Munich, R. Piper, 1908 (2ᵉ éd. 1914 et 3ᵉ éd. 1923).

Knauf Erich, *Daumier*, Berlin, 1931.

Koch Ursula E., « Zwischen Narrenfreiheit und Zwangsjacke : Das illustrierte französische Satire-Journal 1830-1881 », cat. exp. *Französische Pressekarikaturen*, Mayence, 1992, p. 32.

Koch Ursula E. et Savage Pierre-Paul, *Le Charivari. Die Geschichte einer Pariser Tageszeitung im Kampf um die Republik (1832-1882). Ein Dokument zum deutsh-französischen Verhältnis*, Cologne, Informations Press C.W. Leske Verlag, 1984.

Kohn Richard, « Un Modèle de Daumier, le Docteur Véron », *Aesculape*, janvier 1959, p. 44-61.

Krempel U., « Das Proletariat als Erbe Daumiers. Zur Daumier-Rezepion in der deutschen Arbeiterbewegung (1900-1931) », *Wissenschftliche Zeitschrift der Humboldt-Universität zu Berlin*, vol. 34, nᵒˢ 1-2, 1985, p. 71-77.

Kris Ernst, avec la collab. de E.H. Gombrich, *La Psychanalyse de l'histoire de l'art*, Paris, Presses universitaires de France, 1978.

Kropmanns Peter, « Cézanne, Delacroix et Hercule : réflexions sur l'*Enlèvement*, 1867, œuvre de jeunesse de Paul Cézanne », *Revue de l'art*, nº 100, 1993, p. 74-83.

Kunzle David, « Compte rendu de Michel Melot, *L'Œil qui rit, le pouvoir comique des images*, Fribourg, Office du Livre, 1975 », *Gazette des Beaux-Arts. Chronique des arts*, nº 1306, novembre 1977, p. 33-34.

– « L'Illustration-Journal universel, 1843-1853 », *Nouvelles de l'estampe*, nº 43, 1979, p. 11.

– « Cham the "popular" caricaturist », *Gazette des Beaux-Arts*, nº 1343, décembre 1980, p. 213-224.

L

L.A. de, « À propos de Daumier », *Beaux-Arts illustrés*, nº 5, 1879.

L.E.R., « Work by Daumier », *Bulletin of the Rhode Island School of Design*, janvier 1925, p. 19-20.

La Billette A. de, « Daumier », *La Marseillaise*, 11 février 1879.

Labarthe Denise, « Daumier : toute son œuvre est un réquisitoire », *Femme pratique*, août 1979, p. 16-19.

Das Lächeln der Auguren. Bilder zur Antike, W. Becker et H. Kretzschmar (éds.), Berlin, 1986.

Lajer-Burcharth, « Modernity and the condition of disguise : Manet's *Absinthe Drinker* », *Art Journal*, vol. 45, printemps 1985, p. 21.

Lamé Anne-Marie, *Le Crayon féroce de Daumier*, Paris, Le Charivari, 1968.

Laran Jean, « L'Œuvre de Daumier à la Bibliothèque nationale », *Trésors des Bibliothèques de France*, fasc. II, 1928, p. 7-79.

– *Cent vingt lithographies de Daumier*, Paris, Les Beaux-Arts (coll. Edition d'Études et de Documents), 1929.

Laran Jean : voir Rosenthal Léon et Laran Jean

Larguier Léo, « La Joue de Daumier », *Arts et livres de Provence*, nº 8, 1948, p. 62-63.

Larkin Oliver W., « Daumier and Ratapoil », *Science and Society*, vol. IV, 1940, p. 373-387.

– *Daumier in his Time and Ours*, Northampton, Smith College (coll. The Catherine Engel Lectures), 1962.

– *Honoré Daumier. Man of his Time*, New York, 1966, Londres, 1967.

– « Daumier as painter and draughtsman », *Burlington Magazine*, nº 110, août 1968, p. 466-467.

Larsen S. C., « Daumier : an acute sense of the human drama of his time », *Art News*, vol. 78, nº 3, 1979, p. 70-73.

Lasalarie Joseph, « Projet d'un monument Daumier », *Arts et livres de Provence*, nº 8, 1948, p. 148.

Lassaigne Jacques, *Daumier*, Paris, Hypérion, 1938 (éd. américaine, trad. de Eveline Byam Shaw, New York, 1938).

– « Daumier et nous », *Beaux-Arts*, 24 février 1939, p. 3.

Laughton Bruce, « Some Daumier's drawings for lithographies », *Master drawings*, vol. 22, printemps 1984, nº 1, p. 55-63.

– « Daumier's expressive heads », *RACAR*, vol. XIV, nᵒˢ 1-2, 1987, p. 135-142.

– *The Drawings of Daumier and Millet*, New Haven et Londres, Yale University Press, 1991.

– « Daumier drawings », *Burlington magazine*, nº 1080, mars 1993, p. 236-238.

– *Honoré Daumier*, New Haven et Londres, Yale University Press, 1996 (trad. française, Paris, éd. du Valhermeil, 1997).

– « Daumier's drawings of Don Quixote », *Master drawings*, vol. 34, hiver 1996, n° 4.

Laurens Jules, *La Légende des ateliers. Fragments et notes d'un artiste-peintre (de 1842 à 1900)*, Carpentras, J. Brun et Cie, 1901.

Laurent Charles, « Daumier », *La France*, 12 février 1879.

Lavalée P. « Le Dessin romantique », *La Revue de l'art*, vol. II, 1930, p. 219-234.

Le Garrec Berthe, « Les Bronzes des parlementaires », *Arts et livres de Provence*, n° 8, 1948, p. 101-102.

Léandre, « Portrait de Daumier », *Le Rire*, 11 mai 1901.

Lecomte Marcel, « Le Livre d'images pour les grands et les petits enfants », *Arts et livres de Provence*, n° 8, 1948, p. 115.

– « Daumier le lithographe », *Aesculape*, janvier 1959, p. 5-20.

– « Daumier lithographe », dans Escholier, 1965, p. 152-165.

– *H. Daumier. Catalogue de la collection René Gaston-Dreyfus*, 3 vol., Paris, 1966 et 1968.

Ledré Charles, *La Presse à l'assaut de la monarchie, 1815-1848*, Paris, Armand Colin, 1960.

Leduc Michel : voir Cabanne Pierre, Gregori Michele et Leduc Michel

Le Fort Paul, « H. Daumier », *L'Événement*, n° 2204, 19 avril 1878, p. 1, n° 2208, 23 avril 1878, p. 2, n° 2261, 15 juin 1878, p. 3 et n° 2262, 16 juin 1878, p. 3.

Le Foyer Jean, *Daumier au Palais de Justice*, Paris, La Colombe, 1958.

Lefrançois Thierry, *Tout Daumier*, Paris, Flammarion (coll. La Peinture), 1982.

Lejeune Robert, *Daumier. Der Künstler und Kämpfer*, Zurich, Büchergilde Gutenberg, 1945 (éd. française, trad. de Gustave Roud, Lausanne, Clairefontaine, 1953).

Lemann Bernard, « Two Daumier drawings : *Deux avocats* and *Le Boucher* », *Bulletin of the Fogg Art Museum*, vol. 6, n° 14, novembre 1936, p. 13-17.

– *Honoré Daumier*, New York, Reynal and Hitchcock, 1941.

– « Daumier and the *Republic* », *Gazette des Beaux-Arts*, vol. XXVII, février 1945, p. 104-120.

– « Daumier père and Daumier fils », *Gazette des Beaux-Arts*, vol. XXVII, mai 1945, p. 297-316.

– « *The Siesta* du musée de Brooklyn », *Arts et livres de Provence*, n° 8, 1948, p. 69-71.

Lemann Bernard : voir *Honoré Daumier, 240 lithographs*

Le Men Ségolène, « Calligraphie, Calligramme, Caricature », *Langages*, n° 75, septembre 1984, p. 83-102.

– « Ma Muse Ta Muse s'amuse… Philipon et l'Association mensuelle 1832-1834 », *Cahiers de l'Institut d'histoire de la presse et de l'opinion*, présentation d'Alain Corsin, n° 6, 1983, Université de Tours, p. 62-102.

– « Les Portraits-charges de Victor Hugo », *Nouvelles de l'estampe*, n° 85, 1986, p. 16-22.

– « Les Armes parlantes dans *La Caricature* », *L'Écriture du nom propre*, textes réunis et présentés par Anne-Marie Christin, Paris, L'Harmattan, 1998, p. 233-252.

Le Normand-Romain Antoinette, *Les Parlementaires*, Paris, éd. Michèle Trinckvel, 1993.

Leprieur P., « Vente Rouart : les tableaux entrés au Louvre », *Musées de France*, n° 2, 1913, p. 17-20.

Leroy Louis, « Exposition des œuvres de Daumier », *Le Charivari*, 1er mai 1878.

– « Honoré Daumier », *Le Charivari*, 18 février 1879.

Lethève Jacques, « Daumier, Füssli et le *Cauchemar* », *Aesculape*, mars 1959, p. 38-43.

– *La Caricature et la presse sous la IIIe République*, Paris, Colin (coll. Kiosque), 1961.

Lévêque Jean-Jacques, « Daumier : du sang à l'encre », *Les Nouvelles littéraires*, juin 1979.

Lévy Louis, « Daumier, le japonisme et la nouvelle peinture », *Gazette des Beaux-Arts*, n° 1382, mars 1984, p. 103-110.

Lithographies choisies d'Honoré Daumier. I. Les Hommes d'État, Yoshio Abé (dir.), Tokyo, 1992.

Lithographs and Drawings by Daumier lent by Lessing J. Rosenwald, Philadelphie, 1930.

Lobstein Dominique, « Daumier et *Les Sept Merveilles du monde* », *48/14 – La Revue du musée d'Orsay*, n° 8, printemps 1999, p. 52-57.

– « Auguste-Marie Boulard (1825-1897), ami et collectionneur de Honoré-Victorin Daumier (1808-1879) », *Bulletin de la Société franco-japonaise d'art et d'archéologie*, n° 18, juin 1999, p. 3-18.

Lochner Sonia, « Don Quixote and the search for history painting in early modern England », *UAAC Conference Montreal*, 7-10 novembre 1996.

Loncle Maurice, « Ceux du Palais », *Arts et livres de Provence*, n° 8, 1948, p. 27-30.

Longstreet S., *The Drawings of Daumier*, Alhambera (Calif.), Borden Publications, 1964.

Luther-Cary Elisabeth, *Honoré Daumier. A Collection of his Social and Politic Caricatures, together with an Introductoy Essay of his Art*, New York, 1907.

M

Mac Cauley Anne, « Caricature and photography in Second Empire Paris », *The Art journal*, vol. 43, n° 4, 1983, p. 355-360.

Mac Cormick William B. « Guy Pène du Bois – social historian, the similarity of the spirit animating the paintings of Du Bois and Daumier », *Arts and Decoration*, vol. 4, 1913, p. 13-16.

Mainardi Patricia, « The Death of history painting in France, 1867 », *Gazette des Beaux-Arts*, juillet-décembre 1982, p. 219-226.

– *Art and Politics of the Second Empire*, London et New Haven, Yale University Press, 1987.

Maison Karl Eric, « Daumier studies – I : Preparatory drawings », « Daumier studies – II : Various types of alleged Daumier drawings » et « Daumier studies – III », *Burlington Magazine*, mars-avril 1954, p. 13-17, p. 82-86 et p. 105-109.

– « Further Daumier studies : I : The Tracing » et « Further Daumier studies : II : Preparatory drawings for paintings », *Burlington Magazine*, mai et juin 1956, p. 162-166 et p. 198-203.

– « Some unpublished works by Daumier », *Gazette des Beaux-Arts*, n°s 1072-1073, mai-juin 1958, p. 341-352.

– *Daumier drawings*, New York et Londres, Yoseloff, 1960.

– « Daumier's painted replicas », *Gazette des Beaux-Arts*, n°s 1108-1109, mai-juin 1961a, p. 369-377.

– « Unbekannte Werke von Daumier », *Pantheon*, vol. XIX, juillet-août 1961b, p. 203-208.

– *Honoré Daumier. Catalogue raisonné of the Paintings, Watercolours and Drawings*, 2 vol., Londres et Greenwich, Connecticut et Paris, New York Graphic Society, 1968 (réimpr. San Francisco, 1996).

– « Some additions to Daumier's œuvres », *Burlington Magazine*, n° 810, septembre 1970, p. 621-625.

– « An unrecorded Daumier drawings », *Master drawings*, t. 9, n° 3, 1971, p. 264 et pl. 51.

Mandel Gabriel : voir Barzini Luigi et Mandel Gabriel ; Georgel Pierre et Mandel Gabriel

Mantz Paul, « Le Salon de 1853 », *Revue de Paris*, juin 1853, p. 442-453.

– « La Caricature moderne », *Gazette des Beaux-Arts*, avril 1888.

Maral H., « Daumier », *Bulletin des amis de l'université de Lyon*, 1918.

Marceau Henri et Rosen David, « Daumier : draftsman painter », *Journal of the Walters Art Gallery*, vol. 3, 1940, p. 8-41.

– « A Terracotta by Daumier : *Le Fardeau* », *Journal of the Walters Art Gallery*, vol. 11, 1948, p. 76-82.

Marceau Henri et Watkins F. C., « Beneath the paint and varnish : technical photographs reveal new world », *Magazine of Art*, n° 37, avril 1944, p. 128-134.

Marcel Henry, *Honoré Daumier. Biographie critique*, Paris, H. Laurens (coll. Les Grands artistes, leur vie, leur œuvre), 1907.

– *Le Caricaturiste Daumier*, Lyon, Société des amis de l'université de Lyon, 1908 (conférence faite à la Société des amis de l'université de Lyon le 23 février 1908).

– *Daumier*, Paris, Société de propagation du livre d'art (coll. L'Art et les mœurs au XIXᵉ siècle), 1928.

– *Honoré Daumier : biographie critique*, Paris, H. Laurens (coll. Les Grands artistes), 1929.

« Marcel Lecomte nous parle de Daumier et de ses amateurs », *Nouvelles de l'estampe*, juillet-octobre 1979, p. 11-14.

Marcenac Jean, « Honoré Daumier. D'après, malgré et finalement selon Baudelaire », *Europe*, juin-juillet 1979, p. 234-239.

Marchiori Giuseppe, « Omagia a Daumier », *L'Orto*, mai 1933.

Maret, « Panthéon de poche des célébrités contemporaines », *Le Charivari*, 4 juillet 1868.

Maroger Jacques, « La Technique de Daumier dans les tableaux du musée du Louvre », thèse, Paris, école du Louvre, 1936.

Marotte Léon : voir Martine Charles et Marotte Léon

Marrinan Michael, « Painting politics for Louis-Philippe. Art and ideology in Orleanist France », thèse, New Haven et Londres, 1987.

Martine Charles et Marotte Léon, *Dessins de maîtres français. IV. Honoré Daumier. Cinquante dessins imprimés en plusieurs tons avec une étude et un catalogue*, Paris, Helle et Segeant, 1924.

Marx Roger, *Étude sur l'école française*, Paris, Éditions de la Gazette des Beaux-Arts, 1903.

Mauglas René « Siot-Decauville fondeur », *Bulletin de l'art dans l'industrie*, supplément à la *Gazette des Beaux-Arts*, 1ᵉʳ juin 1894, p. 2.

Maur Karin von, « Französische Künstler des XIX. Jahrhunderts in den Schriften der Brüder Goncourt. Eine Studie zur Kunstkritik und Kunstanschauung in Frankreich 1850-1896 », thèse, Tübingen et Stuttgart, 1966.

Maxmin J., « A Hellenistic echo in Daumier's Penelope ? », *Art International*, n° 27, août 1984, p. 38-47.

Maxon John, *The Art Institute of Chicago*, New York, H.N. Abrams, s.d.

Mayor Alpheus Hyatt, *Callot and Daumier*, New York, 1959 (réimpr. de l'article publié dans le *Metropolitan Museum of Art Bulletin*, été 1958).

– « Daumier », *The Print Collector's Newsletter*, vol. 1, n° 1, mars-avril 1970, p. 1-4.

Mazet Guy, « Les Initiateurs du monument », *Arts et livres de Provence*, n° 8, 1948, p. 145-147.

Meier-Graefe Julius, « Honoré Daumier : fifty years after », *International Studio*, vol. 94, septembre 1929, p. 20-25.

Melot Michel, *L'Œil qui rit, le pouvoir comique des images*, Fribourg et Paris, Office du Livre-Bibliothèque des Arts, 1975.

– *Die Karikatur. Das Komische in der Kunst*, Stuttgart, 1975.

– « Daumier in der Kunstkritik », dans cat. exp. *Daumier*, Munster, 1978, p. 37-49.

– « Daumier devant l'histoire de l'art : jugement esthétique/jugement politique » *Daumier et le dessin de presse*, actes du colloque tenu à la Maison de la Culture de Grenoble, 16-17 juin 1979.

– *Histoire et critique des arts*, vol. XXXII, n° 81, 1ᵉʳ-2ᵉ trimestres 1980, p. 159-195 ; article complété dans « Daumier and art history : Aesthetic judgement/political judgement », *The Oxford Art Journal*, vol. 11, n° 1, 1988, p. 3-24.

– « Daumier and French writers », colloque *Daumier Drawings in Context*, New York, The Metropolitan Museum of Art, 1993.

– « La Mort de Daumier », *Humoresques*, n° 10, 1998, p. 59-65.

Menandre Aristide (Eugène Montrosier, dit), « H. Daumier », *Galerie contemporaine, littéraire, artistique*, n° 182, 1877.

Meryem Jean, « Quelques notes sur Daumier à propos de l'exposition des maîtres de la caricature », *L'Art et les Artistes*, n° 25, novembre 1932, p. 53-56.

Michelis M. de, *Honoré Daumier*, Milan, Fabbri, 1966 (éd. française, Paris, Hachette [coll. Chefs-d'œuvres de l'art. Grand peintres], 1967).

Mignon Maurice, « Deux peintres de la réalité tragi-comique, Goya et Daumier », *Annales du Centre universitaire méditerranéen*, t. VII, 1954, p. 3-7.

– « Goya et Daumier », *Arts et livres de Provence*, n° 27, mai 1955, p. 21-28.

Mireur H, *Dictionnaire des ventes d'art faites en France et à l'étranger pendant les XVIIIᵉ et XIXᵉ siècles*, Paris, Maison d'éd. d'œuvres artistiques, Ch. de Vicenti, 1911.

Misfeldt Willard E., « Daumier's « travellers » », *National Gallery of Canada Bulletin*, nᵒˢ 9-10, 1967, p. 18-24.

Møller Tyge, *Daumier*, Copenhague, 1915.

Monda Maurice, *Honoré Daumier*, Paris, Laboratoires de l'Eucliptine-Lebrun (coll. Un siècle de caricature, n° 3), 1935.

Mondor Henri et Adhémar Jean, *Doctors and Medicine in the Works of Daumier*, Londres, 1965 (*Les Gens de médecine dans l'œuvre de Daumier*, Paris, Vilo, 1966).

Mongan Agnes, « Six aquarelles inédites de Daumier », *Gazette des Beaux-Arts*, n° 886, avril 1937, p. 245-253.

– « Supplement to an article on six unpublished watercolours by Daumier », *Gazette des Beaux-Arts*, juillet-septembre 1949, p. 132 et p. 176.

– *One hundred master drawings*, Cambridge (Mass.), Harvard University Press, 1949.

Montorgueil « Compte rendu de : Alexandre, Arsène, *H. Daumier. L'Homme et l'œuvre*, Paris, H. Laurens, 1888 », *Le Paris*, 28 avril 1888.

Montrosier Eugène, « La Caricature politique. Honoré Daumier », *L'Art*, vol. 2, 1878, p. 25-32.

Morse Peter, « Daumier's early lithographs », *Print Review*, 1980, n° 11, p. 6-53.

Mouche Léon, « Daumier sculpteur », *Revue Marseille*, n° 2, 1948.

Mourre Charles, « Bustes et personnages », *Arts et livres de Provence*, n° 8, 1948, p. 97-100.

Muratow P. « Honoré Daumier », *La Toison d'or*, nᵒˢ 11-12, 1908-1909.

Myrdal Jan, *Five Years of Freedom, 1830-1835 : Daumier and Granville against the bankers's King Pear*, Hoganais, Wikens, 1991.

N

Nazzi Luigi, « H. Daumier », *Portraits d'hier*, 3ᵉ année, n° 54, 1911, p. 161-192.

Négis André, « Faut-il élever une statue de Daumier à Marseille ? », *Le Petit Provençal*, 31 janvier-1ᵉʳ février 1913.

– « Sur la destruction de la maison natale de Daumier », *Le Petit Provençal*, 12 décembre 1926.

– « Vicissitudes d'un monument », *Arts et livres de Provence*, n° 27, mai 1955, p. 50-53.

Négis André : voir Cherpin Jean, Négis André et Sergent Louis

Nervöse Auffangsorgane des inneren und äusseren Lebens, Klaus Herding et G. Otto (éds.), Giessen, 1980.

Newhall Beaumont, « Three vignettes after Daumier », *Prints*, n° 7, octobre 1936, p. 11-15.

– « Six Daumier vignettes », *Parnassus*, n° 10, octobre 1938, p. 11-12.

Niculescu R., « Contemporains de Daumier. Écrivains caricaturistes roumains et caricaturistes français de 1835 à 1860 », *Revue roumaine d'histoire de l'art. Série Beaux-Arts*, vol. X, n° 1, 1973, p. 41-104.

Niehaus Kasper, *Daumier en Millet*, Amsterdam, 1928.

Nochlin Linda, *Realism and Tradition in Art, 1848-1900. Sources and Documents*, Englewood Ciffs (N.J.), Prentice Hall, 1966.

– *Realism*, Harmondsworth, The Penguin Books, Londres, 1978.

– *Bathtime : Renoir, Cézanne, Daumier and the Practice of Bathing in the Nineteenth-Century France*, Groningen, 1991.

O

Oehler Dolf, *Pariser Bilder I. (1830-1848). Antibourgeoise Ästhetik bei Baudelaire, Daumier, Heine*, Francfort-sur-le-Main, Suhrkamp, 1979.

L'Œuvre lithographique de Daumier, présentation par F. Saint-Guilhem et Klaus Shrenk suivi du texte de Charles Baudelaire, Paris, A. Hubschmid, 1978.

Olson R.J.M., « Quand passent les comètes », *Connaissance des arts*, n° 380, octobre 1983, p. 75-76.

Oprescu G., « Honoré Daumier », *Analele Academiei Republicii Populare Romine*, t. VIII, 1958 (1960), p. 301-309.

Oschilewski Walter-Georg, *Honoré Daumier (1808-1879)*, Berlin, 1962.

Osiakovski Stanislav, *The Background of Daumier's Caricatures*, Londres, 1954.

– « Some Political or Social Views of Daumier as Shown in his Lithographs », thèse, Londres, 1957.

– « History of Robert Macaire and Daumiers place in it », *Burlington Magazine*, novembre 1958, p. 388-393.

– « Daumier et la lutte pour la libération politique et sociale (La Pologne – L'Irlande) », *Aesculape*, mars 1959, p. 28-37.

Oster Daniel et Goulemot Jean, *La Vie parisienne. Anthologie des mœurs du XIXᵉ siècle*, Paris, Sand-Conti, 1989.

Osterwalder Marcus, avec la collab. de Gérard Pussey et Boris Moissard, introd. de Bernard Noël, *Dictionnaire des illustrateurs français 1800-1914*, Paris, Hubschmid et Bouret, 1983.

Oulmont Charles, « Un portrait d'Alexandre Dumas par Daumier », *Les Arts*, n° 186, 1919, p. 23.

P

P.R.A., « A Daumier discovery », *Cincinnati Art Museum Bulletin*, n° 2, 1952, p. 2-3.

The Painter's Eye. Notes and Essays on the Pictorial Arts by Henry James, textes sélectionnés avec une introduction de John L. Sweeney (éd.), Cambridge (Mass.), Harvard University Press, 1956.

Parrot Jacques, « Balzac et Daumier », *Maintenant*, n° 7, 1947.

– « Daumier en 1848 », *Maintenant*, n°ˢ 9-10, 1948, p. 121.

Parsons Christopher et Ward Martha, *A Bibliography of Salon Criticism in Second Empire Paris*, Cambridge, Cambridge University Press, 1986.

Passeron Roger, *Daumier et la satire d'aujourd'hui*, Paris, Vision nouvelle, 1974.

– *Daumier témoin de son temps*, Paris, Bibliothèque des arts, 1979, 2ᵉ éd. 1986 (éd. anglaise, trad. par Helga Harrison, New York, Penguin Studio, 1981).

Pelletan Camille, « L'Exposition des œuvres de Daumier », *Le Rappel*, 1ᵉʳ, 17 et 23 février 1878.

– « Sur l'ouverture de l'exposition Daumier », *Le Rappel*, 19, 23 et 29 avril, 31 mai 1878.

– « Honoré Daumier », *Le Rappel*, 23 et 29 avril 1878.

– « L'Exposition Daumier », *Le Rappel*, 31 mai 1878.

– « Daumier », *Le Rappel*, 14 février 1879.

Pène du Bois Guy, « Corot and Daumier », *Arts*, vol. 17, novembre 1930, p. 73-97.

Pennell Joseph et Robin-Pennell, E., *Lithography and Lithographers*, Londres, T.F. Unwin, 1898 (rééd. 1915).

Penzoldt Ernst, *Honoré Daumier, Götter und Helden*, Munich, 1947 (2ᵉ éd. 1959).

– *Honoré Daumier*, Munich, 1954.

Petit Claude, *Les Avocats de Daumier*, Lyon, Imprimerie Audin, 1961.

Philipon Charles, « Abdication de Daumier Iᵉʳ », *Le Journal amusant*, 21 septembre 1861.

Phillips Duncan, « Daumier », *Art and Understanding*, vol. 7, novembre 1929, p. 46-49.

Phillips Duncan, Jewett-Mather Frank Jr, Pène du Bois Guy et Young Marjorie, *Honoré Daumier. Appreciations of his Life and Works*, New York, Dutton (The Phillips Publications, n° 2), s.d. [1922].

Les Physiologies, par François et Andrée Lhéritier, Jean Prinet, Claude Pichois, Antoinette Huon et Dimitri Streemoukoff, *Études de presse*, nouvelle série, vol. IX, n° 17, 4ᵉ trimestre 1957.

Pichois Claude, *Auguste Poulet-Malassis, l'éditeur de Baudelaire*, Paris, Fayard, 1996.

Pickvance Ronald, « Daumier in Scotland », *Scottish Art Review*, t. 12, 1969, p. 13-16.

Pierrein Louis, « Rue Daumier », *Arts et livres de Provence*, n° 8, 1948, p. 129-133.

Piller R., « Daumiers Blatt "La Rue Transnonain", le 15 avril 1834. Zum 100 Todestag von Honoré Daumier », *Bildende Kunst*, vol. 27, n° 3, 1979, p. 113-116.

Piltz Georg, *Geschichte der europäischer Karikatur*, Berlin, Deutsche Verlag der Wissenschaffen, 1976.

Piltz Georg : voir *Honoré Daumier*, 1976

Pingeot Anne, *Degas sculptures*, Paris, Imprimerie Nationale-RMN, 1991.

Plee Léon, « Le Centenaire de Daumier l'artiste », *Annales politiques et littéraires*, 23 février 1908.

Pradel P., « *Les Émigrants* de Daumier », *La Revue du Louvre et des musées de France*, vol. XI, n° 1, 1961, p. 85.

Préaud Maxime, « Entrepôt d'Ivry. L'affiche de Bayard et l'affiche de Daumier », *Nouvelles de l'estampe*, n° 7, 1971.

Preiss-Basset Nathalie, *Les Physiologies en France au XIXᵉ siècle. Étude historique, littéraire et stylistique*, Mont-de-Marsan, éditions universitaires, 1999.

Le Prisme, Paris, L. Curmer, 1841.

Presse et caricature, Cahiers de l'Institut de la presse et de l'opinion, n° 6, Université de Tours, 1983.

Preston Harley, « Cross-currents in French nineteenth-century painting », *Apollo*, vol. 118, 1983, p. 502-507.

La Promenade du critique influent. Anthologie de la critique d'art en France 1850-1900, Bouillon Jean-Paul (éd.), Paris, Hazan, 1990.

Provost Louis et Chambers R. K., « Daumier's *Histoire ancienne* : Art and Politics », *Arts*, septembre 1980.

Provost Louis et Childs Elizabeth, *Honoré Daumier : a thematic guide to the œuvre*, New York et Londres, Garland, 1989.

Puissant G., « Exposition de l'œuvre de Daumier », *La Lanterne*, 20 avril 1878.

– « L'Œuvre de Daumier », *La Petite République française*, n° 74, 26 avril 1878.

Py Bertrand, « Daumier », *Art tribune*, n° 2, mai-juin 1973.

Q

Quaintenne André, « Peines d'argent », *Arts et livres de Provence*, n° 8, 1948, p. 93-96.

R

Ragon Michel, *Les Maîtres du dessin satirique de 1830 à nos jours*, Paris, P. Horay, 1972.

Rakint W., « Une Exposition Daumier à Marseille », *L'Art et les Artistes*, 1929, p. 120.

– « On the fiftieth anniversary of Daumier's death », *Apollo*, vol. 10, juillet 1929, p. 40-42.

Ramus C. F., *Daumier. 120 great lithographs*, New York, Dover, 1978.

Rawson Philip, *Drawing*, New York, 1969 (2ᵉ éd. Philadelphie, 1987).

Ray Gordon Nicholas, *The Art of the French Illustrated Book 1700 to 1914*, t. II, New York, The Pierpont Morgan Library, 1982.

Rebecq-Maillard M. M., « Compte rendu de l'exposition du musée Cognacq-Jay », *L'École libératrice*, juin 1961, p. 25

Reff Theodore, « Copyists in the Louvre 1850-1870 », *The Art Bulletin*, décembre 1964, p. 552-559.

– « Three great draftsmen », *Degas : The artist's mind*, New York, 1976.

– *Manet and Modern Paris. One Hundred Paintings, Drawings, Prints and Photography by Manet and his Contemporaries*, Washington, The National Gallery of Art, 1982.

Régnier Philippe (dir.) : voir *L'Imagerie satirique en France de 1830 à 1880 : un discours de résistance ? La Caricature entre République et censure*

[Reid Alex et Lefèvre L. H.], *Paintings and Drawings by Honoré Daumier (1808-1879)*, Londres, 1927.

Rentmeister Cäcilia, « Daumier und das hässliche Geschlecht », dans cat. exp. Berlin, 1974, p. 57.

Revault d'Allonnes D., « Pourquoi la peinture a-t-elle cessé d'être un art de combat, d'action et de satire ? », *Arts*, 31 mai 1961.

Rey Robert, *Honoré Daumier (1808-1879)*, Paris, Librairie Stock (coll. Les Contemporains), 1923 (rééd. Paris, La Bibliothèque des grands peintres, 1968) (version anglaise, trad. par Norbert Guterman, New York, Abrams [coll. The Library of great painters], 1965, 2ᵉ éd. 1966).

– *Honoré Daumier*, Paris, Cercle d'art (coll. La Bibliothèque des grands peintres), 1968.

– *Daumier*, Paris, Nouvelles Éditions françaises (coll. Le Musée personnel, École française), 1969.

– *Daumier*, New York, Harry N. Abrams et Paris, Ars Mundi, 1988.

Reyliane Jacques, « La Collection Paul Bureau », *Le Figaro artistique*, n° 153, 5 mai 1927, p. 470-471.

Ribner J. P., « Henri de Triqueti, Auguste Préault and the glorification of law under the July Monarchy », *Art bulletin*, n° 70, septembre 1988, p. 488-501.

Richter H. « Von der Allegorie zur Reportage », *Kunst*, n° 4, avril 1988, p. 276.

Riha Karl, *Honoré Daumier/James Rousseau. Robert Macaire, der unsterbliche Bertrueger*, Francfort, 1977.

Rim Carlo, *Honoré Daumier, son œuvre*, Paris, La Nouvelle revue critique (coll. Célébrités contemporaines, I, n° 5), 1929.

– « Le Cinquantenaire de Daumier », *L'Art vivant*, 15 février 1929, p. 166-172.

– « Daumier ou l'artiste dans l'action », *La Jeune République. Cahiers de la démocratie*, nᵒˢ 16-17, 1934.

– « Il y a cent ans Daumier peintre d'histoire », *Revue bleue*, n° 5, janvier 1935.

– *Au temps de Daumier, ou les Régimes à l'essai*, Grenoble, Arthaud (coll. Arc-en-ciel), 1935.

– « Bourdelle et Daumier », *Arts et livres de Provence*, n° 8, 1948, p. 64-68.

Robert-Jones Philippe, « Étude de quelques types physionomiques dans l'œuvre lithographique de Daumier », Mémoire de licence, Bruxelles, Université libre de Bruxelles, 1950.

– « Les Femmes dans l'œuvre lithographique de Daumier », *Médecine de France*, n° 23, 1951, p. 29-32.

– *Les Types physionomiques chez Daumier*, thèse, Bruxelles, Université de Bruxelles, 1952.

– « Les Passants familiers chez Daumier », *Arts et livres de Provence*, n° 27, mai 1955, p. 29-34.

– « La presse satirique illustrée entre 1860 et 1890 », *Études de presse*, vol. VIII, n° 14, 1956.

– *De Daumier à Lautrec. Essai sur l'histoire de la caricature française entre 1860 et 1890*, Paris, Les Beaux-Arts, 1960.

– « De Daumier à Lautrec », *Gazette des Beaux-Arts*, n° 1093, février 1960, p. 133-134.

– « Daumier et l'impressionnisme », *Gazette des Beaux-Arts*, n° 1095, avril 1960, p. 247-250.

– « Honoré Daumier, critique d'art », *Bulletin de la classe des beaux-arts de l'Académie royale de Belgique*, vol. 57, n° 1, 1975, p. 12-43.

– « Honoré Daumier et Louis Gallait », *Gulden Passer*, vol. 53, Mélanges L. Lebeer, t. 2, 1975, p. 277-288.

– « Honoré Daumier critique d'art », *Bulletin de l'académie royale des Beaux-Arts de Belgique*, t. 56, 1975, p. 13-43.

– « L'Antiquité selon Grandville et Daumier », *Gazette des Beaux-Arts*, nᵒˢ 1428-1429, janvier-février 1988, p. 71-75.

– « Image donnée, image reçue », *Bulletin de l'académie royale des Beaux-Arts de Belgique*, n° 1499, 1989.

Robin-Pennell E. : voir Pennell Joseph et Robin-Pennell E.

Roessler Arthur, « Honoré Daumier », *Bildende Künstler*, fascicule 5, 1911, p. 203-213.

Roger-Marx Claude, « Les Croquis de Daumier », *Feuillets d'art*, n° 2, décembre 1921, p. 87-94.

– « Les Dernières lithographies de Daumier », *L'Art vivant*, sixième année, 1ᵉʳ juin 1930, p. 433-435.

– « Daumier illustrateur », *Arts et Métiers graphiques*, mars 1932, p. 33.

– « Musée de l'Orangerie. L'Exposition Daumier », *Bulletin des Musées de France*, mars 1934, p. 58-59.

– « Daumier et le peuple », *L'Art vivant*, dixième année, 1ᵉʳ mai 1934, p. 193.

– *Daumier*, Paris, Plon (coll. Éditions d'histoire de l'art), 1938.

– « Actualité de Daumier », *Le Mercure de France*, 1ᵉʳ janvier-1ᵉʳ février 1938, p. 322-340.

– « Universalité de Daumier », *Arts et livres de Provence*, n° 8, 1948, p. 18-21.

– « Daumier lithographe et dessinateur », *Jardin des arts*, n° 28, février 1957, p. 219-225.

– « Un grand peintre du mouvement, Daumier, » *Jardin des arts*, n° 44, juin 1958, p. 513-520.

– *Daumier, peintures*, Paris, Hazan (coll. Petite Encyclopédie de l'art-A.B.C.), 1961.

– *Honoré-Victorin Daumier 1808-1879. Paintings*, Londres, Matthiesen, 1962.

– *Daumier*, Paris, impr. Aulard, 1938 (rééd. 1969).

– *L'Univers de Daumier*, Paris, H. Screpel, 1972 (trad. anglaise de Carol Martin-Sperry, New York, Woodbury, 1977).

Roger-Marx Claude et Adhémar Jean, *Daumier, dessins et aquarelles*, Paris, Braun, 1954.

Rommel B., « Daumier Gegenweg. Zur Ausstellung "Die Rückkehr der Barbaren. Europäer und Wilde in der Karikatur Honoré Daumiers", *Lendemains*, vol. II, nᵒˢ 43-44, 1986, p. 182-185.

Rosen Charles et Zerner Henri, *Romantisme et réalisme, mythes de l'art du XIXᵉ siècle*, Paris, Albin-Michel, 1986.

Rosen David : voir Marceau Henri et Rosen David

Rosenthal Léon, « Notes sur Daumier », *Bulletin de la Société de l'histoire de l'art français*, fasc. 4, 1911, p. 351-352.

– *Daumier*, Paris, Librairie centrale des beaux-arts (L'Art de notre temps), 1912.

– *Honoré Daumier. Tirage unique de 36 bois*, Paris, 1921.

Rosenthal Léon et Laran Jean, *Daumier*, Paris, Librairie centrale des Beaux-Arts (coll. L'Art de notre temps), 1912.

Rosenwald Lessing J., *Daumier. Bustes et personnages*, Washington et Paris, 1954.

Roskill M. W., « On realism in nineteenth century art », *New Mexico Studies on Fine Art*, vol. 3, 1978, p. 5-12.

Ross Marvin, « Note on three Daumier watercolors in the Walters Art Gallery », *Journal of the Walters Art Gallery*, vol. II, 1948, p. 84-85.

Rossel André, *H. Daumier prend parti. Œuvres politiques et sociales*, Paris, éd. de la Courtille, 1971.

– *Le « Charivari », journal révolutionnaire*, Paris, éd. de la Courtille, 1971.

– *Honoré Daumier : Émotions de chasse*, Paris, éd. de la Courtille, 1973.

Rossiter Henry P., « Le Département Daumier du musée de Boston, » *Arts et livres de Provence*, nᵒ 8, 1948, p. 72-73.

Rostrup Haavard, « To ugendte buster als Daumier », *Meddeleser fra Ny Carlsberg Glyptotek*, 1951, p. 39-48.

Rothe Hans, *Daumier und die Politik*, Leipzig, P. List, 1924.

– *Daumier und das Theater*, Leipzig, P. List, 1925.

– *Daumier und die Ehe*, Leipzig, P. List, 1925.

– *Daumier und der Krieg*, Leipzig, P. List, 1926.

– *Daumier und die Justiz*, Leipzig, P. List, 1928.

Rouault Georges, « Le Cinquantenaire de Daumier », *L'Art*, nᵒ 1, mars-avril 1929.

Rousseau James, *Physiologie du Robert Macaire*, avec 27 vignettes de Daumier, Stockholm, Bibliofila Kluben, 1947.

Rowlands P., « Honoring Honoré (new museum at Val-d'Oise) », *Arts News*, vol. 94, mai 1995, nᵒ 5, p. 72.

Roy Claude, *Daumier*, Genève, Skira et Paris, Weber, 1971.

– *Daumier. Dessins*, Genève, Skira (coll. Le Goût de notre temps), 1971.

– *Étude biographique et critique. Daumier* (coll. Le Goût de notre temps, nᵒ 50), Genève et Paris, Skira, 1971.

Rueppel, Kerril C. « Bas-reliefs by Daumier », *Minneapolis Institute of Arts Bulletin*, nᵒ 46, 1957, p. 9-12.

Rümann, Arthur, *Honoré Daumier. Sein Holzschnittwerk*, Munich, Delphin-Verlag, 1914.

– *Daumier als Illustrator*, Munich, Delphin, 1919.

– *Daumier. Der Meister der Karikatur*, Munich, Delphin (coll. Kleine Delphin-Kunstbücher), 1920.

– *Honoré Daumier. Das graphische Werk*, Berlin, Wasservogel, 1926.

S

Sachs Maurice, *Honoré Daumier*, Paris, Tisné, 1939.

Sadleir Michael T. H., *Daumier, the Man and the Artist*, Londres, Halton and Truscott Smith, 1924.

Saint-Guilhem F. et Schrenk Klaus, *Honoré Daumier, l'œuvre lithographique*, préf. de Charles Baudelaire, 2 vol., Paris, A. Hubschmid, 1978 (éd. allemande 1977).

Sala C., « Réalisme au XIXᵉ siècle : Millet, Courbet, Daumier », *Actualité des arts plastiques*, nᵒ 29, janvier-février 1976.

Samson Mireille, *Honoré Daumier. Centenaire de sa mort*, Valmondois, la Ville, 1979.

Schack Gerhard, *Honoré Daumier : die Jagd in der Kunst*, Hambourg-Berlin, Paul Parey, 1965.

Scharf A. « Daumier the painter », *Burlington Magazine*, vol. 13, août 1961, p. 356-357.

Scheffler Karl, « Lithographs by Daumier », *Bulletin of the Minneapolis Institute of Art*, 1926, p. 114.

Scheiwiller Giovanni, *Daumier*, Milan (coll. Arte moderna straniera), 1942 (3ᵉ éd. 1949).

Schrenk Klaus, « Die republikanisch-demokratischen Tendenzen in den französischen Druckgraphik zwischen 1830 und 1852 », thèse, Marbourg, 1976.

– « Daumier, der Republikaner », *Wissenschaftliche Zeitschrift der Humboldt-Universität zu Berlin*, vol. 34, 1985, nᵒˢ 1-2, p. 63-69.

– « Le Monde artistique au sein de l'opposition à la monarchie de Juillet », *Histoire et critique des arts*, vol. XXXII, nᵒ 81, 1ᵉʳ-2ᵉ trimestres 1980, p. 67-96.

Schwarz Heinrich, « Daumier, Gill and Nadar », *Gazette des Beaux-Arts*, nᵒ 1057, février 1957, p. 89-106.

Schweicher Curt, *Daumier*, Paris, Somogy (coll. Ars Mundi), 1953 (éd. anglaise, Londres, Heinemann and Co, 1954).

Sébillot Paul, « H. Daumier », *Le Bien public*, 23 avril 1878, p. 1.

Sedova T., « Celovek svoego vremeni (L'Homme de son époque) », *Hudoznik*, nᵒ 2, 1979, p. 46-53.

Sedlmayr Hans, *Grösse und Elend des Menschen. Michelangelo, Rembrandt, Daumier. Formproblem einer Kunst*, Vienne, 1948.

Seibold U. « Zur Figur des Don Quijote in der bildenden Kunst des 19. Jahrhundert », *Wallraf-Richartz-Jahrbuch*, vol. 45, 1984, p. 155-162.

Senna P. L., « L'Opera litografica di Daumier, *Il Conoscitore di stampe*, nᵒ 47, 1980, p. 2-25.

Sensier Alfred, *Souvenirs sur Théodore Rousseau*, Paris, L. Techener, 1872.

Sergent Louis, « Un Portrait de la mère de Daumier », *Arts et livres de Provence*, nᵒ 18, janvier 1950, p. 28-30.

Sergent Louis : voir Cherpin Jean, Négis André et Sergent Louis

Sérullaz Maurice et Bacou Roseline, « Nouvelles acquisitions. Musée du Louvre. Cabinet des Dessins : Donation Claude Roger-Marx », *La Revue du Louvre et des Musées de France*, vol. 24, nᵒˢ 4-5, 1974, p. 301-312.

Servian Ferdinand, *Remarques sur la technique de quelques peintres provençaux…*, Marseille, Barlatier, 1924.

Seymour C. Jr, « Note on the relationship between an illustration by Traviès de Villiers and Daumier's *Le Fardeau* », vol. II, 1948, p. 83-84.

Seznec Jean, « Don Quixote and his French illustrators », *Gazette des Beaux-Arts*, nᵒ 979, septembre 1848, p. 173-192.

Sharp E., « Some notables additions to the print collection », *Bulletin of the Detroit Institute of Art*, vol. 51, nᵒˢ 2-3, 1972, p. 81-89.

Sheon Aaron, « Multistable perception in romantic caricature », *Studies in romanticism*, vol. 16, nᵒ 3, 1997.

Shikes R. E. et Heller S., « The Art of satire : painters as caricaturists and cartoonists », *Print Review*, vol. 19, 1984, p. 11

Shroder Maurice Z., *Icarus. The Image of the artist in French romanticism*, Cambridge (Mass.), Harvard University Press, 1961.

Sieburth Richard, « Une Idéologie du lisible : le phénomène des physiologies », *Romantisme*, nᵒ 47, 1985, p. 39-60.

Silvestre Théophile, *Histoire des artistes vivants, français et étrangers, étude d'après nature*, Paris, E. Blanchard, 1856.

Sloane John Curtis, *French Painting between the Past and the Present. Artists, Critics and Traditions from 1848 to 1870*, Princeton, Princeton University

Press, 1951 (2e éd. 1973).

Smith L. E., « Prisons, prisoners, and punishment : French caricature and illustration on penal reform in the early nineteenth century », *Arts*, no 55, février 1981, p. 134-145.

Smith R., « Daumier : defiant draughtsman », *Art and Australia*, vol. 14, no 2, octobre-décembre 1976, p. 176-181.

Soffici Ardengo, « Daumier pittore », *Dedalo*, novembre 1921, p. 405-419.

Sonnabend Martin : voir cat. exp. Francfort et New York, 1992-1993

Sorel Philippe, « Les Dantan du musée Carnavalet. Portraits-charges sculptés de l'époque romantique », *Gazette des Beaux-Arts*, no 1404, janvier 1986, p. 1-38 et no 1405, février 1986, p. 87-102.

Spaziani M., « Daumier, "La Maison Philipon" e il "Petit Journal pour rire" », *Il Veltro*, vol. 24, nos 3-4, 1980, p. 362-366.

Stahl Fritz, *Honoré Daumier*, Berlin, Rudolf Mosse, 1930.

Stein D., « Daumier. Photography and the demand for contemporaneity », *Print review*, vol. 11, 1980, p. 96-107.

Stengel W., « Kunst und Künstler in der Karikatur », *Kunst und Künstler*, août 1916, p. 162-176.

Stokes M., « Daumier and the Palais de Justice », *Parnassus*, no 9, décembre 1937, p. 16-17.

Stuffel Jacques, *Daumier*, Paris, Diderot (coll. Grandes figures de France à travers l'histoire), 1969.

Stuffmann Margret : voir cat. exp. Francfort et New York, 1992-1993

Surmay P., « Beaux-Arts. Daumier », *Le Musée universel*, vol. XII, no 296, 1er juin 1878, p. 131-135.

Sutton Denys, « Hommage anglais à Honoré Daumier », *Arts et livres de Provence*, no 8, 1948, p. 46-49.

Sutton Dennys, « Cross-currents in nineteenth-century French painting », *Apollo*, vol. 113, no 230, avril 1981, p. 244-254.

Symmons Sarah, *Daumier*, Londres, 1979.

T

Talbot-Rice David, « Daumier in the Burrell Collection », *Glasgow Art Review*, no 3, 1946, p. 2-5.

Tataru M., « Daumier. Centenar », *Arta* (Roumanie), vol. 26, no 10, 1979, p. 26-27.

Tatlock R.R., « Daumier », *Burlington Magazine*, vol. 43, 1923, p. 308-311.

Taylor Katherine Fischer, *The Theatre of Criminal Justice : the Palais de Justice in the Second Empire*, Princeton, Princeton University Press, 1993.

Teüchi Hyïakata, *Honoré Daumier*, Kamakura, Maïnichi Shimbun, 1976.

Thackeray William, *The Paris Skech Book by Mr Titmarsch*, Londres, Ghatts and Windus, 1840 (nouvelle éd. 1885).

– « Daumier's Robert Macaire », *The Print Collector's Quaterly*, vol. 4, no 1, janvier-mars 1914.

Thaurières Victor de, « Honoré Daumier – Les Antiquaires », *L'Artiste*, vol. 1, 1882, p. 81-87.

Thomson Richard, « The Drinkers of Daumier, Raffaëlli and Toulouse-Lautrec. Preliminary observations on a motif », *Oxford Art Journal*, no 2, avril 1979, p. 29-33.

– « Decodind Daumier. Compte rendu de : Wechsler, J., *A Human Comedy. Physiognomy and Caricature in 19th Century Paris*, Londres, 1982 », *Art Review Yearbook*, t. 1, no 3, 1982, p. 47-48.

Tilkovsky Vojtech, *Daumier*, Bratislava, Tvar, 1951.

Tim, « Daumier le meneur », *Gazette des Beaux-Arts. La Chronique des arts*, no 1335, avril 1980, p. 2-3.

Tourneux Maurice, *Salons et expositions d'art à Paris (1801-1870), essai bibliographique*, Paris, Impr. A. Quantin, 1919.

Tours Constant de, « Daumier », *Le Monde moderne*, 1895, p. 332-334.

– « Compte rendu d'une fête à Valmondois », *Le Petit Parisien*, 10 août 1908.

Tozzi Mario, « Cose parigine. Corot, Renoir, Daumier », *Le Arte plastiche*, janvier 1928.

Tyler F., « The Impact of Daumier's graphics on American artists, c. 1863-c. 1920 », *Print Review*, vol. 11, 1980, p. 108-126.

U

Ungureanu Laura, « Litografii di Honoré Daumier in Muzeul de Arta din Cluj », *Revista Muzeale si Monumentelors. Seria Muzee*, t. 9, 1972, p. 163-166.

Uzanne Octave : voir Frantz Henri et Uzanne Octave

V

Vachon Marius, « H. Daumier », *La France*, 25 avril 1878, p. 3.

Vacquerie Auguste, « Notice nécrologique. Daumier », *Le Rappel*, 13 février 1879.

Valéry Paul, *Daumier*, Genève, Skira (coll. XIXe siècle. Les Trésors de la peinture française), 1938. Repris dans *Œuvres II*, Paris, Gallimard (coll. Bibliothèque de la Pléiade), 1960.

Vallès Jules, « *L'Histoire de la caricature moderne* de M. Champfleury », *Le Figaro*, 23 novembre 1865.

Vallinot Hercule, « Le Dimanche artistique – Daumier », *Le Journal du dimanche, gazette universelle de la semaine*, no 39, 20 juin 1847, p. 32.

Van der Griten E. F., « Formal resemblances between 16th- and 19th-century drawings », *Feestbundel F. van der Meer*, 1966, p. 174-185.

Vasari, « À propos d'un livre sur Daumier », *Le Figaro. Supplément artistique*, 29 mars 1928, p. 380.

Vautel, « Daumier », *Le Journal*, 13 février 1929.

Vauxcelles Louis, « Daumier », *Excelsior*, 12 février 1929.

Venturi Lionello, « Daumier », *L'Arte*, vol. 37, septembre 1934, p. 384-444.

– « Quelques dessins de Daumier », *Art Quaterly*, vol. 1, no 1, 1938, p. 49-55.

– « Daumier », *Peintres modernes*, Paris, Michel, 1941.

Véron Eugène, « Compte rendu de Champfleury », *Daumier. Essai de catalogue de l'œuvre lithographié et gravé de H. Daumier* », *L'Art*, 1879, p. 249 ; voir Champfleury, 1878a

Véron Pierre, « L'Exposition de Daumier », *Le Charivari*, 20 avril 1878.

– « H. Daumier », *Le Charivari*, 13 février 1879.

– « Henri [sic] Daumier », *Le Journal amusant*, 22 février 1879.

– « Daumier », *Le Monde illustré*, 15 octobre 1898.

Véron Pierre et Carjat Étienne, « Discours prononcés pour la translation des cendres de Daumier de Valmondois au Père-Lachaise », *Le Rappel*, 17 avril 1880.

Vial Marie-Paule, « Principales acquisitions des Musées de France. Scène de prison ou scène de torture ? », *La Revue du Louvre et des musées de France*, vol. 40, no 5, 1990, p. 417.

Vicaire Georges, *Manuel de l'amateur des livres au XIXe siècle*, Breuil-en-Vexin, Éditions du Vexin français, 1974.

Vignon Claude (Noémie Cadiot, dite), *Salon de 1850-51*, Paris, Garnier, 1851.

Villa Nicole, « Nouvelle identification d'une lithographie de Daumier ou les malheurs d'un magistrat », *Bulletin de la Bibliothèque nationale*, vol. 2, no 3, septembre 1977, p. 132-136.

– *Collection de Vinck. Inventaire analytique, tome VI. La Révolution de 1830 et la monarchie de Juillet*, Paris, Bibliothèque nationale, 1979.

Villard André, « Daumier de Marseille, Parisien amer », *Marseille d'hier et d'aujourd'hui*, no 4, juillet 1947.

Villemot A., « Les Bouchers », *Le Figaro*, 26 octobre 1855.

Vincent Howard P., *Honoré Daumier. A Biographical Essay*, Chicago, 1954.

– *Daumier and his world*, Evanston (Ill.), Northwest University Press, 1968.

Viollet-le-Duc Eugène, « L'Œuvre de Daumier », *Le XIXᵉ siècle*, 18 mai 1878.

Voll Karl, « Honoré Daumiers Kunst im dienste der politischen Karikatur », *Die Kunst für alle*, vol. 30, 1915, p. 386-399.

W

Walch J., « Politische Karikatur. Beispiel : Der Birnenkoenig in der Julimonarchie Frankreichs, Materialen fur die Sekundarstufe II. », *Kunst und Unterrichte*, vol. 43, 1977.

Waldman Emil, *Honoré Daumier. Recht und Gericht*, Berlin, Hyperion, 1919.

– *Honoré Daumier*, Leipzig, Seeman (coll. Bibliothek der Kunstgeschichte, t. 63), 1923.

Wartmann Wilhelm, *Honoré Daumier. 240 Lithographies ausgewählt und eingeletet von Wilhelm Wartmann*, Zurich, 1946 (trad. anglaise avec une préf. de Bernard Lemann, New York, Reynal and Hitchcock, 1946).

Wasserman Jeanne L., *Daumier sculpture*, Cambridge, Fogg Art Museum, Harvard University Press, 1969.

Wasserman Jeanne L. et Lukach Joan M., « Daumier sculpture : true or false ? A unique exhibition at the Fogg », *Connoisseur*, vol. 171, juin 1969, p. 133-137.

Wasserman Jeanne L., Caso J. de et Adhémar Jean, « Hypothèses sur les sculptures de Daumier », *Gazette des Beaux-Arts*, n° 1369, février 1983, p. 57-73.

Watts Paola, *Honoré Daumier e i giornali satirici*, Rome, 1980.

Webster M., *Pinturas y dibujos di Daumier*, Madrid, Goya, 1962.

Wechsler Judith, *19th century Paris : Physiognomy, Bearing and Gesture*, Londres, Thames and Hudson, 1980.

– *A Human Comedy. Physiognomy and Caricature in 19th Century*, Londres, Thames and Hudson, Chicago, The University of Chicago Press, 1982.

– « The Issue of caricature », *Art journal*, vol. 43, n° 4, 1983, p. 317-318.

Weinberg Bernard, *French Realism. The Critical Reaction, 1830-1870*, New York, Modern language Association of America, 1937.

Weitenkampf Frank, « Daumier, lithographer, cartoonist », *American Magazine of Art*, n° 11, février 1920, p. 130-136.

Wendel Friedrich, *Das 19. Jahrhundert in der Karikatur*, Berlin, 1924.

Wilker Jenny Squires, « Daumier's *Histoire ancienne* : French Classical Parody in the 1840s », thèse New York, New York University, Institute of Fine Arts, 1996.

Wilkin K., « Honoré Daumier, public and private », *New Criterion*, vol. 11, n° 10, 1993, p. 21-25.

Wolff Albert, « Le Courrier de Paris. Honoré Daumier », *Le Figaro*, 13 février 1879.

Wood Th. Martin, « The Grosvenor House Exhibition of French Art », *The Studio*, vol. LIV, n° 213, novembre 1914, p. 3-12.

Wurmser André, *Daumier*, Paris, Cercle d'art, 1951.

Wurmser André, voir aussi : *Honoré Daumier*, 1952

Y

Yavorskaïa Nina Viktorovna, *Honoré Daumier*, Léningrad, Éditions de l'Union régionale des artistes soviétiques, 1935.

Z

Zahar Marcel, « Fine loans made to the exhibition of Daumier's work », et « Vogue of Daumier shown in exhibits in Paris galleries », *Art News*, vol. 32, 21 avril 1934, p. 4 et 6.

Zamiatine V., *Daumier*, Moscou, Éditions d'État de belles lettres, 1954.

Zbinden Rolf et Albrecht Juerg, *Honoré Daumier. Rue Transnonain, le 15 avril 1834, Ereignis-Zeugnis-Exempel*, Francfort-sur-le-Main, 1989.

Zeldin Theodore, *France, 1848-1945. Taste and corruption*, Oxford, New York et Toronto, Oxford University Press, 1980.

Zerner Henri : voir Rosen Charles et Zerner Henri

Zervos Christian, « Idéalisme et naturalisme dans la peinture moderne. I – Corot, Courbet, Daumier », *Cahiers d'art*, n° 9, 1927, p. 298.

– « Révisions », *Cahiers d'art*, n° 9, 1930.

Zervos Christian et Fuchs Eduard, « Revisitons Honoré Daumier », *Cahiers d'art*, n°ˢ 5-6, 1928, p. 181-184.

Ziller Gerhart, *Honoré Daumier*, Dresde, Verlag der Kunst, 1957.

Ziller Gerhard, « Daumier – ein Michelangelo der Lithographie », *Bildende Kunst*, 1957, p. 159-162.

Expositions

Daumier, illustrateur de la vie politique, sociale et culturelle de la France des années 1830 à 1870, a été largement mis à contribution – à travers ses lithographies surtout – dans un nombre important d'expositions sans rapport avec l'œuvre ou la personnalité de l'artiste. Aussi avons-nous choisi d'écarter de notre recension la plupart de ces manifestations qui ne répondent pas au propos de la présente exposition.

Paris, 1849
Salon, Paris, palais des Tuileries, 15 juin 1849.

Paris, 1850-1851
Salon, Paris, palais des Tuileries, 30 décembre 1850-1851.

Paris, 1861a
Exposition de peintures d'artistes contemporains et loterie au profit de la Société des amis de l'enfance, Paris, galerie Martinet.

Paris, 1861b
Salon, Paris, palais des Champs-Élysées, 1er mai 1861.

Bruxelles, 1869
Salon triennal, Bruxelles, Société libre des beaux-arts.

Paris, 1878
Exposition des peintures et dessins de Honoré Daumier, notice biographique de Champfleury, Paris, galerie Durand-Ruel.

Paris, 1883
Exposition des Arts incohérents au profit des pauvres de Paris, Paris, galerie Vivienne.

Paris, 1885
Exposition au profit de l'œuvre des orphelins d'Alsace-Lorraine, Paris, musée du Louvre.

Paris, 1888
Exposition de peintures, aquarelles, dessins et lithographies des maîtres français de la caricature et de la peinture de mœurs au XIXe siècle, introd. de Paul Mantz, Paris, École des beaux-arts.

Paris, 1889
Exposition centennale, Paris, Exposition universelle, palais des Beaux-Arts.

Paris, 1900
Exposition internationale universelle, Paris, palais des Beaux-Arts.

Glasgow, 1901
International Exhibition, Glasgow.

Paris, 1901
Exposition Daumier, par le Syndicat de la presse artistique, préf. de Gustave Geffroy, Paris, École des beaux-arts.

Vienne, 1903
Sezession, Vienne.

Dresde, 1904
Grosse Kunstausstellung, Dresde.

Dublin, 1904
Exhibition, Dublin, Royal Hibernian Academy.

Munich, 1906
Französische Meister, Munich, galerie Zimmerman.

Paris, 1907
Exposition des dessins, aquarelles et lithographies de H. Daumier, Paris, galerie L. et P. Rosenberg fils.

Dublin, 1908
The Hugh Lane Collection, Dublin, Municipal Gallery.

Londres, 1908
Drawings by Daumier and Others, Londres, Baillie Gallery.

Paris, 1908
Exposition Daumier, Paris, galerie E. Blot.

Vienne, 1908
Honoré Daumier 1808-1879, Vienne, galerie Miethke.

Paris, 1910
Exposition de chefs-d'œuvre de l'école française. Vingt peintres du XIXe siècle, organisée par Mme la marquise de Ganay au profit de l'Assistance aux militaires coloniaux et légionnaires, Paris, galerie Georges Petit, 2-31 mai 1910.

Berlin, 1911
Sezession, Berlin.

Francfort, 1912
Die Klassische Malerei Frankreichs im 19. Jahrhundert, Francfort, 18 juillet-30 septembre 1912.

Saint-Pétersbourg, 1912
Exposition centennale de l'art français, Saint-Pétersbourg, Institut français, hôtel du comte Soumarokoff-Elston.

Marseille, 1913
Salon de mai. Œuvres de peinture, sculpture, dessin et art décoratif… sous la présidence d'honneur de Auguste Rodin et Auguste Renoir, Marseille, ateliers du Quai de Rive-Neuve.

New York, 1913
International Exhibition of Modern Art. The Armory Show, New York, Armory of the 69th Regiment.

Paris, 1913
Cinquième exposition de peintres et graveurs de Paris, Paris, galerie Brunner.

São Paulo, 1913
Exposition d'Art français de São-Paulo, préf. de Gabriel Hanotaux, introd. de Louis Hourticq, São Paulo, Comité France-Amérique.

Brême, 1914
Internationale Ausstellung, Brême, Kunsthalle.

Copenhague, 1914
Fransk Malerkunst fra det 19. Järhundrede, Copenhague, Statens Museum.

Genève, 1914
Art français, Genève, musée d'Art et d'Histoire.

Liège, 1914
Exposition rétrospective de l'œuvre lithographié de Honoré Daumier, Liège.

Londres, 1914
The Grosvenor House Exhibition of French Art 1800-1885, Londres, Grosvenor House.

Londres, 1915
Pictures and Sculptures from the Collection of Edmund Davis, Londres, The French Gallery.

Copenhague, 1917
Fransk Malerkunst fra det 19. Järhundrede, Copenhague, Statens Museum.

Londres, 1917
Drawings by Deceased Masters, Londres, Burlington Fine Arts Club.

Stockholm, 1917
French Art, Stockholm, Nationalmuseum.

Zurich, 1917
Französische Kunst des 19. und 20. Jahrhundert, Zurich, Kunsthaus, 5 octobre-14 novembre 1917.

Bâle, 1918
Exposition de peinture française, Bâle, Société des beaux-arts.

Copenhague, 1918
Fransk Malerkunst, Copenhague, Charlottenborg.

Genève, 1918
L'École française du XIXe siècle, Genève, musée d'Art et d'Histoire.

Munich, 1918
Honoré Daumier, Zeichnungen, Julius Meier-Graefe (éd.), préf. de Wilhelm Hausenstein, Munich.

Amsterdam, 1920
Daumier en zijn Tijd, Amsterdam, Stedelijk
Museum.

Bâle, 1921
Exposition de peinture française, Bâle, Société
des beaux-arts.

Brooklyn, 1921
*Retrospective and Contemporary Exhibition of
French Paintings, Including Post-Impressionists*,
Brooklyn, Brooklyn Museum.

Paris, 1921
Daumier, Paris, galerie Barbazanges.

Stockholm, 1921
French Art, Stockholm, Nationalmuseum.

Londres, 1922
*Pictures, Drawings and Sculptures of the French
School of the Last 100 Years*, Londres, Burlington
Fine Arts Club.

Londres, 1922
*Drawings by H. Daumier [from the Lemaire
collection, Paris]*, Londres, L.H. Lefevre Gallery.

Winterthur, 1922
Meisterwerke aus Privatsammlungen, Winterthur,
Kunstverein.

Londres, 1923
Daumier, Londres, Barbizon House.

Paris, 1923
Exposition H. Daumier et Gavarni, Paris,
maison de Victor Hugo.

Paris, 1924
*Première Exposition de collectionneurs au profit
de la Société des amis du Luxembourg
[Collections Henry et Marcel Kapferer]*, Paris,
hôtel de la Curiosité et des Beaux-Arts.

Paris, 1925
*Les Grandes Influences au dix-neuvième siècle,
d'Ingres à Cézanne*, Paris, galerie Paul Rosenberg.

Berlin, 1926
Honoré Daumier Ausstellung, Berlin, galerie
Mathiesen, 21 février-31 mars 1926.

Berlin, 1927
Erste Sonderausstellung in Berlin, Berlin, galerie
Thannhauser.

Glasgow, 1927
A Century of French Painting, Glasgow, Axel
Reid and Lefevre Gallery.

Londres, 1927
Paintings and Drawings by H. Daumier, Londres,
Reid et Lefebvre Gallery.

Paris, 1927
Aquarelles et Dessins de Daumier, introd.
de Claude Roger-Marx, Paris, galerie L. Dru,
18 mai-11 juin 1927.

Londres, 1928
A Century of French Painting, Londres, Knoedler
and Cie.

New York, 1928
*100 [One Hundred] Years of French Portraits
from the Chester Dale Collection*, sous la dir.
de Maud Dale, New York, Museum of French
Art. French Institute in the United States.

Marseille, 1929
*Cinquantenaire de Daumier, rétrospective
des œuvres du maître*, Marseille, Bibliothèque
municipale, école des Beaux-Arts.

New York, 1930
Corot-Daumier. Eight-Loan Exhibition, introd.
de A [lfred] H [amilton] B [arr], New York,
The Museum of Modern Art, 30 octobre-
23 novembre 1930.

Paris, 1930
Cent ans de peinture française, Paris, galerie
Georges Petit.

Minneapolis, 1931
A Century of French Paintings, Minneapolis,
Minneapolis Institute of Art.

Munich, 1931
*Romantische Malerei in Deutschland und
Frankreich*, avec le concours de la galerie Paul
Cassirer, Munich, Ludwigs Gallerie.

New York, 1931
An Exhibition of French Paintings, New York,
M. Knoedler and Cie.

New York, 1931
Degas and his Tradition, sous la dir. de Maud
Dale, New York, Museum of French Art. French
Institute in the United States.

Paris, 1931
*Daumier, Degas, Forain, Toulouse-Lautrec.
Estampes et dessins*, Paris, galerie Marcel Guiot.

Wilmington (Del.), 1931
*A Century of French Paintings [25 œuvres de
la collection Knoedler]*, Wilmington (Del.),
The Wilmington Society of the Fine Arts.

Paris, 1934a
Honoré Daumier. Peintures, aquarelles, dessins,
sous la dir. de Charles Sterling, préf. d'Anatole
de Monzie et introd. de Claude Roger-Marx,
Paris, musée de l'Orangerie.

Paris, 1934b
*Honoré Daumier. Lithographies, gravures
sur bois, sculptures. Cinquante ans de blanc
et de noir*, par Jean Laran et Jean Adhémar,
avant-propos de Julien Cain, introd. de Paul-
André Lemoisne, Paris, Bibliothèque nationale.

Londres, 1936
*Paintings, Drawings and Lithographs by Honoré
Daumier*, Londres, Leicester Galleries.

Vienne, 1936
*Honoré Daumier Ausstellung : Zeichnungen,
Aquarelle, Lithographien und Kleinplastiken*,
préf. de Joseph von Loewenthal, Vienne,
Albertina.

Philadelphie, 1937a
Daumier 1808-1879, préf. de Claude Roger-Marx,
avec la collab. de Henry P. McIlhenny,
Henri Marceau et David Rosen, Philadelphie,
Pennsylvania Museum of Art.

Philadelphie, 1937b
Exhibition of French Art, Philadelphie,
Pennsylvania Museum of Art.

Springfield, 1939
*The Romantic Revolt. Gros, Géricault, Delacroix,
Daumier, Guys*, préf. de Alice K. Bausman,
Springfield (Mass.), Museum of Fine Arts.

Paris, 1945
Daumier polémiste, Paris, musée Galliera,
22 juin-31 juillet 1945.

Marseille, 1947
Daumier, Marseille, musée Cantini.

San Marino, 1948
Lithographs by Honoré Daumier,
sous la dir. de C.H. Collins Baker, San Marino,
Henry E. Huntington Gallery.

Zurich, 1951
*Daumier-Toulouse-Lautrec, die zwei Meister der
französischen Lithographie des 19. Jahrhunderts*,
introd. de Gotthard Jedlicka, Zurich, Kunsthaus,
1er septembre-14 octobre 1951.

Berlin, 1952
*Honoré Daumier, die Parlementarin : dir Büsten
der Deputierten der Juli-Monarchie*, sous la dir.
de Konrad Kaiser, Berlin, Deutsche Akademie
zu Berlin.

Paris, 1953
Monticelli et le baroque provençal. Paris,
orangerie des Tuileries, 19 juin-15 septembre 1953.

Paris, 1955
Honoré Daumier. Les Gens de justice, Paris,
galerie Michel.

Paris, 1957
Daumier sculpteur, lithographe et dessinateur,
Paris, galerie Sagot-Le Garrec, 14 juin-13 juillet
1957.

Cardiff et Swansea, 1957
Daumier, Millet and Courbet, sous la dir.
de Philip Barlow, Cardiff, Art Council Exhibition
et Swansea, Glyn Vivian Art Gallery.

Boston, 1958
Honoré Daumier : Anniversary Exhibition,
sous la dir. de Peter A. Wick, Boston, Museum
of Fine Arts.

Buenos-Aires, 1958
Daumier, sous la dir. de Jorge Romera Brest,
Buenos-Aires, musée des Beaux-Arts,
juin-juillet 1958.

589

Karl-Marx-Stadt, 1958
Honoré Daumier 1808-1879 : zur Daumie-Sammlung im Graphik-Kabinett der Stadtischen Kunstsammlungen (coll. Bilderhef der Stadtischen Museen Karl-Marx-Stadt, n° 7), Karl-Marx-Stadt, Stadtische Museen Karl-Marx-Stadt, Stadtische Kunstsammlung. Graphik Kabinett.

Léningrad, 1958
Exposition des œuvres d'Honoré Daumier, Léningrad, musée de l'Ermitage.

Los Angeles, 1958
Daumier : Exhibition of Prints, Drawings, Watercolors, Paintings and Sculpture, sous la dir. de Ebria Feinblatt, Los Angeles, County Museum of Art.

Palm Beach, 1958
Paintings from the Collection of Mrs Mellon Bruce, Palm Beach (Fla.), Society of the Fine Arts.

Paris, 1958a
Honoré Daumier, le peintre-graveur, préf. de Julien Cain, avec des contributions de Georges Duhamel, Claude Roger-Marx et Jean Vallery-Radot, Paris, Bibliothèque nationale.

Paris, 1958b
Daumier et le théâtre, introd. de Jean Vilar et texte de Jean Cherpin, Paris, Théâtre national populaire.

Detroit et autres villes, 1959-1960
Sculptures in Our Time : Collected by Joseph Hirshhorn, 5 mai-23 août, nº 12 ; Milwaukee, Art Center, 10 septembre-11 octobre 1959 ; Minneapolis, Walker Art Center, 25 octobre-6 décembre 1959 ; Kansas City, William Rockhill Nelson Gallery of Art, 20 décembre-31 janvier 1960 ; Houston, The Museum of Fine Arts, 1-27 mars 1960 ; Los Angeles, Los Angeles County Museum of History, Science and Art, 11 avril-15 mai 1960 ; San Francisco, M.H. De Young Memorial Museum, 29 mai-10 juillet 1960 ; Colorado, Colorado Springs Fine Arts Center, 24 juillet-4 septembre 1960 ; Toronto, 30 septembre-31 octobre 1960.

Lund (Suède), 1960
Honoré Daumier, 51 Skulpturen, 1000 Grafiska Blad, introd. de Eje Högestätt, Lund (Suède), Lunds Konsthall.

Washington, 1960
Honoré Daumier, Washington (DC), The National Gallery of Arts, 1960, sans cat.

Londres, 1961
Honoré Daumier : Paintings and Drawings, sous la dir. de K.E. Maison, préf. de Gabriel White, textes de Alan Bowness et Karl Eric Maison, Londres, Tate Gallery, 14 juin-30 juillet 1961.

Milan, 1961
Daumier scultore, sous la dir. de Dario Durbé, introd. de Gaston Palewski et Jean Adhémar, Milan, éd. Poldi Pezzoli.

Munich, 1961
Das Bild vom Stein. Die Entwicklung der Lithographie von Senefelder bis heute, Munich, Staatliche Graphische Sammlung.

Newark, 1961
Master Drawings of the 19th Century, préf. de Elaine Evans Gerdts et William H. Gerdts, Newark, The Newark Museum.

Nice, 1961
L'Œuvre gravé de Daumier, Nice, galerie des Ponchettes.

Northampton, 1961
Daumier : an Exhibition of Paintings, Drawings, Sculpture and Prints, Northampton, Smith College, Museum of Art.

Paris, 1961a
Daumier, préf. de M. Héron de Villefosse, Paris, musée Cognacq-Jay.

Paris, 1961b
Michelet, sa vie, son œuvre 1798-1874, sous la dir. de Jean-Pierre Babelon, Paris, Archives nationales.

San Francisco, 1961
French Paintings of the Nineteenth Century from the Collection of Mrs Mellon Bruce, San Francisco, The California Palace of the Legion of Honor.

Hambourg, 1962
Honoré Daumier und seine Kreis. Karikaturen, Bronzen, Dokumente, sous la dir. de Lise-Lotte Möller, Hambourg, Museum für Kunst und Gewerbe.

Minneapolis et New York, 1962
The Nineteenth Century : on Hundred Twenty Five Master Drawings, sous la dir. de Lorenz Eitner, Minneapolis, University Gallery, University of Minnesota et New York, Solomon R. Guggenheim Museum.

Williamstown (Mass.), 1962
Daumier, Williamstown (Mass.), Sterling and Francine Clark Art Institute.

New York, 1962-1963
Modern Sculptures from the Hirshhorn Collection, New York, Solomon R. Guggenheim Museum, 3 octobre 1962-6 janvier 1963, n° 75.

La Seyne-sur-Mer, 1963
Daumier, La Seyne-sur-Mer.

Nancy, 1963
Hommage à Roger-Marx, 1859-1913, de Daumier à Rouault, sous la dir. de Thérèse Charpentier, Nancy, musée des Beaux-Arts.

Waltham, 1963
Honoré Daumier : the Benjamin A. and Julia M. Trustman. Collection of Prints, Sculpture and Drawings, not. de Alain de Leiris et Thomas H. Garver, Waltham (Mass.), Brandeis University, Rose Institute of Art, Rose Art Museum.

Pottstown, 1964
Lithography and Sculpture of Daumier, Realist and Satirist, Pottstown (Pa.), The Hill School, 1964, sans cat.

Saint-Étienne, 1964
Lithographies de Daumier sur le théâtre, organisée avec l'aide de Jean Cherpin, Saint-Étienne, musée d'Art et d'Industrie.

Williamstown, 1964
Jean Honoré Fragonard, sous la dir. de Charles Sterling (Exhibit Twenty-seven), Williamstown (Mass.), Sterling and Francine Clark Art Institute.

Middletown, 1965
Daumier, Middletown, Wesleyan University, Davison Art Center.

Paris, 1966
Victor Hugo par la caricature, de Daumier à André Gill, Paris, maison de Victor Hugo.

Blois, 1968
Hommage à Honoré Daumier, commissaire Roger Passeron, préf. de André Dunoyer de Segonzac, Blois, Château.

Jérusalem, 1968
Lithographies et sculptures de Daumier, Jérusalem, musée d'Israël.

Cambridge, 1969
Daumier sculpture. A Critical and Comparative Study, commissaire Jeanne L. Wasserman, avec la collab. de Joan M. Lukach et Arthur Beale, Cambridge, Fogg Art Museum, Harvard University.

Vitré, 1970
Daumier, Vitré, musée du Château.

Brest, 1970-1971
Honoré Daumier. Lithographies de 1822 à 1871, Brest, musée de Brest.

Bielefeld, 1971
Honoré Daumier und Druckgraphik, Bielefeld, Museum für Kulturgeschichte.

Francfort, 1971
Autour du Ratapoil offert au musée par Helmut et Hedwig Goedeckemeyer, Francfort-sur-le-Main, Staedelsches Kunstinstitut.

Ingelheim-am-Rhein, 1971
Honoré Daumier. Gemälde, Zeichnungen, Lithographien, Skulpturen, sous la dir. de François Lachenal, Ingelheim am Rhein, villa Schneider, 24 avril-31 mai 1971.

La Haye, 1971
Daumier, verslaggever van zijn tijd, 1832-1872, La Haye, Haags Gementemuseum.

Utrecht et Anvers, 1971
Daumier : verslaggever van zijn tijd 1832-1872, sous la dir. de Jan Rie Kist, Utrecht, Centraal Museum et Anvers, musée des Beaux-Arts.

Stuttgart, 1972
D'Ingres à Picasso, Stuttgart, Staatsgalerie,
cabinet des Estampes.

Paris, 1973
La Pharmacie par l'image 1800-1900,
avec la collab. de L. Cotinat, P. Julien,
W.H. Helfand et L. Sergent, Paris, musée
d'Histoire de la médecine.

Nîmes, 1973-1974
Daumier et le théâtre, sous la dir. de Jean
Cherpin, Nîmes, musée des Beaux-Arts,
19 décembre 1974-26 janvier 1975.

Berlin, 1974
*Honoré Daumier und dir ungelösten Probleme
der bürgerlichen Gesellschaft*, Berlin, Schloss
Charlottenburg, Neue Gesellschaft für Bildende
Kunst.

Hampstead et New York, 1974
*L'Art pompier. Anti-Impressionism in 19th Cen-
tury French Salon Painting*, Hampstead, Hofstra
University et New York, Emily Lowe Gallery.

Washington, 1974-1975
Inaugural Exhibition, Washington (DC),
Hirshhorn Museum and Sculpture Garden,
Smithsonian Institution, 1er octobre 1974-
15 septembre 1975.

Amsterdam, 1975
*Daumier et ses compagnons. La caricature
politique de 1830 à 1835*, sous la dir. de J.R. Kist et
de Nicole Villa, Amsterdam, maison de Descartes.

Berlin et Stuttgart, 1975
*Honoré Daumier et les problèmes insolubles
de la société bourgeoise*, Berlin, Neue Gesellschaft für Bildende Kunst et Stuttgart,
Württembergischer Kunstverein.

Malibu, 1975
Honoré Daumier. Histoire ancienne (1842-1843),
Marie Cieri, Karen Saunders et Laurie Slater
(éds.), not. de Helen Rubin *et al.*, Malibu (Calif.),
University of Southern California Fine Arts,
Department at the J. Paul Getty.

Rochechouart, 1975
Honoré Daumier, Rochechouart, Centre artistique
et littéraire, 15 février-13 avril 1975.

Berlin, 1976
*Honoré Daumier und die ungeloste Probleme
der burgerlichen Gesellschaft*, sous la dir.
de G. Beyer, Berlin, Schloss Charlottenburg.

Londres, 1976
Honoré Daumier : eyewitness of an epoch,
sous la dir. de Jan Rie Kist, introd. de Mary
Charles, Londres, Victoria and Albert Museum.

Paris et Francfort, 1976-1977
Dessins français de l'Art Institute de Chicago,
Paris, musée du Louvre, cabinet des Dessins,
15 octobre 1976-17 janvier 1977 et Francfort,
Städtische Galerie, Städelschen Kunstinstitut.

Brême, 1977-1978
*Zurück zur Natur. Die Künstlerkolonie
von Barbizon. Ihre Vorgeschichte und ihre
Auswirkungen*, Brême, Kunsthalle.

Düsseldorf, 1978
H. Daumier. Skulpturen, Düsseldorf,
Kunstmuseum, 3-29 octobre 1978.

Trenton, 1978
*Honoré Daumier, lithographer-satirist, selected
illustrations 1831-1872*, not. de Edith Cullen *et al.*,
Trenton (N. J.), New Jersey State Museum.

Münster et Bonn, 1978-1979
*Honoré Daumier 1808-1879, Bildwitz und Zeitkri-
tik. Sammlung Horn*, introd. de Heinz Dollinger,
not. de Gerhard Langemeyer, Münster, West-
fälisches Landesmuseum für Kunst und Kulturgeschichte et Bonn, Rheinisches Landesmuseum.

Brême, 1979
*Honoré Daumier : Kunst und Karikatur ;
Druckgraphik, Gemälde, Skulpturen und
Handzeichnungen*, avec la collab. de Jürgen
Schultze, Annemarie Winther, Günter Busch
et al., Brême, Kunsthalle.

Budapest, 1979
Honoré Daumier, 1808-1879, sous la dir.
de Veronica Kaposy, Budapest, Szépmüvészeti
Múzeum.

Cambridge, 1979
*Centenary Exhibition of Lithographs by Honoré
Daumier and Cham*, Cambridge, Cambridge
University, Fitzwilliam Museum.

Graz, 1979
*Honoré Daumier. Bildwitz und Zeitkritik.
Sammlung Werner Horn*, Graz, Neue Galerie
am Landesmuseum Joanneum.

Grenoble, 1979
Honoré Daumier, Grenoble, maison de la Culture
de Grenoble, en collab. avec l'Association
histoire et critique des arts, 17 mai-13 juillet 1979.

Hanovre, 1979
*Honoré Daumier 1808-1879. Bildnis und Zeitkritik,
Sammlung Horn*, Hanovre, Wilhelm-Busch-
Museum, 23 septembre-2 décembre 1979.

Los Angeles, 1979
*Daumier in Retrospect 1808-1879. The Armand
Hammer Daumier Collection*, sous la dir. de
Agnès Mongan, préf. de Kenneth Donahue,
Los Angeles, Los Angeles County Museum of Art,
20 mars-3 juin 1979.

Marseille, 1979
Daumier et ses amis républicains, sous la dir.
de Marielle Latour, Marseille, musée Cantini,
1er juin-31 août 1979.

Menton, 1979
Daumier et la sculpture, Menton, palais Carnoles.

Paris, 1979a
Daumier sculpteur, Paris, galerie Sagot-Le Garrec.

Paris, 1979b
Daumier sculpteur, Paris, galerie Marcel Lecomte.

Paris, 1979c
Caricatures et presse satirique, 1830-1918, Paris,
bibliothèque Forney, 18 octobre-15 décembre 1979.

Philadelphie, Detroit et Paris, 1979
L'Art en France sous le second Empire,
Philadelphie, Philadelphia Museum of Art,
Detroit, Detroit Institute of Arts et Paris,
Grand Palais, 11 mai-13 août 1979.

Saint-Denis, 1979
*Daumier aujourd'hui : 300 lithographies et bois
gravés de la collection Louis Provost*, Saint-Denis,
musée d'Art et d'Histoire.

Valmondois, 1979
Honoré Daumier, cat. établi par Mireille Samson,
présentation de J.-P. Geoffroy-Dechaume
et Louis Destouches, Valmondois, Mairie,
10-25 février 1978.

Washington, 1979
Honoré Daumier 1808-1879, not. de Jan Rie Kist,
Washington, National Gallery of Art,
23 septembre-25 novembre 1979.

Bonn et Xanten, 1979-1980
Honoré Daumier und der bürgerliche Alltag,
not. de Renate Heidt et Klaus Honnef, Bonn,
Rheinisches Landesmuseum et Xanten,
Regionalmuseum.

Brême, 1979-1980
*Honoré Daumier, Kunst und Karikatur,
Druckgraphik, Gemälde, Skulpturen, Handzeichnungen*, sous la dir. de Jurgen Schultze
et Annemarie Winther, Brême, Kunsthalle,
9 décembre 1979-27 janvier 1980.

Washington, 1979-1980
*Daumier in Retrospect 1808-1879. The Armand
Hammer Daumier Collection*, sous la dir.
de Agnès Mongan, préf. de Kenneth Donahue,
Los Angeles, Washington (DC), The Corcoran
Gallery of Art, 21 septembre 1979-1er janvier 1980.

Épinal, 1980
Exposition Honoré Daumier, Épinal, musée
départemental des Vosges et musée international
de l'imagerie d'Épinal, février-avril 1980.

Göttingen et Münster, 1980,
*Bildsatire in Frankreich 1830-1835 aus der
Sammlung von Kritter*, sous la dir. de Gerd
Unverfehrt, Gottingen, Kunstsammlung der
Universität et Münster, Westfälischen Landes-
museums für Kunst- und Kulturgeschichte.

Grenoble, 1980
Honoré Daumier, Grenoble, maison
de la Culture.

Hambourg, 1980
Honoré Daumier, Hambourg, Kunsthalle.

Mannheim, 1980
Honoré Daumier : Ratapoil, um 1850-1851,
sous la dir. de Joachim Heusinger von Waldegg,
Mannheim, Städtische Kunsthalle Mannheim,
30 mai-13 juillet 1980.

Mexico, 1980
Daumier e su siglo 1808-1879, Mexico City,
Cloister of Sor Juana, 17 avril-15 juin 1980.

Middleburg, 1980
*Femmes d'esprit : Women in Daumier's
Caricature*, sous la dir. de K. Powelle et Elizabeth
C. Childs, Middleburg, Middleburg College,
Christian A. Johnson Memorial Gallery.

Rome, 1980
Honoré Daumier e i giornali satirici,
not. de Paola Watts, Rome, cabinet des Estampes.

Saint-Étienne, 1980
Daumier et l'Europe, cat. de Jean Cherpin, Saint-
Étienne, maison de la Culture et des Loisirs, 1980.

Florence, 1980-1981
*Honoré Daumier : sculture, disegni, litografie,
novanta opere dai musei di Marsiglia*, Florence,
palais Médicis-Riccardi.

Münster, Göttingen et Mayence, 1980-1981
*La Caricature. Bildsatire in Frankreich 1830-1835
aus der Sammlung von Kritter*, Münster,
Göttingen et Mayence.

Paris, 1980-1981
Donations Claude Roger-Marx, préf. de Maurice
Sérullaz, Paris, musée du Louvre, cabinet
des Dessins, 27 novembre 1980-19 avril 1981.

Berlin, 1981
*Daumier und Heartfield : politische Satire
im Dialog*, Berlin, Staatlische Museen.

Londres, 1981
Honoré Daumier 1808-1879, Londres, Royal
Academy of Arts, 31 janvier-13 mars 1981.

Minneapolis, 1981
*The Human Comedy, Daumier and his
Contemporaries*, sous la dir. de Susan Coyle,
Minneapolis (Minn.), University of Minnesota.
University Gallery.

Oslo, 1981
*Honoré Daumier, 1808-1879 : sammling av Armand
Hammers Daumier : grunnlagt av Georges Long-
street*, Oslo, Nasjonalgalleriet, 9 mai-26 juillet 1981.

Édimbourg et Portland, 1981-1982
Honoré Daumier 1808-1879, Édimbourg, Royal
Scottish Academy, 15 août-12 septembre 1981 et
Portland (Or.), Portland Art Museum, 9 janvier-
21 février 1982.

Tours, 1982
Granville, Philipon, Daumier, sous la dir. de
Ségolène Le Men, Tours, Université, département

d'Histoire de l'art, galerie des Tanneurs,
5 juin-4 juillet 1982.

West Palm Beach, 1982
Honoré Daumier, 1808-1879, West Palm Beach
(Fla.), Norton Gallery and School of Art,
9 mars-25 avril 1982.

Dijon, 1982-1983
La Peinture dans la peinture, sous la dir. de Pierre
Georgel et d'Anne-Marie Lecoq, Dijon, musée
des Beaux-Arts, 18 décembre 1982-28 février 1983.

Washington, 1982-1983
*Manet and Modern Paris. One Hundred
Paintings, Drawings, Prints and Photographies
by Manet and his Contemporaries*, sous la dir.
de Theodore Reff, Washington, The National
Gallery of Art, 5 décembre 1982-6 mars 1983.

Los Angeles, 1983
*Honoré Daumier 1808-1879 : The Armand
Hammer Daumier Collection incorporating
a Collection from George Longstreet*, sous la dir.
de Agnès Mongan, préf. de Kenneth Donahue,
Los Angeles, County Museum.

Paris, 1983
*L'Aquarelle en France au XIXᵉ siècle : dessins du
musée du Louvre*, sous la dir. de Arlette Sérullaz
et Régis Michel, Paris, musée du Louvre, cabinet
des Dessins, 16 juin-19 septembre 1983.

Rome, 1983-1984
Daumier et Rouault, sous la dir. de Robert Fohr,
Rome, Académie de France à Rome,
25 novembre 1983-5 février 1984.

Oklahoma, 1983-1985
*Sculptures from the Hirshhorn Museum and
Sculpture Garden*, Oklahoma City, Oklahoma
Museum of Art, 9 août 1983-9 août 1985.

Arles, 1984
Honoré Daumier : actualités, Arles, musée Réattu,
25 janvier-18 mars 1984.

Hanovre, Dortmund, Göttingen et Munich, 1984
*Mittel und Motive der Karikatur in fünf Jahr-
hundert. Bild als Waffe*, sous la dir. de Gehard
Langemeyer, Gerd Unverfehrt, Herwig Guraztsch
et Christoph Stölzl, Hanovre, Wilhelm-Busch-
Museum, Dortmund, Museum für Kunst-und
Kulturgeschichte, Gottingen, Kunstsammlung
der Universität und des Kunstvereins et Munich,
Münchener Stadtmuseum.

Toronto, 1984-1985
Daumier and La Caricature, sous la dir.
de K. Finlay, Toronto, Art Gallery of Ontario.

Aulnay-sous-Bois, 1985
Honoré Daumier et la sculpture, sous la dir.
de Jean Cherpin, Aulnay-sous-Bois,
Hôtel de Ville, 20 avril-20 mai 1985.

Madison, 1985
Daumier Lithographs : the Human Comedy,
introd. et cat. de Robert N. Beetem avec la collab.

de Margaret Ann Mortensen, Madison,
Elvehjem Museum of Art, University
of Wisconsin-Madison.

Pontoise, 1985
Honoré Daumier : 1808-1879, Pontoise,
musée Pissarro, 9 mars-26 mai 1985.

Sierre, 1985
*H. Daumier. Catalogue des lithographies
originales (collection P. Chiste et R. Christe-
Lehmann)*, Sierre, château de Villa.

Bielefeld, Hanovre, Fribourg-en-Brisgau
et Mülheim an der Ruhr, 1985-1986
*Die Röckkehr der Barbaren. Europaër und
« Wilde » in die Karikatur Honoré Daumiers*,
André Stoll (éd.), not. de Christian Blass, Andrea
Kley et Carl-Hermann Middelanis, Bielefeld,
Kunsthalle der Stadt, 12 décembre 1985-
9 février 1986, Hanovre, Wilhem- Bush- Museum,
23 février-16 avril 1986, Fribourg-en-Brisgau,
Augustinermuseum, septembre-octobre 1986
et Mülheim an der Ruhr, Museum der Stadt,
novembre-décembre 1986.

Munich, 1985-1986
*Carl Spitzweg und dir französischen Zeichner
Daumier, Grandville, Gavarni, Doré*, sous la dir.
de Siegfried Wichmann, Munich, Haus der Kunst.

Paris, 1986
La Sculpture française au XIXᵉ siècle, Paris,
galeries nationales du Grand Palais,
10 avril-28 juillet 1986.

Naples, 1987-1988
Honoré Daumier, il ritorni dei Barbari,
Naples, Academia di Belli Arti, 23 décembre 1987-
10 mars 1988.

Paris et Munich, 1988
*De Senefelder à Daumier, les débuts de l'art
lithographique*, Paris, fondation Thiers et Munich,
Haus der Bayer Geschichte.

Paris, 1988
Le Peintre et l'affiche de Daumier à Warhol,
Paris, musée de la Publicité.

Paris, 1988
*Benjamin Roubaud et le « Panthéon
charivarique », 1838-1842*, Paris, maison de Balzac,
31 mai-21 septembre 1988.

Saint-Denis, 1988-1989
Honoré Daumier. Scènes de la vie conjugale,
cat. par Catherine Camboulives et Frédérique
Barnet, Saint-Denis, musée d'Art et d'Histoire,
18 novembre 1988-31 mars 1989.

Baltimore, 1989
*Baltimore Museum of Art Collects : Daumier
and the Art of Caricature*, Baltimore, Baltimore
Museum of Art.

Lausanne, 1989
Honoré Daumier lithographe et sculpteur,
Lausanne, fondation de l'Hermitage.

Marseille, 1989
Dessins de sculpteurs de Puget à Daumier,
Marseille, musée des Beaux-Arts, cabinet
des Dessins.

Paris, 1989
*Dantan Jeune. Caricatures et portraits
de la société romantique. Collections du musée
Carnavalet*, commissaire Philippe Sorel,
Paris, maison de Balzac, 1er mars-18 juin 1989.

Francfort, 1989-1990
Französische Lithographien des 19. Jahrhunderts,
Francfort-sur-le-Main, Graphische Sammlung
im Städel. Städtische Galerie im Städelschen
Kunstinstitut, 5 octobre 1989-7 janvier 1990.

Paris, 1989-1990
Honoré Daumier lithographe et sculpteur, Paris,
musée Marmottan, 7 novembre-4 février 1990.

Marseille, 1990
Daumier. Regards sur la collection Cherpin,
avant-propos de Danielle Oppetit, avec la collab.
de Dominique Jacobi et de Claude Massit-Pena,
Marseille, Bibliothèque municipale Saint-Charles,
avril-juillet 1990.

Middlebury, 1990
*Honoré Daumier : Femmes d'esprit. Women
in Daumier's Caricature*, sous la dir. de Kirsten
H. Powell et Elizabeth C. Childs, avec la collab.
de Janis Bergman-Carton, Lucette Czyba et Judith
Wechsler, Middlebury (Vt), The Christian
A. Johnson Memorial Gallery. Middlebury
College, 16 juin-15 juillet 1990.

Paris, 1990
Nadar. Caricatures ; photographies, cat. établi
par Loïc Chotard et Judith Meyer-Petit, Paris,
maison de Balzac.

Mons (Belgique), 1990-1991
Honoré Daumier, Mons, musée des Beaux-Arts,
15-23 décembre 1990 et 6 janvier-3 février 1991.

Boston et New York, 1991
Pleasures of Paris from Daumier to Picasso,
Boston, Museum of Fine Arts, 5 juin-5 septembre
1991 et New York, The Metropolitan Museum
of Art, 15 octobre-28 décembre 1991.

Linz, 1991
*Honoré Daumier : 150 lithographien aus dem
Besitz der Neuen Galerie der Stadt Linz*, not.
de Peter Baum, Neue Galerie der Stadt Linz,
Wolfgand-Gurlitt Museum.

South Hadley, 1991 et New Haven, 1992-1993
*The Pear. French Graphic Arts in the Golden Age
of caricature*, cat. établi par E.K. Kenny et
J.M. Merriman, South Hadley (Mass.), Mount
Holyoke College Art Museum, et New Haven,
Yale University Art Gallery.

Francfort-sur-le-Main, 1992
Rue Transnonain, sous la dir. de Juerg Albrecht,
Francfort-sur-le-Main, Städelsches Kunstinstitut
und Städtische Galerie.

Mayence, 1992
*Französische Presse und Pressekarikaturen
1789-1992*, sous la dir. de Rolf Reichardt, Mayence,
Universitätbibliothek, Wolfgang Gurlitt Museum.

Naples, 1992
*Goya, Daumier, Grosz : il trionfo dell'idiozia,
pregiudizi, follie e banalità dell'esistenza europea*,
sous la dir. de André Stall, Tulliola Sparagni et
Antonello Negri, Naples, Academia di Belle Arti.

Francfort et New York, 1992-1993
Honoré Daumier Zeichnungen, sous la dir.
de Colta Ives, Margret Stuffmann et Martin
Sonnabend, Francfort, Städtische Galerie
et New York, The Metropolitan Museum of Art,
17 novembre 1992-2 mai 1993.

Lodz, 1992-1993
Honoré Daumier, Lodz.

Cambridge, 1993
*La Caricature : wit, humor and politics
in French caricature, 1830-1835*, Cambridge,
Fogg Art Museum.

Genève, 1993
Daumier, lithographe et sculpteur, Genève,
Palexpo.

Paris, 1993
André Gill 1840-1885, Paris, musée de Montmartre,
22 septembre-12 décembre 1993.

Paris, 1993
*Les Français peints par eux-mêmes. Panorama
social du XIXe siècle*, cat. établi par Ségolène
Le Men et Luce Abélès, Paris, musée d'Orsay,
28 mars-13 juin 1993.

Paris, 1993-1994
L'Âme au corps, Paris, Galerie nationales
du Grand Palais, 19 octobre 1993-24 janvier 1994.

Châtenay-Malabry, 1994
*Caricatures politiques de la fin du règne
de Charles X à la chute de Louis-Philippe,
1829-1848. De l'éteignoir à la poire*, sous la dir.
de Jean-Paul Clément et Philippe Régnier,
Châtenay-Malabry, maison de Chateaubriand.

Minneapolis, 1994
*Antiquity Revealed : Daumier's « Ancient
History » Series*, Minneapolis, The Minneapolis
Institute of Art, 6 février-3 avril 1994.

Paris et New York, 1994-1995
Nadar. Les années créatrices : 1854-1860, Paris,
musée d'Orsay, 7 juin-11 septembre 1994
et New York, The Metropolitan Museum of Art,
3 avril-9 juillet 1995.

Karlsruhe, 1995
*Lithographien und Holtzstiche von Honoré
Daumier*, Karlsruhe, Staatliche Kunsthalle,
11 mars-7 mai 1995.

Schaffhouse, 1995-1996
*Zeitgeschichte und Karikatur. Daumier-graphik
aus der Sammlung Hans Sturzenegger Graphik-*

Stiftung, sous la dir. de Juerg Albrecht
et Hortensia V. Roda, Schaffhouse, Museum
zu Allerheiligen.

Paris, 1996-1997
*La Griffe et la Dent. Antoine-Louis Barye
(1795-1875)*, commissaire Isabelle Leroy-Jay
Lemaistre, Paris, musée du Louvre,
14 octobre 1996-13 janvier 1997.

Turin, 1996
Honoré Daumier : il pittore della vita moderna,
Turin, Gallerie Principe Eugenio, 7-19 mai 1996.

Paris, Versailles, Bruxelles et Saint-Denis,
1996-1997
Daumier et les parlementaires de 1830 à 1875,
sous la dir. de Ségolène Le Men et Nicole
Moulonguet, Paris, Assemblée nationale,
galerie Morny, Versailles, Château, Bruxelles,
Hôtel de Ville et Saint-Denis, musée d'Art
et d'Histoire.

Paris et Bruxelles, 1996-1997
Daumier. Les Gens de justice, introd. de Noëlle
Lenoir, avec la collab. de Jacques Guinard,
Jean Barthélémy, Bernard Vatier *et al.*, Paris,
Cour de cassation et Bruxelles, Hôtel de Ville.

Paris, 1997
Auguste Préault, sculpteur romantique, 1809-1879,
Paris, musée d'Orsay, 20 février-18 mai 1997.

Itami, Yamanashi et Ehime (Japon), 1997-1998
Honoré Daumier, Itami, Itami City Museum
of Art, Yamanashi, Kawaguchiko Museum of Art
et Ehime, Ehime Prefectural Museum of Art.

Spolète, 1998
Honoré Daumier, scènes de vie, vies de scène,
avec la collab. de Ségolène Le Men
et Dominique Lobstein, Spolète, palais du Festival,
26 juin-12 juillet 1998.

Bonn, 1998
Von Ingres bis Cézanne, Bonn, Kunst und
Ausstellungshalle des Bundesrepublik
Deutschland, 1998.

L'Isle-Adam, 1998
*De plâtre et d'or, Geoffroy-Dechaume (1816-1892)
sculpteur romantique de Viollet-le-Duc*,
L'Isle-Adam, musée Louis Senlecq.

Tours, 1999a
Balzac et ses illustrateurs, Tours,
Bibliothèque municipale.

Tours, 1999b
Balzac et la peinture, Tours, musée
des Beaux-Arts, 29 mars-30 août 1999.

Index des noms de personnes cités

Les critiques d'art ne sont indexés que lorsqu'ils ont vécu à l'époque de Daumier ou l'ont connu à la fin de sa vie. Les marchands et collectionneurs mentionnés dans les historiques des œuvres exposées ne sont indexés que lorsqu'ils apparaissent dans le texte des notices.

A

Achard Victor : p. 503
Adam (dessinateur) : p. 236
Adler Jules (1865 ?-1952) : p. 303
Adrien (auteur de ballet) : p. 555
Agoub Joseph : p. 544
Aillaud Thérèse (grand-mère maternelle de Daumier - † 1818) : p. 542, 544
Albertoni Ludovica : p. 268
Alexandre Arsène Pierre Urbain (1859-1937) : p. 14, 27, 28, 29, 42, 43, 55, 57, 62, 64, 68, 85, 86, 87, 88, 89, 92, 95, 101, 108, 109, 124, 153, 249, 250, 253, 259, 285, 286, 290, 295, 301, 310, 344, 347, 360, 371, 425, 448, 463, 470, 518, 540, 544, 545, 563, 564, 567
Alexandre Iᵉʳ, tsar de Russie : p. 543
Alhoy Maurice : p. 474
Anastasi (vente) : p. 561
Angrand Charles (1854-1926) : p. 74
Annunzio Gabriele d' (1863-1938) : p. 273
Arago Étienne (1802-1892) : p. 562
Aragon Louis (1897-1982) : p. 225
Argout Antoine-Maurice Apollinaire, comte d' (1782-1858) : p. 79, 87, 88, 89, 92, 108, 128, 129, 139, 151, 153, 163, 547
Aristophane (vers 450 - vers 386) : p. 211, 239, 555
Armelhaut et Bocher (historiens d'art) : p. 42
Arnout (dessinateur) : p. 236
Arosa Gustave (1818-1883) : p. 308, 562, 564
Artois, comte d' : voir Charles X
Asselain Paulette (fille de Claude Roger-Marx) : p. 556, 568
Atget Eugène (1857-1927) : p. 207, 225
Athalin : p. 79
Aubert Gabriel (1789-1847) : p. 36, 41, 74, 85, 182, 186, 193, 194, 225, 242, 546, 547, 548, 550
Aubert Marie Françoise Madeleine, née Philipon : p. 84, 85, 546, 548
Aubigné Agrippa d' (1552-1630) : p. 38
Aubry P. (collectionneur) : p. 407
Autier Benjamin, Saint-Amand et Lemaître Frédérick (auteurs de Robert Macaire) : p. 549
Autier Benjamin, Saint-Amand et

Polyanthe (pseudonyme de Lacoste et Chapanier) auteurs de L'Auberge des Adrets : p. 545

B

Babcock William (collectionneur) : p. 264, 406
Bacon Francis (1909-1992) : p. 44
Baillot Claude (1771-1836) : p. 93
Ballà Giacomo (1871-1958) : p. 323
Balzac Honoré de (1799-1850) : p. 15, 18, 33, 35, 36, 37, 40, 45, 57, 89, 188, 189, 212, 503, 546, 558
Balze : p. 246
Banville Théodore de (1823-1891) : p. 15, 50, 56, 66, 67, 194, 201, 284, 310, 377, 552, 555
Barbazanges (marchand) : p. 568
Barbé de Marbois : p. 158
Barbedienne (fondeur) : p. 97, 121, 125, 569
Bardoux Agénor (ministre de l'Instruction publique) : p. 562
Bareste Eugène : p. 185, 186, 198
Barnes Alfred C. (1848-1951) : p. 564
Baron : p. 517
Barrion (collectionneur) : p. 176
Barrot Odilon : p. 176
Barthe Félix (1796-1863) : p. 79, 87, 88, 89, 95, 103, 105, 167, 181
Barthélémy (abbé) (1716-1795) : p. 197
Barthélémy (écrivain) : p. 184
Bartholomé Paul-Albert (1848-1928) : p. 51
Barye Antoine-Louis (1795-1875) : p. 15, 26, 47, 48, 52, 407, 552, 555
Basset, Goupil et Vibert (éditeurs) : p. 242
Bataille Charles : p. 377
Baudelaire Charles (1821-1867) : p. 14, 15, 16, 17, 18, 19, 20, 21, 32, 35, 39, 42, 43, 44, 45, 46, 50, 52, 54, 56, 57, 65, 66, 67, 85, 89, 178, 184, 193, 196, 201, 207, 239, 268, 271, 272, 285, 292, 304, 357, 377, 427, 428, 461, 546, 552, 553, 554, 555, 558
Baudry Paul : p. 268
Bauger (imprimerie) : p. 207
Bayard Émile (affichiste) : p. 503
Beaumont Édouard de : p. 35, 239
Beaumont, madame de (écrivain) : p. 212
Beauvoir Roger de (écrivain) : p. 15, 552
Belliard Zéphirin (peintre-lithographe) : p. 36, 162, 248, 545
Bellio Georges de (1828-1894) : p. 564
Beltrand Jacques : p. 319
Bénédicte Léonce : p. 425
Benoist Luc : p. 57
Beraldi Henri : p. 15, 63, 184, 497

Béranger Pierre-Jean de (1780-1857) : p. 108, 546
Bergerat Émile : p. 22, 64
Bergson Henri (1859-1941) : p. 328
Bernheim Gaston (1870-1953) : p. 564
Bernheim-Jeune Alexandre (1839-1915) : p. 564, 568
Bernheim Josse (1870-1941) : p. 564
Bériot Charles-Wilfried de (1802-1870) : p. 561, 569
Bernard-Léon Philippe (comédien, peintre et lithographe) : p. 552, 569
Bernardin de Saint-Pierre Jacques-Henri (1737-1814) : p. 128
Bernay (maire de Valmondois) : p. 62
Berquin Arnaud (1747-1791) : p. 182
Berry, duchesse de (1798-1870) : p. 95
Berryer Pierre-Nicolas (1757-1841) : p. 155, 242, 281, 375
Bertall, Charles-Albert d'Arnoux, dit : p. 30, 35, 74, 188, 189, 280, 382, 443, 560, 561
Bertauts (imprimeur) : p. 378
Beugniet (marchand) : p. 556
Beurdeley (collectionneur) : p. 171
Bignou (marchand) : p. 568
Birouste (graveur) : p. 34, 187
Bismarck (chancelier) (1815- 1898) : p. 558
Blanc Charles : p. 242, 246, 266, 268, 271, 337
Blanc Louis (1811-1882) : p. 500
Blanqui Louis-Auguste (1805-1881) : p. 172
Blot Eugène (1857-1938 ?) : p. 564
Boilly Louis Léopold (1761-1845) : p. 41, 88, 128, 145, 308, 390, 441
Boissard de Boisdenier Joseph-Ferdinand : p. 17, 178
Bonaparte Jérôme, prince (1822-1891) : p. 280
Bonaparte Louis Napoléon : voir Napoléon III
Bonhommé (lithographe) : p. 239
Bonnard Pierre (1867-1947) : p. 564
Bonnat Léon (1833-1922) : p. 13, 527
Bonvalet : p. 560
Bonvin François : p. 12, 73, 248, 350, 367, 552, 559, 560, 561, 562
Bonvoisin Maurice (dessinateur) : p. 30
Bordeaux, duc de (1820-1883) : p. 95
Bouasse-Lebel (collectionneur) : p. 295
Bouchot Henri : p. 68
Boudin (académie) : p. 48, 248, 545
Bouginier (étudiant des Beaux-Arts) : p. 92
Boulanger Louis (1806-1867) : p. 253, 516
Boulard Auguste (1825-1897) : p. 12, 14, 17, 353, 431, 562, 563, 564, 565
Boulland Auguste (libraire) : p. 545

Bouquet Auguste : p. 80
Bourbon (les) : p. 93, 95
Bouroux (officier de paix) : p. 547
Bouton : p. 95
Boys Jean du : p. 377
Bracquemond Félix (1833-1914) : p. 57, 479, 555
Brame Hector Gustave (marchand) : p. 564
Brame Hector Henri Clément (1831-1899) : p. 30, 234, 436, 447, 564-565
Braque Georges (1882-1963) : p. 569
Breton André (1896-1966) : p. 503
Breithmeyer (vente) : p. 560
Broglie Albert, duc de (1821-1901) : p. 124, 155
Bruegel Pieter, dit l'Ancien (vers 1525/1530-1569) : p. 39, 77
Brune Guillaume (maréchal) (1763-1815) : p. 108
Bruno Mme : p. 182
Bruylandt-Christophe et Cie (éditeur) : p. 184
Buffon Claude (1661-1737) : p. 213
Bührle Emil G. (1890-1956) : p. 565
Bugeaud Thomas Robert (maréchal) (1784-1849) : p. 85, 87
Bureau Mme (collectionneuse) : p. 13, 14, 318, 319, 451, 463, 561, 565
Bureau Paul (1827-1876) : p. 301, 318, 319, 451, 463, 565
Bureau Pierre-Isidore (1827-1876) : p. 14, 319, 451, 463, 565
Burrell William (1861-1958) : p. 565
Burty Philippe (1830-1890) : p. 46, 53, 64, 67, 84, 87, 92, 108, 176, 292, 295, 337, 363, 419, 454, 459, 500, 510, 557, 565
Byron Georges, Lord (1788-1824) : p. 212

C

Cabat Louis : p. 17, 548
Callias Horace de (journaliste) : p. 312
Callot Jacques (1592-1635) : p. 38, 281, 497
Cals Adolphe Félix (1810-1880) : p. 567
Cambon : p. 246
Camentron Gaston Alexandre (1862- ?) : p. 565
Caraguel Clément : p. 56, 280, 281
Caran d'Ache, Emmanuel Poiré, dit (1859-1909) : p. 44
Caresse Mme (collectionneuse) : p. 459, 569
Carjat Étienne : p. 35, 38, 62, 66, 68, 377, 378, 382, 556, 559, 561, 562, 563
Carpeaux Jean-Baptiste (1827-1875) : p. 52, 290
Carpentras (musicien) : p. 320
Carraud Zulma : p. 212

Carrel Armand (journaliste) (1800-1836) : p. 56, 171

Carrier-Belleuse Albert-Ernest (1824-1887) : p. 48, 59, 61, 340, 378, 384-385, 569

Cassatt Mary (1845-1926) : p. 59

Casset-Delas (imprimeur) : p. 503

Cassirer Bruno (1872-1941) : p. 565

Cassirer Paul (1871-1926) : p. 295, 565

Castagnary Jules-Antoine (critique) : p. 12, 367

Castagnary (président du Conseil municipal de Paris) : p. 562

Caulaincourt : p. 108

Cavaignac Louis-Eugène (général) (1802-1857) : p. 58, 299

Cervantes Miguel de (1547-1616) : p. 337, 516, 518, 520, 529, 534, 538

Cézanne Paul (1839-1906) : p. 21, 32, 38, 44, 60, 264, 268, 380, 470, 473, 565, 568

Cham (caricaturiste) : p. 35, 182, 187, 239, 281, 497, 555, 561

Champfleury, Jules Husson, dit (1821-1869) : p. 12, 13, 15, 17, 42, 43, 44, 46, 58, 62, 66, 69, 84, 85, 86, 87, 97, 111, 117, 119, 124, 141, 171, 174, 176, 193, 236, 246, 247, 249, 259, 290, 377, 378, 447, 474, 479, 483, 497, 503, 555, 556, 557, 558, 562

Chaplin (peintre) : p. 273

Charles X (1757-1836) : p. 88, 93, 95, 121, 129, 143, 147, 176, 543

Charles Quint (1500-1558) : p. 66

Charlet (1792-1845) : p. 15, 43, 75, 185, 188, 546

Chateaubriand François René de (1768-1848) : p. 119, 155, 518

Châtillon Auguste : p. 186

Chaudey Gustave : p. 560

Chauvin (peintre) : p. 273

Chenillion (1810-1875) : p. 48

Chéret Jules (1836-1932) : p. 187, 382

Chevandier de Valdrome Jean-Auguste (1781-1878) : p. 97, 165

Chocquet Victor (collectionneur) : p. 473

Choiseul : p. 85

Choiseul-Praslin, duchesse de : p. 149

Christophe (écrivain et dessinateur) : p. 378

Claretie Jules : p. 92

Claudel Paul (1868-1955) : p. 321

Clemenceau Georges (1841-1929) : p. 567

Cléophas, Albert Baron, dit : p. 402

Clésinger Auguste (1814-1883) : p. 48, 52, 467, 512

Cogniet Léon (1794-1880) : p. 246, 564

Colet Louise (1810-1876) : p. 212

Colombe Michel (sculpteur) (vers 1430-vers 1512) : p. 82

Constable John (1776-1837) : p. 15

Coppée François (1842-1908) : p. 508

Coquelin cadet (1848-1909) : p. 360

Corbon Claude-Anthime (ouvrier puis sénateur) : p. 61, 561, 562

Corbon Claude (1808-1891) : p. 48, 363, 367

Cornelius : p. 41, 74

Cornudet (député de Seine-et-Oise) : p. 68

Corot Jean-Baptiste Camille (1796-1875) : p. 13, 15, 17, 21, 22, 30, 60, 246, 353, 396, 399, 464, 468, 473, 493, 516, 527, 554, 560, 561, 563, 564, 565, 566, 567

Courbet Gustave (1819-1877) : p. 13, 16, 38, 44, 52, 170, 175, 248, 266, 305, 332-333, 337, 377, 380, 383, 552, 558, 560

Court (docteur) : p. 406

Couture Thomas (1815-1879) : p. 239, 281, 344

Coypel Charles : p. 516

Cros Henry : p. 292

Cross Henri (1856-1910) : p. 564

Cruikshank George (1792-1878) : p. 26

Cunin-Gridaine, Laurent Cunin, dit (1778-1859) : p. 100, 105, 129, 136, 145, 161

Curmer (éditeur) : p. 43, 185

Cuvier Georges (1769-1832) : p. 108

D

Dabray (peintre) : p. 273

Dacier Edme (archiviste) : p. 556

Dale Chester (1883-1962) et Maud : p. 565, 567

Dalou Jules (1838-1902) : p. 59, 292

Dangleterre (marchand) : p. 30, 561

Dantan Jean-Pierre, dit Dantan jeune : p. 54, 55, 88, 89, 92, 100, 158, 163, 284, 287, 546

Darjou (caricaturiste) : p. 383

Dassy ou D'assy Marie Alexandre (père de Mme Daumier) : p. 545

Dassy ou D'assy Marie Armandine, née Leclerc (mère de Mme Daumier) : p. 545

Daubigny Charles-François (1817-1878) : p. 12, 13, 15, 17, 57, 61, 234, 353, 355, 367, 404, 411, 461, 464, 468, 516, 518, 527, 552, 554, 556, 560, 561, 562, 564, 565-566

Daubigny Karl : p. 12, 61

Daubigny Mme : p. 234

Daumier Mme Marie Alexandrine, née Dassy (1822-1895) : p. 17, 27, 28, 29, 30, 62, 259, 286, 287, 310, 545, 552, 555, 557, 562, 563

Daumier Athanase Marie Georges Alexandre (frère de Daumier) (1821-1822) : p. 545

Daumier Jean-Baptiste Louis (père de Daumier) (1777-1851) : p. 542, 543, 544, 545, 546, 547, 548, 554

Daumier François-Joseph-Honoré-César (oncle de Daumier) : p. 542

Daumier Jean-Claude (grand-père paternel de Daumier) (1738- ?) : p. 542

Daumier Louise, née Silvi (grand-mère paternelle de Daumier) : p. 542

Daumier Marie Louise Jean Baptiste (sœur de Daumier) (1813- ?) : p. 543

Daumier Marie Victoire (sœur de Daumier) (1805- ?) : p. 542, 543, 552

Daumier Thérèse Alexandrine Joséphine Adèle (sœur de Daumier) (1802-1805) : p. 542

Dauzats Adrien (1804-1868) : p. 301

David Jacques Louis (1748-1825) : p. 15, 63, 253

David d'Angers (1788-1856) : p. 48, 50, 54, 55, 56, 58, 108, 119, 128, 141, 147, 554

Davies David : p. 566

Davies Gwendoline E. (1882-1951) et Margaret S. (1884-1963) : p. 566

Dayot Armand : p. 62, 68, 85, 87, 92, 105, 108, 132, 286, 287, 295

Deburau Jean-Charles dit Baptiste (1796-1846) : p. 474

Decamps Alexandre (1803-1860) : p. 13, 15, 17, 63, 82, 234, 246, 301, 314, 350, 516, 527, 531, 549, 552

Decan (sculpteur) (1829-1894) : p. 59

Deck frères : p. 367

Defferre Gaston (1910-1986) : p. 68

Degas Edgar (1834-1917) : p. 13, 16, 21, 32, 38, 44, 45, 50, 51, 52, 54, 59, 60, 175, 176, 320, 326, 328, 355, 357, 359, 418, 419, 438, 446, 540, 566, 569

Dehodencq Alfred : p. 253

Delacroix Eugène (1798-1863) : p. 13, 15, 17, 21, 32, 42, 50, 57, 63, 64, 65, 74-75, 163, 170, 171, 185, 206, 215, 246, 248, 249, 268, 273, 290, 301, 321, 344, 350, 380, 382, 516, 552, 553, 554, 564, 565, 566, 567

Delaporte (imprimeur) : p. 77, 547

Delaroche Paul (1797-1856) : p. 52, 164, 177, 178, 246

Delattre : p. 86

Delaunay (libraire au Palais-Royal) : p. 544

Delaunois (graveur) : p. 549

Delessert Benjamin (1773-1847) : p. 101, 151, 181

Deletrange (collectionneur) : p. 566

Delisle (associé de Brame) : p. 436

Della Porta Giacomo (1540-1602) : p. 83

De Lora : p. 50

Delord Taxile (rédacteur en chef du Charivari) : p. 66

Delort Jacques-Antoine-Adrien, baron (1773-1846) : p. 95, 103, 119, 137

Dentu Édouard (éditeur) : p. 447, 557

Desmoulins Camille (1760-1794) : p. 253

Desnoyers Louis (1802-1868) : p. 182, 546, 549

Desouches Charles : p. 503

Desperret Auguste : p. 77

Destouches (imprimeur) : p. 550

De Troy Jean-François (1679-1752) : p. 264

Devarennes M. et Mme Pelée : p. 556

Devéria Achille (1800-1857) : p. 163

Devéria Eugène (1805-1865) : p. 136, 139, 151

Diaz Émile : p. 555

Diaz de la Peña Narcisse (1808-1878) : p. 15, 16, 17, 336, 548, 555, 556

Diderot Denis (1713-1784) : p. 253

Diot (galerie) : p. 27, 29

Dollfus Jean (1823-1911) : p. 566

Donatello (vers 1386-1466) : p. 268

Donop de Mouchy Eugène (1854-1942) et Victorine (1863-1956) : p. 564, 566

Doré Gustave (1832-1883) : p. 34, 35, 42, 46, 74, 200, 285, 326, 333, 337, 378, 379, 390, 497, 516, 518

Doria Armand, comte (1824-1896) : p. 27, 31, 396, 508, 566, 567, 569

Dubois Abraham-Dubois, Hippolyte Abraham dit (1794-1863) : p. 105, 113, 181

Dubois Paul : p. 52

Dubois T. (inspecteur des Beaux-Arts) : p. 263, 268, 553, 554, 555, 557

Duboys d'Angers : p. 163

Duc (architecte) : p. 220

Ducasse Eugène : p. 468

Duckett William (journaliste) : p. 545

Dujardin-Baumetz (sous-secrétaire d'État aux Beaux-Arts) : p. 68

Dumas Alexandre (1802-1870) : p. 128

Dumas fils Alexandre (1824-1895) : p. 479, 569

Dupin André-Marie-Jean-Jacques, dit Dupin aîné (1783-1865) : p. 87, 88, 95, 108, 128, 129, 139, 141, 163, 546, 547

Dupont René (chansonnier) : p. 561

Dupré Jules (1811-1889) : p. 12, 353, 368, 380, 410, 457, 490, 552, 562, 564, 566

Durand Jean-Marie Fortuné : p. 566

Durand-Ruel Paul (1831-1922) : p. 12, 14, 28, 30, 42, 45, 46, 47, 59, 60, 62, 67, 84, 85, 87, 88, 92, 248, 286, 290, 301, 355, 363, 562, 566, 568, 569

Duranty Edmond (1833-1880) : p. 13, 22, 26, 44, 45, 55, 57, 62, 166, 174, 175, 220, 242, 248, 253, 313, 314, 336, 419, 467, 546

Dürer Albrecht (1471-1528) : p. 50, 187

Dutacq (propriétaire du Charivari) : p. 550, 551

E

Eiffel Gustave (1832-1923) : p. 14

Engelmann Godefroy (1788-1839) : p. 73, 544, 545

Ennery (auteur dramatique) : p. 555

Ensor James (1860-1949) : p. 44

Esnault-Pelterie Albert ou Eugène-Émile (1842-?) (collectionneur) : p. 372, 566

Espérandieu H. (actif entre 1822 et 1854) : p. 550

Etcheverry Martin : p. 555

Étex Antoine (1808-1888) : 48, 50-51, 52, 58

Étienne Charles-Guillaume (1778-1845) : p. 79, 87, 88, 95, 109, 149

F

Fabre François (1766-1837) : p. 184

Faiseau-Lavanne (notaire) : p. 552

Falguière Alexandre (1831-1900) : p. 52

Faller Louis-Clément (1819-1901) : p. 566

Falloux Alfred-Frédéric, comte : p. 111

Falloux Alfred-Pierre, comte de (1811-1886) : p. 87, 111

Faure (ami de Bonvin) : p. 367
Fénelon François (1651-1715) : p. 197
Fétis François Joseph (1784-1871) : p. 93
Feuchère (peintre) (1807-1850) : p. 42, 48, 58, 250, 554
Février (docteur) : p. 28
Feydeau Alfred : p. 555
Feydeau Ernest (1821-1873) : p. 566
Feydeau Georges (1862-1921) : p. 566
Fieschi Giuseppe (1790-1836) : p. 119, 180, 549
Fix-Masseau, Pierre-Félix Masseau, dit (sculpteur) : p. 88, 97
Fizelière Albert de la : p. 312
Flandrin Hippolyte (1809-1864) : p. 246, 248
Flaubert Gustave (1821-1880) : p. 45, 212, 237, 518
Foncy (peintre) : p. 273
Forain Jean-Louis (1852-1931) : p. 36, 44
Forest (dessinateur peintre) : p. 548
Foucher Paul : p. 12
Foucher (critique) : p. 374
Fragonard Jean-Honoré (1732-1806) : p. 16, 220, 259, 510, 516, 565, 567
Français : p. 188
François II de France (1544-1560) : p. 82
Fremiet Emmanuel (1824-1910) : p. 54
Frère Théodore : p. 560
Freycinet (ministre des Finances) (1828-1923) : p. 62
Friedrich Caspar David (1774-1840) : p. 206
Fromanger (collectionneur) : p. 371
Frothingham George (collectionneur) : p. 264, 406, 407
Fruchard Jean-Marie (1788-1872) : p. 54, 89, 105, 113, 158
Fulchiron Jean-Claude (1774-1859) : p. 115, 158
Furne (éditeur) : p. 188
Füssli Johan Heinrich (1741-1825) : p. 306, 321

G

Gachet Paul (1828-1909) : p. 29, 60
Gady Auguste, dit habituellement Joachim Antoine-Joseph Gaudry (1774-1847 ?) : p. 117, 130
Gainsborough Thomas (1727-1788) : p. 15, 63
Galilée Galileo (1564-1642) : p. 172
Gall Franz Joseph (1758-1828) : p. 54, 128, 186
Galle Johann Gottfried (1812-1910) : p. 222
Gallimard Gustave (collectionneur) : p. 566
Gallimard Paul (1850-1929) : p. 566-567
Gallois Charles-Léonard (1789-1851) : p. 54, 84, 119
Gallois Léonard : p. 119
Gambetta Léon (1838-1852) : p. 61, 371, 559
Ganne (auberge à Barbizon) : p. 555
Ganneron Auguste-Hippolyte (1792-1847) : p. 88, 115, 121, 136, 153

Garny : p. 557
Gauguin Paul (1848-1903) : p. 308, 410, 564
Gautier Amand (peintre) : p. 60, 470
Gautier Théophile (1811-1872) : p. 15, 48, 56, 74, 246, 248, 552, 560
Gavarni Paul (1804-1866) : p. 18, 19, 26, 35, 42, 61, 66, 74, 84, 166, 185, 188, 191, 211, 215, 225, 237, 239, 281, 284, 312, 382, 461, 546, 558
Gazan : p. 85
Geoffroy Gustave (1855-1926) : p. 18, 32, 47, 85, 86, 87, 92, 97, 105, 108, 117, 119, 130, 132, 139, 151, 153, 284, 295, 567
Gentil-Bernard, Pierre Joseph Bernard, dit : p. 264
Genlis madame de (1746-1830) : p. 212
Geoffroy-Dechaume Adolphe-Victor (1816-1892) : p. 12, 15, 30, 46, 47, 48, 51, 52, 53, 55, 61, 67, 68, 84, 85, 88, 286, 287, 292, 293, 294, 295, 313, 314, 350, 363, 367, 368, 371, 399, 400, 459, 552, 554, 557, 561, 562, 564, 567
Gérard-Séguin : p. 188
Géricault Théodore (1791-1824) : p. 42, 52, 53, 58, 74, 75, 264, 306
Gérôme Jean Léon (1824-1904) : p. 13, 178, 246
Giacomelli Hector : p. 42, 182, 404, 556
Giacometti Alberto (1901-1966) : p. 59, 348, 518
Gibbon Edward (1737-1794) : p. 124
Gigoux Jean (1806-1894) : p. 32, 163, 198, 551
Gill André (humoriste) : p. 36, 44, 178
Gillot (graveur et procédé) : p. 34, 393
Girardin Émile de (1806-1881) : p. 166, 194
Girod de l'Ain Louis-Gaspard-Amédée : p. 161
Girodet : p. 242
Gisquet (préfet de police) : p. 547
Glais-Bizoin Alexandre (1799-1877) : p. 537
Gleyre Charles : p. 567
Goethe Johann Wolfgang von (1749- 1832) : p. 382
Goltzius (peintre) : p. 50
Goncourt Edmond de (1822-1892) : p. 61, 436, 535, 566
Goncourt (les frères) : p. 15, 19, 42, 46, 66, 84, 176, 186, 263, 556
Gondois (musicien) : p. 555
Gorenflot (frère) : p. 66
Gourgaud Gaspard (1783-1852) : p. 567
Gourgaud, baron Napoléon (1881-1944) et Madame, née Eva Gebhart (1886-1959) : p. 567
Goya Francisco de (1746-1828) : p. 15, 39, 42, 63, 74, 170, 180, 204, 220, 225, 281, 321, 497, 501, 564, 567
Grand-Carteret John : p. 64, 207
Grandville, Jean Ignace Isidore Gérard, dit (1803-1847) : p. 35, 36, 42, 74, 77, 80, 82, 167, 173, 182, 185, 200, 215, 223, 328, 497, 500, 546, 548
Granet François (1775-1849) : p. 15
Grangé E. (auteur dramatique) : p. 555
Grasset (collectionneur) : p. 171
Gravier : p. 95

Greco, Domenikos Theotokopoulos, dit le (1541-1614) : p. 567
Greuze Jean-Baptiste (1725-1805) : p. 16, 317, 319
Gris Juan (1887-1927) : p. 569
Gros Antoine, baron (1771-1835) : p. 178
Guérin (sculpteur ?) : p. 41
Gueudé (propriétaire à Valmondois) : p. 558, 562
Guido Reni (1575-1642) : p. 273
Guillaumin : p. 60
Guizot François-Pierre-Guillaume (1787-1874) : p. 79, 87, 88, 124, 137, 147, 164, 189, 239
Guizot Pauline : p. 212

H

Hammer Armand (1898-1990) : p. 567
Hansen Wilhelm (1868-1936) : p. 567
Harlé Jean-Marc, dit Harlé père (1765-1838) : p. 125, 174
Haro (marchand) : p. 569
Harpignies Henri (1819-1916) : p. 561
Haussard : p. 247
Haussmann Georges Eugène, baron (1809-1891) : p. 300, 323
Hazard Julie Pauline (1853-1919) : p. 567
Hazard Nicolas Auguste (1843-1913) : p. 176, 275, 348, 411, 508, 567
Heilbuth Ferdinand (1826-1889) : p. 567
Herriot Édouard (1872-1957) : p. 68
Hesse Alexandre : p. 246
Hetzel (éditeur) : p. 182, 280, 382, 500
Hirsch Alphonse (1843-1884) : p. 567
Hœtger Bernhardt (1879-1949) : p. 47, 59
Hogarth William (1697-1764) : p. 15, 26, 39, 206, 213
Holbein Hans (1497-1543) : p. 63, 178
Homère : p. 197
Horne Sir William van (collectionneur) : p. 32
Houssiaux (éditeur) : p. 188
Huart Louis : p. 42, 158, 242
Huet Paul (1803-1869) : p. 17, 548, 549
Hugo Victor (1802-1885) : p. 12, 45, 61, 63, 65, 67, 82, 124, 128, 153, 164, 182, 186, 239, 242, 253, 377, 382, 404, 497, 500, 501, 550, 560, 562
Hugues (éditeur) : p. 500
Huguet de Sémonville Charles Louis, comte (1759-1839) : p. 155
Huysmans Joris-Karl (1848-1907) : p. 187

I

Immendorff : p. 348
Ingres Jean Auguste Dominique (1780-1867) : p. 21, 42, 51, 64, 187, 194, 198, 246, 378, 552
Ionides Constantine Alexandre (Jonnidès) : p. 567
Isnard : p. 247

J

Jacob Max (1876-1944) : p. 44
Jacque Charles : p. 312, 404, 552
Jacquet ou Jacquette (collectionneur) : p. 396, 458
James Henry (1843-1916) : p. 42, 44, 440, 490
Janin Jules (1804-1874) : p. 212, 213, 474
Jarry Alfred (1873-1907) : p. 78, 200
Jauffret Joseph André Lambert : p. 553
Jauffret (marchand d'estampes) : p. 544
Jeanron Philippe Auguste (1809-1877) : p. 15, 17, 72, 170, 246, 248, 545, 546, 548, 552, 553, 561
Johannot Tony (1803-1852) : p. 188, 516, 532
Jolivet Adolphe : p. 85, 165, 167
Joly Jules de : p. 179
Jongkind Johan Barthold (1819-1891) : p. 353
Jordaens Jacob (1593-1678) : p. 15, 263
Jourdain Frantz (1847-1935) : p. 13, 14, 29
Julien (dessinateur-peintre) : p. 548

K

Kératry Auguste-Hilarion, comte de (1769-1859) : p. 79, 88, 89, 113, 128, 129, 137
Kersting : p. 206

L

La Caze Louis (collectionneur) : p. 510
La Combe colonel de (collectionneur) : p. 171
Lacordaire Henri (1802-1861) : p. 268
Laemlein Alexandre : p. 247
La Fayette Marie Joseph, marquis de (1757-1834) : p. 124
Laffitte Jules (journaliste) : p. 560
La Fontaine Jean de (1621-1695) : p. 249, 334, 337, 338, 497, 503
Lamarque Maximilien, comte (1770-1832) : p. 548
Lameth Charles-François-Malo, comte de (1752-1832) : p. 55, 79, 88, 128, 129, 147, 163, 547
Landelle Charles : p. 246, 247
Langlé Ferdinand : p. 213
Laplace : p. 147
La Rochejacquelein Henri de : p. 243
Larousse Pierre (1817-1875) : p. 537
Larroumet Gustave : p. 287
Lasteyrie, comte de (lithographe) : p. 544, 545
La Tour Georges de (1593-1652) : p. 272
La Tour Maurice Quentin de (1704-1788) : p. 15, 63
Laughlin James (banquier) : p. 568
Laure Louis : p. 555
Laurens Jules (1825-1901) : p. 46, 275, 557
Laurent Charles : p. 13

Lavater Johan-Caspar (1741-1801) : p. 54, 95, 215

Lavoignat Hippolyte de : p. 188, 303, 567

Lavoisier Antoine Laurent de (1743-1794) : p. 125

Lebègue (marbrier) : p. 563

Leblanc Théodore (1800-1837) : p. 545

Le Brun Charles (1619-1690) : p. 83

Lecomte Alexandre (vers 1778-?) : p. 117, 130

Lecomte, Maître : p. 559

Lecoq Louis : p. 17

Ledru-Rollin (ministre de l'Intérieur) (1807-1874) : p. 244, 246, 263

Lefèvre Jacques (1777-1856) : p. 119, 132, 139, 163, 181

Lefort Paul : p. 12

LeFrak (collectionneur) : p. 438

Le Gassec Maurice (galerie) : p. 88

Legrand Paul : p. 474

Legros Alphonse : p. 479

Lemaire Louis : p. 399

Lemaire (collectionneur) : p. 568

Lemaître Frédérick (1800-1876) : p. 40, 56, 194, 545, 549

Lemercier (imprimeur) : p. 242

Lenoir Alexandre (1761-1839) : p. 22, 40, 55, 82, 543, 544, 545, 547

Lenoir (marchand d'estampes) : p. 544

Lenormant : p. 47

Léonard de Vinci (1452-1519) : p. 83, 255

Lepaulle (peintre) : p. 273

Lerouge (graveur) : p. 549

Leroy Louis (critique) : p. 556

Leroy Louis (graveur) : p. 546

Leroy (marchand-amateur) : p. 30

Le Tasse, Torquato Tasso, dit (1544-1595) : p. 170

Leverrier Urbain (1811-1877) : p. 222

Liance J. (maire de Lesges) : p. 272, 553

Lobau, Mouton Georges, comte de (1770-1838) : p. 79, 85, 161, 547

Loncle (collectionneur) : p. 446

Louis XVIII : p. 543, 544, 545

Louis-Philippe (1773-1850) : p. 12, 13, 36, 40, 48, 77, 78, 81, 82, 84, 87, 92, 100, 103, 105, 108, 119, 121, 132, 141, 147, 151, 153, 177, 179, 201, 236, 242, 359, 503, 537, 546, 547, 549, 552

Lucain (39-65) : p. 555

Lucas George A. (marchand et collectionneur) : p. 67, 379, 423, 424, 428, 443, 557, 569

Lucas Hippolyte Lucien Joseph (1807-1878) : p. 158

Luce Maximilien (1858-1941) : p. 463

Lutz Georges (collectionneur) : p. 534

M

Mac-Mahon (maréchal) (1808-1898) : p. 61

Madame Royale, Marie-Thérèse Charlotte, duchesse d'Angoulême (1778-1851) : p. 155

Madier de Montjau : p. 79

Magien (secrétaire de la Comédie-Française) : p. 544

Magritte René (1898-1967) : p. 74

Maindron Étienne (1802-1884) : p. 562

Maistre Xavier de (1763-1852) : p. 65

Malapeau (ornemaniste) : p. 193

Malherbe (collectionneur) : p. 171, 176

Malot Hector (1830-1907) : p. 182

Manet Édouard (1832-1883) : p. 13, 16, 21, 44, 45, 60, 63, 74, 178, 215, 259, 326, 386, 421, 473, 503, 558, 560

Mantz Paul : p. 52, 247

Manzi-Joyant (galerie) : p. 569

Marcantonio : p. 337

Marcel Henry : p. 295

Marie de Médicis (1573-1642) : p. 15, 247

Marilhat Prosper (1811-1847) : p. 301

Marochetti : p. 58

Martin Henri (sénateur et historien) : p. 61, 253, 562

Martin Pierre-Ferdinand (marchand) : p. 567

Martinet (galerie) : p. 461, 510

Martinet (éditeur) : p. 555, 556

Marx Karl (1818-1883) : p. 299

Marx Roger (1859-1913) : p. 24, 30, 340, 568

Masse (écrivain) : p. 549

Masson (1817-1881) : p. 59

Mather Frank : p. 344

Matisse Henri (1869-1951) : p. 52, 59, 564

Maurisset (illustrateur) : p. 201, 216

Meissonier Jean Louis Ernest (1815-1891) : p. 15, 35, 52, 54, 185, 188, 396, 459, 510, 552, 567

Menzel Adolph (1815-1905) : p. 419

Mercié Antonin (1740-1814) : p. 52

Mercier Louis Sébastien (historien) : p. 207

Mérimée Prosper (1803-1870) : p. 92

Meunier Constantin (1831-1905) : p. 292

Michel-Ange (1475-1564) : p. 15, 18, 45, 57, 58, 63, 64, 66, 188, 314, 342, 561

Michelet Jules (1798-1874) : p. 15, 38, 40, 57, 58, 66, 82, 239, 280, 284, 285, 286, 404, 552, 554, 557

Michel-Pascal (1810-1882) : p. 15, 17, 48, 50, 52, 552, 558

Milles Carl (1875-1955) : p. 47

Millet Jean-François (1814-1875) : p. 15, 16, 17, 26, 63, 247, 301, 303, 314, 407, 503, 554, 555, 563

Millet François : p. 17

Mishima Yukio (1925-1970) : p. 273

Moine (1796-1849) : p. 17, 47, 48, 52

Molière, Jean-Baptiste Poquelin, dit (1622-1673) : p. 193, 211, 239, 337, 355, 356, 357, 359, 360, 361, 365

Monet Claude (1840-1926) : p. 13, 60, 564

Monnier Henri (1799-1877) : p. 15, 19, 26, 40, 41, 75, 188, 193, 388, 482, 546, 549

Monselet Charles : p. 479

Montagu Mrs : p. 212

Montalembert Charles Forbes, comte de (1810-1870) : p. 243

Montalivet Marthe-Camille Bachasson de, comte (1801-1865) : p. 134

Montlosier François-Dominique Reynaud, comte de (1755-1838) : p. 88, 134, 155

Montrosier Eugène (homme de lettres et journaliste) : p. 490, 561

Montyon (prix) : p. 212

Moore Turner Percy ? : p. 253

Moreau Adolphe (collectionneur) : p. 568

Moreau Gustave (1826-1898) : p. 273, 557

Moreau-Nélaton Étienne (1859-1927) : p. 14, 248, 468, 550, 554, 562, 568

Morny, duc de (1811-1865) : p. 242

Munch Edvard (1863-1944) : p. 479

Muraire Mme (amie de Daumier) : p. 553

Murger Henry (1822-1861) : p. 170, 223, 301

N

Nadar, Félix Tournachon, dit (1820-1910) : p. 35, 86, 141, 181, 187, 266, 280, 281, 284, 285, 310, 333, 382, 428, 429, 479, 535, 554, 563, 568

Nanteuil Célestin (1813-1873) : p. 188, 189, 198, 516

Napoléon Ier (1769-1821) : p. 149, 204, 242, 280, 545, 567

Napoléon III, dit Napoléon le Petit (1808-1873) : p. 63, 66, 68, 242, 243, 263, 272, 275, 284, 285, 336, 355, 384, 479, 497, 500, 501, 537, 560

Naquet (loi) : p. 239

Natanson Thadée (1867-1951) : p. 565

Natoire Charles Joseph (1700-1777) : p. 516

Nerval Gérard de, Gérard Labrunie, dit (1808-1855) : p. 548

Ney Michel (maréchal) (1769-1815) : p. 78, 108

Nodier Charles (1780-1844) : p. 474

Noël Léon : p. 163

Nolde Emil (1867-1956) : p. 44

O

Odier Antoine (1766-1853) : p. 136, 174

Offenbach Jacques (1819-1880) : p. 16, 200

Ollivier Émile (1825-1913) : p. 560

Ordinaire Marcel : p. 383

Orgelin (peintre) : p. 273

Orléans, duc d' (fils aîné de Louis-Philippe) (1810-1842) : p. 73

Orsini Felice (1819-1858) : p. 66

P

Paganini Niccolo (1782-1840) : p. 119

Papety : p. 246

Parrocel Joseph (1646-1704) : p. 15

Pasclal Michel ou Pascal ou Paschal : p. 561, 568

Pataille Alexandre-Simon (1784-1857) : p. 55, 137, 165

Pelet de la Lozère Jean Privat-Joseph-Claramond, comte (1785-1871) : p. 158

Pelletan Camille (1846-1915) : p. 12, 22, 46, 61, 63, 426, 475

Pelpel (acheteur) : p. 553, 568

Penguilly-l'Haridon (peintre) : p. 516

Péquereau L. (imprimeur) : p. 504

Périer Casimir (ministre) : p. 88, 115, 563

Persil Jean-Charles (1785-1879) : p. 77, 87, 89, 125, 132, 139, 163, 172, 176, 547, 548

Petiot (restaurateur) : p. 88

Petit Francis (galerie) : p. 568

Petit Georges (1856-1920) : p. 564, 565, 567, 568

Petit Jacques (galerie) : p. 568

Petit (école de natation) : p. 466

Peyrat (sénateur) : p. 61, 562

Philip Cécile-Catherine (mère de Daumier) (1782 – après 1851) : p. 543, 554

Philip Honoré (grand-père maternel de Daumier) : p. 542

Philipon Charles (1800-1862) : p. 18, 35, 36, 38, 40, 41, 42, 44, 46, 65, 66, 67, 77, 80, 82, 84, 86, 87, 88, 115, 129, 130, 139, 141, 158, 162, 163, 167, 170, 173, 174, 176, 177, 178, 179, 182, 193, 194, 216, 242, 377, 545, 546, 547, 548, 549, 550, 556, 557, 568

Philipon Eugène : p. 111

Philipon Paul : p. 88

Phillips Duncan (1886-1966) : p. 568

Picasso Pablo (1889-1973) : p. 21, 32, 38, 44, 52, 253, 378, 466, 518, 527

Piette Ludovic : p. 60

Pigal (1798-1872) : p. 546, 558

Pilate : p. 275

Pilotell (dessinateur humoristique) : p. 36, 497

Pinel J. P. Casimir (1800 - après 1856) : p. 548

Pinel Philippe (1745-1826) : p. 548

Pissarro Camille (1830-1903) : p. 13, 60

Platier J. (lithographe) : p. 550

Plattel Henri-Daniel (1803-1859) : p. 550

Plougoulm : p. 85

Pochet (collectionneur) : p. 171

Podenas Joseph, baron de (1782-1851) : p. 54, 88, 89, 105, 113, 143, 145, 165, 166, 548

Poe Edgar Allan (1809-1849) : p. 215

Ponsard François (1814-1867) : p. 554

Poulbot Francisque (1879-1946) : p. 188

Poulet-Malassis Auguste (1825-1878) : p. 14, 46, 50, 53, 268, 271, 272, 292, 300, 310, 377, 554, 555

Poussin Nicolas (1594-1665) : p. 175

Pouzadoux Jean et fils (mouleurs) : p. 287

Pradier James (1792-1852) : p. 57, 563

Préault Antoine-Auguste (1809-1879) : p. 15, 41, 48, 50, 52, 54, 56, 57, 58, 78, 248, 264, 363, 545, 548, 549, 554, 560

Prud'hon Pierre-Paul (1758-1823) : p. 26, 264, 375, 384, 454

Prunelle Clément-François-Victor-Gabriel (1774-1853) : p. 145, 161, 166, 167, 174

Puget Pierre (1620-1694) : p. 15, 41, 58

Puissant (critique) : p. 306, 308, 314, 446

Puvis de Chavannes Pierre (1824-1898) : p. 268, 493

Q

Quatremère de Quincy Antoine (1755-1849) : p. 197

R

Rabelais François (vers 1494-1553) : p. 179, 216
Raffaëlli Jean-François : p. 62
Raffet Auguste (1804-1860) : p. 32, 41, 42, 75, 184, 226, 404, 479, 546, 556
Ramelet Charles (1805-1851) : p. 545, 548
Raphaël (1483-1520) : p. 387, 552
Raspail : p. 51
Ratier (journaliste) : p. 546
Reid Alexander (1854-1928) : p. 565
Rembrandt Harmenszoon van Rijn (1606-1669) : p. 15, 41, 63, 92, 220, 319, 321, 350, 555
Rémond (procédé) : p. 191
Renoir Auguste (1841-1919) : p. 13, 30, 510, 564, 565, 568
Renouard Paul : p. 438
Répine Ilya (1844-1930) : p. 303
Rethel Alfred (1816-1859) : p. 42, 284-285, 497
Ribot Théodule (1823-1891) : p. 15
Richard Maurice (secrétaire aux Beaux-Arts) : p. 560
Richaud (peintre) : p. 273
Ricourt Achille (1776-1865) : p. 546
Rigny : p. 85
Rim Carlo : p. 64
Rivaud : p. 30
Robaut Alfred : p. 468
Robert Hubert (1733-1808) : p. 564
Robert-Fleury : p. 246
Roblès Jacob : p. 78
Rochegrosse Georges : p. 253
Rodin Auguste (1840-1917) : p. 54, 58, 60, 292, 294, 384, 565
Roederer Antoine-Marie, baron : p. 105, 161
Roger-Marx Claude (1888-1977) : p. 24, 295, 410, 436, 450, 463, 556, 568
Rops Félicien (1833-1898) : p. 36, 42, 337, 383, 500, 561
Rosenberg (marchand) : p. 568
Rosenthal Léon : p. 490
Roslje (ami de Philipon) : p. 174
Rosso Fiorentino (1494-1540) : p. 50, 59
Rouart Alexis (1839-1911) : p. 567, 568-569
Rouart Henri (1833-1912) : p. 14, 355, 420, 438, 540, 567, 568, 569
Rouault Georges (1871-1958) : p. 21, 32, 44, 64, 68
Roubaud Benjamin (1811-1847) : p. 35, 242, 550
Roujon Henri : p. 14
Rousseau James : p. 186
Rousseau Théodore (1812-1867) : p. 15, 17, 552, 554, 555, 556, 559, 565
Rousseau Mme Théodore : p. 555, 559
Rousseau : p. 85
Rowlandson Thomas (1756-1827) : p. 15, 26, 206, 253

Royer-Collard Pierre-Paul (1763-1845) : p. 124, 145, 147, 161
Rubens Pierre Paul (1577-1640) : p. 15, 16, 26, 50, 175, 247, 250, 259, 263, 545, 548
Rubinstein Ida (1880-1960) : p. 273
Rudder Louis Henri de (1807-1881) : p. 545
Rude François (1784-1855) : p. 57, 58, 253

S

Sabatier Apollonie : p. 52
Sadleir Sir Michael : p. 435
Sainte-Beuve Charles Augustin (1804-1869) : p. 65, 77, 532
Sainte-Croix Camille : p. 59
Saint-Elme Ida : p. 180
Saint-Hilaire Marco de : p. 163
Saint-Victor Paul de (1827-1881) : p. 312
Salvator : p. 15
Sand George, Aurore Dupin, dite (1804-1876) : p. 211, 215
Sarto Andrea del (1486-1530) : p. 247
Saucède (vente) : p. 562
Scarron Paul (1610-1660) : p. 200
Scheffer Ary (1795-1858) : p. 206, 552
Schnetz : p. 246
Schonen : p. 79
Schuffenecker Émile : p. 410
Schuler Théophile (éditeur) : p. 500
Sébastiani Horace-François, comte (1772-1851) : p. 95, 124, 149
Sébillot Paul (critique) : p. 253, 314, 426
Second Albéric (écrivain) : p. 550
Seguin Philippe : p. 68
Seignobos Charles (1854-1942) : p. 62
Senefelder Aloys (1771-1834) : p. 73, 544
Sensier Alfred : p. 368, 437, 555, 562
Seurat Georges (1859-1891) : p. 74, 187, 382, 536, 564
Seymour Robert (1800-1836) : p. 239, 550
Shakespeare William (1564-1616) : p. 418
Siot-Decauville Edmond (fondeur) : p. 287, 295
Sisley Alfred (1839-1899) : p. 60
Sixte III (pape) : p. 272
Soitoux : p. 367
Solomon Abraham (peintre) : p. 26
Soulié Frédéric (1800-1847) : p. 186, 212
Soult Nicolas (maréchal) (1769-1851) : p. 79, 85, 88, 129, 155, 163, 547
Spurzheim : p. 186
Staël Mme de, Germaine Necker (1766-1817) : p. 213
Stein Gertrude (1874-1946) : p. 569
Stein Leo : p. 569
Steinheil Louis : p. 55, 84, 85, 88, 292, 363, 367, 459, 552
Steinlen Théophile Alexandre (1859-1923) : p. 36, 44
Stendhal, Henri Beyle, dit (1783-1842) : p. 56, 65, 212
Stevens Arthur (1825-1890) : p. 427, 428
Stillingsfeet Benjamin : p. 212
Stumpf (collectionneur) : p. 562

Sue Eugène (1804-1857) : p. 188
Suisse (académie) : p. 22, 48, 545
Surmay (critique) : p. 446
Surville Louis de : p. 212

T

Tabar (peintre) : p. 273
Taiée Alfred (graveur) : p. 561
Taine Hippolyte (1828-1893) : p. 67
Tanguy (loi) : p. 243
Tardif : p. 555
Tassaert : p. 15, 16
Tempelaere (marchand) : p. 30, 564
Terral (peintre) : p. 273
Terrus Édouard : p. 463
Thiébaut-Sisson François (peintre et critique) : p. 59
Thiers Adolphe (1797-1877) : p. 39, 50, 65, 78, 79, 85, 87, 105, 108, 165, 186, 239, 242, 243, 263, 281
Thoré-Burger : p. 312
Tillot : p. 555
Tintoret, Jacopo di Robusti, dit (1518-1594) : p. 15, 63
Titien (vers 1490-1575) : p. 41, 82, 545
Töpffer : p. 65, 186, 194
Toulouse-Lautrec Henri de (1864-1901) : p. 21, 44, 167, 215, 328, 564
Traviès Claude Joseph (1804-1859) : p. 35, 40, 162, 183, 185, 193, 546, 548, 550
Trichon Auguste : p. 263
Trimolet (illustrateur) : p. 216
Turner Joseph Mallord William (1775-1851) : p. 63
Turquet (sous-secrétaire aux Beaux-Arts) : p. 62
Turquois (collectionneur) : p. 353

V

Vachon Marius : p. 398, 399
Vadé (chansonnier) (1719-1757) : p. 250
Valéry Paul (1871-1946) : p. 32, 57
Vallès Jules (1832-1885) : p. 56, 67
Van Beuhingen D.G. (1877-1955) : p. 569
Van de Velde Henry (1863-1957) : p. 565
Van Gogh Vincent (1853-1890) : p. 222, 380, 410, 461, 564
Van Horne Sir William (1843-1915) : p. 30, 569
Van Kattendyke Huyssen (ministre des Affaires étrangères des Pays-Bas) : p. 566
Van Rappard Anton : p. 461
Van Wisselingh (collectionneur) : p. 30
Vatout Jean (1791-1848) : p. 101, 151, 153, 181
Vauxcelles Louis (critique) : p. 64
Verhuel de Sevehaar Charles-Henri, comte (1764-1845) : p. 87, 155, 161
Verlaine Paul (1844-1896) : p. 170
Vernier Charles (lithographe) : p. 555
Véron (docteur) : p. 243, 263, 273
Véron Pierre (rédacteur en chef du Charivari) : p. 61, 497, 557, 563

Vestraete Theodor : p. 303
Vialette de Mortarieu : p. 141
Viardot Louis : p. 516
Viau Georges (1855-1939) : p. 569
Vibert (peintre) : p. 164
Viennet Jean-Ponce-Guillaume (1777-1868) : p. 87, 153, 164, 181
Viger de Varennes Paul Prosper (docteur) : p. 556
Vigny Alfred de (1797-1863) : p. 518
Vigo P. Mendez de (1790-1860) : p. 158
Villèle Jean-Baptiste (ministre) (1773-1854) : p. 119
Villeneuve F. de : p. 213
Vimont Alexandre : p. 517
Viollet-le-Duc Eugène Emmanuel (1814-1879) : p. 14
Vitu : p. 200
Vitry Paul : p. 58, 353
Voillemot André-Charles (1823-1893) : p. 555
Vollard Ambroise (1868-1939) : p. 29, 30, 569
Vollon (peintre) : p. 350
Vuillard Édouard (1868-1940) : p. 564

W

Walters William T. (collectionneur) (1819-1894) et Henry (1848-1931) : p. 379, 423, 424, 426, 427, 428, 569
Watteau Antoine (1684-1721) : p. 490, 508
Whistler James Abbott Mac Neill (1834-1903) : p. 222, 567
Willette Adolphe (1857-1926) : p. 36
Winckelmann Johann Joachim (1717-1768) : p. 197
Wolff Albert (critique) : p. 63, 64

Y

Yves et Barret (éditeurs) : p. 561

Z

Ziem Félix (1821-1911) : p. 15, 555, 556, 560
Zola Émile (1840-1902) : p. 207

Publication du département de l'édition
dirigé par Béatrice Foulon

Coordination éditoriale
Chloé Demey, Céline Julhiet-Charvet,
avec l'aide de Karine Barou

Relecture des textes
Françoise Dios

Saisie
Annie Desvachez

Traductions de l'anglais
Michel Buttiens, Julie Desgagné,
Nada Kerpan, Paul Morisset

Conception graphique
Frédéric Célestin

Fabrication
Jacques Venelli

Cet ouvrage a été achevé d'imprimer en septembre 1999
sur les presses de l'imprimerie Aubin, à Poitiers.
La photogravure a été réalisée par Bussière, à Paris.

Dépôt légal : septembre 1999
EC 10 3933